本书为 2011 年度国家社科基金一般项目

美国 20 世纪非殖民化政策研究

（项目批准号：11BSS014）研究成果

美国 20 世纪非殖民化政策研究

——以东南亚为个案

■ 孙建党 —— 著

A Study

of American

Decolonization

Policy

in the 20th Century

中国社会科学出版社

图书在版编目（CIP）数据

美国 20 世纪非殖民化政策研究：以东南亚为个案 /孙建党著. —北京：
中国社会科学出版社，2020.6
ISBN 978 - 7 - 5203 - 5629 - 9

Ⅰ.①美…　Ⅱ.①孙…　Ⅲ.①非殖民化—政策—研究—美国—
20 世纪　Ⅳ.①D771.2

中国版本图书馆 CIP 数据核字（2020）第 016073 号

出 版 人	赵剑英
责任编辑	安　芳
责任校对	张爱华
责任印制	李寡寡

出　　版	中国社会科学出版社
社　　址	北京鼓楼西大街甲 158 号
邮　　编	100720
网　　址	http://www.csspw.cn
发 行 部	010 - 84083685
门 市 部	010 - 84029450
经　　销	新华书店及其他书店

印　　刷	北京君升印刷有限公司
装　　订	廊坊市广阳区广增装订厂
版　　次	2020 年 6 月第 1 版
印　　次	2020 年 6 月第 1 次印刷

开　　本	710×1000　1/16
印　　张	34.25
字　　数	485 千字
定　　价	156.00 元

目　　录

下篇　美国与欧洲东南亚殖民地的非殖民化：　　　　基于个案研究

绪　　论

从一种宏观的历史角度来看，西方殖民帝国的崩溃和非西方国家以独立身份进入国际体系，无疑是 20 世纪国际政治舞台上最令人瞩目的大事之一，并对随后的国际格局变化产生了重要的影响。直到 20 世纪初，历史学家们所描绘的历史基本上都是欧洲征服者的历史，第一次世界大战后展开的非殖民化过程，使原来被边缘化的非欧美地区民族的历史得到发现和重新认知，尤其是第二次世界大战后，获得独立的亚非拉广大第三世界成为国际舞台上一支举足轻重的政治力量，越来越多地引起西方世界的关注，并成为世界史叙事的重要主题之一。作为 20 世纪历史上一项宏大的社会政治进程，第三世界民族国家建构和发展的过程，很大程度上被纳入非殖民化的叙事框架之下。当代国际政治中存在的诸多现实问题，可以追溯至非殖民化运动兴起和蓬勃开展时期的东、西方关系以及美国在其中所扮演的角色。20 世纪的世界非殖民化进程，与美国霸权的崛起几乎同步进行，美国对解决殖民地问题所持的基本态度、立场和政策变化，其在欧洲殖民体系瓦解过程中所发挥的作用，影响到了美国与第三世界国家的关系及其政策思维。基于东南亚非殖民化的个案，透过一种历史的棱镜，重新审视美国 20 世纪非殖民化政策形成的动机、演化路径及其基本特征，有助于我们更好地解读美国对第三世界政策的起源和变迁。

一 非殖民化：概念内涵及理论阐释

（一）概念理解

关于非殖民化概念的理解，国内外学术界尚存在较大的争议。西方学者一般认为，"非殖民化"一词是 1932 年由德裔学者毛里兹·波恩（Moritz Julius Bonn）提出来的，其在《社会科学百科全书》中关于"帝国主义"部分的解释中首次使用。[①] 一些国内学者认为，该词在俄文文献中出现的时间更早，布哈林在 1927 年即提出这一概念，而最早对"非殖民化"进行理论概括的是印度共产主义运动创始人罗伊，其正式提出了"非殖民化"的理论。[②] 国内学术界关于非殖民化的概念大致有三种观点：其一，一些学者认为非殖民化是殖民宗主国在二战以后或者更早主动给予殖民地独立或自治地位的行为，或是殖民宗主国有计划运作的结果；其二，认为非殖民化主要是殖民宗主国在撤出殖民地的过程中采取的旨在维护自身利益的行动；其三，认为非殖民化一词含义丰富且具中性，它所表达的是一种顺应历史潮流的过程或一种运动。[③] 如北京大学李安山教授等认为"非殖民化"具有两层含义：在狭义上，它是指殖民统治终结、殖民机构解体这一历史过程；在广义上，它指原殖民地半殖民地国家和人民在取得政治独立后必须在经济、历史和文化心理上摆脱殖民主义遗产从而获得真正的独立。潘兴明等认为，从广义上说，"非殖民化"泛指由殖民地、

---

① John Springhall, *Decolonization Since 1945：The Collapse of European Overseas Empires*, New York：Palgrave Publishers Ltd. , 2001, p. 2.

② 参见李安山《论"非殖民化"：一个概念的缘起与演变》，《世界历史》1998 年第 4 期；另外，潘兴明等学者认为"非殖民化"这个词最早出现于 1920 年的英国，这个时间尚待进一步考证。

③ 参见李安山《论"非殖民化"：一个概念的缘起与演变》，《世界历史》1998 年第 4 期；张顺洪先生认为，"非殖民化"主要是指殖民国家在被迫撤出殖民地的过程中，采取的旨在尽可能地维护自身利益的各种行动，包括各种撤退战略、策略与手法。参见张顺洪《论英国的非殖民化》，《世界历史》1996 年第 6 期。

保护国、委任统治地过渡到独立国家的历史事件，从狭义上讲，指二战后在民族独立运动的压力下，殖民国家从自身的利益出发被迫改变政策，使殖民地及其附属地获得独立并导致殖民帝国终结的历史进程。① 还有学者指出，对非殖民化这一概念的理解应该视具体情况而定，既不能一味强调非殖民化是宗主国的主观行为，也不能坚持认为非殖民化只是民族主义运动压力下的被动结果。② 目前，学术界大多都接受了国际上流行的看法，把非殖民化一词作为中性词来使用，即非殖民化作为一个过程，概括了殖民地人民获得自治或独立的斗争和殖民宗主国的撤出两方面的活动，且内涵丰富，涵盖面广。③

　　一般来说，非殖民化是指 1945 年以后欧洲殖民体系开始瓦解，广大殖民地、保护国、委任统治地走向自治或者获得独立，殖民国家在制度上和法律上将这些地区的统治正式向本土为基础的主权、民族国家转移的过程。这一过程开始于两次世界大战之间，在 1945 年二战结束后的 15 年内取得了丰硕成果。这还包括了 20 世纪 60 年代开始的太平洋岛屿摆脱诸如新西兰、澳大利亚、英国和荷兰等国家统治的非殖民化。也有学者指出，还应该考虑到 20 世纪前发生的美洲地区摆脱欧洲列强殖民的独立运动。④ 从长时段来看，早期的非殖民化运动——18 世纪末的北美独立运动、19 世纪的拉丁美洲独立运动等非殖民化个案，其所处的国际环境、影响因素以及特征等与本书所探

①　徐蓝：《战后国际关系史研究的成果与展望》，《历史研究》2008 年第 6 期。该文总结参考了李安山和潘兴明的观点。

②　高岱、郑家馨：《殖民主义史·总论卷》，北京大学出版社 2003 年版，第 263 页。

③　国内外学术界关于非殖民化概念的理解尚有较大争议。本书倾向于接受国际上流行的看法，把非殖民化一词作为中性词来使用，即非殖民化作为一个过程，包括了殖民地人民获得自治或独立的斗争和殖民宗主国的撤出两方面的活动。

④　关于非殖民化运动肇始的时间问题，国内学者多倾向于认为，非殖民化作为世界范围内的广泛运动开始于 1945 年二战结束的说法，而不少西方学者认为非殖民化的时间应该始于一战结束，也有西方学者主张非殖民化的早期浪潮是发生在 18 世纪 80 年代至 19 世纪 20 年代之间的欧洲和西半球。参见 David Ryan, *US Foreign Policy in World History*, New York：Routledge, 2000, p. 113. 如，张伯伦等学者把北美的独立视为近代世界非殖民化的开端。参见 M. E. Chamberlain, *Decolonization：The Fall of the European Empires*, New York：Basil Blackwell Inc. , 1985, p. 2.

讨的重要时期和地区——亚洲和非洲从 20 世纪初到 60 年代发生的非殖民化有着很大区别。就北美的独立斗争而言，其无疑对后来的非殖民化进程产生了重要的影响，但总的来说，早期北美的非殖民化与二战后的世界非殖民化有着巨大的差异：其一，早期美国的非殖民化具有同源性，同是白人种族的独立，20 世纪则是非欧洲世界或者非欧裔血统的独立；其二，所处的国际环境不同。美国独立是美利坚民族的政治、经济发展以及民族文化、心理认同的结果，而事实上在第一次世界大战之后，非殖民化的境况就开始随着国际环境的变化而改变了，如美国和苏联作为新的大国开始崛起，它们在旧的欧洲均势基础上形成的国际秩序中的利益很小，它们反对"正式的"帝国主义，并对旧的国际秩序提出了挑战，二战后的非殖民化面临的国际环境则更为复杂；其三，受到的影响因素不同。美国的独立乃是基于北美移民的自由传统、英国的殖民压迫等因素影响的结果，而战后的非殖民化则具有多样性，既有殖民地自身民族主义运动和经济发展等因素，也受到世界政治、民主制度、自决原则的影响，同时伴随着殖民宗主国的力量衰落、大国霸权的影响，以及联合国等国际机构的影响；最后，20 世纪亚洲、非洲等地区的非殖民化所包含的不仅仅是合法主权的转移，也是一种旨在争取道义公正和政治上团结一致反对殖民主义的运动，其进程则更加曲折。① 事实上，从全球范围来看，各个殖民地遇到的殖民者不同也会导致其社会发展的差异，因而不同地区和不同国家非殖民化的时间和方式也有着巨大的差异，不同国家非殖民化的动因及其目标也并非完全一致。

（二）相关理论和阐释视角

关于非殖民化理论及其历史动因，国际学术界有不少研究成果问世。学者们对非殖民化历史的研究大致是从三种视角出发，即殖民地视角、宗主国视角和国际视角（在全球层面上），并在此基础上提出

①　此观点得益于北京大学历史系王立新教授的指导。

了几种解释和分析框架，主要有边缘因素说（马克思主义视角）、"宗主国主动撤退说""国际因素说"、新殖民主义，以及文化和意识形态理论等。

殖民地视角（边缘因素说），也称作"民族主义因素说"，认为反殖民的民族主义是促使殖民帝国从殖民地区撤出的首要因素。马克思主义的分析主要是根据附属地的社会结构变化来解释政治变化；在20 世纪 60 年代，一些西方的新古典经济学家和马克思主义学者集中于研究边缘地区的社会经济结构变化，认为殖民主义可能加速了殖民地的工业化，城市工人和资产阶级成为民族革命者，殖民地民族独立运动高涨，使得西方殖民国家高昂的正式政治统治成本，大大高于其保持殖民地的收益，这反过来促进了非殖民化。一方面，这被认为是现代化或者殖民地成熟的一种自然过程；另一方面，城市工人和资产阶级的一部分被视为民族独立运动的中心。① 而我国以及苏联的学者，多把 20 世纪的这场非殖民化运动称之为民族解放运动，这种看法和研究角度，越来越难以被学术界完全认可。许多学者更倾向于认为，西欧殖民帝国瓦解的"边缘因素"解释强调了民族主义运动的重要性，但这一解释应该被置于更大的世界体系的背景下。

基于宗主国视角的一种解释，亦即"宗主国自身因素说"（或"宗主国主动撤退说"），认为随着西欧殖民帝国力量的下降，不堪承受沉重的殖民地负担，加上国内舆论对殖民制度的反感以及出于道义的责任感，而主动放弃殖民地。一些西方学者强调西方殖民者在这一进程中的主动作用，把殖民体系的崩溃、殖民地独立的过程，视为宗主国的主动撤退或有计划运作的结果。"非殖民化"在这里意味着外部（主要是西欧宗主国）把政治上的统治权让与殖民化的非欧洲民族，或者是权力从帝国向民族国家的转移。就这两种理解本身而言，反映了对这场运动发生过程的不同理解，即殖民者是被"推出"还

① David Strang, "Global Patterns of Decolonization, 1500 – 1987," in *International Studies Quarterly*, Dec. , 1991, Vol. 35, No. 4, pp. 431 – 432.

是主动"退出"。

无论是基于殖民地视角还是宗主国视角的分析,单方面很难对非殖民化运动做出完整的解释,有学者提出了"国际因素说",即试图从国际视角对非殖民化进程及其动因进行多方面的解释。他们指出,产生非殖民化的过程主要是外部原因,强调国际因素对于殖民地非殖民化的作用,如认为非殖民化受到全球经济周期、霸权、殖民主义的合法性问题等因素的影响。再如,有学者认为第二次世界大战后世界体系的变化,尤其是美、苏两个超级大国的反殖民主义立场,给欧洲殖民宗主国的非殖民化施加了巨大的国际压力,这种国际压力与殖民地民族主义的抵抗因素同样重要。①

20 世纪 80 年代以来,一些西方学者从世界经济和国际政治的角度着手,通过大量的研究对西方殖民化的长期模式进行了探讨,他们集中于分析世界体系的"中心"国家——"边缘"地区之间的交换关系,以及政治模式的全球传播和制度化的影响,指出了殖民活动与体系整体特性之间的联系,以及非殖民化与国际体系霸权和世界经济波动之间的关系。② 这些研究加强了我们对西方政治和经济体系解释的理解。首先,从世界体系理论的角度来看,殖民主义是世界体系本身的一种结构特征,是"中心"和"边缘"地区之间的一种联系,也是作为一个整体的世界体系的特性。根据美国学者艾伯特·伯格森(Albert Bergesen)和罗纳德·舍恩伯格(Ronald Schoenberg)的观点,中心区国家的稳定和结构变动对"中心"和"边缘"的关系变化有着深刻的影响。在世界体系的长期历史中,中心区沿着这一单极和多极的连续统一体来回变化,最重要的是这种重复变化是与殖民主义的不断扩张和收缩相一致的。当权力分散在多个中心区国家中(一种多极中心)时,殖民主义呈现扩张态势,而当出现一个霸权国家主宰

---

① John Springhall, *Decolonization Since 1945*, pp. 4 – 17.

② David Strang, "From Dependency to Sovereignty: An Event History Analysis of Decolonization, 1870 – 1987," in *American Sociological Review*, Vol. 55, No. 6, Dec., 1990, p. 846.

（单极中心）时，殖民主义则呈现收缩态势。① 艾伯特·伯格森和罗纳德·舍恩伯格认为，在体系不稳定和多中心阶段，帝国的活动加剧，殖民主义呈现扩张态势；在体系稳定和霸权阶段，帝国的活动减少，殖民主义则呈现收缩态势。这就与英国霸权统治下的第一波非殖民化浪潮和美国霸权统治下的第二波非殖民化浪潮联系了起来。② 1945—1973 年期间，美国成为世界体系的霸权国家，这一时期可以看作是单极的中心稳定阶段，中心区只有一个霸权国美国，中心区国家之间不存在严重的冲突，"中心—边缘"关系的政治管制放松，"中心"与"边缘"地区之间在政治上呈现非殖民化现象（亚洲和非洲的非殖民化）。③ 随着第二次世界大战后世界体系中心区的稳定，世界范围内出现了非殖民化运动的高潮，殖民帝国在 1947—1962 年的短暂时期内迅速解体。

　　世界体系理论学派大致分为两种分析方法，其中"世界经济"观点集中于分析"中心—边缘"之间的交换，"世界政治"观点集中于政治模式的全球传播和制度化。④ 从世界经济的视角来看，20 世纪的非殖民化很大程度上是归因于二战后美国的霸权和全球经济的扩张，这一时期非殖民化的速度迅速上升；世界政治的观点则指出，民族国家模式扩大和传播的动力日益占据主导地位，随着选举权的广泛普及以及 20 世纪 60 年代后在全球政治语境下帝国主义合法性的丧失，非殖民化进程急剧加速。

　　从 20 世纪 80 年代开始，世界经济学派就运用计量分析的方法，

---

① Albert Bergesen and Ronald Schoenberg, "Long Waves of Colonial Expansion and Contraction, 1415 – 1969," in Albert Bergesen ed. , *Studies of the Modern World-System*, New York：Academic Press, Inc. , 1980, pp. 238 – 239.

② David Strang, "Global Patterns of Decolonization, 1500 – 1987," in *International Studies Quarterly*, Dec. , 1991, Vol. 35, No. 4, p. 437.

③ Albert Bergesen and Ronald Schoenberg, "Long Waves of Colonial Expansion and Contraction, 1415 – 1969," in Albert Bergesen ed. , *Studies of the Modern World-System*, pp. 231 – 277.

④ David Strang, "From Dependency to Sovereignty：An Event History Analysis of Decolonization, 1870 – 1987," in *American Sociological Review*, Vol. 55, No. 6, Dec. , 1990, p. 846.

对西方殖民帝国具有普遍意义的模式进行了多方面的考察和研究，并在此基础上来探讨非殖民化问题。① 诸如伯格森和舍恩伯格等西方学者，从作为整体的体系角度，来解释经济过程和政治行为之间的相互作用，把帝国活动的层面与权力集中和经济增长的系统过程联系起来，他们的观点也应用到非殖民化过程本身。他们认为霸权和经济增长呈现周期性变化，并把全球经济周期与康德拉季耶夫波动理论联系起来，认为非殖民化的进程与霸权和全球经济扩张的周期是高度一致的。当一个霸权国家存在或者在世界经济的繁荣时期，通过独立而呈现非殖民化的步伐加快；通过兼并而出现的非殖民化则呈现出相反的模式。② 世界经济学派（包括沃勒斯坦等学者），首先关注的是中心国家之间的权力分配。如他们认为中心国家之间权力的相对平衡，有利于加强对边缘地区的竞争来保持和扩大殖民帝国，导致对边缘地区的政治控制加强。相反，霸权则导致这些控制松弛，一个霸权国家的崛起可以削弱中心国家之间的竞争，产生一种由霸权主导的"自由贸易帝国主义"。例如，1763 年后英国霸权的崛起，改变了对欧洲殖民国家和美洲殖民地的帝国成本和收益，促进了在美洲的非殖民化。世界经济学派关注的第二个方面是全球经济增长的速度，认为世界经济的增长促进了非殖民化，而世界经济的下降则导致了殖民化。认为全球经济的停滞阶段常常导致建立和保持正式的殖民地，而经济扩张阶段常常使中心与边缘地区的纽带松弛。伯格森和舍恩伯格等学者在世界体系理论的基础上，提供了把霸权和全球经济扩张阶段与最终的殖民化联系起来的证据。③

与此同时，也有一些学者从世界政治的角度来对非殖民化进行阐释。按照世界政治学派的观点，非殖民化过程包含了政治模式的传

---

① 参见潘兴明《试析非殖民化理论》，《史学理论研究》2004 年第 3 期。

② David Strang, "Global Patterns of Decolonization, 1500–1987," in *International Studies Quarterly*, Dec., 1991, Vol. 35, No. 4, p. 431.

③ David Strang, "From Dependency to Sovereignty: An Event History Analysis of Decolonization, 1870–1987," in *American Sociological Review*, Vol. 55, No. 6, Dec., 1990, p. 847.

播。首先，非殖民化受到民族国家模式从西方国家向其附属地的传播的促进。在宗主国的层面，民族国家模式从殖民国家向边缘地区的传播，边缘地区的精英和民众教育，为西方人民主权观念的输出提供了渠道，大大提高了其附属地的非殖民化速度。第一次世界大战后通过国际联盟的形式以及二战后通过联合国的舞台，使得民族国家成为边缘地区政治动员的一种强有力的模式。联合国使得非殖民化时代的许多设想——全球文明的观念、倡导被压迫民族的权利以及民族自决的权利等思想都明确下来。[①] 其次，世界政治的观点还集中于非殖民化本身的扩散效应，较早的非殖民化案例推动了后来的非殖民化进程，印度、印度支那三国和印尼的独立鼓舞了其他地区的民族主义。20世纪60年代后，随着在全球政治语境下帝国主义合法性的丧失，在联合国中，前殖民地和前宗主国都宣布殖民地拥有自决权。1960年联合国发布的"关于殖民地国家和民族获得独立的宣言"是一个重要的标志，该年度18个非洲殖民地成为独立国家，世界非殖民化进程达到了顶峰。整个20世纪70年代，非殖民化仍然保持了较快的速度，有25个岛屿"小国"在这十年间成为主权国家。到了20世纪80年代，非殖民化浪潮似乎已处于尾声。在1980—1987年期间，共发生了五起非殖民化事件：文莱、伯利兹、圣基茨岛（Saint Kitts）、安提瓜和巴布达获得独立，以及科科斯群岛合并进入澳大利亚。

从概念上来看，世界经济观点存在明显的不足，因为很难区别霸权和全球经济周期对20世纪非殖民化的影响。因此，霸权国家是否促进了非殖民化，抑或霸权和经济增长周期之间的结合，其产生的影响的重要程度并不明确。在很大程度上，霸权是关键的因素，非殖民化与霸权的作用之间关系密切，而与世界经济扩张周期的关系相对不大，最明显的例子是美国的"不情愿的帝国主义"。在西方殖民主义

① "Introduction: The Decolonization of Asia and Africa in the Twentieth Century," in Prasenjit Duara, *Decolonization: Perspectives from now and then*, New York: Routledge, 2004, p. 14.

扩张的狂热时期，美国所占殖民地的本土精英以及美国殖民当局就开始向非殖民化努力。世界经济学派和世界政治学派的观点存在着明显的区别，但是二者之间的联系同样重要。一些支持上述学派观点的学者指出，在20世纪，霸权加速了世界非殖民化的过程，主要是因为美国在历史上拥有普遍的主权和民族自决观念。除了世界体系变化等国际因素的影响之外，许多附属地和宗主国的不同特性也对非殖民化产生了巨大影响。因此，这些学者认为，20世纪的非殖民化产生于更大的政治背景，而经济因素在其中发挥了适度的影响。[①]

对于许多第三世界民族主义领导人来说，非殖民化意味着新的发展的开始以及个体和公民身份的实现。但也有一些学者认为非殖民化是西方殖民者变换策略，在放弃政治统治的同时，改用经济控制的方式维持其支配地位和利益，这被称之为新殖民主义的观点。另外如约翰·凯利（John Kelly）、玛莎·卡普兰（Martha Kaplan）以及罗杰·路易斯（Roger Louis）和罗纳德·鲁宾逊（Ronald Robinson）等西方学者，从全球视角提出了一种不同的观点。罗杰·路易斯和罗纳德·鲁宾逊等学者认为，欧洲帝国主义尤其是英帝国在二战后并没有消失，而是转化为一种在美国领导下、英国作为"次等"伙伴的"新帝国主义"。它们通过利用一种新的军事和金融依附的形式有效控制了许多先前统治的民族国家，从而主导了冷战。而约翰·凯利和玛莎·卡普兰等学者，则阐明了这一观点更为广泛的含义，大多数非殖民化国家已经成为第三世界的重要组成部分，在民族国家体系中拥有正式的主权，但是却为债务、外国机构和文化依附所限制。他们认为，非殖民化很大程度上意味着进入了一个新的由美国主宰的世界秩序中。[②] 但也有学者指出，新殖民主义应主要被看成一种统治手段或

---

① David Strang, "From Dependency to Sovereignty: An Event History Analysis of Decolonization, 1870 – 1987," in *American Sociological Review*, Vol. 55, No. 6, Dec, 1990, pp. 857 – 858.

② "Introduction: The Decolonization of Asia and Africa in the Twentieth Century," in Prasenjit Duara, *Decolonization: Perspectives from Now and Then*, New York: Routledge, 2004, p. 15.

制度，并不代表某个具体的历史阶段，不能把 1945 年以后的殖民主义进程看成是"新殖民主义时期"。新殖民主义具有明显的区域性，其在非洲和拉丁美洲影响较大，在受社会主义思潮冲击较大的亚洲，其影响相对要小得多。①

　　总之，西方学术界有关非殖民化的概念理解和理论研究，其相关著述及提出的解释方法，尽管多是在西方中心主义的话语体系和视角下来进行解读或探讨，具有较大的局限性，但无疑对我们的研究具有一定的借鉴意义。

二　美国与 20 世纪的非殖民化：
　　基于学术史的回顾

　　从国际学术界的研究来看，学者们在分析 20 世纪非殖民化动因的国际因素时，常常不可避免地要涉及美国的反殖民主义传统及其在战后非殖民化过程中所起的作用。实际上，自 20 世纪初伊始，美国关于解决殖民主义问题的基本设想，特别是针对原欧洲殖民地非殖民化的政策变化，及其对后殖民时代美国与第三世界关系所产生的影响，都成为美国外交史研究的重要课题。第二次世界大战后，随着非殖民化运动的蓬勃发展，新独立的亚非拉广大第三世界成为国际舞台上一支举足轻重的力量，这一现实引起了西方世界的极大关注，国际学术界开始重视对战后非殖民化问题的研究，学者们分别从各种角度对 20 世纪世界非殖民化的原因及过程进行了探索。就美国而言，早在二战期间，罗斯福政府在缔造"美国世纪"蓝图的促动下，就推动知识界和公众舆论对欧洲殖民主义展开了猛烈抨击。1945 年后世界范围内不断爆发的殖民地与宗主国之间的冲突，不仅引起了美国决策层的忧虑，而且吸引了学术界对非殖民化问题的研究兴趣。在冷战

---

① 徐蓝：《战后国际关系史研究的成果与展望》，《历史研究》2008 年第 6 期。

方酣的 20 世纪五六十年代，基于冷战战略的推动以及在现代化理论的影响下，亚洲和非洲等第三世界的非殖民化和发展问题不仅成为美国决策层关注的重点，也引起美国学术界的关注，并深深影响到了此时美国勃兴的地区研究。

20 世纪 70 年代后，随着美国以及其他西方国家 40 年代政府档案的逐步公开，为研究者提供了便利，加上围绕美国卷入越南战争的根源等问题展开的争论，推动了包括美国在内的西方学术界关于美国非殖民化政策的研究。西方学术界燃起了关于美国对欧洲帝国非殖民化的态度及政策等方面的研究兴趣。西方学术界开始对非殖民化问题进行系统研究，先后有不少论著问世。到了 20 世纪 80 年代，由于里根主义所导致的美国在非西方世界的政策困境，促使学术界重燃对 1945 年后美国关于非殖民化的反应问题的研究兴趣。[①] 进而引发了美国政界和学术团体对 1945 年后美国关于非殖民化问题的政策立场的讨论，有一批学者对美国的反殖民主义问题和非殖民化政策进行了深刻的反思和批判性研究。20 世纪 90 年代后，随着冷战的结束，冷战时代被美苏霸权所掩盖的许多民族性、地区性问题涌现出来，并引起了广泛的关注，国际学术界涉及 20 世纪非殖民化问题的研究不断深入。进入 21 世纪以来，美国历史学会还多次召集学者举办学术论坛，加强对冷战时期非殖民化问题的探讨，其中不乏对美国非殖民化政策及其作用的讨论。总的来说，当前国际学界关于美国非殖民化政策的研究呈现出新的变化，研究的角度和领域不断深入和拓展，视角和方法愈加宽广与多元化。

就西方学术界研究的领域来看，大致集中在以下几个方面：

1. 关于美国的反殖民主义问题

在国际学术界，学者们在分析导致欧洲殖民体系瓦解的国际因素时，基本上都要涉及美国的反殖民主义问题。关于美国的反殖民主义

---

① Cary Fraser, "Understanding American Policy Towards the Decolonization of European Empire, 1945 – 1964," in *Diplomacy & Statecraft*, Vol. 3, No. 1, 1992, p. 105.

立场，二战后不断有学者从美国外交政策的角度进行研究，提出了不同的观点。早期的一些学者如朱利叶斯·普拉特（Julius W. Pratt）等，倾向于把美国的反殖民主义描述成美国作为一个前殖民地的自身形象的反映，认为美国外交传统中具有反殖民的理想主义倾向，其同情民族主义运动。① 但相当一部分学者认为，美国反殖民的理想主义传统与其自身利益不可分割，如威廉·威廉姆斯（William A. Williams）等"新左派"强调对自由贸易的追求是美国反殖民的主要动因；"新左派"（或称为"门户开放学派"）从经济因素方面来进行解释，如著名越南问题专家劳埃德·加德纳（Lloyd Gardner）等②；20 世纪 70 年代后，一些"国际主义学派"史学家则阐明了影响美国反殖民主义立场变化的复杂的国际政治因素，如威廉·R. 路易斯（William R. Louis）、克里斯托弗·索恩（Christopher Thorne）、沃尔特·拉夫伯（Walter LaFeber），以及肯尼斯·崔瑞德（Kenneth J. Twitchett）等，认为国际政治的现实决定着美国反殖民政策的变化，美国的政策是以欧洲殖民国家为代价来追求其自身的利益的。③ 另外，还有不少学者通过"冷战范式"或"国家安全范式"以及"世界体系范式"的框架，把美国的非殖民化政策放在全球特定背景下来进行解释。当然，也有西方学者在研究过程中，常常把多种因素放在一起进行分析。

　　20 世纪 80 年代至 90 年代，一些学者在研究中倾向于把美国的非

---

① William Roger Louis, *Imperialism at Bay*, New York: Oxford University Press, 1978; Foster Rhea Dulles and Gerald D. Ridinger, "The Anti-Colonial Policies of Franklin D. Roosevelt", *Political Science Quarterly*, Vol. 70, No. 1, 1955, pp. 1 – 18; Julius W. Pratt, "Anti-colonialism in United States Foreign Policy", in Robert Strausz-Hupe and Harry W. Hazard, eds., *The Idea of Colonialism*, London: Atlantic Books, 1958.

② Lloyd Gardner, Economic Aspects of New Deal Diplomacy, Madison: University of Wisconsin Pr, 1964.

③ William Roger Louis, "American Anti-Colonialism and the Dissolution of the British Empire," *International Affairs*, Summer 1985, Vol. 61, Issue 3, pp. 395 – 420; Kenneth J. Twitchett, "The American National Interest and the Anti-Colonial Crusade", *International Relations*, Vol. 3, No. 4, 1967, pp. 273 – 295.

殖民化政策描述成根本上的实用主义、现实主义和对各个殖民地发生事件的反应，尤其是美国的反共产主义立场对其在非欧洲世界政策影响的增长。① 美国学者加里·弗雷泽（Cary Fraser）指出，美国关于非殖民化的政策是 1945 年后美国整体外交政策中的重要问题之一，要想理解遏制政策是如何从最初集中于欧洲扩大到非欧洲世界的，人们必须考虑到非殖民化进程在促进美国政策转变过程中的作用，美国常常试图把欧洲帝国和非殖民化看作保持稳定的手段。美国转变成国际体系中的主导力量成为 1945 年后美国政策的核心内容，并导致了其持续不断的努力来保持美国主导的国际体系的稳定。这一作为主导力量的角色是阐释美国对非殖民化进程反应的一个关键的决定因素，在阐述美国缺乏政策连贯性的原因时，或许可以把其看作一种美国对不同背景下的非殖民化做出明智反应的行为模式。②

首先是二战期间美国对欧洲殖民地问题的考虑，许多相关著作中涉及这个问题，较重要的论著有：威廉·R. 路易斯的《帝国主义陷于困境，1941—1945：美国与英帝国的非殖民化》（1977）；克里斯托弗·索恩的《徒有其名的同盟：美国、英国与反对日本的战争，1941—1945》（1978）；约翰·J. 斯布雷加（John J. Sbrega）的《英美关系与东亚的殖民主义，1941—1945》（1983）等。在《帝国主义陷于困境》一书中，作者大量利用了 20 世纪 70 年代美、英等国解密的官方档案，查阅了美、英、澳、新、加等国的档案和私人文件，对二战时期美、英围绕《大西洋宪章》、托管制度等问题的争议进行了研究，涉及美国和英国战时对殖民主义的态度和对殖民地世界的前途

① Lloyd Gardner, *Approaching Vietnam*：*From World War II through Dienbienphu*, New York：W. W. Norton, 1988; Steven Metz, "American Attitudes Toward Decolonization in Africa", *Political Science Quarterly*, Vol. 99, No. 3, 1984, pp. 515 – 534; Ritchie Ovendale, "Britain, The United States, and the Cold War in Southeast Asia, 1949 – 1950," *International Affairs*, Vol. 58, No. 3, 1982, pp. 447 – 464.

② Cary Fraser, "Understanding American Policy Towards the Decolonization of European Empire, 1945 – 1964," in *Diplomacy & Statecraft*, Vol. 3, No. 1, 1992, pp. 106 – 107.

的计划。该书也可以被看作联合国托管制度起源的历史。[①] 索恩则从另一种角度和框架对这个问题进行了研究。他从美英合作对抗日本的同时，两者在中国、印度、东南亚地区在政治、战略利益等方面的分歧，分析了战时美英在远东既合作又有冲突的关系。[②] 同样，约翰·J. 斯布雷加的著作主要集中于研究二战期间的美英关系和东亚的西方殖民主义问题，指出英国的殖民主义态度是阻碍英美战时合作的一个重要因素。[③]

关于富兰克林·罗斯福的反殖民主义态度。一些学者指出罗斯福直到去世前都一直坚持反对殖民统治。如保罗·奥德斯（Paul Orders）在其《适应世界历史的新时期：富兰克林·罗斯福与欧洲殖民主义》一文认为，罗斯福始终坚定地支持非殖民化，其理想主义并没有因现实主义而失色。[④] 另外一些学者则认为现实利益始终制约着罗斯福的反殖民主义立场。如维克托·蓬贡（Victor Pungong）在其《美国与国际托管制度》一文中，揭示了战争后期罗斯福在非殖民化问题上日益强烈的保守主义。他指出罗斯福的反殖民主义在理想主义和现实主义之间存在着巨大的鸿沟。[⑤] 加里·赫斯（Gary R. Hess）的《1941—1947 年美国与印度的相遇》一书和肯顿·克莱默（Kenton J. Clymer）的《富兰克林·罗斯福、路易斯·约翰逊、印度及反殖民主义：另一种看法》一文，分析了罗斯福政府在印度独立过程中的态

①　William Roger Louis, *Imperialism at Bay*, *1941 – 1945*: *The United States and the Decolonization of the British Empire*, Oxford: the Clarendon Press, 1977.

②　Christopher Thorne, *Allies of A Kind*: *The United States*, *Britain and the War Against Japan*, *1941 – 1945*, London: Hamish Hamilton Ltd., 1978.

③　John J. Sbrega, *Anglo-American Relations and Colonialism in East Asia*, *1941 – 1945*, New York & London: Garland Publishing, Inc., 1983.

④　Paul Orders, "'Adjusting to a New Period in World History': Franklin Roosevelt and European Colonialism," in David Ryan and Victor Pungong, eds., *The United States and Decolonization*: *Power and Freedom*, New York: ST. Martin's Press, 2000, pp. 63 – 84.

⑤　Victor Pungong, "The United States and the International Trusteeship System," in Ryan and Pungong, eds., *The United States and Decolonization*, pp. 85 – 101.

度变化。① 此外，福斯特·杜勒斯（Foster Rhea Dulles）和杰拉尔德·里丁格（Gerald Ridinger）的《富兰克林·罗斯福的反殖政策》②等其他论著中也涉及这方面的内容。虽然这些看法存在分歧，但总体上都认为美国传统上具有反殖民主义的"理想"，肯定了战时美国的反殖民主义立场，同时也指出美国的反殖民主义理想始终与其自身利益不可分割。有不少西方学者某种程度上也夸大了美国的反殖民主义影响。

2. 美国在欧洲殖民体系瓦解中的角色问题

在对欧洲殖民体系瓦解过程的整体研究中，有许多学者分析了美国作为外部因素所起的作用。较有代表性的著作如，亨利·格里马尔（Henri Grimal）的《非殖民化：1919—1963 年的英、法、荷及比利时帝国》（1965）；R. F. 霍兰（R. F. Holland）的《1918—1981 年欧洲的非殖民化：一种概略性的考察》（1985）；M. E. 张伯伦（M. E. Chamberlain）的《非殖民化：欧洲帝国的衰落》（1985）③；约翰·斯普林霍尔（John Springhall）的《1945 年以来的非殖民化：欧洲海外帝国的瓦解》（2001）④ 等。这些著作从总体上考察了 20 世纪英、法、荷、比等欧洲国家的非殖民化过程，而且大多都谈到了美国因素在这一过程中的影响，指出国际政治的现实利益决定着美国的非殖民化政策。从二战后期开始，美国的国际声望和利益与更广泛的世界利益紧密联系在一起，全球战略因素、殖民地区所爆发的始料未及的民族主义运动、欧洲殖民国家恢复殖民统治秩序的决心及美苏关系

---

① Gary R. Hess, *America Encounters India*, *1941 - 1947*, Baltimore: The Johns Hopkins Press, 1971; Kenton J. Clymer, "Franklin D. Roosevelt, Louis Johnson, India, and Anticolonialism: Another Look," in *Pacific Historical Review*, Vol. 57, No. 3, 1988, pp. 261 - 284.

② Foster Rhea Dulles, Gerald Ridinger, "The Anti-colonial Policies of Frank D. Roosevelt," in *Political Science Quarterly*, Vol. 70, 1955, pp. 1 - 18.

③ M. E. Chamberlain, *Decolonization: The Fall of the European Empires*, New York: Basil Black well Inc., 1985.

④ John Springhall, *Decolonization Since 1945: The Collapse of European Overseas Empires*, New York: Palgrave Publishers Ltd., 2001, p. 2.

的恶化等因素，使得美国关于殖民地问题的解决方案改变了方向。①

　　20 世纪八九十年代以来，许多学者对英帝国的非殖民化进行了较为广泛的研究。在分析促使英帝国衰亡的外部因素时，多数学者强调了美国所起的促进作用，但又认为应该对英帝国崩溃的原因进行综合的分析，不应过分强调美国或其他国际因素所施加的影响。如尼古拉斯·怀特（Nicholas J. White）在《非殖民化：1945 年以来英国的经历》一书中指出，美国的压力对战后初期英国对非殖民化起到了重要的作用，但冷战因素改变了其坚定的反殖民立场。到 20 世纪 50 年代中期，美国在调整了其对第三世界的政策以后，又恢复了反殖民主义的强硬立场。因此作者强调美国以及其他大国的影响因素不应被夸大。② 同样，约翰·达尔文（John Darwin）在《英帝国的解体：一种历史性的争论》（1991）一书中指出，国际因素尤其是美国因素无疑是起到了重要的间接作用，但是不能简单认为英国放弃帝国是大国压力作用的结果。③ 波特（A. N. Porter）和斯托克维尔（A. J. Stockwell）在其合著的《英国的帝国政策与非殖民化，1938—1964（第一卷）》（1987）等论著中，以及戴维·麦金泰尔（W. David Mcintyre）在《英国的非殖民化，1946—1997：英帝国是何时、何因及如何衰落的？》（1998）一书中，在探讨英国实施非殖民化的原因时，也涉及美国因素的作用。④

　　其他还有一些相关论著，如威廉·路易斯（William Roger Louis）在《美国的反殖民主义与英帝国的解体》一文中，也肯定了美国的

---

　　①　Henri Grimal, *Decolonization：The British，French，Dutch and Belgian Empires 1919 – 1963*, Colorado：Westview Press Inc. , 1965, p.154；R. F. Holland, *European Decolonization 1918 – 1981：An Introductory Survey*, London：The Macmillan Press, 1985, p.55.

　　②　Nicholas J. White, *Decolonization：The British Experience Since 1945*, New York：Addison Wesley Longman Inc. , 1999, p.73.

　　③　John Darwin, *The End of the British Empire：The Historical Debate*, Oxford：Basil Blackwell Ltd. , 1991.

　　④　W. David Mcintyre, *British Decolonization，1946 – 1997：When，Why and How Did the British Empire Fall?* London：the Macmillan Press, 1998.

反殖民立场在英帝国解体过程中的重要作用。[1] 格洛夫·霍曼（Gerlof D. Homan）的《美国与荷属东印度：美国反殖民主义的演变》;[2] 凯里·弗雷泽（Cary Fraser）的《解读美国关于欧洲帝国非殖民化的政策，1945—1964》;[3] 约翰·达尔文（John Darwin）的《英国与非殖民化：战后从帝国的撤退》（1988）;[4] 威廉·路易斯和罗纳德·鲁宾逊（Ronald Robinson）的《非殖民化的帝国主义》[5] 等都涉及这些问题。

3. 美国非殖民化政策与第三世界的关系问题

随着战后非殖民化运动的蓬勃发展，旧殖民体系迅速瓦解，第三世界新的国家纷纷独立。尽管美国与欧洲殖民宗主国之间存在着不少分歧，并常以非殖民化的倡导者自居，但美国在国际事务实践中常常对殖民国家给予了支持，因而遭到第三世界国家的普遍谴责，甚至是公开表示出强烈的反美情绪。这种情况引起了美国政界及学术界对美国在殖民主义问题上采取的政策展开了讨论。20世纪60、70年代以来，包括美国在内的西方学术界，对战后美国与第三世界革命运动之间的对抗问题进行了大量研究，也有学者开始探讨美国在20世纪第三世界国家独立过程中所扮演的角色问题，从这一角度来分析战后美国的非殖民化政策对其与第三世界关系的影响。

这方面问题提出较早的，要属美国著名的东南亚事务专家威廉·

---

[1] William Roger Louis, "American Anti-Colonialism and the Dissolution of the British Empire," in William. Roger Louis, and Hedley Bull, eds., The "Special Relationship": Anglo-American Relations Since 1945, Oxford: the Clarendon Press, 1986, pp. 261 – 283.

[2] Gerlof D. Homan, "The United States and the Netherlands East Indies: The Evolution of American Anticolonialism," in Pacific Historical Review, Vol. 53, No. 4, November 1984, pp. 423 – 446.

[3] Cary Fraser, "Understanding American Policy Towards the Decolonization of European Empires, 1945 – 1964," in Diplomacy and Statecraft, Vol. 3, No. 1, 1992.

[4] John Darwin, Britain and Decolonization: The Retreat From Empire in the Post-War World, New York: St. Martin's Press, 1988.

[5] William Roger Louis, and Ronald Robinson, "The Imperialism of Decolonization," in Journal of Imperial and Commonwealth History, Vol. 22, No. 3, September 1994.

韩德逊（William Henderson）了，他在1957年哥伦比亚大学政治科学协会春季年会上做了一个以"美国的政策与殖民主义"为专题的发言。他指出，殖民主义问题一直是美国在二战后不得不面临的最复杂的问题之一，美国的反殖民传统及其作为世界上最强大的国家，使亚非地区人民对美国抱有很大期望，但是这些期望大多变成了失望，伴之出现了根深蒂固的怨恨和怀疑的情感。究其原因是在二战后十多年里美国一直不愿采取一种坚定的立场来反对西方的殖民统治。他认为美国应努力培养同非西方世界磋商的习惯，以此来缓和这些国家对美国的敌意，改变美国在国际事务中的被动地位。① 另外如莱尔·罗斯（Lisle A. Rose）的《悲剧的根源：美国及其为亚洲的斗争，1945—1953》（1976）一书，也考察了这一时期在亚洲反对西方主宰的斗争过程中美国的反应。作者指出，从二战到战后初期亚洲动荡的年代里，美国的政策基本上是保守主义，美国在反殖民主义问题上开始由"激进"向保守演变。② 揭示出二战后美国的亚洲政策成为美国与亚洲国家之间关系的悲剧性的根源。

斯科特·比尔（Scott L. Bill）在《帝国与冷战：美国与第三世界敌对的根源，1945—1947》（1990）一书，重点分析了战后初期第三世界反美主义的形成、传播和制度化的起源。作者认为，美国在冷战早期对殖民地区的政策是毫无计划的，美国决策层对宗主国所持的看法，影响到了美国在附属地民族主义者提出援助请求时所做出的反应。③ 同样，戴维·纽森（David D. Newson）的著作《帝国的衣钵：美国、非殖民化与第三世界》（2001），也深刻揭示了美国的非殖民化政策对其与第三世界关系的影响。指出美国对非殖民化的支持并不

---

① ［美］威廉·韩德逊：《美国的政策与殖民主义》，施旬译，《世界史研究动态》1984年第4期。

② Lisle A. Rose, *Roots of Tragedy: The United States and the Struggle for Asia, 1945 – 1953*, Westport: Greenwood Press, 1976, p.91.

③ Scott L. Bill, *Empire and Cold War: The Roots of US-Third World Antagonism, 1945 – 1947*, New York: St. Martin's Press, 1990, pp. x-xi.

是完全受理想主义的支配。① 作者认为："美国对苏联在第三世界的威胁反应过度，从而损害了其在许多新独立国家中的地位。"② 这也造成美国与后殖民时期，尤其是冷战时期的第三世界关系的复杂性。这些学者的论著尽管有着各自的局限性，但其研究视角为我们认识和理解战后美国非殖民化立场的变化及其对第三世界政策的影响提供了有益的启示。

4. 其他相关美国非殖民化政策问题的研究

近十余年来，有学者在利用"世界体系范式"来诠释美国外交政策时，开始把美国的非殖民化政策放在世界体系的框架内来分析。如大卫·瑞安（David Ryan）的《世界历史上的美国外交政策》（2000）一书，从世界体系的角度出发，对美国 200 多年来的对外关系史进行了考察，揭示出美国对外政策形成的主要动力，以及美国决策层的基本观念、思想和结构对其政策形成的影响。该书也从历史视角对美国的非殖民化政策进行了系统分析。作者指出："自决、反殖民主义、势力范围、自由和单边主义是 20 世纪美国外交政策的核心特征。作为原始的主义的形式，它们都被国家利益和对美国机会的追求所调和。"③ 戴维·瑞安和维克托·蓬贡（Victor Pungong）主编的另外一本著作《美国与非殖民化：权力与自由》（2000），代表了美国非殖民化政策的较新研究成果。该书虽属一本论文集，但却汇集了当时美国学术界关于该问题研究的 11 位著名学者的文章，内容涵盖了美国外交传统与非殖民化、罗斯福的反殖民主义、美国与国际托管制度、意识形态与非殖民化等问题。其中沃尔特·拉夫伯的《1776年至 1920 年美国的非殖民化观念：一种讽刺性的遗产》一文，考察

---

① David D. Newson, *The Imperial Mantle: The United States, Decolonization, and the Third World*, Bloomington: Indiana University Press, 2001, p. 47.

② Ibid., p. 147.

③ David Ryan, *US Foreign Policy in World History*, p. 40.

了美国历史上非殖民化观念的实质。① 丹尼斯·梅里尔（Dennis Mer-
rill）在《历史的嘲弄：美国与印度的非殖民化》一文中，试图运用
多种解释范式来说明美国在非殖民化问题上原则与行动之间的断裂，
他在文中通过文化上的考察及后结构主义分析来研究意识形态中的种
族观念和美国人对印度社会的认知，是如何影响到美国对该国独立运
动的态度的。同时，还有学者从"国家安全范式"的框架出发，揭
示了全球战略因素导致美国决策者在反殖民目标上的后退，以及抑制
了美国在冷战早期对非殖民化的支持。② 在该论文集中，迈克尔·亨
特（Michael H. Hunt）通过《美国政策中的非殖民化难题：承诺与实
践的对立》一文，从意识形态视角解释了美国对非殖民化问题的态
度，认为植根于美国人思想中的种族等级观念和对革命的恐惧，也是
阐释非殖民化难题的两个重要因素。③ 另外，该书收集的其他文章对
美国与其他地区或国家的非殖民化政策进行了探讨，如 A. J. 斯托克
韦尔（A. J. Stockwell）在《美国与英国在马来西亚的非殖民化，
1942—1957》一文中，以马来西亚为例研究了美国对英国殖民地的政
策。④ 劳里·约翰斯顿（Laurie Johnston）、斯科特·卢卡斯（Scott Lu-
cas）、约翰·肯特（John Kent）等学者分别就美国对拉丁美洲和加勒
比海地区、阿拉伯世界及非洲的非殖民化的政策进行了研究。⑤

---

① Walter LaFeber, "The American View of Decolonization, 1776 – 1920：An Ironic Lega-
cy," in Ryan and Pungong, eds., *The United States and Decolonization*, p. 24.

② Dennis Merrill, "The Ironies of History：The United States and the Decolonization of Indi-
a," in Ryan and Pungong, eds., *The United States and Decolonization*, pp. 102 – 120.

③ Michael H. Hunt, "The Decolonization Puzzle in US Policy：Promise versus Perform-
ance," in Ryan and Pungong, eds., *The United States and Decolonization*, pp. 207 – 229.

④ A. J. Stockwell, "The United States and Britain's Decolonization of Malaya, 1942 –
1957," in Ryan and Pungong, eds., *The United States and Decolonization*, pp. 188 – 206.

⑤ Laurie Johnston, "The Road to Our America：The United States in Latin America and the
Caribbean," in Ryan and Pungong, eds., *The United States and Decolonization*, pp. 41 – 62;
Scott Lucas, "The Limits of Ideology：US Foreign Policy and Arab Nationalism in the Early Cold
War," in Ryan and Pungong, eds., *The United States and Decolonization*, pp. 140 – 167; John
Kent, "The United States and The Decolonization of Black Africa, 1945 – 1963," in Ryan and
Pungong, eds., *The United States and Decolonization*, pp. 168 – 187.

5. 美国与东南亚的非殖民化

20 世纪 90 年代以来，西方学者涉及战后美国关于世界殖民地问题的政策方面的研究不断深入。就美国对东南亚非殖民化的政策个案研究而言，德国科隆（Cologne）大学的马克·弗赖（Marc Frey）博士于 2000 年 2 月公布了一项国际性研究专题，题目为"美国与东南亚的非殖民化（1940—1960）"，他从多个角度提出了对东南亚非殖民化研究的基本思路，同时列出了若干讨论题目，如日本占领东南亚的影响、欧洲的殖民政治、美国对该地区及单个国家的认知和政策，以及东南亚与美国的关系（包括政治、经济、文化、认识）、非政府力量的作用等。① 该系列专题集中了国际学术界东南亚研究方面的重量级学者，他们的代表性成果于 2004 年以《东南亚的转变：非殖民化的国际视角》一书结集出版，其中收集的论文有 4 篇涉及美国的相关政策和立场。②

实际上，从 20 世纪 70 年代以来，随着美国社会对越战开始进行深刻的反思，美国乃至西方学术界有不少学者对美国卷入越南战争的过程进行了研究。如 1972 年 5 月，美国参议院对外关系委员会召集有关学者探讨越南战争的起源，与会学者虽然所持观点各异，但几乎一致认为，问题源于罗斯福时期及杜鲁门政府摈弃了原来制订的承诺印度支那在战后独立的计划。③ 此后也不断有学者把越战的起源置于非殖民化过程中去考察，主要集中在战时美国对印度支那的考虑及战后美国的反殖民立场在印度支那问题上的变化等方面。如劳埃德·加德纳（Lloyd C. Gardner）在《我们是如何"失去"越南的，1945—54》一文中，在非殖民化原则的基础上分析了美国对越南的政策。④

---

① Marc Frey, "The United States and Decolonization in Southeast Asia (1940 – 60)," February 16, 2000, available at http：//www. h—net. msu. edu/logs/logs. cgi? list = H – SEASIA.

② Marc Frey, Ronald W. Pruessen and Tan Tai Yong (eds.), *The Transformation of Southeast Asia：International Perspectives on Decolonization*, Singapore University Press, 2004.

③ Lloyd C. Gardner, "How We 'Lost' Vietnam, 1950 – 54," in Ryan and Pungong, eds., *The United States and Decolonization*, p. 121.

④ Ibid., pp. 121 – 139.

其他学者涉及这方面的著述也较多，如加里·赫斯（Gary R. Hess）的《富兰克林·罗斯福与印度支那》① 以及《美国人在印度支那的第一个承诺：对"保大方案"的认可，1950》，其中后一篇文章对美国在 1950 年前后对"保大方案"的反应、无条件承认的变化过程及其原因进行了分析。② 沃尔特·拉夫伯（Walter Lafeber）的《罗斯福、丘吉尔与印度支那，1942—1945》一文探讨了战时罗斯福和丘吉尔在印度支那问题上的分歧。③ 乔治·赫林（George C. Herring）的《杜鲁门政府与法国印度支那主权的恢复》一文，着重考察了战后初期杜鲁门政府对印度支那从"不干涉政策"到介入的变化过程及背景。④ 伊夫林·科尔伯特（Evelyn Colbert）在《未竟之路：印度尼西亚和印度支那的非殖民化与独立》一文中，探讨了印度尼西亚和印度支那非殖民化过程的不同道路及其不同的影响因素。⑤ 另外，克里斯托弗·索恩（Christopher Thorne）的《印度支那与英美关系，1942—1945》⑥ 及约翰·J. 斯布雷加（John J. Sbrega）的《勿谋之过早：二战期间英美关于印度支那的看法》⑦ 等文章，也从不同的角度对战时美英在印度支那问题上的立场及其相互影响和变化的原因进行了分析。当然，还有其他不少关于战后美国对越南政策方面的著作涉及这些问题，如

---

① Gary R. Hess, "Franklin D. Roosevelt and Indochina," in *Journal of American History*, Vol. LIX, 1972, pp. 353 – 368.

② Gary R. Hess, "The First American Commitment in Indochina: The Acceptance of the 'BaoDaiSolution', 1950," in *Diplomatic History*, Vol. 2, No. 4, Fall 1978, pp. 331 – 350.

③ Walter Lafeber, "Roosevelt, Churchill, and Indochina, 1942 – 1945," in *American Historical Review*, Vol. 80, No. 5, December 1975, pp. 1277 – 1295.

④ George C. Herring, "The Truman Administration and the Restoration of French Sovereignty in Indochina," in *Diplomatic History*, Vol. 1, No. 2, Spring 1977, pp. 97 – 117.

⑤ Evelyn Colbert, "The Road Not Taken: Decolonization and Independence in Indonesia and Indochina," in *Foreign Affairs*, Vol. 51, No. 3, April 1973, pp. 608 – 628.

⑥ Christopher Thorne, "Indochina and Anglo-American Relations, 1942 – 1945," in *Pacific Historical Review*, Vol. 45, No. 1, February 1976, pp. 73 – 96.

⑦ John J. Sbrega, "'First Catch Your Hare': Anglo-American Perspectives on Indochina During The Second World War," in *Journal of Southeast Asian Studies*, Vol. 14, No. 1, March 1983, pp. 63 – 78.

拉塞尔·法菲尔德（Russell H. Fifield）的《美国人在东南亚：承诺的根源》（1973）；安德鲁·罗特（Andrew J. Rotter）的《通向越南之路：美国对东南亚承诺的起源》（1989）等著作。①

还有学者从另外一种角度分析了美国与战后英国东南亚政策的关系。如尼古拉斯·塔林（Nicholas Tarling）在《英帝国在东南亚的衰落》（1993）一书中认为，"战后英国希望美国卷入旧殖民帝国世界的前途问题"，而"美国人有自己关于旧帝国世界前途的看法，它包含了一种威尔逊的理想主义和一种寻求经济机会的现实主义的考虑"。② 卡尔·哈克（Karl Hack）的《东南亚的防御与非殖民化：1941—1968 年的英国、马来西亚与新加坡》（2001）一书也持类似观点，该书从英联邦和殖民地防御的角度，分析了英国的东南亚政策和马来西亚的非殖民化过程，以及在此过程中美英关系的变化。作者指出，到 1950 年后美国在东南亚承担起更大的责任，而英国仍然强烈希望在该地区保持强大的影响力，希望在殖民地非殖民化后，能保持自己在这些地区的战略和经济利益。但美国逐渐卷入东南亚的过程也是一把"双刃剑"，英国人发现自己在接受美国提供的重要资源的同时，其东南亚政策在美国面前日益黯然失色，很少能对美国的政策施加实质性的影响。③

还有一些学者利用"冷战范式"或"国家安全范式"来审视二战后美国与东南亚的非殖民化问题。这方面较具代表性的应该是美国学者罗伯特·麦克马洪（Robert J. McMahon），他认为，"美国的外交政策与为数众多的亚洲、非洲和中东的附属地国家的诞生之间的相互作用有着极其重要的历史意义，只有通过认真分析美国对殖民地问题

---

① Russell H. Fifield, *Americans in Southeast Asia*：*The Roots of Commitment*，New York：Thomas Y. Crowell Company，1973；Andrew J. Rotter, *The Path to Vietnam*：*Origins of the American Commitment to Southeast Asia*，New York：Cornell University Press，1989.

② Nicholas Tarling, *The Fall of Imperial Britain in Southeast Asia*，Oxford：Oxford University Press，1993，p. 178.

③ Karl Hack, *Defence and Decolonisation in Southeast Asia*：*Britain*，*Malaya and Singapore 1941 – 1968*，Richmond：Curzon Press，2001，p. 73.

的反应，以及反过来殖民地人民对美国外交政策的反应，才能在正确的历史背景下理解华盛顿与第三世界的关系"①。其代表性著作是《殖民主义与冷战：美国与印度尼西亚的独立战争，1945—1949》（1981）以及《帝国的局限：第二次世界大战以来的美国与东南亚》（1999），另外还有一些相关的论文。在《殖民主义与冷战》一书中，他主要考察了美国在印度尼西亚独立过程中所起的作用，指出理想主义和自身利益一直混合在美国的反殖民传统中，并且影响和决定着美国对印度尼西亚民族主义的反应。作者总体上把美国对印尼殖民地问题的反应放在冷战这一框架下去理解，试图阐明美国的殖民地政策与日益加深的冷战之间的重要关系。《帝国的局限：第二次世界大战以来的美国与东南亚》是罗伯特·麦克马洪一部新的力作。他从整体上分析了美国战后卷入东南亚地区并对其承担义务的综合因素。美国希望通过一种渐进式的非殖民化方案，即欧洲殖民者采取进步的措施，引导其附属地逐渐走向自治，使"中心"与"边缘"之间不断加强密切合作，以实现美国战后的世界秩序构想，即重建西欧和日本，把东南亚经济整合到西方世界经济体系中去。② 关于美国与印度尼西亚非殖民化的关系，荷兰学者弗朗西斯·高达（Frances Gouda）等著的《美国对荷属东印度的看法：美国外交政策与印度尼西亚的民族主义，1920—1949》一书，则对美国明确支持印尼民族主义独立斗争的观点提出了挑战。作者认为在冷战背景下，美国对该地区形势的评估开始把反殖民主义与民族主义斗争混合在一起，直到 1949 年早期，美国都在稳步的有策略的支持其忠实的荷兰盟友。③ 加里·赫斯在《美国

---

① Robert J. McMahon, *Colonialism and Cold War：The Unite States and The Struggle for Indonesia Independence，1945 – 1949*，New York：Cornell University Press，1981，p. 12.

② Robert J. McMahon, *The Limits of Empire：The United States and Southeast Asia Since World War Ⅱ*，New York：Columbia University Press，1999，pp. 26 – 27.

③ Frances Gouda and Thijs W. Brocades Zaalberg, *American Visions of the Netherlands East Indies：US Foreign Policy and Indonesian Nationalism，1920 – 1949*，Chicago：the University of Chicago Press，available at http：//www. aup. nl/avkopeng. html.

作为一种东南亚影响力的出现，1940—1950》（1987）一书中，考察了 20 世纪 40 年代美国势力在东南亚的崛起过程。作者指出，美国决策者希望以菲律宾方式为样板，使东南亚沿着一条和平的、渐进的路线从殖民地向独立转变。这种战略意图一直指导着美国的反殖民目标。作者认为，美国的东南亚政策一直受到对其他地区政策的影响。战后美国在殖民地问题上的妥协，也主要是源于欧洲冷战战略的重要性。[1]

此外还有一些论著涉及东南亚非殖民化问题，如德国学者马克·弗赖发表的《获得独立的三种道路：1945 年后印度支那、印度尼西亚和马来西亚的非殖民化》一文，提供了一种新的研究非殖民化的思路，该文追溯了非殖民化时代东南亚与欧洲之间文化、经济和政治关系的发展。[2] 克莱夫·克里斯特尔（Clive J. Christle）的《现代东南亚史：非殖民化、民族主义与分离主义》（1996）一书，探讨了东南亚整体非殖民化的过程，作者主要从作为非殖民化进程本身一部分的分离主义运动和其他抵抗活动等方面，来研究非殖民化的历程及影响。[3] 简·普卢维耶（Jan Pluvier）的《东南亚从殖民主义到独立》（1974）一书，则主要叙述了东南亚政治非殖民化的历史过程。[4] 但这些论著较少涉及美国的政策及作用。

总体上看，西方学术界关于美国 20 世纪非殖民化政策进行了较广泛的研究，而目前，非殖民化问题作为研究 20 世纪世界历史的一个重要课题，西方学术界关于该领域的研究也会取得更加丰硕的成

---

[1] Gary R. Hess, *The United States' Emergence As A Southeast Asian Power*, *1940 – 1950*, New York: Columbia University Press, 1987.

[2] Marc Frey, "Three Ways of Achieving Independence: Decolonization in Indochina, Indonesia and Malaya," Inhaltsverzeichnis 3/2002, available at http://www. ifz-muenchen. de/viertel-jahrshefte/vfz_ 3_ 2002. html.

[3] Clive J. Christle, *A Modern History of Southeast Asia: Decolonization, Nationalism and Separatism*, New York: L. B. Tauris Publishers, 1996.

[4] Jan Pluvier, *Southeast Asia from Colonialism to Independence*, London: Oxford University Press, 1974.

果。从学术史演变的角度来看，西方学术界的相关研究大致呈现以下几个方面的趋势和特点：

首先，在研究内容上，20世纪90年代以前学术界的兴趣主要集中于美国对单个国家或特定地区，如美国对东南亚、南亚、非洲以及拉丁美洲和加勒比海地区、阿拉伯世界非殖民化政策的专题研究。从公开出版或发表的论著来看，研究主要涉及美国对自身殖民地或托管地如菲律宾、波多黎各和太平洋岛屿的政策、美国的反殖民主义问题、美国在欧洲各殖民帝国崩溃过程中的政策等方面。由于这些研究大多只是涉及单个国家或特定的地区，这对于考察美国政策在全球层面的演进就不可避免存在着固有的局限性；再者，随着非殖民化进程在亚洲、非洲和加勒比海等地区的加快，美国的政策呈现出跨越不同地区和时间的某种特定模式，而单纯的个案研究难以完整地揭示出1945年后美国非殖民化政策的实质。20世纪90年代初，以卡里·弗雷泽（Cary Fraser）为代表的一些美国学者认识到了研究存在的问题和不足，他们呼吁在全球视野下来审视美国对非殖民化问题的基本态度和政策，并试图提出一个分析美国对非殖民化问题所做反应的基本框架。① 弗雷泽等提出的研究路径和思考，代表了学术界对美国非殖民化政策研究出现的一种视角和趋向的变化，即以往被忽略的全球层面的整体研究开始受到重视。通过探索和运用一种整体分析的框架，将美国的政策和反应模式置于全球的宏观视野下进行考察，这或许有助于在世界历史的进程中为美国的非殖民化政策做出准确定位。

其次，在研究视角和叙事方式上，早期涉及非殖民化问题的研究和叙述，多是从欧洲宗主国或者从美国本身的角度，来审视附属地的非殖民化问题及美国的态度和政策，将非殖民化的过程视作以欧洲宗主国或美国单方面的政策和行为，而且多数研究是从冷战的视角出发，由此得出的结论往往受到很大的局限；也有一些学者，尤其是第

---

① Cary Fraser, "Understanding American Policy Towards the Decolonization of European Empire, 1945 – 1964," in *Diplomacy & Statecraft*, Vol. 3, No. 1, 1992, p. 106.

三世界的学者则过分强调殖民地民族主义运动的作用。这种以西方或美国为主导，或是单纯以殖民地民族主义运动为主线的叙事，不断遭到学者们的质疑。无论是殖民地视角，还是宗主国视角或是美国视角的叙事方式，只强调一个方面都很难对 20 世纪的非殖民化过程做出完整的解读。20 世纪 80、90 年代后，不少学者开始借鉴国际史的研究方法，注重从新的全球角度来审视美国与非殖民化事件双方，乃至其他国际因素之间的互动以及美国政策演变的深层动因。美国学者罗伯特·麦克马洪指出："探讨美国的外交政策与为数众多的亚洲、非洲和中东的殖民地国家的诞生之间的相互作用有着极其重要的历史意义，只有通过认真分析美国对殖民地问题的反应，以及反过来殖民地人民对美国外交政策的反应，才能在正确的历史背景下理解华盛顿与第三世界的关系。"[1] 这一时期，越来越多的学者倾向于通过对多国档案和文献的研究，以及对美国、欧洲殖民帝国和殖民地民族主义诸因素之间的多元互动与关联的分析，以期能够更为真实地叙述 20 世纪非殖民化历史演进的图景。

再者，在研究方法上，20 世纪 80 年代以前学术界涉及美国非殖民化政策的研究，多集中于对美国政治传统和外交政策的历史阐释，强调美国理想主义的反殖民传统或现实主义的利益动机等因素，以及制度、政府机构、政治精英的立场等在政策制定过程中的作用。20 世纪 80、90 年代后，随着新外交史学在美国的兴起，越来越多的学者认识到，美国外交政策的制定和执行乃是各种复杂因素作用的结果，他们开始强调非官方因素在美国外交史研究中的重要性，考察劳工、移民、妇女、黑人等阶层对欧洲殖民主义的态度和反应，以及媒体、宗教社团、跨国公司、非政府组织等在美国非殖民化政策形成过程中的作用，同时重视联合国等国际组织和第三世界本身在非殖民化进程中所扮演的角色，以及这些因素对于美国政策变化产生的影响。

---

[1]　Robert J. McMahon, *Colonialism and Cold War*, p. 12.

这一时期，在新文化史研究的影响下，社会学、文化人类学等新的视角和方法被用于美国外交史的研究领域，殖民教育、语言、种族志、医学和公共卫生等成为考察美国殖民统治策略和非殖民化政策的新的视角和透镜。如朱利安·戈（Julian Go）、沃里克·安德森（Warwick Anderson）以及玛·梅赛德斯·普兰塔（MA. Mercedesg Planta）等学者加强了对美国在菲律宾等殖民地或托管地的殖民教育史、医学史和公共卫生史等方面的研究。①

　　此外，早期很多学者在谈到美国的反殖民主义及其非殖民化政策的动机时，偏重于现实主义的权力政治和以利益范式为核心的分析取向，强调其政治、经济及战略安全目的，或简单视之为新殖民主义。例如，朱利叶斯·普拉特等学者强调美国的反殖民主义和非殖民化政策，乃是源于其政治和外交传统中的理想主义；也有一些学者认为美国反殖民的理想主义传统与其自身利益不可分割，如威廉·A. 威廉姆斯等"新左派"从经济因素方面来进行解释，强调美国对自由贸易的追求是反殖民主义的主要动因；艾伯特·伯格森、罗纳德·舍恩伯格，以及鲍斯维尔等则从世界经济视角出发，指出1945—1973年间美国对非殖民化的倡导和以自由贸易取代重商主义，加速了世界非殖民化的进程。② 威廉·R. 路易斯、克里斯托弗·索恩以及沃尔特·拉夫伯等学者则指出，复杂的国际政治现实决定着美国反殖民立场及政策的变化。此外，罗伯特·麦克马洪、大卫·瑞安等学者还利用"冷战范式"以及"世界体系范式"的框架，把美国的非殖民化政策

---

① Julian Go, "Chains of Empire, Projects of State: Political Education and US Colonial Rule in Puerto Rico and the Philippines," in *Comparative Studies in Society and History*, Vol. 42, No. 2, 2000, pp. 333 – 362; Warwick Anderson, *Colonial Pathologies: American Tropical Medicine and Race Hygiene in the Philippines*, Duke University Press, 2006; MA. Mercedesg Planta, *Prerequisites to a Civilized Life: The American Colonial Public Health System in the Philippines*, 1901 to 1927, a dissertation submitted for the degree of doctor of Philosophy department of history National University of Singapore, 2008.

② Albert Bergesen and Ronald Schoenberg, "Long Waves of Colonial Expansion and Contraction, 1415 – 1969," in Albert Bergesen ed. , *Studies of the Modern World-System*, pp. 231 – 277.

放在全球特定背景下来解释，或从美国全球战略和国际体系变迁的视角来解读，他们在研究中倾向于把美国的非殖民化政策描述成根本上的实用主义、现实主义和对各个殖民地发生事件的反应，尤其是美国的反共产主义立场对其在非欧洲世界政策影响增长的产物。这些学者在研究中存在的一个很大不足，就是忽视对其深层文化动因和本质的解读剖析。

20 世纪 90 年代后，随着文化因素被越来越多地引入美国外交史的研究，一些学者开始重视从文化视角来阐释美国的非殖民化政策。如前文所述，大卫·瑞安和维克托·蓬贡等主编的《美国与非殖民化：权力与自由》一书，集中了当时美国史学界关于非殖民化政策研究的标志性成果，其中沃尔特·拉夫伯探讨了美国历史上非殖民化观念的实质；丹尼斯·梅里尔以印度为个案，通过文化视角和后结构主义分析诠释了美国人意识形态中的种族观念以及关于印度社会的认知对美国非殖民化立场的影响；迈克尔·亨特考察了植根于美国人思想中的种族等级观念和对革命的恐惧对美国非殖民化政策困境的影响。①这些学者虽然是在文化视角下对美国非殖民化政策根源的初步探讨，但他们无疑提出了一种可供借鉴的分析模式，有助于我们阐释美国关于特定国家或地区非殖民化进程的反应及政策抉择的两难困境。作为研究美国外交史的一种分析取向，文化视角有助于我们更好地理解美国关于 20 世纪非殖民化问题的基本思考及其设计的路线图，有助于我们追溯和解读美国第三世界政策的起源。近十余年来，非殖民化问题也引起了国内史学界的重视，一些研究美国外交史的学者加强了对美国 20 世纪非殖民化政策的探讨，国外学界的研究方法和理论无疑为我们提供了一定的借鉴。

就国内学术界而言，20 世纪 90 年代以来，不断有学者对非殖民化问题进行有益的探索，并取得一定的研究成果。首先在对"非殖民

---

① David Ryan and Victor Pungong, eds., *The United States and Decolonization：Power and Freedom*, New York：ST. Martin's Press, 2000.

化"概念的界定方面，如李安山教授从理论的提出与传播、学术界的理解、非殖民化含义的重新定位等几个方面，详细介绍了非殖民化概念的演变，并指出了国内研究的不足。潘兴明在其《丘吉尔与英帝国的非殖民化》等论著中，从马克思主义的"民族解放运动"理论、世界经济体系学派、国际政治学派、新殖民主义论、主动撤退论等几个方面，较为全面地介绍了国内外学术界对非殖民化的解释。另外，高岱、郑家馨等不仅对非殖民化的概念做出了较为中肯的介绍，而且对非殖民化的起因、进程以及对政治经济的影响都进行了总结分析。①这些探讨都有助于国内学者增加对非殖民化问题的了解及作进一步的研究。

就目前来看，在涉及非殖民化问题的研究范围方面，多集中于西欧的非殖民化，尤以研究英国非殖民化者居多。许多学者的文章和著作对20世纪英国的非殖民化过程和大英帝国崩溃的原因进行了深入的探讨。在分析英国非殖民化的原因时，他们多强调英国自身的衰落和殖民地民族主义斗争的因素，如王俊芳认为，"20世纪英国的非殖民化，既是英国在国力衰落的客观情况下做出的务实选择，也是殖民地民族独立运动的必然产物"②。何跃认为，"战后东南亚的民族解放运动以及英国国力的衰退导致了英国撤离东南亚"③。张顺洪指出英帝国瓦解的主要原因在于殖民地民族主义力量和英国自身的相对衰落之外，还强调了国际反殖民主义力量也是十分重要的因素。④

① 李安山：《论"非殖民化"：一个概念的缘起与演变》，《世界历史》1998年第4期；潘兴明：《丘吉尔与英帝国的非殖民化》，东方出版中心2018年版；高岱、郑家馨：《殖民主义史·总论卷》，北京大学出版社2003年版。
② 王俊芳：《20世纪英国的非殖民化》，《江西师范大学学报》（哲社版）2001年第1期。
③ 何跃：《战后英国在东南亚的殖民统治——从对抗到撤离》，复旦大学2002届博士学位论文（未出版）。
④ 张顺洪等：《大英帝国的瓦解——英国的非殖民化与香港问题》，社会科学文献出版社1997年版，第4页。

强调这场运动的性质是殖民地人民争取民族独立和民族解放的斗争。正如李安山教授指出的："研究角度的不同影响了研究的内容和研究结果。从内容上说，我们长期忽略了殖民宗主国在非殖民化过程中的作用……也忽略了殖民地民族主义运动与殖民统治者的相互妥协和它们之间的'互动'作用，从而未能把非殖民化作为一个整体来研究。"① 近年来国内学者的研究视野逐渐扩展，开始重视欧洲殖民国家（主要是英国）在非殖民化过程中的作用，但在涉及美国所扮演的角色时，一些学者指出美国的反殖民主义是企图霸占欧洲的传统势力范围，推行新殖民主义等，至于对美国在战后世界非殖民化进程中的作用、战后美国对欧洲殖民地的整体政策，以及这种政策对 20 世纪美国与第三世界国家的关系所造成的影响等方面，虽然多有涉及，但无论在研究视角、深度和广度上，还是研究手段方面，都还有较大的局限性，系统化、深层次的研究尚有待于进一步加强。

三 研究视角、基本设想和思路

1. 研究视角和设想

鉴于学术界的研究现状，本书的基本设想如下：首先，整体上看，现有研究成果以区域性或国别性的专题研究为主，缺乏整体性研究，全球视野的研究不足，关于美国对 20 世纪世界非殖民化问题的基本态度、立场和政策的整体研究不足。从这一意义上来说，随着 20 世纪非殖民化进程在非洲、亚洲和加勒比海地区的传播，美国的政策表现出跨越了不同地区和时间的某种特定模式；目前的案例研究都是基于对美国关于各个国家或者是关于特定地区的政策的研究，对于考察美国政策在全球层面的演进有着固有的局限性；为了更好地阐

---

① 李安山：《论"非殖民化"：一个概念的缘起与演变》，《世界历史》1998 年第 4 期。

明 1945 年后美国对非殖民化的反应的实质，我们有必要去阐明美国对全球非殖民化进程反应的模式进行探究。① 因此，需要确立一种分析美国对 20 世纪非殖民化事件反应的普遍框架，同时还需要将研究内容放到世界历史的大视野中进行考察，在世界历史的整个进程中为美国的政策做历史定位。

其次，从国内外研究状况来看，现有研究多是以西方或美国为主导的叙事方式，对美国的政策也多是从冷战思维的角度来审视，或是以第三世界民族解放运动为主线的叙事模式，都难以对历史的演进图景进行真实的叙述，在当前全球史研究兴起的背景下，需要研究双方的互动关系和相互认知的变化，从一种新的全球角度来审视美国与非欧美世界关系发展演变的文化根源和深层动因。本书试图从宏观视角勾勒出 20 世纪美国非殖民化政策的形成与演变的基本脉络，揭示出非殖民化与战后美国缔造世界霸权的目标之间的关系，以及对美国与第三世界关系的影响。同时，以东南亚地区为个案，把美国非殖民化政策的变化置于美国全球战略和亚洲政策的整体框架内进行分析，来考察影响美国非殖民化政策演变的历史动因。

再者，整体上看，现有研究多局限于对美国政策变化或非殖民化过程的阐述，侧重于权力政治和以利益范式为核心的分析取向，忽视对其深层次政治文化动因和意识形态问题的挖掘，难以揭示美国对第三世界政策的连续性及其深层变化动因。尤其是国内学者，在谈到美国的反殖民主义及其在世界非殖民化过程中的作用和影响时，多强调美国的政治、经济及战略安全目的，或简单以新殖民主义视之，缺乏对其根源进行全面深入的研究。我们有必要运用文化以及意识形态透镜作为一种普遍的分析框架，来解读美国的反殖民主义及美国对全球非殖民化进程反应的模式和实质。

可以说，美国的反殖民主义传统及其非殖民化政策可以从美国人

---

① Cary Fraser, "Understanding American Policy Towards the Decolonization of European Empire, 1945 – 1964," in *Diplomacy & Statecraft*, Vol. 3, No. 1, 1992, p. 106.

信奉的自由主义意识形态中找到文化根源。通过文化的认知透镜，可以更好地理解美国关于非殖民化的政策反应及其设计的路线图。美国试图通过非殖民化建立一种美国式的全球体系，这与后殖民时代美国旨在对第三世界国家进行文化改造的现代化"使命"是一致的，也说明了文化以及意识形态服务于其国家现实利益。因此，作为一种研究视角，在文化和意识形态层面或许可以为我们提供一种阐释 20 世纪美国非殖民化的框架和普遍的分析模式，能够解释从 19 世纪以来，美国人观念深层对于"他者"的观念、想象，对构建美国人对于作为弱者民族的"他者"的政策导向，包括 20 世纪美国公众个体、机构、社会、国家层面上对第三世界在非殖民化问题的反应以及在其民族国家建构、发展问题上的政策，以及美国对第三世界那种从"文明化"使命、"现代化"使命到今天的民主治理、人权问题、发展模式、文化认同、环境标准等方面的全球化使命。实际上，20 世纪第三世界的非殖民化不仅是主权转移和经济独立的过程，也是一种文化非殖民化和民族心理重塑的过程。在这一过程中，美国利用其霸权地位，通过多种途径以美国的意识形态和价值体系来实现对第三世界的文化改造使命。直至今天，第三世界国家还面临着反抗美国的文化攻势，建立本土文化自信和文化自觉等艰巨任务。同时，美国在第三世界非殖民化及其民族国家建构过程中，利用其制定国际发展政策的话语权，极力将其制度和发展模式施加给第三世界国家，对其进行"现代性"的改造，从而导致第三世界产生了一系列的社会发展问题。从非殖民化的路线图设计、"现代化计划"、新自由主义的"政策改革"到今天美国在第三世界推行的民主援助以及"良好"政府治理的政策，无不体现着文化、意识形态与美国国家利益的巧妙结合。

鉴于此，本书试图在历史分析的基础上，兼及从文化角度考察美国关于非殖民化问题的基本态度和看法的根源。同时，注重引入国际政治以及政治社会学等相关理论和方法工具，并借鉴国内外学者的相关研究，对美国如何在非殖民化问题上寻求意识形态、安全与经济利益之间的平衡进行分析。在注重对美国 20 世纪非殖民化政策变迁进行整体考察的基础上，也重视对 20 世纪美国在第三世界，尤其是将东南亚地区作为非殖民化个案的政策研究。

2. 基本思路

本书通过对美国历史文献的解读和分析，对美国外交传统中的反殖民主义和非殖民化观念、威尔逊的民族自决原则、富兰克林·罗斯福的非殖民化设想以及冷战时期美国的非殖民化政策的文化根源及其与国家利益的关系进行了历史考察。通过对 20 世纪美国在自身殖民地的非殖民化实践以及对东南亚等地区的欧洲属地非殖民化的政策个案研究，来探讨意识形态和国际政治现实是如何影响美国人对非殖民化的若干基本问题的思考，从而揭示 20 世纪美国外交以及非殖民化政策的两难困境，以及非殖民化与第三世界"美国化"起源的关系及其现实的启示意义。本书还通过对美国反殖民主义的渊源及其非殖民化政策的演变脉络进行梳理，兼及探讨自由主义等观念对战后美国关于第三世界民族国家建构、发展模式的干预以及文化改造政策的影响。

就研究范围及框架来讲，本书主要基于以下几点考虑：在研究的时间范畴上，主要集中于美国在 20 世纪世界非殖民化进程中的角色和关于解决欧洲殖民地问题的政策起源及演变，重点探讨第一次世界大战后美国关于殖民地问题政策的形成，两次世界大战之间、二战期间以及冷战时期美国非殖民化政策的变化等；在研究的空间范畴上，本书旨在对 20 世纪美国非殖民化政策整体研究的基础上，以东南亚为个案展开较为深入地探讨，以期从局部而探索出政策的基本特征及其演变；本书所研究的内容，主要在于阐释美国关于殖民地问题的基本设想、反殖民主义及其非殖民化政策形成的根源，以及美国关于瓦解欧洲殖民体系的基本设想和政策及其在实践过程中的变化，同时以东南亚为例，对 20 世纪美国在第三世界国家的现代化使命问题进行探讨，进而将美国的非殖民化政策与第三世界的发展问题联系起来。

上　篇

美国 20 世纪非殖民化政策的形成：一种宏观视角

第一章　美国非殖民化政策形成的
根源和历史基础

　　1954 年，具有强烈反殖民主义倾向的美国国务卿约翰·杜勒斯指出："我们自己本身是现代第一个获得独立的殖民地，我们对那些将效仿我们的民族有一种天然的同情。"[1] 早在 1821 年 7 月，时任美国国务卿的约翰·昆西·亚当斯就曾在一次演说中宣称，"美国理所当然是自由和独立的同情者，美国自身就是一个倡导者和维护者"。亚当斯警告说，如果美国冒险进入其他国家的领土，美国可能会成为世界的主宰者，将不再是其自身精神的信守者。这些言辞在很大程度上影响了之后几代美国人的"反帝国主义"思想。[2] 美国《独立宣言》也写道，反对一个民族违背另一个民族的意志而对后者进行控制。在 1776 年之后的两个世纪里，随着在世界体系中地位的不断变化，美国在世界非殖民化运动中成为不可缺少的参与者。而美国独立时期的革命精神和争取自由的信念，对近代以来的世界历史进程产生了极大的影响。即使在 20 世纪世界各地的民族主义运动领导人中，大多也都读过潘恩、杰斐逊的著作以及后来林肯的演说，他们从中汲取了精神营养，得到了极大的鼓舞。例如，苏加诺等领导的印尼民族

---

[1]　*U. S. Department of State Bulletin*, June 21, 1954, Vol. 30, p. 336, in McMahon, *Colonialism and Cold War*, p. 43.

[2]　Robert Buzzanco, "Anti-Imperialism," in Alexander DeConde, Richard Dean Burns, and Fredrik Logevall, eds., *Encyclopedia of American Foreign Policy*, New York: Charles Scribner's Sons, 2002, Second Edition, Vol. 1, p. 49.

独立运动以及胡志明在宣布越南独立时，无不大量借用了美国独立宣言的词句。但是，在 1945 年之后，随着原殖民地民族的纷纷独立，第三世界开始成为国际政治舞台上的一支重要力量时，美国与第三世界国家之间的关系却并非如其最初想象的那么和谐，这些新独立的国家有很多并没有加入或认同美国所构建的西方集团，而是走上了"不结盟"的中立道路，其中不少甚至走向了美国的对立面，反美主义情绪十分强烈。这就提出了两个令人困惑的问题：一方面，令那些新独立国家不解的是，"自身有着独立经历的美国人何以不理解第三世界民族的态度？"另一方面，令美国人疑惑的是，"我们反对帝国主义，向其提供物质援助，为何这些新国家却表现出如此强烈的反美情绪？"① 探讨形成这些问题的原因，显然需要我们从美国处理殖民主义问题的传统立场和决策逻辑上追溯根源，寻找美国非殖民化政策形成的历史和文化基础。

一　美国关于殖民主义的传统立场及其思想根源

从某种意义上说，作为近代第一个反对殖民统治的成功者，美国自身的独立经历，使得美国人常常在本能上对旧的帝国观念表示厌恶，美国公众认为殖民主义压制了政治自由、导致了不满、冲突和社会动乱。在建国后的最初一百多年里，美国常常对世界上其他民族争取独立的斗争表示同情。② 到 19 世纪后期，美国自身的每一次扩张，也几乎都遭到了一些反帝国主义组织的反对，这种帝国式的扩张被认为背离了美国的传统，损害了其他民族的信念与自决。

相当一部分美国人认为，美国作为强国，很少有殖民侵略的不光彩记录，早期对西部印第安人的驱逐行为，很快就得到了"纠正"；在 1898 年美西战争之后出现的"偏差"之前，美国是鄙弃帝国主义

---

① Newson, *The Imperial Mantle*, p. 4.

② H. W. Brands, *Bound to Empire: The United States and the Philippines*, New York: Oxford University Press, 1992, p. v.

的，而且在 1898 年之后很快重返其原初本质。此后，美国所参与的
国际行动，都秉持其"乐善好施""热爱自由""公正""自决"以
及重视人权的观念。因此，他们认为美国的主要特征就是——美国是
一个有道德的国家，而非帝国主义者。① 有美国人还指出，在历史上，
尽管美国在殖民事务中的记录并非都是积极的，但美国是最后一个加
入殖民地竞争的国家。在 1898 年之前，美国的领土局限在北美大陆，
除了中途岛运煤中转基地，美国最初不愿去攫取更多的附属地而使自
己与欧洲扩张主义者为伍。尽管在 1898 年后，随着对西班牙战争的
胜利，美国掀起了狂热的扩张思潮，占领了古巴、菲律宾、关岛、马
里亚纳群岛（Marianas）和波多黎各；在太平洋地区，美国则占领了
夏威夷、威克岛以及萨摩亚群岛；1917 年，美国还从丹麦手里购买
了维京群岛。这一时期，美国本身也开始成为一个帝国。然而，在美
国人看来，其殖民政策的基础在于美国宪法以及新的州加入合众国的
程序，新的殖民属地被视为暂时的被监护者，最终它们将被允许独
立，或者将被合并到美国的政治体系中。考察美国殖民地管理的实
践，不难看出美国殖民方式的模棱两可。在主要的殖民大国中，只有
美国没有设立一个总的殖民部，而是把各殖民地区分别置于不同的行
政部门，例如陆军部或者内政部。美国方式的一个特征就是利用一种
共和政体的框架来管理其殖民地，把司法机构和政治程序的发展作为
其主要的政策目标之一，宪法政府的概念在美国的殖民管理实践中发
挥了重要的作用。美国殖民方式的另一个特点就是希望教化这些民
族，例如在占领菲律宾之后的三年内，美国就征募了 1000 多名中学
教师前往任教，在其统治的前 25 年内，使菲律宾人中接受中学教育
的人数达到西班牙统治时期的 8 倍。② 因此，在大多数美国人看来，

---

　　① Robert L. Beisner, *Twelve Against Empire*: *The Anti-Imperialists*, *1898 - 1900*, Chicago and London: The University of Chicago Press, 1985, p. xiv.

　　② Charles W. Coyner, *United States Colonial Policy*: *A Case Study of American Samoa*, Dissertation Submitted to the Requirements for the Degree of Doctor of Philosophy, University of Oklahoma Graduate College, 1973, pp. 42 - 44.

他们的国家在历史上是纯洁的和无私的，与邪恶和专制的"旧世界"不同，"新世界"是纯洁和公正的，他们以美国在世界事务中的良好记录而自豪，认为其自身具有优越的价值观，而不是军事和经济力量至上。美国公众的这种基本心理定位，在一定程度上影响了美国政府对殖民主义的态度，乃至 20 世纪美国关于非殖民化的立场和政策变化。第一次世界大战结束后，美国开始在国际政治中表达其意识形态，威尔逊总统提出了一系列关于一战后世界秩序的原则，这些原则构成了威尔逊主义的基本内涵，包括反对进一步划分殖民地、尊重殖民地人民的人权、民族自治、和平主义等。就其内容来看，威尔逊主义无疑带有一定的反帝国主义色彩，威尔逊提出的"民族自决"等国际政策，显然是要求国际社会终结帝国主义政策。二战后，在西方殖民体系的瓦解进程中，美国所施加的压力的确发挥了重要的作用。

通过文化的透镜观察外部世界和处理外部事务，是影响一国外交风格和方式的重要因素之一，这在美国更不例外。正是那种作为美国人独有经历之产物的信仰体系，即基于共同的文化、规范、宗教、民族等的思维观念，决定了美国决策者观察世界事态并在随后作出反应的方式。在美国对外政策的制定过程中，其历史上形成的文化框架、国民风格、思想框架以及政治思想等，一直发挥着根深蒂固的作用。哈佛大学教授斯坦利·霍夫曼曾从国际关系角度来定义和分析美国的国民风格，即认为是美国人特有的可能影响决策者对外政策取向的认识世界和看待世界的方式，并将文化框架作为对美国外交政策有着巨大影响的各种因素的一种结合体。① 这一文化框架包括了美国人思想文化中根深蒂固的使命意识，即基于虔诚清教信仰的原教旨主义、美国例外论、"天定命运"观念、自由主义等。美国的国民风格体现为对外政策制定过程中的独具特色的思维方式，其中历史要素如原教旨主义、个人主义、历史自由主义——包括对经济的看重和经济利益的

---

① ［法］夏尔－菲利普·戴维等：《美国对外政策：基础、主体与形成》，钟震宇译，社会科学文献出版社 2011 年版，第 27 页。

追求，以及政治要素等内容，共同奠定了美国国民风格的基础。而美国的国民风格则呈现为植根于美国自身历史的巨大动力之一，即"天定命运"，表现为对被赋予神圣使命的人民的归属感。早在独立战争期间，美国就产生了美利坚民族是肩负天命的特殊民族、美国的发展历程注定与传统国家完全不同的说法。美国人普遍认为，"崭新的"美国乃是基于自由和自决等重要原则立国。① 在对美国国民风格产生深刻影响的观念中，如"天定命运"、美国例外论、种族优越论、"天赋使命"等大都传承自早年的清教思想，这些理念构成了美国人延续至今的世界秩序观念。

　　作为一种特定世界观的产物，这些理念乃植根于美国的殖民地时代，其核心就是美国乃是盎格鲁—撒克逊文化的衍生物。早期来到北美的欧洲定居者，尤其是那些英国清教徒，其清教思想以及逃离腐败专制的旧世界的迫害，在北美东海岸地区建立的殖民地的经历，成为美国人对自身及其在世界上的作用的认识的发源地。他们认为，英国已经变得腐败和邪恶，英格兰君主已经摈弃了与上帝的誓约；通过迁往美洲的广袤荒野，他们能够建立一个新的敬畏上帝的社会；他们来到陌生的北美大陆这块"应许之地"寻求自由，渴望建立一个新的更美好的世界。从 1620 年开始，这些迁居美洲的欧洲人所承袭的下列信念，就成为现在美国人如何看待其在世界上的角色的核心：作为一个"被上帝拣选的民族"的观念不断地浮现在美国人关于自身的想象中。美国人将他们自身视为"与众不同"，因为作为移民，他们在"新世界"对自己进行重新塑造，即美国建立在"旧世界"最优越的优点的基础上，它应该规避"旧世界"的"错误"，抛弃腐败的"旧世界"的方式，以建立一个没有腐败的"新世界"，从而成为最为"先进"的社会。因此，像这些清教徒一样，美国人相信他们需要转向"旧世界"以对其进行改造。从而将美国的对外干预转变成

_____

① ［法］夏尔－菲利普·戴维等：《美国对外政策：基础、主体与形成》，第 44—48 页。

了一种道德责任，是为了世界的福祉。①

考察美国的历史，不难发现，美国的反帝国主义理念和政策，正是源于其对"自由""民主""人权"的执着以及强烈的选民意识和天命意识。在美国，美国人的选民意识、天命意识和举国上下的对"自由""民主"的执着，一直是一种不容置疑的自我评判和价值判断，被认为是绝对有道理和正确的，是美国的意识形态的主要构成内容。② 美国革命和独立战争通过美国的建立和第一次对大英帝国的摧毁和打击而改变了世界，美国革命也通过对创始的清教神话的改变和世俗化而转变了美国人的世界观和天定命运观念，从那一时期开始，就形成了一种美国人的自我想象，直至今天还在指导着美国人的行为。美国人坚信，他们仍然是一个具有"天命"的"被拣选的民族"，他们被改造成了一个植根于（世俗化的）启蒙信仰的被拣选民族。独立战争的确强化了美国人对其例外论的笃信，因为美利坚不是一个普通的民族，没有为时间和传统所腐蚀，代之的乃是一个崭新的、将给世界上所有民族带来福祉的民族。这一"被拣选"、例外主义和泛人类的"普世主义"信仰，给了美国人一种与众不同的自信，推动了他们在 19 世纪在北美的殖民化，之后是在 20 世纪期间缔造了一种美国霸权。在很大程度上，其在反对英国过程中获得独立的经历，使得美国成为一个"反帝国主义国家"。美国人开始相信，没有任何一个民族应该统治另外一个民族，所有民族都拥有一种天然的自治、自由和民主的权利。在 20 世纪，这成为美国使命的一部分——美国人开始将其自己视为要赋予所有民族从帝国统治下获得解放的权利的倡导者，并确保他们拥有自由和自治的权利。③

可以说，美国的反殖民主义思想实际上根源于美国自身。美国的

① P. Eric Louw, *Roots of the Pax Americana: Decolonization, Development, Democratization and Trade*, Manchester and New York: Manchester University Press, 2010, p. 47.

② 于歌：《美国的本质》，当代中国出版社 2006 年版，第 73—74 页。

③ P. Eric Louw, *Roots of the Pax Americana*, pp. 47 – 50.

反殖民主义可以追溯至其摆脱英国统治的独立宣言，这被改造成了一种普遍化的反帝国主义。此外，很多来到美国的移民，尤其是那些来自俄国和奥匈帝国的少数族裔，或者是反对英国人统治的爱尔兰人，他们对帝国的不满有利于在美国公众内部推广反殖民主义情绪。因此，即使美国在 1898 年美西战争期间采取了帝国主义方式，这也被视为是美国人在反对西班牙的帝国主义。在美国历史上，这种反殖民主义思想的产生，无疑也深受其自由主义传统的影响。路易·哈茨在其《美国自由主义传统：诠释美国革命前后的政治思想》一书中，把自由主义称作是美国历史上唯一占主导地位的政治思想传统。自由主义始于 17 世纪，是新兴阶级反对教会和封建特权的思想武器。在政治上，自由主义以个人的自然权利为由，要求立宪限制王权或者政府权力，目的是保障个人自由。与政治自由不可分割的是经济自由，其中包括财产权、自由企业、自由贸易等。自由主义以个人的普遍价值为基础，形成了一整套关于国家、社会、个人的理论。作为英国在北美的殖民地，美国受到了英国政治模式和自由主义思想的深刻影响，在北美 13 个殖民地建立的过程中，正是英国自由主义发轫和完善的时期。到达北美的移民从英国搬来的只能是他们所熟悉的英国体制和英国观念——当时最先进、最接近自由主义的思想，并将英国自由主义移植到了北美。① 美国革命是近现代第一场反对殖民统治的革命，美国的独立开启并激励了全世界连续一两个世纪的殖民地独立运动。美国《独立宣言》的第一部分，堪称是一篇深受洛克的自由主义政治思想影响的总纲领。它首先宣称人类拥有不可侵犯的平等权、生存权、自由权和追求幸福权，政府的正当权利只能来自被统治者的同意，它同时宣称被统治者有权推翻不遵守上述原则的政府。美国的《独立宣言》与源自 1215 年《大宪章》和 1689 年《权利法案》的英

---

① 钱满素：《美国自由主义的历史变迁》，生活·读书·新知三联书店 2006 年版，前言第 4—7 页。

国人权传统一脉相承。① 《独立宣言》也是一篇自由主义的宣言，其提出了"人生而平等""造物主赋予他们若干不可让渡的权利，这些权利包括生命权、自由权和追求幸福的权利""为保障这些权利，人们建立政府，政府的正当权利来自被统治者的同意"等基本原则。②

实际上，美国的外交政策在很大程度上也正是基于自由主义而形成的，18 世纪和以后两百年的时间里，自由主义成为美国实现扩张的主要推动力。在历史上，美国外交政策的一个重要目标，就是要维持和保护其独特的体制及其史无前例的自由，这个目的本身影响到其对外关系的本质和发展方向。③ 1845 年，美国《民主评论》杂志编辑约翰·奥沙利文提出了"天定命运"一词，其所表达的信念包含了美国不是普通的国家，因为美国人"发现"了自由，创造了一套优越的自由民主制度、美国是"被上帝拣选的民族"等种族优越和美国例外的思想，这反映了 19 世纪中期美国国家主义运动中一种勃发的自豪感。这种信念在后来演变成"美国的天命就是使世界美国化"、将美国塑造成全球自由主义的中心，以及美国的经济扩张注定是有益于人类社会的福祉等思想。④ 正是基于美国例外的思想和对共和制度的笃信，早期的美国决策人物在处理与外部世界的关系时，极力维护这一"优越的政府形式"，并向外推广共和思想，将美国的任何扩张都视为自由、民主的范围和优越的价值观的扩大，预示着"自由的帝国"的壮大。

19 世纪 40 年代支撑美国扩张主义的"天定命运"思想，很大程度上来源于种族和文化的优越感，一种以文明的名义对落后民族行使征服权的信念。显然，在美国决策者看来，美国作为"被上帝拣选的民族"，有责任向其他所有地区传播自由的福音，美国的命运被视为

---

① ［法］夏尔－菲利普·戴维等：《美国对外政策：基础、主体与形成》，第5—6页。
② 钱满素：《美国自由主义的历史变迁》，第19页。
③ ［美］罗伯特·卡根：《危险的国家：美国从起源到20世纪初的世界地位》，袁胜育等译，社会科学文献出版社2011年版，第89页。
④ P. Eric Louw, *Roots of the Pax Americana*, p. 68.

使世界"美国化"，这也意味着盎格鲁－撒克逊民族对世界"文明化"使命的扩大。约翰·昆西·亚当斯等把北美大陆看作人类自由的一个伟大的实验室，美国的对外扩张就变成了一种道德责任。此外，在美国人的"天定命运"观念中，自由主义占据非常重要的地位。从杰斐逊的"自由帝国"到后来的"新天定命运"，以及美国走向海外扩张时所持的"文明化"使命的观念，都具有强烈的扩张自由主义的特征。进入 20 世纪后，历届美国领导人无不希望在全球范围内将自由主义的治理方式"移植"和"制度化"，将自由主义看作其他国家应该自然接受的"唯一"正确路径。这种独有的改造世界的美国式思维，正是根植于杰斐逊式"自由帝国"的逻辑，即认为美国的"民主"、自由和国家形态是优越的。

美国人一直将自己视为反殖民主义和民族自决的倡导者，但美国在独立后成为一个殖民民族，其在北美大陆逐渐排挤出欧洲的影响，并开始了自由的扩张和征服，在对待美洲土著问题上呈现出野蛮行为，其边疆不断向西部和向太平洋沿岸的推进。19 世纪 20 年代，美国的西部边疆已经越过了密西西比河，在内战后横跨美洲大陆的铁路的修建，对平原地区的征服和定居。到 19 世纪末，随着美国陆地定居边疆的关闭，美国已经根据杰斐逊的所谓"自由帝国"模式，完成了对北美大陆的征服、殖民化和秩序重建。这些政策和行为，无疑使美国与殖民主义之间存在一种矛盾的关系，尤其是在 19 世纪末 20 世纪初，具有深深植根于其政治制度的反殖民倾向的美国人，转向了殖民主义。根据传统的对帝国主义的定义，美国自身的历史经历与欧洲殖民传统的特征十分不同，那么，是什么原因导致了美国人的这一新的"天定命运"，美国人又是如何调和他们长期所持的"反帝国主义"观念，与他们对北美大陆广袤地区的征服和殖民化之间的关系的？

显然，从美国历史上来看，无论是其在北美大陆的扩张、殖民化，还是后来的"美国化"，美国人都是以一种不同的标准来解释和判断他们自己的行为的，使其尽可能区别于其他帝国主义者。美国在19 世纪的帝国征服活动，其对美洲土著、法裔和西班牙裔美洲人的征服和殖民化，摧毁他们的社会，代之以美国殖民者，进而将这些被征服者圈进了居住地（印第安人保留地），或者利用美利坚民族的霸权文化将他们同化。这些行为无疑是一种帝国主义形式，但是由于美国人不愿意将他们自己看作是帝国主义者，他们需要构建一种观念和形象，来表明他们所做的是有别于其他帝国主义国家的美国式征服。这一观念的核心思想，乃是基于美国"例外论"思想，即美利坚是一个上帝"拣选"的民族。美国人是按照杰斐逊所描绘的"普世的"道德标准来证明美国式的殖民化，以及摧毁那些正在以他们的方式运转的社会或政治的正当性。在美国人看来，美国乃是世界上独一无二的民族，美国的民主是优越的，美国霸权的任何扩张，都是世界上享受"自由"统治的地区在扩大，他们乃是带着上帝的意愿和旨意来扩大那些"普世"的道德秩序，这些道德规范已经由开国先辈们发现和编制成为法典。因此，美国人相信，扩张乃是他们秉承天意，而非像其他帝国主义国家那样，是为实现自我利益而促动。他们将美国的扩张主义和美国化看作是为了全人类的利益。① 实际上，在美国走向海外扩张的过程中，美国人对于其海外"使命"的看法，很大程度上一直是在努力调和普遍原则与自我利益之间的关系。他们通常认为或希望人们相信，原则和利益是完全可以协调的。②

在美国外交传统中，其反殖民主义立场、信念和原则，常常是可以因现实利益的变化而进行协调的。从历史上来看，无论美国外交理念、政策及其形式如何演进，其基本的出发点和原则不会改变——美国"国家利益"的体现。美国杜克大学教授布鲁斯·詹特森认为，美国国家利益大致可以从其四个基本目标上体现出来，即实力、和

① P. Eric Louw, *Roots of the Pax Americana*, pp. 50 – 52.

② ［美］罗伯特·卡根：《危险的国家：美国从起源到 20 世纪初的世界地位》，第 54页。

平、繁荣、原则。其中实力不仅是美国对外政策制定和执行的根基，也是其外交所追求的终极目的；和平在这里意指国家安全，詹特森将其定义为对美国领导的世界秩序的理性追求；对繁荣的追求意味着经济成为美国外交政策的重心；原则即美国人所称的其独有的价值观、思想和信念。这四个方面相辅相成，构成了美国对外政策的总体目标，而且在某一特定时期内，这四大目标总有一个对政策取向的确定具有更大的决定性。① 在 19 世纪，正是开拓海外市场和寻求利润等现实利益驱动下，夹杂着美国人那种爱国主义情结、"文明化"使命、传教冲动以及其他诸多政治因素，激发了美国的"自由帝国"扩张思潮。进入 20 世纪以后，美国的权力触角开始伸向全球各个角落。一些西方学者将美国的扩张划分为三个不同的帝国阶段：1783—1900 年间在北美大陆的征服和扩张；1898 年美西战争后建立了"正式帝国"；1945 年后随着美国霸权地位的确立，开始构建一种"非正式帝国"。② 尽管这样的阶段划分不一定正确，但大致可以反映出美国在不同时期对外扩张的特性变化。19 世纪前期第一阶段大陆扩张的完成，为美国人提供了一个资源富饶的地理空间，也为后来的扩张奠定了基础。19 世纪后期，美国进入扩张的第二阶段，以占领菲律宾、波多黎各和关岛等地区为标志建立了海外帝国，并在规训"自治"能力、"文明化"和"发展"的名义下，开始对菲律宾实行正式的殖民统治。第一次世界大战后，伍德罗·威尔逊开始设计一种以美国为中心的自由主义全球体系的蓝图，这一设想为富兰克林·罗斯福所继承，并在 1945 年后被付诸实践，美国的扩张进入所谓的"非正式帝国"阶段。这样，杰斐逊时代建立"自由帝国"的设想，在 20 世纪得到了承袭和发展。

　　纵观美国对外关系史，这种以现实利益为圭臬的特性一直贯穿始

---

① ［法］夏尔－菲利普·戴维等：《美国对外政策：基础、主体与形成》，第 52—53 页。

② P. Eric Louw, *Roots of the Pax Americana*, p. 3.

终，美国的对外政策无一不是出于对自己国家利益的追求。在美国对外扩张的过程中，其所宣传的"天定命运"，其中一个重要内容就是通过自由主义经济使世界殖民化。在 19 世纪后期，随着美国内战的结束和美国陆地边疆的关闭，美国人将目光从一种狭隘的集中于美洲大陆的命运观，转向了对更为广阔的世界的关注。内战不仅影响到美国人如何去理解他们的命运，美国陆地边疆的终止对于美国精英们如何理解他们的选择也产生了重要的影响。到 19 世纪 90 年代，美国向西部地区的殖民化和经济发展为美国经济提供了一个天然的增长发动机，一旦美国可殖民的土地陷于枯竭，就可能会出现经济停滞的危险，除非能够找到新的市场。而经济的停滞可能会带来失业人数日益增多的危险，更可能造成政治动荡，一个显而易见的解决方法，就是需要借助于美国"天定命运"的宣传，向海外寻求新的机会。19 世纪中后期，正是出于对贸易和商业利益的追求，美国人将目光投射到太平洋彼岸的中国和远东市场，并提出了针对中国的"门户开放"政策。进入 20 世纪后，美国也一直致力于构建一种在其领导下的全球贸易体系。

而当 19 世纪后期美国走向海外扩张的时候，美国人发现自己面临着与其他已经在全球扩张的帝国产生直接的竞争，英国、法国、荷兰、比利时、俄国、奥匈帝国和奥斯曼土耳其等欧洲帝国，阻碍了美国亟须获得的资源和世界市场，因此这些帝国成为美国人反对的焦点。对于美国人来说，这样的帝国是难以接受的，因为他们与美国的自由贸易（"门户开放"）模式相矛盾，不符合美国人所认可的那种社会管理方式和治理理念。① 事实上，从美国历史上来看，美国人虽然有着浓厚的反殖民主义情结，但其关于非殖民化问题的政策却常常根据自身的利益而进行调整。门罗主义、反帝国主义、门户开放、威尔逊主义以及富兰克林·罗斯福的理想主义等是美国对外关系传统的

① P. Eric Louw, *Roots of the Pax Americana*, p. 56.

象征性标志。从美国外交传统中追溯其反殖民主义立场以及非殖民化
思想的渊源，通过对门罗主义、门户开放政策中所包含的反殖民主义
思想，以及威尔逊和富兰克林·罗斯福等在殖民地问题上的政策变化
进行考察，无疑有助于我们理解美国反殖民主义立场的主要动机，揭
示其反殖民主义信念是如何在现实利益面前被折中的。在美国的反殖
民主义信念与国家利益之间，前者始终是居于第二位的，这一特征一
直延续到二战期间美国对欧洲殖民地立场的变化及战后美国对世界非
殖民化问题的政策。

二 美国对拉美独立运动的态度及
门罗主义的提出

对于不少美国人来说，由于美国自身的历史，他们将非殖民化视
为一个目标，将其看作一种感情上的附属物。[①] 他们认为，"人民对
其政权形式的选择，是人类自由的一个基本组成部分"[②]。基于自身
独立革命、摆脱英国殖民统治的传统，许多美国人从感情上同情其他
国家的民族主义诉求，但实际上只有在涉及美国的利益时，美国政府
才对那些被压迫民族的反抗行为表示赞同或提供帮助。19 世纪上半
期，美国的大陆扩张达到历史上的高潮，美国政府大力支持佛罗里
达、得克萨斯、加利福尼亚等地区的分离活动，以达到兼并的目的，
但对拉丁美洲、希腊和匈牙利的独立斗争只是表示同情，并没有采取
实际的行动。实际上，随着美国在 19 世纪后半期逐渐成为一个工业
强国，其自身的帝国特征也变得越来越明显，它对其他国家的民族革
命事业的支持日渐趋向保守。[③]

---

① Chamberlain, *Decolonization: The Fall of the European Empires*, p. 73.

② Grimal, *Decolonization: The British, French, Dutch and Belgian Empires, 1919 – 1963*, p. 149.

③ Dennis Merrill, "The Ironies of History: the United States and the Decolonization of India," in Ryan and Pungong, eds., *The United States and Decolonization*, p. 108.

这首先从美国对拉丁美洲独立运动的政策上表现出来。拉美独立战争爆发后，西半球利益的考虑决定了美国政府必然表现出极大的关注。1811 年 11 月，美国众议院就成立了一个"西属美洲殖民地委员会"，并派人前往南美洲进行实地考察。这些派往南美洲的外交人员，在一定程度上都对拉美独立革命抱着同情态度，向美国政府提供了许多情报和政策建议，产生了一定的影响。但由于形势尚不明朗，美国政府在南美洲独立运动早期没有制定出具体的政策。

拉美各国在争取独立过程中也积极寻求外部力量的支持，希望得到其他国家外交上的承认。但当时美国正在与西班牙政府就佛罗里达问题进行谈判，在谈判过程中，西班牙一直在拖延，要求美国以承诺既不要援助，也不要承认拉丁美洲殖民地的叛乱为条件。[①] 再加上1812 年美英战争爆发，美国根本无暇顾及西属美洲独立的问题。因此，美国政府一直没给予南美新独立的政权以正式的承认，也几乎没有美国人提议美国应扩大对拉丁美洲的军事援助。1815 年之后，随着形势的变化，加上拉美独立革命转为低潮，美国开始重新关注西属美洲问题。在一段时间的观望之后，1815 年 9 月，美国政府正式宣布在起义者和西班牙殖民者之间奉行中立政策。1817 年门罗继任总统后，他一方面担心欧洲大国因美国政府对拉丁美洲起义者的支持而进行干涉；另一方面，他也希望促进共和主义在原西班牙殖民地上取得胜利。门罗总统采取了一条中间路线，即奉行了一种谨慎、温和、有限的政策，对拉美独立战争采取了一种善意的中立立场，拖延对其进行正式的承认，允许与交战双方进行贸易，为拉丁美洲的自由事业提供道义上的支持。[②] 1817 年 12 月，门罗总统在其年度咨文中正式重申了美国的中立立场。但这样的中立政策并非消极等待，美国决策

---

① Bradford Perkins, *The Cambridge History of American Foreign Relations*, Vol. 1, New York: Cambridge University Press, 1993, p. 155.

② William H. Becker, and Samuel F. Wells, eds., *Economics and World Power: An Assessment of American Diplomacy Since 1789*, New York: Columbia University Press, 1984, pp. 76 – 77.

层首先有着自身利益的考虑，也有着更为复杂的深层原因。

客观上讲，门罗政府也希望西属殖民地获得独立，这不仅符合美国对"自由"观念的追求及反殖民主义的"理想"，美国也首先从中获益，因为西属殖民地的独立可以摧毁西班牙对这一地区的贸易垄断，削弱欧洲列强在美洲大陆的影响，这些无疑有利于美国在该地区扩张势力和发展贸易。当时美国的实力对国际事务的影响非常有限，中立政策的推行，既有保持自己在拉美经济利益的因素，也有意识形态方面的因素，美国人根深蒂固的种族观念，使他们怀疑拉美国家独立后的管理能力。① 例如，时任美国国务卿约翰·昆西·亚当斯就认为，这些在罗马天主教、西班牙人影响下的地区，不可能形成自由和开明的政治制度，他们不具备建立健全或自由的政权的首要因素。在他看来，拉丁美洲需要几代人的教育，需要美国的帮助和样板的作用，或许在其适应"有序的自由"之前还需要让西班牙来充当一个时期的保护国。②

19 世纪 20 年代，美国最终正式承认了拉美新独立国家，尽管这对拉美的独立进程起到了一定的促进作用，但无疑是美国政府在权衡利害得失之后的一种符合自己利益的选择。美国采取的政策完全是出于本国的需要考虑，美国人希望西班牙的军队被打败，并非完全由于其对殖民主义的厌恶，而是有着更为现实的因素，是由于美国与拉丁美洲的贸易关系已经开始迅速增长。美国决策层的考虑更大程度上是受到对门户开放原则和在所有外国市场公平竞争的承诺的影响。以亚当斯为例，当时他的外交计划就是旨在摧毁英国和其他欧洲国家的殖民主义，清除美国商业扩张的所有障碍。他认为"拉丁美洲新独立国家将会发展与大陆国家的密切联系，提供给它们的不是政治控制，而

---

① Perkins, *The Cambridge History of American Foreign Relations*, Vol. 1, p. 156.

② Michael H. Hunt, *Ideology and U. S. Foreign Policy*, New Haven: Yale University Press, 1987, p. 101.

是将会导致建立商业特权的强大政治影响"①。

在 1823 年之后的美国历史中，门罗主义成为美国外交决策的基础之一。美国早期关于殖民主义问题的态度，在门罗主义的原则中得到了充分体现。1823 年 12 月 2 日，门罗总统在致国会的咨文中提出了著名的"门罗宣言"，其内容可概括为三个原则，即"美洲体系原则""互不干涉原则"和"不再殖民原则"。其中"不再殖民原则"阐明美洲大陆已经获得或保持了自由和独立的条件，此后任何欧洲列强不能再视其为未来殖民化的对象。门罗总统郑重声明："我们没有干涉，也将不会干涉任何欧洲国家现有的殖民地或附属地。但是，对于那些已经宣布或已经获得独立、我们已经给予了极大的关注、并在公正的原则上给予了承认的政权，我们不能容忍任何欧洲国家旨在压迫他们或是以其他方式操纵他们命运的介入。"② 这一原则实际上就是早期"不转让原则"的继续和深化。

"不转让原则"是美国早期扩张中的一个很重要的原则，早在 1811 年美国国会就通过了这一原则，有人也称之为"麦迪逊主义"。19 世纪初开始，英俄在美洲的殖民活动引起了美国的担忧，尤其是俄国这一时期在北美西北海岸的商业活动日趋频繁，引起了美国的强烈不满。还有一个因素是由于当时美国政府正在与西班牙就割让佛罗里达问题进行谈判，在向西班牙施加压力时，遭到英国的抵制，因此美国也担心英国可能插手该地区。为排斥其他欧洲国家的介入，1811 年 1 月，美国国会通过了一项"不转让原则"，内容主要是"考虑到西班牙及其美洲诸省的特殊形势，以及美国南部疆域可能对美国安全、稳定和商业的影响"，美国不允许任何西班牙的殖民地转让给其他国家。用一位美国历史学家的话来说，这一原则是门罗主义的重要

---

① Becker and Wells, *Economics and World Power*, p. 78.

② "The Monroe Doctrine," in Henry S. Commager, ed., *Documents of American History*, New York: Appleton-Century- Crofts Inc., 1958, Vol. 1, p. 236.

先驱。① 它表明美国出于自身安全的考虑，不会袖手旁观美洲地区落入任何外国列强之手。

这一时期对美国外交政策有着决定性影响的就是国务卿亚当斯。在 1817 年后，亚当斯奉行的外交政策中已经包含着"不再殖民"原则。1815 年后欧洲国家组成的神圣同盟曾经企图干涉拉美独立运动，美国政府非常担心神圣同盟的意图是在美洲已获得独立的国家重建欧洲殖民统治。英、俄在美洲西北海岸的权利要求，尤其是在 1821 年 9 月 4 日，俄国沙皇亚历山大一世颁布敕令，禁止外国人（包括美国人）在俄国控制的地区进行商业活动，使许多美国人认为这是俄国在北美大陆的扩张主义行动。这些都给了亚当斯提出"不再殖民原则"的机会，他分别对英、俄两国驻美外交使节提出了这样的原则。亚当斯不希望英国占有美洲大陆其余地区的时间过久。1822 年 11 月，亚当斯在与英国使节会晤时，重提"不再殖民原则"。他对英国公使乔治·坎宁（George Canning）说，"整个现代的殖民化秩序就是一种政治弊端，该是结束的时候了"。1823 年 6 月，亚当斯又向俄国人明确表示，反对俄国在北美大陆建立殖民地。② 从内容上来看，亚当斯的"不再殖民原则"包括两个方面：其一，腐朽的欧洲殖民统治无论如何都不能进一步染指新世界；其二，把欧洲人排除在西半球之外，使美国人有机会进入新世界。他认为，俄国、西班牙、法国以及英国退出新世界只是时间问题，并且为时不远。③ 这两个原则都要维护拉丁美洲的现状，限制和约束欧洲列强在美洲的扩张。所不同的是"不转让原则"维护的是西属美洲殖民地的现状，弱方不允许转让殖民地，强方也不许乘机扩张。"不再殖民原则"维护的是独立后的拉丁美洲

---

① Cecil V Crabb, Jr., *The Doctrines of American Foreign Policy：Their Meaning，Role，and Future*，Baton Rouge：Louisiana State University Press，1982，p. 27.

② Samuel F. Bemis, *John Quincy Adams and the Foundations of American Foreign Policy*（2），Westport：Greenwood Press，1949，p. 368.

③ LaFeber，"The American View of Decolonization, 1776－1920：An Ironic Legacy,"pp. 27－28.

现状，反对把新独立国家再次殖民化，构成对美国在西半球的政治、经济、安全等利益的直接威胁。门罗宣言指出："美国的权利和利益包含在这一原则中，即美洲两大陆已经获得并维护了自由和独立，因而自此以后不能视为任何欧洲列强未来的殖民对象。"但美国不属于"外国列强"，当然也就不受此原则限制，佛罗里达的占领和购买过程充分说明了这一点。两个原则的提出，都是美国担心欧洲列强在西班牙殖民体系崩溃后，乘机夺取新的殖民地，构成对美国未来进行扩张的威胁，在本质上都是在特定情况下服务于美国的利益。①

事实上，美国对欧洲列强在美洲大陆进行殖民化的抵制是有很大局限性的。在门罗宣言中，通过使用"自此以后"一词，门罗明确表示当时美国不愿挑战现存的欧洲殖民地。② 而对于欧洲国家不再殖民的警告是有保留的，按照其原始意义，门罗宣言只是向旧世界提出警告，表示美国反对在北美和南美洲建立新的殖民地，而不是试图去瓦解现存的欧洲殖民结构。③ 在 1823 年，门罗主义的初衷只是基于现实政治的考虑，旨在保护美国的安全和独立。门罗宣言反对欧洲列强把西半球作为将来殖民的地区，可谓一个老谋深算的策略，为当时美国的发展提供了机会。那时的美国无力也不愿挑战欧洲的殖民秩序，美国的海军力量弱小，必须依赖英国的商业利益去阻止西班牙对拉美地区重新殖民的任何企图。实质上，门罗宣言只是宣布西半球对于欧洲的殖民扩张是封闭了的，但它并没有限制美国的扩张，美国一方面在殖民主义和自决的问题上把自己区别于欧洲列强，另一方面却在进行损害土著美洲人的自决而大肆扩张领土。美国人认为其在北美大陆的扩张是"天定命运"。在亚当斯看来，美国是由上帝决定要成为一个与北美大陆同样辽阔的国家。在美国独立后最初的半个世纪里，其

---

① 洪国起、王晓德：《冲突与合作——美国与拉丁美洲关系的历史考察》，山西高校联合出版社 1994 年版，第 55 页。

② Perkins, *The Cambridge History of American Foreign Relations*, Vol. 1, pp. 160 – 161.

③ Crabb, Jr., *The Doctrines of American Foreign Policy*, p. 14.

"大陆思想"使其先是在北美，而后是在南美反对欧洲传统的殖民统治。① 正是由于对欧洲帝国势力的担心，美国一方面不断强化其反殖民主义的腔调，另一方面又试图向西方扩张建立一个美利坚帝国。19世纪美国在北美大陆的扩张，使美洲的印第安人与传统的欧洲殖民主义一起消失了，之后美国进而向西部更远的方向扩张，在这一过程中，美国从一个殖民地变成了一个殖民者。②

在拉丁美洲，美国外交政策旨在扩张其势力范围，美国决策层主要关心的是获得市场，因为殖民主义意味着商业垄断和美国被排斥在外。从这一意义上来说，美国在殖民主义问题上奉行双重标准，"当一般的美国人想到'殖民主义'或殖民国家时，易于把其思维局限于欧洲殖民主义（或帝国主义），局限于欧洲的殖民地"③。门罗宣言中的"不再殖民原则"，"带有一种嘲弄般的自私，它只是否认了欧洲国家扩张的权利，而美国却希望自己垄断在美洲大陆殖民化的特权"。④ 1821年1月26日，亚当斯与英国公使坎宁的会谈中，当提及哥伦比亚河问题时，他毫不讳言地指出："守好你们的属地，把大陆的其余部分留给我们。"⑤ 1826年亚当斯就任总统后，在一次针对墨西哥的声明中，他进一步指出美国将不会允许西班牙的原殖民地转让给其他国家。⑥ 在亚当斯看来，非殖民化只是征服和缔造一个大陆帝国的手段之一，非殖民化成为一个不可阻挡的自然法则，通过倡导不再殖民化，反对欧洲在新世界的进一步殖民化，美国就能把北美大陆的其他地区纳入自己的联邦，"俄勒冈、加利福尼亚、古巴，还有其他欧洲附属地的历史，都将会以非殖民化而告终。北美的非殖民化

---

① Bemis, *John Quincy Adams and the Foundations of American Foreign Policy* (2), p. 366.

② Ryan and Pungong, eds., *The United States and Decolonization*, p. xiii.

③ C. Attlee, *As It Happened*, Heinemann, 1954, p. 180, in Grimal, *Decolonization: The British, French, Dutch and Belgian Empires, 1919 – 1963*, p. 177.

④ Perkins, *The Cambridge History of American Foreign Relations*, Vol. 1, p. 160.

⑤ Bemis, *John Quincy Adams and the Foundations of American Foreign Policy* (2), p. 367.

⑥ Crabb, Jr., *The Doctrines of American Foreign Policy: Their Meaning, Role, and Future*, p. 34.

就是一个被美国合并的过渡步骤"①。后来在 1896 年 6 月共和党的竞选纲领中，在谈到有关美洲政策时，他仍然这样宣称："我们重申门罗主义的内容，我们再次保证在欧洲国家入侵的情况下，应任何美洲国家邀请，美国有权在门罗主义之下进行友好干预。……我们满怀希望地期待着欧洲列强终将撤离本半球，期待着美洲大陆上所有使用英语的地区，在其居民自愿的情况下，终将结成联邦。"②

　　由此来看，在 19 世纪美国的外交政策中，非殖民化只是征服和缔造一个大陆帝国的手段之一，它并非完全是一种利他主义的行为，在很大程度上是美国谋求自身利益的途径之一。"在非殖民化、自决和民主问题上美国所树立的榜样需要受到严重质疑。"③ 门罗主义表面上反对欧洲列强在美洲大陆的殖民化，但实际上只有殖民主义在限制到美国的机会和利益时才被反对。正如美国历史学家伯明斯曾指出的那样，"门罗主义于 1823 年宣布时，要反对一切未来来自欧洲的殖民统治。但从 1823 年以后，实实在在地发生了一系列欧洲列强的新的殖民事实。美国面对这些事实没有任何反响，甚至当危地马拉新共和国于 1935 年向其正式求助时也是如此。好像门罗主义从来就没有存在过"④。门罗宣言声称反对欧洲在美洲的殖民化，但当这些事件与美国利益没有紧密联系时，华盛顿就很少采取行动。例如，在 19 世纪后期欧洲列强争夺非洲期间，美国很少表示同情。更甚之，美国竭力在殖民主义和自决问题上把自己区别于欧洲列强，但事实上，在 19 世纪上半叶的大陆扩张时期，美国却一直向西部推进，这无疑损害了土著美洲人的自决权。美国把从大西洋向太平洋的扩张、决定进

---

① LaFeber, "The American View of Decolonization, 1776 – 1920: An Ironic Legacy," p. 29.

② "The Republican Party Platform of 1896," in Donald R. McCoy and Raymond G. O'Connor, eds., *Readings in Twentieth Century American History*, New York: The Macmillan Company, 1963, p. 39.

③ Ryan, *US Foreign Policy in World History*, p. 53.

④ 李春辉:《拉丁美洲史稿》（上册），商务印书馆 1983 年版，第 223 页。

行墨西哥战争和将土著居民驱逐到居留地等行为，与英国等欧洲殖民国家的海外扩张截然区别开来。在美国决策者看来，北美大陆的合并是一种自然的过程，他们没有考虑到美国从西班牙征服过来的波多黎各，从丹麦购买来的维尔京群岛，从俄国购买来的阿拉斯加，从法国购买来的路易斯安那，乃至后来通过强占的巴拿马运河地区，这些行为都同样具有强权扩张的性质。①

对于拉丁美洲，自决原则和利他主义并非美国政策的主要推动因素。在 19 世纪早期，拉美国家的自决符合美国的利益，因而得到了美国的支持。那时美国政府主要关心的是获得市场，期望得到均等的贸易机会。在亚当斯看来，殖民主义意味着商业垄断和把美国排斥在外，尽管那时拉丁美洲还不是主要地区，但这样的结果对于美国未来在世界体系内的地位和作用是不可思议的。② 从 19 世纪后期开始，当拉美各国的民族自决对美国在该地区的商业或政治利益形成制约时，美国政府更多地采取了抑制和干涉，甚至不惜采取"大棒政策"。事实上，"在门罗主义的名义下，拉丁美洲国家的民族自决常常由于美国的干涉而被否认，尤其是从 19 世纪 90 年代到 20 世纪 20 年代，以及后来在冷战时期。民主对于美国的其他利益：秩序、稳定、机会、行施霸权、获得资源、否认替代者（无论是民族主义者还是社会主义者）来说，常常是次要的"③。的确，在美国外交政策的实施过程中，对自身利益的追求才是真正的促进因素。从这方面来说，1899 年和 1900 年美国政府的两次关于门户开放的声明，与 1823 年的门罗宣言是一脉相承的，在这些声明中自决原则与美国的经济机会都是被同时提出的。

门罗主义对于理解美国外交政策史是极其重要的。门罗宣言只是

---

① Grimal, *Decolonization：The British，French，Dutch and Belgian Empires 1919 - 1963*, pp. 177 - 178.

② Walter LaFeber, *The American Age：United States Foreign Policy at Home and Abroad* (*1750 to the Present*), 2nd. edition, New York：W. W. Norton & Company, 1994, p. 85.

③ Ryan, *US Foreign Policy in World History*, p. 53.

美国对外关系漫长道路上的一个重要路标，在之后的 100 多年里，在门罗宣言基础上形成的门罗主义的适用范围逐渐越过西半球向外扩展。随着美国国力的膨胀，新的美国世界秩序得到力所能及的扩展，美国人竭力要把美国的理想、原则和"自由"的信念带到地球的每一个角落。稍后的威尔逊主义也在很大程度上受到门罗主义的影响。在一战以后，美国人不仅把门罗主义的原则适用于欧洲国家，而且开始适用于所有的国家。不同时期的美国政府通过倡导民族自决以对抗其他的殖民大国：先是反对西班牙、俄国、英国等对西半球的觊觎，之后是反对欧洲列强以及日本在中国的势力扩张。同样，在第二次世界大战后，这些原则在美国主导下通过的《联合国宪章》中得到了体现，集体安全成为《联合国宪章》精神的一部分，尤其成为如《北大西洋公约》这样美国所参与缔结的各种防御条约的一部分，而通过"布雷顿森林体系"则建立起一种有限开放的世界经济秩序。尽管门罗主义历经几次具体化，但一直与美国在世界体系中的扩张目的紧密相关。非殖民化、自决和民主问题，在一定程度上都被美国对国家利益的追求，以及建立一种"非正式帝国"的霸权目标所调和。

三 门户开放政策与美国的反殖民主义

早期的一些反帝国主义者，如一些英国知识分子信奉亚当·斯密在 18 世纪提出的自由贸易经济原则。在《国富论》中，亚当·斯密基于自身国家利益的考虑，对帝国主义进行了谴责，认为殖民地给其宗主国造成的只是麻烦、成本和不能实现的目标。这种思想在美国国内也产生了一定的影响，有人认为美国应该致力于建立一种基于经济权力的帝国，而脱离那种"不必要的（甚至是有害的）"正式殖民主义的负担。也有人指出，美国有能力征服世界，而不需付出传统的殖民扩张代价。他们提出用一种"反殖民的市场扩张作为解决 19 世纪

90 年代美国决策者面临的问题"①。可以说，要解释 19 世纪后期美国复杂的反帝国主义的冲动，很大程度上应该与门户开放政策联系起来。一般来说，美国的门户开放政策形成于 1899 年和 1900 年，国务卿约翰·海针对中国的两次门户开放照会。实际上，门户开放作为一种思想原则，在美国早期的外交政策中就充分体现出来，美国人对自由贸易的追求与反殖民主义紧密结合在一起。"美国的反殖民主义常常混合着理想主义和一种强烈的自我经济利益的因素。"②

经济因素在早期美国外交政策的形成和执行中起着十分突出的作用。美国的开国先辈从一开始就深深卷入贸易的扩张，早在革命时期就要求拥有航海自由来促进贸易。美国在其建国不久就确立了商业立国的思想，在领土扩张的同时，对外商业扩张也日益迫切。但是刚刚获得独立的美国根本没有实力与老牌欧洲国家展开激烈的商业竞争，当时的欧洲国家，尤其英国仍是美国的主要贸易对象，而英国利用其强大的工业生产能力和商业影响力，以及拥有广袤的殖民地，使美国在对外贸易中遇到许多歧视性的贸易条款，美国商人从中受害颇多，严重削弱了十分依赖海外商业的美国。美国政府虽然十分同情这些商人，但由于自己没有海外殖民地，其所能做的只是呼吁其他国家实行不设障碍的贸易政策。在寻求对策的过程中，一些美国外交官提议美国推行自己的海外殖民政策，来对付欧洲的殖民政策，但没有得到广泛的支持。当时大多数美国人倾向于时任国务卿威廉·马西（William Marcy）的观点，即"遥远的殖民地对于任何政府来说都非力量之源泉，而是一个不折不扣的弱点"，他们认为商业垄断是一种令人厌恶的行径，与美国试图通过商业互惠寻求的门户开放相背，而且殖民主义与美国的政治和意识形态体系是不相容的。③ 美国决策者所希望的

---

① Robert L. Beisner, *Twelve Against Empire：The Anti-Imperialists，1898 - 1900*, pp. 84 - 85.

② McMahon, *Colonialism and Cold War*, p. 44.

③ Becker and Wells, eds., *Economics and World Power*, p. 64.

是实行一种自由的商业贸易。在当时的条件下，要实现这一目的，打破欧洲殖民制度，一种现实的手段就是商业互惠。在 19 世纪 20 年代，亚当斯就确定了美国的政策，即所有同外国交往的基础就是商业互惠。亚当斯的这一政策为美国提供了商业扩张的前景，他提出的商业互惠计划与其反殖民计划结成了一体。这样，商业互惠就成为打破欧洲殖民统治的一种手段，要求殖民地商业向所有国家平等地开放，只是美国反对欧洲殖民主义的主要目标之一。

当然，美国试图追求完全商业互惠的最初尝试没有成功，欧洲殖民国家没有一个愿意使其殖民地向美国人平等开放。美国通过互惠和商业战争来打破欧洲殖民制度的尝试也失败了。实际上，正是由于美国自身对外扩张的需要，亚当斯担心传统欧洲殖民主义将会封闭那些对于未来美国的商业扩张十分重要的地区。从这方面来看，商业互惠只是亚当斯及其继任者采取的摧毁旧的殖民秩序，使世界向美国的道义及物质影响开放的策略之一。"门户开放、反殖民主义和互惠建立在这样的观念基础上，即依赖于美国制度中的自由主义，自由的美国人民的活力和想象力，美国无尽的自然资源以及对其最终的开发以确保美国的世界经济领导地位。"①

从 19 世纪 30、40 年代起，对门户开放的追求逐渐与美国的反殖民主义信念融合在一起。美国人极力反对殖民主义制度下封闭的经济体系，因为那些关闭的大门威胁到了美国在世界体系中成长和发展的"自由"。对于美国人来说，政治和经济的自由已经不可分开。在 19世纪 50—70 年代，国务卿威廉·西沃德也极力主张进行商业扩张，建立门户开放式的商业帝国，进一步提出了"贸易机会均等"的思想。此后，门户开放成为美国外交政策中神圣不可侵犯的原则。到19 世纪末，随着美国在亚洲和太平洋地区利益的扩张，尤其是在中国商业利益的增加，面对欧洲列强掀起的"瓜分"中国的狂潮，美

---

① Becker and Wells, eds., *Economics and World Power*, p. 93.

国国务卿约翰·海在1899年和1900年，先后两次发表了针对中国的门户开放照会，声称要"保护中国的领土和行政完整"，并"保护世界各国在中国境内平等公正贸易的原则"。约翰·海对门户开放政策的基本设想是"公平，没有偏爱"，但是其所宣称的"公平"明显是要符合美国的利益。①

美国在表面上对通过提倡门户开放政策而保持中国的独立感兴趣，但美国首先是试图促进其自身的利益。这一门户开放政策的意图和应用范围是十分有限的，美国政府并没有设想去结束列强在中国的竞争，其主要目的是确保西方列强将来在中国获得特权时不能损害美国的利益。美国著名外交史学家托马斯·贝利曾这样写道："约翰·海运用了一种古老的原则，给其蒙上了鲜亮的新装，戴上了珠宝，给了美国人称之为'门户开放'的口号以完整的概念。"② 美国的这一使中国不能被殖民化的要求，主要是基于现实的考虑，因为唯有保持中国的完整和摆脱殖民地化，才能使美国向4亿多中国人销售其日益过剩的商品。③ 正如威尔逊总统所承认的那样，约翰·海的政策所设想的"不是对中国的权利开放门户，而是对美国的货物开放门户"④。门户开放政策无非是为了进一步扩大美国在中国的经济利益，同时也可以提高美国在亚太地区的政治地位，其目的在于凭借美国自身强大的经济实力，打破欧洲列强的保护主义壁垒，构筑一个以自由贸易为基础的开放式商业帝国。

在美国决策者看来，欧洲的殖民统治不仅阻碍了殖民地人民获得自治的诉求，也阻碍了美国在不发达地区公平地获得市场和原料的商业机会，这不仅损害了美国的商业利益，也不利于国际秩序的和平与

---

① Ryan, *US Foreign Policy in World History*, p. 68.

② Crabb, Jr. , *The Doctrines of American Foreign Policy*, p. 60.

③ LaFeber, "The American View of Decolonization, 1776 – 1920: An Ironic Legacy," p. 32.

④ Crabb, Jr. , *The Doctrines of American Foreign Policy*, pp. 72 – 73.

稳定。① 1918 年，美国总统威尔逊在"十四点"计划中进一步强调了门户开放的因素，进而与其他政治目标结合起来。20 世纪 30 年代，当世界性的经济大危机来临时，各主要资本主义国家纷纷筑起贸易壁垒以求自保，同时展开了激烈的经济争夺战，进而导致了第二次世界大战的全面爆发。1932 年，英国与英联邦成员国在加拿大的渥太华召开帝国会议，建立起一种帝国特惠制度，即给予彼此的产品特惠待遇，这对美国产品平等进入这些国家的市场极为不利。由于美国的产品在许多英联邦国家，尤其是在加拿大和澳大利亚的市场占有很大的份额，渥太华决议引起了美国官员的极大愤怒，在之后的 15 年内他们一直致力于摧毁这种经济壁垒。②

在 20 世纪 30、40 年代，美英关于战后世界经济和殖民地问题的主要分歧，在 1941 年美国通过的"租借法"和美英共同签订的《大西洋宪章》中体现出来。美国政府一直希望英国能够放弃其帝国特惠制度，美国人不能忍受其政府在缺少某种互惠的情况下向英国人提供援助。1941 年时担任副国务卿的萨姆纳·韦尔斯（Sumner Welles）在大西洋会议上提出了这一问题，指出"封闭的经济体系在过去是致命性的"③。国务卿科德尔·赫尔（Cordell Hull）也认为作为帝国体制一部分的歧视性的和垄断性的贸易行为，已经成为导致世界战争的因素。他在《回忆录》中写道，早在一战期间他就认识到，"畅通无阻的贸易与和平密切相关，高额关税、贸易壁垒、不公平的经济竞争常常与战争相伴"④。赫尔长期以来对这种歧视美国商品的帝国特惠制度表示愤怒，尤其是在东南亚，美国的石油公司只有在美国政府表示要报复荷兰在美国的利益时，才被允许获得荷属东印度的资源。当

---

① McMahon, *Colonialism and Cold War*, p. 306.

② LaFeber, *The American Age*, p. 351.

③ David Ryan, "By Way of Introduction: The United States, Decolonization and the World System," in Ryan and Pungong, eds., *The United States and Decolonization*, pp. 12 – 13.

④ Cordell Hull, *Memoirs*, Vol. 2, p. 1597, in McMahon, *Colonialism and Cold War*, p. 59.

面临太平洋战争的威胁以及美国对橡胶、锡等商品的需求日益增长时，英、法、荷等国却一度串通一气严格控制从自己的殖民地出口这些资源。① 1944 年，罗斯福，包括赫尔和韦尔斯等美国领导人在各种国际场合不断重申：自由贸易是国际关系中的一种和平因素。②

从这方面来看，美国的反殖民主义混合着对门户开放的追求，美国对欧洲帝国的抨击，意味着要结束帝国特惠制度和希望获得商业和投资机会。③ 在《大西洋宪章》中，美国明确了其战后目标是"在消除歧视以及平等的基础上获得市场和原料"。正如美国国务院战时附属地区事务委员会主席本杰明·格里哥，在阐述美国提出的国际托管计划与门户开放之间的关系时所认为的那样，"国际托管为结束国家经济帝国主义和寻求门户开放提供了一种有效的手段"④。由此可见，美国在提倡反殖民主义的同时，所追求的首先是更为广泛的经济目标。美国决策者对此有着清醒的认识，只有开放经济、减少贸易壁垒，才有助于促进和平、富裕和民主，也才能确保美国的政治、经济力量及"自由信念"和生活方式在世界上的领导地位。

总之，美国的这种传统的反殖民主义"理想"常常与现实的物质利益相吻合。通过门户开放，贸易机会均等与反殖民主义、民族自决等观念的结合，使美国的商业利益和其外交立场联系起来。这样，在美国外交史上，美国政府就积极促进一种建立在经济和政治自决、代议制或立宪制的政府、公海自由和个人自由基础上的自由的世界秩序。美国决策者认为，"进步依赖于经济自由、公平竞争和门户开放，经济利益与自由改革已经结合在一起，不可分割：互惠主义提供了没有障碍的商业扩张的前景，以及促进了美国实现摧毁殖民主义和改造世界的自由使命"⑤。

---

① Newson, *The Imperial Mantle*, p. 50.
② Ryan, *US Foreign Policy in World History*, p. 96.
③ Hess, *The United States' Emergence As A Southeast Asian Power*, p. 51.
④ Ibid., p. 52.
⑤ Becker and Wells, eds., *Economics and World Power*, pp. 64 – 65.

可以说，门户开放政策减轻了 19 世纪后期以来美国人心中那种面临"封闭的边疆"而带来的国内压力，调和了在主张帝国主义者和反帝国主义者之间进行的激烈争论，也减少了对殖民主义的担心，但同时却加强了美国自身的对外经济扩张。门户开放被美国人设想成一种不通过战争去赢得胜利的手段。尽管其区别于传统的欧洲殖民主义，但它无疑亦是一种帝国形式。[①] 另外，美国对门户开放政策的贯彻并不一致，在原则的使用上具有一定的选择性。例如，值得注意的是，美国从来不会把其所倡导的门户开放观念使用到与自己在太平洋和加勒比地区的附属地的贸易中去。至于其他国家与波多黎各和古巴的贸易，美国遵循一种"关闭门户"的政策。在夏威夷和菲律宾，没有任何其他外国被允许享有与美国一样平等的贸易条件。[②] 对于欧洲，由于美国的势力受到局限，直到第二次世界大战后它才开始追求一种门户开放政策。

美国人习惯于按亚当·斯密的思想思考问题，认为国际贸易是一个物质问题，也是一个道义问题。商业是"人的自然权利和责任之一"，国家有"责任"去进行贸易，贸易则是推进文明的一种方式，商业能够使中国等东方国家皈依西方文明，打开它们对美贸易大门便是使其对美国自由主义打开大门。19 世纪末美国在远东要求"门户开放"以进行贸易，便是显然易见地把对利益的追求和促进西方文明的"高尚"目标结合在一起。美国人相信，商业的传播会促进人类文明、发展并且自由化。他们还相信，共和政体的传扬同样会将人类提高到一种完美的状态。笃信宗教的美国人相信，基督福音的传播对于文明的传播是必不可少的。[③] 进入 20 世纪后，随着美国势力通过门户开放政策而日益全球化，大多数美国领导人坚持认为美国模式与世

---

① Ryan, *US Foreign Policy in World History*, p. 69.
② Crabb, Jr., *The Doctrines of American Foreign Policy*, p. 74.
③ ［美］罗伯特·卡根：《危险的国家：美国从起源到 20 世纪初的世界地位》，第 200—201 页。

界的结合，就一定能够促进诸如民主、个人自由、经济发展及社会公
正等这些目标的实现。在他们的眼中，美国的国家利益与这些"高
尚"的目标是一致的。从美国立国伊始，不少美国的政治家就天真地
认为，对于美国最好的东西，也是对于世界最好的东西。如迪安·艾
奇逊就常这样说，"美国是人类的火车头，而世界上其他国家则是追
随其后的众多车厢"①。

19 世纪 80 年代和 90 年代的美国，呈现出了崛起大国的一个共同
特征，实力的增长导致了其利益和权力感的延伸。约翰·海的门户开
放政策的宣布，在美国对外关系史上具有里程碑的意义。一方面，它
反映了美国作为一个正在崛起的大国，准备在欧洲占据优势的世界上
遥远的地区提出自己的利益诉求。门户开放政策也确立了一种美国的
行为方式，其长远影响超越了亚洲。随着其在 1898 年兼并了夏威夷、
波多黎各和菲律宾，美国国内已经开始呈现出一种把领土占领作为满
足其扩张冲动的途径的兴趣。但是，约翰·海的声明表明美国的扩张
开始转向一种不同的方式：美国将通过经济霸权而非大国统治来扩大
其影响。这一设想证明有着巨大的持久力，在一定程度上是因为它符
合美国作为一个根植于反殖民主义和"例外论"原则基础上的国家
的自我认知。在之后的 20 世纪里，美国人鄙视其他国家的帝国意图，
即使美国自身也努力在国外攫取经济机会。②

在一定程度上，门户开放政策在思想上迎合了美国人的那种传统
的对殖民主义的反感，以及他们对自由原则的承诺。尽管美国在 19
世纪末不断违反其自身提出的反殖民承诺，而保持着对拉美的准帝国
统治，但国会中大多数议员以及公众舆论仍然坚持认为美国从根本上
是一个反殖民国家。1898 年在对菲律宾兼并问题的大辩论期间麦金

---

① McMahon, *The Limits of Empire*, p. 15.

② Mark Atwood Lawrence, "Open Door Policy," in Alexander DeConde, Richard Dean
Burns, and Fredrik Logevall, eds., *Encyclopedia of American Foreign Policy*, New York: Charles
Scribner's Sons, 2002, Second Edition, Vol. 3, p. 29.

莱政府所面临的抵制，表明了反帝国主义舆论的强大力量。门户开放提供了一种"理想的"解决方案，因为它为美国获得中国市场提供了机会，同时也占据了道义的高地。用美国历史学家马修·雅各布森（Matthew F. Jacobson）的话来说，门户开放声明代表了"一种反殖民主义面纱下的帝国主义经济效果"。那些贪婪的扩张主义者和自由放任的卫道士在门户开放思想下统一了起来。这一政策的吸引力还在于，它提出保持中国领土的完整，而使中国获得西方所提供的最现代的商品和思想。这样，这一政策就与美国那种自诩作为世界上落后地区现代化和对其进行教化的力量的观念相吻合。基于诸多原因，门户开放政策在美国受到了广泛的欢迎。①

第一次世界大战后，威尔逊试图建立一种新的全球体系，这一体系建立在门户开放的基础上，而非传统的殖民主义。门户开放的重要性在于，首先它既不是一种军事战略也不是一种传统的均势政策，它被设想或设计成一种不通过战争去赢得胜利的途径；其次，它源于那种认为美国拥有绝对优势的经济力量，能够把那些更为贫穷、弱小和不发达的国家的经济和政治塑造成亲美国的模式。② 对于那些倡导门户开放观念的人来说，对海外经济机会的寻求只是一种向西部扩张的延伸，从而把美国市场推进到了太平洋。这一观点认为，随着 19 世纪 90 年代美国边疆的关闭，美国商人将其注意力转向了国外市场，并认为通过同样的已经在国内流行的市场开放和独特机会的思想，能够扩张美国的影响。按照这一观点，新市场的不断开辟对于保持美国资本主义制度的良性运转是十分重要的。根据门户开放观点的解释，美国在 19 世纪 90 年代的扩张，威尔逊对建立一种开放的全球经济的呼吁，以及美国在 20 世纪 40 年代后期决心阻止东欧的"苏联化"，

---

① Mark Atwood Lawrence, "Open Door Policy," in Alexander DeConde, Richard Dean Burns, and Fredrik Logevall, eds., *Encyclopedia of American Foreign Policy*, pp. 34 – 35.

② William Appleman Williams, *The Tragedy of American Diplomacy*, New York: W. W. Norton & Company, Inc., 1959, p. 57.

都是源于为美国工业开辟和维系市场以及保持国内平衡的同样的
动机。①

　　门户开放政策对于美国外交政策有着深远的影响，它所提倡的
"机会均等""自由贸易"的观念，先是适用于中国，而后被广泛地
应用，成为以后构筑以美国为中心的世界经济体系框架的基础。这种
观念体现在美国后来的几个重要的政策声明中，如 1918 年威尔逊关
于战后世界秩序的"十四点"计划，1941 年美英宣布的《大西洋宪
章》，以及战后美国与世界各国进行的各种关税贸易谈判，乃至在
1995 年构成了美国促进世界贸易组织成立的思想基础。

四　19 世纪末 20 世纪初美国的反帝国主义运动

　　19 世纪 80 年代后期至 90 年代，美国的工业力量和经济实力日益
强大，其军事力量也随之快速膨胀。这一时期，美国的国家生活发生
了重要变化，美国国内重新激起的扩张躁动，促使美国人对其在国际
事务中的角色重新定位，美国最终在美西战争后变成了一个殖民国
家。② 然而，19 世纪后期美国政府的帝国扩张政策，引发了国内关于
美利坚前途命运和发展走向的广泛争论。面对美国的扩张主义狂潮，
尤其是在美西战争爆发前后，美国国内掀起了批判美国政府帝国主义
扩张政策的浪潮，美国的一些团体和协会、黑人以及学者纷纷起来批
判扩张主义的严重危害。③ 例如，美国社会学家和经济学家威廉·萨
姆纳在《关于领土扩张的谬论》一文中，从扩张和民主制度的关系
揭示了无限扩张会危害民主政体的后果。他指出，"认为一个国家在

---

①　Mark Atwood Lawrence, "Open Door Policy," in Alexander DeConde, Richard Dean Burns, and Fredrik Logevall, eds., *Encyclopedia of American Foreign Policy*, pp. 42 – 43.

②　Frederick Merk, *Manifest Destiny and Mission in American History：A Reinterpretation*, New York：Alfred A. Knopf, Inc. and Random House, Inc., 1963, pp. 231 – 232.

③　Daniel B. Schirmer, *Republic or Empire：American Resistance to the Philippine War*, Cambridge：Schenkman Publishing Company, Inc., 1972, pp. 7 – 15.

发展至适当的规模以后，扩张领土就等于增进财富和力量，这种观念乃是一种错觉"，无限制的扩张"极有害于共和制度和民主政体"。[1] 1899 年 1 月，在美国与西班牙签订巴黎协定，美国国会对此进行表决时，国会内部引发了一场激烈的争论。参议员亨利·洛奇等极力维护美国政府的帝国主义政策和占领菲律宾的行动。马萨诸塞州参议员乔治·霍尔等人则坚决反对占领菲律宾，他们从国家主权和美国《独立宣言》的根本精神出发批驳了扩张主义的侵略合法论。[2]

在 1898—1900 年期间，美国国内的反帝国主义情绪空前高涨，反对战争、反对帝国主义的呼声在美国汇成一股声势浩大的潮流，随着反帝国主义同盟的成立，这股反帝国主义的洪流对美国公共舆论产生了巨大的影响。反帝国主义同盟起源于波士顿，其最初的创始者是曼彻斯特改革俱乐部的所有成员，主要的代表人物有参议员卡尔·舒尔茨（Carl Schurz）、墨菲尔德·斯托里（Moorfield Storey）、爱德华·阿特金森（Edward Atkinson）等人。[3] 尽管反帝国主义同盟并没有影响到马尼拉事件的进程，也没有改变华盛顿的政策，但是其活动也产生了重大影响，该组织的活动以及出版的宣传作品和言论，表达了其对于美菲战争的强烈不满，而且形成了较为完善的组织机构。反帝国主义的活动吸引了当时大多数民主党、工会领导人和进步主义改革者参加。1898 年 6 月 15 日，美国反帝国主义同盟在新英格兰成立，其目标在于反对美国对菲律宾群岛的兼并。同月，反帝国主义同盟在波士顿召开了第一次以反帝国主义为主题的会议，反对殖民主义和扩张主义成为大会的主旋律。主持人马列尔·布雷福德在演说中表示，反对美西战争是因为面临着美国将堕落成为一个殖民帝国的危险。还有人严厉抨击了美国政府占领西班牙殖民地的行为破坏了美国所赖以

---

① 杨生茂等：《美西战争资料选辑》，上海人民出版社 1981 年版，第 304 页。

② 刘绪贻、杨生茂：《美国通史》（第 4 卷），人民出版社 2002 年版，第 165 页。

③ Richard E. Welch, Jr., *Response to Imperialism: The United States and the Philippine-American War, 1899 - 1902*, Chapel Hill: The University of North Carolina Press, 1979, p. 44.

立国的原则。① 此后，美国许多大城市陆续都成立了反帝国主义同盟，尽管参加同盟的成员成分复杂，政治观点相异，但他们都一致谴责了美国政府的帝国主义政策。

一些反帝国主义者认为，美国宪法不允许攫取殖民地，不允许未经被统治者的同意而去统治他们，他们疾呼美国的基本原则由于无足轻重的商业利益而被破坏了。② 劳工运动是由于工人们最初担心来自亚洲殖民地的廉价劳工的涌入，会威胁到工人的生活水平。但是，对帝国主义的广泛忧虑在美国迅速扩散，1898 年当美国劳工联盟举行年度聚会时，通过了一项谴责"帝国主义"或"扩张"政策的决议。③ 曼彻斯特改革俱乐部首先作出反应，并建立了一个反帝国主义委员会。1898 年 11 月，当巴黎和谈还在进行之中，反帝国主义联盟就发起了一场全国范围的运动，其目标是反对美国以任何合法的手段去占领菲律宾群岛，或者其他任何远离美国海岸的殖民地。他们认为领土占领对于美国海外贸易和投资的扩张是不必要的。④ 1899 年 2 月，"巴黎和约"在美国参议院展开辩论时差点被否决。

1899 年 5 月，反帝国主义联盟已经拥有成员 3 万余人，在所有的大城市都建立了当地的委员会。1899 年 10 月，反帝国主义联盟在芝加哥召开了一场全国大会，来自 30 个州的 1 万名代表与会，一致同意建立一个全美反帝国主义同盟。该同盟成立后积极开展宣传活动，在之后的四年时间里，先后在全国 8 个大城市建立了同盟，出版的书籍、小册子、演讲和传单不下 400 万次。其中有些书籍，如鲍特维尔（George Boutwell）的《共和国还是帝国》、戴维・乔丹（David S.

① 刘绪贻、杨生茂：《美国通史》（第 4 卷），第 167—168 页。

② William J. Bryan, "Mr. Bryan's Address on Imperialism," in Gerald E. Markowitz, ed. , *American Anti-Imperialism*, *1895 – 1901*, New York：Garland Publishing, Inc. , 1976, p.45.

③ William J. Pomeroy, *American Neo-Colonialism*：*Its Emergence in the Philippines and Asia*, New York：International Publishers Co. , Inc. , 1970, p.99.

④ Richard E. Welch, Jr. , *Response to Imperialism*：*The United States and the Philippine-American War*, *1899 – 1902*, pp.43 – 44；William J. Pomeroy, *American Neo-Colonialism*：*Its Emergence in the Philippines and Asia*, p.101.

Jordan）的《帝国民主》以及乔治·豪尔（George Hoar）的《美帝国主义》等影响较大，流行全国。反帝国主义者在全国范围内成功地发动了公共讨论，从波士顿到斯普林菲尔德、曼彻斯特和纽约等州，通过运用传统的美国理想、立场以及对公正的追求，他们掀起了民众的反殖民主义情绪，这些行动有助于迫使那些更加狂热的扩张主义者调整他们的航向。① 反帝国主义同盟成立之后，在全国范围掀起的反对占领菲律宾的活动，无疑产生了很大的政治影响。麦金莱政府开始采取措施改变对菲律宾的统治方式，分别于 1899 年和 1900 年委派 "舒尔曼委员会" 和 "塔夫脱委员会" 前往殖民地，作为文官机构以弱化赤裸裸的军事政策的表象，尽管还没有委以权力马上取代军事司令官。为了平息公众的反对，在对菲律宾实施了一个阶段的高压政策之后，塔夫脱委员会在菲律宾建立了正式的文官政府，实行 "仁慈的" 美国统治。事实上，美国的两大政党共和党和民主党都不能忽视反帝国主义联盟或者其他反对殖民占领的力量，从 1900 年的总统选举开始，在长达十年的时期内，美国两党的政治纲领和竞选都深受反帝国主义者的影响。②

19 世纪末至 20 世纪初，美国反帝国主义运动的产生交织着多种复杂因素，其目标也是广泛的，这大致可以归结为宪法、经济、外交、道义、种族主义、政治和历史等几个方面。例如，许多反帝国主义者认为，帝国主义违背了美国的宪法，他们指出，一个建立在议会制度原则和保护个人自由基础上的政府，不能摈弃这些原则而去统治其他民族。这一时期，美国国内关于海外殖民地问题大争论的一个重要焦点就是：一个共和国是否可以同时也是一个帝国。③ 那些基于经

---

① Robert L. Beisner, *Twelve Against Empire：The Anti-Imperialists，1898 – 1900*, pp. 225 – 226.

② William J. Pomeroy, *American Neo-Colonialism：Its Emergence in the Philippines and Asia*, p. 111.

③ Theodore P. Greene, ed., *American Imperialism in 1898：Problems in American Civilization*, "Introduction", Boston：D. C. Heath & Company, 1955, p. v.

济方面考虑的反帝国主义者，则反对那种认为"贸易紧随国旗之后"的说法，诸如卡尔·舒尔茨和安德鲁·卡内基（Andrew Carnegie）等人认为，没有必要为了获得热带地区的商业利益而去占领这些土地。作为商人的安德鲁·卡内基和爱德华·阿特金森等人，反对兼并政策，他们担心美国和菲律宾之间的自由贸易将导致美国的农场主和一些原材料生产商破产，而对殖民地的产品征收关税将违背宪法和破坏菲律宾群岛的经济。[①]

这一时期，美国国内关于海外殖民地问题大争论的一个重要焦点就是：一个共和国是否可以同时也是一个帝国。[②] 反帝国主义同盟代表了美国老一代的思想并植根于早期时代，他们认为美国将其自己的意志强加给其他民族是错误的，认为帝国主义有悖于共和主义的信条，尤其是需要"被统治者的同意"。反帝国主义同盟之中的超然派和共和党领导人多为古典自由主义者，对美国对外扩张的批评有着很长的历史。认为帝国主义将与已经确立的理想和实践产生严重冲突。[③] 攫取海外殖民地以及加入世界范围的权力和帝国争夺，与美国的外交传统相背离，美国拥有自由理想的历史身份以及崇尚不通过武力，而是应该通过其榜样的力量来服务于世界的高尚信念。而帝国主义则破坏了美国那种纯洁和独特的信念。[④] 作为反帝国主义者中的道义批评者，他们并不反对基于商业、符合宪法的、宗教的或者人道主义背景的扩张，而是认为对落后的热带地区的兼并和管理，将意味着美国摈弃了自治和孤立的理想。

实际上，大多数反帝国主义者都认为，帝国主义对于美国的制度

---

① Robert L. Beisner, *Twelve Against Empire：The Anti-Imperialists*, *1898 - 1900*, pp. 216 - 217.

② Theodore P. Greene, ed., *American Imperialism in 1898：Problems in American Civilization*, "Introduction", p. v.

③ Julius W. Pratt, "Anticolonialism in United States Policy," in Robert Strausz-Hupe and Harry W. Hazard, eds., *The Idea of Colonialism*, New York：Frederick A. Praeger, Inc., 1958, pp. 119 - 120.

④ Robert L. Beisner, *Twelve Against Empire：The Anti-Imperialists*, *1898 - 1900*, p. 220.

和价值观是一种最严重的威胁，但他们的出发点却各不相同。反帝国主义者坚持反对殖民主义的政策，首先在于他们认为这是与美国的外交传统观念相矛盾的，是背离了开国奠基者所制定的不卷入欧洲争端的路线，是对门罗主义的否定。其次，还在于他们担心美国会越来越深地卷入国际政治，尤其是在亚洲，进而将会使美国卷入权力政治，将导致军国主义者更多地影响或控制美国政府。再次，卷入亚洲帝国政治将威胁到美国的安全，反帝国主义者抨击美国对夏威夷和菲律宾所担负的责任，美国将需要建立一支庞大的海军和陆军来保护这些遥远的新领土。他们认为对海外地区的政治统治是不必要的。最后，美国在世界政治中所扮演的领导角色，将会使国内付出巨大的代价。未来的战争和长期保持这些足够强大的军事力量，将需要数额巨大的金钱，这将妨碍工业的发展，向美国人民征收沉重的税收，分散解决国内问题的注意力。[1] 例如，钢铁巨头安德罗·卡内基等工业家，也反对这种海外扩张的形式，认为殖民政策是一种代价高昂的冒险。反对占领海外殖民地最为强烈的经济团体，主要是投资于国内的农业利益集团，如糖用甜菜和蔗糖、烟草和大米生产者，他们担心由廉价劳动力在海外附属地生产的类似的农产品自由进入美国市场后所带来的竞争。[2] 而工会团体则担心受到亚洲移民廉价劳动力的冲击，要求限制外国移民的进入，反对占领海外地区。[3] 在反帝国主义同盟内部，还存在着一股强大的力量，其反对占领菲律宾乃是基于种族主义的观点。他们认为，菲律宾人是有色的野蛮人种，不适合成为美国社会的一部分，美国人尤其是美国白人，与菲律宾人是不平等的。例如，大多数南部的民主党谴责"帝国主义"，认为亚洲民族就像黑人一样，

---

[1] Robert L. Beisner, *Twelve Against Empire: The Anti-Imperialists, 1898 – 1900*, pp. 218 – 219.

[2] William J. Pomeroy, *American Neo-Colonialism: Its Emergence in the Philippines and Asia*, pp. 23 – 25.

[3] Richard E. Welch, Jr. , *Response to Imperialism: The United States and the Philippine-American War, 1899 – 1902*, pp. 87 – 88.

是低于白种人的"劣等民族"，不能被同化进入美国生活。①

　　可见，反帝国主义者所关心的主要是他们国家自身的安全、繁荣、宪法制度的完整以及道义和政治的健康，而不是关注菲律宾人、古巴人、夏威夷人以及波多黎各人的命运。尽管他们能够而且也捍卫了这些民族的权利，但他们根本的目的是为了捍卫美国的利益。② 后来的历史发展表明，对菲律宾、夏威夷和波多黎各的吞并，尽管是美国在亚洲利益的长期扩张的结果，但这并没有导致美国在 20 世纪出现一种持续的领土扩张狂热。事实上，在 19 世纪末 20 世纪初，反帝国主义者并没有能够为美国的历史走向设计出一种替代路径，他们指责美国在国际事务中奉行的新的扩张主义观念，但没有绘制出一种更加引人的未来图景；他们认为对遥远地区和异域民族的吞并与美国过去的外交传统不符，但没能提供一种美国应该走向何处的设想。③ 最终，反帝国主义者没有实现他们为自己所确立的目标，美利坚帝国最终越过了反帝国主义者的抗议而确立起来。反帝国主义者缺乏强大的政治地位和统一性，他们没有能够阻止美国成为一个帝国，之后的事实证明，反帝国主义者的长期影响也相对有限，他们在主导公共舆论、1900 年大选以及国会和总统的决策等方面没有获得更大的成功。④ 1921 年，反帝国主义同盟解散。

　　事实上，尽管美国帝国主义是 1898 年美西战争的一个主要结果，但它并非那场冲突最初预想的结果。对于美国为何要诉诸战争，进而

---

　　① William J. Pomeroy, *American Neo-Colonialism：Its Emergence in the Philippines and Asia*, p. 106；Richard E. Welch, Jr., *Response to Imperialism：The United States and the Philippine-American War, 1899 - 1902*, pp. 101 - 107.

　　② Robert L. Beisner, "The Anti-imperialist as Mugwump：Successes and Failures," in Thomas G. Paterson, ed., *American Imperialism and Anti-Imperialism*, New York：Thomas Y. Crowell Company, Inc., 1973, p. 102.

　　③ Robert L. Beisner, "The Anti-imperialist as Mugwump：Successes and Failures," in Thomas G. Paterson, ed., *American Imperialism and Anti-Imperialism*, pp. 105 - 106.

　　④ Robert L. Beisner, *Twelve Against Empire：The Anti-Imperialists, 1898 - 1900*, p. 229；Richard E. Welch, Jr., *Response to Imperialism：The United States and the Philippine-American War, 1899 - 1902*, p. 56.

从西班牙攫取一个"帝国"的任何解释，都不可避免涉及一个无与争辩的事实：其并非一种深思熟虑的结果，美国的安全及其根本利益并没有受到威胁。① 既不是经济需要，也非外部威胁促使美国在 19 世纪 90 年代向西班牙开战或者走向帝国。一些历史学家的研究表明，那时支持美国对外扩张的不同利益集团——如商人、传教士和军队游说团体等，并没有发挥决定性的作用。然而，这并非意味着美国实施的帝国政策不存在强大的社会基础。相反，美国社会公众普遍存在的对自我定义和身份塑造的担心，很大程度上可以为其走向帝国主义的动机提供一种解释。帝国主义与 19 世纪 90 年代美国的国家认同是密切联系在一起的。美西战争的胜利引发了美国公众关于国家身份的争论，形成了一种关于国家认同的危机，这体现在美国国内关于帝国主义的激烈争论中。在这一过程中，追求那种诱人的、自我陶醉的关于国家在世界上新的地位的机会，就成为他们接受帝国认同背后的主要动力。② 在对占领菲律宾的政策方面，麦金莱总统的犹豫不决，应该归因于他还不确定如何引导公众去接受帝国主义的政策。在 19 世纪 80 年代之前，美国人对帝国主义混杂着不同的看法，这就使得类似问题上升到政策讨论时，帝国主义方式往往并不受欢迎。当他们转向赞成把殖民主义整体上作为一种传播文明的方式时，他们常常谴责欧洲的殖民管理模式。③ 但随着帝国主义在欧洲的盛行，美国的世界主义者开始把帝国主义看作其国家进入大国俱乐部的入门仪式。

长期形成的厌恶帝国主义的共识的消失以及在外交决策精英内部出现的破裂，给帝国主义观念提供了一种其先前所不具有的吸引力。那一时期，公众受到海外事件以及倾向于帝国主义的国内舆论的鼓动，似乎也希望美国成为一个帝国。那些最初反对向西班牙开战和占

① George W. Kennan, *American Diplomacy*, Expanded Edition, Chicago：University of Chicago Press, 1984, p. 19.

② Frank Ninkovich, *The United States and Imperialism*, Massachusetts：Blackwell Publishers Inc. , 2001, pp. 15 – 16.

③ Frank Ninkovich, *The United States and Imperialism*, p. 35.

领殖民地的美国商业精英，在美西战争胜利后改变了自己的看法，开始支持占领菲律宾。在他们看来，尽管菲律宾本身的价值并非很大，但作为与中国贸易的"中转站"，则显得极其重要。[①] 但是，就占领菲律宾这个事件来看，把美国开始奉行帝国主义归因于经济利益的追求，也有欠妥当。在美国占领菲律宾的过程中，其帝国动力更多的是源于一种"国际责任"或者"文明化"使命。在这一动力作用下，帝国主义似乎变成了一种"仁慈"和"高尚"的政策。[②] 因此，应该将 19 世纪末美国人关于帝国主义的争论放在全球背景下来审视，否则就很难解释后来美国关于殖民地问题的基本思考和政策的形成。

考察 19 世纪末反帝国主义运动所扮演的角色，对于理解 20 世纪美国的全球主义是必不可少的。在美国历史上，存在着三种不同的逐步演进的反帝国主义，分别为合作型、威尔逊式和进步论式的反帝国主义。其中第一种形式的反帝国主义，是一种诸如门罗主义和"门户开放"之类传统政策的自然产物。19 世纪末美国对中国的政策反应，以及开始在东亚推行"门户开放"的帝国主义，这与其坚持长达半个世纪的门户开放观念是一致的。在每个案例中，美国的反帝国主义者都把避免在大国间出现根本利益冲突作为其有效性的一个前提条件。按照合作型反帝国主义（Cooperative Anti-imperialism）的观点，文明化的过程是所谓"文明"国家的共同目标，就像美国在菲律宾的角色。持该观点者要求在全球帝国主义的管理方面进行大国合作，他们认为现代世界共同体需要世界大国承担起世界秩序的责任，主张以合作型的殖民管理来取代帝国主义外交。其他另外两种形式的反帝国主义产生，是对欧洲发生的两次世界大战造成的动荡进行的解释性反应。从长远来看，这二者中更重要的是威尔逊式的反帝国主义。美

---

① Julius W. Pratt, "Anticolonialism in United States Policy," in Robert Strausz-Hupe and Harry W. Hazard, eds., *The Idea of Colonialism*, p. 118.

② Hazel M. McFerson, ed., *Mixed Blessing：The Impact of the American Colonial Experience on Politics and Society in the Philippines*, Westport：Greenwood Press, 2002, pp. 77 – 78.

国总统威尔逊最初只是尝试性地宣传和倡导这一不同的反帝国主义立场，一旦其被充实和制度化，就开始成为 20 世纪美国决策者笃信的意识形态的一部分。另外一种进步论者的反帝国主义主张，则与威尔逊主义不同，该观点把战争爆发的原因几乎全部归于帝国主义。这三种类型的反帝国主义观点存在着某种共性，即产生于其倡导者对不断加剧的凶险的国际政治形势的担忧。①

第一次世界大战的爆发，也促动了美国地缘政治反帝国主义的产生。第一次世界大战是美国对外政策史上的转折性事件，它标志着美国作为世界大国的肇始，新的反帝国主义形式成为美国对外政策意识形态的组成部分。许多美国人厌恶他们在中国所看到的帝国主义外交，但是世界大战进一步促进了其危险的加剧，他们将帝国主义视为一种对民族安全的威胁，会摧毁现代全球文明的基础。这样，产生于19 世纪 90 年代的保守的反帝国主义者，逐渐被进步论者和自由主义者所取代，后者从其在世纪之交支持帝国主义的立场发生了明显的大转变。在一战期间，美国的反帝国主义被具体化为两种截然不同的观点：进步论和威尔逊式的自由。在许多进步主义者看来，帝国主义乃是导致第一次世界大战爆发的重要原因，他们几乎都从狭隘的经济意义上来对战争进行解释，但是威尔逊认为经济只是一个重要的因素，而非决定性的原因。对于威尔逊来说，加强大国合作比希望结束帝国主义外交更为重要，从另一方面来说，威尔逊的反帝国主义并非是纯粹的，其带有严重的种族主义倾向，如果帝国主义外交对于大国并不危险，那么威尔逊就可能不会把反帝国主义置于其外交议程。这些思想是形成第一次世界大战后国际联盟所实行的"委任统治"制度的基础。②

到 20 世纪 30 年代末，美国在东亚地区的反帝国主义，更多地呈现为一种地缘政治的形式，在美国人看来，帝国主义已经成为一种极

---

① Frank Ninkovich, *The United States and Imperialism*, pp. 201 - 202, 204.
② Frank Ninkovich, *The United States and Imperialism*, pp. 214, 216, 220.

其危险的现象。但在二战期间，美国总统富兰克林·罗斯福对欧洲殖民主义的厌恶和反对，更大程度上是针对其糟糕的统治方式，而非针对殖民主义本身。作为一种新的威尔逊式的国际主义者，他在设计和倡导联合国国际托管制度的过程中，实际上是希望美国和国际社会在殖民地管理上承担起更大的责任，认为绝大多数殖民地区过快获得独立是不现实的，这种方式来源于威尔逊总统设计的蓝图——大国合作，目的是在托管制度的外衣下，实施一种"更为高级的帝国主义"。[①] 在二战期间罗斯福关于战后世界的设想中，一直强调大国合作是战后和平的关键，其"四国警察"的理念，成为联合国安理会的制度基础。

五　威尔逊的民族自决原则与一战后的殖民地问题

进入 20 世纪后，随着美国在世界体系中地位的变化，其外交政策开始了历史性的巨大转变，其中民族自决成为一个使用频率较高的词汇，民族自决原则成为美国社会传统中反殖民主义理念的一个重要内容。从威尔逊在其"十四点计划"中提出民族自决原则开始，自决的观念已经牢牢地列入了 20 世纪美国的外交议程。[②] 在某种程度上，民族自决原则的提出，也是威尔逊总统试图领导美国参与世界事务的一个重要前提。自决（Self-determination）的概念由来已久，一般是指某一人群，特别是具有一定民族意识的人群，拥有自由地决定自己的政治地位和命运的权利。我们通常所说的自决，首先是指民族的自决，"即殖民地及附属国人民自由地决定自己的政治地位，主要

---

① Frank Ninkovich, *The United States and Imperialism*, pp. 227, 234 - 235.

② Ryan, *US Foreign Policy in World History*, p. 113.

是争取获得某种形式的独立或自治的权利"①。民族自决原则主要源于 17—18 世纪西方古典自然法学说和"天赋人权"思想，但作为一项国际关系准则被提出来，则是在 18 世纪末的北美独立战争和法国大革命之中。1789 年法国资产阶级革命宣布了民族自决的权利，提出法国不干涉别国的政治，也不允许别国干涉自己的政治。1776 年美国《独立宣言》明确提出了"国家独立""民族分离"等概念，表明了民族自决的思想和主张，提出了美利坚民族摆脱英国殖民统治并实现民族独立的正义性和合法性。这些原则和口号对近代以来的世界历史进程产生了深远的影响。进入 20 世纪后，民族自决逐渐成为国际法的一个基本原则。

美国独立之后，美国政治家们不断表示出对自决基本原则的赞同。乔治·华盛顿、托马斯·杰斐逊等美国开国先辈，就将美国革命视为一个现代自决原则的开创性的范例，这种观点也得到了麦迪逊和门罗等数任总统的支持，并在之后的年代为美国公众所广泛接受。但需要指出的是，在亚当斯宣称美国出于自身的历史考虑而同情民族自决的同时，美国还存在一种外交传统，即一种基本的不干涉原则优先的因素也很强大，这在华盛顿的告别演说中表达得十分清晰。在亚当斯来看，那一时期美国的力量十分有限，采取不干涉原则优于自决原则。在整个 19 世纪，尽管美国公众不断表示出对欧洲被压迫民族斗争的同情，但美国很少能够给予进一步的支持，如约翰·昆西·亚当斯对拉美独立运动的同情和不干涉政策。19 世纪后期，美国通过美西战争实现了对关岛、波多黎各和菲律宾的统治，成为一个殖民帝国，这使美国政府处于一种模棱两可的位置，因为美国决策层在鼓动舆论掀起反对西班牙的战争中，至少官方宣称是为了古巴人的自决，但又取代西班牙攫取了这些殖民地。那一时期，美国那些反对兼并领土的国内力量掀起了声势浩大的反帝国主义运动，其中有许多政治和

---

① 任东来：《自决原则在历史上的实践及其意义的演变》，《太平洋学报》1997 年第 3 期。

知识精英领导人物，他们对自决的观念非常关注，他们明确地反对吞并他国领土。尽管他们没有能够阻止巴黎和约的签订，但他们把帝国主义问题纳入了公开的社会辩论，他们强烈反对摈弃美国的传统原则而走向海外扩张的道路。①

在第一次世界大战前后，关于民族自决理论出现了两种不同的阐释。第一种就是美国总统威尔逊所提出的民族自决思想，他根据新的世界形势进一步拓展了西方资本主义的民族自决理论。第一次世界大战和威尔逊所处的领导地位，为民族自决原则和国家主权的结合提供了机会。1916 年 5 月，威尔逊在一次演说中宣布了一个基本的原则，即"每个民族都有权去选择他们愿意享有的主权"，并在之后的两年里极力宣传其民族自决权的观点。1918 年 1 月，威尔逊提出了著名的关于重建战后世界秩序的"十四点计划"，尽管"自决"一词并没有在其中具体使用，但"十四点计划"中至少有六点涉及对自决原则的解读和适用，并在巴黎和会上力图将民族自决作为处理战后殖民地问题的一项政治原则。威尔逊的民族自决思想主要倡导一种渐进的改良主义路线，主张通过改进或者废除殖民制度，建立一种新的资本主义世界秩序。另一种就是列宁在 1917 年俄国十月革命前后所提出的民族自决原则。早在 1914 年 2 月，列宁就写了《论民族自决权》一文，他指出，"所谓民族自决权，就是民族脱离异族集合体的国家分离，就是成立独立的民族国家"②。列宁把全世界范围内的民族划分为两大类：压迫民族和被压迫民族。他提出的民族自决权主要是针对殖民地、半殖民地和保护国等被压迫民族而言的。列宁的民族自决理论乃是马克思主义与俄国革命实践相结合的结果，强调反对民族压迫的民族解放斗争，通过一种激进的运动来获得民族独立。

---

① Betty Miller Unterberger, "Self-Determination," in Alexander DeConde, Richard Dean Burns, and Fredrik Logevall, eds., *Encyclopedia of American Foreign Policy*, New York: Charles Scribner's Sons, 2002, Second Edition, Vol. 3, p. 463.

② 列宁：《论民族自决权》，《列宁选集》第二卷，人民出版社 1995 年版，第 371 页。

在某种意义上，这两种民族自决的理论都对 20 世纪的世界非殖民化进程产生了重大的影响。从俄国十月革命和威尔逊的"十四点计划"开始，提出了一个新的世界秩序蓝图，对旧的殖民统治形成了一种挑战。威尔逊的民族自决思想为后来的美国决策者继续奉行，二战后美国为殖民地世界所设想的是一条渐进和有序的非殖民化道路；而列宁的民族解放运动理论则指导着广大殖民地区的民族主义斗争，对后来第三世界有着巨大的影响。到 20 世纪五六十年代，威尔逊式的自由主义（倡导人道主义、自决和自由贸易）和共产主义（倡导人民革命和社会主义）成为广为传播的反殖民主义宣传的两个思想来源，两者都倡导人类解放，都对帝国主义提出了强有力的挑战，反殖民主义不断传播、转变和壮大，成为一种强大的符合历史潮流的意识形态，最终非殖民化意识形态成为一种无法抵挡的变革力量，从而加速了欧洲帝国的瓦解。①

民族自决与世界非殖民化运动有着密切的联系。尽管非殖民化浪潮是 1945 年后的现象，但其前身可以追溯至 20 世纪初。非殖民化观念产生于反帝国主义的意识形态。这一思想的一个重要来源乃是英国的激进自由主义者约翰·霍布森（John Hobson），其著作《帝国主义》（Imperialism）激发了自由主义者对帝国扩张的抨击。霍布森的思想与英国的反对帝国的游说团体相伴而生，但是因为这些团体规模很小，其思想最初对英帝国没有产生重要的政治反响。然而，霍布森的思想对美国的自由主义者产生了很大的影响，这就成为非殖民化思想的一个重要来源，因为在 20 世纪威尔逊式的自由主义者变成了欧洲帝国的强有力的反对者。威尔逊所倡导的民族自决乃是非殖民化的重要前身，其提出的民族自决原则推动了一战后奥匈帝国以及德国在非洲和太平洋的帝国的瓦解。② 威尔逊对一战后世界秩序的设计蓝图以及其提出的民族自决观念，都对欧洲帝国形成了长期的麻烦和困

---

① P. Eric Louw, *Roots of the Pax Americana*, p. 115.
② P. Eric Louw, *Roots of the Pax Americana*, pp. 117 - 118.

境，但那一时期美国的实力还不足以摧毁欧洲帝国，欧洲帝国尤其是英帝国的影响仍然强大，因此在 1918 年威尔逊没有能够完全实施其观点。在两次世界大战之间，随着美国的崛起以及全球权力均势的转变，给美国提供了挑战英帝国地位的机会。20 世纪二三十年代，印度发生的非殖民化运动，引起了美国媒体的强烈反响，这一现象在威尔逊的民族自决观念转变成为新的"非殖民化"观念的过程中发挥了重要的作用。到了 40 年代，富兰克林·罗斯福及其决策团队继承和扩大了威尔逊的民族自决观念，同时将其扩大到非欧洲民族。正是在这一过程中，美国利用新的"非殖民化"大棒给予了英帝国沉重一击。

在殖民体系瓦解前，民族自决原则主要适用于殖民地人民和其他被压迫的民族，民族自决成为他们争取民族独立的有力武器。随着战后非殖民化运动的发展，民族自决权作为国际法的一项基本原则被正式列入基本人权的范围，得到了联合国宪章、国际人权文书以及其他国际法文件的确认。1945 年 5 月，旧金山会议上通过的《联合国宪章》明确规定了国家主权和民族自决原则。此后，联合国大会多次重申了民族自决原则，1952 年通过了《关于人民和民族自决权的决议》的文件。《联合国宪章》反映了威尔逊自决观念的胜利和国际关系的变化，鉴于国际联盟盟约最终没有提及民族自决观念，《联合国宪章》提到了三次。然而，《联合国宪章》没有坚持殖民地的独立，只是表示使殖民地获得自治。1960 年的联合国大会，又通过了一个重要的《非殖民化宣言》，庄严宣布要尽快结束一切形式的殖民主义，保证所有的人民都拥有自决权，使他们可以自由地决定其政治地位以及发展其经济、社会和文化。

从 1776 年的《独立宣言》开始，自决的观念已经在美国这个新独立的国家确立起来，门罗主义的"互不干涉原则"及"不再殖民原则"包含着使西半球国家自决的因素。一些研究美国外交史的学者认为，门罗主义是威尔逊总统的民族自决原则在早期的使用，威尔逊在一战结束时要求对门罗主义的原则给予全球性的承认，即每个民族都有权决定自己的制度和命运。① 威尔逊的民族自决原则的提出，也是他所处的时代无法回避的主题。在一定程度上，民族自决思想是威尔逊对 19 世纪末 20 世纪初全球性民族主义思潮所作出的回应，并构成了其自由国际主义思想体系的核心。从 19 世纪中后期开始，随着资本主义国家对世界性的工业原料、商品市场以及投资场所需求的日益扩大，西方殖民体系的扩张急剧膨胀，更多的"落后"地区被融入了西方资本主义体系。而与此同时，在世界体系内部，来自殖民地半殖民地这些"边缘"地区的民族主义运动对"中心"国家的反抗斗争也不断增强。到 20 世纪初，民族主义问题已经成为一个重要的时代课题。在威尔逊执政时期，美国走向世界的愿望日趋强烈。威尔逊认识到，殖民主义时代正趋于消亡，美国应该确立自己的世界精神领袖地位，民族自决无疑正是为美国提供了这种历史性机会的前提之一，他认为美国凭借其反殖民的传统和民族自决的原则，能够领导世界进入一个新时代。

对于威尔逊来说，民族自决完全是民主原则的一个自然结果，其政治思维乃是源于美国的民主传统，源于法国大革命和美国独立革命的民主和建立民族国家的理想。1913—1917 年，威尔逊的民族自决思想逐渐形成。这首先从威尔逊对菲律宾的政策上体现出来。1913 年在威尔逊开始执政时，正值美国国内进步主义运动蓬勃开展，进步主义者强烈要求政府推行更为自由民主的内外政策，有人还提出让菲律宾独立的主张。这股潮流，再加上美国国内原本就存在的反帝国主义运动，以及菲律宾群岛持续不断地要求获得民族独立的呼声，都给威尔逊政府改变对菲律宾的政策施加了重要影响。威尔逊本人的自由主义理想以及改革殖民制度的强烈愿望，促使他把民族自决的理想首先实验性地应用到对菲律宾的政策上。在他执政伊始，威尔逊就表示

---

① Crabb, Jr., *The Doctrines of American Foreign Policy*, p. 20.

将为菲律宾未来获得独立而进行准备，他认为美国在菲律宾的使命就是训练菲律宾人掌握管理政府的技巧，最终使其能够建立一个"完美的"政府。在这一思想的指导下，威尔逊在 1913 年 12 月的国情咨文中，明确宣布了"菲律宾化"的政策，指出这是朝着菲律宾增强自治迈出的第一步，菲律宾人将能够控制自己的事务。1916 年 4 月，美国国会通过了一个"琼斯法案"，威尔逊于同年 8 月 29 日予以签署。"琼斯法案"在前言中提出要加强菲律宾的自治，明确承诺在菲律宾建立一个稳定的政权后使其获得独立。在其执政即将结束时，威尔逊还试图提前实现菲律宾独立的目标。他在 1920 年向国会所做的最后一次年度咨文中提出，允许菲律宾独立的时机已经成熟。[①]

　　这一时期威尔逊的民族自决思想，也在对墨西哥的政策中体现出来。在 1913 年 10 月，针对墨西哥出现的革命形势，威尔逊表示每个民族都有权选择、建立和改变自己的政府形式是一项基本原则，但为美国保留了以道义名义干涉别国的权利。在武力干涉墨西哥内政失败后，威尔逊改变了对拉美的政策，他于 1915 年 11 月进一步表示，承认美国不得以任何借口干涉墨西哥的事务，即承认一个民族国家的自决权是绝对的，是不受外来干涉的。[②] 在 1915 年致国会的年度咨文中，威尔逊明确宣称，所有美洲国家都应该立足于真正的平等和公认的独立基础之上。[③] 此后，威尔逊的自决思想开始在其外交政策中体现出来。

　　第一次世界大战爆发以及美国的参战，为美国摆脱孤立主义的束缚以及真正成为世界性大国创造了契机，也为威尔逊总统将其民族自决理念向世界范围内运用提供了机会。1917 年 4 月，他在国会发表参战宣言，表示美国参加战争是基于两个理想之上，即民主和弱小国

---

　　① Alfred Cobban, *The Nation State and National Self-Determination*, New York: Thomas Y. Crowell Company, 1962, p. 178.

　　② 张澜:《伍德罗·威尔逊的民族自决思想》,《江西师范大学学报》（哲社版）2000 年第 3 期。

　　③ Cobban, *The Nation State and National Self-Determination*, p. 174.

家的权利和自由。民主的理想化乃是威尔逊思想的基本组成部分。他坚持认为,自决与国家主权密不可分,一个新的、更好的国际秩序应该建立在国家主权的基础之上,这一主权应该包括该民族的民主愿望。民族自决、国家主权是保持世界和平的唯一基础。[①] 1918 年 1 月,在一战临近结束时,威尔逊提出了"十四点计划",并希望使之成为缔造战后世界和平的基础。威尔逊"十四点计划"中的第五点确立了"民族自决"的原则,即对殖民地问题的解决,应该以诚相见和绝对公正,在决定一切有关主权的问题时,应兼顾殖民地居民的利益以及殖民政府之正当要求。这一建议所包含的一个原则是:一个殖民国家不应该作为殖民地的主人行事,而应该作为当地居民和国际利益的委托人行事,规定有关行使殖民地行政管理权的条款。因此,和会应该制定一部约束一切殖民国家的殖民行动的法典。[②] 在巴黎和会上,威尔逊希望按照自决的路线来设计世界的蓝图。在他的努力下,民族自决一度成为巴黎和会的主导性原则。与会各国都希望在自决原则的基础上达成一种解决方案,至少是在符合它们各自利益的基础上。但是,这一原则在实行过程中却障碍重重,战胜国现实的国家利益和帝国野心无不体现在其领导人身上,他们只是把自决作为赢得战争的一种工具,并不希望在起草和平协定时使这一原则损害到他们各自国家的利益。[③] 英、法等殖民大国强烈反对把这一原则应用到自己的殖民地,只希望适用于其他国家。

在其按照自决原则重新设计世界的行动失败后,威尔逊转而希望通过促成国际联盟来继续实现自己的理想,他试图通过"委任统治"计划来改革现行的帝国秩序。因此,在起草联盟草约的过程中,他再次提出了自决的目标。在威尔逊的坚持下,德国的原殖民地和奥斯曼

---

① Cobban, *The Nation State and National Self-Determination*, pp. 63 – 64.

② "The American Interpretation of the Fourteen Points," in Henry S. Commager, ed., *Documents of American History*, Vol. 2, pp. 320 – 321.

③ Cobban, *The Nation State and National Self-Determination*, p. 58.

帝国的一部分没有被兼并为殖民地，而是作为"委任统治"地区置于国际联盟管理之下。他认为这一计划"将会把自由的美国价值观念和制度扩展到落后的民族，同时也会使地球上迄今仍然封闭的地区向美国的商业开放"①。在他看来，美国完美的民主制度、生活方式及价值观为其他国家提供了榜样，如果所有的国家都沿着美国的道路发展，那么在民族主义的政治准则和自由贸易之间将不会出现矛盾。②他渴望能够凭借美国强大的经济实力以及道义力量，来塑造一种以美国为核心的自由开放的世界秩序。威尔逊深知国际贸易秩序的保存是美国资本主义生存的先决条件，认为开放的世界市场将给美国人民也给整个世界带来利益。美国国家的目标是通过美国的矿山、农场和工厂的产品，以及美国思想的产品与影响力来繁荣美国和世界的商业。这种救世主的幻想，使其认为美国对人类负有道义上和物质上的双重使命。③

然而，在传统的殖民主义结构中，欧洲各国高筑的经济壁垒不仅局限了美国的商业扩张范围，而且对美国人的意识形态观念和世界秩序观念形成挑战。第一次世界大战爆发后，威尔逊改造旧的世界体系、实现其理想主义的机会到来了。在1916—1917年，威尔逊获悉英、法、俄、日等共同签订了一些秘密协定，涉及要在战后实行一些关税和补贴政策等内容，以对抗日益上升的美国经济力量，并且它们之间也在战后瓜分德国殖民地问题上达成一致。这些协定背离了威尔逊所设想的建立一个由自治国家和自由市场组成的开放世界的蓝图。④作为一个狂热的国际主义者和自由贸易的坚定信仰者，威尔逊决心推动传统的殖民结构自由化，进而消除殖民主义，消除影响世界自由贸

---

① McMahon, *Colonialism and Cold War*, p. 306.
② Ryan, *US Foreign Policy in World History*, p. 88.
③ ［美］斯塔夫里亚诺斯：《全球分裂——第三世界的历史进程》（下册），迟越等译，商务印书馆1995年版，第530页。
④ LaFeber, "The American View of Decolonization, 1776 – 1920: An Ironic Legacy," p. 36.

易的所有经济壁垒和建立一种所有国家之间进行平等贸易的秩序。威尔逊在"十四点计划"中，向世界公布了美国的战争目标，即试图寻求一种自由、开放的和绝对公正的世界秩序。威尔逊认为现行的殖民制度的解放有利于美国的经济利益，他深信"美国的商业、观念和制度向不发达世界的和平渗透，不仅有利于美国的经济利益，而且有利于殖民地人民的物质和精神进步和更大程度上的全球和平与稳定"①。"十四点计划"的第三点，正是体现了威尔逊的这些目标，该条内容指出，"应尽可能撤除所有的经济壁垒，在一切赞成和平以及维护和平而彼此联合起来的国家之间，确立平等的贸易条件"。但是，这一点建议只适用于那些接受国际联盟成员国责任的国家，就意味着要摧毁一切特殊的商业协定，每一国家都在相同的基础上与国际联盟的其他成员国进行贸易，最惠国的条款自动适用于国际联盟的一切成员国。②

威尔逊关于殖民地问题的考虑和政策表明，对于威尔逊来说，美国的传教士理想主义和自我经济利益是不可分割的。他认为传统的帝国主义是一战爆发的根源，是殖民主义挑起了高度危险的国际竞争，也严重破坏了美国的门户开放贸易原则，封闭或限制了美国商业向许多世界市场和平地渗透。威尔逊的主张是，"殖民主义必须渐进地解放，美国的商业以及进步的美国观念和制度必须扩展到地球上的落后地区"③。他赞同殖民改革的传统，而非殖民地的解放。他认为解体后的欧洲殖民地各民族，应该自己决定其愿意接受的政体。至于最终的自决，他强调合理的殖民统治可能会导致殖民制度内部的巩固。正如在 1918 年国务卿罗伯特·兰辛（Robert Lansing）所担心的那样，自决的思想有导致美国南部诸州分离的可能性，也将会对世界附属地

---

① McMahon, *Colonialism and Cold War*, p. 307.

② "The American Interpretation of the Fourteen Points," in Commager, ed., *Documents of American History*, Vol. 2, p. 320.

③ McMahon, *Colonialism and Cold War*, p. 44.

区民族产生深深的影响。因此，国家安全、历史性的权利以及经济利益的考虑，应该优先于自决的原则。①

实质上，威尔逊的方式是一种渐进的、逐步演化的方式，他不愿看到一种激进的变革，或重建殖民制度，而是主张一种在国际联盟的指导下进行缓慢的改革。他认为欧洲殖民国家应该对殖民地的政治发展与社会、经济的进步承担责任。认为"经过一段长达数十年或数世纪的时期，亚洲和非洲的落后地区可能会达到一个能够自立的发展阶段。自决将是一个必然的过程。无论如何，非洲人和亚洲人都将主导自己的命运"②。正如斯塔夫里亚诺斯在《全球分裂》中所说的："威尔逊在和平方案中加入的委任统治制度，便是他对世界前途那种家长式的、赞成维护现状的幻想的典型例证。这是一种拒绝给予非欧洲人的殖民地居民以自决权的制度，而这种权力却随意给予了欧洲的少数人……殖民地人民被宣布为'还未能在现代世界的紧张状况下独立自主'。因此把'监护'这些民族的权力托付给了'先进国家'，这些国家将决定它们的被监护者将在什么时候完全成熟到可以挑起自由的责任。"③

尽管威尔逊对民族自决原则做出的解释并不全面，第一次世界大战后自决的原则也并没有明确写进国际联盟盟约，许多人甚至预言它将很快被遗忘。在两次世界大战之间的年代里，美国人也只是对东欧偶尔表示关注。然而，自决原则在当时受到了殖民地民族主义者的普遍欢迎，亚洲的民族主义者如印度的穆罕默德·甘地、印度支那的胡志明等人，在领导和推动其国内的民族解放运动的过程中，也深受威尔逊自决观念的影响。在1919年之后，民族自决的观念得到了广泛的传播，广大殖民地的民族主义者希望西方殖民国家把这一原则付诸实践，他们在巴黎和会上就开始呼吁战胜国承认其民族自决。然而，

---

① Cobban, *The Nation State and National Self-Determination*，p. 62.
② Louis, *Imperialism at Bay*，p. 4.
③ ［美］斯塔夫里亚诺斯：《全球分裂——第三世界的历史进程》（下册），第531页。

他们的真诚请求没有得到回应。美国所倡导的自由价值观常常被有选择地使用，民族自决原则并没有适用到战胜国自己的殖民地上去，只是被用于一战后瓦解的帝国。在国际联盟的托管制度下，战败国的殖民地被分成三类进行"托管"。威尔逊的"十四点"确立了民族自决的原则，但无论他自己如何阐述自决的原则，在其对"十四点计划"的解释中，可以看出他只是想摧毁德国和奥匈帝国，而不是想摧毁其他主要的欧洲帝国。①

从美国历史发展来看，威尔逊在殖民主义问题上的立场，乃是过去许多传统的一种延续。在美国外交史上，"理想主义"往往成为实现美国私利的一种手段。尽管公开宣称所有民族都有能力自治符合威尔逊的理想主义，但反殖民主义从来就不是美国外交政策的首要原则，威尔逊的这一理想常常在另外一些更为紧迫的现实利益下而退让。在英、法等国的坚决反对下，"十四点计划"提出的民族自决原则最终仅仅被用于战败国的殖民地，威尔逊对来自殖民地民族的呼吁置若罔闻。威尔逊的民族自决思想具有很大程度的局限性和自私性，这在巴黎和会关于中国山东问题的决议上充分体现出来。中国作为战胜国之一，强烈要求收回德国原在山东的一切非法权益，但由于日本在英、法等国的支持下，无理要求接管德国在山东的权益，威尔逊最终向日本作出妥协。另外，在威尔逊抨击欧洲殖民主义的同时，他也派遣美国军队进入海地、多米尼加共和国和墨西哥，还在尼加拉瓜部署军队，目的是缔造他认为的那些民族学会自治所必需的那种秩序。②实质上，他无非为了确保美国在中美洲的利益。威尔逊主义所追求的实际上是一种自由帝国主义的体系。一种作为商业和人类相互作用为本质表现而推动前进的经济体系，过去和现在都完全是被一个处于世界体系核心的霸权国家所支撑着的。即使是在威尔逊时代，这一过程

---

① Newson, *The Imperial Mantle*, p. 50.

② LaFeber, "The American View of Decolonization, 1776 – 1920: An Ironic Legacy," p. 36.

也是深深植根于美国的文化和意识形态的。[1] 正如后来在二战期间以及战后，平衡其他利益的需要常常调和了美国的反殖民主义倾向。富兰克林·罗斯福在二战时期对待殖民主义的态度，在一定程度上继承了威尔逊的立场。两人都认为现行殖民制度的瓦解有利于美国的经济利益，都深信美国的商业、观念和制度向不发达世界的和平渗透，不仅有利于美国的经济利益，还有利于殖民地人民的物质和精神进步以及更大程度上的全球和平与稳定。像威尔逊一样，罗斯福致力于自决的原则，但限制的范围更为狭窄。两人都认为传统的帝国主义已经过时和需要改革，但他们更多的是抱怨帝国制度的形式，而非其本质。更重要的是，威尔逊和罗斯福都认为，对于美国的利益和国际社会而言，革命动乱比帝国主义造成的威胁更大。[2]

总体来说，威尔逊的思想乃是自由主义在国际关系领域的应用，根源于其对在世界上扩大美国贸易的关注，试图确保美国的霸权并将美国资本主义向外扩张。威尔逊思想的核心之一，乃是其相信美国商业需要去"征服"世界市场。19世纪后期开始，美国随着日益面临边疆的关闭和经济停滞的潜在压力，以及可能出现的社会动荡问题，需要通过新的边疆扩张进入世界市场和获得资源，建立一种全球自由贸易秩序。但是，威尔逊反对通过建立一个正式的帝国来开拓新的市场，他提出应该建立一种新的"非正式帝国"，这与欧洲人所建立的正式帝国截然不同。威尔逊所希望构建的"非正式帝国"，实际上是建立在一个美国操纵的全球贸易体系之上，并通过构建一种新的多边国际秩序来予以保证。一战之后欧洲的帝国权力阻止了美国的这一抱负，但威尔逊的设想为1945年后美国霸权的建立奠定了基础。

威尔逊所希望构建的"非正式的"美国帝国，与其倡导的民族自决和托管制度联系在一起，并使其成为一个欧洲帝国主义的反对者。在威尔逊主义者看来，美国的扩张主义并不像其他民族的帝国主义，

---

[1] Ryan, *US Foreign Policy in World History*, p. 92.

[2] McMahon, *Colonialism and Cold War*, p. 307.

因为它带有人道主义的使命，希望通过输出美国的"价值观"和（经济）"发展"来"帮助"其他民族。这与那种通过建立一种自由贸易帝国，来履行美国"文明化"使命的观念相一致。威尔逊主义者重新改造了美国的"天定命运"，他们相信自己是被"挑选"来"文明化"和"发展"世界的。[①] 另一方面，威尔逊重新抛出了美国例外论，并向外延伸，这一观念赋予了美国人一种使命——去帮助其他民族复制美国从英国获得独立的经历，通过摆脱英国的束缚和宣称实行自治。对于威尔逊来说，美国通过向外输出"民主""发展"和"文明化"的干预，可以来"提升"亚洲、非洲和拉丁美洲那些落后的大众。在这一过程中，威尔逊致力于通过将自由主义的过程"普遍化"到国家、经济以及国际体系的运转上，来建立一种全球性的自由主义霸权。威尔逊的这一思想根植于杰斐逊主义"自由的帝国"的逻辑，即认为美国的"民主""自由"和国家形态是优越的。在威尔逊的模式下，美国通过传播其价值观和实践方式来征服世界，通过在全球范围内将自由主义的治理方式"移植"和"制度化"，目的是使自由主义尽可能地成为其他地区和国家能够自然接受的"唯一"正确路径。[②] 显然，在威尔逊看来，美国是世界上最进步的国家，使用武力传播"自由""民主"以及（美国）"文明"无疑是正当的。威尔逊的这些设想和计划，在富兰克林·罗斯福时期被作为构建1945年后美国霸权的一种样板。

六　富兰克林·罗斯福与反殖民主义

门罗主义、门户开放等美国传统外交思想以及威尔逊的民族自决原则，在很大程度上影响着富兰克林·罗斯福及其主要决策者对殖民主义的态度。罗斯福并非一直是一个反帝国主义者，他在出任威尔逊

---

① P. Eric Louw, *Roots of the Pax Americana*, p. 64.

② P. Eric Louw, *Roots of the Pax Americana*, p. 29.

政府的海军部长助理期间，表达出一种强烈的对美国殖民地的家长式态度。罗斯福支持威尔逊在一战结束前提出的国际组织构想，他认为美国应该加入国际联盟，其关于国际合作的看法并不排除美国或者其他国家保留其殖民地。但是到 20 世纪 20 年代中期，罗斯福开始敦促政府在加勒比海地区和拉丁美洲实行一种积极的合作性政策，他认为美国应该履行其最终撤出菲律宾的诺言。1928 年，罗斯福在《外交事务》（*Foreign Affairs*）上发表文章，指出 1898 年反帝国主义者所体现的重要作用，有助于引导美国对菲律宾群岛的政策向着教育菲律宾人自治的方向发展。① 就任总统后，罗斯福准备把这些新的原则以法律形式固定下来，他不断请求国会授予波多黎各最大程度的自治，支持授予菲律宾自由的运动，并于 1934 年批准通过了菲律宾独立法案。

在 20 世纪 30 年代，罗斯福就注意到欧洲殖民制度的存在对于实现美国的世界秩序构想是一种严重的障碍。他希望国际经济秩序能够与美国的政治价值观和经济利益相协调，但是殖民主义制度严重限制了自由贸易活动，宗主国对附属地的经济剥削和政治压迫，不仅与美国追求的政治自由和民族自决相悖，也损害了自决原则和排斥了美国商业的自由扩张，而且挑起了暴力与革命，成为世界和平的最大威胁。正如时任副国务卿的萨姆纳·韦尔斯所指出的："如果半数的人口仍处在被奴役之中，我们如何能希望创造一个自由的和稳定的世界？"② 罗斯福认为帝国秩序由于其垄断贸易、经济剥削和政治压迫，只能为未来殖民地的动荡和大国之间的冲突播下种子。在他看来，殖民制度的存在不利于美国全球利益的实现。罗斯福的自由主义思想及人道主义的本能，使他对殖民主义深感厌恶。③ 1943 年初，他去卡萨布兰卡时途经英国的殖民地冈比亚，目睹了当地人民的悲惨生活状

---

① Foster Rhea Dulles and Gerald E. Ridinger, "The Anti-Colonial Policies of Franklin D. Roosevelt," *Political Science Quarterly*, Vol. 70, No. 1, Mar., 1955, pp. 2 – 3.

② *New York Times*, October 17, 1943, in Grimal, *Decolonization：The British, French, Dutch and Belgian Empires, 1919 – 1963*, p. 151.

③ McMahon, *The Limits of Empire*, p. 11.

况，认为冈比亚人的待遇比牲畜还糟。他还多次公开抨击法国在印度支那糟糕的殖民统治。他指责道："殖民制度意味着战争，对印度、缅甸、爪哇资源的剥削，掠夺走那些国家所有的财富，但从不回报给它们任何东西，如教育、适当的生活水平、最低限度的健康条件——你们所做的这一切是在积聚导致战争的某些问题。"①

罗斯福执政后，开始把非殖民化（尽管他还没有使用这个词）作为美国对外政策的一部分，把反殖民主义的理想付诸实践。他首先确定了美国自己在菲律宾实行非殖民化的时间表，促进了菲律宾的自治进程。1934 年，罗斯福签署了"泰汀斯—马克斯·达菲法案"，确定了菲律宾独立的日期是 1946 年 7 月 4 日。他还希望其他欧洲列强能够效仿美国的这一非殖民化模式。国务卿赫尔曾指出："我认为我们处理菲律宾的方针，为一个国家应该如何对待其附属地或殖民地，在与之合作并为之获得自由做好一切必要的准备方面树立了一个很好的榜样。"② 罗斯福还不断地派出代表到世界各地宣讲民族自治和自由的信条，强调美国人与欧洲人的不同。他还通过"租借法"和《大西洋宪章》的条款向欧洲列强施加压力。罗斯福在不同的国际场合，通过不同的行动，不断地推动着非殖民化的议题，自决的原则不断被重申。他认为美国正处于重塑世界历史的地位，而实现民族自决则是一个基本的前提。他曾这样宣称："我们，美国人民，正在书写新的历史。我们认为任何民族，无论多小，都有成立自己独立国家的与生俱来的权利。"③ 罗斯福是威尔逊主义的支持者，他的理想主义中同样混合着更多的现实主义。他认为美国积极参加了这场世界大战，就意味着为美国获得战后世界领导地位创造了第二次机会，美国再次成为负有世界性使命的大国。早在 1939 年 4 月 14 日，罗斯福就在一次

---

① Elliot Roosevelt, *As He Saw It*, New York：The Conde Nast Publications Inc. , 1945, p. 74.

② Cordell Hull, *Memoirs*, Macmillan, New York, 1948, Vol. 2, p. 1491, in Grimal, *Decolonization：The British, French, Dutch and Belgian Empires, 1919 - 1963*, p. 151.

③ Ryan, *US Foreign Policy in World History*, p. 103.

演讲中表示："毫无疑问，在未来几年内，远洋商船将穿越浩瀚大洋，一如今天它们穿越封闭的欧洲海域一样容易。世界经济运行将日益成为一个整体，任何地方的经济生活都将密切相连。"① 在之后的几次演说中，罗斯福把美国的安全、民主和商业与发生在美国边界以外的事件联系起来。1941 年 1 月 6 日，他在给国会的年度咨文中包含了关于"四个自由"的理想，他指出美国最紧迫的任务是成为那种基于言论自由、信仰自由、免于贫困及免于恐惧的四个"自由"的伟大事业的军火库。② 同年 8 月，罗斯福与时任英国首相丘吉尔在《大西洋宪章》中勾画出共同的事业。

1941 年 8 月 14 日，罗斯福与丘吉尔共同颁布的《大西洋宪章》，目标之一就是在民族自决的原则基础上建立战后的世界和平。根据他的儿子埃利奥特的回忆，罗斯福一直认为既然美国参加了战争，就无论如何不能允许欧洲国家保留其殖民帝国，战后殖民地的政治状况必须进行变革。在纽芬兰会议期间，他这样说道："我不相信我们既然能够进行一场反对法西斯奴役的战争，而同时就不能致力于使全世界的人民从一种落后的殖民政策中获得自由。"③ 赫尔进一步强调："总统、我本人及整个美国政府都热诚地支持所有附属地民族在切实可行的最早时间内获得自由。"④ 1942 年秋，共和党总统候选人温德尔·威尔基（Wendell Willkie）这样阐释了美国的愿景，"这场战争必须意味着一些民族凌驾于其他一些民族之上的帝国的结束"⑤。1943 年 3 月，美国宣布"民族解放宣言"，提出要利用《大西洋宪章》中列出的原则促成一种国际程序，由此使殖民国家同意"通过教育和使附属地民族自治而

---

①　Franklin Roosevelt, "Hands off the Western Hemisphere," April 14, 1939, in Commager, ed., *Documents of American History*, Vol. 2, p. 595.

②　Franklin Roosevelt, "The 'Four Freedoms' Speech", January 6, 1941, in Commager, ed., *Documents of American History*, Vol. 2, pp. 626 – 629.

③　Roosevelt, *As He Saw It*, p. 37.

④　Cordell Hull, *Memoirs*, Macmillan, New York, 1948, Vol. II, p. 1491, in Grimal, *Decolonization: The British, French, Dutch and Belgian Empires, 1919 – 1963*, p. 151.

⑤　Louis, Imperialism at Bay, p. 199.

为其未来的独立做好准备，并公开这一进程的时间表"①。

富兰克林·罗斯福外交政策的一个重要方面，就是其强烈而持久的反殖民主义。在二战前期，罗斯福的反殖民主义立场总体上是坚定的，他不断敦促欧洲各殖民宗主国保证为殖民地的最终独立制订好日程表。从 1942 年开始，他提出在战后建立一种国际托管制度，希望通过由发达国家作为监督者或托管者，使当地的民族精英承担起自治的责任。他设想把殖民地区置于国际托管制度之下，以便它们为自治或独立做准备，这样才能使未来的和平前景有大的改观。② 对于罗斯福来说，国际托管制度意味着一种折中方案，他认为国际托管制度将能保证殖民地的独立而避免过早把权力移交给缺乏经验的当地精英的弊端。③ 然而，随着战争形势的发展，罗斯福在殖民地问题上的激进立场逐渐消退。尽管罗斯福相信，就任何国家而言，帝国主义政策都是难以在被容忍的。他确信殖民地民族合法的自治和最终独立的愿望不能被永久拒绝。④ 1945 年 2 月，在罗斯福从雅尔塔返回美国的途中，他同记者谈到了这些事务，还特别提到了印度支那，他再次坚持印度支那应该被置于国际托管之下，而非交还给法国。但事实上，到了二战后期，尤其是在罗斯福去世前夕，其对于殖民地问题的处理发生了较大的改变。虽然他认为殖民帝国的结束已经指日可待，但他没有料到会来得如此迅速，他把大国之间的合作置于非殖民化之前，认为欧洲盟国大约需要 30 年的时间来教化土著和为殖民地的最后独立做准备。⑤ 1944 年底，他逐渐放弃了为印度支那、荷属东印度及其他附属地所设计的国际托管制度，默许英、法、荷等国在战后恢复在东

① Louis, Imperialism at Bay, p. 231.

② Paul Order, "Adjusting to a New Period in World History: Franklin Roosevelt and European Colonialism," in Ryan and Pungong, eds., *The United States and Decolonization*, p. 71.

③ McMahon, *The Limits of Empire*, pp. 10 - 11.

④ Foster Rhea Dulles and Gerald E. Ridinger, "The Anti-Colonial Policies of Franklin D. Roosevelt," *Political Science Quarterly*, Vol. 70, No. 1, Mar., 1955, p. 18.

⑤ Ryan and Pungong, eds., *The United States and Decolonization*, p. xv.

南亚的殖民秩序。美国在非殖民化问题上的摇摆立场，在 20 世纪以前的美国对外关系中已经可以明显看出，20 世纪 40 年代的这种做法与以前的先例很难分开，自决权作为一个基本原则在美国的政策中常常被折中。

罗斯福在殖民地问题上的这种政策变化有着意识形态及政治、军事战略等现实利益方面的考虑，它反映了美国政府在面对一种利益纵横交错的复杂形势时实用主义的一面。在意识形态因素方面，罗斯福及其政府官员们虽然具有强烈的反殖民主义理想，但他们并没有摆脱美国社会中那种根深蒂固的文化和种族观念，他们怀疑那些深肤色的民族实行自治的能力，很少设想使附属地尽快实现独立。罗斯福抱着那种"白人的负担"的家长般的心态，怀疑这些殖民地民族管理自己的能力，认为它们在自治问题上是不成熟的，而"先进"民族对于"落后"民族具有不可推卸的"保护"及"指导"责任。他提出国际托管制度的设想，希望由"先进"民族来培养他们自治或独立的能力，希望在联合国的指导下，随着其政治和经济的发展渐进地走向自治或独立。罗斯福政府的其他官员有不少也持这种观点，如韦尔斯就曾这样说："我们知道，对于一些落后的民族来说，需要几代人来为自主和统治自己的能力做准备。但是我相信，任何国际组织都应该建立在任何国家都无权征服或者凌驾于其他民族之上的原则基础上，所有那些对落后民族具有管理权的国家，只能用于培养这些民族自治能力的目的。所有那些达到这一程度的民族，无论黑人、黄种人、棕种人或白人，才有权获得独立。"① 因此，殖民地的解放并不意味着它们将马上获得独立。直到 20 世纪 50 年代，美国负责近东、南亚和非洲事务的助理国务卿拜罗德（Henry Byrode）在一次声明中仍持这种观点："我们的基本政策是支持所有民族尽可能快地向自决演进，但是给予那些尚未做好准备的民族完全的自由将不符合美国的

---

① Grimal，*Decolonization*：*The British*，*French*，*Dutch and Belgian Empires*，*1919 - 1963*，p. 151.

最佳利益，也不符合整个自由世界的最佳利益。"① 美国领导人思想中长期存在的种族观念，在一定程度上解释了罗斯福政府在非殖民化问题上的保守主义。

其次，在政治上，二战及其之后国际形势的发展向美国外交决策者提出了挑战。美国长期倡导民族自决原则，希望通过支持亚洲、非洲和中东的独立运动获得政治和经济利益。但罗斯福的非殖民化设想从一开始就遭到了英国、法国及荷兰的极力反对，同盟国内部出现了严重分歧。面对这些欧洲盟国的强烈抵制，罗斯福担心坚持一种咄咄逼人的反殖民主义立场，会造成战时同盟之间的关系恶化，危及战后与这些国家在西欧的合作。赫尔后来谈道："我们已经与这些宗主国进行了不断的会谈，但是考虑到我们正在努力寻求与它们在欧洲进行尽可能亲密的合作，我们在西南太平洋上不能向其过分施压。……我们不能在东方疏远它们，我们期待着在欧洲与它们共事。"② 战争期间的军事急务不允许同盟国的破裂。随着战争形势的发展，打败轴心国是盟国的首要任务，这就要求英、法、美等国之间的密切合作，这也意味着罗斯福必须在殖民地问题上作出各种妥协。战时利益的需要，最终抑制了罗斯福向盟友施加更大压力的可能，从而不可避免地在非殖民化立场上倒退。

此外，罗斯福的反殖民主义"理想"还受到军事战略以及美国自身安全防御需要等因素的影响。在二战后期，美国海军要求占领太平洋上的岛屿，联合参谋部和海军都认为保留这些岛屿对于美国的安全极为重要。战后的"纵深防御"主义进一步激起了美国决策层对占有太平洋岛屿的欲望，他们认为美国的飞机能够把这些岛屿作为抵达亚洲的前哨基地。③ 来自军方的压力使罗斯福不可能对战后任何试图

---

① *The Times*, London, November 2, 1953, in Grimal, *Decolonization: The British, French, Dutch and Belgian Empires, 1919–1963*, p. 176.

② Cordell Hull, *The Memoirs of Cordell Hull*, Vol. 2, New York: The Macmillan Company, 1948, p. 1559.

③ McMahon, *The Limits of Empire*, p. 73.

在太平洋地区重建战前统治地位的行为满意，进而认可了国际托管制度的原则不适用于美军占领的战略地区。同样，这一原则也就很难应用到欧洲的殖民地。1944 年 8 月 12 日，罗斯福在一次演说中宣布，美国军队已经决定占领将使他们能够控制太平洋的海军和空军基地。二战后期的战略目标使罗斯福的反殖民主义立场大打折扣。

不可否认，罗斯福对非殖民化的支持，在某种程度上与美国思想传统中的反殖民主义理想有着渊源关系，它在很大程度上也是对美国舆论主流的一种反应，对帝国主义的憎恶一直植根于美国社会。但在罗斯福的反殖民主义政策中，美国"理想"与美国利益混杂在一起，经济因素始终占据着重要的位置。殖民地贸易壁垒的存在，无疑对美国一贯奉行的门户开放政策形成了威胁。20 世纪 30 年代的大危机使罗斯福及其政府官员们意识到战后世界经济一体化的重要性，打破封闭的国际经济秩序成为美国支持非殖民化的动机之一。战争伊始，美国就利用"租借法"和《大西洋宪章》使英国有条件地向美国开放了其帝国特惠体系。《大西洋宪章》第四条指出："（盟国）将致力于使所有国家，无论是大国还是小国，战胜国还是战败国，都能在世界上平等地参与其经济繁荣所需要的贸易和获得原料。"① 这说明罗斯福政府在追求其反殖民主义理想的同时，一直试图缔造一个符合自己利益的、以自由贸易和自决等原则为特征的更加开放的世界。罗斯福以及其他许多高级决策者都认为，只有这样一个世界，才能确保美国所追求的和平、繁荣、稳定与安全。殖民地贸易壁垒的存在，极大地触犯了美国世界开放的观念。就东南亚来说，在二战以前，东南亚殖民地经济几乎是完全排他性地满足母国的需要，成为宗主国保护性的原料和劳动力的来源地及制造品的市场。罗斯福政府认识到如果战后东南亚的殖民制度得以重新建立，不进行根本性的改变，那么美国对该地区的进出口贸易将会与过去一样受到某种歧视性的待遇。美国政

---

① "The Atlantic Charter," August 14, 1941, in Commager, ed., *Documents of American History*, Vol. 2, p. 631.

府要求欧洲殖民地实行更加自由和开放的政策的设想，表明了对现实国家利益的考虑与反殖民主义的立场密切相关。[①]

总的来说，尽管罗斯福的反殖民主义"理想"有着极其灵活和现实主义的一面，但他在原则立场上反对殖民统治是无可置疑的，富兰克林·罗斯福外交政策的一个重要方面就是其强烈而持久的反殖民主义，民主和自决是其反殖民主义理想的核心。他坚定地相信，民族独立是民族固有的自然规则，所有殖民地最终必须获得独立。他认为殖民地区的自治或者独立，对于建立持久的世界和平秩序是十分必要的。然而他在决定如何去促进实现这一目标时陷入了困境。反殖民主义是其理想主义的一种形式，而他的现实主义政策则形成于对美国国家利益的考虑，国际经济和政治环境使他的理想主义与现实主义之间发生了巨大的断裂。保持战时同盟的完整和确保战后大国合作的需要，使他不会把反殖民主义的政策推进到威胁美国与盟国之间关系的程度。"保持美国与欧洲盟国的团结及保护美国在战后世界的安全利益，能够解释但不能减少美国从 1944 年开始在非殖民化问题上日益增加的保守主义。"[②]

像威尔逊一样，富兰克林·罗斯福同样受到自决理想的挑战和困扰。罗斯福同样认为建立一种国际组织，对于把自决原则转变成政治现实是必要的，他在战时就开始酝酿成立联合国，在 1941 年的《大西洋宪章》中，罗斯福与丘吉尔一起，把一些共同的原则和民族政策写进了宪章。与第一次世界大战一样，英、美关于这些具体原则的解释及其适用范围问题，又存在巨大的分歧，从而导致了二战期间美、英关于殖民地前途问题的激烈争论。威尔逊和罗斯福都是渐进主义者，他们都认为殖民地民族最终将决定自己的前途，但不愿看到欧洲殖民制度马上崩溃。富兰克林·罗斯福是一个强烈的威尔逊主义者，

---

① McMahon, *The Limits of Empire*, pp. 11 – 12.

② Victor Pungong, "The United States and the International Trusteeship System", in Ryan and Pungong, eds., *The United States and Decolonization*, p. 86.

他笃信与威尔逊同样的目标，他力推威尔逊的主张，但目的不同。他希望重塑国际联盟，以使其更加有效地维护和平。托管制度的观念很容易成为美国的一个防御武器，而观念则是服务于其自我利益，美国的反殖民主义常常与安全的需要相一致。①

因此，尽管美国对欧洲殖民主义进行了猛烈的攻击，但是无论在二战前还是在战争期间，反殖民主义从来都不是美国外交政策的首要原则，平衡其他利益的需要常常缓和了美国的反殖民主义倾向。在美国外交政策的制订过程中，高尚的理想主义经常让位于现实的国家利益，这已经成为并将继续成为美国外交政策的特征。美国在罗斯福执政时期从非殖民化问题上的实际后退，持续到了杜鲁门任职总统时期和艾森豪威尔执政之初。

整体上来看，20世纪美国在世界殖民地问题上的政策，与两个世纪以来美国外交传统中的反殖民主义立场和经历是一致的。1945年4月罗斯福去世，杜鲁门政府继承了罗斯福政府在殖民地问题上复杂和模棱两可的政策遗产，从战时的激进立场继续后退。随着"冷战"两极体系的形成，在日益世界性的美国政策框架内，非殖民化变成一种尴尬和棘手的行为。一方面，要保持殖民地区的稳定、在那里赢得盟友，就必须支持非殖民化。美国历史上的反殖民主义传统、战时的反殖民主义立场和声明，使广大殖民地区的民族主义者渴望在美国的帮助下获得独立，希望美国能够履行战时的诺言，而如果美国彻底背叛自己一直宣传的反殖民主义立场，势必会造成殖民地民族的失望与敌视，会把它们推到共产主义阵营中去，这是美国所不愿看到的结果。另一方面，"冷战"形势下与苏联对抗的加剧，使美国亟须加强与欧洲盟友的关系，在战略上需要西欧的支持，西欧的经济复兴就显得尤为重要。而对于这些西欧盟友来说，殖民地是其政治权力和经济力量的一个重要部分，西欧殖民国家继续控制这些地区，不仅可以

---

① William Roger Louis, "American Anti-colonialism and the Dissolution of the British Empire," *International Affairs*, Summer 1985, Vol. 61, Issue 3, p. 397.

把这些地区直接纳入西方阵营，而且将提供对于遏制政策十分重要的原料和战略基地。如果美国继续推行激进的非殖民化政策，就会损害西方阵营的安全和团结。1953 年 11 月，副国务卿拜罗德道出了美国的这种担心。他说："我们应坦率地承认，我们支持那些在殖民地施加影响的欧洲国家的强大与稳定，他们是我们的盟友。经济联系的骤然切断可能会严重损害我们的大西洋防御体系所依赖的欧洲经济，同时也损害了殖民地自身。"① 因此，美国不愿向其西欧盟友过分施加压力。

这样，"冷战"及反共产主义的现实需要，使美国的反殖民主义理想再次陷入两难困境。美国外交不仅面临着在支持欧洲盟友的殖民政策还是支持广大殖民地的民族解放运动之间进行抉择的困境，而且还面临着来自国内各方面的压力：1950 年 1 月，杜鲁门的经济顾问提交了一份报告，把殖民地区归类为两种意识形态阵营之间斗争的关键性地区，指出应该尽一切努力促进这些地区的民主进程和促进他们向独立发展。与此同时，许多国会议员以"殖民主义被驱逐后，共产主义将取而代之"为理由反对非殖民化。美国政府试图在这些不同的舆论潮流之间保持一种平衡，力图不伤害任何一方的感情。② 这种处境使美国决策者在战后很长一段时间内，在殖民地问题上采取了一种"中间路线"的政策。

20 世纪 40 年代后期至 50 年代中期，美国在非殖民化问题总体上奉行了一种棘手的"中间"路线。正是为了维护现实的安全利益和战略利益，尤其是与苏联在第三世界展开激烈争夺的需要，美国采取了在反殖民传统与现实利益之间进行调和的政策。在联合国，当美国代表不能阻止把殖民地问题列入联合国大会或安理会的议事日程中的

---

① *The Times*, London, November 2, 1953, in Grimal, *Decolonization：The British，French，Dutch and Belgian Empires，1919 - 1963*, p. 176.

② Grimal, *Decolonization：The British，French，Dutch and Belgian Empires，1919 - 1963*, p. 154.

时候，他们就竭力寻求折中的解决方案，提出一些无助于解决问题但又不会伤害任何国家的无关紧要的方案；在对任何一个棘手的问题进行表决时，他们大多数时候要放弃投票权。但实际上，美国的这种"两面"政策既受到了西方国家的怀疑，也受到了殖民地人民的怀疑。西欧盟友一直怀疑美国在反殖民主义背后的真正目的，认为美国正试图以自己的政治和经济实力在殖民地世界取而代之。而殖民地的民族主义者宣称他们敬仰美国的华盛顿、林肯和威尔逊，他们期望美国以一种公平的方式帮助他们获得自由。但是，早从旧金山会议开始，美国政策的演变就逐渐削弱了这种信赖感。这一时期，美国被指责没有运用其影响支持殖民地人民的事业，而是像殖民列强所希望的那样接受了现状；更有人谴责美国积极地支持殖民统治（如援助西欧经济复兴的马歇尔计划等）。[1]

美国在 20 世纪的反殖民主义倾向，源于其追求自由的民族传统和对美国扩张机会的继续寻求，这时的美国外交政策"一定程度上具有反殖民主义的特征，但也有帝国的特征"[2]。美国参与非殖民化的过程远非仅仅源于自决和自由的传统，它也与其过去的许多传统一脉相承，其所作的妥协也具有彻底的传统性。在美国外交政策的制定过程中，高尚的理想主义常常让位于国家利益的现实，这在 1950 年 4 月美国国务院附属地区问题委员会负责考察殖民地政策的下属委员会准备的一份文件中，得到了最好的反映。该文件这样指出："在半个世纪的时间里，我们为了培植有价值的民主制的朋友而向附属地民族提供的支持将是不值得的。如果这样做，可能就会严重威胁到目前的安全和民主本身的生存。"[3]

在 20 世纪民族主义运动强有力地推动下，关于殖民地问题的处

---

① Grimal, *Decolonization*: *The British*, *French*, *Dutch and Belgian Empires*, *1919 – 1963*, pp. 155 – 156.

② Ryan, "By Way of Introduction: The United States, Decolonization and the World System," p. 8.

③ Pungong, "The United States and the International Trusteeship System," p. 99.

理，从一战后的大国"委任统治"制度演变到二战后的联合国国际托管制度，乃至世界非殖民化运动的蓬勃开展，美国在这一历史进程中的立场与其在此之前两个世纪的外交政策是一致的。这一主线从门罗主义中的"不再殖民原则"、追求门户开放过程中的反殖民主义立场、威尔逊的民族自决原则及对殖民地问题的立场以及富兰克林·罗斯福的反殖民主义理想与实践，到杜鲁门时期对殖民地问题的态度变化，再到艾森豪威尔、肯尼迪和约翰逊在 20 世纪五六十年代在越南等第三世界国家的政策困境。尽管这条线并非笔直，但它足以反映出 19 世纪以来美国外交中关于世界殖民地政策演变的基本轨迹，这有助于我们理解战后美国对非殖民化问题的基本立场及其深层次的动因。

第二章 塑造一种模式：美国在菲律宾的非殖民化实践

　　1946 年 7 月 4 日清晨，在马尼拉的卢塔纳广场，在 27 个国家的外交使节等高官显贵的目睹下，菲律宾共和国宣布成立。上午 9 点钟，美国驻菲律宾最后一位高级专员，也是美国第一任驻菲律宾大使保罗·麦克努特（Paul McNutt）宣读了菲律宾独立宣言书。之后，在星条旗的歌声中，麦克努特缓缓降下了美国国旗，菲律宾总统曼努埃尔·罗哈斯（Manuel A. Roxas）在菲律宾国歌声中升起了菲律宾国旗。当旗子升起，在晨风中傲然飘扬的那一时刻，一艘军舰鸣响了 21 声庄严的礼炮，教堂的钟声骤然敲响，30 万菲律宾民众欢呼雀跃，一支由 1000 人组成的合唱队高唱着菲律宾独立赞歌，马尼拉的民众开始进行游行，庆贺新的共和国的诞生。从此，菲律宾进入了历史上的一个新时代。特地从日本赶来参加独立仪式的道格拉斯·麦克阿瑟（Douglas MacArthur）将军，在仪式结束后对战时曾担任其助手的卡洛斯·罗慕洛（Carlos P. Romulo）慨叹道："卡洛斯，美国今天在这里埋葬了帝国主义。"① 菲律宾的独立对菲律宾和美国都有着不同寻常的政治意义。对菲律宾人来说，其民族自豪感是由衷的，从反抗西班牙的殖民统治时期就开始渴求，后来在美国统治下亦不断为之奋斗的民族独立终于实现了。而对美国人来说，在二战刚刚结束后的整个

---

① Michael Schaller, *Douglas MacArthur: The Far Eastern General*, New York: Oxford University Press, 1989, p. 104.

东南亚地区，欧洲殖民列强正试图重建其殖民统治，只有在菲律宾，美国在征服该群岛半个世纪之后，终于遵守最初的诺言把主权和平移交给了菲律宾政府，这在历史上是第一次由宗主国自愿放弃了对殖民地的主权。

19 世纪后期，在国内外各种扩张因素的驱动下，美国突破了传统孤立主义的束缚和西半球的范围局限，发动并取得了美西战争的胜利。1899 年 2 月 6 日，美国参议院正式批准巴黎条约，决定占领菲律宾。这个一向以反殖民主义先驱自居的国家步入了世界强权之列，拥有了自己正式的殖民地。但是，美国人很快就认识到了其"帝国梦"实现的复杂性和所要付出的政治和道义代价，转而认为占领菲律宾是美国外交的一种历史性的"偏差"。美国自身的殖民地经历使其社会意识深层一直存在对殖民主义的反感；国内不断激荡着反帝国主义运动的呼声和对殖民政策的舆论抨击；美国人的那种"白人的负担"式的种族优越感和"天定命运"的观念，使美国在缔造其霸权的过程中，除了开拓边疆和扩张经济利益的动机之外，还夹带着向殖民地移植美国的民主制度、价值观念以及传播基督教文明的冲动；再加上由于美国政府内部以及国会中各利益集团之间的利益之争所导致的政策分歧等，这些都表明美国不可能像欧洲殖民主义者那样采取传统的殖民统治方式。美国在占领菲律宾八年之后，参议院通过了一个决议，声明美国并非永久性地兼并菲律宾群岛，美国最终将以一种最有利于促进美国和菲律宾人民利益的方式处理该群岛的前途问题。[1] 在塑造其"理想主义"新帝国的冲动下，美国在对菲律宾殖民化的同时，就开始向其灌输美国式的民主原则，并试图把这些原则付诸实践。从威廉·塔夫脱（William Howard Taft）时代到弗朗西斯·哈里森（Francis Harrison）任总督时期，菲律宾经历了从殖民化到菲律宾化的过渡，1916 年，威尔逊政府颁布了"菲律宾独立法案"，拉开了

---

[1]　Harold W. Bradley, "Observation upon American Policy in the Philippines," in *Pacific Historical Review*, Vol. 11, No. 1, March 1942, p. 50.

菲律宾非殖民化的序幕。1934年，罗斯福总统签署"泰丁斯—麦克杜菲法案"，正式为菲律宾的独立确定了日期，非殖民化开始进入实质性的实施阶段。无论其初衷和最后的动机如何，美国最终在1946年从形式上完成了在菲律宾非殖民化的目标。

一　从殖民化到"菲律宾化"

1898年2月15日，停泊在古巴哈瓦那港口的美国军舰"缅因"号突然爆炸沉没，成为美西战争爆发的导火线。3月28日，麦金莱总统向国会公布美方的调查结果，结论为触动水雷爆炸所致，这不啻是为本来已经激化的战争气氛火上浇油。4月25日，麦金莱向国会提交了要求对西班牙开战的咨文，美西战争旋即开始。在远东，美国的亚洲分舰队司令官乔治·杜威将军率舰队从香港出发，驶向菲律宾群岛，并于1898年5月1日凌晨发起了马尼拉湾海战，美国舰队以优越的军舰和娴熟的炮术，仅以极其微小的代价就击败了西班牙舰队。杜威的胜利标志着美国上升为世界强国和西班牙帝国的衰落，而当胜利的消息传到美国的时候，绝大多数美国人还需要从地图和地理书中来寻找菲律宾的位置。8月13日，美国军队在菲律宾本土武装力量的配合下，开始向马尼拉发动进攻，经过短暂的战斗，西班牙人投降，美国人开进了马尼拉并升起了美国旗帜。1898年12月10日，西班牙和美国签订了《巴黎条约》，主要条款如下：西班牙放弃对古巴的主权；西班牙将波多黎各、关岛及菲律宾割让给美国；美国付给西班牙2000万美元；被割让领土居民的公民权利和政治地位将由美国国会决定等。[①] 这样，通过《巴黎条约》的签订，麦金莱政府把美国的主权扩张到了菲律宾。1899年1月4日，美国驻菲律宾军政总督奥蒂斯（Elwell S. Otis）公布了麦金莱总统的《开明同化宣言》，声

---

① "Treaty of Peace with Spain," in Commager, ed., *Documents of American History*, Vol. 2, pp. 187 – 189.

明美国在菲律宾享有主权。长期以来菲律宾人民就是为了摆脱西班牙的殖民统治，获得民族独立而进行了艰苦的斗争。1898 年 6 月 1 日，菲律宾民族主义者还仿照美国的《独立宣言》，宣布菲律宾独立。美国人的行为无疑使菲律宾人大为失望，严重伤害了其民族感情，因此从美军占领马尼拉之后，双方的矛盾和冲突就已经开始。1899 年 1 月 23 日，菲律宾民族主义领导人埃米略·阿吉纳尔多（Emilio Aguinaldo）在布拉干的马洛洛斯成立了第一个菲律宾共和国，他自任总统。尽管它只存在了两年两个月（从 1899 年 1 月 23 日到 1901 年 3 月 23 日），也没有得到各国的承认，但它是菲律宾人自己创立的一个自由政府，也是亚洲第一个民主政体。这就意味着为了彻底征服菲律宾，使菲律宾殖民化，美国人还必须进一步以武力摧毁刚成立的菲律宾共和国。此后又经过了历时两年多的美菲冲突，美国向菲律宾派出了 7 万军队，而前后在该群岛服役的达到 12 万多人，其中 4324 人战死，花费了 6 亿多美元的代价，直到 1901 年 4 月才正式占领菲律宾。[1] 这场美西战争的发动以及对菲律宾的征服并非偶然，它是美国长期以来扩张主义的持续，也与当时国际环境的大背景息息相关。

在美国史学界，关于美西战争爆发以及美国占领菲律宾动机的解释不尽相同。一些历史学家指出，美西战争爆发的根本原因是美国在亚洲的野心和自我利益，认为麦金莱政府在战争爆发时就已经决定夺取菲律宾。有学者认为美国的政策目的是获取在太平洋的基地，以满足海军和长期的战略需要，还有学者指出，麦金莱的许多朋友和顾问都是商人，认为美国的经济需求和野心，乃是美西战争爆发以及美国占领马尼拉的原因。[2] 但也有学者指出，尽管美国帝国主义是 1898 年美西战争的一个重要结果，但它并非是那场冲突预想的结果，很少有

---

[1] Michael H. Lunt, "East Asia in Henry Luce's 'American Century'," in *Diplomatic History*, Vol. 23, No. 2, 1999, p. 324.

[2] Richard E. Welch, Jr., *Response to Imperialism: The United States and the Philippine-American War, 1899 – 1902*, p. 3.

人能够预见到同西班牙冲突的前景会是让美国拥有一块亚洲殖民地。因此对美西战争爆发的解释，需要跳出帝国理论框架。实际上，很多美国人最初对与西班牙的战争没有长远的打算，只是随着事态发展，达到帝国主义的顶峰之时，帝国主义才出乎所料地进入了他们的视野。但军事胜利没有使美国进一步前行和达到帝国之巅。对美国为何要击败西班牙、迈入帝国行列的任何解释，都不能避开一种无与争辩的事实：美国的安全以及其根本利益并没有受到威胁，既不是经济需要，也不是外部威胁促使美国在 19 世纪 90 年代向西班牙开战或者走向帝国。一些历史学家通过对支持殖民扩张的不同利益集团——尤其是那些商人、传教士和军队游说团体的研究，认为他们并没有发挥决定性的作用。① 持这种观点的学者认为，在 19 世纪 80—90 年代的美国，海外扩张和帝国主义外交并非具有普遍的吸引力。事实上，在美西战争开始时，美国在菲律宾群岛并无太大的实际利益。1898 年以前，很少有美国人在菲律宾群岛活动，美国人对菲律宾群岛的了解也很有限。在 19 世纪，尽管有一些美国商人在菲律宾居住，但据美国驻马尼拉领事 1889 年的统计，那时仅有 23 名美国公民在当地定居。② 不仅如此，有学者指出，美西战争乃是起源于一种国家认同的内部危机。美西战争的胜利也引发了美国公众关于国家身份的争论，即与占领菲律宾和美国新的国际身份同时出现的，还有美国日益加剧的国家认同的危机以及关于帝国主义问题的争论。从 1898 年开始，在美国国内，一些法学家们也开始探讨两个相互联系的关于海外地区的占领问题。第一，美国可以通过什么宪法原则对新的领土波多黎各和菲律宾进行统治；第二，国会应该在那些地方建立何种形式的政府。参与者首先进行严肃讨论的是 1903 年小弗雷德里克·库代尔（Jr. Frederic Coudert）所提出的随着"附属地区"的占领出现的"帝国问题"。库代尔从两方面详细论述了帝国问题：第一，由于"附属地区"居

---

① Frank Ninkovich, *The United States and Imperialism*, p. 15.
② Ibid., p. 39.

住着不同文化的民族，他们需要不同于那些地区的政治制度；第二，这些"附属地"内部巨大的文化差异使得任何统一的政治制度均不可行。按照其看法，以往美国对美洲大陆上从法国、西班牙或者墨西哥获得的领土的统治经验，不能够解决当前的帝国问题。①

有学者认为，在很大程度上，与古巴对西班牙开战的狂热不同，对帝国的渴望并非是当时美国国内危机或者说是其他任何危机的结果。在那一时期美国国内关于帝国的争论中，追求那种诱人的、自我陶醉的关于国家在世界上新的地位的机会，成为接受帝国身份背后的主要动力。② 随着帝国主义在欧洲的风靡一时，在美国，越来越多的国际主义者希望与欧洲大陆的发展保持齐步，开始把帝国主义看作国家加入大国游戏的入场仪式。对这些美国人来说，美国的国际身份越来越值得担忧。对那些关注获得美国在现代世界上的地位的人来说，帝国主义是一种国际主义的形式。无论是基于民族自豪还是国际责任的原因而被采取，帝国主义都将通过确定国家在文明的最前沿所处的立场和位置，而明确美国的国际身份。长期形成的反对帝国主义的共识的消失，以及在外交决策精英内部出现的分裂，为帝国观念创造了一种前所未有的吸引力。在公众舆论的强烈渲染下，美国公众受到海外事件以及国内那些热衷于帝国主义的舆论制造者的影响，似乎也希望成为一个帝国。特殊利益集团也是如此，那些反对向西班牙开战和占领殖民地的美国商业领导人，在战争胜利后改变了他们的看法，开始支持占领菲律宾。像纽约《商业杂志》这样一家影响较大的商业报纸，在他们看来菲律宾并非价值很大，而是作为与中国贸易的"中转站"。实际上，菲律宾对于美国的经济价值，以及美国当时与中国的贸易和在中国的投资所占的份额都很小，即使到 19 世纪 90 年代

---

① Lanny Thompson, "The Imperial Republic: A Comparison of the Insular Territories under U. S. Dominion after 1898," in *Pacific Historical Review*, Vol. 71, No. 4, pp. 545–548.

② Frank Ninkovich, *The United States and Imperialism*, p. 30.

末，中国市场也仅仅占到美国出口的 2% 。①

可以说，就促使麦金莱总统最终决定吞并菲律宾的过程而言，无疑是各种因素作用的结果，这包括那些关心美国在太平洋军事力量的海军军官，决心扩张其传教事业和给菲律宾人带去"真正"福音的教会团体，以及看到了占领菲律宾能够给其自身和国家带来经济利益的商业团体等。麦金莱作为一个政治家，影响其决心的最主要的因素，则是其对兼并菲律宾能够给其带来的最大的政治收益和付出最小的政治风险的考虑。② 如前所述，在《巴黎和约》签订前后，美国政府内部关于菲律宾问题的争论异常激烈，麦金莱政府的发言人除了强调菲律宾对于美国的经济、防御和外交等方面的价值，拥有菲律宾将带来巨大的商业利益和通向亚洲大陆的立足点之外，还强调指出"菲律宾人没有能力建立一个菲律宾政府或者一个菲律宾国家"，美国肩负着对菲律宾人进行"文明化"的责任。考虑到美国在菲律宾的责任，除了兼并和统治外，没有一个满意的替代方案来实现美国的这些"义务"。③ 显然，通过强调美国对外扩张的国际"责任"和"文明化"使命，帝国观念才能够在美国公众和媒体中引起共鸣和回响。在对占领菲律宾的决策方面，麦金莱总统的焦虑和犹豫，主要归因于他不确定公众对帝国行为支持的程度如何。19 世纪 80 年代之前，美国人对帝国主义混杂着不同的看法，当这些问题上升到政策讨论时，他们很难接受帝国主义。但当他们转向赞成把殖民主义整体上作为一种传播文明的方式时，他们则常常谴责西班牙等欧洲帝国的殖民管理模式。④

因此，如果我们将美国人对建立帝国和殖民地的反应置于当时的全球背景下来考察，则不难理解事件背后的深层动因。在美国国力日

① Frank Ninkovich, *The United States and Imperialism*, pp. 37 – 38.

② Richard E. Welch, Jr. , *Response to Imperialism: The United States and the Philippine-American War*, *1899 – 1902*, p. 10.

③ Ibid. , p. 18.

④ Frank Ninkovich, *The United States and Imperialism*, p. 35.

渐上升的 19 世纪晚期，正值各主要的资本主义国家向帝国主义过渡的时期，在帝国扩张的强大动力作用下，加紧在世界范围内瓜分原料和商品市场已经成为各帝国主义国家的首要目标，并且展开全球性的激烈争夺。在南北战争后，美国工农业生产得到迅猛发展，在不到30 年的时间内，一跃成为世界上首屈一指的工业强国。19 世纪 90 年代的美国，无论是从内部的经济结构还是与外部的经济关系都发生了深刻的变化。1870—1890 年，美国的工业出口从其总出口量的 15%上升到 32%。① 随着美国工业化速度的加强和国力的膨胀，在诸多因素的刺激下，美国人对现代殖民扩张的反对和漠不关心，在这一时期迅速发生转变，他们开始不断要求摆脱传统孤立主义的束缚，国际上的大环境进一步激发了美国国内持续的扩张主义欲望，扩张主义者的视野也不再局限于西半球这个日显狭隘的范围，走向世界的愿望日益强烈。他们开始考虑美国是否已落后于时代，也开始考虑如果不参与帝国主义的竞争，美国是否还能保住自己的利益和市场。1895 年 3月，针对当时克利夫兰总统迫于舆论压力在吞并夏威夷问题上表现犹豫的态度，对外扩张的积极鼓吹者亨利·洛奇在国会进行了一次题为"我们搞错了的对外政策"的演讲，竭力主张抛弃孤立主义思想，积极向海外进行扩张。他指出，美国的外交政策绝不能为中立政策和门罗主义这些原则所束缚，"现代的趋势是走向合并，资本和劳工都是一样，民族亦是如此。小国只属于过去，未来将不复存在。现代政治总体上是人口和土地向大国和广袤的疆土集中，大国正迅速关注于其未来的扩张以及守住已占有的所有不毛之地。这是一场有助于文明和种族提升的运动，作为世界上的大国之一，美国绝不能在前进中落伍"②。因此，美国冲出西半球势力范围的藩篱，进行世界性的扩张

---

① Thomas R. Mchale, "American Colonial Policy Towards the Philippines," in *Journal of Southeast Asian History*, Vol. 3, No. 1, March 1962, p. 31.

② Henry Cabot Lodge, "Our Blundering Foreign Policy," in Robert A. Divine, ed., *American Foreign Policy*, Cleveland: the World Publishing Company, 1960, pp. 130 – 131.

已是大势所趋。

在美国国内汹涌的扩张主义潮流推动下，1898 年 7 月，美国国会通过了关于合并夏威夷群岛的联合决议。美西战争爆发后，尤其是在马尼拉湾海战胜利后，美国国内关于"建立太平洋桥梁"的呼声甚嚣尘上，扩张主义者把菲律宾视为通向中国市场的跳板，而夏威夷群岛则是太平洋航线上的中继站。8 月 12 日，美国正式占领夏威夷群岛，使其成为美国领土的一部分。随着海军部扩张要求的日益强烈，同时也为了加强与其他国家的竞争，1899 年 12 月，美国又与德国和英国签订了瓜分萨摩亚群岛的协议，获取了土土伊拉岛和帕果—帕果港，从而使萨摩亚群岛成为美国在太平洋上的一个重要的基地。1898 年 9 月 16 日，美国著名的扩张主义者参议员阿尔伯特·贝弗里奇（Albert J. Beveridge）发表了题为"国旗的进军"的演讲，进一步为建立美国的海外殖民地而鼓动。针对当时反对党提出的美国如何管理这些新领土，他毫不讳言地指出："假如英国能够统治海外属地，美国也能够。假如德国能够统治海外属地，美国也能够。假如他们能监督保护国，那么美国也能够。"[1] 这种对欧洲殖民者的羡慕体现在许多美国决策者的身上。

这一时期美国的外交已经与对外经济扩张的动力紧密结合起来。尤其是 1873 年和 1893 年先后发生的严重经济危机，使美国企业家和政府官员们强烈主张开拓国外市场。1897 年，美国《商业杂志》载文指出，"外交的主要任务是为国内工业扩大有利可图的市场"，工业家和商人们的这种强烈要求影响了美国政府的决策。[2] 美西战争爆发后，菲律宾及远东的商业前景是麦金莱决定夺取菲律宾的一个重要因素。在商业利益的影响下，马尼拉湾海战结束不久，美国就开始评

---

① Albert J. Beveridge, "The March of the Flag," in Avery Craven and Walter Johnson, eds. , *A Documentary of the American People*, Boston：Ginn and Company, 1951, p. 638.

② Walter LaFeber, *The New Empire：An Interpretation of American Expansion*, *1860 – 1898*, New York：Cornell University Press, 1980, p. 372.

估菲律宾的经济价值，先是把一个来自财政部的专家委派到菲律宾报告关于财政和工业方面的情况，随后又让一个随同军队先期到达菲律宾的地理学家报告关于菲律宾的地理和矿产资源的情况。财政部长助理弗兰克·范德利普（Frank A. Vanderlip）以及其他许多官员都认为，菲律宾是作为美国在亚洲，尤其是在中国经济扩张的一个跳板，也是一个矿产资源的来源地。① 1898 年 9 月 16 日，在给参加巴黎谈判的美国代表的指示中，麦金莱解释道："伴随着我们占领菲律宾的是任何美国领导者都不能视而不见的商业机会，利用一切合法的手段扩大美国的贸易都是正当的。"② 贝弗里奇谈到新领土的商业价值时说："我们与波多黎各、夏威夷以及菲律宾之间的贸易，必须保持像联邦州际之间的贸易那样自由，因其是美国的领土，世界上其他任何国家必须在付给我们关税后方可与我们进行竞争。在古巴要求合并之前，我们至少应该与其保持像加拿大和英国之间的那种特惠贸易关系……美国人民将垄断这些市场。""这个亚洲的门户绝不能关闭与美国的贸易，在五十年内，大部分的东方商业将属于我们。"③ 1900 年 3 月，洛奇在参议院发表了一次演讲，较为全面地论述了吞并菲律宾所具有的经济、政治和军事意义，他谈到了菲律宾富饶的资源，如麻、森林、煤等以及市场将会使美国获得巨大的利益。他认为如果失去菲律宾，将会对美国的贸易、商业和所有企业是一个不可估量的损失，一种至高的责任和利益要求保持菲律宾，要求美国发展那些岛屿并扩张美国在东方的商业。④

另外，美国在菲律宾的综合利益也体现在派往菲律宾考察的"舒尔

---

① Usha Mahajani, *Philippine Nationalism: External Challenge and Filipino Response, 1565 – 1946*, St. Lucia: University of Queensland Press, 1971, p. 218.

② Correspondence with the United States Peace Commissioners at Paris, 1898, "Instructions to the Peace Commissioners," Sep. 16, 1898, in *FRUS, 1898*, Spain, Washington, D. C.: U. S. Government Printing Office, 1898, pp. 904 – 908.

③ Albert J. Beveridge, "The March of the Flag," p. 639.

④ "The Imperialist Argument," in Richard W. Leopold and Arthur S. Link, eds., *Problems in American History*, Vol. 2, New Jersey: Prentice-Hall Inc., 1966, pp. 156 – 162.

曼委员会"成员的广泛组成方面，每个成员都从各自的专业领域来对菲律宾进行详尽的评估。该委员会还不断收集不同领域的美国专家所提供的有关菲律宾矿产资源、地理、外国人口、商业、通信手段、土地使用和抵押等方面的资料和报告。在仔细考察之后，该委员会得出结论："富裕的农业和森林资源以及矿产财富、重要的地理位置，使得菲律宾群岛应该很快成为东方的一个重要的贸易场所。从美国占领后开始建立的新的轮船运输线，已经使马尼拉与澳大利亚、印度和日本联系在一起，并将成为其他许多连接大西洋和太平洋的航线的中转点。"①

从 19 世纪 80 年代起，除了领土和经济扩张主义者强烈的对外扩张呼声之外，在美国又掀起了一股新"天定命运"论的扩张思潮，其着眼点不再局限于美洲大陆，而是把目光投向了海外，特别是远东和太平洋地区。这股扩张思潮柔和了以社会达尔文主义为依据的"种族优越论"、特纳的"边疆学说"、马汉的"海上实力论"以及传播基督教福音等扩张理论，对这一时期美国的海外扩张起了推波助澜的作用。在美西战争的发动和进行过程中，那些扩张主义者无不希望美国打败西班牙，使美国成为一个真正的新的帝国主义强国。而那些自认为负有人类使命感，以"白人的负担"和"天定命运"自诩的美国人，如贝弗里奇在美西战争结束后，宣称美国必须接受"神圣的"托管和"伟大的"责任，不能使菲律宾人处于低级的生活状况之中。洛奇也声称，美国将通过占领菲律宾而授予当地人以自由。② 在美西战争以及之后美菲冲突期间，向菲律宾群岛传播"文明化"使命的宣传在美国的媒体上十分普遍，宣传的主要目的是向观众表明美国政府的立场以及其行动的正确性。例如，其中媒体上流传较广的有一幅政治卡通漫画显示的是那时不同的国家都卷入了战争，山姆大叔（美国）被绑在一棵标着"帝国主义"的大树上，同时试图拉住一头驴

---

① U. S. Philippine Commission（Schurman），*Report of the Philippine Commission to the President*，Vol. 2，Washington：Government Printing Office，1900，pp. 28，33，184.

② Mahajani，*Philippine Nationalism*，p. 210.

子（菲律宾）。在远处，可以看到一个人（西班牙）正在远离。该漫画表明了美国是如何在美菲战争胜利后来控制菲律宾的。还有一幅漫画显示的是正在对菲律宾人进行清洁。菲律宾人被描绘成婴儿，目的在于显示菲律宾的原始特征。白种人（美国）正在洗去菲律宾人身上的"肮脏污垢"和去掉他们"不熟悉的方式或传统"，以重新塑造和教化他们。在漫画的背景里，可以看到波多黎各人刚刚离开水边，"愉快地"裹上美国的外套。该漫画表明菲律宾人最终将同样如此，并将"愉快地"被美国殖民化。当时的《明尼阿波利斯论坛报》（The Minneapolis Tribune）还刊登了两幅漫画，其中第一幅漫画下面附上这样一行字："参议院菲律宾法案向糟糕的菲律宾人提供了巨大诱惑"（The Senate Philippine Bill offers great inducements to the bad Filipino）。该漫画显示了"野蛮的"菲律宾人处境极其糟糕，蹲在一个洼坑的下面，周围满是身上标有"饥饿""疾病""水刑"以及各种"糟糕和麻烦"字样标记的爬虫和其他动物；而在洼坑墙面另一侧，是被标以"恭顺"的"文明化"的菲律宾人，紧挨着他们的旗子上写着"和平""土地归人民""公共设施改善""公共教育""富足"等字样。与"糟糕的菲律宾人"相关的一切描述，用的都是具有消极含义的词语，而用来描述"恭顺的菲律宾人"的都是具有积极含义的词语。《明尼阿波利斯论坛报》刊登的另外一幅漫画，标题是"世界上的目光都在盯着他"（The eyes of the world are upon him）。漫画突出的是麦金莱总统正抓着一个菲律宾小孩的脖颈，站在标记有"西班牙"字样的悬崖边上，一个有着地球模样脑袋的人代表的世界正注视着他，麦金莱必须做出决定是将菲律宾归还给西班牙任其坠入悬崖，还是决定保留他。按照这幅漫画的含义，正是出于从残暴专制的西班牙手里拯救菲律宾人以及提升菲律宾文明水平的需要，美国人才没有选择给予菲律宾独立。① 向海外传播基督教福音的冲动也成了

---

① "Political Cartoons", *Philippines from* 1900 – 1915, available at http://philippines1900. tumblr. com.

美国对外扩张的一个重要因素。麦金莱在决定占领菲律宾群岛的同时，也提出了要教育菲律宾人、使其文明化和基督教化的目的。他认为菲律宾人中有 90% 是天主教徒，而天主教是落后的，并且阻止了菲律宾人的进步和开化，因此美国有责任使其基督教化。正是出于关注菲律宾人灵魂的"幸福"，大多数美国人认为菲律宾人，首先是信仰天主教的菲律宾人应该被基督教化。① 在征服菲律宾的过程中，随从美国军队前去的还有大批美国传教士，他们渴望到菲律宾进行虔诚的传教事业。塔夫脱在 1909 年任总统以后，也表示美国在菲律宾的政策是"一个向东方传播基督教文明的计划"②。

　　无论动机如何，麦金莱政府已经成为第一个促使美国真正参与全球事务的政府。尽管当时在美国国内反对兼并菲律宾的力量很大，美国社会对拥有正式的殖民地的前景存在着激烈的争论，但经济利益和战略的考虑占了上风，菲律宾群岛最终成为美国的殖民地。占领菲律宾，以及之后针对中国提出的门户开放照会，对美国本身具有深远意义的影响。1898 年战争的一个重要的结果是，它不仅在于使美国成为一个拥有殖民地的帝国，而是美国决策者开始认识到有更好的方式来扩张其新的全球霸权。美国一直标榜反殖民主义，并且表示拒绝正式的殖民主义，但通过美西战争，美国无疑已经跨入世界帝国主义强国之列，其势力已经越出了西半球的范围，在海外获得了一系列的殖民地，并与欧洲列强在远东展开竞争。不过在美国人看来，他们的殖民主义无论如何也不能像欧洲人所做的那么糟糕，因此从一开始，美国就明确表示要为菲律宾人获得最终独立进行准备。美国人冲出了传统孤立主义的束缚，其对扩张美国商业利益的贪婪追求，也夹杂着那种"白人的负担"式的把美国的制度文明和价值观移植国外的理想。在征服菲律宾后不久，美国在进行殖民化的同时，就开始考虑为菲律宾未来的"自治"做准备，尤其是在 1913 年威尔逊执政后，加快了

---

① H. W. Brands, *Bound to Empire*, p. 72.

② Mahajani, *Philippine Nationalism*, p. 216.

菲律宾殖民机构的"菲律宾化"进程，并为菲律宾的最终非殖民化进行了立法。

在 1898 年参议院对《巴黎条约》进行投票决定的时候，参议员麦克内里提出的决议以 4 票的微弱多数获得通过，该决议认为菲律宾适宜于成为美国的殖民附属地，但不享有基本的公民权利，美国可以对菲律宾的领土进行统治和殖民化，但菲律宾永远不能被接纳为美国的一个州。该决议同时又声称，美国"不是试图把菲律宾群岛的土著转变为美国的公民，也不是永久性地合并这些岛屿作为美国领土完整的一部分，而是要在菲律宾建立一个适合当地人民需要及其状况的政府，并为当地建立自治政权做准备，在计划的时间内做好对这些岛屿的安排，最大可能地促进美国公民和这些岛屿居民的利益"①。1899 年 11 月 21 日，在麦金莱关于菲律宾的谈话中，谈到了他对菲律宾前途的苦苦思考，而最终得到上帝给以光明的启示，即"第一，我们不能把它交还给西班牙，那样会是懦弱可耻的；第二，我们不能把它转交给我们在东方的商业对手法国或德国，那会是亏本生意和丧失信誉的；第三，我们不能把它交给菲律宾人自己，他们是不适于自治的，否则那会出现比西班牙治下更糟的无政府状态和虐政；第四，我们别无他法，只有通过占领菲律宾，教育菲律宾人，使他们得以发展、开化和基督化"②。在他看来，美国占领菲律宾不是为了剥削，而是为了发展、开化、教育，在自治的科学上对菲律宾人加以训练，其最终目的在于实现该群岛的独立。

这些因素对美国随后制定的菲律宾政策有着很大影响。这一方面是为了赢得菲律宾人的支持，另一方面是由于反帝国主义者反对美国在菲律宾的冒险行动，美国决策者试图通过在菲律宾采取一种较为开明的殖民政策，使自己摆脱在社会理念方面的尴尬处境。在这一设想

---

① Mahajani, *Philippine Nationalism*, p. 212.

② "The President's Decision," in Leopold and Link, eds., *Problems in American History*, Vol. 2, pp. 155 – 156.

的指导下，美国占领菲律宾之后，逐渐形成一种所谓的"仁慈的帝国主义"的殖民政策，使美国的殖民政策比起英国、法国以及荷兰等欧洲殖民帝国在东南亚的政策，总体上具有更为自由的色彩。

在一种道义责任感的激励下，美国人认为他们有责任向新的属地赐予精神上和物质上的福祉，是由上天选定要他们作为菲律宾人的救世主的。在其统治菲律宾群岛的半个世纪时间里，美国拒绝被冠以殖民帝国的称号，甚至从其官方文字中抹去了"殖民者"的字眼，在菲律宾的美国人不愿像对待殖民地那样来看待菲律宾。尽管直到1916 年"琼斯法案"通过时，美国国会才作出使菲律宾最终获得独立的承诺，但从一开始，美国在对菲律宾的政策中就表现出与传统的殖民主义的区别。虽然美国缺乏海外殖民的经验，但美国决策者显然不愿采取旧欧洲的模式，他们试图寻找一种实施殖民统治的新模式，美国自身的价值观和民主自由信念体现在其对菲律宾的殖民政策之中。在许多美国人看来，海外扩张某种程度上与美国的传统原则是相矛盾的，美国既不能永久性地实行殖民统治，也不愿采取传统的殖民统治模式。因此，在美国统治菲律宾的早期阶段里，其政策混合着实验性和不确定性的特征。不是像英国统治其海外属地那样建立一个殖民机构，麦金莱把菲律宾置于"海岛事务局"（Bureau of Insular Affairs）的管理之下，只是作为陆军部的一个机构。派去监督菲律宾事务的美国人从不称自己是殖民官员，在他们眼里，他们是布道者，而非征服者。[①] 在夺取马尼拉之后，美国先是在菲律宾成立了军政府，由韦斯利·梅里特（Wesley Merritt）将军任军事总督，该军政府存在了三年，到 1901 年结束。

1899 年 1 月 20 日，麦金莱总统任命了第一个"菲律宾委员会"，通称"舒尔曼委员会"。该委员会是美国派往菲律宾的第一个非军事的调查委员会，主要任务是综合考察评估菲律宾的情况，并向总统建

---

① Stanley Karnow, *In Our Image：America's Empire in the Philippines*, New York：Random House, Inc., 1989, pp. 196 – 197.

议在菲律宾建立合适的政府形式。同年 3 月 4 日，"舒尔曼委员会"到达马尼拉。1900 年 1 月 31 日，该委员会向麦金莱提交了调查报告。美国对菲律宾的政策构想首先从"舒尔曼委员会"的报告中体现出来，该报告指出菲律宾人民还不能自立，认为他们还没有做好独立准备，"菲律宾人总体上没有自治的能力，民众是懵懂无知的和缺乏经验的"①。报告还认为菲律宾人需要美国的教导和保护，美国人应该留在菲律宾，为菲律宾建立一个贤能的民治政府做准备。"在经过一段不确定的受到美国训练的时期之后获得最终的独立。"在一次声明中，该委员会表示美国希望建立一种为菲律宾人民所能够接受的开明的政府体系，美国的统治呈现给菲律宾人民的将是"最慷慨的自由的福祉"②。在 1899 年 4 月发给"舒尔曼委员会"的指示中，麦金莱已经设想把建立一种可靠和有效的文官机构作为重要的 11 项原则之一，即在菲律宾实行一种文官制度。"舒尔曼委员会"在报告中也建议只需要少量美国官员，他们应该极其干练，并能够超脱于政党政治。随着对菲律宾人管理政府能力训练的进行，一旦在这些机构中能够找到合适的菲律宾人来任职，就不应该再任命美国人。该委员会自身在某种程度上也受到了美国政治价值观念中的反殖民主义思想的影响，为了避免被当作殖民主义的行为，委员会以一个较为中听的词汇"地区政权"来取代它（就像当年路易斯安那在合并成为美国的一个州之前，美国总统杰斐逊所称呼的那样），而把菲律宾视作美国的一个地区，一个财政自筹的殖民地，该群岛的所有税收和关税都上交给菲律宾的财政，单独承担菲律宾管理当局的费用。这可以看出"在统治一个外国地区时，美国的道义和仁慈的权利与欧洲殖民制度的区别，而忽略了即使是对被统治者最仁慈的外来统治，依然是帝国主义的行

---

① Brands, *Bound to Empire*, pp. 67 – 68.

② U. S. Philippine Commission（Schurman）, *Report of the Philippine Commission to the President*, Vol. 1, Washington：Government Printing Office, 1900, pp. 82 – 83.

径"①。

在美国统治菲律宾的最初十多年中，美国一直是共和党执政，共和党对菲律宾的政策主要通过麦金莱总统、西奥多·罗斯福总统（1901—1908）、威廉·塔夫脱总统（1909—1912）以及共和党派往菲律宾的总督等官员奉行的政策体现出来。总体上，他们都坚决反对任何马上给予菲律宾独立的言论，也不愿对这一结果给予任何明确的承诺，理由是菲律宾人还不适合独立。而塔夫脱的统治基本上形成了这一时期美国对菲律宾政策的轮廓。由于美菲冲突仍在继续，直到1902年7月，菲律宾都是处于美国军事当局的统治下。在1899年11月舒尔曼委员会回国后，为了加速把政府从军权向民权的转变，麦金莱在1899年12月5日发表年度咨文中，提出要着手促使在菲律宾的军事当局向文官政权过渡。1900年3月16日，美国向菲律宾派出了第二个"菲律宾委员会"，即"塔夫脱委员会"，该委员会完全由文官组成，其主要任务是采取切实可行的措施，在菲律宾建立一个使菲律宾人"幸福、和平和繁荣"的政府。1901年3月2日，美国国会通过了"斯普诺修正陆军拨款法案"，授权美国总统着手成立一个文官政府。1901年7月4日，文官政府在马尼拉举行就职典礼，威廉·塔夫脱任民政长官，到1903年2月6日，民政长官改为总督。此后一段时间菲律宾一直处于军事政权与文官政府并立时期。

1902年，塔夫脱向参议院提出，美国应该宣布无限期地控制菲律宾群岛，直到当地人民表现出自己适合自治时为止。塔夫脱于1905年和1907年先后两次来到菲律宾，重申了美国与菲律宾群岛之间需要互利的贸易关系，以及在工业上和自治能力上"提升"当地人民。但他拒绝承认任何涉及菲律宾独立的理由和依据，认为菲律宾人需要超过一代人的时间来为独立做准备。西奥多·罗斯福几乎与塔夫脱持相同的立场。在1904年的总统选举中，民主党和一些反帝国

① Mahajani, *Philippine Nationalism*, pp. 227－228.

主义者呼吁一旦菲律宾人适合自治，应该尽快给予其自治的权利。这使得西奥多·罗斯福十分不满，他认为在未来的 12 年里，甚至在 20 年之内，菲律宾人都不适宜获得独立，在短时间内给予菲律宾独立是有害无益的，而为遥远的将来作出承诺将是毫无意义的。[1]

　　实际上在其到达马尼拉后不久，塔夫脱就已经对菲律宾人的特性作出定论，认为菲律宾人中大多数是无知的、迷信的，骤然的独立将会使其难以获得和平且有序的自治。塔夫脱指出，菲律宾人大概需要一个世纪的训练才能实现"盎格鲁 - 撒克逊民族的自由"，因此美国应该承担起"神圣的责任"使之美国化。他认为"美国的使命是向菲律宾输出其价值观念，而不是邪恶和仇恨"[2]。在塔夫脱主政下，美国在菲律宾建立起一种自由的教育制度，以一种现代的教育模式向菲律宾人灌输美国的文化价值观念，把教育与美国的民主观念以及对菲律宾人自治能力的培养结合起来。塔夫脱希望以此作为向菲律宾人灌输民主的基础，他认为美国在菲律宾的问题就是为整个菲律宾民族的自治做准备。他表示，"我们必须在把政权交给他们之前，使其成为一个具有自治能力的民族"[3]。1908 年，塔夫脱在谈到美国对菲律宾的殖民统治时表示，一旦菲律宾人表明他们有能力行使统治权，美国将逐渐对其实行一种程度越来越高的自治措施。当菲律宾人作为一个整体表明其能够实行普遍的自治，能够保持法律和社会秩序而要求获得独立时，他们将会被授予这些权利。[4] 在塔夫脱统治时期，美国政府在某种程度上也的确采取了这种目的在于训练菲律宾人使之自治的政策，并取得了一定的成效。1902 年，美国国会颁布了菲律宾的第一个组织建制法案——"菲律宾法案"（Organic Act），是朝着菲律宾自治发展的第一个重要步骤，并为 1907 年菲律宾立法机构"菲律

---

① Mahajani, *Philippine Nationalism*, pp. 240 – 244.

② Karnow, *In Our Image*, p. 19.

③ Brands, *Bound to Empire*, p. 68.

④ Thomas R. Mchale, "American Colonial Policy Towards the Philippines," in *Journal of Southeast Asian History*, Vol. 3, No. 1, March 1962, pp. 39 – 40.

宾议会"（The Philippine Assembly）的建立铺平了道路。"菲律宾法案"还规定，允许菲律宾立法机构派出两名菲律宾人作为常驻华盛顿的专员，他们享有美国众议院议员的权利，但没有表决权。尽管如此，这也使菲律宾的代表有机会把菲律宾人要求独立的呼声带到美国国会中去，有利于维护菲律宾人的利益。该法案的通过及其随后的实施，使美国在菲律宾的殖民统治体系确立下来。这一时期美国政府也任命了一些菲律宾人在殖民当局中担任高级职务，如在 1901 年就有三个菲律宾人被任命到菲律宾委员会中去。

　　1913 年民主党人威尔逊就任总统后，美国对菲律宾的政策开始发生变化。从美国占领菲律宾以来，基于信念和利益的不同，民主党不断批评共和党对菲律宾的政策。民主党在 1900 年选举失利后，在 1904 年和 1912 年的选举纲领中，公开指责共和党在菲律宾进行的是帝国主义和殖民剥削政策。1912 年，民主党赢得了选举，一些美国人开始向政府施加压力要求给予菲律宾独立。曾任美国律师协会主席的穆尔菲尔德·斯托里（Moorfield Storey）严厉抨击了共和党、美国的官僚、投资者和有权势的清教和天主教教会当局阻碍菲律宾的独立。他强调菲律宾人一直要求独立而且有能力获得独立，因此现在到了民主党该兑现自己诺言的时候了。[①] 威尔逊当选总统后，其对菲律宾的政策中体现出所谓的"理想主义"倾向。他在竞选纲领中指责共和党的政策使美国没有履行好对菲律宾的责任，宣称"反对在菲律宾的帝国主义政策和剥削"，表示将为菲律宾未来获得独立而进行准备，呼吁"马上宣布美国的目的在于一旦菲律宾建立起稳定的政权，就将承认该群岛的独立"[②]。威尔逊认为美国已经承诺为了菲律宾人的利益才去统治他们，并且给该群岛带去了民主制度，这个承诺一定

---

　　① Moorfield Storey, "The Democratic Party and Philippine Indepence," *Senate Document* 159, 63rd Congress, 1st session, 1913, p. 26, in Mahajani, *Philippine Nationalism*, p. 249.

　　② Arthur M. Schlesinger, Jr., and Fred L. Israel, eds., *History of American Presidential Elections*, *1789 – 1968*, New York: Chelsea House Publishers, 1971, p. 2176.

进菲律宾化。在当时有许多身居较高职位的美国人希望自己能有在菲律宾任职的资历，但在殖民当局中任职的大多是一些年轻人和喜欢冒险的人，到菲律宾是为了获得一种海外任职的资历。在任职期满后多数都会返回美国。另外一些美国人是短期任职，这就使哈里森有机会不断地把菲律宾人补充到这些职位中去，使得殖民政府机构逐渐地菲律宾化。①

这样，在哈里森到达菲律宾时，在政府机构的正职或者副职中间只有两个职位由菲律宾人担任，在他 1921 年离任时，菲律宾人已经控制了 39 个机构正职中的 30 个，而这些机构中所有的副职几乎全由菲律宾人控制。根据哈里森任职时期颁布的"奥斯敏纳退休法案"规定，在该法案生效的第一个 5 年内，有 913 个美国人退休。另外，这一时期愿意到菲律宾任职的美国人也在减少，美国自身的经济繁荣和巴拿马运河的开通提供了新的工作机会，对那些有前途的管理和技术人员更有吸引力。② 到 1916 年底，菲律宾立法机构批准了一个薪金调整法案，削减了在殖民机构中任职的高级官员的薪金，更加速了大批美国人的离去。另外，地方政府的菲律宾化也在大幅度进行，1916年在省级机构中任职的有 27 个美国人，占全部职位的 13%。此后，在省级机构中美国人的数量逐渐减少。这种菲律宾化政策的结果，使越来越多的菲律宾人到政府中供职。在哈里森任总督期间，在菲律宾政府中供职的美国人，从 1913 年的 2623 人减少到 760 人，其中近半数是教师。而菲律宾人在政府及地方各级机构中供职的人数，则分别从 859 人和 6363 人增加到 1080 人和 12047 人。美国人在菲律宾政府中所占的比例从 29% 下降到 6%。③ 菲律宾化的政策获得了菲律宾人与美国的合作，在一定程度上也为菲律宾人提供了"政治教育"以

① Frank H. Golay, *Face of Empire: United States-Philippine Relations, 1898 – 1946*, Manila: Ateneo De Manila University Press, 1998, pp. 174 – 175.

② Onofre Dizon Corpuz, "Western Colonization and the Filipino Response," in *Journal of Southeast Asian History*, Vol. 3, No. 1, March 1962, p. 8.

③ Golay, *Face of Empire*, pp. 175 – 176, 207 – 208.

及为其获得自治地位做准备的机会。

在推行菲律宾化政策的同时，菲律宾自治的车轮也开始驱动。1912 年，在国会中占据了多数的民主党，通过了由众议员威廉·阿特金森·琼斯（William Atkinson Jones）提出的菲律宾独立法案，但遭到了共和党参议员的反对。到了 1914 年 7 月，时任菲律宾群岛事务委员会主席的琼斯再次提出了其法案。最后，在经过两年多争论的曲折后，"琼斯法案"终于被通过，并在 1916 年 8 月 29 日由威尔逊总统签署。"琼斯法案"在前言中提出要加强菲律宾的自治，承诺在菲律宾建立一个稳定的政权后给予其独立。该法案还指出："美国人民的打算过去是，现在也是，一旦菲律宾能够建立起一个稳定的政府，美国就将放弃对该群岛的主权，并承认其独立……为了迅速实现这样的目的，希望能够使菲律宾人民在更大程度上管理其内部事务，在给予其诸如此类的权力的同时而不损害美国的主权，通过履行和运用普遍的选举权和政府权力，使他们能够更好地为完全承担起独立的责任和享有全部的权利而做好准备。""琼斯法案"只是美国对菲律宾统治方式的改革，并没有改变其殖民政策的原则，也没有兑现菲律宾人对自治的根本要求，法案规定国会可以否决菲律宾立法机构的任何议案，仍然赋予总督过大的权力，而且总督和副总督、高级法院的法官等仍然由美国总统任命，但它的确向菲律宾民族主义者作出了一定的让步，该法案的通过，意味着通过基本立法使菲律宾人走向实质性的自治，并庄严保证在一定的时间内让其获得完全的独立。①

威尔逊政府推行的菲律宾化政策也面临着巨大的压力。哈里森的激进政策惹怒了共和党人，也触及了一大批美国商人在菲律宾的利益，他们极力反对这种菲律宾化政策。哈里森上任六周后，就颁布行政命令禁止美国官员参加菲律宾的政治派别，中止了共和党时期的鼓励在殖民机构任职的美国官员从事商业活动的政策。② 一些在菲律宾

---

① Mahajani，*Philippine Nationalism*，pp. 255 – 256.

② Golay，*Face of Empire*，p. 176.

部门中任职的美国人，在菲律宾本身有着获利可观的生意，他们成为哈里森政策的反对者。有不少美国商人认为威尔逊政府对菲律宾的政策是一种不负责任的奇想。尽管如此，到 1921 年威尔逊政府执政结束时，哈里森当局已经为菲律宾的独立打下了基础。

1920 年，共和党候选人沃伦·哈定当选为美国总统，共和党重新执政。在威尔逊之后继任的几届共和党政府——哈定、柯立芝以及胡佛当局，基本上对菲律宾遵循一种保守的政策。哈定上台后，不愿萧规曹随。1921 年，哈定向菲律宾派出一个使团，该使团由前棉兰老岛（Mindanao）总督伦纳德·伍德（Leonard Wood）和前菲律宾总督卡梅伦·福布斯（Cameron Forbes）组成的两人委员会，前往菲律宾考察，主要是评估菲律宾是否已经完全达到与美国分离的条件。尽管菲律宾人对使团的到来寄予厚望，他们在欢迎使团的同时也提出了完全自治和独立的要求，但伍德等人在向总统提交的报告中，认为菲律宾人还没有资格获得独立，建议推迟菲律宾的独立，停止旨在推进菲律宾自治的所有改革，进一步加强美国的指导责任。报告甚至主张美国在菲律宾继续统治 50—100 年，以便对菲律宾人进行更好的规训。[1]

伍德在任总督期间基本上奉行一种保守主义的政策，这种政策引起了菲律宾民族主义者的强烈不满，伍德与菲律宾人之间产生了一种信任危机。菲律宾不断派出请愿使团到华盛顿进行呼吁，反对伍德的保守政策，要求美国尽快作出允许菲律宾独立的承诺。但是伍德的政策得到了哈定总统和柯立芝总统的完全支持。哈定和柯立芝都认为菲律宾当时还不具备完全自治的能力，独立时机尚未成熟。为了进一步了解菲律宾的实际情况，1926 年 4 月，柯立芝总统任命曾在内政部任职的卡尔米·汤普森（Carmi A. Thompson）作为特派专员考察菲律宾的经济和国内形势，以便为制定菲律宾政策提供依据。经过长达三

---

[1]　Mahajani, *Philippine Nationalism*, pp. 260 – 263.

个月的调查，汤普森提交了一份报告。该报告把菲律宾问题置于更广泛的美国远东政策的背景下，并与美国在亚洲的贸易密切相关。汤普森指出菲律宾独立的条件尚不具备，要取得完全独立还需很长一段时间。他认为菲律宾缺乏维持一个独立政府所必需的财政来源，过早给予菲律宾完全的独立，中断美国与菲律宾的自由贸易关系，会给菲律宾带来经济上的灾难。美国与远东的贸易正在逐年扩大，美国需要菲律宾作为一个商业基地，放弃对菲律宾的控制将不利于美国在远东的商业利益，同时可能会导致远东国际关系的复杂化。因此，汤普森指出在菲律宾人尚未有能力适应大国的经济竞争和抵御外来的侵犯，以及还没有为自治做好准备之前，美国不应该放弃在菲律宾群岛的主权。① 之后不久，柯立芝总统又派亨利·史汀生（Henry Stimson）作为私人代表到菲律宾去考察。史汀生于 1928 年 3 月接替伍德任总督。他也认为菲律宾的完全独立是不切实际和不现实的。他主张菲律宾经济的发展应该先于政治自由，即经济的偿付能力和稳定必须先于政治独立。② 其后出任总督的德怀特·戴维斯（Dwight Davis）基本上遵循了史汀生的政策。

二　非殖民化的启动

1916 年"琼斯法案"（"菲律宾独立法案"）的颁布，是菲律宾走向自治的第一个重要步骤，同时为其形成一种选举产生的两院制的本土立法机构，以及为加强当地政府的自治权做准备。这表明美国最终使菲律宾开始实验性地走上了非殖民化之路。事实上，在近半个世纪里，除了菲律宾民族主义者为争取独立进行不懈抗争的因素外，菲律宾一直处于美国人关于帝国矛盾心理的杠杆支点上，美国决策层在

---

① Bernardita Reyes Churchill, *The Philippine Independence Mission to the United States 1919 – 1934*, Manila：National Historical Institute, 1983, pp. 155 – 157.

② Mahajani, *Philippine Nationalism*, p. 267.

菲律宾问题上常常陷于一种两难处境。基于传统心理上的反殖民主义
"理想",美国国内不时激荡起反帝运动的回响。从美西战争开始,
这一运动就有工人、农场主、知识分子、政府职员,甚至一些资本家
等形形色色的群体加入进来,他们积极活动,强烈反对实行殖民政
策。另外,在美国社会各阶层内部也存在利益之争,农场主和制造商
之间,民主党和共和党之间在殖民统治形式上也存在分歧。两党执政
者的变化也影响着美国对菲律宾的政策,共和党常常主张占有海外属
地,保留对菲律宾的主权,延缓菲律宾的独立进程;而民主党则认为
这种殖民关系与美国奉行的政治理念相矛盾,既不符合美国的利益,
也阻止了菲律宾社会的自然发展,主张尽早给予菲律宾独立地位。因
此在民主党执政时期,美国与菲律宾之间的帝国纽带关系较为松懈,
以至于到 1946 年才允许菲律宾完全获得独立。①

从 20 世纪 20 年代末起,随着世界政治和经济形势的变化,国际
形势尤其是远东局势日趋恶化,日本在远东地区的大肆扩张,尤其是
对中国的侵略咄咄逼人,这使美日在太平洋地区的矛盾渐趋尖锐,直
接威胁到菲律宾的安全,从而引起了美国关于菲律宾战略地位的争
论。胡佛和国务卿史汀生等主张美国继续保持在菲律宾存在,以阻遏
日本的扩张。而当时美国国内的孤立主义情绪仍十分强大,菲律宾越
来越被看作一种军事防御的负担。无论是国会还是美国公众都反对在
该地区作出根本性的承诺,还有人主张美国应该后撤至夏威夷以保证
美国的安全。② 同时,这一时期亚洲的许多国家,如印度、越南、缅
甸等国家的民族解放运动也日益高涨,在一定程度上影响到了美国对
菲律宾未来的考虑。1929 年世界性经济危机的爆发,以及由此引起
的美国国内关于菲律宾产品的进口关税问题和菲律宾独立问题的争论
日益激烈。总之,20 世纪 30 年代之后,美国国会对菲律宾问题的争
论就只是菲律宾独立的时间表以及诸如未来的贸易和战略关系等问题

---

① Brands, *Bound to Empire*, p. vi.

② Karnow, *In Our Image*, pp. 252 – 253.

了，菲律宾的独立进程进入实质性的阶段，非殖民化已是大势所趋。

当时反对菲律宾立即获得独立的势力还非常强大，有相当一部分美国人认为美国应该继续对菲律宾行施主权责任，认为菲律宾的非殖民化应该缓慢有序地进行。这一点可以通过当时美国国内众多媒体的态度反映出来，例如在 1931 年，美国有 246 家报纸都反对菲律宾立即获得独立，只有 21 家报纸支持菲律宾独立。1931 年 5—9 月，很多美国官员访问过菲律宾，包括陆军部长帕特里克·赫尔利（Patrick J. Hurley）等人也到菲律宾考察当地的形势，为即将在该年 12 月召开的关于菲律宾问题的国会辩论进行准备。在赫尔利看来，菲律宾人还没有为独立做好准备，不能确定其独立的日期，只有在菲律宾完全具备基本的条件之后才能够授予其独立，在菲律宾获得经济独立之前，政治独立只能招致动荡和革命。他还列举了一系列菲律宾不适合独立的条件，如菲律宾人还不理解独立的意义，缺乏自我防御的能力；独立将降低其生活的水平，并将损害美国的经济利益等。[1] 此时已经出任美国国务卿的史汀生，也反对菲律宾马上获得独立，他认为骤然的独立不仅对菲律宾不利，也会给美国在菲律宾群岛以及在远东的利益带来灾难。他指出，在过去的 20 年里，美国跨越太平洋地区的贸易已经得到了极大发展，如果美国继续拥有菲律宾，那么美国与亚洲的贸易将会继续加强。他担心过快和不成熟的独立会在远东造成整体上的不稳定。[2] 作家尼古拉斯·罗斯福（Nicolas Roosevelt）也反对美国从菲律宾撤出，他认为这样会在亚洲造成民族主义的连锁反应，造成严重的不安和政治动荡，甚至导致战争，同时也会损害美国在该地区的声望。[3]

在赫尔利到菲律宾之前，众议员威廉·阿特金森·琼斯和参议员哈里·霍斯（Harry Haws）等也前往调查菲律宾独立的实际情况。霍

---

[1] Mahajani, *Philippine Nationalism*, pp. 273 – 275.
[2] Churchill, *The Philippine Independence Mission to the United States 1919 – 1934*, p. 228.
[3] Mahajani, *Philippine Nationalism*, p. 270.

斯的考察以及与菲律宾独立使团的密切接触，坚定了其支持菲律宾独立的信念。在菲律宾之行结束后，霍斯还写了一本书——《菲律宾的不确定性：美国的一个问题》（*Philippine Uncertainty：An American Problem*），尖锐地批评了美国的殖民政策，请求给予菲律宾独立。他认为美国已经向菲律宾作出了独立承诺，那就应该确定一个明确的日期。[1] 1930 年，霍斯等人向参议院提出了"霍斯－卡廷法案"，但是该法案提出后几经修订，最后在此基础上，国会于 1932 年 12 月通过了"黑尔－霍斯－卡廷法案"，即"菲律宾独立法"。该法案提出在菲律宾宪法得到美国总统批准后的 10 年中获得完全独立，在过渡期内将建立一个菲律宾共和国，总统由选举产生，并且拥有一定程度的自治权。总督由一个拥有广泛权力的高级专员取而代之。在其独立前的最后一年，美国将对来自菲律宾的进口货物征收关税，并分别对菲律宾的食糖、椰子油和绳索的免税进口额进行了限制，但菲律宾不能对美国的产品征税。在其独立后，美国将在菲律宾保留海军和军事基地，总统有权与其他国家谈判缔结有关菲律宾中立化的条约。关于菲律宾移民问题，参议院倾向于完全排斥菲律宾移民，参众两院会议最后同意在菲律宾共和国过渡期间，每年允许 50 名菲律宾人移居美国，这一直持续到 1946 年"亚洲移民法"修改后才恢复正常化。[2]

1933 年胡佛在大选中被民主党的富兰克林·罗斯福击败，罗斯福执政后加快了菲律宾独立的进程。1933 年 6 月，富兰克林·罗斯福总统任命弗兰克·默菲（Frank Murphy）为最后一任菲律宾总督。默菲总督一上任，就呼吁菲律宾上院对"黑尔—霍斯—卡廷法案"进行投票，但是菲律宾立法机构否决了该法案，原因主要在于美国试图在菲律宾独立后仍然保留海军和军事基地。1934 年 3 月 2 日，罗斯福总统要求国会重新讨论"黑尔—霍斯—卡廷法案"，在修正中去掉了

---

[1] Churchill，*The Philippine Independence Mission to the United States 1919 - 1934*，pp. 252 - 253.

[2] Mahajani，*Philippine Nationalism*，pp. 276 - 277.

有关保留军事基地的条款，代之以"最终解决"有关海军基地和燃料补给站问题的条款。之后众议院在 3 月 19 日通过了对"黑尔—霍斯—卡廷法案"的修正案。由于菲律宾民族主义者强烈要求美国制定另外一个独立法，1934 年 3 月 24 日，美国国会又通过了众议院领土和附属地委员会主席麦克杜菲（John McDuffie）与参议员泰丁斯（Evelyn Tydings）提出的修正案，即"泰丁斯—麦克达菲法案"，它规定了召开宪法会议、制定菲律宾宪法、选举自治政府官员、成立自治政府、1946 年 7 月 4 日宣布菲律宾独立等内容。基本上保留了前一法案的所有特点，但删除了军事基地的内容和规定就海军基地进行谈判等内容。1934 年 5 月 1 日，菲律宾议会接受了"泰丁斯—麦克杜菲法案"，但认为该法案损害了菲律宾的经济利益，此后菲律宾民族主义者不断寻求对美菲贸易关系方面的规定进行修改。从 1934 年 7 月 30 日开始，菲律宾召开了宪法会议，菲律宾宪法于 1935 年 2 月完成，并在 3 月 23 日得到罗斯福总统的批准。从 1935 年 11 月开始，菲律宾进入"自治领"政府时期。

根据"泰丁斯—麦克杜菲法案"的规定，菲律宾共和国在 1936 年宣布成立，曼努尔·奎松（Manuel Luis Quezón）当选为总统。默菲成为第一个驻菲律宾的美国高级专员，在默菲之后，保罗·麦克纳特（Paul V. McNutt，1936—1939 年在任）和弗朗西斯·塞尔（Francis B. Sayre Sr.，1939—1942 年在任）和他一样，监督独立法案的履行情况，在技术上负责已经在缓慢进展的非殖民化程序。

这样，在马尼拉湾海战过去 30 多年之后，美国终于确定了菲律宾独立的具体日期。从某种意义上来说，美国在 1934 年正式批准菲律宾独立，这在殖民主义史上还是一个先例。美国是第一个在没有被外来强国击败或者是迫于菲律宾民族解放斗争压力的情况下，自愿放弃主权的殖民国家。像当时其他主权国家一样，美国夺取菲律宾最初是由于帝国的"冲动"，即渴望扩大美国在亚洲的贸易和在太平洋地区大国政治中发挥作用。但在美国的帝国扩张过程中，传统的"理想主义"一直在发挥着潜在的作用，美国希望向菲律宾灌输其民主观念和复制其政治模式，试图把菲律宾作为一个殖民地的样板和亚洲的"民主的橱窗"。美国力图扮演一个"开明的"保护者的角色，标榜是为了菲律宾人的利益而去管理该群岛的事务，并通过逐渐增强自治的过程为菲律宾人未来的独立进行准备。从这方面来说，美国人也的确采取了一些具体的行动来为菲律宾的独立做准备。早在 1901 年，菲律宾人就被允许有选择地任职于地方和省级政府机构。一个土生的菲律宾人还出任了菲律宾最高法院的首席法官，到 1907 年，菲律宾议会成立后，很多菲律宾精英到菲律宾政府的行政和立法机构中任职。1916 年，一个完全由菲律宾人组成的两院制立法会议取代了菲律宾议会，到 1934 年，菲律宾政府已经几乎完全控制在菲律宾人手中。[1]

就美国对菲律宾统治的近半个世纪来看，美国在某种程度上也促进了菲律宾的资源开发以及政治、经济和社会发展，但是这也造成菲律宾在独立后不可避免地深深烙上了殖民地的痕迹。在经济贸易关系方面，美菲之间的自由贸易体制，一方面刺激了菲律宾农产品出口贸易的繁荣。菲律宾主要出口商品，如蔗糖、椰子产品及绳索等贸易的繁荣，完全依赖于其在美国市场上享有的自由贸易特惠。[2] 另一方面，美国施加给菲律宾的自由贸易模式也阻碍了该群岛经济的增长，造成菲律宾在独立后很长时间里仍然依赖于美国。美国对菲律宾进口的垄断也阻碍了当地民族工业的发展，同时菲律宾出口产品不受限制地进入美国，使得它牢牢地依附于美国的市场。[3] 这也造成菲律宾经济的

---

[1] Churchill, *The Philippine Independence Mission to the United States 1919 – 1934*, pp. 294 – 295.

[2] D. Macdermot, "Status of the Philippines," November 24, 1944, [F 5624/444/23], in Paul Preston and Michael Partridge, eds., *British Documents on Foreign Affairs*: *Reports and Papers from the Foreign Office Confidential Print*, University Publications of America, 1997, Part. III. "Far Eastern Affairs," 1940 – 1945, Vol. 7, part. 26, p. 167.

[3] Karnow, *In Our Image*, p. 198.

单一性，成为长期制约着其民族经济发展的重要因素。美国免税工业品的大量涌入，严重冲击了菲律宾的民族工商业和手工业的发展。美国虽然给菲律宾注入了资本主义经济因素，但并没有使菲律宾工业化，菲律宾依然是一个以落后的农业为主的殖民地。在政治方面，美国在菲律宾基本上采取了较为"开明"和"自由"的统治政策，如美国式的政治体制的移植，在菲律宾建立了议会、政党以及总统制的内阁等，使菲律宾在美国的殖民统治下获得一定的"民主""自由"权利，这些也使菲律宾在政治上成为亚洲当时最先进的国家，乃至在战后初期菲律宾成为亚洲最为稳定的国家。但是美国的"菲律宾化"和"美国化"政策，也留下了不少负面影响，使独立之后的菲律宾仍然保留着许多美国占领期间的殖民遗产和痕迹。

美国对菲律宾统治期间最大的成就在于教育方面。在菲律宾独立前，美国在菲律宾建立起较为完善的教育制度，这一点与其他的殖民国家不同。美国在菲律宾实行"美国化"的文化教育政策，美国的价值观念和生活方式体现在这种教育理念之中，教育完全面向大众，而非只是针对殖民地的精英，菲律宾各个阶层都能够得到相对公平的教育机会。1901年1月，美国殖民当局颁布第74号法案，设立公共教育局，推行公立教育。殖民当局还每年选派一些优秀学生公费前往美国留学。1903年，第一批共有104个菲律宾青年被政府公派到美国，在专科学校或者大学学习，从1903年到1908年，大约有200名公派留学生在美国读书。在美国的统治下，菲律宾的教育得到了迅速发展，以1935年为例，这一年菲律宾共有公立学校7330个，注册学生达到122万多人，教职员工27855人。私立学校有400个，注册在校学生总数10万人。[①] 教育的普及可以说是美国在菲律宾最大的成就，在不到半个世纪的统治过程中，美国在菲律宾教育方面的成绩超过了西班牙300多年统治的结果。这使菲律宾成为当时东南亚国家中

---

① ［菲］格雷戈里奥·F. 赛义德：《菲律宾共和国：历史、政府与文明》（下），商务印书馆1979年版，第471—472页。

教育最发达的国家。教育的发展有力地促进了菲律宾的政治进步和推动了其争取民族独立的进程。不过，美国在菲律宾推行的教育带有浓厚的殖民色彩，如把英语作为通用的语言，在社会上大力推广普及；重视以美国文化和价值观念来熏陶菲律宾人，使其忘却了本民族的文化特性。在"菲律宾化"的过程中，美国从未放松过对教育的控制权，一直把教育作为使菲律宾人"美国化"的手段。

无论如何，在 20 世纪 30 年代，美国以法律形式确定了其在 1916 年作出的让菲律宾获得独立的诺言，菲律宾的非殖民化正式启动，开始循序地向最后的独立过渡。考察其中的原因和动机，我们可以更好地解读菲律宾非殖民化过程的结果和实质，也可以深入地了解 20 世纪美国非殖民化政策的特点和本质。就菲律宾的非殖民化而言，其中的推动因素，既有菲律宾民族主义者长期坚持争取独立的运动的影响，也有美国国内长期以来存在的反殖民主义力量作用的影响，也是美国国内强大的特殊利益集团出于经济利害关系推动的结果。

首先，来自菲律宾民族主义者的独立呼声和不懈斗争造成的压力，无疑极大地推动了菲律宾的非殖民化进程。总的来说，在确立了对菲律宾的殖民统治之后，美国对菲律宾的民族主义采取了一定的容忍态度。由于从占领伊始美国政府就宣布不会对菲律宾进行永久性的帝国统治，美国派往菲律宾的总督也基本上以较为开明的殖民主义姿态自居，多数倾向于引导菲律宾民族主义者与其合作，而菲律宾民族主义和美国主权之间的冲突，实际上主要集中在菲律宾如何和何时获得独立的问题上。同时根据 1902 年的"菲律宾法案"，在美国国会中可以有两个常驻委员代表菲律宾人说话，这就使菲律宾人能够抓住美国国会提供的机会进行独立宣传，因此菲律宾民族主义者也多倾向于通过合法的政治途径来争取政治独立。这种独立运动的形式有赖于美国殖民统治的类型，同时也取决于在美国执政的政治派别所采取的政策。由于美国民主党和共和党是交替上台执政，菲律宾民族主义独立政治派别与美国殖民当局之间就相应存在着合作和冲突。尽管美国人以其较为开明的殖民政策和给予菲律宾更多"自由"的承诺，使得菲律宾民族主义不是通过直接革命而是转向了宪法的途径。但是菲律宾人民要求独立的诉求一直没有减弱。在美国的统治下，菲律宾人始终把争取独立作为长期的奋斗目标。

早在 1900 年，在塔夫脱容许下，菲律宾的一些受过西方教育和富裕的上层分子就建立了"联邦党"（Federalista Party），要求在美联邦内早日获得自治，由于该党与美国殖民当局的合作而具有亲美倾向，因而遭到了主张独立的菲律宾民族主义者的抨击。1905 年后，"联邦党"开始采取一种较为激进的立场，提出了在一个经济和社会发展的阶段之后最终获得独立的纲领，并在 1907 年 1 月改名为"民族进步党"（Progressive National Party 或 Progressistas）。1906 年 7 月，乘美国殖民当局解除菲律宾赞成独立的党禁之机，一些激进的民族主义者如曼纽尔·奎松、塞希奥·奥斯梅纳（Sergio Osmena）等都活跃起来，组织了"立即独立党"（Partido Independista Immediasta）。另外还有一些保守的民族主义者组织了"民族主义同盟"（Union Naciona-lista）。1907 年 3 月 12 日，在菲律宾议会选举前夕，这两个政党又联合起来，组成"国民党"（Partido Nacionalista）。1907 年 10 月菲律宾议会开幕，奥斯梅纳在会议结束时作了一次关于国家独立的发言，被议会一致通过。菲律宾议会的成立，为菲律宾人民通过立法途径争取自己的权力提供了一种武器，菲律宾民族主义者开始积极着手争取独立的行动。从 1907 年到 1916 年的菲律宾议会，以及 1916 年到 1935 年的菲律宾立法会议每一年都要通过决议，重申人民要求独立的愿望。在 1907 年菲律宾议会成立之后，菲律宾民族主义者日益集中在争取独立这一目标上。但是直到 1913 年之前，美国共和党政府的决策者一直拒绝讨论菲律宾的政治前途，他们认为菲律宾人还没有掌握民主自治的艺术，这时让其独立不符合菲律宾的利益，而应该在美国的监督下经过一个长时期的政治保护过程。① 共和党政府对待菲律宾未来地位的这种态度，引起了菲律宾民族主义者的不满，他们要求美国明确作出允许菲律宾独立的计划，同时也希望使菲律宾化的范围进一步扩大。

由于美国国内各阶层和利益集团之间，尤其是共和党和民主党之间在对菲律宾的政策问题上存在分歧，菲律宾的民族主义者一直在美国政界和民间进行积极宣传活动，争取不同利益集团和美国公众舆论对菲律宾独立的支持，并获得了显著的效果。例如，奎松从 1909 年至 1916 年是常驻委员，作为一个娴熟的政治家，他活跃于美国的政界和新闻界。早在 1911 年，他就注意培养与众议员琼斯和民主党领袖威尔逊的友谊，在 1912 年的美国大选中，奎松积极促使民主党在竞选纲领中包括进了菲律宾问题。奎松的行动产生了很大的影响，威尔逊同情并宣布支持菲律宾独立，并派哈里森作为菲律宾总督来引导菲律宾走向自治。而琼斯也提出了菲律宾"独立法案"，并在 1916 年被国会通过。除了奎松，奥斯敏纳等人也为菲律宾的独立作出了很大贡献，他们在美国国会为菲律宾的独立事业进行辩护，保护菲律宾人的利益，反对任何有害于菲律宾的议案，为民族独立而奔走呼吁。

1916 年，威尔逊政府促使国会通过了"琼斯法案"，来代替 1902 年的"菲律宾法案"。"琼斯法案"的前言重申了 1912 年民主党在大选中的施政纲领，宣布一旦在菲律宾建立起一个稳定的政权，美国将放弃对菲律宾的主权并承认菲律宾的独立。此后，菲律宾民族主义者开始致力于建立一个稳定的政府，为获得独立做准备。1918 年，菲律宾议会通过了一个决议，建立一个长期的"独立委员会"，每年批准拨款 100 万比索。"独立委员会"的目的就是协调各方寻求菲律宾独立的努力。1919 年 3 月，菲律宾议会通过了一个"目的宣言"，正式陈述了菲律宾人民要求独立的愿望。为了使美国政府相信菲律宾已

---

① Churchill, *The Philippine Independence Mission to the United States 1919 – 1934*, p. 5.

经达到独立的条件，菲律宾议会还决定从 1919 年起，开始向美国派出自己的"独立使团"进行活动，使美国人了解菲律宾人民的渴望。哈里森也赞成菲律宾立法机构派遣使团到美国，他还致信威尔逊总统，指出由于菲律宾政府稳定并且有了很大的发展，美国国会应该通过总统的提议在菲律宾独立问题上采取行动。[①] 1919 年 2 月，菲律宾议会派出以奎松为代表的第一独立使团前往美国，使团把菲律宾人独立的请愿书提交给美国国会，国会给了该使团一个申诉的机会，表示同情，但没有采取行动准许其独立。

1921 年 3 月 4 日，在哈定执政后，哈定本人并不熟悉菲律宾事务，他向菲律宾派出了伍德 – 福布斯使团（Wood-Forbes Mission）调查情况，但调查结论是菲律宾还不具备独立的条件，这意味着菲律宾的独立将被无限期的推迟。鉴于此，菲律宾独立委员会在 1922 年 2 月决定再次向美国派出使团，但是无果而返。此后，由于伍德总督为首的殖民当局与菲律宾民族主义者之间的紧张关系，导致菲律宾独立委员会又分别于 1923 年、1924 年、1925 年向华盛顿派出使团，要求美国就菲律宾问题做出决议。1927 年 8 月，在伍德去世后，菲律宾的民族主义领导者开始寻求重新与美国当局建立一种合作与和谐的关系。从 1928 年 3 月 1 日起，史汀生在继任菲律宾总督后，也试图建立与菲律宾民族主义者的合作关系。

从 20 世纪 20 年代末起，菲律宾人民要求独立的呼声日趋高涨。1930 年 2 月，在马尼拉举行了第一届菲律宾独立代表大会，代表来自菲律宾各阶层和社团。会议通过了一个长达 365 页的报告书，重申了菲律宾要求尽快、完全和绝对的独立的愿望。1929 年 3 月，围绕自由贸易和独立问题，菲律宾立法委员会再次派出一个特殊使团前往华盛顿，针对美国国会关于菲律宾产品的关税问题进行活动，竭力捍卫菲律宾的经济利益。在众议院关于菲律宾问题的听证会上，菲律宾

---

① Churchill, *The Philippine Independence Mission to the United States 1919 – 1934*, p. 11.

常驻美国专员佩德罗·格瓦拉（Pedro Guevara）据理力争。他强调：美国应该保持公正和公平，只要美国的旗帜还飘扬在菲律宾的上空，所有菲律宾的产品都应该允许畅通无阻地进入美国。如果美国认为菲律宾的产品对美国的产业形成威胁，那么美国应该授予菲律宾独立，这样菲律宾就可以与其他国家缔结商业条约。[1] 此后，菲律宾多次派出使团到美国进行更加积极的活动，这些直接促使了 1934 年 3 月"黑尔－霍斯－卡廷法案"的通过，并成功说服美国国会在同年 5 月通过了另一项独立法案，即"泰丁斯—麦克杜菲法案"。

总之，在美国撤出菲律宾的过程中，菲律宾民族主义者争取独立的努力产生了很大影响，其中"独立请愿使团"显然起到了很大的作用。使团把关于菲律宾问题的请愿直接传达给美国政府进行讨论，与美国官方和公众舆论的密切接触也起到了很大的作用。在近 20 年的时间里，菲律宾独立请愿使团以争取独立的毅力和不折不挠的精神，把菲律宾人民的独立诉求传递给美国公众，这无疑产生了相当大的影响。

另一方面，美国国内的反殖民主义主张对菲律宾的非殖民化在客观上也具有很大的影响。长期以来，在美国的社会意识中存在一种对殖民制度和殖民主义行径的反感情绪。19 世纪末 20 世纪初，在美国对外扩张的过程中，美国国内也一直存在一股强大的反帝国主义政策倾向的力量。1898 年 11 月，反帝国主义同盟在波士顿举行了第一次大会，反对美国向外扩张。[2] 此后在芝加哥、费城、纽约、华盛顿也相继成立了这样的组织。反帝国主义同盟是一种松散的群众组织，成分复杂，目的各异，其主要宗旨是反对殖民战争，反对领土扩张和建立殖民制度。1899 年 1 月 4 日，麦金莱总统把"巴黎条约"提交参议院呈请批准时，在参议院乃至在全国范围，有很多人对美国的帝国主义行径持反对态度。美国传统中的反殖民主义精神，也在抵消着帝

---

① Churchill, *The Philippine Independence Mission to the United States 1919 – 1934*, p. 205.

② Karnow, *In Our Image*, p. 136.

国主义冲动的挑战，关于菲律宾的"大合并"的激烈争论随即展开。在新英格兰，反帝国主义同盟举行公众聚会，在全国散发传单，采取一切形式力图使国家脱离帝国主义的路线。1899 年 10 月，反帝国主义同盟宣称："我们同亚伯拉罕·林肯一样认为，任何人都没有资格去强行管理别人，白人自己管理自己，那是自治；白人自己管理自己，同时又管理别人，那就不是自治而是专制了。"[1] 在该同盟看来，美国一贯反对强者征服弱者的国际原则，一个拥有自治主权的国家不能接受对另外一个不甘臣服的民族所施加的统治，明确反对永久性地占领菲律宾。

反对帝国主义者包括了当时许多社会名流和议员，如安德鲁·卡内基（Andrew Carnegie）、斯皮克·里德（Speaker Reed）、查尔斯·弗朗西斯·亚当斯（Charles Francis Adams）等人。当听说麦金莱打算保留菲律宾时，卡内基马上请求他改变决定。赫伯特·韦尔什（Herbert Welsh）呼吁美国人应坚持道德和良知，警告说菲律宾和美国的问题不能以武力的独断命令来解决。作为强大的一方，美国人必须表现出同情来取代其要征服菲律宾的不正当的要求，应该承认菲律宾的独立和向菲律宾人提供帮助，使之建立自己的政府。当时著名的《哈珀周刊》（*Harper's Weekly*）和《华盛顿邮报》等报刊也谴责了美国政府兼并菲律宾背后的帝国主义动机。[2]反帝国主义同盟的呼吁影响到了国会的态度。由于担心反帝国主义同盟可能在国会中占领上风，麦金莱拒绝把对菲律宾的控制权交给国会，而把菲律宾事务直接置于总统的特权之下，并以这一特权的名义任命了两个菲律宾委员会。在一定程度上，反帝国主义者的力量对美国的菲律宾政策产生了重大影响，正是由于反帝国主义者的压力，美国殖民当局没有在授予特权、

---

[1] "Platform of the American Anti-Imperialist League," 18 October, 1899, in Commager, ed., *Documents of American History*, Vol. 2, p. 193.

[2] Mahajani, *Philippine Nationalism*, pp. 208 – 209.

出售公共土地以及许可采矿权等方面给予菲律宾委员会以广泛的权力。① 20 世纪 30 年代，反殖民主义的思想不仅在美国的公众当中产生了重大影响，而且也得到了许多上层政治精英的支持和同情，尤其是在富兰克林·罗斯福总统本人及其政府中，不少具有自由主义思想的官员对欧洲殖民主义表示反感，主张按照渐进的方式推进菲律宾的非殖民化。这种思想对菲律宾的独立起到了一定的推动作用。

但是，美国在 20 世纪 30 年代决定启动对菲律宾的非殖民化，并非是完全由于社会传统中的反殖民主义理想，以及在国内反帝国主义力量的压力下所导致的有计划运作的结果，而最主要的还是考虑到美国自身利益和动机的必然结局。从 20 年代后期开始，在美国国内推动菲律宾独立的诸多因素，除了反帝国主义力量外，美国国会以及不同的经济利益集团的压力都在发挥着重要作用。如果从商业利益的角度来看，菲律宾不免使那些帝国主义支持者感到失望。实际上，尽管随着对菲律宾群岛的占领，美国在中国的经济利益在不断上升，但马尼拉并没有成为一个原来预期的对华贸易的"跳板"。菲律宾作为美国的出口市场和原材料来源地的价值，也没有达到预期的目标。菲律宾在经济上主要生产像蔗糖、大麻和椰子油之类的初级产品，这些产品在美国占有很大市场，用以交换美国消费商品的进口。其中蔗糖的产量占到菲律宾出口的 60%，从 1890—1894 年间的 19.4 万短吨②增加到 1910—1914 年间的 34.5 万短吨，再到 1925—1929 年间的 82 万短吨。菲律宾对美出口和从美国进口的总比例都显著上升，事实上把菲律宾的经济与美国的经济连成了一体。到 1930 年，菲律宾 79% 的出口依赖于美国市场。③ 来自菲律

---

① Mahajani, *Philippine Nationalism*, pp. 212－213.

② 短吨，美国较为常用的质量单位，又称美吨。1 短吨＝0.90718474 公吨＝907.18474 千克。

③ Frank Ninkovich, *The United States and Imperialism*, Massachusetts：Blackwell Publishers Inc., 2001, pp. 65－66.

宾进口品的竞争，日益引起了美国商人和农场主们的担忧，他们开始向国会施加压力，试图通过关税立法来减少菲律宾产品的进入。而国会开始行使决定殖民地命运的权力，对批准总统的政策表现得更加审慎。在大萧条的岁月中，国会对于从菲律宾撤出的兴趣再次复燃，由于商业利益引发的关税问题引起了国会的强烈回应。始于1929 年的经济大危机直接导致了美国农业的长期萧条，使美国形成了不同的经济利益集团，尤其是糖业和农业集团及其在国会中的代言人都开始施加自己的政治影响。他们先是寻求有利于自己的关税修订，要求对菲律宾的产品征收关税，在失败后又转而寻求国会尽快允许菲律宾获得独立，借此抑制来自菲律宾的免税产品的竞争。在食糖业和农场主阶层的强大压力下，国会开始通过行政手段制定针对菲律宾的政策。大萧条改变了美国对菲律宾独立的理解。1929 年之前，美国反对给予菲律宾独立地位，是因为继续统治菲律宾符合美国的经济利益，而在 1929 年之后，美国则转而认为继续占领菲律宾、保持与菲律宾的特殊经济关系对美国极其不利。可以说，20 世纪 30 年代菲律宾走向独立的过程，很大程度上可以解释为是美国人的愿望，由于受到经济大危机的破坏，他们希望针对菲律宾的蔗糖、绳索和移民劳动力而关闭美国的市场。使菲律宾人获得"自由"，也将使美国人免于受到来自他们的经济竞争。

在美国殖民统治时期，美国本土与菲律宾之间的经济—商业关系基本上是建立在自由贸易的基础上。由于美国的利益集团担心美国市场会被廉价的菲律宾产品所吞没，美国国会最初不情愿批准菲律宾商品自由进入美国市场，直到 1909 年才通过了"佩恩－奥尔德里奇关税法案"，开始确立了互惠自由贸易关系，但在糖类和烟草等产品上附加有大量的配额。到 1913 年，根据昂德伍德－西蒙斯法案（Underwood-Simmons Tariff Act），威尔逊政府取消了限制菲律宾产品的所有配额，才建立起完全的自由贸易。这种自由贸易政策在一定程度上促进了菲律宾出口商品，像糖类、椰干、椰子油、大麻和烟草等的生产，在美国找到了可以获得丰厚利润的市场，但也造成菲律宾在经济上更加依附于美国。① 通过这种"互惠的自由贸易"，美国的制造品不受限制地进入菲律宾市场，通过征收关税阻止了其他国家的产品进入该群岛，使美国出口产品实质上在菲律宾处于垄断的地位。② 美国的农业利益集团从一开始就对这种自由贸易政策非常不满，大量进入美国市场的菲律宾农产品对美国同类产品形成了一种威胁性的竞争。在 20 世纪 20 年代，基于战后的繁荣以及在进入美国市场的关税特惠政策刺激下，菲律宾的农业得到了史无前例的发展，但是美国农业却没有繁荣起来，1921 年和 1926 年的萧条，再加上从 1925 年开始世界食糖市场已经萎缩，都沉重打击了美国的农业。尤其是随着 1929 年大萧条的来临，美国的农业利益集团更加明显感受到了菲律宾廉价进口产品的威胁，糖业、奶业和其他产业的游说集团迫切要求国会阻止菲律宾的进口，开始进行有利于这些行业发展的关税修订。它们形成了强大的反对菲律宾的力量，认为来自菲律宾的产品已经直接对美国本土农产品造成强烈的竞争，要保护美国农场主的利益就必须废除对菲律宾的任何自由贸易或特惠关税。它们呼吁要么对所有进口的菲律宾产品征收关税，要么限制其免税产品的数量。它们向国会施加了强大的压力，要求通过排除菲律宾竞争的负担来摆脱自己的艰难处境。参议员托马斯·赫尔芬（Thomas J. Helfin）声称："将来菲律宾产品以其廉价和低级的劳动力将会压倒我们美国的农场主，我们可以通过对其产品附加关税，以保护我们的利益和为我们本土的美国人民保存国内市场……由此我们支持菲律宾人民获得自由。"③ 1929 年，国会召开了关于关税问题的听证会，代表农业利益的院外游说集团积极鼓动，要求削减菲律宾农产品主要是食糖和椰子油等进入美国市场的数量。但令人费解的是，他们从未涉及要限制美国免税出口到菲律宾的

---

① Churchill, *The Philippine Independence Mission to the United States 1919 – 1934*, p. 198.

② Karnow, *In Our Image*, p. 224.

③ Ibid. , p. 252.

商品数量。① 1930 年 6 月，胡佛总统批准了一个"斯莫特—霍利关税法案"（Smoot-Hawley Tariff Act），该法案并没有限制菲律宾的产品进入美国。这对于那些抵制菲律宾产品的集团来说，修订关税的努力没有获得成功，而促使菲律宾获得独立的目标就成了另一种选择。

与此同时，在农业集团之外，还有其他一些有影响的压力集团在起作用。一些利益集团如劳工组织、反对菲律宾移民的极端爱国组织，以及那些担心日本威胁亚洲安全的孤立主义组织等，开始赞成并鼓动美国政府加快撤离菲律宾的步伐。20 世纪 20 年代，美国的种族主义和本土主义有所复兴，排外情绪重新抬头。1924 年，美国进行了"移民法"改革，严格限制外国移民的数量，阻止几乎所有亚洲人进入美国。像关税议案一样，对菲律宾移民的争论异常激烈。美国劳工联盟由于自身的利益也支持菲律宾独立，呼吁抑制菲律宾人涌入美国和夏威夷，借以摆脱菲律宾廉价劳动力的竞争。这在美国的西海岸地区表现得尤为突出。由于 1920—1929 年之间，在美国大陆和夏威夷净增加的菲律宾人口达到了 8 万余人。1931 年，大约有 6 万菲律宾劳工来到美国。在美国西部海岸各州，尤其是在加利福尼亚州，随着菲律宾移民的增多，菲律宾的地位在整个 20 年代已经恶化。他们传统上多数是农业工人，随着大危机造成的经济萧条的出现，这些菲律宾人为了谋生与当地的美国人形成了严重的就业竞争，这种竞争进一步刺激了当地人，尤其是在劳工联盟中间的反菲律宾倾向，最终导致了美国人对菲律宾移民的仇视，乃至暴力事件。来自加利福尼亚的参议员塞缪尔·肖特里奇（Samuel Shortridge）和众议员理查德·韦尔奇（Richard Welch），对他们州内日益加剧的劳工竞争问题进行了强烈呼吁。另外一些来自蔗糖产地州的议员，则感到了来自殖民地的不断扩大的食糖产品的竞争。肖特里奇提出了一个限制菲律宾移民的

---

① Churchill, *The Philippine Independence Mission to the United States 1919–1934*, pp. 199–201.

法案，而韦尔奇的举措则是呼吁把他们从美国排除出去。① 这样，美国劳工联盟与其他一些自我标榜的爱国主义运动汇合在一起，要求要么拒绝菲律宾工人进入美国，要么切断菲律宾与美国的关系。② 像关税保护主义者一样，排外主义者也认识到实现其目标的途径之一就是允许菲律宾获得独立。③

可见，菲律宾问题的解决远非那么简单，菲律宾的非殖民化本身是一个复杂的历史过程，它是多种因素合力作用的结果。事实上，美国给予菲律宾独立的行动在很大程度上也是出于自身利益的考虑。20世纪 20 年代末以后，美国日益感到菲律宾成为一种经济上的负担和战略上的不利因素，美国开始摆脱菲律宾的束缚。正如在 1931 年 5月一期《伦敦星期天快报》（London Sunday Express）上所言："美国的政治家们已经决定抛弃美利坚帝国，有人说菲律宾人赢得了他们的独立，事实远非如此！他们已经被作为包袱……菲律宾人正在被抛弃！"④ 在富兰克林·罗斯福总统时期，大危机的爆发和经济的萧条等带来的一系列问题，使得美国政府应接不暇，"新政"的实行使美国把主要精力转向国内，摆脱菲律宾问题的困扰也成为一件急务，这对菲律宾独立议案得以通过有一定影响。由此可见，对于美国政府来说，美国对菲律宾从占领到统治、再到撤出所实行的政策，无论是殖民化、菲律宾化还是之后的非殖民化，美国人的利益始终优先于菲律宾人的利益。

从这方面来说，菲律宾民族主义者为争取独立而进行的活动和斗争是菲律宾最后获得独立的一个重要因素，但就菲律宾非殖民化本身而言，它并不是唯一的重要因素，美国本身的反殖民主义传统也起到了很大的影响。在很大程度上这也是美国国内各个压力集团出于自身

---

① Golay, *Face of Empire*, p. 288.
② Karnow, *In Our Image*, p. 252.
③ Brands, *Bound to Empire*, p. 150.
④ Churchill, *The Philippine Independence Mission to the United States 1919 – 1934*, p. 297.

利益考虑所作的选择的结果。因此，到了 20 世纪 30 年代，在菲律宾问题上，与其是说美国人希望使菲律宾人获得独立，不如说是美国希望摆脱菲律宾而使自己获得独立。[1] 尽管美国人不断重申对菲律宾表示同情，并支持菲律宾人的独立事业，但在国会关于独立措施的听证会上的表现，明显可以看出其主要的动力在于以菲律宾人为代价来减轻美国自身的困境。美国人对菲律宾问题的处理，可以说一直是为自身的利益所驱动。需要强调的是，在 20 世纪 30 年代，随着远东国际局势的恶化，美国国内的孤立主义势力有所抬头，要求减少对菲律宾的责任和负担；在美国国会中力量日益强大的支持菲律宾独立的集团，决心摆脱束缚而撤离菲律宾，是因为认识到继续保持殖民关系不符合美国的利益。那时，大多数支持菲律宾独立的人都不愿意使美国承担起防御殖民地的高昂代价，保留殖民地只能威胁到美国的安全利益和易于使菲律宾受到侵略和被敌人占领的危险。[2] 当然，菲律宾的非殖民化也是当时世界潮流的大势所趋，随着 20 世纪世界经济体系的变革，陈旧的殖民主义制度显然已经不符合时代的需要，美国的崛起以及在其重塑世界之诉求的驱动下，强烈要求建立一个以美国为中心的自由的世界贸易体系，这些无疑是美国在二战前后努力要求摧毁欧洲殖民主义制度，促使菲律宾非殖民化的主要动机。

三　战后美国重返与菲律宾非殖民化的完成

　　1941 年 12 月 8 日，日本偷袭珍珠港，太平洋战争爆发。为了进一步切断美军在太平洋地区的交通线，日本开始大举进攻东南亚地区，作为美国在远东重要海军和空军基地的菲律宾首当其冲，成为日军夺取的主要目标。在珍珠港袭击几个小时后，日军就对菲律宾进行

---

① Brands, *Bound to Empire*, p. 149.
② Golay, *Face of Empire*, p. 320.

轰炸。12 月 10 日，日军先头部队开始在吕宋岛登陆。12 月下旬，日军主力在菲律宾群岛登陆，并兵分两路夹击马尼拉。12 月 27 日，麦克阿瑟正式宣布马尼拉为"不设防城市"。1942 年 1 月 2 日，日本人在没有遭到任何反抗的情况下占领了马尼拉。在菲律宾陷落后，菲律宾共和国总统奎松、副总统奥斯敏纳以及其他一些官员，先是随美军撤到澳大利亚，然后转往华盛顿。从 1942 年 5 月到 1944 年 10 月，奎松把自治政府移到美国，一直在美国作为流亡政府行使职权。1944 年 8 月 1 日奎松去世，奥斯敏纳继任总统。

　　二战期间日本对菲律宾的占领，使菲律宾的非殖民化进程进一步复杂化，并产生了一系列的问题。日本为了在菲律宾笼络民心，竭力在当地培植一种反美情绪，并宣称要在菲律宾建立一个独立的政府。1943 年 10 月日本扶植下的"菲律宾共和国"在马尼拉成立。随着日本占领当局策动菲律宾独立活动的进行，奎松也积极呼吁美国加快实现菲律宾独立的步伐。早在 1942 年菲律宾形势急剧恶化时，奎松就曾敦促美国允许菲律宾马上独立，试图使菲律宾中立化，并希望以此使美日两国的军队都从菲律宾群岛撤出。美国国会中有些议员也主张提前给予菲律宾独立，如参议员泰丁斯就提出了相关议案。但在战时复杂的形势下，罗斯福政府不仅要考虑国内的因素，而且也顾忌到菲律宾的独立在国际政治中造成的影响，比如考虑到欧洲盟国将可能对此持消极态度等。因此，美国战时并没有对奎松的这一要求作出积极回应。[①]

　　尽管罗斯福没有立即采取行动，但他基本上是支持菲律宾独立的。早在 1941 年 12 月 28 日，在日本人向马尼拉发动进攻时，罗斯福通过电台广播向菲律宾人庄严宣布："美国人民将永远不会忘记菲律宾群岛现在以及将来所从事的事业。我谨向菲律宾人民庄严承诺，他们的自由将得到恢复，他们的独立将得到实现和保护。美国将以其

　　① "Memorandum by the Assistant Secretary of State（Long），" October 2，1943，in *FRUS*，1943，Vol. 3，pp. 1102 – 1103.

全部的力量、人力和物力来履行这一诺言。"① 1943 年 8 月 12 日，是美国占领菲律宾四十五周年，罗斯福再次宣称："一旦日本军队被击溃，就将建立菲律宾共和国。"一个月之后，在他与泰丁斯和奎松的会晤时，罗斯福同意了尽快让菲律宾独立的主张，但这一建议遭到了国务院和内政部的反对，美国官员普遍认为菲律宾在独立之前还有许多条件要准备。同时，菲律宾政治地位的改变，可能会对英国和荷兰与它们各自在东南亚的附属地之间的关系造成不稳定的影响。1943 年 11 月，泰丁斯的提案在作了修改后重新提出，作为参议院第 93 号联合决议被通过，该决议授权总统宣布在菲律宾群岛获得解放后给予其独立地位、恢复其宪法程序和共和国政府。②

1944 年 9 月，随着太平洋战争形势的变化，麦克阿瑟将军率领美军对驻菲律宾群岛的日军转入反攻。10 月 20 日，美军在莱特岛的海滩登陆，重返菲律宾。到 12 月下旬，随着莱特湾海战的结束，美军的反攻取得了决定性的胜利。1945 年 2 月 3 日，美军先头部队开进马尼拉。2 月 27 日，菲律宾自治政府在马尼拉重建。7 月 5 日，麦克阿瑟宣布菲律宾重获自由。这样，美国恢复了对菲律宾的主权。

菲律宾的解放标志着其非殖民化进入了最后阶段。1945 年初，美国政府内部在关于是否向菲律宾继续委派高级专员一事展开了讨论。早在 1944 年，罗斯福总统就提出战后希望向菲律宾任命一个特派代表而不是一个高级专员，但这个问题被搁置起来。美国重返菲律宾后，由于涉及继续对菲律宾群岛行使主权，使菲律宾完成向独立过渡的问题，这件事情被重新提出来。当时国务院有不少官员感到菲律宾的独立已经通过立法规定和由总统本人签署，应尽早实现政府的承诺，此时再向菲律宾委任高级专员已经不太合适了。1945 年 2 月 26 日，美国菲律宾事务主任洛克哈特（Lockhart）向副国务卿格鲁（Jo-

---

①　"Franklin D. Roosevelt Radio Broadcast," December 28, 1941, in Hess, *The United States' Emergence As A Southeast Asian Power*, p. 217.

②　Hess, *The United States' Emergence As A Southeast Asian Power*, pp. 223 – 224.

seph Clark Grew）提交的备忘录指出："菲律宾结束敌对状态到建立正常的宪法政权之间的过渡期将是很短暂的，任命一个高级专员无论是否可行都是令人怀疑的。"他认为菲律宾人期待着美国宣布在 1946年 7 月 4 日前使其获得独立，这种任命将会使他们感到是在恢复旧的秩序。1939 年至 1942 年之间曾任美国驻菲律宾高级专员的弗朗西斯·塞尔（Francis B. Sayre Sr.）也表示，这个过渡期无论长短，都不应任命一个高级专员。① 而格鲁也认为此时任命一个高级专员将是很不明智的，派到菲律宾的人不应被冠以高级专员的头衔，而应称以"美国政府的代表"或者"总统的代表"。② 1945 年 4 月 21 日，奥斯敏纳约见国务卿斯退丁纽斯，表示这样一个任命将不能使菲律宾人接受。斯退丁纽斯也倾向于委派一个特派代表来代替高级专员。③ 不过也有人主张继续向菲律宾派出高级专员，如内政部长伊克斯（Harold LeClair Ickes）就表示坚决拥护这样的任命。后来参议员泰丁斯提议由国会派出一个代表团到菲律宾去考察当地形势，一方面作为菲律宾与美国之间缔结新的商业条约的基础；另一方面以对任命高级专员一事待考察后再作决定。1945 年 5 月，杜鲁门派泰丁斯率领一个专家代表使团到达菲律宾，考察有关美国与菲律宾未来的关系及美国对菲援助计划实施的条件。该代表团仅仅在菲律宾停了 6 天之后就离开了。④ 在返回华盛顿后，泰丁斯向杜鲁门总统提出了关于完成菲律宾复兴的三个法案，主要涉及菲律宾独立后的贸易关系，计划逐渐减少两国之间的贸易特惠。⑤ 之后，杜鲁门总统又让麦克纳特率领另一个

---

① "Memorandum by the Chief of the Division of Philippine Affairs（Lockhart）to the Under Secretary of State（Grew），" February 26, 1945, in *FRUS*, 1945, Vol. 6, pp. 1193 – 1194.

② "Memorandum by the Under Secretary of State（Grew）to the Chief of the Division of Philippine Affairs（Lockhart），" March 7, 1945, in *FRUS*, 1945, Vol. 6, p. 1195.

③ "Memorandum of Conversation, by the Chief of the Division of Philippine Affairs（Lockhart），" April 21, 1945, in *FRUS*, 1945, Vol. 6, p. 1198.

④ "Acting Consul-General MacDermot to Mr. Eden," Manila, Philippines, May 31, 1945, ［F 3822/1127/23］, in Preston and Partridge, eds., *British Documents on Foreign Affairs*, Part. Ⅲ, *Far Eastern Affairs*, Vol. 8, Part. 27, p. 83.

⑤ Golay, *Face of Empire*, p. 456.

使团前往考察，最后决定仍然向菲律宾派驻高级专员。麦克纳特归国不久，就被杜鲁门总统委任为驻菲律宾的高级专员，并在 1945 年 9 月 14 日获得参议院的批准就职。此后，驻菲律宾高级专员一直保留至 1946 年 7 月 4 日菲律宾独立。

与此同时，华盛顿开始讨论菲律宾独立的时间问题。1945 年初，美国国务院有些官员建议尽快允许菲律宾独立。麦克阿瑟将军也在积极推动菲律宾获得独立，他在重返菲律宾后随即宣布美国将尊重并坚守对菲律宾的承诺。① 他敦促美国政府尽快恢复菲律宾共和国的权力，甚至向罗斯福建议一旦军事行动结束就允许菲律宾正式独立。② 他表示支持在 1945 年 8 月 13 日授予菲律宾独立，还鼓励奥斯敏纳前往美国敦促美国政府兑现尽早把主权移交给菲律宾的承诺，以及从美国政府那里获得必要的经济让步。③ 伊克斯等人则反对在商业关系和其他主要事务得到解决以前让菲律宾独立。但国务院以及麦克阿瑟的建议得到了罗斯福总统的支持。1945 年 4 月 5 日，奥斯敏纳拜访了罗斯福，在当天的新闻发布会上，罗斯福表示他希望能在秋季时宣布菲律宾的独立，并指出"战争一点也不能改变我们使菲律宾成为一个独立和自治的国家的承诺"。他赞成美国继续享有关税特惠待遇，直到菲律宾有机会重建经济为止。④ 杜鲁门上任伊始，表示完全赞同和准备贯彻罗斯福总统制定的关于菲律宾独立的政策，承诺在菲律宾未来的复兴和重建问题上给予全力援助，并强调美国与菲律宾之间是一种特殊关系，菲律宾独立后两国之间适当的互惠贸易关系应当持续一段时期，有必要为新生的菲律宾共和国提供一个公平的机会，以确保其经济自由和独立。这些目标也是 1945 年 5 月杜鲁门派泰丁斯前往马尼

① Brands, *Bound to Empire*, p. 210.

② Schaller, *Douglas MacArthur*, p. 98.

③ "The Consul General at Manila（Steintorf）to the Secretary of State," March 21, 1945, in *FRUS*, 1945, Vol. 6, pp. 1195 – 1196.

④ "The Secretary of State to the Consul General at Manila（Steintorf）," April 14, 1945, in *FRUS*, 1945, Vol. 6, pp. 1196 – 1197.

拉考察当地形势的动机之一。① 在 1945 年 4 月 19 日和 5 月 4 日与奥斯敏纳的会晤中，杜鲁门表示在菲律宾必要的复兴计划制订以前宣布其独立是不合适的，要考虑到涉及菲律宾在独立后与美国相互关系的基本问题，应该为菲律宾政府整顿内部事务及进行民主选举留出一定的时间。他表示，"我不打算在 1946 年 7 月 4 日以前提前宣布菲律宾的独立，直到我所列举的措施得到实施为止"②。

　　尽管美国在重返菲律宾后面临着一系列问题，美国政府高层关于菲律宾独立的问题也处于争论之中，但总体看来，在来自美国国内和菲律宾两方面压力的作用下，加上美国官方长期宣称的要履行反殖民主义的承诺等，菲律宾的非殖民化进程还是得以有序地进行，最终在 1946 年实现了主权的移交。1945 年 3 月 5 日，美国国务院宣布菲律宾共和国作为被邀政府之一参加联合国大会。10 月 11 日，菲律宾常驻美国的专员卡洛斯·罗慕洛准将，把菲律宾对联合国宪章的批准文书交由美国国务院保管。③ 1946 年 4 月，菲律宾自治领政府举行最后一次选举，罗哈斯当选为总统。之后，罗哈斯开始为菲律宾共和国的独立做最后的准备工作。随着菲律宾独立日期的接近，杜鲁门于 1946 年 6 月任命驻菲律宾高级专员麦克纳特为自己的私人代表，准备出席菲律宾共和国在 7 月 6 日宣布独立的仪式。④ 1946 年 7 月 4 日，美国最终兑现了在"菲律宾独立法案"中所承认的使"菲律宾作为一个独立和自治的国家获得独立"的诺言，完成了对菲律宾主权的移交。在菲律宾独立后，美国马上与之签订了《美菲基本关系条约》（Treaty of General Relations and Protocol with the Republic of the

---

① "Statement by President Truman on Independence for the Philippines," in *FRUS*, 1945, Vol. 6, pp. 1199 – 1200.

② "The Acting Secretary of State to the Consul General at Manila," October 3, 1945, in *FRUS*, 1945, Vol. 6, pp. 1202 – 1203.

③ *FRUS*, 1945, Vol. 6, p. 1194.

④ "The Acting Secretary of State to the United States High Commissioner in the Philippines (McNutt)," June 25, 1946, in *FRUS*, 1946, Vol. 8, p. 889.

Philippines），承认菲律宾共和国独立，撤销和放弃了对菲律宾群岛行施的一切监督权、司法管辖权、控制权或主权。

菲律宾虽然获得了独立，美国对菲律宾的政策也作了相应的调整。但菲律宾在独立后面临着经济复兴、财政困难、国内动荡等许多重大问题，这些问题对战后美菲关系的发展形成了巨大的挑战。在菲律宾的国内政治中，那些返回菲律宾的共和国政府官员，与那些在日本占领期间和日本人进行合作的通敌者之间的关系十分紧张；战后菲律宾的政治局面也为经济困难所困扰，战争的破坏和日本人的剥削以及可能来临的美国经济保护的撤销，导致了菲律宾经济陷入了艰难处境。而美国是可以对战争损失进行补偿的唯一来源，美国可以为菲律宾重建提供资本、设备及必需的技术和能源；美国是菲律宾对外贸易复兴所依赖的主要供给者和菲律宾商品出口的主要市场。菲律宾人对美国充满期待，他们"受到美国政治家们演说的激励，认为他们不同于其他种类的附属民族，认为美国对其黄种人兄弟的同情将会表现在无数的援助之中"①。的确，美国的经济援助有助于减轻战后菲律宾严重恶化的经济状况，但美国通过经济援助也深深介入了菲律宾的内部事务。在更深层面上，美国的支持、建议乃至财政援助也只是部分地解决了菲律宾面临的核心问题，这些正是导致美、菲关系紧张的重要因素。在菲律宾独立后，两国在商业关系上、对菲律宾的复兴援助、对待通敌者的政策等问题上，美菲双方都存在着重大的分歧，1946 年后的美、菲关系面临着真正的严峻考验。

根据 1934 年 3 月的"菲律宾独立法案"（即"泰丁斯—麦克杜菲法案"）规定，在菲律宾新政府成立最初的 5 年内，美国对进入其市场的糖类等产品进行限额，在限额之内的货物免收关税，超过限额应予征税。菲律宾共和国应根据规定，从新政府成立的第 6 年起，所

---

①　"Acting Consul-General MacDermot to Mr. Eden," Manila, Philippines, May 31, 1945, [F 3822/1127/23], in Preston and Partridge, eds., *British Documents on Foreign Affair*, Part. Ⅲ, *Far Eastern Affairs*, Vol. 8, Part. 27, p. 82.

有输入美国的菲律宾货物都要征收 5% 的关税，这是美国法律要求对外国进口同类物品征收的关税。此后关税税率规律性地递增 5%。从第 7 年起，对菲律宾货物征收的税率是 10%，第 8 年是 15%，第 9 年是 20%，第 10 年是 25%。在过渡期内，美国货物可以不受限制地免税进入菲律宾。① 1934 年 5 月，菲律宾议会接受了"泰丁斯—麦克杜菲法案"，但菲律宾民族主义者认为该法案损害了菲律宾的经济利益。从 1937 年 1 月起，奎松就到美国寻求对美菲贸易关系中不利于菲律宾的相关条款进行修改。应奎松的请求，罗斯福总统于 1937 年 4 月 14 日设立了"菲律宾事务联合筹备委员会"（Joint Preparatory Committee on Philippine Affairs，JPCPA），该委员会于 1938 年 11 月 29 日公布了一项报告，建议：第一，仍按"泰丁斯—麦克杜菲法案"的规定，允许菲律宾在 1946 年 7 月 4 日获得政治上的独立；第二，美菲之间的特惠贸易关系延长至 1960 年，之后对进入美国市场的菲律宾货物要完全征收关税。② 该报告提出后，麦克纳特也向罗斯福递交了一份报告，指出经济的调整应该先于政治独立，而不是在政治独立之后。同时也指出了在菲律宾独立后逐渐撤销贸易特惠的困难。罗斯福签署报告并让国会进行讨论具体措施，国会很快就颁布了补救措施，但却把对菲律宾独立之后贸易关系的进一步考虑，交由一个联合贸易委员会在菲独立的两年前进行重新研究。1944 年 6 月，美国国会专门成立了一个联合复兴委员会，对"泰丁斯—麦克杜菲法案"作了进一步的修正，在该委员会履行的职责中，其中之一就是提出关于菲律宾独立后双方贸易关系的措施。菲律宾的成员要求在菲律宾独立后有一个为期 20 年的互惠贸易期（这也是"贝尔法案"的起源），试图通过继续保持与美国的贸易特惠关系，作为促使其经济复兴的手段。但在所有的行政部门中，这一提议仅仅得到了内政部的支持，包括国

---

① "Philippine Independence Act，" in Commager, ed., *Documents of American History*, Vol. 2, pp. 467 – 471.

② ［菲］赛义德：《菲律宾共和国：历史、政府与文明》（下），第 494—495 页。

务院在内都予以反对。①

实际上，在重返菲律宾后，美国在对菲律宾贸易问题上的政策仍然代表了在各种竞争性的利益集团之间的折中，如支持延长自由贸易者认为对美国的利益有利，尤其是那些贸易商和投资者希望继续保持自己在菲律宾经济中的地位；农业生产者担心来自菲律宾产品的竞争，反对继续给予其贸易特惠；而那些主张使菲律宾尽快获得独立的人，则把结束贸易特惠作为追求全球门户开放的一部分等。在菲律宾共和国期间以及之前在美国统治期间，美国在菲律宾一直保持着对商业条约和关税标准的控制。在这一特权下，美国的一些贸易商可以在该群岛进行不受限制的自由贸易，基本上处于垄断性的地位，有相当一部分投资者从中也受益颇多。因此，在战时以及重返菲律宾后，有许多美国人支持延长对菲律宾的自由贸易，或者在一个有限的时期内给予其贸易特惠。1945 年 2 月 15 日，菲律宾复兴委员会中的菲律宾组向委员会主席泰丁斯提交了一份意见书，建议保持美国与菲律宾之间的自由贸易（除了在 1934 年 3 月 24 日的独立法案中规定的、后在 1939 年 8 月 7 日的法案中经过修改的基本配额以外），宣布这些安排将在菲律宾独立后 20 年内有效，其后仍将有效，除非美国政府或者菲律宾政府打算改变、修订或终止该项安排。② 1945 年 4 月，奥斯敏纳和斯退丁纽斯在会谈中谈到贸易计划合作问题，他们也认为美国与菲律宾之间有必要在一段合理的时期内保持一种特殊的贸易关系。③

另外一些人则反对继续给予菲律宾任何特惠的政策。他们认为如果与菲律宾继续保持一种特惠贸易关系，那将与战后美国要求消除帝

---

①　"The United States High Commissioner in the Philippines（McNutt）to the Mr. Richard R. Ely, of the United States High Commissioner, Washington," January 18, 1946, in *FRUS*, 1946, Vol. 8, p. 864.

②　"Report by the Executive Committee on Economic Foreign Policy," March 12, 1945, in *FRUS*, 1945, Vol. 6, pp. 1215 – 1216.

③　"Memorandum of Conversation, by the Chief of the Division of Philippine Affairs（Lockhart）," April 21, 1945, in *FRUS*, 1945, Vol. 6, pp. 1197 – 1199.

国贸易特惠和其他形式的贸易歧视，以及推行开放性的世界贸易政策的主旨严重不协调。① 到 1945 年 3 月，美国国务院提交给罗斯福总统一份备忘录，提出了对美菲贸易关系的立场，指出尽管在菲律宾独立后的 20 年内美国与菲律宾之间将保持自由贸易的举措，与美国政府力图消除阻碍世界贸易发展的特惠政策的目标相矛盾。但为了菲律宾的经济复兴，主张对其有一个逐渐减少的特惠贸易期。② 这一折中方案得到了罗斯福总统的支持。到 1945 年 7 月，美国对外经济政策行政委员会提出了一份关于美菲贸易关系的报告，建议发表美国与菲律宾之间保持长达 20 年的自由贸易的政策声明，即美菲恢复在 1941 年 12 月 7 日前所享有的特惠贸易关系，并持续到 1949 年 1 月 1 日或 1950 年，此后该项特惠逐渐减少，直到 20 年之后终止。③ 在此基础上，1945 年 9 月担任众议院海岛事务委员会主席的贾斯珀·贝尔（Jasper Bell）提出一个菲律宾贸易法案，即著名的"贝尔法案"，正式确定了一个为期 20 年的自由贸易期，并对菲律宾出口到美国市场的主要产品实行配额限制。

"贝尔法案"提出后引起了很大的争议。美国国务院官员持强烈的反对态度，他们认为"贝尔法案"不仅会延长菲律宾对美国的依赖性，而且将损害国务院与英国政府进行的旨在终止其帝国特惠制度谈判的努力。1945 年 11 月 10 日，国际贸易政策办公室主管威尔科克斯（Clair Wilcox）向助理国务卿克来顿（William Lockhart Clayton）提出，国务院希望对菲律宾的经济援助计划，应该与美国促进非特惠的贸易扩张政策相一致。国务院反对"贝尔法案"的一些条款，如给予菲律宾持续达 20 年的特惠关税；关于国内税收的优惠；对菲律宾与第三国的关税自主权的限制等，认为这种关税特惠将会促使工业

---

① Hess, *The United States' Emergence As A Southeast Asian Power*, p. 241.

② "Memorandum by the Acting Secretary of State to President Roosevelt," March 20, 1945, in *FRUS*, 1945, Vol. 6, p. 1216.

③ "The Assistant Secretary of State (Clayton) to Chairman Millard E. Tydings of the Filipino Rehabilitation Commission," July 9, 1945, in *FRUS*, 1945, Vol. 6, p. 1217.

重新依赖于特惠制度，将会削弱美国在目前所努力缔造的世界自由贸易体系过程中的领导地位。[1] 克莱顿声称，这些政策明显背离了"本国的基本对外经济政策"，是对"我们做出的给予菲律宾人真正独立的承诺"的背叛。[2] 国会中的批评者则主要是那些担心外来竞争的糖业和牛奶业的代表。而另外一些人则认为中断自由贸易关系可能会损害菲律宾的战后经济复兴计划，尤其是失去了自由进入美国市场的机会，菲律宾的农产品出口将会遭受沉重打击。在这种情况下，有必要在逐渐减少特惠的时期之前有一个短暂的自由贸易时期。之后，泰丁斯又提出在为期 20 年的逐渐减少特惠的时期之前，有一个期限 5 年的自由贸易间隔期。最后，该提议得到了麦克纳特和内政部等方面的支持。11 月 13 日，在杜鲁门总统、国务卿詹姆斯·伯恩斯（James F. Byrnes）、麦克纳特、泰丁斯等参加的一次高层会议上，提出了一个重新调整美国与菲律宾贸易关系的法案，白宫同意对"贝尔法案"进行修订。按照法案规定，将在 25 年内逐渐减少对菲律宾的优惠，在此之前有一个为期 8 年的自由贸易期。[3]

　　进入 1946 年后，随着菲律宾独立日期的临近，美国国内关于对菲律宾贸易政策的争论仍未能平息下来。1946 年 1 月 7 日，时任美国农业部长的安德森（Clinton Presba Anderson）向总统报告，指出了"贝尔法案"对农业问题，尤其是对糖类产品方面造成的不利影响。该法案所计划的给予菲律宾糖类产品比当时从古巴进口的蔗糖更大的特惠。这不仅使正在与古巴进行的有关谈判增加了难度，也给美国那时正在与英国进行的关于贷款协定的谈判施加了极大的压力，该协定的条件是英国必须在英帝国内放弃关税特惠。他认为关于未来美国与

---

① "Memorandum by the Director of the Office of International Trade Policy（Wilcox）to the Assistant Secretary of State（Clayton），" November 10, 1945, in *FRUS*, 1945, Vol. 6, pp. 1218 - 1219.

② Karnow, *In Our Image*, p. 334.

③ "The Secretary of State to Mr. Harry B. Hawes," November 26, 1945, in *FRUS*, 1945, Vol. 6, p. 1219.

菲律宾贸易关系的法案，不应作出任何实质上的或潜在的承诺。他的报告旨在使古巴确信，其作为美国市场一个糖类供应者的历史地位，将不会由于来自菲律宾的蔗糖而受到损害。①

针对安德森的意见，麦克纳特于 1 月 18 日也向国会提交了一份冗长的报告，详尽阐述了给予菲律宾一定时期的贸易特惠的必要性。他指出，对于菲律宾而言，经济的调整应该先于政治独立而不是在政治独立之后，贝尔法案应该成为菲律宾经济复兴的重要手段。在他看来，贝尔法案的目的是恢复菲律宾的出口经济，并非是为了在一段不确定时期内允许给予菲律宾特惠；法案的实行将有助于恢复菲律宾战前在世界糖类市场所占的地位；之后即将到来的独立不会减少美国恢复菲律宾经济的责任。麦克纳特强调战争给菲律宾造成巨大的破坏，导致菲律宾经济的萧条，因此自由贸易将有助于其农业生产和整个经济的复兴。他指出，美国人常常宣扬自己在菲律宾的开明政策，认为菲律宾独立的样板将有助于摧毁在亚洲的欧洲帝国主义。但美国在菲律宾建立的各种"自由制度"，如公立学校、医疗卫生机构、民主制度等已经受到了损害，如果美国采取不利于菲律宾的贸易措施，将会使其经济难以得到恢复。这种政策产生的灾难性后果不仅仅意味着是美国"荣耀"将丧失殆尽，而且意味着所有亚洲国家对美国的幻想的破灭。他进一步强调，"如果美国不能使菲律宾遭到破坏的城市、工业、贸易及财政得到恢复，就可能会造成菲律宾人对美国和美国人的一种仇恨情绪。菲律宾人民在战争时期的忠诚和牺牲……给予我们一个去培植良好感情和在远东扩展美国生活方式的机会。如果不能使菲律宾得到有效的复兴，这一机会就会丧失。因而'贝尔法案'应被视为促使菲律宾复兴的一个核心部分"②。

---

① "The Secretary of Agriculture（Anderson）to President Truman," January 7, 1946, in *FRUS*, 1946, Vol. 8, pp. 861 – 863.

② "The United States High Commissioner in the Philippines（McNutt）to the Mr. Richard R. Ely, of the United States High Commissioner, Washington," January 18, 1946, in *FRUS*, 1946, Vol. 8, pp. 863 – 866.

经过几个月的辩论，到 1946 年 4 月，贝尔的议案经过再次修订终于成为法律。按照议案的规定，在菲律宾独立后，美菲之间仍然保持一种"自由贸易"模式。特惠贸易阶段被缩短到 28 年时间，其中有 8 年的自由贸易期（从 1946 年到 1954 年）。在 1946 年起的 8 年内，美、菲两国建立互惠的免税贸易，菲律宾输入美国市场的 7 种产品继续享受免税待遇，但每年都有一定限额，这些限额逐年递减 5%。美国输往菲律宾的产品不仅完全不受数额限制，而且菲律宾应保证不征收进口税。在 1954 年 7 月 4 日之后，是一个为期 20 年的逐渐减少特惠的贸易期。美、菲两国输入对方国家的产品应该征收累增关税。[①] 1946 年 4 月 30 日和 6 月 21 日，修改后的"贝尔法案"先后被美国国会和菲律宾国会通过。

在酝酿对菲律宾贸易政策的同时，国会也在积极制定一个菲律宾复兴法案。早在战争时期，罗斯福就提出要对菲律宾实施一个实质性的复兴援助计划。1943 年 8 月，罗斯福表示菲律宾的战争损失应该得到完全补偿。在他的敦促下，国会组成了一个由美国和菲律宾代表参加的复兴委员会。该委员会开始采取一些具体行动，但由于战争还在进行，复兴援助计划一直没有得到具体实施。在战争损失补偿的数额方面，美菲双方的评估也存在巨大的差距。1945 年 3 月，菲律宾当局估计的战争损失是 11 亿美元，而美国的战争损失评估组织（The War Damage Corporation）却预计其战争损失为 8 亿美元。到 1945 年底，美国国会又把菲律宾的战争损失评估减少到 5 亿美元。[②] 而且在战时，一些美国官员把菲律宾的战后经济复兴与即将到来的独立联系起来，国务卿赫尔曾向罗斯福总统建议，如果不考虑复兴计划就确定一个菲律宾独立的新日期，可能会威胁到为重建菲律宾经济而精心制定的计划。因此，从 1943 年起，

---

① 金应熙主编：《菲律宾史》，河南大学出版社 1990 年版，第 638—639 页。
② Hess, *The United States' Emergence As A Southeast Asian Power*, p. 240.

美国内政部也开始着手为重建菲律宾经济准备一个广泛的计划。①

杜鲁门在继任总统后不久，就向奥斯敏纳承诺进行复兴援助。之后，杜鲁门又根据国会通过的"菲律宾复兴法案"，即"泰丁斯复兴法案"，成立了处理菲律宾的战争受害问题的战争损害赔偿办公室，规定美国将提供 6.2 亿美元用于补偿菲律宾的战争损失。其中用于私人和公司 4 亿美元，用于恢复公共财产和服务设施 1.2 亿美元。另外还规定将把估价约 1 亿美元的美国剩余战争物资移交给菲律宾。② 该法案规定的对菲律宾的补偿数额，大约只是菲律宾所估计的真正战争损失的一半，但泰丁斯却声称其目的是以最低的代价来复兴菲律宾的经济。③

尽管美国国会中大多数人最后接受了麦克纳特的主张，同意把经济复兴和贸易法案作为菲律宾复兴计划的核心。但为了确保"贝尔法案"在菲律宾议会中能够顺利通过，在麦克纳特的敦促下，美国把对菲律宾复兴计划与贸易法案联系在一起，尤其是在众议院讨论复兴法案之前，在该法案中插进一条内容，即规定凡超过 500 美元的战争损失补偿费，只有在菲律宾与美国政府就贯彻"贝尔法案"达成一个行政协定以后才予以支付。④ 这条规定意味着如果菲律宾要得到战争赔偿费，就只有接受"贝尔法案"。

美国关于菲律宾复兴计划的这一规定，严重挫伤了菲律宾的民族尊严，造成了菲律宾政治领导人及菲律宾民众对美国这种强加的经济政策产生了强烈抵制情绪。双方所签订的贸易协定与美国对菲律宾的复兴援助计划联系在一起，在菲律宾人看来，美国的援助计划是不充

---

① "Memorandum by the Secretary of State to President Roosevelt," September 8, 1943, in *FRUS*, 1943, Vol. 3, p. 1100.

② Russell H. Fifield, *Americans in Southeast Asia: The Roots of Commitment*, New York: Thomas Y. Crowell Company, 1973, pp. 73 – 74.

③ Congressional Record, 79th cong., 1st Sess., p. 11466, in Hess, *The United States' Emergence As A Southeast Asian Power*, p. 243.

④ "Memorandum by the Acting Secretary of State to the President Truman," June 26, 1946, in *FRUS*, 1946, Vol. 8, p. 891.

分的，并且明显阻止了菲律宾的重建和经济发展。当时菲律宾的报纸对这些条款反应强烈，对"贝尔法案"和"泰丁斯复兴法案"严加指责。即使在美国政府内部，也有很多人对政府的这种政策表示不满。一些高层官员认为，大量来自国内和国外的批评针对菲律宾贸易法案的部分条款，指责该法案是在为美国在菲律宾的商业利益寻求特权地位。他们担心这类批评持续下去将会使美国声名狼藉，并将严重损害美国在菲律宾所保持的所谓的"良好记录"。美国驻菲律宾高级专员办公室官员伍斯特警告说，经济政策和对菲律宾的政治干涉，将会造成美、菲关系的恶化，美国已经在菲律宾人中间丧失了威信。[1] 1946 年 4 月 18 日，国务卿伯恩斯（James Francis Byrnes）在给杜鲁门的备忘录中指出，菲律宾贸易法案"要求菲律宾给予在菲律宾的美国人广泛的特殊利益，而与其他所有国家区别对待，这与我们答应给予菲律宾真正独立的承诺不一致，这可能对我们的国际关系，尤其是在远东有着不利的影响"。他表示，"美国人的权利应该在与其他独立国家同样的基础上，通过适当的条约得到完全保护，不幸的是，当我们强烈抗议在其他国家对美国人区别对待的政策时，我们却坚持美国人未来在菲律宾享有高度优越的地位。"[2]

　　鉴于不断遭到菲律宾以及世界其他国家舆论的批评，美国也担心在菲律宾独立之前与其签订一系列贸易协定，会被认为是利用使菲律宾独立的机会而向其施加压力。1946 年 6 月 26 日，美国国务院认为，美菲贸易协定应该通过两个独立的政权在相互满意的基础上进行自由谈判，并指出："在他们仍然挂着我们的旗帜，我们仍然控制他们的外交事务的同时，任何可能被认为是我们在努力通过菲律宾议会促成协定的行动，都将不可避免地使世界对美国的意图产生一种最不利的

---

[1]　Hess, *The United States' Emergence As A Southeast Asian Power*, pp. 243 – 244.

[2]　"Memorandum by the Secretary of State to President Truman," April 18, 1946, in *FRUS*, 1946, Vol. 8, pp. 873 – 875.

印象。"① 尽管菲律宾总统罗哈斯希望在 7 月 4 日之前把该协定提交到国会讨论，但在杜鲁门的坚持下，国务院建议 1946 年 7 月 4 日以后再采取行动来完成关于与菲律宾贸易关系的行政协定。这意味着尽管在 1946 年 7 月 4 日美国正式向菲律宾移交了权力，但是贸易协定并没有完成，泰丁斯复兴法案也不能得到完全履行。

菲律宾独立后，美国不仅仍然对其保持了强大的政治和经济影响，而且在其领土上保留了大量的军事力量和军事基地。美军军事基地问题，成为战后长期困扰美菲关系的一个重要因素，因为它涉及菲律宾的民族自豪感、国家尊严和主权问题。美国军事基地和大批武装力量在菲律宾国土上的继续存在，以及美军人员所享有的治外法权等问题，在菲律宾人看来无疑都是殖民主义的遗迹。由于基地问题而产生的许多矛盾和分歧，在一定程度上促成了菲律宾人的不满，助长了其反美主义情绪。美菲军事基地问题由来已久，根据 1934 年 3 月 24 日通过的"泰丁斯—麦克杜菲法案"，美国有权在菲律宾完全独立后继续在菲律宾保持军事、其他专用地以及武装力量，但只是作为提供给美军海军基地和燃料补给站。② 在二战期间，由于战略的需要，菲律宾在美国太平洋地区安全体系中的地位显得十分重要，罗斯福政府在承诺将实现菲律宾独立的同时，也表示将以美国的全部力量予以保护。因此，1944 年 6 月 29 日，美国国会通过第 93 号"联合决议"，对"泰丁斯—麦克杜菲法案"进行了修正，重新规定美国可以在菲律宾保留陆海空军基地。同时还规定，在与菲律宾进行谈判后，美国才能以合适的手段保留或者获得这些基地，以及保留这些基地所必需的附属设施，还规定美国享有另外一些附带权利。③ 随着太平洋战场形

① "Memorandum by the Acting Secretary of State to the President Truman," June 26, 1946, in *FRUS*, 1946, Vol. 8, pp. 890 – 891.

② "Memorandum by the Secretary of State to President Roosevelt," September 8, 1943, in *FRUS*, 1943, Vol. 3, p. 1100.

③ "Memorandum by the Chief of the Division of Philippine Affairs (Lockhart) to the Secretary of State," April 18, 1945, in *FRUS*, 1945, Vol. 6, pp. 1203 – 1204.

势的发展和菲律宾群岛大部分地区的收复，菲律宾成为美军反击日本的前哨基地。到 1945 年春，陆军部和海军部在菲律宾 30 余个地点建立设施用于驻扎步兵、作为空军、海岸防御、雷达和通信基地等。到 1946 年 6 月，美国在菲律宾保留了大约 71 个基地。① 在重返菲律宾后不久，美国军方就提出与菲律宾就军事基地问题进行谈判的可行性和紧迫性。1945 年 4 月，海军部长福里斯特尔（James V. Forrestal）敦促马上与菲律宾政府就获得在菲律宾某些地区建立基地的权力进行谈判，谈判内容应该包括使用港口、建设海岸设施、包括直升机停机坪和水上飞机跑道，以及这些地区作为战略储备而采取的其他措施等。② 5 月 11 日，国防部长史汀生（Henry Lewis Stimson）在给杜鲁门总统的报告中，进一步指出了菲律宾与美国军事力量之间进行密切合作的必要性。③ 5 月 14 日，杜鲁门与当时的菲律宾总统奥斯敏纳共同签署了有关菲律宾军事基地的文件及其附件。两国原则上同意进行全面和密切的军事合作，美国军队在港口和美军基地之间享有出入和调遣部署自由，以及有关通讯及美军在军事区内的军事行动等方面的原则。④

此后，为了寻求在菲律宾独立后与美国继续进行军事合作，美国政府在军事安全方面开始采取进一步的措施。1946 年 6 月，美国和菲律宾双方的官员就共同使用基地、减少基地的数量和规模，以及美国军事人员和公民在基地之外的裁判权等问题进行了谈判，以准备签订一个全面的军事协定。⑤ 6 月 26 日，杜鲁门还签署了针对菲律宾的

---

①　Hess, *The United States' Emergence As A Southeast Asian Power*, pp. 244 – 245.

②　"The Secretary of the Navy（Forrestal）to the Secretary of State," April 30, 1945, in *FRUS*, 1945, Vol. 6, p. 1205.

③　"The Secretary of War（Stimson）to the President Truman," May 11, 1945, in *FRUS*, 1945, Vol. 6, pp. 1206 – 1207.

④　"Preliminary Statement of General Principles Pertaining to the United States Military and Naval Base System in the Philippines To be Used As A Basis for Detailed Discussions and Staff Studies," May 14, 1945, in *FRUS*, 1945, Vol. 6, pp. 1208 – 1209.

⑤　"Memorandum by the Director of the Office of Far Eastern Affairs（Vincent）to the Secretary of State," June 6, 1946, in *FRUS*, 1946, Vol. 8, p. 881.

"军事援助法案"，规定给菲律宾培训军事和海军人员，以及向菲律宾移交装备和物资；用于武器和装备的 100 万美元迅速拨付给菲律宾军队。出于安全利益的考虑，菲律宾领导人也十分重视美国的军事计划，在驻军人员的司法权等问题上作出了一定的妥协。① 尽管如此，在 1946 年 7 月 4 日前美菲之间并没有能够达成军事协定。

在菲律宾独立后，美菲关于军事基地的谈判又几经曲折。由于菲律宾人对美菲之间在政治、经济关系方面已经表现出来的敏感，以及日益增多的对美军基地问题的指责，美国政府不得不在军事计划上作出让步，陆军部后来放弃了原先要求的有关美国军人的治外法权。1946 年秋，麦克纳特曾敦促杜鲁门采取措施宣布美国和菲律宾将缔结一个"菲律宾国家防御条约"，国务院、陆军部和海军部的很多官员担心此举会进一步刺激菲律宾人的民族情绪，而没有采纳该建议。② 1946 年 9 月，美国向菲律宾提出了一个关于军事基地协定的修正议案。③ 11 月 16 日，两国签署了一个美菲航空协定。④ 此后，美菲双方经过反复谈判，最终在 1947 年 3 月 14 日由罗哈斯和麦克纳特草签了"军事基地协定"，该协定有效期长达 99 年，允许美国在菲律宾保留陆军、空军、海军共计 16 个基地，另外 7 个基地留作以后谈判再定。美国还可以根据军事需要来扩大基地、改变基地地点或者增加新的军事基地，美国享有在这些基地的全部司法权，菲律宾政府应该为基地内的美国军队提供各种便利等。⑤ 一周之后，美菲正式签订了"军事援助协定"，美国承诺向菲律宾提供军事援助，为菲律宾装备和训练军队。通过这两个军事协定，美国在菲律宾拥有了几乎所有具有战略

---

① Hess, *The United States' Emergence As A Southeast Asian Power*, p. 245.

② Ibid. , p. 246.

③ "The Acting Secretary of State to the Ambassador in the Philippines (McNutt) ," September 11, 1946, in *FRUS*, 1946, Vol. 8, pp. 912 – 913.

④ "The Ambassador in the Philippines (McNutt) to the Secretary of State," November 16, 1946, in *FRUS*, 1946, Vol. 8, pp. 929 – 931.

⑤ "The Ambassador in the Philippines (McNutt) to the Secretary of State," March 14, 1946, in *FRUS*, 1947, Vol. 6, pp. 1108 – 1109.

意义的军事重地。1951 年 8 月，双方又签订了美菲"共同防御协定"，菲律宾成为美国在亚洲战略体系中的重要组成部分。

在关于美军基地问题的谈判过程中，菲律宾政府一直面临着极大的国内压力，军事基地条约的签订在菲律宾反响强烈，遭到菲律宾民族主义者的反对和世界舆论的批评，菲律宾国内的报纸和政治团体纷纷抨击美国正试图在菲律宾获得基地和其他特权，菲律宾人对罗哈斯政府在主权问题上的妥协不满，并由此引起对美国的憎恨。当时世界舆论对独立后的美菲关系也十分关注，在莫斯科的《真理报》上不断有文章对美国的菲律宾政策进行评论，指责菲律宾在独立后仍然被美国的军事和经济利益所主宰。[1] 因此，菲律宾政府很长时间没有答应美国提出的条件。但是，菲律宾政府也面临着美国施加的巨大压力，同时菲律宾领导人认识到战后菲律宾的安全和防御，的确需要美国在菲保持一定的军事力量。二战的经历改变了美国人和菲律宾人的看法，曾经受孤立主义影响的美国，现在正打算担当起全球霸权的责任；而菲律宾经过日本铁蹄的蹂躏，也担心失去美国的保护会变得不安全。因此，菲律宾的军事基地被太平洋两岸都视作是必不可少的。[2]其实，菲律宾的政治精英们也意识到了这个问题，希望在维持其民族尊严和国家主权的情况下，使美国在菲律宾保持部分军事力量，他们要求美国对先前的军事基地协定进行修订。因此，1946 年 11 月 7 日，当美国在谈判中遭到菲律宾公众舆论和世界媒体舆论的抨击时，驻菲大使麦克纳特表示，如果菲律宾政府和菲律宾人民此时认为美国军队在这块土地上的存在超出了其国家的利益，他将敦促美国政府把军队从菲律宾撤出。[3] 11 月 29 日，时任美军参谋长（the Chief of Staff）艾森豪威尔将军在给参谋长联席会议（the Joint Chiefs of Staff）的备忘

---

[1]　"The Ambassador in the Philippines（McNutt）to the Secretary of State," October 21, 1946, in *FRUS*, 1946, Vol. 8, pp. 923 – 924.

[2]　Karnow, *In Our Image*, p. 331.

[3]　"The Ambassador in the Philippines（McNutt）to the Secretary of State," November 7, 1946, in *FRUS*, 1946, Vol. 8, pp. 924 – 925.

录中指出，鉴于在有关与菲律宾政府关于军事基地的谈判中出现的问题，建议重新考虑菲律宾军事基地在战略和政治上的重要性。他建议所有美国军队撤出菲律宾，但国务院没有同意这一提议，仍然希望在菲律宾保留一些美国军队。① 由于诸多方面的原因，陆军部也支持削减在菲律宾的军事力量。1946 年 12 月，美国"国务院—陆军部—海军部协调委员会"（the State-War-Navy Coordinating Committee）赞同从菲律宾撤出所有美国军队和中止军事基地建设的政策，但菲律宾政府对这些计划表现出十分谨慎的态度，认为这意味着美国放弃了战时对菲律宾的承诺，也担心美国军队不负责任地的骤然撤出和完全放弃对菲律宾的防御义务，可能会影响到菲律宾群岛的安全利益。1946 年 12 月 23 日，罗哈斯口头禀告麦克纳特，表示希望保持美国在菲律宾的军事基地以及由于基地可能的需要，菲律宾政府希望保持这些美国军队。② 在这种情况下，杜鲁门尽管同意从马尼拉撤出美国的军队，但强调在完成一个有关军事基地的正式协定之前应该保持有限的军队。③

实际上，从 1946 年年底起，美国的全球战略开始发生重大变化，与苏联关系的日趋紧张造成美国把注意力转向了欧洲，五角大楼的决策者对亚洲和太平洋地区的目光也主要集中在中国、日本、朝鲜等国家，包括菲律宾在内的整个东南亚在美国的战略中都处于一种较为次要的地位。1946 年 12 月，华盛顿准备削减驻扎在菲律宾的美国军队以及暂时中止军事基地的建设的行动并非偶然，因为在 1947 年完成了基地条约后，菲律宾群岛的军事价值已经减弱。随着新中国的成立以及 1950 年朝鲜战争的爆发，杜鲁门政府为了遏制共产主义在东南

---

① "The Secretary of War（Patterson）to the Secretary of State," November 29, 1946, in *FRUS*, 1946, Vol. 8, p. 934.

② "The Ambassador in the Philippines（McNutt）to the Secretary of State," December 23, 1946, in *FRUS*, 1946, Vol. 8, pp. 939 – 940.

③ Hess, *The United States' Emergence As A Southeast Asian Power*, pp. 247 – 248.

亚的扩张，菲律宾在美国的外交政策中才重新获得了重要地位。① 由此可见，美国在菲军事基地问题上的政策也是完全根据自己的战略利益而进行调整的。

尽管美菲正式达成了军事基地方面的协定，但在 20 世纪 40 年代末以后，双方在军事基地问题上的争论仍然不断。美菲之间的关系经常因为军事基地问题发生争论，主要是克拉克空军基地和苏比克海军基地的地位问题。菲律宾人对美国军事人员在菲律宾的特权问题极为反感，尤其是美国军事人员在菲拥有治外法权，常常受到美国法律的庇护。美国政府还利用驻菲美军和军事顾问团干涉菲律宾内政。在许多菲律宾人看来，二战以后美国人乃是以使菲律宾获得自由为代价，而迫使他们接受了"军事基地协定"的苛刻条件。这些都激发了菲律宾人的民族主义情绪。因此，美国在菲军事基地问题成为美菲关系中的焦点之一。

四 菲律宾模式的影响和实质

1946 年菲律宾独立的时候，尽管还有许多重要的问题没有得到解决，美国的霸权依然保留下来，但美国毕竟兑现了其占领菲律宾群岛之初的许诺，在经过短暂的殖民化之后，就通过菲律宾化为菲律宾未来的独立做准备，战后菲律宾的非殖民化也基本上得以顺利进行，因此菲律宾非殖民化的政治意义不能完全否认。在那些抱有反殖民主义理想的美国公众以及政治精英中间，有不少人曾对美国政府在二战后期在殖民地问题上向殖民列强所做的妥协表示失望，对他们来说，美国向菲律宾移交主权的行动重新树起了美国的反殖民主义资格。② 菲律宾的非殖民化也是美国这个新兴帝国区别于其他殖民列强的一个具体表现，与其他欧洲殖民主义者对其东南亚附属地区的统治相比，

① Karnow, *In Our Image*, p. 332.

② Hess, *The United States' Emergence As A Southeast Asian Power*, pp. 245－246.

美国对菲律宾的殖民政策在某些方面无疑是开明的和进步的。以荷兰为例，在美国国会批准"菲律宾独立法案"时，它几乎还没有使印度尼西亚获得自治的设想。至于法属印度支那，在美国对菲律宾完成非殖民化差不多十年之后，法国人还在为控制这个殖民地而进行战争。而英国人也只是在面临巨大压力的情况下，在美国向菲律宾移交了主权一年后，才把主权移交给了印度（和巴基斯坦）。通过对 1946年之后菲律宾的发展情况与其他东南亚新独立国家进行比较，我们可以发现：当时的印度支那长期处于战乱之中；印度尼西亚又经历了几年的反抗荷兰重建殖民统治的战争，到 1949 年才获得独立；缅甸在1948 年获得独立后，长期政局动荡、经济贫困；马来西亚则仍处于英国的继续统治下的"紧急状态"之中，而菲律宾则平安度过了重建阶段，并较为顺利地转变成为独立的民族国家。从这方面来说，美国人拥有自豪感是可以理解的。

美国人喜欢把自己统治菲律宾的政策视为开明和自由的模范，把这种渐进地为殖民地未来的独立做准备，并最终指导其实现非殖民化的方式称为菲律宾模式。从 1898 年开始占领菲律宾以及随后进行"开明"的殖民管理，美国一定程度上为菲律宾自治的发展进行了准备，建立起系统的公共教育制度和实行较为自由的社会改革计划，并承诺在一个特定的日期给予其独立。在美国人看来，这是处理宗主国和殖民地之间关系的最佳方式，表明宗主国承担起了开化和指导落后的附属地区和殖民地的道义责任。在战时关于解决殖民地问题的计划中，乃至在战后的世界非殖民化运动过程中，美国政府一直希望菲律宾模式能够成为非殖民化的样板，尤其是希望成为其他殖民国家对待附属地民族的样板。

在很大程度上，菲律宾模式体现出了 20 世纪美国人所设想的非殖民化路线图的基本特性。其中一个最为显著的特性，就是那种主张渐进主义的非殖民化方式。菲律宾模式无疑受到了美国人思想中那种种族等级观念和意识形态因素的影响，即在美国人看来，作为低等级民族的菲律宾人自治能力不足，需要经过一个长期渐进的阶段来培训其管理、组织能力，发展和提升其文明程度。美西战争结束后，随着对菲律宾的占领，美国国内掀起了一场关于美国将在太平洋地区如何有所作为的大争论，麦金莱总统自身也处于这一政治舆论的大漩涡之中。许多人认为美国应该远离糟糕的海外帝国事务，而其他一些人则主张缔造这样一个帝国。按照基督教《会报》（Christian Advocate）的报道，神圣的灵感使麦金莱总统脑海一闪，他认识到，"（1）我们不能将菲律宾还给西班牙——那将是懦弱和羞辱的；（2）我们也不能将其交给法国人或德国人……那将是糟糕的事情和有损声誉的"。基于对上述两种选择的不满，麦金莱继续表达了两个忧虑，这也成为19世纪末20世纪初美国帝国最为关键的两个因素，即"我们不能将菲律宾置之不顾——他们还不适合自治"；"那么我们所能做的只能是完全占领菲律宾，教化菲律宾人，提高其文化水平，使其文明化和基督教化"。① 在美西战争和美菲爆发冲突的过程中，美国政府和一些主流媒体不断地重复麦金莱总统最初所宣布的美国在菲律宾群岛的"文明化"使命。这种传教士式的观念有助于形成"仁慈的同化"的美国意识形态，帝国主义者希望对菲律宾实施"仁慈的同化"——这种政策强调帝国主义如何通过构建帝国来改造殖民地——1898年美西战争之后，东方开始成为美国"天定命运"观念继续发挥作用的对象，美国的新闻杂志、报纸，诸如《纽约晚报》（New York Evening Journal）、《世界》（World）、《哈泼斯周刊》（Harper's Weekly）、《麦克卢尔》（McClure's）等杂志，都将菲律宾描述为一种缺乏文明的东方国度，一个等待美国以殖民化为幌子下的实施"天定命运"的场所。

---

① William McKinley, quoted in John B. Devins, *An Observer in the Philippines*；*Or*，*Life in Our New Possessions*，Boston：American Tract Society，1905，p. 70；David Brody，*Visualizing American Empire*：*Orientalism and Imperialism in the Philippines*，Chicago and London：The University of Chicago Press，2010，pp. 1 – 2.

在美国人对菲律宾实施殖民化的冲动背后，也伴随着其在菲律宾复制美国观念和模式的"文明化"使命。当时还在普林斯顿大学任职教授的伍德罗·威尔逊指出，"目前任何试图在菲律宾群岛建立与我们同样的政府的行为都是错误的，我们已经接受过数世纪的教育来学会如何使用我们的自由权利"。因此，鉴于菲律宾群岛的落后和"野蛮性"，在菲律宾实行一种"仁慈的同化"的政策，通过实施一种涵盖诸多领域的发展观念和举措，对这些"棕色小兄弟"实施文明规训，乃是美国在菲律宾殖民化的一项重要内容。[①] 那一时期，作为呼吁在菲律宾推行文明化帝国主义进程的一部分，美国的官员、知识精英以及舆论领导者所采取的第一个实验措施，就是在菲律宾建立学校，传播美国式的教育理念。1898 年后美国政府决定派出军队占领菲律宾，不完全是通过武力征服，而是通过教育，这对菲律宾的发展来说具有十分深远的意义。在美国人看来，其面对的是一个不懂美国文明基本原则的民族，这种文明差距可以通过美国人的努力教化来予以弥补，通过对菲律宾人进行从生活习惯、医疗卫生、科学知识、技术，乃至政治制度方面的根本性改造和纠正，可以提升菲律宾人的文明程度。正是在这一背景下，在道威将军取得马尼拉海湾胜利几天后，第一所美国学校就在菲律宾的科雷吉多尔岛（Corregidor）建立起来，即使在 1899 年美菲冲突爆发后，美国士兵仍然对 39 所学校招收的 4000 名学生进行教学管理。随着美国总统麦金莱发出"使（菲律宾人）能够胜任公民的职责"，美国士兵放下步枪，拿起了课本，走进教室授课。[②] 在美国统治菲律宾初期，美国政府就开始试图通过灌输一种教育体系来为菲律宾的最终独立做准备。在塔夫脱委员会的推动下，麦金莱总统提出建立一种自由的公立学校制度，来帮助培育

---

① Michael E. Latham, *The Right Kind of Revolution*：*Modernization*，*Development*，*and U. S. Foreign Policy from the Cold War to the Present*，Cornell University Press，2011，p. 14.

② *To Islands Far Away*：*The Story of the Thomasites and Their Journey to the Philippines*，Manila，Philippines：Public Affairs Section，U. S. Embassy，2001.

菲律宾人，使其能够履行一个"理想"殖民地的职责。在塔夫脱任职菲律宾总督后，他强调教师在国家建构中至关重要的作用。在其推动下，1901 年 1 月 23 日，第二届菲律宾委员会通过了第 74 号法案，即菲律宾教育组织法（Organic Act of Philippine Education）。该法案提出派遣美国教师前往菲律宾，以建立该国的公立学校体系。① 1901 年，殖民当局从美国国内招募了大批教师，前往菲律宾教化这一新被殖民化的国家。1901 年 8 月 12 日，这些被称为"托马塞茨"的教师抵达菲律宾，开始以英语作为教育的媒介语，发展基础教育，培训菲律宾教师。他们大多数是年轻的男性和女性志愿者，奔赴菲律宾这个遥远的国度，来教化那些操着不同语言和方言，刚刚从西班牙的"专制桎梏"下获得自由的不同种族的人们。这些在"天定命运""白人的负担"的使命感召下的美国教师先驱，跨越浩瀚的太平洋，自命为帮助菲律宾人建立一个新国家。他们以课本、铅笔和白纸为武器，带着一种"真诚"的使命和愿望，来缔造一种能够使这一新国家的人民转变成为有文化的公民的教育制度。他们在菲律宾创建了一种类似于美国公立学校体系，认为通过美国人的规导和支持，菲律宾人将能够获得自治的能力。在美国殖民政府的极力推动下，菲律宾公立学校体系发展很快，也为后来教育领域的"菲律宾化"打下了良好的基础。例如，1905 年，菲律宾有 1074 名美国籍教师和 3414 名菲律宾籍教师；到 1915 年，美国籍教师的数量下降了 50%，菲律宾本土教师的数量上升了 300%，达到 9308 名；1925 年，美国籍教师有 353 名，菲律宾教师有 25241 名；到 1940 年，仅剩下了 97 名美国教师，而菲律宾孩子则主要由接受过正规培训的 3682 名菲律宾教师授课。② 但事实上，美国殖民当局对菲律宾教育体系的控制，其不仅可以维持对菲

① "105th Anniversary of the Thomasites," Manila Bulletin, August 23, 2006, http://www.mb.com.ph/node/89092.

② Remarks By U. S. Embassy Chargè d'Affaires Michael E. Malinowski, In Honor of the Thomasites Centennial Memorial Program, American Teacher's Plot, North Cemetery, Manila, August 26, 2001.

律宾的主权，同时也是平抚菲律宾民族主义情绪的方法。与其说是旨
在促进菲律宾文化和语言的发展，不如说是向菲律宾灌输了美国的价
值观、生活方式、美国的历史以及美国伟人的事迹。① 这种美国式的
教育模式对菲律宾人民的前途产生了深刻的影响。这意味着通过培训
菲律宾人，使菲律宾成为驯服的殖民地；通过对菲律宾人进行洗脑教
育，认同美国的价值观，教育同时也成为美国对菲律宾推行殖民政策
的一种工具。通过对菲律宾教育的控制，美国能够重塑菲律宾的历史
和改造菲律宾人的民族记忆，对菲律宾的教育实际上成为美国殖民者
试图征服菲律宾和获得权力的另一种途径。②

在美国统治菲律宾的第一个十年里，殖民当局将该群岛的"发
展"作为其核心目标。菲律宾委员会在教育方面发起的一些雄心勃勃
的计划，为菲律宾建立了较为全面的教育体系，提升了菲律宾人的素
质，从而有助于在物质上、社会和道德上，为菲律宾人更大程度上参
与政治管理事务做准备。如前所述，美国人对菲律宾的监护和发展的
观念也延伸到了政治训练方面。除了发展教育和政治规训，美国人对
菲律宾的文明化使命还体现在公共卫生和公共设施建设等诸多方面。
通过推动技术进步来重塑菲律宾的政策，与美国实施其整体帝国控制
的动机是密不可分的。在已经被媒体界定为野蛮和充满疾病的国度，
构建的新的交通模式以及其他先进设施，有助于美国公众接受帝国主
义和赞同美国政府的"仁慈同化"的政策。从这方面来讲，技术可
以推动对菲律宾的殖民化过程。一旦工程师们建设了铁路，并将其他
美国技术创新的象征植入菲律宾，那么菲律宾就不必再被视作一个极
其怪诞的国度。这一时期，在菲律宾委员会的推动下，大力发展教育
和公共卫生事业，同时一些重要的基础设施和工程项目，如铁路、公

---

① Gemma Cruz Araneta, "Landscape: Thomasites Had a Tough Time," September 23, 2008, http://globalbalita.com/2008/09/23/thomasites-had-a-tough-time/.

② "Education As A Colonial Tool", *Philippines from* 1900 – 1915, http://philippines 1900.tumblr.com/.

路、码头以及灌溉系统等开始动工修建，从而使得贸易随着公路、铁路和电报的开通而得到扩张，随着日益成为欧美城市范式的交通系统的完善，资本流动也变得更加容易。技术推动了殖民地市场的建立，商品的生产和购买通过贸易业开始愈加便利。① 美国殖民政府还通过一些农业项目，向菲律宾输入了机械化设备、化肥以及试验站等先进的农业技术和设备，将其作为在菲律宾群岛建立繁荣经济的物质基础。在美国殖民官员们看来，通过向菲律宾人灌输一种新的现代观念、技术和思想，能够改变菲律宾人所处的"落后的"物质环境。

美国在统治菲律宾时期，尤其是在最初的十多年时间里，很大程度上也是对菲律宾实施社会建构的过程，这一时期美国人对菲律宾社会的改造，美国的殖民官员们对菲律宾发展过程的理解，与冷战时期美国的现代化理论家们对第三世界发展问题的设想十分相似。美国人常常将"发展"想象为一种社会建构过程，认为菲律宾社会的改造首先是一项技术事务，美国人认为菲律宾本土的文化风俗活动、理念和社会关系只是一种过渡现象，最终将会被清除干净。美国官员们坚持认为，菲律宾的任何发展和进步很大程度上在于其"所想象的模仿倾向"。塔夫脱声称菲律宾人将"需要 50—100 年的规训，才能够认识到盎格鲁-撒克逊式的自由究竟为何物"。实际上，美国殖民当局对自己试图统治的菲律宾 7000 个岛屿知之甚少，他们忽视了菲律宾自身文化和历史的重要性。不仅如此，在加勒比海地区和中美洲，那一时期的美国官员们同样沿用发展的话语，建立非正式的帝国。例如，美国在古巴实施一系列发展的项目，也强调和重视发展的意识形态；1915—1934 年之间，美国通过对海地的军事占领，控制其财政，实施修筑道路、卫生和电力设施以及水利灌溉工程，改善交通和通信系统，将改造海地人自身作为发展计划的一部分。在美国的监护下，海地人接受了商业和管理方面的训练，这为之后的美国投资创造了机

---

① David Brody, *Visualizing American Empire*: *Orientalism and Imperialism in the Philippines*, Chicago and London: The University of Chicago Press, 2010, pp. 77 – 80.

会。通过"美元外交"活动，美国人将资本主义视为一种强大的文明化手段，例如西奥多·罗斯福就认为美国应该担负起"国际警察"的角色。19 世纪末至 20 世纪初，在美国缔造海外帝国和对落后民族实施文明化使命的过程中，无论是在拉丁美洲，还是在菲律宾，在其所宣称的促进"自治"与帝国统治的现实之间存在着极其紧张的关系，美国人在这些地区促进发展的尝试一直夹带着武力和压迫。美国殖民当局重塑菲律宾社会的改造计划，乃是在经过一场残酷的镇压菲律宾民族主义的反抗之后；在拉丁美洲，美国军队则不断在海地、古巴、多米尼加共和国和尼加拉瓜的海滩登陆。显然，这一时期美国的帝国发展的实践，反映了一种改良主义者的理想主义与致命的权力压制之间的动态混合。美国人的发展和现代化观念将一直处于变化之中，但诚如我们所看到的，其特定的模式将在之后的世纪里延续始终。①

19 世纪后期，随着美国的工业化的完成和进步主义运动的蓬勃开展，美国国民心态中那种普遍存在的希望以崭新的姿态和形象展示给世界的冲动，乃是急于证明美国的成功和美国的例外，以及美国的生活和价值观的优越，证明美国发展道路的优越性。这与第二次世界大战后美国真正成为世界霸权国家后，对第三世界国家的政策有着深厚的历史渊源。20 世纪 40 年代后，随着世界非殖民化进程的蓬勃发展，美国对新独立的第三世界国家的发展援助政策，利用现代技术来推动落后国家的水利设施修建、国际公共卫生的改善、道路和城市建设的规划，实施教育和人力培训计划、经济发展模式和计划，以及政治上推动所谓的"良好政府"的治理等一系列的规训和引导措施，都是旨在向第三世界输出美国和西方所津津乐道的"现代化"或"现代性"。从这方面来看，19 世纪后期美国对菲律宾等落后国家的文明化冲动和规训活动，与 20 世纪中期以后美国对第三世界的非殖

---

① Michael E. Latham, *The Right Kind of Revolution*, pp. 16 – 18.

民化政策、现代化理念的推行和实践，乃是一脉相承的。

菲律宾模式所呈现的美国非殖民化政策的另一个重要特性，就是其政策设想一直深受现实政治和经济利益等因素的影响。就菲律宾的非殖民化过程而言，它实际上有着更为复杂和现实的一面。有学者指出，美国允许菲律宾获得独立并非仅仅是授予菲律宾人自由的道义原则，而是通过一种新殖民主义的模式，把传统形式的殖民地置于美国的旗帜之下。可以说，在菲律宾获得独立成为事实以及与美国确立了一种新殖民关系之前，美国帝国主义没有在对菲贸易中获得巨额顺差，也没有从投资中获得丰厚利润。然而，具有讽刺意味的是，菲律宾在独立后的第一个十年时间里却在经济上成为美国有利可图的国家，从 1945 年至 1956 年，美国对菲贸易的顺差达到了 17 亿美元，几乎是菲律宾成为美国殖民地前 30 年美国对菲贸易总额的两倍。在菲律宾独立后的前 20 年时间里，美国对菲律宾的直接投资几乎增长了 3 倍，在 1956 年至 1965 年之间，这些投资有 3.862 亿美元的利润被汇回了美国，这还不算用于再投资或者长期储蓄的部分。毫无疑问，新殖民时期美国从菲律宾获得的利润大大超过了美国对菲律宾的殖民时期。①

在对菲律宾实施"文明化"使命的动力作用下，美国殖民政府从一开始就确立了使菲律宾最终获得独立的目标。1901 年，西奥多·罗斯福曾经表示，"我们希望为他们所做的是以前对任何热带地区民族所未做过的，即在他们真正成为自由民族以后使其获得自治"。唯一的问题是什么时间，而不是能否获得自治。考虑到菲律宾在战略上的不利地位以及美国公众认为菲律宾群岛"只是一种无利可图和实际上代价高昂的义务"的倾向，1907 年，罗斯福就总结道，"我们应该为该群岛的独立做准备"。② 然而，美国从菲律宾的撤出远比其进入

---

① William J. Pomeroy, *American Neo-Colonialism: Its Emergence in the Philippines and Asia*, p. 223.

② Frank Ninkovich, *The United States and Imperialism*, p. 75.

时候面临的困难要多。菲律宾的非殖民化，像分离一样，并没有给双方关系造成明确的断裂。随着冷战的爆发及其向东南亚的蔓延，菲律宾对于美国具有了在过去半个世纪里所未曾拥有的新的地缘政治重要性。结果，美国更深地卷入了菲律宾的国内政治以及在菲律宾发展现代化的目标，这比起在殖民统治时期呈现出更大的重要性。正是由于菲律宾对于美国远东战略的重要性，其经济发展继续得到美国政府的高度关注，尽管是在冷战的背景下基于其在战略上的重要性，而不再是"白人的负担"，成为现代化政策判断的基本标准。[1] 1950 年 11 月 9 日，美国国家安全会议的一份备忘录指出，"美国的安全利益要求菲律宾成为并保持稳定、反共产主义和亲美国的国家，成为美国试图促进建立'进步的'和'负责任'政权的世界其他国家的榜样。这就必须重新确保美国的影响达到所需要的消除普遍的腐败、提供有效的政府管理服务，以及恢复公众对民族最大福祉的信心的程度"[2]。在这种形势下，菲律宾的政治精英们与华盛顿重建了有利于他们自己的旧的控制关系模式。1945—1958 年间，美国以贷款和捐助的形式向菲律宾提供的资金超过了 10 亿美元，超过了对该地区其他任何国家提供的资金。另外，美国每年还向菲律宾提供 3000 万美元的军事援助，而其中一些资金被用于像公路建设这样的非军事目的。[3]

不难看出，在 1946 年美国履行其承诺向菲律宾移交主权之后，菲律宾模式即呈现出具有讽刺意味的新含义。菲律宾在获得独立时所接受的一系列条款，继续把菲律宾与美国束缚在一起，美国在菲律宾保留了广泛的军事基地权，通过贸易以及援助条约，两国之间的经济关系仍然深深打着殖民地特征的烙印。而且美国的非殖民化模式，几乎没有对法国、荷兰以及英国在亚洲的殖民地的痛苦命运产生多大积

---

①　Frank Ninkovich, *The United States and Imperialism*, pp. 81 – 82.

②　*FRUS*, 1950, Vol. 6, Eastern Europe; The Soviet Union, pp. 1514 – 1520.

③　Frank Ninkovich, *The United States and Imperialism*, p. 83.

极的影响。① 美国人声称自己在菲律宾的军事承诺和道义责任是独
一无二的，认为自己在菲律宾的存在对菲律宾是有益的。他们要
向在亚洲和欧洲殖民国家表明，菲律宾是美国价值观和信念的体
现。他们认为菲律宾试验的失败将会贬低美国在世界人民心目中
的声誉和价值，尤其是会严重削弱美国在亚洲的影响。随着冷战
的到来，菲律宾在美国的全球战略和亚洲安全体系中的地位发生
了一些变化。在美国人看来，亚洲高涨的共产主义势力正在对国
际秩序和美国的安全形成挑战，它要求获得菲律宾的支持，使菲
律宾能够在美国遏制共产主义扩张方面发挥着重要作用。② 因此，
美国竭力要使菲律宾成为一个"保持稳定、反共产主义、亲美国
的，并且为亚洲其他地区提供榜样的负责任的政权"。美国不仅将
向其提供技术和财政援助，而且应该能够控制这些援助，以保证上
述目标的实现。③

　　从准备使菲律宾获得独立开始，美国在这一过程中的目标和策略
似乎就是矛盾的，与菲律宾继续保持一种密切的经济和政治关系，势
必取决于与美国的利益密切相关但却损害了菲律宾人信任的贸易和复
兴政策。罗哈斯及其之后的菲律宾领导人，尽管对美国的政策和行为
表示不满，但在面临着严重的国内问题的情况下，除了继续依附于美
国这个前殖民宗主国外，实际上几乎没有任何其他选择。④ 例如，菲
律宾对美国的依赖，尤其是对复兴援助的需要，迫使新独立的菲律宾
接受争议最大的"贝尔法案"中提出的"对等条款"，即授予美国公
民与菲律宾人在开发菲律宾自然资源等方面的"对等权利"。如果美
国公民或公司的这种"对等权利"遭到侵犯，那么美国总统有权撤
销贸易协定的任何条款。这样，1946 年"菲律宾复兴法案"规定的

---

① Schaller, *Douglas MacArthur*, p. 104.

② Brands, *Bound to Empire*, p. viii.

③ "Draft Paper Prepared in the Department of State for Consideration by National Security Council Staff," June 20, 1950, in *FRUS*, 1950, Vol. 6, p. 1463.

④ Hess, *The United States' Emergence As A Southeast Asian Power*, p. 249.

6.2 亿美元的战争损失赔偿，也与菲律宾接受"对等条款"联系在一起。① 从这方面来说，菲律宾妥协性的独立以及伴随着没有得到实质解决的许多问题，在 1946 年 7 月 4 日之后一直影响着美菲关系。因此，考察战后的美菲关系，不难发现其中充满着许多矛盾而又相互依赖的因素，正如其他许多后殖民时代的社会一样，菲律宾的民族主义情绪在很大程度上是源于新独立国家与其前殖民宗主国之间的那种难以骤然切断的依附和相互冲突的关系，这种关系在美国与菲律宾之间表现得尤为复杂。独立后的菲律宾仍把美国看作对付内外威胁、保证自身安全的主要力量，看作一个必不可少的贸易伙伴，一个就业、经济援助和技术援助的源泉。显而易见，菲律宾越需要美国，美国对该岛的影响就越突出，菲律宾人对自己仍然处于附属地位的怨恨自然就越大。合作与抵制、吸引与排斥等矛盾存在于不稳定的和谐中。②

造成这种结果的主要因素在于，美国对菲律宾独立后的外交政策更多的是出于自身利益的考虑，而忽视了菲律宾人的感受。美国在独立后的菲律宾仍保持着巨大的政治、经济和战略影响，这给之后的美菲关系遗留下一系列的矛盾和问题。在政治上，长期以来，美国在菲律宾注意培养了一大批温和的、亲美的精英阶层，从而使菲律宾与美国保持了一种密切的关系，也确保了美国在东南亚能够保持强大的影响。但这种局面造成在被美国统治达半个世纪之后，后殖民时代的菲律宾权力仍被少部分精英所垄断，他们控制着这个岛国的大部分经济资源。菲律宾在独立后不断爆发的内部叛乱，表明菲律宾社会内部存在着严重的财富和权力分配的不均。③ 在经济上，美国保留了其在菲律宾的优越地位。1946 年的"贝尔法案"以及同年的其他立法，规定通过关税特惠以及受美元限制的流通货币，使菲律宾的贸易受到美

---

① "Philippines: Post Independence & Relations with the United States 1945 – 1972," available at http://www. carnelian-international. com/Philippines/Post_ Independence. htm.

② Brands, *Bound to Empire*, pp. 270 – 273.

③ McMahon, *The Limits of Empire*, p. 29.

国的监督；菲律宾的自然资源将在与对菲律宾人同等的基础上对美国商人开放（尽管后者在美国将不享有同等的地位）；没有美国总统的同意，新的共和国不能控制收益投资和资本从菲律宾向美国的转移。[①]这实际上造成菲律宾在政治上已经从附属地转向独立，而其经济仍处于殖民地地位的结果。战后美国对菲律宾的经济政策损害了菲律宾的政治独立和忽视了菲律宾的利益，也违背了美国早期对菲律宾的承诺，是一种不负责任的表现。在军事上，通过军事基地协定的签署，美国在菲律宾保留了几十个重要的军事基地，也保持了广泛的军事影响，这造成菲律宾民族主义者对美国的怨愤，把其视为美国在菲律宾殖民残余的最明显的象征。

菲律宾人对这种美国继续主宰菲律宾的现状十分不满，在美菲"和谐"关系的表面下，充斥着不满的潜流。菲律宾人怨恨其对美国的依赖，对美国表现的傲慢和自大十分不满，美菲之间在政治、经济和安全利益上的冲突不时发生。[②]菲律宾政府领导人对美国的这种侵犯其民族主权的行为并非逆来顺受。不仅菲律宾的舆论，而且亚洲的舆论普遍对美国的措施表示反感。在他们看来，美国的这些措施无疑是殖民主义的回归。印度的民族主义领导人尼赫鲁，在向菲律宾独立表示祝贺的同时，也不无讽刺地指出："我们希望这是真正意义上的独立……某些称之为独立的国家远非获得了自由，而是继续处于某些大国的经济或者军事主宰之下……我们希望菲律宾并非如此。"[③]

当时在美国和菲律宾都不断有人抨击美国的政策，认为美国没有完全履行其对菲律宾复兴的责任，使其获得真正的政治和经济独立。除了对复兴援助和贸易关系的不满外，许多菲律宾人还指责美国对共和国面临的严重财政问题漠不关心。独立后的菲律宾政府面临着税收

---

① A. Burns, In Defence of Colonies, Allen & Unwin, 1957, pp. 124 – 126, in Grimal, *Decolonization：The British, French, Dutch and Belgian Empires* 1919 – 1963, p. 178.

② McMahon, *The Limits of Empire*, pp. 90 – 91.

③ All-India Congress Committee, *Congress Bulletin*, August 3, 1946, in Hess, *The United States' Emergence As A Southeast Asian Power*, p. 246.

短缺，财政困难等局面。罗哈斯 1946 年 5 月访问美国期间，曾提出向美国贷款 2.5 亿美元以弥补未来 5 年的财政需要，之后又希望能在当年就获得 5000 万美元贷款。他认为美国进出口银行可以确保菲律宾重建有可靠的资金来源，希望在独立之初的 5 年里有一个期限为 35 年的无息贷款，之后是低息贷款。① 由于杜鲁门政府对菲律宾政府的困境不够关注，美国进出口银行的国家顾问委员会没有同意其要求。麦克纳特希望美国支持罗哈斯的请求，认为拖延可能会危及菲律宾政权的稳定，将极大地影响到菲律宾的复兴计划。② 1946 年 9 月，美菲签订一项协定，美国根据菲律宾复兴法案的相关规定，把价值约 1 亿美元的战争剩余财产移交给菲律宾共和国。③ 而国会只是于 1946 年 12 月通过美国复兴信贷署批准向菲律宾共和国提供一笔 2500 万美元的贷款。④ 战后美国对菲律宾实际援助的削减引起了菲律宾人普遍不满，他们对美国的援助不力表现出失望和沮丧。在经济援助方面，美国人给予菲律宾的援助远远少于所给予他们昔日的共同敌人——日本的援助。到 50 年代中后期，随着美国进一步削减对菲律宾的经济援助，菲律宾的民族主义情绪再次高涨，双方关系一度趋于紧张状态。⑤ 菲律宾的这种民族主义情绪日益增加，对美国人引以为自豪的菲律宾模式形成了挑战。

实质上，美国所推崇的菲律宾模式及其后来把该模式推广到整个殖民地世界的设想，与其在 20 世纪对世界霸权的追求密切相关。随着美国在世界体系中地位的变化，其全球政策和追求霸权的方式也随

① "Memorandum of Conversation, by the Chief of the Division of Lend-Lease and Surplus War Property (Fetter)," May 14, 1946, in *FRUS*, 1946, Vol. 8, pp. 878 – 879.

② "The United States High Commissioner in the Philippines (McNutt) to Mr. Richard R. Ely, of the Office of United States High Commissioner, Washington," June 14, 1946, in *FRUS*, 1946, Vol. 8, pp. 883 – 884.

③ "The Ambassador in the Philippines (McNutt) to the Secretary of State," September 3, 1946, in *FRUS*, 1946, Vol. 8, pp. 904 – 905.

④ "The Secretary of State to the Ambassador in the Philippines (McNutt)," December 30, 1946. in *FRUS*, 1946, Vol. 8, p. 942.

⑤ Karnow, *In Our Image*, p. 23.

之改变。在二战后，美国的世界政策需要使传统的殖民帝国向一种新型的霸权转变。殖民主义统治方式已经不适应美国对以自己为中心的自由和开放的世界秩序的追求，菲律宾的非殖民化的完成只是美国在20世纪，尤其是二战后全球战略转变的开始。美国人在二战中间乃至战后，一直以其在菲律宾的记录作为对待其他殖民地民族的样板，但是后来欧洲殖民国家和亚洲民族主义者都不愿意接受这一模式。对于欧洲殖民国家而言，这是干涉其内部事务；而对于民族主义者而言，这是一种拖延策略，推迟了其独立的目标。① 实际上，英国在1947年允许印度独立或者法国在压制印度支那独立（直到1954年）时，很难看出是遵循了美国在菲律宾的非殖民化模式。在许多人看来，那种认为菲律宾为非殖民化提供了一种样板的观点是一种错误的看法，美国的行为自始至终主要取决于自身的需要，而非考虑自由、民主或自决。②

战后的美菲关系也应该置于美国全球战略的宏大背景下去考虑。从二战后期开始，美国的决策层就把战后世界秩序的构想建立在两个基本原则之上，即集体安全原则和自由贸易原则，前者主要是通过"集体安全"来确立美国的全球霸权体系；后者则力图通过寻求全球门户开放来构建以美国为中心的世界经济体系。这两个原则也是指导战后美国对菲律宾政策结构的基本框架，与集体安全相关，美国更为关注与独立后的菲律宾共和国的战略关系问题，首先集中于美国在该群岛的军事基地；其次集中在贸易和投资的开放问题，以及美国投资者和出口商进入菲律宾市场等问题上。③ 由此可见，正是与20世纪初的帝国冲动相回应，美国人在二战后重新把菲律宾作为通向庞大的东方市场、获取荷属东印度丰富的资源和在整个亚洲地区可能进行投资和开发的重要门户。战略家们把该群岛设想成为美国军舰、飞机和军

---

① Newson, *The Imperial Mantle*, p. 52.
② Ryan, *US Foreign Policy in World History*, p. 62.
③ Brands, *Bound to Empire*, p. 220.

队进入该地区其他地方的"跳板"。这些无疑是构筑战后美国所追求的霸权的必备要素。只要理解了这些，我们就毫不奇怪麦克纳特后来为什么把马尼拉称作"我们在东方外交"的重要枢轴。①

总之，透过美国在菲律宾的非殖民化实践及其政策的演变历程，我们就不难理解其 20 世纪非殖民化政策的基本特性以及其形成和变化的深层动因。在历史上，美国反殖民主义背后一直有着深厚的文化和现实利益因素，美国对菲律宾的殖民化和非殖民化实践常常因现实利益而折中和妥协，二战后美国的非殖民化政策同样因冷战战略因素而不断进行调整。基于国内和国际因素以及缔造新帝国的动机，美国在 1898—1899 年占领了菲律宾，开始进入了全球主义的时期。同样的驱动力又促使了美国从 20 世纪 20 年代末开始改变统治菲律宾的方式，无论是对菲律宾的殖民化、菲律宾化还是最后的非殖民化，无疑都是在充分考虑了美国的利益之后才开始进行的。在第二次世界大战后，经过必要的修正，追求霸权的驱动力又导致美国对遍及整个亚洲和世界的革命发展作出强烈的反应。"美国在菲律宾行施霸权的军事、政治和经济手段，与美国后来延伸到这个世界上大多数地区所使用的手段如出一辙。美国领导人在菲律宾所作的让步和政策调整，与美国领导人在其他国家所作的让步和调整十分相似。"② 通过考察美菲关系中所表现出来的美国外交政策中的某种特质，可以使我们进一步了解 20 世纪美国与其他众多第三世界国家的外交关系。

---

① Karnow, *In Our Image*, p. 331.
② Brands, *Bound to Empire*, pp. ix‐x.

第三章　瓦解欧洲殖民体系的努力：二战期间美国的非殖民化规划

19 世纪末美国走上了海外扩张的道路，在构建帝国和履行"文明化"使命的冲动下，占领了菲律宾并开始实施殖民统治，但美国公众中间普遍存在的对欧洲政治及其殖民主义方式的反感，使美国在殖民地治理理念、价值观和发展构想等方面，都与欧洲帝国主义有着许多不同之处。第一次世界大战后，随着美国总统威尔逊"十四点计划"的提出，特别是民族自决原则的提出，美国与欧洲帝国在殖民地问题解决的目标、路径以及进程等方面，都存在较大的分歧。20 世纪二三十年代大危机发生后，各个大国之间重返重商主义政策，实施保护主义的关税法案，并建立起封闭的贸易和货币体系，导致了国际贸易和国际金融体系的崩溃，加之亚洲、非洲和加勒比海地区不断出现的反叛运动，使传统的殖民秩序出现严重的危机，这些都是推动美国决策层决心解决欧洲殖民地问题的重要动因，并开始将美国在菲律宾的非殖民化实践作为一种样板加以推广。1934 年 3 月，美国国会通过"泰丁斯—麦克达菲法案"后，菲律宾的非殖民化进入了实质性的阶段。之后，美国人不仅把这种菲律宾模式看作美国具有民主传统和反殖民主义"理想"的最好证明，而且开始把自己在菲律宾的经验视为世界非殖民化的样板，希望其他西方国家及其附属地人民都能够效仿这种做法。在很大程度上，这一思想也指导着二战期间美国国务院关于解决欧洲殖民地问题的制度设计。

一 美国的非殖民化设想与《大西洋宪章》的发表

在 20 世纪的最初 30 年，美国的经济权力尚未转变成政治权力，英国仍然保持着世界领导地位。因此，在第一次世界大战后，美国总统威尔逊未能实施其自由国际主义的设想，而是在 1933 年富兰克林·罗斯福当选总统后，威尔逊主义才重新回归美国的政治议程。到 20 世纪 40 年代，随着威尔逊主义的信奉者在白宫、国务院和财政部等美国重要的权力部门占据了有利地位，威尔逊的自由国际主义、自由贸易以及民族自决观念，开始融入美国决策层建立一种新的世界秩序的设想之中。20 世纪二三十年代，由于大危机所导致的国际经济秩序崩溃和失序状态，引发了美国与欧洲帝国之间在国际贸易和支付规则方面的剧烈冲突，美国的反殖民立场指向了推动欧洲国家向美国的商品和资本开放市场。这一时期亚非地区发生的反叛活动所导致的殖民秩序危机，以及德国、意大利和日本为分享现有殖民地而产生的危机，引起了美国决策者对非殖民化问题的高度关注，并将瓦解欧洲殖民体系的设想付诸行动。这一结果直接导致了二战期间美国与欧洲帝国，尤其是与英国之间关于殖民地前途问题的激烈争执。进入 40 年代后，随着"美国世纪"的到来和美国人的反殖民主义情绪的不断高涨，美国总统罗斯福开始制订了关于瓦解欧洲殖民帝国的规划和步骤，并鼓动公众舆论和知识界对欧洲殖民主义展开了激烈的谴责和抨击，推动殖民地问题的国际化和解决模式的"美国化"。[1]

---

[1] Robert Dallek, *Franklin D. Roosevelt and American Foreign Policy, 1932 - 1945*, New York: Oxford University Press, 1995, pp. 33 - 34; Walter LaFeber, "FDR's Worldviews, 1941 - 1945," in David B. Woolner, Warren F. Kimball, and David Reynolds, eds., *FDR's World: War, Peace, and Legacies*, New York: Palgrave Macmillan, 2008, pp. 215 - 217.

在第二次世界大战爆发后，随着德国等法西斯势力的不断扩大，战争形势已经越来越威胁到美国的安全及其全球利益。在罗斯福的领导下，美国逐渐卷入了战争，并成为反法西斯的主要后盾和资本主义自由世界的捍卫者。可以说，第二次世界大战为美国确立其世界霸权提供了独一无二的机会，美国人决心凭借自己拥有的强大物质基础和战争资源，以美国的理想、价值观念及其影响力来塑造战后的世界体系，把美国的政治、经济和军事霸权向全球范围内进一步扩展。在战争期间，美国与欧洲盟国进行了密切的政治、军事合作，但这种合作也伴随着许多不和谐的因素，其中较为突出的就是美国与欧洲殖民国家在殖民地问题上存在着严重的分歧。长期以来美国舆论中对欧洲殖民主义的反感，并未因为与这些殖民国家结成战时同盟而减少。美国公众对欧洲殖民主义的这种反感情绪在 1939 年 9 月到 1940 年之间尤为明显，当时美国舆论普遍认为美国的金钱正通过"租借法"大量地用于支持英国的帝国战争。即使在 1941 年 12 月珍珠港事件后，美国全面卷入了反对德日法西斯的战争以后，有许多美国人还没有完全消除这种情绪，尽管他们深知美国的援助对于挽救西方自由世界是十分重要的，但他们不愿为欧洲帝国的利己目的而战。[①] 在这种情况下，罗斯福需要采取一些有说服力的行动来表明盟国所要进行的事业不是为了挽救旧的殖民特权，而是为了构建一个新的普遍民主的世界。

实际上，罗斯福及其决策层中的许多官员也认为，正是殖民制度的存在威胁到了世界和平与稳定，殖民主义是世界战争的根源，为确保实现美国的全球霸权，这种对"美国治下的霸权"的潜在威胁必须终止，帝国之间的竞争必须结束。同时出于政治、经济利益乃至道义上的考虑，他们反对传统帝国主义的继续存在，主张在战后对殖民制度进行根本性的变革，并提出了摧毁殖民主义体系的具体计划。因此，战时美国的一个重要目标就是找到终结欧洲帝国主义的途径。在

---

① Holland, *European Decolonization 1918 - 1981: An Introductory Survey*, p. 53.

罗斯福的领导下，反殖民主义活动作为一种道义的十字军运动而被推动，帝国主义和殖民主义完全被妖魔化。特别是美国副国务卿萨姆纳·韦尔斯，在媒体上大肆抨击殖民主义，成为反帝国主义的发言人。[①] 美国国内日益发展壮大的反殖民主义运动，也吸引了副总统亨利·华莱士（Henry Wallace）以及具有强大影响力的政治人物如温德尔·威尔基（Wendell L. Willkie）、汤姆·康纳利（Tom Connally）以及罗伯特·拉福莱特（Robert LaFollette）等人的支持。他们将这种反帝国主义和反殖民主义的意识形态的基调，通过新闻媒介〔如赫斯特集团（Hearst）和卢斯（Henry R. Luce）的报业集团〕，传播给更广泛的美国公众。[②] 因此，随着战争的展开，美国的公众舆论整体上对帝国主义的憎恶，尤其是对大英帝国的厌恶，可谓与日俱增。

随着美国对殖民地问题关注的加强，罗斯福政府将第二次世界大战视为消除所有帝国——德国、日本、英国、法国、荷兰等殖民国家的机会，旨在通过瓦解欧洲殖民体系并构建一种新的国际秩序，来实施其"美国世纪"的蓝图。[③] 罗斯福以及国务卿科德尔·霍尔开始以一种道德帝国主义的方式采取行动。一方面，他们将帝国视为构建一种非正式贸易帝国的障碍，将瓦解欧洲帝国视为构建美国主导的全球自由贸易秩序，以及拓展资源和市场的途径。另一方面，他们将反帝国主义置于一种道德维度。作为一名威尔逊主义者，罗斯福认为每个民族国家都有自决权，一个民族对另一个民族的压迫地位是难以接受的。他明确表示厌恶英国式的帝国主义，并将世界上很多地方的贫困归咎于殖民剥削。在其决策层中，科德尔·霍尔以及副国务卿韦尔斯

---

① Louis, *Imperialism at Bay*, pp. 154 – 155, 199；Victor Pungong, "The United States and the International Trusteeship System," in Ryan and Pungong, eds. , *The United States and Decolonization*, pp. 90 – 91.

② P. Eric Louw, *Roots of the Pax Americana*, p. 98；Lloyd Gardner, "FDR and the 'Colonial Question'," in David B. Woolner, Warren F. Kimball, and David Reynolds, eds. , *FDR's World: War, Peace, and Legacies*, pp. 123 – 125.

③ Gary R. Hess, *The United States at War, 1941 – 1945*, Wheeling, Illinois: Harlan Davidson Inc. , 2011, pp. 102 – 103.

等人都认为英帝国在道义上是难以容忍的，因为其与美国人所倡导的
"自由"和"民主"相背离。对于他们来说，摧毁欧洲帝国无疑一场
类似于终结一种专制和极权体制的伟大的道义圣战。长期以来，美国
国内普遍存在一种反帝国主义情绪，在政治文化上与欧洲帝国存在冲
突，美国人认为他们自身的"道德世界"（moral universe）和政治制
度，优越于欧洲人控制其帝国的方式。他们进而认为，当面临与他们
所笃信的"道德世界"相背离的情况时，他们有"权力"进行干预，
这就成为很多美国人奉行（道德）干预主义的基础。① 可以说，在
1940 年之后，罗斯福、霍尔和韦尔斯等人继承了威尔逊式的"开放
贸易"和多边主义的观念，他们成为自由主义的社会工程师，致力于
庞大的社会改革工程，通过实施新政实现对美国的改造，并在此基础
上呼吁按照自由资本主义的利益，通过非殖民化终结欧洲帝国。在罗
斯福及其决策层看来，由于欧洲帝国与其"道德世界"相背离，他
们决心按照美国的形象来"改造"其敌人（德国和日本）以及盟友
（英国等）。② 这种重新改造德国和日本，使其建立一种自由主义的社
会秩序，以及摧毁大英帝国，同时塑造第三世界"发展中国家"的
设想，为战后美国霸权的构建奠定了基础。

因为在欧洲帝国散布全球的情况下，美国霸权是无法建立的，美
国战时的决策者们想尽办法来瓦解这些帝国。二战期间，在罗斯福关
于战后美国霸权秩序的框架性设想中，自由贸易、"道义"思想与反
殖民主义理念是密切联系在一起的，其行动指向和目标非常明确。在
罗斯福政策的决策层中，国务卿科德尔·霍尔被用来推动其威尔逊主
义的贸易思想，副国务卿萨姆纳·韦尔斯则被用来推动其"道义"
思想，而前共和党候选人温德尔·威尔基，则被罗斯福用来鼓动公共

---

① P. Eric Louw, *Roots of the Pax Americana*, p. 32.

② D. C. Watt, "American Anti-colonialism Policies and the End of the European Colonial Empires, 1941 - 1962," in A. N. J. Den Hollander, ed., *Contagious Conflict: The Impact of American Dissent on European Life*, Leiden: E. J. Brill Publisher, 1973, pp. 123 - 124.

舆论反对帝国主义和殖民主义,他们在战时所提出的政策模式最终为后来的美国霸权奠定了主题。罗斯福对欧洲殖民主义进行了强烈的抨击,谴责他们在世界上许多地区的殖民剥削导致的贫穷;他在很多场合都明确表示了对英国帝国主义的厌恶,并将其反殖民主义观念付诸行动。尽管罗斯福政府提出了一种不明确的反殖民政策,但他们的声明点燃起了亚洲和非洲人民的希望。《大西洋宪章》、反对大英帝国的宣传以及美国国务院在 1943 年颁布的"民族独立宣言",所有这一切都激励着欧洲帝国内的民族主义组织。这种激发起来的欧洲帝国内部的反叛,显然有利于削弱欧洲殖民帝国。①

可以说,进入 20 世纪 40 年代后,罗斯福及其决策团队首先将非殖民化的矛头对准了大英帝国,开始对其进行劝导和施加压力。二战期间盟国——主要是美英之间在殖民地问题上的分歧,首先围绕着《大西洋宪章》的发表及其原则的适用范围展开。1941 年 8 月,罗斯福和丘吉尔在北大西洋纽芬兰附近的一艘军舰上召开会议。根据罗斯福的儿子埃里奥特的回忆,在大西洋会议期间,罗斯福和丘吉尔就在关于即将发表的声明以及大英帝国的前途等方面发生了激烈的争论。罗斯福表明,美国不能成为一个仅仅帮助大英帝国摆脱目前困境的工具,美国在这场战争中帮助英国,并非为了使其能够继续统治殖民地民族。而丘吉尔则针锋相对,表示他不会使自己成为第一个导致大英帝国解体的首相。② 罗斯福指出,正是大英帝国贸易协定的存在,造成了印度和非洲以及所有近东和远东的殖民地仍然十分落后。他坚持认为贸易自由是维持持久和平的前提条件,并表示:"在战后,任何持久和平的前提条件之一将必须是最大可能的贸易自由……没有人为的壁垒,尽可能少的特惠经济协定。使商业有扩张的机会,市场开放以有利于良性竞争。""和平的构成需要民族平等,民族平等包括最大可能的贸易自由竞争。"这时,丘吉尔反驳道:"总统先生,英国

---

① P. Eric Louw, *Roots of the Pax Americana*, pp. 92 – 95.

② Roosevelt, *As He Saw It*, pp. 24 – 25.

人目前不打算失去自己在英国自治领的特惠地位。"而罗斯福则表示：
"如果我们达成一种稳定的和平，它必须包括落后国家、落后民族的
发展。显然，用 18 世纪的模式是难以实现的。"他还进一步指出，20
世纪的模式应该包括给这些殖民地带来工业，通过提高它们的生活水
平、教育它们、给它们带来卫生设施等，保证它们能够得到回报。他
又以菲律宾人为例指出，"它们在 1946 年将获得自己的独立，而且它
们已经得到了现代的卫生设施、享受了现代的教育，它们的文盲率已
经在逐渐下降"。①

　　尽管丘吉尔对罗斯福的看法十分不满，但在战争的严峻形势下，
他还是勉强作出让步。8 月 14 日，美英联合发表了著名的《大西洋
宪章》，宣称两国不承认由于法西斯国家的侵略所造成的领土变更。
《大西洋宪章》中包含了美国要求建立基于所有国家之间发展自由贸
易以获得和平，以及在承认民族平等原则的基础上使落后国家获得发
展的理想，其中第三条明确提出了"自决"的原则，即"尊重所有
民族选择其愿意接受的政权形式的权利，将恢复它们被以武力剥夺走
的主权和自治"。第四条指出，"将致力于使所有国家，无论大小，
无论是胜利者还是战败者，都享有其经济繁荣所需要的在世界范围
内的贸易和获得原材料的平等机会"。从内容上看，《大西洋宪章》
发表之初，就明确了其原则在世界的适用范围，如第三条提到了
"所有民族"；第四条又指出，"所有国家，无论大小"；第五条指
出"所有国家"；第六条指出"所有国家"以及"所有生活在地球
上的人们"；第七条指出"所有人们"；第八条指出了"世界上的
所有民族"。事实上，这或许可以简单概括成"全部"。这些条款成
为后来整个联合国构成的基础。②《大西洋宪章》中所体现的"自
决"原则以及其他思想，在促进非欧洲世界的民族主义观念方面的

　　① Roosevelt, *As He Saw It*, pp. 35 – 37.

　　② "The Atlantic Charter," August 14, 1941, in Commager, ed. , *Documents of American History*, Vol. 2, p. 631.

确产生了十分重要的影响。《大西洋宪章》对战后世界具有非常深远的影响，在之后的数十年里，《大西洋宪章》成为团结反殖民力量的很重要文件，在营造一种有利于摧毁欧洲帝国主义的政治氛围方面发挥了决定性的作用。

但正是在这些原则中，尤其是第三条提出的"所有民族"的"自决"原则适用范围上，美英之间发生了激烈的争执。《大西洋宪章》签署以后，很快就在英美两国报纸上刊出，在英国国内立即引起了强烈反响。在英国人看来，美国战时的一个主要目标是摧毁大英帝国，而美国人所坚持的这些原则从一开始就是攻击英帝国的手段。无论是英国官方还是民众，其普遍的印象就是美国人打算利用《大西洋宪章》来解放非洲以及其他的英国殖民地，认为美国人是利用英国的困难来加强自己在加勒比地区的地位，以及确立其在中东、印度和东南亚等在欧洲势力范围内的利益。由于宪章起草时英国殖民部（Colonial Office）没有得到协商，因此该部对宪章第三条的内容更是充满疑虑。在《大西洋宪章》发布后不久，丘吉尔就收到了来自缅甸总督的信件。丘吉尔从中得知，缅甸人将会利用宪章第三条中具有自由意义的条款要求在战后获得完全自治。总督解释说，丘吉尔和罗斯福在起草宪章时可能没有考虑到缅甸，但缅甸人或者其他任何人都会认为他们不会被排除在宪章包括的国家之外。《大西洋宪章》无疑与大英帝国的命运联系在一起了。当时，印缅事务大臣利奥·埃默里（Leo Amery）也致信殖民大臣莫因勋爵（Lord Moyne），谈到了对大英帝国前途的担忧。莫因也表示不能接受自治的设想，他在回信中谈道："自治的原则在许多地方可能被解释成驱除所有现存的帝国。一些殖民地是如此之小，或者是在战略上如此重要，完全自治是不可能的。"莫因竭力向丘吉尔表明，赞同自决的原则将会带来危险，即便是有限的自治。他指出，允许殖民地民族选择自己的政体形式对殖民部来说是十分棘手的。他不怀疑丘吉尔和罗斯福打算使用这一原则的方式，但的确不适用于那些仍然需要政治保护的殖民地。①

　　而罗斯福以及其他许多美国官员则不断重申，《大西洋宪章》的原则不仅应该应用到欧洲，而且应该适用于世界其他各民族。罗斯福将其视为一种使世界上所有的民族从落后的殖民政策获得自由和推动自由贸易的一种手段。1942年2月，罗斯福在华盛顿诞辰纪念日上发表演讲时指出："我们同盟国全体就我们所追求的那种和平，已经原则上达成了广泛的一致。《大西洋宪章》不但适用于大西洋两岸的地区，也适用于全球。"② 时任美国副国务卿的萨姆纳·韦尔斯是《大西洋宪章》背后的主要推动者，他将《大西洋宪章》看作一个推动威尔逊设想和使门罗主义全球化的机会。1942年5月30日（阵亡将士纪念日），韦尔斯在阿灵顿（Arlington）国家公墓的演讲中表示："我们的胜利必须使所有的民族都能获得解放，各民族之间因为种族、宗教信仰或者肤色而存在的歧视现象必须被消除。帝国时代已经结束了。"③ 韦尔斯在演讲中宣布战争的目标就是解放，随后他又进一步强调了这些原则的普遍性，他指出："必须承认一个民族有权获得自由，正如文明世界长期以来所公认的个人具有自由权那样。《大西洋宪章》的原则必须保证适用于整个世界。"④

　　但在不少英国官员看来，《大西洋宪章》只不过是一种有力的宣传武器，而非一个正式的国家文件。他们认为大英帝国的每一部分必须按照自己的方式和步伐发展，认为《大西洋宪章》应该适用于那些处于纳粹专制下的欧洲民族，不应该涉及大英帝国的内部

---

　　① Copies of telegrams from Burma in PREM 4/42/9；"Amery to Moyne，" August 25，1941，enclosing draft memorandum；"Moyne to Amery，" August 26，1941，Co 323/1858/9057，in Louis，*Imperialism at Bay*，pp. 125－126.

　　② Louis W. Holborn，ed.，*War and Peace Aims of the United Nations*，Vol. 1，Boston：World Peace Foundation，1943，p. 90.

　　③ Robert E. Sherwood，*Roosevelt and Hopkins：An Intimate History*，New York：Harper & Brothers，1950，p. 507.

　　④ "Mr. Ashley Clarke to Mr. Eden，"［F 4320/4320/61］，in Preston and Partridge，eds.，*British Documents on Foreign Affairs*，Part. Ⅲ，*Far Eastern Affairs*，Vol. 5，Part. 18，p. 107.

事务，或者涉及诸如美国与菲律宾的关系等方面。他们担心如果宪章适用于世界各民族，印度、缅甸、马来亚以及荷属东印度等殖民地的人民，就可能会要求把《大西洋宪章》适用于太平洋和整个亚洲地区。结果会直接威胁到包括英帝国在内的整个欧洲殖民体系的前途和命运，大英帝国的瓦解和崩溃是丘吉尔内阁所不堪设想的后果。事实上，丘吉尔在大西洋会议之后不久，就试图对宪章作出限制性的解释。1941 年 10 月 5 日，在伦敦市政厅的一次演说中，他明确表明了自己的立场："我们卷入这场战争不是为了获得利益和扩张，而是源于一种荣誉感和为了履行我们作为法律捍卫者的职责。然而，我想声明，我们所拥有的，我们必须保持。我不会成为旨在促使毁掉大英帝国的国王陛下的首相。"[1] 12 月 9 日，在给下议院的报告中，丘吉尔再次强调，《大西洋宪章》无论如何也不能适用于印度、缅甸或者大英帝国的其他部分。他指出英国正在为这些地区的自治进行准备，并取得了很大进展。他尽力把英帝国排除在宪章第三条的范围之外。用他的话来说，"在大西洋会议上，我们旨在恢复目前处于纳粹枷锁下的欧洲国家和民族的主权、自治和民族生活，以及确定更改其边界的原则。因此，这与那些效忠于英国女王陛下的地区和民族的自治制度的渐进发展是迥然不同的问题"[2]。1943 年 1 月，时任殖民大臣的克兰伯恩勋爵在给副首相艾德礼的信中表示，《大西洋宪章》不能完全适用于整个殖民地区，或者至少是落后的殖民地区。按照他的理解，《大西洋宪章》的原意主要指当时被希特勒所占领的欧洲国家，这些国家历史悠久，能够决定其自己的命运。无疑，那些最落后的殖民地终究会发展壮大，但是目前它们还是幼年时期，

---

① Grimal, *Decolonization: The British, French, Dutch and Belgian Empires, 1919 – 1963*, p. 123.

② "The Atlantic Charter: Extract from a Speech by the Prime Minister in the House of Commons," September 9, 1941, *Hansard Parliamentary Debates*, Vol. 372, cols 67 – 9, in Porter and Stockwell, *British Imperial Policy and Decolonization*, pp. 103 – 105.

还不具备自治能力。① 克兰伯恩勋爵甚至在一份关于殖民政策的公开声明中指出，针对美国人提出的把《大西洋宪章》适用到所有殖民地区的要求，英国议会应该提出一个"殖民地宪章"作为《大西洋宪章》的补充。但这一设想实际操作起来是很困难的，当英国驻美大使哈利法克斯伯爵（Edward Frederick Lindley Wood）把这一想法向美国国务卿赫尔提出时，遭到了赫尔的拒绝。② 那时，赫尔正在酝酿一个新的联合宣言。

美英双方关于《大西洋宪章》的争论持续了一年多，仍没有什么实质性的结果。到1942年年底，英国的立场出现了某种缓和的迹象。外交部和殖民部表示，可以按照《大西洋宪章》的某些原则和在某种太平洋区域会议的框架下，开发殖民地的资源、确保殖民地的安全和为它们最终获得自治而做准备。英国应该在战后重新获得属地，英国不能根据"自决"的原则放弃对殖民地的主权。③ 殖民大臣斯坦利解释了英国政府的这一立场："主权不仅是一个权力问题，它也意味着负有许多责任。未来殖民地的责任问题将不仅仅是局限于制定法律和维持秩序，而且也意味着进行大规模的财政和经济援助。如果我们做好准备独自担起这些责任，做出财政上的牺牲，那么我们必须能够行施权威和运用权力……我认为任何国际标准的建议都没有考虑到相关地区人民的感情。虽然我坚决认为行政机构必须保留有英国人及必须保持国家的主权，但是这并不排除进行密切合作的可能性。"④

---

① "Secretary of State for the Colonies to Deputy Prime Minister（Attlee），" January 14, 1943, CO 323/1858/9057B, in Porter and Stockwell, *British Imperial Policy and Decolonization*, doc. 18, p. 142.

② "A Public Declaration on Colonial Policy：Minute by Lord Cranborne," September 4, 1942, CO 323/1848/7322, in Porter and Stockwell, *British Imperial Policy and Decolonization*, doc. 15, p. 130.

③ Porter and Stockwell, *British Imperial Policy and Decolonization*, p. 27.

④ Grimal, *Decolonization：The British, French, Dutch and Belgian Empires, 1919 – 1963*, p. 123.

从《大西洋宪章》的内容来看，它实际上提出了非殖民化问题的远景。在来自附属地区的民族主义运动以及美国等国际社会的反殖民压力下，非殖民化以及世界经济体系的未来形态已经明确地写在了盟国战时的议事日程上。但当时盟国的首要目标是打败轴心国同盟，这就意味着这些原则的实现过程必然要经过各种曲折和妥协。1942 年夏，美英联军在北非登陆前夕，罗斯福派出一个高级代表团访问英国，协商两国之间关于战争政策以及战略计划等方面的重大问题。双方尽管在关于《大西洋宪章》的内容方面仍存在许多分歧，但在宪章签署一周年之际，两国都没有过多涉及这一问题。这一方面是由于盟国已经准备在北非战场实施"火炬"计划，罗斯福不愿在此时进一步触怒英国；另一方面，英国也迫于战争形势，亟须美国大量的物资援助以及在各个战场上的合作，只有暂时做出妥协。[①] 但是，对美英两国来说，1942 年都是不平静的一年，罗斯福总统更为激进的反殖民主义方案正在酝酿之中，盟国之间，主要是美英之间关于殖民地前途的争论已经展开。

二 美英在殖民地前途问题上的分歧

在战时关注殖民地问题的过程中，罗斯福总统及许多其他美国官员都认为，自决的原则将有助于在欧洲殖民帝国中缔造独立国家，他们确信独立应该是所有殖民地的最终目标。至于以什么形式来取代殖民体系的问题，美国决策层中间普遍认为菲律宾模式代表着非殖民化的最佳榜样。1942 年发表在《观察》（*Look*）杂志上的一篇文章表达了这种观点："我们已经同意从菲律宾撤出，菲律宾人给予我们的战争援助正是我们良好愿望的结果。"[②] 罗斯福在谈到殖民地问题时，

---

① 潘兴明：《丘吉尔与英国的非殖民化》，第 67 页。

② "Ashley Clarke to Mr. Eden," June 11, 1942, ［F 4320/4320/61］, in Preston and Partridge, eds., *British Documents on Foreign Affairs*, Part. Ⅲ, *Far Eastern Affairs*, Vol. 5, Part. 18, p. 107.

时常强调欧洲殖民者应该效仿菲律宾模式。他说："战后美国的外交政策必须是沿着这一方针进行，使英国人、法国人及荷兰人认识到，我们在菲律宾所走的道路是他们在各自殖民地所能走的唯一道路。"①罗斯福总统进而开始把殖民地的政治独立作为盟国的战时目标，为了帮助那些渴望独立的民族，他设想将为它们的非殖民化进程制定明确的日期，然后按照确定的时间表，殖民地民族将被授予朝着进步发展的自治，最后走向独立。在罗斯福的这一思想影响下，国务院把菲律宾作为一个获得政治自由和独立的模式，希望以此为战后的非殖民化寻求一种普遍的原则。1942 年 7 月 23 日，霍尔在广播电台发表了关于"战争和人类自由"的讲话，其中关于附属地民族的计划可以归为两点：其一，应该采取具体的措施以增强附属地区的自治能力；其二，在一些较为发达的殖民地，应该按照非殖民化的特定的时间表走向独立。② 美国已经准备担当起解决未来殖民地问题的领导责任。

实际上，在战时大同盟中自始至终存在源于殖民地问题的互不信任。美国人早就把欧洲殖民主义视为没落社会的标志，认为其在思想上已误入歧途，因为它阻碍着民族自决的实现。美国人还把欧洲殖民主义视为寻求美国方式，尤其是寻求美国贸易的障碍。③ 美国决策者认识到，必须在全球范围内瓦解这些欧洲帝国，才能在真正意义上建立起美国的霸权，实现美国经济的全球扩张。而英国作为美国的盟友，显然限制了美国能够对其施加非殖民化压力的程度。在意识到这一问题之后，罗斯福政府转向使用"软的"文化力量来削弱、妖魔化和动摇西欧的帝国主义，主要途径如下：对于新闻记者和知识精英来说，帝国主义或殖民主义在道义上是无法接受的；非殖民化的发生不可避免；帝国主义显然败局已定。在美国国内，那些笃信威尔逊主

---

① Roosevelt, *As He Saw It*, p. 165.

② Louis, *Imperialism at Bay*, p. 176.

③ ［新］尼古拉斯·塔林主编：《剑桥东南亚史（Ⅱ）》，王士录等译，云南人民出版社 2003 年版，第 274 页。

义者认为，其所宣传的"非殖民化"观念俨然等同于"进步"，而帝
国主义或殖民主义则等同于专制的、道德败坏的制度。但在 20 世纪
40 年代，这些观念并不能被广泛接受，美国必须发起一场使帝国主
义或殖民主义丧失合法性的重要意识形态斗争。① 毕竟，在那一时期，
帝国主义或殖民主义已经在西欧意识形态中作为主流思想长达数百年
时间。那种认为帝国建立和殖民开拓乃是一种"善举"的观念，已
经深深嵌入欧洲人的思维之中，同时帝国也向欧洲输送了重要的经济
利益。当然，还有一些欧洲人，如社会主义者、共产主义者和解放自
由主义者，反对帝国主义，但是他们只是少数。② 在西欧的主流观念
中，没有质疑过帝国主义的"正确性"和"福祉"，因为毕竟主流的
欧洲媒体、学校的教科书、大多数政治家以及殖民定居者（返回欧洲
访问时），都将帝国主义视为"有益的"事情。这种观念成为构建
"美国治下的霸权"的障碍，因此必须向欧洲人兜售另外一种迥然相
异的帝国主义观念——一种对帝国和殖民主义的价值和道德质疑的观
念。如果这一点能够实现，就要最先从他们的舆论主导者开始着
手——新闻记者（作为国家事件的记述者）需要被引导书写反殖民主
义的叙事，教育工作者需要被劝导停止对帝国美德的颂扬，而知识分
子（作为知识的生产者）需要认识到帝国主义是一种毫无价值的事
业。③ 为了塑造非殖民化的"正义"形象，美国政府开始通过媒介进
行广泛的宣传活动，其中印度爆发的反对英国殖民统治的斗争，在美
国非殖民化思想发展过程中扮演了重要的角色。

在 20 世纪 30 年代，非殖民化这样的词句开始被甘地用来反对英
国的殖民统治。甘地十分善于利用媒体，运用报纸、新闻影片等现代
通信技术，将印度独立运动事件的发生过程和形象传播到世界各地，

---

① P. Eric Louw, *Roots of the Pax Americana*, pp. 113 – 114.

② Stephen Howe, *Anticolonialism in British Politics: The Left and the End of Empire, 1918 –
1964*, New York: Oxford University Press Inc., 1993, pp. 309 – 315.

③ P. Eric Louw, *Roots of the Pax Americana*, pp. 114 – 115.

同时博得美国和英国公众中自由主义者的同情。① 甘地等印度民族主义者将美国领导人视为反对英国帝国主义的盟友，甘地的"不合作运动"营造出一种道义的压力，塑造出一种可怜的、温和的受到帝国机器不公正、野蛮对待的受害者的形象，成功地激发了西方自由主义者的同情，使其成为一个反殖民主义的偶像。随着甘地的政治家身份在美国得到认可，印度独立问题在美国成为一个有着重要意义的问题，美国公共舆论开始大肆抨击英帝国。的确，甘地的行为恰好符合美国公众媒体所热衷的那种简单的"正义-邪恶"的形象刻画，其行为制造了一种易于被理解和认同的形象，美国民众对印度作为受害者的形象报以极大的同情。从这种由媒体制造的民粹主义中，产生了作为"从恶魔手里拯救牺牲者"的非殖民化概念，这与好莱坞所刻画的美国勇士拯救世界的想象联系在一起。事实上，美国媒体的民粹主义者对甘地斗争的理解，有助于美国决策者设计其在二战后的"道德帝国主义"，美国的自由主义者将其自己作为"正义"一方写进了叙事剧本，而欧洲帝国主义者则是"邪恶"的另一方。② 20 世纪 20—30 年代美国媒体对印度民族主义斗争的报道，为美国人非殖民化概念的产生埋下了种子。甘地对美国舆论的影响实际上恰好是富兰克林·罗斯福所需要的恢复威尔逊的民族自决模式，但是罗斯福政府走得更远，将民族自决应用到了非欧洲地区，将"民族自决"变成了"非殖民化"，同时美国国务院开始着手为瓦解欧洲殖民体系做准备，开始思考解决殖民地问题的方案，规划非殖民化的路径和方式。对于美国人来说，从 20 世纪 40 年代开始，"非殖民化"不仅是一种观念，它也变成了美国政府的计划，罗斯福的目标首先对准了英属印度和荷属东

---

① Gary R. Hess, *America Encounters India*, *1941 – 1947*, Baltimore：Johns Hopkins Press, 1971, pp. 15 – 17；Dennis Merrill, "The Ironies of History：The United States and the Decolonization of India," in Ryan and Pungong, eds. , *The United States and Decolonization*, pp. 102 – 117.

② P. Eric Louw, *Roots of the Pax Americana*, pp. 119 – 120；Gary R. Hess, *America Encounters India*, *1941 – 1947*, pp. 73, 83, 170.

印度。①

在二战前期，罗斯福不断就大英帝国的前途向丘吉尔提出劝告，并多次公开谴责英国在印度以及其他地方推行的帝国政策。他认为对世界未来和平的威胁并非来自俄国，而是来自欧洲殖民国家，尤其是来自大英帝国。1942 年 1 月，罗斯福针对战时的美英关系这样说道："我已经明确告诉丘吉尔以及其他人，尽管我们是其盟友，支持他们争取最后的胜利。但是，他们压根不要认为我们是在帮助他们固守陈旧的中世纪的帝国观念。"② 之后，在开罗会议期间，罗斯福在向丘吉尔陈述美国在菲律宾所采取的措施时，仍然不忘抨击英国过时的帝国观念。他还与蒋介石谈到了马来亚联邦、缅甸、印度支那以及印度的问题。他表示，鉴于英国在印度保持经济特惠协定的同时，允许印度获得独立，法国至多是在联合国授权之下对其殖民地进行国际托管，在战后不能只是简单地返回印度支那，重新宣称对这一富庶土地的所有权。他坚持认为，一旦这些殖民地能够管理自己的事务，就应该负责使其获得最终的独立。③

1942 年前后，印度的独立问题对华盛顿的反殖民主义承诺是一个严峻的考验。当时印度民族主义运动要求独立的呼声空前高涨，一些美国人对印度民族主义者深表同情，不断敦促美国政府阐明使印度成为一个独立国家的目标。在 20 世纪 30—40 年代初期，罗斯福政府基本上支持印度的民族独立运动，不断向英国施加压力，要求英国政府满足印度的独立愿望，寻求与印度民族主义者的政治解决方案。在珍珠港事件之后，丘吉尔访问了华盛顿，罗斯福谈到印度时，认为美国独立的历史经验应该适用于印度，但这一主张遭到了丘吉尔的拒

---

① P. Eric Louw, *Roots of the Pax Americana*, p. 123; Arthur M. Schlesinger, Jr., "Franklin D. Roosevelt's Internationalism," in Cornelis A. van Minnen and John F. Sears, eds., *FDR and His Contemporaries: Foreign Perceptions of an American President*, London: The MacMillan Press Ltd., 1992, pp. 15 – 16.

② Roosevelt, *As He Saw It*, pp. 121 – 122.

③ Ibid., p. 165.

绝。但之后，在来自工党以及美国等方面的压力下，英国内阁于1942 年 3 月出台了一份关于殖民地立场的草案声明，作出了一定让步。为打破政治僵局，丘吉尔派克里普斯（Stafford Cripps）率使团前往印度贯彻这一草案，并与印度民族主义者进行谈判。但谈判没有取得什么成效，丘吉尔把此举视为针对美国舆论所作的相应姿态。[①]1942 年 4 月，罗斯福委任前陆军部长助理路易斯·约翰逊（Louis Johnson）为美国驻印度公使，负责考察印度国内形势。在克里普斯使团与印度民族主义者谈判无果后，约翰逊在 4 月 22 日发表了一次广播演讲，表示将努力加强美国人民对印度的了解，他谈到了美国在菲律宾的政策，并对印度的独立要求表示同情。[②] 但美国政府没有采取进一步的行动，因为罗斯福在这一问题上一直存在矛盾心理，他最终把自由主义的意识形态和反殖民主义的原则置于一边，把对印度的政策与加强战争的力量结合在一起，考虑到印度在抵抗日本过程中的作用，罗斯福要求英国给予印度人自治，但一旦日本的威胁减少以及英国坚决抵制任何对现状的改变时，罗斯福就退却了。[③] 他后来在谈到印度时只是表示："印度虽然应该马上成为一个共和国，但在若干年以后——五年，或许十年以后，它应该能够选择是保留在英帝国之内，还是获得完全的独立。"[④]

　　1942 年之后，罗斯福在不同场合多次谈到，在经过 20 年或 30 年的西方大国或者国际"保护"之后，像朝鲜和印度支那这样的殖民地应该获得独立。在 1943 年初参加卡萨布兰卡会议期间，罗斯福再次谈到了他对法国及其殖民地的考虑。按照他的设想，法国将恢复世

---

　　① Nicholas Tarling, " 'A New and a Better Cunning': British Wartime Planning for Post-War Burma, 1942 – 43," in *Journal of Southeast Asian Studies*, Vol. 13, No. 1, 1982, p. 34.

　　② Kenton J. Clymer, "Franklin D. Roosevelt, Louis Johnson, India, and Anticolonialism: Another Look," in *Pacific Historical Review*, Vol. 57, No. 3, 1988, pp. 281 – 282.

　　③ Dennis Merrill, "The Ironies of History: the United States and the Decolonization of India," in Ryan, and Pungong, eds., *The United States and Decolonization*, p. 102.

　　④ Roosevelt, *As He Saw It*, p. 75.

界大国的地位，可以作为"托管国"对其原殖民地进行托管。作为"托管国"，法国每年要向联合国汇报其工作的进展、文化普及率的上升、死亡率的下降以及疾病的消灭等情况。他还提出了关于战后成立联合国的设想，其中美国、英国、中国和苏联四个大国将对战后世界和平负起主要责任。至于法国，"将在这一组织中占有适当的位置，这些大国将承担起在世界上所有落后的、贫困的殖民地区促进教育、提高生活水平、改善健康状况的责任"。而在时机成熟时，这些殖民地区必须有获得独立的机会。[①]

1942 年夏，美英联军在北非登陆前夕，也正是盟国开始考虑战后安排问题的关键时刻，英美关于殖民地未来的安排也存在严重的分歧。美国的反殖民主义情绪随着东南亚的政治和军事形势的发展而加剧，太平洋战争爆发后，欧洲宗主国在东南亚的迅速军事惨败，再加上当时英国在印度独立问题上的顽固立场等原因，美国公众舆论对殖民主义的反感进而加剧，一股反殖民主义情绪的浪潮席卷了美国。[②]在罗斯福的策划下，美国决策层开始着手在国内外展开推广非殖民化的主张。罗斯福个人在将非殖民化列入美国政治议事日程方面发挥了重要作用，在 1942—1943 年间，罗斯福发起了一场富有野心的反殖民公关活动。他通过聘用一些技术纯熟的媒体顾问，操纵有效的公关机器，利用其总统的身份做了抨击殖民主义的重要演讲，以其娴熟的媒体技巧，将非殖民化保持在议事日程之中。他相信通过"无情的宣传"将会迫使欧洲帝国走向非殖民化，并发表了一系列言辞激烈的反殖民声明，还不断地向世界各地派出美国官员展开宣传攻势。[③]

在美国的新闻界，反帝国主义的情绪也在不断凝聚，譬如媒体大亨亨利·卢斯和威廉·赫斯特（William Randolph Hearst）等人，成为

① Roosevelt, *As He Saw It*, pp. 76 – 77.

② Holland, *European Decolonization 1918 – 1981*: *An Introductory Survey*, pp. 52 – 53; John J. Sbrega, *Anglo-American Relations and Colonialism in East Asia*, *1941 – 1945*, pp. 32 – 34.

③ P. Eric Louw, *Roots of the Pax Americana*, pp. 123 – 124.

反帝国主义运动的有力支持者，他们利用自己所拥有的杂志和报纸巩固了韦尔斯的反对英帝国的阵线。《芝加哥论坛报》（*Chicago Tribune*）尤其辛辣，宣传主旨指向明确，美国的广播网络如哥伦比亚广播公司（CBS）还向英属印度派出通讯记者，实地考察并揭露殖民制度存在的问题。① 这种敌视情绪的迸发，造成了在 1943 年期间以反帝国主义为主题的书籍的出版和畅销。1942 年 8—10 月，罗斯福派遣曾在 1940 年作为共和党总统候选人的温德尔·威尔基作为其私人代表进行了一场全球考察旅行。这是一场巩固美国与苏联和中国同盟关系的公关活动，同时申明了美国与英帝国主义的区别。威尔基的旅行被美国媒体广泛报道，威尔基倡导给予殖民地民族自由，并为他们的独立确定时间表。威尔基被当作美国反帝国主义的发言人，将焦点集中于整个非殖民化问题，尤其是印度。1942 年 10 月 26 日，威尔基在返回美国后举行了一场全国无线广播演讲，在其演说中，威尔基提出了其强有力的反帝立场。次年，威尔基撰写的关于此次全球旅行的著作——《一个世界》（*One World*）出版，并引起全国轰动，八周内销售达一百万册。该书在美国推广反殖民主义和非殖民化思想方面发挥了巨大的作用，它将反帝国主义和非殖民化理念牢牢地嵌入美国人的思想意识之中，该书提出了具有反殖民主义思想以及要求废除殖民制度的主张，这更是在美国人中间激起了对殖民地问题的争论。威尔基的著作代表了非殖民化历程中的重要事件，该书囊括和普及了威尔逊在一战后新的国际秩序的观念，并将这一观念与瓦解欧洲帝国的正当性联系起来，呈现出一个清晰的关于美国战后议程的民粹主义阐释。威尔基的著作产生了巨大的影响，它提供了一种易于理解的反殖民主

---

① Thorne, *Allies of a Kind*：*The United States*，*Britain and the War Against Japan*，*1941 -1945*，pp. 209 - 211；Lloyd Gardner，"FDR and the 'Colonial Question'，" in David B. Woolner，Warren F. Kimball and David Reynolds, eds.，*FDR's World*：*War*，*Peace*，*and Legacies*，p. 125.

义文本。① 罗斯福政府的非殖民化公关活动获得了巨大的成功，在国内外赢得了一种对自由国际主义的支持，它还通过激励和鼓舞殖民地区那些倾向于独立的民族主义者而削弱了欧洲帝国的影响。

罗斯福也深知在大学知识分子和新闻记者们中间传播其非殖民化观念的重要性。当时国际社会已经存在一个反对帝国主义和殖民主义的社会主义和马克思主义知识分子团体，但是在美国和英国，这些知识精英在 1939 年之前还属于作用微小的少数。② 罗斯福意识到他需要扩大反帝国主义知识精英的阵营，将反帝国主义与美国的战后非殖民化议程结合起来，例如：培养和征募尽可能多的舆论领袖来支持自由主义的反殖民主义；尽可能多地拉拢那些左派领导人来支持其威尔逊式的国际主义；通过对帝国主义或殖民主义的政治错误进行抨击，压制那些支持殖民主义的舆论。到二战结束时，在美国国内，这一行动已经取得了很大成效，大批知识精英加入反殖民主义的行列。但是，反殖民主义的真正取得成效，同样还需要加强对西欧各国知识界的影响。因此美国加强了对欧洲的反殖民主义宣传，创造出了能被欧洲知识界所广泛接受的非殖民化理论，并在欧洲大学校园里获得主导性影响的地位，任何不支持这种观点的知识分子被看作"落后的"。在美国的这种宣传攻势下，最终到 20 世纪 50 年代后期，欧洲的帝国主义或殖民主义已经彻底失去合法性。实际上，罗斯福的反帝国主义倡议在全球范围内构建了一种不同的主张非殖民化的知识精英的联合阵营，包括自由主义者、社会主义者、马克思主义者以及第三世界民族主义者，他们联合起来共同呼吁结束欧洲帝国。③

---

① Rene Wadlow, "Wendell L. Willkie: One World," 2018 - 02 - 18, Available at: https://www.ovimagazine.com/art/15449; Wendell L. Willkie. *One World*, New York: Simon and Schuster, 1943; Alan K. Henrikson, "FDR and the 'World - Wide Arena'," in David B. Woolner, Warren F. Kimball and David Reynolds, eds., *FDR's World: War, Peace, and Legacies*, pp. 49 - 50.

② Stephen Howe, *Anticolonialism in British Politics: The Left and the End of Empire, 1918 - 1964*, pp. 319 - 320.

③ P. Eric Louw, *Roots of the Pax Americana*, pp. 126 - 127.

这一时期，不仅是在美国，而且在世界范围内，包括英联邦各自治领都掀起一股反对英国殖民主义的潮流。1942 年 12 月，太平洋地区关系协会第八次会议在加拿大召开，与会的有美、英以及英联邦各自治领的代表。这次会议充满了反英情绪，会议不仅讨论了太平洋地区的问题，而且把矛头对准了整个英帝国，尤其是将会议变成了讨论印度问题的论坛。在会议上，美国和加拿大的代表含沙射影地抨击英国代表顽固坚持落后的帝国主义立场，"自由""民主""种族平等""共同的人类""帝国主义""殖民主义"以及其他诸如此类的术语，频频在与会代表的讲话或讨论中出现。大多数美国代表和英联邦自治领的一些代表，指责英国不愿把《大西洋宪章》的原则应用到自己未来对太平洋地区的政策上，指出即使近年来英国在殖民地改革中承诺了某种程度的进步，但英国并不真正打算结束对附属地人民的最后统治。美国代表普遍认为，对于殖民国家来说，在战后的安全计划中要想获得美国的支持，最好的机会就是使美国人民相信他们打算在某种国际机构的监督下贯彻"消除战前的殖民制度，以及放弃各种帝国特惠措施"的计划。在会议期间，英国代表一直非常被动，率团参加会议的海利勋爵（Lord Hailey）竭力为英国辩护。他指出，英国的政策旨在防止由于英国或其太平洋附属地的政治地位发生急剧变化而带来的战略和经济风险。[①]

同年 12 月，英国还组成了一个由多个部门高级官员参加的委员会，理查德·劳（Richard Law）任主席。该委员会的主要目的是研究美国对英帝国的看法，以确定所采取的措施和作出相应的反应；研究并提出最佳的方案来缓和美国国内对英国政策的敌视情绪，以确保美国对英国的帝国制度保持基本的同情态度，并使

① "Viscount Halifax to Mr. Eden," January 20，1943，［F 674/186/61］，in Preston and Partridge，eds.，*British Documents on Foreign Affairs*，Part. Ⅲ，*Far Eastern Affairs*，Vol. 6，Part. 21，pp. 102 – 114.

其认识到大英帝国乃是美国在国际事务中一个称职的伙伴。① 到
1943 年春，英国人越来越感到美国的目标是希望殖民地获得独立。
在罗斯福、赫尔、韦尔斯等美国重要决策者的有关讲话中，常常涉
及殖民地的"独立"问题，其实到了这时，罗斯福关于殖民地未
来的想法已经开始具体化。1943 年 2 月，罗斯福经过西非和摩洛
哥前往卡萨布兰卡参加会议，沿途所见进一步加深了他对欧洲殖民
主义的反感，他不断重申托管计划将包括印度支那和朝鲜这些地
区，作为其向独立过渡时期的必要途径。卡萨布兰卡之行的确深深
影响到了罗斯福对殖民地问题的看法。② 1943 年 3 月，在英国外交
大臣艾登访问美国期间，罗斯福关于殖民地问题的全球性思考已经
完全明朗化。

在 1943 年 2 月的卡萨布兰卡会议上，当讨论法属殖民地的前途
等问题时，殖民地问题上升到其最尖锐的阶段。卡萨布兰卡会议后不
久，英国外交大臣艾登访问华盛顿时，罗斯福总统明确表示，他反对
任何关于把从日本那里解放出来的远东殖民地交还给其原来的统治者
手里的承诺。③ 罗斯福把殖民地问题带到了德黑兰会议和开罗会议上。
在德黑兰会议正式开始前与斯大林的会晤中，罗斯福强调了为印度支
那、缅甸、马来亚以及荷属东印度等民族，沿着菲律宾模式的方向为
实现自治进行准备的重要性。他还同斯大林和蒋介石就印度支那实行
国际托管问题进行了具体商谈，斯大林和蒋介石均表示同意其建议。
1944 年 9 月，罗斯福支持美国国务院发布一份备忘录，指出殖民国
家应该宣布一份承诺其殖民地最终独立的声明。尽管这一特殊建议没
有任何结果，但罗斯福还是以官方形式告知英国、法国和荷兰政府，

---

① "Clark Kerr to Eden," September 28, 1942, FO 371, A9030/60/45, in Thorne, *Allies of a Kind*, p. 222.

② Roosevelt, *As He Saw It*, pp. 74 – 76.

③ Foster Rhea Dulles and Gerald E. Ridinger, "The Anti-Colonial Policies of Franklin D. Roosevelt," *Political Science Quarterly*, Vol. 70, No. 1, (Mar., 1955), p. 10.

"美国期待着就有关东南亚前途的任何安排进行磋商"。①

　　在罗斯福的推动下，从 1942 年春开始，美国国务院远东地区事务顾问斯坦利·霍恩贝克以及远东司就着手起草一份文件，即美国政府于 1943 年 3 月公布的"联合国家关于民族独立的宣言"。这一文件实际上是《大西洋宪章》所体现的基本原则的延伸，霍恩贝克决心把它变成一部以《大西洋宪章》为蓝本的《世界宪章》。在"民族独立宣言"的"前言"中，国务院的官员们重申了宣言历史性的目的，并且援引美国独立的经历以及美国《独立宣言》的精神，昭示了将寻求机会把"生存、自由、独立和宗教自由"的原则扩展到其他大陆或地区的决心。同时再次向欧洲殖民国家列举了美国对其殖民地——菲律宾的开明政策作为值得效仿的样板。美国的计划不仅是赞成殖民地获得独立，而且特别指出这些原则应该适用到世界上所有民族。并且在这份文件中大量使用了"独立"一词（在《大西洋宪章》里尚未使用），坚持为独立的完成确定日期，并提议设立一个国际托管机构（类似于 1919 年设立的委任统治制度）来维护那些在当时尚未完全做好独立准备的民族的利益。②

　　由此可见，罗斯福总统在 1943 年对殖民地前途的设想是，当"联合国家"认为这些民族有能力统治自己的时候，殖民列强应接受其附属地未来的独立。所有拥有殖民地版图的国家都应该"与这些地区的人民合作，为他们获得民族独立的地位做准备"，即给他们一种逐渐扩大的自主权；确定一个允许这些附属地民族完全获得独立的日期。至于那些由于战争而事实上与宗主国切断了联系的民族，联合国将承担起特殊的责任，作为一个负责任的"托管国"为那些国家获得自由做准备。尽管文件没有具体列出这些地区的名

---

① Foster Rhea Dulles and Gerald E. Ridinger, "The Anti-Colonial Policies of Franklin D. Roosevelt," *Political Science Quarterly*, Vol. 70, No. 1, （Mar, 1955）, p. 15.

② "Draft Joint Declaration as Amended to Meet Views of Dominions," January 19, 1943, WP（43）33 in CO 323/1858 Pt. II/9057 B, item 137, in Porter and Stockwell, *British Imperial Policy and Decolonization*, p. 29.

字，但显然包括了已经陷于日本蹂躏之下的东南亚地区（缅甸、荷属东印度、印度支那等）。在罗斯福的心目中，这些附属地区在战后不应由其前宗主国插手，而是应该获得独立。然而，这种"独立"是英国官员们所不愿接受的，他们坚持"自治"与"独立"之间有着极大的区别，使用"独立"一词可能会在殖民地引起麻烦。英国外交大臣艾登在接受这一宣言后，以"自治"代替了"独立"，主张在英联邦的框架内使各民族朝着自治领地位发展。[①]海利勋爵甚至主张，针对美国宣布的"民族独立宣言"，英国应该发表一个不同于该草案的声明，向殖民地民族明确英国的立场。[②] 同时，英国官员们也对美国所坚持的以菲律宾作为其他国家效仿的"理想的亚洲国家"表示不屑。在他们看来，共产党游击队在菲律宾群岛的活动以及菲律宾人的通敌行为，以及美国也明显打算在菲律宾获得独立后仍然在该岛保留极大的经济利益，这些并不值得称道。

丘吉尔及其战时内阁、殖民部的官员们都坚持认为，未来的世界秩序将会在很大程度上建立在大英帝国的权力、繁荣和声望的基础上，一如其在 19 世纪曾经拥有的那样。英国殖民大臣克兰伯恩勋爵（Lord Cranborne）认为，"在现代世界上，马来西亚将从不可能强大到足以自立，它们必定归于某些大国的势力范围之下……我们应该保持在政治上控制这些地区"。他表示英国政府不能放弃任何英国的附属地区。[③] 为了保持和维护自己的殖民帝国，1942 年夏秋之交英国殖民部官员力图通过一个地区合作计划来对抗美国提出的国际托管

---

① Grimal, *Decolonization: The British, French, Dutch and Belgian Empires, 1919 – 1963*, p. 152.

② "Note by Lord Hailey on 'Draft Declaration by the United Nations on National Independence' by H. C. Hull," May 5, 1943, 4O 323/1858/9057B, in Porter and Stockwell, *British Imperial Policy and Decolonization*, doc. 20, pp. 154 – 155.

③ "Far Eastern Policy: Minute by Lord Cranborne," July 14, 1942, CO 825/35/55104/1942, in Porter and Stockwell, *British Imperial Policy and Decolonization*, doc. 13, p. 126.

设想。他们希望通过一种有计划的发展和福利计划，来促进殖民地的物质进步，以此作为对美国作出政治让步的前提条件。1942 年 6 月 24 日，负责殖民地事务的副国务大臣哈罗德·麦克米伦（Harold Macmillan）在下议院发表了长篇演讲，坚持维护正统的殖民统治的做法。他指出，"没有安全就意味着自治无从谈起，而没有防御能力的独立则是徒劳的。世界的未来应该是解散过大的联合体，而非分裂成大量的小国"。他宣称，"殖民帝国内部各成员之间的伙伴关系"乃是"殖民帝国的统治原则"。他还提出了一些关于殖民地社会经济发展的具体措施。[①] 1942 年 9 月 11 日，在一次关于远东政策的四大部门会议上，外交大臣艾登指出，"我们的目标就是在远东确保一种集体防御，尤其是确保美国承诺在'联合国家'防御体系中发挥其作用"。他表示，英国的主要目标是，在太平洋地区建立一种美国不仅愿意参加，而且极其希望参与的体系。不过很显然，如果只是恢复这些地区战前的地位和政策，将难以吸引美国人为未来这一防御体系承担任何义务。[②] 这些都表现出英国在国际压力下对殖民地前途的考虑以及对帝国政策做出的调整。

　　1942 年 9 月 9 日，英国战时内阁批准向英联邦自治领和驻华盛顿大使分发一个联合宣言的草案公文。1943 年 2 月，该草案被重新修订，其主要特点是试图通过区域合作的途径，进行"家长式的"、渐进主义的国际合作，宣称"家长"或"托管国"的职责是指导和发展殖民地民族的社会、经济和政治制度，直到他们能够完全履行统治职责为止。但草案没有提及"独立"的目标，更没有为殖民地的政

---

① "Speech by the Under-Secretary of State for the Colonies（Harold Macmillan）in the Hose of Commons," June 24, 1942, *Parliamentary Debates*, *1941 – 42*, Vol. 380, cols 2002 – 20, in Porter and Stockwell, *British Imperial Policy and Decolonization*, pp. 109 – 124.

② "Far Eastern Policy：Extract from the Minutes of A Meetings by G. E. Gent," September 11, 1942, CO 825/35/55104 /1942, in Porter and Stockwell, *British Imperial Policy and Decolonization*, doc. 16, pp. 132 – 134.

治发展确立一个日程表。①

　　这一时期，在指责英国殖民主义的同时，美国也把矛头对准了法荷等其他欧洲殖民国家。荷兰在战时甚至比英国和法国更担心美国势力进入东南亚。迫于荷属东印度（印度尼西亚）当地的形势以及美国的反殖民主义压力，1942 年 12 月 6 日，流亡英国的荷兰女王威廉明娜（Wilhelmina Helena Pauline Marie）颁布了荷属东印度重建的原则，规定将组成一个由荷兰、印度尼西亚、苏里南等参加的联邦，联邦内国家可以完全独立和自由地管理其内部事务，并愿意互相援助。荷属东印度将与荷兰本土享有同等的政治地位，两者之间的政治联盟将建立在"牢固的、完全的伙伴关系基础上"。女王还指出，"一种独立与合作性的联合，将能给予荷兰王国及其各个组成部分以力量履行其在国内和国外的责任，将不会给种族和民族歧视留下空子，只有每个公民的能力及不同群体的需要才能决定政府的政策"。只有在种族平等和合作的原则基础上，荷兰王国才能够得以重建。② 1943 年，罗斯福在与到访的荷兰女王进行长谈时，针对荷兰的殖民地问题，他再次提到了菲律宾模式。他指出，荷兰应该把美国在菲律宾实行的政策作为战后重建东印度遵循的政策，在日本投降后，马上宣布先给予荷属东印度人民自治领的地位，使其拥有自治权和平等的权利。然后，在其政府建立后，经由人民自由投票来决定他们获得完全的独立。女王表示同意总统的意见。罗斯福对女王的态度表示赞许，还把荷兰视作英国和法国的榜样，要求它们也朝着这一方向努力。罗斯福显然是希望通过荷兰的让步，进而向英法施加压力，使它们与美国对

　　① "Draft Joint Declaration as Amended to Meet Views of Dominions," January 19, 1943, WP（43）33 in CO 323/1858 Pt. Ⅱ/9057 B, item 40, in Porter and Stockwell, *British Imperial Policy and Decolonization*, p. 29.

　　② "M. E. Teixeira de Mattos to Mr. Sterndale Bennett," Enclosure, ［F 9844/6398/61］, in Preston and Partridge, eds., *British Documents on Foreign Affairs*, Part. Ⅲ, *Far Eastern Affairs*, Vol. 8, Part. 30, pp. 124 – 125.

殖民地问题的考虑相一致。①

在所有殖民国家中，罗斯福对法国的殖民政策尤为反感。在他看来，法国人只知道剥削附属地，而从来没有给予殖民地人民社会发展和福利。因此认为法国作为大国从来不称职，更不能胜任作为托管殖民地的民族。罗斯福对法国的这种厌恶比对其他任何欧洲殖民帝国都更为强烈，这直接影响到他对法国殖民地前途的设想。在战时，他不止一次地向其他国家的领导人如丘吉尔、斯大林和蒋介石表示，法国的殖民地尤其是印度支那应该置于国际托管之下。他多次强调，这一利用美国武器和美国军队获得解放的殖民地，不能再轻易归还给法国人，印度支那不能再像过去几十年那样受到法国帝国主义的剥削了。②1942 年 1 月，在一次在与戴高乐会晤后，罗斯福向儿子埃里奥特谈起了戴高乐希望法国殖民地在获得解放后能归还给法国一事，他指出盟国将必须保持对法国在北非的殖民地进行军事控制数月或者数年。当埃里奥特对他的这一打算提出质疑，指出这些殖民地本来就属于法国时，罗斯福激动起来，他答道："它们怎么属于法国人？为什么摩洛哥人居住的摩洛哥属于法国？又比如印度支那，现在被日本人控制，印度支那人经受了如此残酷的蹂躏，他们自己在想：一定要过上比在法国人的殖民统治之下更好的生活！一块土地应该属于法国吗？这是什么逻辑、有什么惯例或者符合什么历史规则？"罗斯福接着说："我是在谈论另外一场战争，埃里奥特。我是在谈论战争结束后，如果我们仍然让成千上万的人陷入同样的半奴役境地，那么我们的世界将会发生什么事情。"他进一步表示了把殖民地问题置于国际托管之下的决心："当我们赢得战争时，我将竭尽全力使美国避免愚蠢地去接受任何进一步加强法国的帝国主义野心，或者是可能助推或支持大英帝国实现其帝国主义野心的计划的境地。"③ 在德黑兰会议之后不

---

① Roosevelt, *As He Saw It*, pp. 223 – 224.
② Ibid. , pp. 250 – 251.
③ Ibid. , pp. 114 – 116.

久，罗斯福与蒋介石、斯大林和丘吉尔进一步讨论了殖民地问题，他对殖民地的前途深感不安。他还召集来自中国、土耳其、埃及、俄国和英国的代表，向他们表达了努力阻止将印度支那归还给法国的决心。罗斯福指出："可怜的印度支那人，在法国统治的近 100 年时间里几乎一事无成，没有教育，没有福利，他们还像最初一样贫穷，这种状况不应该持续下去了。"① 在他看来，印度支那还没有做好自己进行选举的准备，因此应该把它置于某种"联合国家"的国际托管之下，负责教育和培养其管理自己的能力。

而战时"自由法国"抵抗运动的领导人戴高乐与丘吉尔一样，把殖民地与法国战后的世界地位问题密切联系起来。戴高乐强烈反对罗斯福对印度支那的"国际托管"计划，并在不同场合与罗斯福发生了激烈的争吵。他清楚地知道罗斯福的真正意图，他把"国际托管"的计划看作是美国扩张的幌子。同样，罗斯福也极其不信任戴高乐，这也影响到罗斯福对法国殖民地的态度。不仅法国人反对罗斯福对法属印度支那的计划，而且在英国人看来，对印度支那实行国际托管，进而可能会使美国人考虑对英国的殖民地进行国际控制。实际上，早在卡萨布兰卡会议期间，罗斯福与其儿子埃里奥特谈到英法殖民地问题时，就意识到了这一点。他指出，英法两国在利益上有着一致性，"英国打算维持其对殖民地的控制，他们打算帮助法国人维持对自己殖民地的控制"。他又谈到了英国在东南亚的殖民地，罗斯福指出英国打算重新攫取缅甸，英国在太平洋战争中的真正兴趣就是为了重建其殖民帝国。罗斯福说："所有殖民地问题是相互影响的，缅甸问题会影响到印度、法属印度支那和荷属东印度，如果一个国家获得了自由，其他国家将会产生同样的诉求。这就是为什么丘吉尔力图拉拢戴高乐的原因，戴高乐与丘吉尔一样，不愿看到殖民帝国的消失。"②

---

① "Halifax to Eden," No. 5714, December 19, 1943, FO 371/35921, in Louis, *Imperialism at Bay*, p. 38.

② Roosevelt, *As He Saw It*, p. 72.

的确，英国人担心罗斯福对印度支那的政策同样会应用到荷属东印度、马来西亚以及东南亚其他地区，这些地区也可能会被罗斯福置于国际托管之下。他们认为罗斯福的"国际托管"政策中隐含着美国对经济利益扩张的追求，是另外一种帝国主义扩张的形式。对于那些顽固坚持帝国观念的英国官员来说，英国参与战争的基本目标之一，就是确保一种帝国主义的形式不能被另一种帝国主义的形式所取代，他们普遍反对罗斯福的印度支那政策。英国殖民部表示将不惜一切代价抵制美国的计划，一旦美国和法国陷入公开的争执，英国打算给予法国有力的支持。在二战后期以及战后初期，英国人还努力帮助法国恢复法兰西殖民帝国。

三　美国对殖民地问题国际化的
　推动及其困境

进入 20 世纪以来，尤其是第一次世界大战以后，亚非广大殖民地日益强烈的自决和独立渴望，不断推动着殖民地民族独立运动的高涨。这种要求摆脱殖民附属地位，要求变革殖民地状况的观念，使殖民地问题愈来愈引起国际上的关注。这种观念和运动可以被看作二战以后蓬勃开展的非殖民化运动的前奏，这一过程也得到了一些大国（如美国和苏联）以及其他有过殖民地经历的国家（如拉丁美洲一些国家等）的支持。随着时代的进步，那种认为一个先进的民族凭借强权优势就理所当然去攫取广袤的海外属地并对其殖民化的观念，已经为国际舆论所不容。世界范围内出现的这种抨击陈旧的殖民主义制度的舆论氛围，在很大程度上促进了殖民观念的瓦解。在 20 世纪初，一些欧洲的有识之士开始提倡对殖民地实行某种国际监督的形式，这可以视为托管制度观念的雏形，它主要基于这样的原则，即认为处于殖民统治下的某一地区不应该由某个强权所独占，而应该由一个具有特定责任的国际组织对其进行"神圣托管"。① 第一次世界大战的爆发，使一些西方人士认识到帝国主义乃是导致战争的根本原因，而殖民帝国的存在、对殖民地的剥削和争夺则是帝国主义的本质和战争的根源。人们认为通过推动殖民地问题的国际化，使其不再成为国际竞争的源泉，战争的诱因就可能避免，其中途径之一就是对所有的殖民地进行一种国际管理，通过促进这些地区的教育和社会发展，使它们能够真正向着自治和独立发展。在这一背景下，第一次世界大战后在殖民国家内部出现了关于殖民主义和殖民制度改革的争论，英国、法国和荷兰等国家针对国际上日益高涨的抨击殖民制度的潮流，以及东南亚殖民地涌现的民族独立运动的冲击，开始在一定程度上承诺给予殖民地自治权。例如，荷兰在处理殖民地社会福利方面"先行一步"，早在 1901 年，荷兰就开始在荷属东印度着手实施提高"符合道德规范的"物质和其他福利的政策，在修建水利、农业信贷、促进工业以及改善交通设施等方面取得了一定的成效。20 世纪 20 年代，其他殖民国家如英国、法国等，也采取了与荷兰类似的政策。②

实际上，美国从 1919 年就开始推动殖民地问题逐渐国际化。美国总统威尔逊在其关于战后国际秩序设想的"十四点计划"中，一方面提出了殖民地民族自决的观念；另一方面推动建立了国际联盟，主张对殖民地实行一种"委任统治制度"。后来由于美国国内的反对，美国并没有参加自己亲手缔造的国际联盟，也没有参加对殖民地的委任统治。在英法等殖民国家的反对下，美国所主张的这种委任统治也没有适用到所有的殖民地区，只是局限于战败的德国和奥匈帝国的殖民地。这样，在一战后，殖民地问题只是被纳入了有限的国际化

① Victor Pungong, "The United States and the International Trusteeship System," in Ryan and Pungong, eds., *The United States and Decolonization*, p. 86.

② Henri Grimal, *Decolonization: The British, French, Dutch and Belgian Empires 1919 – 1963*, pp. 75 – 83; Rudolf von Albertini, Translated by Francisca Garvie, *Decolonization: The Administration and Future of the Colonies, 1919 – 1960*, New York: Africana Publishing Company, 1982, pp. 99 – 114.

管理。非西方世界民族被分成几个等级，受到西方国家的"神圣托管"，其中 A 类主要指中东地区，当地人民被认为在经过一段时间的保护之后，有能力管理自己的事务；B 类地区主要是指热带非洲，当地民族被认为注定要经过无限期的保护时期；C 类的委托管理地区主要指西南非洲和太平洋岛屿地区，这里的人民被认为十分原始落后，永远不可能有能力自治。A、B、C 三个级别的划分昭示了当时西方对非西方世界的理解，不同的文明有着不同的发展阶段。[1] 这样，到了 20 世纪 20 年代，国际社会开始强调帝国托管制度，关注殖民地的社会福利。"委任统治制度"为国际社会对殖民地区的管理提供了一种制度模式，国际联盟承诺向所有的国际联盟成员国提供公平的商业和贸易机会，保证被托管地人民的权利和保护其福利，并为被托管地区的独立做准备。在凡尔赛会议上，与会国根据这些方针讨论了一项议案，但是认为这样一种安排并不会起什么作用，并可能引起其他国家的妒忌。国际联盟公约提出了一项新的内容，强调国际事务中的社会和人道主义问题。殖民地作为领土的观念开始让位于殖民地作为地区的观念——对于其自身居民和整个世界来说，殖民当局面临着为其控制下的民族的福利提供庞大资源的压力，应该关注难民问题、健康、鸦片贸易，贩卖妇女儿童以及教育、住房、卫生等问题。[2]

到 20 世纪 20、30 年代，殖民地问题国际化的观念具有很大的吸引力。1929 年开始的经济大危机造成世界经济的持续萧条，殖民地被视为欧洲经济稳定不可分割的部分，殖民国家停止了所有的帝国改革计划，各国封闭的关税壁垒和殖民体系下的特惠贸易制度，使得世界贸易遭到沉重打击。正是由于对凡尔赛体系下失去殖民地的不满和反抗，以及为摆脱经济危机而寻求海外市场和原材料产地等原因，使

---

① Louis, *Imperialism at Bay*, p. 92.

② Paul H. Kratoska, "Dimensions of Decolonization", in Marc Frey, Ronald W. Pruessen and Tan Tai Yong (eds.), *The Transformation of Southeast Asia: International Perspectives on Decolonization*, Singapore University Press, 2004, pp. 5 – 7.

得德、意、日走上了法西斯扩张道路，最终导致了第二次世界大战的爆发。这场战争再次使殖民地问题引起广泛的争论，帝国主义和殖民制度成为世界舆论抨击和唾弃的对象。在美国人看来，殖民地的国际化问题势在必行。在二战初期，不仅罗斯福总统，而且有不少美国官员也持这种看法，尤其是国务院外交政策顾问委员会中的成员，如萨姆纳·韦尔斯等支持这种通过国际化来改革殖民制度的做法，他们认为所有的欧洲殖民地都应该置于直接的国际管理之下。① 1941 年 8 月罗斯福和丘吉尔签署的《大西洋宪章》，为塑造日后的世界秩序以及解决殖民地问题提出了一些原则，其中之一即尊重民族自决权，这意味着"必须恢复那些被强行剥夺去的民族的主权和自治"。这是在美国推动下促使殖民地问题国际化的重要宣言，它在殖民地各民族中间产生了极大的影响，所有那些处于欧洲殖民国家主宰下的民族纷纷援引宪章的内容提出了独立要求。

对于罗斯福及其政府官员来说，1942 年可谓使殖民地问题国际化的设想进一步付诸具体行动的一年。在他们对殖民地未来的计划中，战争结束后要以一种新的"国际托管"制度来代替殖民帝国的统治。他们对欧洲帝国主义深表厌恶，希望利用战争提供的大好机会来摧毁旧的世界秩序，塑造以美国为中心的战后世界经济体系，这是美国在战时的一个重要目标，而实现这一目标的重要前提之一就是殖民地问题的长远解决。当时在美国，不仅在一些官员们中间，而且公众舆论的反帝国主义情绪都给政府施加了很大的压力。罗斯福在1942 年关于殖民地问题的总体设想，可以被看作对美国官方以及公众态度的一种回应。1941 年 10 月，长期从事附属地问题研究的哈佛大学教授阿瑟·霍尔库姆（Arthur N. Holcombe）出版了一部专著《战后世界的附属地区》（*Dependent Areas in the Post-War World*），提出了对委任统治制度进行改革的建议，如对 B 类托管区直接进行国际化

---

① John J. Sbrega, *Anglo-American Relations and Colonialism in East Asia*, 1941 – 1945, New York: Garland Publishing Inc., 1983, pp. 132 – 134.

管理。霍尔库姆教授指出，"直接进行国际管理不仅能够保证这些地区的大门保持对所有国家开放，而且将可以为其在这些地区的劳工、资本和企业的发展寻求平等的机会"。他认为这一范围也将超越当时存在的委任统治制度，应该在更大的范围内加以推广，比如在英属马来西亚、荷属东印度以及法属印度支那地区应该实行类似的国际化管理。[①] 霍尔库姆的这项研究，与罗斯福总统关于殖民地问题的计划可谓不谋而合，但罗斯福考虑得更加长远，他不愿再使此类计划与国际联盟的重建联系起来，他力图避免威尔逊曾犯的错误。在解决殖民地问题方面，罗斯福的一个基本观点就是，美国不是为了帝国主义的目标而战，殖民主义制度将要被废除，盟国胜利的结果不能再导致地区兼并。

　　太平洋战争爆发后，《华盛顿邮报》于 1942 年 2 月 21 日发表了一篇文章，该文指出："西方国家现在必须进行它们迄今不愿也无意去做的一切：即它们必须把自己的事业与东方民族的安全和自由一致起来，去掉那种'白人的负担'和清除自己那种陈旧的、显然已经行不通的白人帝国主义。在这一战争政策迫切重新定位的时刻，西方民族的领导地位必须由美国来承担。"[②] 的确，罗斯福总统希望美国在解决殖民地问题的过程中担当起领导责任，早在美国参战以前，罗斯福在考虑解决世界政治问题时，实际上就开始酝酿对殖民地实行"国际托管"的想法。在《大西洋宪章》签署后不久，他表示："似乎没有理由说明，在一些特定地区事务中实行的托管原则不应该扩展到国际事务领域，托管制度是建立在没有私利的原则之上的。"[③] 从 1942 年中期开始，罗斯福更加明确地指出，欧洲殖民帝国应该被一个独立的民族国家和国际托管区组成的体系所代替，应该置于美国与大国同盟以及一个确保世界安全的组织的监督之下。在他看来，国际

---

　　① Arthur N. Holcombe, *Dependent Areas in the Post-War World*, Boston: World Peace Foundation, 1941, pp. 90 – 93.

　　② Walter Lippmann, "Today and Tomorrow: The Post-Singapore War in the East," in *Washington Post*, February 21, 1942, p. 9.

　　③ Louis, *Imperialism at Bay*, pp. 147 – 148.

合作是确保美国享受和平与繁荣的唯一途径。① 这一年，罗斯福在与蒋介石以及苏联外长莫洛托夫等的一次会谈中，他提到了以"国际托管"制度来代替国联"委任统治"制度的想法。他指出，日本托管的太平洋岛屿应该收回，而英国和法国托管的岛屿也不应该保留，在很长一段时期内，应该把这些岛屿置于一个由 3—5 个成员组成的国际委员会的管理之下。② 当谈到殖民地问题时，罗斯福以印度支那、暹罗、马来亚诸邦，甚至荷属东印度为例，指出这些地区在将来某一天会走向自治，这些地区在做好自治的准备之前会经过不同的阶段，但最终都会实现独立。因此，从长远来看白种民族不可能永远控制这些地区。蒋介石表示赞同以某种国际托管的过渡形式来管理这些地区，乃是最好的方式，直到这些地区做好自治的准备。罗斯福总统补充说："他们或许要为自治做 20 年的准备，在此期间，托管国要努力完成我们在菲律宾 42 年所做的工作。"③ 罗斯福主张把弱小国家的附属地置于国际托管的保护之下，直至它们能够自立为止。他希望通过使殖民国家接受"国际托管"的原则来废除委任统治制度，改革殖民主义制度，同时他还考虑为托管地区制定独立的时间表。他所描绘的"国际托管"计划是在战后由美、英、俄、中四国组成"四个警察"国家，来维持世界的和平。这一计划远非只是对殖民地民族进行保护，而是包含了整个战后世界体系。

在 1942 年夏秋之交，美国战后对外政策顾问委员会对于托管制度问题给予了极大的关注，认为托管制度是殖民地走向独立的过渡形式，殖民主权必须被废除。1942 年 8 月，韦尔斯还向该委员会指出："民族的解放应该是主要的原则，这些民族中有许多目前还不能够实现自治，这就需要进行托管。联合国（如盟国）应该努力尽快地培

① Paul Order, "Adjusting to a New Period in World History: Franklin Roosevelt and European Colonialism," in Ryan and Pungong, eds., *The United States and Decolonization*, p. 63.

② John J. Sbrega, *Anglo-American Relations and Colonialism in East Asia, 1941 - 1945*, New York: Garland Publishing Inc., 1983, pp. 132 - 134.

③ Sherwood, *Roosevelt and Hopkins: An Intimate History*, p. 573.

养这些民族管理自己的能力。"① 该委员会强调，远东各附属地民族
在战后应该得到解放，实际上是把矛头直接对准了远东及太平洋地区
的广大殖民地。1942 年 6 月，罗斯福关于太平洋地区的宏大计划包
括对日本委任统治的岛屿国际化，以及对太平洋地区其他殖民地，包
括英国的殖民地进一步国际化。1943 年 8 月 8 日，国务院政治问题分
委员会（the Sub-committee on political problems）宣布："美国应该把
致力于推动远东各民族的解放作为一个基本原则；应该建立某种国际
托管制度的形式使这一原则有效实施，以实现两个目标，即帮助该地
区各民族实现政治上的成熟，同时在符合该地区各民族利益的基础上
控制其原材料。"②

　　实际上，在美国决策者看来，这种多边国际托管制度的提出，可
以解决美国所面临的许多问题：第一，它提供了一种机制来改造英帝
国，进而将英国保留为一个盟友；第二，托管制度意味着美国需要对
帝国进行部分控制，能够保证这些帝国对自由贸易开放；第三，它解
决了那些还没有发展到足以有能力独立的民族的问题，他们能够通过
被"发展"和"训导"而变成代理伙伴；第四，托管制度为美国提
供了一种机制来攫取太平洋岛屿，将其作为军事基地，而不需要兼并
这些岛屿。③ 的确，在关于如何处理欧洲和日本帝国那些还不能作为
独立国家管理自己的地区的问题上，尤其是当美国决策层开始研究非
殖民化的实际机制时遇到了两个问题，即一些殖民地民族过于原始落
后，尚没有能力管理现代国家和经济；或者在一些殖民地，当地土著
并无独立的意愿。美国决策者将非洲和太平洋小国看作特殊的问题，
他们认为非洲人不具备独立的冲动，也不相信非洲人具有任何自治的
观念。在他们中间一些人看来，撒哈拉以南的非洲还没有做好独立准

①　P Minutes, August 21, 1942, p. 3, USSD NF Box 66, in Louis, *Imperialism at Bay*, p. 161.

②　Thorne, *Allies of a Kind*, p. 216.

③　P. Eric Louw, *Roots of the Pax Americana*, p. 101.

备，因为他们认为非洲人处于"进化阶梯的最低端"，有别于亚洲和中东地区的人民，他们没有创造任何文明。① 那么，如何处理这些尚未做好独立准备的国家呢？他们坚持认为必须瓦解欧洲帝国体系，至于那些"落后地区"，亦不能维持帝国的现状。即使不能允许它们独立，也不能使其仍然作为欧洲帝国的殖民地，那么就必须找到第三种选择。这样，一种"国际托管制度"就被发明出来，并成为罗斯福政府非殖民化观念的一个重要特征——它需要盟国建立一种国际机制来监督这些地区从帝国"附属地"向"独立"地位的过渡。实际上，这就意味着"发展"和"训导"适宜于形成美国运转其贸易帝国所需要的代理人。罗斯福将"训导"看作缔造新的世界秩序的重要手段，认为附属地人民应该被予以"监护"，直至他们能够站稳脚跟。但是，罗斯福是一个渐进主义者，而非一个革命者，20 世纪 40 年代有一种广泛流行的观点就是，要把一些落后国家提升到能够允许自决的阶段，将需要花费数十年乃至数世纪的时间。在那一年代，美国国务院官员们没有人期望非殖民化过程会如其设想的那样迅速展开。相反，他们希望这要经历一个漫长的国际托管过程，以便为这些殖民地获得独立做好准备。因此，美国决策者希望欧洲帝国被一种由联合国负责的多边的托管制度所取代。英国方面对这一设想进行了抵制，主张应由单个国家来负责托管，但是美国坚持实行多边的国际托管，反对实行"单个国家"托管，认为那等同于继续保持大英帝国。英国则反对多边的国际托管制度，认为它相当于赋予了美国在过渡阶段来管理英帝国的角色。②

不难看出，美国这种在联合国的框架下由某种国际组织对这些殖民地区进行管理，以及在远东寻求某种新安排的计划，在贯彻过程中可谓困难重重。首先是遭到欧洲殖民国家的集体反对。面对这种殖民

---

① Louis, *Imperialism at Bay*, p. 170.

② P. Eric Louw, *Roots of the Pax Americana*, pp. 95 - 96; Louis, *Imperialism at Bay*, p. 148.

地问题国际化的趋势，那些拥有殖民地的国家作出了防御性的反应。英国首相丘吉尔以及殖民部坚决反对殖民地管理的国际化，在《大西洋宪章》发表不久，丘吉尔就竭力对其原则的适用对象作出限制性的解释，坚持认为宪章无论如何不能适用于大英帝国。荷兰流亡政府也迅速做出反应，负责殖民地事务的大臣范莫克（Van Mook）声明反对把殖民地问题国际化，尤其是在殖民地的经济利益方面。法国方面也明确表示反对，"自由法国"政府负责殖民地事务的部长宣称："在这一关键时刻，法兰西比任何时候都更加认识到其帝国的重要性以及所负有的责任。"① 英国捍卫殖民地的决心最为坚决，强烈抵制美国提出的把英帝国置于国际化管理之下的任何建议。1942 年 7 月，英国殖民大臣克兰伯恩勋爵（Lord Cranborne）在一份关于远东政策的文件中针锋相对地指出，"像香港、新加坡这些远东的重要港口，可能不得不把其防御和管理置于一种国际机构之下，但如果英国同意这样的结果，那么必须是建立在相互的基础上。英国在新加坡和香港所做的让步，美国也应该在马尼拉和火努鲁鲁、荷兰在其附属地的港口以及中国在某些地方做出同样的让步"② 。这番话在一定程度上触及了美国所倡导的托管计划的实质。英国人要求把托管计划同样适用于美国的附属地和保护国，但美国人无论如何也不会把该计划推进到威胁其自身利益的程度。这种来自欧洲盟国的强烈反对以及美国自身反殖民立场的局限性，阻碍了美国所推动的殖民地问题国际化运动的发展。从 1944 年下半年开始，美国政府在实行托管计划方面的强硬立场实际上已经逐渐减弱了。

　　来自英、法等欧洲殖民国家的反对，只是造成美国在"国际托管"问题上进行妥协的因素之一，更重要的是美国政府需要对战时各

---

　　① Grimal, *Decolonization：The British，French，Dutch and Belgian Empires，1919 – 1963*，pp. 123 – 124.

　　② "Far Eastern Policy：Minute by Lord Cranborne," July 14，1942，CO 825/35/55104/1942，in Porter and Stockwell，*British Imperial Policy and Decolonization*，doc. 13，p. 126.

种利益进行平衡，尤其是美国对自身安全利益的考虑日益成为一个主要的制约因素。随着战争形势的发展，许多美国官员越来越认识到，美国需要为保持世界和平承担一种责任，并将在战后的世界安排中起到一种十分重要的作用，但要达到这一目的，就必须得到联合国家的支持与合作，尤其是英国的支持。战时美国关于殖民地的政策中同样包含着理想主义和现实主义的双重因素，殖民地问题与美国的安全观念密切联系起来。安全是那个时代的主题，美国附属地区委员会不可避免地把美国的战略安全利益与托管制度的理想主义调和在一起。它们认识到美国将从"国际托管"计划中获得利益，在缔造一个更加稳定的世界的同时，国际托管首先对美国的安全有利。的确，在大多数美国高层官员看来，安全和社会发展成为实行托管制度的两个主要目的。正如韦尔斯所指出的那样："在这一计划中所包含的一切是用于促进世界的安全，这一计划并非是为利他主义或者理想主义所促动，而仅是出于安全的考虑。当然，在一定程度上，这两个目标可以被同时实现。"①

1943 年冬到 1944 年春，随着太平洋岛屿战略地位重要性的日益凸显，美国自身在该地区的"帝国主义意图"开始加强。1943 年之后，美国高层内部尤其是罗斯福总统和军方围绕托管计划问题产生了很大分歧。一些美国官员认为在世界上其他地区推行"国际托管"计划的同时，在太平洋地区的一些岛屿建立战略基地是十分必要的。随着太平洋战争形势的发展，军方迫切要求直接对太平洋地区原日本委任管理的岛屿进行军事控制。在 1943 年的防御战略形成过程中，海军部特别注意到太平洋的岛屿。1943 年 6 月，海军部还就太平洋岛屿的战略重要性向罗斯福作了汇报。1944 年 2 月，美国开始着手制定对太平洋地区进行直接或者间接控制的详细计划。时任国务院预算局副局长（Assistant Director of the Bureau of the Budget）的韦恩·科

---

① P Minutes 50, April 3, 1943, p. 13, USSD NF Box 66, in Louis, *Imperialism at Bay*, p. 237.

伊（Wayne Coy）在给罗斯福的高级顾问哈里·霍普金斯的信件中，谈到了美国在太平洋地区的安全利益。他指出："首先，美国对于美洲的太平洋海岸地区、巴拿马运河、菲律宾群岛以及太平洋海域和空中贸易航线等安全负有主要责任；其次，美国将通过占领、托管、租借、购买或签订协定完全控制波利尼西亚（Polynesia）和密克罗尼西亚群岛（Micronesia），充分参与对美拉尼西亚群岛（Melanesia）的管理，并在印度尼西亚占据一种有利的地位；第三，美国将通过在向西延伸经过波利尼西亚和密克罗尼西亚到菲律宾，以及向西南经过波利尼西亚和美拉尼西亚到达澳大利亚的北部和东北部建立一条海军和空军基地的链条来完成其太平洋政策，并将继续在菲律宾建立亚洲海军基地。"①

由于美国自身在太平洋地区的帝国追求进一步高涨，国务院有些官员甚至希望从美国的托管计划中删掉"独立"乃至"自治"的字眼。就罗斯福总统个人的立场来看，在1943年冬至1944年秋这一时期，其对于托管计划的热情达到了极点，之后开始逐渐退却。实际上，罗斯福在殖民地问题上一直保持着灵活性，其现实主义思想对战时美国关于世界殖民地区的政策发挥着重要影响，他在"国际托管"计划上的谨慎态度使其并没有发展成一种反殖民的战役。尽管他希望殖民主义和势力范围能够被托管制度所代替，希望附属地区的事务应该建立在自决原则的基础上，但是作为一个十分现实的政治家，他在面临具体问题时首先考虑美国的现实利益，很多时候不得不作出一定的妥协和让步。到1944年后期，一方面是在英法等殖民国家的反对下；另一方面是在托管计划越来越遭到军事部门的强烈反对之后，罗斯福认识到殖民地问题的解决是一个矛盾和棘手的问题，英国人和其他欧洲国家将不可能把自己的殖民地置于国际托管之下。因此，在一些重大的国际会议等场合，罗斯福

---

①　"Memorandum on Organization for Civil Affairs in the Pacific Islands," enclosed in "Coy to Hopkins," January 10, 1944, Hopkins Papers Box 334, in Louis, *Imperialism at Bay*, p. 352.

在托管问题上的坚决态度逐渐淡化。1944 年 8—10 月，美国、苏联、中国等国的领导人在华盛顿敦巴顿橡胶园举行会议讨论战后的国际组织问题，在正式讨论中基本上没有对托管计划给予太多的考虑。这说明到二战接近结束的时候，关于殖民帝国前途的许多问题已经被美国高层搁置起来了。

在雅尔塔会议前后，随着罗斯福总统身体状况的恶化，以及政治和军事等其他现实因素的影响，罗斯福在殖民地问题上的"国际托管"政策变得更加灵活，他不再与联合参谋部讨论殖民地问题。早先陆军和海军方面已经不断向他提出，美国应该占领太平洋地区被委任统治的全部或部分岛屿，罗斯福明确表示反对。但是到了 1945 年初，随着军方施加的压力越来越大，尤其是陆军部长史汀生强烈反对实行托管计划，罗斯福总统开始从自己的那些宏大的不切实际的计划后退了。1945 年 1 月，英国殖民大臣斯坦利访问了美国，并且与罗斯福就殖民地问题进行了会谈，罗斯福没有再坚持把所有的殖民地都置于"国际托管"之下的观点。

在雅尔塔会议上，罗斯福仍然提议对朝鲜和印度支那进行托管，但他强调托管主权的"暂时"性质，认为这是一种依据明确的时间表为殖民地的独立做准备的试验。此时，来自决策层内部和外部欧洲殖民国家的反对以及美国自身的利益考虑，使罗斯福变得更加现实，他不愿在殖民主义问题上与丘吉尔和戴高乐发生冲突，给盟国之间的合作制造困难。他越来越认识到一个强大的英国以及牢固的美英联盟的经济、政治和战略价值。最后，他同意对托管制度最终使用的地区范畴进行明确的限制，对那些原国际联盟托管区、作为当前战争结果而从敌人那里夺取的地区以及那些自愿置于托管制度之下的地区进行区别对待。① 但事实上，没有哪一个大国自愿把其附属地置于国际托管之下，后来的联合国国际托管地区的范围并不比国际联盟委任统治

---

① Grimal, *Decolonization*: *The British*, *French*, *Dutch and Belgian Empires*, *1919 – 1963*, p. 152.

下的范围大。

在印度支那政策问题上，从 1944 年起，罗斯福越来越面临着两难困境。首先是英国竭力主张恢复法国对印度支那的主权，这一方面是英国出于争取法国的友谊以及稳定远东形势的考虑；另一方面是因为英国政府认识到，法属印度支那的命运无疑会影响到其他有待解放的地区，包括英国自己的殖民地区。另外，尽管罗斯福不喜欢法国的帝国主义，但他越来越把它当作一个敏感的政治问题来处理。事实上，早在 1942 年 1 月，罗斯福在表示支持法国抵抗力量反对纳粹统治时，他已经开始在恢复法国殖民帝国的问题上陷入矛盾状态。面对来自戴高乐的强烈反对以及由此造成的美法之间的紧张关系，再加上战后对欧洲政策等方面的利益考虑，国务院中一些官员，尤其是欧洲司认为，如果在殖民地问题上激怒法国人，将会威胁到美、法两国在欧洲的关系。陆军部长亨利·史汀生向罗斯福施加压力，强调战后法国复兴对于美国的战略重要性。1944 年夏，在戴高乐访问华盛顿的过程中，告诫美国不应该阻止法国恢复印度支那殖民地。[1] 那时，罗斯福在会谈中的态度已经变得暧昧，在提到远东殖民地的前途问题时，他只是提出进行多方面的观察，进行多项改革等，尤其是像荷兰所做的那样，是值得提倡和赞扬的。[2] 1944 年 10 月，美国正式承认戴高乐临时政府以后，罗斯福希望在法兰西殖民地建立国际托管制度的设想逐渐消退。1945 年 3 月，日本在印度支那发动军事行动，戴高乐不断敦请允许法国军队参与盟军在印度支那的军事行动，并得到了英国的支持，罗斯福的托管计划终成难圆之梦。罗斯福在去世前夕改变了其长期坚持的印度支那政策，政治和军事的现实使他逐渐默认了法国作为"托管国"的责任。他最后允许法国人参与了解放印度

---

[1]　Louis, *Imperialism at Bay*, p. 41.

[2]　"Record of a Meeting Between the Secretary of State and M. Massigli," August 24, 1944, [F 4028/66/G], in Preston and Partridge, eds., *British Documents on Foreign Affairs*, Part. Ⅲ, *Far Eastern Affairs*, Vol. 7, part. 26, p. 163.

支那的军事行动，表示如果法国能够保证履行一个托管者的责任，并且以承诺印度支那最后获得独立为前提条件，他将同意法国重返这块殖民地。同时，他希望法国人不要关上对美国贸易的大门。在旧金山会议上，时任美国国务卿的斯退丁纽斯（Edward R. Stettinius, Jr.）告诉法国代表，尽管在美国的公众舆论中存在某种谴责法国的印度支那政策的倾向，但美国政府从来没有质疑过法国对该地区的主权。① 稍后，副国务卿艾奇逊也表示，美国不会反对法国重建在印度支那的统治。② 随着法国在印度支那主权的恢复，美国对该地区进行"国际托管"的计划已经寿终正寝。

总之，出于广泛的政治、军事以及战略上的考虑，美国政府开始从早先的反殖民主义的声明和计划中进行策略性撤退。在战争后期，美国政府对英国和欧洲殖民主义表现出更多的是同情。1944 年年底，在关于殖民地问题的谈判中，美国国务院的代表就在暗地里安慰英、法、荷的对手，表示美国将不会对它们恢复在东南亚的主权提出异议。例如，美国陆军参谋长（Army Chief of Staff）乔治·马歇尔认为，美国既不应帮助也不应干涉亚洲殖民政权的重建。③ 赫尔在其回忆录中谈到了这一问题："我们关于亚洲附属地的主要困难是要促使殖民国家——主要是英国、法国和荷兰接受我们关于附属地民族的建议……我们已经与这些宗主国不断进行了磋商。但是，鉴于我们正在寻求与它们在欧洲建立尽可能密切的关系，我们不能在西南太平洋地区向它们施加过大的压力。我们决不能迫使英国、法国和荷兰允许其殖民地马上获得自治。我们认为那将需要一个适当的阶段，至于时间长短，主要取决于各个殖民地的发展状况，在此期间它们将被训练如

---

① "The Acting Secretary of State to the Ambassador in China (Hurley)," June 2, 1945, in *FRUS*, 1945, Vol. 6, p. 312.

② "The Acting Secretary of State to the Charge in China (Robertson)," October 5, 1945, in *FRUS*, 1945, Vol. 6, p. 313.

③ McMahon, *Colonialism and Cold War*, p. 71.

何去管理自己。"① 1945 年 6 月美国国务院为波茨坦会议准备的一份文件直言不讳地承认，对于殖民地各民族来说，最好的道路是应该继续附属于欧洲宗主国，在欧洲人指导下获得自由，从而使他们与西方世界之间缔结永久性的纽带。文件指出，美国不能疏远这些主要的欧洲盟国。②

整个战争期间，罗斯福总体上是反对殖民主义的，但在如何去促进这一目标实现的问题上，罗斯福却踌躇不前，担心殖民地问题会严重影响到战时盟国的合作，其主要目的在于稳定，而非去破坏殖民地世界，只是希望殖民地和平过渡到独立。1945 年 4 月罗斯福去世，继任的杜鲁门总统继承了罗斯福时期在殖民地问题上留下的复杂的政治遗产。1945 年 4 月 18 日，史汀生和斯退丁纽斯向新总统杜鲁门就托管制度问题作出解释，指出美国通过占领日本委任统治的太平洋岛屿，可以获得防御太平洋地区安全和未来世界安全所必需的基地，同时也有利于满足在对日本作战过程中的战略需要和在太平洋地区的安全利益，并强调这并非出于帝国主义的目的。这些建议得到了杜鲁门的认可。

随着战争接近尾声，1945 年 5 月，对于战后世界安排具有重大意义的旧金山会议召开。这次会议上关于殖民地的议题，主要是解决安全和殖民地的责任，同时也对附属地民族的前途进行了讨论。当托管问题被提出时，美国军方坚持要求美国完全控制从日本那里夺取的太平洋岛屿基地，国务院担心这会给其他殖民列强树立一个很坏的榜样，但是军方的呼声占了上风。尽管美国并没有打算摈弃托管制度的责任，也愿意促进托管制度的原则，但出于更为重要的安全利益的考

---

① Cordell Hull, *The Memoirs of Cordell Hull*, New York：Macmillan, 1948, p.1599, in Paul F. Gardner, *Shared Hopes*, *Separate Fears*：*Fifty Years of US-Indonesian Relations*, Colorado：Westview Press, 1997, p.17.

② Policy paper prepared in the Department of State, "An Estimate of Conditions in Asia and the Pacific at the Close of War and the Objectives and Policies of the United States," June 22, 1945, in *FRUS*, 1945, Vol. 6, pp. 557 - 558.

虑，美国希望完全占领和控制日本委任统治的岛屿。这时，国务院对这种可能以美国的安全利益为代价来履行责任的结果也表示忧虑，因而与军方的意见逐渐中和，最后同意在战略地区实施的托管制度，在程度上和内容上与其他地区有所区别。①

可见，在旧金山会议上，美国的立场出现了严重后退，美、英两国的代表实际上已经联合在一起。当时大会在殖民地问题上出现两种意见，一种主要由苏联、大多数亚洲、拉美国家以及一些新独立的原殖民联盟所提出，他们希望在《联合国宪章》中包括进"独立"的目标；英法等殖民国家联盟则持另一种意见，主张代之以"自治"的目标。夹在中间的美国代表，必须决定是支持反殖民国家还是支持其欧洲盟友，他们权衡的结果是最终选择了站在欧洲盟友一边。当中国等国家提出应该把"独立"而不是"自治"作为殖民地区的目标，以及苏联等国代表提出应该在宪章中包括进"自决权"这样的词句时，美国代表进行了抵制。他们认为应该避免使用"独立"一词，否则将会在殖民地区造成动荡的局面。② 在托管计划问题上，美国显然只是希望将来对殖民地区进行相对有限的变革。在美国的要求下，对于在雅尔塔会议上已经就划分为不同类别达成一致的托管地区，已做好准备允许其自治或独立；"非自治地区"（殖民地）将只能获得自治。而太平洋上的"战略地区"则成为特殊的一类（《联合国宪章》第 82 款），被置于美国的主权之下、国际上其他任何力量的控制之外。③之后，在 1945 年 7 月举行的波茨坦会议上，

---

① *FRUS*, 1945, United Nations, pp. 318 – 319.

② United Nations, "1945: The San Francisco Conference", available at: https://www.un.org/en/sections/history-united-nations-charter/1945-san-francisco-conference/index.html.; United Nations, *Documents of the United Nations Conference on International Organization*, *San Francisco*, *1945*, Vol. 3, New York: United Nations Information Organizations, 1945, pp. 598 – 619.

③ United Nations, *Documents of the United Nations Conference on International Organization*, *San Francisco*, *1945*, Vol. 15, New York: United Nations Information Organizations, 1945, pp. 104 – 116; Grimal, *Decolonization: The British*, *French*, *Dutch and Belgian Empires*, *1919 – 1963*, p. 153.

杜鲁门总统否认了美国对意大利殖民地进行托管的可能性。这样，随着在敦巴顿橡树园、雅尔塔和旧金山等会议上关于筹划新的世界秩序的进行，到二战结束时，一系列的现实因素使美国政府的反殖民立场趋于保守。此后，尽管美国与英法等殖民国家之间仍然存在着巨大的分歧，但关于殖民地前途的争执已经成为边缘性问题。

考察二战期间盟国尤其是美英之间在殖民地问题上的分歧以及美国立场的变化，我们可以更多地了解战时乃至战后很长一段时期内，美国关于世界殖民地政策的实质及其相关外交政策面临的困境。美国战时在殖民地问题上立场的演变，与其历史上对待殖民主义的政策一脉相承，"理想主义"与现实利益之间的矛盾一直是困扰美国决策层的重要因素。事实上，在二战结束时，在对殖民地的政策上，没有其他国家比美国面临的选择更为棘手了。对于美国人来说，其面临的两难在于：如何处理一种社会传统心理上对殖民帝国的厌恶与支持拥有这样帝国的盟友之间的关系？1943 年 9 月，美国官员约翰·戴维斯（John Davies）指出了美国在对待英帝国问题上的两难处境。他指出："我们的政策显然是基于我们需要英国作为一个一流国家，而英国失去了其帝国就不能够成为一个一流国家，因此我们应该支持英帝国……但是，在大多数美国人心目中，一种更美好的世界与废除帝国主义是联系在一起的。"[1] 美国政府在战时一直面临着国内的批评，公众舆论认为美国军队在东南亚是为恢复欧洲殖民统治的目的而进行战斗。1943 年年底，戴维斯还总结了美国政府关于这方面的政治顾虑："从我们加入东南亚战区作战以来，我们已经卷入了英国、荷兰以及法国引起激烈政治争论的殖民地问题中来。这样做不仅可能会损害我们与亚洲殖民地民族的关系，也会损害我们与亚洲自由民族包括中国在内的国家的关系。在国内，我们的政府遭到了公众的批评，即为什么美国的年轻人应该为重建英国、荷兰和法国的殖民帝国而去牺

---

[1] "The Charge in India（Merrell）to the Secretary of State," Oct. 26, 1943, in *FRUS*, 1943, China, pp. 878 – 880.

牲生命呢?"① 在战争结束时,美国社会中对欧洲帝国主义的谴责之声仍然十分强烈。1945年2月,《芝加哥论坛》发表评论指出,美国的公众舆论将不能容忍恢复对东南亚殖民地民族的"奴役"。专栏作家马奎斯·蔡尔兹(Marquis Childs)也指出,试图保持殖民制度是一种"背叛"。促进有色人种发展民族协会(The National Association for the Advancement of Colored People)认为,殖民主义是世界和平发展的主要的障碍。美国著名播音主持人雷蒙德·斯温格(Raymond G. Swing)表明,"我们将不会牺牲美国的生命和金钱使这些帝国附属地从日本手中解放过来,然后把它们转交给其战前的宗主国"②。

即使在美国国务院的一些官员中间,也仍然存在着强烈的反殖民主义情绪,但他们的声音已经变得越来越微弱了。美国政府的决策者出于紧迫的现实利益考虑,在殖民地问题上更倾向于采取现实主义的政策。由此可见,在反殖民主义理想的背后,美国人难以割舍的是对世界政治霸权以及自身经济和安全利益的追求。参战以后,美国开始全面卷入世界事务,其觊觎全球优势地位的意图已变得十分明确,美国的反殖民立场随着美国卷入世界事务的程度和利益范围而发生变化。"在1941年之前,那些对世界其他大陆的稳定负有很少责任的美国官员,很轻易地就提出反对帝国主义;而到1944年、1945年,美国的威信和利益已经与更广泛的世界紧密联系在一起。在决定及开始构建战后秩序时,这些官员们开始把欧洲殖民帝国看作一种抑制亚洲和非洲骚动的手段。当和平到来时,关于殖民地问题的自由论调还不时从他们嘴里发出,但是语调已经变成一种摇摆不定的焦虑。"③ 而当反殖民国家团结一致反对殖民帝国主义的时候,美国最后还是站在了殖民列强一边,这可以说是美国出于自己利益考虑而作出的必然

① Memorandum by Mr. John P. Davies, Jr., "The China and South East Asia Theaters: Some Political Considerations," Dec. 31, 1943, in *FRUS*, 1943, China, pp. 188–189.

② *Chicago Tribune*, 7 Feb. 1945; FO 371, AN1608/109/10; FO 371, AN935/4/45, in Thorne, *Allies of A Kind*, p. 592.

③ Holland, *European Decolonization 1918–1981*, p. 55.

选择。

　　在抑制美国战时彻底解决殖民地问题的热情方面，欧洲殖民国家的抵制固然具有很大的影响，但并非根本性的因素，更重要的因素是美国自身建立世界霸权及其对战后自由贸易利益的期望。[①] 的确，在美国关于殖民地问题的处理及其"国际托管"计划中的反殖民主义理想背后，深深隐藏着美国对经济帝国主义的追求。美国战时负责附属地区事务的本杰明·格里哥（Benjamin Gerig），是在美国对附属地区政策和欧洲殖民帝国非殖民化过程中起过重要作用的人物，他在《门户开放和委任统治制度》一书中，叙述了美国在关于附属地政策中的经济因素。在他看来，委任统治制度和国际托管制度都是旨在努力打破殖民制度下的商业壁垒和关税限制。[②] 美国官员们把帝国特惠问题看作是战争的一个主要问题，是对未来世界和平的威胁。国务卿赫尔等人认为不仅是在远东，而且是在整个世界，和平形成的基础将会是经济。[③] 他们要求"自由贸易"和"门户开放"，即平等的经济机会和获得殖民地原材料的机会。

　　以东南亚为例，战争增加了美国在东南亚地区的利益，除了军事方面的考虑，还有一些其他因素，比如来自该地区的原材料供应、该地区众多的人口以及潜在的巨大市场等。以这些殖民地区的原料供应问题为例。1942 年 9 月，当英国、比利时、荷兰等殖民国家计划对其附属地的锡的生产和出口进行控制时，美国即刻表示严重不满。1943 年 5 月，美国国务院战后外交政策顾问委员会指出，"我们的重要资源正在日益迅速耗尽，这意味着我们未来的地位将是危险的……由于战后对原材料的纷纷争夺，使得美国必须认识到世界的资源不能

---

① Porter and Stockwell, *British Imperial Policy and Decolonization*, p. 30.

② Benjamin Gerig, *The Open Door and the Mandates System: A Study of Economic Equality before and since the Establishment of the Mandates System*, London: Allen & Unwin, 1930.

③ "Mr. Ashley Clarke to Mr. Eden," June 11, 1942, [F 4320/4320/61], in Preston and Partridge, eds., *British Documents on Foreign Affairs*, Part. Ⅲ, *Far Eastern Affairs*, Vol. 5, part. 18, p. 108.

够失去控制和形成对美国的利益不利的局面"。至于对市场的需要，有不少美国官员认识到，美国向英国的殖民地平等地销售货物将是十分必要的。① 甚至有人提出在战争结束后，所有西方国家应该放弃其在亚洲的所有排他性的权力或优越地位。

在美英战时关于殖民地政策的争论过程中，一些美国人怀疑英国的战争目的是在理想之下隐藏着的帝国意图，认为英国维护殖民制度是为经济帝国主义所驱动，指责英国人试图继续通过渥太华关税特惠体系来加强英帝国和英联邦的经济专制。对一些英国人来说，他们同样怀疑美国瓦解英帝国的动机，认为美国人正在利用战争缔造一个新的美利坚帝国，并且主要是以英帝国为代价。在 1944 年的布雷顿森林会议和随后的英美贷款谈判问题上，双方表现出一种深深的维护自我经济利益的动机。正是凭借第二次世界大战，美国在对欧洲的影响中寻求机会，开始确立其全球霸权优势。事实上，战后美国在很大程度上在经济上乃至在政治上能够主宰世界，成为世界性的工厂、仲裁者和警察以及布道者，与美国的反殖民主义立场几乎同时出现的是——美国正日益成长为一个全球性的新型帝国。美国在战后对太平洋战略地区的需求和控制，模糊了其战时对欧洲殖民帝国的抨击以及极力推动非殖民化的初衷。美国在倡导反帝国主义的同时，也致力于为自己缔造一种强大的美利坚帝国。

尽管在二战后期美国反对欧洲帝国的态度随着和平的前景日益明朗而有所缓和，其激情随着 1945 年罗斯福的去世而衰退。在 1945 年 2 月的雅尔塔会议上，在为联合国管理非洲某些托管区而制定新的责任机制和重新确认"大西洋宪章"的原则时，美国放弃了把殖民帝国国际化的要求。② 但从客观上讲，美国在战时对殖民地问题的提出和积极参与解决议案的讨论，进一步推动了殖民地问题的国际化趋

---

① "Sub-Committee on Political Problems," May 1, 1943, DS, Notter files, box 55, box 59, in Thorne, *Allies of A Kind*, pp. 340 – 341.

② ［新］尼古拉斯·塔林主编：《剑桥东南亚史》（Ⅱ），王士录等译，第 275 页。

势，使殖民地的前途受到全世界的广泛关注。罗斯福提出的托管计划中包含着一些理想主义因素，在二战前期，美国有不少人希望自己能够擎起一面反殖民主义的旗帜，并为殖民地的未来制订了一系列的计划，因此与欧洲殖民列强产生了严重分歧。战时美国政府提出的推动殖民地问题解决的方案具有一定的积极意义。例如，二战后的联合国宪章比国际联盟公约显得更加关注殖民地问题，它明确了自决的原则——尽管宪章坚持把"自治"而非"独立"作为其目标。宪章中关于非自治地区的声明直接把殖民地问题置于国际公共领域，并确立了有组织的国际社会指导和评估殖民管理活动的权力。① 国际托管制度明确地用自决取代了委任统治制度，联合国大会采取措施把应用于现存被托管地区的原则扩大到所有附属地。二战期间曾服务于美国战略情报局（Office of Strategic Services）的学者雷蒙德·肯尼迪（Raymond Kennedy），在1946年总结了殖民地问题国际化的观点："假设存在一个强大的国际机构，每个原殖民地能够被'国际化'，在这一意义上，没有哪个国家拥有或者单独对该殖民地负责。每个殖民地的最终目标将是在国际机构的框架内尽可能快地实现完全自治、独立。每个原殖民地将处于战前所属的宗主国的管理下，或者为独立做准备，原因在于这些宗主国在统治其附属地方面已经具备经验，了解当地的状况和条件。"②

可以说，美国人总体上持有反殖民主义的立场，但在具体实践过程中，大多数美国人并不支持草率的非殖民化，他们不主张殖民地民族过快地获得独立，他们只是希望以菲律宾的非殖民化模式为样板，

---

① Paul H. Kratoska, "Dimensions of Decolonization", in Marc Frey, Ronald W. Pruessen and Tan Tai Yong（eds.）, *The Transformation of Southeast Asia：International Perspectives on Decolonization*, Singapore University Press, 2004, p. 14.

② Raymond Kennedy, "Dutch Charter for the Indies," *Pacific Affairs*, Vol. 16, No. 2, June 1943, pp. 219 – 220, quoted from Marc Frey, Ronald W. Pruessen and Tan Tai Yong（eds.）, *The Transformation of Southeast Asia：International Perspectives on Decolonization*, Singapore University Press, 2004, p. 15.

在西方先进民族的"指导"和"保护"下，使广大殖民地民族有一
个稳定的教育开化和政治发展的阶段，然后渐进地过渡成为独立的国
家。这一思维深刻影响到了二战后美国关于非殖民化问题的基本
政策。

第四章　缔造安全：冷战、霸权构建与战后美国的非殖民化政策

　　与 19 世纪后期美国走向帝国的诸种动因一样，20 世纪 40 年代后，在构建一种新的美国主导下自由开放的国际体系的动力作用下，罗斯福及其决策团队开始思考和规划新的国际秩序框架，并在战时展开了一系列瓦解欧洲殖民体系的行动。正是在这一背景下，二战期间非殖民化成为美国社会的一种普遍共识，至于非殖民化的方式，美国倾向于推广其在菲律宾的实践经验和模式，赞同推动一种渐进主义的温和的非殖民化。但是，战后的国际政治现实，改变了美国决策者先前所推崇的理想主义框架下的非殖民化路线图。战后影响美国对非殖民化的政策的诸多因素中，特别是严峻的冷战形势和遏制苏联共产主义扩张的现实需要，使美国决策者在反殖民主义与反共产主义之间陷入两难的处境，从二战后初期到 60 年代的历届美国政府，美国的非殖民化政策在全球层面上经历了几个变化阶段，从战后初期的杜鲁门政府的"中立"观望、艾森豪威尔总统时期的重新定位，再到 60 年代肯尼迪政府对非殖民化进程的支持，这一变化过程体现了美国外交政策常常在理想主义传统与现实政治之间所面临的抉择困境。不仅如此，1945 年后美国的对外政策，在很大程度上集中于对国际体系的治理，其对非殖民化进程的反应，乃是基于如何以最佳手段保持其在国际体系中霸权角色的实用主义考虑，试图通过一种"安全的"渐进主义的非殖民化路径，来构建一种基于自由主义国际秩序的美国霸权。

一　战后美国关于殖民地问题的基本政策

第二次世界大战可以说是殖民主义历史一个真正的分水岭。战时罗斯福政府发动的反殖民主义宣传，不仅激发了美国公众对非殖民化的支持，而且出台了一系列反殖民主义的规范框架，推动了殖民地问题解决的国际化和制度化。在美国的反殖民主义宣传攻势下，殖民地民族主义者基于平等和自决观念基础上的强烈的独立要求，以及包括西方世界在内的国际社会越来越多的有识之士对殖民主义的大肆抨击，最终使殖民主义丧失了道德护栏，代之以一种支持殖民地独立的自决和自治的观念规范。推动这种非殖民化国际变革的背后，正是反殖民主义观念的规范性和制度化。二战后，作为国际体系中的主导国家，美国关于解决殖民地问题的思考、立场以及非殖民化政策的形成和变化，无疑对世界非殖民化进程产生了深刻的影响。

战后美国关于世界殖民地问题的政策是一个逐渐形成的过程。从美国历史上来看，除了在美西战争后一小段时期外，美国人大多对殖民主义持以反对的态度，但在二战前，受孤立主义情结影响以及美国国际体系中所处地位的局限，美国的反殖民主义仅限于宣传的层面。20 世纪 40 年代以后，从富兰克林·罗斯福总统开始，美国决策层在构建"美国世纪"宏大蓝图和规划美国主导的战后世界秩序的过程中，传统的欧洲殖民帝国无疑被视为一种主要的障碍，瓦解"糟糕的"欧洲殖民制度、推动非殖民化进程，成为美国在战时另外一个重要目标。二战期间，罗斯福政府在开动宣传机器、对欧洲殖民主义进行"妖魔化"的同时，还通过发表《大西洋宪章》、提出国际托管制度、建立联合国等措施，推动殖民地管理的国际化和制度化，从而将非殖民化有效地变成一个国际政治问题。

二战后，在美国以及国际社会多种力量的推动下，反殖民主义观念还通过联合国等新成立的国际组织得以推广。联合国为国际社会提供了一个谴责殖民主义的讲坛，发出了新的要求非殖民化的声音，事实上就为殖民地问题变成联合国讨论的议题打开了大门。1945 年，旧金山会议上通过的《联合国宪章》对世界殖民地问题作出了决议，其中宪章第 11 章和第 12、第 13 章分别提出了关于非自治地区（殖民地）和托管地区的政策，进一步确定了民族自决的原则。① 1945 年后，反殖民主义观念构成了一种感召力和意识形态，此后一直到五六十年代，这种观念在主要的西方国家及其殖民地中，以及在国际社会中都广为流行。这一时期，随着东西方冲突的加剧，在联合国大会中，亚非国家阵营、苏联阵营、殖民地的民族解放运动等力量不断加强，联合国变成了反殖民主义国家与殖民国家激烈交锋的重要场所。殖民主义问题成为历届联合国大会上一个十分重要的议题，大多数成员——西欧以外的所有成员，原英联邦属地和新独立的国家都怀有强烈的反殖民主义和支持自决或独立的倾向。② 面对反殖民主义阵营与殖民国家之间产生的严重分歧，美国的代表们发现自己处于一种十分尴尬的中间地位，常常招致争论双方的指责，他们认识到殖民地问题是战后美国政府无法回避的世界性问题，希望国务院制定一种关于世界殖民地区的指导性政策。

1948 年 7 月 20 日，美国驻联合国代表团代理团长杰瑟普（Philip C. Jessup）在致国务院联合国事务办公室主任（Director of the Office of United Nations Affairs）腊斯克（Dean Rusk）的信中，提出了"殖民地政策"的设想。腊斯克赞同这一想法，认为有必要制订关于新独立国家的长期政策。9 月 10 日，国务院附属地事务署（the Division of Dependent Area Affairs）官员威廉·约曼斯（William L. Yeomans）起

①　A. G. Mezerik, ed., "Colonialism and the United Nations," in *International Review Service*, Vol. 3, No. 36, 1957, pp. 22–23；United Nations, *Charter of the United Nations*, available at：https：//www. un. org/en/charter-united-nations/index. html.

②　A. G. Mezerik, ed., "Colonialism and the United Nations," in *International Review Service*, Vol. 3, No. 36, 1957, pp. 1–3；Yassin El-Ayouty, *The United Nations and Decolonization：The Role of Afro-Asia*, The Hague：Martinus Nijhoff, 1971, pp. xxi–xxvi.

草了一份题为"美国关于非自治地区政策的总结"的文件。尽管该文件极其简短，但它为后来美国关于殖民地地区政策的形成奠定了基础。1948 年 9 月 23 日，第三届联合国大会在巴黎召开，马歇尔在大会发言中对联合国关于殖民地问题的工作报告表示赞同，对《联合国宪章》中提出的联合国要承担起殖民地民族的政治、经济和社会发展的责任表示关注。他认为应尽可能地给予这些民族帮助和鼓励，无论它们是作为独立的国家，还是自由选择与其他国家结成联邦国家，最终都应使它们能够完全融入国际社会的大家庭。① 此后，随着 1949 年杜鲁门政府"第四点"计划的提出，国务院开始致力于形成一种关于殖民地区的总体政策。

　　1950 年 4 月 26 日，美国国务院出台了一份较为详细的关于殖民地政策的文件，并作为当年 5 月美国参加英、法、美三国外长会谈的参考文件。该文件首先阐明殖民地问题解决的重要性，认为这直接关系到美国对外政策的制定、东西方的政治竞争以及美国与其他国家的双边关系。文件接着强调美国对殖民地区的总体政策源于美国所具有的反殖民主义传统，也源于当前以及未来美国对自身和国际安全利益的广泛追求。文件指出要确保美国目前在世界上大多数殖民地区的安全利益，应该采取支持西方殖民国家的政策，同时有必要敦促它们加快殖民地的政治、经济和社会发展。文件提出美国关于殖民地政策的基本政治目标，即支持所有殖民地民族向着自治的目标发展；支持那些条件适合的殖民地区向着独立发展；鼓励宗主国政府采取进步的措施，促进其所负责的地区走向自治或独立。同时寻求与殖民地民族以及那些获得自治或独立的"民主"国家的联盟，尤其要保持和加强他们对美国的友谊和尊重；寻求美国与殖民国家在殖民地政策上的相互理解与合作，尽可能使其接受美国的基本目标；寻求美国与非殖民国家之间在殖民地政策上的相互理解和合作，并使后者接受美国的基本目标以及对宗主国的问题、责任

---

① "Editorial Note," in *FRUS*, 1952 – 1954, Vol. 3, pp. 1075 – 1076.

和成绩的理解。美国在殖民地区的经济和社会目标主要是，促进殖民地区经济的平衡发展，在殖民地和世界其他国家之间扩展经济活动，并有助于促进美国、宗主国及殖民地相互之间的战略利益；鼓励和促进殖民地和宗主国之间，以及美国与自由世界其他国家之间发展互利的经济关系；促进殖民地教育、交通、通讯以及医疗等条件的改善。同时也提出了实现这些目标应该通过的主要途径，如双边渠道——对外服务使团、信息和教育交流项目，以及通过联合国渠道等途径。[①] 该文件很快成为指导美国处理殖民地问题的基本方针，但由于国务院内部还存在一定的分歧，它并没有马上作为一项政策确定下来。

这一时期，国务院内部负责不同地区事务的部门存在意见分歧。1952 年 4 月 21 日，西欧司副司长奈特在一份题为"关于美国对殖民地和殖民国家的政策目标的基本考虑"的备忘录中指出，美国的现实困境之一即正致力于与某些国家建立具有长远意义的相互安全体系，这些国家中首要的就是殖民国家，与这些国家的全面合作，对于美国的安全以及遏制苏联的政策是十分必要的。因此，美国应该选择依靠西欧殖民国家来加强美国的力量，尽可能保持与欧洲盟友的关系。他认为殖民地区过早的不成熟的独立，将会滋生大量的不满情绪，从而会被共产党所利用。基于各种因素的考虑，应该主张殖民地走渐进独立的路线。[②] 5 月 8 日，美国附属地事务署和联合国政治与安全事务署官员则提出了不同意见，他们坚持美国应该奉行一种中间路线。他们在一份草拟的备忘录中指出，欧洲司的主张将会疏远成千上万的强烈反对殖民主义的新独立国家的人民，这将促进"第三种力量"的形成，甚至会导致这些国家倒向共产主义阵营。他们认为美国对各个殖民地区的政策应该根据具体情况而定，但应避免与反动的殖民政策

---

① "Paper Prepared by the Colonial Policy Review Sub-Committee of the Committee on Problems of Dependent Areas," April 26, 1950, in *FRUS*, 1952 –1954, Vol. 3, pp. 1077 –1102.

② "Memorandum by the Acting Deputy Director of the Office of Western European Affairs," April 21, 1952, in FRUS, 1952 –1954, Vol. 3, pp. 1102 –1108.

存在密切关系的危险，以免影响美国在世界自由舆论中的领导地位。因此，无论从短期利益还是从长期利益来看，美国都应该遵循一种棘手的中间路线和立场。①

为了协调各部门之间的意见，进一步形成关于殖民地区政策的总体文件，美国国务院在原有殖民地区委员会的基础上，于1952年6月18日又成立了专门负责处理殖民地问题的工作组。该工作组囊括了联合国事务署、几个地区事务机构以及政策规划署等部门。6月20日，殖民地问题工作组举行了第一次工作会议，会议主席威廉·卡戈（William Cargo）指出，工作组应该采取实用主义的方法去处理具体的问题，也要考虑长远的政策问题。他主张对1950年出台的殖民地政策做进一步的考虑。② 此后，工作组还就殖民地政策的考虑提出了一系列的问题：近期的问题如关于对殖民地的经济和技术援助和民族自决原则的实施等；长远的问题如在殖民地区开展抵制苏联的宣传，保持殖民地区的西方倾向——在政治、经济、教育和宣传等方面对美国的政策进行评估等。③ 1952年7月，美国1950年4月关于殖民地区政策的文件被重新印制，并在殖民地问题工作组散发。但直到1952年9月25日殖民地问题工作组最后一次会议召开，工作组对美国关于附属地区总体政策的问题也没有形成进一步的意见。1953年9月之后，工作组被提议解散。该工作组负责人格里哥在总结殖民地工作组的成绩时仍然表示，美国在殖民地问题上注定要遵循一条中间路线。④

20世纪50年代初期，在美国决策层中大多数人看来，非殖民化

---

① "Draft Memorandum Prepared in the Office of Dependent Area Affairs And in the Office of United Nations Political and Security Affairs," May 8, 1952, in *FRUS*, 1952 – 1954, Vol. 3, pp. 1111 – 1115.

② "Minutes of Meeting of the Working Group on Colonial Problems, Department of State," June 24, 1952, in *FRUS*, 1952 – 1954, Vol. 3, pp. 1119 – 1123.

③ "Memorandum on Colonial Problems for Consideration of the Working Group," June 26, 1952, in *FRUS*, 1952 – 1954, Vol. 3, pp. 1123 – 1125.

④ "Editorial Note," in *FRUS*, 1952 – 1954, Vol. 3, p. 1160.

的趋势即使不能被逆转，但至少是可以被推迟的事情。他们认为，当欧洲宗主国从战争破坏中恢复过来，将其注意力转向构建其提出的帝国联盟时，殖民地的叛乱和由此激发的民族主义运动将是短暂的。但事实并非如此，到 20 世纪 50 年代中后期，人们发现民族主义在遭到镇压后并没有消失，而是变得愈加强大，更加广泛和强烈。这样，美国的中立主义态度才开始逐渐改变。在艾森豪威尔执政后，随着苏联对第三世界战略进行调整，美国开始重视与苏联在第三世界的争夺，其关于殖民地区的政策随之出现了转变的迹象。1953 年 5 月，国务卿杜勒斯在结束南亚和近东 13 国之行后强调指出，美国在殖民地问题上已经没有必要态度暧昧，应该保持一种坦诚和公开的立场，以免使阿拉伯和亚洲国家产生猜疑之想。他还强调了殖民地"有秩序地发展到自治"的主张，并警告说，"克里姆林宫正在利用极端的民族主义作为诱饵试图争取附属地民族"。因此，美国不能支持极端的殖民主义，也不能支持极端的反殖民主义，因为二者都易于为共产党所利用。为了从殖民地问题争端的双方都获得帮助，美国必须采取一条中间路线。① 在此之前，负责近东、南亚和非洲事务的助理国务卿拜罗德在关于法属北非殖民地形势的评论中就直截了当地阐明："毋庸讳言，这些问题使美国面临一种两难处境。因此目前的形势要求我们奉行一种中间路线的政策，这将使我们在这些现实问题产生时，能够根据其实际情况来决定我们的立场。"②

同年秋，拜罗德和杜勒斯所作的另外两次演讲，成为美国关于殖民地政策的两个公开声明。1953 年 10 月 30 日，拜罗德在加利福尼亚作了题为"世界上的殖民地和前殖民地：一种对美国的挑战"的演讲。他指出，正当 19 世纪的殖民秩序趋于消亡之际，苏联以一种新的"帝国主义"形式开始向全球的各个角落扩张，它常常隐藏于民

---

① "Memorandum by the United States Representative on the Trusteeship Council (Sears)," August 18, 1953, in *FRUS*, 1952 – 1954, Vol. 3, pp. 1162 – 1164.

② "Editorial Note," in *FRUS*, 1952 – 1954, Vol. 3, p. 1168.

族主义的外衣之下，比旧的殖民主义更加巧妙，也危害更大。在这种情况下，美国应该实现一种切实可行的政策，即在条件允许的情况下，以一种有序的和坚决的方式帮助所有殖民地民族获得自治或独立。[1] 杜勒斯则于 11 月 8 日在克利夫兰作了题为"道义的倡议"（The Moral Initiative）的演讲。他把殖民地问题放在了美国外交政策的总体议程之中，指出殖民地区已经成为西方与苏联阵营进行激烈竞争的战场，国际共产主义在策划征服世界的过程中，已经把民族主义作为吸引殖民地民族的手段。因此，包括美国在内的西方国家在回应殖民地民族日益高涨的独立渴望的过程中，陷入了一种棘手的处境。[2] 这两个声明反映了美国政府对苏联在第三世界的扩张更加关注。以东南亚为例，美国决策层认为苏联与美国在该地区已形成新的竞争态势，莫斯科旨在推动东南亚的反殖民斗争，试图切断西欧与东南亚之间的经济联系，将造成马歇尔计划的失败以及西欧的复兴受挫。因此，美国必须对苏联新的政策作出强烈的回应，尽快改变美国在殖民地问题上的政策和计划，并通过联合国和其他国际组织向欧洲殖民国家施加压力，促进并支持殖民地民族获得自治或独立的努力，否则西方阵营将失去第三世界的信任和支持。

这样，到 20 世纪 50 年代中期后，随着苏联对第三世界战略的转变，加上联合国中反殖民主义阵营的压力，美国为了使西方阵营能够在殖民地区赢得好感，同样也是基于自身霸权建构的需要，美国在一定程度上恢复了反殖民主义的坚决立场，开始支持日益高涨的世界非殖民化运动。在东南亚，到 1954 年，美国不再支持法国殖民主义在印度支那的继续存在。同时，美国也开始向英国施加压力敦促其加快马来亚等殖民地的非殖民化步伐。艾森豪威尔政府尽管没有公开支持非殖民化，但试图推动其欧洲盟友与民族主义力量进行和解。1956 年苏伊士运河危机爆发后，美国政府对英法的军事行动进行了严厉谴

---

[1] "Editorial Note," in *FRUS*, 1952–1954, Vol. 3, pp. 1167–1168.

[2] Ibid., pp. 1166–1167.

责，并向其施加压力。1956 年，时任参议员的约翰·肯尼迪也表示了对非殖民化的支持，他呼吁对欧洲宗主国施加非殖民化的压力，同时改变美国在联合国关于非殖民化问题表决投票时弃权的做法。在肯尼迪执政后，美国强势介入了非洲的非殖民化进程。1960 年，联合国通过了《关于允许殖民地国家和民族独立的宣言》（第 1514 号决议）宣布，"所有的民族都拥有自决的权利""决不允许把政治、经济、社会、教育上的准备不足等问题作为延迟其独立的借口"。① 此后，世界非殖民化进程进入了加速阶段。

整体来看，战后美国非殖民化政策的演变呈现出一种类似国际跳棋的线路。1945 年后日益高涨的第三世界民族主义运动，使得美国决策者面临着复杂的选择，他们开始重新思考其战时的非殖民化政策，他们尽管仍然宣称支持反殖民主义，但其政策不断出现摇摆和变通。实际上，随着战后欧洲帝国的逐渐解体，美国历届政府对第三世界的独立呼声，都呈现出一种深深的矛盾心态。美国决策者认识到，在冷战的紧张形势下，既不能回避民族主义者对殖民统治的挑战，也不能过分削弱和疏远其重要的欧洲盟友，这种局面使得他们在制定外交决策时，常常面临一种尴尬的困境。

美国关于非殖民化问题的政策，是 1945 年后美国整体外交政策中的一个重要问题。一般来说，一个国家的对外政策可以被分解为两个组成要素——目标和手段，这有助于我们理解美国关于非殖民化问题的决策选择提供某种思路。从外交决策的角度来看，战后美国决策层内部在解决殖民地问题上存在的分歧，主要是围绕非殖民化实施的三个方面：一是非殖民化的实际模式以及美国应该起到的作用；二是非殖民化的时机和速度；三是美国在这些殖民地区的实际利益和目

---

① ［美］朱迪斯·戈尔茨坦等编：《观念与外交政策：信念、制度与政治变迁》，刘东国、于军译，北京大学出版社 2005 年版，第 122—123 页。

标，这一问题将决定着其他二者的方式。① 美国非殖民化政策的形成和演变，反映了这一问题对于 1945 年后美国对外政策的宏大战略——追求遏制的重要性的认识，要想理解遏制政策从最初集中于欧洲扩大到整个非欧洲世界，就不能不考虑非殖民化问题在促进美国政策转变中的作用。

在很大程度上，美国作为战后国际体系中的主导力量，在其构建的国际秩序框架和外交政策形成的过程中，非殖民化乃是一个不可回避的重要议题。1945 年后，国际体系中出现了一种新的权力分配，殖民主义与民族主义运动都对美国外交形成了一种挑战，这种情况使得非殖民化进程在美国主导的国际体系中获得了动力，就其范围和强度来说，这是美国决策者所没有预料到或者难以理解的。第二次世界大战前，美国只是国际体系中的大国之一，但在 1945 年后，尤其是 1947 年当杜鲁门主义宣布后，美国成为一个在稳定体系中有着既得利益的大国，美国把欧洲帝国和非殖民化看作保持稳定的手段，并导致了持续不断的努力来保持美国主导的国际体系的稳定。② 在这一背景下，对于美国安全的考虑及其与欧洲殖民国家同盟关系来说，非殖民化过程无疑变成一种具有严重挑战的破坏性力量。鉴于美国在国际体系中的主导作用以及非殖民化进程的动力，这种矛盾变得无法避免。在某种意义上，这种作为国际体系主导力量的角色转变，是阐释美国对非殖民化进程反应的一个决定性因素。在分析美国政策缺乏连贯性的原因时，或许可以把其看作一种美国对不同背景下的非殖民化作出明智反应的行为模式。具有实用主义特性的反共产主义、反殖民的意识形态，以及美国确保对欧洲国家的优势的愿望，都是影响美国

---

① Steven Metz, "American Attitudes Toward Decolonization in Africa," *Political Science Quarterly*, Vol. 99, No. 3（Autumn, 1984）, p. 517.

② Cary Fraser, *Ambivalent Anti-Colonialism*：*The United States and the Genesis of West Indian Independence*, *1940 - 1964*, Westport：Greenwood Press, 1994, pp. 12 - 15；Norman A. Graebner, *Cold War Diplomacy*：*American Foreign Policy*, *1945 - 1975*, New York：D. Van Nostrand Company, Inc., 1977, pp. 84 - 85.

政策决策的部分因素。此外，美国的非殖民化政策还受到其国内的种族政治、殖民扩张思想，还包括其自身作为一个殖民国家的身份、占领具有战略地位的地区问题、关于非殖民化或帝国对于美国全球战略目标的重要性的评估，以及反殖民立场从属于冷战遏制的需要等一系列综合因素的影响。[①]

　　首先，导致美国政策与世界非殖民化进程存在冲突的一个重要因素，即美国本身是一个主要的殖民国家。即使在美西战争之前，美国人的思想中就融进了一种观念，即美国适合于被赐予统治附属地民族。在美西战争后，美国把这一观念扩大到了北美大陆疆界以外的地区，把波多黎各、菲律宾和维尔京群岛等置于美国的殖民体系之中。二战后，那些殖民附属地进而通过对以前由日本管理的太平洋岛屿的"托管"占领而扩大。美国作为殖民国家的身份以及支撑这一身份的殖民思想，结合起来与欧洲殖民国家形成了一种利益共同体。这一利益共同体，基于一种共同的身份和对殖民附属地区实行殖民统治的信念，乃是形成美国决策者对非殖民化进程作出反应的一个主要因素。[②]1945年后，那些曾经被灌输以殖民统治思想的美国决策者，发现在欧洲殖民国家重申其帝国主权时，自身很难与其区别开来。美国决策层中存在的这种与帝国主义国家的合作意向，是造成美国外交政策与民族主义运动之间冲突的一个重要因素，这也是民族主义者对美国政策不信任的根源之一。其次，造成美国政策与非殖民化进程产生冲突的另外一个重要因素，是美国国内黑人团体对美国的种族隔离思想和行为的挑战。在二战期间，美国国内的种族政治成为美国对非殖民化进程反应的一个决定因素，美国黑人团体要求瓦解种族隔离制度的压

---

　　① Cary Fraser, "Understanding American Policy Towards the Decolonization of European Empire, 1945 – 1964," pp. 106 – 107.

　　② Cary Fraser, *Ambivalent Anti-Colonialism: The United States and the Genesis of West Indian Independence, 1940 – 1964*, pp. 29 – 30.

力，对美国的反殖民立场有着重要的影响。① 除了国内政治以及美国在国际体系中的角色变化等因素，1945 年后美国对外政策的模式和特性，也导致了其与非殖民化进程之间的冲突。随着冷战爆发后美国开始在全球范围内实施遏制政策，一种激进主义的美国外交政策首先是在欧洲，之后在广泛的国际体系内得以合法化，美国决策层对非殖民化进程的反应，反映了他们对于非殖民化问题可能对遏制政策造成的影响的担忧。

整体来说，美国遏制政策的实施有四个核心目标：第一，使苏联及社会主义阵营的影响在国际体系中最小化；第二，防止信奉马克思—列宁主义原则的新独立国家的出现；第三，极力扼杀苏联和其他共产主义国家；第四，通过遏制来影响国际体系的变革进程，以确保美国能够长期保持优势，确保美国作为这一变革过程仲裁者的角色。对于 1945 年后的美国决策者来说，其关于世界非殖民化进程的反应，很大程度上是由他们所感知到的非殖民化对实施遏制的影响来决定着的。实际上，美国对于殖民主义，抑或是非殖民化的支持，依赖于哪一方有利于其实行遏制政策，两者都被视为遏制的工具。② 正是这种模棱两可的立场，以及把美国对殖民统治和非欧洲地区民族主义的支持用于更为宏大的遏制政策的目标，造成了殖民国家和殖民地民族主义者双方都对美国的政策产生怀疑。美国的政策并没有把支持非殖民化作为一个普遍的原则或者政策，美国决策者更倾向于采取具体问题具体对待的立场。通过支持"温和的"民族主义者而促进非殖民化，美国的政策是试图阻止新独立国家带上共产主义色彩，以及由于与这些国家有联系的民族主义力量的胜利，而造成国际体系中共产主义国

① William R. Scott, "An Identity of Passions," in *Diplomatic History*, Vol. 22, No. 4, 1998, pp. 636 – 640; Penny M. Von Eschen, *Race Against Empire: Black Americans and Anticolonialism*, 1937 – 1957, New York: Cornell University Press, 1997, pp. 17 – 21.

② Cary Fraser, *Ambivalent Anti-Colonialism: The United States and the Genesis of West Indian Independence*, 1940 – 1964, pp. 15 – 16; Norman A. Graebner, *Cold War Diplomacy: American Foreign Policy*, 1945 – 1975, pp. 98 – 99.

家影响的上升。而那种殖民帝国的存续，一旦被视为实行遏制所必需的，特别是在那种继任政权可能要采取"激进"立场的情况下，美国则会毫不犹豫地支持殖民宗主国。[①]

冷战早期美国对欧洲殖民帝国的支持，还受到军事战略因素的影响。在冷战背景下，欧洲殖民地的基地对于美国在全球范围遏制战略的实施显得十分重要，这也是美国对非欧洲民族主义运动政策的一个决定因素。例如，美国决定占领原来日本在太平洋地区所管理的岛屿，并对其实行"战略托管"，正是基于这些岛屿对加强美国的安全和在太平洋战略地位的潜在价值。显然，对于美国决策者及其欧洲盟友来说，战后殖民主义的继续存在，是加强美国乃至整个"西方世界"安全的一种工具。

与遏制战略中的这些军事和政治目标相伴随的，是战后美国对欧洲经济复兴的关注。1947 年后，欧洲的经济复兴成为美国遏制战略的首要目标。美国决策者认识到殖民地对于欧洲帝国经济复兴的重要性，殖民地提供的原材料及其所赚取的美元外汇，对于缓解 1945 年后西欧国家出现的"美元短缺"极其重要。另外，殖民地资源向美元区的出口能够有助于减轻帝国国际收支的压力；再者，殖民地保护性的市场有助于刺激对宗主国产品的需求，由于不存在激烈的竞争，也为其提供了巨额利润的机会。这些来自殖民帝国的经济利益，也为美国提供了对欧洲殖民地资源投资的机会。在马歇尔计划援助的附加条件下，美国被授予投资开发欧洲殖民地资源的权利，这些投资能够提供殖民国家自身不能提供的资本，能够增加殖民地对美国的出口，从而提高欧洲帝国的美元收入。[②] 因此，殖民帝国的继续存在对欧洲

[①]　Cary Fraser, "Understanding American Policy Towards the Decolonization of European Empire, 1945 – 1964," pp. 110 – 115.

[②]　Cary Fraser, *Ambivalent Anti-Colonialism: The United States and the Genesis of West Indian Independence, 1940 – 1964*, pp. 18 – 19; William R. Louis and Ronald Robinson, "Empire Preserv'd: How the American Put Anti-communism before Anti-imperialism," in Prasenjit Duara, *Decolonization: Perspectives from Now and Then*, pp. 158 – 161.

经济复兴以及对于实行遏制的重要性不能被低估，欧洲的经济复兴对于 1945 年后最初十年的遏制政策极其重要，帝国呈现出其有利于遏制政策的实施以及美国稳定国际体系的能力。例如，在荷兰—印尼冲突以及法国—越盟的冲突中，美国的政策变化呈现出不同的特点，正是因为法国与荷兰在美国全球遏制战略中的重要性不同，决定了美国对于他们各自殖民地非殖民化的不同反应。20 世纪 40 年代后期，美国对印度支那和印尼的政策，表明美国试图使用帝国和非殖民化两种手段来实施遏制战略。可以说，美国的政策选择，反映了美国决策者对非殖民化事件发展以及对来自不同方面压力的反应。不难看出，在美国遏制政策实施过程中，殖民主义抑或民族主义二者扮演何种角色，决定了美国决策者将会作出何种政策选择。①

冷战对 1945 年后非殖民化过程有着极其重要的影响，随着杜鲁门政府的遏制政策的出台，二战期间由罗斯福、赫尔等决策层所规划的非殖民化计划被加以修正，美国政府最初对第三世界民族自决所持的支持态度得到了调和，鉴于非殖民化可能给美国政策带来的危险性和政策困境，非殖民化政策开始服从于美国的全球利益。一方面，所有殖民主义问题越来越从意识形态的意义上来讨论——作为"自由世界"和共产主义之间开展全球竞争的一个要素；另一方面，冷战对于美国的政策决策过程有着特别重要的影响，美国的反殖民倾向常常从属于其反共产主义倾向，支持欧洲殖民国家的殖民地重建，甚至在诸如中东和东南亚这些地区直接由美国来取代原欧洲殖民国家的角色。②进入 20 世纪 50 年代后，日益激烈的冷战竞争，导致了美国对第三世界政策和非殖民化政策的改变，美国决策者认识到了欧洲帝国存在的潜在价值，开始把欧洲的经济增长和稳定置于政策的优先地位，他们

---

① Cary Fraser, "Understanding American Policy Towards the Decolonization of European Empire, 1945 – 1964," p. 117.

② Jost Dülffer, "The Impact of World War II on Decolonization," in Marc Frey, Ronald W. Pruessen and Tan Tai Yong (eds.), *The Transformation of Southeast Asia: International Perspectives on Decolonization*, p. 34.

转而希望寻求一种安全的非殖民化方式，借此在第三世界建立一种
"温和的"政权，希望在这些殖民地寻求独立的过程中，阻止"激进
派"掌权。[①] 1952 年，美国学者菲利普·贝尔（Philip W. Bell）在
《世界政治》（World Politics）杂志上刊载一篇文章，表达了其关于非
殖民化问题的观点。贝尔以一种严格的现实政治逻辑，抨击了那种
"普遍的道义政治立场"，他认为美国对外政策的基本目标是保持美
国的经济复兴，由于非殖民化显然损害或者减缓了这一经济复兴，因
此美国应该支持其所称作的"愉快的"殖民关系，同时允许那些反
抗强烈的地区实现非殖民化。在贝尔看来，美国应该支持殖民主义，
只要它与其他的重要利益不冲突，或者没有"从道义上"腐蚀美国
的文化和制度。[②]

　　显然，在战后美国的全球战略中，殖民主义不再是一种简单的欧
洲问题。在东西方对峙日趋激烈的氛围下，保持欧洲帝国抑或是支持
非欧洲地区的民族主义，成为美国实施遏制战略的有效手段。此外，
在美国决策层看来，战后第三世界非殖民化进程所导致的忧虑，不仅
仅是局限于北约和美国的殖民地，它也导致了美国国内政治围绕意识
形态和种族歧视问题出现的紧张关系，因为美国所宣称的对非欧洲世
界民族主义的支持，与国内的种族分离制度以及自 19 世纪后期以来
居于美国社会核心的排外政治相矛盾。1945 年后，美国人在其试图
构建的国际秩序框架中，致力于寻求在一种囊括大多数非白人组织和
国家、地区的国际体系内的优势地位。然而，对于其他国家来说，美
国作为民主和自决的倡导者的身份，与其国内政治的实际情况是相背
离的。因此，正是出于对调和国内政治和对外政策需要的途径的探
寻，造成了二战后美国决策者对非殖民化运动所呈现的矛盾心理。[③]

---

① P. Eric Louw, *Roots of the Pax Americana*, p. 129.

② Philip W. Bell, "Colonialism As A Problem in American Foreign Policy," *World Politics*, Vol. 5, 1952, pp. 86 – 109.

③ Cary Fraser, "Understanding American Policy Towards the Decolonization of European Empire, 1945 – 1964," pp. 119 – 120.

战后美国关于第三世界的政策是断裂的，面对蓬勃兴起的非殖民化运动和共产主义的严峻挑战，美国尚未做好政策决策的准备。在东南亚、南亚、中东以及非洲等第三世界地区，非殖民化、冷战与民族主义、反共产主义、自由主义交织在了一起，美国决策层开始疲于应付这些地区出现的复杂事端和突发事件。美国的非殖民化政策的现实主义特性，也导致美国决策者不断呈现出在外交上的被动和针对非殖民化事件所持的不同的处理态度。显然，在二战后相当长的一段时间内，美国对非西方世界的政策并不成熟，其对外政策中过于明显的现实主义的政治倾向，以及在"民主"旗号下对新独立国家实施的政治干预，不断引起第三世界民族主义者的反感，导致这些地区或国家反美主义的兴起。

从二战后期至 60 年代初期，美国对于非殖民化的立场，就像其对世界政治其他许多方面的理解一样，经历了一种复杂的演变过程。二战后，构建美国霸权的迫切性和现实困境，弱化了美国决策者对殖民主义的态度，这是美国在世界事务中转向保守主义的整体的一部分，美国决策者更为强调的是渐进的、"安全的"非殖民化路线。无疑，构建世界霸权的需要，以及处于一种对"不成熟的独立的危险"的巨大恐惧，导致了美国的非殖民化立场从一种支持自决原则，开始趋于保守。这样，到 20 世纪 50 年代后期，随着美国开始成为国际秩序稳定的关键力量，追求秩序的稳定以及非殖民化问题对于全球稳定的价值，成为美国对外政策的主题，这种不断扩大的国家利益的观念，正是一种霸权政策的重要标志。[1]

1945 年后，美国通过修改国际游戏规则和推动世界非殖民化进程，瓦解欧洲传统的殖民体系，取代大英帝国建立的霸权，开始构建起一种全球化的"开放贸易"和一种全球规模的美国霸权。在杜鲁门时期，美国所主导的非殖民化政策模式，就呈现出一种新的特征，

---

[1] Steven Metz, "American Attitudes toward Decolonization in Africa," *Political Science Quarterly*, Vol. 99, No. 3, 1984, pp. 530–531.

这一模式更加强调殖民地的"发展"。美国人希望能够确保在殖民地获得独立时，政权能够被转移到可以信赖的作为代理人的当地精英手里。实际上，一旦美国接受了欧洲殖民国家需要为其殖民地独立做准备的需求，非殖民化就与"发展"缠结在一起。因此，从20世纪50年代开始，欧洲的殖民当局被推动实施了相应的"发展"措施来在各自的殖民地塑造"温和的"中产阶级代理人，这就造成了一种基于西方"监护"下的第三世界的"发展"，这种"发展"规则被用来指导那些第三世界国家新形成的中产阶级如何去治理"民主"和管理经济，以使其国家变成对西方有利的贸易伙伴。对于美国来说，其所缔造的世界霸权的长期目标之一，就包括把这些新独立的第三世界国家，囊括进入一种美国领导下的全球化的自由贸易网络。

二　美国霸权与 20 世纪的非殖民化

从世界体系的角度来看，二战后国际格局的变动，尤其是美国霸权的建立和全球经济的扩张、反殖民的政治观念的传播以及来自欧洲帝国内部的压力等因素，无疑加剧了 20 世纪的世界非殖民化进程。在世界历史上，殖民主义作为国际体系本身的某种结构特征，在很长一段时期内反映了中心和边缘地区之间的一种联系。根据美国学者艾伯特·伯格森和罗纳德·舍恩伯格在《殖民扩张和收缩的长波，1415—1969》一文中的说法，中心国家的稳定和结构的变化对中心和外缘的关系变化有着深刻的影响。[1] 理解中心和边缘地区关系变化的关键，在于中心地区内部本身的某些重复变化，我们可以把一个抽象的中心结构模型设想成为一种统一体：在一端，中心区包括许多平等的国家；在另一端，中心区则是由单个主导国家组成，这种情况下就存在一个霸权国家，如 19 世纪中期的英国和 1945—1973 年间的美

---

① Albert Bergesen and Ronald Schoenberg, "Long Waves of Colonial Expansion and Contraction, 1415 – 1969," pp. 231 – 277.

国。在世界体系演进的长时段中，中心区沿着这一单极和多极的连续性的统一体来回变化，最重要的是这种重复变化是与殖民主义的不断扩张和收缩相一致的。在这些历史时段中，当权力分散在多个中心区国家中（一种多极中心）时，殖民主义呈现扩张态势，而当出现一个霸权国家主导（一种单极中心）时，殖民主义则呈现收缩态势。这种现象构成了作为整体的世界体系一种长期重复变化的动力的模式，当权力在多个中心国家之间进行分配时，这种状况呈现为多极：中心是不稳定的，作为整体的世界体系则通过重新安排和重新设置其基本的结构关系来作出反应。中心和边缘的等级劳动分工，则通过诸如殖民主义和重商主义政策等外部经济机制得到重建。而当中心区的不稳定消失时，集中的外部经济手段失去效力，则自由贸易的局面出现。但这并不意味着控制和依附状态的终止，在新殖民主义和追求自由贸易的"帝国主义"的动力作用之下，重新造成了中心和边缘的基本劳动分工和世界范围内的不平等发展。①

根据这一理论，在 1500—1815 年、1870—1945 年之间的国际体系属于多中心的不稳定阶段，中心区由多个竞争性的核心国家组成，在这两个阶段中，中心国加强对外缘地区的政治控制，殖民主义呈现扩张趋势，贸易方面呈现出重商主义、提高关税、保护主义等趋势。而 1815—1870 年、1945—1973 年之间可以看作是单极的中心稳定阶段，中心区只有一个霸权国（1815—1870 年之间的霸权国是英国，1945—1973 年期间的霸权国是美国），中心区国家之间不存在严重的冲突，中心与外缘地区之间在政治上呈现非殖民化现象，贸易方面表现为倡导自由贸易和降低关税。1945 年后，美国成为世界体系中的霸权国家，美国与第三世界的关系某种程度上呈现出中心和外缘的特征。以 1945—1973 年的时段为例，这一时期中心和外缘之间的关系呈现为中心稳定和政治控制放松的特征——中心稳定，主要指美国霸

---

① Albert Bergesen and Ronald Schoenberg, "Long Waves of Colonial Expansion and Contraction, 1415 – 1969," p. 242.

权的建立与"美国治下的和平"的形成，尽管出现了苏联这个强大的竞争对手，但美国通过冷战以其具有压倒优势的工业和军事力量保持了霸权国地位，中心国家之间保持了和平状态。中心—边缘关系中的政治纽带呈现收缩状态，主要表现为鉴于二战后世界体系中心区的稳定和美国对非殖民化的推动，世界范围内出现了非殖民化的运动的高潮，殖民帝国在 1947—1962 年期间迅速解体。尽管一些殖民地仍然保留下来，但到 20 世纪 60 年代末，绝大多数早期的殖民地都消失了。在经济关系上呈现为在美国主导下对贸易管制的解除，以自由贸易取代了重商主义，通过降低关税、推动自由贸易和缔结关贸总协定，以一种自由的国际多边贸易体系取代了两次世界大战之间的高关税、贸易限制和保护主义。

从 20 世纪 40 年代开始，随着美国决策层中对国际干预主义支持的增加，威尔逊式的自由国际主义理念开始被置于美国对外政策的议事日程，这在很大程度上催生了一种"美国治下的霸权"。[1] 实际上，在 1933 年后，罗斯福在通过新政重塑国内经济的同时，也为美国提供了一种构建全球霸权的机会。二战期间，罗斯福的决策团队已经着手筹划战后的美国全球霸权。罗斯福政府的国务卿科德尔·霍尔是一个典型的威尔逊式的国际主义者，他极力倡导全球自由贸易。在霍尔看来，殖民帝国（如英帝国）特别是帝国关税体系的存在，成为美国建立全球贸易的严重障碍，因此美国必须采取行动摧毁殖民体系。他还倡导建立多边的机制来保持全球贸易所需要的和平秩序，并参与了战时美国关于联合国的框架设计，在规划战后美国霸权的过程中扮演了核心的角色。[2] 曾为 1940 年共和党总统候选人的温德尔·威尔基，其在对外事务上笃信威尔逊主义，强烈呼吁在战后结束欧洲的帝国统治。而罗斯福在缔造战后美国霸权的思想和决策方面发挥了核心

---

[1] P. Eric Louw, *Roots of the Pax Americana*, p. 67.

[2] Lloyd Gardner, "FDR and the 'Colonial Question'," in David B. Woolner, Warren F. Kimball, and David Reynolds, eds., *FDR's World: War, Peace, and Legacies*, p. 123.

的作用，他倡导通过建立一种多边的联合国制度以及通过传播"经济福祉"使"美国梦"成为普世现象，他认为传播"经济福祉"需要自由贸易（使得美国进入全球市场）以及实现亚洲和非洲人民的"发展"，这些都要求瓦解欧洲帝国，尤其是大英帝国。因此，罗斯福倡导和推广"自决"的观念，并将其视为每个民族都应该拥有的权利。他认为，美国在战后的使命就是将美国的自由主义和多数人享有"民主"的理想，传播到世界上其他地区。① 在一些学者看来美国决策层所信奉的这些理念混杂，就形成了一种共同的"世界大同"思想（One Worldism）。这种思想实质上乃是植根于反帝的"帝国主义"，它融合了一系列美国传统理念，形成了一种普遍的新的世界秩序观念，并为美国建立全球霸权提供了正当理由。这些理念包括：美国不是普通的国家，因为美国人"发现"了自由，创造了一种"优越的"政治制度，美国霸权的扩张就代表着一种"自由的帝国"的壮大；美国的经济扩张"注定是有益于全人类的"，因为美国能够通过建立一种全球的自由市场，最终能够创造一个为全世界提供"福祉"的黄金时代；美国作为被上帝"拣选"的民族，有责任向其他所有人类传播"自由"的"福音"；美国的非正式帝国则是为了构建全球"自由"（通过征服）、"和平"（停止领土征服）和"繁荣"（通过自由贸易），因此美国的霸权行为和干预主义俨然是"符合道义和公正的"。② 在二战期间，上述思想要素就嵌进了罗斯福政府宣传的那种非殖民化的意识形态。第二次世界大战的爆发，为罗斯福提供了一个使美国霸权全球化的契机，在缔造美国主导的世界秩序的目标下，罗斯福的决策团队开始着手宣传和推广其观点，即自由主义、开放贸易和资本主义扩张的思想应该在尽可能大的范围进行传播；清

① Walter LaFeber, "FDR's Worldviews, 1941 – 1945," in David B. Woolner, Warren F. Kimball, and David Reynolds, eds., *FDR's World: War, Peace, and Legacies*, pp. 218 – 222; Thomas. H. Greer, *What Roosevelt Thought: The Social and Political Ideas of Franklin D. Roosevelt*, East Lansing: Michigan State University Press, 1958, pp. 164 – 167.

② P. Eric Louw, *Roots of the Pax Americana*, p. 68.

除任何阻碍"开放贸易"的壁垒（如欧洲帝国）。

　　在某种意义上，20 世纪后半期的美国霸权具有"后帝国"的特征。二战后，美国的外交转向全球主义与世界经济霸权，其军事及外交的目标开始成为全球主义崛起的重要手段。美国的影响扩张到了全球几乎各个角落，它在承担起一种复杂的世界角色的同时，有着重要的战略、政治和经济动机，其中经济力量的扩张一直围绕着美国日益增长的霸权势力。美国通过政治、经济、军事、文化等多种手段，旨在缔造一个稳定的符合美国理念和价值观的自由资本主义国际体系，建立一种在全球多边结构框架下开放的国际制度。通过这一国际制度框架，在促进诸如公海自由、民族自决以及建立民主政府等传统目标以外，美国还试图缔造一个各国贸易和投资机会平等的开放的国际经济体系。美国领导人所设想的是，一种自由贸易和无差别的国际环境，将有利于世界各国的和平经济竞争、平等地获取原材料以及根据比较优势原则使效益最大化。一种开放的多边经济体系也对美国官员们所认为的那种有益于和平、繁荣和民主等相互依赖的经济和政治结构有利。[①] 在 20 世纪后半期，世界经济一体化的趋势主要表现为核心区内部经济联系的强化，在美国的主导下，西方世界经济体系逐渐整合，这与战前的国际经济状况形成了鲜明对比。但是，这并不意味着否认边缘区和半边缘区作为低成本、劳动密集型制造品的供应者，以及作为核心区提供低报酬劳动力的重要作用，而且这一作用越来越突出。[②] 美国的主要目标在于承担起重建资本主义世界的责任，整合战后的世界经济体系，它试图在世界范围内控制经济、资源、劳动力和市场，建立一个完全对美国开放的全球市场。在这一过程中，作为世界上占支配地位的经济大国，美国旨在迫使其他国家放弃自己的经济

---

　　① William H. Becker and Samuel F. Wells, Jr., eds., *Economics and World Power: An Assessment of American Diplomacy Since 1789*, p. 335.

　　② ［美］特伦斯·K. 霍普金斯等：《转型时代——世界体系的发展轨迹：1945—2025》，吴英译，高等教育出版社 2002 年版，第 47 页。

民族主义和贸易保护主义，去接受那种自由贸易、资本自由流动和货币自由流通的世界。美国利用其经济力量作为世界工厂和自由世界的银行，制定保持资本国际化的制度和规则。它使用政治权力作为世界体系的理论，倡导航海自由、贸易自由、门户开放政策、比较优势以及专业化的劳动分工。① 在美国的设想中，最好的国际经济模式是进行一种世界性的分工，即中心区发达国家出口工业制造品，而处于外缘地区欠发达的第三世界国家则出口粮食和原料等产品。

随着冷战的降临，美国在推动第三世界民族国家的非殖民化及促进其发展，并将其视为遏制战略的一部分的同时，美国越来越为致力于构建一个开放的世界经济秩序而驱动，保护私有财产和资本利益成为美国全球利益的重要部分。② 美国外交政策的总体目标是基于遏制国际共产主义的扩张基础上的。因此，美国政府利用其对外援助和贸易政策来遏制共产主义的扩张，来加强"自由"世界国家抵御共产主义的能力，美国利用其贸易政策来阻止共产主义国家从"自由"世界获得任何战略性的物资或者重要的商品。由于贸易具有动态的发展利益，因此通过国际贸易体制对一些发展中国家的贸易利益的获得进行限制或者给予，成为美国在冷战中分化瓦解一些国家特别是第三世界国家，防止这些国家倒向苏联阵营或者脱离资本主义阵营的重要手段。③

二战后美国成为世界上最强大的国家，并承担起重建资本主义世界的责任。美国的主要目标在于整合战后的世界经济体系，建立一个完全对美国开放的全球市场，这一巨大的任务包括西欧的复兴、把西德重新整合进入西欧地区、重建日本使其成为美国在太平洋的基地，

① Thomas J. McCormick, "World Systems," in *The Journal of American History*, Vol. 77, No. 1, 1990, p. 129.

② Mark T. Berger, *The Battle for Asia: from Decolonization to Globalization*, New York: Routledge Curzon, 2004, p. 41.

③ 李滨：《国际政治经济学——全球视野下的市场和国家》，南京大学出版社 2005 年版，第 124 页。

以及缔造一个以美元为中心的新的布雷顿森林体系。不仅如此，从世界近代历史来看，美国一直在追求经济体系的整合，一旦美国成为世界体系的中心，它就试图在世界范围内控制经济、资源、劳动力和市场。而在西欧"中心"国家与殖民地"边缘"地区之间保持一种经济纽带关系，乃至把整个第三世界都整合进资本主义经济体系，只是这一长远目标的一部分。这样，美国的国家利益与世界紧密联系起来，有三个基本的原则，即美国国内的稳定依赖于国外的安全和稳定；国外的安全和稳定所需要的自由力量依赖于美国愿意履行赋予其自身的使命和责任；美国完成使命和安全责任又依赖于其干预其他民族国内事务的意志和能力。① 对美国决策者来说，一个自由开放的一体化世界最有利于已成为霸权国家的美国的利益，美国的稳定和繁荣与世界其他地区的稳定和发展密切相关，而第三世界"不成熟"的非殖民化和激进的民族主义运动、大量的殖民冲突所造成的政治不稳、社会动荡以及经济贫困落后，都不利于美国战后构筑的世界体系。可以说，出于自身霸权角色及其利益的考虑，乃是影响美国非殖民化立场的决定性因素。

20世纪40—50年代，苏联关于殖民地区及新独立国家的政策，也直接影响到美国对待非殖民化问题的态度。在战争期间及战后初期，为了不破坏盟国的团结，苏联对殖民地的民族主义运动采取了一种谨慎的立场。但从1947年开始，随着东西方之间分裂和对立的加剧，反殖民主义成为苏联对抗西方的一种政治武器。斯大林时期，苏联在第三世界推行一种僵硬的"两大阵营"理论，排斥了中间力量的存在，把不愿与苏联结盟的国家如印度、埃及和印尼等都视为西方的傀儡。主张在殖民地区发展颠覆活动，宣称苏联是所有民族自由和独立的真正捍卫者，认为殖民地民族解放运动的发展只有在共产党的指导下才能获得成功。这一政策被严格地执行到1953年3月斯大林

① Melvin Gurtov and Ray Maghroori, *Roots of Failure: United States Policy in the Third World*, Westport, CT: Greenwood Press, 1984, p. 22.

去世，它实际上削弱而不是加强了苏联在第三世界的影响，因而在1954 年被修改。赫鲁晓夫上台后，为加强苏联的全球地位，开始推行一种更加灵活和积极的外交政策，尤其是争取第三世界的新战略，通过与亚非等第三世界国家建立友好关系，向它们提供大量的经济和军事援助等手段，来巩固新独立国家的中立倾向，与西方世界展开争夺。在美国决策者看来，赫鲁晓夫对苏联外交策略的调整，并未改变其基本目标，他向第三世界进行大量的经济和军事援助的政策，比斯大林时期的扩张政策更为可怕，美国政府开始重新思考关于殖民地问题的政策。艾森豪威尔执政后，美国逐渐明确了反殖民主义的立场。20 世纪 50 年代中后期，美国对世界非殖民化运动给予了一定的支持。

冷战以及与苏联在第三世界竞争的需要，只是影响战后美国非殖民化立场的因素之一。战后广大殖民地区的民族主义运动迅速发展，非殖民化成为世界的必然趋势。世界舆论及联合国对战后世界非殖民化进程也产生了巨大的影响。从战时开始，《大西洋宪章》《联合国宪章》和国际托管理事会等对民族自决原则的倡导，使得非殖民化被提上了战后的世界议事日程。战后，反殖民主义汇成了一股强大的舆论潮流，许多影响较大的报刊几乎一致地对殖民主义进行了谴责，殖民主义越来越被国际社会视为一种极不道德的行为，日益遭到世界舆论的普遍谴责。这些无疑都对美国的政策产生了深刻的影响，促使美国政府改变了策略，重新向英法等欧洲殖民国家施加强大的压力，要求它们采取开明的殖民地政策，以减少国际社会尤其是苏联等反殖民主义国家的谴责。

第二次世界大战后，世界政治、经济体系发生了重大变革。一个新的国际政治格局开始形成，1945 年后形成的雅尔塔体系与一战后的凡尔赛体系不同，它提倡和平和民主的原则，在这一定程度上促进了被压迫民族，尤其是被托管地区的独立和自治进程。与此同时，一个自由开放的一体化的世界正在形成之中，在形式上以占有广大的海外附属地区、在结构上以关税特惠制度和贸易壁垒为主要特征的殖民帝国秩序，已经不符合战后资本主义经济发展的需要。非殖民化已经成为历史发展的必然趋势。战后形成的以美国为中心的资本主义体系和国际经济关系的深刻变化，已经不能容忍殖民主义的统治方式，它不再需要对殖民地进行严格的有形控制，而要求殖民地的非殖民化。这也是这一时期美国开始推动非殖民化运动的深层动因。

作为战后一个世界性的霸权大国，美国在殖民地问题上的立场和态度变化，不可避免地对世界的非殖民化进程施加大量的美国影响。尽管美国所施加的反殖民主义压力时强时弱，其目的也不尽相同，但却使战后许多地区的非殖民化过程都留下了美国影响的痕迹。然而，历史运动本身乃是在诸多因素合力推动下前进的，任何历史事件的发生都是纵横交错的各种力量相互影响、相互作用的结果。我们在考察 20 世纪世界非殖民化的整体动因及其进程，或者在考察某一非殖民化个案时，往往很难把其简单归因于某种单一的因素，更不能片面强调美国的作用，而应把其置于世界历史的大背景下进行多维分析。可以肯定，殖民地的民族主义运动是非殖民化的根本动力，没有殖民地民族长期的反抗斗争及其对西方殖民体系造成严重的冲击，西方殖民国家就不可能考虑改变殖民统治方式，就无从谈起非殖民化的进程。同时，我们也应该看到，除民族主义运动的力量之外，还有其他许多因素也发挥着重要的作用，比如国际政治格局和经济体系的变化，国际社会舆论所形成的强大压力，美苏等大国出于不同的利益考虑进行的干涉和介入，乃至宗主国本身力量的衰落或者迫于内外压力而进行的变革等。在某一国家、某一时期或某种特定情况下，这些因素都会程度不同地对非殖民化进程产生影响。例如，联合国在世界非殖民化的进程中起着十分重要的作用，它成为战后时期反殖民主义的主要驱动力。联合国成立后很快就成为一个富于战斗性的反殖民主义的论坛和仲裁法庭，殖民列强常常成为被谴责的对象。包含在联合国宪章等决议中的民族平等、民族自决原则为民族主义运动提供了理论基础和法律依据。联合国大会于 1952 年通过的《关于人民和民族自决权的决议》，以及 1960 年通过的《非殖民化宣言》，都有力地推动了战后的世界非殖民化运动。在联合国中的各种团体，拉丁美洲地区、阿拉伯地区以及亚洲国家等组成的反殖民主义力量，成为殖民地人民要求独立的最主要的支持者，它们直接影响到世界舆论的导向，给殖民国家施加了巨大的道义压力。另外，联合国安全理事会没有介入殖民地事务的特殊权力，但是宪章赋予它拥有维持国际和平与安全的主要责任，在调解殖民地与宗主国冲突的过程中，安理会起到了一定的积极作用。此外，二战也严重削弱了旧的世界体系中心——欧洲殖民宗主国对帝国"边缘"地区的控制能力，来自这些"边缘"地区的民族主义者渴求独立的呼声和反抗，不断冲击着已经日渐衰落的欧洲殖民帝国。欧洲殖民国家对待殖民主义制度的态度也发生了变化，开始对殖民统治方式进行改革。以英国为例，从 20 世纪 30 年代末着手进行殖民政策改革。在 1945 年组阁的艾德礼工党政府放弃了对印度的殖民统治。欧洲殖民国家自身的变革也在一定程度上促进了殖民地的发展和非殖民化的进行。[1]

无论如何，二战后美国霸权的崛起和欧洲殖民帝国的瓦解，意味着国际政治结构中的权力平衡发生了改变。随着美国经济和军事力量的不断壮大，英国等欧洲殖民帝国经济的削弱和军事力量的收缩，全球政治、经济权力发生了转移，传统的欧洲殖民统治的合法性发生了动摇。就像其最初曾经经历的扩张那样，在各种使民族国家整合到国际资本主义经济的因素作用下，二战后正式的帝国收缩了，取而代之的是一种美国式的非正式帝国。正如事情所证明的那样，新的世界秩序需要大量的伴随着经济吸引力的旧式的帝国和财政干预，有形的帝

---

[1]　Yassin El-Ayouty, *The United Nations and Decolonization: The Role of Afro-Asia*, pp. 8 – 9.

国被废除了，但国际经济的束缚依然存在。"不存在取代帝国的合谋，美国的影响由于帝国主义的受挫以及民族主义者的邀请而扩大了。"[1]诚如一些激进的西方学者和第三世界学者在谈到美国的非殖民化政策时指出的，很少有例子说明美国的对外政策有利于非殖民化，它只是促进了从欧洲殖民帝国的正式统治转变成美国公司支持下的非正式统治。[2]随着欧洲帝国边疆的终结，肯尼迪总统的"新边疆"开始拓展。在与共产主义政治经济的竞争中，以美国为首的西方国家在联合国和世界银行的支持下，于20世纪60年代开始将目标转向第三世界的发展问题。

1945年后，美国开始了构建其新的世界秩序的过程。随着全球权力中心向美国的转移，大英帝国的"正式"帝国被美国的"非正式"帝国所取代，这是一种新的全球霸权秩序全球化的过程。在美国人的设想中，欧洲帝国应该被摧毁并代之以独立的国家，这种非殖民化过程源于威尔逊式理想主义和美国人的实用主义。这种以诸多小国来取代帝国的设想，推动了美国"非正式"帝国的构建，因为这更易于根据适合美国人的条件将弱小国家纳入美国的贸易帝国。实际上，在美国战时就开始酝酿的世界新秩序的蓝图中，其首要目标在于建立一种全球贸易帝国，希望通过建立一种门户开放的贸易体系，最终能够进入全球所有的市场和获得其原材料，清除阻碍美国商业的关税障碍，建立一种全球货币和贸易体系，促进贸易和资本的自由流动。为实现这一目标，首先要消除欧洲和日本的帝国形成的贸易壁垒，以获得美国所需要的资源和自由进入的市场，因此在罗斯福及其决策层关于战后世界秩序的设想中，日本和德国的权力必须被摧毁，欧洲的原殖民地应该被置于多边的国际托管体系下，通过建立一种复

---

① William Roger Louis and Ronald Robinson, "The Imperialism of Decolonization," in James D. Le Sueur, ed., *The Decolonization Reader*, New York: Routledge, 2003, pp. 73 – 74.

② Steven Metz, "American Attitudes Toward Decolonization in Africa," *Political Science Quarterly*, Vol. 99, No. 3, 1984, p. 515.

杂的联合国体系以及多边的全球金融和贸易管制体系，并通过多边和平机制的制度化，来稳定和巩固"美国治下的和平"，建立一种有利于美国的"非正式"帝国。①

此外，美国霸权并不是建立在领土兼并基础上的，而是建立在经济、军事和"软"实力的基础上。二战后，美国建立并操纵着一套复杂的多边制度，通过提出一系列规则，来"规制"国际金融、国际贸易和政治关系，使得美国主导的"非正式"帝国成为一种新的全球治理方式。② 在美国霸权下，华盛顿实施了各种"全球治理"的工具，包括财政制度、贸易规则、谈判和外交、军事压制、金融手段、美元外交和文化影响等，这些因素在构建和保持美国全球霸权的过程中发挥了重要的作用。"美国治下的和平"使文化成为一种重要的霸权工具，美国的思想、语言、价值观、宗教和理论、食物、休闲活动、流行服饰、建筑、法律规范以及治理模式等，这些文化影响会改变被统治地区人民的行为，促使其发生文化行为的转变。③ 1945 年后的全球"美国化"现象，实际上导致了美国对第三世界的文化改造，通过推广美国主导下的发展和现代化模式，瓦解了其他民族的传统和生活方式，美国化成为美式霸权下的一种新的传教冲动——适应于推广"美国梦"的新的"文明化使命"。

三　战后美国非殖民化政策中的"发展"命题

第二次世界大战后，尤其是在 1945 年后的 20 余年时间里，随着欧洲帝国的瓦解和美国霸权的建立，全球政治环境发生了急剧变化。加之日益严峻的冷战形势，使得战后美国霸权的构建过程，与非殖民

---

① P. Eric Louw, *Roots of the Pax Americana*, pp. 100 – 101.
② Mark T. Berger, *The Battle for Asia: From Decolonization to Globalization*, pp. 43 – 44.
③ P. Eric Louw, *Roots of the Pax Americana*, pp. 218 – 219.

化浪潮以及第三世界新独立国家的发展问题缠结在了一起，并在全球范围内对美国形成了一种巨大的挑战。对于美国决策者来说，如果要将这些新独立国家纳入其"非正式"帝国，使它们成为美国所希望的那种富有价值的贸易伙伴，就需要提出一种政策框架来处理这些国家的发展问题，对其发展路径加以"规制"和引导，通过技术干预来促进其工业和社会发展，使其具备有效的自治能力和管理自身经济的能力。诚如学者弗兰克·宁可维奇（Frank Ninkovich）所言，"随着传统帝国主义的消失，缔造一种全球文化的趋向变成了一种远比第一代帝国主义者所能想象的更为有力的传播文明的动力。尽管美国人已经摈弃了殖民主义，但他们仍然热衷于'推进'其他民族的现代化，无论它们处于什么样的发展水平"。①

从事发展问题研究的著名学者吉尔贝·李斯特（Gilbert Rist）认为，"发展"的议题深深地铭刻在西方的想象力之中，增长或者说进步能够无限发展，这是使西方文化彻底不同于其他一切文化的一个论断。②事实上，二战后美国关于非殖民化以及发展问题的设想，也是美国人那种全球"使命感"和履行世界历史重要角色的一部分，并被嵌入美国人自我认同的思想之中。美国学者斯坦利·霍夫曼曾从文化的角度来剖析美国的国民风格对于其处理外部世界事务的影响。他指出，美国的国民风格表现为植根于其自身历史的两大动力：一是天定命运，这表现为对被赋予神圣使命的民族的归属感。早在独立战争期间，美国就产生了美利坚民族是肩负天命的特殊民族、美国的发展历程注定与传统国家完全不同的说法。美国人普遍认为，崭新的美国乃是基于自由和自决等重要原则立国。二是技术思维，这表现为在美国政治和社会领域中对技术的执着。它是一种笃信依靠技术解决问题的强烈倾向，其植根于美国的自由主义。美国人坚信，任何问题都能

---

① Frank Ninkovich, *The United States and Imperialism*, p. 250.

② ［瑞士］吉尔贝·李斯特：《发展的迷思：一个西方信仰的历史》，陆象淦译，社会科学文献出版社 2011 年版，第 237 页。

够而且应该依赖于先进技术而快速解决。① 美国历史上的这种"天定命运"观念与技术思维，常常是密切联系在一起的，并对 20 世纪的美国非殖民化政策产生了深刻的影响。

在普通美国人的观念中，美国的生活方式、社会秩序和政治制度具有不言而喻的优越性，整个世界能够通过接受美国的社会政治和经济制度而获益。在历史上，这种对美国制度的优越性的笃信，支撑着美国人对其社会发展和变革模式的推崇，这种模式可以追溯至 19 世纪早期杰斐逊的"自由帝国"设想。在杰斐逊的想象中，美国优越的"民主"制度和国家形态应该向整个美洲大陆传播，并通过领土扩张在政治、经济和社会上重塑北美地区，直到将那些已经充分"发展"的"州"合并进入联邦。在 19 世纪后期，作为传播美国式"自由"的一种模式，杰斐逊的这种复制"民主州"的理念，开始横跨美洲大陆向西越过了太平洋地区，并在 20 世纪美国"非正式"帝国的构建过程中得以承继和发展。② 二战后，随着美国霸权的建立，美国人的那种"天定命运"观念和"使命"意识，在其推广"民主"的过程中得到了发挥。在美国人的思想中，他们已经找到了一个使世界变得更加美好的"秘诀"，他们笃信美国的价值观能够为全人类所共享。③ 实质上，就是笃信美国的发展模式有利于所有人的福祉。然而，二战后美国面临的挑战在于，那些刚刚摆脱殖民附属地位获得独立的国家，普遍存在经济基础落后、政府治理乏善和人力资源匮乏等问题，这就需要通过间接的手段改变这一状况。在二战后第三世界民族国家建构和发展的过程中，美国决策者通过实施一系列的干预计划，试图在这些国家培育亲西方的精英阶层，并使其能够掌握自己国家的政权，以有利于维持美国霸权的运转。

---

① ［法］夏尔 - 菲利普·戴维等：《美国对外政策：基础、主体与形成》，钟震宇译，第 44—48 页。

② P. Eric Louw, *Roots of the Pax Americana*, pp. 173 - 174.

③ John Gray, *False Dawn：The Delusions of Global Capitalism*, London：Granta Books, 2002, p. 132.

美国对第三世界发展干预的设想，有着一种历史的传统，这种理念可以追溯至美国内战后的"重建"时期。1865—1877 年期间，美国为恢复遭到内战破坏的南部经济，开始利用现代技术等一系列途径来推动南部地区的发展，并伴之以剧烈的社会和政治变革。美国"重建"时期的国家建构计划和发展思维，后来演变成一种改革的标签和社会改造的模式，也成为美国进步主义改革诉求的重要部分。[①] 19 世纪后期至 20 世纪初美国在加勒比海地区一系列行动，例如在军事占领海地后采取的一系列政策措施，以及美国在波多黎各所倡导的各种改革，都被贴上了"重建"的标签。美国人这种笃信现代工业社会有能力带来世界进步的信念，还以一系列博览会的形式被呈现出来，其中影响最大的就是 1893 年在芝加哥举办的世界博览会（the Chicago World's Columbian Exposition）。这次博览会被设计成一种生动的"图文并茂的文明百科全书"，将科学及其应用视为文明的基础，由此向参观者勾画出了"现代"的特征。这一时期美国举办的诸如此类的博览会，乃是美国人相信通过技术和科学的成就，能够在地球上创造一片乐土的思想体现的一部分。[②] 进入 20 世纪后，这种信念也被融入美国人的世界使命之中，一些国际主义者希望美国能够利用辉煌的技术成就，来促进世界上其他民族的社会和政治变革，重塑那些"低效"社会，并将其纳入现代世界体系。

19 世纪晚期，美国在科学和工业，包括铁路、现代医学、电报等方面的成就，为其权力向全球的扩张提供了条件和手段。在一些狂热的扩张主义者看来，美国在塑造全球文明过程中发挥领导作用的时

---

① Alan Dawley, *Changing the World：American Progressives in War and Revolution，Politics and Society in Twentieth-Century America*，New York：Princeton University Press，2003，pp. 341 – 358 .

② David Ekbladh, *The Great American Mission*，p. 18；Robert W. Rydell, *All the World's a Fair：Visions of Empire at American International Expositions*，*1876 – 1916*，Chicago：University of Chicago Press，1984，pp. 38 – 71；Emily S. Rosenberg, *Spreading the American Dream：American Economic and Cultural Expansion*，*1890 – 1945*，New York：Hill and Wang，1992，pp. 3 – 6.

刻已经到来，美国应该介入世界事务，通过美国的"活力和文明"来改变落后民族，教育和"规训"落后民族。他们相信，通过美国在科学和技术上取得的成就，可以引导其他民族达到一种相近的发展状态。① 在美国占领菲律宾后，从威廉·麦金莱政府、西奥多·罗斯福政府到威廉·塔夫脱政府，都设想通过提供一种"仁慈"的托管和实施一系列"文明化"措施，将菲律宾人从数世纪的西班牙统治中挽救回来。② 这一时期，"发展"一词开始被美国官方使用，以把美国的文明使命与欧洲的殖民政策区别开来。美国人把自己对菲律宾的殖民统治，自诩一项宏大的进步主义的"社会工程"，目标是要通过对菲律宾的政治规训，将其塑造成为一个文明的现代社会，声称这些行为都是在为菲律宾人最终实现自治而做准备，而非一种将其化为帝国的手段。③ 美国在菲律宾实施的殖民发展举措，后来演变成了美国向世界范围输出"现代性"的一种思维理念和实践框架。

第一次世界大战后，美国总统威尔逊提出了著名的"十四点"计划，将建立国际联盟作为解决国际政治问题的新机制。尽管威尔逊的倡议没有完全实现，但其关于世界秩序的基本构想，对后来美国处理国际发展问题提供了一种思想基础。这一时期，国际秩序的安全问题开始引起美国国际主义者的特别关注。美国经济学家尤金·斯坦利（Eugene Staley）指出，必须提出一种广泛的国际发展计划来解决这些问题，他建议通过对全球贫穷地区进行系统的干预，例如移植技术知识，引导这些地区完成社会和经济的变革，为原材料和商业的自由流动扫清障碍，从而建立一个开放的、自由的世界秩序。④ 到 20 世纪

① David Ekbladh, *The Great American Mission*, p. 19.

② Glenn Anthony May, *Social Engineering in the Philippines: The Aims, Execution, and Impact of American Colonial Policy, 1900 – 1913*, Westport, CT: Greenwood Press, 1980, p. 180.

③ Glenn Anthony May, *Social Engineering in the Philippines*, "Introduction", p. xxiv; David Ekbladh, *The Great American Mission*, p. 23.

④ Sara Lorenzini, *Global Development: A Cold War History*, Princeton & Oxford: Princeton University Press, 2019, p. 16.

二三十年代，发展和现代化的观念成为一种指向明确的、综合性的现象和工程，并在国际社会流行开来。在美国，一些信奉国际主义的政治精英们认为，美国的安全不仅仅依赖于对美国本土和资源的防御，还依赖于创造一种能够广泛传播美国的世界观和制度的国际环境，这就需要提供一种结构性的解决方案，即形成和指导外国社会、经济和政治制度发展的模式。在这种使命感的驱动下，美国人希望能够按照自己的设想来塑造世界，找到加快世界改造的路径，领导新出现的民族国家沿着自由主义和资本主义的方向发展。① 像威尔逊一样，在二战期间，富兰克林·罗斯福也提出了关于美国安全和建立新的国际秩序的构想，其所倡导的一种全球现代化的观点，成为战时美国改造国际体系计划的重要组成部分。②

　　二战期间，解决欧洲殖民地问题被罗斯福政府提上了重要议事日程。但是，当美国国务院开始研究非殖民化的运作机制时遇到了一个问题，即一些殖民地的民族在美国人看来过于落后，它们尚不具备自治条件，缺乏管理现代国家和经济的能力，还有一些殖民地甚至缺乏独立的意愿。针对这种情况，当时负责附属地事务的韦尔斯委员会提出了"国际托管"的方式。实际上，在罗斯福及其决策层看来，这些"落后地区"必须经过"发展"和被"训导"，使其在未来能够满足美国建立自由贸易体系的需要。在20世纪40年代，美国国务院的官员们普遍认为，这些殖民地需要经历一个较长阶段的国际托管过程，认为美国应该对这些地区的民众进行"监护"，以为其之后获得独立做准备。③ 因此，不难发现，在战时美国决策层所勾绘的国际秩序蓝图中，改造殖民地区民族的设想，如"发展"和"现代化"被自誉为一种了不起的观念，认为美国提出的改造传统社会的"发展方

---

① Michael E. Latham, *The Right Kind of Revolution*, pp. 22 – 23.

② Arthur M. Schlesinger, Jr., "Franklin D. Roosevelt's Internationalism," in Cornelis A. van Minnen and John F. Sears, eds., *FDR and His Contemporaries: Foreign Perceptions of an American President*, pp. 3 – 16.

③ P. Eric Louw, *Roots of the Pax Americana*, pp. 95 – 96.

案"，目标在于将殖民地民族从"落后"状态中"解放"出来。

二战后，尤其是随着冷战的降临，第三世界出现的非殖民化浪潮和动荡形势，使得南北冲突与东西方的对峙交织在了一起。从杜鲁门政府开始，美国在非殖民化问题上陷入了两难的困境，对于美国来说，解决欧洲殖民地及其发展的问题显得棘手而迫切。美国决策层普遍认为，美国在菲律宾的殖民政策提供了一个发展的范例和模式，诸如印度支那这些所谓落后的亚洲社会，需要通过美国的"监管"，最终使其能够按照西方的道路得到发展。但是，美国决策者也认识到，那些殖民地民族主义精英在渴望争取国家政治独立的同时，还有着强烈的追求民族经济发展的抱负，因此美国应该采取措施，避免激起他们对美国的怨恨和为苏联的干预创造借口。在这一背景下，美国国务院开始酝酿规划一种过渡性的"课程"，其中"发展问题"扮演了重要的角色。一方面，美国决策层希望英国、法国和荷兰能够采取措施，尽快授予其殖民地独立，同时通过结成"非正式的联盟"与原殖民地保持密切的关系。这样既有利于保持来自原殖民地重要的橡胶、锡、煤和石油等资源供应，以满足欧洲和日本经济复兴的需要，同时也能够满足民族主义者的政治诉求。另一方面，美国决策者也希望通过实施一种现代化框架下的经济和技术援助，来加强这些国家抵御共产主义的意愿和能力。[1] 因此，正是出于冷战安全形势的需要以及强烈的干预外国社会的理念，二战后美国在亚洲、非洲、拉丁美洲和中东等地区实施了一系列援助计划。

显然，随着冷战竞争的加剧，在美国的国际发展政策框架中，一种符合美国所倡导的自由主义发展路径、类似新政模式的现代化，开始成为一种抵御共产主义威胁的斗争武器。在这一背景下，第三世界的"发展"就成了不言自明的通用真理："现代化是唯一能够摧毁陈旧的价值和制度的力量，工业化和城市化是通往现代化的必经之路"，

---

① Michael E. Latham, *The Right Kind of Revolution*, pp. 28–29.

而"发展战略成为将世界标准化的工具"。1949 年美国总统杜鲁门所提出的"第四点计划"就是这种新战略的具体体现。① 在日趋紧张的冷战气氛下，作为一种尝试，杜鲁门政府试图运用一种现代化的发展理念去处理新兴的第三世界出现的问题，提出了针对不发达地区和国家的"第四点计划"。1949 年 1 月 20 日，杜鲁门在其就职演说中提出，美国将利用自身的科学进步和工业成就，通过技术援助和投资，推动不发达国家和落后地区的发展和经济增长，提高其民众的生活水平。② 在某种意义上，"'第四点计划'并没有质疑在形形色色的进化论基础上按等级排列不同社会的'尺度'，而是直截了当地树立了使美国能够充当老大地位的新分类标准——国内生产总值（GDP）"。③但从另一个角度来看，"第四点计划"也旨在说明美国所提供的发展模式，与旧的帝国主义——那种为了攫取外部利润而对其他民族进行剥削的模式不同，这表明了杜鲁门政府对那一时期蔓延于亚洲和非洲的非殖民化浪潮的焦虑和担忧，从而将美国对"发展"的支持塑造为一种固有的反殖民壮举。在美国人看来，发展最终是一种科学和技术的专门知识，通过实施一种更为宏大的全球计划，运用美国的科学和技术，能够解决第三世界的"不发达"问题。④ 显然，美国决策层将第三世界的贫困问题界定成为一种战略威胁，而发展则会减少这些国家的绝望和激进主义，这就将美国的安全问题与国际体系的结构联系起来。此后，直到 20 世纪 60 年代，对于美国决策层来说，美国能够帮助第三世界并使其避免崩溃的关键，就在于美国在技术上取得的成功。著名学者文安立（Odd Arne Westad）认为，"提供资金本身可

---

① ［美］阿图罗·埃斯科瓦尔：《遭遇发展——第三世界的形成与瓦解》，汪淳玉等译，社会科学文献出版社 2011 年版，"中译者序"，第 3 页。

② "Harry S. Truman：Containing the Public Messages, Speeches, and Statements of the President, January 1 to December 31, 1949," in *Public Papers of the Presidents of the United States, 1949*, Washington：United States Government Printing Office, 1964, pp. 114 - 116.

③ ［瑞士］吉尔贝·李斯特：《发展的迷思：一个西方信仰的历史》，陆象淦译，第 71 页。

④ Sara Lorenzini, *Global Development：A Cold War History*, pp. 26 - 28.

能难以真正奏效，只有通过技术以及相应的专门知识的传播，才能帮助第三世界国家尽快脱离遭受共产主义威胁的不确定阶段。而第三世界国家接受美国的技术，就意味着他们也接受了美国在全球向现代性发展过程中的领导角色"。肯尼迪及其继任者林登·约翰逊都坚信，国际发展乃是美国国家安全战略整体的组成部分。[①]

第二次世界大战后蓬勃发展的非殖民化浪潮，最终推使"发展"问题成为美国全球战略的一部分。在决策层看来，美国提出的"发展"方案提供了一种自由主义的，甚至是利他主义的途径，这不仅能够满足和控制第三世界反殖民精英们的政治诉求，而且推动这些国家基础设施的建设和促进投资，还能够确保其自然资源和原材料流向主要的欧洲市场，有利于加快其经济增长，提高其生活水平，改善其教育和卫生保健，这有助于阻止他们做出"激进的"选择。这样，二战后日益激烈的冷战竞争，使"发展"和"现代化"问题成为美国对外政策的重要元素。面对苏联发展模式提出的挑战，美国决策层认为不发达国家人民所特有的不成熟和脆弱性，难以实现"负责任的"自治，易于陷入被颠覆的危险，需要美国对他们的独立渴望和发展诉求进行规制和引导。[②] 1949 年中国革命的胜利和 1950 年朝鲜战争爆发后，随着美国全球战略的重新定位，亚洲等原殖民地区"边缘"地带成为冷战的前沿阵地，这进一步强化了国际发展对美国国家安全的重要性。在这一背景下，美国决策者愈益相信，美国自身的前途以及世界的命运，都依赖于快速的大规模的现代化。

在 20 世纪五六十年代，现代化的观念深深嵌入了美国人关于世界及其自身的思考中，现代化被视为美国实现其全球使命的一种途径。这一时期，大规模的现代化计划与美国决策层对冷战的忧虑联系在一起，现代化成为理解美国卷入世界事务规模的一种途径和衡量其

---

① Odd Arne Westad, *The Global Cold War: Third World Interventions and the Making of our Times*, New York: Cambridge University Press, 2005, pp. 34 – 35.

② Michael E. Latham, *The Right Kind of Revolution*, pp. 31 – 32.

外交活动成功与否的手段。对现代化的兴趣将不同阶级、甚至不同信仰的民众和团体统一了起来，宗教团体、私营慈善组织、大学、商业公司以及国际机构都加入了这一活动。从 50 年代中期开始，针对苏联在第三世界采取的咄咄逼人的政策攻势，美国决策层越来越从全球层面来界定冷战。1953 年斯大林去世后，苏联改变了对第三世界的政策，开始在战略上越来越重视非殖民化问题，不断推动反帝反殖民主义宣传，加强对第三世界国家的军事援助和经济援助，增加在亚洲、非洲和中东地区的基础设施项目援助，苏联经济模式对这些地区的民族主义领导人有着极大的吸引力。在 1955 年的亚非会议上，与会亚非国家的领导人对帝国主义展开了激烈的抨击。① 美国决策层日益认识到，如果美国要与苏联模式的吸引力展开竞赛，就要将美国与帝国主义区别开来，为第三世界提供一种更具吸引力的发展观念，进而绘制出一种全球普遍变革的图景。而这一时期的第三世界国家，"无论是外部的全球资本主义体系，还是其内部的知识分子和普通民众，都有着一个一致的需求，即追求一种独立、有效的国家发展，这些新兴国家的政治精英普遍将其当作自己的主要目标"。② 这就促使美国决策层亟需一种计划性的、具有政策导向性的知识和理论。正是在这一背景下，美国政府和社会科学家们形成了新的联合，使得现代化变成了一种理论模式和政治议程。

作为一种社会科学理论，现代化理论试图从跨越学科的角度去解释一种全球变革的普世模式，诸如沃尔特·罗斯托（Walt Rostow）、加布里埃尔·阿尔蒙德（Gabriel Almond）、白鲁恂（Lucian Pye）、丹尼尔·勒纳（Daniel Lerner）以及爱德华·希尔斯（Edward Shils）等现代化理论家，试图将各种不同的社会分析，融合成为一种广泛的、旨在解释所有社会从传统向现代化状态转变的必经阶段的理论。在

---

① Sara Lorenzini, *Global Development*：*A Cold War History*, pp. 38 – 41.
② ［英］彼得·华莱士·普雷斯顿：《发展理论导论》，李小云等译，社会科学文献出版社 2011 年版，第 150 页。

20 世纪 50—60 年代，他们将研究重点转向了对东南亚、东亚、中东、非洲等地区后殖民时期的现代化过程的研究，针对这些地区的政治、经济和社会现代化的发展路径，提出了一系列的概念、模型和理论。① 他们相信，利用美国自身的历史经验，能够为那些后殖民国家找到极具价值的借鉴，能够推动落后民族的社会进步和经济发展，并确保这些国家的民族主义运动转向亲西方的自由主义方向。②

无疑，在 20 世纪 50 年代末至 60 年代初，美国的政治关怀极大地影响了现代化理论的建构。③ 这一时期，随着第三世界国家和地区对于民族自决和社会经济发展的革命愿望的增强，美国决策者也开始将全球冷战看作关于世界命运的两种截然相反的观念之间的竞赛，现代化计划成为美国冷战外交的一种重要工具。美国决策者试图通过对外援助、发展计划的实施以及加强基础设施、政治和心理改造等手段，在世界上的"新兴"地区创造一种全面的变革。他们认识到，如果美国要想在全球冷战中获得优势，那就必须展示一种能够满足后殖民国家领导人对于实现经济增长，建立强大的政权结构以及谋求人类发展的诉求的自由主义和资本主义的社会秩序，至少是作为有效替代马克思主义的路径选择。他们坚持认为，美国将必须在制度层面上赢得冷战的胜利，通过在第三世界国家推行经济、政治、文化和心理上的改造，消弭革命的吸引力。④ 1961 年 3 月，肯尼迪在国会发表重要演讲，宣布将 20 世纪 60 年代作为第一个"发展的十年"，并建立了国际发展署（AID），期冀通过大规模的技术援助和发展计划，推动后殖民地区实现可持续增长的经济起飞。

在很大程度上，现代化理论无疑为美国决策精英们提供了一种特

---

① Michael E. Latham, *The Right Kind of Revolution*, pp. 44 – 53; Alberto Martinelli, *Global Modernization: Rethinking the Project of Modernity*, London: SAGE Publications Ltd., 2005, pp. 40 – 42.

② Michael E. Latham, *The Right Kind of Revolution*, p. 37.

③ ［英］彼得·华莱士·普雷斯顿：《发展理论导论》，李小云等译，第 158 页。

④ Michael E. Latham, *The Right Kind of Revolution*, pp. 39 – 40.

有的关于后殖民地区的思考。"发展主义"显然是被看作一种警醒方式，它要求美国慎重对待全球范围出现的饥饿和社会失序等问题，并利用其庞大的资源来改善这种世界状况。① 发展也催生了一种思维方式，"这种思维方式将社会生活看作是一个技术问题，是一个可以被托付给发展专家来进行理性决策和管理的问题"。② 现代化理论家们笃信，美国的历史经验为后殖民世界的"新国家"提供了一种榜样，诸如美国这样进步的民主国家有能力去解决国内和国外的社会问题。他们相信，资本主义再加上温和的计划措施，能够削减第三世界的贫困、提高其文化水平、减少人类痛苦以及抵御共产主义的全球挑战。在 20 世纪 60 年代，现代化成为许多美国决策者、社会科学家以及舆论领袖等广泛群体中的共识。他们对现代化计划抱以极大热情，他们期待现代化能够得以快速推进，通过与新兴的一代民族主义领导人合作，输入西方的资本和技术知识，能够将这些新独立国家从传统社会的落后状态，纳入繁荣的现代社会。他们认为，通过在关键的领域加速推动新兴国家向"现代"过渡，美国就能够更快更好地赢得历史性的冷战竞赛。③

从美国霸权的角度来看，随着二战后美国主导的"非正式帝国"的建立，其针对原殖民地区以及整个第三世界所设计的一系列"发展"方案，变成了美国实现和确保其全球利益的基本手段。二战后，经过政府的长期宣传推动和众多领域社会科学家们的理论提升，美国所倡导的非殖民化和发展计划在现代化理论的框架下得到重塑，这就使其看起来变成了非殖民化乃是世界形势之所趋，是追求人性自由、人权、公平和道义胜利之结果，而"发展"乃是基于第三世界的需要，而非美国霸权秩序下的贸易需求。④ 而对于美国来说，"不发达

---

① Odd Arne Westad, *The Global Cold War*, p. 34.
② ［美］阿图罗·埃斯科瓦尔：《遭遇发展——第三世界的形成与瓦解》，第 58 页。
③ Michael E. Latham, *The Right Kind of Revolution*, p. 66.
④ P. Eric Louw, *Roots of the Pax Americana*, pp. 180 – 181.

国家"需要被"训导",通过实施"发展"计划、培育其适当的政治治理以及经济管理的技能,由此这些国家能够成为美国可靠的贸易伙伴。此外,这种美国主导下的"发展"常常呈现出更为强烈的文化干预特征,美国有步骤地通过实施"民族国家建构"以及"发展"举措,在这些国家培育西方化的中产阶级精英,同时通过一系列的社会工程来改造其民众,进而在文化上瓦解其传统社会。

现代化是一种自由主义的变革理论,其理论前提是"传统"社会与"现代"社会之间的二元对立,"现代"被认为优越于"传统"。在现代化理论中,美国被看作是最终的现代国家,在从"落后"(传统)向"高级"(现代)演进的链条中最为发达。[①] 这一话语隐含着西方的优越性,例如认为美国已经走过的道路,乃是唯一正确的现代化路径,这意味着美国被视为其他民族和国家所要参照的基准。得在20 世纪中期,这一信念使美国的社会科学家、政府官员以及政治评论家们确信,这一目标最终的归宿是与他们自身相同的社会形式。在他们看来,美国自身作为反殖民革命的产物,美国的自由价值观、资本主义经济和多元民主,提供了一种所能够演变成的真正的现代社会的样板。[②] 作为一种智识框架和政治目标,现代化和发展理论在冷战时期其影响达到了顶峰。对于现代化理论家们来说,美国人已经找到了改善世界的途径,即在全球范围内复制美国的道路和模式。他们认为,美国能够从根本上指引和加速后殖民世界的历史过程。因此,现代化思想塑造了对发展进程的制度性理解,解释了非殖民化的战略意义,而且提出了美国用以指导和加速全球变迁的具体方式。20 世纪60 年代,美国开始实施的"争取进步联盟""和平队"和"战略村"计划,其目的都是通过物质援助和展现理性的组织和社会结构来变革"传统"社会和文化。在社会科学家和决策者看来,现代化将以加速民族独立的计划来取代殖民主义统治。但是,这种以现代化为基础的

---

① P. Eric Louw, *Roots of the Pax Americana*, p. 181.
② Michael E. Latham, *The Right Kind of Revolution*, p. 3.

计划往往采用一种与帝国主义话语和实践极为类似的方式，去界定"欠发达"国家的缺陷，并指明美国干预的必要性。①

在冷战的背景下，现代化理论包含了美国决策层所追求的三个方面的目标，即把第三世界新独立的国家转变成为美国全球贸易网络体系中可靠的贸易伙伴；遏制共产主义在第三世界的扩张；传播美国的社会政治理念和价值观，如美国的"生活方式"等。② 在现代化理论的框架下，美国试图通过推行一种全球新政模式，旨在缔造资本主义的、市场为导向的经济和自由主义国家。美国的决策者、社会科学家以及非政府组织将技术视为推动后殖民国家现代化的重要催化剂。他们真诚地相信，他们的努力将改变后殖民地区及其人民的生活；他们认为现代化将会取代种族主义和帝国主义的不公正，确保那些长期以来被看作天生缺乏前进能力的民族获得进步和发展。他们常常把现代化看作一种"正确的革命"，他们对于推动这种革命、改造外国社会的方式的兴趣和利益，显然是要符合美国的安全目标。③ 冷战时期，美国首先将现代化变成了镇压叛乱和政治控制的一种手段，而这些控制行为常常遭到了失败，并在 20 世纪 70 年代后对现代化理论形成了巨大的挑战。

在 20 世纪 50 年代末到 70 年代初，作为更为广泛的发展教程的一部分，现代化深深地嵌入了美国的政治和智识生活，它承诺提高落后国家的经济产量、提升其民众的生活水平和促进文化改造，来创造一个更加人道、公正和安全的世界。因此，在美国政府、基金会和学术机构中的现代化倡导者相信，他们正在从事一种引以自豪的利他主义事业。但是，在冷战的巅峰时期，他们也将现代化视为与苏联展开竞赛和殊死斗争的一部分，为了"挽救"处于危机之中的新独立国

---

① ［美］雷迅马：《作为意识形态的现代化：社会科学与美国对第三世界政策》，牛可译，中央编译出版社 2003 年版，第 334、339 页。

② P. Eric Louw, *Roots of the Pax Americana*, p. 182

③ Michael E. Latham, *The Right Kind of Revolution*, pp. 6–8.

家的命运，美国的现代化倡导者们设想通过对外援助和可能提供的发展项目，以及在必要的地方不惜使用暴力手段来规制其发展过程。[①]现代化计划同时也为一些第三世界国家的领导人所利用，例如在危地马拉的军事领导人、南越政权和伊朗等领导者的手里，经济和社会发展变成了一种工具，从而在国内赢得对其政权的支持。以南越为例，美国社会科学家和决策者们，将南越的民族国家建构设想成为一种"普世的"现代化过程的一部分。20 世纪 50 年代中期至 60 年代，美国人在向南越提供大量军事和经济援助的同时，也对越南实施了一种乡村改造方案——"战略村"计划，希望通过一种新的截然不同的民族国家建构的途径，来削弱胡志明领导的共产主义革命的吸引力。[②]在 20 世纪 60 年代初，现代化被设计成一种替代美国的直接军事承诺或义务的替代方案。1965 年 4 月，美国总统约翰逊宣布向湄公河开发计划提供大规模的援助，承诺将给东南亚带去"新政"的福祉。[③]但到 1968 年约翰逊执政结束时，美国决策者基本已经放弃了在南越建立一种新的、"富有活力"的独立政权的尝试。到尼克松政府时期，美国在南越宣传的改革、民主和现代化的话语逐渐暗淡了。1975年，美国在越南的失败，也引发了知识界和政界关于现代化理论的广泛争论。作为一种社会科学理论和国家建构的一种政策选择，二战后美国决策者一度热衷于推动的现代化计划，成为不断引起抨击的焦点。

---

① Michael E. Latham, *The Right Kind of Revolution*, p. 127.

② Mark T. Berger, "Decolonisation, Modernisation and Nation – Building: Political Development Theory and the Appeal of Communism in Southeast Asia, 1945 – 1975", in *Journal of Southeast Asian Studies*, Vol. 34, No. 3, 2003, pp. 439 – 440.

③ Nguyen Thi Dieu, *The Mekong River and the Struggle for Indochina: Water, War and Peace*, Westport, CT: Praeger Publishers, 1999, p. 106.

下　篇

美国与欧洲东南亚殖民地的非殖民化：基于个案研究

　　进入近代以后，随着新航路的开辟以及西方国家殖民扩张步伐的加快，东南亚地区逐渐沦为西方殖民主义掠夺的重要对象。1511 年，葡萄牙殖民者首次到达马六甲。1521 年，西班牙殖民远征船队登上了菲律宾群岛和马鲁古群岛。17 世纪，荷兰势力扩张到了东南亚，并从葡萄牙人手里夺取印度尼西亚群岛，建立了荷属东印度殖民地。此后，英、法等国也开始在东南亚开拓殖民地。19 世纪初以后，英法取代了葡、西、荷等国成为主要的殖民国家，东南亚的殖民化进入了一个新的阶段。1819 年，英国占领新加坡。1826 年，英属海峡殖民地建立。这一时期英国还通过发动三次对缅战争，使缅甸从一个独立自主的封建国家向殖民地转变。同时，英国势力也在加里曼丹岛（亦称婆罗洲）北部的沙捞越（Sarawak）、沙巴（Sabah）和文莱（Brunei）以及马来半岛进一步扩张。1888 年，文莱成为英国的保护国。1895 年，英属马来联邦成立，马来半岛地区逐渐殖民化。1858 年，法国舰队炮轰越南岘港，拉开了越南殖民化的序幕，在不到 30 年的时间内，越南及其邻邦老挝和柬埔寨就沦为法国的殖民地。1887 年，法国把越南（被分为东京、安南和交趾支那三部分）、老挝和柬埔寨合并在一起，成立了法属印度支那联邦，印度支那殖民地由此形成。19 世纪末，在国内各种扩张动力的作用下，美国也开始跨入殖民国家之列，通过 1898 年发动的美西战争打败了老牌的殖民国家西班牙，占领了菲律宾。这样，到 19 世纪末 20 世纪初，除了暹罗（泰国）以外，东南亚绝大多数地区都沦为西方的殖民地。欧洲殖民国家在东南亚殖民体系的建立，使该地区逐渐成为西方资本主义体系的边缘地区，从而给东南亚政治、经济和社会结构带来了深刻的影响。

　　第一次世界大战后，民族自决观念已逐渐植根于东南亚民族主义者的思想中，俄国十月革命的胜利进一步激励着该地区的反殖民斗争，经过第二次世界大战的沉重打击，欧洲的殖民秩序已经摇摇欲坠。1941 年 12 月，日本发动太平洋战争，欧洲在东南亚的殖民统治迅速崩溃。与此同时，在反抗日本法西斯统治的过程中，东南亚地区的民族主义运动得到迅猛发展。在战争结束时，印度尼西亚和印度支那的民族主义者已经建立起巩固的民族政权。二战也给世界政治经济形势带来了深刻的变化，它打破了 400 多年来形成的以欧洲为中心的国际格局，英、法、荷等欧洲殖民国家普遍衰落，殖民主义形式也日益遭到世界舆论的谴责，非殖民化已经是大势所趋。20 世纪 40、50 年代可以说是东南亚地区的非殖民化时代。1946 年，菲律宾首先获得独立。此后，缅甸和印尼先后独立。1954 年日内瓦会议后，印度支那三国摆脱了法国的殖民统治。到 1957 年马来亚独立后，该地区大多殖民地都完成了非殖民化（除了葡萄牙所属的蒂汶岛以及荷属西新几内亚等地区以外）。

到二战结束时，在东南亚地区的政治秩序建构以及经济复兴过程中，美国无疑已经取代了战前欧洲殖民国家的地位，开始发挥主导性的作用。但与此同时，美国政府却面临着许多极为棘手的现实问题，其中殖民地问题是困扰美国对东南亚政策的一个重要因素。二战直接引发了全球性的殖民地危机，广大附属地世界日益高涨的民族主义运动，动摇了欧洲殖民主义者 400 年来缔造的庞大殖民帝国的根基。在东南亚，尤其在印尼和印度支那，大规模的殖民冲突已经展开。这一状况使得美国在支持欧洲盟友和坚持反殖民主义"理想"之间陷于两难。随着冷战扩展到东南亚，美国及其欧洲盟友开始把东南亚视为与苏联展开竞争的另一个战场，它们认识到东南亚的原料和市场对于日本和西欧的复兴是极其重要的，这些地区的政治动荡和经济萧条直接影响到欧洲国家的经济复兴。因此，美国主张战后的非殖民化进程能够在西方大国的指导下有序地进行，希望东南亚殖民地区在获得自治或独立后社会经济能够得到迅速发展，并把这些国家和地区完全纳入西方世界经济体系，使其成为向"中心"国家供应原料和市场的"边缘"地区，成为资本主义链条中不可缺少的一环。

随着冷战等一系列战后复杂因素的出现，美国关于殖民地问题的解决方案改变了方向。在东南亚各国非殖民化的过程中，美国最终采取了不同的政策和方式。在菲律宾，美国根据 1935 年确定的时间表，在 1946 年 7 月 4 日从形式上完成了非殖民化的目标；在印尼，美国无法容忍荷兰的不合作态度，在 1949 年以中止马歇尔计划的援助为手段迫使荷兰撤离印尼；在印度支那，情况则刚好相反，美国后来把法国在印度支那的殖民战争看作是全球范围内遏制共产主义的一部分，最终决定支持法国人，使得法国的殖民统治一直延续到 1954 年。而对于战后英国对东南亚殖民统治的重建及非殖民化，美国同样基于全球战略的考虑，基本上予以认可。以马来西亚为例，由于其在美国亚洲利益中的边缘地位，以及对于战后英国复兴的重要性，美国在一段时期内默认了英国在马来西亚所实行的政策。

在 20 世纪美国与东南亚关系的演变过程中，非殖民化是一个非常重要的节点，也是美国大规模介入东南亚以及作为区外大国在东南亚崛起的一个契机。东南亚的非殖民化具有一定的典型性，作为冷战时期东西方冲突的前沿阵地，东南亚吸引了美国决策层、知识界、技术专家、社会科学家、基金会、宗教团体以及普通民众的极大关注，20 世纪美国非殖民化政策的特性在东南亚体现得非常显著。东南亚属于英帝国的传统势力范围，1945 年后东南亚的非殖民化的过程，也是一个伴随着世界霸权向美国转移的过程。美国在东南亚霸权的确立阶段，恰逢东南亚非殖民化和民族国家建构的重要时期，美国介入这一过程的方式和干预的强度，不仅影响了 1945 年后美国与东南亚国家关系的变迁，而且直接影响了东南亚国家的发展进程，使东南亚社会从传统向现代化的转型过程深深刻上了美国的烙印。

第五章　分歧中的合作：美国与英属东南亚殖民地的非殖民化

二战期间，英国、法国、荷兰等国把重建东南亚殖民秩序作为其合作的基础。随着日本的投降以及东南亚形势的变化，对于这些欧洲殖民帝国来说，它们重返东南亚后面临的真正目标，是如何与当地的民族主义领导人达成政治上的和解，以有利于恢复战前双方的政治和经济关系。法国和荷兰对于实现这一目标的困难未能完全领会，而英国则采取了较为开明的实用主义政策。① 英国对东南亚整体政策的考虑，以及提出的殖民地社会发展计划和非殖民化规划，与美国所倡导的菲律宾模式比较接近。随着冷战的降临，尽管美英之间关于战后东南亚前途的设想存在很多分歧，但其目标总体上趋于一致，两国在分歧中进行了一定的合作，美国默认了英帝国的非殖民化方式。本章主要以美国与缅甸和马来西亚非殖民化的关系为例，来考察美国在战后英属东南亚殖民地非殖民化过程中的立场变化。

一　美国与英帝国的非殖民化

二战后，随着英国势力从中东、南亚以及东南亚等地区的逐渐撤出，英帝国在世界范围内逐步收缩并最终走向解体。从 20 世纪六七

① Springhall, *Decolonization Since 1945*, p. 63.

十年代以来，关于英帝国解体原因的研究中，中外学者从不同角度提出了不同的看法。总体上看，国际学术界主要的解释方法有"边缘地区因素说"（即"民族主义因素说"）、"宗主国自身因素说"（即"主动撤退说"），以及"国际因素说"等几种。[1] 一种解释是我国学者所熟悉的（国内学者多归之为"民族解放运动"），即认为反殖民的民族主义是促使英国从殖民地撤出的首要因素。另一种解释认为，"非殖民化可以被看作一种对英国在世界上经济地位相对下降的直接反应"，英帝国的解体是有步骤地从殖民地撤出的过程。[2] 例如，有历史学家对英国商业精英在大英帝国瓦解过程中的作用进行了分析，考察了商业精英和政府之间在一些地区非殖民化过程中的互动关系，对英国的企业、公司和商业团体在英国从帝国撤退过程中的作用进行了总体的评估。[3] 还有一种解释强调了英国非殖民化的国际因素，认为随着战后世界体系的变化，尤其是作为国际事务仲裁者的美苏两个超级大国的出现，欧洲世界优势的逐渐丧失。按照这种观点，美国和苏联对殖民主义的谴责，战后在联合国中形成的第三世界反殖民主义集团以及世界舆论形成的压力，也是英帝国非殖民化的一个重要因素。针对一些历史研究者忽视了美国的促进作用，仅仅将大英帝国的崩溃归因于英国衰弱的说法，不少历史学家认为，正是美国以其反殖民的历史传统，推动了大英帝国的瓦解。还有一些学者认为，是美国资本帝国主义的扩张吞噬了大英帝国。

另外，一些历史学家在回顾二战的结束时则指出，战争的胜利标志着旧的英帝国的解体和一种新的英美联合的帝国体系在事实上的形成。显然，由于英国拥有的殖民地面积最为庞大，抑或由于其与美国之间政治文化联系最为密切等原因，大英帝国成为 20 世纪

---

[1] Springhall, *Decolonizaton Since 1945*, pp. 4 – 17.

[2] Porter and Stockwell, *British Imperial Policy and Decolonization*, pp. 5 – 6.

[3] Nicholas J. White, "The Business and the Politics of Decolonization: the British Experience in the Twentieth Century," in *Economic History Review*, Vol. 53, No. 3, 2000, pp. 559 – 562.

美国基于反殖民主义的理由抨击最为激烈的目标。从 20 世纪的历史来看，英国处理其殖民地问题的政策变化，乃至其帝国体系最终的瓦解，都与美国的非殖民化政策及其对霸权秩序的追求等因素休戚相关。

诚如一些历史学家所言，英帝国的解体一直存在来自其内部的压力因素，例如英国很早以来就不乏抨击和反对帝国的观点。其中比较有代表性的是 19 世纪的"曼彻斯特学派"，该学派以自由主义者约翰·布莱特（John Bright）和理查德·科布登（Richard Cobden）为代表，最早提出了反对英帝国的言论。他们认为殖民扩张涉及过多的政府对经济的干预（例如支付殖民战争所需要的税收），主张代之以"自由贸易"作为建构一种全球化的英国贸易网络。在某种意义上，曼彻斯特学派建立了一种思维方向，这一思维最终在美国催生了威尔逊式的自由主义。到 20 世纪初，以约翰·阿特金森·霍布森（John A. Hobson）为代表的学者，深受曼彻斯特学派的影响，并将其反帝国主义思想更推进了一步。1902 年，霍布森的《帝国主义》（*Imperialism：A Study*）一书出版，该书对威尔逊式自由主义者和马克思主义者的反帝国主义理念都产生了深刻的影响，因为两者都可以追溯至霍布森的思想，它同样影响到了后来美国和苏联的对外政策。霍布森实际上提出了一种类似"国际托管制度"的"发展"观念，这种思想最终在瓦解欧洲帝国主义的过程中扮演了重要的角色。事实上，霍布森的思想在美国产生的影响要远大于在英国的影响，其观点不仅影响到美国学者对于国际问题的思考，如帕克·穆恩（Parker Moon）出版了《帝国主义和世界政治》（*Imperialism and World Politics*）一书，而且得到了威尔逊主义者如罗斯福、赫尔、韦尔斯等人的强烈呼应。除了霍布森，英国另外一个激进自由主义者莫雷尔（Edmund Morel），也对英帝国进行了猛烈抨击，其于 1906 年出版的《红橡胶》（*Red Rubber*）一书，推动了欧美国家的反帝国主义舆论，在美国人心中塑造了一种欧洲帝国主义的罪恶形象。①

早期的反帝国主义者只是少数的左派和激进的自由主义者，产生的影响较为有限，但到了 20 世纪中期，反帝国主义逐渐成为一种潮流。二战期间，在罗斯福及其决策团队的宣传鼓动下，威尔逊式的自由主义观念以及民族自决和托管制度的观念得到了进一步推广，反殖民主义思想的传播成为主流。这一时期，反殖民主义在西方学术界和新闻界的内部变得日益流行，英国的反殖民主义团体不断扩大，包括在英国工党的一些核心成员、英国的媒体，甚至是英国的统治阶层内部都产生了巨大的影响；在帝国体系内部，在民族自决理念的影响下，殖民地民族主义运动不断高涨；二战后，美国、苏联以及第三世界国家等构成的反殖民主义力量，联合国也成为反殖民主义的重要论坛，英国面临越来越多来自国际社会的非殖民化压力，这些都在1945 年后对英帝国的维持形成了巨大的挑战。

二战期间，反殖民主义思想经历了一种跨大西洋的传播和扩散，在罗斯福政府的策划和宣传下，形成了一个美国的反殖民主义联盟。该联盟的核心力量就是威尔逊式的自由主义者，还包括其他力量如美国传统的反殖民主义者以及全美有色人种协会（NAACP）。成立于1925 年的美国太平洋学会（Institute of Pacific Relations，IPR），积极推动了反殖民思想在美国、加拿大、英国和澳大利亚等国学术界的传播，该学会成员中信奉自由主义和国际主义思想者占了很大比重，其诸多分支机构就构成了一个反殖民的网络。该学会在英国的分支机构，就是以查塔姆研究所（Chatham House，即英国皇家国际事务研究所）为基础的。进入 20 世纪 50 年代后，反殖民思想开始在英美学术界和新闻界流行起来，反殖民主义以及非殖民化传播到了更为广泛

---

① 以上学者的观点，参见 John A. Hobson, *Imperialism：A Study*, London：George Allen & Unwin, 1968；Parker T. Moon, *Imperialism and World Politics*, New York：Macmillan, 1927；Edmund D. Morel, *Red Rubber：The Story of the Rubber Slave Trade Flourishing on the Congo in the Year of Grace 1907*, Literary Licensing , LLC, 2014.

的公众中间。在 40 年代，支持帝国的观念还主导着多数英国的媒体，到了 60 年代初期，反殖民主义成为媒体的主流课业。因为反殖民思想在众多的英国新闻记者中间产生了共鸣，反殖民主义在 20 世纪后期成为广泛传播的新闻主题。它最终变成了英国新闻编辑室中实际上无可挑战的课业，媒体常常将殖民主义刻画成一种专制主义的和"落后的"，而非殖民化则是"进步的"和"必然的"。因此，"帝国"观念越来越失去人们的兴趣，即使那些赞同帝国主义的英国人也担心被贴上"落后"或"种族主义"的标签而陷入沉默。对于那些英国政治家来说，这种反殖民情绪增加了推行支持帝国政策的成本和代价。① 实际上，对大英帝国形成巨大挑战的不仅仅是来自这些反殖民观念，更大的挑战则是来自那些殖民地本土的民族主义和激进主义运动、联合国的压力，以及冷战氛围下美、苏两国的非殖民化政策的冲击，尤其是美国施加的压力成为英帝国迅速解体的重要因素。

20 世纪初，美国已经拥有了巨大的经济权力。第一次世界大战后，随着其在工业、金融和海军方面力量的空前强大，从威尔逊政府开始，美国提出了建立新的国际秩序框架的设想，在美国人眼里，英帝国及其全球贸易网络俨然成为美国权力扩张的主要障碍。在 19 世纪大部分时间里，英国在经济上采取自由放任政策，但在 19 世纪 80 年代后，英国开始奉行一种新的帝国观念，转而支持帝国关税政策，到 20 世纪早期英国实质上已放弃了"自由贸易"政策，这种情况引起了美国的强烈反感。在两次世界大战之间，尽管美国很少直接介入英国的殖民地问题，但是美国对英帝国内部实行的贸易特惠政策极其不满，因为英帝国的这些政策与美国所追求的无歧视贸易原则相悖，这一时期追求贸易自由开始成为美国处理世界问题的重要部分。30 年代经济大危机爆发后，英美之间的竞争进一步激化，由于英帝国的殖民地散布全球，控制了 40% 的世界贸易，美国人则极力希望进入

---

① P. Eric Louw, *Roots of the Pax Americana*, pp. 138 – 142.

这些殖民地市场和获取丰富的资源，但 1932 年渥太华会议建立起来的英帝国特惠制度，阻碍着美国建立一种全球自由贸易网络的设想。1933 年后，罗斯福以及科德尔·霍尔等美国决策者，都把英帝国看作缔造美国主导的全球贸易网络的阻碍，他们在规划战后国际秩序蓝图的过程中，其中一个重要目标就是瓦解英帝国以及其他欧洲帝国，最终以美国霸权取代大英帝国的霸权。

二战期间，罗斯福及其团队对英帝国展开了猛烈的抨击，尤其是战时美国军队和媒体大量涌入英国及其殖民地，他们随之带来了罗斯福的反殖民主义观念。以美国的战时新闻处（OWI）为例，专门负责为派往海外的美国军队提供激励性和教育性的册子等，这些教育册页推动了反殖民主义和威尔逊式的托管制度模式的传播。这些宣传活动和措施，促进了那种认为帝国是不合时宜的、剥削性和压迫性专制制度的观念的传播，这些行动动摇了英帝国存在的合法性。战争期间，美国国务院还致力于鉴别和帮助欧洲帝国的那些"温和的"反殖民领导人，美国的外交官们在诸如印度等英帝国的殖民地展开了活动，与当地的民族主义领导人建立了联系，使他们相信战后自己的国家将在美国的指导下获得独立。罗斯福强烈的反殖民立场以及大西洋宪章的煽动，为各地的反殖民活动家们提供了动力。到二战结束时，美国的平等主义和反殖民观念已经广泛传播，这严重削弱了英帝国的内部稳定。由于二战后英国自身的实力的急剧下降，尤其是在经济上高度依赖美国，美国也开始运用其经济杠杆来加速英帝国的解体。

事实上，到了 1945 年，西欧殖民国家已经无力抵御来自美国的经济压力，美国开始越来越多地利用其权力来对英国、法国、荷兰等欧洲国家施加其政治影响。就英国而言，早在战前美国就对大英帝国特惠制度极度反感，在美国政府内部，像霍尔等人就一直敦促英国实行"门户开放"。美国还强制性地通过了《大西洋宪章》（1941 年 8 月 12 日）、"租借法案"（1941 年 3 月 11 日）、"英美相互援助协定"（1942 年 2 月 28 日），以及战后对英法的贷款，建立起一种多边自由贸易体系。二战后，美国着手推动对国际经济体系框架的改革，还将原材料和市场机会平等的"门户开放"贸易原则作为美国对英国援助的条件。根据 1945 年 12 月的"英美财政协定"，英国人对美国作出了痛苦的让步，作为获得美元贷款的条件，英国同意在 18 个月内解除其帝国贸易壁垒，包括承诺解除英镑区的美元储备基金和对美国商品的进口数量管制。1947 年，英国同意恢复英镑与美元的兑换，允许那些对英出口盈余的国家将英镑兑换成稀缺的美元。除了英国，美国还利用马歇尔计划的援助对荷兰施加压力，敦促其撤出印度尼西亚。这种情况表明，旧的帝国游戏结束了，二战后的欧洲帝国除了接受美国的非殖民化模式已别无选择。1947—1949 年之间，英帝国已呈现出瓦解的趋势，英国失去了抵抗美国要求其改革帝国的能力。1945 年 7 月，艾德礼（Clement Attlee）担任英国首相后，加速了英帝国的瓦解进程。1947 年 1 月，艾德礼政府宣布将授予印度独立；1947 年 2 月，艾德礼宣布英国将从希腊撤出军队；1948 年 5 月，艾德礼将英国军队撤出了巴勒斯坦地区。1947 年艾德礼的两次声明（关于印度独立和希腊）乃是一种美国霸权取代英国霸权的有力信号。当英国从希腊撤出时，美国迅速取代了英国的角色。1947 年 3 月，美国总统杜鲁门在关于援助希腊和土耳其的致国会咨文中，提出了以"遏制共产主义"作为国家政治意识形态和对外政策指导思想，这实际上标志着美国霸权的正式诞生。英联邦的澳大利亚和新西兰开始在外交上向美国转向，将其安全与美国结盟联系在了一起。

在战后初期，美国的反殖民宣传实际上变得要比战时温和，这一时期冷战的加剧改变了美国的反殖民议程。面对来自苏联日益加强的威胁，美国开始重视增强英法的力量以防御西欧。随着杜鲁门主义的出台，美国转向强化传统的帝国"大国游戏"来扼制苏联进入地中海和中东地区。随着中国共产主义的胜利以及朝鲜战争的爆发，美国需要依赖英国和法国来遏制中苏同盟在亚洲地区的扩张。尽管一些美国官员不喜欢，但美国国务院和五角大楼开始将发现英国及其帝国——英联邦看作"最重要的合作者"。① 这样在 1947 年后，美国基于遏制战略的需要，开始对英帝国进行经济和军事方面的支持。杜鲁门的遏制政策使英国殖民部官员产生了一种乐观主义，他们相信帝国将在冷战中扮演重要的角色，美国将会认识到英帝国具有遏制共产主义扩张的堡垒作用，认为英帝国的大部分殖民地是能够挽救的，英国在非洲的殖民地以及中东的"托管地"似乎是可以保持的，进而开始计划按照威尔逊式的"托管"概念来改革其帝国，以达到维持英帝国的目的。例如，20 世纪 50 年代，英国殖民部开始计划在非洲殖民地实施一系列改革和发展措施，包括建立一个殖民地发展公司，在非洲塑造西方化的中产阶级代理人，最终通过将权力移交给他们，使其成为抵御共产主义的堡垒，但英国殖民部的举措没有达到预期的效果，这种帝国改革没有引起美国对其挽救英帝国的任何同情和理解，美国并没有去支持英国的帝国政策。第二次世界大战使英国失去了其抵制美国反殖民主义压力的能力，英美之间已经实现了权力的转移。

从根本上来说，二战后美国的反殖民主义是一种易于与其安全需要和经济利益趋向一致的立场，它常常从属于更为紧迫的反共产主义问题。20 世纪 50 年代初，基于中东、北非的战略平衡的需要，为了拉拢英国帮助对抗苏联和防御中东地区，美国暂时容忍了英国殖民主义的存在，继续尊重英国作为一个"世界大国"。但是包括美国决策层在内，在很多美国人的思想中，反殖民主义是一种根深蒂固的情感，他们认为殖民地问题的最终解决方案就应该是"独立"。1954 年前后，英国向埃及的民族主义运动作出了让步，这在一定程度上引起了美国的同情，但在 1956 年苏伊士运河危机发生后，在美国人看来这意味着英国又回到了帝国主义，加之出于全球冷战的整体考虑，美

---

① Top Secret Minutes of 7th Meeting of the Policy Planning Staff, January 24, 1950, *FRUS*, 1950, Vol. 3, pp. 617 – 622.

国政府向英国施加了巨大压力。① 苏伊士运河危机发生后，英国试图向美国阐明保持其获得中东石油的通道无论在战略上还是经济上都是至关重要的。他们试图让美国人相信，纳赛尔政权的政策倾向对于西方同盟的危险仅次于共产主义，希望美国人放弃其"反殖民主义"的宣传，支持"巴格达条约"。为了与反殖民主义运动对垒，英法在联合国建立了一个"殖民国家集团"。② 而恰恰是 1956 年的伊士运河危机，成为美国最终推动英帝国解体的转折性事件。

　　从美国的角度来说，其对于危机的反应无疑主要是出于冷战的整体考虑。1956 年，艾森豪威尔政府与英国一样，对纳赛尔的亲苏倾向怀有敌意，甚至也希望纳赛尔政权倒台。但从 1956 年 4 月开始，美国就明确告知当时的英国艾登政府，坚决反对英国在埃及采取军事介入，因为美国担心英国试图采取手段借此来恢复和确保其在中东地区的帝国优势地位，担心英国的鲁莽行为会导致阿拉伯国家倒向苏联阵营。但英国决策层想当然地认为美国将会接受并支持既成事实，决定背着美国孤注一掷，与法国和以色列一起发起军事行动。1956 年11 月 5 日，英法远征军在苏伊士运河登陆，苏伊士运河危机爆发。危机发生后，苏伊士运河交通中止，输油管道被破坏，石油停止输出，英法的军事行动也给英镑带来了巨大的灾难。苏伊士运河危机的爆发，引起了阿拉伯世界的强烈反对和世界各国的舆论谴责，苏联等社会主义阵营国家对英法的帝国主义行径进行了猛烈地抨击，这种情况令艾森豪威尔政府十分恼火，要求英法停止在埃及军事干预行动。冷战时期的"大国游戏"，根本在于利益高过一切，二战后美国一直处于支持欧洲帝国和努力赢得那些正在摆脱殖民主义的国家的友谊的两难困境。到 20 世纪 50 年代初，美国决策层在中东地区最为担心共

---

① William Roger Louis, "American Anti-Colonialism and the Dissolution of the British Empire," *International Affairs*, Summer 1985, Vol. 61, Issue 3, p. 409.

② Gordon Martel, "Decolonization after Suez: Retreat or Rationalisation?", in *Australian Journal of Politics and History*, Vol. 46, No. 3, 2000, p. 403.

产主义革命的发生，因此认为其欧洲盟友应该将冷战置于其帝国之上。在美国人的思维中，"英美特殊关系""反殖民主义"和"反共产主义"之间一直处于竞争状态，迪安·艾奇逊曾经这样表达出了美国的立场："当我们审视我们的作用时……它是以一种既要满足民族主义者的目标，又要使我们的西欧盟友的压力最小化的方式，来帮助解决殖民统治与民族主义者之间冲突。"①

　　显然，在苏伊士运河危机中，美国考虑的不仅仅是在中东的石油利益，还混合有其他强大的因素如反共产主义的需要等，时任美国国务卿杜勒斯曾表示美国面临着来自整个世界殖民地民族的巨大压力，这几种因素的结合对于英国来说几乎是致命的。因为危机期间英国在经济和军事上都严重依赖于美国，随着国库储备的耗竭，艾登政府最终迫于美国的压力，同意无条件撤出埃及。苏伊士运河危机的惨败，对英帝国来说无疑是一种灾难，这一结果使英国政府认识到，冷战并非意味着美国将允许英国重返旧的帝国道路。从富兰克林·罗斯福到艾森豪威尔，美国人试图从精神上到技术上使英国人牢记在欧洲帝国主义和殖民地民族主义之间对抗的教训。无论如何，可以确定的是，无论是在殖民地还是在西欧，英国都必须与美国保持密切的合作，否则将会产生耻辱性的结果。在 1957 年与艾森豪威尔在百慕大和之后在华盛顿的会晤上，刚刚担任首相的麦克米兰将英国喻为"次等伙伴"。②

　　在麦克米兰担任首相期间，英国政府认为殖民帝国已经无可挽回。对于麦克米兰来说，殖民帝国已经变成了一种经济负担。战后美国主导了世界经济体系，美元已经取代了英镑的地位，加之欧洲经济一体化的进行，殖民地对于英国在经济上的重要性下降了。到 20 世

---

　　① William Roger Louis, "American Anti-Colonialism and the Dissolution of the British Empire," *International Affairs*, Summer 1985, Vol. 61, Issue 3, p. 420.

　　② William Roger Louis and Ronald Robinson, "Empire Preserv'd: How the American Put Anti-Communism before Anti-Imperialism," in Prasenjit Duara, *Decolonization: Perspectives from Now and Then*, New York: Routledge, 2004, pp. 156 – 157.

纪 50 年代后期，受黄金海岸、马来亚等殖民地民族主义的影响，帝国英镑区对于英国的价值削弱了，保持这些殖民地使得英国必须付出沉重的代价，而它们不能为英国提供任何相应的经济利益。① 很大程度上，这一时期英国的政治和知识精英们不再认可帝国，反殖民主义理念已经在英语世界的学术界和新闻界广泛传播，帝国不仅被打上一种"过时的专制主义"的标签，还与一个敏感的词汇"种族主义"联系在一起，这使任何试图捍卫或挽救帝国的行为的社会代价日益增大。在 50 年代后期，英国的公共舆论也转向了反对帝国主义，一旦政治家们感到公众对帝国支持的下降，他们就把支持帝国事业看得毫无价值。显然对于英国来说，如果从成本收益的角度来分析，殖民地尽早获得独立要比稍迟获得独立更为有利。总之，到了 20 世纪 60 年代，英国决策精英们的自信已经被美国权力的崛起、美国施加的帝国改革压力、苏伊士运河危机、持续 20 年时间的反殖民主义宣传，以及丧失了对帝国改革过程的控制能力等现实问题所击碎，由此在麦克米兰时期终结了帝国。

1957 年后，英国首相麦克米兰及其殖民大臣伊恩·麦克劳德（Iain McLeod）把精力主要集中在热带非洲地区的非殖民化问题上。麦克米兰希望能够确保英国的经济和战略利益，将殖民统治转变成为一种"非正式"的帝国。英国官方开始接受了美国的观点，即认为非洲附属地必须"沿着建立稳定的自治或独立的方向"演进，并尽可能使随后建立的政权保持其与西方世界的经济和政治纽带。英国这一针对非洲的宏大计划，得到了美国的支持。尽管那时非洲大陆对于美国的经济利益并不大，但却有着巨大的冷战地缘政治价值。就英国在非洲的殖民地来说，它们在财政上和军事上都大大依赖于美国。因此，有学者指出，20 世纪 50 年代后在非洲形成的这种"非正式"帝

---

① Allister Hinds, *Britain's Sterling Colonial Policy and Decolonization*, *1939 – 1958*, Westport, CT: Greenwood Press, 2001, p. 200.

国,将越来越成为英美合作的产物,而非英国所独有。① 实际上,二战后英帝国的继续存在,其运行更像是一个英美合作的跨国公司,在"接管"了其他民族国家之后,再把它们一个一个分开,就像是子公司,或是联合企业。毫无疑问,在 1956 年后,英国顺从了美国为西欧盟友所设计的自由贸易和自由制度。20 世纪 60 年代,为了与共产主义国家展开政治、经济层面的竞争,在联合国和世界银行的支持下,英国与美国联合其他西方国家开始更加关注第三世界的发展问题。

在中国共产主义的胜利以及在朝鲜战争的影响下,英美同盟从欧洲和中东地区扩大到了南亚和东南亚,尽管他们中间仍然存在分歧。印度仍然是英联邦的一个重要成员,为了与苏联的援助进行竞争,这一时期美国对印度和巴基斯坦的援助迅速超过了英国。同样,在1951 年缔结的"澳新美安全条约"(ANZUS)中,作为遏制中国的"岛链",美国将澳洲的英联邦成员纳入了自己主导的安全体系。在英属东南亚殖民地,美国人的担心同样是,非殖民化运动可能会导致出现动荡或者是建立共产主义政权,其结果都不符合美国的利益。20世纪 50 年代是英国作为一个大国在亚太地区长期介入的最后十年。这是一段从过去的殖民统治迅速撤离的时期,英国对困扰东南亚新独立国家的诸多政治问题的影响急剧削弱,1957 年英国允许马来亚独立。1954 年后英国就不再介入印度支那问题,英国政府旨在避免重蹈其欧洲伙伴在东南亚的覆辙。② 面对英属东南亚殖民地的非殖民化压力,英国决策者提出了地区主义的计划和设想,这种建立在安全条约、政策协调和经济合作基础上的地区主义,被视为地区稳定必不可少的要素。

---

① William Roger Louis and Ronald Robinson, "Empire Preserv'd: How the American Put Anti-Communism before Anti-imperialism," pp. 158 – 159.

② Roger Buckley, *The United States in the Asia-Pacific since 1945*, Cambridge University Press, 2002, p. 103.

　　鉴于美国在英帝国解体过程中所起到的作用，以及战后重新形成的英美关系的特点，可以说英国乃是继续在美国霸权之下扮演着一种"文明化代理人"的角色。诚如麦克米兰所言："这些美国人就像新的罗马帝国，我们英国人，就像以前的希腊人，必须教导他们如何保持运转……我们就像希腊人……权力已经从我们手里传递到了如同罗马人的美利坚合众国手里，我们所能做的最多是使之文明化，并不时地影响他们。"① 无论如何，在二战后的国际体系中，美国和英国这种在不断分歧中呈现共同协作的"特殊关系"开始形成。

二　美国与缅甸的非殖民化

　　在战时关于东南亚的计划中，美国对缅甸的关注相对较少，而且美英之间关于缅甸战后的地位问题分歧也不大。直到战争后期，在美国国务院关于战后殖民地区的总体计划中，缅甸仍然处于边缘地位。这一方面是由于英国反对美国战时介入其殖民地问题；另一方面不少美国人认为，缅甸人缺乏自治能力，缅甸比该地区的其他殖民地都更为落后。即使是罗斯福本人也对缅甸人持蔑视的态度。② 但在二战结束时，缅甸的政治形势发生了巨大变化，民族主义者要求独立的呼声十分强烈，他们盼望在美国支持下摆脱英国的统治。美国也希望英国在缅甸能够履行战时许下的使其自决的承诺，允许缅甸早日获得独立。

　　太平洋战争爆发后，大英帝国在东南亚的迅速崩溃，给缅甸民族主义者提供了一个获得独立的大好机会。1942 年 5 月，日本占领缅甸。日本占领期间给缅甸带来了激烈的政治变化，日本利用缅甸人的反英情绪，组织"缅甸独立军"，插手缅甸独立运动。1943 年 8 月 1

---

　　①　Christopher Hitchens, *Blood, Class and Nostalgia: Anglo-American Ironies*, London: Vintage, 1990, pp. 24 – 25.

　　②　Hess, *The United States' Emergence As A Southeast Asian Power*, p. 263.

日，日本给予缅甸名义上的独立。日本并非真正支持缅甸的独立，其让缅甸成为其附属地的本来面目很快暴露无遗。在民族主义领导人昂山和丹东（Than Tun）等人的号召下，缅甸各派力量组成了"缅甸反法西斯人民自由同盟"（以下简称自由同盟），该同盟建立了一个反日的民族统一阵线，囊括了社会主义者、共产主义组织、缅甸民族武装以及其他一些农民和工人组织。它在战时配合盟军的行动反抗日本的占领，1945 年 3 月，自由同盟举行全国性的武装起义，并于 5 月收复了首府仰光，为缅甸的解放作出了重要贡献。自由同盟在战后成为缅甸的一支重要的政治力量，在英国重返缅甸后又为争取民族独立进行了长期的抗争。

在日本占领缅甸以后，缅甸总督多曼·史密斯（Dorman Smith）以及流亡殖民当局的其他官员也认识到缅甸民族主义力量正在不断增长，因而试图通过一种自由的政策声明作为促进战后重建英国统治的手段。1943 年，缅甸殖民当局希望在英国殖民部的支持下，能够宣布一项承诺缅甸尽快获得自治的声明。多曼·史密斯甚至还提出了一些激进的措施，比如通过使缅甸政府参加一些大公司的管理，使缅甸人也能够从中获得一定的利益。到 1944 年后期，多曼·史密斯进一步提出，英国应该宣布在一段重建和直接统治的阶段之后（严格限制在 7 年之内），使缅甸获得自治。他在写给印缅事务大臣埃默里（Leopold Charles Maurice Stennett Amery）的信中指出："如果我们认为缅甸人或者真正的世界舆论会认为我们只是恢复战前的宪政地位，而不是表明我们是出于自己的需要、目的和利益而决心再次去占领缅甸的话，那么我们将是自欺欺人……我们对缅甸问题的处理，会被许多国家视为对我们处理战后亚洲问题的诚意和能力的考验。"[1] 包括盟军东南亚战区总司令蒙巴顿将军也认为英国政府需要尽早向缅甸移

---

[1] "Dorman Smith to Amery," October 16 and 17, 1944, IO, Private Office Papers, L/PO/238; "Dorman Smith to Amery," November 13, 1944, Dorman Smith Papers, E215/3, in Thorne, *Allies of A Kind*, p. 608.

交主权。但是，这些建议遭到了丘吉尔的强烈反对，当史密斯在一次新闻发布会上提出希望最终给予缅甸自治地位时，丘吉尔十分恼火，战时内阁最终没有作出任何实质性的承诺。[1]

当时，史密斯曾经表示希望美国能够向丘吉尔施加某种影响，但美国对此没有明确表态，因为那时美国舆论对殖民地问题十分敏感，国务院也不愿被认为是在支持复兴大英帝国。随着战争的进行，蒙巴顿将军出于军事上的需要，主张与缅甸自由同盟进行必要的合作。他认为战争后期盟军在东南亚其他地区的军事行动需要把缅甸作为一个基地，这就要求英国在缅甸实行一种开明的政策。到 1945 年 3 月后，缅甸"自由同盟"开始起来反抗日本的统治，英国战时内阁勉强同意了蒙巴顿的建议。[2]

但是英国与缅甸自由同盟之间的合作没有持续多久，在重返缅甸后不久，英国殖民当局与"自由同盟"之间的关系日趋紧张。英国人坚持认为缅甸的经济复兴必须置于优先地位，而缅甸人则坚决要求尽快获得自治。1945 年 5 月，在缅甸民族主义的压力下，为了进一步阐明英国对战后缅甸的政策，英国战时内阁提出了一项保守的政策声明，即"缅甸白皮书"，规定由于战争而使缅甸朝着自治的进步受到阻碍，其经济和社会复兴必须先于战前政治制度的恢复。因此，只有在经过一个为期三年的总督直接统治之后，战前的政府形式才能得以重建。虽然这一声明包含有使缅甸获得完全自治的内容，但并没有确定向缅甸移交主权的日期。因此，"缅甸白皮书"一出台，就遭到了所有缅甸民族主义者的反对，他们对"白皮书"中包含的殖民主义主张十分不满。

英国的这种行为使亚洲其他国家的民族主义者，甚至美国的许多官员感到失望，在他们看来，英国既没有考虑到缅甸的民族主义情

---

①　Thorne, *Allies of A Kind*, pp. 345 – 346.

②　John F. Cady, *History of Modern Burma*, New York：Cornell University Press, 1958, pp. 499 – 504.

绪，也违背了《大西洋宪章》的有关原则。[1] 1945 年 8 月，自由同盟在仰光召开最高委员会会议，就国际形势、缅甸军队、制宪会议等问题进行了深入讨论，并作出相应决议。会后发表的《尼杜林宣言》提出尽快结束英国统治，早日实现缅甸的民族自决权，举行全国大选以及根据《大西洋宪章》给予缅甸完全独立等要求。[2] 1945 年 11 月，自由同盟又在仰光召开约有 10 万人参加的群众大会，来自全国各地的一千多名代表也应邀出席了会议。昂山作为这次大会的主持人并发表重要讲话，抗议英国政府拖延缅甸的独立进程，要求解散临时政府，重新组阁，表达了为缅甸独立而进行奋斗的决心。

　　在战后初期，美国国务院基本上对缅甸的形势抱以乐观的态度，认为英国工党政府最终将会采取一种更为开明的政策，但英国的政策却造成缅甸民族主义情绪越来越高涨，这是美国所始料未及的。昂山及其自由同盟不断向英国施加压力，要求英国向缅甸作出诸如对于印度那样的让步，使缅甸尽快获得政治上的自治。1946 年夏秋之交，缅甸爆发了全国性的总罢工和农民起义，民族独立运动的呼声愈演愈烈。缅甸的这种局面使得美国政府深感不安，美国官员们尤其那些在仰光领事馆任职的官员，开始批评英国拖延履行促使缅甸走向自治的措施。他们担心英国的进一步拖延可能会使自由同盟失望，从而加强共产主义的吸引力，削弱西方国家在缅甸的商业和经济影响。1946 年 11 月 8 日，美国副国务卿艾奇逊指示驻伦敦大使敦促英国尽快采取行动确保在缅甸和平移交主权，并指出了这一行动的紧迫性。因为在缅甸，除了自由同盟外，共产党也得到了民众的普遍支持，缅甸的舆论表现出强烈的民族主义情绪，对拖延获得自治失去耐心。如果缅甸不能尽快获得向宪法政治进步和保证得到进一步的发展，大批非共产主义者可能会失望，他们或许加入共产党而联合抵制将在 1947 年 4

---

[1]　Hess, *The United States' Emergence As A Southeast Asian Power*, p. 264.

[2]　梁英明等：《近现代东南亚》（1511—1992），北京大学出版社 1994 年版，第 375 页。

月 2 日举行的选举。因此，敦促"英国应该确保缅甸获得与印度一样的待遇，并加快从 1947 年 4 月 2 日选举的立法机构向制定宪法的国民代表大会的过渡，以顺应缅甸的民族主义诉求，避免使其向着不幸的极端发展"。艾奇逊在指示中还进一步指出，鉴于"缅甸在美国计划的航空路线中作为印度和中国之间缓冲地带以及潜在的主要大米出口国的战略地位，美国希望其能够和平地有秩序地向宪法政治发展"。① 同时，缅甸人民强烈要求独立的民族情绪，使英国政府不得不认真考虑缅甸的独立问题，英国的殖民统治者开始采取了一种实用主义的现实政策。1946 年 9 月，英国总督兰斯（Hubert Rance）邀请昂山等人参加殖民当局的行政委员会。之后，英国最终同意于 1947 年 4 月缅甸举行大选。② 1946 年 12 月，英国首相艾德礼邀请自由同盟的领导人前往伦敦谈判缅甸的独立问题，并于 1947 年 1 月签订了《昂山—艾德礼协定》，协定规定缅甸可以在英联邦内部或者之外尽快获得独立，召开制宪会议，制定宪法等。③ 1947 年 1 月 31 日，英国宣布缅甸在一年之后将被授予独立。1947 年 4 月，缅甸举行制宪会议选举，组成以昂山为总理的临时政府。

在英、缅谈判过程中，美国表示了极大的关注。美国对艾德礼政府邀请缅甸政治领导人到伦敦讨论缅甸政治前途的举动感到满意，希望伦敦会谈能够朝着缅甸完全自治的目标发展。④ 通过向英国施加压力和支持缅甸自由同盟的独立要求，美国无疑已经在缅甸人尤其是在昂山及其追随者中间获得了信任。在伦敦谈判期间，缅甸希望能够自主处理对外关系，早日加入联合国，同时向华盛顿、德里、南京、马

---

① "The Acting Secretary of State to the Charge in the United Kingdom（Gallman），" November 8，1946，in *FRUS*，1946，Vol. 8，pp. 6 – 7.

② "The Acting Secretary of State to the Consul General at Rangoon（Packer），" November 15，1946，in *FRUS*，1946，Vol. 8，p. 7.

③ 梁志明主编：《殖民主义史·东南亚卷》，第 522 页。

④ "The Secretary of State to the Consul General at Rangoon（Packer），" December 24，1946，in *FRUS*，1946，Vol. 8，p. 13.

尼拉等地派驻代表。自由同盟还希望早日与美国建立直接的外交关系。① 1947 年 1 月，自由同盟向美国大使馆递交了一封信件，希望美国与缅甸的关系尽早有所进展，并表示缅甸打算增加到美国留学的公派学生的数量。② 缅甸还希望早日成为国际银行和国际基金组织的成员，并表示希望能够得到美国的支持。③ 美国政府原则上接受了缅甸的建议，表示不反对在 1 月 28 日或者在伦敦会谈结束时，宣布美国与缅甸政府之间交换外交代表。④ 1947 年 1 月 29 日，美国国务卿乔治·马歇尔（George Marshall）在给驻英国大使馆的公函中明确指出："国务院欢迎宣布英国政府与缅甸政治领导人之间的会谈已经取得双方都满意的结果，使缅甸走向完全自治的道路。我们期待着加强与这一新独立的亚洲国家的友好关系。"⑤ 在 2 月 4 日关于缅甸协定的公开会谈中，美国还同意与缅甸开展文化教育上的交流，如有关专业技术人员和学生的交流、向缅甸派遣科学家和其他美国专家等。⑥

　　这一时期，美国决策层非常关注昂山的领导地位，美国希望昂山能赢得选举，但并没有采取进一步的实际行动，因为美国担心英国可能作出强烈的反应，以及可能遭到昂山所领导的政治反对派的指责。例如，当时美国驻仰光的总领事帕克就曾经建议国务院不要过多介入缅甸的选举。⑦ 尽管如此，在 1947 年 4 月的立宪会议选举中，自由同

① "The Secretary of State to the Ambassador in China (Stuart)," December 16, 1946, in *FRUS*, 1946, Vol. 8, pp. 8 – 10.

② "The Charge in the United Kingdom (Gallman) to the Secretary of State," January 23, 1947, in *FRUS*, 1947, Vol. 6, pp. 6 – 7.

③ "The Charge in the United Kingdom (Gallman) to the Secretary of State," January 29, 1947, in *FRUS*, 1947, Vol. 6, p. 12.

④ "The Department of State to the British Embassy," Aide-Memoire, January 23, 1947, in *FRUS*, 1947, Vol. 6, p. 5.

⑤ "The Secretary of State to the Embassy in the United Kingdom," January 29, 1947, in *FRUS*, 1947, Vol. 6, p. 10.

⑥ "The Charge in the United Kingdom (Gallman) to the Secretary of State," February 5, 1947, in *FRUS*, 1947, Vol. 6, p. 14.

⑦ "The Consul General at Rangoon (Packer) to the Secretary of State," November 15, 1946, in *FRUS*, 1946, Vol. 8, p. 8.

盟以及"伦敦协定"在缅甸获得了普遍的支持。从伦敦谈判到 6 月举行制宪会议的过程中，英国努力想使缅甸接受自治领的地位或者留在英联邦之内，但是昂山本人坚决反对缅甸作为英国的自治领。在返回仰光后不久，昂山就发表广播讲话，郑重声明要建立一个自由的缅甸。在 6 月提交给制宪会议的一份议案中，昂山主张缅甸应该在英联邦外获得完全的独立，这是缅甸唯一可以接受的结果。①

　　1947 年 6 月，缅甸自由同盟和立宪会议决定切断与英国的所有联系，并拒绝加入英联邦。正当缅甸独立的艰难历程即将露出曙光之时，7 月 19 日，昂山及其 6 位临时政府的部长遭到暗杀，成为缅甸独立进程悲剧性的一页。昂山在领导缅甸走向独立过程中作出了巨大的贡献，他采取了实用主义的政治和经济政策，与英国进行积极的谈判斡旋，对内消弭民族间的分歧，他对缅甸的独立进程具有很大的影响。昂山等人惨遭暗杀进一步激起缅甸全国的愤慨，民族主义情绪进一步高涨。此后，英国加快了缅甸非殖民化的步伐。1947 年 8 月 2 日，缅甸组成了以吴努为首的临时政府，并先后与英国进行了一系列的谈判。到 1947 年 10 月，在伦敦正式签订了《吴努—艾德礼协定》（即《英缅条约》），英国承认缅甸到 1948 年 1 月 4 日正式获得独立。

　　在缅甸的独立日期确定后，美国就开始积极建立与缅甸的政治和经济关系。1947 年 6 月 6 日，美国政府同意与缅甸交换大使级的外交代表。② 双方政府交换大使，正式建立外交关系，对缅甸新的国际地位予以承认。美国驻仰光总领事帕克负责大使馆过渡时期的事务。③ 1947 年 9 月 20 日，帕克向仰光的新闻界作出以下声明："美国与缅甸之间外交关系的建立和外交代表的交换，在两国关系发展方面是一个里程碑，标志着美国对缅甸政治地位改变的承认。"他指出，美国

① 何跃：《战后英国在东南亚的殖民统治——从对抗到撤离》，第 51—52 页。
② "The Secretary of State to the British Ambassador（Inverchapel）," June 6, 1947, in *FRUS*, 1947, Vol. 6, p. 29.
③ "The Secretary of State to the Consulate General at Rangoon," June 6, 1947, in *FRUS*, 1947, Vol. 6, p. 30.

政府对于缅甸和亚洲西海岸的发展深感兴趣，期望缅甸早日成为一个完全独立的主权国家，最后能够在一个和平的世界里进行国际性的合作。他同时表示，美国政府希望缅甸与美国之间的文化和经济关系能够在对两国互利的基础上得到发展。[①] 尽管美国担心缅甸人的领导能力以及缅甸能否保持稳定，但它仍然对 1948 年 1 月 4 日缅甸的政权移交感到欣慰。1947 年 12 月 29 日，美国驻泰国大使斯坦顿（Edwin F. Stanton）被杜鲁门总统委任为私人代表，将参加在仰光举行的缅甸独立庆典。[②] 之后，杜鲁门同意与缅甸建立大使级的外交关系。这样，正像美国所希望的那样，在美国授予菲律宾独立的 18 个月之后，以及在英国撤离印度的 5 个月之内，缅甸的非殖民化基本上是以一种和平的方式使权力移交到温和的民族主义者手中。在这一过程中，由于担心英国不能容忍自由同盟所代表的缅甸温和派民族主义，从而可能会增加缅甸共产党的吸引力，美国政府向英国施加了一定的压力。这种压力在某种程度上有助于加快缅甸非殖民化的实现，但与此同时，美国在缅甸的影响也得到极大的提高。[③] 在帮助缅甸稳定政权的名义下，美国对缅甸进行了一定的技术和经济援助，并答应帮助缅甸进行外交人员培训以及实施教育交流计划等具体措施，并在此过程中，使美国的政治和经济势力在缅甸得到深入扩张。

早在 1946 年 4 月，美国就希望能够与缅甸保持一种长期的政治和经济关系，但有不少美国官员认为，美国对缅甸的政策应该采取谨慎的方式，否则将会给未来缅甸与西方的关系造成困难。1946 年 4 月 22 日，美国驻仰光领事阿比在写给国务院的信件中，报告了缅甸的形势。他指出："缅甸在战时遭到完全的破坏，如果该国在接下来的两到三年内获得独立，就其本身的资源而言，可能会面临崩溃或经

① "The Consul General at Rangoon（Packer）to the Secretary of State," September 19, 1947, in *FRUS*, 1947, Vol. 6, p. 43.

② "The Acting Secretary of State to the Embassy in Burma," December 29, 1947, in *FRUS*, 1947, Vol. 6, p. 49.

③ Hess, *The United States' Emergence As A Southeast Asian Power*, p. 269.

济混乱。可以避免的是该国能得到某一国际组织或者某一有兴趣帮助其恢复经济发展的大国的物质援助。"在他看来，美国尽管十分希望缅甸获得自治领地位或者独立，但任何自治政权在经济压力下的崩溃，都将不利于其他亚洲地区的和平与稳定。而当前的两难在于缅甸人将不会与英国的重建计划进行合作，因为缅甸人不相信英国的意图，他们对英国政府名义下的"持续的责任"保持着高度的警惕。因此，对大多数缅甸人来说，他们愿意接受美国在缅甸的投资，发展与美国的贸易关系。但在缅甸人心目中，任何资本主义国家都很难摆脱其自身的帝国主义特征。这样，美国在帮助缅甸发展其经济的时候，应该寻找一条避免引起缅甸人怀疑是帝国主义的中间路线。[1] 帕克后来还建议美国进行具体的援助，像母亲对婴儿那样的福利救济措施，认为这是赢得缅甸舆论支持的最为有效的手段。[2] 1947 年 2 月 28 日，通过在伦敦签订的剩余物资协定，美国计划提供给缅甸约 500 万美元的补偿，用于购买铁路机车和设备、吉普车、卡车、河道运输船只、发动机等由美国政府转让给缅甸政府的作为民用用途的物资。[3] 1947 年 5 月，国务卿马歇尔进一步向杜鲁门总统建议，尽管战前美国与缅甸的贸易量不大，但帝国特惠制度的废除会导致美国与缅甸的贸易关系迅速扩大。此外，通过缅甸的航空线路亦即将开通。缅甸在印度和中国之间的战略地位的重要性，也是进一步发展与缅甸的关系的重要因素。[4]

　　鉴于此，美国政府认识到，为了进一步扩大美国在缅甸的影响，使缅甸能够保持一种亲西方的倾向，就不仅需要对缅甸进行经济上的

---

　　[1]　"The Consul at Rangoon（Abbey）to the Secretary of State," April 22, 1946, in *FRUS*, 1946, Vol. 8, pp. 2 - 3.

　　[2]　"The Charge in Burma（Packer）to the Secretary of State," November 13, 1947, in *FRUS*, 1947, Vol. 6, p. 47.

　　[3]　"The Acting Secretary of State to the Embassy in Burma," December 19, 1947, in *FRUS*, 1947, Vol. 6, p. 48.

　　[4]　"Memorandum by the Secretary of State to President Truman," May 28, 1947, in *FRUS*, 1947, Vol. 6, pp. 23 - 24.

援助，还应该加强与缅甸的文化教育交流。早在 1947 年 5 月 28 日，帕克与昂山就有关外国投资、财政援助以及在缅甸的美国传教士问题等进行会谈，昂山表示允许所有宗教在缅甸活动。同时美国也表示将帮助缅甸培训外交人员，允许缅甸派送相关人员到华盛顿学习。①1947 年 12 月 19 日，副国务卿洛维特（Robert A. Lovett）在给驻缅甸大使的指示中进一步指出，缅甸与美国已经达成了一项教育交流计划，美国将在缅甸设立一项美国教育基金，管理一定数目的基金，该计划每年将花费 20 万美元。并且把该计划置于"富布莱特"项目之下，使该项教育基金得到进一步运作，美国人将在缅甸研究机构的邀请下被派往缅甸。该计划不仅对缅甸的民族复兴极为重要，而且通过美国学者在缅甸的任教或研究，不断增加美国人对缅甸的认识和了解。②

对于独立之后的缅甸，美国的一个主要目标就是确保缅甸与西方世界的联系，但在当时的形势下，美国在很长一段时期内对吴努领导下的缅甸政府可能会在政治上趋向左倾表示担忧。因此，美国不断向吴努政权施加压力，阻止其邀请共产党人参加政府。实际上，在缅甸争取独立的过程中，美国一直非常关注共产主义在缅甸的渗透和扩张。由于当时缅甸国内的共产党活动频繁，美国政府对此深为忧虑。因此，美国不断向自由同盟施加压力，以确保其保持一种反共产主义立场。美国官员向昂山以及其他领导人指出，共产党的影响可能破坏缅甸的民主程序和造成灾难。在英、缅谈判的关键阶段，副国务卿艾奇逊就曾向负责英国事务的高尔曼表示，双方谈判的破裂将会造成偶发性的冲突，从而加重东南亚其他地区的混乱，给共产党及其他派别

---

① "Memorandum of Conversation, by the Consul General at Rangoon (Packer)," May 28, 1947, in *FRUS*, 1947, Vol. 6, pp. 25 – 28.

② "The Acting Secretary of State to the Embassy in Burma," December 19, 1947, in *FRUS*, 1947, Vol. 6, pp. 47 – 48.

以浑水摸鱼的机会。① 1947 年 2 月，美国国务院近东和非洲司主管亨德森（Loy W. Henderson）在一份备忘录中指出，尽管缅甸共产党还没有占据任何具体的地区，力量还比较分散，但缅甸正处在获得完全自治的过程中，共产党在缅甸影响的加强，将可能导致武装冲突。因此，美国的政策在于阻止共产党势力的发展，不能使其在政府中获得立足之地。而一旦缅甸政府包括进共产党人，共产党就可能会成功地渗透到自由派的知识分子团体中，从而造成缅甸人政治上的分裂，为缅甸建立民主自治的进程制造更多的困难。而只有排除了共产党，缅甸的民族主义民主力量才能够团结一致，建立一个开明的自治政权。美国政府希望把共产党从政府中排除出去所引起的冲突不会造成大规模的敌对行动。② 缅甸独立后面临着重重困难，政治上十分脆弱，政治形势动荡不安，经济上亟须外来援助，但美国与吴努政权之间在缅甸共产党问题上存在着矛盾，美国官员认为吴努的领导是无能的，缅甸政府没有采取强有力的措施。在美国人看来，到 1948 年年底，缅甸官方尽管表示了反共产主义的决心，但缅甸长期的政局动荡可能会给共产主义的扩张提供可乘之机。随着共产党在中国的步步胜利，缅甸的形势使西方世界在该国的利益前途未卜。

缅甸独立后，美国试图将其塑造成为"自由"世界的一部分，希望通过对缅甸的援助，保持缅甸的稳定、自由和独立，争取使缅甸向西方阵营靠拢。美国认为包括英国和英联邦国家在内的向缅甸提供的军事和财政援助，对于缅甸的稳定是必要的和有益的。③ 在 1948 年 1 月 4 日缅甸获得独立后的近两年时间里，缅甸一直处于政治上的分裂

---

① "The Acting Secretary of State to the Charge in the United Kingdom（Gallman），" December 10, 1946, in *FRUS*, 1946, Vol. 8, p. 10.

② "Memorandum by the Director of the Office of Near Eastern and African Affairs（Henderson）to the Secretary of State," February 10, 1947, in *FRUS*, 1947, Vol. 6, pp. 16 – 17; "The Secretary of State to the Consulate General at Rangoon," February 11, 1947, in *FRUS*, 1947, Vol. 6, p. 17.

③ "The Secretary of State to the Embassy in Burma," February 17, 1950, in *FRUS*, 1950, Vol. 6, pp. 232 – 233.

和经济上的动荡之中，美国更加担心缅甸的这一局势可能会被共产党所利用。在 1950 年 6 月美国国务院准备的关于缅甸政策的一份文件中，谈到美国的目标是：在缅甸建立一个稳定的、倾向于美国和英联邦的政权，加强其恢复内部秩序和抵制共产主义扩张的能力，促进该国社会发展和经济复兴。文件进一步指出，对缅甸援助的主要政治目标在于，消除缅甸对外来援助和建议的怀疑，加强缅甸政府在国内的声望，以及加强缅甸政府的军事能力，防止国内的共产党叛乱，保卫缅甸的边界免受来自中国共产党的渗透或侵略。令人欣慰的是，缅甸官方已经愿意接受美国通过"第四点计划"对缅甸提供的援助。鉴于缅甸对英国和英联邦援助的怀疑态度，英国及英联邦对缅甸的援助将会迅速减少。在此形势下，美国应该承担起主要的责任，美国应该尽快为此做好准备。该文件还表明援助缅甸的政治紧迫性："如果印度支那和缅甸能够被用来抵御共产主义，那么我们就可能拥有所有的东南亚国家。如果缅甸或者印度支那沦陷，暹罗将紧随其后，东南亚也将难以抵御共产主义的侵犯。"① 可见，在缅甸独立后不久，在美国的东南亚政策目标中，已经把缅甸视作遏制共产主义扩张的全球战略中重要的一部分。

但是独立后的缅甸对外来势力十分警惕。随着美国在缅甸影响的增大，缅甸的报纸及其他社会舆论中开始出现了强烈的反美情绪。在东西方严重对立的冷战时期，缅甸并没有如美国所设想的那样，完全站在西方阵营一边。1948 年 4 月 19 日，缅甸加入联合国，但在联合国第二次关于巴勒斯坦问题的大会以及联合国第三、第四次大会上，缅甸都没有支持美国的立场。缅甸总体上采取了倾向于亚洲国家和欠发达国家的政策。② 不仅如此，缅甸在独立后还对美国的利益形成了一系列的挑战。面临内忧外患的艰险形势，缅甸领导人在外交上十分

---

① "Policy Statement Prepared in the Department of State," June 16, 1950, in *FRUS*, 1950, Vol. 6, pp. 233 – 244.

② Ibid., pp. 240 – 242.

谨慎，避免使缅甸再次卷入大国争夺的旋涡之中。基于现实的考虑，缅甸决定效仿印度所奉行的不结盟外交政策。缅甸虽然愿意接受美国的经济援助，却不接受其军事援助，缅甸领导人担心接受美国的安全防御援助，将会损害其不结盟的外交政策。1952 年 2 月，美国驻曼谷外交官亨利·戴（Henry B. Day）在给国务院的一份电报中总结了缅甸人的这种考虑。他指出："缅甸人认为免遭灾难的最好办法是尽可能保持与共产党中国的友好关系，这并非是基于意识形态上的同情，而是一种建立在生存本能基础上的信念。"他建议国务院应该放弃任何使缅甸与西方保持一致的想法，而代之以"如果我们不能从缅甸的中立立场中获得优势，也应使其保持成为共产主义阵营之外消极的一员"①。

考察战后早期美国与缅甸的关系，我们不难看出，像世界上其他地区一样，美国在缅甸的目标与其实际所获得的结果之间，存在很大的差距。尽管缅甸接受了美国的援助，但并没有公开或潜在地倾向于西方，它也没有公开倾向于共产党国家。出于现实的安全考虑及意识形态因素，缅甸代之以继续奉行中立主义。在美苏全球冷战的氛围下，缅甸把不结盟作为其外交政策的重要原则之一。②

三　美国与马来亚的非殖民化

太平洋战争爆发后英国军队在东南亚的迅速溃败，不仅使英国在该地区的威望降至最低点，而且日本人的煽动也进一步激发了当地的民族主义和对西方的仇视心理。但相比之下，在 1945 年 9 月英国重返马来亚和新加坡时，其遭遇与其他欧洲殖民者略有不同，英国遭到

---

① "The Charge in Burma（Day）to the Department of State," February 15, 1952, in *FRUS*, 1952 – 1954, Vol. 12. Part. 2, pp. 12 – 13.

② McMahon, *The Limits of Empire*, p. 101.

的抵制较小。① 这一方面是由于战前英国对马来亚长期实行"分而治之"的政策，在一定程度上华人和马来人都把英国视为自己利益的保护者。战后马来亚的民族主义运动，与缅甸、印度尼西亚或者法属印度支那比较起来稍弱一些，客观上也有利于英国殖民统治的顺利恢复。另一方面，这也与英国战时计划改变对马来亚的统治政策等行动有关。早在马来亚和新加坡沦陷后不久，英国政府便着手考虑战后恢复对马来亚统治的问题。1942 年 4 月，英国殖民部战后问题委员会首次讨论了这一问题，委员会一致认为，战后应该考虑改变对马来亚的统治方式。② 在 1944 年，英国进一步具体化了战后在马来亚的目标。在当年 5 月英国战时内阁制订的关于东南亚的计划中，对战后恢复对马来亚以及婆罗洲等附属地作出了安排。按照该计划，在重新占领马来亚后应该先由军事当局进行直接管理，马来半岛的其他部分包括槟榔屿和马六甲在内应该组成一个马来亚联邦。③ 英国在战时所考虑的这些有关马来亚的计划中，其核心是力图用直接效忠于殖民当局来代替战前各土邦对各自苏丹的效忠，通过与马来亚统治者谈判签订新条约来打破间接统治的不利因素，以缔造一个新的行政统一的马来亚联邦，加强英国对马来亚各邦的管辖权，进而使英国在马来亚的殖民统治转变成进行直接统治的强大的中央政权。④

英国重返马来亚之后，就开始采取一些重要的举措，旨在促进马来亚获得经济发展和社会福利的进步，最终使其成为一个多种族的自治国家，以恢复并巩固英国在东南亚的殖民帝国。根据战时制订的计划，经过一段短暂的军事管制时期，英国便着手改变战前在马来亚的

---

① Newson, *The Imperial Mantle*, p. 62.

② 何跃:《战后英国在东南亚的殖民统治——从对抗到撤离》, 第 65 页。

③ "Draft Directives for Further Planning in Southeast Asia: War Cabinet Paper," May 18, 1944, CAB 66/50, in Porter and Stockwell, British Imperial Policy and Decolonization, doc. 26, pp. 195 – 201.

④ T. N. Harper, *The End of Empire and the Making of Malaya*, Cambridge: Cambridge University Press, 1999, p. 57.

统治政策，从军事当局开始转向文官统治。1946 年 1 月，英国政府颁布"马来亚白皮书"，即马来亚联邦（Malayan Union）计划。白皮书规定，新加坡成为英国的直辖殖民地，由英国殖民部直接管辖，而战前的马来联邦、马来属邦及马六甲和槟榔屿，则联合成一个马来亚联邦，由英国委派的总督统治。① 按照这一计划，英国很快就在新加坡、沙捞越以及北婆罗洲建立了殖民政权，并于 1946 年 4 月在马来亚建立了马来亚联邦。马来亚联邦摈弃了马来人统治者的主权、马来诸邦的自主权以及马来亚人的特权地位，实行英国人直接的集权化统治。② 该计划的执行立即在英国内部以及马来人之间都引起了强烈反响。因为这一计划与马来亚人所希望建立一个独立的马来亚民族国家相悖。1946 年，《时代》杂志曾这样指出："马来亚的公众舆论认识到需要拥有一个在其自己人民主宰下的新的国家。"③ 在马来亚人的强烈反对下，马来亚联邦计划仅仅推行一年多。英国于 1946 年 11 月又抛出了一个"新宪法"，向马来亚上层作出了一些让步。此后到 1948 年 2 月，英国又推出一个马来亚联合邦（the Federation of Malaya）的计划来取代马来亚联邦，这在一定程度上弱化了中央集权的色彩，确保了马来人在政治上的首要地位。尽管英国在马来亚也采取了一些较为主动的政策，但仍然遭到了马来亚共产党的反对。当时马来亚共产党是马来亚民族主义运动中影响最大的力量。1947 年 1 月，马来亚共产党拒绝接受英国提出的"新宪法"，并领导了一场全国范围的反抗运动。1948 年 6 月 18 日，英国宣布马来亚全国进入"紧急状态"，并颁布"紧急条例"，宣布马来亚共产党以及其他进步团体和组织均为非法，予以取缔。之后的 12 年里，白色恐怖笼罩整个马来亚，这种"紧急状态"时期一直持续到 1960 年才结束。

---

① 钱文宝、林伍光：《马来亚简史》，商务印书馆 1981 年版，第 43 页。

② Stockwell, "The United States and Britain's Decolonization of Malaya, 1942 – 1957," in Ryan and Pungong, eds., *The United States and Decolonization*, p. 193.

③ *The Times*, June 29, 1946, in Grimal, *Decolonization：The British, French, Dutch and Belgian Empires 1919 – 1963*, p. 229.

战后英国对东南亚的政策，因为英国的全球外交政策以及战略调整而受到限制和趋于复杂化，英国在马来亚殖民统治的重建到非殖民化的过程正是在这一背景下展开的。实际上，在 1942 年新加坡陷落后，英国对东南亚的战略设想就开始与非殖民化缠绕在一起。战后英国作为大国地位的下降以及殖民地民族主义的高涨，都迫使英国提出新的殖民地计划，英国希望通过恢复在东南亚的殖民秩序，能够促进附属地社会、政治和经济得到渐进发展，并以此缔造一个新的具有防御能力的东南亚自治领。出于战略需要以及为了保存自己的经济利益，英国进而希望在殖民地非殖民化后，能够仍然保持自己在这些地区的强大影响，使得这些地区能够继续保持与英国的合作和亲英倾向，这成为战后英国在东南亚的一个长期目标。[①] 然而，在 1948 年 7 月，冷战无疑已经延伸到了马来亚，尽管马来亚共产党的暴动实际上并非是国际共产主义精心策划的行动，但是"紧急条例"的颁布，说明马来亚的形势已经与英国全球性的反共产主义战略联系在一起。[②] 此后，英国开始大肆镇压马来亚共产党的活动，英国认为在击败共产党以及保证安全过渡到一个统一的、独立的和民主的马来亚联邦之前，其帝国势力的存在是十分必要的。[③]

同时，对于英国来说，战后东南亚殖民地的价值迅速提高，不仅仅在于挽回帝国的荣誉，还直接关系到英国的战后经济复兴。二战严重削弱了英国在英帝国和英镑区中的影响，到 1947 年，英国已经放弃了在巴勒斯坦、印度、缅甸的政治统治，与在非洲和亚洲的殖民地或原殖民地的关系不断削弱。战后的英国负债累累，偿还巨额债务很大程度上有赖于恢复战前英国、亚洲与美国之间的"三角贸易"。正是由于马来亚的市场、自然资源以及赚取的美元收入，对于战后英国的经济重建具有极其重要的价值，使马来亚在 20 世纪 40 年代晚期到

---

① Hack, *Defence and Decolonisation in Southeast Asia*, p. 49.

② Harper, *The End of Empire and the Making of Malaya*, p. 94.

③ Springhall, *Decolonization Since 1945*, pp. 63 – 64.

50 年代中期，成为英国最有价值、不可缺少的殖民地。马来亚出口橡胶和锡矿产品所挣得的美元，在维持英镑区和弥补英国自身的美元赤字方面是至关重要的，1952—1953 年，马来亚的收入占英镑区的美元收入的 1/3。① 另外，新加坡的战略地位对于英国的全球战略十分重要。尽管战后初期马来亚在全球冷战中只是处于边缘地位，但法、越双方在印度支那展开的激烈冲突以及把泰国拖入冷战的可能性，都会危及马来亚非殖民化的有序进行。战后东南亚出现的社会动荡和共产主义运动高涨的严峻形势，使英国人认识到在对马来亚推行必要的开明政策的同时，必须集中全力保住这块殖民地。

在二战后迅速变化的世界里，英国官员们希望能够通过采取必要的进步政策来确保大英帝国的利益。战后英国对马来亚的政策有两点与战前区别较大，即进行直接控制和促进其政治发展的前景。英国的策略在于通过与当地领导人进行合作，缔造一个多种族的马来亚民族共同体：核心是马来亚联邦，目的是以一个一元国家和一种单一的公民体系来代替那种不实用的间接统治的结构。② 英国在恢复东南亚殖民帝国的同时，的确也采取了一些促进马来亚经济发展和社会福利的举措。英国在战后对马来亚实行的这种"开明"的殖民政策，一定程度上得到了美国的赞赏。同时，英国仍然竭力希望自己在战后世界事务中能够起到领导性的作用，尤其是希望在东南亚恢复其战前的主导性地位。1948 年 1 月，英国外交大臣艾登在一份"关于英国外交政策的首要目标"的备忘录中指出，随着冷战形势的日益严峻，英国应该强化保护西方文明的责任。他认为在西欧应该建立某种正式或非正式的联盟，即寻求建立一种得到美国认可以及获得英联邦自治领支持的西方民主体系，这就要求英国具备强有力的领导地位。他还指出，尽管战后对西欧的物质援助将主要来自美国，但西欧国家多轻视美国的非物质的价值观念，因此这一过程将需要英国在政治和道义上

① Hack, *Defence and Decolonisation in Southeast Asia*, p. 303.
② Harper, *The End of Empire and the Making of Malaya*, p. 358.

进行引导，以抵御共产主义的扩张。①

但是，随着冷战蔓延到东南亚地区，西方国家开始把共产主义，而不是当地的民族主义视为削弱其该地区影响的主要威胁。英国的远东防御合作委员会、参谋部以及外交部开始重新审视东南亚地区的政策，越来越把控制该地区作为全球冷战的一环。② 这样，面对战后东南亚形势的变化，当地民族主义的反抗，以及英国自身力量下降的局面，英国人感到自己在该地区的利益受到严重挑战，他们开始把控制马来亚和新加坡作为一个重要目标。到 1948 年 4 月之后，英国殖民部开始强调加强马来亚抵制北方邻居的稳定力量，以使共产主义被排斥在英国属地之外。

从 1948 年宣布马来亚进入"紧急状态"开始，英国决策层就努力寻求美国人的支持，通过美国的媒体，使美国官员们相信英国在马来亚的政策是"进步"的和现实的。考虑到战后美国把精力集中在日本以及中国大陆、台湾地区，而可能会忽视东南亚地区，英国采取措施力图使美国人卷入东南亚地区，希望美国在东南亚承担起更大的责任。英国旨在使美国更多地了解它在马来亚的政策和行为，也试图通过使美国舆论适当了解马来亚的形势，以及在必要时通过得到美国的物质援助来帮助马来亚的殖民当局。③ 英国在马来亚的统治需要得到美国的物质援助，首先是马来亚的橡胶、锡等产品可以帮助英国赚取美元，弥补"美元短缺"的状况，但这就需要美国保证购买这些产品；其次，英联邦 1950 年 1 月提出的"科伦坡计划"被称为"亚洲的马歇尔计划"，是为了促进亚洲的经济发展以抵御共产主义的扩张，但该计划的实施也需要美国的财政援助。另外，英国殖民当局镇

---

① "The First Aims of British Foreign Policy, Memorandum by the Secretary of State for Foreign Affairs," January 4, 1948, CAB 129/23, in Porter and Stockwell, *British Imperial Policy and Decolonization*, doc. 48, pp. 293 – 295.

② Hack, *Defence and Decolonisation in Southeast Asia*, pp. 67 – 68.

③ Stockwell, "The United States and Britain's Decolonization of Malaya, 1942 – 1957," p. 197.

压马来亚共产党的暴动也需要美国的技术和物质援助。①

　　事实上，美国在战后几乎没有对英国在马来亚重建殖民统治提出过严重质疑，即使在战时对东南亚殖民地区的考虑中，美国官员也把马来亚置于一种特殊的地位。在美国人看来，马来亚的民族主义的发展十分缓慢，并受到马来亚多种族社会中严重的种族差别的阻碍，再加上英国在马来亚基本上采取"分而治之"的策略，他们认为当时马来亚民族在政治上非常落后，还不具备充分的能力来进行民族和国家建构。当战后马来亚出现种族暴乱、食物匮乏以及政治动荡时，美国容忍了英国在马来亚的行动，认为殖民统治的恢复对于维护马来亚的社会稳定是十分必要的。因为美国人认识到，马来亚的稳定对于恢复马来亚与美国的贸易关系是至关重要的。战后美国在马来亚的经济利益得到了很大的增长，其中一个主要目标就是使马来亚的原料重新对美国的市场开放，尤其是马来亚丰富的橡胶和锡矿产品等自然资源。以这两种原料为例，在 1946 年，美国几乎购买了马来亚橡胶出口的 50% ；1948 年购买了马来亚锡出口的 60% ；1949 年则几乎占了其全部出口的 90% 。与此同时，美国对马来亚的出口贸易与战前相比也急剧增长，到 1949 年，美国成为马来亚第三大进口国，占马来亚进口总额的约 12% 。② 不仅如此，美国战后在马来亚的投资也增加了，到 1949 年，美国在马来亚的投资达到 1.48 亿美元，占马来亚所有外国投资的 11% 。③

　　这样，战后英国试图恢复在马来亚的殖民统治和经济秩序，而美国则致力于重建与马来亚的贸易关系，尤其是进口其橡胶和锡等产品。战后马来亚民族主义仍然相对脆弱，随着马来亚出现了强大的共产主义运动，马来亚共产党组织的罢工以及其他形式的政治、经济反

---

① Stockwell, "The United States and Britain's Decolonization of Malaya, 1942 – 1957," p. 199.

② Hess, *The United States' Emergence As A Southeast Asian Power*, pp. 271 – 272.

③ Rotter, *The Path to Vietnam*, p. 63.

抗活动等所导致的动荡局势，无疑已经对美国的利益形成严重的挑战。1947 年 5 月，随着英国从印度、缅甸的撤离，美国国务卿马歇尔指示驻英大使道格拉斯评估英国在世界事务中的能力、计划及考虑，尤其是英国在其帝国的未来防御以及承担责任的能力。道格拉斯在回复中谈到了英国在殖民事务上的开明政策。他还进一步指出，马来亚已经成为一个冷战的前沿国家，鉴于马来亚在远东地区的重要地位，英国显然不打算放弃它，英国殖民当局旨在建立一个高效、自由和有远见的政权，以使马来亚保留在英国统治之下，并使马来亚成为荷兰和法国效仿的榜样，这样有助于加强地区合作及阻止共产主义的渗透活动。[1] 1948 年后，英国通过宣布马来亚进入"紧急状态"，实行"紧急条例"，竭力镇压马来亚共产党发动的武装暴动。面对这种情况，美国支持英国在马来亚的行动，美国人认为在"紧急状态"时期，英国的政策对于维护美国的政治和经济地位也是十分必要的。可见，与东南亚其他欧洲殖民地相比，战后美国与英国在马来亚的政治和经济利益更趋于一致。[2]

在战后初期，马来亚与英国的经济复兴紧密联系起来了。从战时开始，美国决策者已经认识到美国最重要的一项任务就是重建西欧，而英国则是西欧复兴的重点，是战前美国最大的市场以及战后最密切的盟友。只有使英国的经济得到恢复，美国的战后目标才能够得以实现。但一直到 1949 年，英国经济仍处于一种萧条状态，美元短缺继续扩大。而英国美元进口的持续削减将威胁到美国的经济，英国的问题必然会影响到其他欧洲国家和威胁到马歇尔计划的目标的实现。杜鲁门当局认识到了英国的经济困难与马来亚形势之间的关系。美国国务院开始认为，如果要实现英国的复兴和遏制共产主义的基本目标，那么英国的殖民主义和保护主义得到某种程度的保留将是必要的。这

---

[1] Stockwell, "The United States and Britain's Decolonization of Malaya, 1942 – 1957," pp. 195 – 196.

[2] Hess, *The United States' Emergence As A Southeast Asian Power*, p. 272.

一新的设想给美国对英国的马来亚政策的看法带来了变化。[1] 1949 年
1 月，美国驻新加坡的总领事威廉姆·兰登（William Langdon）写信
给国务院指出："如果考虑到美国的基本利益或总体目标，与包括英
国在内的西欧国家的复兴联系起来，如果英国殖民地的经济发展、繁
荣以及赚取美元的能力有利于这一复兴，如果进而作为这些殖民地之
一的马来亚，正在向我们提供天然橡胶和锡等战略物资储备，那么给
予马来亚这两大生产工业的每一种支持将都是合理的。"[2] 到 1949 年
8 月，美国国务院同意恢复战前的三角贸易形式，希望通过英国对马
来亚的贸易顺差和马来亚对美国的贸易顺差，在一定程度上来抵消英
国的美元赤字，希望以此减轻英国的经济危机。此时在美国人看来，
如果英国的经济复兴要求英国继续控制马来亚，那么就必须如此。到
1949 年年底之后，美国政府实质上已经默认了英国殖民主义在马来
亚的继续存在，并承担起对东南亚进行经济援助的计划。1950 年 6
月 25 日朝鲜战争的爆发，使美国对来自马来亚橡胶资源的需求更加
迫切，这也给英国提供了一个契机，英帝国和英联邦与美国的盟友关
系显得更加重要了。

　　在冷战的形势下，尽管美国社会仍存在强烈的反殖民主义情绪，
但在美国决策层看来，西方文明面临的更大威胁已经不是过时的殖民
主义，而是当代的共产主义。他们认为西欧的民主国家，即这些主要
的殖民国家，是其真正的和不可缺少的盟友。[3] 共产主义造成的威胁
使美国政府缓和了对英国殖民主义的抨击，美国已经认可了战后英国
在马来亚的行动是西方世界共同努力阻止共产主义扩张不可分割的一
部分。到 1953 年，美国政府已经赞同英国在马来亚的地位并明确地

---

①　Rotter, *The Path to Vietnam*, pp. 63 – 64.

②　"William Langdon to DOS," January 18, 1949, PSA, Box 14, in Rotter, *The Path to Vietnam*, p. 65.

③　"Confidential Despatch from H M Ambassador in Washington to the Secretary of State for Foreign Affairs," January 14, 1950, CO 537/71/7136, in Porter and Stockwell, *British Imperial Policy and Decolonization*, doc. 55, p. 322.

给予了支持。1953 年 3 月，美国驻马来亚总领事鲍德温（Charles Baldwin）在呈交国务院的一份文件中指出："马来亚的战略地位、其经济和政治上的重要性，以及在事实上，尽管认识到英国力量已经衰落，但是目前还没有切实可行的反共产主义的替代者来代替英国对马来亚的统治，所有这些都要求美国继续支持英国保护马来亚免受外来攻击、恢复法律和秩序的政策，以及指导马来亚有序地过渡到自治阶段。美国以其广泛的经济政策，以及通过向英国人提供技术和其他类别的援助，可以有助于马来亚的经济发展和社会改良以及有助于其政治的稳定。"①

到 20 世纪 50 年代中期后，随着世界形势的发展，英国在马来亚的非殖民化已经是大势所趋了。在 1950 年 6 月，英联邦第 15 次高级专员会议上通过的决议虽然仍坚持认为，在马来亚准备好完全的自治之前，需要有一个长达 25 年的过渡期。但决议同时又指出，基于形势的需要，朝着自治发展的进程会不可避免地加快。② 此后不久，负责殖民地和战争事务的部长格里菲斯（James Griffiths）和斯特雷奇（John Strachey）访问了马来亚，检查实行"紧急状态"两年多以来所进行的反对共产党暴乱的情况。东南亚的高级专员马尔科姆·麦克唐纳（1948—1955 年任职）向他们指出，由于英国面临各种难以控制的因素，从殖民政权向完全的自治的过渡应从 25 年缩短到 15 年。这些因素包括新一代马来亚领导人的出现、来自亚洲和联合国中的世界舆论的压力以及保持对那些在紧急状态期间仍效忠于英国的马来亚领导人的支持的合理性。③ 东南亚地区以及马来亚本身的民族主义因素，使得英国殖民当局认识到马来亚的自治是不可抵挡的趋势，感到

① "Baldwin to State Department," March 2, 1953, RG 59：797 – 00/3 – 253, in Ryan and Pungong, eds., *The United States and Decolonization*, p. 200.

② "Extract from Minutes of the Fifteenth Commissioner General's Conference held at Bukit Serene on June 7, 1950," CO 537/5970, in Porter and Stockwell, *British Imperial Policy and Decolonization*, doc. 57, pp. 338 – 345.

③ Porter and Stockwell, *British Imperial Policy and Decolonization*, pp. 62 – 63.

在经过 8 年的"紧急状态"之后，尽快把权力转移到当地人手里是很必要的。尤其是从 1955 年开始，遍及亚洲的民族主义潮流以及东南亚地区要求政治变化的压力增强了。从国际形势方面来看，1954 年奠边府战役中法国军队的溃败使得法国开始从印度支那撤出；在印度尼西亚，1955 年 4 月召开的万隆会议吸引了许多新独立的亚非国家参加了"不结盟运动"，他们表达了坚定的反殖民主义立场。法国在印度支那统治结束后，英国已经成为该地区唯一一个重要的殖民国家（除葡属蒂汶岛和荷属新几内亚外）。在 50 年代中期以后，美国开始逐步改变在殖民问题上的"中立"路线，决心疏远殖民主义，像在越南取代法国一样，美国也向英国施加压力敦促其在马来亚早日实现非殖民化，要求其尽快废除殖民主义并与当地"正当的"民族主义运动结成伙伴关系。这种强大的甚至压倒一切的国际因素，在很大程度上加快了马来亚的非殖民化步伐。[①] 在这种形势下，英国不得不考虑如何使帝国和非殖民化的代价降至最低限度的同时，从而加快了马来亚的自治进程。[②] 在 1956 年 1—2 月伦敦召开的宪法会议上，英国同意马来亚在 1957 年的 8 月获得自治。1957 年，马来亚联合邦宣告独立，新加坡和文莱也于 1959 年实现内部自治。

但是，马来亚的独立仍然是不彻底的，根据英马 1956 年签订的《伦敦协定》和 1957 年签订的《外部防御和互助协定》，英国有权在马来亚保持军事基地及驻军。新加坡和文莱的国防、外交、内部安全事务仍然控制在英国手中。而沙捞越和北婆罗洲则仍为英国的直辖殖民地。进入 20 世纪 60 年代后，随着世界形势的剧烈变化，第三世界国家纷纷走上独立道路，殖民主义越来越遭到世界人民的唾弃。这种国际形势的发展，加上马来亚国内要求获得彻底独立的呼声日渐高涨，到 1961 年 5 月 27 日，马来亚联合邦总理拉赫曼在新加坡的一次外国记者招待会上，首次公开提出由马来亚联合邦、新加坡、沙捞

[①] Darwin, *Britain and Decolonization*, p. 203.

[②] Hack, *Defence and Decolonisation in Southeast Asia*, p. 305.

越、北婆罗洲和文莱合并组成"马来亚联邦"的计划。此后,上述五个地区就成立马来西亚联邦以及由此引起的问题,与英国政府进行了双边或者多边会谈。1963 年 7 月,英国与马来亚联合邦、新加坡、北婆罗洲及沙捞越的代表在伦敦签订了《关于成立马来西亚联邦的协定》,规定英属北婆罗洲改称沙巴,同沙捞越、新加坡一起,以州的名义与马来亚联合邦原有的十一个州组成马来西亚联邦,属于英联邦的一员。① 1963 年 9 月 16 日,马来西亚联邦正式宣告成立,从此马来亚变成了马来西亚。1965 年 8 月 9 日,根据新加坡和马来西亚双方在伦敦达成的《1965 年新加坡独立协定》,新加坡脱离马来西亚联邦成为一个独立的国家。

这样,到 20 世纪 60 年代初,马来亚的非殖民化终于完成了。总体上来看,英国在这一过程中基本上采取了实用主义的策略,马来亚的独立过程符合英国非殖民化的类型。从某种意义上说,在马来亚非殖民化的最后阶段,英国殖民当局最重要的任务是政治上的,而非经济上的,其目的是为了确保在符合西方利益的更为广泛的政策框架内抑制当地的政治冲突。② 英国希望在后殖民时代的马来亚能够出现一个友好的、稳定的非共产主义政权,以继续保持马来亚与英国的伙伴关系。但是,在马来亚独立后,英国的影响力呈现出的是表面多于实际,马来亚对英国的依赖减少了,进而转向了美国。在 20 世纪 50 年代,尤其是在 1957 年 8 月 31 日马来亚联邦获得完全独立后,美国在某种程度上对马来亚有着比英国更大的影响。

马来西亚在其独立后在第三世界发挥了重要作用,马来西亚在国际事务中奉行独立自主,反对任何形式的霸权主义,并成为不结盟运动的主要成员国,积极提倡和遵循"不结盟运动"的路线。马来西亚还成为东南亚国家联盟的创始成员国之一,1971 年 8 月,东盟五

① 钱文宝、林伍光:《马来亚简史》,第 49—51 页。
② Holland, *European Decolonization 1918 – 1981*, p. 112.

国外长会议在吉隆坡召开，在马来西亚总理拉扎克的倡议下，联合发表了东南亚国家中立化宣言（即吉隆坡宣言），积极主张东南亚地区中立化。

四 美国在英属东南亚殖民地非殖民化过程中的角色

从一战结束到二战期间，大英帝国的命运与非西方世界的民族主义和美国的反殖民主义联系在一起。美国反对欧洲殖民帝国的动因，源于其长期以来社会理念中存在的民族自决主张和对自身利益的追求。在美国人看来，殖民主义的存在有悖于他们所追求的自决、自由贸易以及国际合作的信念。尤其是自 20 世纪 30 年代大危机以来，出于自身的经济利益考虑，美国就决心摧毁英国的帝国特惠制度。1941 年到 1942 年期间，东南亚广大地区在日本的进攻下迅速沦陷，使得美国人认为欧洲殖民国家对东南亚附属地民族进行的剥削，是导致其军事失败的主要原因。在二战前期，美国坚决反对英国试图在战后恢复其殖民帝国的努力。罗斯福及其国务卿赫尔等人一直认为，自由贸易是解决经济萧条和避免战争的最好方法，要求摧毁殖民帝国制度。[1] 罗斯福多次重申，在东南亚地区解放后不能再恢复到战前的殖民统治秩序，而应该把其置于国际托管之下，并尽可能快地提高其民族自决的能力。

面对战时美国对英帝国的猛烈抨击，尽管以丘吉尔为首的战时内阁以及英国殖民部作出了强烈的反应，两者之间在殖民地问题上存在严重的分歧，但是英国战时面临的严峻形势使其极其需要美国的援助，单靠英帝国则很难保证战争的最后胜利。从 1941 年的租借条款开始，到 1941 年 12 月美国全面卷入战争，英国严重依赖于美国。形

---

[1] Rotter, *The Path to Vietnam*, p. 51.

势越来越明显地表明，这种对美国的依赖需要付出一定的代价，美国对英国的援助是有条件的，因为美国人对英国帝国主义有一种普遍的不信任。由于英国呈现出的脆弱性，战争为美国向英国施加压力提供了机会，美国通过战时援助要求英国改革帝国制度。① 与此同时，针对第一次世界大战以后殖民地问题逐渐国际化的趋势，以及来自非西方世界的反抗日益加强，英国人已经意识到帝国所面临的严峻挑战。从 1929—1945 年期间，在一定程度上是为了回应国际社会的指责，英国在殖民地开始实行一系列的社会发展和福利措施，并因此自诩为"开明的帝国主义"。1940 年英国议会还通过了一个"殖民地发展和福利方案"。② 之后，针对美国提出的"国际托管"计划，英国殖民部从 1944 年后期开始，逐渐提出了一个长远的殖民地"区域发展"计划，强调首先是促进当地的经济和社会发展，然后促进其政治上的进步。

　　由于战争的需要，英国决策者无奈地接受了其相对于美国的次要的角色，作为美国能够运用其全部经济力量投入战争而必须付出的代价。但美国所主张的是一个自由的国际经济秩序，显然是要求符合美国的利益，而这种经济秩序却不利于英国的利益，因为在经过长期的萧条和战争之后，英国的工业已经难以经得起开放性的世界市场的全面冲击。许多英国的工业家认为，如果不通过关税和帝国特惠的保护，他们的工厂可能难以生存，而这些关税和帝国特惠制度已经变得对美国十分不利，美国人正在努力摧毁这种特惠制度。英国人同时也认识到如果世界市场作为一个整体被迅速加强，那么富于竞争性的美国经济势力就只能被其他的工业生产国所忍受。正是出于这一原因，主要是考虑到在一个美国霸权时代保持其工业继续生存的问题，英国开始实施殖民地的发展政策。③

---

① Porter and Stockwell, *British Imperial Policy and Decolonization*, pp. 25 – 26.
② Holland, *European Decolonization 1918 – 1981*, pp. 53 – 54.
③ Ibid. , p. 56.

在战后的殖民地政策问题上，英国与法国、荷兰的政策有所区别，与法国、荷兰顽固坚持恢复对印度支那和印度尼西亚的殖民统治相比，英国在战后无奈地允许印度、斯里兰卡以及缅甸获得独立，并且在马来亚开始采取一些促进社会经济发展以及计划在政治上逐步使其向自治演进的较为开明的政策。总体上看，到 20 世纪 40 年代晚期和 50 年代早期，英国政府已经接受了殖民地社会必须向着自治发展的原则。英国决策者认识到，要缔造更现代的经济和管理结构，保持殖民地的原材料和市场有助于恢复英国的经济活力，就必须扩大当地人参与政治生活的程度。[①] 他们希望通过促进殖民地在政治、经济和社会等各方面的发展，来维持自己在海外属地的经济利益，并且认识到要在这些地区保持经济利益的存在，已经不能完全依赖于对其继续进行政治主宰。英国外交大臣贝文（Ernest Bevin）曾用"给予—保持"（Give and Keep）的模式来说明这一观点。1948 年 6 月，英国工党政府发布标题为"殖民帝国"的绿皮书（施政报告 7433 号），提出"要指导殖民地区在英联邦内实行负责任的自治"。这一报告的出发点是认为如果没有经济上的平行发展和社会进步，朝着自治的发展就不能真正实现和保持。后来在保守党政府时期也基本上继承了这一渐进主义的政策。[②]

在战后早期，美国国务院中有一些官员也认可了英国的这种"继续保存英帝国和英联邦，使殖民地逐渐向着自治演进"的政策，认为英国与其他欧洲殖民国家不同，其殖民政策具有一种进步和人道主义的因素。事实上，也许在美国官员们看来，战后只有英国的殖民地政策才较为符合美国所倡导的那种使殖民地逐渐向独立演进的"菲律宾模式"。可以看出，英国和美国都不愿意看到过快的和导致分裂的非殖民化。在他们的主张中，一种共同的看法是，没有经济的发展，其

---

① Darwin, *The End of the British Empire*, pp. 104 – 105.

② Grimal, *Decolonization: The British, French, Dutch and Belgian Empires, 1919 – 1963*, p. 135.

他诸如贫穷、文盲、疾病以及秩序恶化等问题就不可能得到改善或解决，政治发展也将失去物质基础。① 但是，英美关于殖民地前途的看法仍然存在着很大的分歧，两国在殖民地问题上强调的是不同的政治目标。美国所不断重申的是殖民地最终获得自决和独立。在美国人眼里，大英帝国毕竟还是帝国，它仍带有欧洲殖民主义固有的邪恶，必须对它进行改革，应该加快殖民地自治的步伐和教育、卫生和社会福利等方面的措施。确保这些殖民地进步的具体途径之一是，要有一个国际组织（国际托管）来行使殖民地的权力，美国在其中应该发挥主要的作用。② 而实际上，随着战后世界形势的转变，旧的国际战略基础和政治秩序正在发生变化，这些因素对英国越来越不利。在远东，英帝国的恢复开始愈加依赖于美国的容忍和亚洲的总体形势，美国在塑造远东地区前途的过程中开始起到领导性的作用。

实际上，从二战后期开始，美国在东南亚的影响日益增大，英国政府对此十分忧虑。在英国对战后东南亚政策的考虑中，美国因素占有重要地位。到 1944 年年底，英国政府认为整个远东最重要的问题就是英国与美国的关系。③ 尽管英国官员怀疑美国在反殖民主义宣传的背后隐藏着对自身利益的追求，美国提出的"国际托管"计划无非是要在国际化的幌子下继续寻求其海外利益和资源，在东南亚取代欧洲帝国主义，以便不受限制地获得马来亚的原材料。④ 但英国官方也意识到必须对美国的批评进行回击，并应该尽快采取相应的措施，否则美国可能会亲自出面来解决东南亚的殖民地问题。在 1944 年之后，随着罗斯福的反殖民主义立场转向更为现实，美国介入英国东南亚殖民地的威胁逐渐减轻了，一个直接的表现就是美国对东南亚战区司令部不再表现出太大的兴趣。在 1945 年 7 月的波茨坦会议上，美

---

① Louis, *Imperialism at Bay*, pp. 99 – 100.

② Ibid., p. 19.

③ Stockwell, "The United States and Britain's Decolonization of Malaya, 1942 – 1957," p. 190.

④ Louis, *Imperialism at Bay*, p. 31.

国同意由东南亚战区司令部负责重新占领东南亚的殖民地，这实际上为战后英国恢复在东南亚的殖民秩序提供了机会。

无论英国承认与否，战后英国对东南亚地区的影响事实上正在逐步萎缩。从1945—1946年，当东南亚战区司令部重新占领东南亚期间，英国的影响达到了顶峰，英国人帮助法国重返印度支那，支持荷兰人重返印尼，在战后早期东南亚地区的秩序恢复过程中发挥了重要的影响。但此后，英国在东南亚施加影响的能力迅速下降。由于战后英国的实力已经大受局限，英国的经济陷入困窘之中，不仅对美国负债而且对自己的附属地也是负债累累，尤其是对印度和中东国家。在战后初期，恢复国内经济是英国政府的首要任务，英帝国的逐渐收缩已是大势所趋。1945—1957年，除自己的殖民地外，英国已经不愿也无力对东南亚地区承担更多的责任。

在战后初期美国势力扩张以及美英关系等问题上，英国人所抱着的是一种矛盾的心态。从1945年8月到1947年3月，随着大同盟的解体和冷战的到来，英国的外交政策呈现出易变、失败和沮丧等特点。欧洲的分裂，以及英俄在希腊、土耳其和伊朗等地区关系的日益紧张，使英国人担心美国再退回到孤立主义，因此强烈希望美国能够承担起一种重要的世界角色。正如其认识到美国对于西欧的安全和经济复兴至关重要一样，英国人还希望美国能够在东地中海、中东和东南亚等这些英国的传统势力范围发挥重要的防御作用。英国人希望以此为本国的战后复兴赢得时间，但英国必须接受其在国内和国外都依赖于美元的现实。另外，英美双方的关系还受到向美国的贷款问题、美国的商业要求、英美在原子能方面合作的结束以及殖民地问题上的分歧等不和谐因素的影响。[①] 英国要在战后保持世界大国地位，实现战后经济的复兴，其东南亚（主要是马来亚）的经济利益便显得十分重要。但是防御东南亚的计划又受到经济上的制约，英国本身已经

---

① Porter and Stockwell, *British Imperial Policy and Decolonization*, pp. 54–55.

无力提供强有力的经济支持，只有得到美国的经济和军事援助，英国才能够继续保持在远东的影响力。而东南亚对于战后日本和欧洲经济复兴以及平衡欧洲的美元赤字方面的重要性，也是美国深深卷入东南亚的基本原因之一。

到 1948 年，英国仍然希望在东南亚起到一种地区作用。在这一年，整个东南亚地区都出现了动荡局面，缅甸、马来亚、菲律宾以及印度支那都面临着共产党领导的敌对活动，这在英国人看来无疑是一种冷战模式的表现，东南亚的安全形势可谓堪忧。因此，随着冷战的开始及其与非殖民化的结合，英国在东南亚地区的抱负与资源的局限性之间的紧张关系进一步加重了，殖民地显得日益重要，英国人认识到必须针对东南亚提出一种新的地区政策。在 1946 年 4—5 月的英联邦首相会议上，英国外交大臣贝文支持外交部的方针，即认为地区合作是至关重要的，提倡通过技术和经济合作，促进殖民地区的经济发展，为与亚洲进行的合作提供一个新的基础。在 1948 年 10 月的英联邦会议召开时，贝文再次提出了进行地区合作的建议，以建立一个在坚固的政治和经济基础上的区域。① 实际上，在 1945—1951 年之间，宗主国的经济困难无疑是帝国和殖民地政策极其重要的决定性因素，它影响到宗主国在一系列问题上的决定及其在附属地面临的处境。② 英国在战后一直试图利用这种区域主义来处理殖民地日益增长的独立要求和保持稳定的需要之间的紧张关系。英国希望西方国家与新独立的亚洲国家能够在英国"精神领导"的影响下走向合作，认为区域主义将成为帝国体系的继承者。英国曾经认为法国和荷兰将会在东南亚附属地实行改革，希望欧洲大国能在使殖民地获得稳定、经济复兴和有秩序地向自治过渡过程中进行合作，但战后法、荷的政策和行动与当地民族主义者发生了激烈冲突，使得英国的计划难以实现，于是英国准备自己在进行缓慢的非殖民化的同时，提倡并促进发展东南亚

---

① Hack, *Defence and Decolonisation in Southeast Asia*, pp. 61 – 63.

② Porter and Stockwell, *British Imperial Policy and Decolonization*, p. 47.

的区域主义。①

1949 年 1 月，杜鲁门总统提出了针对非西方国家的"第四点计划"，目的在于促进广大附属地区及新独立国家的社会经济发展，把其纳入西方"自由"阵营，抵制共产主义的扩张。与此同时，英国政府长期考虑的那种"区域主义"政策的目标，现在也被看作把西方世界和亚洲联结在一起的工具以及抵御共产主义的手段。1949 年 10 月 27 日，英国内阁批准了致力于地区政治和军事合作的政策，这种促进英联邦在亚洲合作的政策将以美国的经济援助为基础。② 在东南亚，英国已经开始把其作为一个整体看待。1950 年 1 月，英国以及英联邦成员国在锡兰（现斯里兰卡）召开会议，提出了一个促进经济发展、以对抗苏联威胁的"亚洲马歇尔计划"，这就是贝文推出的"科伦坡计划"。其主要意图在于使亚洲较富裕的国家或那些对该地区感兴趣的国家加入进来，以提高东南亚人民的生活水平。在贝文看来，"科伦坡计划"是西方提供援助、英联邦团结和英国正在培育与亚洲新领导者之间合作关系的实际证明，将有助于加强英国在英联邦国家的地位，扩大其在整个南亚和东南亚地区的影响。③ 1951 年 12 月，保守党政府采纳了这一政策。该计划实际上也是针对美国的"第四点计划"而提出的，其主要作用在于通过经济发展援助和技术援助，来帮助南亚和东南亚国家提高其生活水平。这一计划的主体是英联邦成员国和英属殖民地，到 1954 年，美国以及大多数东南亚国家成为"科伦坡计划"的成员或者伙伴国。这样后来包括的"施援国"有澳、新、加、英、美、日等，而"受援国"主要有印度、巴基斯坦、尼泊尔、斯里兰卡、缅甸、泰国、马来亚、新加坡、菲律宾、印

① Hack, *Defence and Decolonisation in Southeast Asia*, p. 56.

② Ibid. , p. 65.

③ "Colombo Plan Note by the Secretary of State for Foreign Affairs, the Chancellor of the Exchequer, the Secretary of State for Commonwealth Relations and the Minister of State for Colonial Affairs," C (51) 51, December 20, 1951, CAB129/48, in Porter and Stockwell, *British Imperial Policy and Decolonization*, pp. 63 – 64.

度尼西亚、韩国、柬埔寨、老挝以及越南等。尽管后来由于资金的短缺，以及朝鲜战争等原因使得该计划取得的效果并不显著。但是到1959年6月，由主要的6个施援国提供的援助已经超过60亿美元，其中美国单独提供的援助数额约为56.6亿美元。① 可见，该计划在资金上几乎主要依靠美国的财政支持，英国也正是希望能够利用美国的资源来保证其东南亚政策的实施。

从1949年年初开始，英国就竭力推动美国对东南亚提供援助。英国深知，不仅英国国内的经济复兴亟须美国的援助，而且殖民地政治秩序的重建也需要征得美国的同意，东南亚地区战后的安全更需要美国来支撑。亚洲冷战开始后，英国认识到东南亚迫切需要美国的援助，英国希望把美国的资源与英国在东南亚的统治经验结合起来，进而争取东南亚保持在西方阵营之内。但由于英国自身力量的下降，再加上1950年之后，美国重新定位了对东南亚的政策，东南亚地区在美国的全球战略中的地位日益重要。随着美国在东南亚的利益日渐加强，英国影响逐步减弱。结果，英国人发现与自己的初衷相反，远非是在利用美国的力量，而是美国的东南亚政策大大削弱了英国的策略。英国希望使美国承担起在东南亚防御的负担，而尽可能保持自己在政治上的控制，同时保持自己的荣誉和在世界事务中的影响。但英国在资源有限的情况下只能采取谨慎的政策，无奈地看到其影响在自己殖民地之外的地区日渐消退。② 因此，可以说美国日益卷入东南亚对英国来说是一把双刃剑，尽管达到了使美国提供援助的目的，但英国发现自己在美国的政策面前黯然失色，英国很少能够对美国政策施加实质性的影响。这样，美国迅速成为影响东南亚的主要角色。

战后美国在东南亚力量增长的过程，也正是欧洲殖民国家尤其是英国力量逐步退出东南亚的过程，与这一历史过程相伴随的是战后东

① Russell H. Fifield, *Southeast Asia in United States Policy*, New York: Frederick A. Praeger, Inc., 1963, pp. 276 – 277.

② Hack, *Defence and Decolonisation in Southeast Asia*, p. 93.

南亚的非殖民化。在这一过程中，美国逐渐成为东南亚最重要的区外强权大国，开始主导战后东南亚地区的事务。那么，在战后东南亚非殖民化过程中，尤其在英帝国的非殖民化过程中，美国究竟起到多大作用呢？一些历史学家认为，经济力量乃是帝国影响的决定性因素。英帝国是英国在 19 世纪作为世界上最强大的工业经济国家的遗产，一旦英国世界优势地位丧失，英帝国将难以维持。在二战以后，美国继承了英国独一无二的世界经济地位，自然就会在英帝国的非殖民化历史上起到主要的作用。① 的确，作为战后世界秩序的主要设计者，美国在世界事务中具有最强大的政治经济影响和军事实力，美国在殖民地问题上所持的立场和态度无疑对世界非殖民化进程发挥了重要影响。但总体上看，20 世纪的世界非殖民化是多种历史因素合力作用的结果，英帝国的瓦解过程亦是如此。即使在考察导致世界非殖民化的国际因素时，我们也应该从各个角度进行综合分析，不应片面地归因于某一种因素。不仅要考察美国的反殖传统、世界经济体系变化以及冷战战略因素的影响，同时还要考察战后世界的反殖民主义舆论、苏联和联合国中的反殖集团的影响等因素。事实上，就英帝国在东南亚的非殖民化而言，虽然美国的立场对其产生着重要的影响，但很难单独归因于美国的压力所起的作用。

客观地说，美国的反殖民情绪从政治上和道义上对英国产生了很大影响，美国的压力对战后初期英国的非殖民化起到了重要的作用。作为战前东南亚地区的主导性大国，英国不愿自动放弃在东南亚地区的利益，恢复东南亚的殖民秩序无疑是战时英国的基本目标之一，这导致了美国战时对英国的不信任。正如美国担心其反殖民主义立场会导致美英关系破裂一样，战时英国政府也担心在东南亚的政策目标可能对两国的同盟关系造成不良影响。由于认识到战时英美合作的需要，战后东南亚的地区秩序重建和战略部署都要求美国力量的介入。

---

① Porter and Stockwell, *British Imperial Policy and Decolonization*, pp. 6 – 7.

因此，英国决策者在制定战后的东南亚政策过程中，不能不考虑美国政府及美国公众舆论对其殖民主义行为可能作出的反应。英国对来自美国的抨击十分敏感，英国政府在战时对殖民地采取了一些具有进步意义的措施，战后在对马来亚的政策上也采取了谨慎的态度，开始采用开明而实用的殖民政策以及对英联邦结构的调整，与亚洲的"民族主义精英"达成了妥协，除了其自身的因素外，这些政策某种程度上也是对美国的立场作出的积极回应。

在战后，英国人希望美国能够按照英国的设想来解决殖民地的前途问题，英国在东南亚的政策目标在于，使东南亚成为一个稳定的和有秩序的地区。实际上，在战后把东南亚地区整合进西方经济体系的问题上，英国与美国有着近似的目标。英国希望使东南亚与西方建立密切的联系，形成某种区域合作，以便能够有效地抵御共产主义和苏联的扩张。[1] 1950 年 1 月提出的"科伦坡计划"正是基于这一目的。但美国没有采取强有力的措施支持英国的地区方案，美国人自己关于殖民地前途的看法包含了一种威尔逊式的理想主义和一种寻求经济机会的现实主义的考虑。尽管在遏制共产主义方面美英立场基本一致，但二者对于东南亚的未来有着不同的议事日程，两国都试图按照各自的设想来塑造东南亚。[2]

因此，尽管冷战压倒一切，对于美国来说，反殖民主义已经让位于反共产主义，退居其次，但还没有完全被反共产主义所湮没，美英之间的分歧依然存在。随着冷战蔓延到东南亚，为了区别当地"真正的"民族主义和共产主义，美国国务院发动宣传攻势，以抵制苏联对殖民地民族的影响，并力图使联合国中的反殖民集团中立化，使殖民地民族认识到他们的独立和未来的繁荣只能依赖于美国。美国难以容忍英国的殖民心态，批评其拖延实行非殖民化，美国人期望能够取代

---

[1] Tarling, *The Fall of Imperial Britain in Southeast Asia*, p. 180.

[2] Stockwell, "The United States and Britain's Decolonization of Malaya, 1942 – 1957," p. 200.

英国在其殖民地以及更大范围的地区扩大自己的影响，美国人自信凭其强大的经济、军事和道义的力量能够做到这些。①

　　基于战后国际环境的影响，美国总体上对殖民主义持反感态度，但由于现实利益的需要，美国也并非一直对英帝国抱着敌对立场。在二战中间，罗斯福总统以及不少美国官员希望在一定程度上通过国际托管制度来瓦解英帝国，但实际上，大约从 1943 年开始一直到冷战时期，美国政府的总体政策都是在追求安全利益，倾向于容忍英帝国的非殖民化方式。在罗斯福总统所设想的那种建立在商品和观念开放基础上的战后世界秩序中，英国不是被排斥在外，而应该是一个重要的伙伴。到 1945 年的旧金山会议上，美国不愿再坚持要求殖民地马上获得独立的立场。在战后相当长时间内，美国在殖民地问题上一直处于两难处境，在殖民地问题上立场越坚决，美国所计划缔造的战后政策越不可能实现。在涉及美国与在亚洲的主要殖民帝国——英国之间的关系时，美国的两难处境表现得尤为明显。随着东西方对垒的逐渐明朗化，美国人认识到在殖民地问题上的强硬立场将会进一步疏远英国，而英国的友谊比抽象地要求殖民地独立的理想更有价值。②1945 年 6 月，美国国务院准备的一份文件指出，英国的远东政策总体上与美国的政策是一致的。美国国务院虽然仍敦促英国对其附属地的自治作出更为具体的承诺，但反殖民主义立场逐渐趋向温和，基本上采取一种不干涉英国附属地的政策。③

　　事实上，随着战争的进展，美国本身也承担了在太平洋地区的帝国主义作用和承认了欧洲殖民地在稳定世界形势方面的价值。因而在太平洋战争和战后初期，尽管美国反对殖民主义并一再试图阻止殖民帝国的恢复，但它并没有为追求非殖民化而危及英国作为同盟国的地

---

　　① Stockwell，"The United States and Britain's Decolonization of Malaya，1942 – 1957，"pp. 201 – 202.

　　② Louis，*Imperialism at Bay*，pp. 538 – 539.

　　③ Policy Paper Prepared in the Department of State，"An Estimate of Conditions in Asia and the Pacific at the Close of War and the Objectives and Policies of the United States，" p. 572.

位。美国决策层认识到了英国的支持在遏制共产主义过程中的重要价值，认识到殖民地区政治的稳定对于欧洲复兴以及战略资源供应的重要性，因为美英战略伙伴关系严重依赖于英国的帝国体系，美国的反殖民主义立场就开始发生转变。战后初期的英国最为脆弱，尤其是面临美国的经济和财政压力，但是美国后来并没有加快英帝国的消亡，英国反而得到了美国的支持。[①] 随着冷战的降临，美英关系实际上得到了加强。在 20 世纪 40 年代末到 50 年代，除了对英国在巴勒斯坦的托管和在 1956 年的苏伊士运河危机中对英国施加压力外，很少表明美国是为了反殖民的理想主义而去加速英帝国的崩溃。就马来亚而言，出于冷战的需要，美国希望英国在马来亚继续承担重要的防御责任，让英国保留而不是迫使英国减少在马来亚的影响。因此，也有学者认为，马来亚非殖民化的方式和时间安排，受到美国所强调的自决原则以及美国的物质援助来镇压暴乱等方面的影响较少，而是部分取决于英国的帝国统治经验，但主要取决于马来亚本身的压力和形势。[②] 他们认为直到马来亚非殖民化的最后阶段，英国都在该地区保持着强大的经济和军事利益。[③] 作为一个曾经的霸权大国，英国不可能在一夜之间就轻易地放弃其在世界安全和贸易中的作用，"整个非殖民化过程放在冷战的地缘政治背景下可以得到最好的解释"[④]。

美国在东南亚非殖民化过程中的政策，也应该置于其全球政策的大背景下去考察。到 20 世纪 50 年代中期后，美国恢复了反殖民主义的坚决立场，美英再次呈现分歧，原因在于美国对第三世界战略的调整要求其支持殖民地的独立运动。从二战结束到 1949 年年底，美国的东南亚政策总体上呈现出很大的局限性和非连贯性。1950 年前后，

---

① Darwin, *The End of the British Empire*, pp. 59 - 60.

② Stockwell, "The United States and Britain's Decolonization of Malaya, 1942 - 1957," p. 203.

③ Hack, *Defence and Decolonisation in Southeast Asia*, p. 8.

④ Ronald Hyam, "The Dynamics of British Imperial Policy, 1763 - 1963," in *Journal of Imperial & Commonwealth History*, Vol. 27, No. 2, 1999, p. 45.

美国虽然重新定位了其东南亚政策，但最终没有遵循英国所提倡的"地区合作"模式。美国更加强调共产主义在东南亚的威胁，迅速转向支持看起来发展轨道"正确"的任何政权，无论其是否为民主政权。无论如何，在马来亚非殖民化完成后，英国在东南亚已经退居次要角色，英国在该地区的霸权无可奈何地衰落了。这样，在殖民帝国前途问题上美英历经从战时开始的合作与冲突，以大英帝国的瓦解而告结束，最终完成了战后世界霸权的转移，美国开始成为战后世界秩序的核心。① 就美国的全球战略而言，美国已开始从摧毁旧的欧洲殖民帝国，转向着手缔造其新的全球霸权。

---

① Tarling, *The Fall of Imperial Britain in Southeast Asia*，pp. 178 – 181.

第六章　不情愿的介入：美国与印度尼西亚的非殖民化

按照战时美国关于印度尼西亚（荷属东印度）的计划，荷兰将有序地恢复其殖民统治，并希望印度尼西亚群岛能够在荷兰的指导下，经过一个自治能力的准备阶段后渐进地获得独立，并与西方世界保持一种政治和经济上的合作关系。但是战后印尼的形势变化使这一计划未能如愿以偿，印尼民族主义运动势不可挡，在荷兰重返印度尼西亚之前，民族主义者已经建立起一个稳定的共和国政权。他们没有遵循美国所设想的非殖民化道路，而杜鲁门政府也没有在印尼遵循战时设计的非殖民化政策。在荷兰—荷属东印度的冲突开始后，美国决策者在支持欧洲盟友还是支持美国所倡导的附属地民族独立事业的选择上，陷入一种两难处境。美国政府起初希望在印尼采取中立政策，以避开尴尬的非殖民化问题，但随着印尼局势的日益恶化，在冷战氛围日趋紧张的背景下，整个东南亚地区的形势必然与美国的安全利益紧密联系在一起。荷属东印度问题显然已经威胁到美国战后外交政策目标的实现，尤其是荷兰顽固的殖民政策实际上成了印尼社会动荡的主要根源，这无疑与美国冷战战略的根本利益发生了冲突，美国最终选择了支持印尼走向非殖民化之路。

一　战后初期美国对印尼政策的变化

二战以前，美国与荷属东印度群岛的联系主要是通过荷兰人垄断的贸易。美国在印尼的利益主要在于保证平等地获得当地生产的原料，尤其是橡胶、锡和石油。但在 19 世纪，美国与荷属东印度之间的贸易量很小，只是到 20 世纪后，双方的商业关系才开始有了较大的发展。1910 年，美国开始通过在荷兰注册的公司，作为伙伴加入荷兰的橡胶工业。1939 年，美国成为印尼最大的进口国，美国的进口占了东印度全部出口的 20%。1940 年，美国货物占了东印度进口的 23%。这一时期美国私人资本在印尼的投资也有很大的增长，到二战爆发时，美国公司在印尼的投资约达 2.5 亿美元。[1] 尽管如此，美国与荷属东印度之间的贸易仍然受到限制，美国传统上强调市场自由原则，与荷兰实行的特惠贸易制度发生了冲突。美国政府尤其关心被荷兰以及其他欧洲殖民国家所控制的橡胶和锡这类战略商品的生产水平和价格。荷兰通过在 1917 年颁布的一项法律实质上把其他国家投资排斥在石油领域之外，这种情况一直持续到 20 世纪 20 年代。[2]二战爆发后，美国政府把目光主要集中在依赖于该群岛的战略资源问题上，荷属东印度向美国提供了橡胶需求量的 1/3，10% 的锡，90%的奎宁，以及 80% 的棕榈油。[3] 因此，在战时美国关于荷属东印度群岛的计划中，重点考虑的是要把该群岛的资源交给一个对美国友好的政权。

罗斯福在战时对荷兰海外属地的政策可谓模棱两可，这主要表现在对荷属东印度（印度尼西亚）进行国际托管问题上表现出的矛盾心理和不一致性。1942 年 4 月 6 日，他在写给威廉明娜（Wilhelmina Helena Pauline Marie）女王的一封私人信件中，表示荷属东印度在战后将归还给荷兰，并没有提到进行托管和最终使其获得自治，后来他才多次敦促荷兰女王作出允许荷属东印度战后获得自治的明确承诺。

---

① McMahon, *Colonialism and Cold War*, p. 46.

② Gardner, *Shared Hopes*, *Separate Fears*, p. 10.

③ U. S. Department of Commerce, "U. S. Trade with the Netherlands Indies in 1940," in Gardner, *Shared Hopes*, *Separate Fears*, p. 12.

1943 年 10 月，在白宫举行的一次会议上，罗斯福又明确指出托管制度适用于荷属东印度群岛。事实上，罗斯福在对待荷兰和法国殖民主义的态度上有着明显的不同。罗斯福强烈抨击殖民主义，主要针对英国和法国，他对法国的反感延伸到了对法属印度支那的政策上，从而使他强烈反对法国在战后重返印度支那，主张对印度支那进行国际托管。他的荷兰血统、与荷兰王室的密切关系以及他对荷兰好感，使他认为与法国在印度支那相比，荷兰是一个开明的殖民主义国家。所以，他并不坚决主张对荷属东印度进行国际托管。①

罗斯福基本上支持荷兰关于荷属东印度未来的政治设想。与其关于广大殖民地区总体设想的目标一致，罗斯福认为荷属东印度的前途也是经过逐渐开明化的殖民统治而最终走向自治。1942 年 12 月 6 日，在罗斯福的敦促下，威廉明娜女王宣布了关于荷属东印度重组的原则。1943 年女王再次作出类似的表态，罗斯福对此感到十分满意。在战时很长一段时间内，他常把荷兰在荷属东印度的政策作为英国和法国未来值得效仿的例子。例如，在 1944 年 11 月，罗斯福在与澳大利亚大使的谈话中，提到将支持荷兰保持对东印度的统治。他认为荷兰政府是真正愿意把民主带给东南亚，并表示对英国是否也能够在缅甸和马来亚这样去做不抱太大希望。②

在战争后期，美国决策层在对殖民地的政策考虑中，其激进成分已经大大衰减。基于各种因素的考虑，罗斯福本人对于托管计划一直持以矛盾心理。欧洲各殖民国家对托管制度，以及其他所有可能动摇它们的殖民主权的方案进行了顽固抵制。不仅英国和法国强烈反对美国关于殖民地前途的设想，而且在美国人看来较为开明的荷兰，也十分担心美国的反殖民主义宣传会对荷属东印度产生不利的影响。在美国政府本身，高级决策层内部对这一问题产生了严重分歧，出于不同的利益考虑，国务院中欧洲司与亚洲司意见相左。而军方出于美国自

---

① McMahon, *Colonialism and Cold War*, pp. 63 – 64.
② Louis, *Imperialism at Bay*, p. 424.

身安全和战略利益的考虑，也对罗斯福的托管计划进行抵制。尽管国务院中包括赫尔在内的一些官员和亚洲问题专家，还有外交部的一些熟谙亚洲事务职衔较低的官员，仍然保持着反殖民主义的立场，他们担心美国对欧洲殖民主义的妥协和退步，会影响到战后美国与亚洲国家之间的关系。他们认为在战后的国际体系里，欧洲殖民主义将难以抵挡亚洲民族主义的强大力量，美国应该给予亚洲的民族主义以支持，否则会给美国在亚洲的政治、经济和战略利益带来灾难性的后果。但是，这一时期一系列更为紧迫和现实的因素，使得美国政府高层的反殖民主义立场总体上渐趋缓和。

在东南亚地区，美国关于殖民地前途的设想出现的实质性后退，不可避免地影响到了美国对印度尼西亚的政策。在战时，除了苏门答腊，整个荷属东印度都处于麦克阿瑟将军领导下的西南太平洋战区范围内。在 1944 年 2 月，麦克阿瑟将军与荷属东印度总督范莫克（Hubertus Johannes van Mook）达成了一个初步的民事协定，规定在战争形势许可的条件下，将恢复荷兰政府对东印度的全部主权。由于赫尔以及亚洲司一些官员强烈反对该协定，认为这将破坏"托管"计划，故未能马上得到美国政府的批准。但在 1944 年 12 月斯退丁纽斯继任国务卿后，该协定得到了正式批准。[①] 到 1945 年 7 月波茨坦会议召开时，美国政府的反殖民主义立场进一步减弱。在美国的许可下，盟军联合参谋部决定把印度尼西亚从美方军事辖区划到英方的东南亚司令部管辖之下。这一决定使美国军队避免了在战后初期直接卷入荷属东印度的内部事务，使荷兰能够在没有美国干涉或者负担国际责任的情况下恢复战前的秩序。

由于荷属东印度划归英国军队所属的受降范围，因此英国在收复印尼群岛过程中起到了主要的作用。英国自身恢复在东南亚殖民统治秩序的迫切要求，对于荷兰重返印度尼西亚十分有利。事实上，英国

---

①　Gardner, Shared Hopes, Separate Fears, p. 5.

从一开始就支持荷兰重返荷属东印度。1945 年 8 月 24 日，在转交荷兰大使的备忘录中，英国外交大臣贝文指出，英国与荷兰代表已经就印尼的内政和司法问题进行了讨论，表示决不会影响到荷兰的主权。同时指出，荷属东印度解放后的第一阶段由盟军最高司令部进行军事管制，并将尽快恢复荷属东印度殖民当局管理内政的全部职责。荷兰大使表示荷兰政府完全同意该份备忘录。① 可见，在荷兰殖民当局重返荷属东印度的问题上，两国政府已经达成一致。

1945 年 8 月 14 日，日本政府宣布接受《波茨坦公告》，次日正式宣布无条件投降。而英国军队显然对这一突如其来的胜利缺乏准备，蒙巴顿将军所属的东南亚战区司令部发现缺乏必要的人员和运输船只来完成受降任务，对荷属东印度的现实情况也了解有限。解放英属殖民地马来亚和新加坡成为东南亚战区司令部的首要任务，对荷属东印度的收复被推迟了。9 月 29 日，在日本人投降 6 周之后，大批英军才在荷属东印度登陆。英军发现这里的形势已经发生了很大的变化。在日本人投降之前，荷兰关于印度尼西亚人对其重返持十分乐观的态度。荷兰驻荷属东印度司令官范奥耶恩（Van Oyen）中将认为，印尼人民将普遍支持前荷属东印度政权。但在日本占领期间，印尼的民族主义运动已经得到了迅速的发展，而英军 6 周时间的延误，给印尼独立运动提供了一个大好时机。8 月 17 日，印尼民族主义领导人苏加诺和哈达宣布独立。8 月 19 日，宣布成立印度尼西亚共和国。当荷兰殖民当局随着英军重返这块殖民地的时候，等待他们的已经是一个迅速得到巩固的民族主义政权。

随着荷兰殖民当局的返回，印尼的形势开始紧张起来，荷兰政府对印尼的局势感到十分不安。荷兰狭小的国土和资源的贫乏使它比其他任何欧洲殖民国家更依赖于殖民地，尤其是到 1945 年，战争破坏

---

① "Mr. Bevin to Netherlands Ambassador", Foreign Office, August 24, 1945, in Preston and Partridge, eds., *British Documents on Foreign Affairs*, Part Ⅲ, *Far Eastern Affairs*, Vol. 8, part. 29, pp. 126 – 128.

已经造成荷兰经济颓废，荷兰决策者认识到荷兰的经济复兴严重依赖于与富庶的殖民地之间的经济联系。荷兰在印尼有着巨大的经济利益。直到第二次世界大战，荷属东印度在经济上都对荷兰极其重要，尤其是荷兰的工业需要从印尼获得充足的原材料。1938 年，荷兰从印尼的进口和对其出口分别占到了 8% 和 10%。荷兰控制了印尼的对外贸易，最重要的是，荷兰可以依靠由印尼公司赚取的利润，来维持以前的殖民政府官员即管理人员，以及偿还荷兰贷款的利息和债务。在 1940 年时，荷兰在印尼的投资就已经超过 14 亿美元，每年从中获取的利润超过 1 亿美元。据荷兰一家研究机构 1945 年的估计，荷兰有 1/6 的国家财富投资到了印尼。[①] 二战结束后，荷兰的财政储备不足以维持连续呈现的国际收支赤字，亟须利用从印尼赚取的外汇来平衡其巨额的赤字。1946 年和 1947 年，荷兰国民收入中分别有 12% 和 14% 是来自国外贷款和抛售荷兰拥有的海外资产、黄金和外汇。因此，迅速恢复与印尼的金融经济关系对于荷兰的经济复兴至关重要。1947 年 4 月，荷兰基督教政党主席路易斯·比尔（Louis J. M. Beel）在内阁会议上赤裸裸地表示："如果我们丢下印度尼西亚，那些荷兰就将破产。"这也是荷兰支持恢复印尼殖民统治的主要原因。[②] 在荷兰人的心目中，拥有印尼不仅是荷兰最有利可图的一宗殖民地财富，也是支撑其大国地位的重要心理基础。他们认为荷兰拥有了印尼才能作为一个世界第三殖民大国或第四殖民大国存在，否则就只能是一个三流的欧洲国家，这种观念根深蒂固于荷兰人的脑海中。因此，荷兰人难以容忍一个独立的印度尼西亚的存在。

但是重返后的荷兰政府对印尼尚未提出明确的政策，其计划基本上是在 1942 年荷兰女王声明的基础上制定的，设想在不久的将来给

---

① McMahon, *Colonialism and Cold War*, p. 39.

② Pierre Van Der Eng, "Marshall Aid As A Catalyst in the Decolonization of Indonesia, 1947–1949", in James D. Le Sueur, ed., *The Decolonization Reader*, New York: Routledge, 2003, p. 124.

予这块殖民地以某种程度的自治。对于荷兰政府来说，至多可以接受一个以英联邦模式为基础的联邦或联邦结构政体。然而，战后印尼形势的发展使得荷兰的计划难以实现，那种逐步演进到自治的方式显然已经不能满足当地空前高涨的民族主义运动的要求。英国人认识到了这一现实，在战后对待殖民地的政策上，英国与荷兰的考虑不尽一致。英国不仅在自己的殖民地采取了实用主义的政策，而且试图使荷兰政府调整对印尼的政策，希望荷兰政府能够效仿自己处理马来亚的方式，与印尼民族主义者达成和解。英国认为荷兰殖民当局与苏加诺为首的印尼民族主义者进行谈判是难以避免的。但荷兰政府并未清醒地认清形势，最初强烈反对与印尼共和国进行谈判。范莫克在荷兰政府的指示下，不愿与以苏加诺为首的印尼民族主义者接触，而印尼共和国政权则针锋相对地指出，他们也不愿与荷兰单独接触，只准备与盟国的代表就印尼的前途进行谈判。印尼民族主义者对荷兰的政策越来越感到失望，他们已经准备为民族独立而进行战斗。显然，随着日本的投降和荷兰的重返，印尼共和国与荷兰王国之间的冲突已经不可避免。

在这种情况下，英国一方面给予荷兰支持和帮助；另一方面也采取一种较为谨慎的政策。1945 年 9 月 28 日，蒙巴顿将军向荷属东印度临时政府提出，英国军队不能卷入荷属东印度的内部政治中，英军在爪哇只是为了维持巴达维亚等重点地区的秩序，控制当地的日本司令部，并解除日本武装等。而荷兰方面则希望英国军队能在荷兰军队到达之前，承担起维护整个荷属东印度的法治和秩序的责任。蒙巴顿希望促进荷兰官员与印尼民族主义者进行谈判接触。[1] 10 月 10 日，鉴于荷属东印度形势危急，荷兰要求英国政府增派军队。英国尽管表示同情荷兰政府的忧虑，但强调指出："我们的任务是完成接受日本的投降和释放盟军战俘及被羁押者，当这些任务完成后，我们的目标

---

[1]　"Memorandum by the Chief of the Division of Northern European Affairs (Cumming) ," October 8, 1945, in *FRUS*, 1945, Vol. 6, pp. 1158 – 1163.

是把各个地区转交给有关主权国家，即把印度支那交给法国，荷属东印度交给荷兰。我们不能为管理这些地区，或者不顾主权国与当地人民之间的争端而为主权国恢复管理承担广泛的责任。"英国还解释了英军向印尼增派军队方面的困难，指出东南亚战区司令部的大部分军队是印度人，使用印度军队必须考虑到印度国内的反响。英国认为荷兰应该授权范莫克与印度尼西亚领导人接触，但荷兰认为苏加诺思想极端激进，不愿直接与他进行谈判。① 英国政府进而向荷兰施加压力，使其同意苏加诺参加尚未举行的会议。② 事实上，荷兰的想法是不现实的，苏加诺作为印尼共和国的主要领导人，不可能被排除在双方的谈判之外。

　　二战期间，美国人与印度尼西亚联系很少，对当地的形势了解不多。但是，战时美国的反殖民主义主张及其所倡导的《大西洋宪章》的原则等，深深激励着当地的民族主义。美国的反殖民主义宣传，使得印尼民族主义者满怀希望，认为美国将在政治观念上对其事业进行支持。他们通过海外电台悉心聆听过美国政府表示要捍卫《大西洋宪章》和《联合国宪章》原则的声明，他们相信美国所承诺的战后给予菲律宾独立的行动，能够为其他所有殖民国家树立一个重要的典范。印尼的民族主义者十分推崇美国，认为美国在菲律宾的政策和目标，为他们争取印尼自治的独立运动指明了方向。在印尼共和国宣布独立之后不久，作为印尼民族主义运动领导人之一的穆罕默德·哈达（Mohammad Hatta）这样说道："第一次世界大战后产生了一种新的观念——'自决'，这一观念是由威尔逊总统提出来的。它深深植根于附属地民族的心中，他们正是基于此为其自由而奋斗。"③ 1945 年 9

---

① "Mr. Bevin to Sir N. Bland（The Hague）," Enclosure, October 15, 1945, ［F 8366/6398/61］, in Preston and Partridge, eds., *British Documents on Foreign Affairs*, Part. Ⅲ, *Far Eastern Affairs*, Vol. 8, Part. 30, pp. 116 – 121.

② "Memorandum by Conversation, by the Chief of the Division of Southeast Asian Affairs（Moffat）", October 18, 1945, in *FRUS*, 1945, Vol. 6, pp. 1165 – 1167.

③ Mohammad Hatta, *Portrait of A Patriot: Selected Writings*, The Hague: Mouton Publishers, 1972, pp. 501 – 502.

月，印尼民族主义者效仿美国的《独立宣言》，提出了"我们要为建立民治、民享、民有的政权而战斗"，"我们要为争取我们不可剥夺的生命权、自由权和幸福权而战斗"，"不自由毋宁死"这样的口号。① 1945 年 9 月和 10 月，美军的肯尼迪中校随盟军抵达印尼并两次访问巴达维亚，深深感受到了这种气氛。他与苏加诺进行了初步接触和联系，苏加诺表示印尼已经为自治做好了准备，印尼将不会接受一种在荷兰指导下的保护期的建议。肯尼迪中校也承认在整个爪哇地区充满了民族主义情绪，没有人会支持荷兰。②

但在战争临近结束时，印尼出现的严峻形势是出乎美国意料的，美国决策层显然对东南亚地区民族主义运动的形势也估计不足。尽管有些美国官员认为战争已经无可挽回地摧毁了欧洲的殖民秩序，但高层决策者仍然希望欧洲的殖民统治将缓慢和有秩序地得到恢复。与对英国和法国的殖民行为所持的态度相比，罗斯福以及一些美国官员对荷兰更为同情。1945 年 7 月，《纽约时报》甚至刊发文章称："荷兰重返其附属地群岛将受到联合国的欢迎，因为荷兰人是最为自由的殖民管理者，其统治也是开明的……他们对于印度尼西亚是必需的，正如印度尼西亚是他们所必需的一样。"③ 还有人乐观地估计印度尼西亚人将会热烈地欢迎荷兰殖民者的重返，或者是荷兰只会遇到微弱的抵抗。美国决策者甚至认为，印尼在 20 年之内也难以具备自治能力，印尼的独立是一个遥远的目标，目前尚不需要认真考虑，他们难以想象印尼的民族主义会对荷兰主权的恢复构成严重的挑战，他们希望避免将来在东南亚殖民地问题上出现令美国尴尬的局面。这一顾虑也是导致美国在波茨坦会议上，决定把荷属东印度划归英军负责的东南亚战区的一个因素。

---

① McMahon, *Colonialism and Cold War*, p. 56.

② "Memorandum by Conversation, by the Chief of the Division of Southeast Asian Affairs (Moffat)", December 6, 1945, in *FRUS*, 1945, Vol. 6, pp. 1178 – 1179.

③ *New York Times*, July 11, 1945, in Thorne, *Allies of A Kind*, p. 613.

　　在二战后期，美国已经开始在殖民地问题上实行两面政策。美国
一方面声称支持殖民地民族主义运动；另一方面默认了法国和荷兰表
示不反对他们重建在殖民地主权的行为。如果战区的划分范围不进行
改变，那么美国将会面临一种两难处境——要么容忍欧洲殖民秩序的
重建，甚至容忍他们对殖民地民族主义运动的镇压，要么支持殖民地
的民族自决。前者将会使美国失信于殖民地民族，破坏其已经在殖民
地区树立的反殖民主义姿态；后者将会疏远欧洲盟友，而这些欧洲盟
友的支持是美国战后计划成功所必不可少的。这样通过对东南亚战区
受降权力的转移，美国可以避免在东南亚出现的难堪局面。① 事实上，
在印尼问题上，美国面临的最大困难就是把荷兰作为自己盟友的角色
与荷兰作为殖民国家的角色区分开来。1945 年 8 月，美国国务院一
份关于荷属东印度的报告反映了这一考虑，该报告指出，针对荷属东
印度可能出现的冲突，美国人员是否参与，将会影响到未来印度尼西
亚人对美国的态度。② 1945 年 11 月 20 日，美国国务卿伯恩斯
（James F. Byrnes）在给驻英大使怀南特（John G. Winant）的信件中
指出，鉴于荷属东印度形势的复杂化，美国不打算采取任何过早的或
不成熟的行动。但他对荷属东印度形势的进一步恶化表示担忧，希望
荷兰继续与所有的印尼政治派别进行积极的谈判，至少应该尽早达成
一个临时协定。③

　　战争结束时，许多印尼民族主义者仍然相信美国是真正反对欧洲
帝国主义的，认为美国不会支持荷兰重返印度尼西亚。包括夏赫里尔
（Soetan Sjahrir）在内的印尼共和国领导人都认识到，战后印尼的前途
和命运已经与美国的外交政策紧密联系在一起了。美国已经取代了英
国而成为太平洋地区一个无与匹敌的强国，荷兰在印尼殖民统治的恢

---

　　① McMahon, *Colonialism and Cold War*, pp. 75 – 76, 82 – 83.

　　② OSS, "Problems Arising from A Sudden Liberation of N. E. I.," Research and Analysis
Report No. 3299, August 13, 1945, in McMahon, *Colonialism and Cold War*, p. 83.

　　③ "The Secretary of State to the Ambassador in the United Kingdom（Winant），" November
20, 1945, in *FRUS*, 1945, Vol. 6, p. 1173.

复依赖于盟国的态度，尤其是美国的立场。因此，当美国外交人员返回印度尼西亚时，印尼民族主义者渴望美国人能够帮助和支持他们的独立事业。但是，在荷兰政府宣布印尼问题纯属荷兰内部事务以后，尽管苏加诺请求美国履行战时的诺言，支持共和国的独立事业和对荷兰的行为进行干涉，但此时的美国政府却希望能够避开在东南亚殖民地问题上的纠葛，转而保持一种所谓的"中立"立场，不愿直接卷入印度尼西亚的事务。在印尼民族主义者看来，美国这种"中立"政策实际上是偏袒荷兰，因为荷兰人在返回印尼时使用的是美国通过"租借法"提供的军事装备，这无疑使印尼民族主义者对美国倍感失望。

在英国协助荷兰收复印尼的过程中，美国官方对事态的发展一直保持着密切关注，美国官员们对印尼可能爆发的大规模冲突表示担忧。由于荷兰与印尼民族主义者各持强硬立场，双方的第一次会谈无果而终，印尼形势开始恶化。这一时期，美国的国内舆论对印度尼西亚爆发的冲突反应十分强烈。尤其是在荷兰军队重返印尼的时候，他们使用的卡车是美国制造的，装备上印着"USA"的标志。这种现象引起了美国国内的激烈争论，社会舆论不断抨击美国政府仍然对荷兰的殖民行为提供援助。在这种情况下，美国官方尽管没有质疑荷兰对印尼的主权问题，但对荷兰的顽固立场感到不满，对荷兰在处理与印尼共和国关系方面表现的无能和不明智深感忧虑。他们大多认为荷兰的最佳出路就是与印尼共和国进行真诚的谈判，打破僵局。1945 年10 月 13 日，伯恩斯在致电怀南特时指出，国务院得知通过"租借法"交付荷属东印度当局的印有"USA"字样的卡车，已经在巴达维亚被用于运送英国及荷兰军队，这些标记可能会使人对美国产生误解，要求尽可能抹去所有英国军队在印尼使用的美国制造的车辆及其他装备的标记。① 1945 年 11 月，美国政府还禁止荷兰购买美国的武

---

① "The Secretary of State to the Ambassador in the United Kingdom（Winant）," October 13, 1945, in *FRUS*, 1945, Vol. 6, p. 1164.

器弹药运往爪哇，拒绝了荷兰提出的对运往爪哇的几千名囚禁在菲律宾的荷兰战俘进行装备的请求。荷兰政府对此表示不满。①

　　与此同时，英国与荷兰在印尼政策上的分歧也越来越明显，英国政府认为荷兰人应该尽快改变旧的殖民思维，认清战后处于变化中的世界形势。② 英国在印尼的行动遭到国际社会的指责，印度和澳大利亚认为英国应该对印尼局势的进一步恶化承担责任，英国政府对此颇感棘手，开始希望美国能够介入印尼事务。这时，尽管印尼对美国的中立政策表示不满，但印尼共和国领导人深知美国强大的影响能够加快这场冲突的结束，他们也希望美国帮助缓解印尼局势。③ 1945 年 12 月 25 日，夏赫里尔发给杜鲁门总统一封电报，请求美国干预印尼的局势。他这样写道："我们期待阁下作为一个一直为自由、公正和自决而奋斗的先驱国家的领袖，能利用阁下的影响阻止目前在印尼的流血行为。""我们热切希望，以贵国作为一个中立和公正的国家的资格，将会提供给我们所需要的帮助……我们希望并渴望建立一个如贵国一样的政权，所有的人民都将能够享受到公正、自由和社会安全的福祉。"④

　　1945 年 12 月初，美国驻荷大使霍恩贝克（Stanley K. Hornbeck）向国务院指出，印尼局势的发展和问题可能会影响到美国和西方联盟的利益。他认为如果荷兰在荷属东印度的政治影响变得更加脆弱或者消失，如果没有足够的英国或者美国政治影响来补充替代，印尼将会形成一个真空地带，其他力量会乘机而入。他指出："在战后形成这种世界性的政治联盟过程中，潜存着两个大的相互冲突的集团：一方

---

①　"The Ambassador in the Netherlands（Hornbeck）to the Secretary of State," November 8, 1945, in *FRUS*, 1945, Vol. 6, pp. 1172 – 1173, 1180.

②　"The Ambassador in the United Kingdom（Winant）to the Secretary of State," November 24, 1945, in *FRUS*, 1945, Vol. 6, p. 1174.

③　"The Consul General at Batavia（Foote）to the Secretary of State," December 23, 1945, in *FRUS*, 1945, Vol. 6, p. 1186.

④　"Mr. Soetan Sjahrir to President Truman," December 25, 1945, in *FRUS*, 1945, Vol. 6, pp. 1186 – 1188.

面是欧美的白种民族与那些在世界不同地区并处于其影响之下及带有
同样思维方式的有色人种；另一方面是那些有色人种民族不愿接受白
种民族和欧美民族的影响，而持以相反的观念。"他认为对于美国的
利益来说，重要的是培养和维持这种同盟，任何削弱或减少欧美在西
南太平洋的政治影响都将会给保持这一同盟增加困难。而在该地区保
持了欧美的政治影响，将有助于加强这一同盟的结构及其永久性。他
指出，美国的重要利益已经与最近的荷属东印度的形势联系起来，并
可能受到不利的影响。鉴于这种情况，美国政府应该奉行一种积极的
政策。①

1945 年 12 月 19 日，美国国务院最终打破了两个多月的沉默，在
副国务卿艾奇逊给美国驻巴达维亚总领事富特（Walter A. Foote）的
电文中，表示美国政府对印尼的局势发展日益关注，希望印尼共和国
和荷兰殖民当局之间进行对话，以达成一个双方都能够接受的和平解
决方案。② 这时的美国政府已经不再提及自决或者自治的原则，而是
试图在印度尼西亚民族的独立诉求与荷兰的合法权利和利益之间寻求
平衡。

到 1945 年年底，英国和美国都认为政治方案是唯一可行的解决
方案，认为荷兰政府有必要与印尼当地民族主义者达成一个政治协
定。③ 12 月 27 日，英荷两国官员举行了一次讨论印度尼西亚形势的
会议，英国表示希望两国政府寻求一种共同的政策，使印尼的秩序得
以恢复。英国并敦促荷兰殖民当局继续与印尼代表进行谈判，促进冲
突的政治解决。④ 在英美的压力下，荷兰政府也认识到必须采取行动

---

① "The Ambassador in the Netherlands（Hornbeck）to the Secretary of State," December 1,
1945, in *FRUS*, 1945, Vol. 6, pp. 1176 – 1177.

② "The Acting Secretary of State to the Consul General at Batavia（Foote）," December 19,
1945, in *FRUS*, 1945, Vol. 6, p. 1183.

③ "Memorandum by Conversation, by the Secretary of State," December 10, 1945, in
FRUS, 1945, Vol. 6, p. 1181.

④ "The Ambassador in the United Kingdom（Winant）to the Secretary of State," December
29, 1945, in *FRUS*, 1945, Vol. 6, pp. 1188 – 1189.

来打破与印尼共和国之间的僵持局面。之后，荷兰恢复了与印尼共和国的谈判。

二 从《林牙耶蒂协议》到荷兰发动第一次"警卫行动"

在英国的压力下，1946 年 2 月 10 日，荷兰重新与印尼代表开始正式谈判。荷属东印度总督范莫克提出一个计划，即印尼人民在经过一段准备时期后将可以自由地决定其政治命运。在过渡期内，荷兰政府将建立一个印度尼西亚联邦，该联邦与荷兰王国属于伙伴关系，但英国人和印尼共和国都对该计划提出质疑。印尼领导人夏赫里尔表示，印尼不愿接受一种次于类似澳大利亚在英联邦中的政治地位的结果。[1]他还指出，对于没有印尼人参加的任何有关印尼的决议，共和国都将不予理睬。他希望联合国与印尼达成一个共同协定，至少是与联合国的主要国家如美国和英国达成协定。[2] 3 月 13 日，印尼共和国要求荷兰承认自己对整个群岛拥有主权。夏赫里尔还提出，在过渡期内，共和国应该有行使外交以及国家防御的权力，在双方达成一个协定后，荷兰军队应该马上全部撤出印度尼西亚。[3] 这一提议是荷兰难以接受的，双方谈判进展十分缓慢。

从 1946 年年初开始，英荷双方在印尼政策上的分歧越来越大，导致两国关系紧张起来。1 月 10 日，荷兰大使亚历山大·劳登（Alexander Loudon）表示了对英国的不满，认为蒙巴顿没有采取有效措施来完成已经达成的决议。荷兰政府感到英国正在加强印尼领导人的

---

① "The Consul General at Batavia（Foote）to the Secretary of State," February 14, 1946, in *FRUS*, 1946, Vol. 8, pp. 810 – 811.

② "The Consul General at Batavia（Foote）to the Secretary of State," January 17, 1946, in *FRUS*, 1946, Vol. 8, pp. 797 – 798.

③ McMahon, *Colonialism and Cold War*, p. 122.

地位而损害了荷兰政府的地位。① 荷兰政府甚至认为英国所有声明或行动都有利于或是在支持印尼共和国。②

基于沉重的财政负担和自身殖民地印度所作出的政治反应，英国希望逐步减少在印度尼西亚的义务。英国正在与印度就独立问题进行棘手的谈判，伦敦最为关注的是需要把印度军队尽快从印尼撤出，继续使用印度军队已经激起了印度方面的强烈抗议。从 4 月中旬开始，英国政府就向荷兰指出，如果荷兰与印尼共和国的谈判破裂，英国将打算从印尼撤军。荷兰政府对英国的这一决定十分恼火，指责英国的行为只能在荷兰与印尼的谈判中起到不利的作用，认为英国在印尼的军事任务并没有完成，但英国政府态度非常坚决，强调任何形式的拖延撤离都会激怒印度，并表示第一批军队将在 5 月初开始撤出印尼，1946 年年底全部撤出其军队。③ 由于荷兰军队正在训练中，到 1946 年年底或者 1947 年年初才能到达印尼。因此，英国政府最后决定，在 1946 年 11 月 30 日之前，不管当地的形势发展如何，都要从爪哇和苏门答腊撤出全部英国军队和印度军队。④

1946 年的世界形势已经开始恶化，东西方两大阵营已逐渐形成对峙之势。在美国决策者眼里，西欧的战后重建是一个更为迫切的问题，再加上东南亚在传统上仍处于美国战略利益的边缘地区，因此美国政府对偏远的东南亚发生的殖民冲突关注较少。这一时期美国对荷兰—印度尼西亚冲突的政策，主要在于控制使其不能发展成严重的国际危机。

从 1946 年 2 月以后，美国在荷兰和印尼的谈判中基本上不多介

---

① "Memorandum of Conversation, by the Chief of the Division of Northern European Affairs (Cumming)," January 10, 1946, in *FRUS*, 1946, Vol. 8, pp. 792 – 795.

② "The Acting Secretary of State to the Ambassador in the Netherlands (Hornbeck)," January 24, 1946, in *FRUS*, 1946, Vol. 8, p. 801.

③ "Record of a meeting at 10 Downing Street," April 12, 1946, Prime Ministers' Records (PREM) 8/263, PRO, in McMahon, *Colonialism and Cold War*, p. 125.

④ "The British Ambassador (Inverchapel) to the Secretary of State," October 23, 1946, in *FRUS*, 1946, Vol. 8, p. 851.

入，但对谈判持续陷入僵局的局面十分不安。2 月初，美国代表在联合国安理会上表示，解决印度尼西亚问题的最大希望在于荷兰政府与印尼民族主义领导人之间迅速而有效地完成谈判。① 2 月 11 日，乌克兰正式向联合国提出成立一个委员会来调查印度尼西亚的形势。2 月 13 日，安理会对这一提案进行了讨论，但美国代表却表示反对，安理会最后也没有通过该提案。② 与此同时，在联合国中，苏联已经开始指责英国在印尼的行动。在此之前，苏联一直对殖民地问题采取谨慎的态度，苏联对印尼事务评论很少，仅仅温和地批评了荷兰的政策、英国的角色以及美国"袖手旁观"的态度。到了 1946 年 7 月，苏联报纸对美国在印尼问题上的政策的批评不断增多。在 7 月 28 日苏联的《消息报》上，登载了作者罗杰·莫兰（Roger Moran）援引马克·吐温日记中的一段话："200 个印第安人被杀死了，他们的价值是多少？200 万美元。有这笔钱他们或许可以受到更高级的教育。"莫兰把这一"灰色的笑话"与新闻报道"美国给予荷兰殖民当局 1 亿美元的贷款用于购买美国的武器"的消息联系起来。他指出，"在美国已经没有印第安人了，资本必须投资到其他的行业。在传统习惯的影响下，美国人不把贷款提供给印度尼西亚共和国用于教育，而代之以把上百万的金钱用于武装印度尼西亚的奴役者"③。美国国务院担心印尼形势的继续恶化，会使苏联在即将召开的联合国大会上重新提出印尼问题，因为苏联报纸和电台广播关于印度尼西亚形势的报道连篇累牍，预示着苏联试图把这一问题重新提交到联合国。如果印尼形势的继续恶化以及引起世界舆论的强烈关注，那么美国将很难阻止苏联的这一举动。1946 年 5 月，美国众议院外交委员会主席布卢姆

---

① "The Secretary of State to the Chairman of the House Committee on Foreign Affairs (Bloom)," May 24, 1946, in *FRUS*, 1946, Vol. 8, pp. 822–825.

② "Memorandum of Conversation, by the Director of the Office of Far Eastern Affairs (Vincent)," February 7, 1946, in *FRUS*, 1946, Vol. 8, pp. 805–806.

③ "The Acting Secretary of State to the Consul General at Batavia (Foote)," August 9, 1946, in *FRUS*, 1946, Vol. 8, p. 842.

在给国务卿伯恩斯的信件中呼吁国务院采取其他行动来支持印尼共和国。① 10 月 5 日，美国国务院要求霍恩贝克向荷兰政府施加压力，要求荷兰采取一种与印尼共和国和解的谈判姿态，以抵制苏联可能采取的行动。②

当时在许多人看来，如果英军撤出印尼之前不能达成一个协定，武装冲突将难以避免。英国人十分希望双方都能够妥协，尤其希望荷兰政府能与当地的民族主义者开始实质性的谈判，而荷兰新组成的比尔（Louis Beel）政府也渴望在英军撤出之前与印尼达成一个协定。在英美的压力下，荷兰政府采取了一种更为现实的态度。10 月 7 日，荷兰和印尼重新开始正式谈判，荷兰第一次承认了印尼共和国在苏门答腊的主权现状。1946 年 11 月 15 日，双方达成了《林牙耶蒂协议》（the Linggadjati Agreement）。在该协定中，双方都作了一系列的让步。荷兰政府承认印尼共和国当时对爪哇和苏门答腊等地区的主权；印尼共和国同意与荷兰合作组成一个在联邦形式基础上的印度尼西亚联邦，婆罗洲和东印度尼西亚与印尼共和国具有同样的法律地位；双方同意合作组建（在 1949 年 1 月 1 日之前）一个以荷兰女王为首的荷兰—印度尼西亚联邦。③

美国政府认为《林牙耶蒂协议》对于解决印尼问题是一个可行的方案。该协定草案公布后，副国务卿艾奇逊马上召见荷兰大使，敦促荷兰政府尽快批准该协定，指出荷兰进一步的拖延将会导致公开的战争，并且在印尼内部也会导致激进分子起来夺取权力。④ 然而，荷兰和印尼民族主义者都把这一协定当作暂时的妥协，双方缺乏合作的诚

---

① "The Secretary of State to the Chairman of the House Committee on Foreign Affairs (Bloom)," May 24, 1946, in *FRUS*, 1946, Vol. 8, p. 822.

② "The Acting Secretary of State to the Ambassador in the Netherlands (Hornbeck)," August 5, 1946, in *FRUS*, 1946, Vol. 8, p. 840.

③ "Memorandum Prepared for the Acting Secretary of State," November 27, 1946, in *FRUS*, 1946, Vol. 8, pp. 853 – 855.

④ "Memorandum of Conversation by the Acting Secretary of State," November 27, 1946, in *FRUS*, 1946, Vol. 8, pp. 855 – 856.

意。荷兰旨在控制印尼丰富的自然资源，对于荷兰人来说，英国军队的撤离以及荷兰军队大量进入印尼群岛，不仅为恢复该群岛的秩序，而且为恢复对于荷兰战后复兴十分重要的商品出口提供了机会。而印尼共和国主要集中于要求荷兰承认自己现有的主权，视之为获得自由和整个印尼领土获得全部主权的第一个步骤。①

因此，《林牙耶蒂协议》的签订只是朝着印尼殖民冲突问题实质性解决迈出的第一步。随着该协定的签订，大多数英国官员希望英军从印尼撤出，由于英国面临着许多更为紧迫的问题，他们不希望英国在该地区进一步承担任何义务。1946 年 11 月 30 日，最后一支英国军队撤出了印尼。二战后，英国在印尼局势的发展中曾发挥过主导性的作用，英军的撤离在这里留下了一个重要的权力真空。无论从利益、权力还是从能力上来说，显然只有美国才能够取代英国来填补这一真空。

这样，到 1946 年末，美国虽然仍不希望过多地介入印尼的冲突，但是英国军队从印尼的撤出，像从近东和中东撤出一样，给美国这一"自由世界"的领袖留下了一系列新的问题。在印尼以及其他地方造成的权力真空，尤其是在日益严峻的冷战背景下，不可避免地导致美国加强在这些地区的利益和介入。随着美国对苏联所形成的威胁日益担心，美国政府对国家安全利益重新定位，这对于改变美国对印尼事态的看法有着深远的影响。在美国决策层看来，现在几乎所有世界性的危机都与美国的利益息息相关，无不对美国的安全利益具有潜在的重要性。在美国国家安全的新含义中，全球所有地区都与反对共产主义的扩张联系起来。

在印尼冲突开始时，美国试图保持中立政策，但美国的这种中立姿态明显有利于荷兰。美国不仅拒绝承认印尼共和国作为冲突中平等的一方，直接违背了其战时主张的自决原则，而且还准备向荷兰提供

---

① Gardner, Shared Hopes, Separate Fears, pp. 28–29.

通过"租借法"和转让剩余物资的贷款 1 亿美元，间接支持了荷兰重建其帝国统治的行动，但印尼局势的发展，使得美国担心印尼危机可能会演化成一场全面的战争。1946 年，美国尽管没有质疑荷兰恢复对印尼的殖民统治，但是美国政府多次表示强烈反对荷兰试图以武力恢复这种统治。美国决策层对《林牙耶蒂协议》感到满意，认为印尼由此可以逐步向民族自治和平演进，同时也暂时保持了荷兰在印尼的政治、军事和经济影响，这与美国在战后东南亚的政策目标基本一致。在战后的东南亚地区，美国所关注的是殖民地区的稳定，希望通过在殖民地区建立温和的民族主义政权，使其在一种联邦政体内逐步过渡到自治，各殖民帝国能够在其原殖民地保持较大的政治、经济和军事影响。在美国看来，英国在缅甸和印度基本上是朝向这一目标，而对法国在印度支那的政策则表现出十分失望。①

这一时期荷兰与印尼之间的冲突并非美国外交关注的重点。随着美国与苏联在诸如东欧、德国、伊朗和希腊这些国家和地区关系的日益紧张，美国决策者难以对印度尼西亚群岛给予过多的关注，但美国并没有对印尼事务袖手旁观。事实上，随着冷战形势的加剧，美国对印尼问题越来越表示关注。在冷战的大背景下，荷兰和印尼的冲突被置于美国全球战略框架下进行考虑。1947 年 3 月 12 日，杜鲁门总统在国会发表的演讲，表明战后美国外交政策的主要目标已经转向遏制共产主义在全球范围的扩张，美国已经准备承担起更多的全球义务。在战后美国外交战略的构建过程中，决策层担心的是世界上每一个地区的争端，尤其是那些武装冲突都可能会被共产主义者所利用。

战后美国外交的核心是西欧国家的经济复兴和政治稳定，但西欧的稳定和复兴与包括印尼在内的东南亚地区的形势是密切相关的。只有在英、法、荷等国解决了其殖民地问题之后，美国以及西欧国家的经济才能够获得它们所需要的该地区的原材料。荷兰的经济复兴严重

---

① McMahon, *Colonialism and Cold War*, p. 139.

依赖于印尼的产品和市场，美国决策者不能无视印尼发生的动荡局面持续下去。到 1947 年中叶，荷兰—印尼冲突在美国的外交战略中增加了新的含义，尽管印尼仍然不是美国利益关切的首要地区，但由于印尼与冷战这一宏大主题的紧密联系，印尼的殖民冲突已经成为一个世界性的重大问题。西欧的复兴与重新整合，世界生产和贸易的扩张，与苏联对欠发达世界的争夺等因素，使得美国外交战略中的这些考虑都直接与印尼局势联系起来。①

美国本身与印度尼西亚群岛之间的商业利益关系同样引起了美国政府的重视。1946 年 3 月，美国驻巴达维亚总领事富特（Walter A. Foote）指出，美国需要目前由于荷属东印度的冲突而被受阻的原料，美国准备购买大量的货物，这将有助于帮助印尼工业的恢复，可能会满足印尼所需要的消费品的货物供应。② 6 月 12 日，马歇尔在给驻英大使哈里曼（William A. Harriman）的信中要求英军注意保护美国在印尼的石油利益，尤其是油田。③ 更甚者，在 7 月 10 日给国务院的报告中，富特指出美国与英国也存在着利益之争，他认为二战前在苏门答腊国外投资中，英国的投资大约占到 40%。苏门答腊的持续混乱，将会给英国军队控制这一地区造成借口，一旦英国的目的得逞，英国便控制了世界上最重要的橡胶和棕榈油产地，再加上苏门答腊成为其商品出口的市场，英国利益就会主导苏门答腊，美国的利益由此将会受到损害。④ 国务院一些官员也认识到，在一种日益相互依赖的世界经济中，工业化的美国经济对于欠发达地区生产的原材料日益需求。1946 年 11 月 13 日，美国副国务卿威廉·克来顿（William Clayton）

---

① McMahon, *Colonialism and Cold War*, pp. 142 – 143.

② "The Consul General at Batavia（Foote）to the Secretary of State," March 8, 1946, in *FRUS*, 1946, Vol. 8, p. 813.

③ "The Secretary of State to the Ambassador in the United Kingdom（Harriman），" June 12, 1946, in *FRUS*, 1946, Vol. 8, p. 827.

④ "The Consul General at Batavia（Foote）to the Secretary of State", July 10, 1946, in *FRUS*, 1946, Vol. 8, pp. 832 – 833.

在即将召开的对外贸易大会之前做了一次演讲，指出伴随着美国国内资源的耗竭，一种扩张性的国内经济，将会使美国更加依赖于对原材料和矿产的进口。这些资源中有许多将主要来自世界上新独立的国家。他强调说，由于美国对进口战略金属和矿产品的严重依赖，对美国拥有这些海外原料可能发生的情况是国家关注的重要事务。①

所有这些经济因素都与印度尼西亚的形势产生了联系。美国决策层认为，保持门户开放的贸易原则对于美国与印尼之间商业关系的全面发展极为重要。印度尼西亚群岛是一个资源富庶的地区，美国希望印尼实现政治稳定和经济复兴，实现与印尼商业关系的正常化。1947年3月12日，副国务卿艾奇逊指出，美国政府认为马上恢复印尼与世界其他地区的自由贸易和商业关系，对于世界的稳定和印尼的经济复兴都是一个极为重要的步骤。他认为"门户开放"政策是这种自由和没有障碍的商业的基本前提。② 这反映了美国在印尼拥有重要的经济利益。正在这时候，"马丁·巴尔曼"号事件的发生，进一步引起了美国公众舆论和官方对印尼局势的关注。

为了恢复与印尼共和国的贸易关系，1947年初，美国的伊斯布兰德森（Isbrandtsen）汽船公司与印尼政府的一个机构——佩尔塞罗恩（Perseroan）银行签署一项合同。2月5日，"马丁·巴尔曼"（Martin Behrman）号船到达印尼共和国控制的港口，满载橡胶、蔗糖和一些其他美国市场需要的货物返程。尽管在航行之初，伊斯布兰德森公司已经预先向美国国务院和荷兰大使馆通报了这次航行，但在3月7日，该船遭到了荷兰方面的扣留，并被强行卸下货物。这一事件引起了美国国内对荷兰的强烈抗议和美国决策者的思考。马歇尔在致美国驻荷使馆的电文中指出，尽早恢复印尼与世界其他地区之间正常

---

① William Calyton, "The Foreign Economic Policy of the United States," November 24, 1946, *U. S. Department of State Bulletin*, Vol. 15, Washington, D. C. : U. S. Government Printing Office, 1946, pp. 590 – 593.

② "The Acting Secretary of State to the Embassy in the Netherlands," March 12, 1947, in *FRUS*, 1947, Vol. 6, pp. 904 – 905.

的贸易关系，是给印尼以及整个东南亚地区带来稳定的必要途径，应该敦促荷兰政府重新对其规定的进出口管制措施进行考虑。美国政府认为荷兰政府仍然保持对印尼资源和市场的垄断，严重阻碍了印尼的经济复兴，损害了美国在印尼的商业利益，并严重影响到世界政治和经济的稳定。[①] 华盛顿警告荷兰政府，其行为已经引起了美国公众的强烈指责。在两周的交涉之后，荷兰当局最终放行了"马丁·巴尔曼"号船。但这一事件引起美国对荷兰关于履行开放贸易承诺的怀疑。作为一种直接的反应，美国国务院随即否决了荷兰要求美国支持其与印尼三个邦之间缔结经济协定的请求。美国认为给予外国资本特权，可能会导致印尼对资本主义和西方民主的敌视。[②] 在随后关于美国进出口银行给予荷属东印度贷款的谈判中，美国的态度也发生改变。根据1945年美国与荷兰达成的一个协定，美国进出口银行曾经考虑给予荷属东印度1亿美元贷款，进出口银行已经拨出了这笔款项，但由于国务院认为该地区政治形势不稳定而一直没有准予发放。此时，美国政府坚持认为必须重新就这一协定进行谈判，并且新的谈判必须有印尼共和国的代表参加。美国敦促荷兰尽快与印尼人达成一个能够满足印尼共和国渴望的协定。[③] 国务卿马歇尔还要求驻巴达维亚总领事馆敦促荷兰和印尼双方，尽快就过渡期内有关事宜达成协议，允许美国船只到印尼共和国控制下的港口进行贸易。[④]

荷兰的贸易管制措施也影响到了英国与印尼群岛正常商业关系的重建。为了实现与印尼经济关系的正常化，英国政府迫切希望印尼的

---

① "The Secretary of State to the Embassy in the Netherlands," March 3, 1947, in *FRUS*, 1947, Vol. 6, pp. 899–900; "The Secretary of State to the Embassy in the Netherlands," March 8, 1947, in *FRUS*, 1947, Vol. 6, pp. 900–902.

② "The Acting Secretary of State (Acheson) to the Embassy in the Netherlands," March 12, 1947, in *FRUS*, 1947, Vol. 6, pp. 905–906.

③ "The Acting Secretary of State (Acheson) to the Embassy in the Netherlands," May 16, 1947, in *FRUS*, 1947, Vol. 6, pp. 924–926.

④ "The Secretary of State to the Consulate General at Batavia," May 15, 1947, in *FRUS*, 1947, Vol. 6, pp. 922–923.

殖民冲突得到和平解决。鉴于此,英美共同向荷兰政府和印尼共和国双方施加压力,敦促双方尽早批准和切实履行《林牙耶蒂协议》。不过该协定内容非常含糊,使得荷兰和印尼共和国对协定有着不同的理解,双方在协定的贯彻过程中出现了严重的分歧,相互指责对方在解决方案上缺乏诚意。而印尼民族主义者中间对该协定的看法也不一致。在协定签订后不久,1946 年 12 月 26 日,印尼民族主义激进领导人之一苏迪尔曼 (Raden Soedirman) 就通过广播向印尼军队发出新的命令,要求继续进行战斗,不屈服于荷兰军队及其支持者的行动。[1]印尼形势并没有真正好转。因此,国务院希望荷兰政府能够与印尼人达成一个令双方真正满意的和平协定。

1947 年 5 月 27 日,荷兰政府向夏赫里尔提出了履行《林牙耶蒂协议》的最后建议,仅给予印尼共和国 14 天时间作为答复。荷兰提出要建立一个过渡的联邦政府,其中共和国的地位大大降低。印尼认为荷兰提出的条件非常苛刻,大多数印尼共和国的领导人拒绝接受。这令荷兰十分恼火,荷兰一些官员认为最好的策略将是发动一场军事行动以摧毁印尼共和国的势力。[2]随着大批荷兰军队抵达印尼,荷兰方面准备使用武力来打破僵局了。在这期间,马歇尔向荷印双方表示,美国政府不赞成使用武力解决争端,因此这将激起美国舆论的强烈反应,并表示在过渡政权建立以及完全合作得到保证后,美国将准备向印尼的经济复兴提供援助。[3]为了把双方再次拉回到谈判桌前,美国于 1947 年 6 月 28 日向印尼共和国递交了一份措辞严厉的备忘录,敦促印尼方面作出让步,尽快与荷兰在互利基础上建立一个过渡

---

[1] "The Consul General at Batavia (Foote) to the Secretary of State," December 30, 1946, in *FRUS*, 1946, Vol. 8, pp. 859 – 860.

[2] "The Ambassador in the United Kingdom to the Secretary of State," May 21, 1947, in *FRUS*, 1947, Vol. 6, pp. 927 – 928.

[3] "The Secretary of State to the Embassy in the Netherlands," June 17, 1947, in *FRUS*, 1947, Vol. 6, p. 950.

政府。① 而在给荷兰的备忘录中则指出，美国表示希望荷兰不再坚持让印尼共和国接受那些可能明显导致分歧的内容。②

这时，荷兰和印尼之间的争端主要集中在一个问题上，即建立联合警察部队问题。荷兰坚持建立一支联合警察部队，以维持整个地区的法律秩序。印尼共和国同意组成一个荷兰控制下的临时联邦政府，但不愿接受对共和国控制地区行使警察权力的建议。荷兰随即中止了谈判。国务院北欧事务处副主任摩根认为应该组成一个中立的美国使团从中斡旋，以防止敌对冲突的爆发，危及美国的财产和商业机会。③ 1947 年 7 月 17 日，荷兰要求印尼单方面停火，而印尼则坚持双方同时停火，荷兰就以发动战争相威胁。马歇尔再次向双方建议缓和事态，他对荷兰措辞强烈，指出荷兰的要求将会加强印尼的极端主义势力，美国对荷兰采取极端的单边行动感到不安。④ 但是，荷兰已经无视美国的警告，于 7 月 20 日发动了第一次"警卫行动"。

由于荷兰军队已经大批到达印尼，共和国处于劣势，荷兰很快就实现了其军事目标，在两周之内就占领了爪哇的主要城镇以及苏门答腊西部主要地区。荷兰虽然获得了胜利，重新获得了印尼主要的经济资源，但其主要损失是无形的却又是至关重要的，荷兰开始丧失了其在美国公众和国际社会中的良好形象，世界舆论基本上都是同情印尼共和国一方。正如美国政府所预料的那样，美国公众马上作出了迅速而强烈的反应。《基督教世纪报》发表新闻评论指出："除非美国和英国的调停能够在最后时刻劝说荷兰人停止这场战争，否则那将成为

---

① "The Secretary of State to the Consulate General at Batavia," June 26, 1947, in *FRUS*, 1947, Vol. 6, pp. 959 – 960.

② "The Secretary of State to the Embassy in the Netherlands," June 26, 1947, in *FRUS*, 1947, Vol. 6, pp. 960 – 961.

③ "Memorandum by the Associate chief of the Division of Northern European Affairs (Morgan) to the Director of the Office of European Affairs (Matthews)," July 8, 1947, in *FRUS*, 1947, Vol. 6, pp. 972 – 973.

④ "The Secretary of State to the Embassy in the Netherlands," July 17, 1947, in *FRUS*, 1947, Vol. 6, pp. 977 – 978.

西方帝国主义黑暗历史上最悲惨的屠戮。"《纽约时报》也谴责了荷兰政府使用武力的行径。《华盛顿邮报》指责荷兰的行为制造了混乱,剥夺了世界上其他国家获得它们极其需要的印尼资源的权力。①

更令美国政府担心的是,印度等国家表示将把印尼问题提交安理会解决,这是美国所不愿看到的结果。1947 年 7 月初,印度政府就印尼形势的恶化表示关注,认为荷兰正在向印尼增派军队,其行为将在所有亚洲民族中间造成一种恶劣的影响,希望美国政府能够进行调停,使印尼冲突达成和平解决。② 在荷兰发动"警卫行动"后,印度政府于 7 月 22 日向美国驻印度大使格雷迪(Henry Grady)建议,希望美国能够采取积极的措施阻止战争的扩大。③ 7 月 25 日,印度再次表示希望美英采取积极的行动阻止荷兰在印尼的军事行动。尼赫鲁在一封电报中指出,荷兰在政治上和经济上是如此依赖英美这两个国家,两国政府如果真正希望结束这场冲突,它们完全可以马上做到。但是如果英美不能采取有效行动来制止冲突,促使争端和平解决,印度将别无选择把这一事件提请联合国安理会解决。④ 这时的埃及政府也作出强烈反应,国王法鲁克(Muhammad Farouk)宣称,如果美国在印尼问题上仍无所作为,美国将会被认为没有真正去遵守联合国的原则,由此可能会导致东西方的分裂。⑤ 苏加诺还写信向美国政府发出了呼吁,请求美国人对印尼的民族解放事业予以支持。

1947 年 7 月 24 日,英国大使馆向美国国务院递交的备忘录中指出,荷属东印度发生的这些事件将使整个地区造成混乱,给西方国家

① *Christian Century*, Vol. 64, July 30, 1947; *New York Tomes*, July 22, 1947; *Washington Post*, July 24, 1947, in McMahon, *Colonialism and Cold War*, p. 173.

② "Memorandum of conversation, by the Assistant Chief of the Division of Southeast Asian Affairs(Landon)," July 9, 1947, in *FRUS*, 1947, Vol. 6, p. 974.

③ "The Ambassador in India(Grady)to the Secretary of State," July 23, 1947, in *FRUS*, 1947, Vol. 6, p. 985.

④ "The Ambassador in India(Grady)to the Secretary of State," July 26, 1947, in *FRUS*, 1947, Vol. 6, pp. 990 – 991.

⑤ "The Charge in Egypt(Patterson)to the Secretary of State," July 30, 1947, in *FRUS*, 1947, Vol. 6, pp. 1000 – 1001.

的地位造成很大困难。英国政府公开表示愿为双方进行调停，也希望美国政府与英国一起承担起调停的责任，早日结束印尼的冲突。① 但美国政府的态度比较消极。在美国看来，荷兰发动"警卫行动"带来的一个主要问题是，某个敌视荷兰的国家可能会把这一问题提交到联合国讨论。因为担心印尼问题会被苏联集团所利用，美国强烈反对这种做法。然而，荷兰的军事行动已经使这一问题不可避免。美国的担心很快就变成了现实，7 月 25 日，印度政府正式表示要把印尼冲突问题提交到联合国。

面对这种情况，美国国务院远东司的官员们敦促美国应尽快采取行动。1947 年 7 月 29 日，副国务卿洛维特在与荷兰大使的会谈中指出，由于印度政府要把印尼问题提请联合国讨论，美国政府将很难完全保持一种中立立场。美国国内舆论强烈反对荷兰的军事行动，美国将不反对组成一个联合国委员会进行调查解决，希望荷兰政府在印尼问题提交联合国之前，迅速采取行动请求英国或者美国进行调停。② 7 月 30 日，马歇尔向杜鲁门总统建议，鉴于目前印尼的形势，"我们不能支持荷兰的立场，也不能反对筹建联合国委员会来调查和解决"，明智的措施将是美国与英国一道或者自己单独提出调停。③ 荷兰表示愿意接受美国的调停，恢复与印尼共和国的磋商。④

1947 年 7 月 30 日，印度和澳大利亚就印尼问题向联合国安理会提出申请。7 月 31 日，印尼问题被列入安理会的议事日程。7 月 31 日和 8 月 1 日两天，安理会连续召开 3 次会议，8 月 1 日通过了决议，呼吁双方停止敌对行动，通过仲裁或和平手段解决争端。荷兰和印尼

---

① "The British Embassy to the Department of State," *Aide-Memoire*, July 24, 1947, in *FRUS*, 1947, Vol. 6, pp. 987 – 989.

② "Memorandum by the Director of the Office of Far Eastern Affairs (Vincent) to the Under Secretary of State (Lovett) ," July 29, 1947, in *FRUS*, 1947, Vol. 6, p. 993.

③ "Memorandum by the Counselor (Bohlen) to the Secretary of State," July 29, 1947, in *FRUS*, 1947, Vol. 6, p. 997.

④ "Memorandum of Conversation, by the Under Secretary of State (Lovett) ," August 2, 1947, in *FRUS*, 1947, Vol. 6, pp. 1006 – 1008.

共和国接受了安理会的这一决议。①

总的来看，在荷兰发动第一次"警卫行动"后，尽管美国政府作出了一定的反应，但美国政府并没有公开抨击荷兰的进攻行动，没有向荷兰施加大的压力。美国对荷兰"警卫行动"的最初反应完全与其全球冷战战略相一致。美国战后外交的重心在西欧，西欧的复兴和重新整合是其主要目标，而荷兰的支持对于美国战后计划的实现十分重要，杜鲁门政府担心因为谴责其殖民政策而触怒荷兰，从而危及美国整体的欧洲政策。当然，从另外一个角度来看，尽管西欧经济复兴对于美国的利益至关重要，但美国战后的全球政策使其又不可能孤立于其他世界事务之外。在印度尼西亚，美国决策者一直担心，在荷兰和印尼民族主义的冲突中，美国对荷兰的支持将会引起世界新独立国家的愤恨。这也是从二战结束以来美国决策者难以摆脱的政策困境。美国不愿由于继续遵循反殖民主义的政策而疏远其传统的欧洲盟友，也不愿放弃美国所宣传的对自决原则的支持，更不愿因此而丧失亚非民族主义者对美国的尊重。

1947 年 7 月 29 日，美国国务院近东和亚非司官员提交了一份备忘录，指出印度已经怀疑美国所宣称的支持世界民族自决的真诚态度，认为美国是在推行经济帝国主义。他们担心如果美国政府不对印度的呼吁作出反应，将会进一步疏远西方世界与印度及其他亚洲国家之间的关系。印度穆斯林联盟主席穆罕默德·阿里·真纳指出，荷兰政府的行动是在破坏印尼穆斯林民族的自由。1947 年 3 月，在新德里召开了泛亚洲会议（Inter-Asian Conference），会议明确指出，希望亚洲国家结成一体以保护亚洲的利益，反对西方国家的主宰。近东和中东的伊斯兰国家已经对印尼事务表现出极大的关注。而美国对印尼问题的漠不关心，将会加强亚洲的联合行动，会使其与西方民主国家分离开来，甚至敌视西方民主国家。美国在这些国家的声望将受到极

---

① "Editorial note," in *FRUS*, 1947, Vol. 6, p. 1003.

大的损害。因此，近东和非洲司要求美国支持安理会采取行动。①

　　鉴于这种情况，为了缓和印尼的严重形势，美国政府于 1947 年 8 月 6 日向印尼共和国提出由其进行调停。印尼共和国领导人表示愿意接受美国的调停，但他们已不仅仅限于美国的调停，同时也请求美国利用其影响劝说荷兰和安理会应该马上向印尼派遣一个国际仲裁委员会。② 这实际上等于印尼拒绝了美国提出的单方面调停的请求，表明他们对美国的意图有一种不信任感。③ 无疑，印尼共和国领导人对美国的态度已经发生了一些变化，他们早先具有的那种亲美情绪已逐渐淡化，开始怀疑美国是在偏袒荷兰，他们认为印尼的利益只有通过联合国才可以获得。④

　　联合国的介入，使印尼共和国有机会把自己的问题提到国际社会和外国公众面前，印尼问题正式国际化了。为了进一步争取国际社会的支持，苏加诺派遣一个以夏赫里尔为首的代表团前往美国纽约活动，希望联合国尽快进行干预。8 月 12 日，安理会投票决定邀请共和国代表向安理会提交其申请。在 8 月 19 日的安理会上，夏赫里尔明确表示印尼不能接受美国单方面的调停，而是请求安理会采取行动。为了促进荷兰和印尼之间达成一个长期的政治协定，安理会决定筹建一个仲裁组织来调解争端。在这种情况下，美国最后也接受了安理会的决定。8 月 26 日，联合国组成了一个安理会调停委员会，该委员会由美国、澳大利亚和比利时三国代表组成。10 月 20 日，调停委员会在悉尼举行第一次非正式会议。尽管安理会没有授予该委员会与其职责相当的权力，调停委员会还是努力促进双方回到谈判桌前。

----

　　① "Memorandum by the Deputy Director of the Office of Near Eastern and African Affairs (Villard) to the Counselor (Bohlen)," July 29, 1947, in *FRUS*, 1947, Vol. 6, pp. 994 – 996.

　　② "The Secretary of State to the Consulate General at Batavia," August 8, 1947, in *FRUS*, 1947, Vol. 6, pp. 1017 – 1018.

　　③ "The Acting Secretary of State to the Consul General at Batavia (Foote)," August 14, 1947, in *FRUS*, 1947, Vol. 6, pp. 1028 – 1029.

　　④ "Memorandum of Conversation, by the Acting Chief of the Division of Southeast Asian Affairs (Landon)," August 20, 1947, in *FRUS*, 1947, Vol. 6, pp. 1037 – 1038.

美国加入调停委员会，直接介入了荷兰和印尼的争端之中，并开始在全面解决印尼问题过程中发挥其重要影响。

10 月 27 日，美国代表格雷厄姆（Frank P. Graham）一行到达巴达维亚，但是他们发现调停委员会的工作很难开展，荷兰和印尼之间的谈判毫无效果。12 月 20 日，美国驻巴达维亚总领事莱文古德（Charles Livengood）接连向国务院发了三封电报，指出美国必须在荷兰和印尼的方案之间作出抉择，因为在过去的一年里，印尼的情况已经表明最终的主权问题是不能够妥协的。① 格雷厄姆认为调停委员会有两种选择：要么支持荷兰的印度尼西亚联邦计划，要么支持共和国提出的对爪哇和苏门答腊的主权要求。他也认为，关于印度尼西亚的最终主权问题将不可能有任何折中方案。② 但副国务卿洛维特仍然强调美国应该保持中立地位。他在 12 月 31 日给莱文古德的电报中，阐明了这些选择在美国整体外交政策中的权衡。他指出，荷兰是美国欧洲政策的有力支持者，如果荷兰不能在印尼保留巨大的经济利益，荷兰现政权的稳定将受到严重损害，这同样会损害美国在西欧的利益，国务院不赞成要求荷兰迅速从印尼完全撤出的方案。他同时又指出，美国长期以来支持那些能够承担责任的民族获得自治或者独立，因此，国务院赞成一个允许荷兰在有限的时期内保留主权，为印尼未来的独立确定好日期（无论是共和国还是非共和国）的方案。另外，经济利益也是指导美国对印尼政策一个重要因素。洛维特进一步指出，国务院希望尽快促进整个印尼与世界其他地区之间的贸易。因此，国务院不赞成任何可能导致印尼的混乱局势继续下去的方案。③

1947 年 12 月 25 日，调停委员会向双方提出建议，后来称作

---

① "The Consul General at Batavia（Livengood）to the Secretary of State," December 20, 1947, in *FRUS*, 1947, Vol. 6, pp. 1085 – 1089.

② "The Consul General at Batavia（Livengood）to the Secretary of State," December 22, 1947, in *FRUS*, 1947, Vol. 6, pp. 1090 – 1093.

③ "The Acting Secretary of State to the Consulate General at Batavia," December 31, 1947, in *FRUS*, 1947, Vol. 6, pp. 1099 – 1101.

"圣诞节通告"，其中包括了停火和一个政治解决方案。在美国的巨大压力下，印尼共和国和荷兰当局先后接受了这一建议。1948 年 1 月 17 日，荷兰和印尼共和国的代表在美国军舰"伦维尔号"（Renville）上签订了《伦维尔协定》。但《伦维尔协定》签订后，关于印尼独立的谈判活动陷入了停滞。因为荷兰方面感到其在印尼的殖民政权由于优越的军事和经济地位得到了加强，并且得到了美国的明显支持。

1947 年 7 月，就在荷兰和印尼共和国政权发生冲突的同时，西欧 16 个国家的代表在巴黎召开会议，谈判达成一种回应美国国务卿马歇尔提出的财政援助的具体政策。这一基于欧洲经济合作的会议旨在设计一个共同的欧洲复兴计划。当时美国国务院认识到英国、法国、荷兰以及比利时的海外殖民地对于弥补欧洲美元赤字的重要性。因此，这些地区被包括进了总体的赤字评估。因为印尼在二战中受到破坏最为严重，其赤字预计达到 4 亿美元，而整个欧洲"殖民地区"的赤字预计为 4.6 亿美元。1947 年 12 月，荷兰在印尼的经济事务主管雅各布·范·霍赫斯特拉腾（Jacob E. van Hoogstraten）前往美国，是为了争取美国对印尼的贷款，但美国方面基于公众舆论的压力，表示还不能给予资金援助，除非印尼的政治形势发生明显的改善。因此，尽管美国进出口银行对印尼的贷款被推迟了，但美国所持的政策似乎仍有利于荷兰。美国国务院认为印尼政治形势的动荡可能使其易受共产主义的影响，还不愿冒疏远荷兰以及西欧其他的殖民国家的危险。当然，美国国务院也不愿迫使殖民地民族导向共产主义阵营，要通过一种明确地对印尼政策使其疏远共产主义。[①] 鉴于印尼对荷兰的经济复兴以及削减西欧的美元赤字的重要性，在马歇尔计划送交国会讨论时，美国国务院就将对印尼的财政援助，纳入了马歇尔计划援助

---

① Pierre Van Der Eng, "Marshall Aid As A Catalyst in the Decolonization of Indonesia, 1947 – 1949," in James D. Le Sueur, ed., *The Decolonization Reader*, New York: Routledge, 2003, pp. 125 – 126.

数目以及援助总额的分配等方面的考虑。当然，美国国务院也考虑到印尼经济的复兴和开放对美国经济的重要性，因为印尼可以向美国提供各种战略原材料，如橡胶、棕榈油、锡和原油等。[①]

实际上，随着印尼形势的发展，荷兰殖民当局与印尼共和国之间的谈判处于僵局的状态，美国国务院逐渐认识到，美国对印尼的经济援助可能导致形成一种印象，即美国向荷兰提供经济支持，因而使其在政治和军事上优越于印尼共和国政权，这种情况将造成美国在事实上摈弃了在印尼的中立立场。印尼共和国方面不断在美国的报纸上发文，抨击荷兰滥用马歇尔计划援助，批评美国对荷兰在印尼的军事力量提供资金支持。尽管这些指责也许有失偏颇，但马歇尔计划的确在事实上为荷兰政府在印尼的军事行动提供了物质条件。随着冷战的加剧，对于美国来说，获得印尼共和国政权决定性的立场，阻止共产主义在东南亚的扩张变得极为重要。[②] 因此，基于冷战的战略考虑以及迫于国内舆论的压力，杜鲁门政府认识到，荷兰必须对印尼共和国的非殖民化诉求作出妥协，这种妥协将有助于加强未来印尼共和国政权在冷战中的中间立场。美国的这一立场变化，在荷兰发动第二次"警察行动"的过程中充分体现了出来。

三　荷兰发动第二次"警卫行动"及美国对印尼政策的转变

尽管《伦维尔协定》暂时阻止了荷兰发动另外一次军事行动，但双方仍然存在许多严重分歧。首先是印尼共和国方面十分不满，按照《伦维尔协定》的规定，印尼共和国的地位比在《林牙耶蒂协议》

---

① Robert J. McMahon, *Colonialism and Cold War*, pp. 144 – 148.

② Pierre Van Der Eng, "Marshall Aid As A Catalyst in the Decolonization of Indonesia, 1947 – 1949," in James D. Le Sueur, ed., *The Decolonization Reader*, New York: Routledge, 2003, p. 129.

中的地位更低，而且承认了荷兰对共和国地区野蛮占领的既成事实。该协定签署后，马上在共和国内部引起了强烈反对。荷兰却一直拖延到 1948 年 3 月 18 日才开始恢复与共和国进行政治磋商，而且准备单方面在夺取的地区组成新邦。虽然荷兰和印尼在调停委员会的斡旋下恢复了谈判，但双方的分歧显然难以弥合。

从 1948 年 2 月开始，美国政府已经改任熟悉印尼事务的外交部退休官员科尔特·杜波伊斯（Coert DuBois）代替格雷厄姆，作为美国在调停委员会的代表负责人。在到达印尼一个多月后，杜波伊斯也开始怀疑荷兰的政策及其履行协定的诚意。他在 5 月 10 日给国务院的电报中指出，除非荷兰对《伦维尔协定》作出令共和国满意的解释，否则武力解决是难以避免的。他不怀疑荷兰的军事力量有能力击败印尼共和国，但将会造成类似印度支那的僵局和导致印尼出口潜力的急剧萎缩，并将进一步刺激印尼的民族主义情绪。他指出荷兰的行动忽视了这些因素，那将是一个严重的错误，荷兰应该向印尼共和国作出一切合理的让步。[1] 但荷兰仍一意孤行。5 月 1 日，荷兰控制的印尼过渡政权宣布将在 5 月 27 日举行一个联邦会议。针对荷兰的这一行动，印尼共和国方面向调停委员会和安理会提出了抗议。杜波伊斯对荷兰的武断行动感到不安，在 5 月 21 日给国务院的另一封电报中指出，如果荷兰在没有共和国参加的情况下继续推行其联邦计划，谈判的最后破裂和冲突的恢复将是肯定无疑的。荷兰未来在印尼的经济地位最终取决于印尼的立场，如果荷兰试图通过限制印尼的民族主义，凭借强大的武力使印尼接受某种政治协定来确保这一地位，那么荷兰就犯了大错。其结果对于荷兰及美国在印尼的长远利益将是极其不利的。[2]

---

[1]　"The Consul General at Batavia（Livengood）to the Secretary of State," May 10, 1948, in *FRUS*, 1948, Vol. 6, pp. 165 – 168.

[2]　"The Consul General at Batavia（Livengood）to the Secretary of State," May 21, 1948, in *FRUS*, 1948, Vol. 6, pp. 178 – 183.

从1948年6月开始，美国在调停委员会中的代表担心荷兰对印尼共和国的政策持续下去，将会威胁到美国在印尼的经济利益。杜波伊斯认为双方尽快达成一个令共和国满意的协定，恢复印尼的稳定和原料生产，不仅对荷兰和西欧的经济复兴有利，也符合美国在印尼的政治和经济利益。① 但这时调停委员会发现，荷兰已经准备采取军事行动，印尼形势再次呈现危机。

与此同时，5月29日，莫斯科电台发表声明，宣称苏联准备与印尼共和国建立领事关系，这意味着苏联已对印尼共和国进行了外交承认，这一事件引起了美国国务院的极大关注。美国要求印尼共和国尽快对此事予以澄清。② 印尼方面很快作出答复，共和国领导人哈达向美国代表保证，印尼共和国不打算与苏联交换领事代表。③ 在这种情况下，美国和澳大利亚的代表认识到应该采取更为积极的行动来打破僵局，他们准备联合起草一个折中的计划。随后，调停委员会提交了由美国代表杜波伊斯和澳大利亚代表托马斯·克里奇利（Thomas Critchley）提出的议案，该议案试图解决在过渡期内基本的主权问题。6月5日，杜波伊斯把该议案电告华盛顿请求国务院批准，并很快得到了国务卿马歇尔的支持。④ 6月10日，调停委员会把"杜波伊斯－克里奇利议案"递交荷兰和印尼方面。6月21日，印尼共和国告知美国国务院，表示接受该议案，愿意把其作为进一步谈判的基础。荷兰方面则表示对该提案不予讨论，并中断了与印尼共和国进行的所有谈判。

---

① "The Consul General at Batavia（Livengood）to the Secretary of State," June 3, 1948, in *FRUS*, 1948, Vol. 6, pp. 210 – 213.

② "The Consul General at Batavia（Livengood）to the Secretary of State," May 29, 1948, in *FRUS*, 1948, Vol. 6, pp. 193 – 196.

③ "The Consul General at Batavia（Livengood）to the Secretary of State," June 2, 1948, in *FRUS*, 1948, Vol. 6, pp. 207 – 208.

④ "The United States Representative, Committee of Good Offices（duBois）to the Secretary of State," June 5, 1948; "The Consul General at Batavia（Livengood）to the Secretary of State," June 7, 1948, in *FRUS*, 1948, Vol. 6, pp. 219 – 223, 226 – 228.

荷兰对"杜波伊斯－克里奇利议案"的这一反应，使美国处于一种极其敏感的地位。杜波伊斯以及美国在调停委员会中的其他代表，普遍对印尼共和国持同情态度，他们希望国务院能够向荷兰施加压力，使其重新考虑"杜波伊斯－克里奇利议案"。[①] 但是，美国国务院并没有作出积极的答复，显然对杜波伊斯等代表的态度不满，认为他们没有充分理解美国当时外交利益的关键所在。这一时期的世界形势以及美国的全球利益和战略目标，尚不能够容忍和完全支持印尼的独立事业。在 1948 年中期，在美国的全球战略中，保持与西欧盟友的团结仍然是其主要目标之一。美国政府正在与西欧各国谈判成立北大西洋公约组织，而马歇尔计划的成功也是美国决策者关心的重点，像荷兰与印尼的殖民关系这类边缘性问题是需要竭力避免的，保持美国与荷兰的友谊是十分关键的。欧洲的经济复兴在很大程度上依赖于西欧与东南亚附属地之间的经济关系，英、法、荷等国在东南亚的殖民地对于这一计划的成功显得极其重要。美国决策者对于印尼局势的看法仍然充满了欧洲思维，这无疑损害着美国政府试图保持的中立立场。美国政府通过欧洲复兴计划向荷兰拨出了 5.06 亿美元的援助，其中 8400 万美元将被用于荷属东印度的重建。1948 年春，这笔援助被正式批准，这对于正在发生的荷兰－印尼冲突有着不同寻常的意义。很明显，美国的财政援助对于荷兰的军事行动起到了推波助澜的作用。[②]

随着冷战形势的加剧，美国外交政策中的欧洲倾向进一步加强了。鉴于杜波伊斯的健康原因及其在印尼问题上与国务院产生的分歧，1948 年 7 月初，美国国务院决定以科克伦（Merle Cochran）来取代杜波伊斯，科克伦本人比较同情荷兰，而且对美国的战略有深刻的理解。在前往巴达维亚途中，科克伦取道海牙，与荷兰官方就修订

---

①　"The Consul General at Batavia（Livengood）to the Secretary of State," June 12, 1948, in *FRUS*, 1948, Vol. 6, pp. 240－243.

②　McMahon, *Colonialism and Cold War*, pp. 226－228.

"克里奇利－杜波伊斯提案"进行了磋商。① 国务院希望科克伦在到达印尼前，能够达成一个美国、荷兰两国政府意见一致的政策。荷兰一方面坚持，调停委员会的提案至少应该包括两个原则，即在过渡期内保持荷兰的主权；现行的荷属东印度法律在过渡期内将继续得以执行。另一方面荷兰政府表现出乐观的估计，表示将在两个月之内达成最后的协定。② 之后，科克伦也积极准备拟订一个双方都易接受的协定草案。

在这一时期，印尼的共产主义问题成为荷兰对印尼共和国进行指责的主要借口。1947 年 3 月 12 日，杜鲁门在国会发表的演说中，提出要在全球范围内遏制共产主义，并且谈到了新独立国家在民主制度和共产主义之间的选择。反共产主义成为美国外交战略的首要任务，反殖民主义已经退居其次。荷兰政府充分利用了美国政府对共产主义的这种恐惧心态和反共情绪，夸大了印尼民族主义运动中的共产主义因素，强调印尼共和国内部共产党力量的威胁，并表示鉴于印尼的反共产主义形势越来越严峻，荷兰政府必须采取行动帮助印尼共和国清除共产主义势力。③

美国政府同样对印尼内部共产主义力量的增长表示不安。1948 年 8 月 2 日，莱文古德在给国务院的报告中敦促宣布杜鲁门主义适用于印度尼西亚。④ 国务院中有许多官员认为，正是荷兰的政策直接导致了共产主义影响的加强，荷兰没有能够遵守《伦维尔协定》的条款，造成了印尼共和国内部对哈达政权的政策不满，共产党正是利用了这种不满情绪。他们认为荷兰的这种政策如果继续下去，就可能危

① "The Secretary of State to the Embassy in the Netherlands," June 25, 1948, in *FRUS*, 1948, Vol. 6, pp. 270 - 271.

② "Memorandum of Conversation, by the Acting Assistant Chief of the Division of Southeast Asian Affairs (Lacy)," July 21, 1948, in *FRUS*, 1948, Vol. 6, p. 285.

③ "Memorandum of Conversation, by the Director of the Office of Far Eastern Affairs (Butterworth)," August 2, 1948, in *FRUS*, 1948, Vol. 6, pp. 296 - 297.

④ "The Consul General in Batavia to the Secretary of State," August 2, 1948, 856E. 00/8 - 248, DSR, in McMahon, *Colonialism and Cold War*, p. 237.

及哈达政权的生存。8 月 26 日，莱文古德告诉马歇尔，他怀疑在强大的压力下哈达政权能否再支撑几周。他指出，任何继任的政权都将是左翼的。① 到 9 月初，国务院认识到调停委员会应该起到更为积极的作用，要求科克伦采取一切切实可行的措施，使荷兰尽快恢复与共和国的政治谈判，并尽快达成一个总的政治协定，以防止印尼形势的进一步恶化。② 美国国务院对共和国政权受到的共产主义威胁深表关注，但怀疑荷兰政府过分强调印尼共产主义威胁的真正意图。国务院认识到应该帮助温和的哈达政权抵御共产主义的威胁，马歇尔还表示，美国政府将利用一切可能的方式来帮助一个民主的非共产主义的印尼政权，并将扩大对其进行的财政援助。③ 9 月 10 日，科克伦向荷兰和印尼双方传达了其关于达成总协定的提议，但仍得不到荷兰方面的积极回应。在之后的一周里，美国国务院的官员与荷兰有关人员进行了多次会谈，副国务卿洛维特指出，美国政府认为共产主义的威胁只能由哈达在共和国内部进行解决，荷兰对印尼共和国的侵犯，已经使当地的民族主义和共产主义结成了反对荷兰的共同阵线。印尼的民族主义应该以一种公正和现实的方式予以容忍，处理印尼共产主义的一个前提条件，就是提出一个使双方都可以接受的计划。④

对于这一时期的印尼领导人来说，杜鲁门主义的宣布以及印尼事态的发展，意味着他们必须在苏联阵营和西方同盟之间作出选择，尽管这是他们极力希望避免的结果。1948 年 8 月之后，印尼共产党影响的不断加强，对印尼共和国已经构成了"威胁"。印尼的一些左派

---

① "The Consul General at Batavia（Livengood）to the Secretary of State," August 26, 1948, in *FRUS*, 1948, Vol. 6, pp. 306 – 309.

② "Memorandum by Mr. James W. Barco, of the Division of United Nations Political Affairs, to the Director of the Office of United Nations Affairs（Rusk）," September 3, 1948, in *FRUS*, 1948, Vol. 6, pp. 318 – 322.

③ "The Secretary of State to the Consulate General in Batavia," September 9, 1948, in *FRUS*, 1948, Vol. 6, pp. 327 – 328.

④ "Memorandum of Conversation, by the under Secretary of State（Lovett）," September 17, 1948, in *FRUS*, 1948, Vol. 6, pp. 345 – 347.

团体倾向于苏联，反对殖民主义。共产党领导的"人民民主阵线"日益活跃。9月初，在中爪哇发生了亲共产党军队与反共产党军队之间的冲突。9月18日，效忠于"人民民主阵线"的军队占领了茉莉芬（Madiun），发动了暴动。"茉莉芬事件"发生后，印尼政权迅速作出反应。当天晚上，苏加诺在发表电台讲话中谴责了共产党的这种极端主义行为，并表达了镇压叛乱的决心。苏加诺还指出，这正是荷兰的侵略行动导致了印尼人民的普遍不满，并受到内部共产党煽动的结果。① 9月30日，印尼政府军重新占领了茉莉芬地区，击溃了参加暴动的军队。到11月底，印尼在没有得到任何外援的情况下镇压了共产党发动的暴动，共有大约3.5万名相关人员被捕。

"茉莉芬事件"是1948年东南亚几次共产党暴动事件的一部分，在当时冷战正日趋紧张的形势下，苏加诺政权对共产党暴动作出的迅速反应，在美国及其盟友眼里无疑获得了极大的好感。美国政府已经不再怀疑印尼共和国政权的反共产主义立场，开始重新思考对印尼的政策。在9月23日的一份备忘录中，美国国务院表示，如果荷兰继续实行拖延策略，国务院将准备支持安理会采纳美国代表的提案，只要印尼共和国能够保持其非共产主义性质，美国将在经济上提供援助，并将从调停委员会中退出。② 显然，美国政府已开始准备对印尼共和国提供支持。在11月5日关于印尼问题的备忘录中，洛维特指出，印尼现政权的温和性及其反共倾向，为未来荷兰和印尼之间建立友好关系提供了最理想的基础，印尼领导人的任何变动都不利于荷兰和西方的利益。印尼形势继续恶化的结果，将不仅局限于对印尼或者远东的影响，还将加剧该地区的反西方倾向。印尼问题的和平解决还直接影响到美国的公众舆论，关系到国会对荷兰和印尼的经济援助的

---

① "The Consul General at Batavia（Livengood）to the Secretary of State," September 20, 1948, in *FRUS*, 1948, Vol. 6, pp. 354 – 355.

② "Memorandum Prepared for the Secretary of State," September 23, 1948, in *FRUS*, 1948, Vol. 6, pp. 364 – 365.

决定问题。他还指出，荷兰应该充分体谅印尼共和国以及荷兰本身面临的真正形势，这首先要求荷兰政府作出让步，接受美国代表拟订的有关计划，把其作为与共和国和解和恢复谈判的途径，达成最终的政治协定。①

　　然而，尽管美国政府不断向荷兰施加压力，调停委员会也进行了大量的斡旋工作，但到 12 月初的时候，荷兰和印尼之间的紧张关系仍在加剧。12 月 5 日，莱文古德在向国务院的报告中指出，荷、印之间的直接谈判无疑已经破裂，荷兰有可能会发动第二次"警卫行动"。因此他请求国务院敦促荷兰回到谈判桌前。② 国务院随即在 12 月 7 日，分别向荷兰外交部和荷兰驻美大使转交了一份备忘录，指出荷兰恢复与共和国之间真诚磋商是当务之急。如果荷兰准备采取军事手段，乃至发动第二次"警卫行动"，那将会影响到美国通过马歇尔计划对荷兰的经济复兴援助，美国也将撤出调停委员会。③ 然而，荷兰政府拒绝了美国在备忘录中提出的基本意见。12 月 13 日，国务院再次明确指出，如果荷兰一意孤行，美国政府很可能迫于公众压力而作出强烈反应，采取一种反对荷兰的强硬措施。国务院希望通过美国的这一强硬态度，最终能够使荷兰政府在印尼问题上的立场发生改变。④ 美国政府如此严厉的警告，并没有能改变荷兰的顽固立场。1948 年 12 月 19 日，荷兰发动了第二次"警卫行动"。由于荷兰在军队数量和装备上占有绝对优势，加上印尼共和国政权缺乏准备，荷兰在军事行动初期迅速取得了成功，很快占领了共和国的首府日惹（Jogjakarta），苏加诺、哈达等主要领导人以及共和国内阁的一半成员

---

　　① "The Acting Secretary of State to the Consulate General at Batavia," November 5, 1948, in *FRUS*, 1948, Vol. 6, pp. 458 – 465.

　　② "The Consul General at Batavia（Livengood）to the Secretary of State," Dcember 5, 1948, in *FRUS*, 1948, Vol. 6, pp. 523 – 526.

　　③ "The department of State to the Netherlands Embassy, Aid Memoire," December 7, 1948, in *FRUS*, 1948, Vol. 6, pp. 531 – 535.

　　④ "Memorandum Prepared for the Acting Secretary of State," December 13, 1948, in *FRUS*, 1948, Vol. 6, pp. 550 – 552.

被俘。

荷兰的武力行动在世界舆论中激起了轩然大波，印度等国家随即作出强烈反应。12 月 19 日，印度总理尼赫鲁在印度国民大会上发言，谴责荷兰的行径完全违反了联合国宪章的原则。他指出，任何人都不能阻止亚洲国家的独立潮流，任何外国都不能主宰亚洲国家，对荷兰行动的反应将会遍及所有亚洲国家，在这种情况下印度将不得不考虑自己的行动路线。随后，阿拉伯联盟也对荷兰的军事行动表示愤慨，并表示将在联合国安理会支持印尼共和国。12 月 22 日，锡兰（斯里兰卡）宣布其码头和飞机场不能再用于运输反对印尼的军队和战争物资。巴基斯坦和印度很快作出类似的声明。在澳大利亚，码头工人拒绝装卸所有与印尼有关的战争物资。12 月 24 日，菲律宾表示对荷兰恢复使用武力表示失望和严重不安。缅甸和印度的学生还举行示威反对荷兰的军事行动。[1]

美国舆论对荷兰的行为掀起了猛烈地抨击。美国劳工运动一直对印尼共和国抱着同情态度，美国劳工联盟在两年前就认识到了印尼共和国捍卫民族主权和国家完整的决心，强调美国政府应该向荷兰而不是向印尼共和国施加和平解决冲突的压力，呼吁荷兰撤走军队，释放被羁押的共和国领导人。[2] 美国的商业机构与新闻媒体纷纷对荷兰的行动予以强烈的谴责。《商业周刊》以及一些商业团体，指责荷兰的行动造成印尼群岛的混乱，严重阻碍了美国与印尼之间贸易的恢复。《纽约时报》指责荷兰的"警卫行动"损害了安理会的声誉，损害了白人在整个亚洲的声誉，损害了民主国家在整个世界的声誉，给共产主义宣传提供了最佳借口。[3]《芝加哥论坛》发表的文章把荷兰女王

---

[1] McMahon, *Colonialism and Cold War*, pp. 252 – 253.

[2] *International Trade Union News*, Vol. 2, No. 6, June 1947; Vol. 2, No. 9, September 1947; Vol. 4, No. 2, February 1949, in Gardner, *Shared Hopes, Separate Fears*, pp. 84 – 85.

[3] *New York Times*, editorial, December 26, 1948.

以及荷兰军队在印尼的指挥官等人指责为"战争罪犯"。① 而美国对荷兰的援助成为此时争论的主题。《纽约时报》指责美国政府对荷兰的经济援助，从而助长了荷兰在印尼的军事行动，这些援助包括自战争结束以来，根据马歇尔计划提供的 2.98 亿美元援助，1.37 亿美元的军事装备，3 亿美元的进出口银行贷款，以及用于购买战时物资的 3.2 亿美元贷款等。这一时期用于维持荷兰在印尼的军事力量的开支估计超过 4.36 亿美元。② 很显然，美国通过对荷兰的财政援助间接地支持了荷兰发动的殖民战争，国内舆论不断呼吁美国政府马上切断马歇尔计划对荷兰的援助。

　　第二次"警卫行动"发生后，印尼方面强烈敦请美国尽快采取实际行动。1948 年 12 月 20 日，印尼驻联合国代表团副团长苏米特罗（Sumitro Djojohadikusumo）与美国副国务卿洛维特举行会晤，他请求美国政府马上给予印尼共和国政治和经济上的支持，中止对荷兰的所有经济援助，尤其是经济合作署提供的援助。洛维特表示美国政府正在考虑这一问题。12 月 21 日，经济合作署宣布暂时中止调配用于印尼的物资供应，指出鉴于最近印尼事态的发展，经济合作署认为继续对其进行经济援助的条件已不具备。③ 随后，美国政府宣布停止与荷兰正在进行的有关信贷问题的任何形式的商谈。④ 12 月 27 日，苏米特罗再次致信洛维特，进一步请求美国政府停止经济合作署对荷兰的全部拨款。⑤

---

①　"The Consul General at Batavia（Livengood）to the Acting Secretary of State，"January 20，1949，in *FRUS*，1949，Vol. 7，pp. 185 – 186.

②　"U. S. Will Demand Dutch End Attacks in Java Forthwith，"*New York Times*，December 22，1948；Robert Trumbull，"Indonesian Crisis Is Drain on Dutch，"*New York Times*，January 13，1949.

③　"The Acting Secretary of State to the Consulate General at Batavia，"December 20，1948，in *FRUS*，1948，Vol. 6，pp. 592 – 593.

④　"Memorandum of Conversation，by the Acting Secretary of State，"December 20，1948，in *FRUS*，1948，Vol. 6，pp. 590 – 592.

⑤　"memorandum by Mr. Soemitro Djojohadikoesoemo to the Acting Secretary of State，"December 27，1948，in *FRUS*，1948，Vol. 6，pp. 609 – 611.

1948 年 12 月 19 日，澳大利亚驻美大使诺曼·迈肯（Norman Makin）紧急约见洛维特，阐明澳政府对印尼的严峻形势深表关注，表示其政府正在考虑根据《联合国宪章》第七条对荷兰进行经济制裁，希望美国政府也能够这样做。洛维特指出美国政府也正在考虑这样的措施，但又表示美国采取这样的行动面临一定的困难。[①] 美国政府认为，在谴责荷兰的同时，应该与其他国家采取一致的行动，联合国应该成为表达反对荷兰"警卫行动"的合适场所。洛维特指出，我们不希望美国在处理这一问题上起到一种单独和突出的领导作用。[②] 事实上，美国希望在反对荷兰"警卫行动"的同时，试图保持与荷兰的友好关系，避免采取在欧洲反对荷兰的措施。美国仍然希望在殖民国家和附属地世界之间保持一种平衡政策，希望继续奉行一条中间路线。面对来自国内外对荷兰军事行动的猛烈抨击，美国政府颇感棘手，国务院认识到必须对荷兰的行动作出强烈的反应，但希望能够避免由此导致的与欧洲盟友关系的破裂。12 月 23 日，副国务卿腊斯克（David D. Rusk）给美国驻联合国代表团副团长杰瑟普（Philip C. Jessup）的电文中，谈到了美国所处的这种两难困境。他指出，荷兰在印尼的行动与美国重要的国家利益发生了严重冲突。一方面，西欧国家的政治和经济稳定以及整个西欧的团结符合美国的利益；另一方面，长期以来美国已经确立了支持非自治民族朝着自治和独立迅速发展，以及在殖民地区建立当地人民满意的政权的政策。他强调，对于美国来说，"荷兰在印尼的行动直接促进了共产主义在东南亚的传播，对于该地区在温和的民族主义力量领导下向自治发展的前景是一个沉重打击。荷兰造成的印尼局势是十分可悲的，无论是考虑到这一局势对荷兰自身的影响，对荷兰与印尼未来关系的影响，以及由此威胁到美国在诸如欧洲复兴计划和大西洋公约等事务上与西欧的合作，还是

[①] "The Acting Secretary of State to the Acting United States Representative at the United Nations（Jessup）at Paris," December 19, 1948, in *FRUS*, 1948, Vol. 6, pp. 584 – 585.

[②] Ibid. , pp. 585 – 586.

对联合国原则在维护和平方面的影响，我们不能容忍或者忽视荷兰在印尼的行动"。作为联合国成员国，尤其是作为安理会常任理事国，美国必须付诸真正的行动支持联合国维护和平的行动，但美国应该寻求与其他重要成员国采取一致行动，美国不愿在印尼问题上与荷兰全面破裂。因此，美国在安理会关于印尼行动方案中的具体目标应该是：希望通过安理会使得印尼冲突停止，双方付诸真诚的行动，通过和平手段解决印尼的政治前途；除非荷兰已经明确表示不愿接受安理会的方案，否则安理会将不会采取反对荷兰的制裁计划。在腊斯克看来，美国政府虽然应该与其他国家一起谴责荷兰对印尼的侵略行径，但是美国不打算提出或者支持在欧洲制裁荷兰的方案。他还阐明了美国的现实政治考虑，"当这些出现在联合国框架之外或者之内时，我们应该追求我们自己的利益和政策。今天我们对自己政策的追求使我们抨击荷兰人；明天在不同的形势下追求同样的政策可能又去抨击印尼人"[1]。

总体上看，在荷兰发动第二次"警卫行动"之初，美国仍然只是作出了有限的反应。1948年12月24日，洛维特要求美国驻英大使向英国政府表明："美国政府认为荷兰遵守安理会的决议是十分重要的。否则，荷兰的行动可能会给西欧的团结造成严重的后果，也会影响到美国舆论对于西欧合作的态度。为了避免这些严重后果，我们认为美国、英国和法国应该向荷兰提出最强烈的抗议，要求其遵守安理会的决议。"[2] 同日，美国与中国、哥伦比亚等一起向安理会提出一个决议，呼吁双方停止敌对行动，并撤回其原先根据《伦维尔协定》规定的地点，但荷兰没有采取相应的行动。12月27日，安理会再次通过了两个决议，呼吁双方停火和释放羁押人员，并要求双方在24小

---

① "The Acting Secretary of State to the Acting United States Representative at the United Nations (Jessup) at Paris," December 23, 1948, in *FRUS*, 1948, Vol. 6, pp. 597 – 600.

② "The Acting Secretary of State to the Embassy in the United Kingdom," December 24, 1948, in *FRUS*, 1948, Vol. 6, p. 603.

时之内做出答复。荷兰仍然没有服从安理会的决议，也很少显示其有与调停委员会合作的迹象。

荷兰拒绝遵守安理会的决议，从而把美国置于一种极其尴尬的地位。在美国政府看来，西欧的稳定和巩固、美国长期以来对自治和独立的支持、世界舆论对荷兰的纷纷谴责以及美国公众向政府施加的压力，都要求荷兰作出必要的让步。但是荷兰政府的顽固立场，导致印尼局势的进一步恶化。此时，印尼的冲突已经影响到了美国对东南亚地区的整体考虑，美国开始担心共产主义势力在该地区的扩张，西方世界影响的逐渐丧失，以及该地区的政治、经济秩序长期陷入混乱，直接威胁到美国乃至整个西方在东南亚的利益，进而影响到整个西欧复兴计划的实施。从 1948 年 6 月开始，英国已经宣布马来亚进入的"紧急状态"；在印度支那，法国殖民军队与胡志明领导的越盟一直进行着大规模的冲突；而缅甸在独立后，宣布与英国断绝政治和经济关系。这种状况显然与战后美国在东南亚的政策目标相背，美国政府一直认为东南亚殖民地与欧洲宗主国之间的建立良好关系、培养其亲西方和反共产主义的倾向是十分必要的。在印尼，荷兰的政策已经与美国的外交政策目标以及全球战略利益产生了严重的冲突，美国决策者认识到采取中间路线已经变得非常不利，开始重新审视对印尼的政策。

1948 年 12 月 30 日，洛维特在给美国驻苏联大使的电文中指出："三年来，在苏加诺和哈达领导下的印尼共和国，已经表明有能力为印尼人民提供一种有效的统治管理，可以期望它们与荷兰在荷印联邦中进行合作。应该指出的是，印尼共和国是整个远东唯一已经消除了由莫斯科代理人鼓动的共产党暴动的政权，不仅没有得到西方国家的帮助，而且还受到这些西方国家其中之一的严重阻碍……印尼共和国的行动已经表明，他们认识到自己的利益与西方世界密切相关。"因此，国务院应该劝说荷兰向印尼民族主义作出让步，以达成能被共和国在政治上接受的协定。荷兰应该根据已经变化了的世界形势改变其政策，为将来与印尼之间的合作提供一种心理基础。洛维特还强调，荷兰的"警卫行动"将会给美国实现在东南亚的外交目标造成更大的困难，从长远来看，可能会使整个东南亚地区倾向于共产主义。①

12月31日，洛维特又向美国驻外使馆和人员发出电文，阐明了国务院关于印尼形势的政策。他指出："由于荷兰的行动缺乏道义上的正义性，荷兰无疑已经损害了西方世界在整个亚洲的利益，损害的程度目前还难以评估，或许已经毁掉了美国战后在东南亚的大部分外交努力。"在他看来，美国外交的主要目标之一，就是赢得亚洲人的信任和支持，防止亚洲与西方世界的分裂。而荷兰对温和的、反共产主义的苏加诺政权的进攻行为，可能已经摧毁了西方与印尼民族主义者之间最后的桥梁，给了共产主义吸引大众的有力武器。他认为荷兰的行动只能有利于共产主义，因此美国应该明确表明自己的反对立场，以挽回美国在亚洲的利益和影响。②

到1949年初，美国政府开始逐渐对荷兰采取一种强硬的立场。1949年1月3日，莱文古德在给国务院的报告中，谈到了印度总理尼赫鲁此前已经宣布要召开关于印尼问题的亚洲会议。东南亚国家对荷兰行动的反应可能会造成一场风暴，从而造成东西方之间关系的分裂。为了保持美国在该地区的声望和利益，他建议美国应该公开表示不赞成目前荷兰的政策，同时停止经济合作署对荷兰和印尼的进一步援助，直到印尼问题达成一个公正合理的协定为止。③1月7日，国务院指示杰瑟普在安理会郑重宣布美国的立场，声明美国完全反对荷兰的"警卫行动"，谴责荷兰政府违反了《联合国宪章》，应该对谈

---

① "The Acting Secretary of State to the Embassy in the Soviet Union," December 30, 1948, in *FRUS*, 1948, Vol. 6, pp. 613 – 616.

② "The Acting Secretary of State to the Certain Diplomatic and Consular Officers Abroad," December 31, 1948, in *FRUS*, 1948, Vol. 6, pp. 617 – 620.

③ "The Consul General at Batavia (Livengood) to the Secretary of State," January 3, 1949, in *FRUS*, 1949, Vol. 7, pp. 119 – 121.

判破裂负责，敦促荷兰为解决印尼问题制订出切实可行的明确计划。①
1月11日，洛维特向荷兰方面传达了美国政府的这一强硬政策，并
指出由于荷兰的军事行动，印尼问题已经变得难以控制，美国政府对
此表示严重不安。公众舆论和国会的态度可能使美国采取极其不利于
荷兰和美国利益的行动，包括威胁到经济合作署对荷兰的援助和北大
西洋安全条约。②

　　1949年1月19日，美国中央情报局在为杜鲁门总统准备的一份
文件中，评估了世界形势与美国的安全利益问题，谈到了荷兰发动
"警卫行动"与美国的基本安全利益之间的关系。按照中央情报局的
分析，荷兰的行动在三个方面损害了美国的利益。首先是殖民地问
题，报告指出，从1945年以来，对这一问题的解决既要满足殖民地
民族主义者的愿望，同时又保持欧洲殖民国家的政治和经济稳定。在
荷兰发动"警卫行动"之前，这一问题一直悬而未决。然而，荷兰
的"警卫行动"把美国推到了这一关键时刻，美国在欧洲和远东的
安全利益正处于一种相互排斥的危险境地，而美国与苏联的争夺要求
美国政府同时保持在欧洲和远东的利益。其次是荷兰的行动影响到了
美国的基本安全利益，影响到了远东的政治稳定和美国的经济计划。
荷兰的行动给了共产党大肆宣传和鼓动亚洲的民族主义对抗西方帝国
主义的口实。最后，荷兰的进攻对美国的经济利益产生了重要的影
响，美国与印尼的贸易、欧洲复兴计划以及荷兰本身在印尼的利益都
将受到严重损害。如果荷兰仍不愿遵守安理会的决议，这一系列相互
交织的安全利益就将荡然无存。③ 2月9日，美国驻比利时大使柯克

---

① "Memorandum by the Director of the Office of Far Eastern Affairs (Butterworth) to the Counselor of the Department (Bohlen)," January 7, 1949, in *FRUS*, 1949, Vol. 7, pp. 136–137.

② "Memorandum of Conversation, by the Acting Secretary of State," January 11, 1949, in *FRUS*, 1949, Vol. 7, pp. 139–141.

③ Central Intelligence Agency, "Review of the World Situation As It Trlates to the Security of the United States," CIA 1–49, January 19, 1949, President's Secretary's File, Truman Papers, Harry S. Truman Library, Independence, Mo., in McMahon, *Colonialism and Cold War*, pp. 274–276.

（Alan G. Kirk）给国务卿艾奇逊写了一封长信，谈到荷兰的"警卫行动"已经在亚洲散布了怨恨，在刚刚召开的新德里会议上，与会代表提出了一些激进的决议。荷兰的行动已经为促动亚洲集团的形成迈出了第一步，进而导致了分界线的确立。①

　　在美国国会中，对杜鲁门政府的印尼政策的抨击越来越强烈。美国决策者的确感到十分难堪：美国政府已经向荷兰施加了强大的压力，但成效甚微。美国政府从来没有真正利用中止所有财政援助来迫使荷兰让步。在 2 月初，众议员劳伦斯·史密斯（Lawrence H. Smith）支持一个由 102 个新教团体提出的停止向荷兰提供援助的决议。参议员布鲁斯特（Ralph O. Brewster）以及其他 9 名共和党议员提出的修正案，甚至建议要中断全部欧洲合作计划，这已经危及杜鲁门政府的国家安全政策。布鲁斯特把荷兰的行动比作纳粹的暴行。在谈到荷兰在印尼的贸易措施时，布鲁斯特问道："在荷兰拒绝美国商人进入印尼的同时，美国为什么还向荷兰提供财政援助？"② 3 月 29 日，美国国会参众两院就向荷兰提供援助的问题进行了激烈争论。布鲁斯特再次慷慨陈词，指责美国自战后以来已经向荷兰提供了 7 亿美元的援助，这基本上与荷兰为维持在印尼进行战争的花费相当，这是极不公平合理的，是对安理会决议的蔑视。参议员乔治·艾肯（George Aiken）质问道："如果我们无视荷兰在印尼的行径，从而迫使 10 亿亚洲人向其他国家寻求友谊甚至发展贸易，那么大西洋联盟在促进美国的安全和保障方面还有何利益可言？"③

　　在国会的压力下，艾奇逊在 3 月 9 日表示，美国根据《联合国宪

---

　　① "The Ambassador in Belgium（Kirk）to the Secretary of State," February 9, 1949, in *FRUS*, 1949, Vol. 7, p. 219.

　　② *Congressional Record*, February 2 and 7, 1949, U. S. Congress, Senate, 81ˢᵗ Cong., 1ˢᵗ Sess., Vol. 95, pp. 477, 482, 831, 834, in Gardner, Shared Hopes, Separate Fears, p. 87.

　　③ Statements by Owen Brewster and George Aiken, March 29, 1949, *Congressional Record*, U. S. Congress, Senate, 81ˢᵗ Cong., 1ˢᵗ Sess., Vol. 95, pp. 3387, 4877 – 4878, in Gardner, *Shared Hopes*, *Separate Fears*, p. 87.

章》赋予的责任，在印尼问题达成与安理会决议一致解决方案之前，有必要拒绝向荷兰提供军事装备援助。[①] 4 月 2 日，艾奇逊再次指出，美国公众和国会已经对荷兰的错误行动作出了强烈反应，如果印尼问题得不到解决，国会将不会授权向荷兰提供用于军事援助的资金。[②] 艾奇逊的态度使得荷兰的政策发生了明显的改变。1949 年 4 月 14 日，荷兰方面与印尼共和国领导人在巴达维亚恢复了谈判。6 月 22 日，双方达成了一个关于召开圆桌会议的协定。8 月 23 日，圆桌会议在海牙召开，美国国务院积极参与了会议基本问题的讨论。在圆桌会议期间，艾奇逊还强调指出，会议的主要结果应该是建立一个真正独立的印尼国家，"如果不能达成一个友好的协定，不能容忍印尼民族主义的渴求，那么东南亚和印尼的共产主义势力将会进一步增强，这一危险将会成为美国和自由世界动乱的一个主要来源"[③]。

这样，荷兰和印尼共和国双方最终都作出了让步。1949 年 11 月 2 日，圆桌会议闭幕，双方签订了一个《圆桌会议协定》，协议规定：印尼成为联邦共和国，参加新成立的荷兰—印度尼西亚联邦；保证荷兰的财产和人员安全；印尼新政权必须承担约 400 万盾的债务。[④] 1949 年 12 月 27 日，荷兰政府正式向印尼移交了主权。事实上，一些实质性的安排很快就被废弃了。由于印尼人民对这种联邦结构极其不满，此后又经过了 8 个月的反联邦政体的运动，到 1950 年 8 月 17 日，苏加诺正式宣布成立统一的印度尼西亚共和国，联邦计划夭折。这样，尽管与荷兰在债务问题以及西新几内亚的地位等方面仍然存在着巨大争议，但在历经 5 年的反抗斗争后，印尼终于成为一个独立的

① "The Secretary of State to the Consulate General at Batavia," March 9, 1949, in *FRUS*, 1949, Vol. 7, p. 309.

② "The Secretary of State to the Consulate General at Batavia," April 2, 1949, in *FRUS*, 1949, Vol. 7, pp. 355 – 357.

③ "The Secretary of State to the Embassy in the Netherlands," August 23, 1949, in *FRUS*, 1949, Vol. 7, pp. 474 – 478.

④ ［新］尼古拉斯·塔林主编：《剑桥东南亚史（Ⅱ）》，王士录等译，云南人民出版社 2003 年版，第 290 页。

主权国家。1954 年 8 月，印尼完全取消了与荷兰的联邦关系。

四　美国在印尼非殖民化过程中的作用

印度尼西亚革命和荷兰从东南亚的撤离，是当代东南亚历史发展最为重要的事件之一。印尼的独立抑或是其非殖民化的完成，是战后广大殖民地区民族独立进程的重要组成部分。我们应该肯定，印尼本身的民族独立渴望和顽强的反殖民主义斗争，是其获得独立的根本原因。同时应该指出的是，印尼的非殖民化乃是一种由印度尼西亚、荷兰和国际社会的行为主体、观念和制度等多方面因素作用的结果。因此，只有从国际视角（全球层面）、宗主国视角和殖民地视角等多棱镜的角度来审视，这样才有助于我们分析和了解印度尼西亚非殖民化过程的多重历史画面。

印尼共和国获得独立和主权的过程可以说是多种动因混合的结果。就印尼本身来看，印尼自身的发展对于冲突的最后结果是决定性的。日本的突然溃败以及盟军占领的迟缓等因素明显有利于印尼共和国。更重要的是，印尼共和国领导人在与荷兰的冲突中成功地运用了外交和抗争混合的手腕，其外交行为成功地在国内和国际社会产生了信任。最后，印尼共和国的力量源于其在事实上是作为唯一的能够代表印尼共同身份的政治代理人，这一身份从二战前开始演变，并代表着在日本占领期间及战后绝大多数印尼人的渴望。[①] 从宗主国视角来看，尽管荷兰政府关于印尼及其前途问题的意见存在着冲突，但其存在着广泛的共识，即荷兰应该在未来很长一段时间内在印尼的命运方面发挥重要的作用。而荷兰的财政状况对其决策层产生了重要的影

---

① Marc Frey, "The Indonesian Revolution and the Fall of the Dutch Empire: Actors, Factors and Strategies," in Marc Frey, Ronald W. Pruessen and Tan Tai Yong (eds.), *The Transformation of Southeast Asia: International Perspectives on Decolonization*, Singapore University Press, 2004, pp. 103 – 104.

响。到 1949 年，战争的代价已经超过了印尼对于荷兰实际和潜在的经济价值，这一认识促使荷兰决定与印尼共和国进行谈判，它也导致了荷兰政府在谈判过程中强调应该保护荷兰在独立后的印尼的经济地位。除了国际社会的压力、印尼共和国受到广泛的支持以及军事状况等因素外，还有一个重要因素影响到荷兰的决策——财政因素。荷兰在印尼的军事支出达到了其财政预算的 20%，如果没有美国的额外援助，荷兰将难以支撑巨额的战争成本。但是很显然得到外来援助的希望并不大。鉴于美国国内对荷兰在印尼反动的军事行动的反对，荷兰继续从美国获得贷款几乎没有希望。相反，1949 年 3 月，杜鲁门政府警告荷兰，鉴于其不能进一步履行联合国安理会的决议，美国将不得不取消马歇尔计划对荷兰的援助。这一禁止财政援助的威胁显然起到了决定性的作用。[1]

从国际环境来说有两个重要的因素：第一，印尼共和国从冷战的紧张关系中受益。在 1948 年 12 月荷兰发动第二次军事行动之前，美国就已经把共和国政权视为一种比荷兰军队更有能力保证秩序和安全的力量。再加上，"茉莉芬事件"的处理已经向华盛顿表明，苏加诺和哈达能够镇压共产党并希望确保印尼的秩序和稳定。基于安全利益的考虑，美国开始对共和国采取积极的态度，向荷兰政府施加压力撤出印尼。第二，对于新成立的联合国来说，这是其冲突解决机制付诸实践的第一次尝试。印尼是联合国安理会所讨论的第一个重要的殖民地问题，这为印尼共和国提供了一个表达诉求并能够为世界所承认的论坛。1940 年的《大西洋宪章》所罗列的民族自决原则的应用，成为安理会成员国不能忽视的一种强大武器，再加上世界公共舆论对印尼共和国的支持以及对荷兰施加的压力。在冲突的最后解决阶段，美国承担起了一定的责任，美国的压力成为荷兰政府在 1949 年向印尼共和国转移主权的一个重要因素。

---

① Pierre van der Eng, "Marshall Aid As A Catalyst in the Decolonization of Indonesia, 1947 – 1949," in *Journal of Southeast Asian Studies*, Vol. 19, 1988, pp. 335 – 352.

　　但我们在分析美国在印尼独立过程中的政策演变时，应该客观地看待美国所扮演的角色。作为战后一个标榜履行全球"责任"的国家，美国在这一过程中显然有着举足轻重的影响。美国对印尼的政策变化，也受到美国社会传统的反殖民主义理念以及国际社会和国内舆论压力的强大影响。不可否认，从1947年10月调停委员会形成，到1949年12月27日印尼民族主义政权的确立，美国在印度尼西亚殖民冲突的解决过程中的确起到了重要的推动作用。在印尼非殖民化的关键时期，美国直接利用经济压力促使荷兰最终放弃了印尼这块殖民地。但必须强调的是，美国对印尼共和国的支持显得非常缓慢，也是极不情愿的，在荷兰发动第二次"警卫行动"之前，杜鲁门政府的行动基本上倾向于支持和偏袒荷兰。

　　可以看出，在战后时期，与对其他殖民地区一样，尽管美国政府仍然宣称支持《大西洋宪章》和《联合国宪章》的原则，尽管罗斯福总统及其决策层主要官员们在二战期间的声明也在不断被重申，但美国政府从来没有在印尼遵循一种坚决的反殖民主义政策。美国人处理自决原则的方式更多的是保留在口头上，这种立场很少真正转化成实质性的政策。[1] 在印尼非殖民化过程中，美国政府在某一时期内支持冲突双方的哪一方，支持的程度如何以及其最后的政策走向，乃是美国决策者对各种相互冲突的利益因素进行充分权衡的结果，它最终完全取决于美国政府在对自身安全利益和全球政策目标的整体考虑后所做的"明智"选择。

　　在战后初期的国际形势下，尽管杜鲁门政府中不少官员仍然保持着反殖民主义的立场，但更多的官员倾向于使殖民地区在西方国家的指导下逐渐向自治过渡，他们希望的是改革殖民制度，而不是完全废除殖民秩序，希望是渐进的演变而不是骤然的剧变。保持战后远东地区政治和经济秩序的稳定，恢复美国和西方世界与东南亚殖民地之间

---

① McMahon, *Colonialism and Cold War*, p. 305.

的贸易关系，把东南亚地区纳入西方资本主义经济体系，是战后美国构筑其全球霸权的重要一环。因此，杜鲁门政府希望欧洲殖民国家的影响继续在殖民地保持一定的时间。在他们看来，战后遍及整个亚洲的民族主义运动对西欧殖民秩序进行的挑战，直接威胁到了战后初期美国对远东地区的政策目标。因此，就印度尼西亚而言，当面临是容忍一个当地革命的民族主义政权，还是接受荷兰重建殖民秩序的选择时，美国无疑会选择支持荷兰的行动。

战后在印度尼西亚和印度支那出现的殖民冲突，把杜鲁门政府置于一种难以逾越的两难境地。一方面，美国需要继续表示对附属地民族的独立事业予以支持，美国传统的社会理念使其不能完全放弃战时的声明和政策，那样会严重影响自己在殖民地世界的威信和利益。美国渴望能够与广大附属地世界保持一种友好关系，而积极支持帝国秩序在东南亚的重建无疑将激怒亚洲的民族主义者。因此，美国决策者需要在殖民地问题上采取一种审慎的态度。正如国务院远东司的一个官员所说："美国倡导自由和民族自决的传统地位，使得美国在世界上许多地区树立了公正的声誉，我们缺乏考虑的行动或不行动都将损害这一形象。"① 另一方面，任何完全支持殖民地独立运动的言行，都将会严重损害美国与荷兰、英国、法国以及其他欧洲帝国的合作关系。早在 1945 年 6 月，美国国务院在对亚洲和太平洋地区的形势及其政策和目标进行评估时，就指出其政策涉及两个目标，即增加远东附属地民族的政治自由和保持盟国的团结。为了平衡这些相互冲突的目标和利益，美国国务院指出，美国应该避免介入英国、法国和荷兰在远东和太平洋地区的殖民地问题，以更好地保持美国的利益。② 在美国政府看来，无论远东的这些附属地最后是以自治、独立还是自治

---

① McMahon, *Colonialism and Cold War*, pp. 99 – 100.

② Policy Paper Prepared in the Department of State, "An Estimate of Conditions in Asia and the Pacific at the Close of the War and the Objectives and Policies of the United States," June 22, 1945, in *FRUS*, 1945, Vol. 6, pp. 556 – 558, 574 – 578.

领地位的出现，都希望它们能够与西方国家在友好基础上形成一种合作关系，把这些殖民地纳入西方世界体系之内。在美国国务院和整个决策部门中，占主流的观点就是需要保持西方联盟的团结，反殖民主义已经居于次要地位。

为了回避这一两难困境，美国政府在战后初期所有殖民争端中，极力想保持一种公开中立和不介入的立场，即希望支持欧洲盟友而又不冒犯另一方。但事实上，这一政策在执行中往往难以做到不偏不倚，美国往往在很大程度上是间接地支持了其欧洲盟友。在印尼的冲突中，美国宣布承认荷兰对该地区的主权，否认印尼共和国作为冲突的另一方的平等地位，这对印尼共和国实际上是一个沉重的打击，印尼民族主义者不能指望从美国这里获得重要的道义和物质援助。而与此同时，美国政府尽管已经宣布保持中立，但仍然通过战时的"租借法"继续向英国和荷兰在印尼的军队提供贷款和装备，这些物资多被荷兰用于镇压印尼的民族主义者。在苏加诺的严重抗议和国内外舆论的压力下，美国政府才于 1945 年 10—11 月宣布取消了这些物资供应。①

尽管美国政府希望在印尼冲突中保持一种不干涉的政策，但印尼的战略和经济价值以及美国领导世界的欲望，使美国决策者仍然对印尼事态保持密切的关注。在荷兰展开军事行动后，特别是英国军队在1946 年 11 月撤出印尼之后，美国放弃了其袖手旁观的政策，开始取代英国而介入了印尼冲突。在阻止荷兰的第一次"警卫行动"失败后，美国希望通过调停来限制冲突，力图使双方回到谈判桌前。在印度、澳大利亚等国提出要把印尼问题提交联合国安理会讨论后，美国担心国际介入，尤其是苏联等国家在安理会的提议会对荷兰十分不利，因而希望由美国单方面对印尼冲突进行调停，但美国的这一要求却没有得到印尼共和国的同意，印尼表示只愿意接受安理会的调停。

---

① McMahon, *Colonialism and Cold War*, p. 309.

在这种情况下，美国决策者转而认为，如果国际介入是不可避免的，美国就应努力限制和控制国际介入的性质。1947 年 10 月，联合国安理会组成了美国、比利时和澳大利亚为成员的"调停委员会"。之后，美国政府开始通过参加"调停委员会"的美国代表向荷兰施加影响。在此过程中，美国仍希望保持一种中立地位，但在实际行动中却依然常常背离这一立场。在 1948 年，马歇尔计划的援助开始适用于荷兰，美国的财政援助间接地支持了荷兰在印尼的镇压行动。美国的这种"亲荷"倾向一直持续到 1949 年初。

在战后初期，美国外交的重点主要在欧洲，主要目标在于遏制苏联势力的扩张，通过马歇尔计划重建西欧，缔结北大西洋联盟。保持西方盟国的团结和复兴西欧经济，对于杜鲁门政府正在形成的遏制战略是必不可少的。在对抗苏联的过程中，美国需要西欧能够承担起更大的责任，这要求包括荷兰在内的西欧经济迅速得到复兴，而战后西欧的复兴和强大又与东南亚的殖民地密切相关。以印度尼西亚为例，荷兰的经济复兴极其需要印尼群岛丰富的资源、市场以及所赚得的美元，这些都要求印尼社会政治、经济秩序的稳定，早日恢复和扩大印尼与荷兰乃至与整个西方世界的正常贸易关系。这样，杜鲁门政府对于印度尼西亚的考虑与西欧紧密联系起来。杜鲁门政府希望推动印尼问题的解决，也正反映了美国对西欧重建的极为关注，在这一重建过程中，作为比利时、荷兰、卢森堡三国经济联盟中最大的国家，在战略上位于德国边界的荷兰必须起到相当大的作用。可见，荷兰的支持对于战后美国的西欧计划能否成功是十分重要的。在荷兰与印尼共和国签订《伦维尔协定》之前，副国务卿洛维特就曾指出，荷兰是美国欧洲政策中的一个重要的组成部分，如果荷兰不能保持在东印度的重要利益，荷兰现政权的稳定将会受到严重损害，而荷兰现政权垮台的政治后果将会对美国在西欧的地位极其不利。[1] 杜鲁门政府一直竭

---

[1] "The Acting Secretary of State to the Consulate General at Batavia," December 31, 1947, in *FRUS*, 1947, Vol. 6, pp. 1099 – 1101.

力避免在殖民地问题上与其盟友出现严重裂痕，而是希望荷兰能够采取一种开明和现实的政策，促进印尼问题的和平解决，使荷兰和印尼之间建立一种稳定和良好的政治经济合作关系。因此，尽管从 1945 年底开始，美国政府对荷兰的政策进行了批评，也不断敦促荷兰与印尼共和国进行谈判，希望双方能够达成一个公正的协定，并表示反对荷兰使用武力行动，但美国很少从经济援助方面向荷兰政府施加实质性的压力。

1947 年之后，冷战逐渐扩展到东南亚地区，东南亚发生的殖民冲突以及 1948 年爆发的大范围的共产党暴动，使东南亚形势与杜鲁门政府的全球遏制战略紧密结合起来。在印度尼西亚，美国决策者希望荷兰和印尼民族主义者达成和平协定，使印尼共和国成为一个亲西方的和反共产主义的民族主义政权。但是，印尼形势使杜鲁门政府感到十分不安，荷兰旨在恢复旧的殖民秩序的顽固立场，以及印尼共和国争取民族独立的坚决态度，使得双方的谈判历经曲折，几次达成协定又屡遭破裂，导致印尼形势愈加恶化。美国担心这种形势会被苏联所利用，会造成共产主义势力在东南亚的大肆扩张，而在此期间印尼共和国政权中共产党力量的增强，进一步加重了杜鲁门政府的这种忧虑。荷兰政府也正是利用了美国人对共产主义的恐惧心理，不断强调印尼共和国的极端主义色彩，指责共和国是受到了共产主义的鼓动。但是，当 1948 年 9 月"茉莉芬事件"发生时，苏加诺政权对共产党掀起的暴动迅速进行镇压，杜鲁门政府认识到这个具有反殖民色彩，首先是具有反共的民族主义色彩的共和国政权，正是美国在殖民地所希望达到的理想模式。对于苏加诺等共和国领导人来说，从抗击荷兰的前线调动军事力量来镇压共产党的叛乱是冒很大危险的，但正是共和国的这一行动成了美国转变对印尼政策的关键。[①] 在 1948 年 12 月荷兰发动第二次"警卫行动"后，美国对印尼的政策发生了迅速

① Holland, *European Decolonization, 1918–1981*, pp. 90–91.

转变。

当然，美国政府的这一政策转变是出于多方面因素考虑的结果。从战后以来，国际社会舆论一直在对荷兰发动的殖民行径进行谴责，尤其是荷兰发动两次"警卫行动"以后，更是遭到了国际社会和美国舆论的猛烈抨击。随着联合国的介入，印尼问题在国际上引起了广泛关注。在这种情况下，美国政府不仅面临着强大的国际社会的压力，而且也面临着沉重的国内舆论和国会施加的压力；而影响美国对荷兰立场的关键因素在于，杜鲁门政府对全球利益的考虑已经与东南亚形势结合起来，荷兰顽固的殖民政策已经与美国的全球政策框架和目标发生了冲突，荷兰在印尼行动的结果和拒不接受安理会决议，使得美国外交政策的核心目标、欧洲复兴计划和大西洋条约等的实施受到了直接的威胁。美国国会对杜鲁门政府的外交政策提出了质疑，国会中有些议员主张切断欧洲复兴计划的资金援助，这直接威胁到了对国会批准对马歇尔计划的拨款和大西洋条约的通过。实际上，美国对荷兰施加压力使其向印尼民族主义做出让步，更多的是基于欧洲因素的考虑，欧洲复兴计划和大西洋条约是美国冷战战略的核心，而这一切都因为荷兰在印尼的殖民战争而受到威胁。令杜鲁门政府十分恼火的是，荷兰不仅单方面违背了已经被美国认可的协定，而且把其严重匮乏的资源耗费在一场遥远的和毫不相关的殖民战争上。

在美国决策者看来，到 1948 年 12 月之后，荷兰本身实际上成了印尼秩序稳定的最大威胁。1949 年 3 月 29 日，美国国务院政策规划署（Policy Planning Staff）草拟了一份关于东南亚政策的文件（PPS51），并得到国家安全委员会的认可，于 1949 年 7 月 1 日形成了 NSC－51 号文件，该文件长达 39 页，实际上是对美国东南亚政策目标的具体化。文件指出，东南亚将不可能追随中国走上共产主义道路，强调了印尼在遏制共产主义向东南亚扩张方面的重要性。文件建议美国政府支持印尼的独立，使东南亚成为西方世界整体的一部分，指出"印尼形势已经到了非常严峻的时刻，荷兰向印尼共和国转移主权拖延越久，非共产主义的印尼民族主义领导人和荷兰的地位将越脆弱，而包括共产党在内的所有极端主义势力将会越强大。尽早停止冲突以及荷兰向印尼转移主权是非常紧迫的，这可能需要美国向荷兰施加更大的压力"①。到 1949 年夏，美国对印尼冲突的反应发生了重大变化，杜鲁门政府已经开始重新审视欧洲利益与亚洲利益之间的关系，美国的政策逐渐从偏袒荷兰转向了支持印尼的民族独立事业，并开始借助马歇尔计划从经济上向荷兰施加最严厉的压力。

　　客观上讲，战后美国政府的印尼政策是被动的和不成功的，其失误部分源于美国国内的政治环境。在战后，美国认为共产主义在欧洲的渗透是最大的威胁，在外交事务的决策过程中渗透着强烈的反共产主义情绪，这也成为美国对印尼政策的一个重要抑制因素。由于长期受到外国的剥削和压迫，印尼的民族主义者从马克思主义那里汲取了大量的思想营养，他们认为要消除外来势力的经济剥削和政治压迫，就需要摧毁现有的殖民秩序，实现完全的民族独立。因此，尽管在二战结束时印尼民族主义者中很少是共产主义者，但他们大多并不反对马克思主义。苏加诺等领导人进而把马克思主义以及西方的民主思想和伊斯兰教的思想融合在一起，目的是服务于印尼民族主义的目标。印尼共和国的领导人没有倾向于共产主义阵营，或者倡导与共产主义国家结盟，他们所希望的只是能够为自己赢得一种新的独立地位。但是，荷兰殖民当局仅仅强调印尼民族主义运动中的"共产主义"因素，而无视其追求民族独立的渴望。随着印尼形势的复杂化，美国政府一直十分担心苏联可能会利用印尼民族主义运动，因为印尼共产党以及其他左倾军事组织的几个领导人，在宣布印尼独立之前接受过苏联的训练。在 1948 年 5 月，苏联还准备对印尼共和国给予公开的承认和外交上的支持。然而，对于大多数印尼人来说，对苏联还感到比较遥远和陌生，感到苏联对印尼的未来影响并不大。最后，印尼不仅

---

① "Policy Planning Staff Paper on United States Policy toward Southeast Asia," March 29, 1949, *FRUS*, 1949, Vol. 7, pp. 1131 – 1132.

没有与苏联建立外交关系，而且在 1948 年 9 月还对国内的共产主义暴动进行了镇压。因此，直到印尼冲突的最后阶段，美国才对荷兰的殖民主义和印尼的民族主义有了新的理解。美国政府转向通过宣传、施加外交压力以及经济援助等手段，以保证和操纵东南亚国家进行遏制共产主义。在印度尼西亚，美国认为荷兰试图击溃印尼共和国的战争只能起到反作用，将会削弱荷兰在欧洲的力量以及为共产主义控制印尼民族主义运动创造机会。美国从经济上向荷兰施加压力与苏加诺的民族主义运动达成妥协。在其他地方，美国也支持殖民国家以及独立国家的反共产主义斗争。1950 年之后，美国还向东南亚派出使团考察，准备给反共产主义政权提供军事和经济援助。

尽管美国最终支持了印尼共和国，在荷兰撤出印尼这块殖民地的过程中起到了重要的作用，但这种支持来得的确太慢也很不情愿。美国的政策转变主要源于决策者对于冷战时期的全球地缘政治的考虑，而非源于对战后亚洲民族主义动力的理解。美国人没有认识到在 20 世纪后半期，是民族主义而非共产主义才是印尼和整个亚洲最主要的推动力。美国对中国政策的失败，对印尼政策的失误，乃至在印度支那的悲剧等等都说明了这一点。在冷战的年代里，美国对印尼和其他大多数第三世界国家的政策，实际上都有一种不愿接受其真正实现民族自决的共性，而是希望这些国家及地区的政治倾向和社会经济发展，都从属于美国与苏联展开全球竞争的广泛的地缘政治战略。① 美国政府后来的一份关于殖民地问题的备忘录，总结了 1945 年到 1949 年之间美国在荷兰—印尼冲突中的政策，文件谈到了美国这种政策的后果，指出印尼政界普遍认为美国是在"茉莉芬事件"和荷兰发动第二次"警卫行动"之后才决定支持印尼共和国的，而正是由于美国的物质援助荷兰在印尼的军事行动才得以进行。这使印尼共和国领导人得出结论：美国对共和国的支持更多的是出于对共产主义扩张的

① McMahon, *Colonialism and Cold War*, pp. 315 – 316.

担心，而非考虑到印尼独立事业的正义性。① 在印尼获得独立后，美国与印尼之间的关系也正说明了美国对印尼民族主义的理解是十分有限的，这也直接影响到了美国后来对印尼的一系列政策。

在印度尼西亚共和国独立后，美国迅速给予了承认。在美国政府看来，荷兰正式把主权移交给印度尼西亚联邦共和国，以及荷兰—印尼联邦的建立，是美国外交政策的一个显著的成功。在美国战后对东南亚的战略目标中，不仅仅是希望将来荷兰与印尼之间建立一种亲密的和建设性的合作关系，而且印尼在政治、战略和经济上对于美国都具有极大的重要性。印度尼西亚群岛生产美国工业所急需的产品，其中一些是美国的战略储备计划十分必需的。印尼民族主义运动的强大力量，资源的富庶，再加上印尼是当时世界上第二大伊斯兰国家，其政治倾向对于亚洲其他地区的政治倾向有着深远的影响，尤其是随着共产主义在亚洲大陆的扩张，对于美国决策者来说，把印度尼西亚牢牢地纳入反共产主义的阵营变得十分重要。② 因此，在印尼独立后，美国极其重视发展与印尼的关系，决定给予印尼在经济、技术和军事等方面的援助。从 1949 年 12 月开始，美国政府就准备恢复经济合作署对印尼的援助计划。③ 1950 年 2 月 10 日，美国进出口银行同意向印尼贷款 1 亿美元，帮助其购买经济复兴所需要的主要商品。④

对于印尼和美国来说，经济援助与政治问题紧密联系在一起。美国希望以此把印尼拉进西方世界的阵营，但在印尼独立之后，共和国的领导人并不希望投向美国的怀抱。在 1950 年 2 月，苏加诺在与美国驻印尼大使科克伦以及美国特使杰瑟普的会谈中，清楚地阐明了这

---

① "Memorandum Prepared in the Division of Research for Far East, Office of Intelligence Research, for the Working Group on Colnial Problems," in *FRUS*, 1952–1954, Vol. 3, pp. 1150–1154.

② "Memorandum by the Secretary of State to President Truman," January 9, 1950, in *FRUS*, 1950, Vol. 6, pp. 964–966.

③ "The Secretary of State to the Consulate General at Batavia," December 6, 1949, in *FRUS*, 1949, Vol. 7, p. 582.

④ Editorial note, in *FRUS*, 1950, Vol. 6, p. 978.

一立场。苏加诺指出，尽管印尼十分感激得到美国的援助，但他感到那必须不带有任何附加条件，美国不应该试图去"管理"这些援助。在亚洲，美国是与"新"国家打交道，这些"新"国家十分敏感，厌恶美国对提供的援助进行直接的控制或者监督。在谈到亚洲新生国家与美国的关系时，苏加诺把美国视为"母亲"，新生的亚洲国家视为正在长大的"儿子"，指出他们不希望"母亲"干涉他们管理自己的生活。①

但是，随着冷战在亚洲进入一个更加危险和难以预测的阶段，杜鲁门政府越发对印度尼西亚的中立倾向感到不安。1950 年 4 月，美国派往东南亚的技术援助使团负责人格里芬（R. Allen Griffin）在发给艾奇逊的报告中指出，印度尼西亚人在政治思维上带有深深的反殖民主义色彩。他们不愿使自己卷入冷战意识形态斗争当中，而是希望通过追求政治中立来获得时间，与世界各国和邻近地区最大可能地保持友好关系。② 1950 年 7 月，美国国务院准备的一份关于对印尼政策的文件，谈到了未来美国与印尼的关系问题。文件这样指出，"对任何外来干涉的高度敏感和对西方国家动机的怀疑是印尼政治组织的特点。这一高度敏感是强烈的民族主义情绪、印尼刚刚摆脱殖民地地位和冷战的紧张形势的结果。像印度一样，印尼想在美国和苏联之间保持一种中立地位"。"鉴于这些因素，美国的援助很可能会成为一种国内政治问题。由于担心外国的控制或者卷入冷战可能会被政治反对派所利用，至少在一定程度上倾向于对美国采取一种模棱两可的态度。这可能导致印尼接受了美国的援助，而没有相应地靠向美国。"③

事实的确如此，独立后的印尼政府很快开始奉行中立的"不结

---

① "Memorandum of Conversation, by the Ambassador at Large（Jessup）," February 3, 1950, in *FRUS*, 1950, Vol. 6, pp. 975 – 978.

② "The Head of the United States Technical Assistance Mission to Southeast Asia（Griffin）to the Secretary of State," April 22, 1950, in *FRUS*, 1950, Vol. 6, pp. 1011 – 1016.

③ "Policy Statement on Indonesia, Prepared in the Department of State," July 27, 1950, in *FRUS*, 1950, Vol. 6, pp. 1041 – 1043.

盟"外交路线。在冷战的严峻形势下，外交立场是一个可能引起印尼政治分化的问题，苏加诺政权坚持一种"积极的和独立的"外交政策，竭力避免使印尼被拖入两大阵营的任何一方。1950 年 6 月朝鲜战争爆发后，印尼政府认为朝鲜半岛的冲突不可能会导致一场世界战争，没有支持任何一方，印尼最终没有成为美国的冷战盟友，这使美国政府感到十分失望。1950 年 7 月，美国国务院致函印尼政府，印度尼西亚必须在苏联与"自由世界"之间作出明确的选择。① 但是，美国施加的压力只是起到了相反的作用，印尼共和国表示不愿接受任何可能损害其来之不易的独立的举措。1950 年 10 月，印尼还拒绝接受美国在互助安全计划下的任何军事援助。总体上看，在 20 世纪 50 年代中期，美国政府是用一种混合着保护的希望与担心不利情况发生的心情来看待印尼的政治趋向。美国的战略分析家们不仅担心印尼共产党力量的日益强大和趋于合法，而且也对整个印度尼西亚国内弥漫的、强烈的民族主义情绪和反西方的态度感到不安。1955 年 4 月，随着万隆会议在印尼召开，印度尼西亚事实上已经成为第三世界不结盟运动中的主要力量。

---

① "The Secretary of State to the Embassy in Indonesia," July 26, 1950, in *FRUS*, 1950, Vol. 6, pp. 1039 – 1040.

第七章 未竟之路：美国与印度支那的 非殖民化 （1945—1954）

　　战时美国对印度支那的设想与对印度尼西亚的计划基本相似，即该地区将不再被置于法国的殖民统治之下，而要通过国际托管的形式，在经过一段较长时期的准备之后，最终走向独立，但从战争后期开始，美国所设计的非殖民化之路逐渐被现实政治所吞噬。法国作为美国主要盟友在西欧的战略地位，胡志明的共产主义色彩以及印度支那在遏制共产主义向东南亚扩张方面的重要性，使美国决策者把法国在印度支那发动的殖民战争视为全球遏制战略不可分割的一部分，非殖民化问题退居次要地位。1945—1950 年，美国在印度支那问题上历经了 5 年的两难选择之后，最终支持了法国。1950 年 2 月，美国正式承认了法国扶持的保大政权，开始向其提供大量的军事和经济援助，法国的殖民统治一直延续到 1954 年。

一　非殖民化设想的夭折

　　与东南亚其他大多数地区一样，在二战以前，印度支那与美国联系也很少，但在战争期间却由于反殖民主义问题引起了美国决策者的关注。在罗斯福关于战后非殖民化的设想中，印度支那成为重点考虑的地区。罗斯福对殖民主义尤其是对法国殖民统治表示强烈反感，他坚决反对法国在该地区重建殖民秩序，认为印度支那应该成为联合国

的一个托管区，逐渐过渡到自治或独立，而法国的角色至多是作为
"托管国"之一参与对印度支那的管理。然而，罗斯福的托管设想遭
到了法国乃至英国的坚决抵制。印度支那是法国在远东最重要的殖民
地，自从19世纪80年代法国占领印度支那后，这块殖民地就成为法
国在远东的重要跳板。印度支那是一个极其重要的粮食、锡和橡胶等
原料的来源地，也为法国提供了稳定的市场和充足的劳动力。1945
年之前，法国在印度支那的投资已高达250亿法郎。① 正如荷兰不愿
放弃印度尼西亚那样，法国也一直把印度支那视为支撑其民族信心和
大国地位的心理基础，尤其是法国在二战中惨败，战后需要重塑自己
的世界形象，恢复法兰西帝国的荣誉，不愿在印度支那主权问题上作
出任何让步。二战爆发后，日本于1940年7月开始占领印度支那，
并与法国贝当当局签订了"共同防守印度支那"协定，名义上保留
了法国军事力量和行政机构。二战期间，戴高乐领导下的抵抗力量在
为光复法国本土进行战斗的同时，也一直力图重建对法国海外属地的
主权。至于印度支那，戴高乐认为当地还没有做好自治的准备，他不
仅不愿向印度支那的民族主义运动作出让步，而且还强烈反对其他国
家介入该地区，坚决抵制罗斯福的"托管"计划。早在1943年10
月，法兰西民族解放委员会（the French Committee of National Libera-
tion）就决定组建一支远征军，参加太平洋战场以及解放印度支那的
军事行动。② 随着战争临近结束，戴高乐重建印度支那殖民统治的决
心更加坚定，他多次要求美国改变对印度支那的政策并给予法国积极
支持。1945年2月，戴高乐将军在一次出席安南的节日宴会时，重
申了法国在印度支那的立场，表示法国军队将参与英美在远东的军事
行动，法兰西将把印度支那的政治、经济、社会和文化发展作为法国

---

① "The Record of French Administration in Indo-China," January 8, 1944, ［F 478/66/
61］, in Preston and Partridge, eds., *British Documents on Foreign Affairs*, Part Ⅲ, Far Eastern
Affairs, Vol. 7, Part 25, p. 135.

② "The French Embassy in China to the American Embassy in China," January 20, 1945,
in *FRUS*, 1945, Vol. 6, p. 296.

力量复兴的首要目标。① 3 月 15 日，法国殖民部长保罗·贾科比在广播讲话中将法国的政策公之于众。他表示法国将建立一个在总督管辖之下的印度支那联邦。② 戴高乐的强硬立场以及法国殖民部的计划无疑对美国政府后来的政策产生了一定的影响。1945 年 3 月 24 日，法国政府宣布赋予印度支那一种新的宪法地位，其不再是一个殖民地，而成为一个印度支那联邦，由五部分组成：交趾支那、安南、东京、柬埔寨、老挝。在作出这一声明之前，法国试图寻求美国和其他反对法国恢复对印度支那统治的反帝国主义国家对这一目标的支持。英国出于加强法国在欧洲的力量，以及对远东地区局势稳定的担心，给予法国以公开的支持。在旧金山会议上，美国也向法国保证其从来没有质疑过法国在印度支那的主权。

二战后期，在英、法等欧洲殖民国家的强烈抵制下，同时也是出于一系列政治、经济和战略利益等方面的考虑，罗斯福在反殖民主义立场上逐渐后退。1944 年 11 月，罗斯福已经对印度支那的政治前途表现出不确定的态度，在涉及该问题时曾表示"还没有作出最后的决定，这一问题应该明确"③。到了 1945 年初，罗斯福已经不愿为印度支那作出军事和政治承诺，他曾和国务卿斯退丁纽斯谈道："我还不想参与任何关于印度支那的决定，那是战后的事情。同样，我不想参与任何解放印度支那的军事行动……从军事和内政两方面来看，此时的行动是不成熟的。"④ 此后，直到 1945 年 4 月罗斯福去世前夕，尽管他仍然对法国殖民主义深表反感，要求法国重返印度支那时作出允

---

① "Mr. Duff to Mr. Eden," Febuary 19, 1945, ［F 1093/11/61］, in Preston and Partridge, eds., *British Documents on Foreign Affairs*, Part. Ⅲ, *Far Eastern Affairs*, Vol. 8, part. 27, p. 79.

② ［英］F. C. 琼斯等：《国际事务概览·1942—1946 年的远东》（上册），复旦大学外文系英语教研组译，上海译文出版社 1978 年版，第 394 页。

③ "Memorandum by President Roosevelt to the Under Secretary of State", November 3, 1944, in *FRUS*, 1944, Vol. 3, p. 780.

④ "Memorandum by President Roosevelt for the Secretary of State," January 1, 1945, in *FRUS*, 1945, Vol. 6, p. 293.

许当地独立的承诺，但已经不再提及"托管"计划。

1945 年春，在美国政府制定战后世界政策的过程中，罗斯福所设想的大国合作模式已经被迅速放弃，美国决策者开始强调通过保持美国的影响以及与西欧盟友的关系，来遏制苏联势力。与此同时，美国关于殖民地前途的看法也逐渐改变，殖民地问题的解决开始从属于反共产主义这一紧迫的问题。1945 年 4 月美国战略情报局（Office of Strategic Services，OSS）的一份文件指出，"鉴于苏联正试图主宰世界，美国的首要任务应该是巩固欧美阵营，其中法国起着关键的作用。"美国应避免倡导"国际托管"计划，否则将会造成殖民地的混乱和分裂，也会使美国疏远这些在抗衡苏联过程中极为重要的欧洲国家。因此，美国从自身安全利益考虑，应该与英、法、荷等殖民国家保持良好关系，同时促进其殖民统治开明化，以有利于其统治的继续维持，遏制苏联在鼓动殖民地民族主义运动方面的影响。①

1945 年 3 月 9 日，日本突然发动军事行动，解散法军武装，清除了法国殖民当局。戴高乐准备派出几支远征军参加解放印度支那的军事行动，同时也请求美国提供援助，但美国没有答应，这令戴高乐十分恼火。戴高乐随即召见美国驻法大使卡弗瑞（Jefferson Caffery），表示不理解美国的政策，他指责道："你们用意何在？你们是否希望我们成为俄国人庇护下的一个联邦？正如你们所知，俄国人正在加快扩张，他们将在德国人失败时逼近我们。如果法国公众认识到是你们反对我们恢复印度支那，他们将会非常失望，无法预料这将会导致何种后果。我们不想成为共产主义者，我们不想沦为俄国人的势力范围，但希望你们不要推我们进去。"② 3 月 19 日，法国驻美大使约见美国助理国务卿邓恩（James C. Dunn），再次请求美国向法国抵抗部队提

---

① Office of Strategic Services，"Problems and Objectives of United States Policy,"April 2，1945，in George C. Herring，"The Truman Adminstration and the Restoration of French Sovereignty in Indochina,"in *Diplomatic History*，1977，Vol. 1，p. 101.

② "The Ambassador in France（Caffery）to the Secretary of Statem,"March 13，1945，in *FRUS*，1945，Vol. 6，p. 300.

供军事援助，包括空降部队、医药和装备等。① 戴高乐还亲自致信杜鲁门总统，表示极其希望法国军队能够在对日作战中与美国军队一起参战。但出于各种因素的考虑，美国政府对法国的请求没有迅速作出反应。

这一时期美国在印度支那的目标已经日渐含糊，对共产主义扩张的担心加剧了国务院内部关于印度支那政策的分歧，尤其是欧洲司和远东司之间展开了激烈争论。1944 年之前，远东司对殖民地问题还很少关注。1944 年，在远东司内部设立了西南太平洋处（the Division of Southwest Aisan Pacific），稍后又被命名为东南亚处（the Division of Southeast Asia Affairs），该处在殖民地问题上与欧洲司意见相左。在印度支那问题上，远东司坚持美国应该敦促法国向印度支那民族主义者作出让步，而欧洲司则坚持应该加强法国的力量，赞成法国重新占领印度支那。1945 年 4 月 13 日，国务院、陆军部和海军部协调委员会召开会议，就使用印度支那的抵抗力量，以及美国关于印度支那的政策问题进行了讨论。时任陆军部长助理的罗伯特·洛维特（Robert A. Lovett）表示需要明确美国对印度支那的政策，战后印度支那的地位应该被重新考虑和定位。②

针对这一提议，西欧司于 4 月 20 日向新就任的杜鲁门总统提交一份备忘录，建议向法国提供支持。文件指出，美国政府已经公开承认了法国对其海外属地的主权，但在印度支那问题上遵循消极政策，使法国政府对美国在该地区的意图产生了怀疑。如果这种情况持续下去，将会损害美法关系的发展。因此，无论法国是否有一个履行责任的计划，美国都不要反对其恢复对印度支那的统治，不要对法国的海外属地采取任何行动，同时也不要准备对其他盟友的殖民地采取任何

① "Memorandum of Conversation，by the Assistant Secretary of State（Dunn），" March 19，1945，in *FRUS*，1945，Vol. 6，p. 301.

② William Conrad Gibbons，*The US Government and the VietNam War—Executive and Legislation Roles and Relationships*，Part 1，1945 – 1960，Princeton：Princeton University Press，1986，p. 19.

行动。该文件还建议美国政府允许法国参加太平洋战场的军事行动，认为如果这些行动有助于加强法国对印度支那的主权要求，美国就不应拒绝法国的请求。远东司对该文件马上作出回应。4 月 21 日，东南亚处主任莫法特（Abbot L. Moffat）也提交一份备忘录，强调美国政府应该认识到印度支那的独立倾向，如果无视当地人民正当的自治愿望，不仅违背美国长期宣称的反殖民主义信念，而且将损害美国在东南亚的战略和经济利益。这两种观点在国务院内部引起了激烈的争论，远东司的建议遭到邓恩的反对，他认为美国当前亟须加强与法国的关系，尤其是在西方面临苏联威胁的情况下。①

经过近两周的争论，两种观点最后达成了妥协。国务院认为美国应该要求法国作出关于印度支那计划的全面声明，尤其是关于当地自治和对待外国商业的计划，如果法国承诺进行重大改革，美国将不反对法国恢复在印度支那的主权。但是该计划还没有来得及实施，由于美苏之间在战后安排问题上产生了一系列分歧，造成美苏关系日益紧张，这使得战后恢复法国的大国地位以及加强美法合作关系显得更为重要。欧洲司的主张最终占了上风。②

不难看出，随着 1945 年 4 月罗斯福的去世，美国对越南进行"国际托管"的倡议也寿终正寝。当哈里·杜鲁门执政时，他对战后美国关于越南的计划了解甚少。二战临近结束时，美国面临着一系列更为迫切的问题，杜鲁门最终作出了两个对后来美国卷入越南非常重要的决定。1945 年 5 月，当美国国务院提出向法国保证承认其在印度支那主权的建议时，杜鲁门没有反对；7 月，在波茨坦会议上，杜鲁门同意扩大英国领导的东南亚战区司令部的控制区域，只是将北越保留在美国领导下的中国战场，北纬 16 度线以南的越南国土则由东南亚战区司令部负责，而英国方面对法国战后重新控制印度支那的行

①　Gibbons, *The US Government and the VietNam War*, pp. 19 – 20.

②　Herring, "The Truman Adminstration and the Restoration of French Sovereignty in Indochina," p. 104.

动持同情态度。这就为 1945 年 9 月初法国军队跟随英国军队占领西贡，参与接受日本投降的军事行动创造了条件。

1945 年 5 月，针对法国参加解放印度支那的军事行动的请求，美国副国务卿格鲁（Joseph C. Grew）向杜鲁门指出，从军事角度来看，法国军队参与太平洋战场几乎没有任何实际价值，但考虑到与法国临时政府的关系，法国军队参加对日作战在原则上是可行的。① 而杜鲁门也希望美法关系由此能够得到改善。在 1945 年 5 月 19 日举行的白宫会议上，杜鲁门阐明了美国向法国提供援助的看法，表示将欢迎法国及其他盟友在太平洋地区军事行动中提供帮助。② 在旧金山会议上，美国国务卿斯退丁纽斯与法国驻美大使博尼特（Henri Bonnet）会晤时，也表示美国将承认法国对印度支那的主权。③

1945 年 6 月 22 日，国务院最终出台了一份文件，题目为"关于远东战争结束时亚洲和太平洋地区形势的评估以及美国的政策和目标"。该文件指出，美国在亚洲和太平洋地区有两个目标，即远东的和平与安全要求加强殖民地区的政治自由；保持世界的和平与安全要求美国与殖民国家进行合作。因此，在需要对这两个目标进行政策协调时，美国政府应该阐明自己不断重申的政治原则，即支持殖民地民族在经过一段足够长的准备期后提高其自治程度，但美国应该避免采取任何可能严重损害盟国团结的行动路线。该文件特别谈到美国对印度支那的政策，指出印度支那存在着强大的独立运动，法国在重建殖民秩序过程中将遇到极大的困难。如果法国重返印度支那，采取促进该地区自治的措施将是十分必要的。美国应该"承认法国在印度支那的主权，但美国的总体政策是允许殖民地人民有机会不断参与政府管

---

① "Memorandum by the Acting Secretary of State to President Truman," May 16, 1945, in *FRUS*, 1945, Vol. 6, pp. 307 – 309.

② "Memorandum by the Director of the Office of European Affairs (Matthews) to the State-War-Navy Coordinating Committee," May 23, 1945, in *FRUS*, 1945, Vol. 6, pp. 309 – 311.

③ "The Acting Secretary of State to the Ambassador in China (Hurley)," June 2, 1945, in *FRUS*, 1945, Vol. 6, p. 312.

理，使其为最终获得自治做准备"①。二战后期美国在反殖民主义问
题上的矛盾心理，在该文件中充分体现出来，美国在印度支那的政策
目标并不明确。1945 年 8 月，戴高乐出访美国，美、法在印度支那
问题上达成共识。杜鲁门承诺将帮助法国恢复在国际社会中的大国地
位，不反对法国恢复在印度支那的主权，但表示美国政府不会使用武
力来帮助法国重建殖民统治。同时，杜鲁门还指出美国政府旨在保持
该地区的稳定，希望法国能够作出积极的表示，使印度支那向着自治
的方向发展。戴高乐承诺印度支那将获得独立，从而消除了杜鲁门的
主要顾虑。② 此后，杜鲁门政府默认了法国军队参与解放印度支那的
军事行动，允许法国在印度支那自由行动。

　　然而，战后法国重返印度支那时当地形势已经发生了急剧变化，
这使得美国原本模糊的目标变得前途莫测。二战结束时，胡志明领导
的越南独立同盟（简称越盟，成立于 1941 年 5 月，是一个由不同政
治派别组成的松散的统一阵线组织）在印度支那具有重大的影响，该
组织不仅控制了印度支那民族主义运动，而且已具备了在该地区建立
政权的能力。1945 年 8 月，随着日本的投降，胡志明领导发动了
"八月革命"。8 月 26 日，越南阮朝末代皇帝保大被废黜。8 月 29 日，
越盟建立了临时政府。9 月 2 日，胡志明在河内宣布成立越南民主共
和国。

　　与印尼民族主义者一样，胡志明等越盟主要领导人也认识到，印
度支那的民族独立与盟国尤其美国的政策密切相关。美国政府战前就
已经对菲律宾作出的独立承诺，战时美国的反殖民主义宣传，罗斯福
对印度支那命运的同情，使得胡志明等民族主义者对美国抱有一定的
好感。对于他们来说，美国独立的榜样以及美国在菲律宾的开明政策

---

①　Policy Paper Prepared in the Department of State, "An Estimate of Conditions in Asia and the Pacific at the Close of War and the Objectives and Policies of the United States," pp. 556 – 580.

②　Herring, "The Truman Administration and the Restoration of French Sovereignty in Indochina," pp. 108 – 109.

都具有强大的吸引力。《大西洋宪章》和后来《联合国宪章》所倡导的民族自决原则，激励着胡志明等民族主义者为争取民族独立而奋斗。美国与越盟的关系始于 1944 年晚期，当时越盟曾帮助营救了一名美国飞行员，并护送其返回位于中国南部的基地。此后，胡志明与美国战略情报局的联系建立起来，美军也开始向越盟方面提供军事和物资援助。1945 年 3 月日本袭击法国殖民机构以后，美国先前在印度支那建立的情报来源中断，这引起了美国在华南的情报官员对越盟的兴趣。胡志明希望通过这种合作能得到美国政府对越南民族主义事业的援助和承认。① 1945 年 8 月 15 日，越盟召开会议并正式向美国提出了援助请求，表示印度支那人民极其渴望获得独立，希望美国能够通过以下措施确保这一独立，即阻止或不要帮助法国重返印度支那；派遣技术顾问帮助印度支那开发资源；发展能够使印度支那自给的工业等。希望印度支那获得与菲律宾同样的地位。② 到 1945 年 8 月时，美国关于印度支那的政策尚未进一步明朗化，美国在印度支那的军事情报人员继续与越盟进行合作，在"八月革命"中也对越盟给予了一定的支持。③

1945 年 9 月，根据波茨坦会议的决定，以北纬 16 度线为界，英、中两国军队分别从印度支那南、北两部进入该地区接受日本投降。法国军队跟随英军也在印支半岛登陆，但先期到达的法军数量很少，而越盟的力量却相对强大，实际控制了印度支那大部分地区。在英军的帮助下，法军于 9 月 23 日占领了西贡。法国人的重返，导致印度支那到处发生了抗议和游行，西贡还发生了武装冲突。英国军队支持法国帝国主义的行为，不仅遭到了印度支那人民的强烈抗议，也遭到了

---

① Joseph M. Siracusa, "The United States, VietNam, and the Cold War: Reappraisal," in *Journal of Southeast Asian Studies*, Vol. 5, No. 1, 1974, p. 94.

② "Donovan to Truman," August 22, 1945, HST Papers, OSS Files, U. S. Senate, CFR, *The United States and Vietnam*, 1944 – 1947, p. 11, in Hess, *The United States' Emergence As A Southeast Asian Power*, p. 174.

③ Hess, *The United States' Emergence As A Southeast Asian Power*, p. 172.

印度政府的抨击，印度要求撤出这些军队（大多是印度人）。在这种情况下，英军东南亚战区司令蒙巴顿将军声明，英军的主要任务是受降，不希望英军卷入法、越之间的对抗中，英军仅仅占领了几个重要的城市和地区。同时，蒙巴顿敦促法国人尽快与越盟进行谈判。到10月初，英国试图确保法、越之间达成停火协议的努力失败了，美国也没有采取积极的措施，法、越之间的战斗已经展开。由于英国开始把主要精力集中于马来亚等英属殖民地，它也不愿在印度支那陷入过深。因此，随着法国军队大批抵达印度支那，英国政府决定把印度支那的责任提前移交给法国。不久，英法达成协定：法国殖民当局在印度支那16度线以南地区是唯一的权力机构，英国军队可以在该地区暂时驻留，负责接受日本投降并确保盟国战俘和被羁押平民的遣送。① 1946年1月底，英军完全撤出印度支那。1946年2月，中法两国签订协定，中国军队将在3月底把其受降区的控制权移交给法国。②

　　1945年10月底，法国任命的印度支那高级专员达阿让利厄（Georges Thierry d'Argenlieu）到达西贡，他无视"八月革命"后该地区爆发的强烈的民族主义情绪，把越盟在河内建立的政权视为非法政权。随着抵达印度支那的法国军队日益增多，法国重建殖民秩序的目的昭然若揭。胡志明发现法、越之间的冲突已经难以避免，认识到必须进一步加强越盟的地位，他希望美国能够继续向越盟提供支持，不断敦请美国兑现反殖民主义的承诺，呼吁联合国承认越南的独立。

　　印度支那的复杂形势很快使杜鲁门政府陷入了矛盾之中，面对默许殖民主义和支持民族主义之间进行选择的两难困境，杜鲁门政府采取了一种"不干涉"政策。这一时期法、越双方都希望得到美国的支持，但都没有得到美国政府的积极回应。杜鲁门政府拒绝了法国要

① "The Ambassador in France (Caffery) to the Secretary of State," October 12, 1945, in *FRUS*, 1945, Vol. 6, p. 314.

② "The Counselor of Embassy in China (Smyth) to the Secretary of State," February 28, 1946, in *FRUS*, 1946, Vol. 8, p. 29.

求美国对印度支那进行经济和军事援助的请求，而且针对当时英国利
用悬挂美国旗帜的船只向印度支那和印尼分别运送法国和荷兰军队，
以及向二者转交美制装备的现象，要求在租借的军事装备上去掉美国
制造的标签。1946 年 1 月，美国国务院再次重申："本政府不允许使
用悬挂美国旗帜的船舶或飞机向荷属东印度或印度支那运入或运出任
何国家的军队，也不允许使用这些船舶或飞机运载军队、弹药或军事
装备到这些地区。"① 战后初期美国决策者在印度支那问题上的矛盾
心理比在印尼政策中表现得更为慎重。美国长期以来宣称反殖民主
义，这一信念不仅包括一种在道义上对殖民制度的反感，而且包括一
种对民族主义本能上的同情。在战争临近结束时，美国国内舆论中的
反殖民主义情绪依然十分强烈，这种情绪也存在于不少美国官员中
间。1945 年 1 月 31 日，美国驻华大使赫尔利坚持在印度支那问题上
应遵守《大西洋宪章》的原则，即"尊重所有民族选择其所愿意生
存下的政体形式的权利"，他指出法国帝国主义和法国在印度支那的
独占似乎与这些原则相冲突。② 在战后初期，东南亚处的一些美国官
员还主张支持胡志明领导的越盟。在舆论的压力下，参谋长联席会议
拒绝批准使用美国船只运送法国军队到远东。③ 但是，1945 年印度支
那在美国外交中只是处于边缘地位，而法国在美国的欧洲战略利益中
则是至关重要的。在一些美国决策者看来，保持法国这个欧洲盟友的
友好合作关系显然要比具有共产主义色彩的越南民族主义的成功更加
重要。④ 他们认为美国需要一个强大的法国，不能由于殖民地问题而
过分疏远与法国的关系。美国决策层中普遍存在的这种矛盾心理，使
杜鲁门不愿介入印度支那的殖民冲突。

---

① "The Acting Secretary of State to Certain Diplomatic and Consular Offices," January 23,
1946, in *FRUS*, 1946, Vol. 8, p. 800.

② "The Ambassador in China (Hurley) to the Secretary of State," January 31, 1945, in
FRUS, 1945, Vol. 6, p. 294.

③ Thorne, *Allies of A Kind*, p. 629.

④ Rotter, *The Path to Vietnam*, p. 93.

但在法国重返印度支那后的几个月里，法、越之间的冲突已经普遍展开，一些美国官员开始质疑这种"不干涉"政策是否明智。在美国国务院内部，欧洲司和远东司之间关于印度支那政策的争论也在继续。到 1945 年底，美国的这种"不干涉"政策被抨击为支持殖民主义。美国政府虽然拒绝向在印度支那的法国军队提供武器和装备，但这一政策事实上效果十分有限，因为美国允许向法国自由出口武器，这些出口武器被重新运到印度支那。① 美军负责印缅战区事务的总司令警告说，东南亚民族中越来越多地认为美国尽管声称倡导自由运动，但却正在支持英国和其他欧洲国家重建殖民主权。② 也有不少美国官员指出，法国需要向非共产主义的越南民族主义者做出一定让步。东南亚处的官员鲁珀特·埃默森（Rupert Emerson）表达了同样的忧虑，他认为美国面临的不是简单地抹掉军事装备标志的问题，而是应该积极行动起来中止这场流血冲突。他建议美国政府向法国施加压力，尽快就印度支那问题达成一个协定，否则战争将难以避免。③ 当时美国国务院中许多东南亚问题专家也持这种看法。新上任的远东司司长文森特（John C. Vincent）极力主张美国政府采取一种积极的政策，组成一个联合调查委员会前往印度支那考察，促使双方达成妥协。他认为此举尽管可能会引起法国的反感，但可以阻止印度支那民族主义运动的激化，减少美法关系所受到的损害。④ 但该建议遭到了欧洲司的阻挠，后者主要担心组建联合调查委员会时，苏联就会要求

① "Department of State Policy Statement on Indochina," September 27, 1948, in *FRUS*, 1948, Vol. 6, p. 45.

② "Commanding General, Burma-India Theater, to General John Hull," December 25, 1945, in Herring, "The Truman Adminstration and the Restoration of French Sovereignty in Indochina," p. 114.

③ "Rupert Emerson Memorandum," December 18, 1945, 856E. 01/12 - 2045, *Department of State Records*, in Herring, "The Truman Adminstration and the Restoration of French Sovereignty in Indochina," p. 115.

④ "Vincent to Acheson," September 28, 1945, 851G. 00/9—2845, *Department of State Records*, in Herring, "The Truman Adminstration and the Restoration of French Sovereignty in Indochina," p. 113.

加入，他们不愿看到法国乃至整个西方世界的影响在印度支那消失或削弱。在这种情况下，美国政府只是表示希望法、越双方通过谈判解决冲突，要求法国作出使印度支那独立的承诺，使该地区的非殖民化能够效仿菲律宾模式得以实现，同时在谈判过程中逐渐清除共产党分子，在印度支那建立起非共产主义的民族主义政权。

在各方面的压力下，1945 年 11 月，法国与越盟方面开始进行谈判。1946 年 3 月 6 日，双方签订协定，法国承认越南（包括东京、安南和交趾支那三个地区）作为一个法兰西联邦内的自由邦，拥有自己的政权、军队以及财政独立，并将很快就其他如外交事务、法国的经济利益等方面事宜进行谈判。① 但双方对协定内容都不满意，该协定根本没有得到认真履行。在与越盟进行谈判的同时，法国也做好了军事征服的准备，越盟也时刻准备为独立而战。"3 月 6 日协定"签订后的几天里，大批法国军队到达印度支那，印度支那形势愈益紧张，法、越之间小规模的冲突不断发生。

此后，在这种紧张的气氛下，法、越之间就贯彻"3 月 6 日协定"的问题举行谈判。1946 年 4 月 18 日至 5 月 11 日，法、越代表印度支那南部的大叻（Dalat）继续谈判，双方的主要分歧在于交趾支那的地位问题：法国坚持把交趾支那作为印度支那联邦的一个独立实体；越盟则把交趾支那列入越南视为事关国家生死存亡的问题，坚持印度支那必须建立一个核心政权。② 这一问题也是之后法、越双方决定在巴黎进行谈判的关键内容。

在法、越双方谈判过程中，胡志明继续请求美国政府对越盟予以支持，希望杜鲁门能够向法国施加压力。1945 年 9 月至 1946 年 3 月，胡志明进行了一系列的努力，他写给杜鲁门和国务卿伯恩斯的信件以

---

① "The Consul at Saigon (Reed) to the Secretary of State," March 7, 1946, in *FRUS*, 1946, Vol. 8, p. 32.

② "The Ambassador in France (Caffery) to the Secretary of State," September 11, 1946, in *FRUS*, 1946, Vol. 8, p. 58.

及与一些美国官员的会谈，都表达了希望美国能够支持越南独立事业的强烈愿望。他还表示欢迎美国在越南投资，并几次致信杜鲁门，请求把《大西洋宪章》和《联合国宪章》的原则应用于越南。① 1946年2月，胡志明在转交给美、英、中、苏四国领导人的两封信中，请求干预并阻止法国在印度支那的军事行动，达成公正的协定，要求把印度支那问题提交联合国讨论，还特别请求美国支持越南效仿菲律宾模式获得独立。② 1946年5月，越南各党派包括新的社会主义团体，还向联合国递交了集体签名的呼吁书，谴责法国在印度支那挑起了战争，请求联合国组织的干涉，以实现越南人民所热爱的和平与安全。③但这一切都没有引起美国的重视。

美国政府对胡志明的消极回应，对越盟在谈判中的地位十分不利，实际上造成越盟在国际上的孤立。1946年5月12日，胡志明以及越南民主共和国的代表启程前往巴黎。7月6日，法、越谈判在法国的枫丹白露（Fontainebleau）召开。但在此期间，法国方面却违反"3月6日协定"，法属印度支那高级专员达阿让利厄于6月1日宣布交趾支那共和国临时政府成立。8月1日，达阿让利厄又擅自在大叻召开了有柬埔寨、老挝王国政府、交趾支那自治政府、安南南部土著等代表参加的会议，讨论法兰西联邦的结构问题。法国的行径引起了越南方面的坚决反对，越南代表终止了与法国的谈判，法、越关系空前紧张。

美国没有参与法国和越盟之间断断续续并最终流产的谈判，但法、越谈判的破裂引起了美国官方的密切关注。驻法大使卡弗瑞等呼吁美国政府重视印度支那危机。8月9日，东南亚处的莫法特强烈指责了法国的政策，敦促美国进行干预。他指出，法、越之间谈判的公

---

① Gardner, "How We 'Lost' Vietnam, 1940 – 1954," pp. 131 – 132.

② "The Assistant Chief of the Division of Southeast Asian Affairs (Landon) to the Secretary of State," February 27, 1946, in *FRUS*, 1946, Vol. 8, pp. 26 – 27.

③ "The Vice Consul at Hanoi (O'sullivan) to the Secretary of State," August 16, 1946, in *FRUS*, 1946, Vol. 8, pp. 55 – 56.

开破裂存在着极大的危险，法国准备采取新的措施来控制越南，将会导致越南普遍的仇恨。交趾支那政府的建立加剧了法、越之间的敌视，国务院应该敦促法国遵守"3 月 6 日协定"。①

但法、越之间的冲突已经不可避免。法国坚持重建殖民统治，而越盟则坚持越南领土的完整和统一，几个月的紧张关系最终酿成了大规模的武装冲突。1946 年 11 月 30 日，法国发出最后通牒，要求越盟从海防撤出所有军队，在遭到拒绝后，法国军舰轰炸了海防，至少造成 6000 余名越南人伤亡。"海防事件"发生后，法国军队凭借优势的兵力和装备很快占领了越南所有大城市，胡志明领导越盟转入地下抵抗斗争。美国政府虽然对法国进行了抨击，并希望对双方进行调解，但已经无法阻止事态的恶化。在这种情况下，印度支那出现了战后东南亚非殖民化过程中最具灾难性的一幕：1946 年至 1954 年法国发动的印度支那战争开始了。

二　寻找非殖民化的替代方案

印度支那战争爆发后，老挝和柬埔寨的激进组织"自由老挝""自由柬埔寨"以及越南民主共和国的代表在曼谷发表声明，提出了独立要求，呼吁美国以及联合国立即介入印度支那事务。印度支那形势的恶化使一些驻东南亚的美国官员深感忧虑，他们敦促美国尽快采取行动中止这场战争。美国驻泰国公使斯坦顿（Edwin F. Stanton）指出，印度支那局势已经影响到了东南亚地区的和平，敦请国务院采取措施进行调停或者促使安理会重视这一问题。② 东南亚处负责人莫法特也向国务院指出，法国的军事行动不仅将破坏其自身在该地区的政

---

① "Memorandum by the Chief of the Division of Southeast Asian Affairs（Moffat）to the Director of the Office of Far Eastern Affairs（Vincent），" August 9, 1946, in *FRUS*, 1946, Vol. 8, p. 54.

② "The Minister in Siam（Stanton）to the Secretary of State," January 7, 1947, in *FRUS*, 1947, Vol. 6, pp. 56 – 57.

治和经济目标，并将威胁到所有西方国家在东南亚的利益。印度支那的局势已经对印尼造成了影响，遍及东南亚的民族主义情绪的高涨，将损害美国在该地区道义上的领导地位。因此，美国应努力进行调停，并促使它们达成停战协定和政治协定。① 在这种情况下，国务卿马歇尔在 1947 年 2 月 3 日阐明了美国的立场，表示对印度支那的紧张局势深切关注，美国将努力为解决印度支那问题寻找一切适当的途径。鉴于法国的殖民主义观念已经不适应时代潮流，而胡志明与共产主义有着直接的联系，法国重建殖民政权抑或越盟控制印度支那的结果，都不符合美国的利益。但如果形势继续恶化下去，印度支那问题可能会被一些国家提交到安理会讨论，后果将对法国极其不利，因此美国希望双方重新开始谈判，尽快找到和平解决问题的途径。②

到 1947 年初，美国国会中尽管还存在浓厚的反殖民主义氛围，但基本上认可了国务院在 1945 年夏形成的印度支那政策。美国决策者希望在印度支那实行渐进式的非殖民化计划，他们对法国坚持顽固的殖民政策表示不满，担心由此会导致越南人走向对抗西方的道路，并影响到整个东南亚地区，进而使西方国家在远东的利益受到严重损害。但那时正值美苏战后争夺盟友的关键时期，美国亟须加强与欧洲盟友的密切关系。杜鲁门政府的主要精力已经集中于欧洲紧迫的冷战问题，开始全面接受 1945 年 4 月美国战略情报局提出的遏制苏联的政策。在这一背景下，保持法国在欧洲的合作显得空前重要，美国在欧洲的战略利益要求其支持法国，美国决策者大多认为法国面临着严重的困难，而法国的稳定和日益强大对于保持西欧和平是极其重要的。此时美国决策者更为关注的乃是越盟的共产主义色彩及其控制印度支那的可能性，而不是殖民主义的问题。因此，美国政府不愿在印

---

① "The Consul General at Singapore（Josselyn）to the Secretary of State," January 7, 1947, in *FRUS*, 1947, Vol. 6, pp. 54 – 55.

② "The Secretary of State to the Embassy in France," February 3, 1947, in *FRUS*, 1947, Vol. 6, pp. 67 – 68.

度支那进行公开的干预。①

到 1947 年中，印度支那的形势继续恶化使东南亚处以及国务院一些官员更加不安，他们仍然主张法国应该与越盟进行谈判，以稳定局势。但法国当局对胡志明的态度十分强硬，不愿与胡志明政权谈判，而是希望推翻越南民主共和国或以另外一个法国能够控制的政权取而代之，清除共产党分子。② 越盟也表达了顽强反抗的决心，法越之间的分歧已难以弥合。在这种情况下，不少美国官员开始极力敦促美国政府进行干涉。1947 年 5 月 29 日，美国前驻法大使威廉·布里特（Williams C. Bullitt）指出，法国在印度支那获得成功的可能性很小，法国人没有认识到殖民主义遗留下的仇恨，与这种仇恨伴随的是越南人对法国的严重不信任。他认为美国的干涉是中止冲突唯一可行的办法，以防止印度支那出现一个苏联控制的国家。如果法国不能与当地人达成政治和解，这种干涉和监督应该由联合国来进行。③ 6 月 14 日，美国驻西贡总领事里德（Charles Reed）向国务院报告说，大多数越南人把胡志明视为唯一能够代表他们利益的人，反对法国扶持另一个傀儡。一旦其大部分要求得不到满足，他们将准备进行一场艰苦的战争。他认为从确保印度支那的前途、东南亚的稳定、整个远东的利益以及西方民主的声誉等方面考虑，美国应该立即采取某种行动。④

7 月 17 日，马歇尔在给里德回信中阐明，美国的目标在于保持东南亚的稳定以及与西方民主国家的友好关系，应该迫使法国与越南民

① "The Acting Secretary of State to the Consul at Saigon（Reed）," December 5，1946，in *FRUS*，1946，Vol. 8，pp. 67 – 69.

② "The Ambassador in Siam（Stanton）to the Secretary of State," June 13，1947，in *FRUS*，1947，Vol. 6，p. 102.

③ "The Consul at Saigon（Reed）to the Secretary of State," July 11，1947，in *FRUS*，1947，Vol. 6，pp. 110 – 116.

④ "The Consul at Saigon（Reed）to the Secretary of State," June 14，1947，in *FRUS*，1947，Vol. 6，pp. 103 – 105.

主共和国政权进行接触。① 7 月 24 日，里德在回电中全面分析了印度
支那的形势，指出如果迫使法国与目前的越南政权接触，其在印度支
那的地位无疑将会受到削弱。如果法国人不能使印度支那各派政治力
量达成和解，唯一的方案将是中立性的干涉，建立一个令大多数越南
人满意的政权。他认为尽管越盟倾向于苏联，但还没有公开站在苏联
一边，胡志明也希望在完成民族主义诉求的过程中获得西方的支持。
实际上大多数越南人对共产主义并不了解，也并不关心，他们主要是
反对法国的统治，要求获得独立。越南现政权在争取独立、反抗法国
人以及建立民族经济的过程中乐于接受美国的援助，而反越盟的力量
也希望得到美国的援助来消除越南现政权和共产主义者。他强调美国
应该在印度支那发挥更大的作用，不能再拖延下去了。② 9 月 15 日，
里德再次致信马歇尔，指出法国没有认真履行"3 月 6 日协定"，双
方互不信任。如果目前的困境持续下去，美国进行干涉将是十分必要
的，否则美国在亚洲的声望将会因为法国的军事行动而严重受损。③
而且法国在印度支那的军事行动将引起美国舆论的强烈反响，也将影
响到国会关于美国对西欧，包括法国的财政援助的考虑。④ 里德甚至
提出应该由某种国际力量进行干涉。⑤

　　这一时期，美国高级决策层也深知印度支那长期的秩序动荡显然
不符合美国在东南亚的利益，认识到必须采取某种行动来解决印度支
那的问题。1947 年 5 月 13 日，马歇尔在发给驻法大使卡弗瑞的电文
中指出，东南亚的人口、资源和战略地位将是世界稳定的重要因素，

---

　　① "The Secretary of State to the Consulate General at Saigon," July 17, 1947, in *FRUS*,
1947, Vol. 6, pp. 117 – 118.

　　② "The Consul at Saigon (Reed) to the Secretary of State," July 24, 1947, in *FRUS*,
1947, Vol. 6, pp. 123 – 126.

　　③ "The Consul at Saigon (Reed) to the Secretary of State," September 15, 1947, in
FRUS, 1947, Vol. 6, pp. 137 – 138.

　　④ "The Acting Secretary of State to the Consulate General at Saigon," September 19, 1947,
in *FRUS*, 1947, Vol. 6, pp. 138 – 139.

　　⑤ "The Consul at Saigon (Reed) to the Secretary of State," September 26, 1947, in
FRUS, 1947, Vol. 6, pp. 141 – 142.

美国希望该地区国家在获得独立或自治后能够继续与西方国家保持密切的合作。目前印度支那局势的继续恶化，只能摧毁这种自愿合作的基础，使越南人疏远法国人，排斥那些法国所代表的价值观和其他西方民主思想。同时，印度支那的局势不可避免地会对整个远东的形势造成极大的影响，这种结果将造成民族主义者或共产主义者对西方的攻击。这不仅将影响到法国的长远利益，也将影响到包括美国在内的其他西方民主国家在东南亚的利益。① 但就印度支那的局势来看，法国的殖民主义统治方式显然是不可行的，那样必然引起当地人民的顽强反抗，当务之急是帮助法国找到一种持久的非军事的解决方案。

然而，美国决策者面临的问题是，当时印度支那最强大以及得到民众广泛支持的政治力量是胡志明领导的越盟。胡志明等越盟主要领导人的共产主义背景，使美国决策者担心印度支那会出现一个共产党控制的亲莫斯科政权，他们不愿对越盟提供支持，而把目光转向印度支那的非共产主义力量。② 从二战后期起，胡志明在与美军建立联系的同时，就开始不断请求美国向越盟提供援助，请求美国政府履行战时的反殖民主义承诺，支持印度支那的民族独立事业。1945 年 9 月，胡志明宣布越南独立时，在文件中这样宣称："'所有人生而平等，上帝赋予他们不可剥夺的权利，即生存、自由和追求幸福的权利。'这是 1776 年美国独立宣言的神圣声明。在更为广泛的意义上，这意味着：所有民族生而平等，所有民族都有权去争取生存、追求幸福和自由。"③ 胡志明在不同场合多次表露出对美国的尊重以及对菲律宾获得独立的羡慕。1945 年底，胡志明在与美国联络官阿基米德·帕蒂（Archimedes Patti）少校会面时，谈到了美国对菲律宾的政策，他

---

① "The Secretary of State to the Embassy in France," May 13, 1947, in *FRUS*, 1947, Vol. 6, pp. 95 – 97.

② "The Acting Secretary of State to the Consul at Saigon (Reed)," December 5, 1946, in *FRUS*, 1946, Vol. 8, p. 67.

③ Gibbons, *The US Government and the VietNam War*, p. 3.

曾这样说道："如果美国是我们的宗主国，我们现在也会获得自由
了。"① 从 1945 年 9 月到 1946 年春，胡志明先后向杜鲁门总统写过 8
封信，请求美国帮助越南获得独立，但杜鲁门为了保持与法国的同盟
关系，加强法国在欧洲坚定的反共产主义立场，对胡志明的呼吁均保
持沉默。1947 年 7 月初，越南政府副总理范玉石（Pham Ngoc Thach）
向美国驻泰国公使斯坦顿递交一份信函，请求美国在法越之间进行调
停，并请求美国向其提供一笔 1000 万—2000 万美元的贷款，用于采
购纺织品、医药和机械等急需物品。同时，越南还希望在资本和技术
上得到美国的帮助。但这一请求仍然没有得到任何答复。②

　　实际上，在法、越冲突开始后，美国决策者对越盟的了解十分有
限，而法国政府为了转移美国在印度支那政策上的注意力，不断强调
胡志明的共产主义色彩，指出胡志明与莫斯科有着直接的联系，并正
在接受苏联的指示。③ 美国驻西贡总领事里德于 1946 年 12 月 6 日指
出，几乎所有法国官员都在强调越盟的共产主义特征，甚至声称苏联
人已经开始在印度支那从事政治活动。④ 这一时期美国官方对胡志明
的看法也存在着争议。一些对东南亚形势了解较多的官员认为法国夸
大了印度支那共产主义的威胁。里德在 1947 年 2 月进一步指出，越
南共产主义是一种潜在的威胁，但目前尚不能过分强调其造成的危
险。⑤ 他认为印度支那尽管存在有共产主义的危险，但只有在越南政
权建立后无视西方民主国家的立场和拒不接受西方援助的情况下，才

　　① Karnow, *In Our Image*, p. 323.

　　② "The Ambassador in Siam (Stanton) to the Secretary of State," July 9, 1947, in *FRUS*, 1947, Vol. 6, pp. 109 – 110.

　　③ "The Ambassador in France (Caffery) to the Secretary of State," November 29, 1946, in *FRUS*, 1946, Vol. 8, p. 63.

　　④ "The Consul at Saigon (Reed) to the Secretary of State," December 6, 1946, in *FRUS*, 1946, Vol. 8, pp. 69 – 70.

　　⑤ "The Consul at Saigon (Reed) to the Secretary of State," February 27, 1947, in *FRUS*, 1947, Vol. 6, p. 76.

可能使其成为苏联附属。①

美国驻河内副领事奥沙利文（O'sullivan）在 1947 年 7 月 19 日的报告中这样指出，"奇怪的是，直到 1946 年 9 月之后，当越南政权变得明显不愿屈服于法国人时，法国才开始强调胡志明政权的共产主义威胁"。他认为法、越之间的破裂不是因为越南政权的共产主义色彩，而是因为该政权太强大，以至于法国难以达到自己所希望的结果。胡志明获得支持乃是由于他代表了为独立而战的精神和民族主义者的象征，而非因为他曾经或现在是一个共产主义者。② 奥沙利文在 7 月 21 日的报告中强调，当前越南政权中共产党的影响尚不足以把越南推进苏联阵营，在得到更确切的情报之前，对胡志明实行过分排斥的政策并不可行。他指出，"胡志明不愿承认自己是阮爱国，否认与苏联有任何联系，这说明他认识到必须与西方接触。早在 25 年前，胡志明就认为印度支那民族革命必须先于共产主义革命，显然他首先考虑的是驱逐法国人。他正在努力争取所能得到的援助，最终将倾向于向其提供援助的一方"。奥沙利文进一步指出，知识分子对越盟政权的支持并非受到国际上共产主义的影响，他们已经被法国的殖民政策推向了共产主义，他们对越南政权的支持源于对法国人的仇视，任何不受法国人控制的政权都是极具吸引力的。奥沙利文还强调，一旦越南倒向苏联，柬埔寨和老挝的现政权也将不复存在，因此法国在处理与越南政权的关系过程中存在着极大的危险。③

而美国驻法大使卡弗瑞等则持相反意见，认为胡志明将会建立在苏联指导下的共产主义政权。针对奥沙利文的看法，卡弗瑞指出，法国从 1946 年 9 月之后开始认识到胡志明政权的共产主义的威胁并不

① "The Consul at Saigon（Reed）to the Secretary of State," July 24, 1947, in *FRUS*, 1947, Vol. 6, pp. 123 - 126.

② "The Vice Consul at Hanoi（O'sullivan）to the Secretary of State," July 19, 1947, in *FRUS*, 1947, Vol. 6, pp. 120 - 121.

③ "The Vice Consul at Hanoi（O'sullivan）to the Secretary of State," July 21, 1947, in *FRUS*, 1947, Vol. 6, pp. 121 - 123.

奇怪，因为在 1946 年 9 月法、越谈判破裂，胡志明从法国返回印度支那后就重组政府，导致极端主义势力和越盟成员中的亲共人士急剧增多。他认为胡志明与共产主义世界一直保持着密切的联系，不仅在中国、印度，而且在整个世界都有着密切的联系。①

　　这种关于胡志明政治背景的意见分歧在 1948 年之后逐渐淡化。那时冷战在欧洲正日益加剧并开始向亚洲扩展，共产主义在中国取得胜利已是大势所趋。随着越盟的力量日益壮大，美国决策者越来越多地从严峻的全球冷战气氛中来审视印度支那冲突，他们对胡志明及其越盟的态度开始强硬起来，对越盟的不信任也增加了，对印度支那的民族主义运动不再持以同情，而更多的是担心。1948 年 7 月，国务卿马歇尔致信美国驻华使馆，强调胡志明的共产主义背景，指出胡志明是一个共产主义者，他在 20—30 年代在共产国际的经历，1945 年以来一直得到法国共产党中央委员会机关报《人道报》（*Humanite*）的支持，莫斯科的电台也不断对其进行赞扬，最近苏联出版的《工人日报》称其为"共产主义先锋"。② 越盟首先被标以共产主义的标签，排除了其作为该地区一个合法政体选择的可能。1948 年 9 月 22 日，美国副国务卿洛维特阐明国务院关于东南亚问题的立场，表示从 1948 年初开始，美国政府就已经密切关注东南亚迅速增多的共产主义活动。然而，很少有人注意到共产党在东南亚殖民地区实施的一个基本策略，即在当地民族主义者夺取政权时，为了赢得支持和建立同盟，他们不断将自己包装成当地民族主义运动倡导者，试图在该地区人民的心目中把共产主义混同于民族主义。③ 可见，美国决策者已经把胡志明领导的越盟视为全球范围内共产主义威胁的一部分。

---

① "The Ambassador in France（Caffery）to the Secretary of State," July 31, 1947, in *FRUS*, 1947, Vol. 6, pp. 127 – 128.

② "The Secretary of State to the Embassy in China," July 2, 1948, in *FRUS*, 1948, Vol. 6, p. 28.

③ "The Acting Secretary of State to the Consulate General at Saigon," September 22, 1948, in *FRUS*, 1948, Vol. 6, p. 43.

1947 年 9 月 17 日，越盟方面再次致信杜鲁门，请求美国政府干涉印度支那局势。信中呼吁：“面对法国政府提出的苛刻的和平建议……我们恳请贵国干预法越问题，建立基于公平和平等基础上的持久和平。我们呼吁美国人民——自由的倡导者向为同样的理想而奋斗的越南人民提供支持。”① 直到 1949 年夏，胡志明仍然多次向西方记者强调越盟是越南众多政治派别的代表，阐明自己对民族独立的承诺和在冷战中的中立立场，承诺向外国资本提供投资机会。胡志明的言论在美国引起了一些决策者的关注，1947 年之后，在美国选择解决印度支那问题的方案时，也的确有官员提出美国可以通过支持和培植胡志明使其成为一个“亚洲的铁托”，但胡志明的共产主义背景使得美国国务院深感不安。1949 年 5 月，艾奇逊曾致电驻河内领事，指出胡志明完全是一个共产主义者，“殖民地区所有的斯大林主义者都是民族主义者”。② 在美国决策者看来，一个越盟控制的政权将不利于美国的利益，接受胡志明所建立的民族主义政权的选择是十分冒险的。越盟的共产主义特征影响到了美国的政策倾向，为了保证西方阵营的团结以遏制苏联向欧洲的扩张，美国政府不愿因为殖民地问题而疏远其盟友，美国的主导政策已经转向支持法国在印度支那的行动。

事实上，从 1946 年底开始，随着法、越冲突的大规模展开，美国政府就希望能够为印度支那找到一种非殖民化的替代方案。法国的殖民政策是行不通的，必须寻找一个替代这种赤裸裸的殖民征服的政治方案。同时，要竭力避免印度支那的共产主义化，“胡志明替代方案”显然也是不可行的。1948 年之后，美国政府的兴趣逐渐转向法国提出的“保大方案”，视之为替代胡志明的理想方案。

到 1947 年春，法国已经在印度支那共动用了约 11.5 万军队，控

---

① "The Secretary of State to the Consulate General at Saigon," September 29, 1947, in *FRUS*, 1947, Vol. 6, pp. 142 – 143.

② "The Secretary of State to the Consulate General at Saigon," May 20, 1949, in *FRUS*, 1949, Vol. 7, pp. 28 – 29.

制了交趾支那以及安南的许多城镇，包括河内，但法军并未能摧毁越盟的主要力量，越盟仍然得到了绝大多数民众的支持，并准备进行长期的地下抵抗斗争，形势表明法国难以成功地解决印度支那问题。同时，法国在印度支那的军事行动遭到了许多亚洲国家的抨击。在这种情况下，法国政府改变了策略，开始寻找其他可以与之建立关系的力量或者党派，与胡志明和共产党争夺对印度支那民族主义者的支持。[①] 法国试图通过与反越盟的力量的合作，使印度支那战争由一场殖民战争转向印度支那的内战。1947 年 3 月，在埃米尔·博拉尔（Emile Bollaert）接替达阿让利厄任法属印度支那高级专员后，这一寻找非共产主义的替代方案逐渐集中到前越南阮朝末代皇帝保大身上。法国政府尽管对保大并不甚满意，但又认为保大的个人威望以及与越南皇室的关系，能够使其赢得温和的民族主义者和天主教徒的支持，也是当时能够找到的唯一一个可以与胡志明抗衡的替代者。1947 年 6 月，博拉尔会见寓居香港的保大，劝说保大重返越南政治舞台。面对法国提出的合作要求，保大担心自己完全成为一个傀儡，他希望法国能够作出使越南统一并最终获得政治独立的承诺。1947 年 9 月，博拉尔发表声明，表示法国政府同意越南的三个部分——东京、安南和交趾支那在法兰西联邦内的统一。一周之后，保大表示愿意代表反越盟的越南民族主义力量与法国进行谈判。[②] 1947 年 12 月，法国当局与保大达成协定，保大要求法国不能与胡志明进行谈判。法国表示在保大返回印度支那后将帮助其建立一个新政权，包括东京、安南和交趾支那在内的越南将允许在法兰西联邦内获得独立，但外交仍由法国人控制；越南可以有独立的军队，但有防御法兰西联邦任何地方的义务；双方将有共同的税收以及保持交通、通讯体系的完整等。[③] 但该协定

---

① "The Ambassador in France（Caffery）to the Secretary of State," July 8, 1947, in *FRUS*，1947，Vol. 6，pp. 118 – 119.

② Rotter，*The Path to Vietnam*，p. 91.

③ "The Ambassador in France（Caffery）to the Secretary of State," December 16, 1947, in *FRUS*，1947，Vol. 6，pp. 150 – 151.

案"无疑为美国决策者提供了新的政策选择。这一选择是一种逐渐排除其他选择方案的过程，实际上也是美国政府出于自身利益考虑的结果。

在法国提出"保大方案"之初，美国政府基本上持一种谨慎的态度。在许多美国官员看来，法国的真正意图值得怀疑，而且保大在生活方式上纯属一个花花公子，严重依赖法国和缺乏政治号召力，很难成为整合越南民族主义力量的核心，这些因素导致美国政府采取了一种观望立场。这一时期，美国国务院内部远东司和欧洲司之间在印度支那问题上仍存在两种对立的观点——"亚洲倾向"和"欧洲倾向"，美国政府对"保大方案"的态度变化也反映了这两个部门之间的争论。"保大方案"提出之初美国所持的观望立场，很大程度上与国务院远东司一些官员的主张有关。而美国在 1949 年之后对"保大方案"的逐渐认可并最终接受，则是欧洲倾向在决策者中起主导作用的结果。

远东司，尤其菲律宾和东南亚处的一些官员认为，在法国政府真正使越南获得独立以及保大证明其有能力获得民族主义者的广泛支持之前，美国政府不能给予保大政权外交承认和向其提供军事和经济援助。1948 年 6 月，已经接替里德担任美国驻西贡总领事的阿博特（George M. Abbott）向国务院建议，在法国政策不做重大改变之前美国不应对"保大方案"表态。① 其他一些持"亚洲倾向"的官员也认识到，由于保大缺乏广泛的支持，如果法国不作出真正让步，该方案对于那些民族主义者将毫无吸引力。在远东司的影响下，美国国务院建议法国应尽快允许越南在法兰西联邦内获得独立，尽快采取措施加强当地的反共产主义力量。② 马歇尔强调指出，如果法国继续在印度

---

① "Consul at Saigon to Secretary of state," June 30, 1948, 851G. 01/6 – 3048, in Hess, "The First American Commitment in Indochina: the Acceptance of the 'BaoDai Solution', 1950," p. 337.

② "The Secretary of State to the Embassy in France," July 14, 1948, in *FRUS*, 1948, Vol. 6, p. 33.

支那扶持一个傀儡政权，无疑只能加强胡志明的力量，导致共产党最终建立一个亲莫斯科的政权。① 1949 年 1 月 17 日，即将宣誓就任美国国务卿的艾奇逊重申，尽管国务院希望法国与保大或者任何其他真正的民族主义组织达成协定，以赢得越南人的普遍支持。但由于担心该政权在越南人中缺乏吸引力，实质上成为一个只能依靠法国的军事力量维系生存的傀儡，美国此时尚不能完全支持保大政权。②

当然，在美国官员中间，并非都支持这种观望政策，驻法大使卡弗瑞支持欧洲倾向策略，他主张无条件支持法国的政策。他认为保大的政治威望以及法国的军事、经济和财政援助等方面具有很大的局限性，唯一可以弥补"保大方案"的办法是美国对其进行承认和支持，而不是要求法国实行一种开明的殖民政策。③ 1949 年 3 月，卡弗瑞进一步向国务院建议，为了阻止共产主义在东南亚地区的扩张，支持该地区真正的民族主义运动，美国应该给予"保大方案"在道义上的支持，或者在保大返回印度支那最初的困难时期，给予保大某种经济上的支持。在卡弗瑞看来，这种支持对于加强保大的地位是至关重要的。尽管美国的援助不能完全保证"保大方案"的最终成功，可能会对美国在亚洲的地位造成严重影响，但鉴于"保大方案"是目前可以替代胡志明的最佳方案，美国政府应该冒这个风险。④

远东司的主张最初在国务院中具有一定的影响，但随着形势的发展，这种"亚洲倾向"策略受两个方面因素的制约，"欧洲倾向"的策略逐渐在美国决策过程中占了主导地位。其中一个因素就是美国决策者担心法国从印度支那的撤出。1948 年春，由于美国国会不断指

---

① "The Secretary of State to the Embassy in France," July 3, 1948, in *FRUS*, 1948, Vol. 6, pp. 29 – 30.

② "The Acting Secretary of State to the Embassy in France," January 17, 1949, in *FRUS*, 1949, Vol. 7, pp. 4 – 5.

③ Hess, "The First American Commitment in Indochina: the Acceptance of the 'BaoDai Solution', 1950," p. 339.

④ "The Ambassador in France (Caffery) to the Secretary of State," March 16, 1949, in *FRUS*, 1949, Vol. 7, pp. 12 – 14.

责法国正在把其资源和通过马歇尔计划获得的援助消耗于印度支那战争，在美法召开会议就有关问题进行磋商时，法国官员就警告说，美国国会任何削减经济援助的提案都可能导致法国撤出印度支那，这一棘手的问题将推给美国。① 因此，美国政府希望法国保持在印度支那的影响，担心法国撤出后将使美国面临着要么直接介入，要么接受越盟获胜的后果，无论哪种结果都将对美国十分不利。另一个因素是美国决策者受到全球冷战战略的影响。1948 年，遏制苏联共产主义在欧洲的扩张成为美国外交的当务之急，美国需要法国的支持来确保西欧的安全，保持法国政府的强大和政治稳定、保持法国与美国的友好关系显得至关重要。与此同时，印尼、菲律宾、马来亚等国家在1948 年都发生了共产党暴动。在美国官员看来，这些暴动都与印度支那的形势有着密切的联系，是国际共产主义"阴谋"的一部分，表明冷战已经延伸到了整个东南亚地区。1948 年 10 月 13 日，美国国务院秘密散发"苏联在远东和东南亚的政策模式"的文件指出，苏联正在把印度支那的长期动荡作为严重消耗法国的军事和经济资源的一个手段，胡志明最终将迫使法国人撤出，在印度支那建立一个在苏联控制下的民主共和国。② 冷战的严峻形势要求美国容忍法国的殖民政策，这种情况导致美国对法国殖民政策的影响十分有限。1948 年 7 月底，美国国务院远东司菲律宾和东南亚处（the Division of Philippine and Southeast Asian Affairs）起草了一份文件，批评了美国在印度支那的失策。文件指出："美国的政策目标只能通过法国诸如满足印度支那人民愿望的行动来实现……我们在向法国施加强大压力还是深深卷入印度支那问题上陷入犹豫之中，因为我们未能提出任何切实可行的方案，或是准备承担起介入的责任。我们需要保持一个强大和友好的

①　"Memorandum of Conversation（Lacy），" May 15，1948，DOS：851G. 01/5 - 1048，in Hess, *The United States' Emergence As A Southeast Asian Power*, p. 321.

②　"The Consul General at Saigon（Abbott）to the Secretary of State，" November 5，1948，in *FRUS*，1948，Vol. 6，pp. 54 - 55.

法国政府来帮助实现我们在欧洲的目标，使得我们对这些问题的考虑进一步复杂化了。这一紧迫而重要的利益超过了我们为实现在印度支那的目标而采取的积极措施。"① 的确，直到 1949 年初，美国决策者在选择解决印度支那问题的方案时仍难以摆脱困境。

　　但从 1949 年 2 月底开始，美国关于印度支那的政策逐渐具体化了。虽然国务院对"保大方案"仍持谨慎的立场，但态度已经开始改变。1949 年初，法国驻印度支那高级专员莱昂·皮尼翁（Leon Pignon）与保大进行了会谈，并于 3 月 8 日达成协定。在"3 月 8 日协定"签订之前，法国官方就表示一旦保大重返越南，将请求美国向其提供经济援助。② 美国国务卿艾奇逊则认为法国能否做出真正让步还值得怀疑，如果保大返回印度支那后，法国仍不采取决定性的行动，那么即使得到了法国的援助，保大也很难获得普遍的支持。因此，美国政府公开支持保大的时机尚不成熟。③ 1949 年 4 月，保大返回越南，"3 月 8 日协定"先后被西贡当局和法国政府批准。法国驻美使馆官员让·达里当（Jean Daridan）请求美国发表支持保大的声明，并要求美国向保大提供经济援助，但美国远东司官员巴特沃思（William W. Butterworth）谨慎地表示，美国的政策将视情况而定。由于他对保大整合越南民族主义力量的能力存有疑虑，在经济援助问题上没有向法国作出积极的表示。④

　　5 月 6 日，美国驻西贡总领事阿博特（Carl Abbott）向国务院指出，尽管"保大方案"的实施困难重重，但仍有成功的可能性，美

---

　　① "Policy Statement：Indochina," July 26, 1948, Files of the Division of Philippine and Southeast Asian Affairs, DSR, in Hess, "The First American Commitment in Indochina：the Acceptance of the 'BaoDai Solution', 1950," p. 338.

　　② "Caffery to Acheson," January 10, 1949, 851G. 00/1 – 1049, Box 80, RG 59, in Rotter, *The Path to Vietnam*, p. 92.

　　③ "The Secretary of State to the Embassy in France," February 25, 1949, in *FRUS*, 1949, Vol. 7, p. 8.

　　④ "Memorandum of Conversation between Daridan, Butterworth, and Reed," April 13, 1949, in *FRUS*, 1949, Vol. 7, pp. 19 – 20.

国在该方案实施最初的关键时期具有重要的影响，美国的支持并不能保证保大的成功，但失去美国支持的保大则肯定会失败。他建议国务院应该采取如下措施：继续向法国施加压力，敦促其贯彻"3 月 8 日协定"；与英国、印度等国家进行磋商，尽快达成共识；直接或间接通过经济合作署拨付法国的资金进行经济援助等。① 5 月 10 日，艾奇逊在回电中表示，鉴于目前尚无其他替代胡志明的方案，国务院希望"保大方案"获得成功。他指出，法国、其他西方国家以及亚洲非共产主义国家都应该不遗余力地确保"保大试验"的成功。国务院将在时机成熟时承认保大政权，并向其提供军事和经济援助，但援助计划必须得到国会的批准。美国不愿向一个傀儡政权提供支持，法国必须做出一切必要的让步，使"保大方案"能够吸引民族主义者。同时，保大也应该增强自己的政治凝聚力，以确保赢得公众的支持。②

美国对"保大方案"的这种态度变化同样引起了国务院内部的争议。5 月 17 日，国务院召开讨论有关印度支那政策的会议，东南亚处的代表指出，法国与保大的"3 月 8 日协定"使法国几乎完全控制了越南的外交，实质上也控制了越南的武装力量，因而不能吸引越南的民族主义者，"保大方案"很难获得成功。而西欧处的代表则认为，目前法国除了协定中的内容外不可能作出任何让步，美国向其施加压力并不能达到预期的效果。最后双方一致认为美国在印度支那问题上不应该自己出头，单凭美国无法改变印度支那的局势，应该努力使问题的解决"集体化"。③ 5 月 20 日，艾奇逊致电阿博特，指出法国根据"3 月 8 日协定"作出的让步，只能取决于民族主义者自己的反应。他表示希望法国能够真正履行协定规定的义务，营造建设性的

---

① "The Consul General at Saigon（Abbott）to the Secretary of State," May 6, 1949, in *FRUS*, 1949, Vol. 7, pp. 22 – 23.

② "The Secretary of State to the Consulate General at Saigon," May 10, 1949, in *FRUS*, 1949, Vol. 7, pp. 23 – 25.

③ "Memorandum of Conversation, by Mr. Charlton Ogburn, Jr., of the Division of Southeast Aisan Affairs," May 17, 1949, in *FRUS*, 1949, Vol. 7, p. 27.

氛围，而越南民族主义者也应与保大进行积极合作。美国不应处于引人注目的位置，而应与其他国家尤其是英国、印度、菲律宾等达成共识。① 同日，艾奇逊还致电美国驻河内领事，指出法国只有向印度支那民族主义运动做出让步，从共产党那里赢得民族主义者的支持，才能为解决印度支那问题提供基础。中国的经验表明，美国的军事和经济援助不能挽救一个政权，除非该政权得到民众的普遍支持，能够真正代表民族主义者。② 1949 年 6 月 15 日，美国驻英大使道格拉斯指出，在保大形成能够有效统治的政权、证明其能够获得成功之前，美国政府不应该采取措施给予承认。③ 斯坦顿也持相同意见，他在 6 月17 日指出，在保大政权事实上建立和运作尤其是获得普遍支持之前，美国政府完全赞同保大是极不明智的。他建议国务院目前不要发表任何声明。④

为此，美国国务院在 1949 年 6 月向法国外交部递交了一份备忘录，进一步强调了这一立场。该备忘录指出，从战后以来，南亚和东南亚的大多数殖民地决心主宰自己的命运，民族主义情绪日益高涨。因此美国政府希望西方国家能够理解这一形势变化，满足这些民族主义运动的基本要求，宗主国不能再仅仅依靠军事手段来控制殖民地。希望通过宗主国向殖民地民族主义者作出必要的让步，使两者之间保持一种有利的经济贸易关系，使西方国家能够在这些地区保持正当的利益。这样才能保持这些地区的政治稳定和经济的发展，有利于整个世界的稳定。备忘录还指出，美国政府一直对印度支那形势倍加关注，印度支那民族主义运动的力量十分强大，胡志明领导的越盟之所

---

① "The Secretary of State to the Consulate General at Saigon," May 20, 1949, in *FRUS*, 1949, Vol. 7, pp. 28 – 29.

② "The Secretary of State to the Consulate General at Hanoi," May 20, 1949, in *FRUS*, 1949, Vol. 7, pp. 29 – 30.

③ "The Ambassador in the United Kingdom (Douglas) to the Secretary of State," June 15, 1949, in *FRUS*, 1949, Vol. 7, pp. 55 – 56.

④ "The Ambassador in the Thailand (Stanton) to the Secretary of State," June 17, 1949, in *FRUS*, 1949, Vol. 7, pp. 58 – 59.

以获得普遍支持，是由于其许诺为获得独立而斗争。基于此，美国政府担心法国所做的让步很难满足越南民族主义的要求，结果将难以挽回目前的局势。国务院建议法国政府应该在"3月8日协定"基础上做出更大的让步，以吸引越南民族主义领导人，包括那些此前曾支持越南民主共和国的领导人参加这一政权，使之形成越南的政治核心，只有这样才能吸引所有自由国家的支持。否则该政权将很难完成其面临的任务。①

这样，到 1949 年夏，美国国务院内部"亚洲倾向"的声音已经十分微弱，关于印度支那政策争论的主要焦点，已不再是是否支持保大的问题，而是是否坚持促使法国向越南民族主义作出让步，作为美国政府支持保大的条件。② 同时，美国决策者也认识到美英两国对保大的率先承认，必然引起亚洲国家的强烈反响，如果美国承认"保大方案"失去了国际上的广泛认可，将会使自己处于一种被动地位。因此，美国国务院希望"保大方案"能够首先得到其他亚洲国家的承认。6 月 14 日，副国务卿韦伯（James E. Webb）指出，东南亚邻国——印度、暹罗、缅甸和菲律宾等国的支持，对于"保大方案"获得成功是极其重要的，尤其是印度应该在支持保大的过程中起到领头作用。如果美英起到过于显著的作用，可能会使"保大方案"成为"死亡之吻"。③ 但是其他一些关注印度支那局势的国家，如印度、泰国等都认为"3月8日协定"是法国继续控制印度支那的幌子，保大只是一个傀儡。④ 在这种情况下，美国政府一方面向亚洲各国进行外交游说活动，希望与这些国家就"保大方案"达成共识；另一方面

---

① "Memorandum by the Department of State to the French Foreign Office," in *FRUS*, 1949, Vol. 7, pp. 39 – 45.

② Hess, *The United States' Emergence As A Southeast Asian Power*, pp. 318 – 319.

③ "The Acting Secretary of State to the Embassy in the United Kingdom," June 14, 1949, in *FRUS*, 1949, Vol. 7, pp. 49 – 50.

④ "The Secretary of State to the Consulate General at Saigon," June 29, 1949, in *FRUS*, 1949, Vol. 7, p. 64.

敦促法国政府尽快采取有效措施，以争取越南民族主义者及其他国家的信任。

6月18日，国务院向印度政府阐明美国在印度支那问题上的立场，指出"保大方案"的失败可能会导致共产党控制印度支那，尽管"3月8日协定"并非宗主国和殖民地之间的模范方案，但从现实情况来看，该协定意味着法国政府所能做出的最大程度的让步。"3月8日协定"只是越南问题进展的第一步，法国政府必须做出更多的让步，以满足越南人民的民族主义愿望。① 随后，美国政府继续向法国施加压力，敦促其尽快实施和阐明"3月8日协定"有关内容，增强保大政权成功的可能性。6月29日，美国驻法大使布鲁斯（David K. E. Bruce）与法国外长舒曼（Jean-Baptiste Nicolas Robert Schuman）会晤时进一步强调，如果根据"3月8日协定"建立的政权不能得到越南民族主义者的广泛支持，那么法兰西联邦相关的目标将难以完成。该政权的成功与其得到国际支持的程度密切相关，其中决定性的因素将是东南亚其他国家对该政权的态度，美国的立场将在很大程度上依赖于该政权得到广泛的支持以及邻国立场的变化。布鲁斯强调了保大方案成功的两个主要因素，即从内部来说确保越南新政权尽可能地获得普遍的支持，这就依赖于法国采取自由开明的政策，并尽快履行"3月8日协定"；从外部来说，主要依赖于东南亚邻国对越南新政权的立场。②

但是，在法国推出"保大方案"后，亚洲各国表现出强烈的反感，它们认为"保大方案"仍然带有浓厚的殖民色彩。早在1947年10月，当时的中国政府就向美国驻华大使司徒雷登（John Leighton Stuart）指出，法国的现行政策很难使印度支那问题达成一个协定。

---

① "The Acting Secretary of State to the embassy in India," June 18, 1949, in *FRUS*, 1949, Vol. 7, pp. 59 – 61.

② "The Ambassador in France (Bruce) to the Secretary of State," June 29, 1949, in *FRUS*, 1949, Vol. 7, pp. 65 – 66.

一个没有胡志明参加的政权不可能组建，因为胡志明及其越盟是该地区唯一受到广泛支持的组织，法国现行的军事路线只能使自由运动落在极端主义和共产主义分子的控制之中。中国表示将不会支持在印度支那重建君主政体，不会支持保大。① 其他亚洲国家也普遍对"保大方案"保持谨慎的立场。为了获得其他国家的广泛承认和支持，保大于 1949 年 9 月主动展开外交活动，他向南亚和东南亚邻国致信，并派出友好使团先后与澳大利亚、菲律宾、泰国和印度等国进行谈判，希望能够与这些国家建立正式外交关系，但这些国家反应十分消极。② 它们普遍怀疑保大政权的凝聚力和能否真正代表越南的民族利益。例如，尼赫鲁认为保大的支持者主要是其家族成员和前宫廷官员，包括一部分天主教信徒以及其他准宗教团体。他强调"保大方案"成功的关键在于法国承诺越南最终获得独立或确定独立的日期，满足民族主义运动的愿望，使保大建立一个真正的民族主义政权。③

印度以及东南亚邻国的这种消极的态度，使美国官方对"保大方案"的命运深感忧虑。1949 年 9 月 8 日，美国驻西贡总领事阿博特向国务院指出，如果美国政府在 11 月之前仍不采取一定的外交举措，将对保大的声望极其不利。他建议与英国采取一致行动促使东南亚国家尽快与保大政权建立关系。④ 9 月 9 日，英美两国代表就印度支那形势和支持保大方案等问题进行磋商时，英国外交部远东事务署主任（Director，office，Far Eastern Affairs，British Foreign Office）丹宁（Esler Denning）也重申，应该先由亚洲国家对保大表示支持，英美率先

---

① "The Ambassador in China（Stuart）to the Secretary of State，" October 18，1947，in *FRUS*，1947，Vol. 6，pp. 143 – 144.

② "The Charge in the United Kingdom（Hdmes）to the Secretary of State，" September 9，1949，in *FRUS*，1949，Vol. 7，pp. 79 – 80；"The Consul General at Saigon（Abbott）to the Secretary of State，" October 5，1949，in *FRUS*，1949，Vol. 7，pp. 89 – 90.

③ "Memorandum by the Assistant Secretary of State for Far Eastern Affairs（Butterworth）to the Secretary of State，" October 20，1949，in *FRUS*，1949，Vol. 7，pp. 92 – 94.

④ "The Consul General at Saigon（Abbott）to the Secretary of State，" September 8，1949，in *FRUS*，1949，Vol. 7，p. 75.

对保大的承认将会造成不利的影响，也会引起一些英联邦成员的反对。①

　　1949 年 9 月，英、美、法三国外长在华盛顿会晤，就"保大方案"进行了一系列的磋商。9 月 13 日，艾奇逊在与英国外交大臣贝文的会谈时指出，美国将敦促法国尽快建立一个越南民族主义政权，希望一些亚洲国家率先承认该政权，他再次强调英美率先承认对于"保大方案"将是一个"死亡之吻"。贝文表示赞同，指出应该敦促法国政府尽快批准"3 月 8 日协定"，并把印度支那事务由殖民部转交到外交部，在此之前英国将不承认保大政权。美国负责远东事务的助理国务卿巴特沃思强调指出，英美应该进一步推动"保大方案"的成功。9 月 15 日，艾奇逊与法国外长舒曼进行了会谈。舒曼表示，法国在印度支那面临着十分严峻的形势，造成沉重的财政负担。法国仅 1949 年内在印度支那的开支已达到约 2000 亿法郎，几乎占法国财政预算的 1/8。他强调法国在印度支那的战争远远超过了法兰西的民族利益，是在阻止共产主义对东南亚的控制，因此美国应该向法国及其在印度支那建立的保大政权、柬埔寨以及老挝政权提供经济援助。舒曼承诺法国将实行一种开明的政策，但又认为印度支那缺乏独立的准备，亚洲国家的承认是巩固保大政权的关键。艾奇逊没有对经济援助一事做出答复，但表示美国将尽力促进东南亚其他国家对保大政权的承认。②

　　为了使"保大方案"更易于被亚洲国家尤其是印度、缅甸和暹罗等国所接受，美国政府进一步向法国施加压力促使其作出让步。1949 年 11 月 10 日，美国驻法大使布鲁斯与法国高级专员皮尼翁（Léon Pignon）就印度支那局势进行会谈，敦促法国尽快采取以下措施，即

---

　　①　"Memorandum of Conversation, by the Assistant Secretary of State for Far Eastern Affairs（Butterworth），" September 9, 1949, in *FRUS*, 1949, Vol. 7, pp. 76 – 79.

　　②　"Memorandum by Mr. James L. O'sullivan, of the Division of Southeast Asian Affairs, on Preliminary Talks as to Indochina," September 28, 1949, in *FRUS*, 1949, Vol. 7, pp. 83 – 89.

批准"3月8日协定"以及与柬埔寨、法国与老挝达成协定;切实向越南政权移交行政职能做出结论;法国将管理越南事务的权力转移给外交部等。布鲁斯指出,这不仅可以确保保大方案的成功,而且将促使其他国家的支持。① 12月11日,布鲁斯还建议国务院应该慎重考虑印度支那问题。他认为印度支那建立一个非共产主义政权符合美国的利益,但目前法国政府不会容忍印度支那获得完全独立。保大必须得到广泛的支持,但这一目标由于越南人对法国的普遍不信任而受到阻碍。鉴于此,美英两国应该承认保大政权,尤其要促使邻近地区其他国家的承认;由经济合作署直接向印度支那提供资金援助等。② 12月22日,布鲁斯再次指出,美国应该在印度支那问题上采取巩固保大政权的实际行动,除了采纳上述建议(12月11日)外,还应该通过直接经济援助来减轻法国在印度支那所承受的财政负担,使用根据1949年安全互助条约建立的特殊基金,这既可以抵御共产主义在亚洲的扩张,也有利于法国的经济稳定。③

布鲁斯的建议很快成为国务院内部的一种共识。在美国决策者看来,那时亚洲冷战形势正日益严峻,提前承认并援助保大政权已经势在必行。1949年10月之后,随着中华人民共和国建立并很快向苏联阵营靠拢,中国人民解放军已经向华南边陲逼近,美国政府对远东形势忧虑重重。美国驻泰国大使斯坦顿此前已经指出,"如果西方不能够帮助东南亚各国抵御苏联的压力,最终会使整个东南亚成为共产主义的'牺牲品'。如果共产主义主宰整个亚洲,将会给欧洲经济、西方国家的安全以及整个世界的和平造成一种极其严重的威胁"。④

---

① "Memorandum Prepared in the Embassy in France for the Secretary of State, Temporarily at Paris," November 10, 1949, in *FRUS*, 1949, Vol. 7, pp. 95 - 97.

② "The Ambassador in France (Bruce) to the Secretary of State," December 11, 1949, in *FRUS*, 1949, Vol. 7, pp. 105 - 110.

③ "The Ambassador in France (Bruce) to the Secretary of State," December 22, 1949, in *FRUS*, 1949, Vol. 7, pp. 112 - 113.

④ "The Ambassador in Thailand (Stanton) to the Secretary of State," June 14, 1949, in *FRUS*, 1949, Vol. 7, pp. 50 - 53.

1949 年底至 1950 年初，美国决策者开始重新审视其战后的东南亚政策，这无疑对美国的印度支那政策有着深刻的影响，法国在印度支那的战争已经成为美国亚洲遏制战略不可分割的一部分。这一因素进一步推动了美国政府对保大政权的承认。

1949 年 11 月，英国驻东南亚高级专员马尔科姆·麦克唐纳德（Malcolm MacDonald）在访问印度支那后指出，鉴于远东局势的危急，如果东南亚其他国家仍迟迟不愿承认保大，英国有必要提前承认保大。此后，英国政府加强了对保大政权的支持。① 1950 年 1 月科伦坡会议之后，英国外交大臣贝文通知法国政府准备承认保大政权，并把英国驻西贡总领事提升为公使。贝文在科伦坡会议期间还努力促使其他英联邦成员国采取类似的行动。② 与此同时，美国政府也加快了承认保大的步伐。1949 年 12 月 27 日，驻西贡总领事阿博特致信国务院，建议美国与英国同时或在其后不久承认保大政权，否则将会使法国和保大对美国在东南亚遏制共产主义扩张的决心产生怀疑。如果英国单独承认保大，其他国家可能会指责保大是英法殖民主义的傀儡，而美国在菲律宾和印尼独立问题上的政策则可以淡化亚洲国家这样的宣传。③ 这一时期美国政府希望其他亚洲国家承认保大政权的目的并没有达到，印度、缅甸、泰国、菲律宾以及印度尼西亚都认为保大政权缺乏广泛的支持，表示在法国给予越南真正的自由和独立之前，不愿承认任何印度支那政权。④

在英美的压力下，1949 年 12 月 30 日，法国与保大政权签订了大

---

① "The Ambassador in France（Bruce）to the Secretary of State," November 21, 1949, in FRUS, 1949, Vol. 7, p. 97.

② "The Secretary of State to the Embassy in the Philippines," January 7, 1950, in FRUS, 1950, Vol. 6, pp. 691 – 692.

③ "The Consul General at Saigon（Abbott）to the Secretary of State," December 27, 1949, in FRUS, 1949, Vol. 7, p. 114.

④ "The Ambassador in India（Henderson）to the Secretary of State," January 7, 1950, in FRUS, 1950, Vol. 6, pp. 692 – 693; "The Ambassador in Indonesia（Cochran）to the Secretary of State," January 11, 1950, in FRUS, 1950, Vol. 6, p. 693; "The Ambassador in Thailand（Stanton）to the Secretary of State," January 12, 1950, in FRUS, 1950, Vol. 6, pp. 693 – 694.

约 30 个协定，就移交司法、军事、经济、财政以及文化事务等事宜达成了协定。[①] 而胡志明在长期向美国求助无望的情况下，最终向中苏两国靠拢。1950 年 1 月 18 日和 30 日，新中国和苏联政府先后承认胡志明的越南民主共和国为合法政权。在美国决策者看来，这恰恰印证了他们长期以来所认定的胡志明政权的共产主义特征，他们决定无条件接受"保大方案"。1950 年 2 月 7 日，美国政府不顾其他亚洲国家的反对，正式承认保大政权、老挝和柬埔寨王国是法兰西联邦内的独立国家。同日，英国也对三个政权予以承认。

美国政府对保大政权的无条件承认，是战后初期美国在印度支那历经五年两难困境后作出的选择。1950 年前后，美国决策者完全是用全球冷战思维来审视印度支那问题，在对"保大方案"的可行性以及法国最终能否采取"开明的"殖民政策等问题进行权衡的同时，他们所面临的选择已经局限在要么支持法国殖民主义在印度支那的存在，要么面对共产主义向整个东南亚地区扩张的危险。那时美国的政策主要在于反共产主义，而非支持民族主义。当美国面临在反殖民主义和反共产主义之间作出明确选择时，它最终选择了后者。冷战的严峻形势，以及中国共产主义的胜利对东南亚造成的压力，使得美国决策者改变了对法国殖民主义的态度，他们最终没有在印度支那进一步向法国施加非殖民化的压力。在他们看来，法国对印度支那的继续统治，对于保存西方国家在东南亚的利益是至关重要的。[②]

三　美国对印度支那政策的重新定位

杜鲁门政府对保大政权的承认标志着其印度支那政策发生了重大

---

① "The Consul General at Saigon（Abbott）to the Secretary of State," December 30, 1949, in *FRUS*, 1949, Vol. 7, pp. 115 – 116.

② Joseph M. Siracusa, "The United States, VietNam, and the Cold War: Reappraisal," in *Journal of Southeast Asian Studies*, Vol. 5, No. 1, 1974, pp. 82 – 101.

转折，是美国重新定位东南亚政策的一个直接结果。1950 年前后，一系列棘手的全球性和地区问题加深了杜鲁门政府对东南亚战略和经济地位的认识，美国决策者开始重新审视其东南亚政策，这一重新评估的结果促使杜鲁门政府对整个东南亚地区作出了一系列新的承诺。其中最重要的举措之一，就是放弃了战后以来在印度支那模糊的中立政策，采取一种公开支持法国殖民主义的政策。在美国决策者看来，阻止越盟在印度支那的胜利乃是遏制共产主义向东南亚扩张的关键所在，"保大方案"的成功能够确保东南亚的非共产主义和亲西方倾向。因此，美国必须支持法国在印度支那的反共产主义斗争，向其提供军事和物资援助，否则法国的失败或撤出，将使美国必须承担起印度支那乃至整个东南亚地区的防御责任。这一时期美国政府更为关注的是印度支那的军事问题，而非法国的殖民政策。在承认保大后的几周里，美国开始卷入印度支那，不仅初步承担起对印度支那的政治责任，而且开始向法国以及保大政权提供军事和经济援助。在朝鲜战争爆发后，美国对法国及其越南傀儡政权的援助规模不断扩大，到1954 年法国撤出印度支那时，美国已经成为这场战争最大的财政支持者。

1949 年夏至 1950 年初，导致杜鲁门政府重新定位其东南亚政策的根本原因，在于东南亚地区的形势直接影响到了美国在欧洲的战略和经济利益。在美国决策者看来，这一时期对亚洲和欧洲来说都是一个关键的时刻，美国正面临着战后以来最为严重的全球危机。战后美国外交的重点是西欧的经济复兴和政治稳定，但这时美国发现西欧盟友们正面临着极其严重的经济和政治困难，并对美国利益形成了直接威胁。欧洲出现的经济衰退，由于其在世界贸易中的不平衡和巨大的美元短缺而进一步加剧，美国政府更加担心相互联系的西方经济体系将濒临崩溃。美国决策者认识到西欧的经济复兴能够通过东南亚的稳定与和平得到帮助，东南亚对于缓解战后欧洲美元短缺极其重要，东南亚的经济振兴有利于欧洲的经济复苏。战前法、英、荷等国通过各自的东南亚殖民地建立起一种三角贸易模式，通过向美国销售原材料赚得的美元，从而避免了"美元短缺"的问题。而以英国为首的英镑集团地区依靠美国购买产自马来西亚的橡胶和锡矿产品，才得以健康运转。但是。战后在马来西亚、印度支那和印度尼西亚长期持续的殖民战争，破坏了这种传统的贸易模式，进一步加剧了已经恶化的西欧经济形势。杜鲁门政府认为对法国在印度支那以及英国在马来西亚的财政和物质援助将会促进东南亚实现军事和解、经济恢复和政治稳定，同时也会缩小"美元短缺"，出现一个能在欧洲复兴中起到更多积极作用的法国，美国对东南亚的援助将有助于这些目标的实现。[①]另外，这一时期美国在远东的战略重点在于扶持日本，而日本大国地位的恢复也亟须重建与东南亚的经济关系，东南亚是日本极其重要的原料来源地和出口市场，尤其是在朝鲜战争爆发后，美国开始把日本视为远东反共产主义的前沿阵地和军事补给基地，这一需要显得更加迫切。

东南亚的重要性也源于美国对自身安全的忧虑。对于美国决策者来说，1949 年秋苏联试制原子弹的成功，打破了美国的核垄断，已经严重危及其国家安全利益；共产主义在中国取得胜利，并开始向东南亚地区进行扩张，尤其是中国参加朝鲜战争和向胡志明提供援助，对西方国家在东南亚的利益造成了最严重的威胁。他们担心共产主义在东南亚的扩张会造成"多米诺骨牌效应"，一个共产主义化的东南亚将对美国的全球战略造成致命打击。东南亚对于美国的价值，也是基于五角大楼的军事计划和战略优先的考虑。美国的战略决策者认为在未来与苏联或中国的战争中，东南亚将具有重要的战略地位。在战后初期，美国已经在全球建立了一个庞大的军事基地网络，东南亚尤其是菲律宾的基地在全球防御战略中起着极为重要的作用。1950 年 4 月 14 日，时任美国国防部长路易斯·约翰逊（Louis A. Johnson）在

---

① McMahon, *The Limits of Empire*, p. 39.

给国务卿艾奇逊的报告中，全面阐述了东南亚对于美国的战略重要性。他指出，东南亚是美国某些战略储备物资的主要来源地，是阻止共产主义从日本向南以及环绕印度半岛扩张的遏制链条中极为重要的一部分。这一地区三个重要的非共产主义基地——日本、印度和澳大利亚的安全，在很大程度依赖于东南亚免受共产主义的控制。如果东南亚丧失给共产主义，它们将处于彼此孤立之中；失去印度支那无疑将导致东南亚其他国家的沦陷，从而将会改变菲律宾和印尼在亚洲岛屿链中的支撑地位，成为防御西半球的前沿基地，这将要求美国重新考虑在远东的战略部署；将使菲律宾、马来西亚和印尼的内部安全形成一种危险局面，最终倒向共产主义；共产党控制这一地区将会极大地减轻中国面临的粮食问题，并将使苏联获得重要的战略物资。共产主义控制东南亚地区，将能够获取世界市场上橡胶供应的 70% 和锡矿产品供应的 50%，以及通过控制能够满足亚洲国家的食物来源（大米），这势必将大大加强共产党军队在世界其他地区的军事能力。[1] 这样，苏联控制了亚洲战争潜力的所有重要因素，可能会成为影响到美苏之间力量平衡的决定性因素。一个苏联占主导地位的亚洲、西欧或者控制了二者，都将会对美国的安全构成严重威胁；苏联对远东的控制也会威胁到美国在日本的地位，因为日本由此可能得不到其需要的亚洲市场、粮食和其他原材料的来源地，使美国在亚洲的岛屿基地可能会受到威胁。[2] 因此，在美国政府看来，与共产主义进行的这场全球权力斗争的成败极其重要。1950 年，东南亚成为一个与远东和西欧密切联系的地区，东南亚的命运与美国外交目标之间从地缘战略、经济、政治及意识形态等方面联系起来。面对共产主义在东南亚的挑战，东南亚地区在美国全球政策的战略重要性

---

[1] "Memorandum by Louis McNutt of the Bureau of Far Eastern Affairs to the Working Group on Colonial Problems," August 26, 1952, in *FRUS*, 1952 – 1954, Vol. 3, pp. 1148 – 1150.

[2] "The Secretary of Defense（Johnson）to the Secretary of State," April 14, 1950, in *FRUS*, 1950, Vol. 6, pp. 780 – 785.

提高了，美国决策者认为美国在东南亚发挥更为积极的作用将有助于应对这些全球性的危机，他们开始关注东南亚的命运。由于印度支那是进入东南亚的重要战略门户，美国开始把其视为东、西方竞争的关键。

1950 年 3—5 月间，英、法、美三国围绕世界形势问题进行了一系列的双边或三边会谈，东南亚局势成为重点议题之一。三国一致同意把东南亚作为一个整体，认为该地区面临的困难有着共同的根源，即中国共产党的胜利使苏联操纵的国际共产主义势力不断增加。美国表示愿意考虑向该地区提供军事和经济援助，以加强该地区抵御共产主义的能力，但同时强调英法只有容忍当地的民族主义，其正当利益才能得以保护，否则民族主义将会被共产主义所吞噬。① 5 月 4 日，美英在关于东南亚形势问题的讨论中指出，"东南亚对于自由世界国家来说在战略上、政治上和经济上是极其重要的，这一地区沦为共产主义控制之下将会对整个自由世界构成严重的威胁"。同时，该地区与西欧有着密切的政治和经济联系，保持西欧在东南亚的贸易和商业利益对于西欧的经济是十分重要的。西方国家在东南亚进行资本和技术的大量投资，以及欧洲影响在东南亚殖民地区的继续存在，能够为该地区的进一步发展提供坚实的基础。因此，应该促进该地区国家之间及其与西方国家之间的密切合作。在这一合作过程中，东南亚国家能够借鉴西方国家的管理经验，以使其尽可能地获得西方国家的援助。美国政府强调指出，尽管东南亚的安全对于美国具有战略上的重要性，但英法在该地区具有直接的责任，应该对东南亚的安全给予更多的关注。美国政府还表示将进行一切外交努力"保卫"东南亚、遏制共产主义的进一步扩张，也准备在自己能力范围内给予军事援

---

① "The United States Delegation at the Tripartite Preparatory Meetings to the Secretary of State," May 1, 1950, in *FRUS*, 1950, Vol. 3, pp. 935 – 938.

助，并正在考察给予印度支那和东南亚其他地区提供经济援助的可能性。[1] 为了实现东南亚稳定和保护西方在东南亚利益的目标，美国国务院在 1949 年 12 月至 1950 年之间，先后向东南亚派出了一系列的使团。如 1949 年 12 月的杰瑟普使团（the Jessup Mission），主要考察亚洲形势并提出具体建议；1950 年 2 月 27 日，组成一个以格里芬（Allen Griffin）为首的特殊经济考察团，考察东南亚各国的形势，是为贯彻向东南亚提供经济和技术援助的计划提出建议。在朝鲜战争爆发后，杜鲁门派贝尔（Daniel Bell）使团前往菲律宾考察当地的经济以及财政和税收政策；接着又委派以梅尔比（John Melby）和厄斯金（Graves B. Erskine）为首的安全互助计划联合调查团前往东南亚，主要考察通过军事援助的手段遏制共产主义向该地区扩张的具体情况。这些使团的建议使得美国在东南亚的影响极大地增加了，使其政策开始具有一致性和连贯性。[2] 此后，杜鲁门政府出台了一系列的政策来援助法国和英国在印度支那和马来西亚镇压共产党领导的叛乱，并向缅甸、泰国、印度尼西亚及菲律宾提供大量的经济和技术援助，在整个东南亚地区承担起更多的责任，以确保东南亚的政权稳定及亲西方倾向。

1950 年初，大多数美国官员认识到东南亚是一个与美国利益攸关的地区，那时几乎所有重要的政策文件、战略评估及情报分析都要提到印度支那问题。随着马歇尔计划的实施以及北大西洋组织的建立，欧洲的经济复兴和重整军备与印度支那的形势紧密联系起来，印度支那尤其是越南被美国决策者视为东南亚的关键。在他们看来，一个强大且稳定的法国对于西欧的一体化是十分重要的。但是，印度支那战争正在把法国的资源和精力分散到东南亚地区，日益增加的代价使法国经济已经到了崩溃的边缘，严重阻碍了美国所进行的欧洲复兴

---

[1] "The United States Delegation at the Tripartite Preparatory Meetings to the Secretary of State," May 4, 1950, in *FRUS*, 1950, Vol. 3, pp. 943 – 945.

[2] Hess, *The United States' Emergence As A Southeast Asian Power*, pp. 352 – 358.

计划，并造成法国的政治动荡，使其易于受到共产党的颠覆。印度支那战争不仅阻碍了法国在欧洲的复兴，而且严重削弱了法国履行北约义务的能力，使其无法保持在欧洲大陆抑制重新武装的德国所必需的大国地位。① 因此，1950 年前后，地缘战略、经济、政治和意识形态等因素交织在一起，促使了美国在印度支那的政策目标进一步具体化。为了防止印度支那落入共产主义之手，杜鲁门政府已经决定加强对法国的军事和经济援助。从 1949 年春开始，法国就不断请求美国给予保大政权政治和经济上的支持。1950 年 2 月 16 日，法国正式请求美国给予大规模的经济和军事援助。

针对法国的请求，杜鲁门政府也认识到向印度支那提供军事援助的必要性。1950 年 2 月，国务院在一份文件中指出，面对苏联向东南亚地区扩张的威胁，美国不可避免地与法国人一道承担起印度支那的责任，法国保大方案的失败将意味着印度支那的共产主义化。美国面临的选择就是，要么在印度支那支持法国人，要么面对共产主义在东南亚大陆其他地区，或者可能向更远的西方的扩张。因此，美国必须在东南亚进行庞大的投资，拒绝向法国提供支持将得不偿失。美国已经在欧洲向法国提供了大量的援助，不能因为印度支那问题而损害美国在欧洲的目标。该文件建议美国应该向法国提供军事援助，支持印度支那的反共产主义民族主义政权，该项援助资金主要来自 1949 年安全互助条约 303 条款下的基金。② 根据 303 条款的规定，杜鲁门政府批准向印度支那拨出 1500 万美元的军事援助，之后又承诺提供广泛的经济援助。③ 在承认保大政权后的三个月里，一些美国官员不断请求政府向印度支那提供更多的援助，认为没有美国的支持，法国和保大政权将无力维持局势。1950 年 3 月，格里芬使团先后访问了

---

① Rotter, *The Path to Vietnam*, p. 217.

② "Problem Paper Prepared by A Working Group in the Department of State," February 1, 1950, in *FRUS*, 1950, Vol. 6, pp. 711 – 715.

③ "Memorandum by the Deputy Director of the Mutual Defense Assistance Program (Ohly)," June 1, 1950, in *FRUS*, 1950, Vol. 6, pp. 98 – 100.

越南、马来亚、缅甸、泰国和印度尼西亚等国，在每个国家停留7—10天时间考察经济援助计划，随后建议美国政府向东南亚提供一项总额达6600万美元的经济和技术援助。其中拨付越南的金额为2350万美元，用于帮助保大政权获得真正的独立，增强其广泛的吸引力。①

1950年2月27日，美国国家安全委员在关于印度支那问题的NSC-64号文件中指出，采取一切措施遏制共产主义向东南亚的扩张，对美国的安全利益至关重要。印度支那作为东南亚的关键地区，当时正处于危急关头。如果印度支那遭到共产党的控制，其邻国泰国和缅甸也将处于共产党控制之下，东南亚的均势将受到严重威胁。该文件敦促国务院和国防部制订出优先的计划，保护美国在印度支那的安全利益。② 4月14日，国防部长约翰逊也指出，东南亚的形势已经恶化，若没有美国的援助，该地区的政治、经济稳定状况以及军事和内部安全形势都将不堪设想。他建议任命一个东南亚援助委员会，由国务院、国防部和经济合作署派出代表组成，负责对东南亚整个地区的计划的进展和完成。③ 这一建议直接促成了1950年6月梅尔比和厄斯金为首的防御互助计划联合调查团的组成。5月8日，艾奇逊与法国外长舒曼在巴黎举行会谈时表示，美国将给予法国和印度支那三国经济和军事援助，以帮助其恢复稳定。④ 1950年6月之后，随着朝鲜战争的爆发，美国决策者越来越担心整个远东地区将处于共产主义控制的危险中，开始把朝鲜和印度支那视为在亚洲遏制共产主义的两个重要战场，法国在印度支那的利益与美国的全球战略紧密联系在一起。⑤

---

① Russell H. Fifield, *Americans in Southeast Asia：The Roots of Commitment*, New York：Thomas Y. Crowell Company, 1973, pp. 143 – 145.

② "Draft Report by the National Security Council," February 27, 1950, in *FRUS*, 1950, Vol. 6, pp. 745 – 747.

③ "The Secretary of Defense（Johnson）to the Secretary of State," April 14, 1950, in *FRUS*, 1950, Vol. 6, pp. 780 – 785.

④ "Editorial Note," in *FRUS*, 1950, Vol. 6, p. 812.

⑤ "The Charge in France（Bohlen）to the Secretary of State," February 16, 1950, in *FRUS*, 1950, Vol. 6, pp. 734 – 735.

杜鲁门政府开始加强对印度支那的军事援助，强调在目前有限的责任和战略优先的范围内，美国的资源应该被用于保护印度支那和东南亚免受共产主义侵略的问题上。[①] 1950 年 10 月 13—18 日，美法在华盛顿举行会谈，内容涉及美国在《北大西洋公约》的框架内援助法国重整军备的问题，会议还就美国向印度支那增加军事援助问题进行了磋商。10 月 17 日，美国国务院向新闻界宣布："国会已经批准向远东提供大约 5 亿美元的军事援助，鉴于印度支那战场的重要性，这一援助总额的大部分将被用于向法国和印度支那诸邦的武装力量提供军事装备，包括提供轻型轰炸机。"[②] 12 月 23 日，美国与法国、越南，老挝和柬埔寨最终达成一个防御互助协定。[③] 那时美国对印度支那的援助已经超过了 1.33 亿美元。在 1951 年美国的财政预算中，指定用于印度支那的军事物资总价值增加到约 3.165 亿美元。[④] 此后直到 1954 年法国撤出，印度支那一直是美国对东南亚军事援助的重点。

然而，到 1950 年底，美国在扩大对法国经济和军事援助规模的同时，仍不能摆脱在印度支那政策上进退两难的困境。法国在印度支那的军事行动仍无成功的希望，保大的傀儡角色没有改变，未能得到越南民族主义者的支持以及亚洲邻国的普遍承认，直接原因就是法国没有遵守其先前的承诺而向保大政权做出实质性的政治让步。而越盟在中国和苏联的直接援助下，仍然进行着顽强的抵抗。而且从 1951 年初开始，法国扶持的印度支那三邦除了要求更大程度的经济自主和建立民族军队之外，它们迫切希望获得更大范围的自主权。1951 年 8 月，三邦代表参加旧金山会议返回印度支那后，开始要求外交自主权，它们难以容忍法国在联邦内的主宰地位。与此同时，法国则仍然

---

① "The Deputy Under Secretary of State for Political Affairs（Rusk）to the Assistant to the Secretary of Defense for Foreign Military Affairs and Military Assistance（Burns）," March 7, 1950, in *FRUS*, 1950, Vol. 6, p. 752.

② "Editorial Note," in *FRUS*, 1950, Vol. 6, p. 893.

③ Ibid., p. 954.

④ McMahon, *The Limits of Empire*, p. 60.

不断强调自己正在与越盟共产主义进行的战争，是为了欧洲和世界的共同利益而作出的牺牲，呼吁美国加大援助力度。[①]

那时，杜鲁门政府尽管已经承担起援助印度支那的责任，但法国的反共产主义政策不能完全消除美国人对其殖民政策的怀疑，美国还必须表明自己的反殖民主义立场，它不愿被公众指责为帮助法国殖民主义。[②] 当时有美国官员指出，美国通过对法国在印度支那提供军事和经济援助，正在失去亚洲和中东国家的同情和支持，这些国家认为印度支那三邦——南越、柬埔寨和老挝并没有获得事实上的独立，抨击美国无疑是在支持法国试图恢复殖民统治和反对当地的民族主义力量。[③] 1950 年 3 月 29 日，艾奇逊致电驻法大使布鲁斯指出，从亚洲、斯堪的纳维亚各国对保大方案的态度以及美国新闻界的反应来看，很显然东西方大部分公众舆论仍然认为保大以及柬埔寨、老挝国王是法国的傀儡，认为法国并没有根据“3 月 8 日协定”使印度支那在法兰西联邦内享有自治。他建议美国政府敦促法国遵守“3 月 8 日协定”的承诺，向印度支那民族主义作出明确的让步，“不至于使亚洲以及西方国家对法国在这一重大问题上的意图做悲剧性的误解”。[④] 1950 年 9 月，负责远东事务的助理国务卿腊斯克在总结印度支那形势时强调，印度支那三邦在政治上不能形成一个强固的反共阵线，主要在于它们对法国殖民主义统治形式的担心和厌恶，而非敌视共产主义。美国在印度支那政策中面临的两难困境由于这一形势的发展而加剧，因为要遏制共产主义在东南亚地区的扩张，美国就需要继续向法国人保护下成立的印度支那政权提供援助，但这种援助将继续被指责为帝国

---

① Grimal, *Decolonization: The British, French, Dutch and Belgian Empires* 1919 – 1963, pp. 248 – 249.

② "The United States Delegation at the Tripartite Preparatory Meetings to the Secretary of State," May 1, 1950, in *FRUS*, 1950, Vol. 3, pp. 990 – 992.

③ "Memorandum by Louis McNutt of the Bureau of Far Eastern Affairs to the Working Group on Colonial Problems," August 26, 1952, in *FRUS*, 1952 – 1954, Vol. 3, pp. 1148 – 1149.

④ "The Secretary of State to the Embassy in France," March 29, 1950, in *FRUS*, 1950, Vol. 6, pp. 768 – 771.

主义，不仅苏联阵营各国，而且亚洲地区其他反殖民主义国家也会指责美国。[①]

另外，这一时期美国派往东南亚的使团也不断强调指出，法国坚持殖民主义政策不利于美国的反共产主义战略。1950 年 8 月 6 日，在美国国务院、国防部关于东南亚防御互助计划的联合调查团向对外军事援助协调委员会报告指出，在印度支那，"像远东许多其他地区所发生的那样，越盟开始致力于亚洲民族获得独立和旨在消除该地区白人统治的民族主义运动。像在其他地区一样，共产主义运动成功地使自己与民族主义运动结合起来，并散布非共产主义的民族主义团体是殖民国家的工具和傀儡的观点。虽然许多与共产党联盟的民族主义力量基本上是反共产主义的，但是他们认为独立问题是必须首先解决的问题，其他问题可以随后解决"。该文件强调，美国应该继续向法国施加政治影响，促使其完成已与印度支那达成的政治计划，以有助于实现遏制共产主义战略目标。[②] 8 月 16 日，派往印度支那的梅尔比—厄斯金使团在其评估报告中也强调，印度支那建立一个稳定的反共产主义政权的前提，仍然依赖于法国对其作出完全独立的承诺。美国政府应该敦促法国尽快作出实质性的让步。[③] 8 月 23 日，希斯在给国务院的报告中则认为最有效和紧迫的就是成立越南的民族军队。[④] 11 月 28 日，参谋长联席会议致国防部长马歇尔的备忘录也认为，争取印度支那人民对保大政权的广泛支持，对于达成解决印度支那安全问题的协定是十分必要的。美国应该从法国政府那里获得以下保证，即关于印度支那最终获得自治的计划；组织印度支那民族军队；法国应改

① "Memorandum by the Assistant Secretary of State for far Eastern Affairs (Rusk) to the Secretary of State," September 11, 1950, in *FRUS*, 1950, Vol. 6, pp. 878 – 880.

② "The Joint State-Defense MDAP Survey Mission to Southeast Asia to the Foreign Military Assistance Coordinating Committee," August 6, 1950, in *FRUS*, 1950, Vol. 6, pp. 840 – 844.

③ "Memorandum Prepared in the Policy Planning Staff," August 16, 1950, in *FRUS*, 1950, Vol. 6, pp. 857 – 858.

④ "The Minister at Saigon (Heath) to the Secretary of State," August 23, 1950, in *FRUS*, 1950, Vol. 6, pp. 864 – 867.

变其在印度支那的政治和军事设想，废除其殖民主义政策等。[1] 在各方面的压力下，杜鲁门政府在向法国和印度支那各国提供援助的同时，也敦促法国实行开明化的殖民政策，建议法国政府给予印度支那三邦更多的自由，向印度支那民族主义者、亚洲邻国以及向世界表明摈弃殖民主义的决心。[2] 1951 年期间，杜鲁门政府进一步把军事援助与承诺帮助印度支那三邦获得更大的自由结合起来，甚至要求监督援助的使用情况。[3]

然而，美国在印度支那所面临的政策困境，可谓其战后初期东南亚政策中最为棘手的部分。1950 年 10 月，法军在高平（Cao Bang）战役中惨败，请求美国增加军事援助。美国决策者虽然认识到法国以及印度支那联邦军队在对抗越盟的过程中毫无成效，但当地出现的严峻形势又与美国在东南亚乃至全球的安全利益息息相关，从而使法国在印度支那的地位显得日益重要，这也意味着杜鲁门政府难以坚持以军事援助为条件来迫使法国作出政治让步。1950 年 12 月 21 日，国家安全委员会的报告重申了先前已经确立的目标：美国最为关注的是防止印度支那控制在共产党手里，这一目标的实现主要依赖于法国军队。尽管该文件仍然强调以法国作出政治让步来建立一个替代越盟的反共产主义政权，但在 12 月 23 日由美国、法国以及印度支那三国签署的防御互助协定中，美国所做的军事承诺大大削减了其对法国政策的影响。到那时，美国在印度支那问题上的选择只能是支持法国的军事行动，而无力影响其殖民政策了。[4]

事实上，战后以来美国决策者一直难以摆脱在印度支那的两难困

---

[1] "Memorandum by the Joint Chiefs of Staff to the Secretary of Defense (Marshall)," November 28, 1950, in *FRUS*, 1950, Vol. 6, pp. 945 – 948.

[2] "Country Report Prepared in the Bureau of Far Eastern Affairs for the Director of the Mutual Defense Assistance Program (Bruce)," in *FRUS*, 1950, Vol. 6, pp. 735 – 738.

[3] Grimal, *Decolonization: The British, French, Dutch and Belgian Empires, 1919 – 1963*, p. 249.

[4] Hess, *The United States' Emergence As A Southeast Asian Power*, p. 364.

境，他们不愿公开谴责法国的政策，因为美国决策者认识到其全球利益是相互关联的，摧毁越盟的力量与保持东南亚的非共产主义倾向对于美国的安全极其重要。法国在印度支那的军事行动符合美国的利益，如果美国政府过于指责法国或者美国在援助问题上表现出犹豫时，法国就威胁将从印度支那撤出全部军队。正如美国国务院 1952 年 8 月的一份文件所指出的那样，美国在殖民地区有着相互冲突的利益。美国的长期传统的利益使其同情殖民地民族的独立渴望，而美国短期的政策又要求其必须支持法国，以保持法国在西欧的强大力量，使法国成为遏制链条上的基石。在由于东西方冷战所导致的短期内的安全考虑，与长期的鼓励殖民地民族向自治过渡之间的利益权衡，造成美国在殖民地利益上处于一种两难处境。① 1950 年之后，随着中国对越盟援助的加强，美国决策者希望避免与中国直接发生战争，不愿介入印度支那战争过深，希望只起到一种辅助角色，而使法国继续承担主要的责任。1950 年 11 月 17 日，美国战略联合调查委员会（Joint Strategic Survey Committee）向参谋长联席会议（the Joint Chiefs of Staff）提交的报告强调，恢复印度支那和平和安全的责任应继续依靠法国人，即使印度支那遭到共产主义中国的公然袭击，美国也不能冒险卷入一场与中国进行的全面战争。报告还指出，印度支那问题的长期解决依赖于法国作出全面的政治和经济让步，并最终使印度支那各国在法兰西联邦内获得自治或者完全独立于法国。对于美国来说，向法国施加压力在印度支那进行这些改革和允许其走向自治，将会使美国比直接承担军事责任损失更少。② 国防部长洛维特也反对美国直接介入印度支那战争。1952 年 3 月，他就美国介入所要付出的战争代价做了对比，指出美国即使以每年 10 亿或 15 亿美元的代价支持法国

---

① "Memorandum by Eric Stein of the Office of United Nations Political and Security Affairs to the Working Group on Colonial Problems," August 26, 1952, in *FRUS*, 1952 – 1954, Vol. 3, pp. 1142 – 1143.

② "Analysis Prepared for the Joint Chiefs of Staff by the Joint Strategic Survey Committee," November 17, 1950, in *FRUS*, 1950, Vol. 6, pp. 949 – 953.

在印度支那的战争，也比美国付出 500 亿美元的代价卷入一场与共产主义中国的战争更有利。①

总的来说，杜鲁门政府并未能对印度支那冲突带来的多种挑战做出令人满意的反应，其结果是在印度支那陷于更深的援助义务。到 1952 年底，杜鲁门政府已经承担印度支那战争约 40% 的费用。1953 年 1 月艾森豪威尔上台后，美国政府在印度支那的困境并没有得到实质性的改变。1953 年夏，法兰西联邦内部出现了危机。首先是保大政权的总理吴庭艳对法国不满，要求越南自身承担起更多的责任。6 月 13 日，柬埔寨国王西哈努克避难泰国，呼吁获得真正的独立。在这种情况下，法国于 1953 年 7 月答应加快印度支那各国的独立进程，但所作的让步仍然极其有限。此时，随着冷战的白热化，美国的全球利益与地区利益交织在一起，加重了美国对印度支那前途的深深忧虑。印度支那战争不再被视为一场殖民征服，而只是一场反共产主义的斗争。而法国在印度支那的军事状况日益恶化，在军服、给养和武器等方面都严重依赖美国的援助，这种情况使美国唯有同意向其提供更大幅度的军事援助。到 1953 年底，美国已经承担起印度支那战争大约 80% 的费用，提供了总额达 29 亿美元的军事援助。②

到 1954 年，美国已经极大地加深了在印度支那的义务。杜鲁门政府和艾森豪威尔政府遏制共产主义在该地区扩张的决心，不仅使美国投入了巨大的人力物力，而且在 1954 年 3—5 月的奠边府战役中几乎走到了军事介入的边缘，但美国最终没有直接卷入印度支那战争。1954 年 5 月，在国际有关各方的共同斡旋下，关于和平解决朝鲜和印度支那问题的日内瓦会议召开，共有中国、苏联、美国、英国、法国、朝鲜、越南、老挝以及柬埔寨等 23 个国家参加会议。在此期间，法军在奠边府战役中遭到沉重打击，直接导致法国拉尼埃政府倒台，

---

① "Memorandum of Discussion at NSC Meeting," March 5, 1952, in *FRUS*, 1952 – 1954, Vol. 12, Part 1, pp. 71 – 72.

② Springhall, *Decolonization Since 1945*, p. 47.

法国国内掀起了反战浪潮，国民议会敦促停止在印度支那进行这场
"肮脏战争"。7 月 21 日，决定印度支那命运的日内瓦协议正式签订。
根据协议的规定，法、越之间停止冲突；建立独立的老挝和柬埔寨，
越南则以北纬 17 度线为界分为南北两半。越南的统一问题将在 1956
年 7 月举行大选后做出决定。① 日内瓦会议标志着法国殖民主义在东
南亚的寿终正寝。然而，随着法国的失败，艾森豪威尔政府做出的两
个承诺，对以后美国的东南亚政策有着广泛的意义，即其一，美国通
过发起东南亚条约组织，正式承担起东南亚的地区安全责任；其二，
美国开始在南越致力于建立一个稳定的非共产主义政权。② 1954 年
后，艾森豪威尔政府更加担心亚洲共产主义的扩张会在东南亚产生
"多米诺骨牌效应"，随着这种忧虑的增加，美国加大了对南越的支
持力度。不久，吴庭艳废黜保大，宣布自任总统，退出法兰西联邦，
并于 1955 年 10 月 26 日宣布南越独立，而日内瓦会议曾经同意的决
定越南命运的大选从未举行。1961 年 5 月，作为协议签约国的美国
破坏了日内瓦协议，大力扶持吴庭艳政权。1964 年 8 月，美国制造
北部湾事件，开始在越南大规模部署军事力量，美国最终作为南越的
"保护者"进入越南。随着越南战争的全面升级，战后以来的印度支
那问题最终酿成了一场 20 世纪的美国悲剧。

四　"越南化"的非殖民化

显然，对于美国决策者来说，印度支那非殖民化的这种结局并非
一种满意的方案。与印度尼西亚比较起来，印度支那的非殖民化没有
按照美国所设想的那种方式获得成功，直到美国全面卷入越南战争为
止，美国决策者都未能为印度支那找到非殖民化的最佳方案。在一定

---

① "The Final Declaration," in James Cable, *The Geneva Conference of 1954 on Indochina*,
New York: St. Martin's Press, 1986, pp. 146 – 148.

② McMahon, *The Limits of Empire*, p. 68.

意义上，印度支那和印度尼西亚非殖民化的不同结局，与国际社会对两者的不同反应以及美国的政策倾向有着很大的关系。首先是胡志明领导越盟争取民族独立的斗争没有得到国际社会的广泛关注。在1950年之前，即使苏联也对印度支那的反殖民斗争关注较少。由于越盟的共产主义色彩，其他亚洲新独立国家很少向"越盟"提供支持或者声援，尤其是印度表现得最为明显。印度虽然强烈反对殖民主义，却很少关注印度支那。1947年春，越南代表前往新德里参加亚洲国际关系会议，呼吁亚洲国家给予帮助，但尼赫鲁只是表示同情，没有做出明确的承诺。印尼的独立得到了其他亚洲国家的广泛支持，而"越盟"尽管进行了极大的努力，但还是不能消除其他亚洲国家的疑虑。其次，作为宗主国的法国与荷兰在国际地位上有着重大差别。荷兰只是一个西欧小国，其国际地位和在世界事务中的影响十分有限。而法国在战后已经恢复了世界大国地位，成为安理会五个常任理事国之一，这使得美国包括印度等国对其殖民地问题所持的态度有所区别。1948年初，胡志明请求印度和缅甸政府把印度支那问题提交联合国讨论，以达到联合国进行干预的目的，但印度政府在这一问题上表示犹豫。因为法国作为安理会常任理事国有权否决任何有损法国利益的议案，而且印度在克什米尔问题上还希望得到法国的支持，印度为了与法国保持良好的关系，没有更多地抨击法国的殖民主义。①

而对于美国来说，其欧洲目标的实现更大程度上依赖于法国的积极合作，与荷兰合作的重要性则次之。到1947年中期，美国官方对两个殖民地的冲突还同样看待，但在荷兰发动第一次"警卫行动"后，美国对两者的政策有了明显区别，杜鲁门政府开始积极卷入印尼的冲突，而对法、越冲突则倾向于采取"不干涉"政策。同时，联合国的介入使得印度尼西亚冲突添加了新的色彩，在国际社会强大的舆论压力下，美国继续保持"中立"已显得不合时宜。而法国运用

---

① "The Secretary of State to the Certain Diplomatic and Consular Officers," January 29, 1948, in *FRUS*, 1948, Vol. 6, p. 19.

其在联合国安理会中的否决权，可以阻挠任何国际上针对其殖民地问题的提议。① 此外，在美国决策者看来，这两个国家的民族主义与共产主义的关系不同。1948 年后，苏加诺等领导下的印尼共和国表现出坚决的反共产主义立场，而"越盟"控制下的越南民族主义运动则具有强烈的共产主义色彩。从冷战一开始，胡志明及越盟就被定性为莫斯科的工具，印度支那的共产主义运动与 1948 年印度、缅甸、菲律宾、印度尼西亚以及马来亚发生的共产党叛乱活动联系在一起。因此，无论胡志明怎么表明自己的民族主义特征以及渴望得到西方的援助，"越盟"与苏联之间所存在的不确定关系，使得美国不愿冒险在印度支那建立一个"越盟"控制之下的政权，"胡志明方案"是美国政府坚决不愿接受的替代方案，这些因素导致美国政府最终支持了法国。②

从非殖民化的角度来审视美国卷入越南战争的过程，可以使我们更好地去理解战后美国在印度支那面临的政策困境。二战期间在欧洲国家的东南亚殖民体系瓦解的同时，美国试图为这些殖民地的未来设计发展道路。美国决策者希望用一种新的世界秩序来取代旧的帝国形式，希望欧洲殖民国家能够实行一种开明的殖民政策，通过他们与东南亚殖民地民族精英的合作，使殖民地的主权逐渐移交给亲西方的当地政权，借此长远保存西方在东南亚的政治和经济影响。同时，通过保持东南亚地区的政治稳定和社会复兴来促进当地经济发展，建立一种有利于西欧和日本复兴的经济关系，进而把东南亚整合到整个西方世界经济体系之内。这种模式通过美国在菲律宾的非殖民化模式及其在印尼独立过程中的反应已经体现出来。战时美国决策者认为东南亚殖民地的最终目标是自治或独立，但随着战后整个亚洲发生的政治变化以及冷战形势的出现，当欧洲殖民国家力图重建殖民秩序时，这一

---

① Evelyn Colbert, "The Road Not Taken: Decolonization and Independence in Indonesia and Indochina," in *Foreign Affairs*, Vol. 51, No. 3, 1973, pp. 608 – 628.

② Hess, *The United States' Emergence As A Southeast Asian Power*, pp. 312 – 313.

目标已经变得含糊起来，美国政府被迫调和了其反殖民主义立场。从当时美国安全委员会和国务院的一系列文件中，我们可以看出美国决策者一直致力于在东南亚构筑一种坚固的反共产主义壁垒，希望通过支持当地非共产主义的民族主义运动，使其能够抵御中苏共产主义的扩张。

正如在菲律宾和印尼一样，美国在印度支那的目标也是希望法国殖民统治有秩序地撤出，支持印度支那各邦通过自愿与法国签订协定，在法兰西联邦内建立非共产主义的民族政权。然而，战后印度支那出现的严峻形势使得美国的非殖民化计划改变了方向。与菲律宾和印尼情况不同，美国在越南面临的问题是共产主义控制着越南的民族主义，具有共产主义特征的越盟在民族主义运动中有着绝对的号召力。在1945—1954年间，美国决策者在越南一直试图解决殖民主义与民族主义之间的冲突，希望找到某种可以替代殖民主义的非共产主义方案。因此，在东南亚其他的殖民地问题解决很长时间后，印度支那问题仍然一直困扰着美国政府。越南问题本身从来没有被作为一个孤立的问题去看待，美国决策者一直把其置于国际共产主义威胁的背景下去处理，并因此向印度支那各邦和法国提供经济和军事援助。从杜鲁门到尼克松，都因为对越南承担责任的加深而卷入的程度愈深，在严峻的冷战气氛下，美国对越南的政策缺乏冷静的思考，其选择也十分有限，后来越南战争的悲剧也正源于此。

也有学者指出，"非殖民化"可以被定义为一个附属地区成为一个拥有主权的独立国家的过程。对于一个非殖民化获得成功的地区，必须满足以下四个基本的条件，即必须成立一个能够代表全体民众的本土政权；宗主国必须将其主权正式并实际上移交给该政权；殖民地政权与宗主国必须就新国家的领土范围达成一致；新国家必须得到国际承认并成为联合国的成员。如果根据这一定义，那么印度支那的非殖民化应该是始于1945年，但直到1975—1976年间越南战争结束，印度支那地区分别成立了三个国家政权，并且各个政权都在联合国派驻了代表时才得以完成。1950 年初，印度支那的越南、老挝和柬埔寨已经得到了国际的承认，但在 1953—1954 年之前它们都仅是名义上的独立国家。1954 年日内瓦国际会议召开后，越南、老挝、柬埔寨都宣布成为主权国家，但在之后的 20 年时间里，其领土仍然处于敌对政权的争夺之中，尤其是越南领土的分裂，加之美国介入后越南内战的国际化，事实上越南直到 1976 年实现了统一，其非殖民化才最终完成。因此，印度支那的非殖民化可以说是一个从 1945 年持续至 1976 年的过程。[1]

1945 年后的几十年时间里，与东南亚其他国家相比，印度支那的非殖民化持续时间更长、冲突更为激烈，这里有两个最明显的原因可以予以解释，即第一，法国比在东南亚的其他殖民国家更强烈依赖于其帝国，因而比其他宗主国更加顽固地坚守其殖民帝国；第二，印度支那的非殖民化过程与冷战更为紧密地交织在一起，这样就导致美国最初决定支持法国及其在越南的本土合作者，而不是支持越南民族主义的领导力量越盟，之后则取代了法国的殖民角色，甚至采取直接军事介入的方式，来试图干预印度支那民族国家建构的过程。除此之外，印度支那非殖民化的持久和激烈的原因还有当地的因素，首先就是越南民族的分裂状态；其次是印支三国之间的关系没有得到解决。[2]

实际上，在日内瓦会议期间，越南的保大政权已经朝着真正独立的目标迈出了决定性的一步，请求坚决反法的吴庭艳组成一个新的政府。但吴庭艳则利用美国的支持建立了其个人政权，1955 年废黜了保大，并拒绝采取任何措施举行全国选举。鉴于避免出现胡志明赢得这场选举的可能，美国采取了倾向于支持吴庭艳的政策。1955—1962年，吴庭艳在南越实施其专制政权，社会基础薄弱，在经济和军事上严重依赖美国，尽管吴庭艳亦具有强烈的民族主义倾向，但其行动的

---

① Stein T. Nnesson, "National Divisions in Indochina's Decolonization," in Prasenjit Duara, *Decolonization: Perspectives from Now and Then*, New York: Routledge, 2004, p. 253.

② Stein T. Nnesson, "National Divisions in Indochina's Decolonization," p. 275.

结果乃是导致南越被美国重新殖民化。到 1964 年，随着美国在越南军事介入的升级，南越完全被美国重新殖民化了，尽管到 20 世纪 60年代时帝国思想已经为全世界所摈弃，美国也从来没有计划去对南越殖民化，但事实上其对南越实行的乃是一种"非正式"的殖民化。到 1964 年，美国发现其自身已经处于和 1946 年时法国同样的处境。到 1968—1969 年间，随着美国公众的反战情绪的日益高涨，以及军事上深陷越战泥潭越发力不从心，美国被迫开始与胡志明政权进行谈判，开始奉行一种称为"越南化"的非殖民化政策，直至 1973 年签订巴黎协定。

这种"越南化"的非殖民化，实际上源于早期美国对越南进行"国际托管"的考虑，只是在 1945 年后由于美国与法国和越南关系的变化，而使得这一过程复杂化了。无论是美国对菲律宾几乎长达半个世纪的殖民统治，还是对越南长达 20 余年的"托管"设想，美国的决策者都是基于这样一种理论假设，即越南必须经过以美国的政治、社会和文化模式的长期保护，以美国的动力来促进落后的越南的发展。美国在介入越南并计划对其进行"托管"时，他们的设想是以一种渐进的、分阶段的向前发展的道路实现社会的发展，试图为越南提供一种暂时的框架，指导其按照美国的设想进行政治和社会变革。20 世纪 50 年代后，在冷战的激烈氛围下，控制环太平洋边缘地带以及遏制作为全球地缘政治战略一部分的中国，成为美国介入越南的主要目标，美国为此在越南倾注了最大程度的资源建立和维持一种军事存在。随着冷战开始主导美国的政策，现代化理论掺杂到美国关于越南的说教中。现代化理论反映了大量种族文化等级的基本假设，这种假设引导着美国在整个 20 世纪甄别和控制非西方社会变革的努力，包括一种对"落后"和"现代"的鲜明划分，以及坚持认为"停滞的社会"应该沿着一种渐进的线性道路向着美国所代表的普遍的演化终点发展。20 世纪 60 年代，这一理念在美国决策者将越南提升至美国对外政策核心地位的过程中扮演了重要的角色。显然，美国决策者希望越南未来的发展是以一种理性的、有秩序的和渐进的发展道路，而越南革命打破了这一设计进程，并导致了美国对印度支那非殖民化计划的夭折。但是在二战期间，美国关于后殖民时期印度支那的设想，仍然为战后美国在越南的行动提供了一种政策构想，如同战时的政策设计者一样，1945 年后的美国决策者几乎没有放弃去阐释其政策假设，这一假设是基于他们对越南的感知以及他们所认为的美国模式，应该在越南塑造一个新的政治共同体过程中的作用。美国决策者仍然以一种高擎美国强权和优越感的方式来区分和界定越南人，并越来越充满以其自身的设想来重塑越南社会的使命感，持续影响着战后美国对越南的政策。[1]

---

[1] Mark Philip Bradley, "Franklin D. Roosevelt, Trusteeship, and U. S. Exceptionalism: Reconsidering the American Vision of Postcolonial Vietnam," in Marc Frey, Ronald W. Pruessen and Tan Tai Yong (eds.), *The Transformation of Southeast Asia: International Perspectives on Decolonization*, pp. 210 – 212.

第八章 构建秩序：非殖民化、冷战与美国对东南亚的干预

在东南亚非殖民化的历史上，美国可谓一个非常重要的因素，尤其是在冷战背景下，美国决策者是通过一种反共产主义的透镜来观察1945年后的世界，这导致了美国在东南亚非殖民化过程中扮演了一个复杂的角色。战后美国在处理东南亚非殖民化问题过程中采取的政策、基本目标及其动因存在着许多共性，但其对该地区不同的非殖民化类型所持的具体立场却有所区别。早在东南亚非殖民化开始以前，美、英、法、荷四种不同的殖民制度就对该地区发挥着不同的影响，这四个国家都程度不同地向其各自的东南亚属地灌输了自己的观念、制度、个人自由和法律秩序等，并由此导致了现代和传统制度的冲突。美国的殖民制度较为自由，它向菲律宾移植了自己的法律、宪政制度以及教育，向菲律宾人灌输民主和自由的观念，允许菲律宾人参与政权的管理，并承诺在条件成熟的时候允许其获得自治，这在一定程度上影响了菲律宾民族主义运动的特征。菲律宾的非殖民化主要是通过立法途径来实现，而非经过激烈冲突的方式来进行。而在其他的殖民国家中，只有英国的殖民统治方式与美国最为接近。在印度、锡兰、缅甸以及马来亚等殖民地，民族主义运动多采取渐进的、而不是剧烈革命的手段，在战后以相对和平的方式实现了主权的移交。因此美国在很大程度上认可了英国的非殖民化方式。而法国、荷兰则不然，与美英的殖民制度相比，荷兰和法国向其殖民地传输的现代教育

发展较慢，荷兰对印尼进行的是家长式和排外性的统治方式，这种相对陈旧的殖民统治方式直接影响到了其非殖民化的特征。① 战后，印度尼西亚和印度支那的非殖民化都是通过剧烈的殖民冲突来解决的，而美国在这两个国家非殖民化过程中介入的程度也最深。作为东南亚的区外大国，美国决策者出于塑造全球霸权秩序的需要，希望能够通过在东南亚推行一种"安全的"非殖民化方式，以及大规模地介入该地区的民族国家建构和发展的过程，重塑该地区的地缘政治、经济和文化图景，将东南亚国家融入战后美国主导的国际体系。

一 战后美国对东南亚非殖民化的立场变化

19 世纪末以来，美国势力进入东南亚及其不断上升的过程，也是其全球政策形成的阶段，随着美国在国际社会中地位的变化，其在世界事务中的影响和作用日益强大。二战后则是美国开始确立其全球霸权的时期，传统的掠夺性和垄断性的殖民统治方式，显然已经不符合美国国家垄断资本主义发展的需要。某种意义上，非殖民化成为美国建立一种自由开放的世界经济体系的必要手段和必然过程，这要求在世界范围内摧毁欧洲殖民制度，而且战后美国作为一个超级大国，其政治、经济和军事能力已完全可以发挥这种影响，它不可避免要介入到东南亚的非殖民化过程中去。因此，战后东南亚的非殖民化问题不可避免地受到美国政策变化的影响，并深深打上了美国的烙印。

早在二战期间，罗斯福及其决策高层一致认为，欧洲殖民帝国的逐渐解体将有利于美国实现其更为广泛的世界目标，并发布了许多公开声明，呼吁所有的殖民地民族都应该获得解放。罗斯福政府的战时计划中对被日本占领的东南亚未来的地位进行了很多考虑，其中最主要的设想就是打破殖民地的经济壁垒，摧毁殖民主义制度，建立一种

---

① B. N. Pandey, *South and Southeast Asia, 1945 - 1979: Problems and Policies*, London: the Macmillan Press Ltd. , 1980, pp. 1 - 3.

稳定的世界政治秩序和自由开放的世界经济秩序，最终把东南亚纳入这一世界体系之中。随着战争临近结束，罗斯福政府越来越担心自己在东南亚的政策目标和利益会与英国的政策混淆起来，因为许多美国人都觉察到英、法、荷在整个东南亚地区恢复战前殖民统治的目的。1944 年 9 月初，国务卿霍尔就提醒过罗斯福总统，英国旨在利用东南亚战区司令部来恢复其在东南亚地区的政治和经济优势，包括战后对泰国政府的主导性影响。霍尔建议美国应该促使欧洲殖民国家，就有关东南亚地区独立的措施和时间，以及使其他国家在该地区享有平等的经济机会，尽早做出具体的声明。①

　　尽管美国政府高层在反殖民主义问题上表现出某种妥协，但美国关于东南亚前途的设想仍然与欧洲盟国，尤其与英国的计划存在着重大分歧。有不少美国人仍然坚持敦促欧洲殖民国家实行一种开明的政策，认为帝国主义及其剥削东方的时代已经过去了。在他们看来，太平洋战场的基地属于大英帝国的领土，而且大多数将要从敌人那里夺回来的地区也都是英国"帝国主义"曾经统治的领土。他们不愿看到被收复的地区再次置于英国的统治之下，这一因素主导着许多美国人的思维。② 当时舆论界普遍认为，英帝国正在迅速和不可避免地衰败，遍及亚洲的民族主义所形成的历史动力迟早导致殖民帝国主义的崩溃。《芝加哥论坛》和《纽约时报》等新闻媒体指出，如果旧的帝国主义秩序得到恢复，将会使东西方之间的关系成为一种悲剧。"帝国必须被废除，尤其是在远东地区"，反映了美国社会对殖民地问题的一种主流看法。③ 美国政府的许多官员不愿使自己在亚洲和殖民地

---

① "Hull to FDR," September 8, 1944, Roosevelt Papers, MR box 166, in Thorne, *Allies of A Kind*, pp. 455 – 456.

② Mr. Dening, "Political Review of Events in S. E. A. C. during 1943 – 1944," March 15, 1945, ［F 1498/47/G］, in Preston and Partridge, eds., *British Documents on Foreign Affairs*, Part Ⅲ, *Far Eastern Affairs*, Vol. 8, Part 27, p. 86.

③ *Chicago Tribune*, June 5, 1944; *New York Times*, March 11, 1944, in Thorne, *Allies of A Kind*, p. 455.

民族的心目中，留下在政治上等同于欧洲殖民国家的印象。1944 年 9
月，美国国务院西南太平洋处起草了几个文件，为在第二次魁北克会
议上罗斯福与丘吉尔会面做准备，这些文件流露出了这种忧虑。其中
一份文件指出，英国希望建立一个在自己主导下或者保护下的，由缅
甸、马来西亚、泰国和印度支那组成的东南亚联盟。英国所主导的东
南亚战区司令部军事行动的主要目标，就是恢复英国在东南亚的政治
和经济主宰地位，恢复英帝国的声望。因此，美国应该采取行动消除
那种认为美国是在支持英国帝国主义的看法。另一份文件则直接指
出，战后所有东南亚民族应该获得自治和经济独立。这些主张得到了
罗斯福总统的赞成。① 1944 年 11 月，美国驻东南亚战区司令部官员
比舍普（Max W. Bishop）在一封冗长的电报中提出了类似的看法，
他认为英国的主要政治目标之一就是利用美国的物资恢复在东南亚以
及邻近地区的势力和影响。而且有迹象表明，英、法、荷等国已经达
成了一个关于该地区政策的计划，英国显然希望战后对泰国政府施加
重要影响。他指出，如果这些国家在英国支持下，就关于马来西亚、
泰国、印度支那、荷属东印度以及缅甸的政策和计划达成一致，并且
得到当地人民的某种认可，那么英国在该地区的影响力将可能占主导
地位。② 这对于美国战后东南亚政策目标的实现十分不利。

　　到 1944 年底之后，华盛顿决策层对东南亚战区司令部中英美之
间的分歧感到日益不安。美国官方坚持认为应该向全世界扩张美国的
政治和社会观念，在战后建立以美国为主导的世界秩序，为东南亚殖
民地未来作出新的安排，他们担心美国的利益会被视为与那些欧洲的
帝国主义利益相一致。1945 年 1 月 17 日，美国长期从事东南亚问题
研究的莫法特（Abbot L. Moffat）起草了一份政策文件，认为"如果

---

① Rose, *Roots of Tragedy*, p. 22.

② "Memorandum of Consul Max W. Bishop on SEAC and Southeast Asia," November 10,
1944, in Philippine and Southeast Asia Affairs Files, Lot 54 D 109, folder: "Southeast Asia Com-
mand, 1946 – 1948, U. S. Policy," *Records of the Department of State*, U. S. Department of State,
Washington D. C. , Quoted in Rose, *Roots of Tragedy*, pp. 26 – 28.

战前的殖民地政策不发生实质性的改变，持续的动乱和不稳定将不可避免地遍及整个东南亚地区"。因此，美国的现行政策应该是，在协调军事行动之外，努力在东南亚战区保持自己的不同立场，以避免被认为是支持欧洲的殖民主义政策。还应该努力促使殖民列强效仿美国在菲律宾的政策，保证在其各自的东南亚属地实行更为自由的政策。同时，美国应该敦促殖民国家就其允许该地区殖民地人民获得完全独立或者完全自治做出"具体的承诺"和"一致的声明"。他还指出，新成立的联合国可以被用来作为向殖民列强施加压力的机构，使它们放弃殖民主义。①

但在战争后期，罗斯福在东南亚的战后安排问题上已经表现出更多现实的考虑。当时，美国政府关于东南亚地区的设想几乎遭到欧洲盟国的一致反对。英国抨击美国的远东政策是出于自身帝国主义和商业利益的需要。在英国人看来，美国在远东的野心已经暴露无遗。美国已经在采取措施巩固自己在该地区的势力，在国务院和军事部门乃至公众中间，对永久占领日本在太平洋上的岛屿的支持加强了，并希望永久保留在菲律宾的军事基地。1945 年 5 月，英国驻美大使哈利法克斯伯爵指出，"许多人都认为美国的势力得到了迅速的增长，无论他们如何看待未来美国与欧洲的关系，他们都不怀疑美国一定会主导太平洋地区的事务"。他认为美国在远东的商业扩张已经变得十分明显，很可能会在涉及的多种政治承诺上后退。而且如果中国在保持远东的稳定中不能作为强大的可靠因素，那么与英国的合作将会变得更为必要。② 这一时期，英国与荷兰在太平洋的政治、安全及经济问

---

① "Memorandum from Moffat to Ballantine of FE, January 5, 1945," in Philippine and Southeast Asia Affairs Files, Lot 54 D 109, folder: "Southeast Asia Command, 1946 – 1948, U. S. Policy," *Records of the Department of State*, U. S. Department of State, Washington D. C. , Quoted in Rose, *Roots of Tragedy*, pp. 28 – 29.

② "Viscount Halifax to Mr. Eden," May 2, 1944, ［F 2300/993/61］, in Preston and Partridge, eds. , *British Documents on Foreign Affairs*, Part Ⅲ, Far Eastern Affairs, Vol. 7, Part 25, pp. 137 – 138.

题上达成某种一致，并且表示希望在会谈中把法国包括进来。英、法、荷等国都希望在殖民地事务方面加强合作，并在安全和经济事务以及就东南亚和太平洋地区的国际安排与美国政府尽可能进行全面磋商。① 的确，随着战争形势的发展，欧洲的战略地位所要求的保持盟国团结的重要性，以及美国自身在远东和太平洋地区利益的增加等因素，都对美国战后的东南亚政策产生了很大的影响。

与此同时，苏联的影响也越来越引起美国决策者的忧虑，苏联在战前就已经对东南亚的民族主义运动产生了很大的影响，苏联提出的计划经济和反帝观念对广大殖民地民族具有一定的吸引力。在美国决策者看来，莫斯科所提供的这种可供选择的发展模式，无疑对美国的政治和经济模式形成了挑战。早在 1945 年 4 月，美国战略情报局（OSS）呈递白宫的备忘录就指出，战后苏联影响的迅速强大，将不可避免与美国产生冲突。如果这样的情况发生，那么美国将可能是与盟友联合在一起而非孤军作战。"在这一点上，美国应该认识到其在保持英国、法国和荷兰殖民帝国方面的利益。我们应该促进殖民统治的开明化，以使其更好地保持下去，以抵制苏联在刺激殖民地反抗方面的影响。目前削弱或使这些帝国解体对我们毫无利益可言，倡导'国际托管'计划可能会激起动荡和导致殖民地分裂，同时也会使我们疏远这些需要帮助我们平衡苏联势力的欧洲国家。"② 与此同时，美国国务院在考察远东形势时认为，苏联正在东南亚采取一种与美国相反的意识形态，或者说是在推动一种泛亚洲的反对西方国家的运动，这将会严重影响到美国未来在该地区的利益和安全。美国必须采取谨慎的政策，不能削弱西方在东南亚的影响。在这种情况下，美国政府对东南亚殖民地问题的考虑发生了改变。美国一方面继续向英、

---

① "Mr. Eden to the Earl of Halifax（Washington），" January 29，1945，［F 626/127/61］，in Preston and Partridge，eds.，*British Documents on Foreign Affairs*，Part Ⅲ，*Far Eastern Affairs*，Vol. 8，Part 27，p. 78.

② OSS memo.，April 2，1945，Truman Papers，White House Central Files，OSS，in Thorne，*Allies of A Kind*，pp. 599 – 600.

法、荷施加压力，希望这些国家遵从《大西洋宪章》的原则；另一方面开始积极寻求与英国、法国和荷兰等国的合作，认为为非自治民族制订某种进步的和有远见的计划，将是一种极其可行的权宜之计。

从战争后期开始出现的一系列现实因素，使得美国既不期望也不希望欧洲国家的力量和影响从东南亚地区迅速清除，美国决策者只是希冀欧洲国家能够明智地寻求像美国在菲律宾那样的基本目标，即逐渐把主权转移给"负责任的"亲西方的当地精英。在他们看来，这些精英将能最好地确保长期的政治稳定，同时保护西方的战略和物质利益以及防御共产党对该地区的渗透。① 根据罗斯福的设想，这种主权转移的过程将需要几十年时间，在此期间将不要求英、法、荷等国完全放弃其在东南亚的商业、军事和政治利益。在罗斯福及其决策层看来，在他们所构想的广泛的世界秩序框架内，东南亚殖民地区的政治主权有秩序地移交是可行的。渐进的非殖民化将会使该地区在一种更"公平"的基础上向美国商人开放市场，刺激该地区生产力的发展，清除未来潜在的地区冲突的根源，平息革命动乱，以及为当地人民的"正当的"民族主义诉求提供一个有益的出路。美国决策者所提出的"托管"制度的计划，正是基于实现这些重要目标的考虑。然而，战后的世界形势迫使他们必须在相互冲突的政策目标之间作出选择。为了保持太平洋地区未来的稳定与安全，美国在反殖民主义立场上迅速进行策略性撤退，并没有对旧的欧洲秩序在东南亚的重建提出严重质疑，而是决定在东南亚容忍这些欧洲盟友。② 1945 年 4 月，罗斯福突然去世，杜鲁门继承了罗斯福时期棘手的政策遗产，在他上台的最初几个月里，美国已经不再强烈反对欧洲殖民国家在东南亚恢复战前地位的行动。

事实上，到战争结束时，美国政府在殖民地问题上抱着一种极其复杂的感情。1945 年 6 月，美国国务院准备了一份关于远东问题的

---

① McMahon, *The Limits of Empire*, p. 29.

② Ibid., pp. 18 – 19.

政策文件，题为"关于远东战争结束时亚洲和太平洋地区形势的评估以及美国的政策和目标"。文件指出殖民统治的恢复是一种棘手的选择，从短期目标来看，它有助于东南亚国家和欧洲殖民国家的复兴；但从长远来看，它将会延迟自决原则的实现和阻止所有国家获得经济和商业机会的平等。① 美国的政策涉及两个目标，即增强远东的政治自由和保持联合国在解决这一问题上的一致性。文件认为，"美国政府应继续坚持其不断重申的政治原则，即附属地民族应该给予机会，在经过一段必要的准备期之后逐步获得自治，但是应该避免采取任何可能损害盟友团结的行动路线"②。美国既希望保持与殖民国家的友好关系，同时也希望促进殖民地民族的自治和发展，但实际上，美国人发现很难在欧洲和亚洲利益之间的冲突中找到一个满意的解决方案。一方面，包括杜鲁门在内的美国决策者在一定程度上是赞同和支持自决原则的，他们并不希望在这一根本性的问题上否定美国的传统立场，美国不愿冒险采取那些可能疏远殖民地民族的措施，这也不符合美国的利益以及关于战后世界秩序构想的原则。他们担心对欧洲帝国主义政策的支持，可能会进一步激化民族主义运动，使其转过来反对美国，甚至把其推入苏联的阵营。③ 另一方面，杜鲁门政府又担心如果不给予欧洲盟友在东南亚所需要的外交和物质上的支持，可能会导致与它们之间出现无法弥补的裂痕。华盛顿几乎无法承受这一风险，它需要与法国、荷兰及英国保持亲密的关系，美国高级决策层认为这些国家对于美国的欧洲政策及全球战略的支持是必不可少的。④

---

① Policy Paper Prepared in the Department of State, "An Estimate of Conditions in Asia and the Pacific at the Close of War and the Objectives and Policies of the United States," June 22, 1945, in *FRUS*, 1945, Vol. 6, p. 572.

② Policy Paper Prepared in the Department of State, "An Estimate of Conditions in Asia and the Pacific at the Close of War and the Objectives and Policies of the United States," June 22, 1945, in *FRUS*, Vol. 6, p. 558.

③ McMahon, *The Limits of Empire*, p. 26.

④ Robert J. McMahon, "Toward a Post-Colonial Order: Truman Administration Policy toward South and Southeast Asia," in Michael J. Lacey, ed., *The Truman Presidency*, New York: Cambridge University Press, 1989, pp. 340 – 345.

　　杜鲁门后来在其回忆录中曾表示，他本人一直是反对殖民主义的，而且美国人对任何形式的殖民主义都深恶痛绝。他指出，美国曾经为其自身反对殖民主义的解放而奋斗，美国人同情和理解其他民族摆脱殖民枷锁的渴望，认为一个民族拥有决定其自身政治命运的不可剥夺的权力，美国支持政治自由的原则并认为它应该适用于其他民族，但现实问题在于实现的过程和方式。[①] 1945 年 10 月 27 日，杜鲁门就美国外交政策发表了一个基本声明，这是在波茨坦会议以后美国发布的第一个重要的对外政策声明。杜鲁门宣布，"我们认为应该最终恢复所有被以武力剥夺走的民族的主权和自治"；"应该允许所有准备好自治的民族可以自由选择其自己的政体形式，不受任何外力的干涉，这适用于欧洲、亚洲、非洲以及西半球"；"所有被国际社会承认的国家，都应该在世界上享有贸易和获得原料的平等机会"；"世界上所有国家之间，无论大小，进行完全的经济合作，乃是提高整个世界的生活水平，以及确保实现免于恐惧、不虞匮乏的理想的基本前提"[②]。然而，面对战后所处的两难困境，杜鲁门政府在殖民地问题上保持了折中的立场，即对东南亚殖民地的政治变化采取一种模棱两可的不干涉和中立政策。美国一方面仍然不断敦促英国、法国和荷兰在殖民地采取促进政治和社会经济发展的进步措施，但基本上承认了它们作为东南亚的"地区主权国家"的合法权利。杜鲁门政府的这一立场与美国在亚洲的总体政策目标是一致的，即旨在通过"渐进地发展成一个独立的或者具有自治领地位的自治国家集体"，在远东促成一种"在相互尊重和友谊的基础上彼此进行合作以及与西方国家进行合作的局面"[③]。但事实上，美国的所谓"中立"从来就不是

---

　　① Bill, *Empire and Cold War*, p. 205.

　　② "Truman's Statement on Fundamentals of American Foreign Policy," October 27, 1945, in Commager, ed., *Documents of American History*, Vol. 2, pp. 683 – 684.

　　③ Policy paper prepared in the Department of State, "An Estimate of Conditions in Asia and the Pacific at the Close of War and the Objectives and Policies of the United States," June 22, 1945, in *FRUS*, Vol. 6, pp. 557 – 558.

真正的不偏不倚。战后初期日渐恶化的美苏关系，加强了发展与西欧的可靠伙伴关系的至关重要性。杜鲁门及其决策层不会因支持殖民地的独立运动而激怒极有价值的欧洲盟友，基于这种外交政策中对欧洲的关注，美国往往倾向于欧洲殖民国家，只不过是在支持他们时希望不过分地触怒殖民地民族。① 在这一时期，美国对欧洲殖民地的政策有三个历史性的原则仍然起着主导作用，即同情殖民地民族的政治渴望；尊重殖民国家的合法权利；坚持美国与殖民宗主国享有同等的商业特权。而随着冷战的开始，苏联以及共产主义因素在美国处理东南亚事务中占据了首位。在美国高层决策者看来，在东南亚对共产主义的遏制有特定的地区和全球性两种范围。首先，无论这些国家是否已经从殖民统治下独立出来，单个国家的稳定与否对东南亚的整体安全都是至关重要的，因为它们已经共同形成了一个反对共产主义扩张的警戒线。其次，东南亚殖民地的命运对西欧的防御和经济复兴有着直接的意义——无论欧洲国家最后是失败还是胜利，殖民地的瓦解和长期动荡都将削弱英、法、荷等国在西方联盟中发挥全面作用的能力。②

在战后初期，全球战略因素继续抑制着美国对非殖民化的支持。在美国的战略选择中，欧洲的重要性先于亚洲，而在亚洲，中国、日本和朝鲜的重要性又显然超过其他国家，东南亚在美国的对外战略中只是处于边缘地位，并没有引起美国决策层的高度重视。③ 事实上，在冷战初期，无论是法、越冲突，还是荷兰—印度尼西亚冲突，都没有引起杜鲁门政府的高度关注。随着美苏在一系列问题上紧张关系的加剧，美国的高级决策层才开始关注遥远的东南亚形势的发展。东南亚的殖民地冲突威胁到了西欧的政治稳定和经济复兴，这是美国战后外交政策考虑的重点。1947 年，新成立的中央情报局为杜鲁门总统

---

① McMahon, *The Limits of Empire*, pp. 27 – 28.

② A. J. Stockwell, "The United States and Britain's Decolonization of Malaya, 1942 – 1957," in Ryan, and Pungong, eds., *The United States and Decolonization*, pp. 195 – 196.

③ Evelyn Coblert, *Southeast Asia in International Politics*, 1941 – 1956, New York: Cornell University Press, 1977, p. 86.

准备的一份报告中强调了这一联系。文件指出，西欧经济的恢复在资源上依赖于那些殖民地（或前殖民地），"（这些地区）的不稳定形势阻碍着其经济恢复，造成欧洲分散力量试图以武力保持或加强对这些地区的统治。"① 早在战争期间，美国的高层决策者认识到战后的安全体系应该包括一切，战前的殖民体系是不安全的，认为殖民地的独立与安全之间有着密切的关系，要求在战争结束之前必须制定出明确的殖民地政策。但是，战后形势的变化——日本的迅速溃败以及中国问题的复杂化等，使美国对殖民地问题的考虑发生了转变，尤其是当冷战来临时，安全利益开始遮掩了"独立"这一目标。在战后很长一段时期内，美国决策层更为关注的是广大殖民地区的稳定问题。他们认识到战后以来南亚和东南亚殖民地的民族主义情绪高涨，希望西方殖民国家能够认清形势变化，满足这些民族主义运动的基本要求。认为宗主国不能再仅仅靠军事手段来控制殖民地，最佳途径是通过向民族主义者作出必要的让步，来加强当地的亲西方倾向和促进地区经济恢复。使宗主国能够与殖民地之间保持一种有利的经济贸易关系，只有在此基础上，西方国家才能希望在这些地区保持正当的利益，才能保持这些地区的政治稳定和经济的发展，从而有利于整个世界的稳定。相反，如果宗主国试图继续保持对殖民地民族的政治主权，只能导致民族主义运动成为破坏性的力量，这种情况将会造成大规模的敌对冲突，严重损害双方的利益，造成殖民地区对西方世界的敌视。② 因此，美国也希望通过施加一定的压力来促进这些殖民国家作出历史性的妥协，美国对菲律宾的政策就是他们值得效仿的样板。

战后初期美国政府在东南亚的政策——例如，美国完成了菲律宾的非殖民化，但却继续保持了在菲律宾的经济利益，保留在菲律宾的

① CIA, "Review of the World Situation As It Relates to the Security of the United States," CIA-I, September 26, 1947, President's Secretary's Files (PSF), in McMahon, *The Limits of Empire*, pp. 30–31.

② "Memorandum by the Department of State to the French Foreign Office," in *FRUS*, 1949, Vol. 7, pp. 39–45.

空军和海军军事基地；同时积极促进恢复整个东南亚地区的贸易和生产力；在外交上迫切要求欧洲殖民者有秩序地把权力向当地民族主义者移交等政策行为，几乎都是出于上述考虑。华盛顿的决策者认为，美国需要利用其力量来建设性地缔造某种有助于保护美国安全及价值观的世界秩序。[①] 随着战后美国逐渐担当起全球霸权的角色，美国人越来越希望在非欧洲世界积极扩展美国的"道德声望和经济力量"。这一时期美国关于东南亚殖民地的政策主要在于，希望这些前殖民地能够在外交事务和防御问题上与美、英以及其他西方国家保持一致，使得这些新国家将在民主政体的形式下保持稳定的政治权力。美国的这一政策同时呈现出很大的灵活性，由于冷战以及其他现实利益的需要，美国在一些国家支持并促进其非殖民化进程，如在印度尼西亚；在另外一些地区则容忍甚至支持殖民国家继续殖民统治，如在印度支那；而对于英国在马来亚的有计划的"渐进的"非殖民化则予以认可。

二　战后美国东南亚外交战略中的非殖民化问题

东南亚在美国外交中的地位经历了一个演变过程。19 世纪末 20 世纪初，美国随着国力的日益强大而走上海外扩张的道路，通过 1899 年占领菲律宾把其势力伸展到远东地区。但在二战以前，美国的全球利益以及在世界事务中的参与程度尚受到局限，因此除了菲律宾外，东南亚在美国外交战略中是一个边缘地区，美国政府对该地区的事务只是被动地作出反应，而非努力去改变其发展进程。珍珠港事件后，美国卷入太平洋战争，东南亚逐渐受到美国决策者的关注。在战争期间，罗斯福政府把东南亚的前途纳入其关于战后世界政治和经济秩序的考虑之中，提出了"国际托管"的设想。第二次世界大战

---

① McMahon, *The Limits of Empire*, p. 218.

后，美国已经开始确立其全球霸权地位，逐渐成为对东南亚有着举足轻重影响的大国，但由于冷战的来临，美国决策者的主要精力集中在欧洲和遏制苏联的事务上，东南亚在美国的全球战略中仍然处于边缘地位。直到 1949—1950 年间，随着美国对东南亚政策的重新定位，东南亚才引起美国决策者的高度重视。杜鲁门政府把东南亚视为一个对世界的和平、稳定和繁荣，乃至对美国的安全利益至关重要的地区，开始积极介入该地区的事务。

在美国决策者看来，战后美国的全球战略目标只有通过建立更加稳定和繁荣的世界秩序才能实现，经济、政治和安全因素在这一世界秩序中相互交错。战后初期的十多年中，美国对东南亚政策的主要目标在于，在冷战的严峻气氛中寻求地区安全和秩序稳定，这一安全的概念不仅仅局限于军事和战略因素，在一定程度上也包括了外交、政治、经济和意识形态等因素。这一目标直接影响到美国对东南亚这一时期所有重大历史事件的反应。从杜鲁门政府开始，美国致力于把东南亚地区保持在西方"自由世界"的范围内。1954 年 9 月，艾森豪威尔政府又通过缔造东南亚条约组织，正式对东南亚作出军事承诺，日益加强对该地区非共产主义政权的军事和经济援助力度。此后，美国越来越多地承担起对东南亚的责任，直至陷入越南战争的泥潭。事实上，战后以来，杜鲁门、艾森豪威尔、肯尼迪、约翰逊及其主要决策者都力图遏制东南亚区外势力的潜在入侵，以在后殖民时代的东南亚国家赢得朋友和盟友，消除共产主义意识形态、中立主义和激进的民族主义的吸引力，确保东南亚的亲西方倾向。美国势力在东南亚的扩张，成为美国构筑其战后世界霸权体系的重要一环。

战后美国在东南亚的影响逐渐增长的过程，正值东南亚民族主义运动汹涌澎湃、要求摆脱殖民枷锁、争取独立的重要历史时期，非殖民化成为时代的最强音。因此，殖民地问题成为这一时期美国对东南亚政策中无法回避的问题。自 16 世纪东南亚大部分地区先后被殖民化以来，该地区的反殖民主义斗争一直没有间断，尤其是第一次世界大战以后，威尔逊的民族自决思想和俄国十月革命，进一步激发了该地区民众的自决意识以及争取民族独立的渴望。在 20 世纪 20、30 年代，印尼、印度支那等都爆发了强大的民族主义运动，对欧洲的殖民统治造成巨大的冲击。1941 年后日本对东南亚的占领，欧洲殖民体系迅速崩溃，加上日本反西方的宣传和鼓动，在该地区煽起了更加强烈的反殖民情绪。

在二战期间，东南亚这些欧洲殖民地的前景问题引起了美国官方的忧虑。罗斯福政府的一些官员和大多数美国公众对殖民主义持反感态度，他们认为美国在菲律宾的非殖民化模式是西欧各殖民国家值得效仿的最好样板，强调欧洲殖民列强应该做出使殖民地自治或独立的政治承诺。与此同时，罗斯福也开始为战后的国际体系进行设计，他所勾画的世界蓝图旨在构建一种安全、稳定的世界政治秩序和自由开放的世界经济秩序，而唯有改革现存的压迫性和封闭性的殖民秩序，才能确保这一计划的实现，也才符合美国的政治、经济和安全利益。根据罗斯福的设想，战后英国占领的香港应该归还给中国，印度支那应该被置于一种"国际托管"之下，其他如印尼等殖民地也应该获得相应程度的自治。但战争后期开始出现的一系列复杂因素改变了这一计划：美国自身的军事战略利益需要、西欧盟友的反对、苏联势力的扩张等，使得罗斯福政府在反殖民主义问题上陷入两难之中，并最终导致其反殖民主义立场的后退。

1945 年 4 月杜鲁门继任总统后，也继承了罗斯福执政时期复杂的政策遗产，在殖民主义问题上亦深陷困境。一方面，美国国内的反殖民主义情绪仍然十分强烈，美国官方也需要表明自己传统上对民族主义和自决原则的支持，以赢得广大殖民地民族的信任，这些地区也是美国正在缔造的战后世界秩序的重要组成部分；另一方面，战后美国在欧洲与苏联的对抗需要西欧盟友的积极合作和支持，而失去了这些东南亚的殖民地，势必将削弱这些盟友的政治威望和经济复兴的能力。在这种情况下，美国决策者开始希望殖民地民族渐进地走向自治或者独立，使殖民地的主权有序地移交到其本土亲西方的民族主义者手里，西欧殖民国家与原殖民地之间保持一种密切的合作关系，保留西方在东南亚的影响，以及继续获得平等的商业机会和原料。这样，从二战后期开始，美国关于殖民地问题的政策逐渐发展成一种渐进主义的非殖民化路线。美国决策者希望通过这一路线，既不违背美国支持殖民地最终获得独立的承诺，也不会因为过快的非殖民化而骤然切断欧洲殖民国家与殖民地的联系。同时他们也希望在非殖民化的过程中，通过欧洲殖民国家殖民政策的开明化和开放其殖民地的市场，使西欧和东南亚殖民地区都能整合进以美国为中心的一体化的世界经济体系。战后初期，美国还没有针对东南亚制定出明确的政策，美国在实际行动中也偏离了支持民族自决的原则，在面临两难选择时采取了"中立"政策，并试图通过敦促殖民冲突双方进行谈判来寻求解决方案。总体上看，美国政府在东南亚非殖民化的过程中，乃至在整个世界殖民地区的政策变化，基本上是沿着这一路线进行的。

在1947—1948年间，当东南亚地区的殖民战争普遍展开以后，美国在该地区仍然没能制定出具体的政策。面对东南亚各国非殖民化出现的两难困境，美国总体上奉行一种现实主义的政策。对于英属东南亚殖民地，美国基本上支持英国渐进的非殖民化政策，因为美国决策者认为英国实行的殖民政策较为开明，而且马来亚的社会政治秩序与英国的经济复兴休戚相关。而对于荷兰和法国的殖民地印尼和印度支那，美国主要采取一种"不干涉"的政策，但又担心法、荷镇压殖民地民族主义运动的政策将被共产党所利用，从而使共产党控制了民族主义运动的领导权。因此，美国希望法、荷两国能够采取开明的殖民措施，把政权逐渐转移到殖民地温和的民族主义者手里。在荷兰与印尼冲突的初期，美国并没有反对荷兰重建殖民统治的行动。1948年9月，苏加诺政权镇压了共产党发动的"茉莉芬事件"之后，印尼共和国表现出反共产主义的倾向，这符合美国战后在东南亚的政策目标和利益，美国对印尼的政策发生了重大转变。美国容忍了印尼温和的民族主义运动，支持联合国介入印尼问题，同时开始向荷兰施加压力，甚至以中断马歇尔计划的援助相威胁，最终迫使荷兰做出了让步，促进了印尼非殖民化的完成。而印度支那则与印尼不同，印度支那本身虽然并不太繁荣，但其众多的人口和战略地位的重要性，最主要的是越南的民族主义运动是在具有共产主义色彩的越盟的领导之下，以及法国在西欧和联合国的地位比荷兰更加重要，美国不愿在印度支那问题上对法国施加同样严厉的压力，而是容忍了法国殖民主义在印度支那的继续存在。在 1946 年法、越双方的冲突开始后，美国一直试图在越南寻找一种非殖民化的替代方案，以使越南能够沿着渐进主义的非殖民化方向找到一条解决途径，建立一个非共产主义和亲西方的越南政权，但直至 1954 年法国退出印度支那，美国都没能提出任何切实可行的方案。1950 年前后，美国重新定位其东南亚政策。由于东南亚的经济与西欧和日本工业的密切关系，美国决策者认为一个稳定的亲西方的东南亚使其可能代替中国的地位，希望保持东南亚地区的非共产主义倾向，失去了东南亚将会威胁到整个资本主义世界的经济繁荣和民主自由的生存。在这种情况下，美国在该地区的非殖民化原则变得更加现实与灵活。

战后美国外交政策的形成也是一个竞争性的过程，其中国务院、国会、新闻媒体、商业社团以及其他许多团体组织都在发挥着影响。像在制定其他政策过程中一样，美国在殖民地问题上由于受到不同利益和观点的驱使，也存在着各种不同的舆论倾向，它们对美国政策抉择的影响不同，并从属于国际形势的变化。即使在国务院内部，欧洲司与亚洲司之间也存在着很大的分歧。总体上看，远东司，尤其东南亚处的官员们坚持一种自由的反殖民的立场，他们对亚洲民族反抗欧洲殖民主义的历史有着较为深刻的理解，他们对东南亚的民族主义运动多持同情态度，认为当地民族对自治的渴望是可以理解的和合理的。而欧洲司的官员对亚洲事务则了解较少，多倾向于从欧洲的角度来观察亚洲的事务，他们认为西欧的复兴和一体化乃是战后美国外交政策的首要目标，而东南亚的殖民地对于欧洲这些宗主国的经济复兴起着关键的作用。欧洲司坚持认为美国与欧洲殖民帝国的合作，对于战后美国的全球战略目标的实现是至关重要的，轻率地干预其殖民地事务只能会破坏这一目标的成功，反对在非殖民化问题上过分推进。尽管国务院内部的这些分歧一定程度上影响了美国外交政策的制订，但从战时开始，这些部门之间的冲突对于美国关于东南亚政策的总体框架却影响很小。尽管远东司的官员中不少人抱有自由和反殖民的理想，但并没有人认为当地的民族主义者已经做好了独立的准备，也没有人认为欧洲势力从该地区的迅速消除将符合美国的利益。美国国务院远东司东南亚处的负责人阿博特·莫法特（Abbot L. Moffat）在该处可谓最开明的殖民地民族主义诉求提倡者，他也承认美国政策更大的目标是，为了保护西方国家在东南亚的安全、利益和影响，而要求就东南亚的殖民地问题达成一个现实主义的解决方案。实际上，二者之间有着共同的利益追求和政策目标，都是围绕着美国的国家利益进行考虑的。欧洲司和亚洲司的一致看法是，欧洲应该在其殖民地继续保持影响和利益，殖民统治应该开明化，使那些负责任的当地民族精英能够最终做好自治的准备，允许美国的商业平等地进入这些广阔的殖民地市场。①

事实上，这一时期即使那些仍然坚持非殖民化原则的美国官员，也不愿过快地改变殖民地的政治秩序，他们担心殖民地任何剧烈的变化都将导致混乱和共产主义的扩张。在他们看来 1948 年中叶的东南亚地区形势十分严峻，除了在印尼和印度支那发生的殖民冲突外，缅甸长期存在着强烈的反英情绪，马来亚也爆发了公开的反叛活动，而且共产党在其中起到了重要的作用。东南亚地区社会政治秩序的动荡，与日益加剧的冷战形势紧密联系起来，使得美国决策者对该地区的前途更加忧虑。而美国对东南亚的关注主要在于该地区与欧洲的政

---

① McMahon, *Colonialism and Cold War*, pp. 139 – 141.

治经济纽带关系，东南亚的政治动荡严重限制了其对于西欧和日本的价值。从历史上来看，东南亚殖民地区对于日本及其欧洲宗主国极其重要。在某种程度上，英国、法国和荷兰的工业依赖于其在东南亚殖民地的投资以及贸易中获得的利润，东南亚也是日本工业的重要原料来源地。在二战以前，欧洲每年从美国进口总值达 5 亿多美元，超过它输往美国的货物总值，为平衡这一数字差额所需要的大部分资金是由东南亚贸易所提供的。① 因此，美国决策者认为东南亚殖民地对于马歇尔计划的成功极其重要，不仅是作为西欧国家的出口市场，而且可以为西欧提供原料和弥补其"美元短缺"的经济困境。战后美国的外交重点是西欧，美国最为关心的是马歇尔计划在西欧的成功，即使在亚洲，其优先考虑的也是中国和日本，东南亚仍然处于美国外交的边缘地区。美国优先关注的是这些欧洲盟友的政治、经济稳定以及军事和外交上与美国的合作，并非其海外殖民地的独立渴望。因此，在美国对战后东南亚政策的制订过程中，欧洲因素很大程度上起着主导性的作用，美国在东南亚非殖民化过程中的立场变化应该从这一角度来考察。

战后东南亚的殖民地问题与美国世界经济一体化的目标有着密切的联系。20 世纪 30 年代大危机造成的严重后果，使美国决策者进一步认识到封闭式的经济结构和贸易壁垒不仅成为战争的根源，而且也与美国长期追求的"门户开放"政策相悖。美国的反殖民主义主张，某种程度上也是其试图打破旧的世界体系的结果。从战时开始，美国在对殖民地区的未来进行设想的同时，也一直致力于重新整合世界经济体系。经济一体化将为美国的工业发展和商业扩张开辟广阔的市场，并确保打开美国重整军备所必需的拥有丰富资源的殖民地区的大门。根据罗斯福的设想，二战后应该在自由贸易、投资机会均等和货币自由兑换的原则基础上，建立一种新的开放的世界经济秩序，而在

---

① ［英］D. G. E. 霍尔：《东南亚史》（下册），中山大学东南亚历史研究所译，商务印书馆 1982 年版，第 908 页。

许多美国人看来，欧洲的一体化是美国重建世界经济秩序的关键步骤，战后的欧洲应该是一个更大、更有规则而且对美国开放的市场。

　　然而，随着冷战的来临，欧洲的分裂直接造成西欧各国与东欧和中欧的传统经济纽带被切断，从而使弥补"美元短缺"变得更加严重，加剧了西欧的经济困难。从一战以来，欧洲就一直对美国保持一种贸易赤字，1946—1947年，西欧的"美元短缺"从80亿美元上升到120亿美元。如果这一趋势持续下去，欧洲将可能恢复战前的经济壁垒；更糟糕的是，如果欧洲与苏联合作或者受到苏联的威胁，那么资本主义世界体系就会失去一个最重要的工业中心。[①] 从1947年开始，美国政府试图通过马歇尔计划对欧洲经济进行援助，来挽救内外交困的欧洲资本主义体系。美国希望通过马歇尔计划的援助，能够保持西欧的政治稳定，恢复资本主义经济的活力，该计划也旨在整合西欧的经济使之成为美国主导下的世界经济体系的关键部分。在1945—1947年之间，欧洲以双边形式从美国获得了83亿美元的援助，1948—1952年之间，欧洲通过多边的马歇尔计划从美国获得了141亿美元的经济援助。[②] 美国不仅为欧洲提供美元和安全保证，而且也确保欧洲从边缘地区获取廉价的原材料及食品供应，以促进其经济的尽快复兴。美国决策者深知欧洲和日本的复兴对于西方世界的稳定和秩序至关重要，美国的繁荣需要加快欧洲和日本经济的一体化，而欧洲的复兴需要保持广大殖民地的原料供应，欧洲国家出现的"美元短缺"可以通过殖民地来弥补。这意味着美国所推动的战后经济一体化不仅应该包括那些西欧盟国，而且包括它们的殖民地和属地。在美国决策者看来，最好的经济模式是进行一种世界性的分工，即发达国家出口工业制造品，而欠发达的第三世界国家出售食品和原料等产

---

① Ryan, *US Foreign Policy in World History*, p.133.

② Geir Lundestad, "'Empire by Invitation' in the American Century," in *Diplomatic History*, Vol.23, No.2, 1999, p.196.

品，这在一定程度上也成为杜鲁门政府的外交目标之一。①

在通过马歇尔计划促进西欧经济复兴的同时，杜鲁门政府已经认识到包括殖民地区和新独立国家在内的第三世界在西方世界重建过程中起着重要的作用，认识到非共产主义世界里最主要的发达国家——日本、英国、法国以及德国等国家的问题，与第三世界的混乱密切相关，而这些问题的永久解决只有通过改善欠发达国家的境况才能实现，同时，出于在冷战中反对共产主义的政治需要，美国希望以一种经济方式来赢得殖民地及新独立国家的支持，这些地区的政治稳定和经济发展成为美国全球遏制战略的重要部分。美国本身也迫切需要从这些地区获得原料，尤其是石油、橡胶和矿产品等，通过在第三世界的技术援助和投资，使这些地区出产更多的原料，也可以增加美国对这些地区的出口。这样，随着冷战从欧洲转移到第三世界，应用于马歇尔计划的设想被运用到了第三世界。1949 年之后，美国政府不再把一些第三世界国家的困难当作边缘性的问题，而是试图通过军事和经济援助计划（如杜鲁门提出的“第四点计划”等）把第三世界整合到西方经济体系。1949 年元月，杜鲁门在其就职演说中宣布了“第四点计划”，决定扩大对第三世界的援助，标志着美国开始对第三世界实行一种更广泛的政策。这直接导致了 1950 年 6 月美国有关国际发展的法案的通过，并成立了技术合作署（Technical Cooperation Administration）。该计划最初的预算为 4500 万美元。到 1951 年初，在美国的支持和资助下，有 350 名技术人员在约 30 个国家参与了 100多个合作项目。1953 年，美国国会增拨了“第四点计划”的预算，达到 1.55 亿美元。随着朝鲜战争的爆发，美国政府又通过 1951 年 10月成立的共同安全署（the Mutual Security Agency），把经济计划和技术援助与军事动机直接联系起来，而 1954 年 7 月通过的第 480 号公共法（Public Law 480，PL480）则授权美国政府购买国内的剩余农产

---

① Rotter, *The Path to Vietnam*, pp. 18 – 19.

品用于对外援助经济发展的目的。①

随着"第四点计划"的提出，美国也开始利用经济力量来设计东南亚的命运。事实上，到 1949 年夏，美国外交政策目标的实现正面临着全球性的挑战。在西欧，英国经济的复兴困难重重，其美元储备几近枯竭；法国政府正面临着国内强大的共产党劳工运动的反对，以及很大程度上是由于法国不愿考虑使西德加入北大西洋联盟，西欧处于易于遭受侵略的政治颠覆和经济崩溃的处境中。在远东，共产主义已经在中国取得了胜利，使美国丧失了一个对抗苏联的战略营垒，使欧洲和日本丧失了一个潜在的巨大出口市场，而这些责任都落在了东南亚地区。同时，日本的复兴显得更为紧迫，它不仅严重依赖美国的经济援助，而且依赖于日本与东南亚贸易的恢复和增长，东南亚成为全球经济体系的一个关键地区。然而，整个东南亚地区如印度支那、缅甸和英属马来亚以及印尼等国家都处于动荡之中，对于西欧和日本的经济复兴极其不利。这一时期西欧、远东、东南亚的形势已经相互作用，东南亚的命运与整个世界的命运联系在一起了。这种情况促使杜鲁门政府在 1949 年至 1950 年间重新界定了东南亚在美国外交目标中的重要性。在美国决策者看来，"东南亚在政治、经济和战略上是极其重要的，这一地区沦为共产主义控制之下将会对整个自由世界构成严重的威胁"②。随着共产主义在中国的胜利，美国在远东地区的注意力不再集中于某一固定的国家，东南亚国家的命运被连接为一个整体，杜鲁门及其战略家们把东南亚视为一个极其脆弱的地区，认为该地区任何一个国家出现政治动荡或者共产主义化都将威胁到其他国家。

随着美国政府对东南亚地区给予更大的关注，其对非殖民化问题的处理变得更为灵活，因为英国的经济繁荣很大程度上依赖于马来亚

---

① Mark T. Berger, *The Battle for Asia*: *from Decolonization to Globalization*, p. 43.

② "The United States Delegation at the Tripartite Preparatory Meetings to the Secretary of State," May 4, 1950, in *FRUS*, 1950, Vol. 3, pp. 943 – 945.

的秩序稳定，法国在欧洲的潜力和威望依赖于取得印度支那战争的胜利。这样，西欧的复兴和遏制战略的成功要求美国在反殖民主义立场上做出妥协。总之，在战后美国日益世界性的政策框架内，非殖民化愈来愈成为一种尴尬的现象。美国传统的反殖民主义"理想"要求美国支持殖民地的独立渴望，但战后美国的经济利益和全球霸权的确立，需要西欧和日本的复兴以及资本主义世界经济一体化的进行，欧洲的一体化又需要殖民地的资源，需要保持欧洲国家与殖民地的经济纽带，这就需要把第三世界融入西方经济体系，而战后保持这些地区的稳定，保持其反共产主义的亲西方倾向成为美国外交的重要目标。冷战的紧迫性使美国决策者别无选择，他们认为骤然的非殖民化可能会破坏欧洲经济，也可能会导致东南亚的不稳定，要确保自由资本主义信念的最终成功，必须容忍殖民主义在东南亚的继续存在。

可以看出，1949年后的东南亚正处于美国对中国、日本、英国和法国外交政策的交叉点上，因而被美国视为第三世界中最重要的地区。美国决策者开始把东南亚殖民地的经济与西欧的工业紧密联系起来，尽管东南亚各个国家的原料或产品出口在整个世界经济中只是处于边缘地位，但作为一个整体的东南亚在世界贸易体系中却发挥着极为重要的作用。然而，东南亚的经济和社会变化也给美国的外交政策提出了严重的问题，该地区汹涌的民族主义运动、社会动荡以及经济恶化等状况引起了美国决策者的忧虑，这些问题的解决都需要美国提供援助。美国从1950年5月决定向东南亚国家提供经济和军事援助，美国试图通过经济援助来复兴东南亚和培养该地区抵抗共产主义扩张的能力，以解决美国在世界范围内面临的政策困境。朝鲜战争爆发后，美国强调国际共产主义在东南亚的威胁，美国开始促进日本与东南亚国家的和解。在1951年9月的旧金山会议上，美国促使日本与东南亚国家签订赔偿条约。通过该条约及之后的几个条约，日本与东南亚许多国家实现了关系正常化，恢复了日本与东南亚之间的贸易关系。

进入 20 世纪 50 年代后，美国在处理东南亚非殖民化过程中无疑面临着两个日趋复杂的问题——首先是冷战；其次是重建一个稳定和繁荣的世界经济体系。在诸如杜鲁门、艾森豪威尔、杜勒斯这样的美国决策者的思想中，这两个问题显得格外重要和迫切。1950 年后，随着冷战在东南亚的竞争日渐炽烈，美国决策层将关注的重点从欧洲转向了东南亚地区，鉴于东南亚地区民族主义运动和非殖民化过程的复杂性，加上其在战略原材料和市场、战略地缘位置、其对于保持有利于西方世界的世界权力平衡方面的政治和意识形态的重要性，因此美国决策层希望在全球冷战中把东南亚国家纳入西方阵营。他们一方面开始更多地强调苏联共产主义阵营对东南亚策略发生的转变，美国应该积极采取应对措施；另一方面，美国决策者开始更加强调美国所应承担的"世界责任"。20 世纪 50 年代，美国决策层中逐渐形成了一种观念和看法，即认为美国已处于从"大国"向"霸权国家"转变的关键时期，他们普遍担忧美国将会面临一种受到共产主义的威胁以及全球经济停滞的前景。从罗斯福政府、杜鲁门政府再到艾森豪威尔政府，在他们旨在塑造的战后世界秩序蓝图中，一个基本的目标就是这一新的世界秩序将确保美国的长期安全，同时建立一个更加开放、富有活力和防止陷于萧条的全球经济体系。二战后，随着美国在东南亚利益的扩张和日益卷入，美国决策层普遍认为，作为战后新的世界秩序的领导者，美国必须采取行动动员国际力量支持其反对共产主义的斗争，把广泛的亚太地区直接划作美国的势力范围，将东南亚的民族国家体系以及地区秩序构建的过程，纳入了缔造美国"非正式"帝国所依赖的国际制度框架之内。

三　非殖民化、冷战与美国在东南亚的秩序塑造

1945 年后美国成为世界体系中的霸权国家，美国与东南亚之间的关系某种程度上呈现出"中心"和"外缘"的特征。在经济领域

探求霸权国家和国际经济体系关系的学者应该首推霸权稳定论的最初倡导者、美国经济学家金德尔伯格，他在《1929—1939 年世界经济萧条》一书中较为全面地分析了霸权国家在世界经济稳定和发展方面的角色。他把霸权国家的领导权和世界经济体系的稳定联系起来，认为一个开放的和自由的世界经济需要有一个居于霸主或主宰地位的强国来维持。这个霸权国不仅拥有军事上强制的能力，而且具有经济上的实力和意识形态上的感召力，它所建立的国际市场体制既有利于霸权国家本身，又有利于国际体系的发展。因为这种新体制既满足了霸权国的利益诉求，也在一定程度上满足了其他国家的利益诉求。霸权国家主宰下的国际体系以英国和美国曾在历史上担任过霸权国的角色为例，在金德尔伯格看来，"英国治下的霸权"（Pax Britannica）和"美国治下的霸权"（Pax Americana）都曾带来了世界经济一定时期内的繁荣和资本主义的发展。

"美国治下的霸权"主要是通过布雷顿森林体制来实现对世界的控制。美国作为世界资本主义大国创造了战后的资本主义世界经济体制，因为它具有一种体制上的优势和实力上的优势。这种体制以布雷顿森林体制和关贸总协定的形式在战后被美国扩大到了整个资本主义世界。西方学术界长期存在着一种观点，那就是 1945 年后，美国及其盟国建立了体现自由原则的关贸总协定、世界银行以及国际货币基金组织，这三个多边框架基础上形成的布雷顿森林体系（1945 年建立，1968 年开始坍塌，到 1973 年被废除）在战后的世界经济复兴和扩张过程中起着关键的作用，促进了国际自由经济秩序的建立。世界银行通过重建和开发贷款为世界生产和贸易提供了资金，有助于战后国际金融秩序的重建和复兴；国际货币基金组织旨在使货币兑换变得灵活；关贸总协定下的国际贸易体系则促进了战后的世界贸易。[①]

二战后，美国的外交转向全球主义与世界经济霸权，其军事及外

---

① Albert Bergesen and Ronald Schoenberg, "Long Waves of Colonial Expansion and Contraction, 1415 – 1969", in Albert Bergesen ed. , *Studies of the Modern World-System*, pp. 231 – 277.

交的目标开始成为全球主义崛起的重要手段。美国的影响扩张到了全球几乎各个角落，它在承担起一种复杂的世界角色的同时，有着重要的战略、政治和经济动机，其中经济力量的扩张一直围绕着美国日益增长的霸权势力。美国通过政治、经济、军事、文化等多种手段，旨在缔造一个稳定的符合美国理念和价值观的自由资本主义国际体系，建立一种在全球多边结构框架下开放的国际制度。通过这一国际制度框架，除了抱有促进诸如公海自由、民族自决以及建立民主政府等传统目标以外，美国还试图缔造一个各国贸易和投资机会平等的开放的国际经济体系。美国领导人所设想的是，一种自由贸易和无差别的国际环境，将有利于世界各国的和平经济竞争、平等地获取原材料以及根据比较优势原则使效益最大化。一种开放的多边经济体系也对美国官员们所认为的那种有益于和平、繁荣和民主等相互依赖的经济和政治结构有利。[①] 发达国家一直是影响世界经济发展的主要力量，在二战后的国际规则中，很大程度上体现了发达国家的利益，特别是美国的利益。自由贸易和货币机制促进了美国的经济利益，在战后初期的货币体系中，美元处于储备通货和交易通货的中心地位，为美国外交政策获得财政后盾提供了很大方便，同时也促进了美国的政治利益和安全利益，加强了反苏政治联盟。

战后的国际经济体制保证了美国在世界范围内的经济特权与权力支配地位，美国的经济实力决定了美元作为世界货币的基础，也保证了美国对国际金融市场的控制。布雷顿森林体制有利于美国的对外借贷，美元的借贷可以促进美国商品的出口，有利于跨国公司的国际生产和对战略资源的控制。同时，通过布雷顿森林体制中对国际收支赤字国的援助，保证了其他国家的基本经济福利。"关贸总协定"在促进国际贸易自由化的同时，通过众多的例外条款确保各国基本的民族福利。这些经济体制确保了战后的世界经济秩序稳定，为世界经济的

---

① William H. Becker and Samuel F. Wells, Jr., eds., *Economics and World Power*, p. 335.

增长提供了相对良好的条件。美国的军事力量、联合国、北约以及美国关于自由贸易的原则也成为战后世界经济重建和飞速增长的强大促进因素。一般条件下，霸权国的经济增长充分显示了其所缔造的国际经济体制的益处，并且可以推动该制度下其他国家的发展；霸权国的进口会促进其他国家的经济发展，它的对外投资也为发展中国家提供了发展所需的资金；通过技术转让和知识扩散，它向发展中国家提供了工业化和经济发展所必需的技术和专门知识，因为霸权国是世界高技术的主要发源地。霸权国庞大的经济规模是它管理世界经济的一个重要权力资源，它可以通过向"友好"国家开放市场，或者把"不友好"国家排斥在自己的市场之外，从而对其他国家施加影响。①

　　二战后主导美国对外政策的基本原则之一，就是缔造一个符合美国理念和价值观的自由资本主义国际体系。二战后美国成为世界上最强大的国家，并承担起重建资本主义世界的责任，美国的主要目标在于整合战后的世界经济体系，建立一个完全对美国开放的全球市场，这一巨大的任务包括西欧的复兴、把西德重新整合进入西欧地区、重建日本使其成为美国在太平洋的基地以及缔造一个以美元为中心的新的布雷顿森林体系。战后美国对东南亚国家实施的长期援助计划，其目的在于遏制共产主义的扩张；其次是加强该地区国家内部的力量。从 20 世纪 50 年代中期开始，苏联的工业化模式对东南亚一些新独立国家具有很大的吸引力。而与此同时，美国决策者在经济援助、贸易以及私人投资等方面，都加强对远东尤其是东南亚地区的支持。例如，在 1955 年初，艾森豪威尔总统呼吁建立一个亚洲经济发展总统基金。7 月 8 日，该基金得到了美国国会的批准，并作为 1955 年共同安全法案的一部分。该基金最初计划拨款 2 亿美元，后被削减至 1 亿美元，用于 1958 年 6 月 30 日前的双边和多边援助计划。② 美国的主

---

① 李滨：《国际政治经济学——全球视野下的市场和国家》，第 70—72 页。

② "The Fiscal Year 1956 Mutual Security Program," July 27, 1955, *FRUS*, 1955–1957, Vol. 10, p. 12.

要目标就是加强包括东南亚在内的亚洲"自由"国家的经济发展，促进其政权为实现更大程度的政治和经济稳定而努力，鼓励更大程度的地区团结和合作，由此增强这些国家的抵御共产主义扩张的能力，从而使东南亚国家愿意继续保持与整个西方，尤其是与美国的关系。①

二战前，东南亚国家中除了泰国保持着名义上的主权外，其他国家都是西方殖民国家的殖民属地，普遍缺乏政治认同和地区认同，在世界事务中的地位也不重要。二战后，东南亚国家在国际体系中的地位发生了变化，伴随着非殖民化运动的蓬勃开展，东南亚进入了民族国家建构的阶段和政治、经济以及社会结构转型与变迁的过程，同时它们开始致力于在战后的世界秩序中寻求其身份认同，这一过程也成为美国在东南亚影响力崛起的契机。因此，战后东南亚民族国家体系形成的过程，与冷战背景下美国在该地区的干预计划和塑造地区秩序的行动重合在了一起。早在二战期间，罗斯福政府就将其"国际托管"设想应用到东南亚殖民地问题的处理上，即使二战后在冷战形势的影响下，美国对东南亚的非殖民化政策开始根据其自身需要来进行调整，从而在东南亚非殖民化过程中施加了不同程度的影响，但总体来看，美国在战后东南亚民族国家构建过程中的动力，很大程度上来自冷战遏制战略的需要以及美国自身对自由主义国际秩序的追求，美国决策者试图通过在东南亚推动渐进式的非殖民化，向东南亚移植西方的民主模式和政治制度，加之军事介入和政治干预，使该地区能够实现政治转型和有序发展，进而把东南亚新兴民族国家纳入西方轨道，将东南亚地区融入战后美国主导的国际发展框架。可以说，从1949年下半年开始，随着中华人民共和国成立以及美国对远东政策的重新定位，东南亚所有的事务都与美国在远东地区和全球体系中的目标密切联系起来。这一时期美国的东南亚政策很大程度上是针对冷

---

① Memorandum by the Economic Coordinator of the Bureau of Far Eastern Affairs（Baldwin）to the Director of the Political Planning Staff（Bowie），"Asian Economic Program：Its Proposed Character and Method of Operation," August 30, 1954, *FRUS*, 1952－1954, Vol. 12, p. 812.

战遏制而形成的。实际上，1949 年后遏制成为美国亚洲政策的核心目标，东南亚的非殖民化和发展问题在美国的全球权力和影响的分配中占据了重要地位。

如前所述，1949 年秋美国远东政策的转变，不仅对于远东地区而且对于西欧和世界上的其他欠发达国家都有着深远意义。在远东地区，美国所关注的焦点不再是某个单一的国家，而是分散到一系列的国家，包括那些东南亚国家。但是遏制中国需要所有与中国相邻国家的合作，因此鉴于东南亚对于日本以及西欧的经济复兴的重要性，东南亚已经不能孤立起来去看，而是开始被看作一个整体的地区。① 战后初期的美国决策者一直处于其试图重建战前殖民秩序的欧洲盟友的利益与东南亚民族解放运动的渴望之间的困境之中，美国对东南亚的非殖民化政策常常受到与欧洲殖民国家相关的因素的影响，同时也担心该地区的独立运动会倒向社会主义阵营，造成其对西方资本主义的敌视。② 实际上，为了避免出现这种严重的后果，这一时期美国的东南亚政策很大程度上是针对冷战遏制而形成的。在 1949 年共产党取得胜利后，遏制就成为美国亚洲政策的核心目标，东南亚爆发的非殖民化冲突在美国的全球权力和影响的分配中占据了重要地位。在这一背景下，美国决策者试图找到阻止共产主义向东南亚等地区扩张的途径，其中一个重要的表现就是开始探讨关于东南亚地区合作的问题。

1949 年 3 月，美国国务院政策规划署出台的东南亚政策文件，强调了先前所采取的双边行动对于削弱共产主义在东南亚影响的局限性："促进东南亚与大西洋共同体以及其他'自由世界'的和谐发展，是我们持续的目标；反过来，遏制和削减削弱克里姆林宫在该地

---

① Andrew J. Rotter, *The Big Canvas: The United States, Southeast Asia and the World, 1948 - 1950*, Dissertation Submitted to the Department of History of Stanford University for the Degree of Doctor of Philosophy, pp. 203 - 204.

② Kai Dreisbach, "Between SEATO and ASEAN," in Marc Frey, Ronald W. Pruessen and Tan Tai Yong (eds.), *The Transformation of Southeast Asia: International Perspectives on Decolonization*, Singapore University Press, 2004, pp. 241 - 242.

区的影响，同样也是我们的目标。因为通过一种仅限于对东南亚各国采取单边行动的政策，我们很难实现这些目标，所以我们应该采用一种更为广泛的计划——多边合作，主要是与一些英联邦国家和菲律宾合作，把东南亚作为一个地区。"[1] 同时，美国国会通过1949年的"对外军事援助法案"，呼吁"远东自由国家和自由的人民建立一个联合组织，形成一个自助和相互合作的计划"。然而，面对东南亚存在的反殖民和反西方情绪，杜鲁门政府认为美国应该避免在组织地区合作中扮演一种积极角色。与对欧洲政策不同，美国这时在亚洲的政策既不是促进一个像北约那样的军事组织的成立，也不支持像马歇尔计划那样的多边援助建议。朝鲜战争爆发后，杜鲁门政府改变了其亚洲政策，开始在东南亚非共产主义的地区组织的形成过程中发挥更加积极的作用。尽管由于亚洲各国不断涌现出强烈的民族主义、反殖民主义、反对冷战诉求，以及受到日益增多的对不结盟外交政策的支持等因素的影响，阻碍了美国在亚洲公开创立和促进成立一种地区组织的设想，但美国决策层已经开始探索性地在亚洲建立一种地区集体防御机制，例如1951年缔结的《澳新美安全条约》（ANZUS）和1954年建立的东南亚条约组织（SEATO）。实际上，东南亚条约组织并非一个东南亚地区组织，它更大程度上是美国领导下的反共军事同盟体系的一个组成部分。

战后美国与东南亚国家的关系具有"家长式统治"的特点（源于美国人意识形态中的种族主义倾向），比如在关于第三世界的发展理论和"现代化"理论中就体现出来的这种家长式思想。[2] 随着非殖民化运动在第三世界的普遍展开，战后的民族国家体系也开始形成。与此同时，在杜鲁门政府和艾森豪威尔政府的勾画下，旨在促进西方

---

[1]　"Policy Planning Staff Paper on United States Policy toward Southeast Asia," March 29, 1949, *FRUS*, 1949, Vol. 7, p. 1129.

[2]　Marc Frey, "Tools of Empire: Persuasion and the United States's Modernizing Mission in Southeast Asia," in *Diplomatic History*, Vol. 27, No. 4, Sep., 2003, p. 548.

阵营各国发展的国际制度框架和美国倡导的现代化计划的轮廓，在 20 世纪 40 年代末至 50 年代形成了。随着一系列国家和民族发展的计划以及新的国际体系框架的建立，美国竭力推行西方的政治经济模式，希望从政治、经济、社会、文化以及发展模式方面把第三世界融入其领导的国际政治经济体系。美国主导的现代化计划是通过由许多国际制度构成的国际框架来实现的，这些制度和框架在冷战时期有利于促进西方世界的经济发展和资本主义。这些制度框架主要是战后重建的三个制度性安排：关税与贸易总协定框架下的世界贸易体制、布雷顿森林体系下的国际货币制度以及联合国制度下的安全体系。例如，在政治方面通过联合国组织、安理会；军事方面通过北约、东南亚条约组织等安全协定的保障；经济方面通过布雷顿森林体系下的国际货币基金组织和世界银行等一系列国际制度安排，来塑造稳定的国际金融秩序；通过缔结关贸总协定来构建一种世界多边贸易体系，以及马歇尔计划和之后对第三世界的军事和经济发展援助；意识形态方面的反共产主义宣传的思想整合等方式。美国还支持建立了一系列的国际组织，如联合国粮食和农业组织（FAO）、联合国贸易和发展会议（UNCTAD）、联合国发展计划署（UNDP）以及扩大技术援助计划署（The Expanded Programme of Technical Assistance）等。

在冷战背景下，美国主导下的国际制度框架的一个主要目标，就是构建一个开放的世界经济秩序，通过促进第三世界民族国家的发展，扩大美国所倡导的自由资本主义发展模式的影响，从而与社会主义的现代化模式展开竞争，遏制苏联在第三世界地区的扩张。对于东南亚，20 世纪 50 年代后美国决策层愈益担心的是，普遍存在的贫困和不发达状况以及众多的人口，使得该地区的非共产主义国家面对共产主义的扩张十分脆弱，而经济发展是解决这一问题最为有效的途径。因此，美国决策层希望通过对东南亚国家实施一系列援助计划，向其输入资本和技术，促进其经济制度发生巨大的变革，使该地区经济和社会得到发展，生活水平得以改善，进而有助于巩固该地区的非共产主义政权，加强地区秩序稳定、促进贸易和工业发展，保持该地区与西方国家的"和谐"关系。

在战后美国对东南亚的外交政策中，首要的原则是向当地人民提供援助以使其能够自助，通过促进东南亚的经济发展和提高当地的生活水平，来消除共产主义的吸引力，在这一过程中美国的贸易政策、对外投资等发挥着重要的作用。1945 年后，在美国所缔造的国际制度框架下，世界经济，无论是作为中心区发达国家的美国，还是处于外缘地区不发达的东南亚大多数国家，都取得了高速的经济增长。东南亚一些新独立国家如马来西亚、新加坡、泰国等经过战后 20 多年的经济发展，其工业化和现代化的程度迅速提高，甚至进入了新兴工业化国家行列。这一时期，来自中心地区发达国家的外部因素，尤其是美国，对东南亚地区经济体的发展起到了重要的作用，尽管东南亚各国战后的经济发展有其自身努力的原因，但是不能不看到，这些国家和地区的经济发展符合冷战的需要，适应了西方防止所谓"共产主义渗透"的需要。① 在冷战的背景下，美国在政治上支持并推动东南亚的非殖民化；在经济上，美国迅速扩大了其在东南亚的商业和金融利益，通过贸易、直接投资以及提供大量技术和经济发展援助，竭力把东南亚纳入其构筑的国际经济体系。除北越外，东南亚大多数国家在冷战形势下属于非共产主义国家，这些国家从朝鲜战争和后来的越南战争中获益。尽管只有菲律宾和泰国与美国签订了安全协定，但是马来西亚和新加坡与英国、澳大利亚和新西兰签有类似的协定。而印度尼西亚从 1966 年开始与美国结盟。作为美国冷战时期的盟友，这些国家和地区从美国的经济政策和其他经济政策中受益，它们在经济上都依赖于美国和西欧，而美国和西欧正是东南亚国家传统的出口市场，同时也加强了它们与日本和韩国，以及中国台湾地区的经济联

① ［美］罗伯特·吉尔平：《全球政治经济学——解读国际经济秩序》，杨宇光等译，上海人民出版社 2006 年版，第 351 页。

系，从而成为世界上投资增长快速的国家。①

二战后，美国控制着绝对优势的世界工业和金融资产，其在经济事务方面的任何行动和不行动都对战后的世界经济有着深远的影响，作为世界第一经济强国和最大的进出口国，美国对全球贸易的影响举足轻重。美国利用其世界霸权地位，缔造了布雷顿森林体系下的国际货币基金组织、国际复兴与开发银行（世界银行）以及关贸总协定等多边国际制度框架，通过参与和推动全球贸易自由化进程，从国际贸易体系中获得了巨大的经济利益。美国在战后国际经济体系中所起的领导作用，有助于消除贸易和投资障碍以及稳定世界货币。这些措施反过来也促进了世界贸易和经济复兴。东南亚地区曾经在世界经济中发挥着重要的作用，它为西方世界提供了重要的原材料、商品市场以及投资场所等，二战后又成为美国经济扩张的新边疆。作为西欧—东南亚—美国之间传统的"三角贸易"模式中一个重要环节，东南亚的经济与西欧经济重建以及日本的经济恢复密切联系起来，成为战后美国缔造一种新的全球经济体系的一个关键地区。作为国际体系中的霸权国家，美国运用政治、经济以及军事等手段，对该地区各国的工业化、现代化进程发挥了重要的影响。

可以看出，二战后很长时间内，美国在东南亚的作用很大程度上具有军事和战略意义，冷战以及美国在东南亚的地缘政治、经济战略因素对东南亚经济发展产生了较大的影响，朝鲜战争和后来的越南战争在某种程度上促进了东南亚亲西方国家的战后经济繁荣。东南亚的重要战略地位使得该地区许多国家在 20 世纪 60 年代和 70 年代初从美国获得了大量的经济援助。美国在通过马歇尔计划对西欧提供援助的同时，从 20 世纪 50 年代起也开始关注东南亚地区的经济发展，通过"第四点计划"和科伦坡计划先后向东南亚提供了大量的经济、技术和军事援助。在对东南亚进行援助的同时，西方国家，主要是美

---

① John Bresnan, *From Dominoes to Dynamos: The Transformation of Southeast Asia*, pp. 22 – 23.

国希望利用发展经济学家所提倡的现代化理论和增长理论来指导东南亚战后的经济重建和发展。在全球战略目标的作用下，美国通过对东南亚的贸易、投资以及大规模的经济发展援助，竭力把东南亚纳入资本主义经济体系。这一过程某种程度上有利于东南亚许多国家实现了创纪录的经济增长。从 20 世纪 60 年代开始，印尼、马、新、泰、菲等东南亚国家进入了一个新的重要发展阶段。

总体来看，二战后的几十年时间里，美国作为国际体系的霸权国家，其霸权的建立以及在东南亚的影响上升的过程，与东南亚地区的非殖民化、国家建构以及经济发展的关键阶段相一致。尤其是在冷战时期，美国宏大的全球战略及其变化对东南亚的整体发展产生了十分重要的影响。战后美国的东南亚政策是多层面的，从强调促进渐进的非殖民化、期冀欧洲和东南亚之间继续保持合作，到旨在促进地区整合、发展和"民族国家建构"的宏大计划，都成为塑造美国东南亚政策的重要因素。① 在冷战背景下，美国旨在通过非殖民化将东南亚地区纳入其建立的美国式的全球体系，这与战后美国所推动的全球"美国化"的目标相一致。作为冷战时期东西方竞争的重要边缘地带，美国决策层基于地缘政治战略的需要，竭力把东南亚纳入其设计的一系列国际制度框架，试图从政治权力、制度层面（宪法制度、经济制度等）、发展模式以及文化心理等方面，对东南亚的地区秩序进行设计和塑造，将其变成"现代化"和"民主化"演变的一个特殊边疆。

四 非殖民化与发展：美国东南亚政策中的 现代化命题

二战后，随着冷战开始主导美国的政策，现代化理论开始渗入美

---

① "Introduction", Marc Frey, Ronald W. Pruessen and Tan Tai Yong (eds.), *The Transformation of Southeast Asia: International Perspectives on Decolonization*, pp. viii – ix.

国关于后殖民世界，包括东南亚的政策框架中。现代化理论，有时也称作发展理论，在 20 世纪的后半期，被美国决策者理解为其对非工业化的新独立国家的责任，并为其第三世界政策提供了一种理论指导。作为一种概念和过程，现代化包括了一系列变化着的思想和战略，并指导着美国关于对外援助、贸易、民族主义以及反对叛乱等方面的政策。在这些观念中，核心的思想是能够为美国和工业化国家所接受的经济和政治发展的模式才是标准的，它应该符合美国的利益。①20 世纪 40 年代后，关于现代化特征的许多设想得到了美国学术界和慈善团体的认可，并引起了美国政府的注意。这种设想是基于认为所有社会都遵循一种普遍的线性的现代化道路，要经历若干被公认的阶段，最终的归宿是一种北美和欧洲城市社会所享有的那种高度稳定的工业主义和消费主义；这一过程能够通过许多途径而加速，但主要是通过与发达社会的联系以及通过国家干预；这种变革最困难的部分就是心理上的；发展超越了政治，但是具有创造政治收益和风险的能力。这些设想作为一种样板开始被用于对非殖民化中的世界的管理。②1949 年 1 月杜鲁门宣布实施的"第四点计划"，其目标在于促进欠发达地区的发展，把"发展"置于美国国家议事日程的高度，并在后来发展成为一场世界范围的运动。杜鲁门认为贫穷不仅对于穷国而且对于其富国邻居都是一种威胁，减少贫困的状况将确保世界在整体上保持繁荣，减少战争的机会，从而将"第四点计划"与美国的战略和经济目标结合起来。

　　二战后，随着欧洲殖民帝国在亚非地区的崩溃，产生了一系列新独立的主权国家，这些国家贫穷、落后，亟须实现工业化和经济的迅

---

① Nick Cullather, "Modernization Theory," in Michael J. Hogan and Thomas G. Paterson, eds. , *Explaining the History of American Foreign Relations*, New York: Cambridge University Press, 2004, p. 213.

② Nick Cullather, "Development Doctrine and Modernization Theory," in Alexander De-Conde, Richard Dean Burns, and Fredrik Logevall, eds. , *Encyclopedia of American Foreign Policy*, New York: Charles Scribner's Sons, 2002, Second Edition, Vol. 1, p. 479.

速发展。当这些国家加入国际体系的时候，它们面临着按照意识形态划分为由美国和苏联主宰的资本主义和共产主义两大阵营的形势。在冷战背景下，美苏两个超级大国与其盟友一起，竭力在全球范围内扩大自己的影响，同时也在这些新独立国家展开了发展模式的激烈竞争，而对外援助显然成为这种竞争的工具之一。20世纪40年代末至50年代，苏联的工业化模式对南亚和东南亚一些新独立国家具有很大的吸引力。与此同时，在杜鲁门政府和艾森豪威尔政府的勾画下，旨在促进西方阵营各国发展的国际制度框架和美国倡导的现代化计划的轮廓也形成了。随着一系列国家和民族发展计划以及新的国际体系框架的建立，英美等西方国家竭力推行西方的政治经济模式，希望从政治、经济、社会、文化以及发展模式方面把第三世界融入其领导的国际政治经济体系，也希望通过一系列援助计划促进该地区的经济和社会发展，以扩大自由资本主义发展模式的影响，来与苏联的社会主义现代化模式进行竞争。

20世纪50年代后，美国的社会科学家们开始系统地把现代化理论作为一种战略工具时，这一理论达到了其顶峰时期。在冷战背景下，美国的基金会、政府机构和大学都联合起来为现代化理论的产生创造制度安排，以罗斯托为代表的一些学者的理论重新把冷战定义为一种关于发展地带的竞争战斗，这为美国等西方阵营与共产主义阵营在不发达地区的竞争提供了理论支持。随着殖民帝国崩溃和新国家的"兴起"，以及冷战形势的日益严峻，尤其是从20世纪50年代中期开始，苏联工业化的成就，使得一些新独立的国家把苏联视为迅速实现现代化的一种模式。这一时期，新的挑战大大增加了美国对第三世界发展进程的兴趣，美国决策者越来越多地探究将其经济资源和计划方面的专业知识用于驱动"新兴地区"社会变迁的途径。新的现代化理论符合华盛顿的需要，美国政府的决心使得现代化论者获得高度的制度影响力。当时美国决策层正在寻求更有新意、更有效的对付苏联挑战的办法，由此现代化成为美国对冷战的规划的一个重要组成部分。[1]
1958 年 2 月，时任美国参议员的约翰·肯尼迪第一次会见了罗斯托，
此后现代化理论开始与美国的对外政策结合，开创了 20 世纪 60 年代
现代化理论的黄金时代。在就任总统的第一年时间里，肯尼迪发起了
进步联盟、和平队、用于和平的粮食援助以及成立了国际发展署
（AID）等，他宣布 60 年代是"发展的十年"，大大增加了对外援助
预算。现代化理论为这些计划提供了设计方案、理论和论证基础。在
美国的主导下，西方国家开始关注第三世界的发展问题。[2]

　　二战后，西方发展经济学的理论模式对美国的第三世界政策产生
了很大的影响。一些研究发展中经济的西方学者，如刘易斯（W. Ar-
thur Lewis）、罗格纳·纳克斯（Ragnar Nurkse）、罗斯托等研究了第
三世界的发展问题，指出不发达经济的特点主要是农业人口过剩、农
业生产效率低、技术设备不足，缺乏科技知识以及资本生成困难等。
他们集中于探讨发展中国家贫困的原因和摆脱贫困的出路，所得出的
一个重要结论就是认为经济增长停滞不前、人均收入低下是发展中国
家贫困的原因，而其根源在于缺乏资本和投资。资本稀缺是这些地区
经济发展的制约条件，而摆脱贫困、实现经济增长，就需要提供大量
资本。[3] 他们认为，实现现代化有着一系列的共同因素，包括资本积
累、技术进步、工业化，更加完善的管理机构，大规模的发展计划和
外来援助。

　　就东南亚来看，第二次世界大战给该地区的政治、经济和社会各
方面都留下了严重的创伤。战后初期的东南亚经济恢复缓慢，人口增
长较快，人均国民收入很低，仅约 56 美元，还不到美国的 1/20，亟
需经济重建。与此同时，东南亚地区的非殖民化正在蓬勃展开，民族

---

　　① ［美］雷迅马：《作为意识形态的现代化：社会科学与美国对第三世界政策》，牛可
译，第 37 页。

　　② William Roger Louis and Ronald Robinson, "The Imperialism of Decolonization," in James
D. Le Sueur, ed., *The Decolonization Reader*, pp. 73 – 74.

　　③ 谭崇台：《发展经济学》，山西经济出版社 2001 年版，第 159 页。

主义、反殖民主义以及共产主义的影响交织在一起，造成政治局势动荡，社会和经济状况不断恶化，这一切都对西方在东南亚的政治、经济利益形成挑战。对于那些东南亚的穷国来说，共产主义的吸引力主要是经济方面。因此，东南亚地区经济的发展对于其自身的社会稳定、巩固其自由制度必不可少，同时也有利于远东地区，乃至整个世界的政治稳定。东南亚经济的复兴在世界贸易中居于关键的地位，不仅对于亚洲国家自身，而且对于建立在多边贸易基础上的世界经济的增长都至关重要。

从 20 世纪 50 年代初开始，以美国等西方国家通过加强对东南亚的贸易、投资以及提供大规模的技术和经济发展援助，旨在促进东南亚的经济发展，以期把东南亚纳入美国的全球战略体系和西方资本主义经济体系。在美国等西方国家经济和技术援助的帮助下，东南亚地区的农业科技、土地灌溉、电力、疾病控制、环境保护、公路及铁路交通建设、钢铁工业等方面的许多项目和计划得以正常运作，从而使该地区取得了巨大的进步，这些国家的自然资源开始得到更加科学合理的开发，国民收入明显增长，粮食产量增加，棉花、橡胶和茶叶等这类商品作物的产量大大增加，该地区受援国的经济开始由传统的农业国向工业国转变。

现代化理论家们相信，"欠发达"世界的非殖民化释放了新的、具有潜在危险性的力量，而这些力量需要加以疏导和控制，他们把现代化视为一种对于"新兴"国家极具价值的发展模式。在冷战背景下，美国把促进东南亚民族国家的发展视为全力遏制苏联及其盟友的一部分，美国人希望东南亚未来的发展以一种理性的、有秩序的和渐进的方式进行。通过一系列对外援助计划的实施，美国的资本和技术援助能够被该地区国家所利用，促进其经济制度发生巨大的变革，使该地区经济和社会得到发展，生活水平得以改善。因为贫困和不发达以及众多的人口，使得东南亚地区的非共产主义国家面对共产主义的扩张十分脆弱，经济发展是遏制这一威胁的最为有效的途径。因此，现代化不仅仅是一场计划和政策的战争，它也成为一场以树立形象和争取认同为目标的战争。现代化理论浸透着冷战高潮中美国人对于自身的某种信念，作为最具"现代性"的国家，美国认为自己应该可以成为世界上其他国家追随和效仿的榜样。在 20 世纪 60 年代，美国人把东南亚的现代化与其自身那种强烈的文化自豪感和使命感紧密地联系在一起，美国决策层希望能够通过外援和发展计划促进现代化，帮助东南亚民族走上自己的历史所昭示出来的康庄大道。①

二战后东南亚国家的非殖民化与其现代化进程重合在了一起，20世纪五六十年代的东南亚正值社会政治转变和经济发展的重要阶段。这一时期，伴随着殖民主义危机、冷战的加剧、民族国家制度在全球范围的传播，产生了一种国际框架和作为一系列国家调节的民族计划的一种强大的发展观念，而美国成为资本主义形式的国家调节的民族发展的国际框架的核心和重要的推动者。实际上，在第二次世界大战后，形成于美国"新政"时期的田纳西河流域管理局（TVA）模式，在美国关于第三世界发展问题的设想中扮演了重要角色。作为 TVA模式下一种普遍的开发内容，建造大坝、控制河流之类的宏大工程，则被视为第三世界国家通过现代化走向繁荣的途径和象征。从 20 世纪 50 年代开始，随着美国对东南亚政策的重新定位，美国决策层热切希望介入东南亚的发展进程，其中湄公河地区被看作现代化的最后的"边疆"。作为冷战前沿地带，在湄公河流域的缅甸、老挝、泰国、柬埔寨和越南等国家，修建大坝等基础设施建设不仅被视为其经济增长的驱动力，也被看作确保这些国家沿着自由主义方向发展的重要手段。正是在这一背景下，美国在 20 世纪 50—70 年代参与了湄公河开发计划，并成为湄公河建坝活动的主要援助国。

第二次世界大战后，随着西方殖民体系的迅速瓦解和冷战的降临，亚非地区新独立国家的经济重建和发展成为全球性的重要议题，

① ［美］雷迅马：《作为意识形态的现代化：社会科学与美国对第三世界政策》，牛可译，第 329 页。

也引起了美国决策层的关注。在美国决策者看来，那些摆脱殖民后新独立的第三世界国家，在经济和社会上易于受到共产主义的吸引，而这些地区在原材料、人口规模以及战略地位上对于美国都至关重要，其"发展"问题显得格外迫切。实际上，在战后美国关于第三世界的政策设想中，为了凸显美国与共产主义发展模式之间的重要区别，其基于自身经验的"发展"思维开始被视为确保和扩大美国主导的国际秩序的一种手段。从 20 世纪 40 年代开始，随着现代化理论的兴起，TVA 模式作为一种在自由主义政治框架下的美国掌握应用科技的表现，就被发展专家们贴上了新的"现代化"的标签。TVA 倡导的开发计划涉及农业、工业、教育、电力、洪水控制等一系列问题，其中大坝和水电站的建设成为其最为显著的象征。这一计划下的水电项目，通过运用新的技术，为美国南部贫穷地区提供了充足的电力，推动了这些地区社会经济的变革。TVA 后来还成为一个培训外国技术人员的场所，也吸引了不少各个专业领域的外国专家、决策官员等前往观摩学习。在很大程度上，TVA 的河流开发模式作为一个人们能够改变其物质环境的象征，被看作一种成功的案例，并能够推广到世界其他落后地区。TVA 的首任局长戴维·利林塔尔（David Lilienthal）指出，TVA 展示了"民主的""立足民众"的发展的优点，它将科学管理与技术以及受其政策影响的民众的积极参与凝聚在了一起。他认为外国社会通过采用 TVA 模式，能够实现"跳跃性进步"，更为快捷地走上发展道路。美国的发展模式与经验能够直接被应用于中国、印度、哥伦比亚、伊朗和南越等国家。[①] 1963 年 6 月，美国著名的科学家和出版家朱利安·赫胥黎（Julian Huxley）还指出："这种对大河流域、自然领域有计划开发的 TVA 设想，已经成为世界上的普遍思维。"[②]

[①] Michael E. Latham, *The Right Kind of Revolution*, p. 24.

[②] David E. Lilienthal, *TVA：Democracy on the March*, New York and London：Harper & Brothers, 1944, p. 189.

在 20 世纪五六十年代，美国的上述发展模式和现代化理念成为美国对外政策的重要元素。对于美国决策者来说，TVA 无疑为第三世界国家提供了一种包罗广泛的乡村发展的样板，TVA 模式下的那种宏大的地区开发计划，代表着一种广泛的经济和社会发展的自由主义解决路径，成为一种应对共产主义在第三世界扩张的现代化手段，这深刻影响到了这一时期美国的对外援助活动。美国决策层普遍认为，对第三世界落后国家进行援助和推动其社会、经济发展，对于美国在全球战略性地区遏制苏联威胁方面至关重要，技术援助成为美国在第三世界实施现代化使命的重要手段。1949 年，杜鲁门提出了针对不发达国家和地区的"第四点计划"，目标是依靠美国的技术力量来促进这些国家和地区的经济增长和发展。这一时期，TVA 所蕴含的那种国家主导的发展项目、大规模的现代化计划，与美国国内普遍的冷战焦虑联系在一起。作为一种解决"发展"问题的方案，TVA 模式加入了美苏之间在基础设施能力建设方面展开的全球竞争。在这一背景下，河流治理和修建大型水坝等宏大项目和国家规划，作为美国对第三世界援助计划的一部分，与美国的外交以及政治战略结合了起来。

进入 20 世纪 50 年代后，随着美国海外援助项目的扩大，河流开发项目先后被杜鲁门政府和艾森豪威尔政府视为改变第三世界不发达状况的可靠措施，TVA 模式开始被应用到尼罗河、底格里斯河、约旦河、印度河、恒河、湄公河以及伊洛瓦底江等河流区域。美国还着手在黎巴嫩的利塔尼河、伊朗的库泽斯坦地区、阿富汗的赫尔曼德河谷等地区推行这种大规模的开发项目，期冀能够改变这些地区民众的物质生活状况。[1] 尤其是在 50 年代中期至 60 年代初，印度、埃及和加纳成为美国介入的重要场所。美国官员们希望通过实施一种西方倡导的现代化项目，来推动印度、埃及和加纳的现代化，进而能够将这些国家的不结盟以及民族主义诉求，引向更为明确的亲西方方向。[2] 正

---

[1] Nick Cullather, *The Hungry World*, pp. 108 – 109.

[2] Michael E. Latham, *The Right Kind of Revolution*, p. 66.

是基于这种考虑，艾森豪威尔政府在 1953—1956 年介入了阿斯旺大坝项目，希望将埃及塑造成为阿拉伯世界的一个样板。1957 年 3 月，加纳获得独立后，艾森豪威尔政府开始着力推动加纳的沃尔特河项目，目的也是在向非洲新独立的国家展示其承诺，以抵御共产主义的吸引力。此外，阿富汗的赫尔曼德河谷开发项目也被美国视为一项重要的"社会建构工程"，并希望能借此为其提供一条抵制苏联影响力的途径。[①] 这一时期，对于众多新独立国家来说，大型水坝建设与控制自然环境、通过超级工程项目获得充分的水力资源，以及在修建水坝过程中创造就业和稳定政治秩序等问题也联系在了一起。[②] 到 20 世纪 50 年代末，遍布于亚洲的河流治理项目与国民经济计划和规划理念结合了起来，阿富汗、巴基斯坦、印度、斯里兰卡、菲律宾、缅甸、泰国、印尼和马来西亚等国家，都制定了长期经济规划以及河流开发项目。

就东南亚来看，在二战后追求现代化和快速"发展"的年代里，在 TVA 模式的促动下，治水、修建大坝等河流开发项目也成为美国重塑东南亚乡村最为宏伟和持久的努力。早在 1947 年，在美国的支持下，联合国就成立了亚洲及远东经济委员会（ECAFE）等机构，帮助东南亚在内的一些亚洲国家制订框架性的发展计划。从一开始，亚洲及远东经济委员会就高度重视河流治理和相关项目的开发，成立了控洪局（1949 年改为"控洪和水资源开发局"），并发起了一系列针对湄公河下游开发的研究，其中就包括修建系列大坝的计划，这些设想受到了湄公河沿岸国家——柬埔寨、老挝、南越和泰国的欢迎。

1950 年前后，随着美国对印度支那政策的重新定位，东南亚在美国全球战略利益中变得日益重要。1950 年 3 月，杜鲁门政府委派

---

① Nick Cullather, *The Hungry World*, p. 123.

② Philip Hirsch and Katherine Wilson, "Ebbs and Flows：Megaproject Politics on the Mekong," in Stanley D. Brunn, Ed., *Engineering Earth：The Impacts of Megaengineering Projects*, Springer, 2011, p. 1644.

格里芬（Robert A. Griffin）使团到东南亚各国考察，评估该地区的经济和技术需求状况，为实施其"第四点计划"做准备。该使团随后的报告为美国在东南亚的经济和技术援助目标提供了指导性意见，强调应该首先援助该地区农业和乡村的复兴。[①] 1954 年《日内瓦协议》签订后，美国对东南亚的政策及其在该地区的信誉严重受损，艾森豪威尔政府试图通过各种手段重建其在东南亚失去的声望，湄公河地区的经济发展问题开始引起了华盛顿的重视。在美国决策层看来，湄公河地区存在的危险正在不断上升，共产主义影响的扩张、广大乡村的贫困落后以及民众对社会变革的期望，都对美国的地缘政治利益形成了巨大的挑战。为应对这一严峻局势，美国决策者试图运用 TVA 模式的发展理念来解决湄公河地区的复杂问题。他们认为，湄公河地区问题的根源在于其经济和社会发展的滞后，而发展需要规模宏大的计划，其落后状态可以通过技术来改变，诸如水坝和发电站项目，不仅能够为河流沿岸国家的经济和社会发展提供必需的电力，促进民众生活方式和精神层面的现代变革，而且将有助于为美国塑造一种积极的、具有吸引力的形象。这一时期，美国在对东南亚提供经济和技术援助的同时，发展专家们开始探索该地区乡村发展的模式，他们希望将美国"新政"的经验复制到东南亚，把 TVA 的区域开发计划照搬到湄公河地区。

20 世纪 60 年代后，随着美国在越南干涉行动的升级，"发展"问题进一步与美国在东南亚的军事战略捆绑在了一起，"发展"被当作抑制东南亚的叛乱和实现美国政策目标不可或缺的工具。1963 年 5 月，美国总统肯尼迪在马斯尔肖尔斯（Muscle Shoals）举办的 TVA 法案颁布 30 周年纪念会上发表演说，将 TVA 誉为一种"发展"成功的证明和对社会主义最好的回应。[②] 美国决策层认为，一个类似于 TVA

---

① Samuel P. Hayes, ed., *The Beginning of American Aid to Southeast Asia: The Griffin Mission of 1950*, Heath Lexington Books, 1971, pp. 43 – 58.

② John F. Kennedy, "Remarks at Muscle Shoals, Alabama, at the 30th Anniversary Celebration of the TVA," May 18, 1963, in *Public Papers of the Presidents, John F. Kennedy*, 1963, Washington: GPO, 1963, pp. 409 – 411.

模式的计划能够帮助平息湄公河地区发生的冲突，同时确保国际社会相信美国卷入该地区事务的积极作用。① 这样，TVA 模式被美国作为抑制东南亚动荡形势的政策措施的一部分，应用到了湄公河流域，修建大坝、开发电力等河流项目成为美国重塑东南亚地缘政治图景的一种手段。这一时期，美国国内不同的机构和组织，尤其是洛克菲勒基金会、福特基金会等非政府组织，与美国国际开发署一起，投入到湄公河大坝建设这一庞大计划之中。

20 世纪 50 年代中期，美国开始关注和介入湄公河开发计划，成为湄公河建坝项目的主要援助国。直到 70 年代中期，随着美国在东南亚外交政策的调整和战略变动，其对湄公河建坝计划的援助经历了阶段性的变化。1951 年，亚洲及远东经济委员会开始对湄公河沿岸水域展开调查工作，在下游实施控制洪水和水资源利用计划，1952 年提出了在湄公河干流修建数座水坝的设想。1955 年 4 月，亚洲及远东经济委员会在东京召开的国际会议上，强调了其对国际合作共同开发湄公河的兴趣，并着手对湄公河干流进行初步的勘测。由于美国开始日益卷入湄公河地区，派出了隶属于内政部的垦务局（U. S. Bureau of Reclamation）的专家组参与勘查活动，并在随后向国会提交了相关报告。但在 1955 年 6 月，美国参与湄公河合作开发的行动遭到了国会的反对。艾森豪威尔政府更倾向于在东南亚推行其双边援助计划，希望能够在湄公河复制 TVA 的奇迹，并控制这种开发计划，因此不愿参与这类多边援助行动。② 1955 年后，随着法国从印度支那的退出，美国政府开始对湄公河下游地区的开发表现出认同和合作，希望通过倡导一个 TVA 模式的计划来治理湄公河。1955 年 8 月，在泰国、柬埔寨、老挝和越南等国家的要求下，美国国际合作署仍然要求

---

① David Ekbladh, *The Great American Mission: Modernization and the Construction of An American World Order*, Princeton University Press, 2010, pp. 9 – 10.

② Nguyen Thi Dieu, *The Mekong River and the Struggle for Indochina: Water, War and Peace*, pp. 52 – 53.

垦务局提供人员和技术支持，于 1956 年 1 月组成一个专家组，在湄公河流域展开基本的水文数据收集研究，对湄公河沿岸各国的在建项目和坝址进行了实地勘测。1956 年 3 月，该专家组提交了一份勘查报告，详细列出了湄公河干流和支流上所有适宜建坝的地址，并对各个坝址的发电潜力进行了综合评估。① 这一时期，美国垦务局参与的相关数据收集、研究活动以及形成的勘查报告，为推动之后湄公河项目的开发打下了基础。

1957 年 3 月，湄公河沿岸的老、泰、柬、越四国在亚洲和远东经济委员会支持下，建立了湄公委员会，并成立了"湄公河下游调查协调委员会"（MCC，下文简称"湄委会"）②，该委员会开始推动湄公河下游的勘测和开发，决定在湄公河干流上选择巴蒙、松博、洞里萨湖以及孔恩等若干地点展开详细的勘测研究。湄委会建立之初，其主要作用是征募国际资本，并收到了联合国机构、世界银行以及私人基金会等提供的 400 万美元资金援助。③ 1957 年之后，美国的立场发生了较大的转变，宣布将对湄公河开发计划提供技术援助和资金援助。1957 年底，美国向湄委会提供了 200 万美元的资金支持，并委派退役军官雷蒙德·惠勒（Raymond A. Wheeler）组成一个勘察小组展开工作，是为东南亚提供一个切实可行的 TVA 计划。④

对基本水文数据的收集和分析，是湄公河建坝计划实施的基础。美国最初的援助投入主要集中于这项工作。1958 年 9 月，在美国垦务局所做水文调查的基础上，美国国际合作署与哈扎工程公司签订协

① United States Department of the Interior, Douglas McKay, Secretary Bureau of Reclamation, W. A. Dexheimer, Commissioner, *Lower Mekong River Basin*, A Reconnaissance Report Prepared for International Cooperation Administration, March 1956, pp. 2 – 6, 34 – 36.

② 该委员会于 1978 年为"湄公河过渡委员会"所取代；1995 年 4 月，泰国、老挝、柬埔寨和越南四国签署《湄公河流域发展合作协定》，又演变为"湄公河委员会"。

③ Nguyen Thi Dieu, *The Mekong River and the Struggle for Indochina: Water, War and Peace*, pp. 55, 58.

④ A Digest and Selected Bibliography of Information, *TVA-Symbol of Valley Resource Development*, TVA Technical Library, Knoxville, Tennessee, June 1961, p. 62.

议，由美国政府出资 219 万美元，在湄公河流域内进行水文测试、气象数据收集以及沉淀物测试等工作，联合国、福特基金会、亚洲基金会及其他国家也在资金、设备、服务方面对该项活动提供了援助。[①] 1959 年，哈扎工程公司启动了对湄公河干流、支流水文的系统评估，并从 1962 年开始出版水文数据年鉴，在此期间，该公司还发起了为湄委会和沿岸国家培训约 100 名技术人员的项目。在其成立最初的十年里，湄委会强调三个干流项目的重要性，这些项目涉及泰国和老挝（巴蒙）以及柬埔寨（松博和洞里萨湖）等国家。美国的援助主要集中于巴蒙大坝建设相关的工作。1961 年，美国垦务局与老挝和泰国政府合作，启动了对巴蒙项目可行性以及坝址勘测的工作，并于次年提交了一份研究报告，该报告涵盖了一系列干流河道项目。在将巴蒙项目"建成世界上最大的大坝"的设想下，美国成为该计划的主导者。1962 年，美国垦务局出版了一份关于巴蒙大坝项目的报告，提出一个为期 8 年的研究计划，将项目实施分为三个阶段。1963 年 5 月，美国国际开发署与湄委会签署了一个协议，在美国垦务局的监督下启动了巴蒙项目第一期工程，承担了包括地质研究、勘测干流水坝地址、土地测绘以及确定其他支流水坝坝址等方面的工作。[②] 对湄公河流域重要水文数据的系统收集，成为美国垦务局在 1964—1970 年期间参与巴蒙项目勘测工作的重要内容。

　　20 世纪 60 年代初，美国的私营基金会对湄公河建坝活动越来越关注。1962 年，福特基金会应湄委会的请求，资助一个由地理学家吉尔伯特·怀特（Gilbert F. White）领导的专家组，对湄公河下游水力开发可能造成的经济、社会影响展开了研究。怀特小组最后提交了一份重要的评估报告，肯定了湄公河干流开发的计划，并得到美国国

---

　　① The Harza Engineering Company, *Final Report*: *Lower Mekong River Project*, Prepared for the U. S. Agency for International Development, July 1962, Cornell University Library, p. 170.

　　② James F. Hanks, "Project Appraisal Report（PAR）: Mekong River Basin Program," US-AID. Bur. for Asia Regional Economic Development Services Ofc.（REDSO）, May 12, 1977, pp. 2 – 4.

际开发署、垦务局以及国务院等部门的支持，美国政府开始扩大对湄公河开发计划的援助。到 1964 年美国的援助资金增加到 2592 万美元，1957—1965 年间，美国参与湄公河开发的活动，主要是以勘察研究、提供设备、培训及咨询服务的形式，其承担的前期投资主要用于技术调查和水坝规划等方面，其中水文勘查、研究方面约 1991 万美元，水坝建设 1665 万美元，其中巴蒙大坝项目约 970 万美元。[1]

1965 年之前，美国尽管参与了湄公河开发的调查活动，但并没有提出针对东南亚地区发展的整体计划。到 1965 年，随着湄公河地区冲突的升级，美国决策层开始通过现代化的棱镜来审视越南战争，湄公河开发与美国的政策轨道交织在了一起，修建水坝的援助计划成为美国对东南亚战略的组成部分。1965 年 4 月 7 日，美国总统约翰逊在约翰·霍普金斯大学发表演讲时强调了湄公河开发的重要性，他指出湄公河所提供的食物、水和电力，甚至将大大超过田纳西河管理局的能力，并表示将拨出 10 亿美元支持"大湄公河计划"，沿着泰国、老挝、柬埔寨和越南的湄公河沿岸修建大坝，以支持该地区经济的发展。[2] 之后，美国垦务局恢复了先前关于巴蒙项目第二阶段的研究，同意派出一个由 38 人组成的专家组，并承诺在三年内提供所需的装备和资金约 400 万美元。[3]

同时，在福特基金会的建议下，湄委会开始推动湄公河支流大坝项目的开发。1965 年底，在美国的倡议下，澳大利亚、加拿大、法国、日本等 8 个国家，承诺将对老挝南俄（Nam Ngum）大坝的建设

---

① Le-Thi Tuyet, *Regional Cooperation in Southeast Asia*: *The Mekong Project*, The City University of New York, Ph. D. , 1973, p. 180.

② "Pattern for Peace in Southeast Asia," Address by President Johnson made at Johns Hopkins University, Baltimore, MD, on April 7, DSB (April 26, 1965), pp. 606 – 610, Quoted in Nguyen Thi Dieu, *The Mekong River and the Struggle for Indochina*: *Water, War and Peace*, p. 106.

③ Nguyen Thi Dieu, *The Mekong River and the Struggle for Indochina*: *Water, War and Peace*, p. 128.

提供资金援助，援助总额达 1.05 亿美元。[①] 1966 年 3 月，约翰逊总统还宣布将在大湄公河项目的框架下向南俄支流项目提供约 1200 万美元援助，用于修建大坝、水电站等项目。[②] 到 1967 年，湄委会与联合国机构共同确定了 34 个具有开发潜力的支流水坝项目，并完成了对其中 11 个坝址的勘察。[③] 1965—1973 年间，美国对湄公河开发计划的援助资金约为 2000 万美元，其中向巴蒙大坝项目提供 1400 万美元援助。此外，美国还承诺对南俄大坝一期项目提供数额达 2415 万美元的援助，约占该项目所获援助总额的 50%，仅 1966 财政年度美国就为其拨款 1206.5 万美元。[④] 这一阶段，除了资金支持，美国的援助仍然集中于包括人员培训、勘察研究、基础数据收集，以及应用方面的技术援助，包括绘图、地理勘查及工程设计等工作。截至 1973 年，美国为帮助湄委会协调、监督与控制湄公河下游水力开发项目的规划和勘查，向其提供的援助共约 5070 万美元（其中赠款或借款约占 18%）。[⑤]

进入 20 世纪 70 年代后，美国参与湄公河大坝项目援助的热情开始减退。1973 年前后，美国对其在东南亚的利益进行了重新定位，其援助计划开始转向有选择地支持一些重点项目如南俄二期项目，并减少了对巴蒙大坝项目的援助。在老挝，如前文所述，美国早先承诺对南俄大坝一期项目提供其所需资金的一半。1974 年 6 月，南俄大

---

① Le-Thi Tuyet, *Regional Cooperation in Southeast Asia*: *The Mekong Project*, p. 182.

② Lyndon B. Johnson, "Remarks at the Signing of the Asian Development Bank Act," March 16, 1966. Online by Gerhard Peters and John T. Woolley, *The American Presidency Project*. http://www. presidency. ucsb. edu/ws/? pid = 27497.

③ Lyndon B. Johnson, "Special Message to the Congress Proposing a U. S. Contribution to the 'Special Funds' of the Asian Development Bank," September 26, 1967. Online by Gerhard Peters and John T. Woolley, *The American Presidency Project*. http://www. presidency. ucsb. edu/ws/? pid = 28452.

④ Nguyen Thi Dieu, *The Mekong River and the Struggle for Indochina*: *Water*, *War and Peace*, pp. 169 – 170.

⑤ Report to the Congress, by the Comptroller General of the United States, "U. S. Policy for the East Asia Regional Economic Development Program: What Should It Be?" Department of State, Agency for International Development, Oct. 28, 1975, p. 4.

坝项目二期开发基金正式建立，在美国的支持下有 9 个国家承诺提供 2400 万—2500 万美元的资金。[①] 但南俄大坝的建设成本远超过了预期，美国计划向南俄二期工程提供 500 万美元的贷款，最后由于国会的反对，该援助计划停止。[②] 1975 年，随着美国从越南的撤出，美国国会终止了对印度支那地区的直接援助。1975 财政年度，美国国际开发署为湄公河开发计划提供约 150 万美元援助。[③] 到了 1977 年，美国退出对南俄二期项目的援助，标志着美国对湄公河建坝项目的援助基本停止。

从 20 世纪 50 年代初期开始，通过修建大坝开发湄公河的计划历经了兴起和衰落，美国对湄公河建坝的态度也经历了从犹豫观望、积极参与再到热情减退的过程，美国援助政策的演变是与冷战背景下东南亚地缘政治的复杂性、环境政治因素以及美国援助理念的变化密切联系在一起的。在冷战竞争炽烈的年代里，在美国关于第三世界发展路径的设计过程中，宏大项目思维、决策和结果对于其地区战略来说具有特定的含义。正是在冷战地缘政治动力的作用下，美国在湄公河地区开发中所扮演的角色及其对湄公河建坝项目的态度发生了周期性的变化。在湄公河开发计划酝酿之初，美国对东南亚区域合作持以犹豫和观望的态度；1954 年后，随着法国在印度支那的失败和退出，出于对共产主义在东南亚扩张的担心，美国急于填补法国退出后在该地区留下的权力真空，遏制中国、保持美国在该区域影响力的地缘政治需要，使美国在 1957 年湄委会建立后，开始支持湄公河开发计划。其目的在于通过一种 TVA 模式的现代化路径，利用湄公河区域开发

---

① Nguyen Thi Dieu, *The Mekong River and the Struggle for Indochina*: *Water*, *War and Peace*, pp. 169 – 170.

② James F. Hanks, "Project Appraisal Report (PAR): Mekong River Basin Program," US-AID. Bur. for Asia Regional Economic Development Services Ofc. (REDSO), May 12, 1977, pp. 11 – 12, 15.

③ Report to the Congress, by the Comptroller General of the United States, "U. S. Policy for the East Asia Regional Economic Development Program: What Should It Be?" Department of State, Agency for International Development, Oct. 28, 1975, p. 6.

和修建水坝的项目所产生的效应，使美国的援助行动转变为牵制中国的有效盾牌。正因为如此，美国开始在湄公河开发中扮演积极的角色，成为湄公河建坝活动和湄委会强有力的支持者。尤其是在 1965 年，随着在越南军事行动的升级，美国对待湄公河区域开发的态度发生了戏剧性的转变，从犹豫、谨慎转变为直言不讳、热情宣传湄公河建坝计划。1968 年 12 月，美国《国家地理》杂志将"恐惧和希望之河"的标语作为其封面报道，"恐惧"与"希望"分别代表了共产主义的威胁和大坝，将冷战政治思维与湄公河开发计划密切联系在了一起。美国总统约翰逊将美国对湄公河计划的支持，看作其"最重要的国家利益"。显然，湄委会所推动的湄公河建坝项目，与美国在东南亚的冷战战略不谋而合。①

湄公河地区动荡的地缘政治形势，深刻影响到了这一跨境河流的管理和开发，也影响到美国对湄公河建坝活动的态度及其援助政策。20 世纪 50 年代中期后，由于美国与湄公河沿岸四个国家双边关系的变动，湄公河开发计划常常会与美国的地缘政治诉求产生冲突，并影响到湄公河大坝项目的建设。例如，1966—1968 年间，随着越南战争的持续升级，政治和军事动机压倒了一切，湄公河建坝项目的取消或者受挫成为美国援助计划的常态，美国政府对湄公河下游开发的兴趣，也从湄公河沿岸的四个国家转向了越南一个国家。再以柬埔寨的特诺河项目为例，美国政府原计划向该项目提供 700 万美元援助，但由于西哈努克强烈抨击美国在柬埔寨和东南亚的干涉行为，引发美柬关系日趋紧张。1963 年柬埔寨拒绝了美国的经济和军事援助；1965 年 5 月中断了与美国的外交关系；1967 年退出了湄公河开发计划。美国国会也于 1966 年 9 月修改了对外援助法案，禁止对任何帮助北

---

① Philip Hirsch and Katherine Wilson，"Ebbs and Flows：Megaproject Politics on the Mekong，" in Stanley D. Brunn，Ed.，*Engineering Earth：The Impacts of Megaengineering Projects*，Springer，2011，p. 1640.

越的国家提供援助，美国最终退出了对特诺河项目的援助。① 到 1969 年 7 月，美国与柬埔寨恢复外交关系，美国的援助再度恢复。但到 1971 年时，特诺河项目再次中止，其大坝项目和水电站项目仅分别完成 20% 和 50%。② 由于政治上的分歧不断，湄公河的多数大坝项目的进展都受到了影响。总体上来看，湄公建坝项目不可能脱离地缘政治因素的影响，其依赖于地缘政治并与战争密切相关。事实上，从一开始，此类项目就成为美国在东南亚地缘战略的重要组成部分，湄公河建坝计划的命运以及美国援助政策的变化，与美国在越南的军事行动息息相关。在这一背景下，美国实施的援助行动注定是短期的。到了 70 年代初期，湄公河开发在尼克松时期的美国东南亚战略中已经被边缘化了。随着其在越南的失败，美国不再支持湄公河的建坝活动。

在 20 世纪 60 年代，湄公河开发计划被赋予了高度的期望，人们设想通过大坝和水电站的建设，能够满足湄公河沿岸各国经济发展的电力需求，进而促进农业的丰收和商业的繁荣。美国最初对湄公河大坝的发电能力的估计非常乐观，将水坝项目视为促进该地区经济增长的重要投资。但从 20 世纪 60 年代末开始，关于湄公河大坝项目的设想及其实施，一直夹杂着复杂的环境政治因素。随着美国国内环保主义运动的发展，以及湄公河和其他地区已建大坝所带来的严峻的环境和社会后果，使人们对于大型水坝带来的破坏性和负面的影响，有了更为全面的、科学的和社会学意义上的了解，人们对水坝这种宏大项目的笃信开始产生怀疑。这一时期，湄公河建坝活动面临着日益复杂的地区环境政治，以及受到国际权力角色和环境议题的影响。20 世纪 70 年代后，伴随着国际社会对修建大坝的抨击，以及反对建坝的公民社会行动的增长，湄公河流域建设大型水坝的活动越来越受制于

---

① Le-Thi Tuyet, *Regional Cooperation in Southeast Asia*: *The Mekong Project*, The City University of New York, Ph. D. , 1973, p. 189.

② Nguyen Thi Dieu, *The Mekong River and the Struggle for Indochina*: *Water*, *War and Peace*, pp. 130 – 131, 134.

环境政治因素的影响。实际上，从 60 年代后期开始，美国对外援助中的许多开发项目，尤其是修建大坝所带来的负面的环境和社会成本变得非常明显。美国所倡导的 TVA 模式的发展援助，特别是水力控制项目所带来的人口迁移和生态破坏等问题，都引起了人们对河流开发项目所产生消极影响的关切。一些人开始质疑如此庞大的改造工程将可能会对河流系统以及沿岸国家的民众带来什么样的影响。例如，有批评者指出，美国深度参与的湄公河干流主要项目之一——老挝巴蒙大坝的建设，已经造成了诸多的人口和生态问题。这种以前很少受到关注的对社会和环境方面的问题，开始成为人们关注的中心。20世纪 70 年代初期，福特基金会就已开始资助研究湄公河开发计划的环境影响。① 新出现的环境政治因素，使得人们对美国参与的湄公河大坝项目所造成的生态影响进行了重新评估。诸如巴蒙大坝这些已经建成项目所产生的负面影响，引起了国际社会的批评，也加剧了美国民众对大型水电项目援助投资的反对。显然，就美国退出湄公河建坝计划的深层动因而言，地缘政治和环境政治因素是密不可分的。

美国对湄公河建坝的态度及其援助活动，还与战后不同时期美国政府对第三世界发展援助理念的变化密切相关。1949 年 1 月，基于冷战的需要以及决策层对于现代化共识的支持，美国总统杜鲁门提出了"第四点计划"，笃信通过技术援助来推动落后地区"发展"的现代化路径。但是，在 20 世纪 50 年代初期湄公河开发计划酝酿之时，艾森豪威尔政府对外援助的实施主要取决于紧迫性的安全需要，其在援助政策上奉行双边的经济援助以及倾向于军事和安全层面的援助，因而对东南亚多边模式的区域合作兴趣不大，对湄公河开发计划持以观望态度，虽然美国介入了湄公河建坝活动，但其最初只是参与湄公河流域的水文勘察、数据测量等工作。20 世纪 50 年代中后期，由于美国国内对官方援助政策的批评不断，艾森豪威尔政府逐渐转变了其

---

① David Ekbladh, *The Great American Mission*, p. 224.

对外援助立场，尤其是在肯尼迪执政后，现代化和发展理念重新在美国决策层中成为共识，TVA 模式开始被作为一种塑造国际发展的有效途径，美国对外援助的政策导向进入了以宏大的国家项目、计划以及大规模的改造为特征的现代化的全盛期。修建大坝成为美国对第三世界发展援助的重要标志和一项内容。正是在这种援助理念的影响下，美国对湄公河建坝的资金和技术援助进入了高峰阶段。

然而，到了 20 世纪 70 年代，随着越战形势的恶化和在南越推行现代化计划的失败，以及伴随着美国国内日益高涨的环保主义运动，美国支持的大规模技术项目及其效果开始广受质疑，由美国决策层所创造的现代化共识发生了动摇。从 60 年代中期开始，美国社会就形成了一种"援助厌倦症"，公众对政府庞大的对外援助政策表现出失望。这一时期，包括美国国际开发署等发展机构的主要领导人物，都对美国的援助政策展开了深度反思。他们对美国的发展援助计划、强调大规模国家规划的发展模式提出了批评。在这种"发展的危机"之外，出现了一种新的观念，即强调环境的需要和对贫困问题的关注。现代化以及其所追求的现代性带来的一大堆问题，在全球范围内以一种新的方式遭到质疑。环境问题开始成为全球性的主题，人们开始以一种新的视角来重新思考发展问题。国际社会开始更多地支持削减贫困而非促进经济增长，呼吁将发展援助从强调宏大的国家规划和大型项目，转向较小规模的满足人们基本生活需求的项目，将援助重点转向消除第三世界的贫困等方面。在这种情况下，美国对湄公河地区的援助发生了重要变化。实际上，随着越战的结束，对外援助在美国东南亚政策中的重要性开始下降。在新的援助理念的影响下，美国政府逐渐减少其在东南亚的政治义务，开始对湄公河修建大型水坝的活动报以冷淡态度，直至完全放弃对湄公河开发计划的支持。

20 世纪 50 年代至 70 年代，可谓以"发展"为特征的现代化的狂热年代。这一时期，无论是笃信现代化理论的美国决策者，还是受现代化理论影响的第三世界领导者，常常将大型水坝的修建视为展示自身技术和经济实力的国家象征。在战后复杂的冷战政治背景下，TVA 模式被美国决策者视为向第三世界输出现代性，并确保其沿着自由主义路径发展的重要手段。而在湄公河修建系列大坝的计划作为地区开发的重要内容，与一种以基础设施建设驱动东南亚区域经济发展的议程联系起来，引起了美国政府的高度关注，美国介入了湄公河建坝活动，并在其中发挥了重要的作用。20 世纪 50 年代，随着美国东南亚政策的重新定位以及在印度支那介入程度的加深，美国决策层开始将湄公河开发看作解决其在东南亚面临的一系列问题的一种途径。从艾森豪威尔、肯尼迪到约翰逊和尼克松时期，湄公河开发计划实际上都成为美国对东南亚政策的组成部分，每一届美国政府都认为，通过美国大规模的干预，能够推动该地区的经济发展和社会进步，进而实现其遏制共产主义的目标。建立于 1957 年的湄委会及其倡导的开发计划，得到了美国以及联合国等国际机构的大力支持。特别是在越战期间，湄公河开发计划成为美国东南亚政策的中心议题之一，美国将其精力和经济力量集中于该地区的开发项目，湄公河建坝计划深受美国这些政策决策的影响，特别是 1965 年约翰逊总统作出援助承诺之后，美国对湄公河干流上的巴蒙、松博、上丁以及洞里萨等项目提供了重要的支持。1957—1977 年期间，在湄公河干流以及在其支流上修建水坝，是湄公河流域整体开发的重要部分。这一时期，湄委会获得的 3.55 亿美元外部援助中，美国提供的资金约占到总额的 13%。① 美国负责筹划并参与了巴蒙大坝工程，以及穆和志盆地的灌溉和洪水控制的研究工作。尤其是老挝的南俄大坝和柬埔寨的特诺河大坝建设，美国都提供了大量的资本援助。②

　　在湄公河开发计划实施的期间，美国通过政治和军事上的介入，

---

① James F. Hanks, "Project Appraisal Report (PAR)：Mekong River Basin Program," US-AID. Bur. for Asia Regional Economic Development Services Ofc. (REDSO), May 12, 1977, p. 26.

② W. W. Rostow, *The United States and the Regional Organization of Asia and the Pacific*, 1965 –1985, Texas：The University of Texas Press, 1986, pp. 8 –9.

对湄公河沿岸国家、开发计划以及"湄委会"本身都产生了巨大的影响。但是，在美国参与湄公河建坝活动的 20 余年中，其援助行动远非仅仅是提供美元和技术的问题，其介入的主要动机无疑是基于政治和军事等方面的考虑，到了 70 年代，随着越南战争形势的变化，美国对湄公河开发的兴趣发生了转变，最后终止了对其建坝项目的援助。实际上，由于战后湄公河沿岸国家的动荡形势和美国的外交政策变动，像其在埃及、加纳、伊朗、阿富汗等国家实施的援助项目和大型水坝工程一样，美国在湄公河地区援助的大多数大坝项目，远没有达到预期的效果。即使在其影响达到高峰的 60 年代，这种 TVA 的开发模式也没有成为解决东南亚的发展问题的有效方案。美国那些现代化理论家们期望通过修建大坝等技术途径，推动湄公河沿岸国家经济起飞的设想并没有实现，大坝项目对于改变这些国家的贫困问题影响甚微。

此外，在东南亚经历非殖民化、从传统社会向现代化的转变过程中，美国还试图从文化、心理和观念等多种层面上对东南亚进行干预和改造。战后随着传统殖民体系在东南亚等地区的瓦解，美国在建构其"非正式"帝国的同时，决策者渴望能推动类似东南亚这样的"落后"民族的现代化。早在 19 世纪 90 年代美国开始大肆宣扬的所谓新"天定命运"观，其所包含的那种美国人的使命观，就是传播那些符合美国自身世界利益的经济和政治价值观，即按照美国模式来重塑世界。在 20 世纪里，随着"美国世纪"的到来和美国"非正式"帝国的构建，美国人思想中的这种使命意识表现得更为强烈。美国决策者在介入东南亚非殖民化的过程中，同样力图从观念上把这些新独立国家整合进"自由世界"。作为"自由世界"的领导，美国不仅承诺"自由"，而且还不断凸显其强制力。在致力于影响和塑造东南亚正在发生的变革进程的过程中，美国的外交活动传达着美国在该地区使命的含义：对共产主义的"免疫力"、沿着自由资本主义方向进行的"现代化"，以及从殖民地和传统社会向带有西方民主基因的现代社会制度的转变。①

在战后初期，一种"自由资本主义"的意识形态构成了美国决策者的信仰体系，一系列重要的设想形成了这一自由资本主义的意识形态，列在第一和最重要的就是"自由"的观念，这一观念深深植根于英美的政治哲学之中，美国人常常把自己视为一种放之海内外皆准的原则的倡导者。在二战以及之后与共产主义争夺全球影响力的背景下，"自由"的概念作为美国社会的基本前提条件得到了进一步强化，但是美国人的"自由"需要一种有益于美国观念和价值观的国际制度来支撑。美国决策层关于战后世界的另外一个重要设想，与作为一种英美关于种族等级观念的"自由"的理解密切相关。在许多美国决策者对第三世界的政策思维中，带有一种"家长式作风"的特征，这种家长式作风乃是一种更加狭隘的种族观念形式，即认为非欧洲文化是落后的，欧美文化是最为先进的，并肩负有一种改造落后的世界的使命，从而延伸出了发展理论和现代化思想。② 从这一方面来讲，美国在二战期间以及冷战时期的使命，乃是威尔逊式的世界观的延续。联合国是对国际联盟的复制，通过帮助美国完成其对人类的职责，其目标和方式被清楚地勾勒出来。那些民族将通过美国的军事力量保护而不会受到纳粹和共产主义的统治，从而免于被奴役；他们将通过把美国技术应用于其经济而免于匮乏；他们将通过富布赖特计划或和平队所传播的美国教育而免于无知。这些都是马歇尔计划和"第四点计划"所旨在实现的"仁慈"目标。③ 正是基于这种思维，二战后美国决策者和知识精英们认识到，文化外交和文化形象在全球政治中十分重要。一些美国公众人物以及政治决策者，如国务院顾问

---

① Marc Frey, "Tools of Empire: Persuasion and the United States's Modernizing Mission in Southeast Asia," p. 545.

② Ibid. , pp. 548 – 549.

③ Lawrence S. Kaplan, "Nationalism," in Alexander DeConde, Richard Dean Burns, and Fredrik Logevall, eds. , *Encyclopedia of American Foreign Policy*, New York: Charles Scribner's Sons, 2002, Second Edition, Vol. 2, p. 495.

阿瑟·麦克马洪、媒体大亨亨利·卢斯以及参议员威廉姆·富布赖特等人，都主张通过文化途径向其他国家施加美国的影响。在冷战初期，美国政府设立了大量组织和项目计划，如美国新闻署和富布赖特交流计划等，试图由此向国外兜售美国文化——包括文学、音乐和艺术。美国新闻署的建立就是为了针对外国公众推行系列文化宣传计划，以培养他们对美国社会、文化和生活方式的直接印象。①

很显然，在战后美国决策层关于东南亚的设想中，首先也是最重要的是认识到该地区正在经历一种剧烈的社会变革。在介入东南亚发生的这种变革过程时，大多数美国决策者都更推崇"进化"而非"革命"，倾向于渐进主义而非剧烈变革的方式。在东南亚，鉴于战前的殖民秩序趋于"死亡"，民族主义开始成为该地区国家发展的主要动力，如果这种民族主义对美国的价值观念不抱以敌视态度，那么它一般就被视为一种进步力量；然而，如果民族主义借助于共产主义以获得期望的结果——独立和民族国家建构，那么它就被认为是"暴力的""极端的""非理性的"等。这样，缅甸、马来亚、菲律宾和泰国"温和的"民族主义就被认为是积极的；而在越南，胡志明领导的"越盟"则被看作"错误"利用了民族主义情绪的共产主义者；在印度尼西亚，民族主义最初被认为是"建设性"的，但从 20 世纪 50 年代初开始，美国对印尼实行的"独立自主"外交政策日益表示怀疑和愤怒。

1949 年中华人民共和国成立，成为对美国东南亚政策转变的最重要的推动力。1950 年前后，随着美国东南亚政策的重新定位，该地区被纳入美国发起的全球规模的"为自由而战"的行动范围。鉴于东南亚存在的对"西方"的憎恨情绪、大众的"政治落后"、华人在东南亚的规模以及 50 年代中期以后苏联发展模式对该地区日益增

---

① Jessica C. E. Gienow-Hecht, "Cultural Imperialism," in Alexander DeConde, Richard Dean Burns, and Fredrik Logevall, eds., *Encyclopedia of American Foreign Policy*, New York: Charles Scribner's Sons, 2002, Second Edition, Vol. 1, p. 398.

长的吸引力等状况，美国的新闻和宣传专家们开始在东南亚实施一系列的地区宣传计划，以塑造一种"积极的"美国形象，并试图影响东南亚的非殖民化和社会变革的过程。实际上，在朝鲜战争爆发后，东南亚就成为美国实施宣传行动的一个重要目标，美国的新闻和宣传专家们试图通过在东南亚的意识形态宣传，干预东南亚的社会发展，其总体目标就是遏制共产主义的扩张，为该地区国家成为"自由""民主"社会提供基础。例如，在利用电影对东南亚农村大众产生影响的同时，美国的宣传机构将主要的目标转向了东南亚的民族精英，如政治家、政府官员、劳工组织的领导者、妇女协会以及其他组织、新闻记者、商人、教师、教授以及大学生等群体，针对这样的东南亚"领导精英"以及"未来的领导者"，美国宣传机构设计了大量的计划，试图培养其在思想上和意识形态上赞同整个"西方"，尤其是赞同美国的倾向。

在 20 世纪五六十年代，美国针对东南亚提出了一系列广泛的情报和宣传计划，它提供了多方面的"接触地带"，来自东南亚国家的男男女女能够与美国接触并交流其观念和价值观。在 50 年代初，东南亚各国只有几十个人被邀请到美国进行为期 3 个月至 2 年的访问。在许多时候，这些名额还不能完成，尤其是在柬埔寨、老挝和越南等国家，几乎派不出合适的人选，再加上法国殖民当局对任何与美国的交流计划都抱以敌视态度。然而，尽管遇到许多障碍，这些交流计划在规模上迅速扩大。例如，20 世纪 50 年代初只有约 50 名印度尼西亚人通过各种资助到美国，1955 年这一人数已经超过了 300 人，到 50 年代末则超过了 500 人。到 1959 年，约有 1.7 万名亚洲学生在美国学习，其中大多数获得了美国的资助，另外还有数以万计的男女在美国政府机构、基金会或者大学的邀请下接受了各种培训。相应地，成百上千的美国人——工程师、管理人员和技术专家、教师、教授和学生生活、工作在东南亚地区。① 美国政府也把这一发展视为其对东南亚宣传行动的一个重要成就。

美国在东南亚开展的新闻和宣传活动还有一个重要目标，就是帮助稳定该地区社会的发展，这与冷战时期美国在东南亚的战略诉求密切相连。二战后，随着东南亚非殖民化进程而来的，是该地区民族国家以及地区秩序的建构过程，并由此引发了这些国家由传统社会向现代化的变革，而政治秩序和稳定被设定为东南亚地区进步和发展的两个重要前提条件。20 世纪 50 年代后，美国的社会科学家们把这种思维转变成一种主导这一变革过程的西方"疗法"的模式：现代化理论。就东南亚来说，在美国的新闻和宣传领域，"现代化"分别在个体、社团以及国家等层面上予以展开，诸如关于卫生健康、疾病传播、农业以及社会组织等方面的新闻报道，意味着改善生活条件和在从"传统社会"向"现代社会"过渡的过程中有助于促进该地区的社会和谐。与此同时，在诸多美国新闻署官员试图通过实施更为宏大的计划来"教育"东南亚人的同时，也有一些人认识到美国要在东南亚地区新独立的国家，实现其遏制共产主义的基本政治目标，仅仅依靠宣传是难以解决的。美国新闻署所实施的广泛的计划，与好莱坞电影以及其他大众文化产品的流行性一起，提供了多方面的接触领域，使得东南亚人民对美国加深了了解。然而，在不同程度上，东南亚国家的精英们通过一系列的"选择""接纳""抵制""合作"以及"限制"的过程，在一定程度上限定了美国新闻和宣传计划的范围和内容。在东南亚当地的精英们努力建立一种民族认同过程中，对套搬美国关于社会组织和整个价值观的思想表示忧虑的同时，欧洲人常常把美国在东南亚的文化活动看作致力于促进殖民主义的瓦解。

---

① Marc Frey, "Tools of Empire: Persuasion and the United States's Modernizing Mission in Southeast Asia," p. 555.

结　　语

　　考察美国在 20 世纪世界非殖民化运动，尤其是在东南亚非殖民化过程中的政策起源及其演变，我们不难发现，美国外交传统中"理想主义"与现实利益之间的矛盾，始终困扰着历届政府的美国决策者。首先，美国的政策在一定程度上具有某种理想主义的特征，其中美国传统的反殖民主义"理想"在这一过程中得到了体现。美国人思想中人人平等的自由观念和民主的传统，影响到了它们对殖民主义的态度，他们在心理上对欧洲旧世界感到厌恶，希望能够把美国与"肮脏的"旧欧洲区别开来。在 19 世纪末美国开始向海外扩张的时候，那些扩张主义者也认为美国不应该成为旧欧洲那样的帝国，而反帝国主义者则认为殖民帝国将意味着增加税收，意味着实行军事专制和违背民主的原则。1898 年美西战争后，美国占领了波多黎各、菲律宾和关岛，并把古巴变为自己的保护国，但即使在美国帝国主义扩张的那个狂热年代里，民族独立的权利亦在原则上被予以承认。虽然帝国主义者占据上风并使国会批准了巴黎条约，但大多数美国人并不认为殖民主义符合美国的国家利益。来自国内反帝国主义运动的压力以及出于各种利益的权衡，使美国很快失去了攫取殖民地的冲动。1903 年，美国与古巴签订条约，在保持美国特殊利益的条件下承认了古巴的独立。此后，除了 1916 年从丹麦购得维尔京群岛之外，美国的地区性领土扩张基本结束。在不少美国学者看来，美国人的反殖民主义"理想"从其对菲律宾的政策上体现出来。美国在占领菲律宾以后，在对菲律宾殖民化的同时，也着手为菲律宾的自治和最终独立做准备。在威尔逊总统执政后，菲律宾的非殖民化程序已经开始启动。1934 年 3 月，美国国会通过了"泰丁斯—麦克达菲法案"，正式确定了菲律宾独立的日期，美国成为第一个主动放弃殖民统治的国家。1946 年 7 月 4 日，美国兑现其承诺允许菲律宾正式获得独立。美国还希望菲律宾成为美国民主制度在亚洲的一个"橱窗"，能够被该地区其他新独立的国家所效仿。

在二战期间，罗斯福政府希望把菲律宾模式进一步推广到欧洲的殖民地，并因此与英、法、荷等殖民国家在东南亚等殖民地的前途问题上产生了严重分歧。许多美国官员，尤其是驻外人员中带有一种"理想主义"，如罗斯福本人及其副国务卿韦尔斯、当时的美国驻印度公使约翰逊、"远东司"东南亚处的莫法特、驻华大使赫尔利等，他们对殖民主义极为反感，而对殖民地的民族主义运动表示一定程度的同情。在战后初期，美国一定程度上也支持该地区的民族主义事业，对南亚和东南亚新独立的国家——缅甸、印度、巴基斯坦和锡兰等迅速给予承认。美国在印尼独立的最后阶段起到了一定的推动作用；在印度支那，美国政府也常常担心自己会被指责为支持法国殖民主义，战后初期没有介入印度支那冲突，即使在 1950 年承认保大政权后，仍然不断向法国施加压力，敦促其向越南民族主义者作出更多的让步。这表明在对待殖民主义以及非殖民化的问题上，美国某种程度上是区别于欧洲殖民国家的。

正如一些学者所指出的，与传统帝国的方式不同，美国更希望以间接的方式进行统治，在美国势力范围内的国家很大程度上是独立的。美国很少对其他国家抱有实行长期直接政治统治的意图，其主要兴趣在于寻求国外市场和原料来源，并非通过地区占领的方式。[①] 美国人发现在提高美国经济利益方面，"非正式"的统治方式要比直接

———————

① Cobban, *The Nation State and National Self-Determination*, p. 172.

的"正式"统治方式付出的代价更小，也更见成效。像其他大国一样，美国在推动非殖民化的同时也极力保护其自身的利益。从美利坚合众国建立以后，国家利益在美国外交政策的形成过程中总是放在首位的。19 世纪末以来，美国的国家利益涵盖了其追求经济繁荣、外交、寻求贸易和投资场所、捍卫和促进民主等内容，并与美国的价值观、制度密切结合起来。美国的经济力量及其在世界体系中的地位，对于其成功、其特性、影响以及霸权来说是必不可少的。在 20 世纪，随着美国在世界体系中地位的转移，追求霸权已经成为其内外政策的连接点。二战后，美国成为世界上最为强大的国家，其影响扩张到了世界上几乎各个角落，它在承担起一种复杂的世界角色的同时，有着重要的战略、政治和经济动机，其中经济力量的扩张一直围绕着美国日益增长的霸权势力。世界的一体化和自由开放更符合美国的霸权利益，从而促使美国决策者希望摧毁欧洲陈腐的殖民制度。在这一过程中，作为世界上占支配地位的经济大国，美国旨在迫使其他国家放弃自己的经济民族主义和贸易保护主义，去接受那种自由贸易、资本自由流动和货币自由流通的世界。美国在利用其经济力量作为世界工厂和自由世界的银行，在制订保持资本国际化的制度和规则时有着明确的自我利益。它使用其政治权力作为世界体系的理论，倡导航海自由、贸易自由、门户开放政策、相对优势以及专业化的劳动分工。它还必须作为全球警察使用其军事力量来保护这种国际体系，反对外部的敌视、内部的反叛以及内部的分歧。[1] 在美国关于战后东南亚非殖民化过程的政策中，我们不难发现其缔造世界霸权的目标贯穿始终。

第二次世界大战为美国实现其世界领袖的地位提供了契机，美国结束了孤立主义外交阶段，罗斯福及之后的杜鲁门政府决心利用美国强大的力量对战后新的世界秩序施加影响。作为民族自决原则和非殖民化的倡导者，美国在战时就希望打破封闭的欧洲殖民体系。在战

---

① Thomas J. McCormick, "World Systems," in *The Journal of American History*, Vol. 77, No. 1, 1990, p. 129.

后，美国作为新的世界体系的中心国家，在世界秩序的塑造过程中起到了主导性的作用。战后世界殖民体系的瓦解与美国对殖民地世界的政策有着密切的联系，美国的影响在某些地区留下了深深的痕迹，尽管美国关于殖民地的政策始终与自身的利益和对世界霸权的追求息息相关，但总的来看，其客观上对世界非殖民化进程起到了一定的促进作用，在某一时期或某一地区甚至起到了重要的作用。美国的独立经历及其《独立宣言》曾经给予广大殖民地人民极大的鼓舞，他们视之为奋斗的目标和样板。而长期以来隐含在美国社会理念中的反殖民主义"理想"，美国政府不同时期、目的各异的反殖民主义立场，尤其是在第二次世界大战中罗斯福政府的反殖民主义宣传，1941 年发表的《大西洋宪章》及后来通过的《联合国宪章》中的自决原则等，都为殖民地人民最终获得独立起到了积极的推动作用，加速了欧洲殖民体系的崩溃。因此，对美国在世界非殖民化过程中的作用应该给予客观的评价，反殖民主义毕竟符合世界历史发展的潮流。同时我们应该认识到，尽管美国决策者也抱着反殖民主义的"理想"和民族自决的信念，但美国现实利益的考虑乃是最主要的动因，反殖民主义并非是完全的利他主义。可以说，从威尔逊到罗斯福、杜鲁门，乃至之后的各届美国总统，都旨在运用美国的权力缔造一个有利于美国的世界。在他们眼里，殖民地民族的自决并非一个空洞的口号，而是代表一种"国际公正"，它应该建立在一种适合美国巨大生产能力的全球门户开放的基础上。[①] 他们反殖民主义的目的，无非是为了缔造一个以美国为中心的世界体系。

可见，美国人所宣称的反殖民主义"理想"与现实中所采取的行动之间存在着巨大的断裂，面对复杂的国际政治现实利益，他们往往会最终选择后者，指导美国外交政策的关键因素在于真正的国家利益。美国的门罗主义、门户开放政策、威尔逊的理想主义、罗斯福的

---

① Bill, *Empire and Cold War*, p. 204.

非殖民化思想以及战后美国关于非殖民化问题的政策中清楚地证明了这一点。美国人常以全球非殖民化进程的领导者自居，但他们往往为了实现其全球霸权而易于牺牲非殖民化的原则。在战后，当非殖民化问题变得非常尖锐时，美国人发现自己处于一种尴尬的地位。在冷战形势下，华盛顿把推动殖民地的独立和维持殖民体系同时作为保持世界稳定的动因，但如果独立运动是受到共产主义或者苏联的严重影响，那么，美国就认为其民族自决和非殖民化是难以容忍的。到 20 世纪，当美国日益成为全球体系的中心时，美国决策者在处理全球事务时所持的实用主义态度，常常使其作出妥协和让步。美国的国家现实利益与其传统的信念纠缠在一起，当现实利益与反殖民主义信念相互协调并相互促进时，美国就致力于实践其反殖民主义的"理想"，当现实利益与这一信念有所冲突时，它就在二者之间寻求某种平衡；当二者完全不可兼得时，它往往易于为了现实利益而牺牲上述信念。美国的外交政策常常取决于其现实利益的需要，而非仅仅考虑到"自由""民主"或"自决"。正如美国著名历史学家拉夫伯所言，"与其他大多数国家不同，美国公开倡导非殖民化，而与其他所有国家一样，美国追求其自身利益"[1]。

美国处理非殖民化问题以及对待殖民地民族主义运动所持的现实主义态度，直接影响到了后殖民时代美国与包括东南亚国家在内的第三世界的关系。二战期间，几乎没有人预见到战后广大殖民地区革命的速度和规模，当萨姆纳·韦尔斯在 1942 年提出"帝国主义时代结束了"的时候，许多人并没有真正理解其中的意义。第二次世界大战在全球范围内造成了革命性的冲击。1945 年后，现代与传统、民族主义与殖民主义之间的斗争大规模展开，新旧对抗、东西方冲突很快遍及了整个亚洲地区。在日本投降之初，美国官员们对东南亚地区形势的估计普遍持乐观态度，然而他们很快发现对亚洲现实状况的了解

---

[1] LaFeber, "The American View of Decolonization, 1776 – 1920: an Ironic Legacy," p. 38.

十分有限。欧洲殖民国家在东南亚构筑的殖民体系迅速瓦解，其速度之快远远超过了美国决策者的预料，殖民地形势的迅速激化是美国人没有想到也不愿意接受的结果。美国在战时计划中希望殖民地秩序的恢复能够相对平缓和有秩序地进行，但事实表明，战后欧洲重建殖民统治的过程既不平缓，也不是有序地进行。二战后，随着殖民地经济的发展、迅速的城市化及在反殖民的民族主义意识形态下的社会和政治动员，交织着已存在的国际压力，这一切都对欧洲殖民帝国形成致命的挑战。在来自国内外巨大的政治和经济压力下，欧洲殖民国家开始从殖民地撤离。东南亚的非殖民化过程正是在这一背景下展开的。这一时期，西方世界的政治权力中心已经实现了从西欧向美国的转移，美国已成为真正的世界超级大国，其外交政策无不为缔造全球霸权的动力所驱动，无论是主动还是被动，美国无疑深深介入了东南亚的非殖民化过程，并在其中发挥了重要的影响。但是，像在 20 世纪处理其他世界事务时的态度一样，美国在东南亚非殖民化过程中首先追求的是自身的国家利益。

在战后初期美国对东南亚的政策中，殖民主义和民族主义始终是其无法回避的问题。战后东南亚的主旋律就是日益高涨的民族主义情绪和反对西方殖民统治的运动，许多亚洲国家视殖民主义为邪恶之物。对于那些为民族独立而奋斗的东南亚政治精英来说，民族主义实际上与反殖民主义是同义的。欧洲殖民势力的重返遭到了东南亚民族主义运动的顽强抵制。那时东南亚国家的思想和感情中压倒一切的主题是民族主义，争取民族独立是它们多年坚持追求的、根深蒂固的理想。它们对西方殖民主义的敌视，总体上比对共产主义的担心更加强烈。所有的东南亚国家，不管对共产主义的感觉如何，都希望避免标上反共产主义的西方集团的附庸的标签。在他们看来，共产主义只是民族主义的副产品。① 以印度支那为例，在美国承认了保大政权以后，

① "Final Report of the Joint MDAP Survey Mission to Southeast Asia," December 6, 1950, in *FRUS*, 1950, Vol. 6, p. 168.

希望其他亚洲国家，包括那些被视为盟友的国家也能承认保大，但得到的只是外交沉默，它们大多都不愿承认一个法国傀儡政权。对于他们来说，承认保大似乎就意味着容忍殖民主义在亚洲的继续存在，它们极不愿这样去做，即使是面对已经来临的共产主义的"威胁"。

面对这种局面，美国政府发现自己在非殖民化问题上面临着真正的两难抉择。美国的历史、传统和利益倾向于支持殖民地能够在自决原则下获得自治或独立，二战前后，反殖民主义一度成为美国外交的重要内容。美国决策层，尤其是罗斯福总统及其亲近的幕僚，在战争中间不断通过政治宣传声明和政治提议支持反殖民主义的立场。殖民地人民从美国的立场中获得了很大的力量，在苏加诺、胡志明和昂山等东南亚政治精英的心目中燃起了希望，他们渴望能在道义、政治和物质方面得到华盛顿的支持，期望美国以一种公平的方式帮助他们获得自由。二战结束时美国强大的政治、经济和军事地位，提高了殖民地民族主义者的期望，他们期待华盛顿会利用其实力向那些不愿给予殖民地独立的国家施加压力，期待着美国这个富裕的"北美巨人"会理解其财政和贸易需求，与这些新独立国家共享其发展成就。那时许多寻求独立的殖民地民族都认识到美国具有压倒性的力量，它们认为如果美国真的想使殖民地各民族获得自由，是肯定能够实现的。然而，战后美国在欧洲殖民帝国瓦解过程中的立场是模棱两可的，美国对广大殖民地区日益增强的独立呼声没有给予积极回应。在战后美国外交中，重建西欧占据了优先地位，美国决策层中大多更关注于马歇尔计划的成功，不愿推动殖民地发生革命性的变化，因为那将会导致欧洲的经济复兴更加困难。美国的欧洲问题专家们没有注意到日益强大的民族主义力量，不愿剥夺欧洲国家重要的殖民地和原料来源地。尽管美国也在寻求促进殖民地的独立，但是以一种渐进主义的方式，美国政府在实践中违背了其反殖民主义的承诺，从而使第三世界民族主义者普遍对美国感到失望。对于那些期待早日获得独立的广大附属地民族来说，美国提倡的这种渐进的非殖民化方式已经难以满足他们的渴望，他们对美国这种在反殖民主义的理想与实践之间出现的断裂表示不满。①

战后初期美国政府在非殖民化问题上的暧昧立场，使其没有能够处理好第三世界民族主义的挑战。尤其是冷战开始后，经济利益与意识形态的竞争使得美国面对战后风起云涌的殖民地民族主义运动极其尴尬，美国人越来越把第三世界的民族主义运动视为实现其全球战略目标的障碍。当时美国及其盟友与共产主义阵营之间的对抗主导着美国对第三世界的政策，美国与苏联在第三世界展开了激烈的竞争，这种全球性的对抗成为 1949 年之后美国向第三世界进行广泛的军事和经济援助的基本理由，也导致其承担起全球安全的义务。美国向第三世界提供援助，希望这些国家或地区通过经济发展和政治稳定，从而可以抵御苏联以及国际共产主义的扩张和渗透，保持第三世界国家的非共产主义和亲西方倾向。美国强烈反对印度支那以及其他民族主义运动所呈现出的激进色彩，它始终没有尊重第三世界民族的选择，而是为了自己的利益向其强加自己的意志，对第三世界的援助也是为了控制和定位其政治发展走向，不符合美国利益的民族主义运动被视为西方利益的障碍而进行压制。实际上，尽管那时在争取第三世界方面，苏联相对于西方更具有优势，殖民地民族强烈的反殖民主义情绪、根深蒂固的对西方的憎恨、对经济迅速发展的渴望等问题，都使第三世界极容易接受苏联的建议，许多第三世界国家的政治和知识精英崇拜并试图模仿苏联的发展模式。但在战后初期，苏联对殖民地的民族主义并不太关心，苏联的决策者更为重视欧洲战略，对东南亚并没有给予足够的重视，苏联在整个第三世界的影响也受到意识形态的局限，直到赫鲁晓夫上台后才改变了其第三世界政策。美国决策者无疑夸大了苏联因素在东南亚地区带来的挑战。

在 20 世纪，尤其是二战后的几十年时间里，美国的力量经历了

---

① Louis, *Imperialism at Bay*, p. 542.

上升、衰退和上升的过程，从东南亚的角度来审视这显得尤其重要，因为美国的全球抱负及其实现这些抱负的能力变化的过程，与整个东南亚的民族国家建构和经济发展的关键阶段相一致。战后美国成为东南亚主导性的区外大国，美国的高层决策者、外交家、军事战略家、智库专家等都把东南亚视为保护和巩固其国家根本利益的至关重要的地区。鉴于东南亚对于冷战时期美国的全球战略具有非同寻常的意义，美国决策层试图通过促进整个东南亚的政治稳定和经济复兴，防止该地区国家倒向共产主义阵营，使他们在冷战中与西方阵营保持一致。在冷战背景下，美国的决策精英们通过一种反共产主义的透镜来看待 1945 年后的世界，这导致了美国对东南亚地区发生的左倾民族主义运动充满疑虑。在战后，美国未能真正理解殖民地民族自决、发展的渴望以及更深层次的非殖民化的历史根源，华盛顿始终没有重视东南亚的民族主义运动，没有在政治意义上平等地对待它们。1950年 8 月，美国国务院的一份文件曾经指出，许多亚洲国家对美国的不信任，很大程度上是源于它们对美国在亚洲和世界上其他地区遏制共产主义的政策和行动的怀疑，它们怨恨美国没有考虑其利益诉求，因为美国往往在已经作出决定或采取行动后才寻求它们的支持。这一结果事实上造成了战后美国与东南亚国家之间关系的疏远。① 东南亚许多新独立国家拒绝接受美国的主宰，它们担心美国势力在该地区的存在将会损害它们来之不易的独立。二战不仅导致了亚非许多原殖民地的独立，增强了这些新国家的自主意识，也激发了它们之间的合作愿景，这些都是美国决策者不得不面对的现实问题。

　　1947 年 3—4 月，首届泛亚洲会议（Asian Relations Conference）在新德里举行，与会者提出并讨论了亚洲国家面临的共同问题，即民族主义独立运动、种族问题、殖民地经济的遗留问题、发展民族工业、亚洲内部的移民问题、妇女地位以及加强文化合作等，代表们第

---

　　① "Policy Paper by the Assistant Secretary of State for Near Eastern, South Asian, and African Affairs (McGhee)," August 30, 1950, in *FRUS*, 1950, Vol. 6, pp. 137 – 139.

一次强调了亚洲合作的必要性。1946—1949 年，当菲律宾、印度、巴基斯坦、锡兰、缅甸和印尼获得独立的时候，这种合作的观念显得更加重要。1949 年 1 月，第二届亚洲新独立国家会议在新德里举行，主要讨论印尼的局势问题。会议严厉谴责了荷兰的殖民主义行径，再次强调了加强亚洲新独立国家之间合作的迫切性。1950 年 5 月，亚洲国家在菲律宾的碧瑶（Baguio）召开会议，就南亚和东南亚的利益问题进行了讨论，大多数代表重申应该加强原殖民地国家之间某种形式的合作。之后，一个松散的同盟开始形成，并直接推动了 1955 年万隆会议的召开、联合国亚非组织的形成以及不结盟运动的兴起。①

此后，许多亚非新独立国家并没有奉行美国所希望的那种亲西方的反共产主义政策。在东南亚，印度尼西亚、缅甸、柬埔寨和马来西亚等采取了不结盟的外交路线，它们从一开始就抵制美国的"规训"和指导，拒绝加入美国的同盟体系，甚至拒绝接受带有苛刻附加条件的美国援助。因为在它们看来，美国对东南亚国家的双边援助乃是一种国家政策的工具，特别是作为在冷战中反对共产主义集团的工具，美国提供援助的条件常常包括受益国要对等地承担特殊的政治、经济或者战略上的义务，这些可能成为美国干涉它们内政的根源。即使那些与美国正式结盟的东南亚国家——菲律宾、泰国和南越，其伙伴关系也常常充斥着紧张与不快，这些国家都努力保持对自己事务更大的自主权。例如，在 1954 年前后关于缔结东南亚条约组织的谈判中，美国等西方国家希望拉拢尽可能多的亚洲国家参加，把印度、缅甸、斯里兰卡以及印尼等视为重要的伙伴国，但它们得到的只是失望。这些国家大多不愿与前殖民宗主国保持一种安全合作关系，印尼领导人甚至怀疑东南亚条约组织可能会成为前宗主国恢复在东南亚权力的一种手段。② 这种强烈的民族主义情绪成为美国实现其战后东南亚目标

---

① Newson, *The Imperial Mantle*, pp. 128 – 129.

② Russell H. Fifield, *Southeast Asia in United States Policy*, New York：Frederick A. Praeger, Inc., 1963, p. 121.

的最大障碍。因此，二战后早期美国的东南亚政策应该放在非殖民化时代的大背景下来考察，着眼于当时美国决策者对这一历史潮流所作出的判断。美国决策层中很多人对战后第三世界民族主义的历史和动力缺乏真正的理解，没有对面临的国际政治现实作出积极的反应。在20世纪，殖民主义留下的遗产之一就是造成第三世界普遍地憎恨西方，无论是通过殖民主义或是"间接统治"的形式，西方国家总是与对世界的主宰联系在一起，故第三世界常常带有反西方的倾向。在二战后，当美国为了追求自身的利益而损害了这些国家的独立自主时，一些最强烈的反西方运动指向了反对美国人及美国利益，形成了一股全球性的反美情绪。

非殖民化是东南亚历史一个极其重要的方面，但这一非殖民化的过程并没有因20世纪40—60年代正式权力的转移而结束，例如文化的解放和经济的发展应该被视为东南亚非殖民化过程不可分割的部分。事实上，在东南亚原殖民地获得独立以及民族国家建构的过程中，如何冲破殖民附属关系的迷思，重塑自己的社会政治、经济以及文化秩序，乃是这些国家在很长一段时期面临的重要挑战。因此，东南亚在后殖民时期出现的政治、经济和文化趋势，也为理解该地区非殖民化的动力提供了线索。整体来说，在二战后历届美国政府的决策者眼里，东南亚地区先后成为美国推动"现代化"和"民主化"演变的一个特别的边疆，以及进行"全球化"尝试的一个重要试验场。从早期美国关于东南亚地区的非殖民化设想，到20世纪50—70年代对东南亚发展的干预，美国围绕东南亚问题而形成的外交政策、非殖民化思想、发展理论和现代化理论，乃至到80年代美国推行的新自由主义思想，从根源上来讲都是一脉相承的，它秉承于美国传统的外交思维，并体现了美国处理世界事务时所信奉的霸权逻辑。

参考文献

一　主要英文资料

1. 基本文献

Foreign Relations of the United States (*FRUS*), Diplomatic Papers, United States Government Printing Office (GPO)

FRUS, 1898, Spain, (1898).

FRUS, 1943, China, (1943).

1945, Vol. 6, (1969)、1946, Vol. 8. (1971)、1947, Vol. 6. (1972)、1948, Vol. 6. (1974)、1949, Vol. 7. (1975)、1950, Vol. 3. (1977)、1950, Vol. 6. (1976)、1951, Vol. 2. (1977)、1951, Vol. 6. (Part 1, Part 2.) (1977)、1952 – 1954, Vol. 3. (1979)、1952 – 1954, Vol. 12. (Part 1, Part 2.) (1987)、1952 – 1954, Vol. 13. (Part 1, Part 2.) (1982).

Preston, Paul, and Partridge, Michael, (eds.) *British Documents on Foreign Affairs: Reports and Papers from the Foreign Office Confidential Print*, University Publications of America. (1997)

Part. Ⅲ. "Far Eastern Affairs" (1940 – 1945): Vol. 5、Vol. 6、Vol. 7、Vol. 8.

United Nations, *Documents of the United Nations Conference on International*

Organization, *San Francisco*, *1945*, New York: United Nations Information Organizations, 1945, Vol. 3、Vol. 15.

U. S. Department of State Bulletin, Vol. 15, Washington, D. C. : U. S. Government Printing Office, 1946.

U. S. Philippine Commission (Schurman), *Report of the Philippine Commission to the President*, Washington: Government Printing Office, 1900, Vol. 1、Vol. 2.

2. 期刊文章类

"A Round Table: Explaining the History of American Foreign Relations," *The Journal of American History*, Vol. 77, No. 1, June 1990.

Bradley, Harold W. , "Observation upon American Policy in the Philippines," *Pacific Historical Review*, Vol. 11, No. 1, March 1942.

Brands, H. W. , "The Idea of the National Interest," *Diplomatic History*, Vol. 23, No. 2, Spring 1999.

Berger, Mark T. , "Decolonisation, Modernisation and Nation-Building: Political Development Theory and the Appeal of Communism in Southeast Asia, 1945 – 1975," in *Journal of Southeast Asian Studies*, Vol. 34, No. 3, 2003.

Chu, Wong Kwok, "The Jones Bills 1912 – 1916: A Reappraisal of Filipino Views on Independence," *Journal of Southeast Asian Studies*, Vol. 13, No. 2, September 1982.

Clymer, Kenton J. , "Franklin D. Roosevelt, Louis Johnson, India, and Anticolonialism: Another Look," *Pacific Historical Review*, Vol. 57, No. 3, 1988.

Cobbs, Elizabeth A. , "Decolonization, the Cold War, and the Foreign Policy of the Peace Corps," in *Diplomatic History*, Vol. 20, No. 1, Winter 1996.

Colbert, Evelyn, "The Road Not Taken: Decolonization and Independence in Indonesia and Indochina," *Foreign Affairs*, Vol. 51, No. 3, A-pril 1973.

Corpuz, Onofre Dizon, "Western Colonization and the Filipino Response," *Journal of Southeast Asian History*, Vol. 3, No. 1, March 1962.

Cumings, Bruce, "The American Century and the Third World," *Diplo-matic History*, Vol. 23, No. 2, Spring 1999.

Dulles, Foster Rhea, and Ridinger, Gerald E., "The Anti-Colonial Poli-cies of Franklin D. Roosevelt," *Political Science Quarterly*, Vol. 70, No. 1, (Mar., 1955).

Dutt, N. K., "The United States and the Asian Development Bank", in *Journal of Contemporary Asia*, Vol. 27, No. 1, 1997.

Foltos, Lester J., "The New Pacific Barrier: America's Search for Securi-ty in the Pacific, 1945 – 1947," *Diplomatic History*, Vol. 13, No. 3, Summer 1989.

Fraser, Cary, "Understanding American Policy Towards the Decolonization of European Empire, 1945 – 1964," in *Diplomacy & Statecraft*, Vol. 3, No. 1, 1992.

Frey, Marc., "Tools of Empire: Persuasion and the United States's Mod-ernizing Mission in Southeast Asia," in *Diplomatic History*, Vol. 27, No. 4, September 2003.

Herring, George C., "The Truman Administration and the Restoration of French Sovereignty in Indochina," *Diplomatic History*, Vol. 1, No. 2, Spring 1977.

Hess, Gary R., "Franklin D. Roosevelt and Indochina," *Journal of A-merican History*, Vol. LIX, 1972.

Hess, Gary R., "The First American Commitment in Indochina: The Ac-ceptance of the 'BaoDai Solution', 1950," *Diplomatic History*, Vol. 2, No. 4, Fall 1978.

Homan, Gerlof D., "The United States and the Netherlands East Indies: The Evolution of American Anticolonialism," *Pacific Historical Review*, Vol. 53, No. 4, November 1984.

Hyam, Ronald, "The Dynamics of British Imperial Policy, 1763 – 1963," in *Journal of Imperial & Commonwealth History*, Vol. 27, No. 2, 1999.

Jones, Matthew, "A 'Segregated' Asia? Race, the Bandung Conference, and Pan-Asianist Fears in American Thought and Policy, 1954 – 1955," in *Diplomatic History*, Vol. 29, No. 5, November 2005.

Lafeber, Walter, "Roosevelt, Churchill, and Indochina, 1942 – 1945," *American Historical Review*, Vol. 80, No. 5, December 1975.

Leffler, Melvyn P., "The American Conception of National Security and the Beginning of the Cold War, 1945 – 1948," *American Historical Review*, Vol. 89, April 1984.

Louis, William Roger., "American Anti-Colonialism and the Dissolution of the British Empire," *International Affairs*, Summer 1985, Vol. 61, Issue 3.

Lundestad, Geir, "'Empire by Invitation' in the American Century," *Diplomatic History*, Vol. 23, No. 2, Spring 1999.

Lippmann, Walter, "Today and Tomorrow: The Post-Singapore War in the East," in *Washington Post*, February 21, 1942.

Mansbach, Richard W., "Southeast Asia in the Global Political System," *Journal of Southeast Asian Studies*, Vol. 9, No. 1, March 1978.

Martel, Gordon., "Decolonization after Suez: Retreat or Rationalisation?" in *Australian Journal of Politics and History*, Vol. 46, No. 3, 2000.

Mchale, Thomas R., "American Colonial Policy Towards the Philippines," *Journal of Southeast Asian History*, Vol. 3, No. 1, March 1962.

McMahon, Robert J., "Anglo-American Diplomacy and the Reoccupation of the Netherlands East Indies," *Diplomatic History*, Vol. 2, No. 1, Winter 1978.

Metz, Steven, "American Attitudes Toward Decolonization in Africa," Political Science Quarterly, Vol. 99, No. 3, (Autumn, 1984).

Mezerik, A. G., ed., "Colonialism and the United Nations," in *International Review Service*, Vol. 3, No. 36, 1957.

Ninkovich, Frank, "Ideology, the Open Door, and Foreign Policy," *Diplomatic History*, Vol. 6, No. 2, Spring 1982.

Ovendale, Ritchie, "Britain, The United States, and the Cold War in Southeast Asia, 1949 – 1950," *International Affairs*, Vol. 58, No. 3, 1982.

Ruane, Kevin, " 'Containing America': Aspects of British Foreign Policy and the Cold War in Southeast Asia, 1951 – 1954," *Diplomacy and Statecraft*, Vol. 7, No. 1, March 1996.

Sbrega, John J., " 'First Catch Your Hare': Anglo-American Perspectives on Indochina During the Second World War," *Journal of Southeast Asian Studies*, Vol. 14, No. 1, March 1983.

Shalom, Stephen R., "Philippine Acceptance of the Bell Trade Act of 1946: A Study of Manipulatory Democracy," *Pacific Historical Review*, Vol. 49, No. 3, 1980.

Siracusa, Joseph M., "The United States, Vietnam, and the Cold War: A Reapprisal," *Journal of Southeast Asian Studies*, Vol. 5, No. 1, March 1984.

Spector, Ronald, "Allied Intelligence and Indochina, 1943 – 1945," *Pacific Historical Review*, Vol. 51, No. 1, February 1982.

Strang, David, "From Dependency to Sovereignty: An Event History Analysis of Decolonization, 1870 – 1987," in *American Sociological Review*, Vol. 55, No. 6, Dec., 1990.

Strang, David, "Global Patterns of Decolonization, 1500 – 1987," in *International Studies Quarterly*, Dec. , 1991, Vol. 35, No. 4.

Scott, William R. , "An Identity of Passions," in *Diplomatic History*, Vol. 22, No. 4, 1998.

Tarling, Nicholas, " 'A New and a Better Cunning': British Wartime Planning for Post-War Burma, 1942 – 1943," *Journal of Southeast Asian Studies*, Vol. 13, No. 1, March 1982.

Tarling, Nicholas, " 'An Empire Gem': British Wartime Planning for Post-War Burma, 1943 – 1944," *Journal of Southeast Asian Studies*, Vol. 13, No. 2, September 1982.

Thompson, Lanny, "The Imperial Republic: A Comparison of the Insular Territories under U. S. Dominion after 1898," in *Pacific Historical Review*, Vol. 71, No. 4, 2002.

Thorne, Christopher, "Indochina and Anglo-American Relations, 1942 – 1945," *Pacific Historical Review*, Vol. 45, No. 1, February 1976.

Twitchett, Kenneth J. , "The American National Interest and the Anti-Colonial Crusade", *International Relations*, Vol. 3, No. 4, 1967.

Wallerstein, Immanuel, "The Concept of National Development 1917 – 1989: Elegy and Requiem", in *American Behavioural Scientist*, Vol. 35, No. 4 – 5, 1992.

White, Donald W. , "The Nature of World Power in American History: An Evaluation at the End of World War II," *Diplomatic History*, Vol. 11, No. 3, Summer 1989.

White, Nicholas J. , "The Business and the Politics of Decolonization: The British Experience in the Twentieth Century," in *Economic History Review*, Vol. 53, No. 3, 2000.

Winks, Robin W. , "On Decolonization and Informal Empire", in *American Historical Review*, Vol. 81, Issue 3, Jun 1976.

3. 英文参考书目

Ambrose, Stephen E., and Brinkley, Douglas G., *Rise to Globalism: American Foreign Policy Since 1938.* (8th Edition.), New York: Penguin Putnam Inc., 1997.

Antlov, Hans, and Tonnesson, Stein (eds.), *Imperial Policy and Southeast Asian Nationalism, 1930 – 1957*, Richmond: Curzon Press Ltd., 1995.

Albertini, Rudolf von, Translated by Garvie, Francisca, *Decolonization: The Administration and Future of the Colonies, 1919 – 1960*, New York: Africana Publishing Company, 1982.

Barrington, Brook (ed.), *Empires, Imperialism and Southeast Asia: Essays in Honour of Nicholas Tarling*, Clayton: Monash Asia Institute, 1997.

Becker, William H., and Wells, Samuel F. (eds.), *Economics and World Power: An Assessment of American Diplomacy Since 1789*, New York: Columbia University Press, 1984.

Beisner, Robert L., *Twelve Against Empire: The Anti-Imperialists, 1898 – 1900*, Chicago and London: The University of Chicago Press, 1985.

Bemis, Samuel F., *John Quincy Adams and the Foundations of American Foreign Policy* (2), Westport: Greenwood Press, 1949.

Berger, Mark T., *The Battle for Asia: From Decolonization to Globalization*, New York: Routledge Curzon, 2004.

Bergesen, Albert., ed., *Studies of the Modern World-System*, New York: Academic Press, Inc., 1980.

Betts, Raymond F., *France and Decolonization, 1900 – 1960*, New York: St. Martin's Press, 1991.

Bill, Scott L., *Empire and Cold War: The Roots of US-Third World Antagonism, 1945 – 1947*, New York: St. Martin's Press, 1990.

Boswell, Terry, and Bergesen, Albert, eds., *America's Changing Role in the World-System*, New York: Praeger Publishers, 1987.

Brands, H. W. , *Bound to Empire: the United States and the Philippines*, New York: Oxford University Press, 1992.

Brody, David, *Visualizing American Empire: Orientalism and Imperialism in the Philippines*, Chicago and London: The University of Chicago Press, 2010.

Brunn, Stanley D. , Ed. , *Engineering Earth: The Impacts of Megaengineering Projects*, Springer, 2011.

Buckley, Roger, *The United States in the Asia-Pacific Since 1945*, Cambridge University Press, 2002.

Cable, James, *The Geneva Conference of 1954 on Indochina*, New York: St. Martin's Press, 1986.

Cady, John F. , *History of Modern Burma*, New York: Cornell University Press, 1958.

Chamberlain, M. E. , *Decolonization: The Fall of the European Empires*, New York: Basil Blackwell Inc. , 1985.

Christle, Clive J. , *A Modern History of Southeast Asia: Decolonization, Nationalism and Separatism*, New York: L. B. Tauris Publishers, 1996.

Churchill, Bernardita Reyes, *The Philippine Independence Mission to the United States 1919 - 1934*, Manila: National Historical Institute, 1983.

Cobban, Alfred. , *The Nation State and National Self-Determination*, New York: Thomas Y. Crowell Company, 1962.

Coblert, Evelyn, *Southeast Asia in International Politics, 1941 - 1956*, London: Cornell University Press, 1977.

Commager, Henry S. (ed.), *Documents of American History*, New York: Appleton-Century-Crofts Inc. , 1958.

Coyner, Charles W. , *United States Colonial Policy: A Case Study of American Samoa*, Dissertation Submitted to the Requirements for the Degree of Doctor of Philosophy, University of Oklahoma Graduate College, 1973.

Crabb, Cecil V., Jr., *The Doctrines of American Foreign Policy*, Baton Rouge: Louisiana State University Press, 1982.

Craven, Avery, and Johnson, Walter (eds.), *A Documentary of the American People*, Boston: Ginn and Company, 1951.

Crozier, Brian, *Southeast Asia in Turmoil*, Baltimore: Penguin Books Ltd., 1965.

Cullather, Nick, *The Hungry World: America's Cold War Battle Against Poverty in Asia*, Cambridge: Harvard University Press, 2010.

Darwin, John, *Britain and Decolonization: The Retreat from Empire in the Post-war World*, New York: St. Martin's Press, 1988.

Darwin, John, *The End of the British Empire: The Historical Debate*, Oxford: Basil Blackwell Ltd., 1991.

DeConde, Alexander, Burns, Richard Dean, and Logevall, Fredrik, eds., *Encyclopedia of American Foreign Policy*, New York: Charles Scribner's Sons, 2002, Second Edition, Vol. 1 – 3.

Divine, Robert A. (ed.), *American Foreign Policy*, Cleveland: the World Publishing Company, 1960.

Duara, Prasenjit, *Decolonization: Perspectives from Now and Then*, New York: Routledge, 2004.

Dallek, Robert, *Franklin D. Roosevelt and American Foreign Policy, 1932 – 1945*, New York: Oxford University Press, 1995.

Dawley, Alan, *Changing the World: American Progressives in War and Revolution, Politics and Society in Twentieth-Century America*, New York: Princeton University Press, 2003.

Ekbladh, David, *The Great American Mission: Modernization and the Construction of An American World Order*, Princeton University Press, 2010.

El-Ayouty, Yassin, *The United Nations and Decolonization: The Role of Af-ro-Asia*, The Hague: Martinus Nijhoff, 1971.

Eschen, Penny M. Von, *Race Against Empire: Black Americans and Anti-colonialism, 1937 – 1957*, New York: Cornell University Press, 1997.

Fifield, Russell H. , *Americans in Southeast Asia: The Roots of Commit-ment*, New York: Thomas Y. Crowell Company, 1973.

Fifield, Russell H. , *Southeast Asia in United States Policy*, New York: Frederick A. Praeger, Inc. , 1963.

Fifield, Russell H. , *The Diplomacy of Southeast Asia: 1945 – 1958*, New York: Harper & Brothers Publishers, 1958.

Frey, Marc. , Pruessen, Ronald W. , and Tan Tai Yong (eds.), *The Transformation of Southeast Asia: International Perspectives on Decoloniza-tion*, Singapore University Press, 2004.

Fraser, Cary, *Ambivalent Anti-Colonialism: The United States and the Gene-sis of West Indian Independence, 1940 – 1964*, Westport: Greenwood Press, 1994.

Gaddis, John L. , *The United States and the Origins of the Cold War, 1941 – 1947*, New York: Columbia University Press, 1972.

Gardner, Lloyd, *Approaching Vietnam: From World War II through Dien-bienphu*, New York: W. W. Norton, 1988.

Gardner, Lloyd, *Economic Aspects of New Deal Diplomacy*, Madison: U-niversity of Wisconsin Press, 1964.

Gardner, Paul F. , *Shared Hopes, Separate Fears: Fifty Years of US-Indo-nesian Relations*, Colorado: Westview Press, 1997.

Gibbons, William Conrad, *The US Government and the Vietnam War-Exec-utive and Legislative Roles and Relationships*, Part. 1, *1945 – 1960*, Princeton: Princeton University Press, 1986.

Girling, John L. S. , *America and the Third World: Revolution and Inter-*

vention, London: Routledge & Kegan Paul, 1980.

Golay, Frank H. , *Face of Empire: United States-Philippines Relations*, *1898 – 1946*, Manila: Ateneo De Manila University Press, 1998.

Grimal, Henri, Translated by De Vos, Stephan, *Decolonization: The British, French, Dutch and Belgian Empires 1919 – 1963*, Colorado: Westview Press Inc. , 1965.

Gurtov, Melvin, and Maghroori, Ray, Roots of Failure: United States Policy in the Third World, Westport: Greenwood Press, 1984.

Gurtov, Melvin, *The United States Against the Third World: Antinationalism and Intevention*, New York: Praeger Publishers, Inc. , 1974.

Graebner, Norman A. , *Cold War Diplomacy: American Foreign Policy*, *1945 – 1975*, New York: D. Van Nostrand Company, Inc. , 1977.

Gray, John, *False Dawn: The Delusions of Global Capitalism*, London: Granta Books, 2002.

Greer, Thomas H. , *What Roosevelt Thought: The Social and Political Ideas of Franklin D. Roosevelt*, East Lansing: Michigan State University Press, 1958.

Hack, Karl, *Defence and Decolonisation in Southeast Asia: Britain, Malaya and Singapore 1941 – 1968*, Richmond: Curzon Press, 2001.

Harper, T. N. , *The End of Empire and the Making of Malaya*, Cambridge: Cambridge University Press, 1999.

Hayes, Samuel P. , ed. , *The Beginning of American Aid to Southeast Asia: The Griffin Mission of 1950*, Heath Lexington Books, 1971.

Henderson, William (ed.), *Southeast Asia: Problems of United States Policy*, Massachusetts: The M. I. T. Press, 1963.

Hess, Gary R. , *The United States' Emergence As A Southeast Asian Power*, *1940 – 1950*, New York: Columbia University Press, 1987.

Hinds, Allister, *Britain's Sterling Colonial Policy and Decolonization*,

1939 – 1958, Westport, CT: Greenwood Press, 2001.

Hogan, Michael J. , and Paterson, Thomas G. , eds. , *Explaining the History of American Foreign Relations*, New York: Cambridge University Press, 2004.

Holland, R. F. , *European Decolonization 1918 – 1981: An Introductory Survey*, London: The Macmillan Press, 1985.

Hunt, Michael H. , *Ideology and U. S. Foreign Policy*, New Haven: Yale University Press, 1987.

Hess, Gary R. , *America Encounters India*, *1941 – 1947*, Baltimore: Johns Hopkins Press, 1971.

Hess, Gary R. , *The United States at War*, *1941 – 1945*, Wheeling, Illinois: Harlan Davidson Inc. , 2011.

Holborn, Louis W. , ed. , *War and Peace Aims of the United Nations*, Vol. 1, Boston: World Peace Foundation, 1943.

Holcombe, Arthur N. , *Dependent Areas in the Post-War World*, Boston: World Peace Foundation, 1941.

Hollander, A. N. J. Den, ed. , *Contagious Conflict: The Impact of American Dissent on European Life*, Leiden: *E. J. Brill* Publisher, 1973.

Howe, Stephen, *Anticolonialism in British Politics: The Left and the End of Empire*, *1918 – 1964*, New York: Oxford University Press Inc. , 1993.

Hull, Cordell, *The Memoirs of Cordell Hull*, Vol. 2, New York: The Macmillan Company, 1948.

Jeffrey, Robin (ed.), *Asia-The Winning of Independence*, London: The Macmillan Press, 1981.

Kahler, Miles, *Decolonization in Britain and France: The Domestic Consequence of International Relations*, Princeton: Princeton University Press, 1984.

Kanishka Jayasuriya, ed. , *Crisis and Change in Regional Governance*,

London: Routledge, 2004.

Karnow, Stanley, In *Our Image: American's Empire in the Philippines*, New York: Random House Inc. , 1989.

Kennan, George F. , *American Diplomacy*, (Expanded Edition), Chicago: The University of Chicago Press, 1984.

Kolke Gabriel, *Confronting The Third World: The United States Foreign Policy, 1945 – 1980*, New York: Pantheon Books, 1988.

Krozewski, Gerold, *Money and the End of Empire: British International Economic Policy and the Colonies, 1947 – 1958*, Basingstoke: Palgrave, 2001.

Lacey, Michael J. (ed.), *The Truman Presidency*, New York: Cambridge University Press, 1989.

LaFeber, Walter, *The American Age: United States Foreign Policy at Home and Abroad (1750 to the Present)*, (2nd edition), New York: W. W. Norton & Company, 1994.

LaFeber, Walter, *The New Empire: An Interpretation of American Expansion, 1860 – 1898*, New York: Cornell University Press, 1980.

Latham, Michael E. , *The Right Kind of Revolution: Modernization, Development, and U. S. Foreign Policy from the Cold War to the Present*, Cornell University Press, 2011.

Le Sueur, James D. , ed. , *The Decolonization Reader*, New York: Routledge, 2003.

Leopold, Richard W. and Link, Arthur S. , eds. , *Problems in American History*, Vol. 2, New Jersey: Prentice-Hall Inc. , 1966.

Levine, Alan J. , *The United States and the Struggle for Southeast Asia, 1945 – 1975*, Westport: Praeger Publishers, 1995.

Le-Thi Tuyet, *Regional Cooperation in Southeast Asia: The Mekong Project*, The City University of New York, Ph. D. , 1973.

Lilienthal, David E. , *TVA: Democracy on the March*, New York and

London：Harper & Brothers，1944.

Louis，William. Roger，and Bull，Hedley，*The "Special Relationship"：Anglo-American Relations Since 1945*，Oxford：The Clarendon Press，1986.

Louis，Wm. Roger，*Imperialism at Bay，1941 – 1945：The United States and the Decolonization of the British Empire*，Oxford：the Clarendon Press，1977.

Louw，P. Eric，*Roots of the Pax Americana：Decolonization，Development，Democratization and Trade*，Manchester and New York：Manchester University Press，2010.

Mahajani，Usha，*Philippine Nationalism：External Challenge and Filipino Response，1565 – 1946*，St. Lucia：University of Queensland Press，1971.

Lorenzini，Sara，*Global Development：A Cold War History*，Princeton & Oxford：Princeton University Press，2019.

May，Ernest R.，*The Making of the Monroe Doctrine*，Cambridge：the Belknap Press of Harvard University Press，1975.

McCloud，Donald G.，*System and Process in Southeast Asia：the Evolution of a Region*，Colorado：Westview Press，1986.

McCoy，Donald R.，and O'Connor，Raymond G.，eds.，*Readings in Twentieth Century American History*，New York：The Macmillan Company，1963

Mcintyre，W. David，*British Decolonization，1946 – 1997：When，Why and How Did the British Empire Fall?* London：The Macmillan Press，1998.

McMahon，Robert J.，*Colonialism and Cold War：The United States and The Struggle for Indonesia Independence，1945 – 1949*，New York：Cornell University Press，1981.

McMahon，Robert J.，*The Limits of Empire：The United States and Southeast Asia Since World War II*，New York：Columbia University Press，1999.

Michael, Schaller, *The American Occupation of Japan*: *The Origins of the Cold War in Asia*, Oxford: Oxford University Press, 1985.

Markowitz, Gerald E. , ed. , *American Anti-Imperialism*, *1895 – 1901*, New York: Garland Publishing, Inc. , 1976.

Martinelli, Alberto, *Global Modernization*: *Rethinking the Project of Modernity*, London: SAGE Publications Ltd. , 2005.

May, Glenn Anthony, *Social Engineering in the Philippines*: *The Aims*, *Execution*, *and Impact of American Colonial Policy*, *1900 – 1913*, Westport, CT: Greenwood Press, 1980.

McFerson, Hazel M. , ed. , *Mixed Blessing*: *The Impact of the American Colonial Experience on Politics and Society in the Philippines*, Westport: Greenwood Press, 2002.

Merk, Frederick, *Manifest Destiny and Mission in American History*: *A Reinterpretation*, New York: Alfred A. Knopf, Inc. and Random House, Inc. , 1963.

Minnen, Cornelis A. van and Sears, John F. , eds. , *FDR and His Contemporaries*: *Foreign Perceptions of an American President*, London: The MacMillan Press Ltd. , 1992.

Newson, David D. , *The Imperial Mantle*: *The United States*, *Decolonization*, *and the Third World*, Bloomington: Indiana University Press, 2001.

Nguyen Thi Dieu, *The Mekong River and the Struggle for Indochina*: *Water*, *War and Peace*, Praeger Publishers, 1999.

Ninkovich, Frank, *The United States and Imperialism*, Massachusetts: Blackwell Publishers Inc. , 2001.

Pandey, B. N. , *South and Southeast Asia*, *1945 – 1979*: *Problems and Policies*, London: The Macmillan Press Ltd. , 1980.

Perkins, Bradford, *The Cambridge History of American Foreign Relations*, (4 vols.), New York: Cambridge University Press, 1993.

Pluvier, Jan, *Southeast Asia From Colonialism to Independence*, London: Oxford University Press, 1974.

Pomeroy, William J., *American Neo-Colonialism: Its Emergence in the Philippines and Asia*, New York: International Publishers Co., Inc., 1970.

Porter, A. N. and Stockwell, A. J., *British Imperial Policy and Decolonization, 1938 – 1964*, Vol. 1, 1938 – 1951, London: The Macmillan Press, 1987.

Paterson, Thomas G., ed., *American Imperialism and Anti-Imperialism*, New York: Thomas Y. Crowell Company, Inc., 1973.

Rigg, Jonathan, *Southeast Asia: A Region in Transition*, New York: Cambridge University Press, 1991.

Robert Strausz-Hupe and Harry W. Hazard, eds., *The Idea of Colonialism*, London: Atlantic Books, 1958.

Roosevelt, Elliott, *As He Saw It*, New York: The Conde Nast Publications Inc., 1946.

Rose, Lisle A., *Roots of Tragedy: The United States and the Struggle for Asia, 1945 – 1953*, Westport: Greenwood Press, 1976.

Rosenberg, Emily S., *Spreading the American Dream: American Economic and Cultural Expansion, 1890 – 1945*, New York: Hill and Wang, 1992.

Rotter, Andrew J., *The Big Canvas: The United States, Southeast Asia and the World, 1948 – 1950*, Dissertation Submitted to the Department of History of Stanford University for the Degree of Doctor of Philosophy, 1981.

Rotter, Andrew J., *The Path to Vietnam: Origins of the American Commitment to Southeast Asia*, New York: Cornell University Press, 1989.

Ryan, David and Pungong, Victor (eds.), *The United States and Decolonization: Power and Freedom*, New York: ST. Martin's Press, 2000.

Ryan, David, *US Foreign Policy in World History*, New York: Routledge, 2000.

Rydell, Robert W. , *All the World's a Fair: Visions of Empire at American International Expositions, 1876 – 1916*, Chicago: University of Chicago Press, 1984.

Sanders, David, *Losing an Empire, Finding a Role: British Foreign Policy Since 1945*, London: The Macmillan Press, 1990.

Sardesai, D. R. , *Southeast Asia: Past and Present*, Colorado: Westview Press, 1989.

Sbrega, John J. , *Anglo-American Relations and Colonialism in East Asia, 1941 – 1945*, New York & London: Garland Publishing Inc. , 1983.

Schaller, Michael, *Douglas MacArthur: The Far Eastern General*, New York: Oxford University Press, 1989.

Sherwood, Robert E. , *Roosevelt and Hopkins: An Intimate History*, New york: Harper & Brothers, 1950.

Springhall, John, *Decolonization Since 1945: The Collapse of European Overseas Empires*, New York: Palgrave Publishers Ltd. , 2001.

Stephanson, Anders, *Manifest Destiny: American Expansion and the Empire of Right*, New York: Hill and Wang, 1995.

Strausz-Hupe, Robert, and Hazard, Harry W. , eds. , *The Idea of Colonialism*, London: Atlantic Books, 1958.

Sbrega, John J. , *Anglo-American Relations and Colonialism in East Asia, 1941 – 1945*, New York: Garland Publishing Inc. , 1983.

Schirmer, Daniel B. , *Republic or Empire: American Resistance to the Philippine War*, Cambridge: Schenkman Publishing Company, Inc. , 1972.

Schlesinger, Arthur M. Jr. , and Israel, Fred L. , eds. , *History of American Presidential Elections, 1789 – 1968*, New York: Chelsea House Publishers, 1971.

Strausz-Hupe, Robert and Hazard, Harry W. , eds. , *The Idea of Colonialism*, New York: Frederick A. Praeger, Inc. , 1958.

Tarling, Nicholas (ed.), *The Cambridge History of Southeast Asia*, Vol. 2. London: Cambridge University Press, 1992.

Tarling, Nicholas, *The Fall of Imperial Britain in Southeast Asia*, Oxford: Oxford University Press, 1993.

Thorne, Christopher, *Allies of A Kind: The United States, Britain and the War Against Japan, 1941 – 1945*, London: Hamish Hamilton Ltd. , 1978.

To Islands Far Away: The Story of the Thomasites and Their Journey to the Philippines, Manila, Philippines: Public Affairs Section, U. S. Embassy, 2001.

Welch, Richard E. Jr. , *Response to Imperialism: The United States and the Philippine-American War, 1899 – 1902*, the University of North Carolina Press, 1979.

Wesseling, H. L. , *Imperialism and Colonialism: Essays on the History of European Expansion*, Westport: Greenwood Press, 1997.

White, Nicholas J. , *Decolonization: The British Experience Since 1945*, New York: Addison Wesley Longman Inc. , 1999.

Williams, William A. , *The Tragedy of American Diplomacy*, New York: W. W. Norton & Company, Inc. , 1984.

Woodruff, William, *American's Impact on the World: A Study of the Role of the United States in the World Economy, 1750 – 1970*, London: The Macmillan Press Limited, 1975.

Zeiler, Thomas W. , *Free Trade Free World: The Advent of GATT*, Chapel Hill and London: The University of North Carolina Press, 1999.

Welch, Richard E. , Jr. , *Response to Imperialism: The United States and the Philippine-American War, 1899 – 1902*, Chapel Hill: The University of North Carolina Press, 1979.

Westad，Odd Arne，*The Global Cold War*：*Third World Interventions and the Making of our Times*，New York：Cambridge University Press，2005.

Woolner，David B.，Warren F. Kimball，and David Reynolds，eds.，*FDR's World*：*War*，*Peace*，*and Legacies*，New York：Palgrave Macmillan，2008.

二　主要中文资料

1. 期刊类

［美］威廉·韩德逊：《美国的政策与殖民主义》，施旬译，《世界史研究动态》1984 年第 4 期。

董正华：《长波理论与殖民主义史的研究》，《北京大学学报》1988 年第 2 期。

高岱：《殖民主义与新殖民主义考释》，《历史研究》1998 年第 2 期；《西方学术界殖民主义研究评析》，《世界历史》1998 年第 2 期；《论殖民主义体系的形成与构成》，《北京大学学报》1999 年第 1 期；《殖民主义的终结及其影响》，《世界历史》2000 年第 1 期。

李安山：《论“非殖民化”：一个概念的缘起与演变》，《世界历史》1998 年第 4 期。

刘少华：《联合国在世界非殖民化进程中的历史作用》，《湘潭师范学院学报》1997 年第 1 期。

马晓京：《二战期间美英在殖民地问题上的矛盾和斗争》，《中南民族学院学报》（哲社版）1997 年第 2 期。

潘兴明：《试析非殖民化理论》，《史学理论研究》2004 年第 3 期。

任东来：《自决原则在历史上的实践及其意义的演变》，《太平洋学报》1997 年第 3 期。

孙福生：《西方国家的东南亚殖民政策比较研究》，《厦门大学学报》1995 年第 1 期。

王俊芳:《20 世纪英国的非殖民化》,《江西师范大学学报》(哲社版)2001 年第 1 期。

王双静:《西欧非殖民化评析》,《西北大学学报》(哲社版)2000 年第 2 期。

王文:《联合国关于非殖民化的机制与实践》,《中国青年政治学院学报》2001 年第 6 期。

吴群:《评 1945—1949 年的美国对东南亚政策》,《世界历史》1998 年第 5 期。

吴群:《评 1950—1960 年的美国对东南亚政策》,《云南师范大学学报》1999 年第 5 期。

吴群:《试论第二次世界大战期间美国对东南亚的介入》,《云南师范大学学报》1998 年第 1 期。

徐蓝:《战后国际关系史研究的成果与展望》,《历史研究》2008 年第 6 期。

张澜:《伍德罗·威尔逊的民族自决思想》,《江西师范大学学报》(哲社版)2000 年第 3 期。

2. 著作类(含译著)

《列宁选集》(第二卷),人民出版社 1995 年版。

陈晓红:《戴高乐与非洲的非殖民化研究》,中国社会科学出版社 2003 年版。

高岱、郑家馨:《殖民主义史·总论卷》,北京大学出版社 2003 年版。

何跃:《战后英国在东南亚的殖民统治——从对抗到撤离》,复旦大学 2002 届博士学位论文(未出版)。

洪国起、王晓德:《冲突与合作——美国与拉丁美洲关系的历史考察》,山西高校联合出版社 1994 年版。

金应熙主编:《菲律宾史》,河南大学出版社 1990 年版。

李滨:《国际政治经济学——全球视野下的市场与国家》,南京大学出版社 2005 年版。

李春辉:《拉丁美洲史稿》(上、下册),商务印书馆 1983 年版。

梁英明等:《近现代东南亚 (1511—1992)》,北京大学出版社 1994 年版。

梁志明主编:《殖民主义史·东南亚卷》,北京大学出版社 1999 年版。

刘绪贻、杨生茂主编:《美国通史》(6 卷本),人民出版社 2002 年版。

潘兴明:《丘吉尔与英帝国的非殖民化》,东方出版中心 2018 年版。

钱满素:《美国自由主义的历史变迁》,生活·读书·新知三联书店 2006 年版。

钱文宝、林伍光:《马来西亚简史》,商务印书馆 1981 年版。

杨生茂:《美国外交政策史 (1775—1989)》,人民出版社 1991 年版。

于歌:《美国的本质》,当代中国出版社 2006 年版。

张顺洪等:《大英帝国的瓦解——英国的非殖民化与香港问题》,社会科学文献出版社 1997 年版。

张顺洪等:《英美新殖民主义》,社会科学文献出版社 1999 年版。

资中筠主编:《战后美国外交史——从杜鲁门到里根》(上册),世界知识出版社 1994 年版。

[法] 夏尔 - 菲利普·戴维等:《美国对外政策:基础、主体与形成》,钟震宇译,社会科学文献出版社 2011 年版。

[菲] 格雷戈里奥·F. 赛义德:《菲律宾共和国:历史、政府与文明》(下册),吴世昌译,商务印书馆 1979 年版。

[美] 阿图罗·埃斯科瓦尔:《遭遇发展——第三世界的形成与瓦解》,汪淳玉等译,社会科学文献出版社 2011 年版。

[美] 罗伯特·卡根:《危险的国家:美国从起源到 20 世纪初的世界地位》(上、下册),袁胜育等译,社会科学文献出版社 2011

年版。

［美］罗伯特·吉尔平：《全球政治经济学——解读国际经济秩序》，杨宇光等译，上海人民出版社 2006 年版。

［美］雷迅马：《作为意识形态的现代化：社会科学与美国对第三世界政策》，牛可译，中央编译出版社 2003 年版。

［美］斯塔夫里亚诺斯：《全球分裂——第三世界的历史进程》（上、下册），迟越等译，商务印书馆 1995 年版。

［美］特伦斯·K. 霍普金斯等：《转型时代——世界体系的发展轨迹（1945—2025）》，吴英译，高等教育出版社 2002 年版。

［美］约翰·F. 卡迪：《东南亚历史发展》（下册），姚楠、马宁译，上海译文出版社 1988 年版。

［美］朱迪斯·戈尔茨坦、罗伯特·基欧汉编：《观念与外交政策：信念、制度与政治变迁》，刘东国、于军译，北京大学出版社 2005 年版。

［新］尼古拉斯·塔林主编：《剑桥东南亚史》，王士录等译，云南人民出版社 2003 年版。

［英］彼得·华莱士·普雷斯顿：《发展理论导论》，李小云等译，社会科学文献出版社 2011 年版。

［英］D. G. E. 霍尔：《东南亚史》，中山大学东南亚历史研究所译，商务印书馆 1982 年版。

［英］F. C. 琼斯等：《国际事务概览·1942—1946 年的远东》（上册），复旦大学外文系英语教研组译，上海译文出版社 1978 年版。

［瑞士］吉尔贝·李斯特：《发展的迷思：一个西方信仰的历史》，陆象淦译，社会科学文献出版社 2011 年版。

后　　记

　　对非殖民化问题的关注，始于我的博士论文选题——《美国在东南亚非殖民化过程中的政策研究（1940—1960）》。从非殖民化角度探讨美国对东南亚的外交政策变化，成为我最初选择以美国与东南亚关系史作为研究方向的一个切入点。非殖民化是 20 世纪一项宏大工程，其复杂的历史过程本身以及沿着这一视角去考察第三世界民族国家建构和发展的历史，可以拓展出诸多值得研究的课题。以东南亚史研究为例，非殖民化问题是一个重要和无法绕开的话题。对于大多数东南亚国家来说，其非殖民化过程与全球冷战、亚洲特定的地缘政治背景以及美国霸权在该地区的建立等因素混杂在了一起。美国在东南亚民族独立和国家建构过程中介入的程度之深，不仅使该地区的非殖民化个案呈现出更为显著的冷战特征，而且使该地区从传统向现代社会的转型和发展的过程烙上了鲜明的美国印记。

　　美国的东南亚政策或与该地区的外交关系，是学术界长期关注的一个热点。面对新的现实课题研究的需要，我们有必要将目光投向过往的历史深处，或者从更为宏观的历史层面，梳理和解读美国对东南亚的认知变化及其政策演化的脉络。从 19 世纪美国与热带东南亚的早期相遇，到 19 世纪末 20 世纪初美国占领菲律宾并实施殖民统治，以及二战后美国取代英国等欧洲传统势力开始主导东南亚地区秩序，冷战期间美国在东南亚实施的大规模干预，再到冷战后美国的"重返东南亚""亚太再平衡"战略以及近年来"印太"战略概念的提出，东南亚在美国亚太政策中的角色经历了不同时期的变幻起伏。从百年历史变局下的多维角度来审视美国与东南亚关系这一历史画卷，考察在每个重要的历史时段和节点美国关于东南亚的政策抉择及其对于中国的影响和意义，无疑是十分有趣和有益的研究课题。

由于各种原因，这本书稿一度被搁置起来，内容补充和修改也是断断续续。二战后第三世界的非殖民化抑或是民族国家建构，不仅仅是一个从原宗主国争取政治主权的过程，也是一个追求经济自主和发展的过程，同时面临着文化的非殖民化和重塑民族心智的迫切任务。因此，仅从政治或外交史的角度来研究美国对东南亚非殖民化政策问题，无论是研究视角还是研究领域，都会存在较大的局限性。2004年7月，我带着这一想法进入南开大学经济研究所从事博士后研究，在征得导师张东刚教授的同意后，我虽然转向了外国经济史的学习，但选择的是以二战后美国与东南亚的经济关系为研究课题。之后，在博士后研究报告的基础上，出版了《美国与东南亚经济关系研究（1945—1973）》（2011年）一书。

2011年，我申请的国家社科基金项目"美国20世纪非殖民化政策研究"获批立项资助，其中一个基本设想是从文化和意识形态的视角对这一选题进行补充和拓展研究，进一步探讨美国20世界非殖民化政策的历史基础和文化根源。因此，最初的计划和写作框架是，将书稿分为上、下篇两大部分，上篇主要是在宏观层面上阐述美国非殖民化政策的形成基础和文化根源、美国对自身殖民地或海外领地的治理模式，以及二战前美国决策层就开始规划和尝试瓦解欧洲殖民体系的动因、构想和政策演变，及其对二战后美国关于非殖民化问题的态度和政策所产生的延续影响等。下篇拟在原来稿件的基础上，重新进行修改和章节补充，尤其是增加美国与后殖民时期东南亚发展的关系等相关内容。但由于自身的怠惰和精力所限，这些计划并未能完全如愿。近些年来，我对战后国际发展框架下的美国—东南亚关系问题有了进一步的关注，并有意鼓励和培养我所指导的研究生在这方面的学习兴趣，他们中间先后有十多位都是围绕这一领域或思路来确定自己的硕士或博士论文选题的。与此同时，我申请的教育部社科规划项目"冷战期间美国在东南亚实施的乡村发展计划研究"（2018 年）以及国家社科基金项目"疟疾控制与冷战期间美国对东南亚的卫生外交研究"（2019 年）也先后获批立项，这基本上是沿着此前的思路进行的延伸研究。

此外，这本书稿的部分内容，前期已经以论文成果形式在国内的学术期刊上发表，在此就不一一罗列说明。

本书从选题、资料收集、写作修改到出版的过程，得到了很多的帮助和支持。首先要感谢我的几位授业恩师，我的博士后合作导师张东刚教授、博士导师王晓德教授、硕士导师戴可来教授（2015 年病逝）和于向东教授，他们在我每个阶段的求学生涯以及后来的工作生活中，一直给予我无微不至的关心和指导；洪国起教授（原南开大学党委书记）、李剑鸣教授、王立新教授、杨令侠教授、王玮教授、赵学功教授、王琛教授等诸位老师高屋建瓴，给予了我诸多学术指点和帮助！在本书的资料收集或写作过程中，刘国柱、赵克仁、施爱国、李胜凯、杨卫东、李巨轸等同门师兄弟，以及我硕士时期的师兄弟禄德安、张明亮、廖宏斌和我的大学同学赵银亮等，都对我提供了很大的帮助。

我要感谢福建师范大学社会历史学院的领导和朝夕相处的同事们，他们给予了我充分的信任和支持。从仓山校区古朴凝重的民主楼，到旗山校区星雨湖畔温馨的领先楼，午间小聚品茗，其乐融融，有他们的陪伴和共事，使我的工作和生活增添了莫大的乐趣！

在本书出版过程中，中国社会科学出版社责任编辑安芳等老师，付出了大量的心血，正是他们的专业、负责和热情，使得本书得以面世。在此一并致以深深的谢意！

我还要特别感谢父母和家人，多年来，正是他们无私的支持和付出，使我得以完成学业和安心工作。

最后，我还想表达的是，随着近十多年来国内外数据库资源的日益丰富以及获取国外档案文献的途径愈加便利，美国外交史研究领域的前沿问题和学术成果可谓日新月异，我深切感到个人在学术视野和文献收集等方面还存在很多不足，加之这期间书稿一拖再拖，本书肯定留下了不少缺憾，在此敬请学界前辈和同仁批评指正。

孙建党

2019 年 12 月于领先楼

金融正义论

Just Financial Markets?

金融市场与社会公平

〔德〕丽莎·赫佐格/主编　袁康/译

Lisa Herzog

上海人民出版社

序

任何市场制度发展都存在基本命题，金融市场亦不例外。作为一种社会制度共识性的认知，正义与法学联系紧密，但在金融法学视域中却鲜被深入探究。原因或在于，金融市场往往渗透货币逐利的铜臭色彩，充斥"尔虞我诈"的取巧操作，各种投融资乱象和复杂的产品交易链条，使金融市场被视为敛财的"丛林社会"，似乎缺乏正义的基本观感。而且，现有的理论研究多是"务实"的分析路径，呈现出技术化、碎片化的特点，甚有过度强调功能主义的倾向，法理价值适用和发展空间受到挤压。诚然，围绕金融工具和金融交易的"接地气"的问题研究迫切且紧需，但不能忽视，金融体系长远健康发展更需"仰望星空"的理论指引。在此背景下，提出金融正义论，便是一种对根本价值的纠偏回归，其为陷于金融技巧漩涡的市场主体提供了摆脱困境和回归正轨的抓手。当然，这种根基性探索过程注定与痛苦、困难、孤独相伴，但内含的意义不容小觑。一方面，正义论视角为金融市场有序扩张提供底线约束，金融绝非富人专属的游戏，而是与每个个体休戚相关，与社会公平正义紧密相连，我们需要而且应该借助金融发展形塑更好的社会；另一方面，正义论的结构化阐释有助于弥合金融法学研究裂痕，打通内部复杂的专业隔阂，其犹如流动的隐形之线，将各金融节点串联，为金融体系的理论研究和实践运行提供价值准则。

金融正义并非孤立的概念，其生命力深刻地嵌入既有金融理论以及传统金融安全、金融效率的价值互动之中。近几年金融公平理念的引入，便是金融正义的一大注解，这种三足鼎立的原则架构使金融法学价值论证更为周密。在一定程度上，金融公平本身便是金融正义的集中体现，但金融正义之解读不能偏囿于金融公平的单一面向，应有深层次的认知和多元的适用维度。作为穿透性的底层价值，正义始终涵摄金融发展的终极命题，若将金融发展比作一条赛道，安全、效率和公平价值讲求过程性的先后竞逐，正义则是终点性的存在。从这种抽象意义看，金融正义论提出意义重大，仅正义二字，便足以震慑人心。但不能否认，千百年来正义见解难有绝对答案，金融正义内涵更鲜有定解，这与金融市场复杂性、虚拟性不无关联。金融市场乃人为设计的产物，不同于实物商品的生产，虚拟经济涉及各种主体、产品、信息的要素流动，股票、债券、基金、期货、衍生品、结构性产品等令人眼花缭乱，无论监管者、实务界或专业学者，均难敢自称熟稔其中规律，因此，差异性的本质使其正义内涵提炼难度较大，可谓仁者见仁智者见智。

但内涵提炼之难不能成为正义缺失的借口，正义不是空洞的口号，其内容可被系统化解释。从基础的主体视角出发，正义可有三重维度的规范解读：首先，正义体现于监管者的能力提升，这是"大棒式"正义保障，监管是金融市场失灵的"稻草"，应强化监管对市场困境的适时干预；其次，正义体现于投资者的赋能，此为"胡萝卜式"正义促进，这种正义着眼于从主体能力视角减少信息不对称发生，增进市场的博弈公平；再者，正义体现于中介的规范运作，这是"放大镜"般的正义补强，金融市场发展离不开中介的连结，作为市场看门人，中介应减少利益冲突的发生，为市场运作提供客观、真实的信息参考。更重要的是，正义需要被执行，正义的理念和制度若缺乏可惩罚性，其无异于"纸老虎"，难以真正发挥功用。金融市场正义执行具有特殊性，不仅体现于个体的经济机会或利损变化，还彰显于金融秩序稳定的群体利益，尤其在当前金融市场复杂情势下，金融市场犹如一台复杂的运转机器，一旦失灵，将不仅波及自身，更影响整个社会运作。金融市场的行为不仅影响资源分配，还影响着社会中的机会分配和权力分配。从整体主义视角审视，金融市场正义修复成本巨大，仅靠私人契约或市场调整难以恢复和维持，须有防患于未然的系统化的制度安排。

本书是聚焦金融正义论的难得佳作，采用三编的结构布局，从规范基础、法律结构到机构实践，逐步递进阐释，其突出优点包括：其一，充分融合经济学、社会学、伦理学、哲学、法学等学科分析范式，凝聚英、美、加、德、澳、荷等多国学者的最新见解，为金融正义阐释提供了创新的多元思路。其二，十余名专家学者观点并非零散堆砌，而是遵循了金融正义和制度规范的主线循序渐进，从市场的解释、合法性基础的人权，到金融市场监管制度目标、金融制裁的罪罚，从中介信息机构，到市场核心投资者，从外部监管主体中央银行，到内部自治组织公司管理层，该书以结构性的编排实现了对正义论题近乎全景式的勾勒。其三，该书内容新旧结合，既有传统历史问题的审视，也有次贷危机后的风险关注，这为金融法学进一步的论证研究提供了鲜活素材。其四，更为可贵的是，该书没有循规蹈矩的意见铺陈，而是处处体现着思辨和新知，其重新解构了金融市场，挑战传统观念，这无疑将在金融学和金融法学的研究中激起一股重新理解金融制度的浪潮。其五，该书内容既有正义的宏观解释和理论提炼（如第一章），又有正义的细节论证和举例，剖析全面、严谨、扎实。而且，部分内容角度新颖，例如，从女权主义和民主视角下审视金融市场中的性别正义（第十二章）。

交流是知识和思想进步的重要方式，我国自有本土的特色存在，但现代金融法治的思想和制度，西方仍占相对优势，对其审视并借鉴是发展不可或缺的过程。该书原著再好，也需要被发现和推介。在当前翻译日渐碎片化、小众化潮流中，袁康的一大贡献，便是为大家挑选出了一部佳作，一部整体意义、功能主义和价值思维兼具的著作。当然，在发现之外，更重要的是精准翻译。翻译难度并不低于原著，翻译本身是一个学习的过程，要保证法学语境下信、雅、达的表述，且要挑战冲击既有的思维观念，在保持学术中立性色彩的基础上，将原版著作原汁原味，甚至还要以中文理解范式表述，着实不易。翻译过程不是简单复述，其中亦有创造性的合理加工，尤其需指出的是，袁康没有生硬翻译原文之标题，而是点睛式地优化为《金融正义论：金融市场与社会公平》，凸显金融正义论概念，使全书主线进一步明晰，此主题性提炼有助于领域法学之发展，从这点看，这种翻译也是值得鼓励和点赞的。随着中国双向对外开放的深度发展，翻译佳作的机会越来越多，年轻学者要进一步地发挥语言优势，引进翻译域外优秀著作，同时将本土特色的中国法律制度和特色理论创新，通过外译方式向境外传播，以此，加强学术对话，增强知识和思想在全球范围内的砥砺并进。

　　袁康自硕士起便在我指导下研究学习。作为年轻学者，袁康从入学起即关注并深挖金融公平的论题，并取得了一系列具有辨识度的成果，这种理论创新和学术胆识值得肯定；同时，袁康还具有跟进时代发展的敏锐度，近年来其深耕互联网金融、金融科技、数字经济和算法治理等前沿领域，也取得了不少令人欣慰的成果。这种兼具理论提炼和技术运用的分析范式，使其学术研究有一种活力和冷静并存的特点，既有向下接地气的研究能力，也有抬头仰望星空的学术情怀。

　　本书是袁康的译著"处女秀"，倾注了其不少心血。在本书付梓之际，作为译者的导师，我十分欣慰，也希望他能继续锐意前行，在日后能继续仰望星空和脚踏实地，以一种更加思辨的方式踏踏实实地为金融法学研究和金融法治发展贡献力量！

冯果

武汉大学法学院院长

教育部长江学者特聘教授

2021 年 5 月 24 日

第三编 机构和实践

第一章

超越市场：公平社会中的金融

丽莎·赫佐格

一、导　论

金融已然成为一个严肃的政治议题。德意志银行董事会发言人罗尔夫·布 1
洛伊尔（Rolf-E. Breuer）在 2000 年的一篇报刊文章中将金融市场称为与媒体
的"第四种权力"并存的，共同约束立法、司法和行政的三种传统国家权力的
"第五种权力"（Breuer 2000）。在 2002 年，世界上最成功的投资者之一沃伦·
巴菲特（Warren Buffet）将金融衍生品（derivatives）比作"大规模杀伤性武
器"，并在近年重申了该观点（Financial Review 2015）。大规模杀伤性武器即便
存在，也是不能掌握在少数私人手中的公器。有些银行家甚至将其工作置于更
高的地位，例如高盛前首席执行官劳埃德·布兰科菲恩（Lloyd Blankfein）曾
有个著名言论，即银行家"干着上帝的工作（doing God's work）"（Wall Street
Journal 2009）。

抛开修辞和自我夸大不论，金融确实已经成为资本主义社会最为重要的问
题。自 20 世纪 70 年代以来，金融服务行业规模在英国和美国以近乎两倍于
GDP 增速的速度在增长（Turner 2016，20ff.）。2008 年全球金融危机以惨痛的
教训揭示了金融市场并非与其他类型市场别无二致的纯粹市场。它对无数社会
个体有着巨大影响，就业、工资、养老金、抵押贷款、消费贷款等，都直接或
间接地取决于华尔街或伦敦城交易大厅里的状况。这种现象被称作"社会金融
化（financialization of society）"。此外，金融市场由高度抽象且难以捕捉的实
体构成，我们目之所及的是在电脑屏幕上显示的或红或绿的图标，或者是西装

2 革履在交易席位上相互报价下单的紧张男女。金融市场的抽象性（abstractness）或许使我们难以像对其他机构一样提出一个简单的问题——它们是否符合对一个公平社会构成的基本判断？——的原因之一。在全球金融危机之后，政治哲学家和其他理论家[1]开始对这些问题感兴趣，并且开启了新的论辩。[2]本书集合了从政治学、哲学、经济学和法学等角度的论辩成果，试图阐明与金融市场和公平正义有关的一些相互联系的主题。

  在过去几十载，尽管事实上从亚里士多德到孟德斯鸠、斯密、康德，再到马克思以及其他人都保持着将经济问题作为哲学问题来思考的传统，但政治哲学家却总体上[3]根据学术分工将与市场有关的问题都抛给了经济学家。与之大相径庭的是，晚近的讨论开始打开市场的"黑箱（black box）"（Dietsch 2010），探索关于市场结构的更多细节，包括其体现的价值、其所处的制度环境、其对机会和资源分配的影响等（Herzog 2013）。然而截至目前，关于市场的争论局限在对于一般市场的理解，主要关注市场的道德局限（Anderson 1992，Satz 2010，Sandel 2012）或者市场主体的义务等在商业伦理中也会被探讨的议题

3 （Heath 2014）。不同于对一般市场的分析，本书关注一种特殊市场类型——即金融市场。正如笔者后面将要讨论的，金融市场的一些具体特征，使得其成为正义或者正义障碍的关注者颇感兴趣的问题。

  有众多理由支撑不要将对金融市场的思考仅留给经济学家。经济学运用优雅的数学模型去解释和描述金融市场时，难免会局限于其对人类行为和市场结

---

  [1] 本书中这些概念可以交替使用。

  [2] 分析全球金融危机的文献参见 Lomansky（2011），Nielsen（2010），Graafland and Van de Ven（2011），Nowak and O'sullivan（2012），Roemer（2012），以及 Dobos，Barry，and Pogge（2011）。现在还有一些针对"金融公平（justice in finance）"的新兴讨论，例如 James（2012，249—284）以及 Wollner（2014）。讨论金融的规范性问题的专著则更多的是从伦理学而非政治哲学的角度，更关注道德机制而非制度结构，例如 Koslowski（2011），Hendry（2013），Boatright（2010，2014）。De Bruin（2015）分析了金融市场认识论和伦理学之间的联系，Emunds（2014）从全球正义（global justice）的视角提供了研究金融市场的重要思路。小微金融（microfinance）作为金融服务行业的特定分支提出了自身的公平性问题：通过提供贷款来帮助穷人同时也会存在滥用和剥削的争议。在哲学视角的讨论参见 Sorrel and Cabrera（2015）。

  [3] 有一些例外情况涉及市场的具体方面，例如运气，自利动机、激励的角色，这些常在运气均等主义和罗尔斯的正义理论的论辩中被提及。然而，这些辩论更关注市场的抽象功能而非具体的市场机构。

果过于理想化的假设（Krugman 2009a，Shiller 2012，chap.19）。尽管期待经济学家精准预测金融危机这类事件发生的精确时点及其演化会有不公之嫌，但危机的发生确实让这个学科措手不及。简化模型并非纯粹经济视角的唯一问题，④还有是把帕累托效率（即认为效率是在不损害其他人的情况下已不可能让任何人受益更多）作为唯一的规范性标准的过度迷恋。诚然对于有些市场而言这是一种有效的策略，即按照帕累托最优的原则将蛋糕做大并在不同机构间进行再次分配。然而按照帕累托效率的视角来分析当前的金融市场，并不能有效地解释金融市场近些年来在我们的社会中日渐增长的支配地位。尽管本书中的一些章节也从效率的角度进行论述，但更多的还是从金融市场的制度结构、规范价值等角度进行分析。

本章首先对某些金融市场机理及其传统意义上的合理性进行全局性概览，⑤之后将提出并分析一些初步证据，论证金融市场不应只考虑效率而且应该考虑公平。接着本章将对金融市场与其他在经济学教材上流行的市场类型诸如苹果市场或橘子市场的区别进行深层探讨。⑥以上思考将形成推进变革的重要理由。本章还会对全书各章的内容进行介绍，这些内容不仅讨论能够作为评估金融市场指南的正义原则，而且包括正义视角下的相关具体方面，这些精彩的观点将为我们思考金融市场如何变革提供给养，以使金融市场更符合我们对创造社会公平的理性判断和期待。

二、解构金融市场

在金融危机之前，主流的观点认为金融市场是一般市场的组成部分。因此，　4
对于自由市场的描述和判断被假定也适用于金融市场。市场通常指供不同主体以货币为交易媒介交换商品或服务的场所，市场价格反映并调节供需关系：如

---

④　另一个笔者未提及的问题是有些经济学家如何被金融机构或其他利益集团所俘获。纪录片《监守自盗》（Inside Job）对这个问题有清醒的认识和分析，本书第十三章也会论及。

⑤　对金融市场基本原理比较熟悉的读者可以跳过此部分。

⑥　参见 Bowles（1991）。有个很有趣的现象是经济学教材通常以水果市场为例，而这些市场与更为复杂的市场，例如金融市场、劳动力市场等通常差异巨大。

果供给大于需求则价格下降，并提示供给者降低产量（或驱使一些供给者离开市场）；如果供给低于需求则价格上涨，并提示供给者增加产量（或吸引新的供给者进入）。需求侧的主体同样能对价格变动作出应对，例如增加或削减消费或更换其他产品或服务。无需宏观调控者协调市场主体的行为，价格机制会自发完成此过程。需要说明的是，这并不意味着国家没有起作用的空间，国家必须首先建立产权保护的框架，并且提供能够有效保护产权和执行合同的法治体系。同时，国家还需要对市场运行的有关方面采取监管措施，防止市场参与者给其他主体带来的外部性效应（external effect），例如环境污染等。但是在这一框架下，市场主体能够根据自身偏好自主决策，以其认为合适的价格买入或卖出，正如教科书上说的那样。

自由市场是竞争性（competitive）的，市场主体为了获取成功必须与他人竞争：供给侧的主体需要争取客户，需求侧的主体需要争取商品和服务。根据市场结构的差异，供给侧或需求侧之一方的主体面临的竞争会更加激烈，从而给另一方主体带来优势：如果供给侧的竞争更加激烈，顾客就能获得更加物美价廉的商品和服务；如果需求侧竞争更加激烈，供给者就能以更高的价格或更低的品质出售商品和服务。在许多教科书中的"完全竞争市场（perfectly competitive market）"，供给侧和需求侧都有大量市场主体，这意味着互惠互利的交易机会都能被利用，从而实现所谓的"帕累托最优"。更通俗地讲，交易获利的机会不会被浪费。这要求现实中市场需要尽可能接近教科书中的理想状态，例如所有市场主体需要对其交易的产品充分知情，它们需要完全理性，并且能够在任意时间买入或卖出。然而事实上这种假设通常并不成立，这种现实也造成了效率低下，即通常所称的"市场失灵（market failure）"。

金融市场可以被理解为交易金融商品的市场。有时这些金融交易发生在有形的交易场所，例如纽约证券交易所（New York Stock Exchange），随着网络技术的发展，越来越多的交易开始以电子化的方式在正规交易平台或其他交易网络中进行。这些交易既包括了企业对企业（B2B），即发生在金融机构之间的交易，也包括了企业对个人（B2C），即私人客户或机构客户与经纪商进行的买卖交易。金融市场交易的产品包括了各种形式的权益（equity）和债务契约（debt contract）。权益是指投资者享有所有权以及由此而形成的控制权，例如在股东大会上的投票权，这通常也带来风险的完全转移，所有者需要承受损益风险。资本是典型的权益，例如通常所理解的上市公司盈利后向股东支付分红即是如此。而债务契约的持有者则不能取得控制权或分红权，而是收取固定收益。当然这种分类比较粗略，还有不少富于变化的中间形态。[7]权益和债务契约在市场上被频繁交易，与投资者利益有关的不仅是其收益和风险，而且还包括了这些资产的价格水平以及对未来价格波动的预期。

除了公司股票和政府债券，金融市场上还有着大量其他产品。总体来看，它们都可以被理解为描述着未来不同情况下收益安排的合同权利集合。其区别在于它们的风险性（持有者未来取得收益或遭受损失的概率）、营利性（未来不同场景下持有者可以获得多少利润）以及流动性（持有者短期交易变现的难易程度）。在金融市场上交易的其他产品还包括保险合约和外汇等。

然而，仅仅从已知交易产品或工具的类型来理解现代金融市场是不现实的。金融市场与实体经济中的现象有着紧密关联。公司发行股份以募集资本，政府发行债券以获取公共投资资金，个人或企业为自己投保以对冲未来的灾害或风险，公司购买外汇以便于与外国客户进行贸易。除了这些基本的产品之外，金融市场还有大量基于基础工具设计而成的金融衍生品。这些金融衍生品并非新生事物，尤其是在金融大发展时期，金融衍生品像雨后春笋般层出不穷。在近几十年里，金融衍生品的数量和复杂性远超以往。计算机和信息技术网络为金融衍生品的设计和交易提供了更多的可能性，这是过去纸面交易时代难以想象的。

衍生品既可以很简单又可以很复杂，它们总是以各种形式与其他产品的价格波动相关联。相对简单的衍生品类型如期权（options），即授予持有者在未来某个时点以约定价格买卖某种金融产品或商品的权利。例如麦农可能想要买一个期权从而以固定的价格出售全年的收成，如果小麦需求在交货时高于预期导致价格上涨高于行权价格，麦农可以不用行使期权，但是如果小麦需求不足导致价格低于行权价格，麦农则可以通过行使期权以避免贱卖。通过这种方式，期权提供了一种对冲价格波动风险的保险。与其类似的，远期（forwards）和

6

---

⑦　例如可转换债券、夹层融资等。——译者注

期货（futures）是关于在未来以约定价格买卖金融产品或商品的义务（而非权利）的合同。掉期（swaps）是两个市场主体交换未来不同的指定金融产品现金流的合同。除了这些相对简单的衍生品之外，还有一些衍生品的组合或衍生品的衍生品（derivatives-of-derivatives）使得金融衍生品具有了无穷的复杂性。通常而言，这些衍生品都是交易双方通过协议定制并在场外进行交易，即在如纽约证券交易所或芝加哥商品交易所等受规制交易场所之外进行的一对一交易。

衍生品可以被投资者用于对冲其在经济活动中所面临的风险。例如一家大量使用外汇进行交易的公司可能需要通过套期保值对冲汇率波动风险。但与此同时，这些衍生品也可以被用于投机目的。衍生品因为交易频繁，其自身价格也会有大幅波动。如果有交易者预期某种衍生品价格上涨，其可能会大量购买该衍生品以期在未来以更高的价格卖出，或者购买基于该衍生品价格变动的衍生品品种，例如一份期权合同授予交易者在未来以当前价格购买该衍生品的权利。[8]如果后来价格上涨，交易者即可获利。目前已有成熟的数学模型来计算期权和其他衍生品的预期利润和当前价格。[9]在全球金融危机前一些年里，这些模型看似在描述基本现实上表现良好。事实上，这些模型带来的可以控制复杂衍生品交易中所有风险的印象导致了衍生品交易的激增。据统计，2008 年金融衍生品合同交易总额达到了 400 万亿美元之巨（Turner 2016，1）。

读者可能会问，这些衍生品合同的意义是什么？它们是否对经济发挥了有益功能？为何衍生品市场没有被密切关注和有效监管以确保其不会造成额外的风险？要理解为何在一些评论家包括经济学者和监管官员口中这些金融衍生品看似无害甚至有益，我们有必要理解前金融危机时代的思想体系。一般意义上的自由市场被认为是有益的：供给与需求的自由匹配驱动的价格发现（price discovery）过程支撑了稀缺商品的有效配置。金融市场在这个层面上被认为与其他市场并无二致。然而事实上，在许多宏观经济模型中，金融甚至并没有被囊括其中，它被视为并不会改变实体经济基础结构的一层"面纱"，不论其规模

---

⑧　一种相关的交易实践，即做空（short-selling），可以描述为交易者预期价格会下跌，卖出其当前并不持有（但可以借入）的金融产品，嗣后再买入的交易方式。

⑨　例如"布莱克-肖尔斯（Black-Scholes）"或"布莱克-肖尔斯-莫顿（Black-Scholes-Merton）"期权定价模型（Black and Scholes 1973）。

多大抑或哪些金融产品在市场上交易。中央银行的监管政策主要关注通货膨胀，同样并未对金融市场活动予以足够关注。金融市场从内部产生不稳定的可能性始终未在中央银行的视野之内（Turner 2016，38）。

但是这种狭隘的视野并不纯粹是教条主义，而是基于长期以来从微观经济角度考量的思维定式。按照这种思维，金融市场基本上只是由未来不同场景下的现金流构成，市场参与者基于不同的流动性需求和风险偏好，在与其他参与者的交易中获取收益。他们能买到的金融产品越精细化，他们就越能根据自身需求和偏好调整其投资策略并选择合适的资产配置组合。由此，有意愿且有能力承担风险的主体选择承受风险，稀缺的资本因此得到优化配置。与此相关的是，更加有效的金融市场能够对掌握资产的人，例如公司管理层，形成一种控制机制。股价可以对管理层的表现作出实时反馈，认为公司存量资本可以得到更有效使用的投资者发起的敌意并购，可以成为要求管理层不要浪费资源的约束机制（Emunds 2014，70ff.）。

这些理论背后是有效市场假说（efficient market hypothesis），该假说认为，在有效市场中，资产价格反映了关于一项给定资产所有可获得的信息（Fama 1970）。这一假说是基于所有市场参与者都能够理性而为的假定，即便不然，非理性行为也是以随机方式发生的，理性套利者有动机通过对非理性行为进行押注来纠正非理性行为。⑩从这个角度来看，不可能出现市场整体偏离其基础的情况。一旦出现偏离趋势，这将立即为理性的投资者创造获利机会，这些投资者将使市场价格恢复正常，因此不会出现价格泡沫。有效市场假说是否具有合理性在经济学家之间引起了激烈的争论。尤金·法玛（Eugene Fama）是其最杰出的捍卫者之一，即使在全球金融危机之后，仍然继续反对泡沫的可能性，或者至少反对该概念的有用性（Cassidy 2010）。在最杰出的批评家中，有行为经济学家，例如罗伯特·席勒（Robert Shiller），他不仅从经验上考虑了人性的一

8

---

⑩ 值得注意的是，理性人假设已不再是标准化的假设。许多经济学家在面对针对"经济人"的批评时，会承认有血有肉的人的行为经常会有所不同。但是在金融市场，这种假设不仅是作为监管（或者更确切的是不予监管）的基础，而且还被市场参与者用来描述其他市场参与者的行为并相应地调整自身行为，以获得最大的利润。关于讨论经济模型（尤其是期权定价模型）是如何塑造其应当描述的现实，或者说其真实表现，参见 An Engine, Not a Camera：How Financial models Shape Markets 一文（MacKenzie 2016）。

面，而且还是最早警告美国房地产市场可能过热的人之一（Shiller 2007）。

有效市场假说的另一个问题是，如果成立，它反而破坏了获取信息的动机，因为市场参与者必须假设所有可用信息已经反映在价格中（Grossman and Stiglitz 1980）。罗曼斯基（Lomansky 2011，150ff.）很好地描述了这个悖论：

> 理性的市场参与者会选择搭他人认知的便车。对市场整体效率的信心越大，搭便车的动机就越大。在极端情况下，所有人都在搭便车，而实际上没有人在监视基础资产的状况。但是在此阶段⑪到来之前，会出现严重的信息失真……市场是有效的这一主张倾向于自我反驳。相信它的人越多，它便越不准确。市场参与者对它的正确性持怀疑态度越多，他们将投入更多的精力来监视其潜在投资，其总体效果是效率的提高。这就创造了条件让有效市场的信徒取得比怀疑者更好的市场表现。由此又陷入另一个循环。

然而，有效市场是经济学的主流话语，许多学者和实践者都认为将其作为行为依据是足够合理的。一些专注于金融市场的经济学家当然理解得更为深刻，其中包括有关市场失灵、稳定性或金融市场与实体经济之间关系的问题，但尤其是在本科经济学课程中，这些细微的问题没有得到足够的重视。在看起来相当稳定的宏观经济环境中，有效市场似乎准确地把握了经济现实。但是，如果把它包含的各种理想化和概括性假设放到一起，就会发现其对金融市场是什么以及人们应该如何看待它们在社会中的作用一无所知。英国金融服务管理局（FSA）前负责人阿代尔·特纳（Adair Turner）很好地总结了市场参与者、监管机构和政客根据这些假设得出的结论：

> 一种强烈肯定的观点在金融学者中占据主流，且至少为监管者所默认。它反映了这样一种假设，即自由竞争注定会导致有用的活动而不是有害的活动，并且通过使更多的市场完整和有效而增加的金融活动可以改善整个经济中的资本配置。

---

⑪ 即资产价格反映所有可获得的信息。——译者注

国际货币基金组织（IMF）等重要机构也赞成这种观点。它们认为更有效率的金融市场能够促进经济增长，进而惠及整个社会。⑫几乎所有人都坚信，风险管理的"创新"的确让整个市场更加安全和稳定。而那些批评这种普遍共识的人被看作是古怪的卡桑德拉（Cassandras）。⑬

然而随后，全球金融危机发生了。危机的发生源于一种特殊的金融产品——信贷资产证券化。资产证券化（securitization）是由美国两家政府出资的住房抵押贷款机构房地美（Freddie Mac）和房利美（Fannie Mac）率先使用的金融操作，其基本原理是将一定数量的住房抵押贷款打包成一个资产组合，然后根据不同的风险收益结构将其分为不同的份额（tranches）。顶层份额能够在贷款违约发生后优先受偿，因此被认为是非常安全的——它们能得到评级机构与美国国债相同的 AAA 评级。投资者信任这些评级，因为评级机构在过去评估债券和股票中的良好表现为其积累了良好的声誉（Akerlof and Shiller 2015，chap.2；de Bruin 2015，chap.7）。其他的风险也被认为可以通过分散化来对冲，因为市场作为一个整体不会出错。这些信贷资产支持证券和衍生品似乎实现了高收益和低风险之间鱼与熊掌的兼得，于是得以在市场上各机构间大量交易。

只要人们普遍乐观（更不用说狂热），并且每个人都相信主流的论调，这些金融产品的交易就会飙升。但是，一旦市场参与者开始意识到他们已经卷入了巨大的投机泡沫中，而且一旦清楚美国政府不会救助所有濒临倒闭的机构（如2008 年 9 月雷曼兄弟倒台所证明的），乐观情绪在一夜之间消失殆尽。⑭信用违约掉期（CDS）在这场危机中的角色尤其重要，它放大了违约率小幅上涨所造成的损失，大量交易者可以按很低的价格对每次违约进行保险，加上信用违约

---

⑫　实证研究似乎确认了"金融深化（financial deepening）"与 GDP 增长的关系（例如 Levine 2005，引自 Turner 2016，32），尽管这种"深化"所借助的金融产品类型不尽一致，但这种关系在过去、现在以及未来都普遍存在。

⑬　在希腊神话中，卡桑德拉（Cassandra）曾是特洛亚公主、阿波罗的恋人，有预言的能力，后来由于拒绝阿波罗的爱，便遭其诅咒，令所有人都不相信她的预言。特洛亚战败后来她成了希腊军统帅阿伽门农的俘虏，她预言阿伽门农和自己的死亡，结果一一应验。因此，卡桑德拉通常被理解为凶事预言家，或者不为人所信的预言家。——译者注

⑭　整个事件的过程参见 Shiller（2012，chap.5）。

掉期非常复杂且缺乏透明度，以至于没人能够了解到底是谁在承担哪些风险（Reiff 2013，240ff.）。

金融危机表明投资者用于投资决策、银行和监管者用于风险评估的模型存在根本性缺陷。它们认为未来的事件可以用量化的风险来描述，却无视了可能无法量化的不确定性（Knight 2006［1921］，III. VII.3）。通过金融工具对可量化风险进行"管理"营造了一种臆想中的安全感。许多模型还包含一个假设，即不同事件（例如，不同市场细分中资产价格的上涨）将彼此独立。这是通过分散管理风险的策略的关键假设：如果风险共同发生，那么将投资分散在大量资产上就没有帮助。申言之，非正常事件（与总体趋势存在较大偏差）的可能性被低估了，因为投资者经常使用正常近似值，而不是使用允许更大"尾部风险（tail risks）"[15]的函数。此外，过去基于许多计算的数据并没有回溯很长时间，许多资产价格在此时间范围内相对稳定，这也导致了对波动率的低估。易言之，用于降低风险的技术无法准确地把握那些最需要风险管理的情况，即整个市场的下滑。从概念上排除了这种可能性，给人一种人们最终已经掌握了风险管理的技巧的错觉。[16]

事后看来，似乎很难否认，在大金融危机爆发之前，金融市场上发生的许多事情都没有产生生产力。毕竟，这样的金融产品交易不能增加经济实力。在最佳情况下，它有助于有效地分配资本和风险，进而可以使经济受益。但是，这并不意味着如果盲目地扩大交易就可以继续创造这些收益。至少人们不得不问，在金融市场中，对于这些扩大的活动人们是否还需要付出一定的代价？例如是否会导致金融体系越来越动荡。而且，正如一些评论家所指出的（例如，Mullainathan 2015，Turner 2016，27），从社会的角度来看，还有另外一个代价需要考虑：资源的机会成本，尤其是受过良好教育和积极进取的年轻人从事金融工作，而不是从事癌症研究、工程、技术、教学或公共服务工作。当然，脱

---

⑮ 尾部风险是指不太可能发生，但一旦发生则代价相当高的风险。——译者注

⑯ 对于"科学"专业知识的信任似乎也发挥了作用，从某对冲基金前雇员的一句话中可以看出端倪："许多博士在外面所做的工作都只是装饰橱窗，金融领域尤其如此。基本上公司只是开门迎客，然后指着满是拼命工作的博士的后屋对客户说，你大可以对我们的产品放心，我们有这么多的博士！"（Econtalk 2013）

离事实场景的考虑总是在某种程度上是推测性的，并且很难量化这些成本，但这并不意味着它们不存在。

三、金融市场与正义：初步的证据

那么，为什么要从正义的角度对金融市场进行考量呢？正义的相关概念是什么？本书的各章均认同自由平等主义观点，该观点基于所有人生而平等的道德价值假设。这意味着所有社会成员均享有某些基本权利，以及某些形式的歧视必须被消除，例如按照性别或种族进行划分。然而，基于这些共同的假设，关于公平社会的其他特征，特别是关于与正义相适应的不平等程度，不同的正义论者得出了不同的结论。但值得注意的是，从文献中讨论的几乎所有的正义理论的角度来看，西方社会[⑰]当前普遍存在的不平等程度问题突出（Piketty 2014）。

不管如何定义"公平"，近年来的各种事件已经提供了充分的初步证据证明金融市场所作所为的不公平。麦道夫（Madoff）的庞氏骗局和 LIBOR 操纵案都是典型例证。从一方面来讲，也许有人会说这些案件容易被掌握是因为触犯了现行法律。另一方面，他们提出的问题对于在像当今金融市场这样复杂的系统中执法的可能性微不足道，因此在金融市场中发现欺诈行为的可能性比生活中的其他领域要低。关于金融市场的第二个事实应该引起对正义感兴趣的人的注意，即在其中赚取的利润的巨大规模，其中包括单个交易者或经理人的奖金规模。标准经济学理论预测，当在市场上获得高利润时，这会吸引竞争者，而利润又会被压低。但这并没有发生，所有在金融危机之前发了大财的人似乎也没有遭受随之而来的损失。此外，"胜利者"群体并未跨越社会阶层，最简单的一点，他们主要是白人和男性。尽管要全面分析金融市场自由化和随后发生的金融危机对分配正义（distributive justice）的影响，必须考虑到许多复杂因素，包括总体经济发展，利率和资产价格的不同影响，

12

---

⑰ 这里聚焦西方社会主要是因为其金融市场发展比较早且成熟，并不意味着金融市场的公平问题仅限于西方社会。

对失业和通货膨胀的影响等，且尽管与反事实情景（counterfactual scenarios）进行比较的主张面临方法上的困难，但可以公平地说，这些影响值得仔细审查。

毕竟，金融危机不是自然灾害。特纳坦率地说："这场灾难完全是自找的，而且是可以避免的。"（Turner 2016，2）他认为，最大的损失是危机爆发以来的几年中经济增长放缓。这种观点可能基于这样的假设，即更高的增长本可能使社会上所有人受益。不平等与金融扩张之间的关系是一个复杂的关系，因为不平等可以说是推动了一些金融过剩并阻碍了经济复苏（Turner 2016，chap.7）。从正义的角度来看，特别有趣的是金融市场对更广义的社会及其分配结果的结构性影响。毕竟，金融市场并不是孤立存在的。如果它们像那些经常被类比的东西一样——例如赌场——那么它们的危害可能会小得多：它们将被限制，人们在进入时也了解自己在做什么，他们会用自己的钱玩并且最坏的情况是破产，这也许会给他人带来不公平的代价，但这种问题仍然相当有限。但是如今，我们所处的金融市场中发生的事情不仅影响资源分配，而且影响社会中的机会分配和权力分配。社会上几乎每个人都依赖使用金融服务。甚至最基础的金融产品和服务也与金融系统的其余部分相关联。金融市场已经与我们的社会紧密交织。因此，似乎值得一问：以当前方式运行的金融市场是让我们的社会变得更公平还是更不公平？[18]

还有一点值得强调。学术界已达成广泛的共识，即金融危机的发生不仅仅是由于个人或公司的不当行为，而且与结构性特征密不可分，例如在收益可以被私人获取而损失可以被社会分担的结构下会增加过度冒险的动机。忽略这一点，人们可能会认为，金融市场中的规范性问题只会涉及关于个人道德或金融公司道德等在商业伦理学科中解决的问题。本书中的观点绝不否认个人行为的重要性，而是将重点主要放在制度及其对行为的协调和规制上。关于制度的规范观点是其属于政治哲学（更具体地说是正义理论）而非道德的范畴。近年来，有人呼吁将政治哲学和商业伦理紧密结合在一起（例如 Heath，Moriarty，and

---

[18]　这个问题还可以从一个国际性的视角来看。发展中国家资本流入与流出的大幅波动使得其经济发展高度不稳定，这将不利于支撑能够实现减贫效果的可持续的经济增长。具体讨论参见 Emunds（2014）。

Wayne 2010）。尽管金融市场上已有一些关于商业伦理的研究，但本书将另一面即正义视角摆在了桌面上。

在提出一些金融市场改革建议并对本书的各章进行概述之前，我们应该仔细审查"金融市场"概念所基于的前提之一，即我们称之为"市场"的这一金融系统的上位概念。

四、金融市场是市场吗？

可以肯定，这个问题是一个有争议的问题。但是，鉴于许多人认为金融市场不同于卫生保健、教育或代孕市场，是运作良好且竞争充分的市场中的样板，因此这个问题值得一提。金融市场有其自身的特点，主要包括三个层面，即特定的产品、特定的参与者和特定的均衡（或者失衡，例如泡沫）。

如前所述，在金融市场上交易的许多产品都是高度人为的法律建构，其中许多产品与实体经济相距甚远。[19]因此，它们显然不能直接满足消费者的喜好。正如特纳所说："没人早上起床，说'我今天喜欢享受一些金融服务'。"在某些市场中，此类产品的交易速度远远超出了我们对实物产品市场的想象。在教科书中，通常假定参与者打算在一定时间内持有产品的产权，即便他们出于投机目的而购买，他们也必须稍等片刻，直到价格朝某个方向移动为止。而在有些金融市场中，参与者从微妙的价格变动中获取利润，例如在计算机程序化交易中往往以毫秒为单位。目前程序化或"算法（algorithmic）"交易正在许多金融市场上发生，尽管人们对其尚未完全理解，例如目前尚不清楚这些市场中发生的众多"亚秒级极端事件（subsecond extreme events）"与整个金融系统的稳定性究竟有何关系（Johnson et al. 2013）。

金融市场上交易的产品的第一个特征（尽管与这些产品的一般特征相比不那么具体）是在金融市场上交易的绝对数量。随着资金在较小范围的交易

14

---

[19] 货币的本质、货币的创设及其在社会中的角色与这个问题也是息息相关。但由于本书主要关注金融市场，故这里不再赘言。更多的讨论可以参见 Douglas（2006）或 Amato and Fantacci（2012）。

者和金融机构之间转移，发财致富的诱惑远大于其他许多市场，尤其是在上行的市场中。正如金德尔伯格（Kindleberger）和阿列伯（Aliber）直白地指出："腐败的供给以周期性的方式增加，就像信贷的供给一样"（2005，143）。腐败可能意味着市场参与者使用非法的欺诈手段来赚钱，但也可能意味着他们会加大努力来利用他人的脆弱性，例如他们的无知、恐惧或时间不一致的偏好。正如阿克洛夫（Akerlof）和席勒在其最新著作《钓愚：操纵与欺骗的经济学》（Phishing for Phools）中指出的那样，利用此类脆弱性（vulnerabilities）的倾向并非罕见的"外部性"，而是"竞争性市场的固有运作方式"（2015，166）。它当然不是金融市场所独有，但它们所涉及的巨大风险以及所交易产品的抽象性和复杂性可能使它们成为对"钓愚者（phishers）"特别有吸引力的池塘。

15　　金融市场的另一个特殊之处在于参与其中的主体。标准市场模型假定经济主体承担其决策的向上和向下风险，这就是激励他们根据自己对风险和利润的偏好，在不同的选项之间进行谨慎选择的动机。在金融市场，责任以不同的形式受到限制，但价格却没有受到影响。就拿其中一个方面来说，金融市场的参与者一般都是公司，这就意味着它们的股东能够享受有限责任，即只以其出资额为限而非以其私人资本承担责任（Ciepley 2013）。而金融市场的有限责任更为登峰造极。为了防止"银行挤兑"，银行存款通常都受到政府主导的存款保险体系保护。中央银行以"最后贷款人（lender of last resort）"的身份为出现流动性危机的银行提供支持（Minsky 1986，chap.3；Kindleberger and Aliber 2005，chap.11）。正如金融危机中所暴露的一样，金融市场受到了"太大而不能倒（too big to fail）"和"太复杂而不能倒（too complex to fail）"的影响：如果金融机构对于整个金融系统太过重要，它们的失败将会导致整个金融系统的风险，那么各国政府就会采取措施防止这种失败。这就意味着金融机构将会得到政府的隐性担保，从而造成一种"道德风险（moral hazard）"：如果有种更加冒险的策略能够带来更高收益，但风险是由纳税人去承担，金融机构何乐而不为呢？

　　人们对于金融市场中减轻责任的另一种方式关注不够，即金融机构内部控制的问题。在大型复杂机构（例如大型银行）中，存在掩盖不法行为或稀释责任的多种可能性。在银行中，许多任务是高度专业化的，并且需要很少有人具备的技术技能，这意味着其他人很难监控行为人的行为。而似乎许多银行的合规文化运作并不理想。对此的证据是，许多雇员的不当行为只有在造成巨大损失后才被发现，例如法兴银行（Société Générale）的杰罗姆·凯维埃尔（Jérôme Kerviel）的未授权交易。[20]发现错误或可疑行为的可能性小，再加上与短期利润相关的高额奖金，导致了雇员受到鲁莽行事（behave recklessly）的诱惑可能要比在更透明、受到更好控制的环境中更大，更不用说他们不是用自己的钱在交易了。

金融市场与其他类型市场不同的第三个方面是，它们是否能够自我稳定 16（self-stabilize），或者说它们是否还会产生破坏稳定的动力（泡沫）而不是市场均衡。如前所述，全球金融危机以前的主流观点认为，偏离市场均衡的走势会吸引理性的套利者，使市场回到均衡状态。但并非所有经济学家都以这种方式看待金融市场。约翰·梅纳德·凯恩斯（John Maynard Keynes）已经使用了"动物精神（animal spirits）"一词，乔治·阿克洛夫（George A. Akerlof）和罗伯特·席勒在 2009 年的一本书以此为标题，它描述的是"一种本能地采取行动的冲动，它不是基于对收益和概率进行量化计算的理性衡量结果"（1936，161—162）。如果市场参与者遵循他们的"动物精神"，则市场可能不会均衡，而是造成非理性的上行或下行。这些可能导致大规模的金融危机，就像我们在 2008 年所看到的那样。

根据海曼·明斯基（Hyman P. Minsky）的早期的成果（1986），金德尔伯格和阿列伯给出了关于金融危机的较好的描述。他们对历史的研究显示，金融危机可以由不同类型的资产引发，从郁金香球茎（1630 年代著名的"郁金香热"，参见 Dash 2001）到公司股票和房地产［参见 Kindleberger and Aliber's Appendix（2005，256ff.）对史上泡沫的概述］。席勒将泡沫定义为"价格上涨的消息激发了投资者的热情，这种热情因人与人之间的心理传染而传播，在此过程中，渲染可能证明价格上涨合理性的故事，并吸引了越来越多的投资者，

---

⑳ 凯维埃尔是法兴银行的衍生品交易员，其实施的交易给法兴银行造成了约 49 亿欧元的损失。在整个事件中，法兴银行声称他实施的交易未得到授权，但凯维埃尔称他的交易是上级知情的，且是整个公司的惯常做法。凯维埃尔被称为"魔鬼交易员"。——译者注

这些投资者尽管对一项投资的真正价值存有疑问，但部分由于对他人成功的羡慕，部分出于赌徒的兴奋而被吸引"（2000，2）。这个定义强调了这种现象的心理因素，这在金德尔伯格和阿列伯的分析中也存在。

在上行（upswing）的过程中——金德尔伯格和阿列伯也称其为"狂热（mania）"——交易的增长不是出于长期投资或对冲实体经济风险的意愿，而是出于希望从短期价格变动中获利的动机。由于有赚容易钱的机会，许多投资者通常通过信贷资金加杠杆购买资产，然后在所有人都意识到资产被严重高估之前将其出售给愿意接手该资产的"更大的傻瓜"（Kindleberger and Aliber 2005，12）。一旦市场上行来临，乐观情绪就会扩散开来，投资者几乎无法抵抗它。甚至是经验丰富的投资者也可能会决定跟风，尤其是如果他们的雇主或客户将他们与趋势进行比较（另见 Turner 2016，40ff.）。这可以为上行提供更多动力。正如花旗集团首席执行官查尔斯·普林斯（Charles Prince）所说："只要音乐在演奏，您就必须起身跳舞。"（Lomansky 2011，151）然而问题是：如果音乐停止了该怎么办？

正如金德尔伯格和阿列伯所指出的那样，在这种狂热中，"资产价格在停止上涨后将立即下跌，没有平稳，没有'中间地带（middle ground）'可言"（2005，10）。一旦价格开始下跌，每个人都意识到他们必须尽快摆脱困境，而在价格上行中推动价格上涨的机制现在则同样地将价格推低。因为当市场中卖方过多时，价格下降，这意味着其他资产所有者也希望在价格进一步下跌之前将其出售。当许多投资者用信贷资金购买资产时尤其如此。当他们有固定的债务需要偿还时，资产价值的下降将很快地使他们不堪重负。其中一些将被迫进行"火线出售（fire sales）"，另一些将破产，这会进一步压低资产价格。在恐慌和幻灭的普遍气氛中，贷方几乎没有动力发放更多的贷款。明斯基尤其强调信贷在金融市场周期性不稳定中的作用。相反，主流经济学几乎没有关注信贷的作用及其扩张。

一些评论家认为，在银行监管方面的技术细节似乎进一步加强了顺周期性（pro-cyclicality）。对于银行发放的每笔贷款，都要求银行在资产负债表中持有一定数量的资本。但是，这些资本的价值是根据这些资产在市场上的当前价值而不是历史成本来计算的。这意味着在市场上行中，银行资产负债表中资产的价值上升，这意味着它们有更多的可用资本来满足新贷款的监管要求。因此，它们可以为更多的投资者提供信贷，而这些投资者将用贷款来购买更多的资产，从而进一步推高价格。而在危机中，即使银行无意出售资产，资产价格下跌也将直接反映在资产负债表中。因此，"风险价值（value at risk）"模型的使用起到了价格变动的顺周期放大作用（参见例如 Turner 2016，102ff.）。莱因哈特和罗格夫（Reinhart and Rogoff 2009）记录，自 1980 年代以来数十年来助长金融危机加剧的其他因素是信贷证券化和结构化金融产品的使用，而资本在全球化经济中的自由流动意味着一个国家或地区的危机可能导致国际传染（Kindleberger and Aliber 2005，chaps 7 and 8）。

综上所述，金融市场具有非常特定的特征。也正是这些特征令此值得一问：我们是否应该将它们描述为"市场"？但是，为什么这很重要呢？读者可能会问：这不仅仅是一个语言上的问题吗？其他市场与教科书模型中所称的理想化、完全竞争市场难道没有很大不同吗？诚哉斯言。但是，如果我们将金融产品交易的领域称为"市场"，那么我们的注意力将被转移到某些特征上，而其他特征就会被我们忽视。我们对这些领域公平监管的看法也可能会受到影响。关于如何规范市场公正性的广泛看法大致如下：市场应该具有公平的规则，可以创造一个公平的竞争环境（level playing field），并且它们还需要受到监管，以防止由于信息获取不平等，外部性或对完全竞争市场的其他偏离而引起的市场失灵。除了对正义的最低的、程序化的要求外，市场应该是自由的。这不仅使它们效率最大化，而且使人的自由最大化。随后出于分配正义考量的规制开始启动，通常是再次分配的税收形式，但这可能是以效率为代价的（例如参见 Okun 1975；有关的批判性讨论，参见 Le Grand 1990）。

关于这个问题的优点和缺点可以说很多，但在此不宜多言。因为应该明确的是，如果金融市场缺乏其他市场所具有的核心特征，那么我们可能不得不问一些更基本的、关于它们以及它们与正义的关系的问题。如果金融市场被视为市场的典型案例，就像在大金融危机之前人们经常看到的那样，这些问题就会被掩盖。我们不能理所当然地认为可以存在理想的"自由"金融市场，以至于所有与完全竞争市场模型的背离都可以通过监管加以纠正。至少这样的理想是否会与我们目前货币由私人银行创造，而私人银行又得到中央银行背书的货币

18

体系兼容，似乎就是令人怀疑的。㉑易言之，指望通过监管来修复金融市场，以使它们更贴近苹果市场或橙子市场是徒劳的。我们不能指望"更自由的"金融市场也有助于增加个人的自由，事实上它们可能形成对个体自由的威胁，例如一个人在合理稳定的宏观经济环境下规划生活的自由。最后，我们不必理所当然地认为，当我们为正义而监管金融市场时，就必须要付出效率或经济规模的代价，这可能使为了正义的监管更加容易。

因此，我们需要重新提出有关金融市场制度结构的正义问题，而不必考虑到在这种情况下关于正义与市场之间关系的假设是否成立。可以肯定的是，对于某些金融市场的某些方面，尝试使其尽可能接近教科书中的市场可能是完全合理的，而且在效率和平等之间也可能需要权衡取舍。从这些考虑中吸取的主要教训（无论金融市场是不是市场），也许是要认真对待金融市场是什么或可以是什么的多样性：其产品、参与者和各自责任的多样性以及它们出现泡沫的倾向。这意味着从正义的角度进行的评估也需要充分细化。并非金融市场的所有方面都存在着同样的正义问题。一些市场运作良好，可以有效地分配资本和风险，而不会损害第三方或整个社会。实际上，在金融危机期间，金融市场的某些部分在很大程度上是不受影响地继续正常运转的。㉒

金融市场有很多，它们的特征很大程度上取决于不同国家采取的不同的技术细节。在理论上，我们可以从效率和公平的视角分辨出那些运行良好的金融市场，㉓并且可以淘汰关闭那些不好的。但是在实践中，不同的金融市场之间是

㉑　这就是为什么一些更激进的批评家质疑当前的货币体系，例如提议完全废除部分银行业务和私人货币创造（例如 Felber 2014）或采纳凯恩斯提出的引入国际货币单位的提议（"Bancor"）而不是使用美元或欧元作为主要货币（Amato and Fantacci 2012）的原因。这样的提议似乎比辩论中提出的其他提议更加乌托邦（utopian）。作为从头开始构建货币体系的蓝图，它似乎是可取的，但目前尚不清楚我们如何才能实现这一目标。另外从正义的角度来看，是否真的一定需要采纳这样的建议，或是我们目前的货币体系是否可以经过适当修改变得足够公正也还不清楚。然而，此类建议的功能之一是提醒我们自己，当前的系统并非没有替代方案，并且要与其他理论上可能的系统的优缺点进行比较。

㉒　比如那些所谓的"有道德的"、本地运营的银行。参见 Herzog, Hirschmann and Lenz（2015）。

㉓　根据不同的正义理论，效率可以是一个整体的概念而与公平相统一，也可以是由于不同的考虑而与公平相冲突。笔者假定就许多具体监管问题而言，对于公平与效率的考量在长期来看是统一的，至少当效率被定义为包括对第三方的影响（例如考虑整体的稳定）。

高度关联的，各种关联又必须从效率和公平角度进行评估。这就是使得问题变得尤为复杂的原因之一。这也意味着针对不同的金融市场需要采用不同形式、不同程度的改革方案。[24]但是如果我们尝试简化这种复杂性，将会有可能停留在无法有效描述我们所面对的复杂社会现象的简单理论之中，而对于这种想要以过于理想主义的简单理论描述复杂社会现象的失败我们见得已然太多。

五、改革案例

不论是从描述性的角度还是从规范性的角度，金融系统呈现给我们的图景 20 不是非黑即白的，而是非常复杂的。这就解释了为什么某些形式的批评似乎朝着不同的方向发展。例如，我们可能同时主张对某些市场的平等机会（例如性别平等），同时也从更广阔的角度批评其功能并要求其进行整体的结构性变革。

似乎很清楚的是，让金融系统保持原样是一个坏主意。实际上，已经有许多改革建议，其中一些已经在新法律或法规中实现。例如，已经提出了更高的银行资本比率（参见 Admati and Hellwig 2013），对奖金结构的改革也有诸多建议并在一些地方得以实施。其他为稳定银行体系的关于透明度要求以及安全机制的新规则也已在欧元区建立。这些改革一般是从经济角度提出的，政治哲学尽管可以支持其中的一些，但在许多情况下，它们都希望在考虑效率和稳定性之外还要考虑正义，并基于此实现进一步的发展。并且政治哲学可以从正义的角度思考需要作出什么样的改变。

在金融危机之后，此类改革工作的重点一直放在法律法规上，即改革金融系统的法律制度和监管规则。尽管其无疑是重要的，但人们想知道法律法规的这种变化是否足够，或是还需要社会思潮和市场文化的改变。在当今如此复杂的金融系统中，按规则进行治理需要正确地制定激励措施，但这绝非易事。[25]从

---

[24] 本书中的其他章节也是这个观点：有些人从全球视角将金融系统看作一个整体，有些人认为金融系统的不同部分应当采取"因地制宜"的对策。由于篇幅限制，本书无法详述各种具体的观点和考虑。但是落实到具体政策建议层面，必须要考虑不同国家法律制度和经济环境等方面的特殊性。

[25] 因此有人认为应当尽量降低这种复杂性，例如使用简单的启发式方法（simple heuristics）而不是易于操纵的复杂指标（complex indicators）（例如 Haldane 2012）。简单易懂和易于使用的规则能够避免现有规则的许多缺点。

定义上讲，规则比较严格，可能不是理想的规制各种场景的唯一工具。如果情况发生改变，规则可能会过时而难以适应。规则需要应用于具体的案件，这可能需要对市场实践的判断和理解。最后同样重要的是：对规则遵守的控制也是耗时费力的。

各种因素反映了复杂系统不仅需要规则，而且非常需要参与者的共同精神特质来规范。在理想的金融系统中，有人希望市场参与者与监管机构合作，以最佳地制定规则，自愿放弃监管套利机会，并为整个系统运作建立共同负责的文化。有人希望市场参与者形成一种专业精神，为他们市场实践的隐性标准指明方向，无论是在分配资金、对冲风险还是为客户提供建议等方面（参见 van de Ven 2011）。有人希望市场参与者能够组织和参加行业组织，在其中讨论和强化相应的道德规范，这些行业组织可以对某些风险或损害承担法律责任。有人还希望市场参与者共同建立和维护一种合乎行业责任（responsibility of an in-dustry）的思潮（ethos），这种行业责任在现代资本主义社会中扮演着重要的角色。

但是这种思潮是很微妙且难以琢磨的，而且尚不清楚如何在一个可以说具有截然不同的思潮的社会环境中实施。阿维里（Awrey）等（2013）讨论了"流程导向型监管（process-oriented regulation）"的理念如何设计具体步骤以期提高金融行业的道德标准。他们基于英国的"公平对待客户（Treat Customers Fairly）"倡议，提出了一种可以改善交易行为和减少"整个社会的过度冒险（socially excessive risk-taking）"的类似模式，这种模式关注对话和自上而下的统一思想，董事会层面的伦理委员会，内部控制和行为规范的改变。这意味着将期望于金融机构将某些监管任务内在化，而不再允许将其行为的负面影响外在化。

监管目标的确定，有特定方案（specific approach）和综合方案（integrated approach）的区分。㉖特定方案倾向于具体的问题由具体的相应机构处理，其背

㉖　与对正义理论的通常考虑相比，下面的讨论要更加具体。因此，不同的正义理论在如何将效率考量纳入正义的解释，或者如何在更广泛的意义上在不同的价值或原则之间作出取舍等方面，可能有不同的立场。他们在是以将特定任务分配给特定机构的特定方案，还是以将多种任务交由一个机构的综合方案来实现正义效果上可能会有分歧，也可能在事实上是一致的。

后的假设是负责不同任务的不同机构之间进行分工是很有用的。这种观点与前面所提到的通常理解相呼应，即市场应当确保效率，关于公平等问题的监管考量应当是其他机构例如税务部门或其他福利国家所考虑的事。这种特定方案建议可以设立新的机构专司当前机构不能解决的社会问题。巴拉达兰（Baradaran）提出的恢复美国的邮政储蓄银行业务的建议就是一个很好的例子（2015）。该建议基于一项对当前金融市场排斥穷人群体的分析，以及对迫使逐利的银行为贫穷客户提供服务可能性的怀疑。尽管巴拉达兰也清楚地表达了她对于现有机构作出改变的欢迎，但她的建议并未关注现存的金融市场结构，而是试图通过设立新型机构来解决当前机构未能解决的问题。

综合方案侧重于机构间的相互联系，并试图将更广泛的目标纳入现有机构框架之中。例如，监管机构在对市场实施监管时，可能不仅追求效率最大化，而且还试图将分配正义的考量也作为监管目标之一，包括防止某些可能加剧不平等的市场交易（即使它们可能具有帕累托效率），或者按照消除贫困或减少不平等等制度目标的要求重新设计现有监管框架。例如，米安和苏菲（Mian and Sufi 2014）认为，抵押贷款目前的运作方式存在过多的风险，尤其是房地产市场价格大幅波动的风险最终落在了最缺乏抵押能力的人（即家庭）的肩上。这意味着，当房地产市场价格下跌时，这些家庭将减少消费，从而导致总体需求下降，加剧经济衰退。为了解决这个问题，他们讨论了"风险分担抵押贷款（shared-risk mortgages）"的可能性，即住房抵押贷款的还款方案与当地房价指数挂钩，在这种情况下，债务人能与债权人分享一些未来的资本收益，从而也能避免未来的房价下降的风险（Mian and Sufi 2015，chap.12）。从某种意义上说此建议非常雄心勃勃，因为它改变了金融市场所仰赖的核心法律基础架构。

没有先验的理由支持特定或综合的方案，所有这些都取决于要解决的问题，并且可以肯定的是，创建更多的特定机构也会对现有机构的工作方式产生影响，例如，因为客户现在有了其他选择，其可以选择退出现有机构，这意味着这两个类别之间的边界会趋于模糊。在某种意义上说，创建特定的机构似乎没有那么大的风险，因为它并没有涉及复杂系统对其核心变化的反应那么多的"未知数"，但它也似乎是无奈的次优选择，就像在需要手术的伤口上贴创可贴一样。综合方案可能具有更深远的影响，但也可能难以实施，因为它们会影响那些受

23 益于当前系统的人的既得利益。如果说我们有什么可以从金融危机和在其之前实行（或缺乏）的监管规则中学到的，那就是对于整个金融系统都能发挥重要作用的技术细节，无论是在法规的设计中还是在指标的使用中。难怪这些技术细节是与变革利害攸关的银行和其他金融机构进行紧张游说的重要目标。

尽管在如何更好地监管金融市场方面存在许多重要的理论问题，但人们一直视而不见的[27]是政治家和监管者是否有实际意愿作出改变，以真正改善这种状况，或者说金融业是否成功抵制了真正的变革，并在最终被发现只是浮于表面的改革中逍遥法外。这最终是一个权力问题。关于游说问题和金钱在政治中的影响的文章很多（例如 Hacker and Pearson 2010，Gilens 2013，Reich 2015）。当然，这个问题比它对金融市场监管的影响要广泛得多，也更根本。但是后者是这个问题的含义变得特别明显的地方。另一个问题是金融市场监管的国际合作。毫无疑问，金融稳定已被概念化为一种全球性公共物品（Kaul et al. 1999；有关讨论另请参见 Emunds 2014，272ff.），这激励了各国在其他国家的监管努力上"搭便车"。金融市场国际层面的问题也提出了其他正义命题，即正义理论家们刚刚开始探索的全球正义（global justice）。这些不仅涉及国际税收的结构和国际资金流动的合法性，而且还涉及诸如国际货币基金组织或世界银行等机构的治理（参见例如 Wollner 2014，Emunds 2014，Krishnamurthy 2014）。这些问题在本书中没有明确讨论，但是某些章节也对这些问题有所反映。

六、各章概要

本书是诸位作者的观点的集合，各位作者都认同当前金融市场所存在的公平正义问题。本书共有三编，分别涵盖了有关金融市场正义的不同缺陷和失败。第一编讨论了所谓的"概念上的失败（conceptual failures）"，即没有使用足够广泛和细微的规范框架来思考正义和金融市场。这部分中的各章的共同之处在于拒绝了用过于简单的自由市场路径去分析金融市场，并将视野从纯粹的经济

㉗ 原文为 "the elephant in the room"，比喻一些显而易见，但却因人们不愿涉及而被直接忽略的问题。——译者注

学扩展到了哲学和经济学的融合。从这样的角度来看，我们可以提出超越经济　24
学家（甚至是非常成熟的经济学家）的观点中有关金融市场的问题：金融市场
与人权有何关系？金融市场是否支持个人行使其能力？金融市场的社会功能是
什么？我们可以像某些经济学家所声称的那样，假设金融市场中的收入是应得
的吗？第二编探讨了金融市场中的法律框架，并分析了该框架中各种不公正偏
见的表现方式。这种偏见可以在使个人或公司对不法行为或过度冒险承担责任
的法律制度和使金融市场成为可能的基础权利体系中找到痕迹。第三编探讨特
定的机构和实践及其对正义各个维度的影响，无论是分配正义，还是对正义维
度的认识，抑或是性别正义。这些分析被经济学家称为"局部分析（partial an-
alyses）"，即他们从特定的角度看待特定的机构或实践。即使我们可以改变金
融市场的一般概念，并纠正法律制度中的基本偏见，但这些章节提出的问题仍
未得到解决。在这个语境下本书最后一章提出了一个重要问题，即当前的一系
列机构和实践，包括思维习惯和既得利益，是如何阻碍变革的。

（一）第一编：规范基础

罗莎・M.拉斯特拉（Rosa M. Lastra）和阿兰・H.布雷纳（Alan H.
Brener）在第二章"正义、金融市场与人权"中重点关注社会机构获得和维持
合法性的必要性。在国家和国际层面，合法性的来源之一是遵守第二次世界大
战以来的人权框架。拉斯特拉和布雷纳追溯了人权思想史特别是在"萨拉曼卡
学派（School of Salamanca）"的某些方面，强调了与市场概念和实践发展的
殊途同归（parallel）。为了获得合法性，市场需要保持在正义的框架内，这可
能需要谨慎的权衡和妥协，正如作者在简要讨论发薪日贷款（payday lending）
监管的一些复杂性时所表明的那样。在国际范围内，联合国的"外债与人权问
题指导原则（Guiding principles on foreign debts and human rights）"可以看作
是如何弥合市场思维和实践与人权之间鸿沟的一个例子。拉斯特拉和布雷纳得
出结论，只有确保金融市场与人权的兼容性，金融市场才能重新获得合法性和
社会信任。

罗格・克拉森（Rutger Claassen）在第三章"金融市场监管的能力框架"　25
中提出了一种评估和监管市场（包括金融市场）的统一方法。他回顾了市场监

管的主流方法，得出的结论是，它们将针对帕累托效率的经济考虑与针对父爱主义保护（paternalist protection）和分配正义的社会考虑分开了。这意味着当这些不同的目标发生冲突时，没有指导可供参考。克拉森建议转向另一种范式：由阿马蒂亚·森（Amartya Sen）和玛莎·努斯鲍姆（Martha Nussbaum）提出的能力方法。将这种方法应用于市场监管问题时，克拉森将参与能力、消费者能力和第三方能力进行了区分。最后，他展示了该方法如何阐明本书其他作者讨论的三个问题：德布鲁因（de Bruin）关于如何考虑评级机构的角色的建议，罗素（Russell）和维利耶（Villiers）关于金融市场中性别正义的讨论以及阿德玛蒂（Admati）对改革失败的分析。

谢默斯·米勒（Seumas Miller）在第四章"金融市场与制度目标：规范性问题"中为金融市场提供了一个不同的但并非不相容的规范解释：一个"目的论（teleological）"解释。米勒拒绝接受诸如股东理论和企业社会责任理论之类的进路，而是认为在考虑制度的适当规制时应认真考虑其制度目标。制度应该为社会提供公共物品（collective goods）。这种目的论的观点引发了许多问题：关于特定制度的制度目标（institutional purpose），实现这些目标的正式和非正式制度方案，以及这些制度所处的宏观制度环境。米勒将此种解释应用于金融系统的三个部分：银行部门、退休储蓄计划和资本市场。由此产生的争论和对改革的呼吁在直觉上似乎是合理的，以至于使人怀疑有些评论家是否本能地受到类似于米勒的目的论解释（teleological account）的指导。另一个可能性是，在涉及实际建议时此种解释与其他解释实现了会师。米勒的观点对我们提出挑战，要求我们调整思考一般制度以及金融市场中的特殊制度时使用的传统方式。

丽莎·赫佐格（Lisa Herzog）在第五章"金融市场中的收入是应得的吗？一个基于正义的批评"中，接受了在公众对金融市场的批评中经常听到的一个观念：在金融市场中产生的高收入可能不是应得的。相比之下，一些经济学家使用"应得（desert）"㉘概念来为高收入辩护。在关于"应得"的哲学辩论的基

㉘　在哲学上，desert 是指应当得到的回报，不论是好的还是坏的。相应的 just desert 即为公平的应得回报。——译者注

础上，赫佐格采用了一个中性的、制度性的应得概念，并将其应用于金融市场。通过这样做，将我们的注意力转移到市场运行的制度规则上，这些制度规则决定了市场是马基维利主义式（Mandevillian）的奖励恶的行为抑或是斯密式（Smithian）的奖励对社会有用的行为。现代金融市场，特别是在金融危机以前，规则的设计并未能够实现这样一种理念，即奖励应当是由遵循规则的人获得。取而代之的是，这些规则曾经，而且可以说依然受到市场失灵和外部性问题的干扰，它们既没效率，也未将奖励给予任何值得捍卫的方面。因此，经济学家和哲学家可以就造成不当高收入的金融系统的许多缺陷达成共识，并共同推动改革。

26

（二）第二编：法律结构

接下来的两章讨论与法律执行及其对金融市场正义的影响有关的法律问题。马克·R.雷夫（Mark R. Reiff）在第六章"管理层的罪与罚：道德责任、因果责任和金融犯罪"中，主张彻底重新思考金融市场中刑事正义的工作方式。关于正义的许多辩论都没有讨论刑事正义，而只是简单预设一旦某些规则被确定并同意，就有可能通过法律来执行它们。金融危机使人们对此假设感到怀疑：尽管有一些令人发指的不当行为，并且至少有一些按照现行标准来看也是违法的，但很少有人入狱。金融机构被处以巨额罚款，但它们是否能起到足够的威慑作用从而在将来确保更负责任的商业行为，这是令人怀疑的。雷夫认为，我们传统的将明知和故意作为犯罪定罪前提的思维方式太过局限。因此，他提出在道德上承担因果责任的概念，这需要根据公司高管的具体责任逐案确定。雷夫的讨论表明，实际起诉的案件数量远低于看起来应当起诉的案件数量，这种情况下不论从法律上还是从道德上看，都应当对关于入刑以及刑期的条款进行调整。

杰·库伦（Jay Cullen）从另一个角度分析了法律问责制的问题。第七章"无法修复的文化？金融伦理与制裁"，主要是指如何设计制裁，使制裁营造一种减少社会过度冒险的文化。库伦认为，银行在某些方面具有特殊性：它们由于其"太大而不能倒"的特征而获得隐性的公共补贴和担保，并且银行中还有大量的信息不对称和利益冲突难以监管。这限制了自我监管的有效性，这就是为什么文化和伦理作为调节行为的替代方法成为人们关注点的原因。但是，现代金融市场的匿名性和基于信息技术的交互性导致难以找到伦理责任的基础。

27 因此，库伦建议仔细研究伦理与制裁之间的关系，强调后者在建立问责制（前者的关键组成部分）中的作用。他将英国新的"高级管理人制度（Senior Managers' Regime）"描述为一种有希望推动金融市场文化的基本假设发生变化的进路。

与雷夫相比，库伦倾向于更加系统和务实地从民法的角度寻求金融市场法律正义的路径。他比雷夫更加乐观地认为经济制裁可以是有效的，而对于在金融市场中刑法的适用则不那么乐观。但是，两人都同意需要加强个人责任，都强调不仅要制裁行为（actions）还要制裁疏漏（omissions），尤其是管理者在掌握和有效监管其团队成员行为上的失败。其指出的金融市场中的认知责任问题，德布鲁因在第十一章中也进行了讨论。

凯瑟琳娜·皮斯托（Katharina Pistor）开辟了政治哲学家很少走过的道路，但对他们而言更有趣：正义问题是金融社会本体的核心，即金钱的法律建构。在她的《金融的法律原理》（2013）一书中，皮斯托对金融的法律构造提出了有趣的解释。在第八章"货币的法律等级"中，皮斯托深化了这条路线，并探讨了这些法律结构对金融市场主流参与者和边缘参与者的不平等对待。正如支付手段的历史发展所表明的那样，尽管有相反的说法，但金融市场绝非"公平竞争环境"，因为它们所依赖的法律上的追索权在强度上是有差异的。因此，皮斯托对"企业是分层的，而市场是平等的"这一观点提出了质疑。这种法律追索权的差异不仅体现在支付系统，还体现在可以实现资产隔离的信托法和公司法上。皮斯托最后指出建立更公正的金融系统的主要障碍之一，即是政府依赖于私人货币创造的政府融资（government finance）。这种理论进路有助于我们从根本上理解当前金融系统的法律不公正，以及由此带来的结构性不公正。这些不是法律技术问题，而是涉及层级控制及其分配后果的政治问题。

在第九章"臆想的投资者权利"中，亚伦·詹姆斯（Aaron James）质疑了近年来已变得越来越普遍的法律实践：使用为国际投资者提供特殊保护的双边或多边投资条约。当今的金融市场可能是全球化程度最高的部门（也许与有组

28 织犯罪有关）。因此，支持它们的法律机制对于全球正义问题至关重要。投资条

约赋予外国投资者（无论是对实物还是金融资本的投资）在特别仲裁庭面前起诉政府的权利。詹姆斯剖析了似乎支持这些条约的论点：无论是结果主义还是社会契约论的观点都无法证明这些条约赋予投资者大量权利的合理性。詹姆斯根据对国际贸易实践的解释，认为这些权利是基于对国际资金流动所支撑的社会实践的误解。这是一个典型的例子，能够说明金融市场参与者的权利是如何被撕裂，以及结构性正义问题，即金融市场并不公平，而是给予某些群体特权。揭露一些有缺陷的论点并否定支持这种法律框架的论证，是迈向变革的第一步。

（三）第三编：机构和实践

第三编的前两章从正义的角度考察了两类特殊的机构，即中央银行和评级机构。彼得·迪特施（Peter Dietsch）在第十章提出了"中央银行的规范维度：金融市场的守护者如何影响公平"的问题，打破了似乎是一个禁忌的话题：他不是从技术角度而是从分配正义和合法性的角度讨论货币政策。中央银行在公共政策和金融市场之间的互动中扮演着至关重要的角色。迪特施对货币政策进行了全景式的概述，区分了传统措施与非常规措施。在全球金融危机之后许多中央银行选择了后者，包括所谓的"量化宽松（quantitative easing）"，以试图推动经济。但是有证据表明，这些非常规政策加剧了不平等，这在（分配）正义的许多理论中都是有问题的。关于合法性，迪特施讨论了金融市场的反应如何成为可以影响货币政策的强大力量。这是很成问题的，不仅因为它使得资本能够对政策制定施加不当影响，而且还因其会破坏国家的经济自决权。

鲍德温·德布鲁因（Boudewijn de Bruin）在第十一章"金融市场正义中的信息条件：信用评级机构的监管"中，讨论了金融市场正义的认知维度（epistemic dimension）。过去，金融市场中重要的认知任务被"外包（outsourced）"给信用评级机构。当这些机构未能准确评估复杂的结构化金融产品的风险时，对它们的批评不仅在经济层面，而且还延伸到道德层面。然而，德布鲁因指出，问题的根源在于：各国开始将评级视为可交易资产的正式认可标志，并在金融机构的监管中也依赖评级。德布鲁因基于对市场正义的最小假设，认为决策者应该采取步骤将金融市场中的认知责任（epistemic responsibility）归于原位，而不是试图通过"监管"消除寡头权力和利益冲突等问题。评估不同金融产品风险的责任必须由交易者承担，评级机构评级的附加价值不能成为对其判断的法律上的背书。这种说法与许多正义论者对市场问题所产生的本能反应背道而驰，即考虑更多的监管。关于金融市场的认知维度，德布鲁因认为，在错误的（允许认知责任外包）地方强化监管，本身就是问题，而并非解决问题的方案。尽管这一结论在某些人看来可能是激进的，但它得到了以下事实的支持：金融市场不同于一般商品市场，其交易往往反映了对于经济结果未来预期的不同预测，如果将认知责任外包给其他机构，则信息处理任务将会形同虚设。

最后两章讨论的不是当今金融市场中的特定机构，而是特定实践。在第十二章"金融市场中的性别正义"中，罗斯安妮·罗素（Roseanne Russell）和夏洛特·维利耶（Charlotte Villiers）讨论了一个本书前面一直未谈及但同样紧迫的正义问题：性别正义。男性在金融市场以及整个公司董事会中的主导地位并没有消失。尽管为增强妇女权能（empowering women）已采取了各种举措，但这些举措通常并不是基于对人权或性别正义的考虑，而是基于"多元化（diversity）"或女性参与的"商业考量"。罗素和维利耶指出，这些论点虽然缺乏可靠的基础，但是为了争取妇女和其他少数群体在公司界和金融市场中的公平代表权，没有必要吹毛求疵。她们呼吁在辩论中表现出更大的诚意，要认识到当前要求更多女性参与的呼吁通常是工具性的。这些呼吁只是关注了那些能够将照顾家庭的工作外包给其他女性的强势女性（privileged women），而没有挑战现有的权力结构。作为另一种选择，罗素和维利耶建议更加强调以社会正义为起点，克服个体主义观念（individualistic mindset）且与其他群体相容的女权主义（feminism），以实现可持续的结构性变革。

阿纳特·R.阿德玛蒂（Anat R. Admati）在第十三章"齐心协力维持一个危险的金融系统"[29]提出了一个金融危机之后公众可能问过的问题：监管者和政治家将采取哪些措施？这些措施是否足够？根据她的早期研究（特别是 Admati and Hellwig 2013），阿德玛蒂认为迄今为止采取的监管措施不足以解决金融系统固有的不稳定性，这种不稳定性与银行的低资本比率有关。她将金融系统与

---

[29]　原文为 It takes a village to maintain a dangerous financial system。该表述来源于一句谚语"It takes a village to raise a child"，即举全村之力养育一个孩子。作者想表达的是金融市场保持不稳定的状态是各方共同努力的结果。——译者注

航空业进行了比较：在航空业中，需要各岗位的共同努力以确保乘客和机组人员都能够安全到达。但是在金融领域，各市场主体的合作是相反：保持固有不稳定的系统并在必要时接受公共救助，而利润却被私人获取，这使其非常不公平。阿德玛蒂分析了在当前金融系统中无知、混乱、故意视而不见和缺乏问责制的痼疾。众多的利益冲突使得包括许多学者在内的那些应该更加了解的人无法向公众解释基本问题和机制。只能希望阿德玛蒂悲观的分析有一天会过时。正如她指出的那样，当其他行业（例如烟草行业）面临公众批评时，也可观察到类似的现象。改变是可能的，但也需要大家齐心协力来让它实现。

七、结　论

当今的金融市场在很多方面都无法做到公平。它们仍然以对自由市场及其自我调节功能过于乐观的看法为基础。因此，无论是从人权还是从能力的角度，金融市场都没能实现其在公平社会中应当实现的功能。金融系统的法律框架不仅有太多漏洞，而且普遍偏向于强大的参与者，这扭曲了他们的分配结果。许多具体的机构和实践都未能从多个维度实现正义，包括性别正义，但强大的利益集团以及强大的社会和心理机制一致抵制实质性变化的发生。

美联储前主席保罗·沃尔克（Paul Volcker）在 2009 年表示："银行在二十年内发明的唯一有用的东西就是自动柜员机"（《纽约邮报》2009 年）。这可能有点夸张，但其传递的信息很明确：并非所有的金融"创新"都对社会有用和值得认可。毕竟，金融是做其他事情的工具，商品和服务贸易可以通过将具有不同偏好和技能的个人聚集在一起而产生"贸易收益"，而用特纳的话来说，很多金融交易是"受反映不同分析和不同信息源的预期的差异驱动"（2016，43）。归根结底，无论是通过"价格发现"、资本和风险的分配，还是流动性的提供，金融交易的价值源于其帮助实体经济提高效率的能力。其他一切都是零和游戏（Turner 2016，105）。金融市场需要重新关注其在实体经济中的作用，并且在评估其与正义之间的关系时要充分考虑该作用。

也许在将来的世界中，正义理论不必解决金融市场中的问题，因为它们运作顺畅，并受我们社会中规制不平等和确保正义的政策所约束。毕竟，正义论者不会制定关于交通管理或供水和排污系统设计的细节，这些细节也是公共任务，且都与个人福祉息息相关。但是，社会找到了合理地调节它们的方法，因此我们不必从正义的角度特别注意它们。例如密歇根州弗林特的饮用水污染丑闻证实了这一点。在许多国家，人们无法通过提供服务赚大钱，但目前并无清楚的理由证明为什么在金融行业出现了例外。对于一个社会来说，奖励真正对社会有用的创新可能是明智的，但是目前尚不清楚金融是不是我们应寻求此类创新的首要领域。这些创新可能在其他领域更被需要，例如能够使我们的经济更加绿色的技术创新。

凯恩斯在他 1930 年发表的关于"我们孙辈的经济可能性"的文章中表示，希望有一天，经济问题将变成简单的技术性问题，由"像牙医一样谦逊、能干的人们"来解决（Keynes 1963，373）。经济学家以为他们对金融市场足够了解，可以把它交给技术专家，但这样做却失败了，因此引发了本书中讨论的所有正义问题。但是，我们不应放弃希望，通过对经济现象及其规范维度的更深入理解，使金融市场实现更好的监管、更好的实践和更强的道德精神，从而真正成为公共基础设施而不是现在这样的"大淘气（juggernauts）"。㉚全球金融危机之后，保罗·克鲁格曼（Paul Krugman）呼吁"使银行无趣（making banking boring）"（2009b）。我们确实应该使金融市场变得无趣，理想情况下，无趣的金融市场将不再是我们通向正义的障碍。换句话说：纯粹的金融市场才能是公正的金融市场。

参考文献

Admati，Anat，and Martin Hellwig. 2013. The Bankers' New Clothes：What's Wrong with Banking and What to Do about It. Princeton and Oxford：Princeton University Press.

Akerlof，George A.，and Robert J. Shiller. 2009. Animal Spirits：How Human Psychology Drives the Economy，and Why It Matters for Global Capitalism. Princeton and Oxford：Princeton University Press.

Akerlof，George A.，and Robert J. Shiller. 2015. Phishing for Phools：The Economics of

---

㉚ 庞大而不受控制的机构。——译者注

Manipulation and Deception. Princeton and Oxford：Princeton University Press.

Amato，Massimo，and Luca Fantacci. 2012. The End of Finance. Cambridge：Polity Press.

Anderson，Elizabeth. 1992. Values in Ethics and Economics. Cambridge，MA：Harvard University Press.

Awrey，Dan，William Blair，and David Kershaw. 2013. "Between Law and Markets：Is There a Role for Culture and Ethics in Financial Regulation?" Delaware Journal of Corporate Law 191，and http：//at%20papers.ssrn.com/sol3/paers.cfm?abstract_id＝2157588.

Baradaran，Mehrsa. 2015. How the Other Half Banks：Exclusion，Exploitation，and the Threat to Democracy. Cambridge，MA and London：Harvard University Press.

Black，Fischer，and Myron Scholes. 1973. "The Pricing of Options and Corporate Liabilities." Journal of Political Economy 81(3)，637—654.

Boatright，John，ed. 2010. Finance Ethics：Critical Issues in Theory and Practice. Chichester：Wiley-Blackwell.

Boatright，John. 2014. Ethics in Finance，3rd edition. Chichester：Wiley-Blackwell.

Bowles，Samuel. 1991. "What Markets Can and Cannot Do." Challenge 34(4)，11—16.

Breuer，Rolf-E. 2000. "Die fünfte Gewalt." Die Zeit，April 27. http：//www.zeit.de/2000/18/200018.5._gewalt_.xml/komplettansicht.

Cassidy，John. 2010. "Interview with Eugene Fama." The New Yorker，January 13. http：//www.newyorker.com/news/john-cassidy/interview-with-eugene-fama.

Ciepley，David. 2013. "Beyond Public and Private：Toward a Political Theory of the Corporation." American Political Science Review 107(1)，139—158.

Cohen，G.A. 1997. "Where the Action Is：On the Site of Distributive Justice." Philosophy and Public Affairs 26(1)，3—30.

Dash，Mike. 2001. Tulipomania：The Story of the World's Most Coveted Flower and the Extraordinary Passions It Aroused. New York：Broadway Books.

De Bruin，Boudewijn. 2015. Ethics and the Global Financial Crisis：Why Incompetence is Worse than Greed. Cambridge：Cambridge University Press.

Dietsch，Peter. 2010. "The Market，Competition，and Equality." Politics，Philosophy and Economics 9(2)，213—244.

Dobos，Ned，Christian Barry，and Thomas Pogge，eds. 2011. The Global Financial Crisis：The Ethical Issues. Basingstoke：Palgrave Macmillan.

Douglas，Alexander X. 2016. The Philosophy of Debt. London：Routledge.

Econtalk. 2013. "Cathy O'Neil on Wall St and Occupy Wall Street." February 11. http：//www.econtalk.org/archives/2013/02/cathy_oneil_on.html.

Emunds，Bernhard. 2014. Politische Wirtschaftsethik globaler Finanzmärkte. Wiesbaden: Springer Gabler.

Fama, Eugene. 1970. "Efficient Capital Markets: A Review of Theory and Empirical Work." Journal of Finance 25(2), 383—417.

Felber, Christian. 2014. Geld. Die neuen Spielregeln. Vienna: Deuticke Verlag.

Financial Review. 2015. "Warren Buffett Still Says Derivatives Are 'Weapons of Mass Destruction'." June 17. http://www.afr.com/markets/derivatives/warren-buffettstill-says-derivatives-are-weapons-of-mass-destruction-20150617-ghpw0a.

Gilens, Martin. 2013. Affluence and Influence: Economic Inequality and Political Power in America. Princeton: Princeton University Press.

Graafland, Johan, and Bert van de Ven. 2011. "The Credit Crisis and the Moral Responsibility of Professionals in Finance." Journal of Business Ethics 103:605—619.

Grossman, Sanford J., and Joseph E. Stiglitz. 1980. "On the Impossibility of Informationally Efficient Markets." The American Economic Review 70(3), 393—408.

Hacker, Jacob S., and Paul Pearson. 2010. Winner-Take-All Politics: How Washington Made the Rich Richer—and Turned Its Back on the Middle Class. New York: Simon & Schuster.

Haldane, Andrew G. 2012. "The Dog and the Frisbee." Speech at the Federal Reserve Bank of Kansas City's 366th economic policy symposium, "The Changing Policy Landscape," Jackson Hole, Wyoming, August 31. http://www.bis.org/review/r120905a.pdf.

Heath, Joseph. 2014. Morality, Competition, and the Firm: The Market Failures Approach to Business Ethics. Oxford: Oxford University Press.

Heath, Joseph, Jeffrey Moriarty, and Wayne Norman. 2010. "Business Ethics and(or as) Political Philosophy." Business Ethics Quarterly 20(3), 427—452.

Hendry, John. 2013. Ethics and Finance: An Introduction. Cambridge: Cambridge University Press.

Herzog, Lisa. 2013. "Markets." In The Stanford Encyclopedia of Philosophy (Fall 2013 edition), edited by Edward N. Zalta. http://plato.stanford.edu/archives/fall2013/entries/markets/.

Herzog, Lisa, Edgar Hirschmann, and Sarah Lenz. 2015. "'Ethische Banken'—Nische oder Avantgarde?" West End. Neue Zeitschrift für Sozialforschung (1), 85—94.

James, Aaron. 2012. Fairness in Practice. New York and Oxford: Oxford University Press.

Johnson, N., G. Zhao, E. Hunsader, H. Qi, N. Johnson, J. Meng, and B. Tivnan. 2013. "Abrupt Rise of New Machine Ecology beyond Human Response Time." Nature Scientific Reports 3, 2627. http://www.nature.com/articles/srep02627.

Kaul, Inge, Isabelle Grunberg, and Marc Stern, eds. 1999. Global Public Goods: International Cooperation in the 21st Century. Oxford：Oxford University Press.

Keynes，John M. 1936. The General Theory of Employment，Interest and Money. London：Macmillan.

Keynes，John M. 1963. Essays in Persuasion. New York：W.W. Norton & Co.

Kindleberger，Charles P.，and Robert Z. Aliber. 2005. Manias，Panics and Crashes： A History of Financial Crises edition. Hoboken，NJ：Wiley.

Knight，Frank. 2006[1921]. Risk，Uncertainty，and Profits. Mineola：Dover Publi-cations.

Koslowski，Peter. 2011. The Ethics of Banking：Conclusions from the Financial Crisis. Dordrecht：Springer.

Krishnamurthy，Meena. 2014. "International Financial Institutions." In The Routledge Handbook of Global Ethics，edited by Darrel Moellendorf and Heather Widdows. London and New York：Routledge，230—250.

Krugman，Paul. 2009a. "How Did Economists Get It So Wrong?" New York Times， September 2.

Krugman，Paul. 2009b. "Making Banking Boring." New York Times，April 9.

Le Grand，Julian. 1990. "Equity Versus Efficiency：The Elusive Trade-Off." Ethics 100(3)，554—568.

Levine，Ross. 2005. "Finance and Growth：Theory and Evidence." In Handbook of Economic Growth，edited by P. Aghion and S. Durlauf(North Holl and：Elsevier)， volume IB，pp.865—934.

Lomansky，L.E. 2011. "Liberty after Lehman Brothers." Social Philosophy and Policy 28(2)，135—165.

MacKenzie，Donald. 2006. An Engine，Not a Camera：How Financial Models Shape Markets. Cambridge，MA：Harvard University Press.

Mian，Atif，and Amir Sufi. 2014. House of Debt. Chicago：University of Chicago Press.

Minsky，Hyman P. 1986. Stabilizing an Unstable Economy. New Haven and London： Yale University Press.

Mullainathan，Sendhil. 2015. "Why a Harvard Professor Has Mixed Feelings When Students Take Jobs in Finance." New York Times，April 10.

New York Post. 2009. "The Only Useful Thing Banks Have Invented in 20 Years is the ATM." December 13. http：//nypost. com/2009/12/13/the-only-thing-useful-bankshave-invented-in-20-years-is-the-atm/.

Nielsen，Richard. 2010. "High-Leverage Finance Capitalism，the Economic Crisis， Structurally Related Ethics Issues，and Potential Reforms." Business Ethics Quarterly 20(2)，299—330.

Nowak，Alojzy，and Patrick O'sullivan. 2012. "Ethical Issues in the Policy Response to the 2008 Financial Crisis: Moral Hazard in Central Banking and the Equity of Bailout." In Business Ethics: A Critical Approach: Integrating Ethics Across the Business World, edited by Patrick O'sullivan, Mark Smith, and Mark Esposito. London: Routledge, 147—166.

Okun, Arthur M. 1975. Equality and Efficiency: The Big Tradeoff. Washington: Brookings Institution Press.

Piketty, Thomas. 2014. Capital in the 21st Century. Cambridge, MA: Belknap Press.

Pistor, Katharina. 2013. "A Legal Theory of Finance." Journal of Comparative Economics 41(2), 315—330.

Reich, Robert B. 2015. Saving Capitalism: For the Many, Not the Few. New York: Alfred A. Knopf.

Reiff, Mark R. 2013. Exploitation and Economic Justice in the Liberal Capitalist State. Oxford: Oxford University Press.

Reinhart, Carmen M., and Kenneth S. Rogoff. 2009. This Time Is Different: Eight Centuries of Financial Folly. Princeton: Princeton University Press.

Roemer, John. 2012. "Ideology, Social Ethos, and the Financial Crisis." Journal of Ethics 41(2), 315—330.

Sandel, Michael J. 2012. What Money Can't Buy: The Moral Limits of Markets. New York: Farrar Straus Giroux.

Satz, Debra. 2010. Why Some Things Should Not Be for Sale: The Moral Limits of Markets. Oxford: Oxford University Press.

Shiller, Robert J. 2000. Irrational Exuberance. Princeton and Oxford: Princeton University Press.

Shiller, Robert J. 2007. "Bubble Trouble." Project Syndicate, September 17. https://www.project-syndicate.org/commentary/bubble-trouble?barrier = true.

Shiller, Robert J. 2012. Finance and the Good Society. Princeton and Oxford: Princeton University Press.

Sorrel, Tom, and Luis Cabrera, Luis, eds. 2015. Microfinance, Rights, and Global Justice. Cambridge: Cambridge University Press.

Turner, Adair. 2016. Between Debt and the Devil: Money, Credit, and Fixing Global Finance. Princeton and Oxford: Princeton University Press.

van de Ven, Bert. 2011. "Banking after the Crisis: Towards an Understanding of Banking as a Professional Practice." Ethical Perspectives 18(4), 541—568.

Wall Street Journal. 2009. "Goldman Sachs' Blankfein on Banking: 'Doing God's Work'." November 9. http://blogs. wsj. com/marketbeat/2009/11/09/goldman-sachsblankfein-on-banking-doing-gods-work/.

Wollner, Gabriel. 2014. "Justice in Finance: The Normative Case for an International Financial Transactions Tax." Journal of Political Philosophy 22(4), 458—485.

第一编
规范基础

第二章

正义、金融市场与人权

罗莎·M.拉斯特拉　阿兰·H.布雷纳

一、导　论

在全球金融危机之后，监管机构颁布了许多刚性规则与柔性规则，具体来　39
说包括从金融稳定委员会（FSB）对跨境解决方案的建议（"自上而下"柔性规
则的例子）到《欧盟资本要求指令》（EU Capital Requirement Directive）（"自
上而下"刚性规则的例子），以及经修订的行业实践规则，如国际掉期和衍生品
协会（International Swaps and Derivatives Association，ISDA）颁布的一系列规
则（"自下而上"柔性规则的例子）。然而，在此存在一个风险，即在起草这些
规则和守则的过程中，专家们可能会认为他们的工作仅仅是一项为了纠正某些
市场失灵或提高金融市场弹性的技术性任务。

相反，本章提出的观点是，制定和实施刚性规则（硬法）和柔性规则（软
法）的过程需要立足于建立或重建金融市场以及在金融领域运作或管理金融领域
的机构的合法性（legitimacy）。没有一个机构是在真空中存在的，所有机构都应
该有一个社会目的。正如约翰·罗尔斯（John Rawls）所言："人们如何协作以满
足他们目前的（经济）需求……会影响他们将成为什么样的人……因此，必须基
于道德、政治以及经济的理由作出选择。追求经济效率只是决策的一个依据，而
且往往是相对次要的依据。"（1999，229）又如格劳秀斯（Grotius）所说：如果每
个人都寻求自利，那么就没有正义可言。人们生活在社会之中，并且会对他人形成
诉求和影响，因此"无法承认每个人天生只寻求自己的利益"（2012［1625］，2）。

为了生存和发展，金融机构和市场需要在它们所影响的人眼中建立和维持

其合法性。这种合法性意识往往建立在以道德观念为支撑的正义和人权的法律观念之上。本章还基于一种相互性概念（concept of mutuality）——"人们休戚与共（we are all in this together）"——探讨了无法承认、发展和培育这种合法性观念的后果，即可能导致社会脱节或走向极端。因此，金融机构和市场都需要与它们所影响的社区更密切地接触，并解释它们创造财富的原理，以维护整个社会的利益，而不仅仅是少数特权阶层的利益。

第二部分主要探讨金融机构基于社会目的①和自我约束的社会合法性。罗尔斯和拉兹（Raz）等理论家在一定程度上将合法性的要求"程序化"，本章将根据他们的观点讨论在什么条件下金融机构和市场可以被认为具备合法性。本章通过对发薪日贷款监管问题的简要讨论，来说明从正义的角度需要寻求什么样的权衡和制度解决方案。不仅在国家层面上，而且在国际层面上，人权都是合法性的一个共同基础。人权深深植根于西方思想史，其发展与市场的成长呈现出有趣的相似之处。笔者将追溯人权发展的一些历史脉络，重点关注"萨拉曼卡学派"和第二次世界大战后对法律实证主义的反思，它们推动了现代人权制度的建立。但在当今世界，接受人权作为合法性基础与市场，特别是金融市场的运作方式之间存在着差距，造成了不公正的感受和社会的不信任。笔者以联合国的"外债与人权问题指导原则"为例，说明如何弥合这一鸿沟，最后强调金融市场需要重新获得并维持其社会合法性。

二、机构的社会合法性

社会通过立法赋予金融机构和市场的职能和特权不应被视为理所当然。韦伯（Weber）认为"涉及关系的社会活动通常基于合法性秩序的存在而获得信任"（Weber 1947［1915］，124），这被德沃金（Dworkin）描述为"对公民向他人提出和接受某些要求时的诚信正直的认可"，这种要求"拓展了道德维度并融合了公民的道德和政治生活"（Dworkin 1986，189）。这也可以理解为"互惠（reciprocity）"这一概念，即作为社会一员并在社会中发挥作用，需要在"互

---

① 对于金融市场的制度目标，也参见米勒在本书第四章的论述。

惠"的基础上承担"成员的特殊责任",其中成员个体需要对其他社会成员表现出"大致相同的关注"(Dworkin 1986,198—201)。与其说这是一种霍布斯意义上的社会契约,将这种关系视为一种我们在从事涉及他人的活动时所表现出的道德感可能会更好(Guest 2013,160—162)。

这种道德感要求无论是政治还是经济权力都要有一种自律或克制的意识,否则权力将有被滥用的风险,从而对社会整体造成破坏(Dunn 1999,324)。用具体的法律制度来规制市场和金融机构可能还不够,为了确保市场为"公共利益"服务,可能需要一定程度的道德约束(Sandel 2012,14)。

这意味着,金融机构和市场的合法性是基于它们的社会目的以及一种"自我否定条例(self-denying ordinance)",②这种合法性不是简单地依靠法律,而是也需要依靠个人和机构的道德感(O'Neill 2000,60)。③如果这些市场和机构的社会目的是明确的,自我约束的机制是明显的,那么它们就可以被认为是值得信赖的,它们在社会中的作用也可以被接受。④如果金融机构没有这种程度的可信度和合法性,就只能越来越多地依赖更具强制性的规则和限制。第三部分将考虑金融市场和机构如何基于可感知的正义感来证明其存在的价值。

三、金融机构和市场的目的及其社会合法性

托马斯·阿奎那(St Thomas Aquinas)引用亚里士多德的话,将正义描述

---

② 自我否定条例,或称忘我条例,是限制先前的法律或规则的创建者在稍后的执法机构中续存,以维护法律规则在执行过程中的独立性和公正性的一种立法原则。——译者注

③ 奥尼尔(O'Neill)认为,机构,包括那些代表国家权力的机构,其作用是将正义制度化。这也适用于金融市场和金融机构,而且不仅限于立法。

④ 这也是天主教会的立场。教皇本笃十六世(2009)在《真理中的博爱》(Charity in Truth)的通谕中指出:"市场—国家"模式的完全二元对立不利于社会发展,而源自民间社会的团结协作形成的经济形式支撑着社会建设。他呼吁建立一个新的模式,将全球的"市场—国家"二分法重新嵌入一个更广泛的社会关系网络中,并由正义、团结、博爱和责任等美好德行和普世原则来约束。特别是在如今,个人的尊严和对正义的期待要求我们不应以在道德上不可接受的财富不平等为代价追求经济增长,我们应继续以每个人获得稳定就业为优先目标。综合来看,这也是"经济逻辑"的要求。一个国家内部和不同国家人民之间社会不平等的系统性增加(即相对贫困的大规模增加),不仅影响社会凝聚力,也会威胁到民主制度,而且由于"社会资本"的逐步侵蚀,经济也会受到影响。信任、可靠和尊重规则的社会关系网络,是任何形式的文明共存所不可或缺的。

为"最杰出的美德，它比星辰更加美妙"（1918［1485］，Justice Question 58，
42　Twelfths Article，134）。正义以及对正义的理解，是建立对金融市场和机构合
法性信念的基础。对休谟（Hume）来说，正义不是一些模糊的理念，而是把社
会凝聚在一起的"胶水"的一部分，因为按照他人认为公平的方式行事也符合
我们自身的利益（参见 Penelhum 1992，135—136）。他举了两个划船运动员的
例子，尽管他们没有契约关系，但他们为了共同的利益必须同步划桨（1978
［1738］，Book III.II，490）。

然而，约翰·罗尔斯将正义与市场之间的联系视为一种公平程序（1999，
242；Martin 1985，157—174）。这与汤姆·泰勒（Tom Tyler）关于人们为什么
遵守刑法的实证研究结果相似。⑤作为其程序正义理论的一部分，罗尔斯认为市
场需要有公平和开放的准入，方能符合程序正义的要求（1999，240ff.）。然而，
罗尔斯承认市场机制也可能阻碍程序公平，因此，虽然市场机制处于中心地位，
但市场必须由能确保公平准入的制度来辅助，并且该制度也符合他的两项正义
原则，特别是第二项分配正义原则（参见 Martin 1985，161）。首先，经济机会
的获得应当是平等的（例如可能"产生收入和财富"的教育机会或职位），其
次，不平等只有在"改善了所有人（包括处境最不利者）的状况"这一特定情
况（Martin 1985，64 and 67）下才能被接受。我们有可能误解罗尔斯的观点，
即认为他的观点为任何形式的不平等提供了理由。或者，更好的看法可能是认
为罗尔斯认识到不平等是不可避免的，但同时不平等的受益者和从中获益的机
构和市场都应该承担一项责任，即不仅要减轻处于不利地位者的处境，而且要
积极改善他们的状况。

罗尔斯认为，正义更接近于洛克（Locke）等人所说的社会契约。对罗尔斯
来说，正义具有一种社会功能，即"通过获得公众认可的充分理由，使社会所
有成员相互接受共同的基本制度和安排"（1980，540—542）。将正义理解为一
种解决社会内部冲突的机制的观点在约瑟夫·拉兹（Joseph Raz）这里得到了
更进一步的发展。拉兹认为那些不同意所有或部分共同价值观的人需要为了更

---

⑤　Tyler（1990，178）；在他的讨论中，他认为"合法性认知"对于个人接受和遵守法律至关
重要（见 19—30）。

高的利益而压制他们的主张，否则就不能再居于这个共同体中（Raz 1986，127）。在拉兹看来，共同体内部更可能出现的问题是达成共同的正义观所必需的方法和权衡。在实践中，社会共同体成员需要进行"讨价还价"，通过相互妥协以实现"接近最优解的次优但现实的解决方案"（Raz 1986，129）。由于这种结果产生的过程是公正的，所以据推测结果本身在程序意义上也是看似公正的。然而，作为一系列妥协的结果可能是不可接受的，因为妥协的结果很难是完美的（Raz 1986，129f.）。

43

发薪日贷款作为例子，说明了"非黑即白"判断的局限和取得平衡的重要性。在这类成本很高的贷款中，贷款人向不借贷就无法生存的底层贫民提供被认为是不道德的信贷，他们对这些小额短期的贷款收取高额利息。这些贷款人很注重宣传，特别是在电视黄金时段打出诱人的广告，声称在几分钟内即可完成交易并会立即放款。在英国，发薪日贷款人最近开始受到法律的严格监管，预计新的监管要求将使他们中的大多数无法再继续从事该营生。⑥设定利率上限和限制广告方面的严格监管要求得到了广泛的支持（参见例如 Cooper and Purcell 2013）。

伊莱恩·肯普森（Elaine Kempson）教授领导的布里斯托尔大学团队 2013 年发布了迄今为止英国关于发薪日贷款监管的最权威的独立报告（布里斯托尔大学个人金融研究中心 2013）。该报告认为有必要平衡对发薪日贷款的限制，因为：

> 低收入者和弱势群体获得信贷的机会可能会减少。大多数人要么没有钱，要么向朋友或亲戚求助。少数人会尝试从其他地方借钱，包括从另一个短期贷款人那里借钱……如果没有从短期贷款人那里借到钱，就有可能意味着拖欠其他债务（特别是家庭账单）。（vii）

还有一种风险是，一些借款人会转向非法的"高利贷"放贷者。然而，虽

---

⑥　2014 年时任英国金融行为监管局（FCA）首席执行官表示，严格的发薪日贷款新规可能会迫使四分之一的贷款人退出该行业。监管部门将调查贷款人"他们是如何赚钱的，他们在哪里赚钱的"，以及"他们是否只能通过折磨客户来赚钱"。他还表示，"在这个市场上存在着令人震惊的做法"（《金融时报》2014）。

然发薪日贷款人可能会遵守新的监管要求，但不清楚他们的行为是否有任何道德感。因此，社会有责任找到那些更具有互助精神和信念的机构，为低收入借款人提供信贷来源。一个可以考虑的方向是扩展信用社和资金互助社的范围。然而，虽然这些机构可能希望提供帮助，但它们的工作人员主要是志愿者，没有能力做广告吸引必要规模的成员。这可能需要社区集体行动才可以解决。⑦这个宏大的问题将在第四部分讨论金融市场如何在人权框架内实现正义时进行研究。

四、作为合法性基础的人权及其历史发展

在金融市场和人权的语境下，努力做正确的事被认为是这些概念出现后的进步，即便这种进步是渐进式的。金融市场建立在一系列关系和承诺的基础上，而这些关系和承诺由共同利益和法律来约束。同样，法律本身也是建立在个人与国家及其机构之间的一系列理解上，并建立在共同的价值观和合意基础上的（例如见 Arendt 1958，243ff.）。关于国家与个人之间的关系，有大量的学术文献，从霍布斯（Hobbes）和洛克，到卡尔·施米特（Carl Schmitt）和汉斯·凯尔森（Hans Kelsen），一直到罗纳德·德沃金。这场冗长的辩论超出了本章的范围，故在此不详细论述。⑧然而，本章的核心是合法性概念，它是建立在共同的价值基础上的，这些价值将一个共同体联系在一起。这个意义上的"共同体（Community）"超越了民族国家。

正如汉娜·阿伦特（Hannah Arendt）所解释的，对于人权有关的理解超越了国界。更确切地说，"人权理应成为世界上所有人的权利"（Volk 2015，195ff.）。在这层意义上，人权不是由法律创造的，相反，法律的目的乃是宣布这些被广泛接受的权利，并规定如何实现这些权利（Raz 2015）。迈克尔·桑德尔（Michael Sandel）发展了这一观点。他认为，社会对于人权不仅要有共同的

---

⑦　大主教的"负责任信贷和储蓄工作组"发布"To Our Credit"（2016）建议教会社区支持将债务"指引（signposting）"给负责任的机构和新型储蓄计划或团体。

⑧　见 Jacobson and Schlink（2002）。另见哈耶克关于"忠诚和主权"以及法律必须符合"公正行为的普遍规则"的阐述，Hayek（1973，91—93）。

理解，而且必须将其"体现在他们的制度安排中"（2012，173）。⑨值得一提的
是，早期的人权思想，有助于我们更广泛地理解这一主题。

根据托马斯·阿奎那的观点，人权概念源于自然法，自然法以正义为基础，
包括为共同利益服务和公平承担责任。⑩基督教尊重个人的传统植根于对人类灵 45
魂神圣不可侵犯的信仰，其可以追溯到圣经中对于人与上帝之间关系的探讨。⑪
私法处理的是个人之间或个人与"法人"之间的关系，而人权的范围要广得多，
其内涵也包括个人与国家之间的关系。中世纪西班牙学者提出了个人权利与社
会政治权利并列的概念（Freeman 2006，11）。这些概念随后在 16 世纪和 17 世
纪由在北欧的格劳秀斯、普芬多夫（Pufendorf）、霍布斯、洛克和后来的康德
等人研究和发展。例如，普芬多夫和格劳秀斯都大量借鉴了弗朗西斯科·苏亚
雷斯（Francisco Suárez）等人的著作（例如参见 Crowe 1999，10—20；Carr and
Seidler 1999）。后者是一群 16 世纪西班牙哲学家，特别是"萨拉曼卡学派"的
学者，他们发展了早期的中世纪思想，认为自然权利是以自然法为基础的。⑫

我们可以在市场（包括概念和实践）的发展与对权利和自由的理解之间找
到历史性的相似之处。⑬"萨拉曼卡学派"的两位哲学家：多明戈·德索托

---

⑨　另见 Sandel（1998，172—174）。桑德尔认为社会共识不足以确认一项权利，权利改革可能
需要"挑战现行的惯例（challenge to prevailing practice）"。然而，改革的动机可能"让一个社会
重新回顾历史"，并寻找"一个社会内隐含但未实现的理想"。

⑩　Aquinas 1918［1485］，215，Question 95，Second Article.这就提出了这样一个命题：人类
不可能单独行动。它需要一个共同体为共同利益而共同行动（另见 Loughlin 2010，215）。

⑪　参见例如 Buber（2013［1937］）。Buber 将"I"描述为经济领域的概念，而"Thou"则
属于精神世界的概念。（同上，47—51 和 Part III，作者发展了上帝和人之间的"I-Thou"的关系）。

⑫　"萨拉曼卡学派"是指一个西班牙法学家、神学家和哲学家群体，他们创立了一套关于自
然法、国际法和经济法的学说。该学派起源于弗朗西斯科·德维多利亚（Francisco de Vitoria）的
学术成果。弗朗西斯科·德维多利亚自 1526 年开始担任萨拉曼卡大学首席神学教授。该学派的其他
杰出成员还有 Domingo de Soto，Fernando Vázquez de Menchaca，Diego de Covarrubias，Luis de
Molina，Juan Ginés de Sepúlveda 和 Francisco Suárez（参见 Lastra 2014，129—138）。"萨拉曼卡学
派"在早期货币理论发展中具有重要地位。参见 Grice Hutchinson（1952）。

⑬　例如，13 和 14 世纪弗拉芒城镇的快速发展既反映了其独立和自由思想水平，也反映了其
作为贸易、交易和金融中心的作用（见 Murray 2005，77—78）。又如，布鲁日和根特的地位在国际
市场发展的过程中适时地转移到了安特卫普（Gelderblom 2013）。16 世纪，当大量的黄金，特别是
白银从新大陆涌入时，萨拉曼卡的思想家们与安特卫普的商人和神职人员进行了交流。同时，人们
对如何最好地治理这些新土地的兴趣也在增加（1952，40—42）。同样值得一提的是，在菲利普二世
青年时期和后期担任私人秘书的 Gonzalo Pérez 在该学派发展的关键时期一直在萨拉曼卡大学学习
（Kamen 1997，27）。

（Domingo de Soto）和弗朗西斯科·德维多利亚研究了与市场、确定价值、交换和货币自由以及对穷人的影响有关的问题，他们考虑并发展了关于救济穷人的必要性的理论，他们认为对穷人的救济不是慈善行为，而是要"维护穷人的基本人身和行动自由的权利"（Grice-Hutchinson 1952，43；Kamen 1997，24）。德索托在一篇论文中阐述了该观点，并于 1545 年提交给西班牙国王菲利普二世。同年，他成为了皇帝的告解神父（confessor）和特伦特会议的继任代表。因此，自然法理论最终使得市场发展和人权保障的概念相互联系。然而，对市场的经济分析后来走上了不同的道路，市场与人权的关系也出现了分裂（见第五部分）。

46

格劳秀斯和其他现代国际法学派学者对这些学说的后续发展，在 20 世纪反思纳粹德国侵犯人权和对犹太人实施种族灭绝的一系列暴行⑭的法律回应时得到了重新评价。这种反思引发了当实在法与自然法相背离时对于实在法正当性的重新审视。这些辩论清楚地表明，受到汉斯·凯尔森（1967［1934］）著作影响，并被 H.L.A.哈特（H.L.A. Hart）等思想家所接受的法律实证主义有其局限性（例如参见 Bodanksy and Watson 1992 关于国家同意的局限性）。

菲利普·桑兹（Philippe Sands）最近的一本书（Sands 2016）将那一代杰出学者——包括赫希·劳特派特（Hersch Lauterpacht）和拉斐尔·莱姆金（Raphael Lemkin）——的作品进行了汇编，阐明了国际法发展中应对纳粹暴行的这一最新篇章。剑桥大学国际法教授、20 世纪 40 年代杰出的法律学者之一劳特派特成为公认的国际法权利制度发展的关键人物。波兰犹太律师拉斐尔·莱姆金则创造了"种族灭绝（genocide）"一词。

在这其中最重要的是国家不能压制人的基本权利，对人权的承认和保护是不可侵犯的。因此，联合国大会于 1948 年 12 月 10 日通过了《世界人权宣言》（UDHR 1948）。正如序言所述：

---

⑭ 纳粹政权将许多群体作为灭绝的目标，包括吉卜赛人、斯拉夫人、残疾人和同性恋者。然而，对犹太人的迫害和谋杀规模之大是无与伦比的。有六百多万犹太人在大屠杀中丧生。

鉴于对人类家庭所有成员的固有尊严及其平等的和不移的权利的承认，乃是世界自由、正义与和平的基础。

鉴于对人权的无视和侮辱蔑视已发展为野蛮暴行，这些暴行玷污了人类的良心，而一个人人享有言论和信仰自由并免于恐惧和匮乏的世界的来临，已被宣布为普通公民的最高愿望。

鉴于为使人类不致迫不得已铤而走险对暴政和压迫进行反叛，有必要使人权受法治的保护。

鉴于有必要促进各国间友好关系的发展。

鉴于各联合国国家的公民已在联合国宪章中重申他们对基本人权、人格尊严和价值以及男女平等权利的信念，并决心促成较大自由中的社会进步和生活水平的改善。

鉴于各会员国已誓愿同联合国合作以促进对人权和基本自由的普遍尊重和遵行。

鉴于对这些权利和自由的普遍了解对于这个誓愿的充分实现具有很大的重要性。

因此现在，大会发布这一世界人权宣言，作为所有公民和所有国家努力实现的共同标准，以期每一个人和社会机构经常铭念本宣言，努力通过教诲和教育促进对权利和自由的尊重，并通过国家的和国际的渐进措施，使这些权利和自由在各会员国本身公民及在其管辖下领土的公民中得到普遍和有效的承认和遵行。

五、当今世界的经济、金融市场、人权和正义

在当今我们理解和捍卫人权的同时，承认和保护人权已被广泛认为是法治的内在要素，但有关市场（包括金融市场）与国家之间关系的辩论仍在继续。它是历史和当下政策辩论不能回避的议题，并影响着不同政党的选举议程。在建设一个公平和公正社会的过程中，正义问题是不能和市场问题相割裂的。这对于制定适当的国内和国际政策和制度产生了重要影响。

2008 年全球金融危机造成了一种强烈的不公正感，引发了从纽约（"占领

华尔街运动")到伦敦和西班牙的"愤怒运动"⑮等世界各地的抗议活动，以及随后在欧元区一些国家崛起的政治运动或政党的发展，特别是希腊的左翼联盟（Syriza）和西班牙的"我们可以"党（Podemos）。⑯这些都反映了整个社会从平等和不平等的角度对正义与市场（尤其是金融市场）之间的关系的重新审思。

48　　　虽然这些抗议与金融危机的时代背景密切相连，但其所涉及的问题并不新鲜。事实上，关于社会正义、团结、社会政策和社会保障的辩论贯穿 20 世纪欧洲福利国家建设的历史。

　　被称作英国"福利国家之父"的威廉·贝弗里奇（William Beveridge），⑰是 1942 年 12 月 7 日发表的《贝弗里奇报告》（又称《社会保险和联合服务报告》）的主要作者，该报告奠定了 1945—1951 年工党政府社会福利改革中立法方案的基础。从那时起，全面的社会保险（附带免费的全民医疗服务）就成为英国社会福利政策的一大特色，瑞典、西班牙等西欧国家也纷纷效仿。然而，考虑到发达国家的财政支出负担渐重，特别是全球性金融危机之后压力巨大，又鉴于人口、金融和财政的发展下公共养老金和福利体系的需求，这些社会保障制度在许多方面不得不进行削减甚至面临取消（参见 Davis and Lastra 2016）。

　　回到关于人权的辩论，从霍菲尔德（Hohfeldian）的意义上讲，人权存在于民族国家层面，国家对其公民授予或赋予权利，以换取其遵守相应的义务，如守法、纳税等（Hohfeld 1913，1917）。然而，金融市场和金融机构常常跨越国界。因此，人权与全球金融市场和机构之间在多大程度上存在着互动也是一个问题。这个问题随着经济学思维中"经济人（homo economicus）"理论的发

---

　　⑮　西班牙反紧缩运动，又被称为 15-M 运动，愤怒运动。起源于 Democracia Real Ya、Juventud Sin Futuro 等社交网络。据西班牙公共广播公司 RTVE 称，有 600 万—850 万西班牙人参加了这些活动。——译者注

　　⑯　该党起源于马德里知识界左翼发起的一场政治运动，于 2014 年 3 月正式注册。创始人为大学教授、政论节目主持人巴勃罗·伊格莱西亚斯·图里翁。2014 年 5 月欧洲议会大选获胜，得票率 8%，取得 5 个欧洲议会席位。2015 年 12 月 20 日，首次参加西班牙众议院大选的"我们可以"党获得极佳表现，得票率 20.7%，赢得 69 个众议院席位。"我们可以"党以解决社会不平等问题为诉求，要求就财政紧缩措施与金融援助方案重新谈判，寻求修改《里斯本条约》。——译者注

　　⑰　威廉·亨利·贝弗里奇于 1919 年至 1937 年担任伦敦政治经济学院院长（参见在 LSE Connect 发布的报告，Winter 2012，21ff.）。贝弗里奇报告的细节是与约翰·梅纳德·凯恩斯（John Maynard Keynes）和莱昂内尔·罗宾斯（Lionel Robbins）合作的。

展而更加突出。

　　经济人理论认为，在概念分析中可以将人视为纯粹经济理性的存在。[18]虽然出于建模分析的目的，将理性"经济人"假设成代表现实中的某些方面可能是有用的，但也有必要退一步，将人类作为一个整体来考虑。[19]从这一角度来看，就有了"人的尊严"的概念。后一种观念包含了这样一种观点：每个人都有一系列的潜能，社会有责任发展这些潜能，既为个人的利益，也为社会整体的利益。[20]遗憾的是，正如本章第三部分所讨论的那样，这种更广阔的视角在经济和金融市场分析中常常被忽略。因这种分析而成的制度设计导致社会信任的丧失也就不足为奇了。

　　金融危机造成了全球性的经济混乱，包括长期的低经济增长率、年轻人的高失业率、住房获取困难以及欧元区的债务危机。这些共同造成了政治动荡，使得民众对现有的政治和金融体制产生了相当大的失望，并普遍转向支持更极端的政党。造成这种情况的原因有很多，但其中最重要的原因是，对于经济持续稳定增长的幻想的破灭，对金融机构和市场越来越强的不信任感，特别是由于金融市场未能为整个社会创造财富。

　　某种程度上以上这些现象反映了任用技术官僚治理市场的范式在民众沟通和吸引民众参与上的失败。迄今为止，人们一直信任由一小部分专家来指导和管理经济和市场。金融危机及其后续的一系列问题暴露了这一范式的严重缺陷，而一些政治上的失败又使这一问题更加严重。越来越多的人担心，许多金融市场已经与其所属的社会失去了联系。证券交易本身很可能已经成为一种敛财的工具，无法满足社会对于金融功能的需求（参见例如 Turner 2016，42ff.）。这种后果已经体现在民众日益增长的不平等、不公正的感受以及共同体意识的丧

49

---

　　[18]　例如，约翰·穆勒（John Stuart Mill）认为，"政治经济学……关注的［人］纯粹是一个渴望拥有财富，并且有能力作出有效判断并实现该目的的存在"（1874［1836］，essay 5，137）。"经济人（Homo economicus）"现在和将来都是经济理论界的一个普遍概念。

　　[19]　由于经济政策可以通过对结果的实证分析来评估（即"注重产出"），因此经济分析可以被认为是一种"结果主义"。然而人权等概念具有强烈的道义色彩，通常建立在纯粹的原则上（Freeman 2006，22）。康德认为，行为的结果不如行为的动机重要，在道德上是好的行为本身就是好的（参见 Kant 1997［1785］，60，"The good will and its results，" chap.1）。

　　[20]　这些概念可以追溯到亚里士多德和托马斯·阿奎那。参见例如 Nussbaum（2000，106 and 112）。也参见 Lee and George（2008）。

失中。

许多公民认为自己受制于"不公正"力量。通常，这种看法来源于阴谋论和经常在社交媒体上传播的臆想。这种归咎于"他人"的认知错位，往往会导致不满和极端主义的增长，以及对个体价值的忽视。

在相当大的程度上，这种担忧可以形容为一种"失控（loss of control）"的感觉。有一种看法认为，市场交易已经失去了可预测性和选择自由。一直存在的强大的市场和经济力量似乎突然被释放出来。市场经济带来的变化中许多是有益的，在几十年间让许多人受益，例如使印度和中国的数百万人摆脱了贫困，推动了卫生和医疗方面的进步，改善了农业和城市发展，为许多人提供了更多选择。然而，市场经济带来的发展并不平衡，并不是所有人都是市场经济的受益者，在许多地区，来自社区或福利国家机构的确定性和支持已经瓦解。这导致人们对经济变革的性质及其与人的尊严和社会平等的关系产生了疑问。㉑

罗纳德·德沃金试图将"平等"划分为两种形式，其一是要求按照"共同人性（common humanity）"对待个人，其二是与"具有发展和实现能力的人的属性"相关的形式（Guest 2013，197）。前者是通过获取资源的自由来解决的，而后者则让个人自由选择他们希望的生活方式（Dworkin 2011，356—363），在这里，他考虑的是有关"资源平等"的问题。德沃金认为追求正义需要一种"包容的伦理和道德理论"（Dworkin 2011，419）。评估人们应当如何生活，包括他们在经济中的关系，需要"一些有效的道德信念……它们对于生活中的责任至关重要"（Dworkin 2011，420）。

为了与上文相联系推进这一讨论，我们需要考虑哪些人权与这一分析最为相关。人权通常被分为两大类：一类是绝对权利（如生命权、自由权和身体完整权）；另一类是相对权利（如受免费教育的权利、获得清洁水的权利、获得充足食物的权利等）（例如参见 Raz 2015，225 and 229—231，拉兹在其中质疑第二类权利是否真的是"人权"）。第二类权利被描述为需要"共存义务（compossible duties）"作为权利的相对方，因为绝对权利可以通过限权和约束来满足，而相对权利则需要承担义务的人采取"积极行动"（O'Neill 2015，

㉑　例如皮凯蒂对收入不平等影响的分析。参见 Piketty（2014）。

77ff.）。后一类权利可被称为"愿望性的"，而满足这些权利的义务则取决于相关机构实现这些权利的相对能力。但是，这种形式的概念化可能太过局限，它似乎立足于模糊了什么是重要的以及什么是可行的经济分析来认识这一问题。㉒

阿马蒂亚·森（Amartya Sen）也提出了类似批评，认为尽管从经济角度对收入和财富进行分析固然重要，但只关注收入和财富的经济效果是不够的。森主张创造"人们过上他们期待的生活的能力"更为重要（Sen 1999，18）。个人和团体的能力可以通过一系列的"自由"得到提高，包括疾病防治、健康改善、教育机会以及参与政治经济活动等（Sen 1999，15—17）。㉓这能够给予人们选择：能力的提升能够为个人和社会提供机会，以帮助他们获得尊严。他们个人能力的提升，又会回过头来影响与他们有关的社区或领域（Sen 1999，15）。能够参与市场本身就是一种"自由"，是人权的一个方面，应被视为一种解放。㉔

51

因此，无论是金融领域还是其他方面，参与市场的权利和能力是个人能力和人权的基础。如果市场不能让个人和团体参与，不能支持他们的能力发展，可能就会滋生对于市场的不信任和疏远。如前所述，金融危机后的金融市场就造成了这样的结果。市场对于其所在的社会而言，需要被认为是公平、连通且有益的。这意味着，市场中的个人需要遵循道德操守，市场也需要形成对社会目的、透明度、社会关联度以及责任承担等进行清晰易懂解释的文化。这些核心要素在我们即将讨论的 2012 年联合国"外债与人权问题指导原则"中得到了很好的体现。

六、联合国外债与人权问题指导原则

联合国"外债与人权问题指导原则"以《世界人权宣言》为基础，涵盖了

㉒　相反观点亦存在，例如 Nickel（2006，7）和 Griffin（1986，284—312）。

㉓　另见 Nussbaum（2007，69ff.），其中她扩大了"能力"一词的使用范围，以此来衡量"人们实际上能做什么，并以某种方式被某种想法所影响"。

㉔　森在女性教育和劳动力参与的背景下讨论了这个问题（Sen 1999，115—116）。另见本书中第三章中的论述。

公民、政治、经济、社会和文化权利，是承认和保护人权国际体系的基础。外债与人权问题独立专家报告（2011）阐述了这一领域的指导原则。[25]《世界人权宣言》的结构反映了拉兹之前提到的内容，也体现了森关注的提升能力的因素。例如，其第 3 条到第 21 条提到了个人的生命、自由、安全和财产权、言论自由、不受酷刑的自由、正当程序权利和法律面前人人平等的权利，而第 22 条到第 27 条则强调了提供发展路径的经济、社会和文化权利，例如受教育权、工作权和环境权。

联合国"外债和人权问题指导原则"的基本原则是成员国必须确保"人权至上"（第 11 条到第 12 条）、平等和不歧视（第 12 条）、债务人和债权人之间的责任要平衡（第 14 条），以及必须确保"透明度、参与和问责制"（第 14 条到第 15 条）。

这些原则具有很强的指导意义和启示。金融市场和金融机构需要充分地考虑整个社会。金融法律制度需要在公认的价值和原则的道德框架内运作。在当前欧盟面临众多政治、经济和生存挑战的情况下，我们需要重申人权、民主和法治作为欧盟核心价值的重要意义。这些价值观在欧盟的创始条约中即有体现，在 2000 年欧盟通过的《基本权利宪章》时得到强化，并在《宪章》因 2009 年《里斯本条约》生效而具备法律约束力后得到进一步加强。寻求加入欧盟的国家必须尊重人权。成员国与第三国签订的所有贸易和合作协定都包含一项条款，即规定尊重人权是双方关系基础。[26]

七、结　论

金融市场和金融机构需要重新建立和维持其运作的合法性。制定详细的监

---

[25] "国际人权法案"是由联合国大会《世界人权宣言》，1948 年 12 月 10 日，大会第 217A（III）号决议，http://www.unhchr.ch/udhr/lang/eng.htm，《公民权利和政治权利国际公约》，纽约，1966 年 12 月 16 日，999 UNTS 171，http://www.ohcr.org/Documents/ProfessionalInterest/ccpr.pdf，和《经济、社会、文化权利国际公约》，纽约，1966 年 12 月 16 日，993 UNTS 3，http://www.ohcr.org/Documents/ProfessionalInterests/cescr.pdf 构成。

[26] 亦参见 http://www.consilium.europa.eu/uedocs/cms＿data/docs/pressdata/EN/foraff/131173.pdf。

管规则是必要的，但还远远不够。那些参与金融市场的主体需要考虑其终极目的，以及如何满足社会的需要。这意味着金融机构必须以符合道德的方式经营，并且要认识到金融市场应具有更广泛的目的，特别是为社会创造财富，而不仅仅只是为了实现少数特权阶层的利益。尽管人权的所有方面都很重要，但在这个语境下，金融市场应当特别注意确保透明度、参与度和问责制，以寻求和促进社会能力的增强。

参考文献 ————————————————————————

Aquinas，St Thomas. 1918[1485]. Summa Theologiae，Part II(Second Part)，Justice，R&T Washbourne，London，113—135. http：//www.newadvent.org/summa/3058. htm#article1.

Archbishop's Task Group on Responsible Credit and Savings "To Our Credit"(2016). http：//static1.squarespace.com/static/5406dac3e4b02d18666bcb68/t/56b9bff9c2ea 513afa7d2be3/1455013883903/Task + Group + Final + Report. pdf (accessed June 16，2016).

Arendt，Hannah. 1958. The Human Condition. Chicago：University of Chicago Press.

Bodansky，Daniel，and J. Shand Watson. 1992. "State Consent and the Sources of International Obligation." Proceedings of the Annual Meeting(American Society of International Law) 86，108—113.

Buber，Martin. 2013[1937]. I and Thou. London：Bloomsbury.

Carr，Craig，and Michael Seidler. 1999. "Pufendorf，Sociality and the Modern State." In Grotius，Pufendorf and Modern Natural Law，edited by Knud Haakonssen. Aldershot：Dartmouth Publishing，133—157.

Cooper，Niall，and Sarah Purcell. 2013. "Stopping the Pay-day Loan Rip-off" (Church Action on Poverty，October). http：//www.church-poverty.org.uk/news/pressroom/resources/reports/paydayloanreportpdf(accessed June 16，2016).

Crowe，M.B. 1999. "The 'Impious Hypothesis'：A Paradox in Hugo Grotius." In Grotius，Pufendorf and Modern Natural Law，edited by Knud Haakonssen. Aldershot：Dartmouth Publishing，3—34.

Davis，E. Philip，and Rosa M. Lastra. 2016. "Pension Provision，Care and Dignity in Old Age：Legal and Economic Issues." Brunel Economics and Finance Working Paper No.16-06. http：//ssrn.com/abstract = 2780484(accessed October 24，2016).

Dunn，J.M. 1999. "'Bright Enough for All Our Purposes'：John Locke's Conception of a Civilized Society." In Locke's Moral，Political and Legal Philosophy，edited by

J.R. Milton. Aldershot: Dartmouth Publishing, 315—335.

Dworkin, Ronald. 1986. Laws' Empire. Oxford: Hart Publishing.

Dworkin, Ronald. 2011. Justice for Hedgehogs. Cambridge, MA: Harvard University Press.

Financial Conduct Authority. 2014. "PS14/16: Detailed Rules for the Price Cap on High-cost Short-term Credit—Including Feedback on CP14/10 and Final Rules." https://www.fca.org.uk/news/ps14-16-detailed-rules-on-the-price-cap-on-highcost-short-term-credit(accessed June 16, 2016).

Financial Times. 2014. "FCA Rules Could Force Quarter of Payday Lenders Out of Business." April 1. http://www.ft.com/cms/s/0/39745222-b967-11e3-957a-00144 feabdc0.html♯axzz4BkYjpmS6(accessed June 16, 2016).

Freeman, Michael. 2006. "Beyond Capitalism and Socialism." In Human Rights and Capitalism: A Multidisciplinary Perspective on Globalisation, edited by Janet Dine and Andrew Fagan. Cheltenham: Edward Elgar Publishing, 3—27.

Gelderblom, Oscar. 2013. Cities of Commerce: The Institutional Foundations of International Trade in the Low Countries, 1250—1650. Princeton, NJ: Princeton University Press.

Grice-Hutchinson, Marjorie. 1952. School of Salamanca, Reading in Spanish Monetary Theory, 1544—1605. Oxford: Clarendon Press. https://mises. org/system/tdf/ The%20School%20of%20Salamanca_3. pdf?file = 1&type = document (accessed June4, 2016).

Griffin, James. 1986. Well-being. Oxford: Clarendon Press.

Grotius, Hugo. 2012[1625]. On the Law of War and Peace. Cambridge: Cambridge University Press.

Guest, Stephen. 2013. Ronald Dworkin, 3rd edition. Stanford: Stanford University Press.

Hayek, F.A. von. 1973. Law, Legislation and Liberty. London: Routledge.

Hohfeld, Wesley. 1913. "Some Fundamental Legal Conceptions as Applied in Judicial Reasoning." Yale Law Review 23, 16—59.

Hohfeld, Wesley. 1917. "Fundamental Legal Conceptions as Applied in Judicial Reasoning." Yale Law Review 26, 710—770.

Hume, David. 1978[1738]. A Treatise of Human Nature. Oxford: Oxford University Press.

Jacobson, Arthur, and Bernhard Schlink. 2002. "Hans Kelsen" and "Carl Schmitt." In Weimar: A Jurisprudence of Crisis, edited by Arthur Jacobson and Bernhard Schlink. Berkeley and Los Angeles: University of California Press, 67—109, 280—312.

Kamen, Henry. 1997. Philip of Spain. New Haven: Yale University Press.

Kant，Immanuel. 1997[1785]. The Groundwork of the Metaphysic of Morals. Translation by H.J. Paton. London：Routledge.

Kelsen，Hans. 1967[1934]. Pure Theory of Law. Berkeley and Oakland：University of California Press，Berkeley，Oakland.

Lastra，Rosa. 2014. "Global Financial Architecture and Human Rights." In Making Sovereign Financing and Human Rights Work，edited by Juan Pablo Bohoslavsky and Jernej Letnar Černič. Oxford：Hart Publishing，129—138.

Lee，Patrick，and Robert George. 2008. "The Nature and Basis of Human Dignity." Ratio Juris 21(2)(June)，173—193.

Loughlin，Stephen. 2010. Aquinas' Summa Theologiae. London：T&T Clark.

Martin，Rex. 1985. Rawls and Rights. Kansas：University of Kansas Press.

Mill，John Stuart. 1874[1836]. "On the Definition of Political Economy，and on the Method of Investigation Proper to It." In Essays on "Some Unsettled Questions of Political Economy，" 2nd edition. London：Longmans，Green，Reader & Dyer，120—164.

Murray，James. 2005. Bruges，Cradle of Capitalism 1280—1390. Cambridge：Cambridge University Press.

Nickel，James. 2006. Making Sense of Human Rights. Hoboken，NJ：Wiley-Blackwell.

Nussbaum，Martha. 2000. "Aristotle，Politics，and Human Capabilities：A Response to Antony，Arneson，Charlesworth，and Mulgan." Ethics 111 (1) (October)，102—140.

Nussbaum，Martha. 2007. Frontiers of Justice. Oxford：Oxford University Press.

O'Neill，Onora. 2000. "Bounded and Cosmopolitan Justice." Review of International Studies 26，45—60.

O'Neill，Onora. 2015. "Response to John Tasioulas." In Philosophical Foundations of Human Rights，edited by S. Cruft，Matthew Liao，and Massimo Renzo. Oxford：Oxford University Press，71—78.

Penelhum，Terence. 1992. "Hume's Moral Psychology." In The Cambridge Companion to Hume，edited by David Norton. Cambridge：Cambridge University Press，117—147.

Personal Finance Research Centre University of Bristol. 2013. "The Impact on Business and Consumers of a Cap on the Total Cost of Credit." https：//www.gov.uk/government/uploads/system/uploads/attachment_data/file/136548/13-702-the-impacton-business-and-consumers-of-a-cap-on-the-total-cost-of-credit.pdf(accessed June 16，2016).

Piketty，Thomas. 2014. Capital in the Twenty-First Century. Cambridge，MA：Harvard University Press.

Pope Benedict XVI. 2009. Encyclical Letter "Caritas in Veritate" ("Charity in Truth"). http://w2. vatican. va/content/benedict-xvi/en/encyclicals/documents/hf_benxvi_enc_20090629_caritas-in-veritate.html(accessed June 16, 2016).

Rawls, John. 1980. "Kantian Constructivism in Moral Theory." Journal of Philosophy 77, 515—572.

Rawls, John. 1999[1971]. A Theory of Justice. Oxford: Oxford University Press.

Raz, Joseph. 1986. The Morality of Freedom. Oxford: Clarendon Press.

Raz, Joseph. 2015. "Human Rights in the Emerging World Order." In Philosophical Foundations of Human Rights, edited by Rowan Cruft, S. Matthew Liao, and Massimo Renzo. Oxford: Oxford University Press, 217—231.

Report of the Independent Expert on Foreign Debt and Human Rights (2011). "Report on the Effects of Foreign Debt and Other Related International Financial Obligations of States on the Full Enjoyment of all Human Rights, Particularly Economic, Social and Cultural Rights. Cephas Lumina: Guiding Principles on Foreign Debt and Human Rights." April, A/HRC/20/23. https://documents-dds-ny. un. org/doc/UNDOC/GEN/G12/128/80/PDF/G1212880. pdf? OpenElement (adopted July 18, 2012(A/HRC/RES/20/10)).

Sandel, Michael. 1998. Liberalism and the Limits of Justice, 2nd edition. Cambridge: Cambridge University Press.

Sandel, Michael. 2012. What Money Can't Buy: The Moral Limits of Markets. London: Allen Lane.

Sands, Philippe. 2016. East West Street: On the Origins of Genocide and Crimes Against Humanity. New York: Weidenfeld & Nicolson.

Sen, Amartya. 1999. Development as Freedom. Oxford: Oxford University Press.

Turner, Adair. 2016. Between Debt and the Devil. Princeton, NJ: Princeton University Press.

Tyler, Tom. 1990. Why People Obey the Law. New Haven: Yale University Press.

UDHR. 1948. "The Universal Declaration of Human Rights." http://www.ohchr. org/EN/UDHR/Documents/UDHR_Translations/eng.pdf. Adopted by the United Nations General Assembly on December 10, 1948 http://www.un.org/en/documents/udhr/index.shtml(accessed October 24, 2016).

Volk, Christian. 2015. Arendtian Constitutionalism. Oxford: Hart Publishing.

Weber, Max. 1947[1915]. The Theory of Social and Economic Organization. New York: Free Press.

第三章

金融市场监管的能力框架

罗格·克拉森

一、导　论

全球金融危机过后，何时、为何以及如何监管金融市场的问题再次受到关注。这些问题的答案或隐性或显性地依赖于市场监管的规范理论：一种论证国家干预市场主体自由的正当性的理论（在下文中，"监管"即指代"国家对市场的监管"）。本章关注的是一种由阿马蒂亚·森、玛莎·努斯鲍姆等人提出的特殊方法，即所谓实现正义的能力方法，并探讨这种方法能否为市场监管的规范理论提供比目前主流经济学理论更好的基础。

能力方法与市场及其监管之间的关系似乎是一个悬而未决的问题，因为该方法对市场本身不采取先验的积极或消极立场。正如一篇介绍能力方法的文章中所言：

> 人的发展和能力方法既不倾向于国家，也不倾向于市场，也不倾向任何特定的物资供应的经济体系。这种方法的本质在于，社会和经济过程的成功与否，应当根据它们是否拓展了宝贵的自由来衡量。只要人的能动性和福祉得到了促进和尊重，这些社会和经济的过程是由国家还是市场主导并不重要。
>
> （Johnson 2009，179）

这段话将根据能力水平评估结果的"规范标准"与导致结果差异的"制度

57 安排"进行了区分并强调了彼此之间的独立性。相互争鸣的规范理论（例如功利主义或罗尔斯的理论）之间同样是彼此独立的：对于不同的制度安排，只有在它们能够带来预期的结果时，各种规范理论才会予以支持。在这一章中，我们将思考能力方法如何弥合与制度安排间的鸿沟，并评估市场与监管的合意性，并且将尤其关注其在弥合这种鸿沟时与典型的经济方法或功利主义方法之间的差异。

本章首先简要介绍了监管的现状，并认为当前主流做法是将主要考虑效率的经济监管与主要考虑分配正义和父爱主义的社会监管区分开来。目前尚没有一个统一的理念来为这些不同类型的监管提供依据（第二部分）。在第三部分中，通过对正义主题的相关文献的讨论我们可以发现，强调监管的经济考量的功利主义理论并不能为思考社会监管提供理论支撑。为了解决这个问题，第四部分提出能力方法有可能为监管提供一个统一的理论，它揭示了分配效率、分配正义和父爱主义等与市场主体乃至更广义上的公民的能动性之间的相关性。为了实现这种潜能，本章第五部分提出了一个市场监管的能力框架，并在第六部分讨论了使用能力方法将如何影响我们对金融市场监管的看法。

二、关于市场监管的标准观点

一般来看，关于市场监管的标准观点或者说常规观点在其逻辑起点上具有相当意义的趋同性。这些观点一般将监管的理由（或者依据）分为三类：一项经济理由和两项社会理由（Sunstein 1990，Barr 2004，Ogus 2004，Morgan and Yeung 2007，Stiglitz 2009，Baldwin，Cave，and Lodge 2012）。本部分将展示和分析这三大理由，以期廓清一个大多数思考监管的规范依据的人都比较熟悉的没有争议的通说框架。

1. 经济理由：效率。监管的经济理由经常被归纳于"市场失灵"的范畴（Bator 1958，Cowen 1988，Den Hertog 1999）。其指导思想是，完全竞争市场以分配效率为特点。在这个语境下衡量效率的更具体的标准即是帕累托最优
58 （Pareto-optimality）。这一标准认为，当没有人能在不使他人受损的情况下改善其境况时，这种状态即是有效率的。经济分析的出发点（如福利经济学第一基本定理所表达的）是：在一个完全市场，所有的自愿交易都被用尽了——没有

人能够在不使他人情况变得更糟的前提下，通过进一步的交易来提高自己的地位。然而在现实中，各种市场失灵扰乱了完全市场的有效性。市场失灵包括市场因"搭便车"问题而不提供某些商品的情况（公共产品），市场产出涉及对第三方的负面溢出效应的情况（外部性），交易各方之间信息的不平衡导致交易只在名义上为自愿的情况（信息不对称），以及多方联合获得大量市场份额并能够支配价格和赚取暴利的情况（垄断或不完全竞争）。在所有这些情形中，至少有一个足以成为政府监管可以提高效率的理由。政府被要求实施监管以恢复帕累托最优，或者至少尽可能接近帕累托最优。在这个层面上，分配效率成为了各种干预的首要规范价值。由于一个有效率的市场能更好地满足消费者的偏好，从满足偏好的角度来理解，"效率"一词在这里应被理解为终极价值——福利——的替代。

当其他监管理由被探讨时，通常被贴上"社会"的标签，以与这些监管的经济理由相区分。不同于或多或少被标准化的市场失灵的经济理论，人们对于监管的主要社会理由还没有形成共识。支持社会理由的学者通常对经济上只注重效率的狭隘内涵感到不满。他们通常不会排斥经济理由，但是想用社会理由对其进行补充。然而，如何实现这一点取决于每位学者理论的具体内容。人们会提出各种令人眼花缭乱的建议，其中一些建议的标准化程度远低于经济学界通常采用的方法（Stewart 1982，Sunstein 1990，Trebilcock 1993，Bozeman 2002，Soule 2003，Prosser 2006，Feintuck 2010）。尽管如此，我们仍然可以挑出两大类特别突出的社会理由，作为本部分开篇提到的关于监管的标准观点中效率基础的补充。

2. 社会理由（1）：分配正义。一般认为，效率永远不能取代对公平的考虑。事实上，如果有人认为公平是对所有人和所有领域实施监管的根本理由，那么他就不能将公平与经济理由相结合，而需要将其单独列出。这种区分是基于公平与效率的分割，或者某种形式的对立。市场可以被看作是一种比赛，在这个比赛中，参与者根据他们的禀赋有不同的起点，包括外部的禀赋（货币价值资产）和内部的禀赋（可变现的才能）。一些正义理论（广义上的自由主义）会认为，任何偶然获得的初始禀赋配置都是公正的。在没有"强迫和欺诈（force and fraud）"的情况下，人人有权获得自己的禀赋，并用他们能够掌握的禀赋

59

参与市场活动。在这个基础上进行的市场交易是公正的。然而其他大多数正义理论都不同意这种观点，提出需要对这些禀赋进行约束。一个普遍的观点是，为了提高弱势主体的谈判能力有必要进行再分配（redistribution），并且有必要确保他们的交易不能仅是形式上的自愿。这可以用不同的方式来实现。例如，人们熟悉的一种平等主义理论——运气均等主义（luck egalitarianism）认为，因不可选择的情形而产生的个体之间禀赋的不平等可以成为政府赔偿的理由。当然，这只是一个例子，不同的正义理论在再分配的数量和具体理由上有很大的分歧。

3. 社会理由（2）：父爱主义。监管的第三个理由是父爱主义。传统上，经济学家和（自由主义）哲学家都对这一理由持怀疑态度。政府监管为了人们自己的福利而干涉人们的选择，这既侵犯了个人的自由，又没尊重个人的偏好。参与市场的个体应当具有自主选择的能力，以作出对其最有利的选择。但是，行为经济学的出现表明了人的决策往往是多么的非理性，人们越来越接受某些形式的干预（特别是较温和的干预，给人们留下选择的余地，同时将行为推向"正确"的方向）可能是必要的，以防止严重偏离人们在完全理性的情况下会做出的福利最大化的选择。因此，保护市场上的弱势方也可以理解为保护人们不被自己的认知偏差（cognitive biases）所欺骗，比如当他们出于一种过度乐观（"这不会发生在我身上"）为了高工资而选择一个存在人身安全风险的工作时。这就是许多健康和安全监管以及消费者监管制度背后的理性考量。需要注意的是，在父爱主义下对一方偏好的限制往往与双方地位的不平等相伴而生。具体来说，市场里强势一方基于经济或者信息方面的优势地位并滥用该优势威胁弱势一方时，第三方（即政府）的家长式干预才是有必要的。

很明显在实践中，不同种类的监管理由之间可能存在相互影响。最为人熟知的是，以正义的名义进行的再分配可能会对效率产生负面影响，对平等的追求可能需要以效率为代价（现实中存在着一个恒定的市场规则——今天的最终分配就是明天的初始分配）。然而，这并不能否定这样一种普遍看法，即以上三种各不相同的市场监管理由，为市场进程中的政府干预提供了不同层面的依据。这些理论成果令人疑惑是否有可能形成一种统一的观点。这似乎是值得期待的，不仅是出于理论完备的考虑，而且是由于从不同的理由去解读可能导致结果的冲突和矛盾。这些理由如何联系和融合，是解决这些矛盾冲突需要考虑的问题。

三、正义与公平/效率的分割

为了形成一种统一的观点，笔者想以正义问题的相关讨论开始，并以此作为这种统一观点的基础。考虑到前面提到正义规范与三大监管理由之间的结合关系，这似乎在常识看来并无必要。但笔者将在对思想史的回顾中解释为什么这仍有必要。

寻找监管的正当理由，历来是政治哲学和经济学的一个关注点。然而，这两个学科对这一问题的处理方式截然不同。从政治哲学的角度看，国家（公共领域）和市场（私人领域）的二元对立构成了自由主义理论的基础。自 18 世纪和 19 世纪的政治革命和资本主义市场出现以来，自由主义对国家与市场二分法的理解一直贯穿于其政治思想。在自由主义的理解中，对市场采取行动的私人自由具有先验的正当地位，而对市场自由的干预则需要正当理由。从经济学的角度来看，市场领域通常被视为一个独立的领域，如果尊重市场独立运作（即完全由调整供求关系的价格机制自主调节），将会给所有公民带来最大的福利。从经济的角度看，市场的这种福利最大化的属性，曾经是而且现在仍然是其合理的基础（另见 Sen 1985）。这种观点往往基于功利主义，即个人的偏好构成了市场决策的正当基础。尊重这些偏好是经济学家尊重个体本身的方式。

这就提出了这些以自由为基础的考虑和以经济福利为基础的考虑如何相互关联的问题。尊重基于市场偏好的经济观点在实践中也常常支持自由主义对个人自由的先验辩护，即使其是基于功利主义这一完全不同的哲学理论。但两者可能在某些场合也会产生分歧，监管就是其中之一。20 世纪 70 年代以来涌现出的关于社会正义（justice）问题的高度成熟的哲学文献是讨论这个问题的最佳依据，因为自由主义、功利主义和其他规范性理论可能被理解为特定的正义概念，正如关于正义具体要求也存在着许多不同且相互争鸣的解释。这种对正义的正确概念的探求，反过来又被解释为对国家行为的合法性限制的追求：无论正义的要求是什么，国家都不能自己定义正义。就本章而言，我们将在关于监管问题的经济学解释和哲学解释之外，从正义理论的文本出发回答一个共同

61

的问题：为了在更大层面实现社会正义，市场应当如何被监管。

这一做法的重要性在于，关于正义的一般哲学文献对公平和效率的二元对立提出了质疑，而这种二元对立恰恰是上一部分中区分监管的经济理由和社会理由的基础（我们暂时不考虑父爱主义，但将在后面讨论）。这就要求我们思考如何构建一个统一的效率/公平的衡量标准。

正义理论通常从两层因素来考虑分配中的正义：一个是确定分配对象的度量标准（metric）；另一个是如何将对象分配给个人的分配规则（distributive rule）（E. Anderson 2010）。这两层因素都为回答政策制定的第一个问题提供了必要的准备。这个问题就是：分配正义应当达到哪种状况？回答这个问题需要有公平理论作支撑，既包括度量标准也包括分配规则，这为我们明确了政策制定需要达到的目标。第二个问题是，假设手段是有限的，如何尽可能有效地进行分配？值得明确的是，当我们用这种方式来思考正义时，将不会再面临前面提到的效率与公平之间权衡的问题，而是将正义作为一个确定的终点，效率问题只是与如何达到这个终点有关。因此，效率只是用尽可能简单高效的方式让正义从理想照进现实的问题。

那么，为什么规制理论会设想一种效率/公平的权衡，并将分配效率和分配公平分开呢？本章认为这种观念与我们的社会制度息息相关：我们习惯于将社会视为由自由互动的私人领域（市场）和集体行动的公共领域组成。规制理论通过对每个领域使用不同的正义标准来重新考虑这种划分。市场博弈应该产生消费者偏好的最大满足。因此，效率通常与一种特殊的正义理论即功利主义默契地联系在一起，它有自己的衡量标准和分配规则。在功利主义的逻辑下，正义的衡量标准是主观福利，分配规则是帕累托最优。公平应该体现在资源的初始配置（即市场以外的所有基于公共制度所完成的配置），而效率应该体现在初始分配基础上的市场过程之中。这种对市场过程的要求通常被描述为分配效率，很少被认为是一种分配理论。正如朱利安·勒格兰德（Julian Le Grand）所言（1990，566）：

> 对公平和帕累托最优的各种解释之间的争论进行研究，实际上根本不涉及公平和效率之间的权衡。相反，他们研究的是两种不同公平之间的权

衡，至少是部分权衡：即其特性正在被探讨的公平和体现在帕累托社会福利函数中的公平。

无论将效率等同于福利最大化目标的倾向多么顺理成章，这种观点都应当被抵制。效率并不代表着一个社会目标，而是作为正义组成要素的各项社会目标之间的关系。一个经济体是否有效，取决于其能否在给定可用资源的情况下实现尽可能多的社会目标，以及如何在这些社会目标之间作出权衡。①

结合以上分析，市场监管标准观点的立场不仅在理论上不周延（为监管提供了一系列截然不同的正当理由），而且令人费解。经济理由可以得到功利主义的支持，但社会理由却不能以功利主义为基础。②在功利主义者的视角下，根据标准功利主义的观点，参与市场交易的个人被认为是合法地拥有其偏好和禀赋的。这就是为什么市场上对这些偏好（父爱主义）或这些禀赋（分配正义）的监管介入被视为对自由、自发的供求关系的强制干预。这种干预被认为会降低社会福利。进入市场的个人已经成为了一个市场参与者，其资源禀赋和偏好是其参与市场活动的合法的投入。任何对这一观点的质疑都会被功利主义者驳斥，因为功利主义者们认为功利主义不仅在市场上，而且在社会生活中无处不在。 63
功利主义者不会承认，因为偏好通常不能很好地形成，或者市场上某些不平等的有失公平，这一观点可能会很难自圆其说。因为这将使其理论成为一个非功利主义和功利主义分配规则的混合体（至于功利主义者会为社会的、非市场的部分采用哪一种衡量标准仍有待决定）。考虑到实际市场过程中"之前""期间"和"之后"这几个词的纠缠，功利主义给出的答案将是不确定的。③

因此，我们面临着这样的选择：要么拒绝社会监管，将正义等同于市场效

---

① 因此，权衡不是发生在"效率"和"公平"之间，而是在与正义相关的目标和其他目标之间，或者正义方案的几个部分之间。在后一种情况下，分配方案的多维性（例如不同的能力）要求对不同维度进行权衡，即便它们分别对正义都很重要（因此在某种程度上是无法进行比较的）。

② 这里使用了"功利主义"这个标签。有人也许会表示反对，因为帕累托最优不需要对不同主体的效用进行比较，也不允许人之间的效用最大化（功利主义只探讨实现效用最大化的规则）。尽管如此，鉴于帕累托标准的基本度量的本质仍然是效用，即满足偏好，故这里还是使用了功利主义。需要注意的是，在实践中，很多监管确实是以效用最大化为目标的，例如成本—收益分析即利用了潜在的帕累托改进标准（补偿标准）。

③ 为了保持一致，这样的立场需要一个基础标准来决定功利分配和非功利分配之间的取舍。

率，要么为传统意义上监管的社会理由和经济理由找到一个共同的规范基础。后一种选择需要表明市场干预如何能够在非功利主义的基础上被理解。这正是能力方法的切入点。

四、能力方法与市场

本部分首先介绍了能力方法的要点，然后说明能力方法的使用如何能够统一迄今为止一直困扰我们的三种监管理由。这部分内容将成为第五部分中所提出的市场监管具体能力框架的哲学基础。

能力方法的基础是能力和功能之间的区分。功能可以定义为"行为（doing）"或"存在（being）"：拥有健康的身体、受过良好的教育、写一本书、喝一杯咖啡都是功能的例子。能力指的是做这些事情或处于这些状态的能力。当一个人拥有一种能力，比如说喝咖啡，那么这个人就可以把这种能力"转化"为"行为"或者"存在"，选择自己可以实现的行为方式。因此，一个基本要素是，当个人被社会或政府赋予某些能力时，他们有自由决定将哪些能力转化为功能。功能和能力这两个术语非常灵活，在很大程度上取决于人们定义这些能力时的概括程度。一般而言，每种能力都有内在（internal）和外在（external）两个方面的内涵。内在方面是指人以该能力所指示的方式发展的能力，包括人的生活能力、性情和技能。外在方面指的是对行为主体开放的机会，例如法律允许的接受高等教育或获得医疗保障的机会。这两个方面都可以有程度上的不同，所以当我们准备说一个人"具有某项能力"时，这是一个进一步的规范决策问题：这需要判断在该状况下给予多少能力和机会是必要的。

"行为能力"一词表明了这种衡量正义的标准。阿马蒂亚·森认为，任何关于正义的观点都为"什么样的平等（equality of what）"这一问题提供了答案（Sen 1979，1992，2009）。与资源主义和功利主义的衡量标准（见下文）相反，能力方法提出将一个公正的社会设想为一个公民拥有"能力平等（equality of capabilities）"的社会，或者更准确地说，是拥有一套基本能力的平等权利。然而，要将这一总体出发点发展成为一个完全成熟的正义理论，还需要进行两个步骤。

64

首先，需要挑选出一套基本能力。玛莎·努斯鲍姆基于其新亚里士多德式（neo-Aristotelian）的人类繁荣（human flourishing）——后来称为人的尊严——主张十项基本能力，如生活能力、身体完整性、感官、想象力和思维、娱乐、实践理性、娱乐和其他能力（Nussbaum，2000，2006，2011）。也有其他学者提出了选择基本能力的其他标准。在其他地方，笔者主张使用自由和自主的标准作为能力方法的基础。这里的基本理念是积极的自由：如果个人要真正自由，他们需要拥有足够的能力和选择权去选择和实现他们自己的生活目标。这既需要他人不仅不干涉自己的选择，而且还需要作出积极贡献，以提高个人利用这些选择的能力（Claassen 2017a）。

其次，哪种分配规则能够与能力方法相适应？在正义理论中，已经有许多种分配规则被提出：（机会）平等主义、优先主义、充分性主义或最大化规则，这些理论都有无数变种。能力标准本身并不决定任何分配规则。尽管如此，许多作者将能力方法与"充分性原则（sufficientarian rule）"相结合（Nussbaum 2006，Schuppert 2014，Axelsen and Nielsen 2014）。每种能力的供给都应该达到一个阈值（thresholds）。如果低于这个水平，民众的需求就无法得到满足。如果高于这个水平，政府就没有必要介入了（这些都是对于能力的高级需要）。在其他地方，笔者已经为充分性原则的立场进行了其定性的论证（Claassen 2017b）。设置阈值对于能力方法下的监管理论非常重要。

如果论证得当，正义的能力理论将是其两个主要对手——资源主义和功利主义标准——的有力竞争者。能力方法应被看作是介于这两者之间的理论。一方面，资源提供了能力的输入。个人所掌握的资源是决定这个人能力的主要因素。然而，各种社会的、个人的和环境的影响能力的转换因素，则决定着一个人达到某一能力水平需要多少资源。因此，一个身体残疾的人可能需要比一个身体健康的人更多的资源才能达到相同的水平，例如行动能力。能力理论者认为，资源只是手段，而能力则是生活中的目标。因此，应从后者的角度来定义正义。这一点很重要，因为基于人与人之间在转换因素上的差异，一种纯粹的资源主义的方法，给人们同等的资源分配，最终会造成资源与其能力的需求之间不相匹配。另一方面，当一个人将某些能力转化为功能后，他会以某种方式对自己的功能产生幸福感、快乐感或满足自己偏好的满足感，因为他的功能是

65

以某种方式附加的（"听音乐让我快乐"）。然而，这些效用水平（幸福感产出）也与功能有不同的关系。那些具有更悲观性格的人需要更多或更高层次的能力或功能，才能体验到与更乐观性格的人相同的效用水平。在这里，能力论者认为，人们应该对自己的主观幸福感负责。这一点尤其重要，否则有些人可能会声称他们需要比别人更高的能力水平（因此需要更多的资源）才能达到同样的福利水平（要求过高的问题），而另一些人可能会要求得太少，因为他们已经习惯于用很少的资源来满足（动态偏好问题）。因此，介于资源和效用之间，能力是衡量社会正义的正确标准。

现在让我们回到监管问题。能力理论者对社会状态的评价是关于基本能力的集合是否达到阈值水平的问题。与前面所说的经济方法不同，能力方法没有区分市场活动前的初始分配和基于市场运行的分配结果。充分性能力标准被用来评估两者的规范正确性。充分性的能力标准也确实建立了一种二元对立，即低于标准的分配和高于阈值的分配之间的对立。如果一个人或一群人低于能力标准，就需要政府采取某种形式的行动，使他们高于该标准。如果一个人或一群人在阈值之上，则不需要采取任何行动。这意味着这些人可以在阈值之上自由行动。鉴于能力有助于促进人的自由和自主，因此我们可以进行如下划分：一个人的能力在阈值以下，则不称其为自主能动的人，若其能力在阈值以上，他便达到了自主的能力标准。我们可以类比法律行为能力来思考这个问题，法律行为能力是赋予除了未成年人和严重精神障碍者之外的所有人的能力。同样，能力理论也着眼于自由和自主生活所需的能力。低于这个阈值，个人仍需要发展自己的自主能力，高于这个阈值，他们就可以自由选择行使其能动性，这些活动给他们带来满足、福祉或他们希望的任何其他东西（Claassen 2016）。④自主能动性的发展和行使的二元对立与国家和市场的二元对立是相关的。能力理论并没有先验地认为市场是好的或坏的制度，而是从主体能动性的发展和行使的双重角度评估市场对能力提升的贡献。

一方面，市场与其他制度一样，可看作是服务于能力正义的工具。市场可能是生产某些资源的最有效制度，而这些资源又是赋予人们基本能力所必需的。

---

④　另一种从能动性角度评价市场的观点，见 Satz（2010）和笔者的评论（Claassen 2012）。

粮食市场可能是为民众生产粮食的最有效途径，因此，它能够实现人们获取营养的基本能力。如果某一特定市场在一定程度上成为实现一项或多项基本能力的必要条件，那么该市场便要受到监管。尤其重要的是，市场参与者（生产者、消费者）必须能够在市场制度下基于其市场角色取得自主性地位。要做到这一点，市场需要运转良好，而这需要解决经济学理论中常见的市场失灵问题。然而，从能力的角度来看，补救市场失灵的理由不是实现福利的最大化，而是实现市场主体的基本能力。由于规范标准不同，我们可以预期，这将导致对于这些市场失灵的诊断与主流经济学理论截然不同。市场需要能很好地参与市场活动的主体，但如何认定"很好的参与"则取决于人们对市场活动结果的设想（更多的内容在第五部分）。

另一方面，市场在某种程度上并非能力正义的必要工具，对于自由地行使自主能动性而言，社会领域才具有内在价值。在这个语境下，市场活动与私人领域其他活动（如家庭或民间行会的活动）是一样的。除了不损害其他人的基本能力（即使其他人的基本能力低于阈值）这一消极条件之外，对市场活动不应施加限制。需要注意的是，虽然能力理论没有对高于阈值的行动提出任何积极条件，但关键是要有一个高于阈值的行动领域。如果没有，发展能力的全部意义就会变得多余。在这里，政府监管的作用不是干预市场，而是使市场本身的约束得以实现。所有捍卫经济自由作为基本自由的人都强调保护像这样一个平台的市场（Tomasi 2012）。在能力视角下，经济自由是保障人取得市场参与者这一社会角色的能力。因此，这一要求与前一要求不同，但两者都与能力理论相关。实际上，这两者都是特定市场中必须权衡的考虑因素。 67

本部分揭示了能力方法视角下的市场起始于对个体自主性形成的基本关注。这种关注能够整合分配效率、分配正义和父爱主义等经常被作为市场监管的理由而被提及的因素。对市场活动前的禀赋与偏好进行调整和矫正，被认为是实现基本能力之必需。基于同样的理由，提升市场效率——市场满足消费者需求的能力——在这个层面上是有价值的。总的来说，相比于我们仅论证能力指标优于效用指标的常用理由，例如动态偏好和高级品味，关于监管的功利主义经济理论往往更为复杂且差异更大。这种差异主要在于不同的理论或者方法究竟如何理解人的自主能力的形成。对于功利主义者/经济学家来说，一个人的偏好和禀赋是主要的，因为这个人被认为已经成为一个具备完全自主能力的人。就能力理论而言，一个人的偏好和禀赋只能在他的自主能力得到充分发展的情况下决定他的自由行为，然而在他参与市场交易的时候可能达到了这种情况，也可能没有达到。在没有达到这种情况时，需要允许对偏好和禀赋进行矫正。

五、市场监管的能力框架

本部分将概述市场监管的能力框架。第一点也是最重要的是确定了在监管市场时，谁的能力受到威胁。第二点是关于如何设定阈值和应对能力之间的冲突。

笔者建议在评估一个或多个市场时应当识别容易受到威胁的三种能力，即参与能力、消费能力和第三方能力。参与能力（Participatory capabilities）是指那些作为市场参与者的能力。这一类能力与上一部分提到的市场内在价值有关。上文提到的经济自由，大致是指持有和使用财产的能力和缔结合同的能力。按照经济自由的标准观点，提高参与能力的目的是为了让持有财产和订立契约的自由度达到最大。消费能力（Consumptive capabilities）是指个人作为市场上购得的商品的消费者所具有的能力。这与工具性观点有关：人们往往看重他们对市场的参与是因为市场为他们带来了商品，以及他们通过获得这些商品而取得的一般自主性（基本能力）。市场的作用是提供食物、商品交换、教育、医疗和许多其他重要的基本能力。可以根据市场如何使消费者提高他们的获取能力来评估市场：这就需要加强他们在市场本身的地位（作为参与者），以便他们能够更好地享受这种参与的结果。最后，第三方能力（third-party capabilities）指的是那些受市场交易影响的人的能力，即使他们不是作为生产者或消费者而与市场交易相关。由于市场具有负外部性，因此需要将第三方能力考虑在内。需要纳入对市场的评估的第三方能力利益包括遭受损害的邻居、因目前的生产而受到损害的后代等。

对于这些能力，都需要设置阈值。但对于这项任务，一般情况下可以讨论的内容却很少。在设定阈值时，选择能力的规范标准也是至关重要的。如果——正如笔者所提议的那样——标准是（某种形式的）自由和自主能动性，那么对于每一种能力，我们都要问：这种能力对于人的自主行动的潜在贡献是多少？对于某些能力来说，答案可能需要足够的生物信息（例如，评估营养能力需要关于人类新陈代谢和热量摄入的信息）；对于其他能力来说，社会和文化信息是至关重要的（例如，迁徙能力取决于现有的技术和交通网络）。在所有这些情况下，判断的边际效应是不可避免的。一旦确定了能力阈值，当不同的能力发生冲突时，也需要进行判断，以适当地权衡每种能力的重要性。尽管对于设置阈值和权衡冲突的能力等问题并未形成整体性的共识，但是在能力框架和具有聚合结构（例如大多数形式的功利主义）的替代方法之间，通常可以发现一个明显的区别：在给定的充分结构下，超过阈值的一项能力的进一步增加将明显地受到其他低于阈值水平的能力的限制。这可能具有与关于监管的标准经济理论不同的实践意义。⑤

现在让我们更详细地讨论能力框架如何影响市场监管。我们可以在已经完成的讨论基础上进一步深入。我将讨论适用能力方法的两个市场监管领域的例子：财产法和合同法。 69

1. 财产法（Property law）。格雷戈里·亚历山大（Gregory Alexander）坚持这样一种立场：财产具有两面性。一方面，财产所有人有权排除他人（未经同意）使用其财产。法律保护个人对于财产的自由处分权。另一方面，财产所有者使用财产受到社会义务的限制。如果只认为财产权具有排他的方面，就过于理想化了。一直以来，对财产的限制都是存在的。排他性权利的授予和社会义务的施加都来自同一来源：相关政治共同体的决策权（Alexander 2009a）。问题不在于共同体是否有权施加限制，而是如何确定哪些限制是合法的。亚历山大反对法经济学将效用（福利）作为确定限制之合法性的决定性标准。相反，他提出这一角色应该由人类繁荣（human flourishing）的概念来实现："支撑私有财产制度的因素，也正是使其受到限制的因素，即人类繁荣"（Alexander 2009b，750；又见 Alexander and Penalver 2012，80—101）。从这一前提出发，他得出了他所谓的社会义务规范（a social-obligation norm）的一般的表述："所

---

⑤ 例如在竞争法中，我们主张公司之间联合涨价的某些协议因造成了市场扭曲而需要被禁止，但若是它们能给第三方带来福利的提升则可能被允许。见 Claassen and Gerbrandy（2016）。

有者在道德上有义务为个人所处的社会提供社会公认的人类繁荣所必需的那些福利"（Alexander 2009b，774）。为了发展这一观点，亚历山大援引努斯鲍姆的能力理论，将其应用于对财产的两类限制：征收和使用限制。

在第一种情形中，有这样一个案例。因为有几百名贫穷的黑人进入了一块大地主的私有土地并拒绝离开，南非政府征收了这块土地。法院为避免这些黑人无家可归，认可了这项征收。但是与此同时，法院裁决对土地所有者进行赔偿，因为南非严重流民问题的解决成本不应该仅由土地所有者承担，而应该由整个社会承担。亚历山大为这一裁决辩护，并通过能力理论进行论证。

> 几乎从任何概念角度看，擅自占地者居住的土地无疑是人类繁衍生息的最低物质条件的一部分。如果一个人没有自己应有的栖身之地，那么生活和自由的能力实际上就毫无意义。（Alexander 2009b，790）

在第二种情形中，一个很好的例子是公众进入私人海滩的权利。在一些案件中，法院给予了公众这种权利（无偿）。

基于周围地区没有公共海滩这一理由，亚历山大选择为开放私人海滩辩护。他在论证过程中，提到了努斯鲍姆的休闲和娱乐能力。

> 娱乐不应是一种奢侈品，特别是对于穷人来说。它是生活和娱乐能力的一个重要方面。对于生活而言，大量且日益增长的医学证据表明，娱乐和放松对健康非常重要，娱乐可降低包括抑郁症、心脏病等疾病的风险。必要的社交活动和休闲活动是需要一定的场所保障的。这些活动必须在特定的场地或至少在特定类型的场地进行。例如棒球比赛必须在一个开阔的草地上进行，而沙滩寻宝则需要一个畅通无阻的海滩。（Alexander 2009b，805，809）

这些例子表明了在财产法领域，能力方法如何关注财产所有者的自由（一种参与能力）和那些被限制获得重要消费能力的特定当事方的自由：住房（对擅自占地者而言）或娱乐（对无法进入海滩者而言）。当然，在这些背景下作出的判断是高度依赖于案例背景的。亚历山大所作的评估标准，取决于（a）他视为基本能力的特定能力（效仿努斯鲍姆），以及（b）他——或者说南非案例中的法官——在评估这些能力时设定的阈值。基于权重的分析是处理法律案件的关键，但这并不意味可以减少争议。在这里，能力方法可以被看作是衡量和解决争议的方法。它提供了识别这些能力的通用方法，但除非对如何选择基本能力和确定阈值提出更具体的看法，否则无法在它们之间作出决定。

2. 合同法（Contract law）。西蒙·迪肯（Simon Deakin）与其他学者合作，将能力方法应用于合同法（Browne，Deakin，and Wilkinson 2002，Deakin and Browne 2003，Deakin 2006，2010）。他的出发点是，合同法在 18 世纪和 19 世纪的古典合同法基础上有了很大的发展。古典的合同法观点是建立在（法律）"权利能力"的概念上的。决定哪些合同可以履行是市场经济的重要前提，为此，关键是要看谁在法律上有能力订立合同。权利能力将几类人排除在这种能力之外。正常的成年公民被先验地认为能够评估他们所订立的合同是否符合自己的利益。在历史上，有几类人被排除在外（例如已婚妇女），但现在只有未成年人和有严重精神疾病的人被排除在这种缔约能力之外。拥有合同能力的假设现在更加普遍：大多数人被认为能够作出初步判断（Deakin 2006，322）。然而，与此同时，迪肯认为越来越多的限制被置于特定类型的合同上。他举出的例子是劳动法。在 20 世纪，劳动法引入越来越多的强制性条款和违约条款，主要是为了保护劳动者免受雇主在议价能力方面优势的影响（Deakin 2006，352）。 71

在迪肯看来，这些法律干预并不是对市场过程的扭曲，而是增强了市场参与者的能力，因为这些干预"赋予他们参与市场交换所需的资源，而不是纯粹的形式或程序意义上的资源"（Deakin 2006，333）。他认为，要从经济角度将这一法律变化理论化，我们必须从标准经济框架转向能力方法。他认为关键的一点是要把合同法看作是转换因素之一。这些因素决定了个人如何将一个资源束转化为一套能力。人的能力既受资源的影响，也受制度好坏的影响——因此，"制度规则不只是约束（constrain），它们还赋予能力（empower）"（Deakin 2006，336）。一个典型的例子是反歧视法。加里·贝克尔（Gary Becker）等人的标准经济学观点认为，持续的歧视可能是雇主对市场环境的一种有效反应

（如果他们没有受到顾客的惩罚），而迪肯则认为，歧视不公正地将参与者排除在市场之外。反歧视法对于确保市场赋予个人能力是非常必要的。此外，他认为，从更普遍的意义上讲，能力方法有助于认识到社会权利需要被纳入市场交易规则中，而不是仅仅由社会供给的公共系统来承担（Deakin and Browne 2003，39）。

在上述能力框架方面，迪肯的立场特别强调了（可能被排斥的）市场参与者的参与能力，例如那些受到劳动力市场边缘化威胁的群体。他从来没有明确权衡这些与其他群体的能力。他的观点可以理解为隐含地宣称，这些群体的劳动力市场参与能力低于阈值（这种参与既具有内在价值，又有其带来的工具性利益的价值，如工资）。在这个能力框架的另一面，既有雇主的能力，又有消费者的能力，前者必须承担成本以遵守反歧视法律，并且接受其合同自由受到限制，后者可能不得不支付劳动力价格上涨的成本。该分析框架引导我们以能力为前提，在收益和成本之间取得平衡，这一关键前提是，应该优先提高能力处于阈值以下状态的群体的地位，而不是改善能力已经处于阈值以上水平的群体的地位。

来自财产法和合同法的两个例证都表明，能力方法如何能够卓有成效地应用于市场监管。与标准的（法律和）经济学理论相比，它提供了一种范式的转变。本部分中的框架构建了如何系统评估在具体案例中所需要的能力或能力集以及这些能力各自的权重和阈值。最重要的是，这些例子表明，运用能力理论的监管不是简单的群体之间的"再分配"或对个人的"父爱主义"，而是最终要确保在市场上和市场外作为自主行为者所需的能力。

六、监管金融市场

前面概述的能力框架也可适用于金融市场。事实上，在很多时候，可以利用这个框架系统性地对金融市场的标准经济方法进行批判，能力方法及其相关理论可以被重建为这些道德评价的必要基础。笔者结合本书中三个章节的论点来说明这一观点，并以此作为本章的小结。

在第十三章中，阿纳特·阿德玛蒂认为，2007 年到 2009 年全球金融危机后对于金融市场监管仍然不足，以至于金融系统中仍然隐藏着太多的风险。她将其原因归结为金融从业人员的利益和广大公众的利益之间的背离。对于公众利益而言，可以按照前文所提到的消费能力和第三方能力来理解，前者是指金融产品的消费者有进入金融市场获取住房按揭贷款或小微经营性贷款的基本需要，而后者则是指那些本身不消费金融产品但其利益却受到金融危机负面影响的人（作为纳税人、失去工作的工人等）。这些能力不得不与银行家和金融系统内其他工作人员的参与能力相对抗，而这些人只关注如何以他们认为最合适且最自由的方式完成交易。与许多其他行业一样，金融监管旨在保护遭受信息不对称（在某些情况下，甚至演变为欺骗、操纵和欺诈）之害的消费者。这里涉及的最终道德价值不是消费者福利，而是消费者的基本能力。鉴于维持正常生活离不开信贷的支持，消费者自主能力的获得需要一个为消费者服务的金融系统。这些能力需要平衡，本章倡导的充分性分析框架表明，消费者的能力比那些愿意承担高风险的银行家的参与能力更为基础。⑥

阿德玛蒂随后将讨论转移到了一个更高的层面：为什么监管依然会让消费者和公众失望？她认为监管俘获、媒体不公正和企业游说是造成这种结果的重要原因。这让我们看到了关于市场监管的政治竞争。这表明，能力框架在两种意义上有了进一步的扩展。第一，消费者的金融知识（financial literacy）水平需要提高，以便他们能够充分评估金融行业所提供的产品和服务。金融素养（通常与文化素养一样）本身就是一种能力。虽然就努斯鲍姆而言一般素养是一种基本能力，但最好将金融素养作为消费者参与能力的一部分进行重构。为了使消费者能够在金融市场上真正实现自主，他们需要接受金融素养的培训。第二，是政治进程。归根结底，迄今为止所提到的个人在金融市场上的所有能力都是由政治制度决定的，因此公民的政治能力，即拥有组织起来并对金融企业游说进行抗衡的政治能力尤为关键。

在第十二章中，罗斯安妮·罗素和夏洛特·维利耶讨论了金融市场的性别公正问题。这也是能力方法中经常讨论的一个话题（如 Robeyns 2003）。罗

⑥　在其他文章中，笔者认为需要在金融行业和社会之间达成新的社会契约，确定金融系统的适当风险水平。见 Claassen（2015）。

素和维利耶主要针对的是一种经济方法，该方法旨在提高公司决策中的女性参与，只因这种多样性能最大限度地提高利润：董事会中的女性席位"对企业有利"。她们认为，这种性别平等的"商业考量"是有问题的，因为它关注的是个人而不是群体，而且它将男女群体之间的社会正义问题（劳动力市场上的平等机会）工具化。因此，让更多的女性担任领导职务可能并不能促进整体的性别正义，因为这些女性目前被男性精英所裹挟，因此可能会倾向于采用男性化的规范，并且对下层女性的权利漠不关心（即不存在性别关切的"涓滴"效应）。相反，罗素和维利耶提出将关注范围扩大到董事会中女性人数之外，将女性参与拓展到整个公司的各个层面。此外，她们还主张注重妇女作为一个群体的赋能和代表性，而不是作为性别多样性商业案例中的"1%女权主义"。

这些问题与本章所倡导的能力方法非常一致。要使该框架适用于这些问题，必须采取三个步骤。一是鉴于劳动力市场的特殊性，需要对其进行特殊的概念化。人们自己的时间、精力、身份以及对认可的需求都在工作中受到威胁；工作远比金钱报酬重要（Gheaus and Herzog 2016）。这里，劳动者的"消费能力"是指他们从工作中获得的这些物质和非物质的回报；由于劳动者是工作的提供者，我们也可以称之为生产能力。二是第十二章侧重于女性劳动者这一子类别对平等融入的要求（与其他要求平等机会的群体一样），这可以很好地被概念化为一种参与能力。为了能够有效地参与劳动力市场，市场中由男性主导的社会规范需要转变。在能力方法中，这些社会规范是一种转化因素，使得同等的资源束仍然可以转化为个人的不平等能力集。然而，应当指出，尽管对这些转化因素的社会学分析需要敏感地认识到对整个群体的污名化影响，但能力方法中的最终道德关切仍然是个人及其平等机会。伦理个人主义和方法个人主义是有区别的——能力方法采用第一种，而不是第二种。三是性别平等问题也让我们认识到，需要有足够的政治能力来实现变革（罗素和维利耶简要讨论了重振社会运动和集体行动的必要性）。

最后，鲍德温·德布鲁因在第十一章中讨论了金融正义对评级机构的作用。他指出，在全球金融危机之后，评级机构受到了很多批评，但最终发现这是因为责任归属有误。作为拥有自主能力的主体，企业应该对自己的风险评估负责。

他们不应该依赖评级机构，因为评级机构没有提供准确信息的道德责任。德布鲁因将此比喻为只刊登八卦的报纸，他将这种行为定性为不道德的行为，但没有侵犯任何道德权利。投资者（债券或证券的购买者）应该警惕他们所面临的风险。此外，德布鲁因还批评美国政府要求许多机构投资者必须考虑评级机构的信息，当评级降到一定水平以下时就要撤资。这为机构赢得了受众，而这些受众本应仍然可以自由决定是否考虑机构的信息。因此，对金融市场风险评估的正确做法是放松管制，而不是加强监管。

德布鲁因的这一章提出了关于笔者所讨论的参与能力的关键问题。特别是一个社会中的每个公民是否都有权被纳入每个市场。解决这个问题需要区分一般的参与能力——能够以受一般民法典保护的方式持有财产和订立合同——和只与某些市场相关的特殊参与能力。虽然我们需要接受公民在这些一般能力方面的平等性，但对于特殊能力来说，这是一个开放的问题。能力的概念不仅仅要求形式上的自由，而是要求人们在相关的环境中真正具有自主决策的能力。然而，人们可能存在"自主性差距"，即：政策对他们的要求和他们的能力之间的差距。至少有两种解决方案：要么出台提高人们能力的政策；要么出台要求供应商降低产品复杂性的政策（J. Anderson 2014）。德布鲁因选择了第三种方案：让这些差距继续存在。如果一个特定的市场并没有满足重要的利益（即在一定程度上对基本能力有贡献），那么这种不干涉的做法可能是合理的，参与者因此拥有了真正选择权。评级机构是否符合这个情况，需要更多关于这些能力的具体内容和权重的讨论。无论如何，能力框架并没有指出这三种选择中的任何一种是先验的最佳选择。 75

对于在金融市场领域提出的具体论点，这篇简短的论述远非定论。然而，它确实表明，能力框架可以与具体市场中的问题有效地联系起来。此外，正如本章的讨论所显示的，对这些案例的考量有助于我们改善和扩展这个框架，包括新的能力和现有能力的细分（见表3.1）。更多关于金融市场的应用工作可以帮助我们进一步发挥这种潜力。在这一章中，笔者通过尝试说明能力方法如何帮助我们将现有监管市场的规范性理由纳入一个统一且强大的规范性框架中，以试图为这一问题厘清理论基础，从而为我们监管市场提供理论依据。

表 3.1　市场监管的能力框架

1. 参与能力——即作为自主主体参与市场的能力
a. 一般性参与能力：持有财产和订立合同的能力（受民法保护）
b. 特定市场能力，如金融知识等
2. 工具性能力
a. 消费能力——即消费者的能力（如获取住房信贷等）
b. 生产能力——即劳动者的能力（如金融机构中的女性雇员）
3. 第三方能力——例如不直接参与金融系统但遭受金融危机经济后果影响的公民
4. 政治能力——即采取政治行动影响对其他类别能力的监管的能力

参考文献

Alexander，Gregory. 2009a. "The Complex Core of Property." Cornell Law Review 94(4)，1063—1071.

Alexander，Gregory. 2009b. "The Social-Obligation Norm in American Property Law." Cornell Law Review 94(4)，745—819.

Alexander，Gregory，and Eduardo Penalver. 2012. An Introduction to Property Theory. Cambridge：Cambridge University Press.

Anderson，Elizabeth. 2010. "Justifying the Capability Approach to Justice." In Measuring Justice：Primary Goods and Capabilities，edited by Harry Brighouse and Ingrid Robeyns. Cambridge：Cambridge University Press，81—100.

Anderson，Joel. 2014. "Regimes of Autonomy." Ethical Theory and Moral Practice 17，355—368.

Axelsen，David，and Lasse Nielsen. 2014. "Sufficiency as Freedom from Duress." Journal of Political Philosophy 23(4)，406—426.

Baldwin，Robert，Martin Cave，and Martin Lodge. 2012. Understanding Regulation：Theory，Strategy，and Practice，2nd edition. Oxford：Oxford University Press.

Barr，Nicholas. 2004. Economics of the Welfare State. Vol.4. Oxford：Oxford University Press.

Bator，Francis M. 1958. "The Anatomy of Market Failure." The Quarterly Journal of Economics 72(3)，351—379.

Bozeman，Barry. 2002. "Public-Value Failure：When Efficient Markets May Not Do." Public Administration Review 62(2)，145—161.

Browne, Jude, Simon Deakin, and Frank Wilkinson. 2002. "Capabilities, Social Rights and European Market Integration." ESRC Centre for Business Research, University of Cambridge Working Paper 253.

Claassen, Rutger. 2012. "Review of Debra Satz's Why Some Things Should Not Be for Sale." Business Ethics Quarterly 22(3), 589—601.

Claassen, Rutger. 2015. "Financial Crisis and the Ethics of Moral Hazard." Social Theory and Practice 41(3).

Claassen, Rutger. 2016. "Justice in Regulation: Towards a Liberal Account." In Theorizing Justice: Novel Insights, Future Directions, edited by Jay Drydyk and Krushil Watene. London: Rowman & Littlefield.

Claassen, Rutger. 2017a. "An Agency-Based Capability Theory of Justice." European Journal of Philosophy forthcoming.

Claassen, Rutger. 2017b. Navigational Agency: A Capability Theory of Justice. Monograph in preparation.

Claassen, Rutger, and Anna Gerbrandy. 2016. "Rethinking Competition Law: From a Consumer Welfare to a Capability Approach." Utrecht Law Review 12(1), 1—15.

Cowen, Tyler. 1988. "Public Goods and Externalities: Old and New Perspectives." In The Theory of Market Failure: A Critical Examination, edited by Tyler Cowen Fairfax, VA: George Mason University Press, 1—26.

Deakin, Simon. 2006. "'Capacitas': Contract Law and the Institutional Preconditions of a Market Economy." European Review of Contract Law 2(3), 317—341.

Deakin, Simon. 2010. "Contracts and Capabilities: An Evolutionary Perspective on the Autonomy-Paternalism Debate." Erasmus Law Review 3(2), 141—153.

Deakin, Simon, and Jude Browne. 2003. "Social Rights and Market Order: Adapting the Capability Approach." In Economic and Social Rights under the EU Charter of Fundamental Rights: A Legal Perspective, edited by Tamara Hervey and Jeff Kenner. Portland, OR: Hart Publishing, 27—43.

Den Hertog, Johan. 1999. "General Theories of Regulation." In Encyclopedia of Law and Economics, Volume III. The Regulation of Contracts, edited by B. Bouckaert and G. de Geest. Cheltenham: Edward Elgar, 223—270.

Feintuck, Mike. 2010. "Regulatory Rationales Beyond the Economic: In Search of the Public Interest." In The Oxford Handbook of Regulation, edited by Robert Baldwin, Martin Cave, and Martin Lodge. Oxford: Oxford University Press, 39—63.

Gheaus, Anca, and Lisa Herzog. 2016. "The Goods of Work(other than Money!)." Journal of Social Philosophy 47(1), 70—89.

Johnson, Susan. 2009. "Institutions, Markets and Economic Development." In An Introduction to the Human Development and Capability Approach, edited by Séverine Deneulin. London: Earthscan, 162—184.

Le Grand, Julian. 1990. "Equity versus Efficiency: The Elusive Trade-Off." Ethics 100(3), 554—568.

Morgan, Brownen, and Karen Yeung. 2007. An Introduction to Law and Regulation. Cambridge: Cambridge University Press.

Nussbaum, Martha. 2000. Women and Human Development: The Capabilities Approach. Cambridge: Cambridge University Press.

Nussbaum, Martha. 2006. Frontiers of Justice. Cambridge, MA: The Belknap Press.

Nussbaum, Martha. 2011. Creating Capabilities: The Human Development Approach. Cambridge, MA: The Belknap Press.

Ogus, Anthony. 2004. Regulation: Legal Form and Economic Theory. Oxford: Hart Publishing.

Prosser, Tony. 2006. "Regulation and Social Solidarity." Journal of Law and Society 33(3), 364—387.

Robeyns, Ingrid. 2003. "Sen's Capability Approach and Gender Inequality: Selecting Relevant Capabilities." Feminist Economics 9(2—3), 61—90.

Satz, Debra. 2010. Why Some Things Should Not Be for Sale: The Moral Limits of Markets. New York: Oxford University Press.

Schuppert, Fabian. 2014. Freedom, Recognition and Non-Domination: A Republican Theory of(Global) Justice. Dordrecht: Springer.

Sen, Amartya. 1979. "Equality of What." The Tanner Lectures on Human Values. http://tannerlectures.utah.edu/.

Sen, Amartya. 1985. "The Moral Standing of the Market." Social Philosophy and Policy 2(2), 1—19.

Sen, Amartya. 1992. Inequality Reexamined. Cambridge, MA: Harvard University Press.

Sen, Amartya. 2009. The Idea of Justice. Cambridge, MA: The Belknap Press.

Soule, Edward. 2003. Morality and Markets: The Ethics of Government Regulation. Lanham: Rowman & Littlefield Publishers.

Stewart, Richard. 1982. "Regulation in a Liberal State." Yale Law Journal 92, 1537—1590.

Stiglitz, Joseph. 2009. "Government Failure vs. Market Failure: Principles of Regulation." In Government and Markets: Toward a New Theory of Regulation, edited by Edward Balleisen and David Moss. New York: Cambridge University Press, 13—51.

Sunstein, Cass. 1990. After the Rights Revolution: Reconceiving the Regulatory State. Cambridge, MA: Harvard University Press.

Tomasi，John. 2012. Free Market Fairness. Princeton：Princeton University Press.

Trebilcock，Michael. 1993. The Limits of Freedom of Contract. London：Harvard University Press.

第四章

金融市场与制度目标：规范性问题

谢默斯·米勒

一、导　论

78　　全球金融危机、主权债务危机和大衰退造成的巨大的经济、社会、政治和其他危害，引发了对金融市场和金融机构尤其是银行的关注和审查，在这个过程中发现了各种各样的缺陷和弊端（Garnaut 2009，MacNeil and O'Brien 2010，Dobos et al. 2011，Gilligan and O'Brien 2013，Morris and Vines 2014）。这些问题包括结构性问题（例如"太大而不能倒"[①]的系统重要性金融机构）、监管失灵（例如监管套利）、腐败文化下的犯罪和不道德行为（例如基准操纵）和短期主义（例如股票投机）。因此，各式各样关于市场结构、监管体制和文化转型的改革方案被提出，并且有些改革方案已经得到实施（例如英国金融监管体制的改革，FSA 2009）。这些措施包括提高银行资本比率，将兼营零售和投行业务的银行集团拆分为公共设施（utilities）和市场化投资机构（market-based investment-only institutions），[②]赋予政府将银行债权转换成股权的法定权力（FSB 2014），简化和协调监管结构，重新设计监管主体，强化其调查权和其他

79　权力，全面改革与金融基准有关的行政安排和方法，加强对金融机构和职业的许可要求，禁止"不安全"的金融产品（例如各种复杂的衍生产品），削减高管

[①]　该表述见于美国司法部长埃里克·霍尔德（Eric Holder）在参议院司法委员会听证中的回答，参见 Sorkin（2013）。

[②]　这种改革也许是根据《多德-弗兰克华尔街改革与消费者保护法案》中的所谓沃尔克规则（Volcker Rule），但后来逐渐淡化。

薪酬,将基金经理的激励措施与储户和公司的长期利益相结合,为金融服务提供者引入基于法律的信托责任,制定伦理规范并嵌入教育和其他职业化进程等。

不管这些改革建议的优点是什么,③它们在很大程度上并未强调制度目标(Institutional purpose)的问题,并且在强大的金融行业利益集团④的反对下没有得到充分实施执行。在改革过程中,制度目标往往被忽视。⑤然而,确保市场的制度目标在事实上得以实现,正是立法者和监管者的首要任务之一,不论这个市场是不是金融市场(Miller 2010,chaps 2 and 10)。

在这里,制度目标的概念是规范性的,即指金融市场和金融机构应该确立的目标。一般来说,对于不同的金融市场或者不同的金融机构而言,其目标是或者应当是有所区别的。因此,股票市场的制度目标有别于外汇市场。同样,退休基金的制度目标有别于银行,零售银行的制度目标也有别于投资银行。此外,举例来说,当考察金融市场监管者的目标时,人们通常只会注意到有限的目标,例如减少犯罪和保护消费者,以及程序上的关注,例如促进竞争和效率。这些观察几乎没有触及特定金融市场的终极制度目标。因此,金融市场亟需围绕制度目标构建一般性的规范解释或"理论",相应地,特定的金融市场(例如股票市场)也亟需基于其特殊目标的规范解释或"理论"。

在本章中,笔者讨论并批判了当下关于市场和制度的一些规范理论(第二部分),接着提出并阐述了笔者自己的社会制度的规范目的论(teleological)解释(第三部分),并将其应用于金融市场,特别是银行部门、退休储蓄计划和资本市场(第四部分)。

80

---

③　关于全球监管者(global regulator)——证监会国际组织(IOSCO)——的概念构想,参见 Medcraft(2014)。梅德科拉夫特(Medcraft)是证监会国际组织(IOSCO)前主席。

④　参见 Miller(2014c)。

⑤　情况并非总是如此。例如英格兰银行(Bank of England)行长马克·卡尼(Mark Carney)含蓄地承认了制度目的(Carney 2014),并且在撰写本文时,澳大利亚有一个有些迟来的讨论,即是否应该明确规定澳大利亚的强制退休计划(退休金)的目的并将之载入法律(2001 年公司法),并且特别指明,其目的是为退休人员提供足够的收入来源,而不是为政府或储蓄者提供一个用于投资的储蓄池。即使是一个由政府设计和建设的制度,其制度目的也没有明确。参见 Mather and Rose(2016)。

二、市场和市场制度的规范理论

按照市场（包括金融市场）的第一种规范性概念，市场主体往往是而且应当是根据自身利益开展活动，而且从广义的自由主义角度他们也有权如此。概言之，市场从根本上来说是且应该是个体自由的表达（买卖双方都是如此）。在这种激进的自由市场理念下，市场的规范结构主要是程序性要求，特别是自由和公平竞争的程序性要求。因此，也就不存在市场为更大的集体目标服务的道德要求，例如总体效用最大化。

这种激进的自由市场狂热者——市场原教旨主义者（market fundamentalists）⑥认为，市场的任何制度目标都应该服从于市场行为者的自由选择，或者说是市场行为者自由选择的一种表现形式（Miller 2011）。在这里，组织和个体往往是相互制约的。毫无疑问，保护和促进个体自由是件好事，但因为大公司远不同于自然人个体，最大化前者的自由并不必然带来后者自由的最大化。事实上，情况可能恰恰相反：增加大型且有权势的组织的行动自由，往往是以牺牲相对弱势的个体的自由为代价的，如雇员、消费者和客户等。银行和其他金融机构在全球金融危机中的越界行为，以及由此对个人消费者、房主、退休人员、投资者等造成的伤害，生动地说明了这一点。

此外，对自由市场的这种无条件的信念忽略了许多自由市场惯例（例如大规模投机交易）对那些市场中的非参与者的巨大有害影响的问题。例如，泡沫周期和泡沫破灭的循环破坏了金融稳定，并极大地导致了严重的经济下滑。正如穆勒（Mill 1859）和其他自由主义者所强调的那样，行使自己的自由选择是件好事，但若这样做会对他人造成伤害就不好了，甚至在道义上就是错误的。而且，许多（如果不是大多数的话）在金融市场运作的金融机构和其他机构都不是作为市场原教旨主义观点前提意义上的私人公司。首先，银行和退休基金等金融机构对政府的依赖程度和方式是其他市场主体所不具备的。例如政府为系统重要性银行的存款提供着隐性的担保，此外政府设立中央银行承担了商业

81

---

⑥ Soros（2009）将这些狂热的追随者称为市场原教旨主义者，并持续地予以批评。

银行的最后贷款人的角色。如果没有政府提供的这些保障措施，很难想象以零售银行部门为代表的这部分市场主体能够正常运作。同样，许多国家的退休基金依赖于强制储蓄，因此依赖于政府政策及其执行。其次，在金融市场上运作的许多组织都是公司，这种组织都是政府的制度性创设，而不是市场原教旨主义思想中存在的市场主体。出于某种原因，政府已授予公司特殊特权（特别是股东的有限责任）（Ciepley 2013）。据推测，授予此特权的原因是公司将具有为整个社区服务的基本制度目标。无论如何，政府授予特权的理由必须服务于正当合理的社会目的。再次，金融市场部分由诸如利率和货币基准之类的金融基础设施构成，它们提供了市场参与者所依赖的公共产品。竞争性金融市场的核心是为集体目的服务的基础设施（Miller 2014a）。最后，即使如保险公司这样的金融机构并不像银行那样直接依赖政府，但它们之中许多机构是依赖于金融基准的公司，例如它们会通过衍生品合同进行风险对冲，这样就会以各种方式依赖于那些直接依赖政府的金融机构。简而言之，市场原教旨主义理想中的自由行动、理性自利等假设实际上是一个一厢情愿且有害的迷思。

按照市场的第二种规范性概念，市场（包括金融市场）确实服务于或应该服务于更大的公共目的。第二种规范性概念比第一种规范性概念更有道理，因为第一种规范性概念实际上根本否认了市场存在任何制度目标。然而，第二种概念包括了许多完全不同的、实际上常常是对立的规范性"理论"。就一般市场而言，有人呼吁发挥所谓的"无形"之手[7]的作用。每一个市场主体都在追求各自理性的经济自利，通过"无形"之手，实现公共福利的最大化。此外，还有公司的规范理论，例如股东价值理论（Shareholder Value Theory，SVT）[8]和企业社会责任（Corporate Social Responsibility，CSR）理论等。[9]股东价值理论认为，公司的最终制度目标是为了实现利润最大化，从而实现股东利益最大

82

---

[7] 笔者使用引号是为了表示所谓的无形之手其实比假设的更明显，尤其是对立法者、监管者和行业领导者而言。

[8] 参见 Friedman（1970）。关于批判，参见 Stout（2012），尽管其与笔者在此提出的批判不同。重要的是，斯托特（Stout）认为，首席执行官（CEO）和其他经理人没有法律义务使股东价值最大化；这个观点是一个迷思。

[9] 对这些不同理论，包括企业社会责任理论的阐述和批评（同样与笔者这里提出的不同），参见 Audi（2008）。

化。由于很多金融机构都是公司，其根本目的也必须是实现利润最大化和股东价值最大化。企业社会责任理论会争取更广泛的"利益相关者（stakeholders）"，如雇员、消费者、社群，并强调所谓的"利润、人、地球（Profit, People and Planet）"三重底线。然而，这些目前有影响力的关于公司主体或市场的规范理论都不具有说服力。

关于"无形"之手机制的想法尽管重要，但需要放在一个更具体和全面的基础上，而不是笼统呼吁效用最大化（无论如何理解效用，例如幸福、快乐、偏好满足）、福利最优化等类似概念。此外，在所有或大多数市场中，即使在自由公平的竞争的情况下，追求个人理性自利实际上也能使整体效用最大化这一点远非显而易见。是否如此，是一个经验性问题。我们关注的是金融市场。因此，让我们考虑金融行业中对客户负有信托责任的职业群体（Miller 2014b）：银行家、基金经理、理财规划师等职业。显然，这些职业群体成员对个人理性自利的追求，特别是对利润最大化的追求，远远没有实现整体效用的最大化，其对客户造成了极大的伤害，对市场本身也造成了极大的破坏。

就其本身而言，股东价值理论混淆了手段（股东价值）与目的（例如足量的商品或服务）。显然，工资、高管薪酬、分红等经济奖励是短期目的，而非根本目的。它们是回报体系的一部分，是达到目的的手段。设立零售银行的目的不是为了最大化股东分红，更不是为了让银行家致富，而是为了给储户的资金提供一个安全的场所，并且能够保障支付等活动的顺利完成。如果一家零售银行始终不能实现后面这些目的，那么即便由于某种原因还继续盈利且因此使股东受益，其作为机构也是失败的。同样，保险公司的根本目的是为了提供保险而非最大化股东分红，后者只是实现前者的手段。如果一家保险公司有利润，但一直在该赔付的时候不赔付，那么它就是一个失败的机构。因为尽管它给股东带来了利益，但它并没有提供实际的（而不是承诺的）保险。此外，股东价值理论将利益相关者限缩至只包括股东，或者说完全服从于股东利益，而消费者和客户的利益竟被忽略，这是让人无法接受的。

另外，企业社会责任理论把利益相关者的范围定义得太广，从而淡化了制度目标。企业社会责任理论提供了很长的利益相关者名单，不仅包括股东、经理、雇员、消费者和客户，还包括供应商、其他行业参与者、环境、更广义的社会等。毫无疑问,公司需要时常关注受其积极或消极影响的各方。当然,他们应该避免伤害他人和破坏环境(如果他们这样做了,就应该提供赔偿)。但是,关于公司或关于某一特定行业及市场的规范性理论的内容不能简单包括一长串受影响方。否则,这样就只不过是抱着尽可能避免损害、使其受益的目的,提供了一个没有帮助的一般性方案。这种规定除了没有提供明确方向之外,它还可能倾向于鼓励装点门面行为(window-dressing)(如小额慈善捐款),而牺牲对一个行业的核心活动的集中关注和对开展这种活动的方式的审查。简而言之,企业社会责任忽视了特定行业的主要任务:产品或服务的生产者或提供者,以及其消费者或客户。

鉴于目前主流的对市场和基于市场的制度(market-based institution)的规范解释存在上述不足,笔者提出了一个一般规范目的论理论(general normative teleological theory),并推导出特殊规范理论(special normative theories)。关于这个概念,笔者在其他地方有详细的阐述(Miller 2010),即市场是社会制度的集合,应该为公共目的服务,尤其是提供公共物品。但是,这里的公共物品被狭隘地理解了,它不是仅指一般效用的最大化,而是指市场参与者在自由和公平竞争的条件下相互竞争,并在此过程中以合理价格和合理质量共同提供充足且可持续的特定商品或服务。就资本市场而言,相关商品是为生产企业投资提供充足的金融资本,就退休基金而言,其是为职工退休后提供充足的资金。在下文中,笔者将对这一概念进行延伸和论证。笔者将首先阐述对社会制度的目的论规范性解释。

三、社会制度的目的论规范解释

我们首先需要提供一个可行的社会制度解释。事实上,"社会制度"一词无 84
论是在日常语言中,还是在哲学文献中都并不明确。然而,当代社会学在使用该词时却相当一致。通常,当代社会学家用这个词来指代那些自我复制的复杂社会形式,如政府、大学、医院、商业公司、市场和法律体系。乔纳森·特纳(Jonathan Turner)提出了一个经典定义:"社会制度是处于特定类型的社会结构之中的地位、角色、规范和价值观的复合体,并将人类活动组织为相对稳定的模式，针对的是生产维持生命的资源、再生产个体以及在一个既定环境中维持可行的社会结构等基本问题。"（Turner 1997，6）需要注意的是，有些社会制度是以市场为基础的，但有些并不是。

社会制度需要与公约、社会规范、角色和仪式等不太复杂的社会形式区分。后者是制度的构成要素之一。社会制度也需要与更复杂、更完整的社会实体区分，例如社会、政体或文化，任何一个特定的制度都是社会实体典型的构成要素。例如，一个社会或政体比一个制度更复杂，因为至少按照传统的理解，一个社会或多或少是自给自足的（例如满足其成员的各种基本需要的能力），而制度则不然。

社会制度通常以组织的形式表现出来，更进一步讲，许多社会制度是组织体系。例如，资本主义是一种特殊的经济制度，在现代，资本主义在很大程度上是由包括跨国公司在内的特定组织形式形成的一个体系。此外，有些制度是元制度（meta-institutions）：它们是组织其他制度（包括组织体系）的制度（组织）。例如，政府是元制度（Miller 2010，chap.12）。政府的制度目标或制度功能在很大程度上包括组织其他制度（包括单独的或整体的），因此政府主要是通过（可强制执行的）立法来规范和协调经济体系。需要注意的是，在现代世界，许多世界性的社会制度（例如全球金融系统）在各方面都超越了监管和协调其活动的元制度（例如各国政府）的边界和管辖权和/或执法范围。

根据对社会制度的目的论解释，社会制度的公共目的是公共物品，因为它们拥有以下三种属性（Miller 2010，chap.2）：（1）它们是通过学校、医院、福利组织、农业企业、电力供应商、警察部门、银行、保险公司、退休基金、养老信托等组织成员，即不同社会角色的共同行动而产生、维持或更新的；（2）它们是向整个社会提供的，例如清洁饮用水、清洁环境、基本食品、电力、银行服务、投资服务、法律服务、教育、健康、安全和安保；（3）它们应该被生产（或维护、或更新）并提供给整个社区，因为它们是可获得的（而不是仅仅是期望的），并且社会成员对其有共同的道德权利。

请注意，我们对公共物品（collective good）的定义不同于经济学家和其他人对所谓公共产品（public goods）的标准概念。经济学家通常将公共产品定义为非竞争性和非排他性。如果一件产品是非竞争性的，那么一个人对它的享受并不妨碍或减少其他人享受它的可能性。例如，一个路标是非竞争性的，因为一个人用它来找路对他人同样地使用它没有影响。同样，如果一个人在享受这种产品，且其他人也都有权享受它，那么此产品即是非排他性的，国防就是如此。然而，我们对公共物品的定义并不是基于非竞争性或非排他性，而是基于其是联合创设的，以及其作为共同道德权利客体的规范性特征。因此，公共物品的概念在基于市场的社会制度和非基于市场的社会制度中都能适用。

这里一个重要的基本假设是，与许多经济理论相反，尽管自利是一个强大而普遍的驱动力，人类并非总是受个人理性自利驱动。[10]然而，正如德国哲学家康德所强调的，道德信仰，是一种重要的额外的行为动机，特别是为自己的利益而履行道德义务的时候，并且这不能被归于以牺牲他人目标为代价的自利（Sen 2002）（无论自利是如何被界定，例如以自我为中心，追求自己的目标或偏好）。在此必须指出，构成专业角色和制度性角色的义务往往也是道德义务，因此，履行自己的专业性和/或制度性义务往往也是在履行自己的道德义务。此外，专业人员以及更广义的成熟制度践行者的标志是，他们能够将其身份的原则和目的内化，从而使他们能够超越其先前的、有限的、个人理性自利的目标和利益。

理性选择模型（The rational choice model）假设理性的自利个体相互竞争，目前来看这似乎很对。但阿马蒂亚·森和其他人认为这一模型与现实还相差甚远（Sen 2002）。具体而言，它不允许个人为了集体自我利益采取理性行为，和/或根据社会产生的道德原则和目的而采取理性行动（参见 Elster 1989，Miller 2001，chap.6），然而，这其实是人类集体生活的普遍特征，包括在经济领域。

在这层意义上，我们需要接受一个事实，即个体可以而且经常在个人行为决策中考虑集体目标和利益，对于这些作为团体或组织成员的个人而言，集体目标和利益是其铭刻于心并始终致力实现的。对于这种在个人行为决策中考虑公共目标和集体利益的情况，通常是基于行为人的职业身份或团体身份，例如作为银行家或者作为理财规划师的身份。简言之，个人将其所属职业团体或组织的集体目标和利益内部化了。至关重要的是，这些共同的目标和利益可以而且通常确实超越了拥有这些职业身份的个体先前的、有限的、个人理性自利的

86

---

[10]　私利和道德之间的关系当然是复杂的，参见 Bloomfield（2008）。

目标和利益。此外，有关个人的公众目标和利益可以而且经常被个人所接受，理由是从公正或至少公众的角度来看，他们是可取的。⑪

关于个人理性自利模式的另一个观点是行为经济学家经常提出的，即人类在个人和集体自我利益方面往往是非理性的。例如股票市场上繁荣和萧条所展露的羊群现象（phenomena of herding）和认知偏差，以及那些不成熟的投资者缺乏知识，但不愿意或没有能力获得知识。

因此，制度设计需要基于这样一个假设：理性自利、非理性和道德都是人类行为的重要驱动力和动机，当它们发生冲突时，它们中的任何一个都不一定会像通常那样支配其他动机。

基于以上分析，依据社会制度的规范目的论解释，包括金融市场在内的社会制度应当在其所存在的总体道德和法律框架中实现特定的制度目标。此外，87 它们是通过具体的制度结构和文化来实现的。因此，至少出现了三个突出的一般性规范问题，即：

（1）制度目标：各种金融市场的主要制度目标应当是什么？

（2）制度手段：

  （a）结构，包括个人权利和义务：基于市场的产业结构是否能充分实现其制度目标。例如，是否存在"太大而不能倒"的机构？机构义务（如信托责任）和奖励（如薪酬待遇）的结构在道德上是否可以接受？更具体地说，这种结构是否符合相关的道德原则，是否有利于实现金融市场的主要制度目标？

  （b）文化：组织文化是否存在道德问题？更具体地说，是否符合相关道德原则，是否有利于实现金融市场主要制度目标？

（3）宏观制度背景：所讨论的金融市场在更大的经济秩序中应该扮演什么角色，更具体地说，它应该与相关的其他社会经济制度有什么关系？华尔街应该为普通民众（Main Street）服务吗？

---

⑪ 个人从集体目标和利益出发并按照集体目标和利益行事的这种能力并非没有问题。例如有关的集体目标可能本身就有道德问题，如第三帝国（Third Reich）的目标，或者有关组织成员的集体利益可能与更广泛的社会利益不一致，例如投资银行设计和销售有毒金融产品（toxic financial products）。

（一）制度目标：公共物品

笔者认为，商业组织、金融市场或金融职业需要问的基本规范性问题与任何其他社会制度都是一样的，即：它的存在是为了提供什么公共物品？以资本市场为例，资本市场提供的最主要的公共物品，是以合理价格提供充足和可持续的资本供应。笔者在前面曾说明了直接的制度目标和最终的制度目标之间的区别：公共物品是社会制度的最终目的，但不一定是其最直接的目的。

就商业组织和市场而言，这些公共物品包括：（1）商品和服务买卖双方的协调；（2）一种产品或服务的数量足以满足有关人口的相关总需求。[12]在这里，亚当·斯密（Adam Smith）的"无形"之手机制很突出（Smith 1776）。[13]"无形"之手运作的结果（公共物品）就是这个制度机制的最终目的（公共目的）（例如充足的住房、审计服务、退休储蓄或资本的充足供应等），利润最大化只是短期目的或者说直接目的。

在市场组织的案例中，利润最大化的存在增加了其复杂性，而在其他社会制度中则不存在。市场组织有三个公共目的：第一，组成性公共目的，例如汽车的生产，储户资金在银行的积累，用于投资的储蓄积累，以备将来使用的储蓄积累；第二，公共物品，例如运输、储蓄安全、基础设施投资资金、退休人员收入；第三，利润最大化。而这些公共目的并非其他社会制度所必需。

组成性公共目的不一定是公共物品。以所谓的有毒金融产品（toxic financial product）为例，一揽子次级抵押贷款就是如此。这些金融产品的生产是投资银行成员的公共目的。然而，事实证明，这些产品在全球金融危机中扮演了重要角色，它们对许多群体造成了巨大伤害，包括在持有这些资产的银行受到政府救助时，最终受到伤害的纳税人。因此，这一公共目的实现的并不是一种公共物品，反而是恰恰相反的。

此外，公共物品、利润最大化作为两大共同目标，两者之间存在着潜在的竞争性。对公司而言，利润最大化就是股东利益最大化。根据我们对社会制度

88

---

⑫　本部分材料的开发版本见 Miller（2010，chaps 2 and 10）。

⑬　事实上，"无形"之手的概念虽然著名地归于斯密，但在他的著作中几乎找不到。参见 Rothschild and Sen（2006，363）。

的解释，利润最大化目标在"无形"之手的作用下最终会实现公共物品的目标。然而不幸的是，这种对于"无形"之手作用的经验主义的主张是有争议的，而且在某些情况下被证明是错误的，正如我们在第一部分中对于有信托责任的职业的分析中所看到的一样。再例如，完全依靠市场机制为澳大利亚急需的基础设施提供投资资金的尝试显然也是失败的。

（二）制度手段

1. 结构、权利和义务

89　　到目前为止，我们关注的是社会制度规范性的一个方面，即制度目标，特别是制度提供（或应当提供）的公共物品。然而，这里还有另外两个规范层面值得注意。第一，机构的活动存在着道德限制。在这个层面上，机构的活动与非机构的个人活动没有什么不同。例如，对谋杀、欺诈和盗窃的禁止也能对机构的活动产生制约。

　　第二，也是更重要的，我们在这里关注的是特定制度的结构，牢记制度目标应该为结构指明方向。在一般层面上，存在着一个问题，即一个制度是否应该是一个基于市场的制度。这不应该是一个观念的问题，而是一个经验性的问题：以市场为基础的结构与非以市场为基础的结构，哪个最能实现制度目标？

　　这里需要指出的是，以市场为基础的制度和非以市场为基础的制度之间的区别并不一定是严格的二分法，还有可能是混合型的，即利用市场机制但不完全以市场为基础的制度。正如我们所看到的，强制退休储蓄体系和资本市场所依赖的金融基准就是一个很好的例子；此外，还有许多其他例子。但重申一下：根据我们对社会制度的规范目的论解释，一种制度应该是完全以市场为基础的、非以市场为基础的，或者是两者的混合体，是一个需要借助于公共物品来解决的问题，该问题在于这三种模式中哪一种最有效地产生公共物品。

　　进一步的结构性问题涉及市场参与者的规模（例如"太大而不能倒"的银行）、利益的结构性冲突（例如评级制度对投资银行的金融产品进行评级，而投资银行又为评级机构提供资金）以及本身就是"游戏参与者"的监管者，例如英国金融行为管理局追求伦敦城的特殊利益，可能会牺牲其他金融中心的利益。

同样，根据规范目的论解释，这些结构性问题应该通过求助于相关市场（包括全球市场）应该实现的公共物品来解决。"太大而不能倒"的银行显然是不可接受的，因为它们对国际金融系统构成了威胁，因此也对该系统应该实现的公共物品构成了威胁。出于同样的原因，利益的结构性冲突需要消除。关于不公正的监管者，需要指出的是，全球金融市场的集体利益不能仅仅是伦敦城的利益。

　　如前所述，存在着各种制度上相对的道德性权利义务（与先于制度存在的道德权利和义务，即自然的权利和义务，或以其他方式超越特定制度的道德权利和义务相反），这些权利和义务至少部分地来自社会制度生产的公共物品，事实上，这些权利和义务是特定制度性角色的构成要素，例如消防员、银行家、基金经理或财务顾问的权利和义务。这些制度性权利和义务（也是道德性权利义务）是由制度性角色构成的，因此，在一定程度上构成了具体制度结构。既然制度结构是或应该是实现其制度目标的重要手段，那么，制度的道德权利义务则是手段的一部分。因此，从某种程度上说，这是从制度的终极目标出发的，它定义了公共物品。因此，关于财务顾问是否有权收取佣金而不是服务费的争论，在这种观点下，应该从制度目标出发在对两个不同的职业权利义务的结构进行分析后予以解决。 90

　　这些结构化的道德权利和义务组合是在制度上相关的。即使它们一定程度上是基于一直以来的优先人权（例如老年人对食物、衣服和住所的需求）。它们的确切内容、强度、适用范围（例如管辖权、国家领土、特定经济体）等只能参照其制度安排来确定，特别是根据它们对这些制度安排所提供的公共物品的贡献来确定。因此，当代澳大利亚老年人在退休期间获得一定金额报酬，这一基础权利与澳大利亚养老金和退休金系统（以及该老年退休人员在工作期间所作的具体贡献）一直以来都相关。

　　在这一点上，我们需要进一步区分个体的制度性（道德）权利和共同的（joint）制度性（道德）权利之间的区别。共同的道德权利是附属于个人的道德权利，但却是共同行使的。例如，房屋的共有人可能有对房屋的共有权利，也就是说，每个人都有单独占有房屋的权利，但每个人只有在满足另一方也同样拥有这项权利的条件时拥有这项权利。共同权利需要与普遍的个人人权或自然权利（相对于个体的制度性权利）加以区分。生命权是普遍的个体人权的一个例子。每个人都有自己的生命权。然而，由于个体生命权完全取决于个人，因此，一个人拥有生命权并不取决于其他人对该权利的占有。

正如我们所看到的，有时共同行动（joint action）实现的目的不仅仅是一个公共目的，它也是一个公共物品。这里所说的公共物品，只是指集体或共同生产的物品，而不是指它是由集体或共同来消费的——它可能是而且经常是被个人单独消费的。如果是这样，那么联合行为很可能会生成一个共同权利。共同道德权利与公共物品的关系是什么？公共物品是一种已实现的公共目的，而实现这一公共目的的参与者，即生产这种公共物品的贡献者，拥有对这一公共物品的共同权利。

不难看出，为什么是这些人而不是其他人会有权利得到这样的物品，因为他们是对公共物品存在或继续存在而负责的人。在这方面，可参考一家建造公寓楼并出售以获取利润的公司的股东、董事会成员、经理和工人（股东、高管和雇员）。董事会成员、经理、股东、建筑工人共同享有从共同生产公寓的销售中获得经济报酬的权利（尽管每个人有权取得的金额可能因人而异，取决于其个人贡献的性质和程度）。此外，如果他们共同享有的经济利益的一部分被输送到比如说退休基金中，那么他们对这些基金享有共同的权利（尽管同样，每个人有权取得的金额可能因人而异，这取决于他们个人长期以来的贡献程度）。同样清楚的是，如果一个参与主体对公共物品有权利，那么在其他条件相同的情况下，其他人也有权利。也就是说，对于公共物品的权利是相互依存的。同样的观点也适用于工人（提供劳动）、经理（提供领导）和投资者（提供资本）：他们对所生产的商品或服务所产生的经济利益拥有共同的权利。

当然，在许多情况下，报酬取决于所签订的具体合同，包括雇佣合同。然而，这些共同的道德权利并不等同于或可还原为基于法律契约的道德权利。相反，从规范上讲，这些合同预设了有关的共同道德性权利。例如，正是因为一个建筑工人为公寓楼的建设作出了贡献，所以他在道义上有资格获得工资。此外，当有人主张某项具体的合同给付公平或不公平时，合同与基本的共同道德性权利之间的这种规范关系就会成为证据。因为合同可能反映也可能不反映一个人对集体利益生产的贡献，这取决于一系列的偶然因素（特别是权力关系）。例如一些公司异常慷慨地向管理层发放高额薪酬，包括不得不用纳税人的钱来拯救的投资银行。在许多情况下，管理层薪酬与对公司生产的公共物品的贡献，甚至与公司创造的利润之间没有任何关联（Gregg and Tonks 2005）。

2. 文化

越来越多的监管者和其他人认识到，制度文化是个体行为的重要决定因素。[14]然而，这些讨论通常集中在不道德或非法的行为和对文化的有害影响上，例如最近基准操纵案例中的交易员文化。然而关于文化（包括文化的道德和不道德层面）与制度目标之间的关系的讨论却很匮乏。一个组织的成员是否将该组织理想的目标和原则内化，并且确立一些可取的目标和原则，在某种程度上是一个结构问题，例如消除结构性的利益冲突，但同时在一定程度上也是一个制度文化的问题。制度文化反过来又取决于期望目标和集体道德责任（参见 Miller 2015）的内化程度，即多大程度上能够通过明确的制度机制（例如，职业伦理方面的正式继续教育计划、举报人保护计划、不鼓励过度冒险的薪酬体系）和隐性做法（例如承认错误的经理、敢于表达担忧的雇员）在组织中嵌入实现期望目标和避免腐败行为的集体道德责任。

另外，一个组织中流行的风气或文化，或者一个部门核心的意识观念，可能会淡化预期的制度目标和其他伦理考虑，而只追求个人的私利。那么，当个人的私利凌驾于对伦理原则的遵守，甚至是法律所规定的原则时，也不应感到惊讶。尤其是在存在巨大诱惑而被发现和定罪的风险很低的情况下更是如此。例如在监管部门存在结构性利益冲突的情况下，银行交易员在巨额奖金的诱惑下操纵了伦敦银行间同业拆借利率（LIBOR）。

四、金融市场与制度目标

（一）银行业

如上所述，从目的论的角度来看，组织和市场本质上都是共同行动的复杂结构，因此，它们的公共目的也是提供公共物品。在这方面，银行等金融机构

---

[14] 例如国际证监会组织（IOSCO）现任总裁 Greg Medcraft（2015）就强调了这一点。

93　与任何其他社会机构没有区别。也就是说，它们存在的理由即是以提供公共物品为其公共目的。然而，银行业与金融系统的其他领域一样，关于该行业最终制度目标（公共物品）的基本道德问题仍未得到回答，或至少存在争议。正如前面提到的，如果不回答这个问题，政府、监管者和政策制定者就不能给银行业以适当的理性指导。

就市场机制的目的论而言，立法者、监管者以及行业代表应当对市场运行的结果予以关注。行业的成员或者代表通常对市场有整体的理解，他们了解对市场进行监管甚至进行重构以实现预期效果的必要性。⑮在这层意义上，"无形"之手在很大程度上是可见的。此外，从规范的角度讲，市场运行的结果就是实现一种公共目标即提供公共物品。更进一步说，这个目标需要整个市场作为一个整体去实现，而不仅仅是某个单一的市场参与者。上文已经指出，所讨论的公共目标是充分且可持续地提供某种商品或服务，并且这些商品或服务应当在质量和价格上都合理。

如果这种理解是正确的，那么对于任何特定的市场或以市场为基础的制度，包括银行等金融机构，都有许多问题需要解决。第一，从规范的角度讲，产品或服务是否真的是一种好的产品或服务？它是否值得生产？正如不安全食品一样，不安全的"创新性"金融产品就不应该被生产出来。第二，商品或服务的价格是否合理？英国、欧盟、澳大利亚等国存在寡头垄断的银行业就存在这方面的问题。第三，供给是否可持续？从长期尺度来看，季度收益所反映出来的受利润最大化驱动的短期主义，就会存在问题（Kay 2013）。第四，商品或服务的供给是否充足？在这里，我们可以将客户群体进行区分，具体而言可以分为高收入者、中等收入者和低收入者。例如若住房市场仅提供一些高收入者才负担得起的昂贵豪宅，这种供给就是不充足的，没有照顾到低收入者的住房抵押贷款市场同样如此。

此外，根据规范目的论解释，工资、高管薪酬和股息等财务回报都是直接目的，而不是终极目的。它们是分配体系的组成部分，也是实现目标的手段。这里的目标就是以合理的质量和价格提供充分和可持续的某种商品或服务。

---

⑮　当然，在具体的监管和其他建议方面经常存在分歧。

现在让我们直接转向银行业的制度目标问题。这里的出发点是,银行和金 94
融部门的最终制度目标是满足非金融生产部门的需求,并最终满足人类(而不
是企业)基于权利的总需求(Miller 2010)。银行业或者说金融业是经济活动的
衍生形式。简言之,华尔街的存在是而且应当是以满足普通大众的需求为基础
的。因此,资本市场的制度目标是以合理的利率(直接或间接)为生产部门提
供足够数量的资本。同样,衍生品市场(如掉期、期权、期货)的制度目标是
为了降低风险(提供金融保险),诚然通过衍生交易降低风险通常是为了金融市
场主体,但也不仅仅是为了他们,因为金融稳定也是生产部门有效运作的必要
条件。⑯

从规范目的论解释来看,明确银行业的具体制度目标是首要问题。笔者认
为,银行业的核心制度目标是提供以下各项公共产品(Kay 2010):

(1)存款人存取资金的安全场所;

(2)支付系统;

(3)为购房者和中小型企业提供充足且价格合理的贷款。

按照约翰·凯(John Kay)的定义,我们把具有这些目的的机构称为狭义
银行(narrow banks)。⑰根据凯的说法,最近一段时间,零售储蓄机构的目标和
功能定位正在从满足公众日常金融需求转变为追求自身利润(Kay 2010,224)。
凯进一步认为狭义银行应该被视为公用事业。现有的零售/投资银行集团应该拆
分为作为共用设施的狭义银行和市场化的投资机构,只有狭义银行才能够吸收
公众存款并获得储户资金的安全担保。

从这个角度来看,出现了一个关于投机交易的重要问题。以货币、大宗商
品和衍生品交易等为代表的投机交易在很大程度上是一种以市场为基础,将资 95
金从一方重新分配给另一方的交易方式。大规模的投机交易会产生泡沫,泡沫
则导致股市崩盘、银行业崩溃、失业、短缺和/或商品和服务价格过高等。因
此,投机交易也许应该被遏制,例如对大宗商品市场的投机性头寸加以限制。⑱

---

⑯ 至于它们是否真的达到了这个目标是一个经验主义的问题。显然,所谓的有毒金融产品恰
恰没有实现这一目标。

⑰ 凯可能没有认识到具体完整的目标体系,例如没有考虑到笔者在这里讨论的商业贷款的目标。

⑱ 我们回到下面的投机问题。

无论如何，这里要说明的一点是，投机交易等高风险活动对存款机构来说是非常麻烦且有隐患的。因此，凯关于禁止狭义银行从事此类活动的建议是合理且必要的。

全球银行业的另一个问题涉及金融市场结构。如前所述，全球银行业的一个重要宏观机构特征是跨国金融机构"太大而不能倒"的现象。因此，在 2008 年雷曼兄弟破产后，各国对主要银行和其他金融机构进行了多次救助，这些救助决定被认为实际上已经使国际金融系统屈服于这些金融巨头。重要的是，我们担心银行的"太大而不能倒"现象已经演变成了"太大而不能监管（too big to regulate）"现象。例如，最近发生的跨国银行汇丰（HSBC）洗钱案（Treanor and Rushe 2012）。汇丰银行因未能制定有效的反洗钱措施以及未能对部分账户持有人进行尽职调查而被处以 19 亿美元的罚款。尽管汇丰存在刑事上的过失，但因监管者认为其规模太大而不能倒闭，所以仍保留了其经营许可证。汇丰银行能得以继续经营，实际上折射出了太大而不能监管的问题。

根据金融稳定理事会的数据（FSB 2011），当前有 29 家具有系统重要性的金融机构，这 29 家"太大而不能倒"的金融机构因此"太大而不能监管"，或者至少不能得到有效的监管。显而易见，在"太大而不能倒"的金融机构不断扩张并追求利润最大化的市场环境下，银行的投资部门之间的商业竞争所产生的腐败、不稳定和其他危害，除了通过实质性的机构重新设计和重组外，似乎是无法克服的。这种重新设计包括了凯所建议的，即将投资部门从银行的零售部门分离出来，形成两个独立的机构，或者至少在一个机构内进行严格的隔离（如果可能的话），并缩小银行规模，从而给因"太大而不能倒"而"太大而不能监管"的银行瘦身（Miller 2014c）。一个市场中单个市场主体不能失败或倒闭，这在逻辑上是矛盾的，而且在任何情况下都是全球银行业所不能容忍的，因为这关系到全球金融稳定。

（二）退休储蓄计划

96　　退休储蓄计划，包括许多养老金计划（pension schemes）和退休金基金（superannuation funds），其制度目标是满足退休人员的财务需要。在一些这样的计划中，个人在其工作期间自愿将款项存入退休基金，以便在退休期间提取作为收入来源。在其他计划中,雇主必须代表其雇员缴纳相当于其工资或薪金一定比例的缴款。[19]因此,在退休前缴纳养老金在很大程度上是雇主的强制性义务。这些款项的缴纳应该被理解为雇主基于雇员的工作向后者支付的福利。简而言之,雇主将钱存入雇员的退休基金,实际上是雇员自筹退休基金的一种替代机制。因此,雇员在工作期间从工资中提取的钱直接关系到他们退休后的收入。

另一种替代性但并不相互排斥的[20]安排是对领取工资的人和其他纳税人课税,以形成一个资金池作为全民养老金计划,并在日后向退休的人支付养老金。根据这一安排,每个退休人员都有权领取养老金,不论他们在工作期间可能缴纳了多少税款,或对发放养老金的资金池作出了其他何种贡献。不管怎样,笔者这里关注的只是一种计划,即个人在其工作期间把钱存入(无论是强制性的还是自愿的)并在退休后提取的基金,笔者将其称为退休储蓄计划(retirement savings schemes)。

不论强制与否,退休储蓄计划的公共目标和其形成的公共物品实质上是退休者在其工作期间的储蓄的积累。相应地,他们对这一公共物品享有共同权利,尽管不同的个人所享有的特定权利即金额有所不同,这种差异在很大程度上取决于每个人最初储蓄的数额,以及他们选择的基金的业绩表现。当然,还有其他影响因素,比如基金经理。因为这里所讨论的储蓄是由信托基金持有的,并被投资于现金、债券和股票的投资组合,从而实现保值增值。当然,金融中介例如基金经理有权基于其资产管理的专业服务获得经济奖励,例如以费用或佣金的形式收取,但是这些经济奖励应当从原始基金的增值部分而非原始资金中扣除。显然,在很多情况下并非如此,而是存在着过高的费用和佣金(Cooper 2011)。

信托基金的管理者以及基金经理负有道德义务:毕竟他们管理并投资的是别人的钱。这就引出了重要的伦理问题。信托管理者和受益人之间的关系在道德上和法律上都是一种信托关系。但是,管理他人的储蓄的人(也许是在资金

---

⑲　强制退休储蓄计划同时也带来了一些道德问题,参见 Miller(2017)。

⑳　澳大利亚有这样一个混合体系,即既有养老金计划,也有退休储蓄(所谓的退休金)计划。

提供者的指示下投资，也许不是，例如银行家）与提供储蓄的人之间的关系，如果没有在法律上明确，那么在道德上是否也是一种信托关系？（Berry 2011）如果信托的管理者将这些储蓄的投资管理外包给第三方，而第三方的报酬部分取决于他们投资决策的盈利能力，这又会产生什么样的伦理问题？毕竟，这个第三方有动机进行更有利可图但风险更大的投资（比如投资于股票而非债券）。然而，这似乎与那些以信托方式持有他人资金并实现保值增值的道德义务不相符。此外，这里还有一个问题，即这种道德义务的具体范围及其对投资策略的影响。显然，20 岁的人应该有比 60 岁的人更长期的投资策略。因此，投资于短期风险相对较高（但长期风险较低）的资产，对于 20 岁的人可行，但对 60 岁的人则不合适。更进一步的问题是退休储蓄计划的受托人角色的模糊，因为他们承担多少责任以及他们会尽多大努力料理好这些资金其实并不明确。

这些问题的答案在一定程度上可以借助制度目标的概念来找到。就退休储蓄计划而言，制度目标（按笔者的说法，也即公共物品）是为退休人员提供充足的收入来源（来自他们在工作期间的储蓄）。因此，显然这些基金的出资人和管理者之间存在或者至少应该存在一种信托关系，基金经理应该恰当地规避风险。因此，退休储蓄计划应与财富创造计划区分开来。对于后者而言，退休储蓄计划的制度目标所产生的限制（例如风险厌恶）则不必适用，后者的资金管理者也无需受到这些限制。因为如果退休储蓄计划的资金因高风险投资而遭受损失，那么纳税人可能需要为这些不幸的人提供退休后的收入。

（三）资本市场

如上所述，全球金融危机、主权债务危机和经济大衰退（这种衰退在欧洲、日本和巴西等所谓的新兴经济体以不同的形式表现出来）都暴露了股票市场的各种缺陷。这些缺陷包括了短期主义（受利润最大化愿望的驱使）（Kay 2013）、过度的股票投机交易以及大量的资本外流（例如发展中经济体的资本外流）。这些缺陷因高频交易（Lewis 2014）以及不受监管的所谓"暗池（dark pools）"（Clarke 2014）的出现而加剧。

凯举例说，英国主要公司，例如英国帝国化学工业集团（ICI）和英国通用电气公司（GEC）的衰落，在很大程度上是由于企业高管的观念错位。他们没有将自己视为商品和服务生产者的管理者，而是更像基金管理人，以基金管理人看待股票投资组合的方式收购和处置企业的资产组合（Kay 2012，9）。凯进一步称，股票市场的核心问题在于以信任关系为基础的金融服务文化被以交易关系为基础的金融服务文化所取代。我们可以看到，英国帝国化学工业集团（ICI）和英国通用电气公司（GEC）的管理重心发生了转变，对冲基金和高频交易员的话语权越来越大，尽管他们持有的股票比例并不是特别大（Kay 2012，9）。

如前所述，根据对社会制度的规范目的论解释，资本市场的制度目标是以合理的成本向生产性（非金融性的）企业提供充足且可持续的金融资本供应。并且，这里所讨论的生产性企业是满足人类共同需求（例如食物、衣服、住房）的公司，尤其是在这方面需求巨大的贫穷国家。

以短期主义为特征、以投机交易为主导的资本市场与这种公共物品并不一致，因为这种资本市场并不注重对生产性企业的长期投资。并且，正如凯所言，资本市场的这些不良特征甚至已经影响了公司的管理层，打个不恰当的比方，尾巴（华尔街）现在正在操纵着狗（公众社会）。 99

具有讽刺意味的是，自由市场加剧了这个问题。例如，由于缺乏对资本流动的控制，使得资本在经济体之间的流入和流出不再是基于对企业长期生产能力的考量，而是基于对投机目的的考量，例如考虑大宗商品价格、汇率和利率的波动，尤其是其他交易者可能的行动。这种大规模且有害的资本流动会造成很大的消极影响，而受害最严重的往往是不那么强大的国家或企业。

为了解决资本市场的这些缺陷，人们提出了一系列改革措施。这些措施从重新设计公司治理结构和监管"暗池"，再到在某些情况下重新引入资本管制，以及一些创新建议，如激进地扩展特别提款权（Special Drawing Rights）概念，创建一种新的全球储备货币以帮助稳定全球金融市场并为贫困国家生产性企业提供投资储备（Stiglitz 2006，206—208）。

如前所述，全球金融部门一个重要的宏观结构特征与立法者和监管者有关。各国政府和监管机构在全球金融市场中扮演着模糊的角色。因为各国政府及其监管机构在某种程度上是有自身立场的，它们往往会寻求照顾本国银行业的利益（例如英国监管者对于伦敦金融城的保护），尤其是在那些金融业在其整个国民经济中占据主导地位的国家。此外，在缺乏一套统一的全球监管法规和一个拥有真正权威的全球监管机构的情况下，在国家层面运作的监管者可能会被跨国公司利用来与其他对手竞争。显然，需要重新设计全球监管结构来解决这一问题。约翰·伊特韦尔（John Eatwell）建议建立一个世界金融管理局，理由是监管者的管辖范围应该与被监管的市场范围相一致（Eatwell 2000，Eatwell and Taylor 2000）。这无疑是正确的，至少在理论上是这样。然而，它面临着巨大的实际困难，例如民族国家（nation states）不愿将权力让渡给这样一个机构。但是伊特韦尔认为，鉴于在实践中的互利程度，建立这样一个机构仍然是有可能的。

无论如何，这里要强调的一点是，任何此类建议都需要根据制度目标来进行判断：它们在实现资本市场应当提供的公共物品方面是否有效？

五、结　论

100　　本章提出了对社会制度的规范目的论解释，并将其应用于金融市场。在此过程中，笔者将金融市场的一般规范理论与特定金融市场及市场制度的特殊规范理论区分开来。这些应用涉及银行业、退休储蓄计划和资本（特别是股票）市场。笔者指出了这些金融市场的明显缺陷，并提出了各种补救措施。缺陷之所以是缺陷，补救措施之所以能够起到补救作用，主要是依据金融市场和市场制度的目标来进行判断。

参考文献 ────────────────────────────────

Audi，R. 2008. Business Ethics and Ethical Business. Oxford：Oxford University Press.

Berry，Christine. 2011. Protecting Our Best Interests：Rediscovering Fiduciary Obligations. London：Fair Pensions.

Bloomfield，Paul，ed. 2008. Morality and Self-interest. Oxford：Oxford University Press.

Carney，Mark. 2014. "Inclusive Capitalism：Creating a Sense of the Systemic." Inclusive Capitalism Conference，London，27 May. http://www.bankofengland.co.uk/

publications/Documents/speeches/2014/speech731/pdf(accessed October 25, 2016).

Ciepley, David. 2013. "Beyond Public and Private: Toward a Political Theory of the Corporation." American Political Science Review 107(1), 139—158.

Clarke, Thomas. 2014. "High Frequency Trading and Dark Pools: Sharks Never Sleep." Law and Financial Markets Review 8(4), 342—351.

Cooper, Jeremy. 2011. Review into the Governance, Efficiency, Structure and Operation of Australia's Superannuation System. Canberra: Australian Government.

Dobos, Ned, Christian Barry, and Thomas Pogge, eds. 2011. The Global Financial Crisis: The Ethical Issues. Basingstoke: Palgrave Macmillan.

Eatwell, John. 2000. "The Challenge Facing International Financial Regulation." Speech given at Queens' College, Cambridge, 1—20.

Eatwell, John, and Lance Taylor. 2000. Global Finance at Risk: The Case for International Regulation. New York: New Press.

Elster, Jon. 1989. "Rationality and Social Norms." Studies in Logic and the Foundations of Mathematics 8, 531—552.

Financial Services Authority. 2009. Turner Review: A Regulatory Response to the Global Banking Crisis. London: FSA. http://www.fsa.gov.uk/pubs/other/turner_review.pdf(accessed October 25, 2016).

Financial Stability Board. 2011. "FSB Announces Policy Measures to Address Systemically Important Financial Institutions(SIFIs) and Names Initial Group of Global SIFIs." Press release, November 4. http://www.fsb.org/wp-content/uploads/pr_111104cc.pdf(accessed October 25, 2016).

Miller, Seumas. 2015. "The Global Financial Crisis and Collective Moral Responsibility." In Distribution of Responsibilities in International Law, edited by Andre Nollkaemper and Dov Jacobs. Cambridge: Cambridge University Press, 404—433.

Miller, Seumas. 2017. "Designing-in-Ethics: A Compulsory Retirement Savings System." In Designing-in-Ethics, edited by J. van den Hoven, Seumas Miller and Thomas Pogge. Cambridge: Cambridge University Press. Forthcoming.

Morris, Nicholas, and David Vines, eds. 2014. Capital Failure: Rebuilding Trust in Financial Services. Oxford: Oxford University Press.

Rothschild, Emma, and Amartya Sen. 2006. "Adam Smith's Economics." In The Cambridge Companion to Adam Smith, edited by Knud Haakonssen. Cambridge: Cambridge University Press, 319—365.

Sen, Amartya. 2002. Rationality and Freedom. Cambridge, MA: Harvard University Press.

Smith, Adam. 1776. An Inquiry into the Nature and Causes of the Wealth of Nations. London: Strahan and Cadell.

Sorkin, Andrew Ross. 2013. "Realities Behind Prosecuting Big Banks." The New

York Times，March 12，B1.

Soros，George. 2009. The Crash of 2008 and What it Means. New York：Perseus.

Stiglitz，Joseph. 2006. Making Globalisation Work：The Next Steps to Global Justice. London：Penguin.

Stout，Lynn. 2012. The Shareholder Value Myth. San Francisco：Berrett-Koehler.

Treanor，J.，and D. Rushe. 2012. "HSCB to Pay 1.2 Billion Pounds over Mexico Scandal." Guardian，December 10. http：//www.guardian.co.uk/business/2012/dec/10/standard-chartered-settle-iran-sanctions.

Turner，Jonathan. 1997. The Institutional Order. New York：Longman.

第五章

金融市场中的收入是应得的吗？一个基于正义的批评

丽莎·赫佐格

一、导　论

　　在 2015 年的一次演讲中，奥巴马总统指出，美国 25 位薪酬最高的对冲基 103
金经理的收入超过了美国所有幼儿园教师收入的总和（Washington Post 2015）。
很多人听完的反应是不相信中带着愤怒："他们怎么配得上这份收入？"然而，
这些高收入的辩护者借鉴了"应得"概念（the notion of desert）。典型的例子
是诺贝尔经济学奖获得者格里高利·曼昆（Gregory Mankiw），他在最近的一
系列论文中提出了工资的"公平应得理论（Just Desert Theory of wages）"，并
从应得的角度为 1% 的最高收入者辩护（2010，2013）。我们可以假设，在经济
学家中并非只有曼昆一人认为金融市场的收入因为是应得的从而是公平的。这
样的说法能被证明具有正当性吗？正如本章所述，我们不得不接受曼昆的理论，
而这恰恰为我们提供了一个很好的机会来反思当今金融系统中一些持续存在的
制度性问题的挑战。

　　在道德和政治哲学中，至少自 20 世纪 70 年代以来，应得一直是一个被持
续争论的话题（关于应得的概述参见 McLeod 2008）。许多思想家完全否定了
这一概念：它导致了各种概念上的困惑，并且它是那些经济上享有特权的人
进行意识形态控制的主要备选手段（von Hayek 1978，74ff.）。尽管笔者对许
多反对应得概念的观点表示同情，但还是建议保留一个类似罗尔斯的"正当
期待（legitimate expectations）"（1971，273）的"制度性应得（institutional
desert）"概念，它可以帮助我们从一个规范性制度设计的角度来分析问题。

104　　近年来，越来越多的人对市场的制度设计感兴趣，并将其作为使社会更加公正的工具（例如 Dietsch 2010）。制度性应得的概念可以作为思考这些问题的一种启发，特别是对于那些对刚刚起步的并不完美的理论感兴趣的人而言。它也有助于整合关于金融市场的道德和经济观点。道德哲学家可能比经济学家更倾向于拒绝应得的概念，尤其是在将其应用于市场的情况下。但是关注市场的经济学观念根源于亚当·斯密的假设，对应得的概念持一种乐观态度，尽管这些假设在现实中往往难以成立，而承认理想市场和现实市场之间的差异可以拉近经济学家和哲学家之间的距离。从制度性应得的视角分析金融市场，有助于克服经济学家和哲学家之间难以突破的僵局，这种僵局往往阻碍了关于经济制度正义的建设性辩论。正如我们将看到的那样，认为"金融系统的高收入是不应该的"这一道德直觉可以用哲学家和经济学家都能认可的方式来理解。

　　笔者首先重温了关于应得的哲学辩论，以便提出一个能够给金融市场带来启示的"制度性应得"的可行概念。然后笔者提出问题：制度性应得的概念可否以及如何应用于分析金融市场的劳动收入。①这样做的前提是对金融市场的特征进行分析。然而，分析表明金融市场受到许多内部问题——各类导致效率低下的市场失灵——的损害。进一步讲，市场失灵的外部性要求我们不能局限在内部视角。相反，我们还需要考虑金融市场在社会中的地位和作用，这就使得金融市场的收入被描述为应得的这一观点——甚至是笔者在前面提出的制度性应得的概念——进一步受到质疑，代之以指出当今金融市场制度设计的一系列问题。最后，笔者简要地提出了一些解决这些问题的建议。

　　这里需要补充说明的是，相比于一些读者可能的期待，笔者的分析对应得概念的支持者抱有更加包容的态度。关于应得的概念可能会引起更多的问题和批评。然而，笔者的目的在于表明，即便我们不考虑这些问题与批评，应得概念往往被那些为金融市场高收入辩护的人所使用，但现实往往与他们的意图背道而驰。相反，笔者的分析表明了应得概念的许多应用条件在金融市场难以得
105 到满足。考虑到这些条件也可以出于其他原因得到支持，那些想把应得概念应

---

　　①　对劳动收入的关注意味着基于所有权（无论是金融资产还是用于高频交易的计算机）获得收入是否合理的问题并不在本章的讨论之列，有关传统所有权概念是否可以应用于金融市场的批判性讨论，参见 Herzog（2014）。

用到金融市场的人，或者至少是那些愿意参与讨论这个概念并接受其启示的人，以及那些从其他的正义视角批判金融市场的人，在很长一段路上是同行的。

二、应得：一种制度性概念

应得的主张通常由三部分组成：A 付出 Y 而应得产出 X。Y 通常被称为应得的"基础"，其在很大意义上应当归因于 A。应得概念常被用于两个领域：其一是报复性正义（retributive justice），即惩罚正义，本章暂不讨论这个问题；其二是分配正义，至今关于应得是否能够以及是否应该在其中发挥作用的讨论仍在继续。社会科学证据表明，众多个体在考虑分配中的正义时确实会利用应得概念（概述参见 Miller 1999，64ff.）。

一些学者完全拒绝分配正义中的应得概念。例如，巴里（Barry）批判了"个人责任崇拜（cult of personal responsibility）"，他认为这种崇拜是建立在对人们就其选择负责的程度的错误假设之上（2005，chap.IV）。另一些人则质疑我们总能在法律问题上对人课以责任（例如在刑法和民法中），而在生活中其他领域拒绝责任的概念（例如 Moriarty 2003）。但是，人们不必否定道德主体承担责任的可能性，也不必怀疑应得主张在分配正义中的角色，相反，人们可以问，这些道德主体所遵循的制度是否可以支持应得概念的适用（同样参见 Dick 1975，262，Kernohan 1993，202，Scheffler 2000）。在接下来的内容中，为了便于论证，笔者假定可以将人类行为的一些因素归因于其有意识的选择并且可以让其负责，以使找到应得的基础在原则上成为可能。

关于应得的第二个重要问题是，它是从制度意义上理解的还是从前制度（pre-institutional）意义上理解的（Kleing 1971）。一些学者将应得描述为道德的基本组成部分，因此比制度或实践更为占先（例如，Feinberg 1963，Pojman 1997，1999）。关于前制度解释的基本论点是，如果应得只是一个制度性的概念，那么它可以归结为权利：应得是制度规则所赋予的权利。但是该观点还认为，在有些情况下，应得和权利是分开的，例如，当一个候选人因其杰出的才能而理应在竞争中获胜，却因运气不好而被一个不配位的竞争者击败，而后者却仍然是正式获得胜利的人。与此相反，其他学者认为，除非将应得与制度联

106

系在一起，否则应得概念就太过模糊和不确定，甚至会消失在一些"善（goodness）"的一般概念中（参见 Brigati 2014，3，类似的见 Garcia 1988，Lamont 1994）。

许多学者都同意的一个解决办法是，把应得看作是制度的结果，但并不将其归结为权利，因为它事关一种理想化的制度概念以及制度应该实现的目标。正如卡米斯基（Cummiskey）所说："应得在逻辑上优先于制度，正如制度目标优先于制度本身"（1987，19；又如 Holmgren 1986，226）。如果权利和应得被系统性地分离，按照这个观点，那么就是这个制度有问题，它的规则就应当被改变。

然而，这种策略引发了关于标准的问题，即我们应该用什么标准来描述这个理想化的制度概念。如果我们的答案以某种方式涉及关于"给予人们所应得的"主张，那么我们又回到了起点：前制度的应得概念。因此，我们需要不同的标准，这些标准可能包括一些关于一个制度应该履行的职能以及它应该实现或有助于实现的正义原则的主张。这也是罗尔斯所追求的策略，他用正义制度内的"正当期待"概念（1971，273，见 O'Neill 2014）取代了他反对的分配正义（1971，73ff.，104）中的"道德性应得（moral desert）"概念。正如奥尼尔（O'Neill）所解释的那样，这一概念避免了将个人回报与道德（或形而上学）上存在争议的、不可知的或不具备可操作性的个人美德或个人价值的标准挂钩（2014，430）。尽管如此，这与在公平制度中对"给予人们所应得的"理解是一致的，因为这样的制度规定了什么样的行为形式可以作为应得的基础，并且应该得到相应的回报。行为和回报之间的契合度不必太细，也往往不能太细——例如，运气总是可以形成干扰，但它应该保持在适当的程度内。

三、应得和市场

在下文中，笔者将提出制度性应得的概念，并且分析其能否应用于市场。需要指出，应得是一个相当中性的概念：它并不带有任何"道德魅力"，即它不会奖励某种高高在上的理想的美德。事实上，它对收到回报的行为（拥有稀缺的天赋并获得溢价）在多大程度上归因于行为人的选择或者运气保持着静默。

107

但是它完全可以用于解释应得的劳动收入，特别是金融市场的劳动收入。

可以肯定的是，市场是一种特殊的制度：它们不会直接将回报分配给个人。相反，价格和工资是由供给和需求的自由匹配所决定的，而供给和需求会带来有效的结果。②因此，市场应该带来有效的分配，从而有助于最大限度地做大社会可获得的经济产品和服务的蛋糕。哲学家们常常把市场当作黑箱（另见Dietsch 2010），转而关注社会整体分配的公正性，包括税收和转移支付。在罗尔斯的正义理论中，以及在其他许多理论中，都有这样的假设，即确实应该根据经济效率的概念来评估市场，而要在社会的基本结构层次上回答公正的问题，这个社会结构包括市场和其他制度。这就意味着，市场中的制度性应得概念应该与它们在创造巨大"蛋糕"中的作用联系在一起：回报应该给予那些以有助于实现这一目标的方式行事的人。③然而，认为他们应该获得高的市场收入，与他们不值得保留全部市场收入的观点是一致的。毕竟，市场只是整个制度网络中的一个部分，它在其中起着工具性的作用，但不能独自决定所有的分配。

这种说法不受反对将应得概念应用于分配问题的观点的影响。谢弗勒（Scheffler）认为分配是一个整体性问题，在这个问题中，任何给特定个人的经济利益分配的公正性总是直接或间接地取决于社会中更大范围利益分配的公正性（2000，984）。这种整体性的一个后果是，我们无法将任何个人行为作为应得主张的依据。在市场中，个体行为并不能自主决定回报，它们还取决于供求关系、稀缺性的临时变动，以及纯粹的运气。

事实上，由于其他因素的干预，市场不能在行为和回报之间实现直接的、一对一的匹配，但这并不意味着它们不能被整合到一个更广泛的社会制度中，这些制度共同决定着一个社会的分配结果。毕竟，没有一个独立于任何其他制度的"自由"市场，在这种市场中，无法人为控制的隐性力量在发挥作用。市场在规则、法规和社会规范的框架内运行，其结果也由周边制度共同决定，例 108

---

②　笔者在这里对许多关于劳动力市场与其他商品和服务市场的区别问题进行了抽象化处理。笔者的目的不是否认这些差异的重要性，而是关注金融市场的特殊性及其规范性缺陷。以下事实可以证明这种策略的合理性：金融系统中的劳动力市场可能比其他劳动力市场受典型劳动力市场问题（例如缺少退出选择）的困扰要小，因为雇员往往都是高技能的。

③　需要注意的是，这与试图根据应得概念为自由市场辩护是不一样的；正如 Olsaretti 令人信服地表明，这是一项不可能完成的任务（2004，esp. chap.III）。

如公共基础设施的供给或短缺（参见 Herzog 2013b）。根据市场运行规则的设定，市场力量的发挥会带来不同的回报，例如按照社会期待的方式和社会不期待的方式所作的行为会有不同的回报。人们可以通过创造真正有用的产品和服务来获取利润，也可以通过污染环境和剥削工人来获取利润。这就涉及用什么标准来规范企业的行为，以及这些标准的执行情况如何的问题。④

如果我们能够对市场进行监管，使之能与经济学家所设想的教科书式的模式相类似，或许能够"一石二鸟"：实现效率最大化的同时，市场也能够给予各种行为以应得的回报。后者似乎遵循了笔者所主张的应得概念的制度化，但它也至少大致符合市场应该回报些什么的道德直觉。之所以如此，是因为在教科书中所描述的完全竞争市场中，存在道德问题的行为和没有经济效率的行为是不会发生的。例如，在没有市场支配力的情况下，任何市场主体不能强迫他人做违背自己意愿的事情。如果所有的市场参与者都拥有充分的信息，并且完全理性，那么欺骗或引诱他人的企图也将失败。相反，只有真正对双方都有利时，交易才会发生。也许有点简单和平淡，但提供真正有益于他人的商品或服务是市场上制度性应得的合理基础。

这就是自亚当·斯密时代以来，市场的捍卫者们是如何看到其良性潜力的。曼德维尔（Bernard de Mandeville）在其"私恶即公利（private vices，public benefits）"（1924 ［1714］）的名言中提出了道德与效率之间存在不可调和的紧张关系，然而斯密认为市场会提供有用的商品和服务，以及某些美德如"勤劳和谨慎"以回报（Smith 1976a，III.V.8，讨论见 Herzog 2013a）。这些美德在社会上是有用的，因为它们使个人确实更可能在市场中作出有价值的贡献。准确地说，斯密的观点并不是说市场完美到这些优点也变得多余。相反，这些优点可以帮助克服小的市场缺陷，例如买卖双方之间的信息不对称，如果市场足够接近理想，他们将因为这样做而得到回报，因为这样做可以提高效率。例

---

④ 在规范理论中，执行问题很少受到关注，人们通常认为规则一旦制定就可以有效地执行。但众所周知，惩罚公司很难（特别参见 Coffee 1981）。在金融危机之后，又出现了一些关于公司"太大而不能处罚"（Garrett 2014）或"过于复杂而不能处罚"的问题，即检察官是否能够充分执行现有规则的问题。本书第六章讨论了可执行性问题，并提出了对法律责任的新理解，以便能够执行现有规则。

如，买方看到卖方没有利用自己（买方）不完全的知识，就会回到这个卖方那里，而不是换一个不那么诚实的卖方。虽然这种相关性不一定在每一个实例中都存在，但在长期的平均水平上会存在。

因此，如果此愿景是真的，某些美德确实会在市场上得到回报。在某些情况下，我们希望市场在制度性应得的意义上给予回报的，也是我们在道德上可以赞扬的。如果市场参与者以诚实可靠的方式提供真正有价值的商品和服务，这也是有效的。诚然，在市场上得到回报的行为并不是美德的最高形式。但是，如果我们认为市场只是一种社会制度，其中一种行为形式会得到回报，这就不足为奇了。冯·哈耶克（Von Hayek）有一个著名的观点，即市场奖励的是提供匹配而不是提供智慧（1978，76），但只要每个人都理解他们的角色，只要还有其他制度为智慧留下位置，这就没什么大不了的。⑤

斯密式的道德与效率的匹配能否实现，在很大程度上取决于市场所处的制度框架。几乎没有任何一个市场本身就是斯密式的，更不用说像如今这样复杂的金融市场。因此，如果我们把应得看作是一种适用于市场的制度性概念，就不可避免地会被引向市场的制度框架问题，因为这个框架对于决定市场是否具有更为"斯密式"的特征还是更具类似"曼德维尔式"的特征具有决定性意义。在同等条件下，我们希望市场为可靠、诚实和提供对社会有用的服务设置激励机制，并希望这些激励措施对每个人都适用。我们希望个人通过公平博弈获得收入，而不是利用各种漏洞，建立单方面的市场力量，或利用市场失灵为自己牟利。在一个运转良好的市场中，高收入是一个信号，表明某些商品或服务的需求很高，供应不足，它们应该会很快吸引竞争对手，从而带来收入的降低（Smith 1976b，I.VII.12）。如果高收入持续存在，这应该是一个值得警惕的理由：这种收入很可能是由某种形式的市场失灵或其他原因导致的。这种市场失灵所导致的行为形式不仅效率低下，而且在道德上也存在问题，例如滥用单边的依赖性。⑥

---

⑤ 同样地，主张应得是分配正义的一个因素的当代学者认为应得只是众多考虑因素中的一个，这些因素与特定的制度有着特殊的联系（例如 Miller 1999，Honneth 2014，223ff.）。

⑥ Heath（2006，2014）将市场失灵作为商业伦理的起点，即企业不应试图从市场失灵中获利。相比之下，笔者的关注重点是制度设计（不否认道德行为是道德化市场不可或缺的要素）。

因此，对于市场而言，制度性应得概念背后的思想可以概括为：市场应该奖励那些遵守规则的人，规则的设计应该使市场在更广泛的正义制度中发挥作用，创造大量对社会有用的商品和服务。这种制度性应得概念可以作为一个批判的概念（参见 Miller，1999，123，127，140ff.）来帮助我们发现两类问题：一类是那些违反游戏规则的人获得奖励的问题，这通常是关于刑事正义，这里不予讨论；第二类是规则设计的问题。因此，在考虑金融市场的高收入时，这些是关于应得的相关问题引导我们得出的问题。在下一部分，笔者将讨论其答案的一些要素。

四、内部问题：市场失灵

即使粗略地看一下当今的金融市场，尤其是全球金融危机爆发前的金融市场，也会暴露出许多问题，让人对于前述说法产生怀疑：要么是因为市场参与者没有遵守规则，要么是因为这些规则设计得不好，从而未能防止市场失灵。尽管我们可能试图对他们个人的应受指责程度予以区分，但不论任何一种情况我们都不能说这些市场参与者值得如此的高收入。在下文中，笔者把这两个问题放在一起讨论，因为相关的区别应该足够清楚。

首先看一下金融系统"内部"问题，因为这些考虑很快就会导致更广泛的"外部"视角。从内部的角度来看，我们可以指出一些市场失灵是由对规则缺乏关注、规则不好或两者兼而有之而导致的。重要的是，在某一部分金融系统中的这种问题的影响并不仅仅局限于这一部分，还会溢出并感染其他部分。特定市场中的特定金融产品就是一个很好的例子。之所以如此，是因为金融市场是高度互联的，它们的价格也是相互关联的。因此，一个市场的价格扭曲问题会影响到其他市场的价格，也会影响到那个市场里的应得主张。因此，在向消费者出售金融产品的市场和金融机构相互交易的市场中，市场存在的问题会对金融系统中的劳动力市场产生影响。请允许笔者挑出这些市场的一些问题，当然笔者并不认为这些问题足够全面——其实在一章的范围内很难列出一个完整的清单。

金融市场中市场失灵的第一个明显原因是信息不对称。如果存在信息不对称，我们就不能确定相关交易是互利的，因为一方当事人可能是在信息不足的基础上作出决定。信息不对称损害了整个金融系统的"价值链"——从缺乏经验的客户获得他们不具备充分信息的次级贷款（参见 Bitner 2008），到对评级机构提供的评级的不合理信任，[7]或那些让市场参与者以为他们是金融高手（但实际上比别人差很多）的把戏。对于这些问题，市场需要更好的监管，同时市场参与者一方也需要更强的认知能力（de Bruin 2015）。

第二个问题涉及"退出选择（exit options）"或合理替代方案的可用性，没有这些选择，市场竞争就无法有效运作，没有这些选择，市场就缺少支持者所标榜的自愿性特征。在金融系统的不同部分，自愿性程度和替代方案的可用性程度各不相同。但很明显，对于金融中介而言，当涉及私人客户以及他们对贷款和其他金融服务的需求时，这种自愿性和可用性的作用相当有限。随着福利国家的式微，许多客户都依赖贷款，有时还被锁定在无法退出的贷款合同中。其他人可能可以在不同的金融服务提供者之间进行转换，但它们都是按照类似的原则运营的，在业务条款方面几乎没有什么变化。不同市场参与者的选择和自愿程度归根结底是一个经验问题，但似乎可以说，金融市场与斯密提出并得到许多经济学家认可的理想化市场模式有相当的距离。而且，即使非自愿只存在于金融系统的某些领域，这些因素也可能对金融系统其他部分的价格产生扭曲性的影响。

在这方面，将金融市场与其他产生高度不平等收入的市场进行比较可以带来一些启发。金融市场高收入的支持者经常指出，大多数人并不因为体育明星或电影明星的高收入而怨恨他们（例如 Mankiw 2010，293ff.）。[8]但这些收入来源的市场结构有些不同。一个运转良好的金融系统是现代经济的一个基本要素，许多人直接或间接地依赖于它，这在某种程度上意味着他们不是完全自愿的。相比之下，体育和电影是购买者高度自愿的市场。在同等条件下，如果高收入是在高度自愿的市场中产生的，那么问题就不大了，因为高支付意愿更可能表

---

⑦　见本书第十一章。

⑧　在哲学辩论中，诺齐克（Nozick）以威尔特·张伯伦（Wilt Chamberlain）为例，认为体育运动中的高收入是正当且公平的，却没有考虑到个案的特殊性（Nozick 1974，156ff.，161；讨论见 Herzog 2013a，89f.，117f.）。

达对特定商品或服务的真正欣赏，而不是因为缺乏替代品。因此，金融市场与体育明星或电影明星的市场之间的类比是具有误导性的。

与我们的目的相关的第三种市场失灵是外部性（externalities）问题：对未"计入资产价格"即未直接购买资产的第三方的负面影响。外部性的典型例子是商品生产过程中产生的环境污染。虽然这些商品的生产对能够购买商品的买家和通过生产商品获利的卖家都是有用的，但对一般公众来说这是有成本的。同样，有些金融交易对买卖双方都有利，但对另一些交易有外部性，例如金融系统整体稳定性下降。虽然我们可以在概念上将金融市场上的交易和外部性进行区分，但金融产品的性质应该让我们重新思考我们所做的概念区分到底是什么。

在环境污染的情况下，我们假设有关商品对个人和社会有用，而污染是有害的。如果是在金融系统中，我们可能会想是否能如此容易地区分何为有用，何为有害。毕竟，所有的金融产品都只有工具价值。正如特纳所言："没有人早上起来说我今天想享受一些金融服务。"（2016，20）金融系统的意义在于确保流动性，促进交易，分配资本，并提供控制风险的机制。虽然我们可以将这些功能中的一部分归入"有用产品"的范畴，而另一些功能则归入"有害的外部性"范畴，但我们也需要考虑它们的净效应（net effect），即金融系统对社会经济福祉的总体贡献。这个问题对于金融系统中的许多交易尤其重要，这些交易具有高度的"衍生性"，因为它们与实体经济相差好几个层次，同时又助长了金融系统中的"系统性"发展，可能给整个社会造成麻烦的后果。

如果我们想了解如何从金融市场的有用产品中勾勒出金融市场的外部性，那么我们就需要了解整个金融系统的作用和功能——并且这是一个我们无法通113 过对金融市场的纯粹"内部"考虑来回答的问题。为了回答什么是金融市场的好规则这一问题，讨论就不能局限于避免市场失灵。因为不同于金融市场，其他市场中交易的商品或服务可以直接满足人们需求。可以肯定的是，有些金融产品，例如面向最终消费者的保险产品，它们与我们购买的其他产品非常接近。但这类产品的作用和功能以及价格与金融系统其他部分的作用和功能交织在一起，而金融系统的其他部分大多具有系统性的作用。因此，我们不能回避这样一个问题：作为一个整体，什么样的金融系统对我们社会的经济福祉有贡献？只有这样，我们才能完成关于制度性应得及其对金融市场影响的讨论。

五、外部问题：社会功能失调

金融市场在现代经济中有着特殊的作用。它们提供贷款和投资机会，促进资本和风险的分配。⑨就其本质而言，金融本身不是目的，而是达到其他目的的手段。金融市场的创新应该以某种方式促进经济的发展。一些学者确实认为，提供一个运行良好的金融系统具有公共基础设施的特征（例如 Pettifor 2014），这一想法可以追溯到斯密，他曾将资金的可利用性比喻为一条高速公路的可利用性（1976b，II.II.86）。

因此问题在于，金融系统是否真的作为一个有益于社会的基础设施发挥了这种作用，还是说，它给社会带来的风险事实上超过了它的好处。很明显，许多金融服务已经并将继续为我们的经济发挥重要作用。但如果我们看看金融危机前几十年的发展，以及它们带来的金融"创新"，我们有理由怀疑它们的具体贡献——毕竟，正是这种"创新性"金融产品的交易产生了许多我们开始质疑的过高收入。

包括自由金融市场在内的，第二次世界大战后关于自由市场的宏大叙事是这样的，即它们产生了经济增长，最终对社会上的每个人都有利，包括最贫穷的成员。更完整的金融市场被理解为可以提供更多的流动性，通过提供更好的 "价格发现（price discovery）"，可以改善资本和风险的分配，从而有助于使经济更具效率和更稳定（参见 Turner 2016，27ff.）。各种实证研究似乎证实，金融深化（financial deepening）有助于经济增长：金融深化措施，如对私营部门的贷款或股票市场成交量，与经济增长之间存在正相关关系（参见 Levine 2005）。

但至少自全球金融危机以来，我们了解到，这种情况过于乐观：金融创新是否对经济增长作出了贡献，经济增长是否对社会有益，其实都不清楚。

金融创新危害社会的最直接的方式是制造了一场危机，在这场危机中金融部门不得不接受巨额公共资金的救助，进而导致了长期的衰退。在全球金融危

---

⑨　笔者的观点与本书第四章中米勒的观点相似。

机之前，金融市场在理性经济人假设的美化下被认为能够降低风险。但在真实的金融市场中，参与者的人类心理的局限会表现出各种"非理性"的特征，比如"羊群行为（herding behavior）"。这些金融市场参与者不仅受到人的本性的驱动，还受到情绪和期望的驱动，包括对他人行为的期望。这意味着金融市场可能存在自我参照的问题，金融市场价格脱离实体经济并与之渐行渐远。当美国次贷市场积累的巨大泡沫破灭后，恐慌情绪肆虐。只有通过大规模的公共干预，才能恢复足够的信心，从而防止彻底崩溃。事实上，一些市场参与者，尤其是大型金融公司，是可以预料到它们会在遇到流动性问题时被救助。这意味着它们有着"软性预算约束（soft budget constraints）"（Kornai 1980），突破这种约束获得的额外利润可以被瓜分，而损失的风险则落在普通民众身上。事后看来，这造成了道德风险问题并导致过度冒险。最终，纳税人为损失买单，这一事实与那些试图为金融市场高收入者辩护并认为其"应得"的说法大相径庭，包括那些主张应得概念的少数派。

但即使撇开这些危机后的问题，金融市场的扩张是否如其支持者所声称的那样对社会有益尚不清楚。各种研究的证据表明，人们对金融深化的热情还为时过早。更多的流动性并不一定具有无限的价值。正如特纳所说，例如，高频交易可能导致技术投入和技术人才的军备竞赛，而这一活动并不会产生社会价值（2016，42，44）。切凯蒂和哈鲁比（Cecchetti and Kharroubi 2012）发现了一个 U 形关系：在一定程度上，以私人信贷与国内生产总值的关系或金融中介在总就业中的份额来衡量的金融发展是有益的，但超越临界值时，它与总体经济增长呈负相关。正如他们对其发现的总结："总的来说，经验教训是，大型和快速增长的金融部门对其他经济体来说可能是成本非常高昂的。它们攫取过多的核心资源并会危害经济的总体增长"（类似的参见 Arcan et al. 2012；关于普通大众和华尔街之间限制关系的理论模型，另见 Korinek and Kreamer 2014）。

最后但同样重要的一点，从实证数据来看，该主张的第二部分，即经济增长有利于社会并能造福所有人的观点也堪可质疑。例如，车尔尼娃（Tcherneva 2013）的研究显示，自 20 世纪 70 年代以来，底层 90% 以上的人的收入分配得益于战后的经济增长。自 21 世纪以来，最底层的 90% 的人几乎没有从扩张中获益，而在 2009 年至 2012 年期间，底层 90% 的人的收入增长受到经济增长的影响为负，而前 10% 的人的收入直线上升。⑩如果有人假设不断增长的不平等会产生有害影响，那么他就会得出一个令人吃惊的与普遍观点相反的结论：经济增长本身或者至少我们习惯于称之为"增长"的统计数字，对社会来说最多可能是喜忧参半（有关讨论，另见 Herzog 2016）。

因此，我们在过去几十年看到的收入极高的金融系统在许多方面都出现了功能失调。这并不意味着所有金融交易在其社会价值方面都同样值得怀疑——毕竟，金融系统是极其复杂多样的，其中包括了小型本地银行合作社，也包括了资产负债表大于许多国家的全球银行。但似乎可以公平地假设，金融系统的某些部分对社会甚至对整个全球经济体系来说，最好的情况是无用的，最坏的情况是存在着危险的功能失调。我们可能永远无法量化其机会成本，因为我们不知道，如果进入金融系统这些部分的人力和金融资本被以更有益于社会的方式运用会发生什么。如果有才华的人在华尔街工作而不是从事研究或创建新的企业（或者是人们几乎不敢提及的成为一名优秀的公务员），就会产生巨大的机会成本（参见 Mullainathan 2015）。甚至曼昆本人——基于应得的高收入的支持者——也认为我们最不需要的是下一任史蒂夫·乔布斯（Steve Jobs）放弃硅谷，加入华尔街的高频交易员行列（2013，24）。

因此，应当明确的是，关于金融系统中的制度性应得的主张遇到了巨大的正当性障碍，这些障碍源于金融系统未能履行其在社会中的作用。也许我们不应该对此感到太惊讶。笔者先前所描绘的制度性应得的图景是建立在相关规则按照民主程序设计的假设之上，并充分考虑的公共福利。但金融系统的规则似乎至少在一定程度上是由那些本应受其监管的人制定的。金融业游说者在立法和监管过程中发挥的并且持续在发挥的影响力到底有多大，这最终将是历史学家需要回答的问题。但我们已经知道，在某些情况下，私利发挥了核心作用。例如，皮斯托（Pistor 2013，318）描述了场外衍生产品全球市场的法律创造过程。作为一个私人组织的国际掉期及衍生品协会（ISDA）对于标准化合同并确保合同在不同国家的法律效力方面具有极为关键的地位（Morgan 2008）。如果不能保证游戏规则是作为创建和维护服务于整个社会的公正制度的过程的一部

116

---

⑩　正如皮凯蒂（Piketty 2014）表示，不同西方社会的总体趋势在结构上是相似的。

分，所有关于应得的讨论都是空洞的。

六、结论：走出失灵与失调

在这一章中，笔者遵循了那些以应得为金融市场高收入辩护的人所提出的论证路径。但得到的结论与他们想要的结果恰恰相反。与其证明市场参与者在获得高收入方面有道德上的正当性，不如认真对待应得的概念，并揭示当今金融系统的巨大缺陷。制度性应得的概念将我们的注意力引向金融市场的运作方式。如果我们使用这样一个应得的概念，我们不能只问市场参与者是否在按规则行事，我们还需要问规则是否是好的，否则我们所讨论的只能是法定权利，而不是应得。这样做既暴露了市场失灵的内在问题，也揭示了社会功能失调的外部问题。现在是时候通过制定更好的金融市场规则来解决这些问题了。这可能会产生一个副作用，即金融市场所创造的高收入可能会大幅减少。如果这种情况没有发生，那就需要注意：也许有些形式的市场失灵被忽视了，需要进一步加强监管。

当然，从正义的角度来看，金融市场并不是我们社会中唯一需要修复的制度。有些人可能会问，以考虑具体的制度及其改进取代思考整体的分配正义是否值得。在某种程度上，这种选择可能取决于对改革可行性的乐观或悲观情绪。当存在切实可行的改革步骤，并且这些改革步骤不会阻碍在整体正义层面进行更激进的改革时，聚焦一些具体制度是有必要且可行的。笔者认为当今的金融系统就是这样的一种情况，金融市场的改革可能会为增进社会公正的进一步改革创造动力。

经济学家和道德哲学家们存在某种程度上的共识，即当今的金融系统存在弊病，金融行业的畸高收入即为其中一种症状。金融系统的很多地方既低效又不公平。这意味着经济学家和哲学家可以在形成改革压力方面结成联盟。事实上，哲学家在这种联盟中可能是一种辅助角色，因为经济学家的声音往往更能够被公众和政治家所听到。但这并不妨碍哲学家们对其观点进行权衡和论证。许多普通民众不仅对金融系统的低效率感到不满，而且对金融系统的不公正特别是它所产生的畸高收入感到愤怒。哲学家们可以超越效率考量，而从规范维度参与这些辩论。

近年来，经济学家们提出了一些改革金融系统和金融市场运作方式的建议。最重要的一点可能是更多让市场参与者真正入局（skin into the game），使其利益真正与其市场活动相关，即需要让市场参与者在下行风险中承担损失，而不是仅仅在上行机会中攫取利润（参见 Admati and Hellwig 2013）。其他人认为金融系统的文化需要改变（参见 Salz 2013，76ff.，177ff.）。那些认为金融机构有其明确道德使命的研究表明，金融机构的雇员会受到共同价值观和对社会作出有益贡献愿望的激励（参见 Herzog, Hirschmann and Lenz 2015）。如果重新调整金融系统的方向，使其在社会中发挥有益的作用，支持可持续且公平的经济发展，这种目标观念也有助于激励其他金融机构的雇员。这将为那些金融系统高收入支持者的担忧——即没有高收入和奖金，雇员就不会再有努力工作的动力——提供一个回答。

尽管如此，有些人可能还会担心高报酬对于激励金融市场参与者来说可能是不可或缺的。但人类学证据表明，对于在金融系统中获得高奖金的人来说，重要的是他们的相对地位，而不是他们获得的绝对金额（Luyendijk 011，另见 Lamont 1997 对激励与经济租金之间区别的讨论）。如果货币激励对于市场参与者是必要的，那么以更小的金额也会起到同样的效果。因此我们没有理由认为，通过修正允许不应得的高收入之缺陷来创建一个更高效、更公正的金融系统是不可能的。最大的障碍似乎不是缺乏合理的建议，而是执行这些建议的政治意愿。

修复金融系统只是使我们的社会更加公平的众多步骤之一。在当前不平等日益突出的情况下，来自不同阵营的正义论者一致认为平等至关重要。卢梭认为："任何公民都不应该富有到可以买下其他人，而任何一个穷人都不应该被迫出卖自己。"（Rousseau 1997，II.11.2）按照这些标准，我们还有很长的路要走。虽然应得的概念有助于分析当前的缺陷，但从长远来看，我们可能希望它是一种维特根斯坦的梯子（Wittgensteinian ladders），当人们使用完了就会扔掉。因为我们对应得的概念思考得越多，就越可能发现，我们所说的"应得的"在现实中有多大程度上是一个运气问题，不仅因为应得概念适用的条件可能并不成立，同时也因为笔者在本章中提出的一个假设经不起推敲：我们认为在道德上负责任的主体可能远没有我们通常认为的那样在我们的控制范围之内。一方面，人的天赋和品格特质存在罗尔斯所谓的"自然博彩"式的天然不平等分配（Rawls 1971，73f.，104）；另一方面，我们所出生的国家的制度结构对我们努力的结果有着巨大的影响。此外，在许多情况下，将应得的基础与其他因素进行区分也存在着认知上的障碍（另见 Moriarty 2006）。

承认运气对收入的巨大影响，从长远来看，可能会有助于导致文化变革，因为人们觉得自己没有资格获得最终的收入。这可能为平等政策开辟新的可能性。更公平的经济结构可能仍然包括金融系统或者某些类型的金融市场，⑪但它们不太可能产生巨额的收入。金融市场对不应得收入的道德愤怒，可能有助于我们推动亟需的改革，推动朝着更加平等的社会结构的长期变革。⑫

参考文献

Admati，Anat，and Martin Hellwig. 2013. The Bankers' New Clothes：What's Wrong with Banking and What to Do about it. Princeton and Oxford：Princeton University Press.

Arcan，Jean-Louis，Enrico Berkes，and Ugo Panizza. 2012. "Too Much Finance?" IMF Working Paper WP/12/161，June.

Barry，Brian. 2005. Why Social Justice Matters. Cambridge：Polity.

Bitner，Richard. 2008. Confessions of a Subprime Lender：An Insider's Tale of Greed，Fraud，and Ignorance. Hoboken：Wiley.

Brigati，Roberto. 2014. "Desert as a Principle of Distributive Justice：A Reconsideration." Philosophy and Social Criticism 40(7)，705—722.

Carens，Joseph H. 1981. Equality，Moral Incentives，and theMarket：An Essay in Utopian Politico-Economic Theory. Chicago and London：University of Chicago Press.

Cecchetti，Stephen G.，and Enisse Kharroubi. 2012. "Reassessing the Impact of Fi-

⑪　正如卡伦斯（Carens 1981）的研究表明，即便不能决定所有的分配，市场也能作为一种协调工具参与到分配的过程之中。

⑫　笔者要感谢巴里·温加斯特（Barry Weingast）以及在柏林举办的经济伦理网络会议（the Economic Ethics Network Meeting）的参与者、在苏黎世举办的"金融、税收和（全球）正义"研讨会的参与者，他们的讨论非常有帮助。特别感谢菲利克斯·科赫（Felix Koch）在苏黎世给予的精彩评议。

nance on Growth." Bank for International Settlements Working Paper No. 381，July.

Coffee，John C.，Jr. 1981. "'No Soul to Damn：No Body to Kick'：An Unscandalized Inquiry into the Problem of Corporate Punishment." Michigan Law Review 79(3)，386—459.

Cummiskey，David. 1987. "Desert and Entitlement：A Rawlsian Consequentialist Account." Analysis 47，15—19.

De Bruin，Boudewijn. 2015. Ethics and the Global Financial Crisis：Why Incompetence is Worse than Greed. Cambridge：Cambridge University Press.

Dick，James C. 1975. "How to Justify a Distribution of Earnings." Philosophy and Public Affairs 4(3)，248—272.

Dietsch，Peter. 2010. "The Market，Competition，and Equality." Politics，Philosophy & Economics 9(2)，213—244.

Feinberg，Joel. 1963. "Justice and Personal Desert." In Nomos VI：Justice，edited by C. J. Friedrich and J. W. Chapman. New York：Atherton Press.

Garcia，J. L. A. 1988. "A Problem About the Basis of Desert." Journal of Social Philosophy 19(3)，11—19.

Garrett，Brandon L. 2014. Too Big to Jail：How Prosecutors Compromise with Corporations. Cambridge，MA：Belknap Press.

Heath，Joseph. 2006. "Business Ethics Without Stakeholders." Business Ethics Quarterly 16，533—557.

Heath，Joseph. 2014. Morality，Competition and the Firm. Oxford：Oxford University Press.

Herzog，Lisa. 2013a. Inventing the Market：Smith，Hegel，and Political Theory. Oxford：Oxford University Press.

Herzog，Lisa. 2013b. "Markets." In The Stanford Encyclopedia of Philosophy Fall 2013 edition [online]，edited by Edward N. Zalta. Stanford：Stanford University Press.

Herzog，Lisa. 2014. "Eigentumsrechte im Finanzsystem. Rechtfertigungen und Reformimpulse." Deutsche Zeitschrift für Philosophie 62(3)，415—442.

Herzog，Lisa. 2016. "The Normative Stakes of Economic Growth：Why Adam Smith Does Not Rely on 'Trickle Down.'" Journal of Politics 78(1)，50—62.

Herzog，Lisa，Edgar Hirschmann，and Sarah Lenz. 2015. "'Ethische Banken'—Nische oder Avantgarde?" WestEnd. Neue Zeitschrift für Sozialforschung 1，85—94.

Holmgren，Margaret. 1986. "Justifying Desert Claims：Desert and Opportunity." Journal of Value Inquiry 20，265—278.

Honneth，Axel. 2014. Freedom's Right：The Social Foundations of Democratic Life.

New York: Columbia University Press.

Kernohan, Andrew. 1993. "Desert and Self-Ownership." Journal of Value Inquiry 27, 197—202.

Kleinig, John. 1971. "The Concept of Desert." American Philosophical Quarterly 8, 71—78.

Korinek, Anton, and Jonathan Kreamer. 2014. "The Redistributive Effects of Financial Deregulation: Wall Street versus Main Street." Bank for International Settlements Working Paper no. 468, October.

Kornai, J. 1980. "'Hard' and 'Soft' Budget Constraint." Acta Oeconomica 25(3/4), 231—245.

Lamont, Julian. 1994. "The Concept of Desert in Distributive Justice." The Philosophical Quarterly 44, 45—64.

Lamont, Julian. 1997. "Incentive Income, Deserved Income, and Economic Rents." Journal of Political Philosophy 5, 26—46.

Levine, Ross. 2005. "Finance and Growth: Theory and Evidence." In Handbook of Economic Growth, edited by P. Aghion and S. Durlauf (North Holland: Elsevier), volume IB, 865—934.

Luyendijk, Joris. 2011. "Voices of Finance: MD, Corporate Finance, at a Major Bank." Guardian, September 15.

McLeod, Owen. 2008. "Desert." In The Stanford Encyclopedia of Philosophy Winter 2008 edition [online], edited by Edward N. Zalta. Stanford: Stanford University.

Mandeville, Bernard. 1924. The Fable of the Bees, Part I (1714), Part II (1729), edited by F.B. Kaye. Oxford: Clarendon Press.

Mankiw, N. Gregory. 2010. "Spreading the Wealth Around: Reflections Inspired by Joe the Plumber." Eastern Economic Journal 36, 285—298.

Mankiw, N. Gregory. 2013. "Defending the One Percent." Journal of Economic Perspectives 27(3), 21—34.

Miller, David. 1999. Principles of Social Justice. Cambridge, MA: Harvard University Press.

Morgan, Glenn. 2008. "Market Formation and Governance in International Financial Markets: The Case of OTC Derivatives." Human Relations 61, 637—660.

Moriarty, Jeffrey. 2003. "Against the Asymmetry of Desert." Noûs 37(3), 518—536.

Moriarty, Jeffrey. 2006. "The Epistemological Argument against Desert." Utilitas 172, 205—221.

Mullainathan, Sendhil. 2015. "Why a Harvard Professor Has Mixed Feelings When Students Take Jobs in Finance." The New York Times, April 10.

Nozick, Robert. 1974. Anarchy, State, and Utopia. New York: Basic Books.

Olsaretti, Serena. 2004. Liberty, Desert and the Market. Cambridge: Cambridge

University Press.

O'Neill，Martin. 2014. "Legitimate Expectations." In The Rawls Lexicon，edited by Jon Mandle and David Reidy. Cambridge：Cambridge University Press，428—430.

Pettifor，Ann. 2014. Just Money：How Society Can Break the Despotic Power of Finance. Kent：Commonwealth Publishing.

Piketty，Thomas. 2014. Capital in the 21st Century. Cambridge，MA：Belknap Press.

Pistor，Katharina. 2013. "A Legal Theory of Finance." Journal of Comparative Economics 41，315—330.

Pojman，Louis. 1997. "Equality and Desert." Philosophy 72，549—570.

Pojman，Louis. 1999. "Merit：Why Do We Value It?" Journal of Social Philosophy 30(1)，83—102.

Rawls，John. 1971. A Theory of Justice. Cambridge，MA：Belknap Press of Harvard University Press.

Rousseau，Jean-Jacques. 1997. The Social Contract and Other Later Political Writings，edited by Victor Gourevitch. Cambridge：Cambridge University Press.

Salz，Anthony. 2013. "Salz Review：An Independent Review of Barclay's Business Practices. http：//online. wsj. com/public/resources/documents/SalzReview040320 13.pdf（accessed October 25，2016）.

Scheffler，Samuel. 2000. "Justice and Desert in Liberal Theory." California Law Review 88(3)，965—990.

Smith，Adam. 1976a［1759/90］. The Theory of Moral Sentiments，edited by D.D. Raphael and A.L. Macfie. Oxford：Clarendon Press；New York：Oxford University Press.

Smith，Adam. 1976b［1776］. An Inquiry into the Nature and Causes of the Wealth of Nations，2 vols，edited by R.H. Campbell and A.S. Skinner；textual editor W.B. Todd. Oxford：Clarendon Press；New York：Oxford University Press.

Tcherneva，Pavlina R. 2013. "Reorienting Fiscal Policy：A Critical Assessment of Fiscal Fine-Tuning." Levy Economics Institute Working Paper No.772.

Turner，Adair. 2016. Between Debt and the Devil：Money，Credit，and Fixing Global Finance. Princeton and Oxford：Princeton University Press.

von Hayek，Friedrich August. 1978. Law Legislation and Liberty，ii：The Mirage of Social Justice. Chicago：University of Chicago Press.

Washington Post. 2015. "The Top 25 Hedge Fund Managers Earn More than All Kindergarten Teachers in the U.S. Combined." May 12.

第二编
法律结构

第六章

管理层的罪与罚:道德责任、因果责任和金融犯罪

马克·R. 雷夫

一、导　论

　　基于在 2008 年全球金融危机中的欺诈和其他不当行为，2014 年，美国司法部向相关银行及其他金融机构征收了创纪录的 247 亿美元的罚款，值得一提的是，这还是在 2012 年到 2013 年业已征收的 210 亿美元罚款基础上的又一次处罚（Reuters 2014）。与此同时，联邦和各州的其他执法机构向大致相同的机构收取了数量同样令人瞠目结舌的罚款（Silver-Greenberg and Eavis 2013，2014）。2015 年，罚款总额的增长仍未现颓势，截至当年 10 月，美国联邦和各州当局自金融危机爆发以来征收的罚款总额已达 2 040 亿美元之巨（Cox 2015），并且这还不包括欧洲各监管当局所收取的数量同样相当可观的罚款（见 Sterngold 2014）。即便是在 2016 年年初，不可胜数的罚款总额仍在持续增长，高盛（Goldman Sachs）、富国银行（Wells Fargo）和摩根士丹利（Morgan Stanley）目前正在评估或同意接受新的巨额罚款（Goldstein 2016，Koren 2016，Popper 2016a）。显而易见的是，2008 年全球金融危机的余波至今仍未结束。

　　这些巨额罚款所反映的，既是金融危机所造成的严重损失，亦是充斥在此次金融危机中泛滥的不当行为。然而，尽管金融机构的所作所为具有不可否认的严重性，但却没有任何公司高管因其不当行为而受到追诉，更不用说真正面临牢狱之灾（Eisinger 2014a and c，Stewart 2015a and b，Morgenson and Story 2011）。至于中下层雇员受到刑事追诉的个例，同样鲜有耳闻。[①]众多批评都直

125

126

[①]　不过其实也有一些例外情况，具体参见 Bray（2016c and 2015a，b，c and d）和 Smith（2015）。

接将相关当局作为众矢之的。公众对当局似乎不愿对高管们造成重大全球性影响的金融违规行为（哪怕只是消极放任而非积极推动）予以追诉持怀疑态度，他们认为即便这些行为在技术上不构成犯罪（这一点仍值得商榷），也应当被视为法律上的犯罪行为而绝非仅是道德失范（Eisinger 2014b，Morgenson 2014a，Office of Inspector General 2014）。②

近来有迹象表明，此种批评可能会敦促相关部门承认其在此前执法活动中未能充分运用当时可用的法律工具，并宣布改变相关态度及方法（Apuzzo and Protess 2015，Cohen 2015，Henning 2015c，Morgenson 2015b）。但有理由担心他们作出真正改变的可能性微乎其微（Protess and Apuzzo 2015，Henning 2015a）。③尽管对金融违规行为鲜少提起刑事诉讼的现状令人失望，但相关当局在起诉参与金融犯罪的高管时犹豫不决的态度并不新鲜。大型金融机构的金融欺诈被揭露的情况时有发生，但同当前现状如出一辙的是，相关金融机构的高管在这些案件中往往亦可全身而退而不会被追诉。虽然每当这种情况发生时总有人呼吁要求当局更有力地追诉相关责任人（参见例如 Fisse and Braithewaite 1994），但这种呼吁显然未能达到预期的效果。

事实上我们似乎在倒退。在 20 世纪 80 年代的储贷危机后，超过 1 000 名银行家被美国司法部定罪。即便如此，不少人仍认为有太多银行家逍遥法外或者处罚过轻（Breslow 2013，The New York Times 2011）。④诚然，储贷危机所涉

---

② 在此举一例子，尽管德国银行监管机构发现时任德意志银行联席 CEO 的安舒·贾恩（Anshu Jain）"无视其属下交易人员从事不当行为的迹象，在不法行为指控曝光时也未能进行深入调查"，并"衍生出一种纵容不法行为横行的企业文化"（Ewing 2015），但当局并未对德意志银行的高级管理人员提起刑事指控。另见 In the Matter of Deutsch Bank（2015）。关于针对其他金融机构的类似调查结果（或公认的事实陈述），见 Dealbook（2015）。

③ 尽管美国证券交易委员会（SEC）声称"所有个人，无论其级别与职位如何，都将对隐瞒真相或虚假陈述行为负责"，但他们仍然放弃了对房地美前高管的诉讼（Protess and Eavis 2015）。摩根森批评了美国证券交易委员会与花旗集团之间的和解协议，认为该协议没有要求银行中的任何人对造成投资者约 20 亿美元损失的行为负责（Morgenson 2015e）；艾辛格批评了美国证券交易委员会对高盛和保尔森公司的高管手下留情，而理由仅是因为这些人只是"做了一件坏事的好人"（Eisinger 2016）。

④ 事实上，正如一位美国参议员在投票支持加重责任的条款时所言，这些条款的存在将确保检察官在未来能够更多地对金融机构实施欺诈行为的人起诉并定罪，"美国人民已经明确地表示，如果要求他们为储贷危机买单，那么政府至少应该雷厉风行地将责任人送进监狱"（Sanford 1990）。

及之金融机构的数量更多且规模更小，没有任何一家具备系统重要性，同时被指控的银行家大都是各自机构的大股东或者能够施加有效控制的人。⑤鉴于公众对这些涉案机构的无耻掠夺苦秦久矣，检察官在追究高管责任时遇到的障碍也想必更少。⑥但即便如此，当局对储贷危机的反应表明，追究高管责任是应该而且可行的。

我们当前所面临的情况比 20 世纪 30 年代的大萧条更为艰难。与现在一样，彼时几乎没有银行家因其金融不法行为而被定罪。但是作为应对之策，美国国会制定了一系列预防性立法。不幸的是，该项立法中的许多关键性条款在储贷危机爆发前即遭废止，在 2008 年全球金融危机前遭到废止的更多。虽然这算不上是鼓励，但实际上也纵容了金融机构不当行为率的再次上升，2008 年全球金融危机触发的重新监管（re-regulation）的力度却相当温和，并且恢复的保障措施亦被严格限制（见 Reiff 2013，253—254，256 n. 188，Morgenson 2015a，Weisman and Lipton 2015）。⑦如果我们期待高管们会更加审慎以确保其机构中不再出现泛滥的不当行为，那么我们采取措施以确保高管因不当行为而面临刑事起诉的可能性将变得至关重要。至少，这是一个所有有意于促进金融市场公平正义的人都应当会赞同的目标。

本章之目的在于解释为何公众与公诉人就向高管问责的正义要求的态度如此大相径庭，并就如何考量公司高管的责任提出一些新建议，从而使得我们可以更清晰地理解为何无论当下公司高管不当行为的法律地位如何模糊，也都应当将其视为道德失范和刑事犯罪。在第二部分中，笔者将在恰当的语境下讨论当前刑事追诉缺位的根源——很难证明公司高管具备必要的明知以及犯罪故意，而不论是在道德上还是在法律上，这些必要的明知和犯罪故意都是确定刑事责任的必备要件。在第三部分中，笔者主张即使缺乏通常所需的明知或故意的证 128

---

⑤ 以林肯储蓄贷款公司（Lincoln Savings & Loan）的查理斯·基廷（Charles Keating）为例，基廷把公司当作"自己的个人提款机"（McFadden 2014）。

⑥ 但参见 Heath（2011），他认为没有起诉的原因在于执法部门近来的做法是不调查大型机构的金融不当行为，除非该机构肯定地"自首"。

⑦ 另见 Kashkari（2016）。"虽然在加强金融系统方面取得了重大进展，但笔者认为《多德-弗兰克法案》尚有待完善之处。系统重要性银行仍然'太大而不能倒'，并将继续对我们的经济构成重大且持续的风险。"

据，课以刑事责任也确是恰当的，因为在这类案件中强调这种基本权利会导致不可执行，而决定制裁范围的第一步正是可执行性而并非道德。在第四部分中，笔者主张即便缺乏通常所需的明知和故意的证据，尽管或许事实可以被查明得更为清楚，但只要有足够的证据证明涉案个人的因果责任，我们就能够确定他们对这些犯罪行为应当承担道德责任。而只要涉案个人负有道德责任，对他们施加刑事处罚便也无所谓道德障碍，而根据现行法律，对其课以刑罚同样也不存在任何法律障碍。在第五部分，笔者讨论了如何评估这些案件中的因果责任，以及我们如何修订法律从而使得这些案件的现行适用标准更为清晰明确。笔者希望一旦正确的标准得以确立，我们可以发现昔日各种金融不当行为都能够被惩罚，而未来的金融不当行为也会因为刑事制裁的威慑而被阻止。

二、起诉金融犯罪为何困难重重

并非只有主要金融机构的高管逃脱了因其在 2008 年全球金融危机中的角色而应承担的刑事责任，针对金融机构的刑事起诉制度也相当薄弱。[8]这并非是因为不存在指控机构犯罪的法律工具，即便是金融机构不像自然人那样是一个独立的道德主体，指控公司法人的法律工具实际上也已经建立了。当然，确定一个公司实体"知道"什么，"意图"什么，有时甚至是"它"做了什么——这些在大多数案件中证明犯罪行为的先决条件——是相对困难的，这主要是考虑到公司实体并不像个人一样拥有单一且具备明知、故意、决策的思维（参见 Reiff 2008，220—223）。但是当局之所以不愿起诉金融机构的最新一轮金融犯罪行为，并非基于对前述困境之考量。相反，当局的选择乃是出于一种担忧，即若将系统重要性金融机构推向动荡可能导致原本举步维艰的经济复苏受到影响，因为刑事定罪很可能导致这些金融机构开展相关业务所必须的经营许可证面临被吊销之虞。[9]

---

⑧　只有少数例外，参见 Eavis（2015）和 Federal Housing Finance Agency v. Nomura Holding, 2015 WL 2183875（S.D.N.Y.）。

⑨　关于此种担忧如何阻碍对金融机构的刑事起诉的众多案例，见 Garrett（2014）。个别案例研究如汇丰银行，参见 Morgenson（2016d）。还应注意到的是，即便金融机构被起诉，被起诉之金融机构通常是规模小且不重要的那些，或者是控股公司或子公司，上述公司被定罪后对主要业务实体的附带后果可以最小化。参见 Editorial（2015a），Protess and Corkery（2015），Henning（2015b）和 Morgenson（2015d）。

笔者无意讨论此种顾虑合理与否。因为即便它是合理的，也只是题外话。 129
毕竟我们通常并不会因为惩罚罪犯会给他人带来不利影响而免于追究其刑事责
任，事实上这种不利影响常常存在，尤其是对于罪犯的家人而言。⑩即使在对系
统重要性金融机构进行刑事起诉的问题上有人持谨慎态度，但这并不能解释为
何不愿起诉担任这些金融机构高管的个人。相反，此种起诉将极大地彰显维护
法治的严肃态度，从而增强对金融机构以及整个金融市场的信任，这对各方而
言都是有利的（见 Morgenson 2016b）。但不幸的是，仅凭罚款显然难以达到此
种效果。公司只能依靠代理人来从事具体活动，然而有大量证据表明，即便对
其课以巨额罚款，代理人中仍不乏以身试法者（Sorkin 2015）。事实上，根据一
份对收到大量罚单后的金融行业进行的最新调查，"在年收入 50 万美元以上的
群体中，超过三分之一的受访者在调查中表示他们目睹或了解发生在其工作地
点的不法行为"（Tenbrunsel and Thomas 2015，3）。这表明即便在加之以巨额罚
款的情况下，不仅各种不法行为仍然我行我素，其他知情者也依然不愿报告揭
露：对内而言想必是畏惧报复，对外而言其与雇主所签订的保密协议也不允许
他们这么做。很显然，无论我们是想预防将来的不法行为抑或是惩罚过去的不
法行为，仅凭罚款显然不够。

毫无疑问，导致未能实施更严厉制裁的原因多种多样，但在本章中，笔者
只着眼于其中之一，即当涉及对合法商业组织的管理层所实施的大规模欺诈行
为提起公诉时，如果在上述欺诈行为中没有人发挥核心的"主谋"作用，但有 130
许多人（包括形式上的"负责人"）发挥了必要作用但并非主要作用的，那么
在该种情境下对个人提起刑事诉讼和处罚似乎有失妥当——于理于法都存在问
题，除非能够证明前述个人具有必要的明知和欺诈的故意。然而，这种明知和
故意可能非常难以证明，尤其是当欺诈需要大量人员的被动（如果不是主动）
合作时，所有人在其中的角色和责任都不一样，并且没有一个人拥有完整的信
息（见 Wang 2011，Reckard 2011，Taibbi 2012）。例如，美国司法部副部长萨
利·耶茨（Sally Quilliam Yates 2015）在 2015 年 9 月的一份研究检察官在此类

---

⑩ 在对公司进行刑事起诉时应考虑这种"附带后果（collateral consequences）"的观点可见于
美国前司法部长埃里克·霍尔德（Eric J. Holder）担任副部长时于 1999 年 6 月所写的一份备忘录。
参见 Holder（1999，sec. 9）。

案件中所面临的困难的报告中指出：

> 在追究个人对公司不法行为应负的责任方面，存在许多独特的实质性挑战。在大公司中，责任可能分散，并且决策系在各个级别上作出，因此，可能很难确定某位特定个人是否具备必要的明知和故意，从而在排除合理怀疑的基础上确定其有罪。在确定公司高管之罪责时尤其如此，因为他们可能并不会直接参与发生不当行为的日常经营活动，从而因隔离而受到保护。

当下一些熟悉此类案件的处理的人提出质疑，即故意是否果真如目前主管这类案件的人员所认为的那样难以证明（Rakoff 2014，Steinzor 2015，esp. 217—219）。明知和故意都可以通过从其他证据中推断而得到间接证明，这也就意味着并不需要出示"确凿证据（smoking gun）"来证明某特定高管是否知情以及何时知情。[11]在其他类型的刑事诉讼中，确凿证据其实也并不多见，但却也并未因此而阻止检察官们在该类案件中挺身而出。而在我们正在探讨的这类案件中，有大量的证据材料表明公司高管事实上确实对事情的来龙去脉了然于胸。即使是一些无法获得内部消息的外部人也都对事情有了解。事实上，对于与2008年金融危机有关的相当数量的金融不当行为，特别是对抵押贷款支持证券（MBS）和信用违约掉期（CDS）相关风险的错误定价，这些问题即便对一些局外人而言也是显而易见的，以至于他们持有巨额头寸押注整个企业会崩溃，就像最终发生的情况一样（Lewis 2010）。虽然这里卖空者的数量相对较少，但他们的仓位却很大，而允许这种卖空的主要理由之一是它能对欺诈提供早期预警。如果公司高管可以不受惩罚地忽视已经敲响的警钟，那么这种理由就变得毫无意义。一些外部投资者把赌注押在公司会崩溃上，本应促使公司内部人员至少对其风险进行一些反思和内部评估，但事实并未如此。

考虑到问题交易为机构和高管所带来的巨额收益，他们未能如此行事也就不足为奇了，但这显然不能成为托辞。事实上，目前已经有一套法律理论来应

---

⑪　参见最近饱受诉病的 United States v. Countrywide，Docket Nos. 15—496 and 15—499（2d Cir，May 23，2016）一案。该案判决认为，如果在作出承诺时没有欺诈的故意，那么就不能认定为欺诈，哪怕在履行承诺时表现出了欺诈的故意。关于该判决的讨论，参见 Hiltzik（2016）。

对此种行为，即"故意失明理论（the doctrine of willful blindness）"，又称"故意视而不见（willful ignorance）"理论。该理论认为那些故意不对发生在其眼皮底下的可疑行径展开调查的人，可以被指控为对若其稍加审慎调查即可发现的情形是知情的，从而可以被推定为对不法行为明知，并有意让不法行为发生，即便实际上他们确实并不十分清楚发生了什么。

故意视而不见并非总是容易证明。根据美国《示范刑法典》第 2.02（7）条 [Model Penal Code §2.02（7）]，"故意视而不见"几乎是明知，当然比过失更甚。除此之外，故意视而不见究竟如何构成可能仍有争议（Charlow 1992，Husak 2010，Lynch 2015）。但即便如此，故意视而不见比故意更容易得到证明，故而，即便犯罪故意的直接证据或推断性证据的数量不甚理想，故意视而不见理论也可以满足检察官起诉高管不法犯罪行为的全部需求。

目前尚不清楚为何检察官们一直怠于使用此工具。而最悲观的解释莫过于，检察官们认为要证明故意视而不见的案件难度过大，并且在案件可能面临败诉的情况下，他们是不愿意对经济实力雄厚的被告人高调提起诉讼的，因为一旦败诉将会导致其升迁之路出现麻烦。我们当然可以尝试鼓励检察官们放手去做，然而趋利避害乃人之天性使然，要想真正转变谈何容易（Tversky and Kahneman 1991）。因此，尽管我们有充分的理由相信在这类案件中无需证明故意而只需证明故意视而不见的难度远比检察官们想象的容易许多（Bray 2016a，2016b），但如果想确保公司高管对看似证据确凿的刑事犯罪案件负责，我们需要为检察官们提供可使其更有信心加以使用的法律工具。

然而，在分析检察官在这些案件中需要怎样的其他工具之前，我们首先需要明确这些案件中的道德和法律两方面是如何相互关联的。因为笔者想要表达的是，在这些案件中之所以未能起诉公司高管，恐怕并非仅是缺乏足够的法律工具的缘故，还因我们对如何评价这些管理人员的道德责任和法律责任存在误解。对于这个问题，笔者首先要探讨的是决定用刑事制裁来威慑和惩罚某种特定行为是不是一个道德问题。

三、可执行性与定罪

当问及是否可因高管所在金融机构的或机构内部人员的金融犯罪行为而追

究其刑事责任时，我们可以诸多方式来理解这一问题。人们甚至可能认为，如此表述这个问题无异于循环论证而回避实质问题，因为我们真正应该问的是，该实体的所作所为是否应当被视为"犯罪"；我们不能简单地假定其已然实施了犯罪，尤其是在没有任何个人或实体被判定犯有罪行或至少承认有罪的情况下。并且除非我们可以将明知和故意或至少是故意视而不见归咎于某些特定个人，并通过该特定个人归咎于整个实体，否则犯罪行为的一大传统要件似乎也就缺失了。那么，关于公司高管的责任问题，难道不应该也就是故意视而不见以外的行为能否被定罪的问题吗？

后一种表述这一问题的方式就是我们所说的"常规观点或刑法化"。这种观点认为，过错应分为两类，即民事的和刑事的。民事上的过错通过赔偿即可解决，只有刑事上的过错才是应当予以惩戒的。诚然，在对于如何决定某种过错的分类问题上存在着一些分歧。有人认为，这取决于过错在更广泛的社会影响层面是否足够严重以及是否涉及公众利益；另一部分人则认为，与其关注某一类过错的社会影响，不如关注过错本身的内在性质。但无论取何种方式，似乎都有着同样的因素在起作用，因此二者之间的区别可能只是语义上的。就常规观点而言，在任何情况下，确定对被指控的特定过错采取的制裁措施，应当取决于如何对该过错（如果它确实是一种过错的话）进行分类，因为制裁措施的选取当然地以此为前提。（Duff 2010，Husak 2008）。

但笔者认为此乃谬误。问题绝不应当是这样那样的行为构成刑事过错还是民事过错抑或是根本不应当被视为过错。此种表述问题的方式以另一种方式陷入了循环论证陷阱：即它假定存在着不同种类之过错——民事过错以及刑事过错，并且进一步假定需要某种更高的标准才能将民事过错与刑事过错分开，而这恰恰是问题的关键所在。事实上，对过错进行分类的整个思维框架就是错误的，因为过错是权利的衍生，因此在此问题上我们的注意力应当集中在所讨论的权利的范围和性质上。然而权利并没有区分为两种——民事制裁和刑事制裁是针对任何权利受到侵犯时所采取的不同救济措施，而不是针对不同种类的过错采取的不同的制裁措施。在第一种情形下，唯一的问题在于是否需要刑事制裁作为救济措施以使得任何有争议的基本权利可以获得执行。笔者之所以称之为第一个问题，是因为即使某项权利必须依靠刑事制裁才能得以执行，但是我们对于如何惩罚他人是有道德限制的。而在这些特定案件中，如果我们施加以刑事制裁，尤其是如果我们的讨论涉及监禁问题时，可能导致对道德限制的逾越。对此笔者会在我们考虑完可执行性的问题之后将其作为一个单独问题进行讨论，因为我们如果把这些问题混为一谈，便会在事实上认定刑事制裁的适用需要更高程度的故意或者说恶意——也即是说，任何被视为潜在的过错的行为都需要具备的主观心理要件，而这正是笔者想质疑的概念。这并不意味着笔者会认为不应当适用严格的故意标准，而仅仅是说在我们的道德推理（因此也可以说在我们的法律推理中亦是如此）中，需要何种程度的故意的问题应该与我们现在的总体倾向有所不同。因此，笔者暂时只考虑可执行性的问题——我们将在随后讨论在寻求施加刑事制裁时可能遇到的道德问题。

当然，要想谈及可执行性问题，就必须先要有一个我们寻求通过执行加以保护的权利。那么那些在金融危机前后受到金融机构侵害的人所主张的不受侵害的道德上和法律上权利是否存在？向没有收入或偿付能力证明的借款人发放贷款是不是一种过错？完全或主要使用次级贷款来构建抵押贷款支持证券，却声称这些证券的优先级并不比美国国债的风险更高（而我们知道美国国库证券是没有风险的），这是不是一种过错？将这些抵押贷款支持证券作为 AAA 级证券出售，但却预期这些证券注定违约并不向购买这些证券的客户披露这一预期，这是不是一种过错？评级机构在没有审查这些证券的基础贷款的情况下就将其评为 AAA 级，这是否也是一种过错？即使没有适当的文件证明这些贷款处于违约状态，也要取消其中大量贷款的赎回权，这又是不是过错？部分金融公司操纵伦敦银行间同业拆借利率，该操纵行为是不是非法行为？笔者本可以继续赘言，但却希望不必如此。海量证据表明，上述所有行为都曾实际发生过，而有关公司对此也大多供认不讳，尽管前述现象并非总是非法（见 Financial Crisis Inquiry Commission 2011，Dealbook 2015）。然而，考虑到这些公司同意的罚款数额，如果仍然坚持认为，若缺乏有罪供述或起诉定罪我们便不能断定发生了不法行为，那属实是顽固不化的表现，此种行为的不道德性是不言而喻的。因此笔者认为，该类案件中的所述行为，在总体上（即作为一个整体而非个人行为）造成了严重的全社会经济损失（而非个人的经济损失，不论该损失有多大），侵犯了我们可以称之为道德和法律权利的东西，尽管现在可能尚不清楚个别高管以及整个机构是否需承担法律及道德责任。目前仅有的选择是主张收取巨额罚款以及和解金实际上是一种巨大的不公正，而据笔者所知，持此观

134

点的人都不值得被认真对待。那么，问题应该是为确保这一基本的道德和法律权利能够真正得以执行和保障，我们为此应该采取何种制裁措施。

借鉴笔者前作《惩罚、赔偿和法律：可执行性理论》（Reiff 2005），笔者认为在此类案件中，为使这一基本权利可以通过执行得以保障，对公司高管施加刑事制裁实属必要。笔者在该著作中阐述的标准包含两方面：其一是侵权前（previolation）的状态；其二是侵权后（postviolation）的状态。而为了使一项权利在被侵犯前的意义上具备可执行性，提供的威慑性惩罚金额必须足以使该权利的受益人理性地相信潜在侵权者将因畏惧惩罚金额而宁愿保持侵权前的状态而不改变。然而，确定侵权后意义上的可执行性的检验标准却有所不同：一旦发生侵权行为，为使一项权利具有可执行性而必须提供的惩罚数额，是使侵权人的损失相当于权利受益人的未受补偿的损失的数额。有趣的是，这个数额，也即可执行性所要求的报复性惩罚的数额，并非权利受益人在被侵权前的状态下可能期望得到的数额，它仅需足以维持他们的期望，而由于各种原因，上述标准最终得出结果彼此迥异。这些原因是什么，为什么会导致对侵权前后状态的不同检验标准，以及这些不同的检验标准如何相互关联和相互支持都是较为重要的问题，但这些问题涉及面过宽，在此按下不表。[12]然而，鉴于前述检验标准，笔者认为进行民事制裁和罚款，即使是我们在这里讨论的惊人数额，显然不足以使有关权利在侵权前后得到执行。如果我们想要这些权利得到执行，那么必要的是，公司高管必须面对现实的威胁，即在某些情况下甚至必须要锒铛入狱。

135

第一，尽管前述罚款数额巨大，但实际上其是否超出相关不法行为所获利润尚不清楚。在厘定该等罚款数额或以其他方式解决有关案件的过程中，很少会就此作出分析，即便有这种分析也不会公开（Protess 2014）。这无异于允许甚至可能是鼓励未来潜在之违法者相信，即使他们败露被抓包，最终也能从其不法行为中有所获利。因为无论所判处的罚款或商定的和解金数额如何巨大，只要不大于违法活动所产生的利润即可。那么这种经济惩罚既不足以阻止未来类似的不法行为，也不足以满足报复的要求。所谓罚款与和解金不过是做生意的另一种成本罢了，并不比其他任何成本更重要（见 Becker

---

⑫ 关于这些问题的全面讨论，见 Reiff（2005）。

1968，Coffee 1980）。⑬而当此种成本可从公司税收中扣除，从而由纳税人补贴时，这一情况尤其如此，并且经常发生（见 Baxandall and Surka 2015，Moyer 2015）；或者所征收的罚款可以因各种"良好表现"而减免，公司可以主张减少其实际应支付的罚款数额，这种情况也常常发生（见 Popper 2016b）。在任何情况下，只要这些罚款是由相关公司实际支付，那么实际上就是由公司股东而非实际不法行为者来承担。虽前述不法行为者可能需要承受附带后果，但事实上在大多数情况下该附带后果是缺位的。确实，避免此种附带后果似乎是公司提前同意该笔罚款的主要动力，到目前为止，有关当局基本上也都赞成此种做法，理由在于他们宁可要一笔商定罚款，而不要一笔可能在法院受到质疑的强制性罚款（见 Morgenson 2016a）。

第二，即便罚款或和解金的数额确实超出不法活动所获利润，但似乎也不可能与该不法活动所造成的损害相匹配，而这正是评估不道德行为损害的传统标准。考虑到可能对受损害者造成的潜在损害后果，此评估标准几乎肯定会远远大于不法所得返还额。此处问题在于，前述不法活动所造成的损害很可能是如此之大，以至于相当数量的涉案金融机构极大可能将无力充分补偿那些因其不法行为而遭受损失的人并保持持续经营。然而，如前述机构不能作为整个经济体系的组成部分持续经营，将会导致因其先前不法行为而造成的经济损失进一步扩大。　136
此即为何仅依赖金钱制裁来试图控制金融不法行为将会使正义难以得到伸张：我们不能对人们的损失进行赔偿，因为试图这样做只会使他们更加血本无归。这意味着，我们必须防止此种损害发生，而当其实际发生时，如果我们欲使有关权利得以执行，我们就必须对作恶的人予以真正的惩罚（见 Reiff 2005）。

第三，即使如一些人所建议的那样对涉案个人征收罚款（见 Hill and Painter，2015），这些罚款的支付也往往已由保险所覆盖，或者涉案个人可以通过其他方式直接或间接地从公司得到补偿，从而在事实上导致个人支付的罚款与公司本身支付的罚款并无二致（见 Morgenson 2015c and 2016c）。即便不是如此，涉案个人的收入也非常高，因而罚款可能仍然只是作为其做生意的另一种成本，就像他们为公司所做的一样，未来会有更多的补偿来抵销他们的罚款支出。在

---

⑬　事实上，为了产生足够的威慑作用，罚款必须远远超过不法行为可能带来的利润，这才能使得相关决策者对不当行为被发现和惩罚有所顾忌。

此种情况下，我们为何要指望罚款对其行为的影响较之罚款对公司本身的影响更为显著？事实上，股东早就可以对公司高管的不当行为提起民事诉讼并要求其赔偿，然而此类不当行为却仍屡禁不止。而近来提起此类诉讼的难度大为增加，因此企业高管被提起此类诉讼的可能性较之以往进一步减小。[14]换言之，以个人罚款代替企业罚款，充其量只能维持现状。如果我们要使免受因公司不法行为而造成经济损失的基本权利具备可执行性，我们就必须相应地采取金钱偿付以外的制裁措施（见 Rakoff 2015）。只有当公司高管面临个人刑事定罪和监禁时，相关权利才能在被侵犯前得到强力保障，并且只有当某些未受到威慑的高管被判入狱时，我们才能实现权利被侵犯前的期待，并通过对他们的相应报复使得这些权利在侵权后的意义上得以执行和保障。

在某种意义上，法律上已经通过所谓的"公司负责人（responsible corporate officer）"原则承认了这一点。[15]根据该原则，只要某人是"公司负责人"，即使他不直接了解相关事实，也无意让不法行为发生，仍可以被判定违反了监管规定。然而，究竟如何才能界定"公司负责人"，这一标准仍然模糊。是只有具备必要的明知和故意的直接主管人员才是"公司负责人"，抑或是责任可以一直流向最高层管理人员甚至公司董事会？而根据该原则定罪所需的故意程度问题也不甚明确：有人认为需要证明高管的个人过失（换言之，即使高管事实上并不知道，也可推定为其应当知道）；也有人主张，该原则实际上创设了严格责任，尽管有人认为至少必须证明不法行为人具有必要的故意，而有人则认为严格责任可以一直沿用。两个阵营中都有一些人认为，无论公司负责人原则所创设的标准究竟是什么，它都是不公平的。因为从道德而非法律上来讲，只有明知和故意才能支撑刑事责任。[16]

---

⑭　现在，若股东起诉高管行为不当败诉，则必须支付被告的律师费，这使得股东诉讼的风险大大增加（见 Morgenson 2014b）。

⑮　关于公司负责人原则的最新讨论，参见 Sepinwall（2014）。

⑯　关于最近对公司负责人原则的批评，参见 Copeland（2014）；Petrin（2012）。需要注意的是，美国国会目前正在审议由全国刑事辩护律师协会和科赫工业集团提出的一项提案，该提案主张限制公司负责人原则，即要求在根据该原则对任何个人进行刑事定罪之前，必须证明行为人明知或者应知其行为之不法性（见 Editorial 2015b；Taub 2015）。当然，如这一提案为立法者所采纳，公司负责人原则必然沦为多余，因为证明此种程度的明知和故意足以使人承担帮助和教唆责任。参见《1933 年证券法》，15 U. S. C. § 77o（b）。

　　然而，无论人们认为公司负责人原则应如何实现，也无论能否以满足正义要求的方式实现，该原则自大约五十年前被制定以来，极少在现实中被实际适用。另外，即便被适用，违反该原则也只以轻罪论处。这是一个严重的缺陷，因为金融市场不法行为可能产生的巨大利润使得轻罪论处似乎不足以威慑我们试图抑制的该种不法行为的发生。考虑到该种不法行为所造成损害的严重性和广泛性，轻罪论处似乎难以实现施加必要报复性惩罚的效果，即使轻罪论处会产生附带后果，如失去工作或被取消行业资格，而这种情况实际很少出现（见Havian 2015）。即便这种附带后果在事实上发生了，也只意味着涉案个人再也不能在该行业工作，但颇为讽刺的是涉案个人几乎都已经足够富有，完全可以继续安逸地度过余生。这意味着，如果公司高层不采取措施来阻止公司的不法行为，个人所获好处依然颇丰，如果他们放任不法行为，后果却也微不足道。无论如何，长期存在的公司负责人原则显然无法确保那些负有监管责任的人在金融危机发生前可以知道自己的下属在做什么，并阻止其下属实施任何不法行为。因此，欲使前述权利在侵权前后都能得到执行，尚任重而道远。监禁是那些有能力阻止金融市场不法行为的人所真正忌惮的惩戒，鉴于此类不法行为可能造成的巨大经济损失，唯有监狱才能让正义的天平重归平衡。⑰

四、道德责任和因果责任

　　既然我们已经认定针对公司雇员个人的刑事制裁对于实现这种权利，使之成为真正的而非名义上的权利是必要的（见 Reiff 2005），接下来需要考虑的是诸如监禁等刑事制裁在道德上是否允许。原因在于道德对我们可以惩罚的对象和可以施加的惩罚方式进行了约束，即便这种惩罚是实现某一特定权利之必须。不论何种情形，我们不能施加某些特定种类的惩罚，不能对不法行为处以不相称的惩罚，也不能惩罚那些在某种程度上对不法行为本身并无道德责任的人（见 Reiff 2005，esp. 133—134）。这是我们在试图对实施了严重金融犯罪的公司

---

　　⑰　一位联邦地区法官在审理了大量此类案件后，也表达了类似的观点："坦率地说，这些人不想面临牢狱之灾……这才是他们真正在意并且畏惧的。至于钱而言，只不过是做生意的成本——这对他们不过是微不足道的！"见 Scheindlin（2015）。另见 Tillman and Pontell（2016）。

高管进行惩罚前必须解决的第二个问题。虽然可以（事实上我们经常必须）通过汇总个别雇员的明知和故意来证明整个公司的欺诈故意，但如果不能证明相关特定高管有必要的明知和欺诈故意（即使故意视而不见可以被视作故意），我们可能不得不让这些高管在法律和道德两个层面上均得以全身而退。毕竟，德高望重者如哈特也认为没有过错便没有道德责任（Hart 1994，173）。[18]在没有证明个人过错的情况下就对公司高管施加刑事制裁，其无异于采用集体责任原则，招致反对浪潮自然也是意料之中。[19]更难的是，还有不少人认为证明故意而不只是简单的过失——易言之，即一种特定严重程度的过错——为公正地施加刑事制裁所必需，尤其是处以监禁时更是如此。

　　但是这种要求在法律中存在颇多例外，以至于难以判断它是否真正代表了我们的道德信仰的正确表达。目前在法律上我们承认转移的故意（杀死甲的故意足够作为杀死乙的故意）、迟延的故意（醉驾的故意足以作为驾车伤人的故意）、推断的故意（可以从囤积货物推断出出售的故意）、放任等同于故意（对高度可疑情况不进行调查被视为有帮助该行为的故意）、共同故意（加入合谋的故意被视为参与该合谋进一步行动的故意，即便该合谋其他成员对此不知情甚至未同意）等。并且我们还认为对于法律或者道德要求的无知并不能成为其脱罪的理由，易言之，无需要求行为人有违反法律或道德的故意，只要该行为人有作出某种行为的故意，该行为就会引发道德责任或法律责任。诚然，有些人对于前述发现故意的法律拟制提出了一些道德上的反对意见，且对于一些具体案件而言也有一定道理。但这种情况的确少见——司法实践表明，我们并未将故意的直接证据作为道德上的要求，如果这样做了，我们将几乎永远无法因任何人所做的任何事而对其合理地判处监禁，至少对于白领犯罪而言即是如此，而这也将与绝大多数人的道德直觉相悖。因此，除非我们愿意宣称道德并不允许将那些没有直接证据证明其犯罪故意或不知其行为构成犯罪的被告关进监狱（笔者认为大多数人的朴素道德观对此难以苟同），否则我们就不应该再口口声声地主张只能够证明故意的直接证据才足以合乎道德地触发刑事责任。

---

　　[18]　而持类似立场的学者还有很多。如见 Alexander（1990）。当然，也有其他学者对此持反对意见，主张无过错亦可承担道德责任。如参见 Kramer（2005，esp.328—331）。

　　[19]　关于这些问题的讨论，见 Reiff（2008）。尽管如此，仍有一些学者主张在此强加集体责任。例如，见 Sepinwall（2015）；Miller（2014）。

更重要的是,虽然对侵犯权利者施以刑事制裁时需要证明其过错,但我们发现在相当多的司法实践中,证明过失即已足够,因此时至今日若仍认为作为道德问题的过失不足以支撑刑事制裁,似乎为时已晚。即便是秉持保守传统的《示范刑法典》,也承认若是仅有过失(不局限于故意、轻率、重大过失)亦可成立刑事责任〔见 American Law Institute § 2.02(2)(d)〕。[20]确实,因过失导致刑事责任的大多数案例都涉及严重的身体伤害。但是,在此所讨论的金融不当行为所造成的经济损失不可谓不严重,且受害者不可谓不众多,如果仅仅因为这些伤害不是身体上的就将其在道德问题上区别对待,恐怕并不具有说服力。 140 那些流离失所、失去工作和多年积蓄之人显然同样蒙受巨大痛苦,其损失程度丝毫不亚于那些遭受严重身体伤害之人,并且他们中也会有许多人可能因此遭受身体伤害,例如中风或心脏病发作,甚至可能因这些情况所产生的压力而选择自杀。无论如何,过失(玩忽职守)显然是一种道德上的不法行为,因此,如果能够认定公司高管在这此类案件中疏于履行监督职责,即使他们对下属的不法行为并不实际知情,也没有其他故意,追究其刑事责任在道德上看是没有障碍的。

值得我们注意的是,《1933 年证券法》第 15 条[21]已经将高管作为"控制人(control person)"并使其承担民事责任。我们抵触在判处监禁的问题上采用相同的标准,而代之以金钱惩罚,只不过是我们对刑事制裁的道德性问题的错误理解所带来的副作用罢了。我们不应当问这种情况下的过失是否一种独立的刑事过错,而应当问监禁的威慑力对于执行和保障"免受过失侵害的基本权利"是否必要,如果是的话,道德是否允许。这么做会得出与我们朴素的道德直觉更相符的结果。如果保护人们"免受公司欺诈行为侵害的基本权利"需要以追究公司高管的刑事责任为保障(这个问题在前文已得到确认),并且高管们只有在疏于行使其监督职责(这种情况须在排除合理怀疑的标准下得到证明)的情况下才能被判定应当承担责任,那么,在道德层面提出异议的基础就不再存在了。

---

⑳ 虽然部分学者仍认为对过失行为施加刑事制裁并不公平,但鉴于已有相当详尽的材料来说明这个问题,笔者对此不再赘述(例如见 Huigens 1998)。

㉑ 见 Federal Housing Finance Agency v. Nomura Holding,2015 WL 2183875(S. D. N. Y.),102—110。

在此类案件中，公司高管玩忽职守的证据非常多。毕竟不会真的有人以为，所有身居高位的金融机构高管都按照合理谨慎之要求行事，全球金融系统是自己崩溃的。更有可能的是，因为每个人，或者至少说很多人，都未能做到合理谨慎。然而，法不责众并不能成为任何人的脱罪理由。不过，笔者并无意在此过多论述，笔者早已明确指出，以上述理由起诉的法律工具可以说早已存在，然而却一直被检察官们束之高阁。显而易见的是，检察官也在担心证明高管们过失的难度太大以至于可能降低有效定罪率，进而影响他们的晋升机会。如果要让他们克服对资金雄厚的被告人提起控告的抵触心理，我们就必须使证明要求变得较此更易于达成。

然而更为困难的问题在于，如果没有证明过失的存在，施加刑事制裁是否有可能符合道德上的正当性。当然，我们有时确实会在过失未能被证明的情形下，对我们称之为应负严格责任的违法行为课以刑事责任。司法实践确实表明，即使没有过失的证据，有时也可以施加刑事制裁。但是，这种做法在道德层面是存在争议的。笔者无意仅凭实践中的存在来争辩。[22]相反，笔者认为：当高管对广泛且严重的全社会的经济损失负有因果责任时，他总是存在道德过错。无论法律目前是否承认这一点（公司负责人原则可能会承认），它都是事实——目前对这种做法可能逾越可行道德限度的担心是多余的。据此，我们不需要单独考虑在任何特定案件中存在何种程度的过错，我们需要考虑的是有关公司高管是否对损失负有因果责任，或者说至少是部分责任。他的"传统意义上的"过错（明知、故意或过失）程度是认定其因果责任的一种因素，因为我们对因果责任的认识往往会随着行为人的过错程度而扩大或限缩。[23]但是传统意义上的过错对于判断因果责任既非必要也不充分。换言之，因果责任不只是一个形而上学的认定，同时也是一种道德认定，因此，负有因果责任的人也必然负有道德责任，只要存在道德责任，处以一定时间的监禁就不再有违正义。

这种主张可能争议甚多，还需要更多的论证。在笔者的《事出有因：基于因果责任和道德责任之再思考》一文中（Reiff 2015），着重讨论了严重人身损

㉒　近来对于此问题的相关的讨论，可参见 Thomas（2012），Hamdani（2007）。

㉓　当行为尤为严重时，关于我们如何倾向于将较远原因为追责依据的进一步讨论，可参见 Reiff（2005，135—136）。

害案件中道德责任和因果责任的关系。现在，笔者将该文中的主张拓展到整个社会的严重经济损害案件——即那种大量情况相似的客户、消费者、债权人、债务人、股东、交易对手、投资者或存款人所遭受的损害，而不仅是单个或少数个人或实体的损害。这些主张的要点主要如下。因果责任并非一种初步且广泛的探究，即并非根据因果关系选定一批候选人，并在这批候选人中根据一个更高级的概念即道德责任来决定他们中谁将被归入刑事或民事的不法行为者之列。[24]确切地说，因果责任本身就是一种道德探究（moral inquiry）。这不仅仅是因为任何因果关系的探究都有道德因素，而且不论是在事实层面还是在法律层面因果责任作为一种道德探究都不存在争议。[25]之所以说因果责任是一个道德探究，是因为其本身就是一种道德认定，至少当我们要寻找全社会严重经济损失的原因时尤其如此。因此，被认定对这些损失负有因果责任的人（注意不仅仅是因果条件，此二者的区别稍后会再详言），即使在传统过错未能得到证明的情况下，也必然要承担道德责任。在这些情况下，过错实际上是我们因果关系认定的一种结论而非前提。[26]

142

需要说明的是，笔者本意并非说即使在行为人没有过错的情况下也可以对其施加刑事制裁。笔者所主张的是，每当我们发现某人负有因果责任时那么其往往也具有过错，至少在这一特定类别的案件中是如此。因为过错本身就包含在因果责任的概念之中。如果我们再让那些被认定负有因果责任的人只有在我们同时认定他们犯有传统的道德过错时才受到刑事制裁，那么我们无疑就进行了一种道德上的双重认定，这就导致我们有可能让一些在道德上负有责任的人仅仅因为他们的道德责任没有被证明两次而逃脱惩罚。从受害人的角度来看，这与起诉那些在道德上没有任何责任之人一样，显然是一种极大的不公正。因此，为防止这种不公正在金融案件中出现，我们需要调整对有关行为的审查方向，以便我们将重点放在笔者所说的全面因果责任——一种包括道德责任但又

---

[24] 调查的层级顺序往往被简单地假定其恰当性不言自明，即便是那些主张更有力地起诉公司不法行为的人也是如此。例如佩蒂特认为："追究某人的刑事责任问题与仅仅分配因果责任问题显然不可一概而论。"见 Pettit（2007，173）。

[25] 关于这些道德要素的讨论，参见 Reiff（2015，380—383）。

[26] 传统过错的认定对于因果责任而言既非必要条件亦非充分条件，因为如果有其他人与实际损害的因果关系链条更加接近，某人只是附带的或者被动地造成损害，那么他可能有过错，但不能说负有因果责任。见 Reiff（2015）。

不从属于道德责任的因果责任——之上，而不是因不能证明他们同时第二次且更严重地违背道德责任而让那些已经被认定负有因果责任的人逍遥法外。如果我们已经认定某位公司高管对某项不当行为（例如在设立或出售抵押贷款支持证券时的欺诈行为）负有因果责任，那么我们就已经完成了我们需要做的所有工作，从而认定他也应当承担道德责任。

五、确立因果责任

143　　除了与认定传统过错有关的因素外，还有哪些因素与公司高管对其雇员的作为或不作为承担因果责任有关？仅凭我们正在调查的某位公司高管恰好在指挥系统中处于较高的位置似乎并不足以确立其因果责任。毕竟一个客观的事实是，任何承担监督职责的人都无法确保能够阻止其下级所有人员的不法行为。所以，监督者的不作为总是不法行为的一种因果条件，但确定因果条件与确定因果责任是两项不同的工作。任一不法行为都可能有无限多的因果条件，但最终被要求承担因果责任的只有其中的几个。决定哪些因果条件将被认定为因果责任是一个比较的过程，而这涉及对多种原因的考量，包括被考量的原因与损害之间的远近程度、该原因对最终损害的贡献程度以及与其他原因相比的显著程度，还有监督者干预并阻止不法行为发生的难易程度。因果链条中众多行为者的故意程度也与此相关，如果这种故意的不法行为是不可预见的，那么程度相当明显的故意可以将因果链条上处于更低位置的因果条件变成介入因素，并免除该行为者的因果责任。其他考虑因素也可能与此相关。遗憾的是，进行这种比较并没有严格的公式，就像道德责任的分配那样，它是一种全盘考量的探究。但对于我们在此正在做的事情，一种行之有效的思考方式是：当我们试图分配因果责任时，我们也正在试图确定因果链条中的一处或者多处位置，而该位置是人为干预最有可能显著降低类似损害再次发生概率的地方（Reiff 2015，392）。

　　在这些案件中，一个显而易见的因素是，公司高管在多大程度上有理由关注其下属的相关活动。作为传统道德探究的一部分，我们在这里要探寻的是高管们在履行其监督职责时的行为是否合理。但是，这就需要考虑谨慎的标准（standard of care）。即使我们可以规定一个高于现实的谨慎标准，但如果金融行业的管理者没有像不熟悉金融行业的人所期待的那样实施有效监督,那么玩忽职守的发现和查处就会低于预期。然而,这在分配因果责任时并不是一个问题。正如过失的认定有一个客观的标准,相对的因果标准能够根据所发现的事实来评估责任。如果我们认定了因果责任,那么就意味着该行为人对造成损害的因果关系的贡献是不合理的。所以,举例来说,一个下属先前的不当行为不仅会触发对上级管理者采取措施确保不再发生类似行为的更高预期,而且还明确了管理者未能干预的不作为不仅仅是不当行为的因果条件,还将导致其对不当行为承担因果责任。

144

员工业绩表现的指标超出正常范围,无论是过高还是过低,都有着类似的效果。在金融圈有一句常见的名言:"当员工表现良好时,给他们发奖金,但当其表现特别好甚至好到不寻常时,开除他们,因为发生这种情况的唯一原因就是有违法的事情发生。"这当然本是个笑话,但其所反映的原理却有其内在逻辑。当一项活动产生巨额利润(或亏损,但我们不必担心发生亏损时要加强监督,毕竟这似乎总能引起人们的注意)时,上级监管系统中的人员应该意识到这一点,相应地我们对他们的监督活动的期望程度就会提高。未能密切关注那些像"牛仔资本家(cowboy capitalist)"那样产生利润的雇员,也许并不等于故意视而不见,但肯定是决定某位主管人员是否对由此造成的对他人的可避免的损害负有全部或部分因果责任的一个因素。如果我们愿意落实因果责任,就可以发现其实已经有足够程度的道德责任保证施加刑事制裁的正当性。

作为因果责任的一个传统因素,远近程度(the degree of remove)在这里也是相关的。我们并不是要让首席执行官为某个初级行政助理的贪污行为承担刑事责任。但是,本章要讨论的金融机构的活动在整个市场经济活动中占有如此巨大的比重,我们自然期待监督链条中的所有人员对这些活动施加更多的控制。当然,越直接的监督者可能会承担越大的责任,但考虑到金融行业所涉金额巨大,以及这些活动带来的个人经济利益可能会影响直接监督者的判断,因此要求公司最高层的领导也要密切关注这些活动也并非没有道理。

同样相关的是,特定个人是否在包含虚假陈述内容的文件上签字。公司代表人不能在为某项陈述签字之后,还可否认他们有足够信息知道该陈述系虚假内容。当一个人作出陈述的同时也作出了一个默示的承诺,即其对确保该陈述

145 正确已尽到合理注意。㉗该陈述不真实可能造成的潜在危害越大，为确保该陈述真实所需的调查量也就越大。即使高管依赖下属为其进行调查，他所得到的保护也不会比他自己亲自进行调查更多。而如果陈述的潜在危害足够严重，那么合理调查量的唯一标准就是足够确定该陈述是否属实。或者用因果关系的术语来说，当一个人向世界作出了一个可以预见到会造成广泛而严重的经济损害的虚假陈述时，他就应该对这个虚假陈述所造成的损害承担道德责任。

　　金融产品本身的性质也决定了高层的监督更为重要。当这些产品风险极高时（就像导致 2008 年全球金融危机的抵押贷款支持证券和信用违约掉期一样），有理由期待更广泛的监督和控制。㉘因此，在此类情况下我们将因果责任归咎于高管的可能性要比我们在处理一些更为保守的金融产品时的可能性要大得多。毕竟，如果金融服务和产品可以像非金融产品那样造成广泛且严重的身体伤害，并且还可能造成广泛且严重的经济损失，我们为何不效仿对非金融产品在类似情况下的做法，将提供此种金融产品视为具有足够的因果重要性，从而将此类产品造成的损害责任完全归咎于提供此类产品的人？㉙依此修改相关法律不仅能使法律更符合我们当前的道德观念，还能向高管们表明，如果其希望避免因此类违法行为承担刑事责任，未来还需要付出更多努力。

　　另一个因素是高层建立的企业文化。如果企业文化给下属施加巨大的压力要求他们给上司带来好消息，而如果他们带来坏消息则对他们施加惩罚，那么这种企业文化也将成为确定因果责任的一个考量，即如果高层本可倡导一种不同的企业文化，从而预防或者制止不当行为的发生，那么当这种企业文化催生的不当行为发生后，我们是否可以要求那些企业高层对此承担因果责任。㉚美国金融业监管局（FINRA）主席曾说："拥有道德文化的公司及其高

　　㉗　2002 年《萨班斯-奥克斯利法案》［Sarbanes-Oxley Act of 2002，15 U.S.C. §7241（a）］第 302 条现已明确规定了这一原则。

　　㉘　巴菲特将金融衍生品称为"大规模杀伤性金融武器"，见 Buffet（2002）。

　　㉙　需要注意的是，尽管非金融产品制造商所承担的责任通常被称为"严格责任"，但这并不意味着其与道德因素无涉。虽然对缺陷消费品造成的损害进行追偿不需要证明传统意义上的过错，但需要证明产品确实存在缺陷，而事实上要证明这一点又需要证明一种不合理的行为，因此还是需要证明道德上的过错。关于这一点的进一步讨论，参见 Reiff（2014，245）。

　　㉚　关于企业文化与银行绩效二者关系的讨论，参见 McNulty and Akhigbe（2015）。关于银行（花旗银行）的企业文化如何促进不当行为的例子，见 Waytz（2015）。

管设定正确的基调,以身作则并赏罚分明,对于恢复投资者对证券业的信心和信任至关重要。"㉛(Morgenson 2016a)合乎道德的企业文化很难从外部强加——只有当公司领导层决定形成此种企业文化才有可能发生变化。基于此,公司高层对因不道德企业文化所造成的任何损失承担的因果责任,以及他们对这些损失所承担的相应的道德责任,都显得非常明确。

还有许多其他因素也可能与此有关。有关高管是否直接或间接地从不法活动中获得个人利益?如果他们没有调查这些获利是从何而来便将其收入囊中,那么其获益越多,就越应当对该不法活动负因果责任。公司的控制措施是否足以使高管们通过它们就可以将任何不法行为置于其监督之下?如果不能,而且该公司高管本可以改进这些控制措施却未有所作为,这也可以支持对因果责任的认定。在此类情况中是否有其他"危险信号(red flag)"存在,这些危险信号本可促使负责人对其下属的行为进行更严格的审查,而若负责人未能如此行事,是不是对这些下属的不法行为最终造成的损害起了更为重要的作用?

这份简短清单并非详尽无遗。笔者只是想说明一点,即使没有发现传统的过错,我们也可以很容易地找到那些对此负有因果责任的负责人。而一旦这样做了,我们所担心的在这些案件中追究刑事责任可能会受到的道德的额外限制其实是不存在的。问题并不在于像某些人认为的那样,即我们超越了道德所允许的范围而不公平地追究人们的刑事责任(如 Husak 2009),㉜而是在于我们并没有按照道德要求追究相关人员的刑事责任,而没这么做恰恰就是非正义的。这也是为何公众对这类案件中没有人被起诉如此愤怒的原因所在。

那我们应该如何补救呢?检察官已被允许在无法证明故意的情况下证明故意视而不见即可,甚至即使在其无法证明故意视而不见的情况下,利用诸如公司负责人原则这样的法律工具也可以对公司高管提起指控。然而,关于上述两个原则的法律适用现状远比其应然状况模糊许多。同样显而易见的是,公司负责人原则项下的轻罪责任并不足以阻止该类不当行为的发生,因为迄今为止它

㉛　另见 Moyer(2016)。

㉜　Husak 虽然并未提到金融犯罪的例子,但他确实提出:如果在没有充分表明犯罪故意的情况下就要求人们承担刑事责任,可能会失去一些重要的东西。笔者认可在确定刑事责任时,故意始终是相关的;笔者只是认为,缺乏故意并非是否应当追究刑事责任的法律或道德问题的决定性因素。

显然未能有效发挥应有作用。虽然当违法行为足够严重时，没有理由不能将公司负责人原则解释为可以导致重罪责任，但到目前为止，尚未有人提出如此主张。为确保检察官今后不会像现在这样怠于使用现有法律工具，我们就必须相应地通过立法行动提供更多工具以图改变这一现状。无论是通过制定并积极适用扩大解释版本的公司负责人原则，㉝抑或是通过制定与消费产品安全法规定相类似的金融产品安全法并在民事制裁之外提供刑事制裁，都不是最重要的。㉞重中之重在于，如果我们不希望金融危机的历史重现，我们就必须迅速付诸行动，同时也必须认识到事实上采取前述行动并不存在任何道德障碍。

笔者并不指望在这类案件中证明高管的因果责任是一件易事，即使这相比于证明故意或故意视而不见而言可能更容易些。每当我们讨论金融欺诈，相关行为总是呈现出一种所谓的"因果复杂性（causal complexity）"（参见 Fisch 2009）。而此种复杂性反过来又可通过各种不同的方式表现出来。单个行为人不会成为唯一的原因，众多行为人都可能是因果关系的影响因素。决定何种影响因素应当带来因果责任归根结底取决于法院裁判。㉟但笔者并不认为这是一件坏事，相反，正是这种复杂性、这种考虑大量因素并平衡事实与假想的要求，使得最终如何确定因果责任成为一种道德权衡，并赋予因果责任分配以道德力量。无论面临何种情境，亦无论简单与否，如果说我们要致力于走出 2008 年金融危机带来的道德和法律崩溃困境，这都是重树正义之必需。㊱

参考文献 ————————————————————————————————

Alexander，Larry. 1990. "Reconsidering the Relationship Among Voluntary Acts，Strict Liability，and Negligence in Criminal Law." Social Philosophy & Policy 7，

㉝　经常针对公司负责人原则提出的观点是，当认定管理者违法本身不需要明知和故意甚至不需要过失时，要求负责人员承担"严格责任"（如果这是公司负责人原则的话）是不公平的。依笔者之见，此观点毫无说服力可言，因为因果责任满足了各级道德责任的要求。只要违法行为需要证明因果责任，它就包含了足够的道德责任要素以证明刑事制裁的合理性，管理者的因果责任也是如此。

㉞　关于应当扩大解释公司负责人原则的论点，见 Schuck（2010）。

㉟　关于因果复杂性以及我们如何处理的讨论，见 Reiff（2015）。

㊱　本章的早期版本在曼彻斯特政治理论研讨会上被提出。感谢所有与会人员的意见和建议，也感谢艾米·塞平沃尔（Amy Sepinwall）对后版草稿提出的意见，感谢丽莎·赫佐格的意见、建议和支持。

84—104.

American Law Institute. 1985. Model Penal Code.

Apuzzo，Matt，and Ben Protess. 2015. "Justice Department Sets Sights on Wall Street Executives." The New York Times，September 9.

Baxandall，Phineas，and Michael Surka. 2015. "Settling for a Lack of Accountability? Which Federal Agencies Allow Companies to Write Off Out-of-Court Settlements as Tax Deductions, and Which Are Transparent About It." US Public Interest Research Group Education Fund（December）. http：//uspirg. org/sites/pirg/files/re ports/USPIRG_SettlementsReport.pdf（accessed October 25，2016）.

Becker，Gary S. 1968. "Crime and Punishment：An Economic Approach." Journal of Political Economy 76，169—217.

Bray，Chad. 2015a. "Former Citigroup and UBS Trader Convicted in Libor Case." The New York Times，August 3.

Bray，Chad. 2015b. "Trial Opens for 6 Brokers Accused of Rigging Libor." The New York Times，October 6.

Bray，Chad. 2015c. "British Authorities Accuse 10 of Rigging Benchmark Interest Rate." The New York Times，November 13.

Bray，Chad. 2015d. "Court Reduces Ex-Trader's Sentence in Libor Case." The New York Times，December 21.

Bray，Chad. 2016a. "5 Ex-Brokers Cleared in London Libor Trial." The New York Times，January 27.

Bray，Chad. 2016b. "Sixth Ex-Broker Cleared in London Libor Trial." The New York Times，January 28.

Bray，Chad. 2016c. "British Court Convicts Former Barclays Employees over Libor Rigging." The New York Times，July 4.

Breslow，Jason M. 2013. "Were Bankers Jailed in Past Financial Crises?" Frontline （January 22）. http：//www.pbs.org/wgbh/frontline/article/were-bankers-jailed-in-past-financial-crises（accessed October 25，2016）.

Buffet，Warren. 2002. Berkshire Hathaway Annual Report. http：//www. fintools. com/docs/Warren% 20Buffet% 20on% 20Derivatives. pdf （accessed October 25，2016）.

Charlow，Robin. 1992. "Willful Ignorance and Criminal Culpability." Texas Law Review 70，1351—1429.

Coffee，John Collins，Jr. 1980. "Corporate Crime and Punishment：A Non-Chicago View of the Economics of Criminal Sanctions." American Criminal Law Review 17，419—476.

Cohen，William D. 2015. "Justice Dept. Shift on White-Collar Crime Is Long Over-due." The New York Times，September 11.

Copeland, Katrice Bridges. 2014. "The Crime of Being in Charge: Executive Culpability and Collateral Consequences." American Criminal Law Review 51, 799—836.

Cox, Jeff. 2015. "Misbehaving Banks Have Now Paid $204B in Fines." cnbc.com (October 30). http://www.cnbc.com/2015/10/30/misbehaving-banks-have-now-paid-204b-in-fines.html (accessed October 25, 2016).

Dealbook. 2015. "Reports from the Libor Investigations." The New York Times, April 23.

Duff, Antony. 2010. "Towards a Theory of the Criminal Law?" Aristotelian Society Supplementary Volume 84, 1—28.

Eavis, Peter. 2015. "Judge's Ruling Against 2 Banks Finds Misconduct in '08 Crash." The New York Times, May 11.

Editorial. 2015a. "Banks as Felons, or Criminality Lite." The New York Times, May 22.

Editorial. 2015b. "Don't Change the Legal Rule on Intent." The New York Times, December 5.

Eisinger, Jesse. 2014a. "Why Only One Top Banker Went to Jail for the Financial Crisis." The New York Times, April 30.

Eisinger, Jesse. 2014b. "Wall Street Prosecutors Bare Their Teeth, but Still Lack Bite." The New York Times, August 27.

Eisinger, Jesse. 2014c. "In Turnabout, Former Regulators Assail Wall St. Watchdogs." The New York Times, October.

Eisinger, Jesse. 2016. "Why the S.E.C. Didn't Hit Goldman Sachs Harder." The New Yorker, April 21.

Ewing, Jack. 2015. "Deutsche Bank's New Profit More than Tripled in Second Quarter." The New York Times, July 30.

Federal Housing Finance Agency v. Nomura Holding, 2015 WL 2183875 (S.D.N.Y.).

Financial Crisis Inquiry Commission. 2011. The Financial Crisis Inquiry Report. New York: Public Affairs.

Finkle, Victoria. 2016. "The Big Fish Seen Escaping an Agency Pursuing Bank Fraud." The New York Times, July 27.

Fisch, Jill E. 2009. "Cause for Concern: Causation and Federal Securities Fraud." Iowa Law Review 94, 811—872.

Fisse, Brent, and John Braithewaite. 1994. Corporations, Crime, and Accountability. Cambridge: Cambridge University Press.

Garrett, Brandon L. 2014. Too Big to Jail: How Prosecutors Compromise with Corporations. Cambridge, MA: Harvard University Press.

Goldstein, Matthew. 2016. "Goldman to Pay Up to $5 Billion to Settle Claims of

Faulty Mortgages." The New York Times，January 14.

Hamdani，Assaf. 2007. "Mens Rea and the Cost of Ignorance." Virginia Law Review 93，415—458.

Hart，H.L.A. 1994. The Concept of Law，2nd edn. Oxford：Oxford University Press.

Havian，Eric R. 2015. "How to Punish Corporate Fraudsters." The New York Times，October 22.

Heath，David. 2011. "Too Big to Jail? Executives Unscathed as Regulators Let Banks Report Criminal Fraud." Huffington Post Investigative Fund，May 25.

Henning，Peter J. 2015a. "Financial Crisis Cases Sputter to an End." The New York Times，April 20.

Henning，Peter J. 2015b. "Guilty Pleas and Heavy Fines Seem to Be a Cost of Business for Wall St." The New York Times，May 20.

Henning，Peter J. 2015c. "The Prospects for Pursuing Corporate Executives." The New York Times，September 14.

Hill，Claire A.，and Richard W. Painter. 2015. Better Bankers，Better Banks：Promoting Good Business through Contractual Commitment. Chicago：University of Chicago Press.

Hiltzik，Michael. 2016. "The Legal Technicality that Let Bof A Skate on an Alleged Billion-Dollar Fraud，" Los Angeles Times，May 24.

Holder Eric J. 1999. "Federal Prosecution of Corporations." US Department of Justice (June 16). http：//www.justice.gov/sites/default/files/criminal-fraud/legacy/2010/04/11/charging-corps.pdf (accessed October 25，2016).

Huigens，Kyron. 1998. "Virtue and Criminal Negligence." Buffalo Criminal Law Review 1，431—458.

Husak，Douglas. 2008. Overcriminalization：The Limits of the Criminal Law. Oxford：Oxford University Press.

Husak，Douglas. 2009. "The Costs to Criminal Theory of Supposing that Intentions Are Irrelevant to Permissibility." Criminal Law and Philosophy 3，51—70.

Husak，Douglas. 2010. "Willful Ignorance，Knowledge，and the 'Equal Culpability' Thesis：A Study of the Deeper Significance of the Principle of Legality." In The Philosophy of Criminal Law：Selected Essays. Oxford：Oxford University Press，200—232.

In the Matter of Deutsch Bank. 2015. Consent Order under New York Banking Law §§ 44 and 44-a. New York State Department of Financial Services (April 23). https：// www. documentcloud. org/documents/2062812-deutsche-bank-settlement-with-new-york-regulator.html (accessed October 25，2016).

Kashkari，Neel. 2016. "Lessons from the Crisis：Ending Too Big to Fail." Federal Reserve Bank of Minneapolis，February 16. https：//www.minneapolisfed.org/news-

and-events/presidents-speeches/lessons-from-the-crisis-ending-too-big-to-fail（accessed October 25, 2016）.

Koren, James Rufus. 2016. "Wells Fargo to Pay ＄1.2 Billion over Bad Government-Backed Mortgages." Los Angeles Times, February 3.

Kramer, Matthew H. 2005. "Moral Rights and the Limits of the Ought-Implies-Can Principle: Why Impeccable Precautions Are No Excuse." Inquiry 48, 307—355.

Lewis, Michael. 2010. The Big Short: Inside the Doomsday Machine. New York: Allen Lane.

Lynch, Kevin. 2015. "Willful Ignorance and Self-Deception." Philosophical Studies 173, 505—523.

McFadden, Robert. 2014. "Charles Keating, 90, Key Figure in '80s Savings and Loan Crisis, Dies." The New York Times, April 2.

McNulty, James E., and Aigbe Akhigbe. 2015. "Corporate Culture, Financial Stability, and Bank Litigation." October. 333 https://www.newyorkfed.org/medialibrary/media/re search/conference/2015/econ_culture/McNulty_CorporateCultureandFinancialStability.pdf（accessed October 25, 2016）.

Miller, Seumas. 2014. "The Global Financial Crisis and Collective Moral Responsibility." SHARES Research Paper 52. Amsterdam Center for International Law, University of Amsterdam. http://www.sharesproject.nl/wp－content/uploads/2014/07/SHARES-RP-52-final.pdf（accessed October 25, 2016）.

Morgenson, Gretchen. 2014a. "A Loan Fraud War That's Short on Combat." The New York Times, March 15.

Morgenson, Gretchen. 2014b. "Shareholders Disarmed by a Delaware Court." The New York Times, October 25.

Morgenson, Gretchen. 2015a. "Kicking Dodd-Frank in the Teeth." The New York Times, January 10.

Morgenson, Gretchen. 2015b. "S.E.C. Wants the Sinners to Own Up." The New York Times, March 14.

Morgenson, Gretchen. 2015c. "Ways to Put the Boss's Skin in the Game." The New York Times, March 21.

Morgenson, Gretchen. 2015d. "A Tiny Bank's Surreal Trip through a Fraud Prosecution." The New York Times, July 17.

Morgenson, Gretchen. 2015e. "An S.E.C. Settlement with Citigroup that Fails to Name Names." The New York Times, August 28.

Morgenson, Gretchen. 2016a. "Fining Bankers, Not Shareholders, for Banks' Miscon-duct." The New York Times, February 6.

Morgenson, Gretchen. 2016b. "Battered Bank Stocks Reflect Not Just Jitters, but Mistrust." The New York Times, February 12.

Morgenson, Gretchen. 2016c. "Countrywide Mortgage Devastation Lingers as Ex-Chief Moves On." The New York Times, June 24.

Morgenson, Gretchen. 2016d. "A Bank Too Big to Jail." The New York Times, July 15.

Morgenson, Gretchen, and Louise Story. 2011. "In Financial Crisis, No Prosecutions of Top Figures." The New York Times, April 14.

Moyer, Liz. 2015. "Tax Deductions Blunt Impact of Large Corporate Settlements, Report Says." The New York Times, December 3.

Moyer, Liz. 2016. "Finra Begins a Review of Brokerage Firm Culture." The New York Times, February 23.

The New York Times. 2011. "Two Financial Crisis Compared: The Savings and Loan Debacle and the Mortgage Mess." The New York Times, April 13.

Office of the Inspector General, Audit Division US Department of Justice. 2014. "Audit of the Department of Justice's Efforts to Address Mortgage Fraud." Audit Report 12—14 (March). https://oig.justice.gov/reports/2014/a1412.pdf (accessed October 25, 2016).

Petrin, Martin. 2012. "Circumscribing the 'Prosecutor's Ticket to Tag the Elite'—A Critique of the Responsible Corporate Officer Doctrine." Temple Law Review 84, 283—324.

Pettit, Philip. 2007. "Responsibility Incorporated." Ethics 117, 171—201.

Popper, Nathaniel. 2016a. "Morgan Stanley to Pay $3.2 Billion Over Flawed Mortgage Bonds." The New York Times, February 11.

Popper, Nathaniel. 2016b. "In Settlement's Fine Print, Goldman May Save $1 Billion." The New York Times, April 11.

Protess, Ben. 2014. "Justice Department Sued Over $13 Billion JP Morgan Pact." The New York Times, February 10.

Protess, Ben. 2015a. "S. & P.'s $1.37 Billion Reckoning over Crisis-Era Misdeeds." The New York Times, February 3.

Protess, Ben. 2015b. "Commerzbank of Germany to Pay $1.5 Billion in U.S. Case." The New York Times, March 12.

Protess, Ben, and Matt Apuzzo. 2015. "Justice Dept. Vow to Go after Bankers May Prove a Promise Hard to Keep." The New York Times, September 10.

Protess, Ben, and Michael Corkery. 2015. "5 Big Banks Expected to Plead Guilty to Felony Charges but Punishments May Be Tempered." The New York Times, May 13.

Protess, Ben, and Peter Eavis. 2015. "Ex-Freddie Mac Leaders Reach Deal with S. E. C." The New York Times, April 14.

Protess, Ben, and Jack Ewing. 2015. "Deutsche Bank to Pay $2.5 Billion Fine to Settle Rate-Rigging Case." The New York Times, April 23.

Rakoff, Jed S. 2014. "The Financial Crisis: Why Have No High Level Executives Been Prosecuted?" The New York Review of Books, January 9.

Rakoff, Jed S. 2015. "The Cure for Corporate Wrongdoing: Class Actions vs. Individual Prosecutions." The New York Review of Books, November 19.

Reckard, E. Scott. 2011. "U.S. Drops Criminal Probe of Former Countrywide Chief Angelo Mozilo." Los Angeles Times, February 18.

Reiff, Mark R. 2005. Punishment, Compensation, and Law: A Theory of Enforceability. Cambridge: Cambridge University Press.

Reiff, Mark R. 2008. "Terrorism, Retribution, and Collective Responsibility." Social Theory and Practice 34, 209—242.

Reiff, Mark R. 2013. Exploitation and Economic Justice in the Liberal Capitalist State. Oxford: Oxford University Press.

Reiff, Mark R. 2014. "Incommensurability and Moral Value." Politics, Philosophy, and Economics 13, 237—268.

Reiff, Mark R. 2015. "No Such Thing as Accident: Rethinking the Relation between Causal and Moral Responsibility." Canadian Journal of Law and Jurisprudence 28, 371—397.

Reuters. 2014. "Justice Department Sets Record in Penalties for Fraud." The New York Times, November 19.

Sanford, Terry. 1990. Statement of Senator Sanford. Congressional Record 136, July 11: S9488.

Sarbanes-Oxley Act of 2002, section 302, 15 U.S.C. § 7241(a).

Scheindlin, Judge Shira A. 2015. "Random Thoughts of a Federal District Judge." Loyola University Chicago Law Journal 46 (Spring), 453—458.

Schuck, Christina M. 2010. "A New Use for the Responsible Corporate Officer Doctrine: Prosecuting Industry Insiders for Mortgage Fraud." Lewis & Clark Law Review 14, 371—395.

Securities Act of 1933, Section 15, 15 U.S.C. § 77o(a) and (b).

Sepinwall, Amy J. 2014. "Responsible Shares and Shared Responsibility: In Defense of Responsible Corporate Officer Liability." Columbia Business Law Review 2014, 371—419.

Sepinwall, Amy J. 2015. "Crossing the Fault Line in Corporate Criminal Law." Journal of Corporation Law 40, 439—482.

Silver-Greenberg, Jessica, and Peter Eavis. 2013. "Wall Street Predicts $ 50 Billion Bill to Settle U.S. Mortgage Suits." The New York Times, January 9.

Silver-Greenberg, Jessica, and Peter Eavis. 2014. "Morgan Stanley Reaches $ 1.25 Billion Mortgage Settlement." The New York Times, February 4.

Smith，Randall. 2015. "Two Former Traders Found Guilty in Libor Manipulation Case." The New York Times，November 5.

Sorkin，Andrew Ross. 2015. "Many on Wall Street Say It Remains Untamed." The New York Times，May 18.

Steinzor，Rena. 2015. Why Not Jail? Industrial Catastrophes，Corporate Malfeasance，and Government Inaction. Cambridge：Cambridge University Press.

Sterngold，James. 2014. "For Banks，2014 Was a Year of Big Penalties." The Wall Street Journal，December 30.

Stewart，James B. 2015a. "In Corporate Crimes，Individual Accountability Is Elusive." The New York Times，February 19.

Stewart，James B. 2015b. "Convictions Prove Elusive in 'London Whale' Trading Case." The New York Times，July.

Taibbi，Matt. 2012. "Goldman Non-Prosecution：AG Eric Holder Has No Balls." Rolling Stone，August 15.

Taub，Jennifer. 2015. "Going Soft on White-Collar Crime." The New York Times，November 20.

Tenbrunsel，Ann，and Jordan Thomas. 2015. "The Street，the Bull and the Crisis：A Survey of the US & UK Financial Services Industry." University of Notre Dame and Labaton Sucharow LLP（May）. http://www. labaton. com/en/about/press/Historic-Survey-of-Financial-Services-Professionals-Reveals-Widespread-Disregard-for-Ethics-Alarming-Use-of-Secrecy-Policies-to-Silence-Employees.cfm（accessed October 25，2016）.

Thomas，W. Robert. 2012. "On Strict Liability Crimes：Preserving a Moral Framework for Criminal Intent in an Intent-Free Moral World." Michigan Law Review 110，647—676.

Tillman，Robert H.，and Henry N. Pontell. 2016. "Corporate Fraud Demands Criminal Time." The New York Times，June 29.

Tversky，Amos，and Daniel Kahneman. 1991. "Loss Aversion in Riskless Choice." The Quarterly Journal of Economics 106，1039—1061.

Wang，Marian. 2011. "Why No Financial Crisis Prosecutions? Ex-Justice Official Says It's Just Too Hard." ProPublica，December 6. http://www.propublica.org/ar ticle/why-no-financial-crisis-prosecutions-official-says-its-just-too-hard（accessed October 25，2016）.

Waytz，Adam. 2015. "How Citibank's Culture Allowed Corruption to Thrive." Kellogg Insight. Kellogg School of Management，January 5. http://insight.kellogg. northwestern. edu/article/how-citibanks-culture-allowed-corruption-to-thrive（accessed October 25，2016）.

Weisman，Jonathan，and Eric Lipton. 2015. "In New Congress，Wall St. Pushes to

Undermine Dodd-Frank Reform." The New York Times，January 13.

Yates，Sally Quilliam，Deputy Attorney General. 2015. "Memorandum on Individual Accountability for Corporate Wrongdoing." U. S. Department of Justice （September 9）. http：//www. justice. gov/dag/file/769036/download （accessed October 25，2016）.

第七章

无法修复的文化？金融伦理与制裁

杰·库伦

一、导　论

2008 年的全球金融危机暴露了现代金融风险管理模式的巨大缺陷，极大动 154
摇了人们对市场效率和市场自律力量的信心。而危机造成的损失、不断发生的
严重职业失范行为以及金融机构在合规审查方面的失误，都表现在随后支付的
数十亿美元的罚款和损失赔偿中，金融业自此也失去了社会广大公众的信任。①

前述事件的严重性及人们认为的促成原因使得银行业务模式和大型金融机
构的企业内部文化已成为群体热衷关注的社会热点。②相当数量的分析认为，正
如公众所预期的那样，金融市场上的道德败坏现象正在逐渐蔓延，关于"文化"
和"伦理"的讨论占据了最近对这些危机起因进行的绝大多数调查的大部分内
容。美国金融危机调查委员会（the US Financial Crisis Inquiry Commission）得
出的结论是，在全球金融危机之前，银行业"在问责制和伦理方面已发生系统
性崩溃"（US Financial Crisis Inquiry Commission 2011，8）。同样，为调查过去 155
十年间银行业务而成立的英国议会银行业标准委员会（Parliamentary Commission
on Banking Standards）发现"银行家将个人短期利益置于客户和股东之上，并

---

① 举例来说，2012 年美国的一项民意调查发现，42%的受访者对华尔街"危害国家"的说法
作出了"某种程度上是"或"很大程度上是"的回应；此外，68%的人不认可下述观点："总的来
说，华尔街的相关从业者和其他人一样诚实和有道德。"参见 Dudley（2014）。

② 全球性银行在过去几年中被指控从事各种非法活动，包括为贩毒集团洗钱、违背经济制
裁、操纵货币和利率市场以及为资助恐怖主义提供便利。

轻率行动以致未能防止不当行为……存在着专业性和伦理性的失败"（UK PCBS 2013，48）。伦理学家迈克尔·桑德尔（Michael Sandel 2010，4）甚至认为，金融市场已"背离基本价值"。③决策者、监管者和公民面临的关键问题是，金融系统中的价值观究竟应该是什么以及如何使之被践行？

由于前述全球金融市场的文化失范及伦理崩坏，在制定新的法律和规则时需要将伦理话语纳入考量范围这一观点赢得了一片赞誉（Blair 2016）。然而，尽管金融机构对公司治理和薪酬体系进行了广泛改革，但批评之声仍不绝于耳，他们认为2008年以来的许多全球性举措在很大程度上其实并未能解决金融文化中的伦理缺失问题。对于应如何践行价值观的问题，目前除了指望金融业自身以外，在很大程度上仍未得到回应。相反，与其他危机应对的故事一样，我们几乎没有从金融系统资本重组的"权宜之计（stopgap）"阶段中走出来，该阶段只是灌输了一种声誉至上的意识，并同时增加了道德风险。④此外，改革行为监管的微观结构的任务在很大程度上被留给了金融市场，即便在这样一个从可能导致系统性崩溃的机构的规模和结构来看金融脆弱性正在进一步上升的时代。⑤

关于银行业务活动的争论中出现的一个关键主题是监管制裁对威慑和惩罚金融市场上不当行为的作用。最近，凯（Kay 2015，275）认为："高标准的行为义务……应该通过刑事和民事处罚来促进履行，并且该义务应当主要针对个人而非机构。虽然机构文化具有核心重要性，但文化归根到底是个人行为的产物。"笔者之所以在本章中谈到这一点，乃是因为在笔者看来许多司法辖区迄今为止采取的措施在很大程度上仍显不足，且往往忽视制裁在遏制不道德和过度冒险行为，以及通过设定可接受行为的范围为公司行为提供框架方面的关键

---

③ 据估计，2008年以来全球规模最大的10家银行累计支付了超过3 000亿美元的相关罚款或和解费。见 London School of Economics（2014）。而其中约600亿美元是因为"在报告或描述贷款证券化质量时对客户撒谎"（Kane，2016b）。

④ 这方面的一个例外是薪酬激励方面的改革，特别是在欧盟。笔者曾在其他文章中对此有过详尽论述。参见 Cullen（2016）和 Avgouleas and Cullen（2015）。

⑤ 据美国联邦存款保险公司副主席托马斯·霍尼格（Thomas Hoenig 2016）在2016年4月称："［系统重要性金融］公司总体上较之［2008年］更大、更复杂、更相互关联。由其控制的资产相当于 GDP 的近60%……这些 GSIBs［全球系统重要性银行］中三大衍生品交易商的衍生品平均名义价值在2015年年底约为50万亿美元，比危机开始时的水平高出约30%。"

156

作用。

笔者将围绕问责制的概念进行讨论。在伦理学和管理学中，问责制（accountability）常常与"可问责性（answerability）""应受责备性（blameworthiness）""责任（liability）"和"问责的期望（expectation of accountgiving）"同义使用（Dykstra 1939）。在本章中，笔者使用的是最简单的问责，即"要求人们解释并为自己的行为负责的关系"（Sinclair 1995，220—221）。⑥应当说明的是，通过追究不法行为的个人责任，可以更有效地打击公司的不法行为。这一点至关重要，其原因如下："它遏止了将来可能的非法活动，促使了企业行为的嬗变，确保了恰当的当事人对自己的行为负责，并提高了公众对司法系统的信心。"（Yates 2015，1）正如笔者将要解释的那样，行为的伦理规范大多太过模糊抽象，无法在银行业的场景下被准确定义。金融市场的本质，尤其是通过复杂创新的产品和冗长的中介链条来组织财务承诺的方式，使得"道德行为"成为一个极难被定义的概念。然而，如果不实行个人行为问责制，近年来金融市场上出现的乱象恐将继续大行其道。此外，鉴于行业主导的改善银行业业务行为的举措普遍失败，因此问责制必须立足于对个人行为实施的可靠监管约束。因此，对违反既定规范的行为施加必要制裁是确立该种问责制的重要组成部分。为了阻止所谓的不公平行为，必须采取制裁措施，这不仅是因为此类行为将使一部分人以其他人或整个社会的损失为代价而获益，而且还因为此类行为有扩大不平等的趋势，甚至可以说助长了分配不公。

在主张这一点时，笔者意识到当局在对此类行为进行归责时可能面临的实际困难，特别是在其必须遵循刑法归责原则的情况下（刑事审判中举证责任的标准和要求很高）。为了使得这些立场在法律上能站得住脚，并确保它们能够应对金融市场中最具破坏性的滥用行为形式，与凯恩（Kane 2016a）一样，笔者认为，对不道德（因此是被禁止的）行为的指控应该包括从社会角度而言银行从业人员实施过度冒险行为的情况，或者未能阻止其部门如此行事的情况，以及银行从业人员从事欺诈或公然剥削行为的情况。至关重要的是，正如笔者将 157

⑥ 这往往被扩大到包括要求相关行为人"提供行为理由"（Roberts and Scapens 1985，447）。

解释的那样，只要制裁的性质足够严重，那么制裁的形式（刑事⑦或民事）对改进问责制的重要性则低于制裁对象的重要性（无论是个人还是公司）。

在要求加强问责制的规范性的背景下，本章介绍了英国新的监管制度，该制度适用于金融机构的所有高级管理人员。本章指出，该制度虽然不尽完美，但为其他全球金融中心提供了一个易于复制的监管模式。该监管制度所颁布的有关行为规范具有较强规范性，并对不合乎行为规范的行为实施了严厉制裁。更为重要的是，它要求管理人员作出对其管理下的关键业务领域的行为负责的承诺（所谓的"责任声明"），这些都为个人问责制的加强提供了极大助力。上述机制提供了高度可信的信号，即表明当局将以处置其他形式的市场滥用行为的方式处置过度冒险行为。前述机制的广泛实施无疑将有助于金融机构在一个公认强竞争和快节奏的金融环境中，在利用自由市场资本主义的红利以及做正确事情的必要性之间游刃有余。

在第二部分中，笔者概述了金融市场自我监管的局限性，随后讨论了如何解决金融市场中过度冒险或其他形式的不法行为可能对社会造成的负外部性影响的问题。笔者认为，纯粹基于道德视角的方法，其有效性的缺失意味着无论是基于民事或刑事指控，施加个人责任都是合乎正当性的。笔者在该章中将英国新近的"高级管理人制度（Senior Managers' Regime）"描述为解决问责制问题的进路之一。

二、金融市场自我监管的局限

可以说，20世纪盛行的经济学正统理念的核心是相信利己主义是市场有效运转的重要美德。弗里德曼⑧的人类行为观催生了著名的股东价值模式，这是一种将股权投资回报作为企业管理者所关注的管理原则的模式。这种简化理论在评估业绩时，摒弃了除与市场（股票）价格有关之外的其他一切指标，要求

158

---

⑦　关于金融系统下的刑事责任，另见本书第六章。

⑧　虽然这种公司治理理论早于米尔顿·弗里德曼（Milton Friedman），但他可以说是与其信息和理念联系最为紧密的经济学家，他有一个著名的论断，即"企业的社会责任就是增加利润"（Friedman 1970）。

企业的经营以提高企业利润和股东回报为目标。经济学为这种简化论提供了理论支撑：所有正统金融模式的假设都认为，个人是简单化的理性经济人，他们一心一意地像企业谋求利润最大化那样追求效用最大化。这样看来，在个体层面或总体层面，在特定行为实际（经济）回报的潜在效果之外，金融决策中的道德考量并无多少空间。⑨事实上我们可以说，公司最有影响力的代理成本理论是假定经理人本质上是不道德的，需要加以控制以防止其侵占本应属于其委托人的财富（Jensen and Meckling 1976）。

　　然而，人们普遍认识到，银行业仍是一种准公共（quasi-public）活动；在某种程度上，金融机构的受益方应包括公众，而不仅仅是其股东、雇员和企业客户（Dudley 2014）。金融机构需要一个社会许可（social license）来经营，而它们获得社会许可的途径是通过模范行为的记录以及诚信审慎的声誉，并表明它们对客户和交易对手的责任不仅仅是基于合同义务，同样也是基于道德义务。例如，在大多数主要的司法辖区，银行执照的维系取决于该金融机构是否遵守行为规则，是否合乎旨在打击非法或不道德金融活动的法律规定。作为回报，银行得到了近乎慷慨的公共补贴、紧急支持机制和随意发行负债（银行存款）的特权。

　　由于上述利益的存在，使得只要冒险行为对银行价值产生了股价上的积极影响，那么其股价上行的利润都将归入股东和高管，而冒险行为可能带来的下行成本则由政府和纳税人买单。在此种情况下，行业参与者以及监管者（一定程度上）对股东回报的单一且过度的关注似乎是错误的。虽然许多分析认为，市场自律可能会对金融市场中不产生利润的行为起到制动作用，因为追求效用最大化的强势市场参与者对财务（价格）激励的反应最好，但从社会角度看，这是否会带来更好的结果仍不得而知。尽管过去二十年来金融市场要求的治理标准不断提高，但大量研究表明，公司治理改革本身，就改变结构或引入新流程而言，在防止金融市场过度冒险方面其作用十分有限（Avgouleas and Cullen 2014）。事实上，几乎没有证据表明公司治理在过去三十年中有所削弱；相反，

159

---

　　⑨　艾伦·格林斯潘（Alan Greenspan）在全球金融危机后作出的有关他对金融市场运作方式的"错误观点"的臭名昭著的声明，也证明了这种观点的局限性。见 Andrews（2008）。

大多数指标表明，治理在这一时期得到了明显加强（Holmstrom and Kaplan 2001，Her-malin 2005）。[⑩]然而事实上，严重的银行危机的发生率却在上升，巨型金融机构仍在更广泛的业务领域持续开疆拓土。

三、行为监管和伦理限制

组织理论强调，组织文化必须与组织的战略和环境相适配。这里对组织环境的着重关注是至关重要的，因为要形成良好的组织文化，就必须建立并践行诸如信任和诚信等核心价值观。奥图和本尼斯认为，"组织中的伦理问题不是源于'几匹害群之马（a few bad apples）'，而是源于'木桶制造者（barrel makers）'"（O'Toole and Bennis 2009）。沙因（Schein，2010）认为，如果我们考察"木桶制造者"文化，就将发现三个层次——规章制度（artifacts）（该层级是显而易见且可讨论的）、价值观（espoused values and beliefs），以及其成员所共有且已根深蒂固的基本假设（underlying basic assumption）：任何一组行为都包含了关于世界运作方式的观点。这三个层级合并时，就代表了该组织的集体准则，该准则既指导和引导内部关系，也支配着与外部各方的相互行动。随着时间的推移，基本假设（"第三层级"）尤其会影响习惯性行为——定义我们的一套惯例、程序和规则（Salz 2013）——并最终被制度化，且在定义组织身份方面发挥关键作用。萨尔茨（Salz）认为，这种身份是"每个人都在捍卫的东西"。伦理及其在金融业的应用既是微观层面（高管个人）的问题又是宏观层面（监管者或政策制定者）的问题，研究表明，社会结构在培育美德和性格特征方面具有至关重要的作用。伦理并不与人类行为相距甚远，相反其不过是十分日常的东西（例如，见 Singer 2003，1）。

160

---

⑩　正如 Roe（2014）所指出的，由于大银行享有人为的低融资成本便利，通常的公司治理假设和市场对公司控制权的限制都不适用于金融公司。虽然大型金融机构如果被拆分成更小的且更容易管理的单位，可能会更有效率，但失去公司融资成本中蕴含的"太大而不能倒"的补贴，会对较新的或较小单位的业绩水平产生负面影响，而且如果没有来自市场的正常压力来改革内部流程和确保最大限度的治理标准，产生的承担超额风险的激励机制会使银行高管和股东与承担存款保险成本和"太大而不能倒"补贴的人——即纳税人——发生冲突。在此基础上，监管选择之一是取消国家对所有金融市场活动的支持，尽管人们承认在失去隐性或显性担保与整体经济表现之间存在权衡。

传统伦理学认为，为美德所强调的流行动机是由对共同善（common good）的考虑所驱动的。监管的一个目的是确保市场的伦理特性，同时引导市场朝此目的发展。但是在这种情况下，许多现代监管模式的困难就在于，它们过分强调手段，而忽视了目的，这就导致了"过分强调结构的建立和程序的设计"，而不是在更广泛的社会背景下治理公司（Sison 2008，222）。这就会导致只要个人能够证明在整个活动中他们都遵循了适当的程序并在相关公司中建立了合理的治理结构，就可能逃避其为过度冒险行为本应当承担的责任。

如果我们认真审视对金融危机的总体监管对策，那么对这一趋势的认同应当是显而易见的，总体监管对策的特点在于颁布了更多内部制定的（主要是自愿制定的）行为准则，同时引进了大量关于治理结构和程序的新的软性监管对策。委托—代理理论（principal-agent axiom）的持续性主导地位加强了公司内部的层级监督和控制，也强化了对利己主义行为的规制，监管者或者"俱乐部规则（club rules）"在治理结构的上层，而股东、董事会、高管以及经理和雇员在下层。⑪这些"俱乐部规则"跨越了沙因的层级分类界限：它们既代表了"共同的假设和信念"，也代表了"价值观和规范"，而且往往体现在相关专业组织的会员规则或行为准则和行为指南中。近年来金融市场相关事件的发生，自然会让人产生对于这种内部化的层级监督的效用性及其规制不道德行为能力的怀疑。这就是包括信任和伦理在内的规范行为的其他方式重新引起了人们的兴趣的原因。

金融市场中这些概念的重要性在许多方面都自相矛盾。例如，信任被广泛认为是包括金融系统在内的任何市场经济的一个重要特征，并被描述为组织理论和伦理之间的"联系"（Hosmer 1995）。事实上，"信用（credit）"这个词本身就来源于意大利语中的"信任（credito）"。尽管人们本能地认为坚定不移的利己主义总能带来最佳的资源配置和经济社会繁荣，但即使在市场经济中，信任也是社会得以运转的润滑剂。某些团体之所以能成长为全球性商人或金融巨鳄，

161

---

⑪　也许最有启发性的是沃克对英国银行公司治理的回顾（Walker 2009），他的结论是，现行的英国公司治理准则仍然是"量身定做"的（fit for purpose）——他忽略了这样一个事实，即准则在金融业崩溃时被证明是完全无效的。关于通过公司治理改革来遏制银行过度冒险行为的（众多）局限性的讨论，请参见 Avgouleas and Cullen（2014）。

很大原因即在于其团体成员之间相互信任。在金融危机期间，我们高度复杂的金融市场便是因银行之间不再相互信任而走向崩溃，金融系统也因此进入寒冬。

另外，随着市场更加全球化，金融深化导致碎片化和专业化，信任、声誉和美德的概念变得不再突出。例如，在交易银行业务领域，大量的合同仍然以匿名形式存在，即其是与匿名相对方的一次性交易，并且该种形式也愈加呈现自动化倾向，信任和商誉可能在很大程度上变得无关紧要。随着这些品质在金融市场交易中变得不再举足轻重，道德行为的重要性可以说也就日渐式微了。在道德行为缺位的情况下，行为者就会退回到规则和法律规定中去，而这些规则和法律规定虽然有利于增加交易量和提升交易效率，但却具有明显的"可塑性（malleable）"。⑫因此，关于行为的许多讨论就变成了"我能做什么"或"监管者将如何阻止我"，而这显然不是规范性伦理问题，而是实用主义问题了。

在此背景下，许多备受关注的调查都认定，在银行业者的工作环境下重新定义它们的职责和义务是徒劳无功的，这并非意料之外。事实上，虽然大家一致要求重塑金融机构的职业操守，但对于是否存在像"银行家（banker）"这样一类人以及是否存在一批能够由职业价值观或信仰统一起来的雇员仍顾虑甚多。高级银行家的核心职能在实质上差异明显，由此导致不同银行活动领域之间存在很大程度的职能分离（Gapper 2014）。在此基础上，银行业之所以独特，正是因为其不能被狭义地定义；如果不能对其进行狭义的定义，那么其核心的普遍性行为的性质也就无法被准确定义或不适用。英国议会银行业标准委员会的言论似乎证实了这一观点：

> 银行业务是否具有足够的专业特征使其适宜由一个专业机构直接控制，这一点是值得怀疑的。"银行业务"涉及范围广泛，缺乏大多数职业应当具备的特点——共同的核心知识。这个行业距离成为一个对客户和对整个行业的诚信的专业责任胜过个人的行为激励的行业还有很长的路要走。如果要出现一个统一的银行业专业机构……这个行业本身就应该承担起维持其发展动力的责任。（UK PCBS 2013，597，599）

---

⑫　事实上，有些人将金融危机描述为聪明律师的胜利。讨论情况见 Schwarcz（2010）。

有令人信服的证据表明，高级银行家和交易人员认为自己与银行的其他雇 162
员，如零售人员、后台人员、会计师和合规人员显然是不能相提并论的（Ho
2009）。银行的交易部门历来是受到大力支持的领域，也是银行利润的主要来源
所在。事实上，在这些部门工作的银行业者将自己视为"精英"，并经常贬低那
些在公司食物链中处于较低位置的银行业者。身居高位的银行家往往被推入紧
密、紧张的社交圈（Mandis 2013），再加上关系银行模式的衰落，导致交易人
员之间缺乏社交（Wexler 2010）。这一点在当下对银行文化的研究中表现得尤为
明显，这些研究叙述了供职于大型复杂银行的交易人员如何"对自己的角色有一
种独特的看法，并在别人眼中的主流组织文化之外运作"（Wheeler 2016，86）。

此外，作为一个规范性问题，许多人不无道理地宣称，文化不能"被监管
（regulated for）"，并且在重塑整个金融业的道德行为等类似的难以给出准确定
义的东西的时候，仍有重大的实际障碍尚待克服（Campbell and Loughrey，
2013）。上述情况在大型企业中尤其如此，因为在这些企业中，经理对其他人的
责任是极其广泛的，甚至常常是冲突的。一旦一方或多方受到损害，经理可能
总是会诉诸违约抗辩，称不同方的利益之间不可避免的权衡是无法协商的，即
便是诚实地协商也是如此。这种困境的后果是，经理退而求其次，用自己确立
的规则来指导其工作行为。然而，这些规则的相对道德性并不是来自原则或内
部共同持有的信念，而是来自"对个人很重要的与一些人、一些小圈子、一些
社会网络、一些小团体之间持续但不断变化的关系，而独立的道德评价性判断
则从属于官僚主义工作环境的社会复杂性"（Jackall 1988，101，105，cf. Kane
1994，2—3）。在这种情况下，雇员的行为很大程度上取决于他们认为应该得到
什么样的回报。如果回报只取决于财务收益，雇员就会相信这些收益就是他们
的组织所看重的。由此产生的一个后果是，在缺乏关于适当和合乎伦理的行为
的规范性指导方针或对违规行为的可信制裁的情况下，文化将在一种其所产生
的行为可能不符合期待的危险下完成自我塑造。

从经验上看，很明显，金融危机前银行业的主流规范仍在影响着人们的行
为，而且事实上其影响可能变得更为普遍。考虑到以下对 1 200 名金融专业人
士进行的关于工作伦理的调查结果，该调查结果得出的结论是，尽管不断呼吁
银行业解决其面临的伦理问题，但"诚信文化未能在业界真正扎根。相当数量

163　的个人仍然认为，从事非法或不道德活动是在这个竞争激烈的领域取得成绩的一部分"（Labaton Sucharow 2015，3）。具体结论包括但不限于：

（1）47%的受访者认为，他们的竞争对手为获取不正当市场竞争优势很可能从事了不道德或非法活动……这一比例高于2013年调查时39%的受访者比例。而在年收入50万美元或以上的个人中，这一数字跃升至51%。

（2）在年收入50万美元或以上的人中，超过三分之一（34%）的人目睹或直接了解在其工作场所中发生的不当行为。

（3）23%的受访者认为，同事很可能为了获得竞争优势而从事非法或不道德的活动，这比2012年12%的受访者报告比例几乎翻了一番。

（4）25%的受访者表示，如果他们不会因内幕交易而被捕，他们很可能会利用非公开信息稳赚1 000万美元。工作经验不足十年的雇员的可能性是工作二十年以上雇员的两倍多，报告的比例分别为32%和14%。

（5）在英国，32%的人表示，如果能够免于被捕，他们很可能会从事内幕交易来赚取1 000万美元，而在来自美国的受访者中这一比例只有24%。

（6）近五分之一的受访者认为，金融服务业者在某种程度上有时必须从事非法或不道德的活动才能获得成功。

（7）27%的受访者不同意金融服务业将客户的最大利益置于首位。在年收入50万美元或以上的人群中，这一数字上升到38%。

（8）近三分之一的受访者（32%）认为，他们公司实行的薪酬结构或奖金计划可能会变相激励雇员从事与道德或法律相悖的活动。

（9）33%的金融服务业者认为，自全球金融危机以来，该行业并没有变得更好。

四、解决过度冒险的负外部性

如果我们目前可以接受这一观点，即直接监管文化或者伦理并不具有可操作性，但是现状同样也令人不满，那么我们就必须考虑是否存在其他机制以修

164　复这些缺陷。根据科斯（Coase 1960）的分析，如果我们假定金融机构产生的负外部性没有得到现行监管的有效处理，而且与内部人员分享到的私人利益相

比，因银行家的活动造成的金融机构困境的溢出效应更为巨大，那么，有三大揽子的监管方案可供选择：（1）税收；（2）产权转让；（3）加强监管。包括国际货币基金组织（IMF）和金融稳定理事会（FSB）在内的各方都主张采用其中的第一种方案，即向金融机构征收所谓的"金融稳定贡献金（financial stability contribution）"，以此来限制银行规模并降低银行倒闭带来的成本。事实上，拥有大型银行业的辖区征收该税皆可谓理所当然。⑬然而，在此种情况下征税除了使从事某些金融活动的成本更高之外，并不能解决个体行为问题。

学者和政策制定者则从第二个角度处理这个问题，并将其监管解决方案建立在产权转让的基础上。在对银行处置的语境下，康纳和奥克利（Connor and O'Kelly 2012）强调了银行业的公共维度以及银行恢复与处置的外部性成本。由于银行业主管部门拥有控制和防止与银行困境相关的公共外部性（通过主管当局愿意为银行负债的一部分提供担保）及承担救助成本的"权利"，因此在某些情况下，即在发生系统性风险危机时，应允许银行业主管部门推翻现有的（债权人）银行负债合同。与本章密切相关的是凯恩（Kane 2016a）提出的要求明确承认纳税人在每一个大型金融机构中享有隐性股权的主张。银行受益于股东对纳税人资金的强制投入（以存款担保和其他保险项目的形式）。在法律上赋予纳税人对那些受益于公共支持（以补贴和保险费用的形式）的金融机构的财产权，并且基于这种财产权对管理层课以严格的信托和审慎标准的约束，可以缓解一些内在的激励冲突。更为重要的是，凯恩认为，不计后果地冒尾部风险（tail-risk）的行为是不道德的，因为这种风险具有（风险发生时）求助于由纳税人资金保障的安全网的倾向，而滥用这一安全网的人必须受到（包括刑事）制裁。

而其他学者则把重点放在第三类解决方案上，即在宏观和微观层面的监管上。阿德玛蒂等人（Admati et al. 2013）主张进行宏观监管改革，以强制要求银行业将其巨大的负外部性损失内部化（即由银行业自身承担其负外部性损失），他们大力主张对银行提出更高的资本金要求，以降低问题银行倒闭的概率。然而，就像赞成对负外部性征税的方案一样，这些机制可能不会将过度冒 165

⑬ 欧洲有 16 个国家对金融机构征收银行税，但规模和使用标准不尽相同。

险行为的所有成本内部化，不必然对规范个体行为产生影响，也难以阻止高管制定并实施具有毁灭性风险的经营策略。⑭

　　学者从规范个人行为和激励机制的角度提出了各种建议。阿维里、布莱尔和克肖研究了法律和市场通过"流程导向型监管（process-oriented regulation）"在金融机构内部形成道德文化方面可能发挥的作用（Awrey，Blair，and Kershaw 2013）。他们认为公共执法（public enforcement）和声誉制裁（reputational sanctions）对这些过程至关重要，并认为董事会级别的伦理委员会（board-level ethics committees）能够发挥更多的推动性作用以及进行薪酬调整，并建议考虑对公司法进行修改以减小股东对银行决策的影响。艾尔哈德和杰森探讨了诚信和伦理在公司决策中更为广泛的应用和解释，并提出了一个积极的良性行为模型（Erhard and Jensen 2015）。阿穆尔和戈登主张在系统重要性公司放宽股东价值规范，引入"软性"的高管和董事责任规则，以补充（并替代）金融危机中出现的法定规则（Armour and Gordon 2014）。施瓦茨（Schwarcz 2016）呼吁在金融公司引入"公共治理责任（public governance duty）"，即要求其不得从事可能对公众造成系统性伤害的过度冒险行为。有趣的是，施瓦茨（Schwarcz 2016）提出，任何"实施公共治理责任的法规可能对参与风险评估的经理人施加一项义务，该义务要求他们将公司的不合规行为告知政府官员"，这一主题与笔者后面讨论的主旨相一致。库伦（Cullen 2014，2016）和阿夫戈莱什与库伦（Avgouleas and Cullen 2015）等的分析中都强调了薪酬调整在改善金融市场文化现状方面的作用及其局限性。在下一部分中，笔者将阐述个人责任制的重要性，并解释直接针对个人的监管制裁如何补充前述规制路径，以期解决过度冒险行为所引发的外部性。

五、制裁在防止不道德行为中的作用

　　正如霍尔（Hall 1961，119）所指出的那样，法律法规的道德意义在于"探

---

⑭　事实上，有大量证据表明，在没有对银行工作人员活动进行控制的情况下，较高的资本金要求会激励风险较高的投资，以弥补杠杆率较低的情形下等量投资所产生的较低收益。有关讨论见Chason（2013）。

寻回应社会问题的最合理的价值观这一更宏大命题的一个阶段"。⑮在任何合法 166
的经济或法律制度下，个人都需要对违反"无害（no harm）"原则的行为负
责，从中又可推测出传统的责任和谴责的范畴，以及惩罚的道德内涵（Hall
1961）。"无害"原则是以下两条箴言的依据：（1）个人只有在其行为影响到他
人利益时才承担责任；（2）当行为损害他人利益（即造成伤害）时，个人应承
担责任并接受社会或法律的惩罚（Mill 1859）。

洛克雷（Loughrey 2014）指出，问责制作为一个概念是难以捉摸的，特别
是由于其含义可能受到其适用背景和相关学科对其作用和重要性看法的影响。⑯
这里所考虑的问责制是着眼于其表面含义的：它要求相关行为人对其行为作出
解释，并在必要时因违反法律法规或道德规范而受到制裁。正如洛克雷（2014，
735）所指出的那样，"重要的是对行为人追究责任的可能性，而并非实际追究
其责任：正是前者使不承担义务的信息提供和可能会被追究责任的信息提供之
间产生了区别"。在个人层面实施制裁是这一过程的基本要素，在监管政策的声
明中也越来越多地看到对制裁适用的支持。例如：

> 美国司法部认为对个人而非雇用这些个人的公司发起执法行动具有其
> 内在价值，这种做法非常重要且合理，原因如下：第一，它强化了问责
> 制……因为公司的不当行为必然是有血有肉的个人所为。第二，它有利于
> 促进公平，因为当不当行为是由一个或少数已知的作恶者所为时，完全由
> 公司、雇员和无辜股东来接受惩罚显然有失公正。第三，对个人的制裁具
> 有强大的威慑作用。（Holder 2014）

因此，法律的一个核心品质在于其实现矫正正义的功能，当一个人的行为
对另一个人造成伤害而扰乱社会财富格局时，就会援引这些原则。在大多数情 167

---

⑮ 在同一页中，霍尔接着说："总之，法律制度并不只是通过阻止方向错误的活动来引导行
为进入正确的轨道。法律的任务在于，在具备强制力和可行性的前提下，确定什么是正确的目标，
以及建构达到这些目标的渠道；而法律制度对行动的附随影响在任何法理意义上都是'积极的'。"

⑯ 例如在公共治理的语境下，问责制有两个基本品质：负责任（官员解释其行动的义务）和
可执行（问责机构有能力对违反其职责的人实施制裁）（Schedler 1999）。

况下，法律和监管制裁主要是起兜底效果，即在所有其他形式的个人行为控制模式被用尽，而适用其他制裁方式（如名誉制裁）被认为不适当或不足够的时候。⑰有相当数量的研究表明，适当实施制裁有助于社会规范的转变，特别是在有渠道可供举报不合规行为且能够举报的人其本身行为合规的情况下（Acemoglu and Jackson 2015）。这表明，引入"硬性"问责机制，如报告不合规行为的积极义务，将有助于促进期待和行为的持续变化。在评论与银行业问责制失灵有关的监管瘫痪时，英国议会银行业标准委员会（2013，8）指出：

> 相当数量的银行家，特别是那些身居高位的，他们往往在缺乏个人责任的环境下活动。顶层银行家们通过声称不知情或将自己置于集体决策的保护伞下以逃避追责。而后他们面临的现实前景是他们几乎不会受到与他们有关的失误的严重性相称的经济处罚或更严重的其他制裁。个人动机与集体的高标准并不一致，甚至往往背道而驰。

有种观点很容易得到支持和同情：对独立法人资格这种法律拟制的滥用，导致那些在银行业务活动中滥用职权致使他人损失的罪行不会被追究个人责任。⑱近年来在大型金融机构中普遍发生的不道德冒险行为的影响（在法律上）超出了监管部门的关注视野，然而不得不说这些冒险行为本质上都是有害的，在某些情况下其甚至是不计后果的（Ferguson 2013）。

适用法律或伦理道德观念（抑或两者的结合）来规范行为，其最理想状态取决于涉及以下因素的计算：实施不当行为所带来的个人私益水平；内部和外部道德制裁是否足以抵消前述个人私益；是否存在（或不存在）不道德的小团

168

---

⑰　例如，当合同或侵权义务被违反时，当事人可以诉诸法律，以损害赔偿或补偿的形式获得救济。或者，如果道德和伦理约束不足以规制客观上的"不当"行为，则可将该行为规定为犯罪，并对相关责任人进行处罚。

⑱　美国金融调查委员会（US Financial Inquiry Commission）主席菲尔·安吉利德斯（Phil Angelides）认为，这是一种"完美的腐败"："我只问一个简单的问题：如果没有一个人参与，银行是怎样犯下如此大规模的不当行为甚至说不法行为的？从某种意义上说，这是完美的腐败。但它违背了常识，美国人民知道有人实施了这种行为，还有人认可并批准了这种行为。我认为，目前需要做的是对每一家机构进行自下而上的彻查，看看谁知道什么，谁又批准了这种实质性的陈述。坦白地说，苍蝇已经被起诉，但还没有一头老虎被敲打。"（McLannahan 2016）

体，以及公司雇用的稀释效应——以公司身份所实施的行为产生的道德和法律
责任应当由公司而非个人承担（Shavell 2002）。在不当行为带来的个人预期收
益以及该种行为带来的预期危害同样巨大的情况下，法律和监管制裁往往会被
优先适用。如果可以获得巨大的个人收益，道德伦理动机可能无法阻止该种行
为的发生，而如果该种行为造成的潜在损害巨大，将其诉诸法律自然也是理所
应当。当然，在将这一模式应用于西方金融市场的事件和行为结构时，很难否
认这些因素其实全部或部分适用。

　　即使暂时不考虑追究个人责任可能带来的道德和伦理的好处，一些研究也
进一步表明，对违法个人的制裁会带来福利效益的提高。在责任机制的优化设
计（无论是在公司层面还是个人层面）的基础上，充分的个人制裁可以让社会
效果实现最优化（Argenton and van Damme 2014）。波林斯基和沙维尔（Polin-
sky and Shavell 2000）证明，在企业对雇员没有绝对控制权的情况下（因此存
在不完善的激励机制），将需要通过个人责任来遏制违规行为。国家可以诉诸公
共制裁、罚款或监禁，而这超过了企业自身对雇员所能作出的最高等级的制裁。
法布拉和莫塔（Fabra and Motta 2013）表明，在公司存在破产风险的情况下，
针对公司的巨额罚款可能无法产出最优的威慑效应，此时更需要个人制裁的适
用。因此，公共制裁的威慑可以促使雇员采取相较于他们在其他情况下会采取
的更高程度同时也更具适当性的谨慎态度行事。

　　有趣的是，与社会其他领域相比，制裁在规范金融市场行为时可能更为有
效。范德维尔（van der Weele 2012）在这方面的开创性工作极富启发意义。他
的研究探讨了法律和监管的最优水平，并特别关注如何在由鱼龙混杂的主体组
成的市场中最有效地适用制裁。在这些研究中，市场主体被称为"有条件合作
者（conditional cooperators）"（即如果他们看到有足够比例的其他人遵守法律
规定，他们就会配合相关法律）和"理性利己主义者（rational egoists）"（无
视这些法律且不以为耻之人）。在这一分析中，市场主体整体守法水平将反映在
"有条件合作者"和"理性利己主义者"在相关市场中的相对比例上。在当局有
准确信息表明"理性利己主义者"较少的情况下，低水平的制裁可能是更优解，
因为这种情况表明损害市场主体之间信任与合作的违法者更少了。因此，在有
条件合作者之间存在合作规范的情况下，最佳的制裁水平可能低于在所有市场

169　主体都是利己主义者的"霍布斯式（Hobbesian）"环境中的水平。[19]另外，在有很高比例的利己主义者准备为自身利益而破坏规则的情况下，高制裁水平可能可以有效地阻止违规行为。虽然高制裁水平可能会让人们不再相信其他人具有合作倾向，但在行为层面上不会受到影响，因为制裁的强制力在很大程度上弥补了对他人信任缺失造成的影响。

　　当然，在更广泛的社会中，"有条件合作者"和"理性的利己主义者"的相对比例是稳定的。事实上，尽管最近金融市场上发生了一系列事件，但有充分的证据表明仅就表面上看，银行从业人员的道德标准与其他可比行业的专业从业人员并无二致（Van Hoorn 2015，Rusch 2015）。然而，正如科恩等人（Cohn et al. 2014）所论证的那样，一旦银行从业人员适应了其职业身份，其诚信度便出现急剧滑坡，而这一状况在其他可比行业中并未出现相同例证。重点在于，这表明了金融市场中的"道德规则（rules of morality）"或伦理准则在总体层面上对行为的规制可能收效甚微。如果在一个人群中，有足够多的个人视道德激励为无物（换言之，"不道德"的人在特定人群中为数甚多），那么援引自道德或伦理理由的制裁措施将难以有效规制其不当行为。研究表明，银行从业人员职业道德水平较之其他行业的从业人员普遍为低，其内部道德准则在防止过度冒险行为方面很可能作用有限。事实上，由于这些人自己也不可能对他们所观察到的不道德的行为实施道德制裁，道德激励机制的坍塌加剧自然也就是情理之中。在这种情况下，法律规则显然比道德准则更为可取(Shavell 2002)。[20]因此，制裁在向市场参与者提示特定行为模式的不道德性方面发挥着一种工具性功能。更重要的是，制裁还可以对那些无法被说服按照内心道德标准以合乎道德的方式行事的不道德群体形成威慑。[21]

---

　　[19]　"霍布斯环境"满足以下三个条件：（1）主体受到更高力量（即国家）的约束；（2）主体是完全自利的；（3）"对"和"错"的概念在市民社会认可之前是不存在的。

　　[20]　这一点在金融市场更为突出，因为金融市场容易出现间歇性的狂热和崩溃，在此期间，金融市场参与者更容易违反金融市场规则或道德规范。在经济繁荣时期废除规则可能是对令人欣喜的金融状况的理性回应：经济繁荣时期提供了在法律责任微乎其微（且不确定）的情况下实现暴富的机会。随着可疑行为在整个金融市场上越来越普遍，参与者可能会认为资源相对匮乏的监管机构几乎没有机会将其绳之以法。Gerding（2014）将此流程定义为"合规恶化"。

　　[21]　尽管大多数学者都认为适当地应用处罚可以威慑某些形式的行为，但制裁的威慑作用仍存在争议。就此而言，英格兰银行（2014，209）最近发表意见认为："实施制裁的主要目的是通过阻止已实施违规行为的人进一步违规，并帮助阻止其他人实施类似违规行为，以及全面展示合规业务的好处，来促进高标准的监管和（或）市场行为。"

六、制裁的形式和范围

正如笔者在导论中所强调的那样，在构建能够促进道德行为的体制机制时，真正应当着重探讨的是制裁的实质而非形式和处罚的对象。尽管如此，目前仍有必要简要探讨一下概念化的制裁制度的形式和范围。

塔勒布和桑迪斯（Taleb and Sandis 2014，115）主张"将他人置于尚未发生的损失风险之中是不道德的"，特别是在这种损失有可能导致金融市场系统性崩溃的情况下。因此必须有这样一种认识，即监管者和立法者愿意处置个人的行为失范。如前所述，新制度的可信度在一定程度上取决于有关法规能否成功地适用于银行家实施过度冒险行为或者公然犯罪的案件。在对违反特定规范的行为尚缺乏可信的个人处罚的情况下，可以预见的是，过度冒险行为仍将继续存在。而根本性的问题在于，整个金融市场的从业人员已经以其实践反复证明，即使大家都已经认识到过度冒险行为所招致的后果涉及巨大的社会成本，但常规的游戏规则，即更高的资本金要求、处置计划和薪酬控制，可能也只能暂时规制过度冒险行为的发生（Kane 2016b）。当然，制裁在塑造行为方面的可靠性取决于发现违规行为的可能性。在监管机构谨小慎微或监管资源不足的情况下，金融市场参与者可能会基于理性而断定其被制裁的可能性微乎其微。这将导致即使存在严厉的制裁，也无法将所信奉的价值观转化为行动，并可能导致上文讨论的沙因分类法中第三层级的完整性被破坏，而该"第三层级"即所谓的"共同的假设和信念"：可接受行为的界限在很大程度上取决于相关组织的基本假设，而这些假设对行为有直接的决定性影响。

通常认为，制裁有两大截然不同的目标："定价（to price）"或"禁止（to prohibit）"（Coffee 1991）。尽管部分情况下难以将其简单归类，但总体而言，所谓定价型制裁通常属于民法，而禁止型制裁则一般存在于刑事领域。"定价型制裁"旨在迫使相关行为人将特定活动的社会成本予以内部化（简单来说即行为所造成之损失由行为人自担），同时防止被告人从对社会无益的活动中获得个人利益。科菲（Coffee 1992，1875）指出了对工业污染者实施民事上的定价型制裁的例子，其目的并非禁止可能造成污染的工业活动，而是为了敦促其按照绿色环保的要求作业。相反，禁止型制裁则用于完全禁止某些活动（如盗窃或欺诈），它认为受害者有免受此类违法行为侵害的道德性权利，而不论有关活动对被告抑或整个社会的社会效益如何。

许多学者将定价型惩罚类比用于金融机构，视其为活动往往于社会无益但却造成系统性的负外部性效应的"金融污染者（financial polluters）"。这使得监管者有责任确保由破坏金融市场活动的始作俑者承担相应的社会成本（Haldane 2010）。然而，从这一角度出发解决金融系统中的过度冒险行为在实践中恐难见成效。顾名思义，金融机构不可能将其活动所造成的所有社会成本完全内部化，否则它们根本就不需要目前享有的相当数量的保险和担保项目。此外，在金融市场，行为主体并不能独力完成行为成本的内部化：没有一个金融市场参与者有能力填补由尾部风险等产生的系统性损害所造成的损失。现行监管集中于用银行业的货币激励来减少金融市场短期冒险行为收效甚微的原因之一，是除奖金之外还存在着将风险掩埋在分配的尾部从而延迟破产的动机。这种分析倾向于表明，"价格—禁止"的区分对于某些金融市场活动来说可能不甚明确，这使得选择何种工具来应对具有严重社会危害性的金融市场过度冒险行为问题变得极为重要。

监管体系处理此类行为时的犹豫和不情愿，很大程度上来源于这样一种认识：相关风险难以预计或量化，因此将法律责任甚至是刑事责任[22]归咎于个人可能有失公平。刑法善于惩罚那些被认为过于严重，仅凭民事手段追究显然不够的行为。并且另有证据表明，刑法对于某些行为也起到了相当的威慑作用。刑事处罚的有效性并不依赖于犯罪者的偿付能力（Posner 1985）。然而刑事处罚的适用却在给公共资源带来了沉重负担的同时也造成了巨大的社会损失（Becker 1976）。[23]在刑事诉讼中证明相关行为人存在造成损害或不诚实的主观故意也绝非易事。也许更重要的是，刑事制裁的鲁莽使用也会带来社会成本，包括那些因担心被剥夺自由而选择过度的风险规避（Buell 2007）。[24]

---

[22] 参见雷夫在本书第六章提出的观点。

[23] 由于刑事制裁的报复性质，这些成本通常是可以容忍的，例如监禁可以（暂时）防止再次犯罪。

[24] 正如 Coffee（1,992,1,881—882）所解释的："需要考虑使用刑法威慑的额外成本，包括被迫生活在不断受到严厉处罚威胁下的风险规避者面临的恐惧和忧虑……如果我们最终仅以预防犯罪的数量来衡量刑法的成功与否，我们最终可能会以赫伯特·帕克（Herbert Packer）引人深思的一句话告终，即'创造一个所有人都安全但没有人自由的环境'。"

在大多数普通法系国家，如果没有犯罪故意的直接证据，则适用轻率（recklessness）这一法律标准，当然，这一标准的入罪门槛其实也是相对较难满足的。此外，刑事意义上的因果关系也应当考虑在内。在任何以轻率的法律标准为基础的制裁制度中（例如金融机构倒闭情形下的现行英国法），这种标准如何适用于银行中的个人决策，或者如何证明这种所谓的轻率导致了任何损害后果并引发刑事责任，目前都尚不明确。㉕举例来说，除了真正涉及特殊情况的案件外，检控当局对于如何证明管理层的行为"导致"其银行倒闭这一点并不清楚。

对策之一可能是在刑事案件中用（较低的）过失标准取代轻率标准。对于公司个人犯罪而言，过失标准并非无例可循。然而，采用这一标准也存在着问题：（较低的）过失标准很可能会对在金融机构担任高级职务的个人产生过度威慑作用，并最终导致金融市场的能力下降和人才流失。正如布莱克和克肖（Black and Kershaw 2013）所指出的那样，这可能会导致两种反常的结果：（1）公司经理人由于担心自己所作出的决策被事后批判而过度规避风险，哪怕这些决策在当时看来被认为是正当合理的；或者（2）更极端的情况是，真正规避风险的经理人完全拒绝任职，让（自我选择的）冒险者加入董事会和公司高管团队，从而在社会角度对银行行为产生负面影响。即使在极端的情况下，根据适用于过失的一般普通法原则，也会参照同业的标准（在某些情况下也会参照可接受的行业标准）来评估一个行为过程。如果一个特定市场中的每个人都以相同的方式行事，那么无论外界态度如何，法院都不可能将该行为判定为（刑事）过失。㉖

基于前述原因，（强有力的）民事制裁（顾名思义，此种制裁形式不需要动用刑事司法系统力量）可能更受推崇与偏好。而造成该种倾向的理由有如下

㉕　例如，英国当局告诫说，在新监管制度下，任何起诉应达到的相关门槛都会很高，预计只有在极度有限的情况下才会使用制裁权力，即"仅在涉及最严重损失的情况下，例如一家银行倒闭使纳税人承担其巨额成本、对金融系统造成长期持续影响或对客户造成严重损害"（UK PCBS 2013, 244）。

㉖　以 2008 年全球金融危机为例，很明显，高级管理人员所作的许多最终导致其银行倒闭的决定，比如他们对抵押贷款支持证券的投资，在当时看来被认为风险并不大，尽管现在的金融模型在尾部风险方面更加谨慎。

几点：

第一，由于监管调查的执法成本（通常）较低，相较于刑事检察官们，监管者享有显著的规模经济效益。更低的证明责任导致了不会面临决定是否提起刑事起诉时遇到的那些抑制性因素（disincentive）。

第二，民事处罚制度的灵活性与刑法的灵活性大相径庭。在民法中，个人不仅要对其行为的已知效果承担法律责任，而且要对其应当意识到的效果承担法律责任（即使他们事实上并未意识到）（Taleb and Sandis 2014，131）。[27]任何个人或群体如果开始有意识地采取一种可能会带来毁灭性风险的策略，那么无论该风险发生可能性如何细微，如果有关人员有理由应当知道发生该风险的可能性，就可以对其课以责任。为此，塔勒布和桑迪斯（Taleb and Sandis 2014，115）主张：任何参与可能对他人造成损害行为的人，即便此种损害是概率性的，都应当被施加一定的损害性惩戒，至于具体情境如何则不在考量范围之内。在职业过失案件中，法院必须考虑实施某一特定行为的被告是否应当客观地预见该行为所固有的任何潜在危险，如果是，则有关行为又是否应当被认定为是不合理的。事实上在公司法中，依据类似的轻率标准而承担民事责任的案例并非罕见。[28]当然，要确定这一点，需要对相关证据进行评估，权衡各种可能性，尽管反对之声不绝于耳，但在金融领域评估这一假定法律标准的障碍并非不可逾越。法院当然可以在确定责任时考虑专家的意见，例如"尾部风险"并非不可测算。此外，金融系统内的尾部风险是内生的——即由金融市场参与者自身所引起，而这对监管控制以及个人责任或团体责任有着重要影响。[29]事实上，塔勒布和桑迪斯（Taleb and Sandis 2014，116）指出，"尾部事件是不可预测的，其在统计学上是无法衡量的，但若是人为原因造成或者通过从事某一类（上行

174

㉗　Kane（2016a）和 Taleb and Sandis（2014）均举例说明，即使不计后果的危险驾驶并不一定会对第三方造成损害，但驾驶人仍有义务不以不计后果的方式危险驾驶。凯恩特别认为，监管银行业的原因与监管交通业的原因相同：管理潜在的造成混乱的活动，从而使所有司机的行为更安全。

㉘　例如，在美国特拉华州的公司法中，根据适用于公司董事注意义务的民事标准，责任的认定需要证明存在"对全体股东的漠视或故意无视，或有其他不合理行为"。

㉙　Haldane（2010 年）认为："在金融大危机爆发前，这种追逐风险和监管套利的例子比比皆是，其中典型的包括杠杆率上升、交易组合增加以及重尾金融工具的设计。"

幅度小但下行幅度大的）活动增加了尾部事件发生的概率则是例外"。因而，此种情况下的因果关系就需要被追责。

第三，就威慑力而言，民事制裁可能与刑事责任同样有效。波斯纳（Posner 1980，74）认为，"惩罚的经济学理由并不在于它能消除犯罪的恶劣影响，而在于通过给犯罪定价的方式，影响人们今后从事此类犯罪活动的动机"。据此，如果一种制裁的"代价"足够高，不管最终是否构成犯罪，它都会对相关行为产生威慑力。没有任何迹象表明，类似于巨额罚款、行业禁令、取消任职资格等处罚措施不会对过度冒险行为产生威慑作用。就警示作用而言，大量的研究表明民事制裁对"白领罪犯"的威慑作用极为显著，"白领罪犯们"（一般）对金钱制裁（幸亏他们拥有更多的财富）和监管责难所可能造成的声誉损害更为敏感（Avgouleas 2005）。

此外，对违法者而言，严厉的民事救济，如永久性市场禁入，可能使其遭受结束职业生涯的威胁，这对具有不能另作他用的专业技能的劳动者而言着实令人畏惧（Berg 2003）。在民事标准下追究个人责任也避免了由于刑事审判失败而可能招致的道德风险，因为刑事审判通常是高调进行的，被广泛报道带来极高关注度的同时也会带来巨额公共成本。如果刑事审判失败或得出"无罪"结论，这必然会增加市场参与者接收到的表明制裁机制可信度低的信号的分量。民事制裁制度可以在一定程度上避免前述两难之局面。在这些情况下，监管制裁可能是兼顾威慑与效率的次佳选择。

考虑监管者可能受知识局限和信息局限等因素的影响，以及管理人员少报问题的动机使然，那些处在责任主体位置上的人在知道或应当知道有可能发生损害情况下不作为（通常是指监督和报告的义务），那么他们就应当承担责任。因此可以想象的是，任何行之有效的制裁机制都需要规定这一义务。对于担任高级管理人员或领导职务的人而言，该种形式的问责制是指对其角色和雇佣范围内的行动、决定和政策负责，包括报告、解释并对由此产生的后果负责的义务（Weber 2009，155）。

无论如何强调此种形式的问责机制在减少轻率或不道德行为方面的重要性都不为过。过去，对吹哨人的强制保护等立法方案是为了应对其中的一些危险。然而，有令人信服的证据表明，对参与举报的企业内部雇员的保护是

175

非常薄弱的。㉚这些立法方案的明显缺陷（除了害怕报复和对未来职业发展不利的正常行为倾向外）在于，它们一般不强制要求雇员承担报告重大违规行为的积极义务，它们只是向自愿而非基于义务决定向有关部门报告公司内部违规行为的员工提供保护。为了保证问责制的有效性以及制裁制度的可信性，高级从业人员应当具备的是知悉其组织内部相关情况的动力，而不是在监管部门调查时辩解其对相关情况不知情。㉛此种机制在施瓦茨的推理中得到了支持，他关于重新分配公司责任的论点值得详尽引用：

> 公司决策的日益分散化使得个人责任难以被追究，这使得冒险的经理人几乎没有动力改变其行为。然而，过度冒险行为已经被认为是金融危机的主要原因之一。重新分配公司责任将使得对从事过度冒险行为的个人追究责任更为容易，这反过来又将有助于遏制过度冒险行为的发生……有人根据"监督失灵"的理论讨论了让公司高管为其下属行为负责的问题……根据这一理论，管理人员应对他们本能防止却未能防止的非法活动负责……其中一种方法可能是提出这样一种监管要求：具有系统重要性的公司专门指定一个或多个风险管理人，采取主动且以审查为导向的规程（protocol）以识别并阻止过度冒险行为（Schwarcz 2015，572—573）。

七、规制不道德行为：英国的做法

英国在应对各种形式的滥用行为方面长期处于世界先进水平，在对不法行为的个人处罚方面，英国无疑具有金融市场中最为规范的监管制度。立法机关

㉚　例如，尽管 2002 年《萨班斯-奥克斯利法案》为公司举报人提供了备受推崇的保护措施，但大多数研究表明，有关法律（如强制性反报复条款的规定）在实际实施过程中执行不力，对雇员救济不足（Moberly 2007，Earle and Madek 2007）。

㉛　正如英国议会银行业标准委员会（UK PCBS）所指出的（2013，17）："证据显示，银行业最令人失望的一个特点是，银行业内主管人员对其主管下的活动的广泛失败及其滥用职权行为的个人责任和问责制受到明显限制。而不知情往往被作为主要借口。这并非总是偶然的。那些本应发挥监督或领导作用的人受益于他们自己和个人不当行为之间的问责防火墙，并主张他们对一线情况了解甚少（在某种程度上可能是故意为之）。高级管理人员意识到，他们不会因为他们看不到的东西而受到惩罚，于是立即戴上了眼罩。"

起草这些法律的主要动机之一即在于，"个人责任的追究是实现有效监管的关键组成部分……更明晰的个人责任加上监管者执法力量的强化，势必能给公司高管们施加一套强有力的激励和威慑机制。这也应当可以改善公司治理，敦促个人行为得当，并为自己的行为承担更大的责任"（Bank of England 2014，8）。值得注意的是，纵使刑事制裁的警示力量意义重大，但其也仅构成该监管制度的一小部分。㉜

这些举措的核心是适用于某些（大型）金融机构的新的"高级管理人制度（Senior Managers' Regime）"（SMR）。该制度由2013年《金融服务（银行改革）法》〔Financial Services（Banking Reform）Act〕确立，适用于任何在相关公司发挥"高管功能（Senior Management Function）"（SMF）的人员，并要求这些公司采取合理谨慎措施，以确保没有雇员会在造成重大损害的行为中发挥作用，除非公司已证明该行为"合理且适当"。高级管理人制度的成员共同受制于一份载有规范行为和责任的详尽清单，且对规定的遵守不能打折扣。㉝

银行的高级管理人制度由以下人员组成：相关公司的董事会，规模较大和较复杂的公司的执行委员会；符合特定数量标准的关键业务领域的负责人；集团或母公司中对公司决策有重大影响的个人；以及在适当情况下，未被批准为高级管理人但最终负责公司内重要业务、控制或履行关键职能的个人。任何履 177

㉜ 最近有许多报道称，英国银行家认为其因个人或集体行为而受到制裁的威胁日益迫近。根据一位英国银行家的说法，"我们担心的是能否适当地控制活动……你会对你的活动领域下的一切委托负责……你会将你的所有资产置于风险之中"（Noonan and Binham 2015）。最近，《金融时报》的一个头条声称，英国银行家被高级管理人制度（SMR）下的潜在处罚"吓坏了"（Arnold and Binham 2016）。

㉝ 根据审慎监管局（Prudential Regulatory Authority，PRA）的规定，高级管理人员和公司的责任包括：1. 公司履行其在高级管理人制度下的义务，包括执行和监督；2. 公司履行其在认证规则下的义务；3. 公司管理责任框架下的合规义务；4. 对履行高管职能的所有人员以及公司管理机构所有成员进行入职培训和职业发展培训；5. 确保和监督内部审计的完整性和独立性；6. 确保和监督合规职能的完整性和独立性；7. 确保和监督风控职能的完整性和独立性；8. 确保和监督公司关于举报的政策及程序的完整性、独立性及有效性，并确保提出问题的员工不受歧视待遇；9. 对所有相关责任的合理分配；10. 引导关于业务经营和员工行为的企业文化和标准的形成与发展；11. 在公司的日常管理中融入公司有关业务经营及员工行为的企业文化和标准；12. 公司商业模式的发展和维护；13. 管理资本、资金及流动性的分配及维持；14. 公司财务管理的有效性；15. 按照监管要求完整地编制和披露公司财务信息；16. 公司的恢复计划和处置方案，并监督其内部治理程序；17. 监督公司的自有资金交易活动（如有）（见Norton Rose Fulbright 2014）。

行高级管理职能的申请必须附有"责任声明（Statement of Responsibilities）"，其目的是指定高级管理人将负责管理银行业务的具体领域。高级管理人制度的个别成员要对在指定的责任领域内发生的任何构成对监管规定的违反的公司行为承担个人责任。违规的高级管理人制度成员将承担多种形式的民事补救措施，包括罚款、责任限制和行业禁入。重要的是，该法规定了严格的报告义务，要求银行高级管理人制度的成员，特别是负责监管联系的部门，向监管机构报告违规行为或任何其他有理由被认为具有重大意义的事项。㉞最后，在金融机构倒闭的情况下，该法保留了监管机构指控或起诉高级管理人制度的成员所犯的"轻率不当行为（reckless misconduct）"的权力，如果有关高级管理人制度的成员认识到执行某决议可能会导致银行倒闭，则由于其作出该导致银行失败的决议或未能阻止该决议的作出，他们需要对此承担个人刑事责任，被认定犯有此罪的高级管理人制度成员最高可被判处长达七年的监禁。

英格兰银行的结论是，"通过加强个人问责机制……有可能使所有相关部门的行为出现向好转变，并减少不合规、不当行为以及过度冒险的发生"（Bank of England 2014，71）。归属于高级管理人制度成员的"监督报告义务"在一定程度上缓解了人们对内部沟通渠道可能受损的担忧：在缺乏报告重大违规行为的积极义务的情况下，高级管理人员由于控制着信息流，并且在信息方面较之监管者更有优势，可能会选择不报告重大违规行为，从而使破坏性或不道德的行为得以延续，或者模糊那些特定行为参与人的准确角色，以阻碍外部调查，从而降低被制裁的可能性（Velikonja 2011）。通过将这些行为的责任规定为

㉞　在该法实施期间，英格兰银行声明，"如果高级管理人员所负责的领域未能达到我们的要求，将追究其个人责任。我们新的问责制度将要求所有高级管理人员（包括非执行董事）遵守明确的行为标准，如果他们未能达到这一标准，我们将采取行动"（Bank of England 2015）。高管个人行为规则规定，"管理人员必须妥善披露金融行为监管局或审慎监管局合理预期获知的任何信息"，这当然地包括了重大违规行为。这意味着若出现以下情况，公司必须向监管机构报告：（1）如果他们怀疑或意识到某人违反了行为规则；（2）如果他们先前已将已知或怀疑的违反行为通知监管机构，但随后又作出了后续或不同的决定；（3）如果他们因雇员的行为违反行为规则而向其发出书面警告，或将其停职或解雇，或减少或收回其报酬。因此，这些规则在一定程度上模仿了适用于英国律师事务所的规则，即合规人员有义务在合理可行的情况下尽快直接向监管机构报告实质性合规失灵，并记录非实质性失灵以评估这种合规失灵是否有可能成为实质性失灵，因为"失灵可能是实质性的，无论是自己即是，抑或是作为失灵的一部分"。任何此类报告都可能触发监管干预，并最终导致对违规行为负有责任的实体和个人的制裁。

"严格责任"，即金融机构中的高级管理人员不能免于承担其未及时报告或疏于监督的责任，也就形成了防止在充分披露信息的道路上设置障碍的激励机制。将这一分析再往前推一步，履行这一职责的管理人员将受到正向激励，从而在严重违反道德或过度冒险的行为现出端倪时即采取措施以防止其实际发生。

这种报告机制的威慑力可能会消解妨碍"深思熟虑的决策（reflective informed decision-making）"的认知偏见和自利动机（Loughrey 2014），㉟包括那些导致人们按有利于自己或避免与主要监管者及客户发生冲突的方式陈述信息、无视或遗漏那些反映出问题的重要信息的自利偏差（self-serving bias）。此外，鉴于监管者普遍因与特定行为缺乏法律关联而未能对相关个人进行起诉，因此这种报告机制应当防止高级管理人员就在其监督下发生的活动推脱责任，即要提供强有力的激励措施以监控并减少下属的过度冒险行为。随着时间的推移，将这些程序制度化将有助于为金融市场参与者提供道德路标，从而避免那种危机前困扰众多金融机构的"组织性偏航（organizational drift）"问题（Mandis 2013）。此外，根据沙因的理论，相关组织"共同的假设和规范"可以（慢慢）被改变。

八、结　论

归根结底，金融机构自身必须是维持良好市场文化的重要一环：良好的文　179
化不能简单粗暴地由法律加以规定或由监管者强加。然而，当前许多金融活动仍然是由纳税人出资参与的，同时金融丑闻却没有消失的迹象，这种双重现实加剧了人们对当局不愿强化银行业监管的困惑；司法部门只能为监管执法行动的匮乏而感到悲哀，㊱而监管部门对解决这些问题的本质——职业伦理失范——仍然保持缄默。

㉟　洛克雷讨论了类似的监管机制，即法律合规人员也要承担类似的报告义务。具体而言，英国的法律合规人员（往往担任较高级职位）有一项单独的义务，即在合理的时间内尽快向相关监管机构报告公司、管理人员、雇员或持有利益的人（如股东）实质性违反任何监管要求的行为。

㊱　Raymond（2013）引用联邦法官 Rakoff 的话："政府未能将实施如此大规模的欺诈行为的责任人绳之以法，这说明我们的诉讼制度存在很大的缺陷，需要加以解决。"

　　与某些人的断言恰恰相反，文化和道德是可以被培养的，而由一个强势的监管机构积极主动地进行制裁，是达成这一目的的重要手段。笔者认为个人问责制的确立是这一进程的关键所在。从这个意义上说，这就要求个人有义务对可能造成损害的活动承担责任，并在实际造成损害的情况下对该种损害负责。如笔者前文所述，基于民事证明标准的民事制裁和监管制度在达成这一目标上大有可为。

　　因此，现在是时候结束关于"银行业的特殊性"以及对个人进行制裁不足以规范相关行为的讨论了。先验地将银行从业人员视为某种"异类"，使其不像在同等责任岗位上的专业人士一样受到预期标准的约束，这种观点往好了说是毫无助益，往坏了说是其心可诛。在过去十年中，金融市场上发生的相当数量的不道德行为，都是源于监管文化的过分宽松，未能对银行从业人员适用与其他行业高素质从业人员所应达到的同等标准。㊲此外，鉴于金融市场中过度冒险行为的特殊性质，即其可能产生系统性后果，可能需要对何种形式的行为构成不道德行为进行更为宽泛的解释。在没有欺诈的情况下，目前大多数个人层面的刑事制裁不可能充分顾及银行从业人员的过度冒险行为给市场或纳税人造成严重经济损失的情况。任何监管制度都必须将过度冒险行为视为一种有害于社会且不道德的做法并予以制裁。如此理解过度冒险行为，其所造成的损害或可得到充分处置与救济。

　　因此，需要对过度冒险行为采取强有力的监管方式。有迹象表明，英国以外的司法管辖区也已经认识到这一点：2015 年 9 月，在美国司法部部长发布的备忘录中明确指出监管机构和检察官未能有效落实金融市场中的个人责任，并要求对监管调查采取更具强制性的手段。㊳聚焦于高层管理人员的个人职责将有

180

　　㊲　例如，律师、医疗从业者和其他金融专业人士，他们各自也处在一个高素质高技能的市场环境中，他们的活动（即使加起来）也不太可能造成系统性的经济损害。

　　㊳　2015 年 9 月的"耶茨备忘录（Yates Memo）"包含了对涉嫌金融不当行为进行调查的检察人员的以下指示：1.为了有资格被认定具有配合态度，公司必须向司法部提供所有关于公司不当行为所涉个人的相关事实；2.刑事及民事的公司调查均应以个人为重点；3.处理公司调查的刑事及民事律师应保持彼此之间的相互沟通；4.除非特殊情况，任何公司决议都不能为任何个人提供刑事或民事责任的保护；5.在相关个人的案件尚无明确处理计划的情况下，公司案件不能结案；6.民事律师应始终如一地关注个人以及公司。

助于支持这些举措：直接改革违规行为的制裁措施（如在英国金融市场那样），辅之以风控人员的作用和责任（具有不可推卸的报告过度冒险行为或不道德行为的义务），这将有助于创设使银行从业人员更有可能遵守道德规范并避免过度冒险行为发生的市场环境。依据此种方式，当前金融市场文化中的基本假定，即"过度冒险行为不会导致个人责任"，极有可能被改写。㊴

参考文献

Acemoglu, D., and Matthew O. Jackson. 2015. "History, Expectations, and Leadership in the Evolution of Social Norms." Review of Economic Studies 82 (2), 423—456.

Admati, A. R., P. M. DeMarzo, M. F. Hellwig, and P. Pfleiderer. 2013. "The Leverage Ratchet Effect." Rock Center for Corporate Governance at Stanford University Working Paper No. 146.

Andrews, E. 2008. "Greenspan Concedes Error on Regulation." New York Times, October 23.

Argenton, C., and E. van Damme. 2014. "Optimal Deterrence of Illegal Behavior under Imperfect Corporate Governance." TILEC Discussion Paper No. 2014-053 http://ssrn.com/abstract=2540155 (accessed October 26, 2016).

Armour, J., and J. Gordon. 2014. "Systemic Harms and Shareholder Value." Journal of Legal Analysis 6(1), 35—85.

Arnold, M., and Binham, C. 2016. "Bankers 'Terrified' at New Regulations." Financial Times, London, March 8.

Avgouleas, E. 2005. The Mechanics and Regulation of Market Abuse: A Legal and Economic Analysis. Oxford: Oxford University Press.

Avgouleas, E., and J. Cullen. 2015. "Excessive Leverage and Bankers' Pay: Governance and Financial Stability Costs of a Symbiotic Relationship." Columbia Journal of European Law 21(1), 35—80.

Avgouleas, E., and J. Cullen. 2014. "Market Discipline and EU Corporate Governance Reform in the Banking Sector: Merits, Fallacies, and Cognitive Boundaries." Journal of Law & Society 41(1), 28—50.

Awrey, D., W. Blair, and D. Kershaw. 2013. "Between Law and Markets: Is There a

---

㊴ 笔者在此对托尼·哈维（Tony Harvey）和埃德-凯恩（Ed Kane）所提出的宝贵意见表示真诚感谢。

Role for Culture and Ethics in Financial Regulation?" Delaware Journal of Corporate Law 38(1), 191—245.

Bank of England. 2014. "Strengthening Accountability in Banking: A New Regulatory Framework for Individuals." PRA Consultation Paper CP14/14.

Bank of England. 2015. "News Release: Prudential Regulation Authority Sets Out How It Will Hold Senior Managers Accountable for Failure to Meet Its Requirements." February 23.

Becker, G. 1976. The Economic Approach to Human Behavior. Chicago: University of Chicago Press.

Berg, P.F.S. 2003. "Unfit To Serve: Permanently Barring People from Serving as Officers and Directors of Publicly Traded Companies After the Sarbanes-Oxley Act." Vanderbilt Law Review 56, 1871—1906.

Black, J., and D. Kershaw. 2013. "Criminalising Bank Managers." LSE Law and Financial Markets Project Briefing 1/13.

Blair, W. 2016. "Between Law and Markets: Is There a Space for Ethics in Financial Regulation?" In Reconceptualising Global Finance and its Regulation, edited by D. Arner, E. Avgouleas, and R. Buckley. Cambridge: Cambridge University Press, 442—454.

Buell, S.W. 2007. "Reforming Punishment of Financial Reporting Fraud." Cardozo Law Review 28(4), 1611—1652.

Campbell, D., and Loughrey, J. 2013. "The Regulation of Self-interest in Financial Markets." In Integrity, Risk and Accountability in Capital Markets: Regulating Culture, edited by J. O'Brien and G. Gilligan. Oxford: Hart, 65—90.

Chason, E.D. 2013. "The Uneasy Case for Deferring Banker Pay." Louisiana Law Review 73(4), 923—977.

Coase, R. 1960. "The Problem of Social Cost." Journal of Law and Economics 3, 1—44.

Coffee, J.C. 1991. "Does 'Unlawful' Mean 'Criminal'?: Reflections on the Disappearing Tort/Crime Distinction in American Law." Boston University Law Review 71, 201—252.

Coffee, J.C. 1992. "Paradigms Lost: The Blurring of the Criminal and Civil Law Models—And What Can Be Done About It." Yale Law Journal 101 (8), 1875—1893.

Cohn, A., E. Fehr, and M.A. Marechal. 2014. "Business Culture and Dishonesty in the Banking Industry." Nature 516, 86—89.

Connor, G., and B. O'Kelly. 2012. "A Coasean Approach to Bank Resolution Policy in the Eurozone." LSE Financial Markets Group Special Paper 214.

Cullen, J. 2014. Executive Compensation in Imperfect Financial Markets. Cheltenham：Elgar.

Cullen, J. 2016. "Culture as Cash：From Bonus to Malus." In Controlling Capital：Public and Private Regulation of Financial Markets, edited by N. Dorn. Oxford：Routledge, 97—125.

Dudley, W.C. 2014. "Enhancing Financial Stability by Improving Culture in the Financial Services Industry." Remarks at the Workshop on Reforming Culture and Behavior in the Financial Services Industry, Federal Reserve Bank of New York, New York City, October 20.

Dykstra, C.A. 1939. "The Quest for Responsibility." American Political Science Review 33(1), 1—25.

Earle, B.H., and G.A. Madek. 2007. "The Mirage of Whistleblower Protection Under Sarbanes-Oxley：A Proposal for Change." American Business Law Journal 44(1), 1—54.

Erhard, W., and M. Jensen. 2015. "Putting Integrity Into Finance：A Purely Positive Approach." Harvard NOM Unit Research Paper No.12-074.

Fabra, N., and M. Motta. 2013. "Antitrust Fines in Times of Crisis." CEPR Discussion Paper No. DP9290. http://ssrn.com/abstract＝2210260 (accessed October 26, 2016).

Ferguson, B. 2013. "Sanctions, Incentives and Better Behaved Banks." In Integrity, Risk and Accountability in Capital Markets：Regulating Culture, edited by J. O'Brien and G. Gilligan. Oxford：Hart, 66—85.

Friedman, M. 1970. "The Social Responsibility of Business is to Increase its Profits." The New York Times Magazine, New York, September 13.

Gapper, J. 2014. "There Is No Such Thing as the Banking Profession." Financial Times, London, February 12.

Gerding, E.F. 2014. Law, Bubbles and Financial Regulation. Oxford：Routledge.

Haldane, A.G. 2010. "The ＄100 Billion Question." Speech given at the Institute of Regulation & Risk, Hong Kong, March 30.

Hall, J. 1961. "Legal Sanctions；Note." Natural Law Forum. Paper 63, 119—126.

Hermalin, B. E. 2005. "Trends in Corporate Governance." Journal of Finance 60(5), 2351—2384.

Ho, K. 2009. Liquidated. Durham, NC：Duke University Press.

Hoenig, T.M. 2016. "FDIC Board Meeting Statement Regarding 2015 Title I Plans Submitted by the Eight Domestic GSIBs." April 13. https://www.fdic.gov/news/news/speeches/spapr1316a.html (accessed October 26, 2016).

Holder, E. 2014. "Remarks on Financial Fraud Prosecutions." New York University School of Law, September 17.

Holmstrom, B., and Kaplan, S.N. 2001. "Corporate Governance and Merger Activity in the U.S.: Making Sense of the 1980s and 1990s." Journal of Economic Perspectives 15, 121—144.

Hosmer, L.T. 1995. "Trust: The Connecting Link between Organizational Theory and Philosophical Ethics." Academy of Management Review 20(2), 379—403.

Jackall, R. 1988. Moral Mazes: The World of Corporate Managers. New York: Oxford University Press.

Jensen, M. C., and Meckling, W. H. 1976. "Theory of the Firm: Managerial Behavior, Agency Costs, and Ownership Structure." Journal of Financial Economics 3, 305—360.

Kane, E.J. 1994. "Ethical Conflicts in Managing the S & L Insurance Mess." In Social Economics: Premises, Findings and Policies, edited by Edward J. O'Boyle. Oxford: Routledge, 125—144.

Kane, E.J. 2016a. "A Theory of How and Why Central-Bank Culture Supports Predatory Risk-Taking at Megabanks." Atlantic Economic Journal 44(1), 51—71.

Kane, E.J. 2016b. "Ethics Versus Ethos in US and UK Megabanking." unpublished manuscript.

Kay, J. 2015. Other People's Money: Masters of the Universe or Servants of the People? London: Profile Books.

Labaton Sucharow. 2015. "The Street, the Bull and the Crisis: A Survey of the US and UK Financial Services Industry." www.secwhistlebloweradvocate.com/LiteratureRetrieve.aspx? ID = 224757.

London School of Economics CCP Research Foundation. 2014. "Conduct Cost Results 2014." http://conductcosts. ccpresearchfoundation. com/conduct-costs-results (accessed October 26, 2016).

Loughrey, J. 2014. "Accountability and the Regulation of the Large Law Firm Lawyer."Modern Law Review 77(5), 732—762.

McLannahan, B. 2016. "Charge Senior Bank Bosses, Says Former Commissioner." Financial Times London, February 9.

Mandis, S. 2013. What Happened to Goldman Sachs? Cambridge, MA: Harvard Business Review Press.

Mill, J.S. 1859. On Liberty. Oxford: Oxford University Press.

Moberly, R. 2007. "Unfulfilled Expectations: An Empirical Analysis of Why Sarbanes-Oxley Whistleblowers Rarely Win." William & Mary Law Review 49, 65—155.

Noonan, L., and Binham, C. 2015. "Bankers Seek Ways Round Bonus Clawbacks." Financial Times, London, June 26.

Norton Rose Fulbright. 2014. "The New Accountability Regime: Key Things You Should Know." December. http://www. nortonrosefulbright. com/knowledge/

publica tions/123899/the-new-accountability-regime (accessed October 26, 2016).

O'Toole, J., and W. Bennis. 2009. "A Culture of Candor." Harvard Business Review June, 1—8.

Polinsky, M.A., and S. Shavell. 2000. "The Economic Theory of Public Enforcement of Law." Journal of Economic Literature 38, 45—76.

Posner, R.A. 1980. "Retribution and Related Concepts of Punishment." Journal of Legal Studies 9(1), 71—92.

Posner, R.A. 1985. "An Economic Theory of the Criminal Law." Columbia Law Review 85(6), 1193—1231.

Raymond, N. 2013. "Judge Criticizes Lack of Prosecution against Wall Street Executives for Fraud." Reuters, November 12.

Roberts, J., and R. Scapens. 1985. "Accounting Systems and Systems of Accountability—Understanding Accounting Practices in their Organisational Contexts." Accounting, Organizations and Society 10(4), 443—456.

Roe, M. J. 2014. "Structural Corporate Degradation Due To Too-Big-To-Fail Finance." University of Pennsylvania Law Review 162, 1419—1464.

Rusch, H. 2015. "Do Bankers Have Deviant Moral Attitudes? Negative Results from a Tentative Survey." Rationality, Markets and Morals 6, 6—20.

Salz Review. 2013. An Independent Review of Barclays' Business Practices.

Sandel, M. 2010. Justice: What's the Right Thing to Do? London: Penguin.

Schein, E. 2010. Organizational Culture and Leadership, 4th edn. San Francisco: John Wiley & Sons.

Schwarcz, S.L. 2010. "Keynote Address: The Role of Lawyers in the Global Financial Crisis." Australian Journal of Corporate Law 24, 214—226.

Schwarcz, S.L. 2015. "Excessive Corporate Risk-Taking and the Decline of Personal Blame." Emory Law Journal 65, 533—579.

Schwarcz, S.L. 2016. "Misalignment: Corporate Risk-Taking and Public Duty." Unpublished manuscript.

Shavell, S. 2002. "Law versus Morality as Regulators of Conduct." American Law and Economics Review 4(2), 227—257.

Sinclair, A. 1995. "The Chameleon of Accountability: Forms and Discourses." Accounting, Organizations and Society 20(2), 219—237.

Singer, P. 2003. A Companion to Ethics. New York: John Wiley & Sons.

Sison, A.J.G. 2008. Corporate Governance and Ethics: An Aristotelian Perspective. Cheltenham: Elgar.

Taleb, N.N., and Sandis, C. 2014. "The Skin in the Game Heuristic for Protection Against Tail Events." Review of Behavioral Economics 1, 115—135.

UK Parliamentary Commission on Banking Standards (UK PCBS). 2013. Changing

Banking for Good, Volume I: Summary, and Conclusions and Recommendations. HL Paper 27-I; HC 175-I.

US Financial Crisis Inquiry Commission. 2011. The Financial Crisis Inquiry Report: Final Report of the National Commission on the Causes of the Financial and Economic Crisis in the United States. Submitted Pursuant to Public Law 111—21, January.

van der Weele, J. 2012. "The Signaling Power of Sanctions in Social Dilemmas." Journal of Law, Economics and Organizations 28(1), 103—126.

Van Hoorn, A. 2015. "The Global Financial Crisis and the Values of Professionals in Finance: An Empirical Analysis." Journal of Business Ethics 130, 253—269.

Velikonja, U. 2011. "Leverage, Sanctions, and Deterrence of Accounting Fraud." UC Davis Law Review 44, 1281—1345.

Walker, D. 2009. A Review of Corporate Governance in UK Banks and Other Financial Industry Entities: Final Recommendations. HM Treasury, 26 November.

Weber, R.H. 2009. "Accountability in Internet Governance." International Journal of Communications Law and Policy 13, 152—167.

Wexler, S. 2010. "Financial Edgework and the Persistence of Rogue Traders." Business and Society Review 115(1), 1—25.

Wheeler, S. 2016. "Reconstruction of Ethical Conduct in Financial Firms." In Controlling Capital: Public and Private Regulation of Financial Markets, edited by N. Dorn. Oxford: Routledge, 77—96.

Yates, S.Q. 2015. "Individual Accountability for Corporate Wrongdoing." US Department of Justice Office of the Deputy Attorney Memorandum, Washington DC, September 9.

第八章

货币的法律等级

凯瑟琳娜·皮斯托

一、导 论

按照最广义的理解，"货币"一词意指被广泛接受的支付手段。它通常与 185 国家发行的货币有关。与梅林（Mehrling 2012）和其他学者一样，笔者这里的货币概念既包括国家货币，也包括私人货币，其中私人货币包括对未来给付（future payments）的私人追索，可作为自身权利的支付手段。经典的例子包括汇票，也包括商业票据和证券化资产。不同类型的国家货币和私人货币构成了一个相互依存的等级体系。国家货币始终处于该体系的顶端，因为它总是可以按面值进行交易。所有其他货币均由私营实体发行。与国家不同，私营实体无法控制自身的生存约束（survival constraint），因而它们所发行的货币不如国家货币安全。因此与国家货币相比，私人货币处于货币等级体系的边缘（periphery）。

本章讨论金融市场结构如何影响金融系统边缘的参与者和实体。笔者认为，货币等级制度在很大程度上是法律的产物。法律提高了承诺的可预测性和可信度，从而有助于金融市场的扩张，因为那些能够将风险转移给他人的人愿意承担更多的风险。同样，当太多的参与者依赖的可信的承诺因其所依据的假设出现错误而不能再得到维持时，法律可能会导致金融系统的自我毁灭，只有暂缓严厉的法律执行才能挽救它，笔者在其他地方称之为"法律—金融悖论（law-finance paradox）"（Pistor 2013）。在这层意义上，不考虑环境变化而仅寄托于债权的可执行性而扩张的金融系统将会进入倒退。为了履行他们的法律承诺，

186　债务人将不得不动用其现金储备，当储备不足时，则不得不出售其资产。采用该手段的债务人越多，资产价格便下跌得越多，螺旋式下降的速度愈快，整个系统将愈发接近深渊。

要摆脱这种下行态势，就必须暂缓严厉的法律措施以及/或者国家或中央银行的流动性支持。那些与金融系统生存攸关的实体会得到优先考虑。这意味着救助对象将集中于更接近系统顶端的实体。而那些处于边缘的实体将受到法律的严惩，许多实体将被迫清算。

金融系统处在上行趋势时，边缘实体将从中受益。法律承诺越坚定，它们就会越可信（至少在事前越可信），因而也就会获得更多的资金——但若出现下行时也会面临更严苛的执行。重要的是，金融扩张的浪潮并非自然现象，而是法律规定的金融系统特定结构的产物。因此，我们需要更仔细地审视法律承诺是于何处构建、如何构建，以及在出现问题时谁有权暂缓法律的完全实施。

在本书中，其他作者致力于探讨更全面的正义概念。这有助于界定本章中正义探究的范围。等级制度，包括人类构建的法律主张等级制度，与正义并不矛盾。毕竟，它是大多数（若非全部）社会秩序体系的重要组成部分。在发生冲突时，有些人享有比他人更强的权利，那些权利较弱的一方则必须让步。例如，若某人对某物享有财产权，那么其他人就无权使用该物，除非前者赋予后者这种权利。假设后者向前者承租房屋，那她现在甚至可以不让业主进入该房屋。然而，若她并未支付房租，业主则可以驱逐她。

按照本章的理解，当决定等级制度的规则存在偏差，或者当规则的制定或内容受到操纵，使一些人相较于他人有系统上的优势时，便会出现公平问题。当弱势群体几乎没有或根本没有办法改变自己的地位或规则的内容时，情况就会变得更糟。此外，等级制度不仅决定了谁说了算，也决定了在出问题时谁买单。在那些控制着游戏规则和那些承担着不可避免的代价的人之间，存在着一种结构性的不匹配，一个允许甚至是促进这种结构性不匹配的制度会助长不公平。

这里的进一步主张是，设定我们货币体系的规则偏向于那些处于等级制度顶端的主体。处于顶端的主体地位越来越稳固，从而使那些处于边缘的主体几乎没有机会改变规则或逃避系统成本。这一主张对国内金融系统以及全球金融系统皆可适用。

下文阐述了金融市场中导致不同的参与者在出现危机时获得安全且高流动 187
性的资产的机会存在差异的法律等级是如何形成的。笔者将引入一些常用于区
分使用权的法律工具：如前例中的财产权；允许有担保债权人对资产强制执行
的担保权；将债权池与单个债权人债权分开的信托法和公司法。此外，法律保
护也被用于区分支付主张与合同产生的其他权利和义务，这使得支付主张就像
货币一样完全可以互换。这些制度共同构建了一个系统，该系统在合法地构造
其所围绕的实体（货币）的方式上存在着不公正的偏见。

二、货币的法律性质与等级关系

经济和金融活动可以采取不同的形式。市场和等级制度常常被描述为一个
连续体（continuum）的两极，这两极之间相互联动（Powell 1990）。市场是个
人和实体相遇并交换商品、服务以及货币的地方。参与商品和服务的交换可被
视为一种自由的表达（expression of freedom）（Sen 1999）。

或许，一个所有经济交易都以互换的形式组织起来的世界会更加自由和扁
平。然而，这不是我们生活的世界。经济体系不仅包括横向的交换关系，还包
括体现等级制度的组织，如企业。科斯（Coase 1937）提出了一个著名的问题，
即为什么企业会存在。他在其所提出的"企业理论"中给出的答案是：在一定
条件下，等级制度可以产生优于市场的结果。在科斯看来，市场和企业之间的
区别在于，在某些条件下，权威和协作比多种横向交易更有效。大部分制度成
本和交易成本的经济学内容都是围绕着以下论点展开的，即企业是市场的替代
品，其存在的原因可以从交易成本和信息成本中找到。

这种想法假定只有企业才可以体现等级制度，而市场却是横向的，或者说
是扁平的。实际上，一般的市场是有其等级结构的，特别是以信贷为基础的金
融市场。它们通常不是以集中的方式组织而成，相反，它们的等级是由不同市
场参与者所面临的生存约束的相对弹性决定的。那些生存约束最严格、在压力
大的时候没有地方可以获得额外信贷额度的实体处于这个等级结构的最底层，
而那些可以保证额外信贷额度的实体则更接近顶端。顶端则被可以控制其自身

生存约束的实体所占据。

188　　　　一些经济学家打破了市场扁平化的思维范式。梅林（2012）认为，货币体系存在"天生的等级化"。在一个由许多行为者发行各种私人和公共形式货币的系统中，关键问题总是涉及一种货币能够兑换另一种货币的价格。这是金融的核心问题。金融的等级制度不是一个基本价值观的问题，而是一个植根于法律和权力的结构的问题：不同货币和货币发行实体的法律性质；获得最后贷款人支持的法律条件；以及最后贷款人填补空缺并提供流动性支持的意愿，即使是在没有法律承诺的情况下。

　　举例来说，个人和家庭将现金存入他们的银行账户。这样他们就放弃了对这笔钱的所有权。这笔钱现在属于银行，存款人对银行享有一个无担保的请求权。他们有将账面货币兑换成现金或国家货币的法律权利，但不能保证他们永远能够执行本协议。他们之所以能睡得安稳，只是因为他们的存款通常由政府运营的保险体系担保。这种保险使他们更接近系统的顶端，但前提是他们的存款低于保险上限，且保险人（如政府）拥有足够的资源来支付其债务。如果保险人本身的资金有限，那么当这些资金用尽时，这个系统就会崩溃。因此，纯粹的私人保险计划和有上限的保险计划永远只是权宜之计。只要保险需求不超过规定的供给，它们就能发挥作用。当需求超过供给时（即使可以但也很难预测），保险就变得毫无价值，银行、资产或整个市场就会出现挤兑。

　　回过头来看银行账户里的钱：银行转而拿着现在"属于它"的钱，购买其他实体发行的股票、债券、票据或资产支持证券。这些资产将产生不同的回报。但是，银行不能（或者说不应该）单独实现收益最大化。银行还需要确保能够满足债权人的现金需求。这意味着它需要持有足够的现金，或确保能够迅速变现投资并将其转化为现金以满足这些需求。因此，银行发现自己的处境岌岌可危：股东要求高额回报，但储户更喜欢流动性资产，最好是现金，因为现金即使不能产生高额回报，也能迅速流通。为了弥合这些矛盾的需求，受监管的银行必须在中央银行维持储备金。它们还可以利用中央银行的特别贷款工具（贴现窗口或紧急贷款），以弥补过程中可能出现的不可避免的流动性紧缩。最后，银行还要支付保险费，以便政府为储户提供最高限额的保险。

189　　　　当流动性紧缩转变为金融危机时——也就是说，当一定比例的银行超过某个临界点，面临着无法满足存款人或其他债权人需求的问题时，就会出现"避险（a flight into safety）"局面：所有市场参与者都试图买入安全的资产，并出售安全性较低的资产。这时，货币的等级制度就出现了。无担保债权人会寻求提供担保的资产；资产支持证券持有人会设法将其转化为价值更可靠的资产，最终所有人都会尽量持有国家发行的货币，或者说现金。然而，并不是每个人在其需要现金时，都具有合法的、可强制执行的要求获得现金的主张。无法获得所需现金的实体将被迫退出市场；可获得者将得以生存。

让一个受规则约束的系统按照自己的轨道运行，会让其在无意识间走向自我毁灭。为了避免这种结果，公共当局，例如中央银行，通常不得不提供比负债更多的流动性，至少对一些市场参与者这样做。在紧急贷款规则下，它们可能被允许这样做。但如果它们认为需要"不惜一切代价"〔美联储主席伯南克（Bernanke）的名言〕来拯救金融系统免于自我毁灭，它们可能会超越这种法律限制。无论哪种情况，现在都由这些当局来决定谁能存活。它们并不完全是上帝，但它们拥有巨大的权力。更重要的是，行使这种权力的需要源于资产和实体的法律性质的作用，因为这些法律性质决定了它们之间的等级关系。

三、作为经济政治权力功能的货币等级

正如梅林所言，等级制度可能是金融所固有的，但它所采取的形式是在法律中构建的，它是金融系统"游戏规则"的一部分（North 1990）。它们既非神造，也非天生，而系人为。规则制定的方式、地点和主体，塑造了相对悬殊的等级制度，也决定了谁将处于边缘，谁将更接近顶端。从公平的角度来看，重要的是确定谁决策，谁受到决策影响，以及决策者最终对谁负责。

现货市场通常被描述为理想的市场。买卖双方见面并交换商品或服务，通常是为了获得作为交换手段的货币。然而通常情况下，债务人手头没有卖方所要求的资金。然后买方需要判断卖方是否接受其他支付方式，以及以何种价格或"折扣"接受。同样，接受"我欠你的（I owe you）"（借据）代替现金的卖方也必须询问买方是否能以此借据来支付自己的账单，以及以什么样的折扣。如果卖方拒绝接受除现金以外的任何东西，买方的运气就不太好了。如果无法

190

获得卖方愿意接受的货币形式，他将无法进行交易。

这是显而易见的，并且我们已经对勉强维持生计的资源分配不均进行了详细的讨论。单靠这一点，还不足以谴责市场是不公平的，尤其是在可以通过社会保险计划或最低收入等其他制度来对市场进行补充的情况下。然而，当一些人比另一些人可以从系统层面更好地获得最需要的货币，而不必为此付出代价时，它就变成了一个公平问题。显然，并不是每个人都能接受买家提供的任何货币，因为这可能威胁到他们自己的生存。然而，有些人可能总是能为他们自己发行的货币找到现成的接受者，这也更有利于他们接受其他货币。为什么会这样呢？由于经济或政治权力，或由于我们将在第四部分提到的法律保护，他们会受到高度的重视。

经济或政治权力表明发行者将来能够通过其控制的庞大资源或在必要时从他人身上榨取资源的能力来赎回债务。一些私营实体，例如大型金融公司，可以比小国掌握更多的资源。作为债务人，它们的可信度来自这些资源，但当资源减少时，它们的可信度也会随之下降。因为私营实体终究是在一种限制性的生存约束下运作的。如果它们无法再平衡债务并破产，它们将被迫退出市场。然而，一些实体可以通过将责任强加给其他实体，有时甚至通过武力来调动额外的资源的方式来解决问题。民族国家就是最好的例子。它们可以利用军事力量进行对外征服，也可以利用地方治安力量进行征税以增加收入（Levi 1988）。私营实体只能间接地将责任强加给他人：通过威胁要破坏系统，它们可以迫使国家伸出援手。

四、金融等级的法律因素

钟表学是制造机械表的艺术，机械表可以精确地显示时间——不仅可以显示小时和分钟，而且可精确至秒。将"复杂功能"（计时器、日历或闹钟）添加到这些机械奇迹中，可以将纯粹的钟表技术转化为工艺，甚至是艺术。同样，买卖双方交换借据的简单过程链条中也可以加入更为复杂的因素，以稳定该链条或巩固处于顶端者的地位。

191　　在一个简单的支付链中，每个借据或"票据"的接受者都可以向原始债务人以及交易对手进行追索，但不包括交易链中的其他人。他必须承担这样的风险，即在付款日，原发行人或其订约方可能会依据引起付款义务的合同而提出异议；货物可能没有交付；货物可能有缺陷；或者其他人可能对货物提出权利主张。

这就造成了支付链的不稳定。在过去，解决这一问题的办法是使借据或票据在法律上可以对支付链中的成员强制执行，并且不被反诉。这些法律保护措施将简单的票据变成了汇票——法律术语中的"可转让票据（negotiable instrument）"，他们出具和背书的纸片变成了见票即付的命令。这种法律处理增强了票据的流动性，使其几乎与国家货币处于同等地位。汇票成为一种私人支付系统，维持了整个欧洲及其他地区的远距离贸易（Rogers 1995）。

重要的是，这些变化需要的不仅仅是买方和卖方之间简单的合同协议。"我将不仅向你们付款，而且将向任何票据持有人付款，且不会依据合同提出任何异议"的协议必须可以由持有人对前持有人（或背书人）强制执行，而不论其身在何处。由于地点通常意味着不同的法律和法院，因此需要相关贸易中心的法律当局的支持——而且确实是这样。17世纪下半叶，欧洲的城市相继颁布了关于汇票的法规，以确保其可执行性。在许多城市中，商人控制着市议会，他们会确保自己偏好的商业习惯在纳入正式法律时得到尊重。商法是由商人为其自身制定并得到公共当局支持的法律。其他社会成员受益于远距离贸易和金融的兴起。然而，这并不能转移事实，即并非每个人都获得了可以对除直接订约方以外的其他人强制执行的合同权利。

商人之间原本个人化的信用关系被加入法律因素，使之从互惠关系转变为彼此独立的投资，在美国，即表现为商人最终转变为消费者。消费者变成了票据的发行者。这意味着后来购买这些票据的投资者可以要求他们付款，尽管他们可以向贷款发放者（loan originator）主张有效权利。可转让性的根本目的是使票据免受合同请求权的影响。它使票据更类似于货币，同时使债务人面临即使依照合同有权不支付，最终也不得不支付的风险（Manne 1996）。贷款发放者反过来又可以将票据卖给投资者。法律执行保障越强，投资者就越愿意购买；他们的需求越大，放贷中介的供应就越多。直到20世纪20年代金融衰退期间消费者大量违约，这个体系才归于崩溃。

192

当抵押贷款证券化风靡时，扩大消费信贷并同时最大限度地降低发放或持有信贷的中介机构的风险的故事在更大范围内重演。证券化是一种法律技术，通过这种技术，支付请求（贷款、应收账款等）被汇集到一个"特殊目的公司（special purpose vehicle，SPV）"，这种载体会采取信托或公司实体的形式。由此，支付请求与贷款发放者实现了分离，信托或公司可以向投资者发行凭证，投资者将获得满足贷款所需的全部收回款项的相应份额。

自 20 世纪 70 年代以来，在政府出资实体房利美、吉利美（Ginnie Mae）和房地美的推动下，大规模的资产证券化市场在美国发展起来。他们购买私人中介机构发放的抵押贷款，将其投入特殊目的公司，并将特殊目的公司的股份出售给投资者（Hyman 2011）。当私人中介机构意识到，证券化是一种设计金融资产的巧妙手段，这种金融资产即使不是国家的货币，也有着主权债务的外观和评级机构①的 AAA 等级认证，且回报率更高，其就具备了迅速扩张的条件。效仿政府出资实体的做法，这些新的私人资金提供者利用表外结构汇集资产，合法地将它们与其他活动及自身的违约风险分离开来，并且规避了监管。事实上，监管机构之所以对这些组织给予特权，是因为表外结构中的资产被排除在信用违约风险考量之外。资产支持和其他信用增强手段被用来诱使投资者相信这些资产像无风险资产一样安全，但回报率更高。

为了使这一系统发挥作用，私人创造的资产必须在任何时候都能兑换成现金。事实上，对未来支付的要求是以美元为单位的。换言之，证券化实践依赖于"免费流动性"（Mehrling 2000）。然而，流动性并不是一种免费的商品（同上），而且往往在大家都需要它时变得稀缺。当所有的人都试图在同一时间将债权转化为现金时，货币的等级制度便会更加凸显，依赖免费流动性的投资者一定会崩溃。原因是，在一个私人行为者可以自由发行自己货币的世界里，私人货币将远超于国家货币。

法律带来的第二大复杂因素是对系统顶端的强化。这一点比较容易实现，因为在使用可转让票据时，已经有了一个顶点。新兴民族国家的统治者不仅对控制人民和领土感兴趣，他们还对铸造他们授权货币的铸币厂建立控制。这并

---

① 另见本书第十一章德布鲁因的论述。

不奇怪。正如查尔斯·蒂利（Charles Tilly 1985）所说，新兴国家的统治者和暴徒一样，有三大任务：他们必须打击外部敌人、打击内部敌人以及取悦朋友。这三种任务都需要资源，并且理想情况是，统治者可以灵活支配这些资源。这种支配通过规定一种可以用来结算税款和其他征敛的排他性货币来完成：国家铸币厂发行的硬币，例如英镑（Desan 2015）。作为最终结算手段，这种形式的货币也是其他国际债券的基准货币。

在系统的顶端控制货币，将统治者推上了支配他人的地位。他可以拒绝所有其他付款方式并扣押违约债务人的资产。但他也可以扩大信贷额度或接受其他付款方式，以解决税收和其他债务问题。国家货币不仅是一种结算手段，它也成为对他人实行差别化对待的工具。诚然，货币是一把"双刃剑"。它的效力取决于可信度，而非粗暴的武力。采取或许会破坏货币可信度的措施，可能会让一个皇帝没有"新衣"可穿。

用较低含量的白银或黄金重新铸造货币是使用印刷机之前铸造货币的方式，并且具有类似的效果：通货膨胀，其运作方式是对所有金钱债权持有人征税，在最坏的情况下，会剥夺他们债权的全部价值。在这种情况下债务人会获利，但在极端的情况下，即当货币失去所有价值时，他们也会损失惨重。因此，统治者必须找到一种方法，小心翼翼地平衡货币的可信度和他们扩大资源的需要。增加税收并非万金油之法，且一旦主要纳税阶层在这个问题上获得发言权，其会变得更加困难。债务融资显然是另一种选择，但即使是主权国家也必须偿还债务，至少在原则上是如此。

假设政府有两个收入来源：税收和债务。两者都要用银币或金币来支付，但金币或银币是有限的，且在全国范围内分布不均。再假设私人金融家有两个资金来源：从客户那里取得的存款和以票据形式发行的债务。金匠作为早期的银行家，可以接受任何东西作为支付手段，只要他们有理由确信能够将其转化为偿还自己债务所需的货币，他们便会这样做。如果君主能吸引金匠购买国债，并且允许金匠用国债纳税，那么就可以在货币不贬值的情况下扩大货币基数（monetary base）——这对君主和金匠都有好处，对其他人也有好处，因为获得信贷变得更加容易了。为了使这一计划行之有效，君主必须通过使其以"木质信牌（wooden tallies）"形式发行的债务可以自由转让来增强其吸引力。此外，税收征管者还需要确信他们可以用信牌而不只是钱币来结清税款。

194　　　这就是17世纪以来英格兰出现的公私货币相互依存的体系（Quinn 1994）。然而，它必须克服一个限制性的法律约束：财政部的出纳员接到指示，所有税款结算只接受硬币。然而，政府的簿记员、财政部及其审计员却将"信牌"的付款记录记为硬币付款——这一"错误"直到很久以后才被发现。最后，还需要一个得到主要征税人信任的金融中介。他将发行票据，用所得收入收购政府信牌。金匠票据的持有者用这些票据纳税，征税人将票据转为政府信牌，用于抵扣未付的税款。

　　从好的方面看，所有参与者都从该方案中受益。然而，当英国政府拖欠债务时，该方案也无法幸免于难，最终走向崩溃。这时，征税人就会恢复到"只收硬币"的政策，凡是无力缴纳的都是违约。最先倒下的是没有硬币储备的底层纳税人。雪上加霜的是，由于政府违约，金匠发行的票据也会贬值，使留在手上的私人货币一文不值。上层的人民拥有更多的财富，因此有更强的缓冲能力来应对这一打击。更重要的是，他们必然会最先从游戏规则的放宽中获益。因为如果他们倒下了，政府就会有更大的麻烦。因此，在1672年"财政止付令"颁布之际——严格来说这是君主对其债务的违约——君主建议其簿记员接受某些金匠发行的私人债务来结算税收（Quinn 1994，26）。

　　从这里开始，只需一小步就可以创建一个不使用硬币作为支付手段的支付系统，而使用以黄金为支撑的纸币。英国在19世纪初将其货币与黄金挂钩，并将发行纸币的垄断权交给英格兰银行，一个在1694年成立的私人银行（Knafo 2006）。曾经与英格兰银行竞争发行私人货币的所有其他金融中介机构都被推开成为吸收存款的"商业银行"。公司形式是诱使它们这样做的诱饵，它允许银行所有者承担有限责任，并保护银行的资产不受股东债权人的影响。重要的是，纸币成了新的货币，可用于结算税款，支付债务。

　　卡尔·马克思（Karl Marx）（1867，chap.31）清楚地认识到一个巧妙的制度诞生了：

　　　　英格兰银行开始营业的第一笔生意是以8%的利率贷款给政府；同时，
195　　　议会授权英格兰银行用同一资本铸造货币，以银行券的形式再贷给公众。

英格兰银行可以用这些银行券来办理期票贴现、发放货物抵押贷款和购买贵金属。不久之后，这种由银行自己制造的信用货币就成为英格兰银行向国家提供贷款的钱币，并代国家支付公债利息。它一只手拿出去，另一只手拿更多回来，这还不够；当它拿进来时，它仍然是国民的永久债权人，直到最后一先令付清为止。渐渐地，它成为国家贵金属的必然贮藏所和一切商业信用的重心。

英格兰银行和政府之间的关系是法律规定的。把发行官方票据的垄断权交给这个机构，目的是为了加强金融稳定性。同样，这也使国家与银行之间的密切关系制度化。国家为银行融资，银行为国家融资，这种做法经常被谴责为偏离了金融应有的运作方式。独立的中央银行和独立的监管是为了切断国家与银行、国家货币与私人货币之间的关系，建立一个依靠货币自由交换的真正的私人金融系统。然而，我们复杂的私人和国家货币体系似乎是在罪恶中诞生的——没有它就不会有现在的体系。我们可以对它进行调整，给私人实体更多回旋的余地（冒着不得不事后救助的风险），或者扩大国家货币的范围，从而削弱私人实体对央行资产负债表施加影响的能力。但如果没有国家货币，私人货币体系便十分不稳定，无法扩大到全国性的规模，更不用说达到全球性的程度。如果没有私人货币，金融中介就会从一个创造货币、扩大信贷的企业，缩减为一个简单的支付系统。

五、法律造就的财富孵化器

前面我们已经确认，经济和政治力量可以提高债务人的可信度。在法律手段的帮助下，也可以取得类似的结果，这些法律手段可以使资产免受债权争议的影响，从而保护它们免受经济衰退的影响。最常见的手段是信托法和公司法。它们是保护资产不受不同债权人群体影响的手段，从而为它们提供一条生命线，而普通资产则缺乏类似的保护（Hansmann and Mattei 1998，Hansmann and Kraakman 2000）。最重要的是，就像财产权和可转让票据一样，这些手段可以对第三方强制执行，而它们在设立时并不属于交易的一部分，第三方甚至可能未曾听说过这些手段。如果得到法律的承认，就可以利用国家的强制力来执行。换句话说，国家是财富生产和资本积累的重要帮手。

196　　　通过将资产置于信托中，委托人在法律上将资产从其财产中移除，尽管他或她仍可能使用这些资产；资产由受托人管理，但债权人却无法没收这些资产，因为委托人只行使了形式上的所有权，而没有获得经济上的回报；受益人的利益尚未成熟，债权人也无法对资产动手脚。简而言之，信托资产不受所有潜在的债权人追索的影响；它们可以成倍增加而不必受到其他资产经常面临的那种干扰（追索、扣押、强制执行等）。信托的正式职能是保护家族财富和组织专门用于慈善目的的资金。然而，信托的"秘密"作用在于商业和金融投资领域（Langbein 1997）。

　　公司法也会产生类似的影响。股东对公司投资后就失去了对这些资产的控制。它们现在由公司拥有，而公司本身就是一个法律实体。股东可以出售他们的股份（至少在上市公司中可以这样），但不能将钱取出。这也意味着资产（而非股份）现在已经超出了其个人债权人的追索范围。公司有自己的债权人，但不必担心股东把"他们的"钱取出，也不必担心股东的债权人试图对他们实施强制执行（Hansmann and Kraakman 2000，Ciepley 2013）。

　　信托法和公司法已经成为可广泛运用的法律手段，但情况并非总是如此。直到19世纪，成立公司仍需要得到国家的特别批准（Pistor et al. 2002）。这一事实无疑限制了公司的成立。在一些国家，最低资本要求仍然存在。即使没有这种数量上的限制，资产保护和有限责任的好处也主要体现在那些有机会接触律师并有能力付律师费的人身上。

　　比起高度标准化的公司形式（或法定的商业信托），这一点对于普通法信托来说甚至更加适用。原因在于缺乏标准化，使得寻求法律保护的人更加依赖法律专家。在很长一段时间里，信托主要被富裕的精英阶层所使用。在英格兰，直到19世纪信托才得到更广泛的使用（Anderson 2010，Chesterman 1984）。不过，为了确保法律合规，往往还是需要专业法律意见。当信托被用于新的用途时——如已经用于资产证券化或抵押贷款、债券、银行信贷等债务凭证的设计——需要的则更多，例如积极的立法游说以修改信托法或税法，从而适应这些变化。

当然，免税是一项重要的特权。在以往，信托公司是不被征税的，因为这些资产的价值并未实时地增值至任何人身上。只有在未来的某一天，受益人才能得到它，这就成了一个应税事件。即使信托作为商业证券化工具被广泛使用，它们仍然是免税的。原因是信托仅作为让投资者（受益人）获得经济收益的传递工具。1985年，美国国会将这一福利扩大到证券化结构中使用的信托，即使在信托公司所持有的部分资产分级后其既承担风险又享受潜在的经济利益时也是如此（Bordon and Reiss，2014）。许多观察家认为，如果没有这种税收特权，许多证券化结构将无法存在。更广泛而言，在过去的几十年里，全球主要司法管辖区对信托法进行了大量的修改，以使其适合金融部门，其中最重要的是转移受托人的责任，确保信托的长久性（Hofri-Winogradow 2015）。

六、法律的力量

迄今为止的分析表明，不同形式的货币及其形成的等级制度是由法律规定的，即使在最终，需要自由裁量权，来避免其在金融危机中趋向自我毁灭所带来的后果。

规模有限的社会体系可以通过在贸易和商业中建立的社会规范和惯例组成的非正式制度得到有效治理（Greif 2006）。更复杂的体系则可能需要设置一个中央权威，该权威当局即使没有执法能力，也会履行颁布规则的职能（Hodgson 2009）。法律与这些制度的不同之处在于其扩展能力：它有助于将权利和义务标准化，并在紧密联系的社区之外，在完全陌生的人之间执行这些权利和义务，甚至可以通过法律移植（Berkowitz，Pistor，and Richard 2003），或者通过一个国家承认外国法律并使其得以执行（Watt 2010），将法律的适用范围扩大到最初颁布它的地方之外。

这些机制在民族国家兴起之前就已经在发挥作用了。正如我们前面所看到的，17世纪时，欧洲各地都制定了类似的票据法规，其他地方的法院也承认并执行这些法规。民族国家的兴起和国家法律秩序的建立促进了国家内部法律的协调。但是，各国法律标准化仍然是必要的，或者说，确保一国法律得到另一国法院的承认和执行仍是必要的。事实证明，承认外国法律并赋予执行权力，是减少针对某些活动的法律体系数量一种更有力的方式。

一个较早的例子是美国公司法上的"监管竞争"。公司法属于州法；各州越来越认识到即使公司不在该州做生意，吸引它们到其辖区也有好处（Cary 1974）。在 20 世纪，特拉华这样一个小州，在除了与纽约律所们有良好关系的法律人群体之外几乎没有其他支持者的情况下，在公司设立制度改革上一骑绝尘独领风骚。今天，美国大多数大公司和许多外国公司都在特拉华州注册。事实上，特拉华州向公司收取的注册费比它们在其他地方支付的费用要高。这一点也不奇怪，因为它们得到的回报是一部为商业量身打造的公司法（Macey and Miller 1987）。特拉华州是这种法律的理想中心，因为它没有工会等主要支持者，这些支持者可能会阻碍制定一项将管理人员置于掌权地位以促进股东利益的法律（Becker 1969）。

这告诉我们，法律可以脱离于产生它的政体。虽然国家受到领土的限制，不能单方面将其法律强加于域外，但没有什么能阻止它们将其法律制度提供给自愿的接受者。然后，这些接受者所要做的就是确保外国的法律体系将承认并执行它们所作的选择。这些方法为避免在一系列问题上承担法律义务提供了充分的空间，包括税法和金融监管，而无需转移业务。这一切都通过在纸面上移动公司注册地或选择管理一系列交易的法律体系来完成。

七、"我的换汇额度在哪里？"

没有哪句话能比这个在金融危机中提出的问题更能体现那些在危机中市场参与者没有获得额外的流动性的边缘国家的观点（Sester 2008）。美国外交关系协会高级研究员赛斯特（Sester）在这里所提到的换汇额度（swap line）是五大中央银行（来自美国、英国、欧元区、瑞士和日本）相互授予的，以及其中一些授予新兴市场特定中央银行的换汇额度。

少数中央银行（C5——加拿大加入后演变成C6）在危机期间制定的换汇额度的基本原理确实讲得通。在一个充满全球贸易和投资的世界里，许多实体都需要用本国货币以外的其他货币付款。为了能够支付，它们必须要获得外国货币。通过签订货币互换协议，五家中央银行（后来加拿大被列为第六家）能够向这些实体发出信号，表明它们不会用完外汇储备，从而避免对它们自己控制的有限数量外汇的挤兑。但换汇额度并不是每个国家都能得到，只有被认为对提供换汇额度的国家足够重要的经济体才会得到。换汇可以是双边协议，但选择伙伴是单方面的、自由裁量的决定。

同样的逻辑也适用于国内金融系统。美联储在金融危机期间根据其紧急放贷权力建立的流动性机制，准确地反映了金融系统顶端视角的货币等级：首先获得这种额外流动性的是投资美国主权债务的一级交易商，其次是投资主权债务的中介机构，然后是为金融系统提供资金流的中介，即货币市场基金等（Pistor 2013）。直到 2012 年，美联储才开始关注这一系统的外围：它宣布了一项收购抵押贷款支持证券的计划，为持有证券化抵押贷款的中介机构提供救济，并间接地向房主提供救济。

有一种观点认为，救济房主应优先于救助银行：高负债的家庭不太可能再次消费，而消费被认为是使经济重回正轨的关键（Mian and Sufi 2014）。换言之，给那些处于系统边缘的主体一些财务上的回旋余地，例如允许他们重组抵押贷款，并迫使银行接受这种做法，就会加大总需求，使整个经济更快地走出衰退。奥巴马总统在危机管理关键时期的重要顾问拉里·萨默斯（Larry Summers）坦言，之所以没有发生这种情况，原因在于政治学而非经济学（Summers 2014）。原因也不在于法律，因为在正确的政治支持下，法律基础是可以建立的。事实上，一旦酌定的紧急贷款权力被用尽，需要采取包括银行资本重组在内的长期措施，就必须为银行建立法律基础。

与银行相比，房主们发现自己在危机中处于不利地位。是的，他们承担了过多的债务，但几乎所有其他市场参与者也是如此（Dynan and Kohn 2007）。这就是在一个为共同基金、养老基金和其他渴望低成本、高收益资产的中介机构大规模推出债务工具的体系中所发生的情况。最终，在资产价格全面恶化的情况下，事先对债权和实体进行分层的法律结构并没有信守承诺。持有过多不良资产的中介机构破产了。唯一安全的资产是国家货币，最好是由有偿付能力的国家发行的货币。任何市场参与者都没有获得救助的法定权利，但有些参与者获得了救助，而另一些则没有。

那么在危机中，债务人应该以什么顺序获救呢？有几种设想可供选择。首

200　先，救助可以随机化。这可以避免出现道德风险的问题——对市场参与者会押注于下一轮救助的担心。这种方案还将避免被指责存在偏见。在缺点方面，随机救助策略将无视私人团体早先创造的优先权利，不少人为了获得比其他权利更强大的权利而付出了更高的代价。

其次，更好的策略可能是，遵循先前制定的法定权利顺序进行救助。破产清算可以作为对违约债务的债权人进行排序的一种模式。一般来说，在破产程序中，资产所有者可以马上从债务人占有的财产中取回自己的资产；接下来是有担保的债权人，其中较早设置担保的债权人优先。无担保债权人将只吃到残羹冷炙。如果这是当事人事先协商的结果，那么事后执行这一排序不仅公平，而且有效。

这种策略的问题在于，部分优先权利的风险被严重过低定价。生产和传播创新金融产品的金融中介机构，与作为"买方"的投资者相对，也被称为"卖方"，他们以免税、免于破产规则和政府出资实体的隐性担保的形式获得补贴，这些实体对这些产品进行了大量的投资。与在危机时期必须以监管和存款保险的形式为流动性支持买单的正规银行不同，使用结构性金融从事表外银行业务的中介机构从未支付过保险费。他们实际上是在接入中央银行的金融中介机构的资产负债表上搭便车，这些机构为他们提供信贷额度和担保，甚至超出法律规定义务以防止整个系统的自我毁灭。而由于受监管的银行可以进入美联储的资产负债表，他们实际上搭上了美联储无限制地获取强力货币（high-powered money）的便车。

八、公平问题

如前所述，法律等级制度本身并不一定是对公平的挑战。然而，如果不加以控制，且分配结果不公平，就会成为问题。正如上述分析所表明的，我们依法构建的货币体系面临着不受限制的等级制度和体系运行中固有的损失不合理分配的困扰。

即使任何一个相互关联的信用关系体系都是分级的，但这个在金融危机中崩溃的体系具有（可以说现在仍然具有）其特殊性。它为私人主体提供了充分的机会来选择最适合其需要的法律体系和规则；它以豁免其他市场都必须遵守的法律的方式，向高度投机的新型金融资产市场提供补贴，以支持该市场的发展；它还将何者构成以获得法律上特殊待遇为目标的优先权的决定外包给私营部门。据圣路易斯联邦储备银行 2006 年公布的一份评估报告估计，当时仅抵押贷款支持资产的或有负债总额就高达 2 880 亿美元（Quigley 2006）。整个系统过热也就不足为奇了。

当这一系统崩溃时，其成本既不是由那些造成崩溃的人承担，也不是由那些受益最大的人承担，即私人中介机构及其获得高额奖金的雇员。相反，成本被社会化了。人们通常认为，美国政府在将从其救助的实体处收购的证券再卖给市场时，实际上获利了。然而，这是一个十分不准确的计算。它没有考虑到许多实体因没有得到流动性支持而实际上破产了，也没有考虑到它们破产所造成的经济和社会损失。它没有估计道德风险的成本。最重要的是，它忽略了选择性流动性支持对系统结构的影响。它使处于系统顶端的参与者受益，而这些参与者恰好与系统的最大受益者有很大程度上的重叠，并将过多的成本留给处于边缘的参与者处理。实际上，它证明了让一些人能够"搭便车"利用只有中央银行才能提供的流动性支持的做法的合理性。

简而言之，金融危机所表现出来的等级制度及其应对措施是不合理的。本应用于缓解危机的流动性增强措施的分配，遵循的是在前面所述的法律帮助下建立的等级模式。对于为什么优先考虑这些市场参与者，而非更边缘的参与者，并没有给出真正的理由。最后但同样重要的是，决定谁应该得到救命稻草的主体行使了不受制约的自由裁量权。

当然，中央银行是独立机构。它们的主要任务是稳定物价，一些法规中也增加了就业的任务。[2]从稳定物价的角度看，主要的罪魁祸首是支出导向型政府。然而，当经济增长的主要润滑剂不是（温和的）通货膨胀而是激进的信贷扩张时，仅仅监管国家印钞已不足够。相反，私人货币创造的机器需要被收入控制之中。此外，不受政治干预是不够的，公正地行使中央银行的权力同样重要。

---

② 另见本书第十章关于中央银行政策的分配后果。

202　　　　通过建立独立的中央银行，防止政府和财政部在最需要的时候开动印刷机，成功地遏制了通货膨胀。是什么阻碍了我们设计出不仅能保证中央银行的独立性，还能保证其公正性的治理结构？这个问题的答案将我们的目光带回至罪魁祸首：政府财政。归根结底，政府依靠私人创造货币不外乎有两个原因：为政府提供资金，以及为保持经济增长提供一个替代通货膨胀的办法，即信贷扩张。金融中介机构可以同时提供这两方面的服务，但并非免费提供。它们所要求的代价是收益率和安全性的保证，最好是两者兼得。无论是从经济性角度还是公平性角度来看这都说不通，但各国政府同意这种"浮士德式"的交易主要是出于政治考虑。到最后，政府以及要用纳税人的钱为其债务承担责任的人，将不得不为这个必然会造成许多破坏的体系买单。

　　自全球金融危机开始以来实施的改革填补了许多空白，这些空白曾经为私人信贷的迅速扩张提供了有利条件。但改革也未能改善我们金融系统的许多结构性特征，这些特征必然会被用来谋取私利和创造财富。金融监管的首要对象仍然是银行。只有在具有系统重要性的实体级别上，非银行金融中介才被关注。这为低于这一门槛的非银行金额中介继续提供银行服务而不负有银行监管成本留下了充足的空间。金融稳定理事会在众多金融监管机构的协调下制定规则，从而减少了监管套利的空间。然而，它们正在进行一场艰难的战斗，因为私营部门至少也同样组织良好，更加团结一致，并依然控制着最强有力的工具箱之一：将活动转移到愿意接纳它们的司法管辖区，如果现在不愿意，那将来也会愿意。

　　然而，真正的战斗不是在制定规则阶段，而是在执行阶段。即使规则已经标准化，当将这些标准转化为地方法律并执行或不执行这些标准时，各国在解释这些标准方面仍有很大的自由裁量权。《巴塞尔资本协议 I》（Basel I）首次尝试将银行审慎监管标准化。从它的经验中我们可以得知，即使是标准化的规则，也为监管套利留下了充足的空间。虽然《巴塞尔资本协议 III》（Basel III）比之前的版本更加严格，但几乎所有的法律体系都存在漏洞和解释的空间（Pistor and Xu 2003）。接下来的战斗将在这里打响。并不是每个人都能参与，大多数交易将再次发生，但不是在议会会议或法院的明亮阳光下，而是在律师事务所和监管机构霓虹闪烁的办公室里。

参考文献 ————————————————————————————————

Anderson, J. Stuart. 2010. "Trust and Trustees." In The Oxford History of the Laws of England: 1820—1914 Private Law, edited by William Cornish, J. Stuart Anderson, Ray Cocks, Michael Lobban, Patrick Polden, and Keith Smith. Oxford: OxfordUniversity Press, 232—294.

Becker, Loftus E. 1969. "Law for Sale: A Study of the Delaware Corporation Law of 1967." University of Pennsylvania Law Review 117, 861—898.

Berkowitz, Dan, Katharina Pistor, and Jean-François Richard. 2003. "Economic Development, Legality, and the Transplant Effect." European Economic Review 47, 165—195.

Bordon, T. Bradley, and David J. Reiss. 2014. "REMIC Tax Enforcement as Financial Market Regulator." University of Pennsylvania Journal of Business Law 16, 663—736.

Cary, William L. 1974. "Federalism and Corporate Law: Reflections upon Delaware." Yale Law Journal 83, 663.

Chesterman, M. R. 1984. "Family Settlements on Trust: Landowners and the Rising-Bourgeoisie." In Law, Economy and Society, 1750—1914, edited by Gerry R. Rubinand David Sugarman. Oxford: Oxford University Press, 124—167.

Ciepley, David. 2013. "Beyond Public and Private: Toward a Political Theory of the Corporation." American Political Science Review 107(01), 139—158.

Coase, Ronald H. 1937. "The Nature of the Firm." Economica 4(16), 386—405.

Desan, Christine. 2015. Making Money: Coin, Currency, and the Coming of Capitalism.Oxford: Oxford University Press.

Dynan, Karen E., and Donald L. Kohn. 2007. "The Rise in U.S. Household Indebtedness: Causesand Consequences." Finance and Economic Discussion Series, FederalReserve Board, Washington DC(37).

Greif, Avner. 2006. Institutions and the Path to the Modern Economy: Lessons fromMedieval Trade. Cambridge: Cambridge University Press.

Hansmann, Henry., and Ugo Mattei. 1998. "The Functions of Trust Law: A Comparative Legal and Economic Analysis." New York University Law Review 73(2), 434—479.

Hansmann, Henry, and Reinier Kraakman. 2000. "The Essential Role of Organizational Law." Yale Law Journal 110, 387—475.

Hodgson, Geoffrey M. 2009. "On the Institutional Foundations of Law: The Insufficiency of Custom and Private Ordering." Journal of Economic Issues 43 (1),

143—166.

Hofri-Winogradow, Adam S. 2015. "The Stripping of the Trust: A Study in Legal Evolution." http://ssrn.com/abstract=2441709(accessed October 26, 2016).

Hyman, Louis. 2011. Debtor Nation: The History of America in Red Ink. Princeton and Oxford: Princeton University Press.

Knafo, Samuel. 2006. "The Gold Standard and the Origins of the Modern International Monetary System." Review of International Political Economy 13 (1), 78—102.

Langbein, John L. 1997. "The Secret Life of the Trust: The Trust as an Instrument of Commerce." Yale Law Journal 107(1), 165—189.

Levi, Margaret. 1988. Of Rule and Revenue. Berkeley: University of California Press. Macey, Jonathan, and Geoffrey Miller. 1987. "Toward an Interest-Group Theory of Delaware Corporate Law." Texas Law Review 65, 469—523.

Manne, Ronald J. 1996. "Searching for Negotiability in Payment and Credit Systems." UCLA Law Review 1996—7, 951—1007.

Marx, Karl. 1867. Capital. Vol.I: http://www.marxists.org/archive/marx/works/1867-c1/ch31.htm(accessed October 26, 2016).

Mehrling, Perry. 2000. "Minsky and Modern Finance: The Case of Long Term Capital Management." Journal of Portfolio Management 26(2), 81—89.

Mehrling, Perry. 2012. "The Inherent Hierarchy of Money." In Festschrift for Duncan Foley. New York, NY, 394—404.

Mian, Atif, and Amir Sufi. 2014. House of Debt: How They(and You) Caused the Great Recession, and How We Can Prevent It from Happening Again. Chicago: University of Chicago Press.

North, Douglass Cecil. 1990. Institutions, Institutional Change, and Economic Performance. Cambridge: Cambridge University Press.

Pistor, Katharina. 2013. "A Legal Theory of Finance."Journal of Comparative Economics 41(2), 315—330.

Pistor, Katharina, Yoram Keinan, Jan Kleinheisterkamp, and Mark West. 2002. "The Evolution of Corporate Law." University of Pennsylvania Journal of International Economic Law 23(4), 791—871.

Pistor, Katharina, and Chenggang Xu. 2003. "Incomplete Law." Journal of International Law and Politics 35(4), 931—1013.

Powell, Walter W. 1990. "Neither Market nor Hierarchy: Network Form of Organization." Research in Organizational Behavior 12, 295—336.

Quigley, John M. 2006. "Federal Credit and Insurance Programs: Housing." Federal Reserve Bank of St. Louis Staff Reports(July/August).

Quinn, Stephen Francis. 1994. "Banking Before the Bank: London's Unregulated

Goldsmith-Bankers，1660—1694." PhD thesis，University of Illinois at Urbana Champaign.

Rogers，James Steven. 1995. The Early History of the Law of Bills and Notes：A Study ofthe Origins of Anglo-American Commercial Law Cambridge：Cambridge University Press.

Sen，Amartya K. 1999. Development as Freedom. New York：Random House.

Sester，Brad. 2008. "Where Is My Swap Line? And Will the Diffusion of Financial Power Balkanize the Global Response to a Broadening Crisis?" Council on Foreign Relations Follow the Money Blog(October 18).

Summers，Larry. 2014. "Summers on House of Debt." Financial Times，6 June.

Tilly，Charles. 1985. "War Making and State Making as Organized Crime." In Bringingthe State Back In，edited by Peter Evans，Dieter Rueschemeyer，and Theda Skocpol. Cambridge：Cambridge University Press，169—191.

Watt，Horatia Muir. 2010. "'Party Autonomy' in International Contracts：From the-Makings of a Myth to the Requirements of Global Governance." European Review of Contract Law 6(3)，250—283.

第九章

臆想的投资者权利

亚伦・詹姆斯

> 在政府建立之前,并不存在自然权利……这种表述仅仅只是比喻……一旦你从字面意义去理解它,就会产生误解,这种误解甚至会导致危害——极度的危害。
>
> ——杰里米・边沁(Jeremy Bentham)《无政府主义谬见》,1843 年

一、导 论

在外国投资就是谋求利润的赌博。为了谋利而赌博,就要承担遭受损失的风险,这种风险会对个人权利有一定影响。在自愿承担风险的情况下,如果运气不好,就要放弃任何赔偿要求。所以在这个赌场上,以及在投机交易中,我们都承担着风险。在全球市场上以及在跨国投资关系中,无论是外商直接投资还是金融投资,包括对外国政府债券的投资,事实似乎也是如此。外国投资者自愿承担遭受损失的风险,并在预期利润未能实现时放弃赔偿要求。

如果风险和前景并不像事前预期的那样——如果"游戏"被操纵,或在没有"公平警告"的情况下不公平地改变,并且超出了这场赌博的范围——那么情况就会有所不同。无论是赌徒还是投资者,都可以在事后以背信为由合理要求赔偿。

这个差别很重要。如果有人胆敢在他的运气不好时向赌场、做市商或外国政府要求赔偿,而他确实自愿承担风险,并且之后没有发生不公平的行为,那么笔者不得不说,这简直是天方夜谭。这也同样令人困惑:鉴于社会认识和期

望会带来风险，一个人会对他所要承担风险的性质感到困惑（赌场经理可能会说："抱歉，先生，这里是赌场，你明白的"）。例如，在法律诉讼中提出索赔，并要求数千万美元或数亿美元的现金赔偿，正如杰里米·边沁所说，这完全是"胡言乱语"。

在最近投资条约①激增的情况下，国际经济法中也充斥着这种胡言乱语。在新的投资者与国家争端解决（ISDS）机制中，外国公司被授予法律特权，它们可以在私人律师组成的仲裁庭上对政府提起诉讼，指控政府未能履行条约义务而使公司投资价值下降，并要求数百万美元或数十亿美元的现金赔偿。新的协定超出了国际习惯法的一般原则，国际习惯法禁止直接征用有形财产。此外，它们还禁止"间接征用"外国投资者的利润——即使政府并未没收资产，②即使所称的损失是为了公共利益，对环境、健康或安全事项的管理而造成的（例如，禁毒令、禁核令、自然资源政策、明确的香烟包装规则等）。③实行公共利益管理的"保障"条款措辞含糊，很容易被驳回（可能作为"外交"辞令而不是"法律"）。如果这些规定没有得到合理实行，并且与外国投资者的"正当程序"和"公平公正待遇""非专断性""非歧视性"条款相符，通常就可以要求政府为所称损失赔偿巨额资金。例如，2013年厄瓜多尔被要求向一家美国石油公司支付23亿美元，以补偿预期利润的损失。

许多律师认为，投资者与国家间的仲裁是对程序正义的嘲弄。④国内法庭被忽视，或其裁决被推翻，并且往往没有进一步的上诉程序，对担任仲裁员的私 207 人律师几乎没有监督或公开问责制，其中许多律师的公正性值得怀疑，因为他

---

① 《北美自由贸易协定》（NAFTA）最先超越世界贸易组织（WTO）的《与贸易相关的投资措施协议》（TRIMS），随后产生了许多后续双边投资条约（BITs）或区域协定，其中最新的是拟议的《跨太平洋伙伴关系协定》（TPP）和《跨大西洋贸易和投资协定》（TTIP）。新出现的投资协定相当于某种"制度"，因为它们的内容与《北美自由贸易协定》大同小异，而且是主要"提供"给发展中国家，围绕富国（特别是美国）的利益而制定的。

② "间接征用"可以适用于任何数量的资产。美国最高法院将《美国宪法第五修正案》规定的"管制性征用"下的可补偿征用限定为不动产（如房地产）。

③ 一些拟议的附件试图将"间接"征用限定为无限期或几近剥夺财产。一项更明确的提议指出，旨在实现公共利益而制定和实施的政策不构成间接征用。

④ 例如，见这封就《跨太平洋伙伴关系协定》和《跨大西洋贸易和投资协定》致美国官员的公开信：http://www.afj.org/wpcontent/uploads/2015/03/ISDS-Letter-3.11.pdf（2016年10月26日访问）。

们既是仲裁员也是公司律师。⑤诉讼与和解往往私下进行，没有公开的既定判例可供参考，也没有与公共利益监管直接相关的专门知识。⑥这会是迈向法治的第一步吗？除非用尽国内救济措施，并最终包括适当的法院、独立的司法机构、充分的正当法律程序，以及上诉权（可能首先向任何联邦或地区法院提出上诉，然后向世界贸易组织上诉机构提出上诉，以其作为最终仲裁者）。⑦

撇开程序正义不谈，政府为什么要冒着支付赔偿的风险，关注投资者损失并调整公共利益法规？虽然现在的投资规则都被包含在贸易协定中，但从法律的角度来看，它们有不同的历史和政治缘由。以前投资条约通常保护外国有形财产不被直接征用（如采掘业资产）。而且直到最近，贸易协定都是关于增加商品流动、服务流动和资本流动的。为什么要把它们联系起来？一些律师在跨境供应链中找到了理由，这些供应链通常在跨国公司内部运作：如果该公司的财产持有不能得到外国政府的保障，它就不能保持贸易畅通。虽然这个理由具有局限性（它适用于中国，但不太适用于非洲），但笔者依然想用类似的方式来评估它们：这两种制度类型是同一个基本经济活动的不同表达。新协定与区域或特大区域协定结合，在全球金融中提出了更大的正义问题。随着资本市场的全球化，其法律结构的缺陷本身就是一种分配上的不公平，并进一步加剧了国家内部和国家之间财富分配的不公平。

在本章中，笔者认为，道德上的"投资者权利"观念反映了对投资的本质以及赋予这种冒险行为社会目标的国际贸易中的社会关系的困惑。由于外国投资者缺乏独立权利，这相当于对"世界主义"的愿景——也许是洛克式的或自由主义式的多样性——提出了部分挑战，这将从我们所知的包含全球经济的国内和国际社会关系中抽离出来。

一些律师认为，投资协议并没有将投资损失本身视为法律诉讼的原因。⑧利

---

⑤　仲裁由《解决国际投资争端公约》（ICSID Convention）或联合国国际贸易法委员会规则（UNCITRAL Rules）加以监管，《纽约公约》为后者提供了一种执行机制。通常只需进行适度的程序检查，例如针对明显的偏见、准备时间不足和基于技术理由而撤销的已付赔偿。

⑥　虽然有些法庭允许专家作证并接受非当事人意见陈述。

⑦　关于国内法律制度中对仲裁的类似质疑，参见 Fiss（1984）。关于进一步评论参见 Van Harten（2007）。

⑧　见 https://www.mcgill.ca/fortier-chair/isds-open-letter（2016 年 10 月 26 日访问）。

润损失只是用于衡量某个违反条约义务的行为所造成的损害。赔偿损失可以作为违反事先协议行为的救济手段。忠于事先协议是唯一要求：投资者仅仅有权要求所承诺的投资"游戏"在进行的过程中不发生变化。只有当不忠行为的确存在时，才能真正要求赔偿。

这种情况会使人误解，关于在一般框架性的条约条款中国家已经提前"承诺"了什么，这一点并不明确。仲裁庭通过决定外国公司受到的何种待遇是"公平公正的""专断的""歧视"或违背"正当程序"，进而决定国家义务的范围和内容。对这种开放式的条款必须加以解释，无论是因为这些解释表达了个人偏好还是反映了个人的原则意识，我们都应该提出疑问：一个支持公司利益的私人律师小组（因为在其他时候为公司工作）是否会接受他们所称的"投资者的权利"。笔者认为，这种推理是令人困惑的胡说八道。只要它存在现实的可能性（事实上，它或许能解释最近的任何赔偿⑨），那么边沁所说的"这种误解会导致危害——极度的危害"的长期风险就会存在。

刚才所说的情况也适用于对自然权利的解释。承诺和合同——特别是主权债务合同——似乎会产生自然权利和义务。笔者将在后文中详细说明这一观点。目前，笔者认为这种自然的投资者权利并不存在。笔者考虑了功利主义和社会契约理论的概念，并认为对忠诚的关注不足以证明新投资条约的合理性。之后笔者又回到自然权利是否可以弥补这一差异的问题。

二、预设错误

我们可以从投资制度中的关键要素开始。良好的产权保护、对抗无偿直接征用的法律权利、国民和外国人的平等待遇等都具有很强的重要性。在有些特殊情况下，强有力的投资条约也至关重要。例如，某些国家可能需要签订最新 209 条约以吸引用于基础设施建设的资本。也许至少在短期内，为了让投资者放心而进行国内法律改革是不可能的。尽管这种情况是普遍的常态，但是如果出现

---

⑨　正如一个支持仲裁解释的总结所言："监管权力在赋予投资者权利的限制下运作。"（Dolzer 2014，21）

了相应的国内法律改革，那么问题就在于当根据事前协议（pre-agreement）的投资者权利主张赔偿时，最新的投资制度能否得到正确的理解与执行。

从制度意义上看，即便是边沁也会承认外国投资者根据最新的投资协议"享有权利"。从法律意义上讲，公司可以在国外为谋利而赌博，只要有适当的法律诉讼理由，当其赌博失败时，它们不必放弃一切主张赔偿的权利。只有关于事前协议的权利的说法会被边沁认为是导致危害的"胡言乱语"。就目前的情况而言，笔者坚决支持边沁：关于事前协议中的投资者权利的说法不仅是错误的，而且令人困惑。这是因为，在事前协议意义上（假定都会要求形成这类事前协议，或者事前协议一旦确立就会部分地将其内容转化成法律实践）假定的"投资者权利"都混淆了投资的本质和投资所处的社会背景。

边沁当然不可小觑，但事实证明他在一般意义上的权利话语方面落后于时代，而权利话语已经成为现代性的定义话语。我们不必跟随他全盘否定所有非制度性权利，就可以理解他对外国"投资者权利"的观点。即使对于边沁来说，谈论制度前的"权利"也不难理解。与单纯只是缺乏意义的词不同（例如，"自相矛盾"），如果关于权利的讨论是"有意义的"，边沁自己也能说出其中暗含了什么诉求。边沁在他对权利的著名批判中，将法国大革命的《人权宣言》称为"彻头彻尾的胡言乱语，没完没了的文字堆砌"，他的意思是，"毫无意义或其意义过于虚假的词语，任何人都说得出来"（1843，497）。

"意义过于虚假"这一表述表明了一种预设上的错误。特定的权利主张（例如，"ACME 公司有权向乌拉圭提出赔偿请求"）不一定是不可理解的（"没有意义的词语"）。相反，它可以有一定的道德和社会预设，无论是体现在法律制度的存在之中——正如边沁所认为的一样，还是其他一些道德和社会背景中（如后文指出的实践和期望），而这些预设到最后被发现是假的。如果某个主张的前提条件是假的，那么这个主张本身既不是真也不是假，而是缺乏真值（truth-value）（Frege 1980）。所以，"ACME 公司有权向乌拉圭提出赔偿请求"这句话的预设错误，它可能"不是真的"，即它要么是假的，要么缺乏真值。如果把预设错误称为"胡言乱语"似乎有些言过其实，那就干脆把它称为"虚张声势"，或者哈里·法兰克福（Harry Frankfurt）所说的"胡说八道"：它是一种不考虑真理的说话方式，也许是出于权力和利益的考虑（Frankfurt 2005）。

如果说作为一种法律化之前的特殊存在，外国"投资者权利"确实是一种典型的臆想。如果废除、删减或干脆忽视已经设定的投资者条款，不会有任何权利被侵犯。各国可以正当地拒绝签署投资协议；或撤回先前的承诺（如南非和印度尼西亚所做的那样）；或对各种条款提出保留（如澳大利亚对《跨太平洋伙伴关系协定》的保留）；或在撤回或重新谈判行不通时干脆按照有利于其国民的方式重新解释先前的协定。投资者可能会以"权利"的名义提出抗议。但边沁将进行恰当的反驳："希望权利存在的理由并不是权利——希望确立某种权利的理由并不是该种权利——匮乏不是供给——饥饿不是面包。"（Bentham 1843，501）

对于功利主义者边沁而言，外国投资者拥有什么制度性权利，应该完全取决于这些权利的确立是否会促进整体福利。然而，撇开他的功利主义不谈，笔者认为他对权利论的质疑抓住了重点，笔者希望在不像他一样强烈反对任何非功利事物的无意义性的同时，能够阐明这些东西。为此，笔者解释了为什么从社会契约的角度，从国际贸易中基于实践的公平概念出发，提出边沁式的批评是更好的（James 2012）。笔者阐述了对投资者权利主张的道德和社会预设的积极看法，并解释了这种主张如何产生预设性错误。这反过来又对投资者权利的自然权利概念产生了关键的影响。自然的投资者权利的观念可以从功利主义的局限性中得到增强，而社会契约的选择则削弱了这一支撑来源。在对"自然权利"的进一步探讨中，它的公平观念吸引了大部分关注，这反过来又提出了一个问题，即称这些权利为"自然的"可能需要增加些什么要求。

三、权宜之计

对于功利主义者来说，要在正义和整体福利之间取得平衡，也就是约翰·穆勒所称的"权宜之计"。在国内社会中，为投资者建立一个特殊的司法体系将给穆勒所说的基本权利和自由带来不可容忍的不平等，而这些权利和自由是我们共同生存的"基础"（Mill 1987）。然而，国际投资协定与国内法律制度在不同的层次运作。它们将外国投资者与政府及其全体公民联系起来，理论上它们不会对个人的基本权利和自由造成直接挑战。正如穆勒所认同的，至少还有余 211

地考虑特别的法律规定是否会因为基本社会福利而变得正当。事实上，这似乎是广泛采纳它们的主要理由。外商直接投资无论如何都是发展的关键。从特权中获得的信心有助于建立更大的国际贸易体系，它往往能吸引外国投资并产生更大的经济利益，尤其是对发展中国家而言，不过对更富裕的国家而言也是如此。

但除了特殊情况外，新的投资者特权是否能从总体上推进社会福利呢？事实上，没有什么理由期望它们会给大多数（如非所有）社会带来全面的经济利益。尽管成本很高，但效益却微乎其微，至少历史经验无法证明它们带来了巨大的净收益，它们在总体成本收益分析中的价值也值得怀疑（Sachs and Sauvant 2009，chaps 12—16）。

首先，这些新的投资者特权成本很高。政府面临着巨额的法律费用（它们常常被要求分担仲裁费用，即便是在胜诉的情况下，也要分担数百万美元的费用），而且在败诉时必须支付巨额赔偿金。对许多发展中国家来说，这些费用可能占其国家预算的很大一部分。厄瓜多尔为解决问题而支付的 23 亿美元相当于其每年的国家卫生保健预算。对发展中国家来说，支付费用往往必须以削减对贫困人口的服务为代价。其次，投资者条款无疑带来了"监管寒流（regulatory chill）"，因为担心企业的不满，即使在法律或法规被认为符合公众利益的情况下也是如此（Tienhaara 2011）。昂贵的法律行动所带来的风险——公司负责人以仲裁行动为威胁——就可能阻碍有效政治共识的形成。虽然一些研究表明，政府官员很少关注国际法，因此他们没有受到丝毫影响，但随着仲裁案件受到更多的关注，这种情况不会继续下去。也许某些形式的"问责制"是有成效的。然而在目前的情况下，监管寒流的风险对公众利益的影响是重大的，而且往往影响贫困人口，他们的损失和放弃的利益都很大。当然，从功利的角度来看，如果有足够大的利益，只要加起来或平均起来，就可以抵消这些成本。然而有一点至关重要：新的投资者特权在增加长期投资时带来的边际效益并不显著——如果这种效益可能存在的话。由于对其政治的强加和支付损害赔偿的成本，我们几乎能预见许多或大多数国家都会遭受净损失，或最多只能实现收支平衡（Hallward-Driemeier 2003）。

维持一个安全的财产制度和强有力的国内司法制度的一般效用毋庸置疑。

这些制度将包括被坚决执行的反对任意没收有形财产以及一些金融资产的法规。虽然并非所有的资本流动都是有效益的（这一点在 2008 年全球金融危机后得到广泛认可），但历史经验表明，在具有高质量法律制度的国家，长期的外商直接投资对经济发展非常重要。这是维持这个世界相对贸易自由的关键理由。目前的问题只是，与在相对自由贸易下无论如何都会进行的投资相比，新的投资者特权是否有望增加长期投资。我们有着强劲的全球经济，并且由于盈利机会和比较优势，大规模的外国投资现实可期。问题是，仅仅通过制定特殊的投资者条款，还能吸引多少有益的投资（如果能吸引到的话）。[10]

这些规定意在增加投资者对盈利机会的"信心"。然而，仅仅减少政府直接征用的风险，并没有得到什么好处。即便公司几乎无法依靠那些弱势的且可能对外国人存在偏见的东道国法院，事实也是如此。因为直接征用相对而言比较少见（Minor 1994），而且仅限于那些公开记录不佳的特别穷的政府，投资者也可以很容易地掌握这些不良记录的情况。投资者会对一般的投资条件进行调查，这种规定并不会增强他们的信心。

最近的投资条款还远不止此：实际上，有些国家政府还全部或部分地承担了因监管变化导致的投资失败或收益不及预期的风险。这当然会缓解投资者的不安情绪。然而问题仍然存在，即为何通过刺激那些原本可能不会作出的投资决策，投资者信心的边际收益就可以转化为一个国家重要的经济成就？这种转化可能不会发生。[11]事实上，一些发展中国家，如厄瓜多尔和南非，已经退出了类似的投资协定，但外商直接投资流入量依然保持稳定甚至还增加了。

基于近年来发生的事，除了一个国家未来的经济基本面、优势产业的增长前景以及其总体监管环境，谨慎的外国投资者当然不需要考虑更多问题。如果获利机会不明显，或者明显不如其他地方的机会有吸引力，就不应该进行投资，因为即使是投资者与国家争端解决机制也不能保证他们不会失败。

---

　⑩　这里的证据好坏参半，没有定论。根据 Aisbett（2007）的说法，即使外商直接投资的增加与加入双边投资条约相关，但它们不是由双边投资条约引起的，因为拥有更多外商直接投资的政府更有可能签署投资协定。一些研究确实发现外商直接投资与加入双边投资条约之间存在正相关的关系，例如 Egger and Merlo（2007），Lesher and Miroudot（2006），Neumayer and Spess（2005）。对后一项研究的质疑性回应，见 Yackee（2007）。

　⑪　关于质疑性评估，见 Yackee（2010）。

但也许获利机会仅仅是存疑的，甚至很可能发生亏损或仅能保本。即便如此，谨慎的投资者肯定也不会仅仅因为知道自己可以寻求仲裁并有希望得到赔偿，就放心地投资一家亏损的企业。他们需要仅根据经济基本面和总体监管环境的质量，就已能看到的未来获得可观净收益的良好前景。⑫

很多公司不会如此谨慎，并且不太寄希望于盈利机会。也许特殊的法律特权会增加它们的信心，使其可以放手一搏。但为什么要设法吸引它们？为什么要鼓励这种不公平的赌局，让公众为公司的损失买单？或者情况会更糟糕：掠夺性公司可能会雇用合适的律师，从而利用投资者与国家之间的仲裁特权来牟利；激进的公司可能会因为自己能够真正以法律挑战为威胁，而沾沾自喜于能够对它们不想要的维护公共利益的监管进行"否决"。这种牟取暴利和干涉行为的社会成本可能会超过额外投资的微薄收益。考虑到轻率、从众行为、群体意识和信息级联的风险，谨慎的做法是不要鼓励不合适的投资者，而要努力吸引那些寻求长期互利的经济收益的企业。最好的办法是提高国家制度的整体质量，并按照不给任何人特殊优待的原则强化司法权威和法治精神。

投资者条款确实给企业带来了收益，使管理者、工人、股东、储户和退休人员受益。然而，即使许多按全球标准而言相对富裕的人拥有相对较大的货币价值，总体上这些货币价值也只能转化为微薄的边际福利收益。鉴于经济价值的边际效用递减，富人的利益将大打折扣，然后被大量穷人在工资、养老金或服务削减方面的巨大成本所超越。

如果投资条约的盛行确实不能最好地促进人类整体福利事业，那么功利主义者就会得出结论，认为应该干脆废除对外国投资者的特别规定，既然不考虑这些规定，那就要采取更有效的制度和司法措施。到目前为止，我们所陈述的一切观点都不会侵犯投资者的道德权利。根据（行为或规则）功利主义者的观点，一旦每个人的利益都被考虑在内，就不存在对抗能够带来最大整体福利的事物（行为或制度）的道德权利。正如边沁所言："任何权利，只要它总体上对社会有利，就应该被维护，所以任何权利，当废除它对社会有利时，就应该被

---

⑫　少有证据表明双边投资条约可以提升制度质量（Neumayer and Spess 2005，85）。Salacuse and Sullivan（2005，139）认为，双边投资条约主要是制度质量的反映。

废除。"（Bentham 1843，501）

四、从福利到公平

这个论点只是假设了一种对非制度性权利的功利主义式的一般否定，但这似乎相当不可信。例如，我们完全没有道德权利来反对任何盗窃（更不用说不被打、不被欺骗等）吗？虽然功利主义者基于有利原因可能会赞同，但一个人反对盗窃的诉求似乎并不完全直接地取决于整体（加总或平均）福利的潜在变化。那么，除了促进普遍福利的事物之外，外国投资者本身或其受益者是否也拥有道德权利？具体来说，为什么在公民权利方面，"直接"征用和"间接"征用有非常明显的区别呢？如果公众在某种意义上有反对专断或不公平待遇的道德权利，那么为什么外国投资者不能拥有类似的道德权利，去反对投资协定所禁止的政府行为，包括"间接征用"投资资产或未做到给予"公平公正待遇"？也许他们只是像普通人一样拥有对财产的基本道德权利，但在面对其行为往往可以不受惩罚的外国政府时，他们往往存在着特殊的脆弱性。如果特殊的投资条款是保护他们不受这种特殊脆弱性影响的唯一方法，而且这些条款的社会成本不大，那么，出于对投资者本身的适当尊重，并且撇开最终的整体福利不谈，难道这些条款在道德上不能成为必要吗？

我们可以用斯坎伦（T. M. Scanlon 1998）的方式在契约主义的道德理论中阐述这种可能性。在考虑"我们彼此欠对方什么（what we owe to each other）"的问题时，我们比较了受不同制度安排影响的各方的不同利益或诉求。基于他们的利益和诉求，我们连续比较了受影响各方的反对意见，并逐一进行处理——除特殊条件外，不对受影响各方的总收益或损失进行汇总或平均，从而考虑潜在的不同反对意见的影响力。然后，我们判断哪种反对意见最强烈（"合理的"反对）。如果没有人能够合理地拒绝一项拟议的制度（如投资者条约）并选择某种可行的其他替代方式（例如不要条约）——也就是说，如果对拟议条约的任何反对意见都比对其他替代方式的任何反对意见要弱，那么该制度对所有受影响各方而言都是合理的。

因此在目前情况下，外国投资者在某些条件下应该获得特别的投资条款。

215 如果没有这些条款，他们的处境就会更糟糕，只要这种机会成本可以被当作一种在道德上相关的利益或主张，外国投资者就可以在缺少特别投资条款时提出反对。如果没有其他受影响的主体强烈反对这些规定，那么外国投资者提出的这种反对就可以是决定性的，考虑到制度的替代方式（例如，强化国内和国际法庭），他们就应当有权利获得这些条款。

外国投资者是否因此而拥有边沁所否认的非制度意义上的"道德权利"呢？不一定。斯坎伦（Scanlon 2003，4，99）提出了"工具主义"的权利观，即权利是前述道德推理的结论，而不是其出发点。笔者所说的相关利益或诉求与单纯的利益或偏好相反，如果承认权利要以利益或诉求之间对比的方式进行平衡或比较，那么这一相关利益或诉求就可以被称为"权利"。[13]但是这样一来，这种权利就不一定需要特殊保护了：特殊保护的理由仍有待进一步说明；上述论证形式仍需加以补充。或者，"权利"一词仅适用于那些足以构成道德义务基础的相关利益或诉求（Raz 1984），在当前情况下，可以通过提出最强烈的申诉来实现。但问题依然存在，考虑到外国投资者特别容易受到主权国家的不公正对待，那么他们是否能因自己无法享有新的特别投资条款而合理地提出申诉呢？

笔者认为他们不能：他们没有合理的理由来反对另一种法律制度。他们没法主张投资者与国家之间的仲裁制度自身与国内的、地区的或者国际的法院制度之间存在冲突，即认为前者不像后者那样能够提供完整的正当程序且不存在法律特权。他们获得政府对其损失的赔偿的可能性会降低，并且很可能失去能够真正以仲裁为威胁的优势。但是，如果不进一步考虑某些实质性的物质或政治利益，就很难看到这种权力优势本身如何在道德上具有相关性；毕竟，它可能无法发挥作用。而且，即使我们应该对他们的经济利益和信赖利益给予一定重视，但政府和公众的反对意见却更为重要，因为实际上他们要为这种通过符合公众利益的法律的特权付出代价。

撇开程序不谈，特殊法律权利的主要论据是实体性的。如果（1）投资者事先得知的风险和前景最终并不像最初所看到或承诺的那样，以及（2）在投资者

---

⑬　汤普森并不太在意"诉求（claim）"这个概念，认为其并不在契约主义的考量范畴之中（Thompson 1992）。

有机会避免遭受重大损失时，没有向其提供对后续变化的"合理警告"，那么投 216
资者确实会有理由对其没有享有特别投资条款提出合理的质疑。⑭也许一家公司
最初确实自愿承担风险，它也有一个合理的替代选择（在其他地方投资或者储
蓄）。然而即便如此可能也无济于事，不是因为市场条件的变化，而是因为监管
的变化导致了公司在竞争中的市场地位或相关地位受到了不利影响。当合理推
定的选择环境发生变化时，公司最初自愿承担风险的事实，在一切尘埃落定后，
也不一定必然会导致公司真的愿意对最终结果承担责任。至少在理论上，它可
以合法地要求对所造成的任何损害进行赔偿，并要求建立诸如投资者与国家仲
裁制度等赔偿损害的执行机制。

我们称这种情况为背信场景（infidelity scenario）。从原则上讲，这种情况
当然是可能发生的。其是否属实而不仅是假设，或者即便属实，其是否足够典
型以至于可以证明投资条约日盛趋势的合理性，是一个更加深远的问题，实际
上也是至关重要的问题。如果想象中的可能性适用于实践中的政策决定，那么
在国际政治经济的正常过程中，全球经济在它所创造的期望中，以及在外国投
资者对风险承担的期望中是什么样子就十分重要。这种想象的场景是：事先预
计的风险和前景最终并不像所看到或承诺的那样，而且在投资者有机会避免遭
受重大损失时，没有对它所导致的后续变化作出"合理警告"。也就是说，这并
不是人们可以合理预期的政策变化，而更像是一种在外国投资决策中赌博下注。
但全球市场真的就像赌场吗？

当然，在外国投资就像是一种赌博。所有政府几乎都会持续地就一系列问
题作出监管决定，可以看出，其中的许多问题最终都会对公司投资的价值产生
不利影响，要么减少公司的潜在利润，要么造成直接损失。在西方石油公司诉
厄瓜多尔（Occidental vs. Ecuador）一案中（此案根据美国—厄瓜多尔双边投
资协定起诉），仲裁庭以"合理预期"为由裁定"确实有义务不改变投资所处的

---

⑭ 在斯坎伦（Scanlon 1998）看来，条件（1）可能不符合他提出的禁止操纵预先建立的期望
的原则（p.298），也不符合他提出的在建立期望时需要充分谨慎的原则（p.300）；条件（2）可能无
法做到采取合理步骤的要求，以防止投资者在他人有意或无意的引导下，相信他人会遵循某一行动
方针从而可能遭受损失（pp.300ff.）。这并不要求真正防止损失，但如果确实存在这种要求，可选
择的方式也有很多。这一原则在警告、履行和赔偿之间保持中立。

法律和商业环境"。所谓的理由是"稳定性"：

虽然协定没有定义公平公正待遇，但序言部分明确记录了缔约方的一致意见，即这种待遇"是可取的，以便维持一个稳定的投资框架和最大限度地有效利用经济资源"，因此，法律和商业框架的稳定性是公平公正待遇的一个重要因素。⑮

这种情况出人意料。正如美国政府在回绝某个投资者与国家之间的争端时成功辩解的那样，"如果禁止各国以任何损害预期结果的方式进行监管——或者必须对任何利润减少进行补偿——那么它们将失去监管的权力"。⑯如果没有让输家承受损失，或者让其只能在最后或间接地得到补偿的自由，那么监管的权力肯定会受到阻碍。"监管寒流"很容易变成极度寒冷。

特别是在制度薄弱或产业相对不规范的国家，谨慎的投资者要根据当地的情况和前景调整预期，并据此下注。在正常情况下，公司可能要根据法律和政策不断调整，并让咨询公司进行"主权风险"评估。因此，在符合公共利益的新法规宣布或公开辩论之前，它无权提前收到通知。最重要的是，即使作为公平待遇的"最低"标准，它也无权要求不因监管行动而遭受损失。无论运气如何，如果公司最初确实自愿承担投资风险，并拥有合理的选择方案（任何投资者总是可以仅仅"持有"赌注或在其他地方下注），它将对结果承担全部责任。的确，东道国可以合理地拒绝让它支付赔偿金的要求，而且更重要的是，它还可以对提出这种有异议的赔偿的投资者与国家争端解决机制表示反对。因此，在仲裁庭裁判时，"公平公正待遇"条款应当按照不造成公共成本的假定来进行解释。损失只有在特殊情况下才可能得到赔偿。并且当损害被不公平地要求赔偿时，国家也可以合理地拒绝支付。

五、嵌入式经济

简而言之，背信场景不符合经济现实——也就是说，不符合组织真正意义

---

⑮⑯ Glamis Gold，Ltd vs. United States of America.

上的国际商业活动的政治经济的一般现实，包括人们普遍理解的预期情况。在 218
我们所知的全球经济中，对于正在进行的投资赌博，外国投资者通常会得到合
理警告，在这种情况下，支付赔偿是不必要的，而且具有争议。

前面概述的抽象契约主义道德推理（它也可能支持背信场景）并未提供此
结论。这个问题也是一个有道德依据的社会解释问题，涉及组织全球经济关系
的社会实践的性质（James 2005，2013）。赌场是由一定的对承担风险的预期构
成的，这些预期是从更大的社会目的（即无害赌博的乐趣）出发而设定的。在
许多情况下，一种特定的赌博行为被"嵌入"和组织在某种社会实践中，它反
过来塑造我们对其道德正当性以及它可能合法或公正地主张的权利的认识。在
国际商业的背景下，正是基于这些（也许是隐含的）社会理解，在司法或仲裁程
序中主张就其损失进行索赔的权利的行为，让人对投资的性质感到困惑。这一诉
求并未关注社会理解，在社会理解中，这种冒险行为是适当的，并有益于社会。

笔者在其他地方对全球经济中的公平问题进行了总体阐述，进而对组织国
际商业的社会结构进行了解释性描述（James 2012）。正如我们所知，全球经济
不仅是在现代领土国家体系中组织起来的，在现代领土国家体系中，不同领土
管辖范围内的政治单位默认都要遵守不干涉义务。根据关于自由贸易、两次世
界大战之间关于保障的问题和战后国际政治经济史的标准经济（standard eco-
nomic）情况，将贸易理解为"嵌入"于国际社会实践中是最合适的，具体而
言，在这种社会实践中，不同国家相互依托共同的市场（涉及货物、服务和资
本），（通过专业化的比较优势、规模经济和技术传播）以增加其国民收入
（James 2012，chap.2）。参与相互依存市场实践的国家，通过开放边界和或多或
少地遵守市场依托的期望，可要求公平分享由国际合作而增加的国民收入
（James 2012，chap.6）。⑰

根据上述建设性解释，通过契约主义推理，笔者赞同"结构性公平"的三
个一般原则，这三个一般原则涉及国际和国内法律、预期以及政策如何在国家 219

---

⑰ 除了某些特殊情况外，这种观点与契约主义对个人之间的加总或平均的禁止相一致。在笔
者看来，社会团体在增加国家财富方面有国家经济利益（或者说，个人在增加国家财富方面有其团
体利益）。这包括了例如政党的核心主张，不同政党的主张会被相互比较，但不会产生直接的效用
加总。

之间和各自阶层内分配贸易收益（James 2012，chap.7）。这些原则具有国际性而非"世界性"的结构，它与贸易法律和实践的国际性质及其增加国民收入的组织目标相称。国际合作带来的收益首先应在各国之间分配，之后公民从其国家的应得份额中获得公平份额。⑱

相应地，既然众所周知贸易的目的是让各国增加国民收入，投资者完全可以期待政府采取促进这一目的的贸易政策和国内政策。如果政府在投资条约条款中向外国投资者提供特殊保障是明智之举，那么这种做法的基本理由就是为了国家长远的国民经济利益，并促进商业发展。而且，由于投资者可以合理预期未来一直会有为公众利益而进行的监管，因此他们承担着监管调整可能带来损失的风险。如果投资者无论如何都要求赔偿其损失，而忽略从长远来看有利于国家总体利益的事物，那他们就没有认识到允许跨国投资并使之合法化的社会目的。

事实就是如此，不是因为它是抽象的道德真理，而是源于对贸易实践的社会理解。假如有足够多的形塑预期的投资者协议出现，这种理解是否会改变？也许会，但在一个嵌入国家体系的全球经济中，这并不容易。尽管跨国关系不断增加，但在可预见的未来中，这种理解仍将是基本的、占主导地位的。因此，如果投资条约本身在国际商业中塑造了投资者预期，那么基本的社会实践就具有解释性和规范性的优先地位，使其在众多条约中的表达受到广泛批评。

由于投资者自愿承担外国投资的风险，他们应该明白，任何关于"非歧视性"或"公平公正待遇"的诉求都必须服从于国家的更大利益。在相对自由的贸易下，企业可以冒险，但损失的风险被公平地转移到投资者身上，而不是转移到公众身上。⑲如果政府明智地承担其中一些风险，从而进一步鼓励服务于国家利益的投资，那么风险只会在实现社会目标所必需的程度上被承担。投资者总是可以避免在海外投资的麻烦，因此，对于那些已经投资的人来说，令其承担他们赌博的全部风险是完全公平的。

220　我们可能会补充说，投资者与国家争端解决机制的功能创造了不对称的权

---

⑱　关于 James（2012）之外的更多讨论，包括对反对意见的答复，见 James（2014a，2014b）。

⑲　除了实际产生的成本或收益外，风险的分配在本质上具有重要意义。

力关系，并且它们作为一种互惠的预期，也带来了特殊的责任。[20]国家作为公共权力的基本载体，负主要责任，任何将国家公共监管（或者放松监管）权力转移给第三方受益人（如企业）行使的，实现相关治理功能的责任也需要相应地被转移（至少部分地转移）。由此，企业会因其承担了与公共利益存在合理关联的政府监管功能而被要求为所遭受的损失承担责任。即使企业有进一步的公平诉求，它也已经受益于权力和它的特权，这可以补偿经济损失，甚至不用赔偿损害。在某种程度上，它已经得到合理的利益了。

因此，在仲裁庭裁判时，即使是按照"最低标准"，什么是"公平公正待遇"也应当按照有利于公共利益的方式去衡量，并且要以防止为公共目标进行的监管出现失灵风险为其基本假设。尽管"非歧视性"在国际法中处于核心地位，也必须据此对其进行解读。贸易法只是国际贸易实践的一部分。非歧视性规范（最惠国规则和国民待遇规则）只是其工具之一。相反，将"非歧视性"理解为外国投资者和国内投资者的待遇相同或相似，而不仅仅是公平和公正，就是把政策工具提升到原则层面，或者正如边沁所说，把法律与道德混为一谈。

六、自然权利

让我们回到投资者在任何此类社会理解或协议之前即享有自然权利的话题。边沁在这一点上尤其不屑一顾："自然权利简直是胡言乱语：自然的和不可侵犯的权利，在修辞上毫无意义……"（Bentham 1843，501）但他的观点可能过于谨慎。假设投资者像笔者所主张的那样，并没有在我们所知的贸易实践中过分要求特殊保护，那为什么说称这种诉求为"自然权利"会改变这个平衡等式呢？除了修辞夸大外还加了什么？

我们假设外国投资者在其经济利益和信赖利益方面有道德上的相关利益或诉求。问题是，这种"诉求"是否只会产生相关利益，或者它仅仅只是没有特殊重要性的诉求。同样，我们可以假设投资者具有罗尔斯所说的"正当期待"，如果某人做出某些行为——这里指在国外投资，那么他就会期望在这个行为体 221

---

[20]　Topal（MS）；另见 Stiglitz（2008）和 Kobrin（2009）。

系中能够要求获得回报（Rawls 1971，311，James 2012，239—241）。即使如此，这种要求对在一开始如何设计更大的回报制度没有影响。在一个不公平的体系中，他们只能提供一种考虑公平的方式。

也许在某些情况下，相关的利益或诉求将是决定性的。然而，背景很重要，在不同背景下，完全相同的利益或诉求的相对力量可能会有所变化和减弱。在笔者所说的背信场景中，笔者承认，以某些假设为前提时，投资者的诉求可能的确偏向于特殊的投资者保护。即使在这里，把这一诉求称为"自然"权利，也不需要补充什么，因为它已经具有决定性。问题是，如果我们在一个十分不同的"预期情形"中转向现代国际政治经济条件，是否会有任何差异？如笔者所言，如果投资者自愿承担失败的风险，即使这种失败是由政府行为导致，那么我们的问题依然存在：为什么诉诸"自然权利"以寻求赔偿会产生不同？为什么相关利益或诉求会突然起决定性作用呢？

七、承　诺

到目前为止，我们的主要问题是，目前的投资协议是否应该在一开始就签订。诉诸诚信的最强有力的自然权利论证，是以已经达成的协议为起点的。无论现有投资条约多么不公正，无论继续执行这些条约多么不明智，只要它们不被撤销，国家就有履行承诺的自然义务，投资者也有权在有利的仲裁裁决下获得预先承诺的损失赔偿。我们是否又回到了背信场景之中？

不一定。即使各国确实有履行条约协议的自然约定义务，但它只是对其他国家，即与之签订协议的各方所承担的义务，而不是对任何外国投资者所承担的义务。当投资者没有得到国家之间协议所承诺的待遇时，即使发生巨大的投资损失，受损害方仍然是投资者的来源国或通过其他方式与之有联系的国家。

外商直接投资通常与行政合同无关，因此不会产生这种约定的权利和义务。当主权债务合同被视为投资时，这可能是例外。[21]政府向公司或个人借款，并与222他们签订非常明确的合同，在规定的时限内连本带利偿还贷款。这是否包含了

㉑　由于最近的一些条约将主权债务算作一种投资，因此债务重组可被视为"间接征收"。

一种约定的偿还义务？从某些分析来看并非如此：缔约方要么继续履行合同，要么就要承担某种适当的补救责任（Holmes 1897，457，462）。阿根廷在 2001 年金融危机之初，就很正确地重组了其债券，不论外国债券持有人是否同意，也不管是否能够得到全额赔偿。

假设我们承认合同确实是承诺（Shiffrin 2007，2012a），正如美国对阿根廷的一项裁决所假定的那样（"我们认为阿根廷违反了其承诺"）。[22]为什么它们会产生约定义务？有个答案与预期的产生有关。根据斯坎伦的忠诚原则（"Principle F"），为了给别人保证而故意对自己的未来行为设定预期，然后在没有解除这些预期的情况下使其落空，这种做法是不对的（Scanlon 1998，304）。投资条约确实创造了预期，在这种情况下，如果没有特殊的合理原因，政府就应该履行对投资者的承诺。一些哲学家怀疑这是否会产生彻底的约定权利，在"权利"的意义上它涉及适当的义务和请求权（Gilbert 2004，Owens 2012）。假设我们可以这样说，在某种恰当的意义上，投资者"有权信赖"政府创造的预期，因为政府不履行承诺是错误的。

这是否意味着投资者有权获得赔偿？并不是。即便建立了投资者与国家争端解决机制，并且投资者的预期得以强化，但是国家对协议负有诚信义务以及投资者有信赖的权利这个事实并不能解决违反协议时要采取何种行动。如果一个国家未能守约，那么关于法律制度应如何解决或是否应解决这一问题，就没有下文了——至少在没有进一步论证的情况下是如此。[23]法院或仲裁庭可基于效率、贸易国的利益或结构性公平等理由采取任何补救措施。即使是违反了一项非常明确的主权债务合同，当法院认定合同约定义务没有得到履行时，仍然需要更多理由来要求按最初承诺的条件进行偿还。补救的"背景规则（background rules）"可能很容易受到关乎社会公平的更多考虑的影响（例如，最近金融危机造成的巨大成本，以及满足先前工资或养老金承诺的需要）。[24]

---

[22]　NML Capital，Ltd vs. Republic Argentina.

[23]　Craswell（1989）. Keating（2012）对所有权利都提出了这样的观点：违反协议后应该怎么做，这是一个单独的次优选择问题。即使是从承诺的意义和价值到违约赔偿的义务的不同观点，最终也会导致不同的实质性赔偿义务，因为它们在意义和价值问题上有所不同。

[24]　优先考虑国内债券持有人对于解决金融危机或保障工资和养老金是必要的。因此，根据公平公正待遇，即便是"非歧视"原则也会被压缩。

223　承诺和合同几乎都有免责限制。如果因为特殊原因或情有可原的情况而可以不履行，那么就因其并非不正当违约而不会导致补救责任。或者，尽管有某些公开声明或书面协议，但由于承诺是不道德的，或与先前的约定义务相冲突，那么该承诺自始并未成功作出（Shiffrin 2012b）。但即使作出了承诺，并成功地创设了义务，约定的权利仍有可能受到合理的侵犯。根据某些观点，原来的义务就消失了，且没有留下道德上的待解决问题。但是，即使如一些理论家所称，真正的约定权利继续提供相关且重要的对价——甚至在一开始就错误作出承诺的情况下，这一点仍然成立。尽管如此，在这种情况下考虑所有方面，该违约行为仍然是合理正当的（Thompson 1992，Gilbert 2006）。因此，即使投资条约产生了真正的约定权利，但是出于社会公平的原因，它们仍然可能是无效的，可以被合理违反的，或者是不可执行的。即使权利不是完全无效，而是在某种意义上继续存在，它也几乎无法要求任何赔偿。

有人可能会补充认为，违反承诺的一方当然地对在可预期损害中受损的一方负有支付赔偿的补救责任（Fried 1981）。在这里，投资条约又提出了一个错配问题：如果"受损方"是约定权利的享有者，则该当事方将是投资者的母国，而不是遭受经济损失的个人或公司。而如果国家有权利因不当行为得到补偿，那么出于福利、效率或公平的原因，国家可能不会向投资者支付其应得的赔偿。但是，让我们先把这个问题放在一边。我们假设，不守信用的国家有义务对受害方进行赔偿，因此，投资者"有权"要求国家对他们造成的经济损失进行赔偿。问题仍然存在：在国际政治经济的正常情况下，这种权利是否足够重要而能够产生影响？为什么要使它优先于对福利、效率或公平的考虑呢？

关于它为什么具有优先性的问题很难解答。实践中合理赔偿的观念是在多种考虑的影响下形成的。虽然货币赔偿充其量只是对任何实际损害的一种非常不完美的近似赔偿，但我们假定一旦确定了一个近似数字，这个问题就得以解决。这说明可行性与实际欠款的相关性。然而，如果赔款会给不守信用的一方造成不合理的负担，则所赔偿费用会更少。通常损害程度的评估会根据公平原则进行，如果各方都是一种持续的、普遍受益的关系中的一部分，那么它肯定是相关的。在更大的关系中，任何关于公平性的背景考虑都可能会形成"不合理的"负担，在这种情况下，我们又回到了原点：投资者自愿承担投资损失的

风险，因此应该为其损失承担责任，而不是期望赔偿。在特殊情况下，也许某   224
种赔偿措施是适当的。即使如此，由于风险是自愿承担的，损失是"公平公正
的"，通常的推定是不需要进行赔偿。

这就涉及投资者的最后立场。为什么不要求人们对违约赔偿有严格的或
"绝对的"——只有在受损方授权免除后才能被削弱的——自然权利？这里我们
会直接反驳：考虑到任何可能的其他因素，实际上赋予这种"权利"无限的权
重是极其不合理的。

当然，如果国家确实承诺支付赔偿，或者有其他充分的正当理由，在受损
方没有明确表示免除的情况下国家支付赔款并不总是完全错误。[25]这引起了关于
权利相对于其他价值的效力的问题，这个问题可以用权利冲突来表示
（Waldron 1989，508ff.）。为什么这些权利会优先于社会契约中所确立的其社会
成员所享有的同等或更严格的权利？对于一个被授权代表其成员作出决定的政
府来说，不管方式多么不民主，无论是支付对投资者的赔款，还是削减基本社
会服务，都不必被视为公平问题。这（或许也）是权利的冲突。因此，即使所
有权利都优先于所有对福利或公平的诉求，问题依然存在：为什么投资者的权
利要比社会成员的权利分量更重呢？

同样，外国投资是自愿进行的。决定不在国外赌钱相对更容易（远比避开
国内赌场要容易得多）。很少有社会成员能够对是否向投资者支付赔款有真正的
选择权，可以的人通常能对他们的政治产生巨大的影响。如果说投资者可以在
他们的冒险中保持谨慎冒险，那么公民往往只能接受风险（如果他离开这个国
家，目的地国家的政府会有什么不同做法）。

八、结论：胡说八道

可以说，代表投资者要求绝对的自然权利就是要求哲学上的无政府主
义——这是对构成和嵌入我们所熟悉的那种全球经济所需的国家制度和国际关

---

[25] 正如诺齐克（Nozick 1974）所承认的那样，甚至是在将权利视为"边际约束"的情况下。

系的反对。㉖然而，如果某种自发有序的市场关系有可能以某种方式出现并在全球范围内蔓延，这种可能性对我们的未来而言并不可信，尽管我们经常认同这一哲学虚构。这就提出了一个问题：在当代全球经济背景下，类似这种要求权利的强烈诉求是否有意义？

它们的实际意义十分不确定。在当代生活中，它们似乎以进行贸易实践为前提，作为投资跨境流动可能性的一个嵌入条件。然而，这种实践很有可能受到质疑，所以也不存在预设。到底哪个是对的？有预设前提，还是没有预设前提？

可以肯定的是，一个人可以（在街角或在仲裁会议上）站出来，对绝对的"投资者权利"提出明确的诉求，同时为了明确起见而必须指出，正如边沁所说的，该诉求是"不可剥夺的"。人们可以明确指出（作为警告），一个人的诉求并不针对进行贸易实践。它并不是针对我们所知的法律和治理而提出的关于正常行使其权力的具体要求。如果说它需要什么的话，那就是需要一个完全未知的、可能难以想象的世界状态，没有任何人知道如何实施甚至在实践中推进这种状态。按照这种理解，一个人当然可以在荒野中发出有意义的呼喊，而不必声称要付诸实践。但从某种重要的意义上说，对于任何可能知道如何采取行动的人而言，它"不可剥夺"，但又没有任何规定，那它肯定没有实际意义。不谈"权利"，只谈"理想"，人们可能不那么困惑。也许人们要求的是一个"理想的世界"，一个投资者的乌托邦，在这个世界里投资者确实被赋予了臆想的重大权利。

如果持这种看法的人忘记了警告呢？作为对权力如何行使（仲裁庭可以命令政府赔偿损害）的观点，对投资者"权利"的诉求被认为具有重大的决定性意义（例如，仲裁律师在内部审议中会这样认为），而且专门回应了贸易实践中的国际法律制度问题。从某种程度上说，如果该诉求同样是为了废除这些制度，那么这就会让人感到困惑。考虑一下某人会如何在发表言论后对某些问题进行澄清。如果不是出于其为人所理解的目标，而只是为了显示自身的失败，法律权力会被使用吗？或者只是为了播下革命的火种？但是如果答案是肯定的，那

㉖　Simmons（2009）会直接回复："这对国家来说更糟糕。"

么该诉求的方向错误或者没有接收对象自然成为反驳理由。"你的抱怨不是针对这个政府，或者这个仲裁庭"，有人可能会说，"如果你在和人说话，那应该是在与上帝或者全人类说"。

人们可以通过在某个实践的社会理解范围内发言，有意义地对该实践提出权利诉求。这些理解能够作为前提条件，使权利诉求具有潜在的真值。目前的这类权利诉求排斥和无视相应的社会理解，削弱了使其获得自身意义的一个条件。在仲裁庭正激烈地审议时提出这样一种权利主张，该诉求会被视为一种令人困惑的胡言乱语。提出此种主张的人发表看法并且自称这是真理，但又破坏了该诉求具有真值所需的条件。意识到这一点了还继续说下去，那就是不顾事实、虚张声势或胡说八道了。

当然，这可能很好地发挥权力和利益的作用。穿一身考究的西装，大声地、愤怒地、语气严肃地讲话，这可能有助于提高某人的修辞能力。胡言乱语最好是"踩在高跷上（on stilts）"。跨国公司及其律师不会因为担心滥用简单的道德意义，害羞到对他们支持或反对的诉求提出谨慎的警告和澄清。但是法律人和决策者都不会听——他们不会听胡言乱语，更不会听高跷上的胡言乱语。[27]

参考文献 ————————————————————————————

Aisbett，Emma. 2007. "Bilateral Investment Treaties and Foreign Direct Investment: Correlation versus Causation." CUDARE Working Paper 1032. Berkeley. University of California.

Bentham，Jeremy. 1843. "Anarchical Fallacies." In The Works of Jeremy Bentham，vol.2，edited by John Bowring. Edinburgh: William Tait.

Craswell，Richard. 1989. "Default Rules, and the Philosophy of Promising." Michigan Law Review 88(3)，489—529.

Dolzer，Rudolf. 2014. "Fair and Equitable Treatment: Today's Contours." Santa Clara Journal of International Law 12(1)，7—33.

————————————

[27]　感谢 Margaret Gilbert、Bob Goodin、Jeff Helmreich、Caroline Henckels、Jarrod Hepburn、Lisa Herzog、Matt Lindauer、Greg Shaffer、Nic Southwood 和 L.K.（"Lulu"）Weis 的评论。笔者也感谢在墨尔本法学院、澳大利亚国立大学和麦吉尔大学 GRIPP 与笔者讨论的人，以及笔者在加州大学欧文分校 2014 年研讨会上的学生。

Egger, Peter H., and Valeria Merlo. 2007. "The Impact of Bilateral Investment Treaties on Foreign Direct Investment." Journal of Comparative Economics 30(10), 1536—1549.

Fiss, Owen M. 1984. "Against Settlement." The Yale Law Journal 93(6), 1073—1090.

Frankfurt, Harry. 2005. On Bullshit. Princeton: Princeton University Press.

Frege, Gottlob. 1980. "On Sense and Reference." In Translations from the Philosophical Writings of Gottlob Frege, edited and translated by P. Geach and M. Black. Oxford: Blackwell Press, 157—177.

Fried, Charles. 1981. Contracts As Promise. Cambridge, MA: Harvard University Press.

Gilbert, Margaret. 2004. "Scanlon on Promissory Obligation." Journal of Philosophy 101(2), 83—109.

Gilbert, Margaret. 2006. A Theory of Political Obligation: Membership, Commitment, and the Bonds of Society. Oxford: Oxford University Press.

Hallward-Driemeier, Mary. 2003. "Do Bilateral Investment Treaties Attract FDI: Only a Bit.... And They Could Bite." World Bank Policy Research Paper 3121—2003, Washington, DC.

Holmes Jr., Oliver Wendell. 1897. "The Path of the Law." Harvard Law Review 10, 457—478.

James, Aaron. 2005. "Constructing Justice for Existing Practice: Rawls and the Status Quo." Philosophy and Public Affairs 3(33), 281—316.

James, Aaron. 2012. Fairness in Practice: A Social Contract for a Global Economy. New York: Oxford University Press.

James, Aaron. 2013. "Why Practices?" Raison Politiques 51, 43—62.

James, Aaron. 2014a. "A Theory of Fairness in Trade." Moral Philosophy and Politics 1(2), 177—200.

James, Aaron. 2014b. "Reply to Critics." Canadian Journal of Philosophy 44(2), 286—304.

James, Aaron. Forthcoming. "The Distinctive Signififfcance of Systemic Risk." Ratio Juris.

Keating, Greg. 2012. "The Priority of Respect over Repair." Legal Theory 18, 293—337.

Kobrin, Stephen J. 2009. "Private Political Authority and Public Responsibility." Business Ethics Quarterly 19(3), 349—374.

Lesher, Molly, and Sébastien Miroudot. 2006. "Analysis of the Economic Impact of Investment Provisions in Regional Trade Agreements." OECD Trade Policy Working Paper No.36. Paris: OECD.

Mill，John Stuart. 1987. Utilitarianism and Other Essays. New York：Penguin.

Minor，Michael S. 1994. "The Demise of Expropriation as an Instrument of LDC Policy，1980—1992." Journal of International Business Studies 25，177—188.

Neumayer，Eric，and Laura Spess. 2005. "Do Bilateral Investment Treaties Increase Foreign Direct Investment to Developing Countries?" World Development 33(10)，1567—1585.

Nozick，Robert. 1974. Anarchy，State，Utopia. New York：Basic Books.

Owens，David. 2012. Shaping the Normative Landscape. Oxford：Oxford University Press.

Rawls，John. 1971. A Theory of Justice. Cambridge，MA：Harvard University Press.

Raz，Joseph. 1984. "On the Nature of Rights." Mind XCIII(370)，194—214.

Sachs，Lisa，and Karl P. Sauvant，eds. 2009. The Effect of Treaties on Foreign Direct Investment：Bilateral Investment Treaties，Double Taxation Treaties，and Investment Flows. New York：Oxford University Press.

Salacuse，Jeswald W.，and Nicholas P. Sullivan. 2005. "Do BITs Really Work? An Evaluation of Bilateral Investment Treaties and Their Grand Bargain." Harvard International Law Journal 46，67—129.

Scanlon，Thomas M. 1998. What We Owe to Each Other. Cambridge，MA：Harvard University Press.

Scanlon，Thomas M. 2003. The Difficulty of Tolerance. Cambridge：Cambridge University Press.

Shiffrin，Seanna. 2007. "The Divergence of Contract and Promises." Harvard Law Review 120，708—753.

Shiffrin，Seanna. 2012a. "Are Contracts Promises?" In Routledge Companion to Philosophy of Law，edited by Andrei Marmor. New York：Routledge，241—258.

Shiffrin，Seanna. 2012b. "Immoral，Conflicting，and Redundant Promises." In Reasons and Recognition：Essays on the Philosophy of T. M. Scanlon，edited by R. Jay Wallace，Rahul Kumar，and Samuel Freeman. New York：Oxford University Press，155—178.

Simmons，A. John. 2009. MS. "Philosophical Anarchism"(February 16). http：//ssrn. com/abstract＝1344425(accessed October 26，2016).

Stiglitz，Joseph E. 2008. "2007 Grotius Lecture Regulating Multinational Corporations：Towards Principles of Cross-Border Legal Frameworks in a Globalized World Balancing Rights with Responsibilities." American University International Law Review 23(3)，450—558.

Thompson，Judith Jarvis. 1992. The Realmof Rights. Cambridge，MA：Harvard University Press.

Tienhaara，Kyla. 2011. "Regulatory Chill and the Threat of Arbitration：A View from Political Science." In Evolution in Investment Treaty Law and Arbitration, edited by C. Brown and K. Miles. Cambridge: Cambridge University Press, 606—628.

Topal, Julien. MS. "Grounding Corporate Responsibilities."

Van Harten, Gus. 2007. Investor-State Arbitration and Public Law. Oxford: Oxford University Press.

Waldron, Jeremy. 1989. å "Rights in Conflflict." Ethics 99(3), 503—519.

Yackee, Jason. 2007. "Do BITs Really Work?: Revisiting the Empirical Link Between Investment Treaties and Foreign Direct Investment." Legal Studies Research Paper Series, Paper No. 1054. Wisconsin: University of Wisconsin Law School.

Yackee, Jason W. 2010. "Do Bilateral Investment Treaties Promote Foreign Direct Investment? Some Hints from Alternative Evidence." Virginia Journal of International Law 51, 397—442.

第三编
机构和实践

第十章

中央银行的规范维度:金融市场的守护者如何影响公平?

彼得·迪特施

一、导　论

在政府和金融市场之间发挥连接作用是中央银行的一个显著特征 231
(Singleton 2010，4ff.)。中央银行代表政府制定货币政策，为政府提供银行业务
的服务，并在管理公债方面发挥作用；同时，它们还充当商业银行的银行和私
人银行部门余额的清算所，并在银行业履行重要的监管职能。鉴于中央银行是
金融市场的主要守护者之一，任何对公平金融市场的描述自然包括对中央银行
的角色和行动的规范性审查。

在这种情况下，应区分中央银行的两种作用。第一，中央银行作为监管者
(或者用今天的话说，宏观审慎政策制定者)的职责是促进金融稳定，即降低金
融危机的风险；第二，中央银行的任务是确保经济运行中的价格稳定，也就是
更狭义的货币政策。这两项职能的行使与金融市场功能的发挥是交织在一起的，
而且这两个方面都提出了规范性问题。尽管这两种角色不可能完全割裂开来，
但本章将重点讨论第二个方面。

近几十年来，规范性讨论的重点已经不再是货币政策了。①规范审查的重点
是宏观经济政策的另一个支柱——财政政策。从制度上看，这种情况体现在中央 232
银行独立性理论上。货币政策已被认为是一项技术官僚的工作，其最好由一组专

---

① 但也有例外，例如最近方汀等人对中央银行与不平等之间关系的评估。参见 Fontan et. al
(2016)。

家来执行，专家的任务可能由政治家指定，但他们的工作与政治家的又有所不同。

考虑到 2008 年全球金融危机爆发以来发生的事件，以这种方式使货币政策免于规范性审查似乎已不合时宜。由于资本的税收竞争等外部约束（如 Dietsch 2015，Dietsch and Rixen 2014）和为控制公债的进一步增长而自我实施的紧缩（austerity）政策（Blyth 2013），财政政策的回旋余地被严重压缩，货币政策成为当今宏观经济政策的首要工具。出于审慎以及更广泛的规范性原因，这个问题值得关注。虽然在危机前的世界里，可以说货币政策对收入和财富分配的影响以及从民主自决的角度来看是相对温和的，但对于近年来采用的非常规货币政策来说，这一点可以说已经不再属实。此外，例如，美联储 2008 年的会议记录显示，非常规政策的有效性及其对其他社会目标的影响在理论和实践上都存在很大的不确定性。

具体而言，我们可以区分货币政策的三个规范维度。第一，分配维度：货币政策是否对收入和财富的分配有重大影响，如果有，它会如何影响决策？第二，民主维度：当一方面是最有利于生活在相关货币区的公民经济利益的货币政策，另一方面是考虑到全球金融市场反应的最优货币政策，两者之间出现紧张关系时，我们应该如何解决这种紧张关系？第三，跨境维度：当一个国家的货币政策通过国际资本流动对其他地方的人民产生影响时，中央银行在制定政策时是否应该考虑这种影响，如果是又如何考虑？

本章集中讨论其中的前两个维度。[②]虽然第三个维度在今天并非无关紧要，但货币政策所引发的国际问题与国内问题不同。例如，新兴市场的资本流出，回应了美联储在 2013 年对资产收购"缩减"的讨论（Wigglesworth et al. 2013），就证明了这一点。

233　　本章的结构如下。第二部分首先向不熟悉货币政策的人介绍了货币政策，阐述货币政策的目标以及为实现这些目标而采用的手段。这一部分初步填补了笔者随后的论证所依赖的经验和概念前提。然后，笔者将讨论货币政策的分配维度（第三部分）。这一部分首先讨论货币政策如何影响不平等的事实问题，然后再是我们应该如何应对这种影响的规范和制度问题。最后，本章第四部分讨

---

②　关于第三维度的开创性讨论，见雷迪（Reddy 2003）。

论货币政策与民主合法性之间的紧张关系。

二、货币政策的目标和手段

货币政策的主要目标是什么？用经济术语来说，中央银行的目标职能应该是什么？政府将其社会福利职能的某些方面委托给中央银行履行，并在交给中央银行的任务中确定了目标职能。但这在实践中究竟意味着什么？在货币政策方面，经济福利可以分解为哪些具体的社会目标？我们需要先弄清楚现代货币理论中的目标职能是如何定义的，然后才能问是否应该包括其他社会目标，如果包括的话，如何包括。

对于很多人来说，首先想到的货币政策目标是物价稳定，也就是在促进低通胀的同时避免通货紧缩。为什么低通胀也是一个值得我们追求的目标呢？在此可以援引几个理由。③第一，由于通货膨胀实际上是对名义资产——即不与通货膨胀挂钩的资产——所征收的税款，因此它造成了扭曲效应；在没有通货膨胀的情况下，人们持有的名义资产会更少。第二，通货膨胀是糟糕的，因为它造成了不确定性。特别是在通货膨胀率较高的情况下，历史上往往会出现较大的波动，经济主体会无法确定货币的未来价值。这使他们的决策复杂化，例如，可能使他们不愿进行长期投资。第三，即使不考虑不确定性，通货膨胀也会造成相对的价格离散；鉴于人们签订的经济合同的期限是可变的，当通货膨胀预期发生变化时，只有部分人能够调整合同。而不能修改合同的人，在合同期内将受困于低效率的价格。

相反，货币政策的目的是避免通货紧缩，因为它会产生相反方向的扭曲效应。当货币相比于其他资产增值时，人们就有动力持有现金，而不是投资或消费。④这将对经济增长产生负面影响。⑤

234

---

③　从当代货币理论的角度来看，关于价格稳定重要性的代表性论述，请参见伍德福德（Woodford 2003，chap.6）。

④　例如，统计数据显示，日本人鉴于他们在通货紧缩方面的糟糕经历，倾向于将很大一部分储蓄转为现金存款（见 Saiki and Frost 2014，5）。

⑤　奥地利经济学家不同意这种观点。他们认为，由于技术进步而不是需求不足导致的通货紧缩是没有问题的，而且是与经济增长相容的。

　　价格稳定是中央银行任务中的第一项，往往也是唯一的一项。第二项任务是促进就业，这只在一部分国家才是明确的目标。美国是最典型的例子。尽管欧洲央行以只关注价格稳定而闻名，但《欧洲联盟运行条约》第 127 条第 1 款也要求欧洲央行"支持联盟的一般政策"包括促进就业，而前提是不"损害价格稳定的目标"。一般来说，即使就业不在他们的能力清单（list of competences）上，中央银行行长们也知道，忽视高失业率可能会导致他们的任务发生变化。

　　最后，维护金融稳定是中央银行的第三个任务。⑥中央银行应帮助商业银行克服到期转型带来的流动性困境，⑦以确保银行不承担过高的金融风险，并发现和防止潜在的资产价格泡沫。自从全球金融危机爆发以来，货币政策的第三个目标已经占据了中心位置；例如，欧洲央行已经正式落实了在维护金融稳定方面的责任（Fontan 2013）。⑧

　　综上所述，可以说价格稳定、就业和金融稳定被认为是当今货币政策的主要目标，其中价格稳定是首要目标（primus inter pares）。中央银行是如何实现这三个目标的呢？

　　中央银行有两个主要的、相互关联的政策工具可以使用，⑨设定利率和公开市场操作（open-market operation，OMOs）。我们需要区分两种利率。第一，也是最重要的，中央银行为货币市场利率（money market rate）（或美国的联邦基金利率）设定了一个目标水平，银行和其他金融机构以这个目标水平相互借贷资金。然后，中央银行利用公开市场操作，即买卖短期政府债券，来影响这个银行间利率。⑩第二，中央银行设定贴现率（discount rate）（或欧洲央行所

235

---

⑥　学术界和中央银行家对金融稳定是否应该是中央银行的目标之一进行了激烈的辩论。有些人认为，有效促进价格稳定的前提是狭隘的任务范围，该范围排除了其他目标（如 Issing et al. 2001）；另一些人则认为，中央银行流动性管理的稳定功能构成了中央银行的本质（Goodhart 2010，9），因此他们支持更广泛的任务范围。考虑到本章的目的，笔者暂且不讨论这一争论。

⑦　即在部分准备金银行制度（fractional reserve banking）下，商业银行倾向于借相对较短的期限内的钱，而在相对较长的时间内放贷。

⑧　如导论所述，本章只关注通过货币政策带来的金融稳定，而将宏观审慎政策放在一边。

⑨　笔者感谢亚历克斯·巴尔卡维（Alex Barkawi）对本部分的意见。

⑩　当中央银行购买政府债券时，就会支撑其价格，并通过价格和收益率之间的反向关系，保持其收益率，从而保持货币市场利率的低位。相反，当中央银行出售债券时，就会提高货币市场利率。

说的边际贷款机制的利率),即银行从中央银行借钱的利率。值得注意的是,中央银行的短期贷款构成了商业银行满足其准备金要求战略的一部分。

量化宽松政策(quantitative easing)是指为应对金融危机而采取的非常规货币政策,它与正常时期的情况有以下不同。第一个不同的特点是持续期间,所采用的公开市场操作的永久性与临时性。在正常情况下,公开市场操作涉及买入或卖出短期政府债券,是临时性的,因为它们涉及回购协议。自金融危机以来,公开市场操作的目标已变为长期政府债券,[11]它们的回购协议覆盖的时间跨度越来越长,[12]并且它们从合同中完全删除了回购协议。自危机以来,正是后一种永久性的公开市场操作或直接购买证券导致了中央银行资产负债表的激增。[13]在一些量化宽松政策的情况下,它与平时情况的第二个区别在于公开市场操作中买卖证券的资产类别。特别是当中央银行的目标是修复银行的资产负债表时,其量化宽松方案很可能会针对抵押贷款支持证券等已经变质的资产。[14]

在讨论货币政策如何影响收入和财富的不平等问题之前,笔者先就中央银行政策在实现上述目标方面的有效性谈三点看法。第一,在正常情况下,近年来中央银行政策对货币市场的杠杆率可以说是下降的。为什么呢?回购市场和欧洲美元市场的发展给商业银行提供了满足其准备金要求的其他途径。正如梅林(Mehrling 2011,25)所言,中央银行在这些市场中只是一个小角色,这意味着随着时间的推移,中央银行收紧或放松信贷供应的能力已经下降。

第二,货币政策在促进就业方面的效果如何,这个问题一直存在争议。乐观 236 主义者认为,降低利率将促进私人投资,进而促进就业。相比之下,认为私人投资主要是由外因决定的经济学家则对这种联系提出质疑。约翰·梅纳德·凯恩斯认为,当经济体发现自己陷入所谓的"流动性陷阱"时,降低利率不会引发私人投资,而只会诱使经济体持有更多的现金(Keynes 2007〔1936〕,chap.13)。

第三,为了评估一家中央银行在促进金融稳定方面的表现,必须区分流动

---

⑪ 当中央银行购买长期政府债券时,其价格与未来的短期政府债券相关联。它们向投资者发出了一个信号,即利率将在一段时间内保持在低位。

⑫ 例如见欧洲中央银行在危机后推出的 6 个月、12 个月、36 个月的长期融资操作(LTROs)。

⑬ 关于美联储的情况,例如见梅林(Mehrling 2011,3)。

⑭ 例如,美国联邦储备委员会的第一轮量化宽松政策就包括大量的抵押贷款支持证券。

性危机和偿付能力危机。前者指的是银行由于资产和负债之间的期限转换而无法履行其当前义务的情况。后者指的是在不考虑期限结构的情况下，资产的价值损失太大，以至于危及负债的履行。虽然我们自 2008 年以来看到的那种扩张性货币政策可以成为防范流动性危机的有效工具，但它是不是解决偿付能力问题的有效工具就不那么确定了。后者的一个成功模式是瑞典中央银行对 20 世纪 90 年代瑞典金融危机的应对措施。当时所有银行都被国有化，在对银行的资产负债表进行分析之后，那些有流动性问题的银行得到了资金以支付其负债，而那些有偿付能力问题的银行则被关闭（Englund 1999）。

在权衡不同的政策目标时，这些有效性问题将占据中心位置。

三、货币政策与不平等

在阐述了货币政策的基本原理后，我们现在可以从正义的角度继续分析货币政策。本部分将重点讨论货币政策对收入和财富不平等的影响，而第四部分将探讨货币政策的民主合法性。

在这两种情况下，必须牢记，货币政策总是通过金融市场对中央银行行动的反应来进行调节的。正是货币政策和金融市场对货币政策的反应结合（combination）在一起，才产生了我们从正义的角度来看可能引起我们关注的后果。市场对同一货币政策的不同反应，可能会导致或多或少的不平等结果，也可能导致或多或少的符合有关货币区民主偏好的结果。因此，这里提出的问题与国内和国际金融市场的监管有着内在的联系，它限定了金融市场在应对货币政策时可能作出的一系列反应。

（一）事实问题

237　货币政策是否对收入和财富的不平等有影响，如果有，这种实际联系是怎样的？与这一问题有关的文献区分了货币政策影响不平等的若干不同渠道或传导机制。[15]其中一些因素表明，扩张性货币政策往往会加剧不平等。例如，由于

---

⑮　欲知详情，请参见 Coibion 等人（2012）确定的五个传播渠道。

人们的主要收入来源不同,扩张性货币政策干预措施所提高的利润如果多于工资,将使资本所有者相比于工人受益更多。相比之下,其他传导渠道的作用方向正好相反。例如,如果扩张性货币政策成功地将先前失业的个人纳入劳动力市场,这将趋向于减少不平等。[16]

而补充性的研究则侧重于货币政策的上述低通胀、就业和金融稳定等目标对不平等的影响。在通货膨胀有利于债务人、损害债权人这一公认的观点外,最近一些研究通货膨胀率与不平等之间关系的论文得出了不同的结论。[17]乍一看,就业与不平等之间的联系似乎是一种直接的反向关系,但其联系的强弱程度在一定程度上取决于一个国家的失业福利结构。最后,某些以金融稳定为目标的货币政策干预措施,特别是决定救助哪些银行和让哪些银行倒闭,显然具有分配方面的影响,尽管在这种情况下很难确定系统性的趋势。

总而言之,可以说常规(conventional)货币政策与不平等之间的关系还没有定论。事实上,鉴于不同传导渠道和起作用诱因的构成随时间而变化,两者之间似乎根本不可能存在稳定的关系。[18]

然而,主张特定种类非常规货币政策对不平等的影响时,我们可以更有信心(另见 Fontan et al. 2016, section 5)。由于近年来利率处于历史低位,资本所有者 238 有机会从事利差交易并在风险很小的情况下增加自己的财富:他们可以以相对较低的利率借款,以相对较高的利率进行投资,而不会在投资中负担重大风险。这一观点尤其适用于有能力支付获取上述利益所需的金融服务的大型活跃投资者;相比之下,小型投资者受到低息环境的影响而无法积累退休储蓄。卡尔·马克思对此一针见血地指出,"资本家和工人之间、大资本家和小资本家之间的对立变得更大了,因为信贷只会被授予已经拥有它的人,而且这是富人积累财富的新机会"(Marx in McLellan 1977, 114)。许多评论家认为,2008 年全球金融危机后的

---

⑯ Coibion 等人(2012, 2)将第一种传导机制称为"收入构成渠道",将第二种称为"收入异质性渠道"。

⑰ Jovanovic(2014)认为,较高的通货膨胀率往往会减少不平等。Albanesi(2007)认为情况正好相反。而 Monnin(2014)则认为两者之间存在 U 形关系,在通货膨胀率很低和很高的情况下,不平等程度都很高。而在通货膨胀率适中的情况下,不平等程度往往较低。

⑱ 感谢南希·卡特赖特(Nancy Cartwright)鼓励笔者把这一点说清楚。笔者在这里概括了这样一个观点,即一个经济体中货币创造的事实本身可能会产生不平等的后果(如 Baeriswyl 2015)。

低利率非但没有引发生产性投资，反而大体上助长了资产价格泡沫（Jones 2013）。

同一论点适用于 2011 年 12 月和 2012 年 2 月欧洲中央银行的长期再融资操作（LTROs）。在这些计划下，欧洲中央银行以 1% 的利率提供最长三年的商业银行信贷。这些项目非常受欢迎，特别是因为它们提供了低风险的套利机会。银行会拿走这笔钱，并用它购买更高收益的政府债券，从而以微不足道的风险获得可观的利润。可以想象，危机一结束有人就会争辩，为了防止货币市场冻结，有必要进行再融资操作，但在实际开展该业务且银行资产负债表的压力已经大大缓解时，这种说法就不那么可信了。在这里，目标大概是激励银行将贷款转嫁给公司，从而刺激生产性投资。但这个目标没有实现。实际上，欧洲央行明确承认前两轮长期再融资操作已然失败了：对于 2014 年 6 月第三轮所谓定向长期再融资操作，它规定了明确的标准，将重点放在对非金融私人领域的贷款（不包括家庭购房贷款）资助上。[19]

这些例子表明，当涉及针对危机部署的一些非常规货币政策工具时，我们显然面临货币政策的一些标准目标这一方面，尤其是就业和金融稳定；[20]与另一方面包含的不平等现象之间的权衡。特别是如果人们对当前危机中扩张性货币政策及类似政策的就业效果持怀疑态度，或者如果人们认为可以通过替代手段同样或甚至更好地促进金融稳定，那么，人们很可能会认为，例如，长期再融资操作带来的增加不平等的代价是不应该的。

239　　在这些权衡关系中有一个特别棘手的方面值得注意。大多数政策都会对不平等产生直接影响：例如，长期再融资操作为资本持有人提供了廉价的套利机会，从而增加了不平等程度，并且对不平等产生了间接影响。如果的确如此，若没有特定的长期再融资操作项目，信贷市场将停滞不前并使经济重新陷入衰退，故而部署相关政策可以减少不平等现象（或至少将其保持在比相关反事实更低的水平）。正如本部分一开始所强调的那样，考量这些不同因素所需的反事实（counterfactuals）总是既取决于金融市场对货币政策的反应又会引起激烈的争议（另见第四部分）。然而，这并不是不进行反事实研究的借口。

---

[19]　感谢亚历克斯·巴尔卡维帮助笔者将这一点阐述得更准确。

[20]　通货膨胀与不平等之间的取舍似乎更罕见或更不明显。

（二）规范性问题

我们需要考虑货币政策对于不平等的影响吗？（参见 Fonton et al. 2016，section 4）这要看我们认可什么样的正义理论，以及这种理论认为什么样的或什么程度的不平等是非正义的。如果你从正义的角度认为当前的收入和财富不平等是有问题的，那么你应该关注加剧这些不平等的货币政策。

本章的目标并不是要为某种特定的正义理论辩护。笔者只是想指出一些普遍的正义理论是如何对我们在上一部分中分析的货币政策与不平等之间的经验联系作出回应的。从要求较低、共识性较强的理论，到要求较高、同时争议亦较大的正义理论，我们将依次讨论以下理论立场。

第一，以权利为基础的正义理论认为收入和财富的不平等只有在导致政治权利被侵犯的情况下才是有问题的。[21]

第二，以需求为基础的正义理论要求每个人的生活水平得到一定程度的满足（例如，Frankfurt 1987）。前两种理论在正义要求方面都相对简单。任何不违反这些标准的收入和财富不平等现象以及由货币政策引起的任何此类不平等现象，都被认为是可接受的。

第三，鉴于罗尔斯所支持的论点，即不平等是可以接受的条件，只要它们使社会上最弱势的成员受益（Rawls 1999）。此时再回头思考前文讨论过的长期再融资操作，它虽不恰当地使意在致富的资本持有者受益，但只要他们不使社 240 会上最弱势群体的处境恶化，就可以满足罗尔斯的差异原理（different principle）。[22]让笔者在这里添加两个观察到的结果。首先，正如科恩（G.A. Cohen 2008，尤其是 chap.1）在对罗尔斯推理的激烈批评中所言，给富人的奖励金（incentive payment）是否与公正的社会实际上相容尚不清楚。其次，即使有人认为差异原理在科恩作出的批判中仍然存在，但值得注意的是罗尔斯对效率与公平关系的特殊构想方式。罗尔斯假定效率和公平之间是兼容的，并且

---

[21] 有关这种立场的经典陈述，参见奥肯（Okun 1975，chap.1）。迈克尔·沃尔泽（Michael Walzer 1993）的正义领域（spheres of justice）理论也可以用这种方式来解释。

[22] 至少这里对差异原理的解释比较弱。更为苛刻的解释则要求，我们所讨论的不平等状况应该是使处于最不利地位的人的地位更好（better），而不只是使其不恶化（not worsen）。感谢丽莎·赫佐格所提出的让笔者澄清这一点的建议。

差异原理可用于挑选一系列帕累托有效分布（Pareto-efficient distributions）中的一个特定分布（Rawls 1999，section 12）。这种观点假定了公平与效率之间的潜在权衡取舍（trade-offs）。但是，更现实的是，这两种价值之间的关系更为复杂，并且确实需要权衡取舍。而这也同样适用于平等和第二部分中货币政策的标准目标之间的关系。在本章中，笔者不会为裁断（arbitrating）这些取舍关系的某种特定方法进行辩护，而只是说我们必须认真对待它们。

第四，后罗尔斯自由平等主义者（post-Rawlsian liberal egalitarians）主张应补偿所有不应存在的不平等现象（例如 Dworkin 1981）。尤其是，他们认为收入和财富的分配应当对自然禀赋和社会禀赋不敏感。如果事实证明货币政策破坏了这一理想，那么这些自由平等主义者会认为这是有问题的。

第五，一些正义理论寻求一种独立的绩效标准来确定什么样的不平等是合理的。例如，有人可能会认为，当前的收入与赚取收入的个人的经济贡献并不同步。[23]如果货币政策加剧了这种差异，那么就会出现上述的权衡取舍。如果正义理论对不平等的容忍程度相较于罗尔斯的较低，那么它将以不同的方式来裁断这些取舍关系。

表 10.1 总结了上述正义理论及其对不平等的容忍度（表 10.1）。

表 10.1　关于不平等的可接受性的不同规范立场

哪种或者什么程度的经济不平等是不可接受的，为什么？		
政治权利侵犯观	只有破坏政治权利的不平等才是有问题的。	
需求满足观	只有每个人的物质资源都高于最低门槛时，不平等才是没有问题的。	要求增加
罗尔斯激励观	只有不平等能改善最弱势群体的状况时，不平等才是没有问题的。	
自由平等主义观	反映自然和社会禀赋差异的不平等是有问题的。	
应得观（贡献、努力等）*	不平等只有在符合应得（desert）的基本标准时才可以接受的。	

* 应得观是否比自由平等主义观要求更高是个开放的问题。

[23]　在这一系列观点中，我们再次发现了关于要求的不同程度。有关劳动收入分配的激进平等主义立场，请参见 Dietsch（2008）。

这里有人可能会认为本部分所引用的各种正义理论与前文所讨论的货币政策与不平等之间的实证联系之间存在着论证上的差距。这是一个合理的观点。 241 所有在这里讨论到的正义理论针对的都是一般性的收入和财富不平等，而不是专门针对货币政策引起的特殊的不平等。从规范角度看，这对评估货币政策会有什么样的结果呢？

第一，这意味着评估是与环境相关的。在不平等程度较低或正义概念相对不强的社会中，特定的货币政策干预措施及其影响可能被认为是可以接受的。然而，在一个不平等程度较高或对正义概念要求更高或两者兼而有之的社会，相同的干预政策可能会被认为是有问题的。同样，在一套金融市场法规下一项特定货币政策产生的不平等现象可能比在另一套（可能是宽松的）法规下产生的不平等现象更少。从不平等角度来看，我们所讨论的货币政策很可能在后一种情况下是有问题的，但在前一种情况下是可以接受的。

第二，请注意，即使到目前为止有人接受了笔者的观点（无论是经验主义的主张，即货币政策与不平等之间存在联系，还是规范性的主张，即这些不平等都应与货币政策的传统目标进行权衡），但这并不能得出任何关于货币政策应该是什么样子的行动指导性结论。特别是，有人可能会说，裁断上文强调之取舍关系的最佳方式是让中央银行按照目前的设定执行其任务，而解决由此产生之任何不平等现象的任务则落在政府的财政政策和社会政策上，例如通过累进税制或失业救济政策。这就引出了我们现在要讨论的制度问题。

（三）制度问题

假设我们关心货币政策带来的不平等，那么我们应该如何应对这一事实呢？ 242 我们有两个基本选择。第一，我们可以追求一种所谓的综合方法（integrated approach）。从这个角度来看，分配问题应该属于中央银行客观功能的一部分，而中央银行客观功能本身也包含了社会整体福利功能。当中央银行的行长/主席被问及他的政策对于不平等的影响时，"我不知道"或"这超出了我的职责范围"都是不可接受的答案。[24]

---

[24] 关于中央银行对不平等问题态度的深入分析，请参见 Fontan 等人（2016）。

第二，我们可以采用分工方法（division of labor approach）。在这一安排下，中央银行只是执行其传统任务（正如第二部分讨论过的那样），而分配正义的问题则由政府通过其税收和转移支付政策来解决。经济学家和中央银行家们更倾向于采用这种分工的方法。

但是，任何入门经济学课程都将告诉你，至少从原则上讲，这种分工效率低下。为什么会这样呢？分工将导致两个局部最优（local optimal）方案：一个是中央银行所奉行的货币政策；另一个是政府所奉行的社会正义。但这显然不会在整体社会福利函数方面实现全球最优（global optimum）。

当然，分工方法的倡导者可能会承认，全球最优是达不到的。但是，正如20世纪70年代以后的经验所表明的，综合方法也是如此。当货币政策被"政治化"，它将会失去信誉——部分是因为政治家无法抵制使用货币政策来提升其连任前景的诱惑（Kydland and Prescott 1977）。因此这种观点就说得通了，即使分工方法在笔者前述的情形下存在效率低下问题，但相比于它无法实现的第一最优方案，这已经是解决问题的第二最优方案了。

分工方法的支持者们对批评的回应比较到位，但这里需要补充三点意见。首先，实施货币政策然后再纠正所致不平等的想法本身就具有严重的缺陷。一旦人们获得了一定税前收入，他们往往会认为这笔收入是理所当然的（a sense of entitlement）——墨菲和内格尔（Murphy and Nagel 2002）称为"所有权错觉（myth of ownership）"现象。这对分工方法所需的再分配形成了严厉的可行性约束。

其次，分工的观点承认，哪一个货币政策的制度设置最能平衡不同的社会目标最终是一个经验问题。笔者手头没有证据来判断今天所讨论的两种理想制度安排中哪一个是更好的。笔者只是想要指出下面一点：如果今天的非常规货币政策与二三十年前的传统货币政策相比确实导致了更多的不平等后果，那么这很可能会重新引发一个问题，即是否应将货币政策与其他政策目标区别开来。就加剧的不平等现象而言，综合方法的成本及其带来的政治诱惑可能比分工方法的成本要小。

最后，在综合方法和分工方法之间可能有第三种方法，即要求中央银行在执行某些具有特别不平等后果的货币政策时充分考虑分配因素，而不是将考虑分配因素作为一种基本原则。方汀等人（Fontan et al. 2016，section 6）支持了这种观点，他们主张中央银行在采用 2008 年金融危机后出现的临时性政策工具时，应当将其分配效果作为其决策考量因素。

对于如何使货币政策对不平等敏感，本部分没有得出任何行动指导性的结论。这可能并不令人满意。但是，如果没有进一步的经验分析，则没有任何更有力的结论。[25]此外，笔者认为，仅上述问题的框架结构就是一次有价值的尝试。如今制定货币政策的人往往不会采用这个框架去思考。

四、最优货币政策，但对谁最优?

除了对于收入和财富不平等的影响，笔者现在将要讨论当代货币政策引发了民主合法性问题。从字面上看，这没有任何疑问。中央银行的职责要求其为国家或货币联盟政体追求标准目标的特定组合，即低通胀、就业和金融稳定。中央银行行长的言论证实了这一情况。例如，当被要求考虑美联储政策对发展中国家的影响时，珍妮特·耶伦（Janet Yellen）在 2014 年 2 月表示，美国的货币政策将仅考虑美国的经济状况（Financial Times 2014）。

即使货币政策是为了满足政治组织（polity）的需求而制定的，但由于中央银行行长并不是由民主选举产生而是根据其专业知识被任命的，从这个意义上来说货币政策并不是由相关政治组织制定的。而从政府可以自由调整中央银行的职责来看，中央银行似乎仅存在一种间接的民主问责制。[26]

尽管中央银行因此与民主控制保持了一定的距离，但最佳货币政策的概念却是建立在该政策有利于国家组织这一隐含前提之下的。这个前提在实践中是否成立? 可以说，今天的货币政策也为"第二选区（second constituency）"服务（Streeck 2013，118）。通过查看中央银行在其政策声明中所针对的对象，可

---

[25]　在此方向迈出的重要一步，请参见 Fontan 等人（2016）。

[26]　当我们谈到独立的中央银行时，我们需要区分目标独立性和工具独立性。目标独立性受到政府更改中央银行职责的能力之约束。而工具独立性指的是中央银行按照它们认为合适的方式自主使用货币政策工具的自由，例如设定利率以及进行公开市场操作。中央银行的"独立性"通常指的是后者。

以轻松理解这意味着什么：金融市场的"信心"和反应在货币政策制定中起着重要作用。中央银行不想破坏金融市场，因为它们需要市场合作以实现其政策目标。特别是，它们需要市场投入资本以促进就业。[27]正如本章开头所强调的，货币政策是根据金融市场的反应来调节的，换句话说，市场对货币政策具有相当大的影响力。在金融市场对政策议程和结果的影响过程中，这一影响表现得最为明显。为了呈现这个观点，我们可以说金融市场是货币政策的过滤器（filter）。

可以看看以下的案例。第一，可以想见，美联储在 2013 年 5 月仅提到缩减（tapering）资产收购的可能性，若没有来自金融市场的强烈反应，美联储缩减资产购买将变得更快、更果断。第二，市场对政策的影响作用可以在中央银行职位任命程序中看到，特别是主席职位。例如，当比尔·克林顿（Bill Clinton）在 20 世纪 90 年代考虑将艾伦·布兰德（Alan Blinder）作为艾伦·格林斯潘可能的接替者时，市场发出了一个明确信号不赞成这一变化。我们大致可以将其解释为一个标志，即作为美联储主席的布兰德会比格林斯潘更加重视就业目标，从而加强劳动力相对于资本的地位。

245　　有人可能会就金融市场充当过滤器的想法提出以下与笔者观点相反的异议，即最有利于货币区域内居民经济利益的因素必须考虑到金融市场的反应。[28]考虑到金融市场的反应，如果在"早点缩减（early-taper）"（即美联储早点完成资产缩减）或在"布兰德担任美联储主席"的情况下全球公民的经济状况更糟，那么笔者在那些情况下主张其经济状况会变得更好的说法就是胡说八道。为了反驳这一观点，我们需要在局部最优政策与全球最优政策之间进行区分。美联储认为（笔者也接受这一观点），在其他条件不变（ceteris paribus）的情况下，"早点缩减"或"以布兰德为主席"的情况会更好地服务于美国人的社会福利函数。但是，鉴于金融市场对各种政策选择的反应不同，因此其他条件并非一成不变。全球最佳政策将是"早点缩减"或"布兰德担任美联储主席"的方案，金融市场会对此作出反应，就像其在对"晚点缩减（late-taper）"或"以格林

---

[27] 即使就业不是中央银行职责的正式组成部分，就业率的下降导致的通货紧缩风险也会进入中央银行的职责范围。

[28] 笔者感谢亚历克斯·巴尔卡维提出这一异议。

斯潘为主席"作出反应那样。与之相反的是,考虑到金融市场的反应,最合适的局部最优政策是"晚点缩减"或"格林斯潘担任主席"。

笔者的批评者可能会提出,当时美联储根本无法实施全球最佳政策。笔者同意将一种不可行的政策选择作为全球最佳选择是没有意义的,但是全球最优政策在严格意义上并非不可行。金融市场的反应受到对其监管的影响。通过和借助政府的帮助,中央银行可以调整监管框架。如果有可能通过监管改革减少金融市场可能的一系列反应,以便更好地服务于社会福利函数并更接近全球最优水平,那么就应该这样做。换句话说,金融市场的反应不应被视为一个外部参数,而应该是政策设计的一个内生变量。[29]

为什么我们认为"金融市场是货币政策的过滤器"这一事实从规范角度看存在问题?对于这个问题有两个互补的答案。首先,由于可以公平地假设金融市场代表资本利益,因此金融市场对货币政策的影响可能会加剧收入和财富的不平等。由于第三部分中讨论的原因,这很可能被认为是有问题的。其次,如果有人接受经济自决(economic self-determination)作为一种价值观,以支持货币政策是为国家或货币联盟的政治组织而制定的这一观点,那么外部向货币政策所强加的任何可能的偏见都将会是个大麻烦。[30]

如果货币政策作为第二选区(即金融市场)的利益与第一选区(即政治组织)的利益发生冲突,并且前者胜过了后者,这会以一种有问题的方式破坏经济自决权(另见 Dietsch 2016)。

澄清一下在将金融市场定性为过滤器时笔者未曾主张的观点。笔者不是在主张某种认为中央银行暗中维护资本家利益的阴谋论(conspiracy theory)。相反这种主张是,当涉及从政策清单中选择合适的方法以提升国内福利时,全球资本会通过金融市场对相关议程的设置取得过度影响(undue leverage)。"过度影响"的概念内涵需要进一步明确。就现在而言,我们可以说,如果一个选区

---

[29] 这里可以与国际税收治理相类比。在国际税收治理中,逃税或避税方面的"市场反应"可以而且应该由政府政策来控制,而不像在税收设定中那样被认为是给定的(Slemrod 1994;Dietsch 2015,chap.3)。

[30] 由于篇幅所限,笔者提出一个问题,即在这种影响下,国内资本与外国资本之间是否存在差异。普沃斯基(Przeworski)和沃勒斯坦(Wallerstein 1988,24)认为,国家对外国资本仅有结构上的依赖,而各种再分配政策主要适用于持续的国内投资。

中的部分选民有足够的影响力将政治组织的政策锁定在一个次优水平，那么他们就具有这种"过度影响"。在金融市场和货币政策方面，似乎就存在这种情况。

最后，这个问题应该怎样解决？给予政府更多的货币政策控制权并不是一个有希望的解决方案。在公债不断增加的背景下，政府将和中央银行一样甚至更多地受制于金融市场。以美国为例，尽管美国官员经常抱怨中国购买美国国债相当于人民币竞争性贬值，但如果没有中国对其国债的持续需求，美国就将陷入困境。

（金融）市场作为（货币）政策的过滤器，代表了卡尔·波兰尼（Karl Polanyi 2001〔1944〕）对市场自由化的批评所发出的强有力的警告。波兰尼认为，当被弱监管市场的力量逼到墙角时，社会必然会采取措施保护自己。在悲观的情况下，也就是在波兰尼的时代出现的那种情况下，社会将通过牺牲自由来保护自己免受市场的影响。在乐观的情况下，社会通过协调市场监管来保护自己，这种情况还是有可能的，但在如今又一次被打回原形。多边监管（multilateral regulation）是实现上述全球最优政策的必要条件。中央银行或政府的单边努力受困于局部最优的政策套路，加剧了民主派和市场派两个群体之间的矛盾。

五、结　论

在货币政策已经成为宏观经济政策的主要工具的时代，对其进行规范性审视是当然的。本章从两个相辅相成的角度进行了阐述。首先，笔者已经表明，当下所采用的那种非常规货币政策工具会加剧收入和财富的不平等。各种正义理论因其要求的高低差异，会在不同程度上认为这种影响是有问题的。然而，这一规范性的结论并未涉及制度回应的问题。一个职责有限以致助长不平等的独立中央银行所带来的成本，必须要与更加综合的公共政策方法所产生的成本相权衡，在此政策方法中，货币政策需要与其他措施相协调。

其次，中央银行制定政策时对金融市场的敏感度提出了一个问题，即金融市场是否会将偏见带入货币政策之中。更具体地说，金融市场是否对货币政策起到了过滤器的作用？如果说金融市场对货币政策有足够的影响力，以至于其能够将那些有利于增进政治组织利益的政策选择从中央银行的政策清单中拿下来，那么就产生了民主合法性的问题。对第二个问题的任何有效补救措施都需要多边改革。

最后，值得再次强调的是本章的另一个重要的观点。在思考货币政策的规范性维度时，我们不应该认为金融市场的反应是给定的，而是应该将它视为一个内生变量，因为这种反应可以被货币政策和更广义的监管框架所修正。[31]

参考文献

Albanesi，Stefania. 2007. "Inflation and Inequality." Journal of Monetary Economics 54(4)，1088—1114.

Baeriswyl，Romain. 2015. "Intertemporal Discoordination in the 100 Percent Reserve Banking System." Procesos de Mercado: Revista Europea de Economia Politica 12(2)，43—80.

Blyth，Mark. 2013. Austerity: The History of a Dangerous Idea. Oxford: Oxford University Press.

Cohen，Gerry A. 2008. Rescuing Justice and Equality. Cambridge，MA: Harvard University Press.

Coibion，Olivier，Yuriy Gorodnichenko，Lorenz Kueng，and John Silvia. 2012. "Innocent Bystanders? Monetary Policy and Inequality in the U.S." NBER Working Paper No.18170.

Dietsch，Peter. 2008. "Distributive Lessons from Division of Labour." Journal of Moral Philosophy 5(1)，96—117.

Dietsch，Peter. 2016. "The Ethical Aspects of International Financial Integration." In Global Political Theory，edited by David Held and Pietro Maffetone. Cambridge: Polity Press.

---

[31]　本章的先前版本已经在2014年4月蒙特利尔的经济政策研究中心（CRE）举办的"货币政策的规范性维度"研讨会上、2014年6月经济政策委员会（CEP）在贝拉焦举办的"货币政策与可持续性"会议以及2014年9月麦吉尔大学欧盟卓越中心举办的"全球金融危机后的欧洲中央银行"研讨会上被介绍过。笔者感谢这些活动的参与者，特别是 Alexander Barkawi、Romain Baeriswyl、Francois Claveau、Clement Fontan、Frank Garcia、Aaron James、Juliet Johnson、Laurence Kotlikoff、Marco Meyer、Pierre Monnin、Martin O'Neill、Sanjay Reddy、Tom Sorell 和 David Woodruff 的评论。

Dietsch, Peter, and Thomas Rixen. 2014. "Tax Competition and Global Background Justice." Journal of Political Philosophy 22(2), 150—177.

Dworkin, Ronald. 1981. "What is Equality? Part 2: Equality of Resources." Philosophy & Public Affairs 10(4), 283—345.

Englund, Peter. 1999. "The Swedish Banking Crisis: Roots and Consequences." Oxford Review of Economic Policy 15(3), 80—97.

The Financial Times. 2014. "Yellen Should Look Beyond the US." February 20.

Fontan, Clement. 2013. "Frankenstein en Europe: l'impact de la Banque centrale europeenne sur la gestion de la crise de la zone euro." Politique Europeenne 42, 10—33.

Fontan, Clement, Francois Claveau, and Peter Dietsch. 2016. "Central Banking and Inequalities: Taking Off the Blinders." Politics, Philosophy & Economics, published online before print June 7, doi: 10.1177/1470594X16651056.

Frankfurt, Harry. 1987. "Equality as a Moral Ideal." Ethics 98(1), 21—43.

Goodhart, Charles. 2010. "The Changing Role of Central Banks." Bank of International Settlements Working Paper 326, November.

Issing, Ottmar, Vitor Gaspar, Ignazio Angeloni, and Oreste Tristiani. 2001. Monetary Policy in the Euro Area: Strategy and Decision-Making at the European Central Bank. Cambridge: Cambridge University Press.

Jones, Claire. 2013. "Did QE Only Boost the Price of Warhols?" Financial Times, October 18.

Jovanovic, Branimir. 2014. "Inflation and the Rich After the Global Financial Crisis." Luxembourg Income Study(LIS) Working Paper Series No.613, June.

Keynes, John Maynard. 2007[1936]. The General Theory of Employment, Interest and Money. Basingstoke: Palgrave Macmillan.

Kydland, Finn E., and Edward C. Prescott. 1977. "Rules Rather than Discretion: The Inconsistency of Optimal Plans." The Journal of Political Economy 85(3), 473—492.

McLellan, David. 1977. Karl Marx: Selected Writings, Oxford: Oxford University Press[On James Mill, 1844].

Mehrling, Perry. 2011. The New Lombard Street: How the Fed Became the Dealer of Last Resort. Princeton and Oxford: Princeton University Press.

Monnin, Pierre. 2014. "Inflation and Income Inequality in Developed Economies." Council on Economics Policies(CEP) Working Paper 2014/1.

Murphy, Liam, and Thomas Nagel. 2002. The Myth of Ownership. Oxford: Oxford University Press.

Okun, Arthur M. 1975. Equality and Efficiency: The Big Trade-Off. Washington, DC: Brookings Institution.

Polanyi，Karl. 2001[1944]. The Great Transformation：The Political and Economic Origins of Our Time，2nd edition. Boston：Beacon Press.

Przeworski，Adam，and Michael Wallerstein. 1988. "Structural Dependence of the State on Cap it al." American Political Science Review 82(1)，11—29.

Rawls，John. 1999. A Theory of Justice，2nd edition. Oxford：Oxford University Press.

Reddy，Sanjay. 2003. "Developing Just Monetary Arrangements." Ethics & International Affairs 17(1)，81—93.

Saiki，Ayako，and Jon Frost. 2014. "How Does Unconventional Monetary Policy Affect Inequality：Evidence from Japan." De Nederlandsche Bank Working Paper 423 (May).

Singleton，John. 2010. Central Banking in the Twentieth Century. Cambridge：Cambridge University Press.

Slemrod，Joel. 1994. "Fixing the Leak in Okun's Bucket：Optimal Tax Progressivity when Avoidance Can Be Controlled." Journal of Public Economics 55(1)，41—51.

Streeck，Wolfgang. 2013. Gekaufte Zeit—Die vertagte Krise des demokratischen Kapi- talismus. Berlin：Suhrkamp.

Walzer，Michael. 1993. Spheres of Justice. New York：Basic Books.

Wigglesworth，Robin，Amy Kazmin，and James Crabtree. 2013. "Emerging Markets Pay the Price ofthe Advent of the Taper." Financial Times，June 20.

Woodford，Michael. 2003. Interest and Prices：Foundations of a Theory of Monetary Policy. Princeton and Oxford：Princeton University Press.

第十一章

金融市场正义中的信息条件：信用评级机构的监管

鲍德温·德布鲁因

一、导　论

250　　　史蒂芬·斯卡利特（Steven Scalet）和托马斯·凯利（Thomas Kelly）
（2012，489）充分说明了信用评级机构与金融市场正义问题的相关性：

> 可以合理获取的投资信息不仅仅是一种公共产品……而且是资本主义
> 社会正义条件的重要组成部分，就像在民主社会中使所有人都能合理地参
> 与投票一样。它们一个可以被理解为资本主义的正义要求，另一个则可以
> 被理解为民主的正义要求。

　　信用评级机构应有助于满足投资者买卖债券的信息需求。它们对公司和政
府（国家、州、地区、省、市、地方水务局等）发行的债券以及结构化债务工
具（抵押贷款支持证券、担保债务凭证等）提供评级。从最高级别的 AAA（或
3A）到 D（违约或破产）不等，评级机构的信用评级旨在反映发行人无力偿还
或拒绝偿还债务的风险。除评级外，这些机构还编制所谓的展望（outlooks）和
观察清单（watchlist），旨在表达其对某一债券或结构化证券评级的中期和短期
变化的观点。

　　许多评论家同意斯卡利特和凯利的观点，认为信用评级机构对于实现金融
市场的公正和公平至关重要；确实，许多人已经提出了影响深远的监管建议。
251 在本章中，笔者认为，信用评级机构在实现金融正义方面的作用并不像这些评

论者认为的那样大。笔者反而主张放松管制。立法者毫无道理地将信用评级机构提升为官方的、具有法律约束力的信用风险信息来源，迫使许多机构投资者将认知责任（epistemic responsibility）外包（outsource），而调查信用风险的责任本是他们自己的。

这并不是承认信用评级机构不可以被批评。正如许多伦理学家、经济学家、政府机构、监管机构和评论员所指出的，信用评级机构是资产支持证券等结构化工具所附带的信用风险的主要信息来源，但与公司和主权债券评级不同，当2007年次贷危机开始时这些评级被证明是非常不准确的。获得AAA评级的结构化证券违约的频率比评级显示的要高得多。金融危机调查委员会（Financial Crisis Inquiry Commission）（Financial Crisis Inquiry Report 2011，xxv）的结论是："如果没有评级机构，这场危机就不可能发生"，而美国参议院常设调查小组委员会（US Senate Permanent Subcommittee on Investigation 2011，6）指出："不准确的AAA信用评级给美国金融系统带来了风险，是金融危机的关键原因。"马里奥·德拉吉（Mario Draghi）在2008年担任金融稳定论坛（Financial Stability Forum）主席时曾表示，信用评级机构对复杂的结构化信贷产品的"不良信用评估""助长了金融危机的形成"。①美国司法部甚至在2013年声称，信用评级机构"在把我们的经济带到崩溃边缘的过程中发挥了重要作用"，并决定对一家涉案公司提起诉讼。②

尽管受到批评，但评级机构仍存在于我们中间，而且可能比以往任何时候都更加强大。从2007年危机爆发到2015年，穆迪（Moody）股票的价值几乎翻了一番就证明了这一点。为了了解为什么这并不令人惊讶，让我们简单地思考一下这些机构的部分历史。它们的祖先可以追溯到19世纪的信用报告机构，这些机构提供了从中小型企业到大公司的信誉信息，例如在亨利·瓦纳姆·普尔（Henry Varnum Poor）著名的《美国铁路和运河史》（Poor 1860）中所描述的那些公司，尽管这本书有这样一个名字，但它其实是一本评级手册。然而，

---

① http://www.fsb.org/wp-content/uploads/st_080412.pdf（2016年11月14日访问）。

② 这个说法来源于时任司法部代理副部长Tony West。见 https://www.justice.gov/opa/pr/department-justice-sues-standard-poor-s-fraud-rating-mortgage-backed-securities-years-leading（2016年11月14日访问）。

在 19 世纪末，债券评级仍是一项"新兴活动（fledgling activity）"（Sinclair
2008，97）。这一切都因 1929 年股市崩盘的监管回应所带来的立法而改变。评
级很快就取得了官方认可的地位，机构投资者必须用它来证明其投资策略的正
当性，即使其合法化。为了避免再一次崩盘，美国政府和监管机构制定了对银
行和养老基金的审慎监管法规，并对投资级和非投资级证券进行了区分，实际
的评级工作由评级机构而非政府进行。例如，美国货币监理署（OCC）在 1931
年制定规则，评级低于 BBB 的债券必须减记到市场价值。此外，从 1936 年起，
银行被直接禁止投资如今所谓的垃圾债券（junk bonds），即被认为具有高信用
风险的债券。银行、保险公司、养老基金、地方政府和国家政府以及许多其他
机构在法律上有义务听从评级机构的意见，一旦评级低于某个预定的最低水平，
就必须撤资。债券评级机构，也就是政府指定的信息来源，其评级具有"法律
效力"（White 2010，213）。

还有三段历史也值得回味。第一是 20 世纪 70 年代评级机构商业模式的变
化。最初，这些机构向用户收取获取评级的费用。一些事件——复印机的出现
可能是其中之一——促使该行业转变为发行人付费模式，即发行人向机构付费
以获得评级，随后决定是否公布评级。第二是 1975 年设立了一个登记机构用于
认定"国家认可的统计评级组织（Nationally Recognized Statistical Rating Or-
ganizations）"，这些组织的评级结论被认可用于审慎监管目的。这显然强化了
信用评级机构作为金融市场看门人（gatekeeper）的地位。第三，在 20 世纪 90
年代，信用评级机构进入一个全新的市场，开始参与有关结构化债务证券的评
级和咨询服务。

本章批判性地评估了这些机构为实现正义所作的贡献。一些初步的结论可
能是适宜的。本章的目的并不是要用一种特定的正义观来研究信用评级机构。
相反，笔者希望通过尽可能少的假设，来捍卫具有多样政治信念的哲学家和决
策者可以接受的规范性结论。一个基本的假设是，在公平的资本主义社会中，
个人利益来自他们作为自由和平等的人的地位。正是这种地位赋予了他们人权；
但同样，这种地位也制约着他们作为市场参与者的行为。笔者在稍后将谈到的
反对垄断或寡头垄断的推定，往往也是出于以这种方式所理解的对正义的关注
而作出的，禁止利益冲突也是如此，尽管有些关于正义（如自由主义）的观点

可能不赞同。因此,对于大多数关心正义的决策者而言,消除利益冲突和市场集中(market concentration)是值得赞许的追求。但是,仍然有几位评论者认为,评级行业的寡头垄断和利益冲突是实现正义的两个重要障碍。而笔者认为,问题出在其他地方。

第二个相关的假设是,关于金融市场正义的核心问题不是利益(goods)的分配,而是责任(responsibilities)的分配。用过去两个世纪的话来说,金融是一个亏损社会化、利润私有化的行业。从政治哲学家的角度来看,这是极不公平的,但是很容易通过将责任和义务统一起来的办法加以解决,也就是让人们为他们所造成的损害付出代价。几乎没有任何经济学家或政策制定者提出什么是可以确定地将责任归至其所属之处的必要因素,因为这很可能导致他们主张取消中央银行作为最后贷款人的地位。大家的共识似乎是,虽然一个更加公平的金融系统可能需要银行业的完全社会化(国有银行)或者银行业的完全私有化(自由银行),但作为政策制定者或政治家,在这里采取原则性的立场是愚蠢且不负责任的。相反,我们需要的是具体逐步的监管改进。

这就是本章要做的事情。本章认为,必须将获取债券和结构化证券信息的责任交还给交易这些证券的人。笔者反对将认知责任外包,因为这种外包是不合理的。信用评级机构对某些证券的风险进行调查并公布其意见,人们可能会认为,这促进了投资者的自主利益。如果投资者要能够作出自主决定,那么他们不仅需要选择的自由,还需要关于他们可以选择的产品的信息。因此,提供这种信息有助于他们进行知情的自主选择。这一观点有很多值得借鉴的地方,并且已被许多决策者利用医学上知情同意(informed consent)的概念进行类推。尽管这种类比是一种谬误。如果 A 向 B 销售医疗药品(或衣服),则没有什么可以阻止 A 和 B 就该产品的所有特性达成一致看法(例如,产品的有效性、防水性或时尚性)。但如果 A 向 B 出售股票、债券或其他证券,那么在绝大多数情况下,如果 A 和 B 有这样的想法,那么 A 和 B 对产品的特性会有截然不同的看法(当然,在分散投资的考虑等因素起作用时则是例外)。那么,除非 A 认为证券 S 会跌价,否则 A 不会将证券 S 卖给 B。而 B 不会从 A 处购买证券 S,除非 B 认为 S 的价格会上涨。如果大多数交易者都认可大多数证券的特征,那么就不会有交易。因此,交易者在许多情况下对证券的前景持不同意见,或者根本没有持真正过分乐观的态度。笔者认为，如果真是这样，从医学中得出的模型是无用的。因此，像人们普遍建议的那样，在金融市场中设计和美国食品药品管理局（FDA）或欧洲药品管理局（EMA）类似的机构是没有意义的。

254

本章的结构如下。第二部分回顾了有关债券评级机构在金融市场中的作用的一些实证研究。作为起点，第三部分讨论了一种主要的批评，其观点大致是金融市场的正义受到被卷入利益冲突的评级机构的影响，但笔者最终否定了这种批评。第四部分接着审查一些可能的监管对策。这里的主要论点是，评级机构的信息附加价值毫无疑问远不足以支撑对其评级赋予"法律效力"的行为，监管不应鼓励更不应规定外包认知责任。换言之，本章主张的监管对策是放松监管，而不是加强监管。

二、信用评级机构如何运作

什么可以解释对信用评级的需求？评级是否符合机构的承诺，如果是，它们是否物有所值？如果一切顺利，评级提供了关于债券发行人无法或不愿偿还的可能性的准确信息。经济学文献中有一个重要的共识，即公司债券和主权债券的评级可以相当稳定地与违约概率挂钩。例如，AAA 评级代表着 0.005 的违约概率，而 B 级公司债券的偿付概率几乎不超过 50%（Jorion and Zhang 2007，Zhou 2001）。或者，正如大型评级机构之一穆迪在其 2009 年年报中所说的那样（White 2010，219）：

> 穆迪长期业绩的质量可以用一个简单的衡量标准来说明：在过去80年里，在广泛的资产类别中，穆迪评级较低的债务的违约率一直高于评级较高的债务。

这或许听起来令人欣慰，然而我们应该小心翼翼。因为实际上，这不过是声称以字母表示的评级可以被赋予相当精确的含义。特别是，这种关联性并不支持这样的结论，即评级机构所提供的服务值得它们所要求的价格。你可以确定明天会升起太阳,并且可以给出大概的时间。但是,只要可以从互联网站点免费获得准确度更高的预测,没人会为这一点信息付费给你。信用评级机构声称自己比其他机构更有优势,因为它们使用的是发行人提供的非公开和机密的信息;但很可能这些非公开信息并没有使它们对信用风险的估计更加准确。 255

由于从本质上说,对一家公司进行评级无非就是确定破产的可能性,因此研究有关后者决定因素的公开信息可以为使用非公开信息对债券进行评级的附加价值提供一些启示。第一,阿特曼(Altman 1968)等研究者在传统的破产研究进路中发现,财务比率和杠杆率、流动性、公司规模等数据与违约概率相关。第二,最近的一组文献研究了公司治理措施(所有权结构、董事会独立性等)后发现,比如如果一个公司的 CEO 拥有较大决策权,则该公司信用评级较低(Liu and Jiraporn 2010)。第三,宏观经济因素对评级有明显影响。虽然鉴于难以将基本面和商业周期的影响分开,最后一个结论可能并不太令人惊讶,但这有悖于各机构的官方理论,即只根据基本面采取贯穿周期的办法。

怀特(White 2010,219)等经济学家将这些及其他发现解释为支持这样一种主张,即迄今为止,尚无明确证据表明信用评级机构提供的服务是其客户自己无法做到的:

> 各大信用评级机构给金融市场带来的真正价值是什么,这个问题仍未解决,也难以解决。

债券评级机构以其与发行人的"特殊优待(privileged)"关系为傲。但是,为债券共同基金和对冲基金工作的固定收益分析员是在没有这种"优待"地位的情况下得出的信用风险估计。此外,随着怀特(White 2010,219)继续他的论述,穆迪在上述引文中提到的关联性"同样会出现,如果评级机构是通过观察金融市场对相关债券(相对于国债)单独确定的利差来得出评级的话。在这种情况下,评级机构不会向市场提供有用的信息"。

评级的准确性也并非总是无可争议,结构化证券评级的失败就是明证。为了提供一些背景资料(基于 Pagano and Volpin 2010),现将抵押贷款支持证券如何运作的程序简要描述如下:发放者(originator)——比如说,新资本金融公司（New Capital Financial）——把钱借给想贷款买房的人。主办人（arranger）——通常是投资银行，如高盛——从发起人那里购买了大约 4 000 份抵押贷款。主办人从发起人处所购买的 4 000 份抵押贷款的投资组合作为一种特殊目的公司（SPV）（例如 GSAMP-Trust 2006-NC2，仅举其中之一）得以创建。反过来，该特殊目的公司又发行抵押贷款支持证券来为此次购买融资。信用评级机构对这些东西——或更确切地说，它们的各个层级（tranches）——进行了评级。

256　　　但是它们如何做到这一点？正如帕加诺和沃尔平（Pagano and Volpin 2010）所论证的那样，对抵押贷款支持证券进行估值需要的不仅是特殊目的公司的简介和年报，因为这些文件仅发布摘要统计信息而不是个人贷款水平上的信息。的确，诸如贷款绩效公司（Loan Performance）和麦克戴西分析公司（McDash Analytics）之类的公司会提供有关基础贷款的详细信息，例如借款人的债务收入比（debt-to-income level）、担保品抵押率（loan-to-value ratio）以及借款人的信用评分，这些都是计算特定抵押贷款风险的标准比率。然而，正如帕加诺和沃尔平（2010）所指出的，穆迪在 2007 年才开始要求提供这种详细信息，而惠誉（Fitch）和标准普尔（Standard & Poor）在这方面似乎也是如此。当然，这只是一个例子；但其他研究证实了这一印象：至少可以说，用于结构化债务评级的方法不是最优的。

　　　　再举一个例子，结构化证券评级的一个重要环节是估算证券基础资产违约的相关性。这非常重要，基础资产是否可能同时违约（如果违约的话），或者某一资产违约是否独立于另一资产违约。人们可能会期望信用评级机构制定足够精细的违约相关性衡量方法。然而，根据标准普尔提供的信息，本米莱克和德鲁戈什（Benmelech and Dlugosz 2009）作出了相当直白的假设，即同一行业的两支公司证券的相关性为 0.15，而不同行业的两支公司证券的相关性为 0.05。在正常时期，作出这种假设可能是合理的。然而在危机时期，这些假设很可能是大错特错。

　　　　购买证券的责任最终在于投资者。投资者是否应该知道结构化债务证券评级质量低于普通公司债券和主权债券的评级？标准普尔在 2007 年写道："我们的评级代表了全球和所有类型债务工具信用质量的统一衡量标准。"而且，好似这么说还不够清楚：“换句话说，‘AAA’评级的公司债券应该表现出与‘AAA’评级的证券化产品相同的信用质量。”（引自 Pagano and Volpin 2010，407）

全球金融界都知道，标准普尔所说的话是不可信的。比如当时高盛的首席执行官劳埃德·布兰科菲恩就曾经说过：

> 太多的金融机构和投资者干脆把风险管理外包出去，他们依靠评级机构为他们做基本的风险分析工作，而不是自己进行分析……这种对信用评级的过度依赖，与 AAA 评级的泛滥相伴而生。2008 年 1 月，世界上有 12 家 AAA 级公司。而与此同时，有 64 000 种结构化融资工具——如担保债务凭证（CDO）——被评为 AAA 级（Pagano and Volpin 2010，404）。

257

然而很多投资者认为，所有评级相同的证券在信用风险方面都是相同的。因此，为了确定无法获得报价的被评为 AAA 级的抵押贷款支持证券的价值，这类投资者会参考有报价的 AAA 级可比证券。例如，乔里恩（Jorion 2009，929）指出，瑞士银行（UBS）仅 2007 年在抵押贷款支持证券头寸上的损失就达 190 亿美元，其原因应该就是这种根本不合理地将 AAA 级贷款支持证券比照 AAA 级公司债的收益率曲线来经营的做法。他将其称为“盲目相信信用评级的行为”。

三、基于正义的批评：利益冲突

信用评级机构一直受到激烈而多样的批评。它们被指责为缺乏透明度和工作能力。据称，这些机构通过以下做法参与不公平竞争：搭售（tying），即发行人如果不购买其他服务，评级机构就会给予其较低的评级；区分评级（notching），即发行机构只对大量证券进行评级，这样发行人就只能下大宗订单；选购评级（rate shopping），即允许发行人向多家评级机构申请评级，但只公布最高评级。然而，最常听到的反对信用评级机构的论点是，它们不公平地利用了利益冲突。达夫和艾尼格（Duff and Einig 2015）、斯卡利特和凯利（Scalet and

Kelly 2012）以及斯特里尔（Strier 2008）等认为，利益冲突源于该行业具有的发行人付费模式：证券发行人向信用评级机构支付评级费用，随后决定是否公布评级。据称，利益冲突还源于这样一个事实，即除了评级服务外，机构还向发行人提供咨询服务。因此，它们可能会两次看到该产品，一次是作为生产过程中的顾问，另一次是作为评级者。一些评级机构的治理模式也被提及与利益冲突有关。例如，塞利格（Selig 2008）提供的证据表明，穆迪推出了一种对结构化债务证券进行评级的新模型；它只是放松了评级（新模型导致担保债务凭证的评级更高）。塞利格用穆迪于 2000 年上市后承受的来自投资者的巨大压力来解释这一点。

258 根据大多数正义概念，一个人通过利用利益冲突获得收益本身就是一种不公平的优势。因此，围绕利益冲突所进行的基于正义的论证就非常重要，如果这些论点能用在这里，那么它们将会非常有说服力。然而，仔细一看，却发现它们并不那么令人信服。③根据约翰·博特莱特（John Boatright 2000，219）的标准定义，只要有以下情况，就存在利益冲突：

> 当个人或机构具有为另一方利益行事的道德或法律义务时，个人或机构的利益会干扰其为另一方利益行事的能力。

要证明信用评级机构存在利益冲突，必须做到三点：（1）挑出有关各方或利益相关方，以及它们的个人利益或机构利益；（2）证明信用评级机构的某些利益干扰了其为其他各方利益服务的能力；（3）证明信用评级机构为其他各方利益服务的道德或法律义务（也许有人认为第三个条件是多余的，仅仅存在两个相互冲突的利益就足以构成利益冲突。但是，这样会脱离实际地扩大该概念，使之包括利益不相容但与道德无关的情况）。利益相关方包括评级机构、股东、雇员和客户；还有很重要的一点，就是在投资决策中使用评级结果的各方。

通常而言，利益冲突涉及服务提供者与其客户间的利益冲突。银行、保险公司、财务顾问和金融服务行业的许多其他公司都有利益，这些利益的增长会

---

③ 这里提出的论点是对 de Bruin（2015）早先提出的论点的延伸。

妨碍他们为保障客户利益提供最佳服务。当信用评级机构被描述为"有冲突"时，人们几乎不会把客户（即被评级证券的发行人）作为潜在的受害者。批评者的意思是，评级机构与它们所提供信息的受益者，即投资者（以及间接地受这些投资者行动影响的人）之间在利益上存在冲突。这些利益相关方和其他利益相关者的利益相当明确：投资者对公布的评级有利害关系，因为这些评级能尽可能准确地估计信用风险；评级机构的所有者（股东）对股东价值最大化有利害关系；评级机构的客户（证券发行人）对获得高评级有利害关系。

不难发现，这些利益远未完全达到一致。然而，只要我们没有表明评级机构有为特定利益服务的道德或法律义务，利益干扰就不会上升为利益冲突。关于法律义务的讨论很快就结束了。在美国，信用评级机构受到美国宪法第一修正案的保护：它们被看作是关于发行人信用好坏的意见发布者，有着广泛的言论自由。有关评级不准确的法律投诉几乎没有机会成功。因此，美国法院不承认评级机构有为投资者利益服务的法律义务。

那么道德（ethical）义务呢？正如本章开端所表明的那样，斯卡利特和凯利（2012）认为投资者或者说整个民主社会都有获取有关证券准确信息的权利，这与投票权没有太大区别。如果被追问，他们也许不会进一步认为这是一项真正的人权。但他们似乎认为有权获得准确投资信息是一项基本的公民权利，侵犯这项权利会危及民主和正义。在他们看来，债券评级机构是发展和维持公平社会的重要灯塔。

这一观点除了不合理地相信了评级会增加信息价值——前面已经分析过，如果能够根据公开可得的信息轻易而准确地作出评级，那么为评级付出的价格可能过高了——也没有正确区分（政治的或社会的）权利与保障这些权利的方式。在一个特定的社会中，投资信息在保障某些人权方面可能确实发挥了作用。例如，根据《世界人权宣言》，年老时获得保障的权利是一项人权，目前在许多国家，这项权利得到养老基金的保障，可以说，养老基金需要所投资的发行人信誉的足够信息。然而，这并没有把拥有准确的投资信息变成一项人权，因为在年老时获得保障的权利可以通过一种非常不同的制度来实现，这种制度不需要依赖投资信息（例如，现收现付的养老金计划，即目前的养老金领取者由在职雇员上缴的税收来供养）。换句话说，关于发行人信用好坏的信息可能有助于以某些方式保障某些人权，但这确实需要存在一项获得这种信息的人权。

另一种替代性且更具结果性的观点可能会试图表明：关于信用风险的信息是一种公共产品。例如，不正确的评级导致了全球金融危机。因为很明显，准确的评级有可能防止今后发生更多事故，并有助于金融稳定。然而，就像以权利为基础的观点一样，这种观点会因为忽视可能同样适合或更适合实现预期结果的其他行动方案而失败。如果信用评级机构更加注重投资者的利益，那么危机的某些影响可能就不会那么明显。但是，正如我们已经看到的那样，信用评级机构在全球金融危机中起了一定的作用，但在很大程度上必须归因于现有的监管框架。而且，由于取消对机构投资者的评级约束可能会产生相同甚至更好的结果，因此，结果主义者认为，评级机构在为实现公共利益提供服务上并没有达到预期的目标。

然而，第三种观点可能认为，评级机构对为投资者利益服务承担着有条件（conditional）的道德义务。根据这一论点，鉴于这些机构的工作内容，其受益人有权获得最佳服务。这无疑是一种很常见的论证方式。例如，儿童并没有绝对的权利玩游戏电脑，但他们享有有条件的权利，即如果向他们推销游戏电脑，则必须足够安全。传统的消费者道德模式围绕着"买者自负"原则（tenet of coveat emptor）展开，据此，消费者有权查明产品是否符合其声称的规格。但是，随着有关设计、生产、营销和销售的法律规定越来越多，"卖方尽责"原则（ethics of caveat vendor）开始占据上风。

但这一策略不适用于信用评级机构，因为它们会就其评级的预期用途发布明确的免责声明。例如，如果你访问穆迪的网站，即表明你同意其使用条款（Moody's Investors Service n.d.），包括你将：

> 明确同意……通过穆迪网站提供的信用评级和其他意见将仅被解释为对……证券的相对未来信用风险……的意见陈述，而不是有关信用价值的当前或历史事实陈述、投资或财务建议、有关信用决策或购买、持有或出售任何证券的决定的建议、对任何数据或结论准确性的认可，也不是对任何公司的财务状况进行独立评估或担保的尝试。

而且，

> 相应地，您将以应有的谨慎，对您可能考虑购买、持有、出售或提供的每项投资决定或证券，以及每项证券或信贷的每一个发行人、担保人和每一个信贷支持的提供者进行自己的研究和评估。

此外，

> 您明确同意，穆迪网站上提供的任何工具或信息都不能替代独立判断和专业知识。您应始终寻求专业人员的帮助，以获得有关投资、税务、法律或其他专业事项的建议。

凡金融从业者皆置身于风险中。穆迪的使用条款非常清楚，其"风险意见"就 261 如它们所说的：仅仅是意见。此外，该意见针对的是专业人士，而不是可能无法理解使用条款所指概念的非专业人士。"卖方尽责"并不支持信用评级机构具有构成利益冲突所需的道德义务的说法。

也许有人会反对说，既然事实上众多投资者在投资决策中使用评级信息，他们就有权获得准确的评级。然而，这个论点是不成立的，考虑下占星术（这并不是说信用评级机构所作风险意见的附加价值可以与星象预测的附加价值相提并论，但比较信用评级和占星术是有启发意义的）。一些报纸每周都会发布星座运势，读者可能会根据自己的需要作出一些日常决定，这可能是事实。但读者不能以报纸侵犯了他们的权利为由而抱怨不准确的星座运势。一群人利用你的出版物来达到特定目的，但这并不意味着他们对你也有权利。这也适用于上述反对意见的一个变型（variant），即许多投资者在法律上有义务使用评级进行投资决策。只要评级机构没有就其评级的准确性与法律制定者签订合同，法律制定者的做法就和英国医学总会（General Medical Council）要求医生在研判疑难病症之前必须咨询占星师没有什么区别。对医学总会来说，这是一个应受谴责的行为，但它不会给占星师带来新的义务。

如此，利益冲突就不存在。正如笔者在下文中所论述的那样，从正义的角度来看，我们最应该担心的是政府的作用。公民应该能够相信，只有在个人和公司所做工作的质量和附加价值没有任何合理争议的情况下，政府和监管机构才会在法律上迫使这些个人和公司将其某些活动外包给指定的当事方。为了避免误解，应该强调的是，这并不意味着评级机构可以完全摆脱困境。想象一下，一份报纸，因其深度、原创性和高质量的调查性新闻而被政治家、政策制定者和对政治感兴趣的公民所使用。它是议会辩论中重要的信息来源，它间接地影响着法律的制定，这既是因为它所发现的各种事实，也是因为其有思想的社论。现在，该报采用了一种新的商业模式，即它被一家拥有全国最大八卦小报（tabloid）的大型传媒集团收购后从用户付费转为广告商付费的经营模式。不久之后，该报的质量开始下降，再也没有新的调查报道和建设性社论，而是逐字逐句地编排新闻通稿和通讯社的新闻。当然，读者会有理由抱怨报社老板的贪婪（卖掉公司）和主编的温顺（损害了他们高标准的新闻工作）。这是一个悲哀的故事，原老板和主编不应该这样糟蹋报社，甚至可以说他们的行为是不道德（unvirtuous）的。但他们并没有侵犯读者的权利。

262

四、监管回应

虽然国际货币基金组织《2010年全球金融稳定报告》（IMF 2010，111）谈到"在立法、监管和私营部门合同中过度依赖评级"，但国际货币基金组织和其他组织提出的改革建议却非常温和。该报告中写道，必须防止"机械地（mechanistic）"使用评级，但同样应该认识到，"规模较小、不够成熟的投资者和机构如果没有规模经济来进行自己的信用评估，将不可避免地继续广泛使用评级"。我们应采取措施，加强对信用评级机构的监督，特别是应要求它们提供有关评级成功率的信息。

美国证券交易委员会（SEC 2008）建议，信用评级机构必须披露其评级所依据的信息。美国证券交易委员会一方面提到公司和主权债务评级与结构化债务评级的不同特点，另一方面建议有必要为不同类别的债务制定不同的评级工具。在注意到该行业的市场集中度很高——赫芬达尔·赫希曼指数（Herfindahl-Hirschman index）约为3 000点，几乎高于任何其他行业——的情况下，欧盟委员会希望加强信用评级机构之间的竞争。有些人甚至提出了建立欧洲信用评级机构以打击美国寡头垄断的想法（Atkins and Tait 2011）。

（一）评级的附加价值

这些建议忽视了这样一个事实，即信用评级机构是否履行了值得付费的职能，这一点远非清楚明确。例如，与国际货币基金组织的建议相反，应鼓励"规模较小和不太成熟的投资者和机构"与规模较大的投资者一样，不要"机械地"依赖信用评级作出投资决定。规模不大或不成熟并不能成为获取信息的特殊理由；相反，它使你失去了从事某些业务的资格。如果一家公司规模太小或不够成熟，无法承担某些行业的风险责任，就应劝其不要从事这些行业（例如综合医院，它必须专注于常规医疗程序，并将需要更复杂治疗的病人转诊到专科医院。或者以小型化工企业为例，不应仅仅因为其无法满足法律规定的安全水平而允许其在放松的安全程序下工作）。事实上，结构化融资工具的评级极大地促进了缺乏足够专业知识的投资者对这些工具的需求（Benmelech and Dlugosz 2009）。这一经验证据的监管相关性不能被高估：如果没有监管，次贷泡沫可能不会这么大。因此，将责任归还给投资者本身，才能更好地伸张正义。

263

（二）信息披露

从公平的角度看，美国证券交易委员会提出的信用评级机构必须披露信息的建议，同样存在问题。有些人可能会认为，考虑到潜在买家的自主利益，招股说明书提供的关于某项抵押贷款支持证券的信息量是不够的。正如我们在上文所看到的那样，为了使消费者能够自主作出决定，他们需要有关其可购买产品的信息。而提供这些信息往往被认为是制造商或销售人员的责任。如果结构化证券的购买者就像病人一样，这种说法是可信的。病人对医生或制药公司所作的最简单陈述通常缺乏有效的评估知识。但是，结构化融资工具的买家不是病人。即使是最不熟练的买家也有足够的金融知识和专业技能，知道招股说明书中的信息对于确定相关风险是相当无用的，因此，他们可以自主决定买或不买他们不了解的东西。在全球金融危机之前，很多买家确实作出了这样的自主决定。缺乏信息并不总是意味着缺乏自主权。可以肯定的是，当可以获得产品信息时，买方通常会受益；但在大多数情况下，首选模式是让生产者或服务提供者负责提供这种信息，而不是通过昂贵的中介机构即评级机构的间接途径来提供信息。

也许有人会反对说，这促进了将存在信息劣势且可能较穷的参与者排除在高利润市场之外，从而损害了公平。然而，首先，这些市场参与者通常不是个人，而是机构投资者，如养老基金或银行。它们的利润将在不同财富程度的个人之间分配，而且由于其规模，这些投资者一般都有能力自己进行研究，也可以自主决定雇用他人进行研究。此外，要记住即使某些较穷的人最终不会从结构化投融资活动中获利（例如，因为他们的养老基金确实太少），这也不一定构成不公平。

为了了解这一点，让笔者回到金融和医疗之间的类比。乍看之下，好像不让某些较贫穷的病人接受先进的治疗是不公平的一样，不让较贫穷的人获得结构化金融的利润也是不公平的。但是，利润并不是购买结构化金融产品可能导致的唯一结果，投资也可能导致损失。现在，与医学不同的是，损失并不仅仅是有效治疗的"副作用"，恰恰相反，下行风险（downside risks）是投资的一部分。我们认为，如果个人太穷而无法承受这些风险，那么从一开始就不应该承担这些风险，这似乎是完全合理的，即使这意味着他们必然也会放弃潜在的上行风险（upside risks）。如果我们发现这导致了财富分配的倾斜，那么就应该由国家而不是金融业来制定事后（post hoc）的再分配政策。

（三）不同的评级制度

正如我们所看到的，瑞士银行仅在 2007 年就在结构化证券头寸上损失了约190 亿美元：它们对结构化债务和公司债的评级作出了同样的解释。它们理解评级时过于重视字面意义，实质上犯了一些投资者在解释分析师的建议时常犯的错误。简单考虑一下这个问题是很有启发的。分析师的建议从"强烈建议买入（strong buy）"和"买入（buy）"，到"持有（hold）"，再到"卖出（sell）"和"强烈建议卖出（strong sell）"。从表面上看这些建议是错误的，因为在大约 95％的情况下，分析师给出了"强烈建议买入""买入"或"持有"的建议，这反映了一种强烈的积极倾向。马门迭尔和尚提库玛（Malmendie and Shanthikumar 2007)的研究表明,个人投资者通常不会对偏见有怀疑,而相反机构投资者在得到"持有"建议时,会不信这种偏见并卖出股票。

有人可能会反对说,法律可能会禁止分析师在建议出售股票时使用"持有"一词,同样,监管机构可能会强迫评级机构使用新的词汇来处理不同的资产类别(公司、主权和结构化债务)。然而,这就错误地表明了,推荐(recommendations)或评级(ratings)的预期使用者很难发现这些术语在不同的语境中可能有不同的含义,同时也错误地表明了精准地评估信用评级(或推荐)的价值和有用性并不是银行和其他使用者的责任。每份报纸的财经版都会偶尔报道大多数分析师的平庸记录,例外情况的出现与其说是技术倒不如说是运气。由此可见,反对使用推荐术语会将某些市场参与者排除在外的说法是毫无意义的。股票推荐的偏见不过是一种一贯的委婉说法,我们都熟悉生活中其他领域的类似委婉说法。此外,该反对意见会高估分析师建议的价值。在金融领域,大量所谓的信息只是意见,而意见通常是不同的。正如我们所看到的,当所有人都认可建议时,几乎不会有任何交易进行;因为当 A 从 B 手中买入股票时,A 通常认为股票会升值,而 B 通常会认为正好相反。在事情往往是虚无缥缈和不确定的情况下,监管决不能助长散布虚假的安全感和确定性。然而,不同的评级制度恰恰会起到这样的作用。

(四)市场集中度

在大多数情况下,独家垄断和寡头垄断会对正义构成严重威胁。一般而言,正义要求市场是一个公平的竞争环境,因为过高的准入壁垒会不公平地歧视较小的新市场参与者,甚至不尊重他们的权利。结果主义者指出,当市场过度集中时,质量和创新可能会受到影响。

评级行业高度集中,很显然这并不公平。虽然三大评级机构在市场上占主导地位,但同时还有大约 150 家其他信用评级机构提供专业服务。此外,在欧洲本土增设一个债券评级机构,是否会像一些评论家所建议的那样提高评级的质量,也是值得怀疑的。如果评级以公开信息为基础,那么评级的差异只能归因于方法上的差异,而这种差异可能非常小。如果评级是以非公开信息为基础,那么在公司与不同的机构进行广泛对话的意愿达到某一临界点之后,似乎没有

265

什么增加机构的数量的余地——这一意愿不仅与公司持续承接和处理大量业务的能力有关，而且与非公开信息在诚信度较低的评级机构雇员手中变成公开信息的风险有关。没有一家公司会愿意将机密信息传达给大量其他各方。因此，尽管存在这样的现象，但信用评级行业的市场集中程度从正义的角度看是没有问题的。

（五）对国家主权的影响

266 　　为什么评级机构的权力分配可能被视为是不公平的，另一种也许更强有力的论证涉及它们对国家主权的影响。例如，辛克莱的重要专著《资本的新主人》就提到了信用评级机构对"国家政策自主权"的负面影响，因为评级机构的巨大权力使其可以"向广泛分散的政府和公司传递政策和管理的正统观念"（Sinclair 2008，71）。其他人也提出了信用评级机构对国家主权影响的负面评价，最著名的是《纽约时报》记者托马斯·弗里德曼（Thomas Friedman 1995）所言：

> 你几乎可以说，我们又生活在一个两个超级大国共存的世界里。有美国，也有穆迪。美国可以用炸弹摧毁一个国家；穆迪可以通过降低债券评级来摧毁一个国家。

　　不过从描述上看，这可能并不完全准确。先说弗里德曼的说法，肯定有证据表明主权评级与债券收益率相关，也就是与债券持有人在债券上的收入（或损失）相关。评级不好，借钱就更贵、更难。但是，如果评级不好表示违约风险较高，这完全不足为奇，正如我们所看到的，它们通常会这样做。当然，在许多情况下，各国都会担心信用评级机构。英国政府为确保其主权债务在1978年获得高评级而发起的宣传攻势是有据可查的（Gill 2015），但由于政府通常强调其政策措施的社会福利效果，而忽略了债券持有者可能因此而获得的经济回报（Levy and Pauzner 2014），因此许多政府将不如英国政府那样成功（英国政府在1976年获得国际货币基金组织的帮助，仅两年后就获得了标准普尔的惊人AAA评级）。

　　看起来财经媒体的诸如"雅各布·祖马（Jacob Zuma）立誓采取行动防止

南非评级下调"等头条新闻（England 2016）似乎支撑了辛克莱关于国家主权的说法。但是，如果南非总统确保政府将"与企业合作并缩减支出"，这是否意味着债券评级机构在传播新自由主义意识形态方面发挥了作用? 除了就新自由主义（neo-liberalism）的定义存在概念上的困难外，迄今为止，证明这一说法的实证研究非常稀少，也没有证据明确指向辛克莱所指出的方向。例如，苏迪斯（Soudis 2015）表明，虽然确实存在新自由主义的政策制定、自由化和放松管制改革的倾向，但评级和降级与这些改革的速度和程度并不相关。显然，这里还有更多的工作要做，因为苏迪斯的分析似乎并没有排除各国试图通过预期性放松管制来防止降级的可能性。但就目前来看，辛克莱似乎走得有点太快了。

　　除此之外，还有两个规范性观点值得提出。第一，三大评级机构之所以变得如此强大，主要原因是美国政府赋予了它们权力。用弗里德曼的话说，穆迪可以"通过下调一个国家的债券评级来摧毁一个国家"。这是因为美国的投资者在美国的监管下，必须听从穆迪这个美国信用评级机构对这个国家的信用评价，而穆迪恰好是全球三大评级机构之一。因此，穆迪摧毁一个国家的权力与美国"用炸弹摧毁一个国家"的权力之间的密切关联比弗里德曼的名言更贴切。换句话说，如果信用评级机构之间的权力倾斜分配确实是不公平的信号，那么这种不公平就与信用评级机构的权力本身没有太大关系，而是来自各国权力倾斜分配所反映的全球不公平。

　　第二，由于各机构提供的评级是研究的结果，原则上也可以由投资者自己进行，因此，各评级机构可能并不像辛克莱和弗里德曼所说的那样重要。是投资者因其购买了那些有较高违约风险国家发行的债券，而要求取得补偿这种额外风险的溢价。笔者不否认信用评级机构个别雇员的意识形态可能会使他们对信用风险的判断产生偏差。也许从新自由主义的角度来看，不管是什么角度，某些国家的风险被认为比实际上的大，而一些国家被认为风险较小。不过，似乎没有什么证据可以支持这种偏见。事实上，评级机构对主权债务违约概率的判断比新自由主义所认为的更为保守。波利托和威肯斯（Polito and Wickens 2015）仅利用欧洲 14 个国家的财政状况信息计算了这些国家的信用评级，即计算了这些国家未来的债务情况和利用财政政策偿还债务的前景。事实证明，依据他们的模式所得的评级比三大信用评级机构的评级要悲观得多（如果你愿意，

267

也可以说是新自由主义的）：他们比评级机构早近两年发现了导致主权债务危机的问题。总而言之，信用评级机构是信使，但只要它们的估计与投资者自己会得出的结果相吻合，就像波利托和威肯斯所做的那样，消灭信使就是错误的。

（六）第一修正案的保护

268 　　但是评级机构仅仅是信使吗？正如我们所看到的，它们清楚地表明其所提供的只是"意见"，受到美国宪法第一修正案（言论自由）的保护；它们自称是新闻工作者而非社会科学家（Partnoy 1999）。潘（Poon 2012）观察到，过去十年，这些机构的收入增加了，而传统媒体的状况却普遍较差，他认为不能将信用评级机构视为与新闻界同等的机构。然而，这一论点的合理性取决于增加的收入从何而来。实证研究仍然很少，但这一假设有很多值得肯定的地方，即如果立法者没有将评级变成许多机构投资者开展投资所需要的官方认证（特别是在结构化债务方面），对评级的需求就会大大降低（Benmelech and Dlugosz 2009）（可以考虑这种类比：政府规定每个公民必须订阅一份全国性的报纸和一份地方性的报纸，可以大大增加报纸的收入。但是这些报纸终归还是报纸）。

　　在一些监管机构看来，这肯定是在呼吁撤销对评级机构的美国宪法第一修正案保护。这不是一个好主意。本章的目的并不是要发展一套完整的理论，来说明在什么情况下监管主体干预言论自由是合理的。然而，有一个条件似乎是相当没有争议的，即如果预定的听众难以确定其真实价值，人们可以考虑对言论进行管制。例如，认为某些形式的广告不受美国宪法第一修正案保护的观点预先假定消费者往往无法发现制造商或销售人员告诉他们的内容是否真实。然而，与理查德森和怀特（Richardson and White 2009）的观点一致，这里建议的解决方案是减少而不是增加监管。金融市场的公平——不同于零售银行、保险或退休规划等金融服务领域的公平——得益于运用买者自负的投资模式，而不是零售业务中更多的政府参与或卖方尽责原则。

五、结　论

　　在本章中，笔者认为，适度放松管制可以促进金融市场的公平。与许多政策制定者和政治评论家不同,笔者认为对信用评级行业进行更严格的监督或在欧洲本土建立信用评级机构的计划没有什么价值。相反,笔者已经表明了将评级变成官方认可标志(official stamps of approval)的糟糕后果:它不合理地导致投资者将其认知责任外包。与食品和药品的安全性或房屋和桥梁的安全性不同,金融工具的预期风险和收益很难被确定,事实上往往无法确定。迄今为止,还没有人找到一种准确程度接近于自然科学的通行方案来预测金融市场。金融公司中充斥着数学奇才的印象具有危险的误导性:从理论的角度看,数学在金融公司中的使用稀松平常,而从应用的角度看,数学的使用往往是不够的。《多德-弗兰克法案》(Dodd-Frank Act)等举措表明,评级机构是否使用了正确的方法对证券进行评级是有事实基础的。在很多时候确实可以正确地评估证券的风险,但最好将许多证券称为"不可评级(unratable)",这将更诚实地表达这样一个事实,即预测证券的失败和成功往往更接近于占星术而不是火箭科学。④

269

参考文献

Altman,E. 1968. "Financial Ratios,Discriminant Analysis,and the Prediction of Corporate Bankruptcy." Journal of Finance 23(4),589—609.

Atkins,R.,and N. Tait. 2011. "Frankfurt Looks at Creating Rating Agency." Financial Times,July 27.

Benmelech,E. and J. Dlugosz. 2009. "The Alchemy of CDO Credit Ratings." Journal of Monetary Economics 56(5),617—634.

Boatright,J. R. 2000. "Conflicts of Interest in Financial Services." Business and Society Review 105(2),201—219.

de Bruin,B. 2015. Ethics and the Global Financial Crisis:Why Incompetence is Worse than Greed. Cambridge:Cambridge University Press.

Duff,A.,and S. Einig. 2015. "Debt Issuer:Credit Rating Agency Relations and the Trinity of Solicitude:An Empirical Study of the Role of Commitment." Journal of Business Ethics 129(3),553—569.

④ 本章得益于与 James Dempsey、Jacques Jacobs、Jens van't Klooster、Marco Meyer、Emmanuel Picavet、Tom Sorell、Dimitrios Soudis、Hugo Thiefaine、Christian Walter 和 Lisa Warenski 以及拜罗伊特、剑桥、法兰克福、巴黎、鹿特丹、乌得勒支和华威的听众们之间的讨论。笔者特别感谢本书的编辑丽莎·赫佐格,她对本章的几个草稿提出了书面意见。

England, A. 2016. "Jacob Zuma Vows Action to Prevent South Africa Rating Downgrade." Financial Times, February 16.

Financial Crisis Inquiry Report. 2011. The Financial Crisis Inquiry Report: Final Report of the National Commission on the Causes of the Financial and Economic Crisis in the United States. https://www.gpo.gov/fdsys/pkg/GPO-FCIC/pdf/GPO-FCIC.pdf(accessed November 14, 2016).

Friedman, T. L. 1995. "Foreign Affairs: Don't Mess With Moody's." The New York Times, pp.A, 19, 1.

Gill, D. J. 2015. "Rating the UK: The British Government's Sovereign Credit Ratings, 1976—8." Economic History Review 3, 1016—1037.

International Monetary Fund. 2010. Global Financial Stability Report 2010: Sovereigns, Funding, and Systemic Liquidity. Washington, DC.

Jorion, P. 2009. "Risk Management Lessons from the Credit Crisis." European Financial Management 15(5), 923—933.

Jorion, P., and G. Zhang. 2007. "Information Effects of Bond Rating Changes." Journal of Fixed Income 16(4), 45—59.

Levy, N., and A. Pauzner. 2014. "Government's Credit-Rating Concerns and the Evaluation of Public Projects." Journal of Public Economics 115, 117—130.

Liu, Y., and P. Jiraporn. 2010. "The Effect of CEO Power on Bond Ratings and Yields." Journal of Empirical Finance 17(4), 744—762.

Malmendier, U., and D. Shanthikumar. 2007. "Are Small Investors Naive about Incentives?" Journal of Financial Economics 85(2), 457—489.

Moody's Investors Service. N.d. Moody's Terms of Use. https://www.moodys.com/termsofuseinfo.aspx(accessed February 4, 2016).

Pagano, M., and P. Volpin. 2010. "Credit Ratings Failures and Policy Options." Economic Policy 25(62), 401—431.

Partnoy, F. 1999. "The Siskel and Ebert of Financial Markets?: Two Thumbs Down for the Credit." Washington University Law Quarterly 77(3), 619—714.

Polito, V., and M. Wickens. 2015. "Sovereign Credit Ratings in the European Union: A Model-based Fiscal Analysis." European Economic Review 78, 220—247.

Poon, M. 2012."Rating Agencies." In The Oxford Handbook of the Sociology of Finance, edited by K. Knorr Cetina and A. Preda. Oxford: Oxford University Press, 272—292.

Poor, H. 1860. History of Railroads and Canals of the United States. New York: J. H. Schultz.

Richardson, M., and L. White. 2009. "The Rating Agencies: Is Regulation the Answer?" Financial Markets, Institutions & Instruments 18(2), 146—148.

Scalet, S., and T. F. Kelly. 2012. "The Ethics of Credit Rating Agencies: What Happened and the Way Forward." Journal of Business Ethics 111(4)，477—490.

Securities and Exchange Commission. 2008. Summary Report of Issues Identified in the Commission Staff's Examinations of Select Credit Rating Agencies.

Selig, K. 2008. "Teaching Notes: Greed, Negligence, or System Failure? Credit Rating Agencies and the Financial Crisis." The Kenan Institute for Ethics, Duke University. http://kenan. ethics. duke. edu/wp-content/uploads/2012/07/Case-Study-Greed-and-Negligence-notes.pdf(accessed November 14，2016).

Sinclair, T. J. 2008. The New Masters of Capital: American Bond Rating Agencies and the Politics of Creditworthiness. Ithaca: Cornell University Press.

Soudis, D. 2015. "Credit Rating Agencies and the IPE: Not as Influential as Thought?" Review of International Political Economy 22(4)，813—837.

Strier, F. 2008. "Rating the Raters: Conflicts of Interest in the Credit Rating Firms." Business & Society Review 113(4)，533—553.

US Senate Permanent Subcommittee on Investigations. 2011. Wall Street and the Financial Crisis: Anatomy of a Financial Collapse. Washington, DC.

White, L. 2010. "Markets: The Credit Rating Agencies." Journal of Economics Perspectives 15，211—226.

Zhou, C. 2001. "Credit Rating and Corporate Defaults." Journal of Fixed Income 11(3)，30—40.

第十二章

金融市场中的性别正义

罗斯安妮·罗素　夏洛特·维利耶

一、导　论

271　　金融市场通常代表着或被视为一个性别中立的领域。然而，细致调查发现，金融市场运作的结果和市场机构的结构实际上具有深刻的性别特征。在后金融危机时期，金融市场参与者更加关注性别（或者更准确地说，"女性"）问题。新的赋能倡议（empowerment initiatives）使女性能够以债权人和企业家身份进入金融市场（Empower Women 2016）；与此同时，各类经济参与者已经发现了女性消费者未被开发的潜力，并且通过调整其工作以更加关注她们的感知需求（perceived needs）（Global Banking Alliance for Women 2016）。

　　金融市场决策者（decision-makers）的身份一直是监管和政策高度关注的领域之一。欧盟存在一个不断扩大的共识，即主要成员为男性的公司董事会导致许多问题，而董事会多样性（diversity）（很大程度上被理解为需要更多的女性董事）则是一个积极目标。在公司董事会中增加女性人数的理由主要来自两个宽泛的立场。第一，增加女性董事人数似乎有助于实现公司在财务利润和公司治理方面更好的表现。第二，则强调多元化的好处以及女性董事为公司决策带来的不同"视角"。尽管部分人认可基于平等和人权的理由增加董事会中的女性代表，但多样性和商业考量（business case）的工具性观点得到了更广泛的支持。

　　在本章中，笔者认为在朝着制度、实践和结果都认真对待性别正义理念的
272 金融市场的前进中，金融市场决策者的身份是其中一个重要方面。然而，通过

表明"多样性"和"商业考量"的观点缺乏可靠的理论和规范基础，笔者偏离了这场辩论中的主流意见。而是基于整个公司中女性和其他人的公平代表（fair representation），针对金融市场决策者中性别代表（gender representation）的重要性提出一个修正的观点。最后，笔者总结并建议对公司结构和文化进行其他改革，以建立一个更加真诚包容的商业世界。

我们认为董事会多样性与性别正义相互关联，但近期对女性为公司董事会所作贡献愈发强烈的兴趣揭示了某些紧张关系。金融市场对决策中的女性参与表达了明显善意且积极的兴趣，这给人以一种印象，即现实中未得到彰显的性别正义取得了有效的进展。笔者认为这种朝着"女性即救星（women as saviors）"信念的转向源于关于平等的一种个体主义（individualistic）立场，即赋予那些能用好这些权力的人以特权（例如从"依靠他人"中受益的"专业管理层"）（Gutting and Fraser 2015）。此外，这种转向建立在对女性狭隘的、固有的及工具性的理解基础之上，并且反映了企业和政策制定者对金融资本赋以特权的一种规范选择。更令人担忧的是，对于商业考量的强调低估了女性的观点，并使其"意见"边缘化，女权主义者要求平等的理由在当前的辩论框架内会变得无关紧要。

笔者提出了一个替代性规范基础以使辩论的基础更加牢固。同时，笔者认为如果要切实实现金融市场决策中的性别正义，就必须更加强调社会正义女权主义（social justice feminism）。这事关提高所有在职女性的成功机会，事关促进经济发展以创建一个两性更加平等的社会——一个更加性别正义（gender-just）的社会。

本章的结构如下：第二部分描述了金融市场背景。整章的重点主要集中于英国和欧洲的资本市场。第三部分探讨了有关女性董事辩论的起源并分析了用于支撑增加董事会中女性代表观点的关键理由。第四部分讨论并解释了商业考量在平等主张上的支配地位。第五部分中，笔者认为有必要制定一个挑战政治经济学结构和目标的、关注所有员工的社会正义的更为激进的女权主义议程。第六部分给出了一种实现此方案的建议方法。第七部分得出结论，即一个能在公司中实现性别正义的真正民主且合法的方法需要一个支持性的生态系统、一次资源的再分配以及工会和女权主义积极分子之间的集体行动。

二、金融市场背景

273　　自 2008 年全球金融危机以及许多国家为应对危机而进入紧缩期以来，人们越来越关注金融市场的性别本质（gendered nature）及其运作结果。女性似乎遭受了紧缩措施的最坏影响。例如，英国削减福利及公共服务支出曾一度对女性产生过不平等影响，因为她们更可能会向政府申请福利救济，特别是作为单亲妈妈以及倾向于在公共部门工作并更多使用公共服务的女性（McKay et al. 2013）。英国政府 2010 年的预算因违反性别平等义务（Gender Equality Duty）而遭到福西特协会（Fawcett Society）① 的质疑。尽管这些影响的性质和范围因不同国家而异，但沃拜（Walby）指出了在福利、健康、贫困和就业等领域中存在的许多"使女性比男性受到更多影响的复杂方式"（Walby 2009，7）。金融市场分配和更广泛经济政策的影响对男性和女性来说也是不同的（Prügl 2012，22）。

　　收入不平等（income inequality）被描述为"新自由主义统治范式中最关键、最不可持续的遗产"（Brodie 2014，428），并且导致了鼓动变革的社会团体和社会运动中形成的新的激进主义。正如布罗迪（Brodie）的评论，"那 1%（和 99%）已成为大衰退时期的首要政治主题"（Brodie 2014，436）。对持续不平等（通常与性别有关）的担忧以及对立法者和政策制定者未能充分解决问题的沮丧促使人们重新寻求解决方案。布罗迪指出了"创造话语空间和政治空间，以在反对主导统治范式的不断扩大的领域中重新确立平等主张"的紧迫性。

　　这一新的话语空间的参与者就包括了那些与金融危机的成因和后果牵连最深的金融市场机构和全球治理机构。从一方面看，金融市场参与者的反思行动（reflective engagement）受到欢迎。然而，从另一面看，一个不太善意的解释是金融市场参与者正在以固有的、工具性的方式对待性别差异以达到其自身目的。罗伯茨描述了危机后关于性别与金融的讨论中出现的三种特殊"修辞（trope）"（Roberts 2015，108）。第一种修辞是"金融赋能（Financial Empow-

----

① 一个英国女性平权团体。——译者注

erment）",其重点是确保女性(尤其是在南半球)能够获得信贷,以使其能够或经过"赋权"而参与金融市场。与之相关的是由跨国公司推动和协调且不断增长的大量经济赋权项目,例如联合利华的夏克提项目(Unilever's Shakti Project)和高盛 10 000 女性全球倡议(Goodman Sachs 10 000 Women Global Initiative)。跨国公司参与这些赋权项目的好处显而易见,它们可以帮助这些公司: 274

> 善用女性的商业智慧;通过充分利用女性劳动力来帮助企业稳定供应链;帮助跨国公司在全球化经济体系中建立良好企业公民(good corporate citizens)的名声。(Prügl 2015,626)

尽管这类倡议的支持者可能会指出其为女性提供的机会,但它们侧重于个人成就而非结构性变革。普吕格(Prügl)描述的"新自由主义化女权主义(neoliberalised feminism)""可为性别平等和女性赋能提供论据,但它保留了对理性主义(rationalism)、父权规范(heteronormativity)和无性别经济结构(genderless economic structures)等思维模式的遵从"(Prügl 2015,619)。

罗伯茨提出的第二种修辞被称为"女性经济学(womenomics)"(Roberts 2015,109)。这与认识到女性是一个"未开发的市场"和女性有望成为新的(有偿)劳动力来源且具有作为消费者的消费能力明确相关。简言之,"女性对商业有益"。罗伯茨提出的第三种修辞是"女性即救星",这也是后文有关讨论的有力出发点。这一论断最早的说法是在"如果雷曼兄弟(Lehman Brothers)是雷曼姐妹(Lehman Sisters),我们是否还会遭受金融危机"的讨论中提出的(Prügl 2012),它使得众多公司和金融机构高度关注其决策讨论会的性别组成。正如普吕格和特雷(True)所指出的:

> 企业与经济圈对性别平等的关注令人惊讶。男性继续在经济决策岗位中占据绝对支配地位,包括全世界范围内作为企业管理人员的公司董事、政府金融监管官员、贸易谈判代表和中央银行行长。(Prügl and True 2014,1138)

我们将在第三部分中探讨董事会多样性辩论的进展情况。

三、对金融市场决策者的兴趣：一项对公司董事会的研究

至少在自 2004 年以来的英国，大家对于董事会需要接纳更多女性的观点愈发感兴趣（DTI 2004）。作为公司中负责形成战略方向、管理公司事务的角色，被任命担任董事职务的那些人具备足够的成功履职所需的专长、经验和正直品质是非常重要的。这一要求可在国内立法中找到支撑，即董事有义务为公司利益（而非其自身利益）行事（英国《2006 年公司法》第 175 条和第 177 条，尤其是第 170 条），并履行合理的谨慎注意和勤勉尽职义务（英国《2006 年公司法》第 174 条）。但是，从确保公司董事会由有才华的个人组成以便能够领导公司取得更大成功的这一立场，以及从非执行董事能够严格监督执行董事行动的角度来看，对董事会构成的担忧早已有之。后金融危机时代关于女性董事的辩论变得愈发活跃，因为女性已被视为公司世界的救星，代表着熟谙消费者的未开发人才资源或是行为不同于男性的决策者。在高度性别化的工作环境和挑战男性支配地位的背景下，这一切正在发生。全球化和经济体系重构影响着男性化理想（masculine ideal）。老工业的衰落和从体力劳动到脑力劳动的工作场所转变导致了男子气概危机（crisis of masculinities）。聪明的商业和金融雇员已经取代了肌肉发达的工人并在男性之间建立起更加残酷的等级制度，"导致许多男性发现自己处在不安稳的境地，而这对女性来说并不新鲜"（Annesley and Scheele 2011，339）。然而，国家的应对措施并未对造成危机的男性太过严厉。事实上，挣钱养家的男性（breadwinner male）的弱势地位已经变得更加明显并成为了政府干预和增加债务的正当理由，但这对女性的负面影响更大。正是在这种背景下，我们看到了"审慎女性的错觉（myth of the prudent woman）"（Prügl 2012，31）在围绕金融危机的辩论中兴起。这令人不安，不仅是因其缺乏实证经验支撑，而且在于：

> 对于审慎女性及其男性对手的错觉可以被理解为一个纯粹的意识形态问题，一个在资本家令人难堪的放肆行为被揭露后将其所作所为予以隐瞒

的欺骗性故事。

可能正是因为女权主义者对审慎女性的固有观念感到不适，以及公司董事会中令人不安的男性主义权力结构（masculinist power dynamics），从而导致董事会多样性辩论在学术和政策领域引发诸多讨论。增加女性董事人数的明确理论依据似乎仍然缺乏。这可以在上议院欧盟委员会报告（House of Lords EU Committee Report）《董事会中的女性》（Women on Boards）中看到。该报告正好在拟议的欧盟指令（EU Directive）于 2012 年 11 月公布之前发布（House of Lords 2012）。该报告的大部分内容关注的是女性董事任命是否应有强制性配额。该报告结论是，配额制不适合作为一种增加欧洲公司董事会中女性人数的途径。首选方案应是企业的自愿行动并基于 2011 年发布的《戴维斯报告》（Davies Reports）中提出的建议方式，即采取一种"遵从或解释（comply or explain）"的方案实现性别招聘目标（gender recruitment goal）。共识观点认为 276 《戴维斯报告》的影响是积极的，并且已经显示出董事会中女性比例的提高。2016 年 3 月，数据显示在富时 100 指数公司（FTSE 100）董事会中 26% 的董事职位由女性担任，而在富时 250 指数公司（FTSE 250）董事会中，20.4% 的董事职位由女性担任（Sealy et al. 2016，6，1）。总体上，上议院欧盟委员会表明了在各国采取措施之时，欧盟委员会早早地就试图解决这个问题，但在判断上述措施已经失败之前需要时间将其更为牢固地确立起来。

上议院依据对其征求意见的回复中提供的大量证据，对拟议的欧盟指令提出了一系列意见。虽然一些受访者支持引入配额制，但可以说大部分人更青睐各种更为柔性的措施。在所提供的证据中，最清晰且惹人注目的是一种明确偏好模式（definite preference pattern）。那些关心公司成功与否的人士与那些关心女性的社会角色及决策作用的人士之间存在明显的界分。代表商业导向型组织（business-oriented organization）的受访者，包括投资者、英国工商业联合会（CBI）、董事、30% 俱乐部（30% Percent Club），普遍赞成采用自愿方法，而这些受访者占大多数；支持配额制的受访者主要是福西特协会和欧洲妇女网络（European Women's Network）等组织的劳动法专家、人权与性别代表，较少数受访者来自这些群体。大多数人认为配额制不是一个合适的解决方案，主要原因在于其"一刀切（one size fits all）"地应对问题而无法满足不同组织和企业的特定需求。因此，这一问题在欧洲层面会加剧，因为配额制忽略了不同成员国的独特经济状况。从而这样做可能会导致政府承担巨额且不必要的成本，同时也无法让公司探索个性化的解决方案。首选方案是在坚持"遵从或解释"的基础上遵守规范要求（code requirements），从而给出一个统一的公司治理方案。"遵从或解释"的目的在于，尽管总体上公司必须努力实现既定的性别多样化理想，但如果它们未能做到，公司可能会通过援引与其特殊状况相关的特定、合理理由来予以解释。如果公司能够提供这样的解释，就将使得这样的公司符合性别差异的多样化目标（MacNeil and Li 2006，Moore 2009，Sanderson et al. 2010，Kayy 2014）。这也可为公司保留其独特特征留有余地。反对配额制的群体也倾向于支持各种较柔性的倡议，例如提高董事会层面的性别代表的政策和努力的强制性报告（mandatory reporting）。最近有关选聘董事的自愿性规范（voluntary code）也受到欢迎。有观点认为近期的措施和倡议需要时间来确立和实施，否则其失败将给欧盟委员会强制实施配额制提供更有力的证据基础。

277

　　换句话说，现在引入配额制还为时过早。许多受访者还认为要解决代表性缺乏的问题，配额制不够精细，很大可能会导致为实现合规目标而进行象征性任命，而不是处理根本上的文化问题（underlying cultural problems）。女性董事任命会被视为一个数字游戏或有关政治正确的事情。此外，许多人认为配额就是傲慢的施恩，并可能造成女性董事获得任命不是因为其价值而是为了凑数，这将损害女性的成就和权威。而且，如果问题是没有足够多的女性可以够到使她们获得担任董事所需的职业经验的上升通道，则不一定能通过配额解决供求因素（supply and demand factor）。确实，供求问题部分是由董事会层面的人员流动不足引起的。许多受访者提到了通道不足的问题，其中部分受访者指出，挪威女性担任多个董事职位的事实掩盖了这一层面并没有那么多女性被真正代表的现实。实质上，配额制不解决通道不足的潜在问题，也不能解决女性董事未来在工作与生活之间的平衡问题。

　　从欧洲和英国的发展概况中可以看到，辩论集中在我们如何获得更多的女性董事，而没有充分考虑为何需要这样做。在回答这个问题方面，商业考量是最有影响力的。

四、商业考量分析

根据多尔德（Doldor）等人（2012）的观点，"董事会性别多样化的商业考量涉及四个关键维度：提升绩效、拓展人才库、提升市场敏感度以及优化公司治理"。多尔德等人进一步解释，要求董事会存在更多女性的商业考量依赖两个关键论点：第一，尽管女性与男性相比具有相似或者更高的受教育水平，但女性在公司中的离职率却在攀升。因此，公司往往很难从可用人才库中起用女性董事。第二，董事会多样性与更好的公司业绩之间存在相关性。

商业考量的主要内容包括：在人力资源规划中考虑高级管理人员；增强组织从各类大众中招聘人员的能力；提升全体员工技能的范围和深度；提高员工保留率；通过提供更细致或差异化的服务和产品，增加组织对更广泛客户群体的吸引力；提高组织的社会名声；增强组织预测和响应不同背景客户的能力；或者减少歧视指控（Perriton 2009，222）。其他主张包括通常可以提高企业生产率和/或利润的均等机会政策（equal opportunities policy），如通过改善员工聘用、改进员工利用、提高员工士气和责任感、增强雇员多样性、提高客户认可度和公司股价（Riley et al. 2013，217）。然而，实施效果取决于每个组织的特征和环境，因此并不能保证净收益（net benefits）。

商业考量在一定程度上为董事会的再平衡效果取得一些进步奠定了基础。2010年，在富时100指数公司董事会中女性董事的比例为12.5%（Davies 2011，3）。到2016年，女性董事已占富时100指数公司董事会中董事职位的26%（Sealy et al. 2016，6）。但是，这一方法有其局限性。对以商业考量促进多样化的一个主要批评是，它不挑战现有权力关系和既定秩序（Tomlinson and Schwabenland 2010，104）。商业考量以个体（individual）为中心，而这里真正需要的是社会群体（social group）的"平等结果（equal outcomes）"。对于狄更斯（Dickens）来说，"几乎没有迹象表明以去政治化的商业考量方法追求平等将会形成针对科伯恩（Cockburn）所说的'权力获取转型的长期议程'的行动"（Dickens 1994，15；Cockburn 1989，220）。这一点兰宁（Lanning）等人在其公共政策研究所（IPPR）关于性别平等的最新报告中予以确认。他们发现个体主义反应（individualistic responses）在女性担任高级职务的经验中处于支配地位，但这并未鼓励女性寻求工作文化变革以使其他女性受益。相反，她们选择了遵循擢升她们的组织的文化和规范（Lanning et al. 2013，27—28）。

根据狄更斯的观点，尽管追求多样性的观点可能会挑战当前组织的本质，但在英国，平等机会的商业考量观点"更聚焦并明确了这些倡议……在劳动力市场竞争、提升组织绩效和产品市场竞争等方面的优势"（Dickens 1994，9）。商业考量有限的关注范围可能会导致实现平等机会的选择性方法，因此"可能会限制上述行动，因为它使这些行动倡议的目标反映的是雇主而不是那些弱势群体的需求"。

实际上，市场具有使平等问题处于从属地位的效果。正如佩里顿所言："一旦将经济理由用作决定是否采用某种行动方式的依据，那么我们讨论的社会问题就会服从于市场力量。商业考量观点占据了整个辩论的所有可用话语空间并压过了多种尝试对其予以限定的声音。"（Perriton 2009，239）

（一）商业考量的支配地位因何而来？

商业考量的支配地位有三个关键成因。首先，由于征求意见时公司最积极发声，因此商业界的声音得到了更强有力的反映。在戴维斯勋爵（Lord Davies）颇有影响力的报告《董事会中的女性》中，支持商业考量的证据很大程度上是基于麦肯锡早前于 2007 年发布的题为《女性至关重要：性别多样性，一种企业绩效推动力》（Women Matters：Gender Diversity，a Corporate Per-formance Driver）的报告（McKinsey & Company 2007）。②平等与人权委员会根据这两个报告，认为在董事会和管理层提升多样性的商业考量是"充分且明确的"（Equality and Human Rights Commission 2011）。商业考量观点是"基于

---

② 该报告具有很大的影响力。麦肯锡公司是一家全球管理咨询公司，其宗旨是帮助客户"在其业绩上作出与众不同、持久且实质性的改善"，参见 McKinsey & Co.'s website at：http://www.mckinsey.com/about-us/what-we-do/our-mission-and-values（2016 年 2 月 26 日访问）。麦肯锡被描述为"20 世纪 20 年代效率繁荣、40 年代战后巨人主义、50 年代政府理性化和市场营销兴起、60 年代公司影响力时代、70 年代的美国重建、80 年代信息技术大规模增长、90 年代的全球化以及 21 世纪及以后的繁荣、衰落和整顿的主要参与者"。参见对 Duff McDonald 的采访（Belsky 2013）。

一种规范化的绝对话语（Mega-Discourse），它把实现组织经济目标作为组织成员的最终指导原则和解释工具予以强调"（Litvin 2006）。为从高级管理层那里获得资源和合作机会，这种方法被视为是必需的（Barmes and Ashtiany 2003，278）。此外，琳达·佩里顿（Linda Perriton）指出，商业考量拥有支配地位的理由可以归因于以下事实：这些理由在我们的社会中更多地被听到、被赋予更多机会展示自己、完全占据信息通道以及会"利用控制策略以确保其卓越性"（Perriton 2009，240）。

其次，在新自由主义的语境中，相比于以平等为基础的观点，商业考量和多样性在商业话语和公共话语中更易于交流。巴密斯和艾希提安（Barmes and Ashtiany 2003，278）认为，平等概念和均等机会通常与监管干预相联系，因此它们就被避开了。当优先考虑经济因素时，道德上的正当性理由被认为是一种巧合（serendipitous）。

最后，更微妙的原因在于人们不愿意听到女性在这些问题上的意见，这象征着对女性利益的一种文化冷漠。尽管有明确证据表明现行平等问题立法存在不足，但平等似乎已退居第二位。③频繁拒绝将女权主义用作一个宽泛概念，可能表明了对女性问题的轻视以及女性在文化上的从属性（Banyard 2010），但这充其量也不过导致女性在女性董事辩论的语境中被工具化。尽管没有明确说明这第三个原因，但很明显，女性的观点经常受到忽视。例如，在强奸指控中，当"不"来自女性的口中时，该词并不总意味着"不"（Ellison and Munro 2009）。在现代工作场所中，尽管制定有旨在保护女性的就业保护法，但女性仍然无法享有同等报酬（全职雇员的中位数薪酬差距为9.4%，请参见ONS 2015，1），并且她们还会遭受性骚扰。至于在职家长，"母亲墙（maternal wall）"似乎一直是阻碍女性参与和进步的一大障碍（Williams 2003）。例如，平等机会委员会（Equal Opportunities Commission）发现，每年约有30 000名女性由于怀孕或待产而失业，其中约2%的女性被解雇或裁撤（Equal Opportunities Commission 2005）。这会影响所有有子女的女性和没有子女的女性，因为在商业环境中人们形成了对母亲身份的负面看法。

---

③　仅次于企业立场理由。——译者注

（二）商业考量会产生何种后果？

"商业考量话语的广泛使用已经排挤了一系列其他仔细思考和解决问题的方法。"（Perriton 2009，240）商业考量导致了许多女性、多样性甚至女权运动被追求经济利益所利用的重要问题。在董事会之外，从不断增加的女性投资运动和培育女性企业倡议可以看出这一点。具体到金融市场行业中，我们可能会看到女性据说更为谨慎的本性越来越得到强调，而这种本性可以帮助避免一些由男性投资者过度自信引起的交易失败。例如，美国的一篇著名研究论文表明，男性的平均交易频率要比女性高45%，而异常活跃的交易活动使他们的净回报每年减少了2.65%，而女性为1.72%（Barber and Odean 2001；Belsky 2012）。特别是自全球金融危机以来，对这种本性的观察鼓励人们更加注重让女性参与投资活动。例如，越来越多的证据表明，我们正在努力为女性提供有针对性的金融教育（Gaines 2016）。除此之外，更广泛的非政府组织和妇女团体经常与公司合力在罗伯茨所说的"跨国商业女权主义（transnational business feminism）"中寻求公司收益：

> 这意味着，一个愈发庞大的由女权组织、资本主义国家和地区及国际性融资机构、非政府组织和跨国公司组成的联盟，在提升女性平等的任务这里完成了会师，尤其是在南半球。（Roberts 2012，87）

因此，除了过于瞻前顾后，商业考量还与公司权力共谋拔擢女性以实现其目标。我们再次看到"审慎女性的错觉"在对伦敦城因贪婪、压制和男性主义观念支配而导致失控的描述中出现（McDowell 1997；McDowell 2010）。一些性别平等倡导者强调性别平等对经济的好处。例如，高盛宣称"经济增长和性别平等可形成良性循环"（Goldman Sachs 2009，21）。把女性当作潜藏的智库予以建设会将当前的新自由资本主义秩序嵌入公司领域，因为女性只是作为另一种可供开采的资源被利用，而并非以性别为视角揭示当前经济政治秩序造成的深层次结构性不平等。对于罗伯茨而言：

281

一定程度上，正是女性的利益、发展与公司营利能力之间的这种无碍结合使得追求性别平等的商业考量吸引了如此广泛的社会力量。（Roberts 2012，92）

当谈到女权主义与资本主义之间的"危险联系（dangerous liaison）"时（Eisenstein 2005，498），爱森斯坦更直白地指出了这一问题，也许在桑德伯格（Sandberg）的励媖运动（*Lean In* campaign）④中表现得最明显。类似地，南希·弗雷泽（Nancy Fraser）也谈到女权主义正在变成"资本主义的女仆（handmaiden of capitalism）"，并被利用于助长新自由主义（Fraser 2013b；Fraser 2009；Fraser 2013a）。在公司语境下，效率并非一个中性词，而且其涉及节省成本和追逐利润，因而可能对女性有负面影响。它导致人们关注股东利益，而大多数股东是男性（Computershare 2016 报告称，男性持有 61% 的股份）。例如，德国经济研究所（German Institute for Economic Research）指出，仅有 38% 的女性储户称其持有风险投资产品，其中包括上市公司股份，而男性为 45%（Badumenko et al. 2010）。金融市场中的女性参与似乎落后于男性，这主要是因为她们的收入较低且金融服务业不能很好地满足女性的需求（Paradi and Filion 2015）。因此，如果金融市场以男性（作为投资者）为主导，并且金融市场对公司战略在其他经济领域的影响越来越大，则这不可能有助于更大范围的性别正义问题。确实，在根据男性身体和经验设计工作场所的背景下，女性承担着公司专注效率和资本主义生产的最沉重代价（Williams 2010）。此外，在工作场所之外，女性竟然因为不可能是金融资本的持有者而被拒绝参与公司管理（Sarra 2002，472）。有人可能会质问为什么女性不得不"赢得"平等以反对这种做法。但这根本不是平等（Holzhammer 2014，8），而是强加于处在最弱势地位的女性身上的不公平负担。

282

---

④ *Lean In*，国内一般译为《向前一步》，由社交巨头脸书（Facebook）首席运营官雪莉·桑德伯格（Sheryl Sandberg）所著。她在书中鼓励女性"向前一步，勇敢进取""平衡工作与生活"对事业挑战"持有更加开放的心态"等。该书早已畅销全球，并在各国掀起了所谓的励媖运动（*Lean In* campaign）。各类励媖组织在各国、各城市、各高校纷纷出现，如 *Lean in* Shanghai 和 *Lean in* Beijing，主要目的在于为女性提供职业发展培训和帮助。——译者注

总体而言，商业考量引发了一些即使依其自身主张也令人失望的变化。女性只占据富时 100 指数公司董事会席位的 26%，这几乎没有像商业考量方法主张的那样充分利用人才库。类似地，在金融市场行业，根据最近发布的一份报告，尽管这一数字"正开始朝着正确的方向发展"，大量悬殊差异仍然存在且在行业的某些特殊领域遗留着一些令人失望的空白（Chinwala and Bax 2016）。例如，尽管金融市场行业中的交易机构表明其董事会中有大约 30% 的女性代表，但私募股权基金执行委员会的女性代表比例却低至 7%。显然，董事会与执行委员会之间的女性代表存在巨大差异。在银行中，女性在董事会中的代表比例为 32%，而在执行委员会中，女性仍然仅有 12%。就整个金融行业而言，女性担任了董事会 24% 的职位，但仅有 13% 的执行委员会职位由女性担任。最终，持续依赖商业考量将会把整个女性群体商品化。一种替代方案是从在公司内部及整个公司结构中聆听女性的意见开始。

五、女权主义和民主视角下的变革

汉姆丹尼和巴克利指出，当组织打算遵从制度要求时，直接经济利益并不一定是组织的主要目标。相反，其目标是寻求各种机构利益相关者的认可，以便获得合法地位并确保机构存续。因此，经济收益并不是反映多样性潜在利益的唯一指标，合法性、公司名声和商誉也是重要目标。一些企业取得更大成功后可能会雇用更多样化的劳动力。因此，规模更大、声名更显、利润更丰厚、受到审查更严格的企业可能有更强的动力去满足各种压力集团（pressure group）对公平和正义的要求（Hamdani and Buckley 2011，37）。

同时，也有必要重申女权主义的社会正义根源。现实情况中，现行公司结构下的大部分利润都是以社会平等为代价的，而且公司和金融市场是"与民主理念和社会经济正义的基本原则背道而驰的"（Power 2014）。因此，根据鲍尔（Power）的说法，"尽管企业中的性别斗争无疑至关重要，但斗争同样可以被用作一个有效的烟幕弹（a convenient red herring），以转移人们对于以资本主义结构的运作方式实行深刻、系统改革所需要的注意力，这种需要是更广泛、更基础的"。她补充道："这场辩论需要有意识地考虑连续不断的失败和其他情况下的短期利益，例如'涓滴效应（trickle-down）'此类概念，使对市场成功秉持的绝对信念（unwarranted faith）最终为所有人促进社会和经济进步。"

那么，这是否是关键的分歧？关于董事会配额制的辩论强调商业观点是否意味着这场辩论不是一个变革性的议程，而是一个契合更保守的女权主义（a more conservative version of feminism）的议程？即像雪莉·桑德伯格（Sheryl Sandberg）"向前一步的'1%'女权"（"lean-in'1%'feminism"）那样让这种辩论个人化为迎合追求拥有一切而非"消除性别平等的结构性障碍"的女性，但放任这些障碍"仍然阻碍着大多数女性"？（Burnham 2013）正如伯纳姆所言，"1%的女权主义仅与玻璃天花板（glass ceiling）有关，而与玻璃地板（glass floor）无关；它虽然解决了那1%在公司或政府中处于或接近其最高职业水平的女性的担忧、焦虑和特权，但不幸的是，受其自身有限的视野所碍，它倾向于以所有女性的名义讲话从而使得极为特殊的事物一般化"。对于女权主义者来说，关键点是这场辩论依靠的是涓滴女权主义（trickle-down feminism）。但是，"那取决于登顶者的仁慈和性别政治观点。这场辩论不是为了采取集体行动或为变革创建集体性权力"。它试图为一小部分女性获取公司权力，而非挑战公司权力结构背后的思维。我们担忧进入董事会的女性会觉得不能引导现有结构变革，因为她们可能会避免冲突并专注于与其职业身份相关的技术专长而非其性别特征（Tremblay 2011）。到那时，任何此类平等的法律可能只会事实上使少数上层女性受益，挪威的"金裙（Golden Skirts）"现象正凸显了这些局限性。

辩论的成果之一是欧盟指令草案（EU Proposed Directive）只规定了非执 284 行董事的配额。但执行董事与非执行董事之间有一个重要差别：真正的权力通常由执行董事享有，因此增加女性非执行董事的数量并不一定会提高女性在公司等级体系中的地位或权力。正如马瑞克·泽多（Marek Szydlo 2015）的评论所言："董事会的新女性成员将表现出与现任男性成员非常相似的思维轮廓，尤其是如果这些新的女性成员将继续从现任（男性）董事会成员的熟人中招聘的话……他们可能会选择其非常了解并表现出与现任董事会成员相似的思维和商业态度的女性候选人。"

黑姆斯科（Heemskerk）和芬拿马（Fennema）指出，随着国际化的发展，被引入董事会的董事更可能是外国女性（Spencer Stuart 2015，指出富时 150 指数公司董事会中 40% 的女性董事是非本国女性）。非本国女性参与本国精英业务网络的可能性较小，因此对现任公司精英的威胁也较小（Heemskerk and Fennema 2014，277）。

笔者认为性别平等是一个真正的民主国家所必需的，它要求女性不仅能够投票并享有竞选政治职位的机会，而且她们还必须可见地参与到国家的公共机构中去（Szydlo 2015，109）。因此，根据泽多（Szydlo）的说法，"由于性别平等对于治理合法性是必需的，同时公司也在经济治理中发挥着重要作用，因此性别平等不仅必须在国家机构中得到落实，而且还必须在公司以及其他私人部门组织中进行实践，从而与公共机构一起参与欧盟和成员国层面的现代经济治理"。有鉴于此，在公司董事会中实现性别平衡将为经济治理体系和在该体系内运营的公司赋予民主合法性。

尽管性别平衡是一个起点，但我们需要朝着更具代表性的董事会努力，以覆盖种族、年龄、阶级和残障等其他领域。无论何种情形下，笔者都会考虑董事会中有多少女性真正影响了决策。多重董事职务会使这一问题恶化，因此平等的回报不一定能得到分享。任高级职位的女性通常不会替其他女性说话，因为她们要么表现得像男性，要么融入男性圈子并保持低调以避免负面关注。这是女性面临"双重束缚（double-blind）"时的常见反应（Catalyst 2007，O'Connor 2006）。但是，自挪威颁布配额法以来，已有证据表明进入董事会的女性确实感到自己具有影响力并且能够坚持自己的观点。"女性董事们称自己的行为坚定且积极，而且她们对决策有影响力，也参与了董事会之外的非正式社交活动。进一步地，女性董事们也没有遇到排外态度（out-group attitude），而是感到自己受到尊重和倾听并在与董事会其他成员的信息共享和社交互动中被接纳。"（Ladegard 2013，150）艾斯戴德和莱德贾德还指出，董事会中女性比例的增加也可能对其已有的参与和影响产生积极作用（Elstad and Ladegard 2012）。

公司具有强大的社会影响力，其决策影响着社会中的每个人，因而此类决策的作出程序中需要性别平衡，否则此类公司就不具备合法性基础（Holzhammer 2014，5）。管理层董事会具有关键社会影响力，因此其领导力已经超越了单个公司的问题，而构成一个民主程度问题。对严重影响整个经济的金融机构的董事会而言，这一观点甚至更为有力。因此，女性应在所有层级上得到应得的平等代表，包括最高级别的公司治理。增加女性人数并非因其差异性或可能会增加何种价值，女性不需要证明自己的价值。

六、前进的道路

金融市场决策者的性别具有象征意义和代表性。将女性置于高位可能会导致整个组织的变革，因此一个良性循环会随着高层女性成为各层级女性的榜样而形成。这些高层女性面临着影响结构性变革以帮助其他女性成功和获得赋能的期待。雅克·特雷（Jacqui True）指出，按照类似的方式，智利的第一位女总统米歇尔·巴切莱特（Michelle Bachelet）任命了50%的女性内阁成员，并且设立了由政府拨款的全覆盖儿童保育系统；希拉里·克林顿（Hillary Clinton）担任美国国务卿期间通过她的国际发展工作力图为发展中国家女性赋能（True 2013，357）。

要明白，这场辩论是为了性别正义，但不会止于高层，还需要做得更多。辩论也需要关注那些处在劳动力市场底层的底薪雇员。重要的是，"平等需要更少关注女性的个人权利和晋升机会，而需要更多地关注集体性权力以及代表性不足的群体的利益，以矫正影响其生活的各种决策"（Lanning et al. 2013，51）。因此，公司治理等级体系中较下层的女性应该被赋予更大的权力，董事会中的女性也是如此，同时需要提高较低薪工作的地位。"目标应该是在所有行业、地 286 区和职业中实现民主更新。"正如兰宁等人的评论所言：

> 瑞典、挪威和丹麦等国家所达到的更高水平的女性平等是通过广泛的女权主义动员赢得的。在上述动员中，工会、压力集团与女权政治家们一起游说，争取国家资源、公共机构和社会权利以支持更好的就业、养老和保育政策选择，促进共同履行职责和改善护理人员、儿童和老人的生活。

辛西娅·科伯恩（Cockburn 2014）定义的"整体主义女权主义（Wholeistic feminism）"关心从多个面向解决男权政治问题的需要。从这个角度来看，关于董事会性别配额的辩论可能会被认为过于狭隘。事实上，由于公共部门中有更多的女性职员，故女性受到财政紧缩政策影响而有更高的失业率，而且她们在工作中经常遭遇更恶劣的合同条款和工作条件。因此，这场关于董事会中女性的辩论需要的不仅是将正义聚焦于可能达到或未达到董事会层级的女性，还应该关心整个企业内部和外部的权力代表。董事会中的女性不仅会成为其他渴望那些职位的女性的榜样，而且她们也应该在其角色中看到对所有女性的保护，包括那些不可能超越工作场所等级体系中最低层级的女性。

许多赞成配额制的拥护者认为，公司内部需要一个性别多样化的生态系统，因为配额制无法单独改变公司的文化（House of Lords 2012）。配额将成为该生态系统的一部分，但是需要其他机制的支持，例如报告义务以及伴随女性职业发展的教育培训和人际网络支持。佩里顿认为，"即使是在商业组织中担任高级职务的人，也需要为变革重新认识'道德因素'"（Perriton 2009，240）。受到经济利益等外部动机的吸引，我们遵守道德规则的积极性被削弱了，尽管这些动力有助于个人发展和社会进步。

有观点认为，女权运动需要与其他社会运动相结合。工会可能是最大希望，因为其试图保护所有工人——所有阶层的男性和女性。兰宁等人指出，妇女加入工会后会表现得更好（Lanning et al. 2013，20）。因而不仅有赋能的必要，还需要抵抗新自由主义模式，以及要求资源再分配、挑战市场运作、反对政府压制并与有社会变革可能性的各类集体行动结合起来（Cornwall et al. 2008，8）。

七、结 论

287　　关于公司董事会中女性代表的辩论揭示了性别平衡中商业考量的优先地位。这种商业考量被认为比平等主张更有力。从企业的角度来看，尽管人们已经接受使更多女性参与董事会的必要性，并且女性董事的数量已经有所增长，但笔者认为，这种增长并未达到预期水平。而且更重要的是，强调商业考量会潜在地损害女性在商业和政治领域的总体民主能力。这种商业导向的方法不仅将导致女性在公司利润和股东利益目标下的工具化，而且还将事实上使女性群体商品化。更令人担忧的是，对商业考量的偏好反映了全球社会中对女性利益的一种更普遍的损害。不同领域中女性的意见似乎很少得到认可，商业考量的支配地位使得争取女性权益的抗争没有被注意到。

　　针对在金融市场行业内以及更广泛领域内的女性代表问题，笔者建议在董事会乃至整个公司采取一种更加符合社会正义和民主导向的方法。实际上，金融市场可能会在这场斗争中提供一些施压手段。一群欧洲积极股东发起的一项促进所投资公司的领导实现性别均衡的运动是一个有前景的开端。欧洲女性股东性别平等促进项目（EWSDGE Project）制定了一系列建议，包括通过具有约束力的配额立法；积极制定跨性别平等的同工同酬条款；让公司采纳性别平等文化和策略；改变社会观念以巩固对性别平衡与平等的强调和改善。这是一些主流公司治理参与者提供的起点，但仍需要更多。女权运动特别关注增强女性的民主参与能力，从这一角度来看，有关董事会中女性的辩论不应仅关注董事的营利作用，而且还应注意其在为所有利益相关者（包括同样重要的全体员工）的利益改善公司文化中的作用。笔者将在董事会中引入更多女性的潜能视为一个新的公司"生态系统"的组成部分，以在公司内部和外部、在公共领域和私人领域（包括家庭）、从上到下促进女性权益。在笔者的设想中，工会与女权主义积极分子将在合力挑战市场支配地位并要求资源再分配和民主机会中发挥关键作用。

参考文献 ————————————————————————————————

Annesley，Claire，and Alexandra Scheele. 2011. "Gender，Capitalism and Economic Crisis：Impact and Responses Across Europe." Journal of Contemporary European Studies 19(3)，335—347.

Badumenko，Oleg，Nataliy Barasinska，and Dorothea Schäfer. 2010. Investments：Women Are More Cautious than Men Because They Have Less Financial Resources at Their Disposal. DIW German Institute for Economic Research，Working Paper No.1.

Banyard，Kat. 2010. The Equality Illusion：The Truth about Women and Men Today. London：Faber & Faber.

Barber，Brad M.，and Terrance Odean. 2001. "Boys Will Be Boys：Gender，Overconfidence and Common Stock Investment." The Quarterly Journal of Economics 116 (1), 261—292.

Barmes, Lizzie, and Sue Ashtiany. 2003. "The Diversity Approach to Achieving Equality: Problems and Pitfalls." Industrial Law Journal 32(4), 274—296.

Belsky, Gary. 2012. "Why We Need More Women Traders on Wall Street." Time, May 15.

Belsky, Gary. 2013. "Mass Layoffs? Overpaid CEOs? Blame McKinsey!" Time, September 10, at http://business.time.com/2013/09/10/mass-layoffs-overpaid-ceos-blame-mckinsey(accessed February 26, 2016).

Brodie, Janine. 2014. "Elusive Equalities and the Great Recession: Restoration, Retrenchment and Redistribution." International Journal of Law in Context 10(4), 427—441.

Burnham, Linda. 2013. "1% feminism," Open Democracy, April 8 http://www.opendemocracy.net/5050/linda-burnham/1-feminism(accessed February 26, 2016).

Catalyst Inc. 2007. The Double-Bind Dilemma for Women in Leadership: Damned If You Do, Doomed If You Don't. New York: Catalyst.

Chinwala, Yasmine, and Laurence Bax. 2016. Counting Every Woman 2016: Measuring Female Representation on Boards and Executive Committees in European Capital Markets. New Financial, January.

Cockburn, Cynthia. 1989. "Equal Opportunities: The Short and Long Agenda." Industrial Relations Journal 20(3), 213—225.

Cockburn, Cynthia. 2014. "Challenging Patriarchy and Other Power Relations." Open Democracy, November 4, at https://www.opendemocracy.net/5050/cynthia-cockburn/challenging-patriarchy-and-other-power-relations(accessed February 19, 2016).

Computershare. 2016. "The Companies Act 2006, Statistics," at http://www-uk.computershare.com/webcontent/doc.aspxdocid=%7Be522af5d-b333-460e-b964-867a92e855e0%7D(accessed February 26, 2016).

Cornwall, Andrea, Jasmine Gideon, and Kalpana Wilson. 2008. "Introduction: Reclaiming Feminism: Gender and Neoliberalism." Institute of Development Studies Bulletin 39(6), 1—9.

Davies of Abersoch, Lord. 2011. Women on Boards. London: Department for Business, Innovation and Skills.

Department of Trade and Industry. 2004. Building Better Boards. London: DTI.

Dickens, Linda. 1994. "The Business Case for Women's Equality: Is the Carrot Better than the Stick?" Employee Relations 16(8), 5—18.

Doldor, Elena, Susan Vinnicombe, Mary Gaughan, and Ruth Sealy. 2012. Gender Diversity on Boards: The Appointment Process and the Role of Executive Search

Firms. Cranfield School of Management: International Centre for Women Leaders.

Eisenstein, Hester. 2005. "A Dangerous Liaison? Feminism and Corporate Globalization." Science and Society 69(3), 487—518.

Ellison, Louise, and Vanessa E. Munro. 2009. "Reacting to Rape: Exploring Mock Jurors' Assessments of Complainant Credibility." British Journal of Criminology 49(2), 202—219.

Elstad, Beate, and Gro Ladegard. 2012. "Women on Corporate Boards: Key Influencers or Tokens?" Journal of Management & Governance 16(4), 595—615.

Equal Opportunities Commission. 2005. Greater Expectations: Final Report of the EOC's Investigation into Discrimination against New and Expectant Mothers in the Workplace. Manchester: EOC.

Equality and Human Rights Commission Response to a Consultation Document issued by the Financial Reporting Council. 2011. Gender Diversity on Boards. At https://frc.org.uk/Our-Work/Publications/Corporate-Governance/ConsultationDocument-Gender-Diversity-on-Boards/Responses-to-Consultation-DocumentGender-Diversit/Equality-and-Human-Rights-Commission.aspx(accessed March 3, 2016).

European Women Shareholders Demand Gender Equality. 2014—16. Gender Balanced Leadership—European Women Shareholders Pave the Way, Project Documentation 2014—16, at http://www. ewsdge. eu/wp-content/uploads/2016/02/EWSDGE _ Broschuere_engl_72dpi.pdf(accessed October 26, 2016).

Fraser, Nancy. 2009. "Feminism, Capitalism and the Cunning of History." New Left Review 56, 98—117.

Fraser, Nancy. 2013a. Fortunes of Feminism: From State-Managed Capitalism to Neoliberal Crisis. London: Verso.

Fraser, Nancy. 2013b. "How Feminism Became Capitalism's Handmaiden—and How to Reclaim It." Guardian, October 14.

Gaines, Camille. 2016. "Is Financial Education Really Lacking?" Financial Woman, at http://financialwoman.com/is-financial-education-for-women-really-lacking(accessed February 29, 2016).

Goldman Sachs. 2009. The Power of the Purse: Gender Equality and Middle-Class Spending. Goldman Sachs Global Markets Institute, August 5.

Gutting, Gary, and Nancy Fraser. 2015. "A Feminism Where 'Lean In' Means Leaning On Others." The New York Times, October 15.

Hamdani, Maria Riaz, and M. Ronald Buckley. 2011. "Diversity Goals: Reframing the Debate and Enabling a Fair Evaluation." Business Horizons 54(1), 33—40.

Heemskerk, Eelke Michiel, and Meindert Fennema. 2014. "Women on Board: Female Board Membership as a Form of Elite Democratization." Enterprise and Society 15(2), 252—284.

Holzhammer, Maria M. T. 2014. "The Proposed Gender Equality Directive: Legality, Legitimacy, and Efficacy of Mandated Gender Equality in Business Leadership." Yearbook of European Laws 33(1), 433—465.

House of Lords European Union Committee. 2012. 5th Report of Session 2012—12, Women on Boards, 9 November, HL Paper 58.

Keay, Andrew R. 2014. "Comply or Explain in Corporate Governance Codes: In Need of Greater Regulatory Oversight?" Legal Studies 34(2), 279—304.

Ladegard, Gro. 2013. "Legitimacy, Inclusion and Influence: Investigating Women Directors' Board Experiences." In Getting Women on to Corporate Boards: A Snowball Starting in Norway, edited by S. Machold et al. Cheltenham: Edward Elgar, 147—154.

Lanning, Tess, with Laura Bradley, Richard Darlington, and Glenn Gottfried. 2013. Great Expectations: Exploring the Promises of Gender Equality. London: IPPR.

Litvin, Deborah R. 2006. "Diversity: Making Space for a Better Case." In Handbook on Workplace Diversity, edited by Alison M. Konrad, Pushkala Prasad, and Judith K. Pringle. London: Sage, 75—94.

McDowell, Linda. 1997. Capital Culture: Gender at Work in the City. Oxford: Blackwell.

McDowell, Linda. 2010. "Capital Culture Revisited: Sex, Testosterone and the City." International Journal of Urban and Regional Research 34(3), 652—658.

McKay, Alisa, Jim Campbell, Emily Thomson, and Susanne Ross. 2013. "Economic Recession and Recovery in the UK: What's Gender Got to Do with It?" Feminist Economics 19(3), 108—123.

McKinsey & Company. 2007. Women Matter: Gender Diversity, a Corporate Performance Driver. McKinsey & Co., Inc.

MacNeil, Iain, and Xiao Li. 2006. "'Comply or Explain': Market Discipline and Noncompliance with the Combined Code." Corporate Governance: An InternationalReview 14(5), 486—496.

Moore, M. T. 2009. "End of Comply or Explain in UK Corporate Governance." Northern Ireland Legal Quarterly 60, 85—103.

O'Connor, Marleen. 2006. "Women Executives in Gladiatorial Corporate Cultures: The Behavioural Dynamics of Gender, Ego and Power." Maryland Law Review 65(2), 465—503.

ONS. 2015. Annual Survey of Hours and Earnings, 2015 Provisional Results. London: ONS, November 18.

Paradi, Judy, and Paulette Filion. 2015. Financial Advisors Are Failing Women: What Female Clients Really Want and How to Change the Dialogue. Strategy Marketing, at http://www.investingforme.com/pdfs/reports-studies/Advisors%20Fail

%2073%20Women%20.pdf（accessed October 26，2016）.

Perriton，Linda. 2009. "'We Don't Want Complaining Women!' A Critical Analysis of the Business Case for Diversity." Management Communication Quarterly 23(2)，218—243.

Power，Steph. 2014. "Proxy Feminism and Gendernomics: What Price Identity Politics in an Age of Austerity?" New Left Project，January 8，at http://www.newleftproject.org/index.php/site/article_comments/proxy_feminism_and_gendernomics_what_price_identity_politics_in_an_age_of_a（accessed February 26，2016）.

Prügl，Elisabeth. 2012. "'If Lehman Brothers Had Been Lehman Sisters...': Gender and Myth in the Aftermath of the Financial Crisis." International Political Sociology 6(1)，21—35.

Prügl，Elisabeth. 2015. "Neoliberalising Feminism." New Political Economy 20(4)，614—631.

Prügl，Elisabeth，and Jacqui True. 2014. "Equality Means Business? Governing Gender through Transnational Public-Private Partnerships." Review of International Political Economy 21(6)，1137—1169.

Riley，Rebecca，Hilary Metcalf，and John Forth. 2013. "The Business Case for Equal Opportunities." Industrial Relations Journal 44(3)，216—239.

Roberts，Adrienne. 2012."Financial Crisis, Financial Firms ... and Financial Feminism? The Rise of 'Transnational Business Feminism' and the Necessity of Marxist Feminist IPE." Socialist Studies 8(2)，85—108.

Roberts，Adrienne. 2015. "Gender, Financial Deepening and the Production of Embodied Finance: Towards a Critical Feminist Analysis." Global Society 29(1)，107—127.

Sanderson，Paul，et al. 2010. Flexible Or Not?: The Comply-or-Explain Principle in UK and German Corporate Governance. Cambridge: Centre for Business Research，University of Cambridge.

Sarra，Janis. 2002. "The Gender Implications of Corporate Governance Change." Seattle Journal for Social Justice 1(2)，457—502.

Sealy Ruth，Elena Doldor，and Susan Vinnicombe. 2016. The Female FTSE Board Report 2016 Women on Boards: Taking Stock of Where We Are. Bedford: Cranfield School of Management.

Spencer Stuart. 2015. Board Index 2015: at https://www.spencerstuart.com/research-hand-insight/2015-uk-board-index（accessed February 26，2016）.

Szydlo，Marek. 2015. "Gender Equality on the Boards of EU Companies: Between Economic Efficiency, Fundamental Rights and Democratic Legitimisation of Economic Governance." European Law Journal 21(1)，97—115.

Tomlinson，Frances，and Christina Schwabenland. 2010. "Reconciling Competing

Discourses of Diversity? The UK Non-Profit Sector Between Social Justice and the Business Case." Organization 17(1), 101—121.

Tremblay, Marie-Soleil. 2011. "Confrontation of Gendered Expertise: A Qualitative Study of Affirmative Action in Boardrooms" at http://elsevier.conference-services. net/resources/247/2182/pdf/CPAC2011_0061_comments.pdf (accessed February 19, 2016).

True, Jacqui. 2013. "Counting Women and Balancing Gender: Increasing Women's Participation in Governance." Politics and Gender 9(3), 351—359.

Walby, Sylvia. 2009. "Gender and the Financial Crisis." Paper for UNESCO Project on "Gender and the Financial Crisis," April 9.

Williams, Joan C. 2003. "Beyond the Glass Ceiling: The Maternal Wall as a Barrier to Gender Equality." Thomas Jefferson Law Review 26, 1—14.

Williams, Joan C. 2010. Reshaping the Work-Family Debate: Why Men and Class Matter. Cambridge, MA: Harvard University Press.

参考网站

Empower Women at https://www.empowerwomen.org/en (accessed November 1, 2016).

Fawcett Society: http://www.fawcettsociety.org.uk/2013/02/fawcetts-bid-for-a-judicial-review-of-the-2010-budget-2/ (accessed February 19, 2016).

Global Banking Alliance for Womenat http://www.gbaforwomen.org/the-opportunity/ (accessed February 26, 2016).

McKinsey & Co's website at http://www.mckinsey.com/about-us/what-we-do/our-mission-and-values (accessed February 26, 2016).

第十三章

齐心协力维持一个危险的金融系统

阿纳特·R.阿德玛蒂

一、导 论

金融系统旨在促进资源的有效分配并帮助个人和企业融资、投资、储蓄和 293
管理风险。该系统中充斥着利益冲突，如果不受市场力量和有效规则的控制，
鲁莽的行为可能会造成巨大的损害。然而在大多数情况下，银行业的过度冒险
所造成的危害是无形的，而且始作俑者们不会承担责任。他们很少违反法律。

本章着重讨论造成不必要脆弱性和扭曲（distortions）的银行过度负债行
为。2007—2009年的全球金融危机暴露了当时实施的相关法规的无效性。然而
即使是现在，尽管金融危机已经发生，这些规则仍然存在不足和缺陷。屡次未
能保护公众的政策制定者们不承担责任，部分原因是错误的主张掩盖了真相，
制造了困惑，并且搅乱了辩论。

将银行业和航空业的安全性进行对比很有意义。在航空领域，通常一小块
地区内每天就有成千上万的飞机同时升空、飞行和着陆。然而，飞机失事却非
常罕见。达到并维持这样的安全水平需要大量个人相互协作，从工程师和装配
工人到机械师、航空公司和机场雇员、空中管制员和监管者。相反，银行业存
在强烈的过度冒险动机，银行间的有效竞争促使其实施危害行为。受害者是分
散的，他们要么没有意识到危害，被误导以为风险不可避免或者降低风险将导
致巨额成本，要么无力进行重大变革。那些合力控制金融系统的人中，大多数
都从系统脆弱性中获益，或是选择避免挑战这个系统，事实上成为了助推者
（enablers）。

294　　社会对航空安全的关注与参与维护航空安全的那些人有着一致动机。由于失事飞机和遇难乘客对公众显而易见且易于理解，飞机制造商和航空公司会因损害安全而蒙受损失。雷达、飞行记录仪和其他技术可以找出造成大多数坠机事故的确切原因，而有关责任人需承担后果。筛查程序旨在尽力防止恐怖袭击。而由于担心对死亡负有直接责任，参与维护安全飞行的个人不敢不尽责。

在银行业中，安全方面的公共利益与行业内部人员的激励相冲突。由于市场力量未能保护公众，因此有效的法规是必需的。没有有效的法规，危险行为就会被纵容并获得不合理回报。因为损害很难与特定的策略失败以及特定的个人联系在一起，所以这种损害会持续存在。即使发生危机，金融系统的助推者们也会宣传转移注意力的叙事（narratives），从而使公众忽略他们的责任以及只要付出较低社会成本就可以做得更多以使系统更安全、更健康的事实。危机在很大程度上无法预防的说法将人们注意力转移到了应急准备上，从而忽略了能从源头减少突发事件频度的更好规则。

责任分散便有损安全的情况并非仅存于金融领域。如最近的一个例子，通用汽车公司（General Motors）未能召回存在点火缺陷而可能导致致命事故的汽车。许多雇员都知道问题所在，但却没有采取行动预防损害。企业文化助长了不声张、混淆事实和逃避责任的行为，而且存在降低成本并牺牲安全的强烈动机（有关详细分析，请参阅 Valukas 2014）。

损害和危害可能会在很长一段时间内被否认和掩盖。烟草公司数十年来一直否认尼古丁的成瘾性和香烟的危害（参见例如 Nestle 2015，Oreskes and Conway 2010）。美国国家橄榄球联盟（US Football League）曾花了数年时间否认脑震荡的危害（参见 Fainaru-Wada and Fairaru 2013 关于"否认的联盟"的内容）。即便在召回危险产品之后，销售儿童产品的公司有时也会掩盖已知问题继续销售从而危害消费者生命（Felcher 2001）。在一些案例中，压倒性的证据最终揭露了真相，例如吸烟有害健康。

政府具有制定并执行有关道路、建筑物、水、空气、食品、药品等的安全规则的职责。当政府未能履行这一职责时，后果可能是灾难性的。例如 2011 年日本本可预防的核灾难。尽管有报道揭露深层次的监管俘获是灾难的根源，但自那以后鲜有变化（参见 Ferguson and Janson 2013，Green 2015）。2014 年，美国退伍军人事务部（US Department of Veterans Affairs）因卷入虚假候诊时长（phoney wait times）的丑闻而大受震动，因为其故意延迟了许多符合条件的退伍军人获得治疗和福利的时间。从那以后，该部门就一直在责任问题上深陷泥潭（Boyer 2016）。美国最近的一桩丑闻中，受铅污染的水流入密歇根州弗林特镇长达数月之久，对许多人造成了严重而持久的健康问题。但州政府官员视而不见，也没有对一再的投诉作出回应。密歇根州的法律保护决策者免于公共审查，这使得向对损害负有责任的个人问责非常困难（Clark 2016）。

设计适当的规则需要专业知识。但是，专家可能会提供有偏见或有缺陷的建议。有时利益相关方会有偿聘请专家从而以特定方式使规则出现倾斜。即使是所谓的中立学者和其他专家，也可能会提供糟糕的政策指导。例如，当制药公司为研究提供经费或雇用研究员或政策制定者，那么有关药物和医疗器械的医学研究就可能会存在腐败。在一个涉及脊椎融合（spinal fusion）产品的案例中，制造商有偿聘用的研究人员隐瞒了严重的副作用（Meier 2012）。另一个案例中，美国食品药品监督管理局（FDA）的官员与制造商之间的直接关联导致了利益冲突（Lenzer and Epstein 2012）。

缺陷的主张可能会引起政治家、媒体和公众的共鸣［请参阅 Oreskes and Conway 2010 和 2014 年电影《贩卖怀疑的商人》（Merchants of Doubt）和 Nestle 2015］。在金融领域，基于不当假设进行的研究未经正确审查而常被用于支持不良政策。非专业人士要看到这些缺陷通常很困难。这些问题似乎很复杂，其术语令人困惑、技术细节令人生畏。一大群人的参与导致了这种困境。正如另一个天主教神父虐待儿童的道德丑闻中所说的那样："如果养育一个孩子得齐心协力，那么虐待一个孩子同样如此。"①

发达经济体的金融系统中有许多方面都是不公平的，因为它们以牺牲信息匮乏、影响力较弱者为代价使有影响力、消息更灵通的人获益。这种不公平可以从多个角度描述。第一，金融系统导致了收入和财富分配的扭曲，因为那些

---

① 这一令人不寒而栗的陈述是在 2015 年电影《聚焦》（Spotlight）中由一位代表波士顿天主教神父性虐待案的众多受害者的律师作出的。性虐儿童的行为之所以持续存在是因为重新任命的神父同样对孩子们施虐，受害者沉默或同意不公开谈论其受虐经历，而其他人则相互勾结，多年来一直向当局和公众隐瞒这个问题。在许多其他地方，普遍的性虐儿童行为同样被掩盖了。

从金融系统获益的部分人是社会中最具特权的成员，而受到损害的人却包括最贫穷的人；第二，通过允许利润私有化和亏损社会化，金融系统扭曲了负有的责任（responsibility）和承担的责任（liability）的基本概念。金融危机影响着社会许多部门的就业和经济福祉，但那些从这一系统中获益最多的人以及该系统的助推者们往往所受损害最少。这种不公平系统的持续存在说明民主有时无法服务于大多数公民的利益。

在下一部分中，笔者将简要解释与资本监管有关的关键问题。第三部分继续描述那些助推监管失效的人的行为及动机。第四部分说明了无知、混乱和故意视而不见如何造成了这种情况，以及缺陷叙事（flawed narratives）如何掩盖了问题并搅乱了辩论。第五部分总结了可能带来积极变革的思考。

二、别人的钱

商事企业用债券或股份等金融权利来换取使用投资者的钱。在银行业之外，即使公司税法相比于股权融资而言更偏好债权融资，但运转良好的企业（在没有任何监管的情况下）以借贷方式获取公司 70% 以上资产的情况也很少见（具体比率取决于资产和负债的计量方式）。②利润是非借入资金的普遍来源，一些非常成功的公司很少借债，例如谷歌（Google）或苹果公司（Apple）。

沉重负债增加了公司破产的可能性，同时会造成扭曲公司决策的利益冲突。即使资产枯竭、债权人和其他人受损，管理人员和股东也都会按自身利益行事。一旦债务到期，随着借贷双方之间的冲突加剧，负债会令人上瘾且过度。为了保护自身利益，贷方可能会收取高额利息并附带成本高昂且具有限制性的贷款条件。因此，对于大多数公司而言，沉重负债就变得没有吸引力了（参见 Admati et al. 2013，2015，Admati and Hellwig 2013a，2015）。

在银行业中，即使银行面临危及其偿债能力的极大风险，沉重负债的负担也比其他地方的负担更轻，因为银行的债权人（例如存款人）通常是被动的，

---

② 债务优先于股权的偏好是高度扭曲的，并且几乎没有任何经济正当性，特别是对于公司而言（例如 Fleischer 2011）。补贴负债在银行业尤其不合常理，而且具有更普遍的有害性（Hirshleifer and Teoh 2009，The Economist 2016）。

而且不会施加严苛的条款。存款人相信，如果银行不能还债，政府或存款保险基金会向他们支付。而可以先于存款人扣押部分银行资产的债权人也觉得以具有吸引力的条款借钱给银行是很安全的。

由于许多金融机构都面临类似的风险且彼此之间广泛相互影响，因此，当金融机构几乎仅以负债融资时，金融系统可能会变得脆弱并容易发生危机。对传染（contagion）或"系统性风险（systemic risk）"的担忧导致政府和中央银行提供支持和救助（bail-out）以防止银行和其他金融机构违约。尽管这些支持和救助可以防止违约，但通常会允许银行的不健康困境和潜在破产状态持续较长时间，这会扭曲银行的决策，使其效率低下或功能失调（Admati and Hellwig 2013a，chap.3，11）。救助和支持措施帮助金融机构全额偿还债务，通常向金融系统内部的交易对手支付，就像国际保险公司美国国际集团（AIG）那样。因此，银行有强烈的动机通过过度冒险和过度负债来创造利润。达斯（Das 2010）对交易的描述如下：

> 交易者用银行资本冒险……如果他们赢了，他们将获得一部分胜利收益；如果他们输了，那损失就由银行来承担……用于冒险的钱不是他们自己的，而全部都是别人的钱……交易者总是可以亮出系统性风险王牌。它是资本主义的终极目标：收益的私有化、损失的社会化……交易者被赋予冒险和攫取短期利润的一切动机。[3]

各类显性和隐性担保，加上负债的税收补贴，使得银行对负债已然强烈的成瘾性得到满足并加剧。股东和管理人员试图避免破产的不良后果。但如果没有有效的监管，公众会不合理地补贴和奖励银行业的过度借贷和冒险行为，而由此所致的脆弱且不健康金融系统的危害也由公众承受（Admati and Hellwig 2013a，chaps 4—6，9，Adamati et al. 2015，section 6）。这好似即使明知更缓慢的驾驶意味着更少的事故和更高的发动机效率，却仍对鲁莽驾驶卡车给予补贴，

---

③ Das（2010，151）描述了衍生品交易者的激励机制，他们以银行资本实施冒险行为，并能够在经济上行时获益并在经济下行时与银行股东分担损失，或通过打"系统性风险王牌"与公众分担损失。

或者在有相同成本的清洁替代品时补贴化学公司进行污染。虽然其中一些补贴降低了化学产品价格或实现了更廉价运输，但公众也要为补贴（或为任何这类"益处"）买单，同时还要遭受机动车事故或化学污染的附带损害。

过度脆弱性和安全规则不足始终威胁着银行业。政府建立中央银行和存款保险的同时也给银行留出了更多借入资金的特权，银行权益水平（equity level）持续下降（Hoenig 2016）。最近几十年来，这个问题变得更加严重。可用于管理风险的证券化和衍生品等金融创新使金融公司可以冒更大风险，同时又将这一事实隐藏在日益复杂和不透明的全球体系中。随着获取融资的特权和隐藏风险的机会不断扩大，监管和披露规则未能跟上并抑制扭曲的激励。这些发展以及自20世纪80年代以来银行业中逐步形成的风险文化在诸多文献中均有讨论（Admati and Hellwig 2013a，Das 2010，Dunbar 2011，Fraser 2015，Hill and Painter 2015，Lewis 1980，2010，Luyendijk 2015，Partnoy 2009，2010）。

被认定为"太大而不能倒"的机构特别危险，因为它们倾向于且可能变成低效的大型、复杂和不透明的机构。对它们进行有效管理和监管似乎变得很困难甚至几乎不可能（Admati 2014，Adamati and Hellwig 2013a，chaps 8—9，13，Kay 2015，Norris 2013，Jenkins 2015a，2015b）。④全球金融危机时期的英国财政部部长阿利斯泰尔·达林（Alistair Darling）在其回忆录中表示："我国和美国的银行高级管理人员不理解他们所做的事情、他们所承受的风险或者通常他们那时正在销售的产品……他们未能理解或者甚至也不问：是什么为他们创造了这么多利润以及风险是什么。"（引自 Luyendijk 2015，154—155）

小型银行也需要有效的监管，因为它们也可能同时集体变得低效、危险和功能失调，从而损害经济或需要救助。例如，20世纪80年代美国的储贷危机、20世纪90年代日本的银行以及最近西班牙和意大利的银行（Admati and Hellwig 2013a，Treanor 2016）。

与许多人的主张相反，改革后的资本监管过于复杂、贫乏而危险且设计糟糕。它们并非基于对不同方法的正确成本收益分析，并且未能反映危机中的关键教训和真实的相关权衡（Admati et al. 2013，Admati and Hellwig

---

④　分别参见雷夫和库伦在第六章和第七章有关金融行业法律实施问题的内容。

2013a，2015）。⑤国际最低标准允许银行以低至3%的权益资产比进行融资，有关如何确定该比率的细节取决于游说和辩论。监管者使用的财务健康标准并不可靠，就像危机爆发前一样，可能会使监管者和公众麻痹而产生一种虚假的安全感。他们仍然依赖存在问题的会计准则、信用评级和复杂的"风险权重（risk weights）"这样一些表面科学实际上却被扭曲、政治化和适得其反的风控措施。⑥银行被容许，实际上是被鼓励永久地维持一种过度、低效且危险的债务水平状态。

在全球金融危机期间，许多银行因那些被监管者视为绝对安全的投资而破产或需要救助。为响应监管设计，银行有动机以加剧金融系统脆弱性和复杂性的方式进行"创新"。最近的希腊债务危机一定程度上就是糟糕的资本监管导致的。欧洲的银行在2010年前仅通过债务融资就向希腊政府提供了过多贷款。即使权益融资以较低社会成本提供了更为可靠的损失吸收，但监管者仍将负债类证券视为"损失吸收（loss absorbing）"。尽管对问题已有认识且存在一些更好的监管尝试，但衍生品市场仍在不断增加金融系统脆弱性。⑦

阿德玛蒂等（Admati and Hellwig 2013a）提出了改进资本监管的具体建议，包括可以立即采取的措施。我们的提议和其他人的类似呼吁引发了对该问题的更多讨论，但实际影响却很小。政策制定者导致了被扭曲的激励和危险行为能力（ability to endanger）又没能有效应对，社会因而不得不忍受一个低效且危险的金融系统。

这种情况下的主要赢家是银行和其他金融机构的经理和高管们，他们在繁荣时期可以获取廉价的融资并享有经系统放大的利润和奖金，但通常在经济下滑时几乎没有损失（Admati and Hellwig 2013a，chaps 8—10，Admati 2015，2012，Bhagat 2017，Bhagat and Bolton 2014，Kay 2015）。过于复杂的规则给审

---

⑤ 有关这些问题的材料，请参阅标题为"银行业中的过度杠杆和风险"的网站 https://www.gsb.stanford.edu/faculty-research/excessive-leverage（2016年10月27日访问）。

⑥ 有关会计问题，请参阅 Partnoy and Eisinger（2013）。有关模型，请参阅 Behn et al.（2014），Dowd（2015）和 Rajan（2015）。风险权重往往偏向于政府而偏离传统的商业贷款（Admati and Hellwig 2013 a，chap.11）。

⑦ 监管衍生品的大部分努力都集中在强制至少部分衍生品交易由中央清算机构进行清算，但是目前尚不清楚这种努力是否已显著降低衍生品的总体风险。参见例如 Persaud（2015）。

计师、信用评级机构、律师事务所、顾问和游说者们提供了许多获利的机会。

那些在养老基金和共同基金这类机构中管理他人资金的人往往也会在经济上行时受益，而如果因其冒险导致投资者或客户无法得到合理偿付，他们也几乎没有损失。这些机构用小型投资者的钱投资，但它们可能不会完全为了小型投资者的利益去运营（Bogle 2005，Jung and Dobbin 2012），并且它们可能更愿意与银行合作。实际上，银行业机构可能是它们中一部分的所有者或出资者。就像后面所讨论的那样，其他助推者也从当前的规则中受益或者是有理由避免挑战现状。

金融系统的主要输家则是纳税人和更广义的公众。当信贷繁荣破灭时，那些在繁荣时期受引诱而过度负债的人将面临严峻的后果，经济则会因不稳定的金融系统无法有效配置资源而受到损害（Taylor 2015）。但是，这种损害是分散的且很难与特定个人的作为或不作为联系起来，而由于被扭曲的动机和普遍的混乱的有力结合，这种损害会持续存在。

三、多方助推者

300　　维持一个危险的金融系统，需要许多个人相互协作并根据自身动机和角色作出回应。那么谁是助推者，他们的动机是什么？正如本部分所讨论的，助推者们在许多组织中工作，包括审计和评级机构、游说与咨询公司、监管和政府机构、中央银行、学术界和媒体。

助推者们有理由维护金融系统及其监管规则并避免构成对金融业和彼此的挑战。但他们的作为或不作为，在很大程度上对公众造成了危险和损害，即使其中一部分助推者有保护公众及大多数人的主张的责任，并且人们也相信其会依公共利益行事。有些助推者被迷惑或误导了，但正如稍后讨论的，这种被迷惑通常是有意的（willful）。

大多数公司和组织都聘请审计师，许多监管规则也要求它们从极少数获批机构处获得信用评级。四大会计师事务所和三大评级机构是这些认证服务的主要提供者。监管者和一些投资者将会计师事务所和评级机构视为看重提供最佳信息的中立看门人，但它们实际上是追逐利润且几乎不对公众负责的公司，其利益与公众利益也不完全一致。会计师事务所与评级机构的咨询业务可能涉及向被监管机构提供合规建议，同时其还将监管机构视为需要审计甚至咨询服务的客户。⑧这些私营的看门人通过与客户的合作而非挑战客户来获益。因此，由其生产的信息可能会被扭曲并具有误导性。

监管中使用的会计准则和风险模型留有很大的自由裁量空间。揭露披露行为中的欺诈或模型中的缺陷可能对整个金融系统中的个人或者看门人和监管机构中的个人造成高昂代价。吹哨人（whistleblower）通常会被忽视或解雇，并且他们很可能会失去职业机会。⑨

法律和监管规则由政治家和监管者在国界内制定。由于金融市场跨境连接紧密，因此国际机构试图协调规则并设定最低标准，而将细节和执行留给各司法辖区自由裁量。⑩虽远离公众视线，但即使其公民受到危害和损害，这些国际机构中政治家和监管者们往往也支持"他们的"机构。⑪ 301

监管功能失调通常与"监管俘获"的概念相关。正如全球金融危机爆发后不久参议员理查德·德宾（Richard Durbin）所说：　"银行仍然是国会山（Capitol Hill）上最强大的游说机构，它们显然拥有这个地方。"⑫

导致监管俘获的原因之一是"旋转门（revolving doors）"，即同一个人在金融系统中各机构、政治机构和监管机构以及其他组织（包括媒体）的内部轮

---

⑧　Shah（2015）专注于审计行业中扭曲的激励机制以及它们与银行和监管机构的合作。在Das（2010）和Luyendijk（2015）中包含有相同的描述。Partnoy（2009，406）说："监管者赋予了私人监督者或看门人（例如会计师事务所、评级机构、律师事务所）很大的权力，即使它们在风险评估和报告方面的记录糟糕透顶。看门人将从中获得巨大收益并可能使它们的报告存在更多的偏见，而将风险隐藏在脚注中。"他还描述了衍生品的会计规则会如何隐藏巨大的风险。Admati and Hellwig（2013a）讨论了摩根大通（J.P. Morgan Chase）"堡垒资产负债表（fortress balance sheet）"中的潜在风险。Partnoy and Eisinger（2013）分析了富国银行（Wells Fargo）的不透明披露行为。Kerr（2011）讨论了银行操纵监管措施的能力。Ramanna（2015）描述了会计准则制定的政治规则。关于评级机构，另请参阅 White（2010），Morgenson（2016）和本书第十一章。

⑨　关于吹哨人，请参见 Kenny（2014），Sawyer et al.（2010），Shah（2015）和 Cohan（2013）。吹哨人的法律保护因国籍而异且有时还很不到位。

⑩　例如，巴塞尔银行监督委员会（Basel Committee on Banking Supervision）https://www.bis.org/bcbs/和金融稳定理事会（Financial Stability Board）http://www.fsb.org/。

⑪　有关巴塞尔委员会（Basel Committee）中某些动态的描述，请参见 Bair（2012）。阿德玛蒂等讨论了银行业的政治，尤其是关于全球竞争力和国内龙头等有缺陷的观点（Admati and Hellwig 2013a）。马特利等讨论了全球监管政治（Mattli and Woods 2009）。

⑫　Durbin（2009）.

换角色。在政策部门工作并作为游说者的康诺顿（Connaughton 2012，loc，459）将华盛顿特区描述为：

> 一个公共部门和私人部门之间的大门每天旋转的地方。美国证券交易委员会或司法部（Justice Department）的律师离职前往华盛顿的一家律师事务所任职，而华尔街高管会去财政部任职。前者很快将为他的老同事正在调查的华尔街高管辩护；后者很快就会阻碍（或延迟或减损）华尔街不喜欢的任何政府政策通过。

政府官员及其幕僚会照例继续接受金融行业、游说或咨询公司的职位，或加入由公司资助的智库。⑬政府职位将通常由眼下在金融行业的人士获得。⑭

旋转门会导致法规过于复杂，因为复杂性为熟悉规则细节的人提供了一种优势并创造了工作机会。该复杂性也为更多掩盖公共法规缺陷的方法创造了可能，并创造出执法假象，即使该法规是没有实际效果的。⑮不时有观点认为旋转门不能确保整个职业生涯都从事政策工作的人是有效监管者，他们相对于业内人士而言很可能处于不利地位（主要是对于行业的了解——译者注）。最好的监管者通常是少数在行业工作过且没有计划重返该行业的人。

政治家们制定法律并任命和监督监管者。安全的银行体系通常不是政治家们最先考虑的目标。即使会给公民和经济带来极大风险，他们可能也希望银行为特定行业和选区提供资金或者助力于政治运动。⑯

---

⑬ 另见 Lipton and Williams（2016）。

⑭ 讽刺的是，全球金融危机期间在英国政府任职的阿利斯泰尔·达林（前文曾引述其对银行的高级管理人员不去了解风险的言论）最近加入了一家大型银行的董事会，跟着他的老板戈登·布朗（Gordon Brown）开始从事银行业（Parker and McLanahan，2015）。这个问题在许多国家普遍存在。参见 Admati and Hellwig（2013a）。

⑮ 有关规则复杂性、监管俘获和旋转门，请参见 Lucca et al.（2014）和 McCarty（2013）。关于资本监管规则过度复杂性的信息，请参见 Admati（2016a），Adamati and Hellwig（2013a，chap.11），Bair（2012），Haldane（2012），Hoenig（2013）和 Behn et al.（2014）。

⑯ Calomiris and Haber（2015）认为银行业务是基于政治交易的。Admati and Hellwig（2011，2013a，chap.12）讨论了银行业中的一些政治。Lessig（2012）和 Teachout（2014）着重讨论了美国的金钱和政治。

最终由纳税人而不是行业负担的隐性担保（implicit guarantees）对政治家们来说是尤其有吸引力的一种无形补贴。这样的担保不会出现在预算中，而且会产生不花钱的幻觉。当担保成本发生时，政治家们可能已经连任或退休。这样的补贴可能是极其扭曲和浪费的，最终会让公众付出非常高的成本。受到过度补贴的经济部门可能变得臃肿且效率低下。由于银行在如何使用补贴资金方面拥有很大裁量自由，故而对大型银行机构所作的全额担保（blanket guarantees）尤为危险，其构成了银行轻率行事甚至目无法纪的有效许可（Admati 2014）。政治家们几乎不会因隐性担保与粗劣监管的不良影响而被问责。

在金融监管的语境下，俘获会以许多微妙的形式出现。即使在金融专家们的主张有错误或是具有误导性时，社会关系、共同经验以及专业知识缺乏也会使决策者倾向于接受他们提出的主张。政策制定者们的世界观受到与其互动者的强烈影响，这一情况被称为"认知俘获"（Johnson and Kwak 2010）、"文化俘获"（Kwak 2013）、"社会俘获"（Davidoff 2010）和"深度俘获"（Baxter 2011）。普林斯（Prins 2014）记录了总统与高级银行家之间的关系。[17]

监管者和政治家们在制定和执行规则时会受到利益相关方的极力游说（例如参见 McGrance and Hilsenbarth 2012）。游说在 2007 年至 2009 年金融危机的关键成因——轻率放贷（reckless lending practices）中发挥了作用（Igan et al. 2011，Vukovic 2011）。1999 年至 2012 年间，美国监管者不太可能针对参与游说的银行采取执法行动（Lambert 2015），同时游说也存在于法律起草的环节中（Connaughton 2012，Drutman 2015，Lipton and Portes 2013，Mufson and Hamburger 2014）。另一个案例中，部分美国 2010 年通过的金融改革法于 2014 年被当作预算法的一部分推翻，银行游说人员也积极参与了法律制定（Eichelberger 2014）。监管者的咨询委员会通常充斥着业内人士（Dayen 2016，Eisinger 2012b）。

当经济学家和其他专家未能指出问题，或更糟糕地提供"科学"支持造成和掩盖规则的缺陷，或是为有缺陷的规则辩解，他们就会成为现状的辩护者和

---

[17]　关于美国金融监管的政治问题，参见 Taub（2014），Omarova（2012）和 Wilmarth（2013）。

无效政策的助推者。一些专家受雇于行业团体或有赞助的组织开展特定研究。德鲁特曼（Drutman 2015）描述了由专家提出的主张所形成的"知识环境（intellectual environment）"是如何影响政策的。即使后来人们明白政策辩论中所提出的许多主张都是错误的，那些提出这些主张的人也几乎没有受到负面影响。[18]

在政府和监管机构内部进行的研究可能会有瑕疵，尤其是如果关键人物被游说或受政治压力影响的话更是如此。幕僚经济学家（staff economist）或其他专家进行的研究通常被期望可用于支持预设的政策。[19]职务研究在发表之前会受到官僚主义的审批程序的审查。因此，经批准的研究往往会支持"官方"叙事，而结论与偏好的政策相矛盾的研究可能会被压制，包括可能是被研究人员自己压制。[20]

即使被认为是中立的专家，例如学术界的经济学家（academic economist），也无法对俘获免疫（Zingales 2013，2015）。对工作或咨询机会的渴望，咨询委员会、公司董事会或政策委员会中的职位、声誉、研究或会议赞助、数据以及研究合作等都可成为其激励，而且挑战金融系统内部的人或挑战其他助推者往往是令人为难或代价高昂的。

期刊发表和晋升决定中的同行评审程序（peer-review process）可以引导研究人员如何对他人研究进行策略性的引用和描述。各类会议的内容通常会受到赞助商的影响，因而自然会偏向于那些不会对赞助商的行为提出批判的发言人和他们的研究。因此，助推者们可以控制其参与活动从而避免受到挑战或质疑。

2010 年，电影《监守自盗》（Inside Job）展示了学者与行业之间的经济联系（另请参见 Carrick-Haggenbarth and Epstein 2012，Rampell 2011）。认知俘获的微妙形式也很重要。想办法与其他助推者合作并模糊表达自己意见而不是

304

---

[18] 阿德玛蒂描述了一个例子：有缺陷的主张影响了有关会计准则变更的政策。最初是游说延迟了该政策推出，而在准则最终被更改后，先前游说所称的威胁最终被证明是不存在的（Admati et al. 2013，53ff.）。泰洛克则指出目前缺乏专家问责制（Tetlock 2005）。

[19] 英格兰银行经济学家最近发表的一篇论文受到了 Admati（2016a）和 Vickers（2016）的挑战，这似乎是一个例子。

[20] Luyendijk（2015）讨论了整个伦敦金融业包括监管机构的沉默守则（code of silence）。当然，很难精确地评估这个问题的严重程度，因为未发表的研究通常是不可观察的。

直接反驳决策者喜爱的观点，对于学者和其他专家而言更加容易和方便。当问题显得很专业且费解时，"大人物们（big shots）"的主张对许多没有看到其缺点的人来说可能会引起共鸣甚至听起来很深刻。㉑提出服务于强者利益的主张可以得到回报，而且尽管存在种种警告，这么做几乎不存在任何负面风险。

研究也可能受到意识形态的偏见及其他偏见的影响。经济学家可以"挑选（cherry-picking）"数据和假设，从而可以有效地通过"反向工程（reverse engineering）"支持想要的结论。银行业中的各类模型创造或宣扬了各种误解和叙事，从而帮助纵容和维持了这一危险的金融系统及其不恰当的监管。这就类似于用一个假设吸烟对健康有益而忽略其成瘾性及香烟危害的模型为人们为什么吸烟提供一个"科学的解释"。烟草公司显然希望促进这种"研究"，而政策制定者可能会引用该研究来为对吸烟更宽容的政策辩解。

编写巧妙的数学模型和详尽的实证研究会在经济学中受到重视和奖励。对发表关照现实并获得政策应用的研究成果的渴望，蒙蔽了研究者的双眼，使他们认识不到这种模型的结论可能是基于不可信或错误的假设，继而其应用也是不恰当的。正如建立在错误假设之上的桥梁可能容易倒塌一样，在银行业监管中使用存在缺陷的模型会支持轻率行为以及危险而有缺陷的法律和规则。

对于吸烟成瘾及其健康风险这类情况，压倒性证据可能最终揭露现实情况并克服业界的抵赖。但在银行业中，有缺陷且无根据的叙事和误读有时被穿插在难以理解的数学和专业细节中，并被保留下来作为有缺陷的实证分析的基础。

例如，银行业的某些模型假设风险不受任何人控制而完全源自"流动性冲击（liquidity shocks）"或突发性恐慌。此类模型忽略并否认了因利益冲突和缺陷法规导致的风险，使拥有更多信息、权力和控制权的人从中受益并损害处于信息、权力和控制权劣势的其他人。其他模型则假设储户会收集信息并监视银 305

㉑ 一个例子是银行像汽车公司生产汽车一样"生产债务（produce debt）"的观点（参见 Admati and Hellwig 2013a，2013b，2015，这构成了后面讨论的"流动性叙事"的基础）。另一个例子是，脆弱的债务有助于银行"约束"其管理人员（见 Admati et al. 2013，Admati and Hellwig 2013b，Pfleiderer 2014）。正如阿德玛蒂和赫尔维格（2013b）所述，这些理论为存款提供了相互矛盾的作用和动机。银行业的文献中忽略利益冲突以及由于不可控制的流动性冲击而产生风险的模型，而倾向于提高担保。但是有了担保，就不能像在"债务约束（debt discipline）"理论中严格假定的那样假设贷方搜集昂贵的信息并监督管理人员。

行从业人员的行为，而忽略了存款保险对储户监督积极性的抑制作用，也忽略了股东也会如此行事的可能性，而且相对于储户，股东有更多动机这样做。银行增加其股权依赖度的可能性常常被彻底忽略。一些理论模型不恰当地假设银行完全由其管理人所有。还有一些人认为，尽管银行可以将其利润转增为权益资本，并且通常能够找到权益投资者，但权益资本对于银行而言却是稀缺且"昂贵的"。实际上，如前所述，银行拥有的资本很少，这是因为控制银行的人更喜欢这种情况且市场和监管的失灵可以让他们不受约束。

菲莱德（Pfleiderer 2014）对金融学和经济学中不当使用模型的可能性进行了令人瞩目的讨论。他用银行业及其他领域的具体案例有力地说明了，拥有特定的模型并不一定意味着我们了解与经济相关的任何有用的东西。不少学者也对与银行业相关的模型和研究提出了质疑，认为其所作假设是不恰当的，而且忽略了若干重要的现实和基本经济力量（Admati et al. 2013，2015，Admati and Hellwig 2013a，2013b，2015，Admati 2016a，2016b，Kay 2015，Vickers 2016）。有缺陷的研究和叙事帮助助推者们为其行为辩解并逃避责任。

中央银行在金融和经济系统中具有至关重要的作用，并且这种作用在全球金融危机期间及之后大大增强。中央银行经常参与监管规则的制定和执行，而其关键作用之一是向银行（有时向其他金融机构）提供"流动性支持（liquidity supports）"以防止违约。能够获得此类支持的金融机构比它们在其他情况下更容易借到钱。若过多地提供流动性支持，则中央银行可能会纵容虚弱甚至缺乏清偿能力的"僵尸"机构存在功能障碍而无法帮助经济更长久地维持下去。确保银行更安全、更透明的好处之一，是它们不太可能遇到流动性问题。因为中央银行的支持是贷款，所以这些支持并不会减少债务，如果中央银行以低于市场的利率放贷，则这些贷款将向商业银行和其他公司提供隐性补贴。

尽管中央银行本该是独立的，但其会承受政治压力（例如 Conti-Brown 2016，Nyborg 2016）。它们所作出的关于是否以及以何种方式提供支持的决定通常几乎没有经过审查。这些支持不仅可以掩盖银行的虚弱，还可以掩盖监管机构（有时是中央银行自己）未能及早干预并减少银行流动性支持需求的事实。中央银行的过度干预会扭曲市场，而存在功能障碍的银行会干扰其他中央银行目标（Gambacorta and Shin 2016）。这些问题通常都被忽略了。

虽然金融动荡和对金融行业的过度补贴扭曲了整个经济，但很少有商业领袖对金融监管公开置喙。有些人可能不熟悉这些问题，认为监管改革没有奏效，或者倾向于认为监管本身就是不好的。商业领袖也可能倾向于避免挑战金融机构或政策制定者，因为他们之间的合作可能会很有用。

一些非营利团体以及少数政治家、监管者和其他人试图在银行业与导致粗劣监管的助推者们之间寻求平衡（例如参见 Lowrey 2012），但他们无法与庞大的资源、权力以及该行业及其助推者们的集体影响力相抗衡。监管的细节非常复杂，需要大量专业知识来评估各种规则并恰当处理各方提出的多种主张。与政策制定者接触并影响其决定具有相当大的挑战性。

民主政府最终应该对公民负责。然而，如果公民不了解问题、对问题感到困惑或无力发起改革，则政策失灵的情况可能会持续存在。助推者们通常来自各个政治派别，使得公民几乎没有有效的主张可供选择。金融监管在政治竞选中通常不是一个突出话题。即使对金融系统感到愤怒（就像美国目前的情况一样），一些关键问题也没有得到很好的理解。

媒体在向公众开展宣传教育以及改善问责制方面可以发挥重要作用。例如，媒体曾揭露了公司欺诈（Dyck et al. 2010）、金钱对政治的影响（Grim and Blumenthal 2015）、美联储如何忽略禁止银行分红的呼吁（Eisinger 2012a）以及其他情况下可能仍然处于保密中的中央银行行动。[22]

然而，新闻和评论可能会被扭曲。大多数媒体公司都是营利性企业。在一个极端的例子中，一家报纸选择不予报道某事件来维持广告收入（Oborne 2015）。媒体所有者甚至其债权人的利益也可能影响报道（Zingales 2016）。由于高成本和对立性的特点，现在调查性报道也有所减少（Starkman 2014）。

大多数时候，私人利益对新闻媒体的影响是微妙的。导致认知俘获和其他 307 形式俘获的力量在这里同样起作用。新闻媒体的一个重要因素是记者需要获取新闻和故事的途径，这使他们频繁与其所报道的那些人保持联系（Luyendijk 2015）。发布负面报道或提出具有挑战性的问题可能会妨碍他们获得故事和采

㉒　Ivry 等人的报道（Ivry 2011）是彭博新闻社在法庭上争取获得美联储在 2007—2009 年度向数百家机构提供支持的详细信息的结果。立法者在讨论金融改革时并未充分意识到这些支持。

访。"平衡"后的报告可能会引用行业或助推者的错误或误导性的陈述（例如Oreskes and Conway 2010，Adamati and Hellwig 2013a，2015）。

有关新闻和评论的主题、内容和显著性的编辑决定可能会对公众认知和政策产生重要影响。作出此类决定的人面临着来自个体和组织的隐性或显性的压力，因为上述主体渴望获得对其有利的报道并防止对其不利的报道，并且试图利用媒体来宣传自己的形象和观点。拥有重要权力、地位和知名度的个人和机构在影响媒体方面往往更成功。"重要"个人的讲话被报道为新闻，而这些个人在接受采访和频繁被引用时几乎没有受到仔细审查。权力和地位也让他们更容易登上观点版面（opinion pages），他们在此宣传其所期望的叙事。

如果新闻媒体对金融行业及其助推者们进行更多访问和报道，但其仅是作为传话筒而不去挑战那些有缺陷的主张，也不在调查性报道或评论中阐明问题所在，则其实是帮助维持或加剧了责任的模糊和困惑。有时记者或评论员会接受所谓专家的主张，因为验证该主张的有效性需要记者们恰巧缺乏的专业知识。如果媒体能够正确地解释问题，便可以促进讨论并为公众提供帮助。[23]

显然，媒体报道确实对新闻、重要人物不断演变的意见以及政治动态予以了回应。例如，2011 年领导英国银行业独立委员会（Independent Commission on Banking）的约翰·维克斯（John Vickers）在 2016 年年初的一系列专访和访谈中称英格兰银行对最大银行的资本要求过于宽容（Vickers 2016）。在报告这些进展时，英国《独立报》记者本·褚（Chu 2016）解释了这些问题。2016年美国大选中，金融监管和金融部门对政治的过度影响在辩论和媒体中都得到了讨论（至少在民主党初选中）。新的意见引发了关于"太大而不能倒"的银行（Applebaum 2016）和"金融化（financialization）"（Foroohar 2016，Emba 2016）的辩论。

308　　相比之下，对于德国、法国、瑞士和其他国家的银行在过去十年向希腊政府提供过多盲目的贷款，并假定这类贷款绝对安全且未对这些贷款提出自有资金要求的事实，欧洲公众对于监管不力形成的对这些银行的激励几乎没有了解。向希腊提供过多贷款的损失大部分将由欧洲公民承担，而发放贷款的银行在被

㉓　参见例如 http://bankersnewclothes.com/media/中提及的媒体（2016 年 10 月 27 日访问）。

移交给官方机构和欧洲央行之前已得到有效的救助（Steil and Walker 2015）。媒体没有帮忙让公众注意到有缺陷且危险的银行监管在这中间的角色。金融行业和政策制定者使这一问题保持鲜为人知的状态，从而避免被问责并阻止或延迟改善行动。

四、倾向性陈述和叙事

金融系统控制者们扭曲的激励和权力无法完全解释金融监管的失效。混乱和误解与扭曲激励相互影响并发挥了重要作用。米勒和罗森菲尔德（Miller and Rosenfeld 2010）认为，全球金融危机是由"知识风险（intellectual hazard）"引起的。他们将知识风险定义为"行为倾向往往会干扰复杂组织内部的准确思考和分析，从而干扰组织内部以及组织与外部各方间的信息获取、分析、沟通和实施"（见 Fligstein et al. 2014）。上一部分中的讨论阐释了一些助推者们用来证明其行动合理性的叙事。金融系统危险且监管不力的主要原因在于该行业和许多助推者在现实和特定问题上进行"倾向性陈述（spin）"却能逃避惩罚。

有权势的人也不能免于困惑，而是信任那些可能存在利益冲突或信息误导的人。一些传闻证据和与许多内部人士的讨论表明，银行和金融相关重要问题的"盲点（blind spots）"普遍存在。人们不愿质疑简单叙事背后的假设，同时又不愿接受复杂的替代性叙事。他们常常表现出"有动机的推理（motivated reasoning）"（Kahan 2016）。正如厄普顿·辛克莱（Upton Sinclair）所说的那样："当一个人的薪水取决于他不理解某事物时，你很难使他理解该事物！"[24]

故意视而不见（Heffernan 2012，Grossman and van der Weele 2016）在金 309 融行业尤其明显，因为过度风险带来的损害是抽象的，受害人是分散的、"统计学意义上的"（Small and Lowenstein 2003）。当这种损害一直被掩盖，助推者可以更轻松地坚持其否认损害存在或将损害最小化的叙事。人们想知道的东西至

---

[24] 这句话引自《我，州长候选人：以及我如何被打败的》（I, Candidate for Governor: And How I Got Licked）（1935）。在 2014 年 5 月 7 日的 Tedx Stanford 演讲中，笔者针对这句话创建了与本章相关的三种变型。参见 https://www.youtube.com/watch?v = s _ I4vx7gHPQ（2016 年 10 月 27 日访问）。

少和他们实际知道的一样重要。沉默守则（code of silence）从集体性视而不见
（collective blindness）和一份保持这种沉默的心照不宣演变而来。我们可能会对
自己撒谎从而生活在希望之中。㉕

对金融系统的安全与健康、监管的有效性以及不同方法的成本与收益所作
的许多错误的、误导性的主张都是出自金融系统内部人员及其助推者。这些有
缺陷的主张混淆了现实并造成了混乱，从而使一个糟糕的金融系统持续存在。

经常有人说今天的金融系统更安全，特别是因为银行"资本"相比于危机
前时期增加了百分之多少（例如，三倍）。这样的陈述回避了"更安全"是否意
味着"足够安全"的质问且使人们不再关注监管一直存在的缺陷或者对导致这
些缺陷的人问责。但这些主张忽略了实际的资本数量曾经而且现在仍然危险且
不合理地接近于零的事实，这意味着以前微小水平的数倍并不会显得数量很大。
这些主张将人们的注意力从前文提及的"监管资本比率（regulatory capital rati-
os）"提供虚假保证（false reassurances）的重要计量问题上转移开来。一个类
似的例子就是宣扬把居住区内满载卡车的限速从每小时 100 英里降低到每小时
95 英里，但不讨论为什么这种鲁莽驾驶可以被容忍，同时又忽略警察测速的
困难。㉖

误导性的术语掩盖了问题并从讨论中排除了许多问题。兰切斯特（Lan-
chester 2014，6）写道，当听到经济学家的讲话时，"很容易想到有人在试图欺
骗你……或试图制造烟幕"，并表达了"很多术语……蓄意地含糊不清并令人费
解的强烈感觉"。术语还可能通过提出错误的折衷建议来混淆辩论。

310　　　例如，一个隐秘而普遍的困惑涉及银行业中"资本（capital）"一词的含
义。将"持有（hold）"或"保留（set aside）"等动词用于"资本（capital）"
一词（在银行业与其他地方使用的方式截然不同），然后将资本比作"应急资金

㉕　Grossman and van der Weele（2016）引用了 1967 年的歌曲 "Strawberry Fields Forever"
中的歌词"眼不见为净（living is easy with eyes closed）"。Das（2010）谈到了"我们喜欢相信的谎
言（the lies that we like to believe）"。他将衍生品卖方交易大厅描述为普遍存在谎言而客户"对自
己撒谎"的地方。

㉖　例如，阿德玛蒂（Admati 2015）回应了伯南克在金融危机爆发后对美联储行动的称赞。伯
南克认为美联储的做法最大限度地减少了危机前的监管失灵，并高度评价了危机后监管改革的进展
（Bernanke 2015）。

（a rainy day fund）"，让大多数人以为，资本是闲置的现金储备并且资本监管禁止银行用资本发放贷款，但这两种认识显然都是错误的。[27]

如果助推者们实际上不懂术语，他们就会在不经意间维持这种困惑。书籍和媒体报道照样包含错误的解释。困惑之所以根深蒂固，是因为那些被迷惑的人可能没有意识到这一点，因此会继续维护并传播这种困惑。值得注意的是，更了解情况的监管者和经济学家使用的是相同的误导性语言，他们往往未能纠正错误表述并澄清问题。

但问题远不止于术语和这些词汇的意思。一位担任高级政策咨询职务的学术经济学家所撰写的畅销教材里就含有与入门金融课程内容相矛盾的错误表述。[28]正如前文已论及的，在银行业中，基本经济力量经常被否定和忽视，而假定风险不可预防的模型暗示着监管是无效的或是成本高昂的。金融危机被描绘得与自然灾害类似，因为紧急救援是抵御自然灾害的主要手段。实际上，如前所述，有效的监管可以用极小的社会成本做很多事情，从而大大减少危机的发生几率和成本并纠正其他扭曲。

金融行业游说者和政策制定者试图通过向公众灌输一种观点——即便是最大的全球性金融机构也可能在没有得到救助的情况下破产——以此来消除公众对救助的愤怒。把重点放在"使失败变得可接受"，可以将公众的注意力从作出更多努力"消除被扭曲的激励"和"预防破产和危机"上转移开。

正如多年来我们在许多次金融危机中所看到的那样，无论遭受直接损失的人是谁，一个或多个银行或金融机构的"破产"会带来巨大的附带损害。就像在 2007 年到 2008 年我们看到的那样，经济在实际崩溃节点到来的很早以前就已经被破坏（Admati and Hellwig 2013a）。因此，最好是聚焦于预防措施，特别是如果可以在纠正其他扭曲的同时做到这一点的话。试图让失败变得可以接受，就好似在准备救护车的同时容忍和补贴卡车以鲁莽驾驶的速度（reckless speed）行驶（Admati and Hellwig 2013a，Admati 2014）。即使"行业"肯为救护车买单，我们也不能容许鲁莽驾驶行为危害生命安全。

㉗　参见 Admati et al. (2013)，Admati and Hellwig (2013a)；Admati and Hellwig (2015)。

㉘　作者是哥伦比亚大学的弗雷德里克·米什金（Fredric Mishkin），他曾在美联储担任高级职务。笔者在其他地方详细解释了这些问题（Admati et al. 2013，Admati and Hellwig 2013a）。

311   银行家和一些金融系统的助推者经常警告称严厉的监管将产生诸如限制信贷和发展等"意外后果（unintended consequences）"。而实际上，更健康、更安全的银行可以持续放贷且扭曲现象更少，而当银行资本太少时信贷也会受到影响。在过度放贷成为破产和危机的典型预兆时，该主张还假定所有借贷对经济都是有利的。讽刺的是，这种主张竟然是在银行试图并被允许将股本用作对股东的支付的情况下提出的，而这些资金本可以被用于发放贷款。㉙

另一个常见的就"意外后果"的警告是，严厉的监管会将"各类活动转移到影子银行体系"。该主张不合理地使用了早先导致金融系统变得极为复杂的监管失败作为理由来反对高度有益的措施。㉚全球金融危机实际上是监管失败的"意外后果"，它容许风险在复杂且不透明的金融系统中大规模积累和隐藏。那些提醒人们提防影子银行体系的人很少继续提出建议如何处理有效监管的挑战。这些警告似乎只是为了吓唬人并维持现状。

阿德玛蒂和赫尔维格（Admati and Hellwig 2013a）的一本书以"银行家的新衣（The Bankers' New Clothes）"为标题。这是安徒生著名的童话《皇帝的新衣》（The Emperor's New Clothes）中的故事。那里的人们，包括皇帝、他的大臣和观众都因害怕暴露出自己的愚蠢或无能而拒绝承认他们没有看到皇帝虚构的衣服。㉛随着皇帝不断前进，有关资本监管的有缺陷的主张继续招摇过市。"很多事情都正在推进""仍然存在挑战"和"我们将来可能需要做更多的事情"的声明使助推者能够以适当方式更好地展示银行的健康状况以及监管工作的质量和有效性，但同时模糊地对稍后采取更多行动的可能性做了保留。

2013 年，笔者启动了并定期更新一份仅在资本监管问题上提出的有缺陷主

㉙　参见 Admati et al.（2013），Admati and Hellwig（2013a，2015），Hoenig（2016）以及 Gambacorta and Shin（2016）。美联储前主席保罗·沃尔克将此类警告称为"废话"（Connaughton 2012，loc. 2290）。一位前银行业内部人士（后来成为监管者）将游说形容为"智识上的不诚实（intellectual dishonest）"，并对银行家的游说策略"暴露了误解和恐惧"表示悲哀（Jenkins 2011）。

㉚　关于有瑕疵的借口（flawed excuses），参见 Admati and Hellwig（2013a，2015）以及 Admati（2016a，b）。

㉛　许多经历激励着这本书及其推广工作。其中一些内容在精装本和平装本的序言中进行了描述。可见于 http://bankersnewclothes.com/excerpts/（2016 年 10 月 27 日访问）。该书的网站也链接了其他材料。另请参见本章第五部分中的说明。

张的清单，并且简要说明了它们的问题所在。最新版本包括 31 个不同主张（Admati and Hellwig 2015），随后可能还会添加更多。消除有缺陷的主张所导致的困惑对于改进政策和金融系统至关重要。否则，我们将永远被困于 19 世纪 312 银行家冷漠且自私地描述的问题中：

> 少数理解金融系统的人要么对它的利润很感兴趣，要么对它的好处太过依赖以致在该阶层不会有反对者，而大部分人智识上无法理解源自金融系统的资本的巨大利益，并将毫无怨言地承受其负担，甚至可能不会怀疑该系统对他们的利益有害。㉜

五、变革有可能吗?

善良的人也可能会作恶并自我感觉良好，尤其是当他们相互助推却不承担责任，而损害又是分散、抽象且无形的。正如班杜拉（Bandura 2015，100）所言："社会体系层面的集体道德失范需要关系网络中所有参与者证明其自身的有害行为。"游说人员和助推者经常散布无法被彻底推翻的有缺陷的主张（flawed claims），这并非犯罪行为。扭曲的动机、无知和困惑强有力地结合到了一起。那么如何克服这些强大的力量呢？

首先，决不能使公众受到诱骗而陷入虚假的安全感并接受有缺陷的叙事。愤怒是有用的，但是必须得到充分集中。例如，最近的电影《大空头》（The Big Short）（改编自 Lewis 2010）使许多观众感到惊恐和愤怒。这种愤怒通常主要集中在未受到惩罚的欺诈上，但问题处于更深层次领域。书和电影所描述的大部分内容都是合法的，而经过改革的规则仍然能容忍许多相同的做法。刘易斯（Lewis）在 2016 年写道："《大空头》只是一部电影，但它也引导广大观众就金钱和金融在我们生活中的地位进行了机智有趣的讨论。"当人们受到错误信息和困惑干扰时讨论便很难明智地进行。

㉜　这段文字出自伦敦的罗斯柴尔德兄弟（Rothschild Brothers）在 1863 年给纽约合伙人写的信。罗斯柴尔德家族是 18 世纪和 19 世纪的主要银行业家族。关于该言论是真实还是过时存在一些争议，但是许多熟悉当前金融系统的人都认为该内容在今天依然适用且相关。

一些了解当前监管无法有效发挥作用的人将目光聚焦于症状表现而忽略了以低成本产生巨大效益的举措。例如，"太大而不能倒"机构的过大规模是借助其获得受补贴的债务资金的特权所形成，这导致了巨大损害和扭曲。如果强制这些机构更多地依靠资本，而减少其对受补贴债务资金的依赖，那么可以以极小代价消除这些扭曲并减少破产的可能性。

313　　复杂的监管规则可能会造成一种严厉执法的假象，而这些规则的缺陷仍然会被掩盖。[33]混乱的倾向性陈述和叙事使得区分有效监管与无效监管变得非常困难。

一个更深层次的问题是，尽管经济一再受到个人、公司和政府的过度负债的不良后果影响，但许多政策鼓励和补贴负债行为。不明智地对抵押贷款和公司负债给予税收补贴，对于银行业尤其有害，这会造成巨大的扭曲和动荡，并且在信贷繁荣转向萧条时会延长经济衰退（Economist 2016，Mian and Sufi 2014，Taylor 2015）。

欧洲金牌记者乔里斯·卢因迪克（Joris Luyendijk）撰写了《胡作非为：人性之本与金融暴行》（Swimming with Sharks：My journey into the World of the Bankers）一书。在采访伦敦金融行业的相关人士时，他描述了当他意识到那些激励措施有多扭曲、相关人员的道德失范有多么广泛时，他的内心不断增大的恐惧。在题为"空荡荡的驾驶舱（The Empty Cockpit）"的最后一章中，他表达了对出版该书的犹豫。他问道："让读者感到无能为力的担忧和暴怒有什么意义？"但随后得出结论，出版这本书很有价值，因为"在面临如此重大且紧迫的问题时，无知、否认或冷漠根本不是一种选择"（Luyendijk 2015，261）。

如本章所论，那些控制金融系统的人没有强烈动机保护公众；相反，他们将从造成和容忍损害和危险的行动中获益。类似于航空雷达，要使金融系统更安全就需要更好的规则以及更好的监督。然而，银行业的信息披露仍然很差，

---

③　例如，在美国，要求最大的机构准备"生前遗嘱"的成本非常高，但迄今为止却没有产生任何收益（Admati 2014）。监管"压力测试"并未捕获整个系统的复杂互连情况，而是用于提供虚假的安全感，并允许"太大而不能倒"的机构通过向股东支付股息来消耗其资产（Admati and Hellwig 2013a，chap.11，Dowd 2015，Cetina et al. 2016）。

而追踪金融交易及合约的制度的制定进程缓慢。㉞主要障碍不是控制银行业风险的专业难题，而是缺乏这样做的政治意愿（political will）。

自 2008 年以来，笔者一直频繁地参与有关银行业监管的辩论。一开始，笔者通过与同事讨论和学术写作来进行，而自 2010 年开始，笔者与一类更广泛的群体进行了探讨。促成这种更深层次参与的动机来自监管机构内部的许多个人，314 他们提醒了笔者有缺陷的主张对政策具有重要影响，同时建议笔者发表意见并帮忙澄清这些问题。本章中的许多参考文献反映了为提醒政策制定者和公众注意金融系统中仍然存在的危险和扭曲并提出解决方法所作的努力。

在过去的八年中，笔者与业内人士以及本章中讨论的各类助推者进行了多次私下讨论和公开接触（参见 Admati and Hellwig 2013a）。这些接触中有些是敷衍了事或表面功夫，似乎影响不大。即使其中一些人在公众场合维持了其偏爱的叙事，但许多人士都欢迎讨论、真正地加入其中并提供了更多接触的机会。㉟

卢因迪克对其在金融系统内部所遇人士的道德态度进行了分类，并描述了其对这些态度的反应（Luyendijk 2015）。在道德上，他认为最令人不安的一种类型可称为"冷鱼（cold fish）"。冷鱼认为任何合法的事情都是可以做的。在我们的经济中，在不违反法律的情况下对激励措施作出回应被视为发展和创新的基础。本章探讨了法律法规为什么容忍和奖励银行业中不必要的损害和危险，以及谁应对此负责。

负责保护公众的人或冒充公众代表行事的人，其行为以及某些情况下的伪善令人感到惊讶、沮丧和震惊：他们逃跑似地避免真正参与那些与公众安全高度相关的事项，拒绝质疑自身所作的假设并且一直未能保护公众，而且还总是提出有缺陷的主张以纵容损害和危险行为。

㉞　例如一直在努力创建的法律实体识别编码（legal entity identifier）制度（参见 https://financialresearch.gov/data/legal-entity-identifier/，2016 年 10 月 27 日访问），但是这样的制度似乎并不是首选。同样，跨境解决方案（cross-border resolution）这个讨论数十年的问题仍然很棘手，而它对解决全球性和系统性机构的问题非常重要。参见 Admati 2014。如前注 7 中所讨论的，衍生品交易的披露情况也不甚理想。

㉟　本章反映了笔者以及与笔者交往的人士的观察和见解，以及不便透露名字的一些个人的直接评论。

在政府及其他地方，包括金融系统内部，都有善意的人愿意采取行动促进公共利益，但往往因政治限制、机构政策和更微妙的原因而被阻止和震慑。在一个由强大行业参与者主导、强大助推者支持的金融系统中，实现机构目标的需求使得许多人与公共利益存在冲突。如果监管者和金融从业者对某些叙事提出质疑，他们的职业、地位和声誉可能会受到威胁。

拥有最丰富的专业知识、工作保障和学术自由以表达自己的观点，又能在没有利益冲突的情况下参与政策研讨并处于独特地位的学者可以带来一些积极的变化。然而，一些学者是危险的且未被良好监管的金融系统的重要助推者。通过在教科书中作出错误陈述、以假设创建模型和叙事从而严重歪曲现实、不当利用或容忍不当利用研究提出或支持不良政策，又或是提出模糊且具有误导性的主张（这些主张的错误通常很细微而难以被发现）等，这些经济学家往往会加剧困惑、混淆辩论并损害而非促进公众利益。最近，有充足背景理解学术文献并被主要金融机构聘用的某人士在讨论学术经济学家的一些陈述时打趣道："有这样的朋友，谁需要说客呢？"㊱

本章聚焦于资本监管，如果设计和实施得当，它们可以以极低社会成本纠正许多扭曲并保护公众，并且一旦成功，就可以减少对成本更高、效用却更低的监管的需求。但是，即使这种"政策交易（policy bargain）"得到了改善，实施欺诈和危害行为的扭曲动机仍然是一个问题。对金融行业和监管机构的结构、薪酬和文化进行更多激进变革可能是必不可少的。㊲

最终，一个运转良好的民主政体中的政治变革源自公众压力，这需要公众更好地知晓和理解问题。教育是极其重要的，通过教育，公众在与金融系统的

㊱　一位在银行业工作了三十五年的资深人士在读完笔者的一篇文章（Admati et al. 2013）后问笔者，为什么在文章中花那么大篇幅来揭示"债务约束管理者（debt disciplines managers）"这个概念，并补充道"这是学术性的东西吗？"Admati and Hellwig（2013b）中包括因过于深奥而被Admati and Hellwig（2013a）省略的材料，同时提供了关于该学术迷思更易理解的讨论。

㊲　例如，Hill and Painter（2015），Bhagat（2017）和Kay（2015）提出了通过对银行家进行补偿的方式确立更多的个人责任。Kane（2012）和Barth et al.（2012）讨论了解决监管问题的方法。Omarova（2012）提倡将公共利益直接纳入监管流程中，在决策者与行业合作而公共利益则被遗忘的地方创建"三方协商机制（tripartism）"。King（2016）提议彻底改变私人银行与中央银行之间的关系。McMillan（2014）概述了"终结银行业（ending of banking）"的激进计划，依靠对所有公司施加并执行强大的偿付能力条件以防止使用负债投资金融资产。

互动中可以变得更加精明，从而渐渐能够看透混乱的迷雾。

根深蒂固且强大的金融系统会抵制变革，但正义社会绝不能容忍像金融系统这样极其重要的系统存在损害绝大多数人利益的情况。更多人必须意识到这个问题并理解哪些做法是错误的。然后，他们必须要求政策制定者做得更好。变革是可能的，但需要所有人齐心协力来"修复"一个金融系统。[38]

参考文献

Admati，Anat R. 2012. "The Great Bank Escape." Project Syndicate，December 31.

Admati，Anat R. 2014."Examining the GAO Report on Expectations of Government Support for Bank Holding Companies." Testimony for hearing of Senate Committee on Banking，Housing and Urban Affairs Subcommittee on Financial Institutions and Consumer Protection，July 31.

Admati，Anat R. 2015. "Where is the Courage to Act on Banks?" Bloomberg View，October 12.

Admati，Anat R. 2016a. "Rethinking Financial Regulations：How Confusion Has Prevented Progress." In Progress and Confusion：The State of Macroeconomic Policy，edited by Olivier J. Blanchard，Raghuram Rajan，Kenneth S. Rogoff，and Lawrence H. Summers. Cambridge，MA：MIT Press.

Admati，Anat R. 2016b. "The Missed Opportunity and Challenge of Capital Regulation." National Institute Economic Review，February，R4—R14.

Admati，Anat R.，Peter M. DeMarzo，Martin F. Hellwig，and Paul Pfleiderer. 2016. "Fallacies，Irrelevant Facts，and Myths in the Discussion of Capital Regulation：Why Bank Equity Is Not Socially Expensive." Working paper（original draft August，2010）. http://papers.ssrn.com/sol3/papers.cfm?abstract_id=2349739（accessed October 27，2016）.

Admati，Anat R.，Peter M. DeMarzo，Martin F. Hellwig，and Paul Pfleiderer. 2015. "The Leverage Ratchet Effect." Working paper，http://papers.ssrn.com/sol3/papers.cfm?abstract_id=2304969（accessed October 27，2016）.

[38]　笔者感谢乔恩·本多尔（Jon Bendor）、约翰·科克伦（John Cochrane）、彼得·孔蒂·布朗（Peter Conti-Brown）、克里斯蒂娜·布赫曼（Christina Buchmann）、马丁·海尔维格（Martin Hellwig）、丽莎·赫佐格（Lisa Herzog）、大卫·赫希莱弗（David Hirshleifer）、贾顿·强森（Gudrun Johnsen）、塔玛·克雷普斯（Tamar Kreps）、马丁·鲁布·贝林克（Martien Lubberink）、保罗·菲德尔（Paul Pfleiderer）、海纳·舒尔茨（Heiner Schulz）、马修·扎克（Matthew Zuck）以及金融系统内部人士和本章中讨论的各种助推者机构人员所提供的许多有用的讨论意见和评论。

Admati, Anat R., and Martin F. Hellwig. 2011. "Good Banking Regulation Needs Clear Focus, Sensible Rules, and Political Will." Working paper, https://www.gsb.stanford.edu/sites/gsb/files/admati-hellwig_good_regulation.pdf(accessed November 1, 2016).

Admati, Anat R., and Martin F. Hellwig. 2013a. The Bankers' New Clothes: What's Wrong with Banking and What to Do About It. Princeton, NJ: Princeton University Press.

Admati, Anat R., and Martin F. Hellwig. 2013b. "Does Debt Discipline Bankers? An Academic Myth about Bank Indebtedness." Working paper, http://papers.ssrn.com/sol3/papers.cfm?abstract_id=2216811(accessed October 27, 2016).

Admati, Anat R., and Martin F. Hellwig. 2015. "The Parade of Bankers' New Clothes Continues: 31 Flawed Claims Debunked." Working paper, http://papers.ssrn.com/ sol3/papers.cfm?abstract_id=2292229(accessed October 27, 2016).

Applebaum, Binyamin. 2016. "Fed's Neel Kashkari Says Banks Are 'Still Too Big to Fail.'" New York Times, February 16.

Bair, Sheila. 2012. Bull by the Horns: Fighting to Save Main Street from Wall Street and Wall Street from Itself. New York: The Free Press.

Bandura, Albert. 2015. Moral Disengagement: How Good People Can Do Harm and Feel Good About Themselves. London: Worth Publishers.

Barth, James, Gerard Caprio, and Ross Levine. 2012. Guardians of Finance: Making Regulators Work for Us. Cambridge, MA: MIT Press.

Baxter, Lawrence G. 2011. "'Capture' in Financial Regulation: Can We Channel it Toward the Common Good?" Cornell Journal of Law and Public Policy 21(1), 175—200.

Behn, Markus, Rainer Haselmann, and Vikrant Vig. 2014. "The Limits of Model-Based Regulation." Working paper, http://papers.ssrn.com/sol3/papers.cfm?abstract_id=2523383(accessed October 27, 2016).

Bernanke, B. S. 2015. The Courage to Act: A Memoir of a Crisis and Its Aftermath. New York: WW Norton & Company.

Bhagat, Janjai. 2017. Bank Capital and Executive Compensation Reform: Preventing the Next Financial Crisis. Cambridge: Cambridge University Press.

Bhagat, Sanjai, and Brian J. Bolton. 2014. "Executive Compensation, Director Compensation and Bank Capital Requirements Reform." Working paper, http:// papers.ssrn.com/sol3/papers.cfm?abstract_id = 2442501 (accessed October 27, 2016).

Bogle, John C. 2005. The Battle for the Soul of Capitalism. New Haven: Yale University Press.

Boyer, Dave. 2016. "VA Still Plagued by Problems Two Years after Scandal." Washington Post，April 3.

Calomiris，Charles W.，and Stephen H. Haber. 2015. Fragile by Design：The Political Origins of Banking Crises and Scarce Credit. Princeton，NJ：Princeton University Press.

Carrick-Haggenbarth，Jessica，and Gerald A. Epstein. 2012. "Dangerous Interconnectedness：Economists' Conflicts of Interest，Ideology and Financial Crisis." Cambridge Journal of Economics 36(1)，43—63.

Cetina，Jill，Mark Paddrik，and Sriram Rajan. 2016. "Stressed to the Core：Counterparty Concentrations and Systemic Losses in CDS Markets." Working paper，https：// financialresearch. gov/working-papers/files/OFRwp-2016-01 _ Stressed-totheCore.pdf(accessed October 27，2016).

Chu，Ben. 2016. "Sir John Vickers Warns on Inadequate Bank Capital." The Independent，February 15.

Clark，Anna. 2016，"The Struggle for Accountability in Flint." Boston Review，February 6.

Cohan，William. 2013. "Was This Whistleblower Muzzled?" New York Times，September 21.

Connaughton，Jeff. 2012. Payoff：Why Wall Street Often Wins. Westport，CT：Prospecta Press.

Conti-Brown，Peter. 2016. The Power and Independence of the Federal Reserve. Princeton，NJ Princeton University Press.

Das，Satyajit. 2010. Traders，Guns and Money：Knowns and Unknowns in the Dazzling World of Derivatives，2nd edition. Harlow：FT Prentice Hall.

Davidoff，Steven M. 2010. "The Government's Elite and Regulatory Capture." New York Times，June 11.

Dayen，David. 2016. "Why Elizabeth Warren Is on the Warpath This Week." New Republic，February 26.

Dowd，Kevin. 2015. No Stress：The Flaws in the Bank of England's Stress Testing Programme. London：Adam Smith Institute.

Drutman，Lee. 2015. The Business of America is Lobbying：How Corporations Became Politicized and Politics Became More Corporate. New York：Oxford University Press.

Dunbar，Nicholas. 2011. The Devil's Derivatives：The Untold Story of the Slick Traders and Hapless Regulators Who Almost Blew Up Wall Street ... and Are Ready to Do It Again. Cambridge，MA：Harvard Business Review Press.

Durbin，Richard. 2009. "Durbin On Congress：The Banks 'Own The Place'." Progress Illinois，April 29.

Dyck，Alexander，Adair Morse，and Luigi Zingales. 2010. "Who Blows the Whistle on Corporate Fraud?" Journal of Finance 65(6), 2213—2253.

The Economist. 2016. "A Senseless Subsidy: Ending the Debt Addiction." May 16.

Eichelberger, Erika. 2014. "Citigroup Wrote the Wall Street Giveaway the House Just Approved." Mother Jones, December 12.

Eisinger, Jesse. 2012a. "Fed Shrugged Off Warnings, Let Banks Pay Shareholders Billions." ProPublica, March 2.

Eisinger, Jesse. 2012b. "Fledgling Monitor for Wall St. Risks an Early Compromise." New York Times, November 28.

Emba, Christine. 2016. "Has Our Economy Become Too 'Financialized'?" Washington Post, April 18.

Fainaru-Wada, Mark, and Steve Fairaru. 2013. League of Denial: The NFL, Concussions, and the Battle for Truth. New York: Three Rivers Press.

Felcher, Marla. 2001. It's No Accident: How Corporations Sell Dangerous Baby Products. Monroe, ME: Common Courage Press.

Ferguson, Mark D., and Mark Janson. 2013. "Regulating Japanese Nuclear Power in the Wake of the Fukushima Daiichi Accident." Federation of American Scientists Issues Briefs May. Washington, DC: Federation of American Scientists.

Fleischer, Victor. 2011. "Tax Reform and the Tax Treatment of Debt and Equity." Testimony to a Joint Hearing of US Senate Committee on Ways and Means and House of Representatives Finance Committee, July 13.

Fligstein, Neil, Jonah Stuart Brundage, and Michael Schultz. 2014. "Why the Federal Reserve Failed to See the Financial Crisis of 2008: The Role of 'Macroeconomics' as Sense-Making and Cultural Frame." Working paper, http://sociology.berkeley. edu/sites/default/files/faculty/fligstein/Why%20the%20Federal%20Reserve%20 Failed%20to%20See%20the%20Crisis%20of%202008%20September%2029%20 2014.pdf(accessed October 27, 2016).

Foroohar, Rana. 2016. Makers and Takers: The Rise of Finance and the Fall of American Businesses. New York: Crown Business.

Fraser, Ian. 2015. Shredded: Inside RBS: The Bank that Broke Britain. Edinburgh: Birlinn.

Gambacorta, Leonardo, and Hyun Shin. 2016. "Why Bank Capital Matters for Monetary Policy." BIS Working Paper 558, http://www.bis.org/publ/work558.pdf.

Green, Jim. 2015. "Nuclear Zombies: Japan's 'Nuclear Village' is Back in Control." Australian Business Review, March 31.

Grim, Ryan, and Paul Blumenthal. 2015. "The Inside Story of How Citizens United Has Changed Washington Lawmaking." Huffington Post, February 26.

Grossman, Zachary, and Joel J. van der Weele. 2016. "Self-Image and Willful Ignorance in Social Decisions." Journal of the European Economic Association, forthcoming.

Haldane, Andrew G. 2012. "The Dog and the Frisbee." Speech at the Federal Reserve Bank of Kansas City's economic policy symposium, Jackson Hole, Wyoming, August 31.

Heffernan, Margaret. 2012. Willful Blindness: Why We Ignore the Obvious at Our Peril. New York: Bloomsbury, USA.

Hill, Claire A., and Richard W. Painter. 2015. Better Bankers, Better Banks: Promoting Good Business through Contractual Commitment. Chicago, IL: University of Chicago Press.

Hirshleifer, David, and Siew Hong Teoh. 2009. "Systemic Risk, Coordination Failures, and Preparedness Externalities: Applications to Tax and Accounting Policy." Journal of Financial Economic Policy 1(2), 128—142.

Hoenig, Thomas. 2013. "Basel III: A Well Intentioned Illusion." Speech to Association of Deposit Insurers, April 9, Basel.

Hoenig, Thomas. 2016. "A Capital Conflict." Speech to the National Association for Business Economics(NABE) and the Organization for Economic Cooperation and Development(OECD) Global Economic Symposium, Paris, France. May 23.

Igan, Deniz, Prachi Mishra, and Thierry Tressel. 2011. "A Fistful of Dollars: Lobbying and the Financial Crisis." NBER Macroeconomics Annual 26(1), 195—230.

Ivry, Bob, Bradley Keoun, and Phil Kuntz. 2011. "Secret Fed Loans Gave Banks $ 13 Billion Undisclosed to Congress." Bloomberg, November 27.

Jenkins, Robert. 2011. "Lessons in Lobbying." Remarks at the Third Gordon Midgley Memorial Debate, London, November 22.

Jenkins, Robert. 2015a. "How HSBC Chairman Flint Can Restore Accountability at His Bank." Financial Times, March 10.

Jenkins, Robert. 2015b. "When Timidity Triumphs ..." Speech at Annual Finance Watch Conference, Brussels, November 17.

Johnson, Simon, and James Kwak. 2010. 13 Bankers: The Wall Street Takeover and the Next Financial Meltdown. New York: Pantheon.

Jung, Jiwook, and Frank Dobbin. 2012. "Finance and Institutional Investors." In The Oxford Handbook of the Sociology of Finance, edited by Marin Knorr Cetina and Alex Preda. Oxford: Oxford University Press, 52—74.

Kahan, Dan M. 2016. "The Politically Motivated Reasoning Paradigm." In Emerging Trends in Social and Behavioral Sciences. New York: Sage, 1—24.

Kane, Edward J. 2012. "Missing Elements in US Financial Reform: A Kübler-Ross Interpretation of the Inadequacy of the Dodd-Frank Act." Journal of Money and Banking 36(3), 654—661.

Kay, John. 2015. Other People's Money: The Real Business of Finance. New York:

Norton.

Kenny, Kate. 2014. "Banking Compliance and Dependence Corruption: Towards an Attachment Perspective." Law and Financial Markets Review 8(2), 165—177.

Kerr, Gordon. 2011. "The Law of Opposites: Illusionary Profits in the Financial Sector." Adam Smith Institute. http://www. thebrokenwindow. net/papers/A/ASI_Law_of_opposites.pdf(accessed November 19, 2016).

King, Mervyn. 2016. The End of Alchemy: Money, Banking, and the Future of the Global Economy. New York: Norton.

Kwak, James. 2013. "Cultural Capture and the Financial Crisis." In Preventing Regulatory Capture: Special Interest Influence and How to Limit It, edited by Daniel Carpenter and David Moss. Cambridge: Cambridge University Press, 71—98.

Lambert, Thomas. 2015. "Lobbying on Regulatory Enforcement Actions: Evidence from Banking." Working paper, http://papers. ssrn. com/sol3/papers. cfm? abstract_id=2517235(accessed October 27, 2016).

Lanchester, John. 2014. How to Speak Money: What the Money People Say—and What It Really Means. New York: Norton.

Lenzer, Jeanne, and Keith Epstein. 2012. "The Yaz Men: Members of FDA Panel Reviewing the Risks of Popular Bayer Contraceptive Had Industry Ties." Washington Monthly, January 9.

Lessig, Lawrence. 2012. Republic, Lost: How Money Corrupts Congress—and a Plan to Stop It. New York: Twelve.

Lewis, Michael. 1980. Liar's Poker. New York: Norton.

Lewis, Michael. 2010. The Big Short: Inside the Doomsday Machine. New York: Norton.

Lewis, Michael. 2016. "Even Michael Lewis Was Surprised Hollywood Bet on The Big Short." Vanity Fair Magazine, January.

Lipton, Eric, and Ben Portes. 2013. "Banks' Lobbyists Help in Drafting Financial Bills." New York Times, May 23.

Lipton, Eric, and Brooke Williams. 2016. "Researchersor Corporate Allies? Think Tanks Blur the Line." New York Times, August 7.

Lowrey, Annie. 2012. "Facing Down the Bankers." New York Times, May 30.

Lucca, David, Amit Seru, and Francesco Trebbi. 2014. "The Revolving Door and Worker Flows in Banking Regulation." Journal of Monetary Economics 65, 17—32.

Luyendijk, Joris. 2015. Swimming with Sharks: My Journey into the World of the Bankers. London: Guardian Faber Publishing.

McCarty, Nolan. 2013. "Complexity, Capacity, and Capture." In Preventing Regulatory Capture: Special Interest Influence and How to Limit It, edited by Daniel Carpenter and David Moss. Cambridge: Cambridge University Press, 99—123.

McGrance, Victoria, and Jon Hilsenbarth. 2012. "Fed Writes Sweeping Rules from Behind Closed Doors." Wall Street Journal, February 21.

McMillan, Jonathan. 2014. The End of Banking: Money, Credit, and the Digital Revolution. London: Zero/One Economics.

Mattli, Walter, and Ngaire Woods. 2009. "In Whose Benefit? Explaining Regulatory Change in Global Politics." In The Politics of Global Regulation, edited by Walter Mattli and Ngaire Woods. Princeton, NJ: Princeton University Press, 1—43.

Meier, Barry. 2012. "A Battle Over a Spine Treatment." New York Times, September 5.

Mian, A., and A. Sufi. 2014. "What Explains the 2007—2009 Drop in Employment?" Econometrica 82(6), 2197—2123.

Miller, Geoffrey P., and Gerald Rosenfeld. 2010. "Intellectual Hazard: How Conceptual Biases in Complex Organizations Contributed to the Crisis of 2008." Harvard Journal of Law and Public Policy 33(2), 807—840.

Morgenson, Gretchen. 2016. "Ratings Agencies Still Coming Up Short, Years After Crisis." New York Times, January 16.

Mufson, Steven, and Tom Hamburger. 2014. "Jamie Dimon Himself Called to Urge Support for the Derivatives Rule in the Spending Bill." Washington Post, December 16.

Nestle, Marion. 2015. Soda Politics: Taking on Big Soda(and Winning). New York: Oxford University Press.

Norris, Floyd. 2013. "Masked by Gibberish, the Risks Run Amok." New York Times, March 21.

Nyborg, Kjell G. 2017. Collateral Frameworks: The Open Secret of Central Banks. Cambridge: Cambridge University Press.

Oborne, Peter. 2015. "Why I Resigned from the Telegraph." Open Democracy UK—Our Kingdom, February 17. https://www.opendemocracy.net/ourkingdom/peter-oborne/why-i-have-resigned-from-telegraph(accessed November 19, 2016).

Omarova, Soule. 2012. "Bankers, Bureaucrats, and Guardians: Toward Tripartism in Financial Services Regulation." Journal of Corporation Law 37, 621—674.

Oreskes, Naomi, and Erik M. Conway. 2010. Merchants of Doubt: How a Handful of Scientists Obscured the Truth on Issues from Tobacco Smoke to Global Warming. London: Bloomsbury Press.

Parker, George, and Ben McLanahan. 2015. "Alistair Darling Joins Board of Morgan Stanley." Financial Times, December 9.

Partnoy, Frank. 2009. Infectious Greed: How Deceit and Risk Corrupted the Financial Markets. New York: Public Affairs.

Partnoy, Frank. 2010. FIASCO: Blood in the Water on Wall Street. New York:

Norton.

Partnoy, Frank, and Jesse Eisinger. 2013. "What's Inside America's Big Banks." The Atlantic, Jan.—Feb.

Persaud, Avinash. 2015. "The Unintended Consequences and Possible Mitigation of the Clearing Mandate for OTC Derivatives." Working paper, http://papers.ssrn.com/sol3/papers.cfm?abstract_id=2643501(accessed October 27, 2016).

Pfleiderer, Paul. 2014. "Cameleons: The Misuse of Theoretical Models in Finance and Economics." Working paper, http://papers. ssrn. com/sol3/papers. cfm? abstract_id=2414731(accessed October 27, 2016).

Prins, Nomi. 2014. All the Presidents' Bankers: The Hidden Alliances that Drive American Power. New York: Nation Books.

Rajan, Uday, Amit Seru, and Vikrant Vig. 2015. "The Failure of Models that Predict Failure: Distance, Incentives and Defaults." Journal of Financial Economics 115(2), 237—260.

Ramanna, Karthik. 2015. Political Standards: Corporate Interest, Ideology, and Leadership in the Shaping of Accounting Rules for the Market Economy. Chicago, IL: Chicago University Press.

Rampell, Catherine. 2011. "Buying Influence at Universities." New York Times Economix blog, May 12.

Sawyer, Kim R., Jackie Johnson, and Mark Holub. 2010. "The Necessary Illegitimacy of the Whistleblower." Business and Professional Ethics Journal 29(1—4), 85—107.

Shah, Atul K. 2015. "The Chemistry of Audit Failure: A Case Study of KPMG." Working paper, Suffolk Business School, http://www.academia.edu/17958528/the_chemistry_of_audit_failure_-_A_Case_Study_of_HBOS_audit_by_KPMG(accessed October 27, 2016).

Small, Deborah A., and George Lowenstein. 2003. "Helping a Victim or Helping the Victim: Altruism and Identifiability." Journal of Risk and Uncertainty 1, 5—16.

Starkman, Dean. 2014. The Watchdog that Didn't Bark: The Financial Crisis and the Disappearance of Investigative Journalism. New York: Columbia University Press.

Steil, Benn, and Dinah Walker. 2015. "Greek Fallout: Italy and Spain Have Funded a Massive Backdoor Bailout of French Banks." Council of Foreign Relations, July 2. http://blogs.cfr. org/geographics/2015/07/02/greecefallout/(accessed November 19, 2016).

Taub, Jennifer. 2014. Other People's Houses: How Decades of Bailouts, Captive Regulators, and Toxic Bankers Made Home Mortgages a Thrilling Business. New Haven: Yale University Press.

Taylor, Alan M. 2015. "Credit, Financial Stability, and the Macroeconomy." Annual

Reviews of Economics 7, 309—399.

Teachout, Zephyr. 2014. Corruption in America: From Benjamin Franklin's Snuff Box to Citizens United. Cambridge, MA: Harvard University Press.

Tetlock, Philip E. 2005. Expert Political Judgment: How Good Is It? How Can We Know? Princeton, NJ: Princeton University Press.

Treanor, Jill. 2016. "Quiet Crisis: Why Battle to Prop Up Italy's Banks Is Vital to EU Stability." Guardian, May 10.

Valukas, A. R. 2014. "Report to Board of Directors of General Motors Company Regarding Ignition Switch Recalls." Jenner & Block, Tech. Rep.

Vickers, John. 2016. "The Systemic Risk Buffer for UK Banks: A Response to the Bank of England's Consultation Paper." LSE Financial Markets Group Special Paper 244, April. http://www.lse.ac.uk/fmg/workingPapers/specialPapers/PDF/SP244.pdf(accessed October 27, 2016).

Vukovic, Vuk. 2011. "Political Economy of the US Financial Crisis 2007—2009." Financial Theory and Practice 35(1), 91—128.

White, Lawrence J. 2010. "The Credit Rating Agencies." Journal of Economic Perspectives 24(2), 211—226.

Wilmarth, Arthur. 2013. "Turning a Blind Eye: Why Washington Keeps Giving in to Wall Street." University of Cincinnati Law Review 81(4), 1283—1445.

Zingales, Luigi. 2013. "Preventing Economists' Capture." In Preventing Regulatory Capture: Special Interest Influence and How to Limit It, edited by Daniel Carpenter and David Moss: Cambridge: Cambridge University Press, 124—151.

Zingales, Luigi. 2015. "Presidential Address: Does Finance Benefit Society?" Journal of Finance 70(4), 1327—1363.

Zingales, Luigi. 2016. "Are Newspapers Captured by Banks? Evidence from Italy." Promarket blog, May 12. https://promarket.org/are-newspapers-captured-by-banks (accessed October 27, 2016).

作者名单

    阿纳特·R.阿德玛蒂（Anat R. Admati）是斯坦福大学商学院的乔治·帕克（George G. C. Parker）金融学和经济学教授。她就金融市场信息传播、交易机制、投资组合管理、金融合同以及最近的公司治理和银行业问题撰写了大量文章。自 2010 年以来，她一直积极参与有关金融监管（尤其是资本监管）的政策辩论，撰写研究报告、政策文件和评论。她与马丁·赫尔维格（Martin Hellwig）合著了《银行家的新衣：银行业有什么问题以及该怎么办》（2013）一书。她还被《时代》杂志评为全球 100 位最具影响力人物之一，并被《外交政策》杂志评为 2014 年全球 100 位思想家之一。

    阿兰·H.布雷纳（Alan H. Brener）是伦敦玛丽皇后大学商法研究中心（CCLS）博士，伦敦大学学院道德与法律中心顾问委员会的成员，也是苏格兰特许银行家学会的理事会成员。他还是英格兰和威尔士特许会计师协会的合格特许会计师，并拥有伦敦大学学院（UCL）的法律硕士（LLM）学位。在开始攻读博士学位之前，他曾在英国桑坦德银行（Santander UK）工作，并在不同时间负责合规和零售银行法律部门以及监管政策。在 2005 年加入桑坦德银行之前，他从 1996 年开始领导西敏银行（NatWest）和苏格兰皇家银行（RBS）零售银行部的合规部门。1989 年到 1996 年他作为高级监管官员，负责保险业和集合投资业的审慎监管和行为监管，此前也曾在贸易和工业部（Department of Trade and Industry）从事公共政策方面的工作。他还帮助成立了银行业标准委员会，旨在提高银行业的行为标准和专业水平。

    罗格·克拉森（Rutger Claassen）是乌得勒支大学（Utrecht University）哲学系的伦理学和政治哲学副教授。他的研究集中于三个主题：社会经济正义，尤其是"能力方法（capability approach）"问题；关于市场概念的经济和伦理理论以及调节和限制市场的理由；自由、自治和父爱主义。他曾在《经济学和哲学》（Economics and Philosophy）、《研究》（Inquiry）、《法律和哲学》（Law and Philosophy）、《社会哲学和政治学》（Journal of Social Philosophy and Politics）、《哲学和经济学》（Philosophy and Economics）等期刊上发表文章。他还定期用荷兰语出版文章和书籍，以将哲学带给更多的读者。他是《哲学与实践》（Filosofie & Praktijk）杂志的编辑，也是乌得勒支"每月哲学咖啡馆（a monthly Philosophical Cafe）"的联合组织者。

杰·库伦（Jay Cullen）是谢菲尔德大学（University of Sheffield）银行与金融法讲师。他的主要研究和教学兴趣是银行监管、影子银行和金融机构的公司治理。他曾是哥伦比亚大学的访问学者（2016），并获得了英国科学院（British Academy）和欧盟委员会（European Commission）在金融监管方面的研究资助。他在银行杠杆和公司治理方面的工作已被英国《金融时报》和英国广播公司引用。此外，他还是新经济思想研究所的专家和奥斯陆大学（University of Oslo）法律系主办的"可持续市场参与者网络（Sustainable Market Actors Network）"的成员之一。他于2014年出版了有关高管薪酬的专著（《不完备金融市场中的高管薪酬》）。他在《哥伦比亚欧洲法杂志》（The Columbia Journal of European Law）和《金融观点杂志》（Journal of Financial Perspectives）等期刊上发表文章。他的作品已在包括新经济思想研究所、牛津大学、加州大学伯克利分校和美国国家经济与社会研究所在内的主要学术场所发表。

鲍德温·德布鲁因（Boudewijn de Bruin）是格罗宁根大学（University of Groningen）金融伦理学教授。他曾在剑桥大学、巴黎人文科学基金会和哈佛商学院担任访问教职，并且是剑桥大学克莱尔学堂（Clare Hall）的终身成员。他与来自剑桥的艾利克斯·奥利弗（Alex Oliver）一起主持由荷兰研究委员会（NWO）资助的"信任银行（Trusting Banks）"项目。德布鲁因的研究兴趣是金融伦理、道德和政治哲学、知识论、数学哲学、经济学和金融学、博弈论和哲学逻辑。他著有《解释博弈：博弈论中的认知程序》并于2010年出版；并与克里斯托弗·F.祖恩（Christopher F. Zurn）合著《政治哲学新潮》（2008）。他的专著《道德与全球金融危机：为什么无能比贪婪更糟》于2015年出版。

彼得·迪特施（Peter Dietsch）是蒙特利尔大学（Université de Montréal）哲学系副教授。他的研究兴趣在于经济正义领域，主要研究收入不平等以及经济政策（包括财政和货币政策）中的规范性问题。他的著作《抓住资本：税收竞争的伦理》于 2015 年由牛津大学出版社出版。他还在《政治哲学杂志》（The Journal of Political Philosophy）、《道德哲学杂志》（Journal of Moral Philosophy）、《社会哲学杂志》（Journal of Social Philosophy）以及《政治、哲学和经济学》（Politics，Philosophy and Economics）等期刊上发表文章。

丽莎·赫佐格（Lisa Herzog） 是慕尼黑工业大学巴伐利亚公共政策学院的政治哲学与理论教授。她从事经济和政治问题的交叉研究，重点研究经济和政治思想的历史、市场的规范性地位以及最近的复杂组织在市场中的作用及其道德地位。她著有《市场的发明：斯密、黑格尔和政治理论》（2013）以及大量英文和德文学术论文。她还面向更广泛的受众写作，包括专著《自由不仅仅属于富人：对当代自由主义的诉求》（2014）。

亚伦·詹姆斯（Aaron James） 是加州大学尔湾分校的哲学教授。他在《哲学与公共事务》（Philosophy and Public Affairs）、《哲学和现象学研究》（Philosophy and Phenomenological Research）等期刊上发表多篇论文，并著有《实践中的公平：全球经济的社会契约》（2012）。他是美国学术团体协会（American Council of Learned Societies，ACLS）的伯克哈特研究员基金（Burkhardt Fellowship）的获得者、斯坦福大学行为科学高级研究中心研究员、纽约大学哲学系客座教授。

罗莎·M.拉斯特拉（Rosa M. Lastra） 是伦敦玛丽皇后大学商法研究中心（CCLS）的国际金融和货币法教授。她是国际法协会货币法委员会（MOCOMILA）的成员、欧洲影子金融监管委员会（ESFRC）的创始成员、伦敦政治经济学院金融市场小组成员以及纽约大学法学院中央银行研究中心研究员。2008 年到 2010 年间，她在斯德哥尔摩大学担任客座教授。她曾担任国际货币基金组织、欧洲央行、世界银行、亚洲开发银行和纽约联邦储备银行的顾问。从 2008 年 11 月到 2009 年 6 月，她担任上议院欧盟委员会（A 小组委员会）的专家顾问，对欧盟金融监管和对金融危机的反应进行了调查。自 2015 年以来，她担任欧洲议会货币专家小组成员，自 2016 年以来担任欧洲议会银行联盟（清算）专家小组成员。她在专业领域（中央银行、金融监管、国际货币法、欧盟法）撰写和编辑了多本著作，并撰写了大量文章。

谢默斯·米勒（**Seumas Miller**）是查尔斯特大学（Charles Sturt University）（堪培拉）应用哲学和公共伦理中心（澳大利亚研究委员会特别研究中心）以及代尔夫特理工大学（TU Delft）（海牙）的 3TU 伦理与技术中心的教授研究员。他独著或与他人合著 200 多篇学术文章和 15 本书，其中包括《社会行动》（2001）、《社会制度的道德基础》（2010）、《调查伦理学》（合著者为 Ian Gordon）（2014）、《射杀：警察和军队使用致命武力的道德》（2016）和《制度腐败》（2019）。

凯瑟琳娜·皮斯托（**Katharina Pistor**）是哥伦比亚大学法学院的迈克尔·索文（Michael I. Sovern）法学教授，也是该学院全球法律转型研究中心的主任。她曾在肯尼迪政府学院任教，也曾在德国汉堡的马克斯·普朗克外国法和国际私法研究所和哈佛国际发展研究所工作。她的研究兴趣包括法律与金融的关系、经济体系的转型、比较公司治理以及法律与发展。她担任世界跨学科制度研究网络（World Interdisciplinary Network for Institutional Research）主席，并在《制度研究杂志》（Journal of Institutional Research）和《哥伦比亚国际法杂志》（Columbia Journal of Transnational Law）等编辑委员会任职。2012 年，她因对国际金融监管的贡献而获得了马克斯·普朗克研究奖。最近的文章与著作包括《金融的法律理论》（Journal of Comparative Economics，2013）；《监管能力》（Journal on Regulation and Governance，2015），以及与奥利维尔·德舒特特（Olivier De Schuttter）共同编辑的《获取基本资源的治理》（2015）。

马克·R.雷夫（**Mark R. Reiff**）曾在曼彻斯特大学、杜伦大学以及最近在加利福尼亚大学戴维斯分校教授政治、法律和道德哲学，并于 2008 年至 2009 年在哈佛大学萨夫拉伦理学中心担任研究员。他有四本著作：《失业（第一卷）：经济正义的微观理论》（2015）、《失业（第二卷）：在大衰退之后实现经济正义》（2015）、《自由资本主义国家的剥削和经济正义》（2013）和《惩罚、赔偿和法律：一个可执行性理论》（2005）。他还在美国、英国、法国和加拿大的主要学术期刊上发表了多篇关于政治、法律和道德哲学问题的论文。

罗斯安妮·罗素（**Roseanne Russell**）是卡迪夫大学（Cardiff University）的法学讲师。她的研究涉及公司法、劳动法和女权主义者法律理论的交叉领域。她是一名律师，在进入学术界之前曾在爱丁堡和伦敦执业。

夏洛特·维利耶（**Charlotte Villiers**）是布里斯托大学（University of Bristol）的公司法和公司治理教授。她的研究重点是公司法、劳动法和西班牙法。她在赫尔大学和伦敦政治经济学院学习法律并取得律师资格。她曾在谢菲尔德大学和格拉斯哥大学任教，并曾是西班牙奥维耶多大学的客座讲师。她于 2005 年被任命为公司法教授。她的著作包括《欧洲公司法：走向民主》（1998 年），以及最近的《公司报告与公司法》（2006 年）。她还撰写了大量有关英国劳资关系的文章。她目前受艺术与人文研究委员会（AHRC）资助研究公司董事会中的女性参与。

索　引

译后记

　　自 2010 年追随冯果教授研习金融法以来，关注"金融公平"相关议题不知不觉已经十一个年头了。老师发表于《法学》2011 年第 9 期的《金融法的"三足定理"及中国金融法制的变革》一文首次系统地提出了金融公平理论，当时我有幸协助老师整理了部分文献资料并得到了老师深入的指导。在敬佩老师高屋建瓴的学术洞见和求真求实的学者风骨之余，也耳濡目染地受到老师的影响，在心中种下了一颗"金融公平"的种子，深刻认识到金融不仅有其经济功能，而且具有相应的社会功能，金融不能只是追求效率和利润的工具，而且还需要考虑社会公平，担负起塑造更好社会的使命。

　　在征得老师同意并在老师的指导下，我尝试着围绕金融公平做了一些研究，并且将博士论文选题方向确定为金融公平，下定决心继承和发展老师的金融公平理论。2014 年至 2015 年，我受国家留学基金委资助作为联合培养博士生赴加州大学伯克利分校法学院访学。美方合作导师 Prasad Krishnamurthy 教授在办公室与我初次见面并交流研究计划时，从书架上抽出罗尔斯的《正义论》，开玩笑地说希望我能写出像这本书一样的巨著。虽然博士论文《金融公平的法律实现》以全优成绩通过，并在 2017 年顺利出版，还"打酱油"入围了第五届金融图书金羊奖，但遗憾的是似乎并未取得太大的影响，也证明了玩笑终归只是玩笑。后来我的研究兴趣开始转向金融科技，加上参与建设武汉大学网络治理研究院和网络法学科，对金融公平的研究也没有再取得进展。

　　一次偶然的机缘，资料达人谢贵春博士与我分享本书原著，觉得契合我的研究方向便给我参考，并邀我节录一些核心观点写一篇书评。我打开阅读后，几位作者从法学、金融学、伦理学、哲学等不同学科角度围绕具体的话题探讨金融市场的公平与正义，这些熟悉的内容给我带来了巨大冲击，强烈的共鸣让我不忍释卷，一气读毕，一股热流在胸腔激荡。不禁责问自己：曾经的理想与信念，怎能就这样放弃？于是起心动念，想将这本书翻译成中文，进一步向国内学界和实务界宣介金融公平理论。上海人民出版社的夏红梅女士得知我的想法后，欣然向我抛出橄榄枝，要助我实现这个小目标。幸得二位的鞭策、鼓励和支持，让我再一次沉下心来，做点不一定有实际收益，但能够满足内心一点"小确幸"的"傻事"。

开始翻译这本书是在新冠疫情初期，封城的武汉分外寂寥，英雄的武汉人民也都沉浸在焦虑与恐惧之中，加上小女苇杭新生带来的欣喜与忙乱，让那段时光悲喜交织。在那种情绪下自然是无心著述的，做点翻译反倒是个能够让我沉下心来的最佳选择。在接下来的一年时间里，虽有既定的教学科研安排，加上一些俗事琐事缠身，竟也陆陆续续如期完成了书稿的翻译。感谢我指导的研究生唐峰、吴昊天、汪玥、李攀燊、刘文娟、吴远航等同学的协助，帮我分担了一些译校整理的工作。感谢父母、岳父母、小王老师以及历任阿姨毫无怨言地承担了家务劳动和照顾孩子的重任，让我在离开书桌时只需享受天伦之乐，虽然这种只享受权利不承担义务的做法并不具备合法性和合理性的基础，更不值得鼓励。感谢上海人民出版社编辑夏红梅女士和伍安洁女士的细致与包容，让这本译著能够顺利呈现在读者面前。感谢冯果教授欣然应允为本书作序，也感谢张守文教授、贺雪峰教授以及 Prasad Krishnamurthy 教授倾情推荐。老师们对我的鼓励与提携是我学习进步的不竭动力。

译稿临近出版之际，既有完成任务的轻松，也有下一步学术规划的压力。就像看着已过周岁牙牙学语的女儿跟着我和唐诗（虽然只会每句最后一个字的模糊读音）一样，既感欣慰满足，又觉任重道远。人到中年，总是会喟叹诸多不易，但既然选择了远方，便只顾风雨兼程，既然选择以学术为志业，便只管享受学术带来的幸福。所幸吾道不孤，有良师前辈引路，有同门诸君为伴，有业内学友鞭策，可以不忘初心，携手前行，也是人生乐事。

星光不负赶路人，惟愿我们的每一声呐喊都能听到回响。

此记。

袁康

2021 年 5 月 18 日凌晨于南湖畔

图书在版编目(CIP)数据

金融正义论:金融市场与社会公平/(德)丽莎·
赫佐格(Lisa Herzog)主编;袁康译.—上海:上海
人民出版社,2021
书名原文:Just Financial Markets? Finance in a
Just Society
ISBN 978 - 7 - 208 - 17191 - 6

Ⅰ.①金…　Ⅱ.①丽…　②袁…　Ⅲ.①金融市场-研
究　Ⅳ.①F830.9

中国版本图书馆 CIP 数据核字(2021)第 124856 号

责任编辑　夏红梅　伍安洁
封面设计　孙　康

金融正义论
——金融市场与社会公平
[德]丽莎·赫佐格 主编
袁　康 译

出　　版　上海人民出版社
　　　　　　(200001　上海福建中路 193 号)
发　　行　上海人民出版社发行中心
印　　刷　常熟市新骅印刷有限公司
开　　本　720×1000　1/16
印　　张　23.5
插　　页　2
字　　数　365,000
版　　次　2021 年 7 月第 1 版
印　　次　2021 年 7 月第 1 次印刷
ISBN 978 - 7 - 208 - 17191 - 6/F · 2698
定　　价　88.00 元